在文坛边缘上
(增订本)

刘锡诚 著

上

河南大学出版社
HENAN UNIVERSITY PRESS

·郑州·

图书在版编目(CIP)数据

在文坛边缘上.全二册/刘锡诚著.—增订本.—郑州:河南大学出版社,2016.12

ISBN 978-7-5649-2656-4

Ⅰ.①在… Ⅱ.①刘… Ⅲ.①中国文学－当代文学－文学史－1977－1981 Ⅳ.①I209.7

中国版本图书馆CIP数据核字(2016)第317131号

责任编辑 韩 琳
责任校对 薛建立
封面设计 马 龙

出版发行 河南大学出版社
　　　　　地址:郑州市郑东新区商务外环中华大厦2401号　邮编:450046
　　　　　电话:0371-86059701(营销部)
　　　　　网址:www.hupress.com
排　版 郑州市今日文教印制有限公司
印　刷 河南安泰彩印有限公司
版　次 2016年12月第1版　　　印　次 2016年12月第1次印刷
开　本 787mm×960mm　1/16　印　张 59.5
字　数 856千字　　　　　　　　定　价 148.00元(全二册)

(本书如有印装质量问题,请与河南大学出版社营销部联系调换)

内容简介

《在文坛边缘上》(增订本)是作者以平实的笔法撰写的"文化大革命"之后,中国文坛恢复活动之初,劫后余生的中国文艺界拨乱反正,文艺复苏,新时期文学诞生和发展的亲历记。按照时间顺序,从1977年文艺的早春写到1982年底,这六年的时间里,特别是三中全会以后,中国文学界如何冲破来自"左"的方面的种种干扰,"伤痕文学"、"反思文学"、"改革文学"的兴起,以及一大批新起的作家如何崭露头角,不同文艺思潮此起彼伏,展现了中国当代文学史在这一时段的历史图景。以具体的人物、事件、创作、思潮为线索,填补了已有文学史的不足。

目 录

上 卷

第一章　中国文坛的早春(1977) ……………………………（1）
　　重回文艺界 ……………………………………………（1）
　　何其芳的逝世 …………………………………………（11）
　　第一次接触广州文艺界 ………………………………（18）
　　短篇小说座谈会始末 …………………………………（24）
　　向"文艺黑线专政"论开火 ……………………………（37）

第二章　新时期文学的兴起(1978) ……………………………（60）
　　关于30年代文艺的争论 ………………………………（61）
　　对《严峻的日子》等的批判 ……………………………（69）
　　出差武汉三镇 …………………………………………（74）
　　遭遇忠言 ………………………………………………（78）
　　闯开写知识分子题材的禁区 …………………………（82）
　　儿童文学作家座谈会 …………………………………（85）
　　文联全委扩大会与文联各协恢复活动 ………………（89）
　　凤凰涅槃:《文艺报》复刊 ……………………………（97）
　　《伤痕》的发表 ………………………………………（101）
　　"伤痕文学"作为概念 …………………………………（104）
　　第三战役:对准"文艺黑线"论 ………………………（108）

繁荣短篇小说创作成为关注重点…………………………………(112)
沉闷的长沙文艺界…………………………………………………(114)
二访广州……………………………………………………………(118)
三刊编委会与真理标准讨论………………………………………(126)
《文艺报》编辑部出面为作家作品平反……………………………(153)
广东文学座谈会的召开与"新时期文学"词语考释………………(179)
启动短篇小说评选活动……………………………………………(182)

第三章　大辩论与大前进(1979)……………………………(191)
思想解放的锣鼓……………………………………………………(191)
为"四五"诗歌正名…………………………………………………(194)
长篇小说作者亟待冲出思想牢笼…………………………………(201)
一篇来稿引出的一个故事…………………………………………(204)
茅盾的一封信引起的………………………………………………(211)
评委们对短篇评奖作品各抒己见…………………………………(212)
文学理论批评座谈会………………………………………………(216)
巴金率中国作家代表团出访法国…………………………………(247)
重提"写中间人物"旧案……………………………………………(250)
关于《大墙下的红玉兰》的讨论……………………………………(253)
解冻文学?…………………………………………………………(261)
《为文艺正名》引起争论……………………………………………(266)
《向前看呵！文艺》引起争论………………………………………(272)
短篇小说《我应该怎么办?》及其反响……………………………(277)
"上下几千年,纵横几万里"………………………………………(279)
《文学:回忆与思考》的征稿………………………………………(282)
《"歌德"与"缺德"》风波…………………………………………(289)
短篇小说《重逢》引起争议…………………………………………(292)
《文艺情况》创刊……………………………………………………(294)
好得很,还是糟得很?………………………………………………(297)
风景这边独好………………………………………………………(303)
《电影工作简报》事件………………………………………………(309)

列席上海文艺创作会议 …………………………………… (312)
　　中国当代文学研究会成立和部分期刊主编会议 ………… (321)
　　公开清算《纪要》的时机到了 ……………………………… (332)
　　"十七年"和"三年" ………………………………………… (334)
　　《乔厂长上任记》事件 ……………………………………… (336)
　　"文艺为政治服务"口号的终结 …………………………… (345)
　　反映人民内部矛盾的作品引起关切 ……………………… (349)
　　第四次全国文代会 ………………………………………… (357)
　　长篇小说读书会 …………………………………………… (359)
　　无政府主义思潮 …………………………………………… (365)

第四章　与人民同呼吸（1980） …………………………………… (368)
　　创作扫描 …………………………………………………… (368)
　　樊骏来信谈《黄河东流去》 ………………………………… (372)
　　公刘评顾城 ………………………………………………… (373)
　　黄秋耘评张洁引出李希凡的非议 ………………………… (375)
　　《收获》第一期推出四个中篇 ……………………………… (377)
　　剧本创作座谈会 …………………………………………… (380)
　　李子云来信 ………………………………………………… (383)
　　青年诗人熊召政为民请命 ………………………………… (385)
　　《文艺报》1980年工作要点 ………………………………… (386)
　　宋遂良来信谈山东文艺界动向 …………………………… (393)
　　"文学，要关注九亿农民" …………………………………… (395)
　　周扬、沙汀推荐《许茂和他的女儿们》 …………………… (408)
　　贵州文坛纪事 ……………………………………………… (411)
　　成都七日 …………………………………………………… (419)
　　到简阳访周克芹 …………………………………………… (423)
　　重庆文坛掠影 ……………………………………………… (426)
　　对形势的忧虑 ……………………………………………… (430)
　　《文艺报》举办第二次长篇小说读书会 …………………… (430)
　　文艺局给我们出题目 ……………………………………… (432)

张光年约谈《文艺报》改版问题 (434)
贺敬之谈文艺形势 (437)
关于中篇小说《人到中年》 (438)
反封建主义与反官僚主义 (440)
《当代女作家作品选》的遗憾 (442)
正式宣布《文艺报》改版 (446)
对《文艺报》的批评 (448)
老作家骞先艾的品德 (450)
王蒙刮起创新风 (452)
青年文学创作会议推迟召开 (458)
何士光及其《乡场上》 (460)
中篇小说评奖做出决定 (462)
上海作协召开短篇小说座谈会 (464)
访江苏文学界 (473)
写农村题材的困惑 (477)
沙叶新文章惹了点事 (479)
领导核心的分歧 (481)
文坛动向令人关注 (485)
唐祈评公刘 (486)
当代文学讨论会在昆明召开 (487)
唐因谈文艺思想上的两种倾向 (494)
要发出时代的声音 (496)
中篇小说评奖委员名单确定 (498)

下　卷

第五章　在风雨中跋涉（1981） (501)
《文艺报》改版 (501)
鼓浪屿会议 (503)
温小钰：“我们还是肯定得太少” (505)

邀黄秋耘开专栏……………………………………（508）
姚芳藻约我为《中国百科年鉴》撰稿……………（510）
喜读张弦《未亡人》………………………………（511）
散文家岑桑…………………………………………（514）
蹇先艾著文评何士光………………………………（516）
党员领导骨干会议…………………………………（518）
周良沛评邵燕祥……………………………………（524）
顾尔镡《也谈突破》挨批…………………………（526）
与包川讨论新作……………………………………（529）
家乡文事……………………………………………（533）
中篇小说评奖启动…………………………………（536）
陈辽论农村题材小说………………………………（541）
孙绍振《新的美学原则在崛起》…………………（544）
与柳溪的结识………………………………………（545）
文学新人孙健忠……………………………………（547）
任白戈为《徐懋庸选集》写序……………………（548）
两面夹击……………………………………………（550）
送别茅盾……………………………………………（551）
张庆田评汤吉夫……………………………………（553）
《苦恋》事件………………………………………（555）
周扬召集专门会议研究《文艺报》问题…………（560）
新诗评奖：《诗刊》拒绝刘白羽的信……………（563）
艾芜第三次南行……………………………………（569）
三项文学评奖颁奖大会……………………………（571）
"不能不偏不倚"……………………………………（575）
云南作家群声援冯牧………………………………（577）
湖南作家群…………………………………………（578）
向作家进一言………………………………………（581）
反自由化……………………………………………（584）
中国文联召开座谈会………………………………（587）

青年评论家谢望新…………………………………………（588）
获奖中篇小说集出版问题…………………………………（591）
困惑的情绪…………………………………………………（594）
二唐《论〈苦恋〉的错误倾向》发表………………………（600）
继续倡导农村题材创作……………………………………（602）
关于文艺评论的一封信……………………………………（605）
小说《初春》遭冷遇…………………………………………（606）
担心思想解放运动的成果被否定…………………………（609）
要振奋精神…………………………………………………（611）
戴厚英的《人啊，人！》……………………………………（613）
《小说创作漫评》出版………………………………………（615）
破冰之旅：内地港台作家的第一次聚会…………………（616）
内地文坛：反自由化和朦胧诗……………………………（622）
辛笛成了新宠………………………………………………（625）
孔罗荪与陈纪滢失之交臂…………………………………（628）

第六章　为文艺与政治的关系松绑（1982）……………（630）

1981年文学的回顾　………………………………………（630）
《丑小鸭》创刊………………………………………………（639）
第一届茅盾文学奖评选读书班……………………………（642）
《文艺报》写作读书班与"开拓者家族"的提出……………（644）
1981年全国优秀短篇小说评奖……………………………（650）
一要坚持　二要发展………………………………………（656）
关注工业题材的文学创作…………………………………（666）
人性和人道主义问题的讨论………………………………（668）
杨献珍批评当前的文艺批评………………………………（701）
尺素史影：《当代文学评论丛书》…………………………（704）
《民间文学论坛》（季刊）创刊………………………………（715）
围绕"十六年"的一场文艺大辩论…………………………（719）
胡乔木为文艺与政治的关系松绑…………………………（732）
关于"有倾向性"的文艺思潮………………………………（765）

文艺评论工作座谈会的前前后后……………………(769)
《中国当代文学》编写原则与审稿会议………………(806)
中国当代文学学会年会讨论新时期文学主流…………(811)
关于《陈荒煤文学评论选》……………………………(821)
中国当代文学研究会南京会议聚焦现实主义与现代主义
………………………………………………………(824)
马尔克斯获1982年诺贝尔文学奖 ……………………(854)
郭沫若诞辰九十周年纪念和故居开放…………………(855)
"现代派"风波……………………………………………(860)
第一届茅盾文学奖评选揭晓及授奖大会………………(880)
女作家关露自杀…………………………………………(891)
河南作家讨论会:聚焦张一弓……………………………(900)
周扬主持召开中国民间文艺研究会主席团会议………(918)
第二届全国中篇小说评奖启动…………………………(920)

原版后记……………………………………………………(935)
增订本后记…………………………………………………(937)

第一章
中国文坛的早春

(1977)

对在十年"文化大革命"的浩劫中被彻底砸烂、被重创的文艺界来说,1977年,无疑是开始复苏的一年。尽管在涉及政治的问题上,人们还噤若寒蝉,但毕竟呼吸到早春的气息了!作家艺术家们互相舔舐着身上的伤痕,强压下悲愤的叹息,在会心的微笑中,开始捡拾起已经生锈的武器,准备重新回到十年前"犁庭扫闾"时被扫下来的那个舞台上。但,除了内外伤痕亟待抚平外,谁都痛切地感到丧失了宝贵的时间,所有的人都在无言的沉默中变老了!古训有曰:"哀莫大于心死。"这才是中国作家最大的悲哀!我在这一年当中也回到了文艺岗位,亲历和目睹了中国文学艺术发展史上的一段历史。作为一个见证者,一个小小的编辑,在这里,我将尽可能忠实地从个人的角度记下我所看见的和经历的一些事情。

重回文艺界

我是1971年6月从天津静海团泊洼文化部"五七"干校第一批

分配到新华通讯社工作的七个人中的一个。① 我大学毕业后就在中国文联工作，习惯了文艺界那种比较自由的生活和工作秩序，尽管在"文革"中尝够了"文化工作危险"论之苦，尽管在新华社这样被人羡慕的中央新闻单位工作，并且尝试做过翻译、记者、编辑等多种工种，却还是感到不很适应新闻单位的严格纪律和刻板的生活，于是就斗胆地向社里的各级领导提出申请，并终于获准于1977年6月底离开前后工作了七年之久的新华社，重回阔别了多年、如今正在重建中的文艺界。

正确地说，虽然《诗刊》、《人民文学》、《人民戏剧》、《人民电影》、《中国摄影》等几家刊物已经陆续复刊，但分属于出版局、国务院文化组、新华社等单位管辖，而"文革"中被撤销了的中国文学艺术界联合会、中国作家协会、中国戏剧家协会、中国美术家协会、中国音乐家协会、中国电影联谊会、中国民间文艺研究会、中国舞蹈艺术研究会、中国曲艺研究会、中国摄影艺术联谊会，都还没有恢复工作，"文革"前的许多知名文艺工作者都还没有分配工作，有的还没有做出政治结论。应该说，"文革"结束后的新的文艺界还没有真正形成。

我到东四八条52号《人民文学》杂志社报到的时间是1977年7月7日。《人民文学》杂志社所在的这栋四层楼，"文革"前我就很熟悉，原来是中国戏曲研究院的办公楼。进门的影壁上，写着毛泽东专为该院成立题写的"百花齐放　推陈出新"八个飘逸洒脱的毛体大字。1957年秋天，我的同乡和同学董润生从北京大学中文系毕业慕名而来，先后投到张庚、傅惜华的门下，所以我也常来此地闲谈。"文

---

① 其他六人是：陈大斌，原来是中国戏剧家协会的干部，后来先后任新华社国内部农村组的组长、《瞭望》杂志第一任总编辑；方杰，原来是中国电影联谊会的干部，到新华社后被任命为国内部文教组的组长，不久离开新华社担任了《人民电影》杂志的副主编，后调任文化部艺术局局长；郭玲春，原来是电影剧本创作室的干部，后来成为新华社国内部文教组的著名记者；苟玉生，原来是电影剧本创作室的干部，分配在新华社国内部，不久病逝；殷可善，原来是中国曲艺研究会的干部，到新华社后调任西藏分社记者；另一位调任新华社国内部政治组任编辑记者，名字记不起来了。

革"之始,在混乱之中也曾不止一次来此楼内看过大字报。相逢何必曾相识,我所供职的中国民间文艺研究会和中国舞蹈艺术研究会、中国戏曲研究院的工作人员,于1969年9月30日(据传,不让这些人在京过二十周年国庆节)被一锅端,用几辆大卡车把我们从首都北京拉到了河北省怀来县官厅水库的北沿的一片荒滩上,在此安营扎寨,从此开始了"五七"干校知识分子劳动改造的生涯。在文化部所属的这所"五七"干校里,上述三个单位组建为一个连(第三连)。我们从此成了"一条战壕里的战友"。

我下放干校有一番曲折的过程,需要在这里交代一下。干校的第一个地点是官厅水库北沿的荒滩上,在那里过了不到半个月,我便接到妻子单位哲学社会科学部文学研究所军宣队的电报,要我火速回京。我像是被装在闷葫芦里,不知道发生了什么事情。到京后,姓薛的军宣队首长向我宣布:"文化部干校不准带家属,现在你跟着(哲学社会科)学部的干部到河南罗山干校去。今后你的工作由我们负责了。"不容分说,我乘坐丰沙线火车连夜赶回文化部干校,向领导们说明事情原委后,拿了行李再往北京赶。根据军宣队的指示,在规定的五天内,把所有的家当处理干净,把一部分书籍七分钱一公斤当废纸卖给收破烂的,一部分运到建内大街5号文学所的资料室暂存,把和平里东街3号楼的住房也交出去,拖儿带女,随着学部的下放队伍一起,乘南下的火车,去了河南省信阳地区的明港的一个军事学校,稍事停留后,又转道去罗山干校。从信阳乘长途汽车到罗山,但见公路两旁,迤逦于途都是一排一蔟的小坟头,像些小土堆,那就是1958年"大跃进"浮夸风、直折腾到1960年开始的三年困难时期中发生的著名的"信阳事件"中饿死的农民们的葬身之处。为此事件,党中央曾发了专门的文件。直到1979年读了河南作家张一弓写的小说《犯人李铜钟的故事》,我才知道那是怎么样的一回事。罗山有一个很大的劳改农场,我们的干校就是这个劳改农场的一部分。过了一段时间,不知为何,干校又迁移到息县东岳公社的一个荒滩上。我在那里一直待到1971年6月。我属于那种"人还在、心不死"的人,我对于国家把我们这些知识分子就这样甩包袱不要了,真有点儿于心不甘,于是我向学部干校的领导提出回文化部干校,并得到了批准。

我带着我的小儿子刘方离开息县东岳公社,回文化部干校去。妻子和她年迈的母亲、退休教师黄惠连先生,带着女儿刘青继续留在息县学部干校。这时,文化部干校已从官厅迁移到宝坻,在宝坻还没有站住脚,又迁移到天津南郊的团泊洼滩涂地带。我带着儿子背着行李从信阳上车,途经北京转车到天津,因在北京的宿舍已经被他人所住,没有落脚一夜的地方,只好央求王府大街64号文联大楼的留守公务员打开资料室的门,借住在资料室的水泥地板上睡了一夜。那一夜,我体验了无家可归、不得不求人的苦涩滋味。到了团泊洼干校,我这个"文革"中的修正主义苗子"黑线人物"竟然又被军宣队看中,叫我代替年逾古稀的戏剧理论家晏甬老前辈,担任了三连连长,管一连人的吃喝拉撒睡和带领大家劳动生产。我接受这份重托,每天背着当时才五岁的儿子下田干活。由于分工只管吃喝拉撒睡和劳动生产,不管政治运动(由副连长、戏剧史家郭汉城分管),而且清查"五一六"分子的阶段已经过去,所以两派群众我都一视同仁,连张庚啦、吴祖光啦这些"文革"初期曾经被视为"黑线人物"的老文艺家,我也都对他们客气和尊重,同是"天涯沦落人"嘛。半年后,我就被第一批分配了。我们几个人的分配工作,给干校全体人员一个吉祥的预兆:我们这些"裴多菲俱乐部"里的文艺工作者国家还是需要的,不会不管了!

从来也没有想到,事隔十多年后,我竟然又来到了原中国戏曲研究院这块熟悉的地方!《人民文学》的办公室在二楼。接待我的是副主编刘剑青和负责人事工作的编辑部负责人陆耿圣。刘剑青是熟人,新中国成立前就参加革命并在华北联大学习过,"文革"前在《文艺报》做编辑,写文章常用宋爽这个笔名。那时,我在中国民间文艺研究会做研究工作,都在王府大街64号文联大楼里办公;我们又都住在和平里文联作协宿舍,楼上楼下经常见面。这次我调到《人民文学》工作,首先是得到了他的同意和支持的。陆耿圣是位女同志,原是人民文学出版社的,《人民文学》复刊时列入出版局下属单位,所以把她调来主管行政党务。她虽然与我不认识,但对我的到来也很热情。

第一章　中国文坛的早春(1977)

（自左而右）柯岩、张秉贵、崔道怡、冰心、王愿坚、王南宁、周明

《人民文学》杂志复刊于1976年1月，"四人帮"当政时期。袁水拍任主编。粉碎"四人帮"后，领导班子很快就改组了。我调来时，编辑部设有小说组（组长是涂光群）、散文诗歌组（组长是周明）、评论组。我被分配到评论组。评论组没有组长，领导上让我当组长。组里原有的颜振奋调到《人民戏剧》去了，我来时只有阎纲和吴泰昌二位。他俩"文革"前都是《文艺报》的老编辑，我的老相识。阎纲"文革"前与我住在一栋楼（和平里十区3号楼1单元），他住二层，我住四层。"文革"中，我因文艺黑线问题和苏修特务嫌疑、海外关系等受到单位造反派和街道红卫兵的冲击，被当作"修正主义苗子"揪出来，隔离起来并关进所谓"牛棚"，受到审查和抄家。那时，阎纲、刘茵夫妇多次为我鸣不平，到处替我说话："刘锡诚算什么走资派?!"在那种乱世之中，儿女亲情都荡然无存，还有人能站出来替我这个在机关和派出所里都挂了号的人说话，所以我一直铭记在心，一直很感激他们。我和吴泰昌虽然没有那样熟，但经过"文化大革命"，凡是在王府大街64号文联大楼待过的人差不多都是熟人，况且我们又都是北大出身，都做过杨晦的研究生。"文革"中，他与我们文联副秘书长阿英的女儿钱小云结为连理的故事，当年在文联大楼几乎人人耳熟能详。

真可谓是"山不转水转",经历过乱世之后,我们三个人从不同的方向走到一起来了,而且能与这两位老编辑老熟人共事,我感到非常高兴。唯一使我感到难堪的,是让我来当组长。我对老文学界的人头、情况,都不如他们二位熟悉。我的年纪比泰昌大,政治历练和工作经验可能比泰昌多些,但比起阎纲来可就不行了。阎纲不仅资历长,重要的是他的才华出众,非我所能比肩。我也明白,无非因为我是中共党员,那时他们都还不是党员。(顺便附笔于此,他们二位在"文革"中参加群众组织等的审查结论,都是我帮他们作的结论;后来他们入党,也都是我做的介绍人。)我也就勉强接受下来了。

主编张光年是老资格的文艺家——诗人和文艺评论家。现在是国家出版局的顾问。在文艺界的老作家评论家中,他大约是最早被安排工作的为数不多的老一辈领导人和文艺名人之一。"文化大革命"前夕,他就是《文艺报》的主编。"文革"初期,被中国作家协会的造反派拉下马来,受到群众组织和中央专案组的审查,被扣上"文艺黑线干将"的罪名,并于1969年10月与作家协会两派群众组织以及领导干部一起,下放到了湖北咸宁文化部"五七"干校。1971年干校开始陆续分配干部,继而咸宁干校撤销,合并到天津南郊静海团泊洼干校后,他又于1975年10月6日到了静海干校。但他只在那里待了13天,就于10月18日接到回京通知,文化部留守处遂向他宣布了审查结论(定性为"严重路线错误"),随后他被安排在国家出版局当顾问。据张光年的日记,他作为出版局的顾问,曾参与了《人民文学》创刊的工作。他在1975年11月20日的日记中记着:"上午偕严文井到(东四)八条《人民文学》编辑部听取筹备工作情况。先由袁水拍介绍同编辑部同志们见面,随后是小会。刘剑青汇报了编辑工作进展情况。卢更生(按:应为卢耿圣)提出了调干、房子、家具等问题。袁水拍、严文井、李希凡就第一期内容各自提出了补充意见。我表示将这些意见向出版局领导及时转达。"①

1976年10月6日是新中国历史上一个大转折的日子。党中央一

---

① 张光年:《向阳日记》,上海远东出版社1997年版,第61页。

举粉碎了作恶多端的"四人帮",人民重新获得了光明和自由。万民欢腾。随着揭批"四人帮"运动的深入,发现袁水拍与"四人帮"的瓜葛太多了,陷得太深了,因此免去了他《人民文学》主编的职务。于是,张光年走马上任。平常他并不来上班亲政,日常工作由副主编刘剑青掌管。刘剑青在"文革"前就是他的属下,所以他是比较放心的。

编辑部还有一位"四人帮"当政时期从上海调来主持工作的副主编施燕平。我调来编辑部时,他正接受审查,天天坐在办公室里写交代材料,不讲话。我与他坐在一个办公室里办公,据我较长时间的观察以及听老编辑们的发言,他陷得并不算太深,无非是个忠实执行者而已。审查结束后,他调回上海,担任了上海大学文学系的主任。

我报到后参与的第一件事,就是刊物上要发表一篇围绕着《人民文学》的复刊问题与"四人帮"斗争的批判文章,指定由吴泰昌执笔、阎纲修改、刘剑青定稿。参与讨论的还有傅活(他"文革"前是中国戏曲研究院的人员,我们算是干校中的战友了!从80年代末起,他先后担任外文局主办的《中国文学》的主编和作家协会主办的《小说选刊》的副主编)和杨筠。通过几次旁听,我明白了个大概。"四人帮"企图把《人民文学》办成上海《朝霞》第二。尽管《人民文学》发表了一些不好的,甚至"帮风"很浓很重的作品和文章,如转载了《严峻的日子》等,但"四人帮"要完全控制刊物的阴谋并没有得逞,施燕平也终究只是个执行者而已。

新闻工作与文学编辑,毕竟是两种不同性质的专业。我决心尽快地完成思维方式的转换。然而在新华社的工作,特别是在1975年驻上海记者组和北大、清华记者组的工作,以及1976～1977年在国际内参的工作,毕竟锻炼了我在复杂的政治形势下判断是非、处理应变的能力,使我终生受益良多。我之所以能较快地投入并适应《人民文学》的编辑、组稿、编稿工作,与我在新华社七年的记者与编辑生涯有莫大的关系。当然与刘剑青和陆耿圣的信任、支持,与阎纲、周明、吴泰昌等同志的帮助也是分不开的。

编辑文学评论与编辑创作稿件有所不同,前者更多地体现着编者的思想,因此单靠自然来稿是不行的。提出和确定选题,组织稿件,成为我们的主要任务。

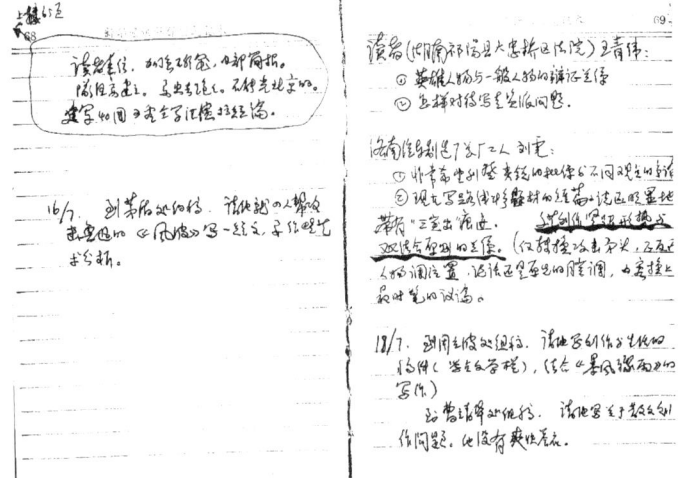

作者1977年工作笔记

1977年7月16日,周明(散文组组长)陪我到圆恩寺胡同3号茅盾的家里去,向他组稿,请他就"四人帮"攻击鲁迅的《风波》写一篇批判文章。茅盾的司机兼门房把我们领进第一进院的西厢房里。我们坐在沙发上等了片刻,茅盾便从后院的卧室里移步而来。他与我们谈话很谦和亲切,但因他在病中,我们约的文章他并没有写。

7月18日,我一人到周立波在二里沟宇宙红的家里组稿,请他结合《暴风骤雨》的创作经验,为《人民文学》的"学点文学"栏目写一篇谈创作与生活的文章。那时,周立波刚从湖南来京不久,好像组织关系已经到了文艺研究院,但住的房子却是一幢在"文革"中建的简易楼,条件极差。周夫人林兰接待我,她是北京电影制片厂的编剧,待我自报家门后,一个瘦高个子的老年人从里间里走出来。他就是获得过斯大林文学奖的大作家周立波。过去我没有见过他。他坐在我的对面,很平易地同我交谈,听我的要求。他说"文革"十年,受到关押、批判、游街,很久没有写文章了,对文坛也感到很隔膜了,但他还是答应了我的要求,给我们写点创作谈一类的文章。我对他的处境很是忧虑,特别是一代大作家住这样的房子,实在令我心中不安。

忧虑之情未消,下午我又马不停蹄地到曹靖华的住处,约请他写一篇谈谈散文写作的文章。他是我上大学时的系主任,又是我的毕业论文的指导老师,我毕业后之所以被分配到中国文联,就是他命我来的。我很景仰他的为人和文章,我们之间有着深厚的师生情谊。我为有了一个拜望老师并向他约稿的机会而感到高兴。"文革"后期,他的散文集《春城飞花》由陕西人民出版社出版时,我在新华社工作,曾与夫人马昌仪到他的住所东安门北街寓所去看望过他,他送了我们一本。我对他的散文有很深的印象。如今他的家已从城里搬到了体育馆东路一幢楼房最北面顶头的单元里。这是"文革"结束后我第一次去见他。因为是楼房,客厅很小,靠沙发一边的墙上,悬挂着董必武在读了《春城飞花》后写给他的诗篇立轴:"愿花常好月常圆,幻景于今现眼前。洁若水仙幽若菊,梅香暗动骨弥坚。已见好花常在世,更期圆月照中天。谢庄作赋惟形象,愿否同名喻续篇。"落款:"读《花》时得二绝句,录呈靖华同志哂正,董必武未是草(1963年)四月一日。"我谈了读《春城飞花》的感想,请他就散文的写作,给《人民文学》写一篇创作谈的短文。谈起《春城飞花》来,他满腹愤怒,对我说起"四人帮"的御用写作班子北大的初澜如何炮制文章批判他,说这本散文是继"晋剧《三上桃峰》之后又一束为文艺黑线招魂的黑花",它的出版"具体地说明,在上层建筑领域的各个领域,有些方面实际上仍然被资产阶级把持着,资产阶级还占着优势"。文章没有出笼,"四人帮"就垮台了!

7月21日,我同阎纲一起赴天津,到多伦道孙犁的住处向他约写《谈谈短篇小说》的文章。在唐山大地震中,孙犁住的那栋二层楼的顶层被震掉了,我们去的时候,那被震掉的砖茬还赫然在目,许多人都搬了出去,他却依然坚持留在这座残垣断壁的房屋里。阎纲在"文革"前就与他有过交往,所以一见面就谈些过去的人和事,当谈到老婆离他而去,现在只有他一个人时,阎纲和我都为他的生活不幸而唏嘘不已。他当场答应了我们的索稿要求。他问我们当前短篇小说有些什么弊端和倾向。我们说现在短篇越写越长,是一种值得注意的毛病。还谈了些别的。他根据我们提供的情况所写的文章,后来发表在《人民文学》1977年第8期上,其中就着重谈了当前短篇的弊端。这篇文章刊出后,沙汀读了,曾大不以为然,认为他没有抓住短篇之为短篇的根本特点,于是这成为后来《人民文学》召开的短篇小说创作座谈会上他发言的重点之一。孙犁后来还常给我们来信来稿。我还保存着一封他给阎纲和我的信:"我为《天津日报》即将复刊的《文艺周刊》写了一篇文章,现寄上小样三份,请你们分神转呈光年、冯牧、李季三同志,给我审查一下,如有错误,请他们即在小样上斧正。也希望你们给我指正。专此敬礼,孙犁,1978年12月22日。"孙犁的思想和文采使我辈倾倒,他的淡泊名利的处世态度更令我们景仰。

我的文学编辑生涯,就这样重新开始了。

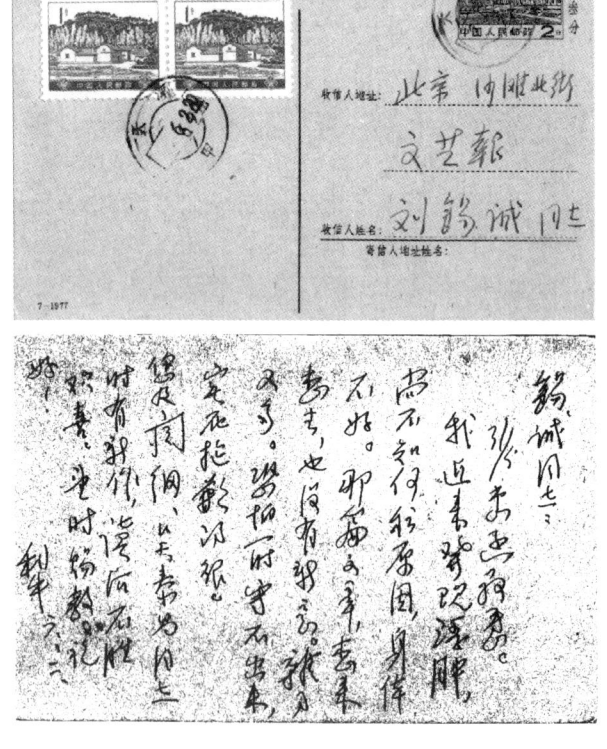

孙犁给本书作者的信

何其芳的逝世

　　正当我所在的《人民文学》编辑部讨论1977年9月号的选题的时候,我所景仰的何其芳因心脏病于1977年7月24日下午六时突然逝世了。听到这一噩耗,我感到非常悲痛。这不仅因为我1957年刚毕业参加工作时就认识了这位前辈诗人、文学理论家、学者和文学界的领导;也不仅因为他的夫人牟决鸣是我的同事,我因此常常到他的家里去,与他交谈,聆听他的教诲;还因为在"文革"中我曾在哲学社会科学部罗山—息县干校里劳动,与他朝夕相处了一年多。因此,第二天一早,我就到他所住西裱褙胡同的家里去吊唁。

　　我想起许多铭记在心的往事。

　　学生时代我就读过何其芳的《夜歌和白天的歌》,选入中学课本的《生活是多么广阔》也曾经让我们这一代青年学生着迷。我第一次见到何其芳是在北京大学上学的时候。1956年党中央发出了向科学进军的号召,北大中文系邀请何其芳和吴组缃两位先生同时开《红楼梦》研究的选修讲座课程。两位知名人士讲同一个题目,这件事本身就有新闻价值,对我们这些学生有很大的诱惑力。况且何其芳与吴组缃两位前辈在观点上是颇不一致的。我所在的北大俄罗斯语言文学系不像哈尔滨俄专和北京外专那样重视学生的口语学习,因有曹靖华、魏荒弩、余振等教授兼作家的优势,而以俄罗斯和苏联文学为主要培养方向。我们除了基本的俄语课外,几乎每个学生都要修中文系和西语系的全部课程,而且是与中文系和西语系同学同堂听讲,区别在我们多是选修。逢到《红楼梦》讲座时,我是每场必到的。

　　当时,何其芳是文学研究所的副所长,所长是郑振铎。那时文学研究所叫北京大学文学研究所,办公地址就设在北大哲学楼的二楼。在1954年毛泽东发动的批判俞平伯的《红楼梦研究》运动之后,被视为党内马克思主义批评家的何其芳开始研究《红楼梦》,他不仅在北大讲《红楼梦研究》,同时也在中国作家协会文学讲习所讲这个题目,因此,格外引人注目。他认为宝玉、黛玉是叛逆性的典型的论点在文学理论界很有影响,也印入了我们的头脑之中。后来,人民文学出版社于1958年出版的《论〈红楼梦〉》(中国科学院文学研究所专刊)一书里所收的《论〈红楼梦〉》长文,我想就是在那些讲稿的基础上修改而成的。

何其芳

我参加工作后,特别是在1958年"大跃进"中,社会上和学校里掀起了一股对老学者进行学术批判的风潮。北京大学中文系五五级学生集体编著的《中国文学史》和北京师范大学中文系五五级学生集体编著的《中国民间文学史》,都是这类占风头之先的著作。北京大学文学研究所在哲学楼的会议室召开了几天的批判所长郑振铎学术思想的座谈会,《中国俗文学史》当然也被列入被批判对象。作为青年研究人员,我也应邀参加了批判会。会议由副所长何其芳主持。有一天,郑先生向大家说,明天我要到塔什干去参加世界和平会议,向大家请个假,大家的发言等我回来后再学习。第二天,大家在会议室里坐好后,等了很久,会议主持人还没有来。过了一些时候,何其芳和副所长唐棣华一起走进来,带着一脸的严肃,用低沉的声音向大家宣布:"我们的所长郑振铎先生,在飞往塔什干的途中,因飞机失事遇难了!我们的会议不开了。"他悲痛得说不下去了。而原定发表批判文章的《文学研究》杂志,已来不及更改,在何其芳的主持下,决定加出一本《增刊》,除了登载郑先生的生平介绍和讣告外,集中发表生前友好悼念郑先生文章,也包括何其芳的文章。

1959年,苏联青年汉学家李福清自费访华,何其芳在文学研究所接待他。因为李福清研究的方向是中国的民间文学,副博士论文是《孟姜女与万里长城的故事》,因此何其芳捎信要我到他的办公室去见李福清,参与谈话,并陪同李氏去逛天桥,听连阔如说《三国》,参观游览天坛、故宫,逛东安市场旧书摊。当时我们没有照相机,李福清带了照相机来,我们一起照了相,他赠给我一些俄罗斯民间木偶和他的上述著作。后来我们有书信来往。60年代中苏关系恶化,我们的来往就中断了。他到

作者与俄国汉学家李福清(1988.12)

北京大学进修,在北京的时间相当长,我都避免见到他,始终没有与他见面。但与李福清的交往,到了"文革"中,成为我被怀疑是苏修特务而受到审查和冲击的重要因素。在"文革"中,我把他的著作的封面和他签了名的扉页撕掉,逃过了抄家的红卫兵的眼睛,保留下来了。"文革"结束后李福清再次来华访问时,我把经历过"文革"还保留着的他的这本著作拿给他看,我们无不感慨系之。李福清1961年第二次来华时,我还在内蒙古鄂尔多斯草原上下放劳动。他这次结识了顾颉刚先生。他住在民族饭店,冯家升偕同顾颉刚去看他。他向顾先生赠送了自己的《孟姜女》一书,并从此与顾先生建立了联系。当时我国十分重视学习苏联的先进经验,顾先生得到李福清的著作后,也很高兴,急于想知道苏联学术界是怎样看待和研究孟姜女故事

的。顾先生当时的助手姜又安是他的一个远房亲戚,就住在他的家里,又懂俄文,顾先生就要他帮忙翻译李福清的这本著作。我从内蒙古回来后,到顾先生家里请他到中国民间文艺研究会来作关于《歌谣》周刊的回顾报告,他同我谈起这件事,并向我介绍姜又安。可惜的是,这部译稿在顾先生生前并没有出版。

何其芳在"文革"中备受江青和"四人帮"的帮派势力的迫害,身心受到严重损害。当时学部大院里"总队"和"联队"两派造反派对立严重。在"四人帮"的指使下,有些人对老干部和学术权威们搞残酷斗争,无情打击。他们逼迫何其芳敲着小锣绕场转,逼迫他跪在有玻璃碴的地上,打他,折磨他。即使在那样恶劣的环境下,他仍然是做什么事都认真负责。下罗山—息县干校后,让他喂猪,他养猪像写研究文章一样认真,伺候猪像伺候人一样充满了感情,在空旷的干校场地上,天天能听到他"罗,罗!"的呼喊声,看见他穿着围裙、扭动着肥胖的身体跟在猪群的后边跑来跑去。他的思想是那样纯洁无瑕,他的神情是那样天真烂漫。即使在心脏病复发中,他也还有宏大的抱负。他的最后一首诗里说:

笑看鼠辈冰山倒,能令龙骖晓日信。
敢惜蹒跚千里足,还教田野踏三春。

这样一个我所尊重的学者和前辈不幸逝世了,我想为他最后做一点事情。我打算在《人民文学》上发表他在最后的日子里写的回忆录。这是我唯一拥有的权力。我从他的夫人牟决鸣手里拿到了《历史研究》杂志为他打印的回忆录的讨论稿,并在得到她和子女何凯歌等的同意后,选择了其中的第十二节和第十三节,题目就叫《毛泽东之歌》。

我最为欣赏的,是他写毛泽东对他谈"共同美"的那一段。因涉及对毛泽东的回忆和毛泽东的原话,我请示刘剑青和张光年,得到他们同意后,便把校样送给国家出版局的局长王匡审批。王匡于9月1日批示说:

第一章 中国文坛的早春(1977)

此文粗看一遍。我觉得可以发表。主席的话,问过了,不能发表,只可用叙述式引出,我且代庖了。全文错字很多,想系未校样,请嘱人注意订正。高统购一节,文章示明,删去为宜。今后有关此类文章,请送(王)子野同志,因为他到底是你们的"家"也。王匡九月一日夜。

收到王匡的批文后,文章略作加工就发稿了。

在此,需要把事情的缘起做个交代。1960年,反修斗争开展得轰轰烈烈,与苏联的关系破裂了。文学研究所根据党中央书记处的指示,编辑了《不怕鬼的故事》一书,该书编成后,由所长何其芳撰写了序言。因事关大局,序言送毛泽东审阅。毛泽东于1961年1月4日和1月23日先后两次召见何其芳去中南海颐年堂他的住处,与他谈话,并亲笔对序言做了修改。何其芳回忆录的第十二节、第十三节写的就是毛泽东与他这两次谈话的内容和接见他时的情景。

送审校样及王匡批示

何其芳在回忆录里写道:

毛主席谈了一个很重要的理论问题——美学问题。
他说:各个阶级有各个阶级的美,各个阶级也有共同的美。

"口之于味,有同嗜焉。"史沫德莱说,听中国人唱《国际歌》,和欧洲不同,中国人唱得悲哀一些。我们的社会经历是受压迫,所以喜欢古典文学中悲剧的东西。

人类是否有共同美的问题,在思想界和学术界曾经引起过激烈的争论。说人类有共同美,这种观点曾经被说成是阶级调和论、宣传人性论。现在毛泽东自己说话了:"各个阶级有各个阶级的美,各个阶级也有共同的美。"他还引用了孟子的"口之于味,有同嗜焉"的话。何其芳亲耳听到毛泽东的这番话,但并没有及时地公布出来(当时也没有这样的社会条件),而是到了晚年,在毛泽东逝世之后,才借写《毛泽东之歌》的回忆文章的机会,把毛泽东在这个重要理论问题上的看法公之于众。在叙述了毛泽东的谈话后,何其芳还对此发表了一通议论:

美是一个复杂的问题。不同阶级之间是否也有一些共同的美也是一个复杂的问题。

我在报纸上读过一篇文章。它说:我们的五星红旗为什么美呢?是因为它代表我们伟大的社会主义祖国。这难道还有什么问题吗?但美的全部问题似乎并不是这样单纯。人民政治协商会议第一届全体会议决定国旗的时候,筹备会第六小组的报告关于拟制国旗图案有一个说明,认为"红色旗面三分之一处加黄色长条而以五星位于上角,这一形式较其他形式似乎变好些;盖红色象征革命,五角星象征共产党领导的联合政权,黄色长条则可以代表中华民族发祥地的黄河"。在大会投票的时候,我邻座的一位代表是大学教授,他接受了筹备会第六小组的推荐,决定投那个图案的票。他问我投哪一个图案的票。我把大会发的有几十张设计的图案翻看了一遍,决定了五星红旗。我们各投各的票。投票结果,大多数人都选了五星红旗。这位教授惊讶地对我说:"你怎么知道五星红旗会获得多数的票?"我说:"我哪里预先知道。我只觉得它美罢了。"这就是说,在国旗图案还没

马路右手的一幢小楼的二层。我顺着房子外面的楼梯拾级而上,来到他的家里。他的夫人陶萍接待我。陶萍也曾是中国作协的干部。她知道是北京来人,显得格外热情和亲切,遂把我领到里面的一间卧室里。萧殷有严重的肺气肿,正卧病在床。床上挂着蚊帐,枕边散乱地堆放着一些正在读的书。我就势坐在他的床边上,与他谈话。我介绍了此行的目的和我们刊物目前的情况,代刘剑青向他和陶萍问候,萧殷显得很兴奋,滔滔不绝地向我介绍广东文学界的情况,对我们的刊物也不时地发表一些评论。

萧殷说,《人民文学》的变化不大,有的小说还有"帮脸"。他称赞魏纲焰在《人民文学》上发表的文章写得好。他说,在近期的评论文章中,他认为姚雪垠的文章写得最好,但又似乎给人没有写完的感觉。

他对我说到我们编辑部对欧阳山一篇散文稿件的处理,对我们提出了批评。他说:"欧阳山的散文写得很好。他写了毛主席在延安召见他,同他谈话的情况。他说毛主席是争鸣的典范,对从旧社会来的作家、艺术家,非常耐心,往往对他们提出很多具体的意见。《在延安文艺座谈会上的讲话》每一句话都打到了我的心头。他从不打棍子、扣帽子,而是争鸣的模范。我以为欧阳山写得很亲切、很妥当。你们编辑部却要他删掉这段话,他觉得很难从命。你们如觉得不行,就不要采用算了!你们最好不要改动它。我与欧阳山讲,主席这样一个伟大的人物,每一个细节都是值得讲的,他的每一句话都是有根据的。在延安,当时墙报上乌七八糟的东西,什么都有。许多作家到延安后,骄傲得不得了。毛主席讲的都是有根据的,他不是从概念出发,而是从实际出发的。欧阳山今年又回了一趟延安,并顺路去了毛主席住的那座窑洞,1942年主席就是在这里与欧阳山谈话的。他这样写,是针对'四人帮'的。"萧殷还对我说:"我的文章里批了《春苗》,也被你们编辑给删了。为什么要删呀?我们这里,连新华社社长在内,都认为《春苗》是反党的。"

萧殷说:"'四人帮'的思想流毒不可低估呀。文化局有一位副局长,把我在文化局的一个辅导报告告到了中央'文革'小组。'根本任务'论不对嘛。我们《广东文艺》编辑部有一位副主任,至今还是'四

的知识分子作家,而是军人,是革命家,曾经当过粤中纵队的司令,当过广州市长,现在也加入到作家队伍里来了。广东文艺界的思想比北京文艺界要解放得多。《广东文艺》虽然是地方文艺刊物,却接连发表了一些在全国造成影响的文章,在全国文艺界不胫而走。

我到广州后的第一个访问对象是评论家萧殷。萧殷住在梅花村。在广州,梅花村是个文人荟萃的地方,在我要见的作家文人中,除了萧殷外,欧阳山、黄秋耘等也都住在这里。那里是一式的二层小洋房,整洁有序的小区道路给人一种曲径通幽的花园洋房的感觉。我之所以选择先去拜见萧殷,是因为萧殷50年代在中国作家协会工作过,曾任过《文艺报》主编、《人民文学》编辑部主任、中国作家协会青年作家工作委员会副主任、文学讲习所副所长等要职,60年代回到广东,是延安鲁艺出身、新中国成立后在北京长期工作的老一辈的文学评论家。他以前出版的《论生活、艺术和真实》、《习艺录》我在上学时就读过,对于他那从作品分析出发谈论创作经验、融知识性和批评性于一炉的评论风格,我甚是欣赏。在我看来,他在中国文坛上是个别具一格的评论家。

(自左而右)萧殷、欧阳山、于逢

我到萧殷家去拜访的那天是8月21日,星期日。他的家住在小

何其芳的追悼会1977年8月4日上午在八宝山革命公墓举行。追悼会规模盛大。在京的许多文艺界人士都到那里去向何其芳这位忠厚的好人、著名的诗人兼学者做最后告别。周扬、夏衍、张光年、葛洛、冯牧等参加追悼会并向何其芳的遗体告别。我印象最深的是,在参加追悼会的人群中,我也看到了林默涵。他穿着一件很旧的蓝制服,听说是特地从江西丰城他的流放地赶来向老朋友告别的。自从1966年6月"文化大革命"爆发,林默涵和周扬一起被当作中宣部"阎王殿"里的"大阎王"打倒之后,十多年的时间里,再也没有见过他的面。没有想到,他会在十年后,在这样一种场合里向公众露面。

第一次接触广州文艺界

1977年8月18日发表了中国共产党第十一次代表大会的新闻公报。20日晚,我受编辑部派遣去广州出差,目的是按照十一大的口径组织宣传毛泽东文艺思想的稿件。到广州后,住在东山广东省委招待所。在招待所里,我见到了林元。他原是老作协的干部,粉碎"四人帮"后,在文学艺术研究院工作,协助时任常务副院长的冯牧创办了《文艺研究》杂志。在北京时,我已经和他在一些会议上认识了。他是老广东,最近摔断了腿骨,在招待所里住着养伤。文研院属文化部管辖,成立比较早,吸纳了原来中国戏曲研究院、中国曲艺研究会、中国舞蹈艺术研究会等各艺术研究领域里一些有研究基础和才能的专家,成立了好几个研究所。当时中国文联和中国作协还没有恢复,连冰心、周立波等老作家的关系也挂在文研院。

这是我第一次与广东文艺界接触。几天里,我马不停蹄地接连拜访了许多文学界的知名人士,如欧阳山、陈残云、杜埃、萧殷、秦牧、吴有恒、黄宁婴、岑桑、黄培亮等。比较起一些省会来,广州的文艺界不愧是泱泱大都会,有那么多在全国有影响的作家、评论家!欧阳山的《三家巷》在60年代"左"的思潮下曾受到某些非议,但我是颇为欣赏的。陈残云的《香飘四季》,写南国的农村生活,别具风采。除了一些早就熟悉的作家外,这次到广州,我还认识了吴有恒,他不是一般

有成为国旗以前,在它还不是代表国家而仅仅是被选择的草案之一的时候,就有美或不美的问题,有美或者更美的问题。

我举这个例子还不是想以文体说明各个阶级有各个阶级的美,各个阶级也有共同的美。虽然五星红旗获得多数的票,肯定其中有工农兵的代表,不会只是一个阶级或者一个阶层认为五星红旗美。但无论如何,这个例子可以说明,美并不是一个简单的问题。五星红旗被人民政治协商会议的多数选定为国旗,首先是因为它本身是美的。它成为我们的国旗以后,我们就热爱它,尊敬它,觉得它更美了。这种美就不仅是原来的图案的美,而是更有社会意义的美了。

毛主席说各个阶级有各个阶级的美,各个阶级也有共同的美,到底应该怎样理解呢?……根据我们理解,各个阶级感到共同的美又还是有所不同的,有不同的阶级性的差异的。正如"口之于味,有同嗜焉",同嗜之中仍包含着不同一样。

是又不是,存在又不存在,同又不同,这不符合形式逻辑,但却是符合辩证法的。

何其芳用毛泽东的各个阶级也有共同美的意见,批判"四人帮"及其追随者的形而上学。他说,"四人帮"及其追随者们认为,"承认各个阶级有共同的美,就是人性论。即使认为各个阶级感到的共同的美仍然是又同又不同,仍然有阶级性的差异,也是绝对的完全的百分之百的人性论"。

何其芳的回忆录中的《毛泽东之歌》,经过王匡的审查,顺利地在《人民文学》1977年第9期发表了。我组织并提供的何其芳的这篇遗作,也寄托了我对这位前辈学者和文艺理论家的哀思。文章发表后,不出所料,在文艺界和学术界引起了很强烈的反响,人们最为关注的,与我最初的直觉一样,是毛泽东关于共同美的意见。

何其芳晚年写的那本回忆录,在他身后收入由他的弟子们编辑的六卷本《何其芳文集》(人民文学出版社1983年)中。文集最后一篇文章是作于1977年4月的一首旧体诗《偶感》。

人帮'那一套的思想,到处打棍子、扣帽子,是典型的艺术教条主义。《广东文艺》4月号上还发表了一篇批周扬的文章。所以从第7期起,领导上叫我把刊物管起来。本来我要发一篇文章的,但我看到吴有恒写的一篇文章,写得很好,就决定先发他的这篇。他曾是珠江纵队的司令员,在香港领导过工人罢工,新中国成立后任过广州市委书记。我是1936年认识他的。有些青年作者,对'四人帮'宣传的那套'三突出'的创作模式中毒很深,现在批了这些东西,他们感到无所遵循了。"

他建议说,现在还没有开全国性会议的条件,建议《人民文学》编辑部召开一个会议,找一些人来交流交流情况和看法。规模不要大,一次十几个人就可以。

离开广州前,26日我又去萧殷处,向他辞行。他又对我谈了一些很重要的想法。他说,做编辑和搞评论,都不要以个人爱好为标准,要注意团结老作家,过去搞得太单调了。他希望我回京后,向有关方面反映一下,尽快恢复文艺团体。文联和作协是做群众工作的,是党联系作家艺术家的纽带,是文化局不能代替和无法代替的,应尽快批准恢复起来。

萧殷所谈编辑部对欧阳山稿子的处理问题,以及欧阳山的不满,因我不太清楚,遂于23日下午给北京挂电话询问。副主编刘剑青接的电话。他在电话里说:编辑部意见是,文章把落脚点放到不打棍子、不扣帽子上,不好。但欧阳山不同意修改,来信说不要用了,所以编辑部决定不用了。为此,我专程到欧阳山家里去传达了剑青的意见,并作解释。

秦牧是我最喜欢的作家之一。他的散文不属于抒情的那一类,而更多的是知识性的散文,融知识于艺术性之

秦 牧

中。1962年上海版的《艺海拾贝》之所以能久不绝版,就是因为这种艺术特色而在青年读者中享有盛誉。在我来穗之前不久,在《广东文艺》上刚读到他的《论十大关系》的文章,纵论粉碎"四人帮"后文艺上的种种关系和问题,一针见血,文锋犀利,文采飞扬,颇见新意,因而备受文坛注意。因此,他是我这次广州之行必定要拜访的一位作家。

1977年8月22日(星期一)上午,我去拜访秦牧。由于他是省里的文艺领导干部,是要上班主持工作的,因此我没有去区庄黄华新村他的家里拜访,而是到文德路省文艺创作室的办公室去。一个作家在办公室里接见来约稿的编辑,像现在坐在大班台后面的老板、经理对待来客那样,未免有点儿公事公办。起码在我的心理上是这样的感觉,不像在萧殷家里那样谈话时心情放松和平等。

秦牧是个心直口快的作家,知道了我是《人民文学》的理论评论编辑,就对我开诚布公地说:"你们编辑部任意删改萧殷的文章,把文章改错了!把'惺惺惜惺惺'这个成语,给改成'猩猩惜猩猩'了。这可不好!"秦牧所说的萧殷的文章,是指发表在《人民文学》1977年第4期上的《是革命英雄,还是内奸典型?》。

这个错误是怎样造成的,是编稿时的错误还是校对时的错误,我不得而知。稿子虽然不是经我的手处理的,但当面批评我们的编辑水平低、乱改作家的文章,以致闹出笑话来,又凿凿有据,我的脸上的确有点儿挂不住。一个国家一级的文学杂志,竟然闹出如此笑话!我只得赶快接受批评,忙作检讨。

"惺惺惜惺惺"原是《西厢记》戏里的一句戏文,由于我们的一知半解,知识不扎实,不懂得"惺惺"指的是那些聪慧之人,又懒得去查工具书,于是将其误为动物的"猩猩"了。一对聪慧的君子相怜,竟然变成了一对动物相怜,这玩笑也开得太大了。对这个成语,原来我也是不甚了了,吃了这一亏,回来我也就老老实实查了一番文献。《乐府群珠》第四卷关汉卿《普天乐·崔张十六事酬和情诗曲》有句:"五言诗语句清,两下里媒为证,遇着风流知音性,惺惺的便惜惺惺。"《西厢记》第一本第三折:"方信道,惺惺的自古惜惺惺。"这也许就是这个成语的原始吧。

从震惊中醒来,明白了一个道理:不要以为在北京的大刊物老刊物做编辑,就很称职了。大刊物的编辑竟然闹了如此笑话,又被人捉住,此等丑闻,时下已在广东文艺界广为传播,这也是非主观愿望所能制止得了的。这教训实在是太深刻了。

脑子不停转动着的秦牧,另辟思路,对我说:"《人民文学》1977年应为天下先。到了一定阶段,就应做到挥洒自如,大刀阔斧,独到境界。要在敢作敢为方面做点事情出来。人家不敢发的,你们要敢于发。希望能在《人民文学》上读到有思想性的、有创见的理论。让读者打开每一期刊物,都能产生新鲜感。"

他的"应为天下先"的话使我不胜惊讶。这番话,也使我想起我从北京临行前,阎纲对我说的他5月份去广州约稿时秦牧对他说的话:"现在《人民文学》百花齐放做得差,刊物的文气也不足。应有文艺性的分论,应发表哲理诗和童话。应发表供大家学习的示范性的作品。"

前后两相对照,他的见解是一脉相承的,既对《人民文学》的编辑工作感到不满足、不满意,又对《人民文学》寄予很高的期望。"应为天下先"和"敢为天下先"是他的办刊意见的核心。一个刊物的编者,要敢为天下先,要敢于做第一个吃螃蟹的人,敢于提出别人没有提出的新见,敢于发表别人没有发表的富有新意的作品。不能提供这样的文章与作品,一个刊物怎么能给人耳目一新之感,怎么能取信于读者呢?此公所言极是。如果安于不前不后,人云亦云,求平求安,就"不如回家卖红薯"去吧。"敢为天下先"应成为主编或编者的座右铭。请问,有的自称或被称"名编"的同行朋友,一生中有过几回"敢为天下先"的时候?

我是来约稿的,没有忘记向他提出我们的约稿要求。快人快语的秦牧也爽快地答应了,并要我星期三上午来取稿。秦牧是散文随笔杂文作家,文章自成一家,除了作家这个头衔外,还当过《羊城晚报》的副总编辑,主持过著名的《花地》副刊,其笔头之快,有倚马可待之誉,文坛上是多有所闻的。他应我所约而为《人民文学》写的文章,就是稍后发表在《人民文学》1977年第12期上的那篇《辨明大是大非,伸张革命正义》。

短篇小说座谈会始末

到1977年9月,《人民文学》已经陆续发表了一些初步摆脱"四人帮"的文艺教条、思想性和艺术性都较好的作品,特别是短篇小说。刊物上已经涌现出了一批青年作者队伍的作品。如"文革"前就开始写作品的王愿坚、吉学沛、萧育轩等,更年轻些的如邹志安、叶文玲、贾大山等。但许多重要作家都还没有获得自由或刚刚获得自由,更多的作家还没有开始动笔写作。"文革"前最活跃的一批小说作家如沙汀、王汶石、李准等,和反右中被错误处理的如王蒙、白桦、邓友梅、刘绍棠等,都还没有纠正平反或没有开始写作。《林彪同志委托江青同志召开的部队文艺工作座谈会纪要》还没有被批判。刊物的编者和作者所受"四人帮"思想的毒害,也还需要时间在揭批中加以清除。刊物上发表的一些揭批"四人帮"及其在文艺界的流毒的作品,也还没有彻底摆脱"四人帮"的精神枷锁,帮腔帮调还相当严重,许多作品还显示出图解概念的影子。总之,作者们的思想还没有充分解放。张光年说得好:都在"戴着枷锁跳舞"。

无论着眼于揭批"四人帮"的第三战役,还是着眼于推动社会主义文学创作的发展,《人民文学》似乎都需要在正常组稿之外,另采取一些措施。评论组在9月20日研究第11期的选题时,提出希望召开一次短篇小说的小型座谈会,来谈论当前小说创作中出现的问题。经过考虑,到9月27日,在编辑部各组组长参加的碰头会上,主持工作的副主编刘剑青肯定了召开一次短篇小说座谈会的设想。但他同时也表露了一些担忧:"当前全党全国正在抓揭批'四人帮',我们却召开短篇小说座谈会,合适吗?"当然,这个座谈会如果能开成,它将被作为长达十年的"文化大革命"之后第一次全国性的文学界的集会记载于中国现代文学的史册上。在当时,这无疑是一个大胆的、出奇制胜的想法。(后来引起轰动效应的刘心武的短篇小说《班主任》,由崔道怡初审并提供,刘剑青审阅同意,由张光年决审,就是在这次碰头会上安排在《人民文学》1977年第11期上发表的。)

小说组和评论组各自都认真做了准备后,10月8日,刘剑青带上小说组组长涂光群和评论组组长的我,到主编张光年家里汇报,得到了张光年的同意,将召开短篇小说座谈会的计划确定了下来。10月11日,张光年又召我们去做了一次研究,他在听完编辑部关于当前创作形势的汇报,沉思有顷之后,对编辑部提出的以控诉"四人帮"、贯彻"百花齐放"方针、促进小说创作的发展为座谈会的中心议题表示同意,并对座谈会提出了20字方针:"生动活泼,交流经验,交换意见,不做结论,择善而从。"

粉碎"四人帮"后的第一次文学界会议——"短篇小说创作座谈会"于1977年10月20日在北京虎坊路附近的远东饭店开幕。这是一家很小的饭店,但很清静幽雅。它大约从来还没有与灾难深重的作家们发生过什么关系。也许有什么缘分,从此有好几次文学界的会是选择这里作为会址的。

短篇小说创作座谈会与会人员合影(1977.10)

应邀到会的作家和评论家,包括老中青三代。有茅盾、沙汀、刘白羽、周立波、张光年、王子野、马烽、李准、王朝闻、茹志鹃、韦君宜、王愿坚、邓绍基、张庆田、张天民、林雨、邹志安、叶文玲、赵燕翼、萧育轩、陈骏涛、张家钧(张韧)。编辑部人员,除了刘剑青外,小说组的涂光群、崔道怡、向前,评论组的刘锡诚、阎纲、吴泰昌等许多编辑同志都参加了。

外地的作家,如马烽、茹志鹃、张庆田等都住会。李准早已在京,住在西四北四条北京电影制片厂厂长汪洋的家中。周立波当时虽还是湖南省的作家,获得自由后来京休养,家在北京百万庄一带的"宇宙红"(当时极富"文革"时代色彩的小区名称)的简易楼房4楼3门7号,因身体不好,他不愿往返奔波,也就住在会上。沙汀为向人民文学出版社送他在粉碎"四人帮"后写成的第一部中篇小说《青㭎坡》的稿子,已于9月13日抵京,住在西直门附近的国务院二招227房间。在开会前,阎纲、涂光群、周明和我等人,都曾前去招待所拜见过他,并约他在会上发言。开会那天早晨,我跟随《人民文学》编辑部派的车,先去招待所接上沙汀,再去宇宙红接上周立波,把他们送到会场上来。会议邀请的外地作家中,还有孙犁因身体不好,不能前来与会。

张光年主持了这次短篇小说座谈会。在这次座谈会之前,《人民文学》编辑部小说组向到会的作家评论家提供了当年在刊物上发表的几篇较好的小说,作为参阅作品。有徐光耀的《望日莲》(第3期)、萧育轩的《心声》(第4期)、邹志安的《工作队长张解放》(第7期)、王愿坚的《路标·足迹·标准》(第7、8期)、叶文玲的《丹梅》和贾大山的《取经》(《河北文艺》第3期)等。在座谈会上,每位作家都发表了自己的见解。老作家沙汀、周立波、李准、茹志鹃、王愿坚等短篇小说行家的发言,切中要害,一新耳目,对于推动创作的提高,极为有益。我这里只选录几位老作家的发言摘要引在下面,可见一斑。

茹志鹃说:正面写与"四人帮"作斗争,不好写。《十月风云》已经写得很全面了,但不能都这样写,否则就成为一个框子了。值得商榷的是,怎样写得更深刻一些。现在报刊上既没有评论,也没有讨论。评论和讨论能起到指导的作用。不写"四人帮"的猖狂不行,他们的触角伸到了生活的各个角落。有的作品把这场斗争简单化了,把"四人帮"写成穿着皮夹克、叼着烟的流氓。有的作品里,甚至还散发着"四人帮"遗留的帮风帮气,人物一出场就是未卜先知的,首战告捷。读了今年以来《人民文学》上的一些作品,感到很振奋。如转载《河北文艺》发表的贾大山的短篇小说《取经》。这篇小说好就好在写被批判的人物,并未被作者当成批判人物来写,没有帮风。联系到文艺评论问题,要对作品进行分析。李准说,我们这一代作家是党培养起来的。老作家培养了我们,我们每前进一步,他们都感到高兴;我们有退步,他们就担心。叶文玲写得不错。假如有个评论家分析一下叶文玲的小说,就既出了文,也出了人。否则,新的一代作家冒出来,特别是女作家,如果没有人评论,可能就自生自灭了。因此,需要有一个像《文艺报》那样的全国性的文艺评论刊物。评论工作要有权威性。评论刊物,不仅作家需要,读者也同样需要。上海"文革"中有《朝霞》,有石一歌,散布了大量毒素,现在需要消毒,但上海只有一家《上海文艺》,任务就太重了。北京有"四人帮"的御用工具初澜,这个写作班子里的很多人,现在还在。要通过文艺评论的武器来对他们的流毒进行批判、消毒。在写作中,题材的处理也存在着一些问题。譬如从什么角度写?(张光年插话:与其从正面写,不如说是从表面写。)要学会以小见大。一部文学作品要写一个世界是做不到的,只能以小见大。"三突出"、"三陪衬"是不能要了,但正面人物还是要写的。是否应把正面人物写成成长中的人物?在不损害人物品质的前提下,也可以写英雄人物的缺点。

周立波说:"文化大革命"至今十几年了,许多作品都没有看,有的是不让看。在这次座谈会前,看了几篇小说,感到水平不低。王愿坚的《足迹》写得好,好在领袖写得好。叶文玲的《丹梅》写得很清新,具有反"四人帮"的意义,而且反应很迅速。贾大山的《取经》也写得好。萧育轩的《心声》篇幅较长,看得出来他对生活很熟悉。从这四篇小说看,短篇创作是向前迈进了。好作品要推荐。作家都是从杂志里出来的。作家的出道,靠杂志,也要靠选集、靠评论家。编选集时,少选一些老作家的作品,多选一些年轻作家的作品。(张光年:李准同志谈起过这个问题,要编选集、要有评论。是否从现在起,《人民文学》编辑部和出版社可以每年编一本《年选》。李准:评论不一定很长,可以像《千家诗》那样,点到为止。)"四人帮"的残酷性要写,甚至要靠文学作品去反映。"文革"中,由于专案人员换来换去,我跟随王震同志南征北战的八本日记找不到了,我在延安鲁艺的讲义也找不到了。江青的"文攻武卫"是反革命的,我的东西丢失,恰恰就是文攻武卫的结果。对文攻武卫批判得太少了。曹大澄写了一部东西,揭露"四人帮"的残酷性,他在写作前看过《奥德萨档案》,但他写得要比《奥德萨档案》好,却也还是残酷性写得不够,正面的又压不倒反面的。陈毅、贺龙都是在"文革"中受迫害而死的。江青、"四人帮"之所以要迫害我们这些人,是因为我们知道他们30年代的老底。其实那个时代我们算什么?我们光知道歌颂杨开慧烈士是应该的,所以我写了《韶山的节日》。张春桥就写了个报告给康生,康生又转给了江青。于是,就整我,开会斗争我,问我的文章毒在哪里?我说不知道。后来有人告诉我说,我写了杨开慧是毛主席的前妻。那些爪牙在斗我时说:"你的东西坏到不能登报批评,不能公开检讨。"因为这个东西,弄得王匡也要检讨。本来也要陶铸检讨的。江青六次点我的名,有一次她说:"周立波这个人坏透了。"

沙汀说:有的人一定要正面写,白刀子进去,红刀子出来。这并不一定是个好的办法。鲁迅的《药》是写革命家秋瑾的,题材很深远、很重大,但鲁迅写的却是茶客,写用拳头打人,写"用馒头蘸血舐",写老百姓的愚昧落后。《离婚》写黑暗势力的强大,这是不是说不依靠群众?当然不是。列宁说过,统治阶级要维持自己的统治,不光是依靠军队、警察、法院,还依靠群众的落后。(张光年:还依靠宗教。)试问,在《白毛女》中,是写杨白劳喝卤水能启发人们的觉悟,还是写他拿起扁担痛痛快快地打地主老财更能启发人们的觉悟?我们有些观点是片面的、形而上学的。应当把艺术形式与内容分开来。作品的主题从何而来?从生活中来。作家要运用马列主义立场观点去观察生活,提取有重大意义的题材,然后下笔。不是翻翻书就能找出主题来。《伤逝》写一个小家庭、一个独立王国,意在反封建。一般来说写出这一点也就够了。但鲁迅却写子君与涓生分开,去寻找新的道路。他在小说里把大事件与小事件结合起来。鲁迅曾经说过,不能写大建筑,能不能写一砖一石呢?短篇小说不能求全面。任何人所接触的都是生活的一个部分。(张光年:都写整体,就不要典型了。)鲁迅的《孔乙己》有好长?很短,只有三四千字,但那是篇好作品。作者写孔乙己无以为生、穷困潦倒,是唯一站着吃酒而又穿着又破又脏的长衫的人。他沦为偷贼。酒客的话把他的悲剧形象勾画出来了。小说抨击了封建的科举制度对知识分子的戕害。如果按"四人帮"的写法,是不是要写丁举人把孔乙己拿下,棍棒齐加?

经过集思广益,会上大家形成了一些较为成熟的见解。编辑部指定由我执笔写了一份讨论纪要,编印成《人民文学简报》第3期(内部参阅,1977年11月19日印发),作为向出版局等上级机关及领导人汇报之用。作为一份文学史料,现将其引录在下面。为了尊重历史,实事求是,在引用时,一些受当时历史情况的限制而现在看来已很不适当的提法,如什么"无产阶级专政条件下继续革命"等,也一仍其旧。

为了响应华主席在党的十一大政治报告中向文艺战线提出的战斗任务,深入揭批"四人帮"反革命的修正主义文艺路线,推动文学创作的繁荣和文学评论的开展,本社十月十九日至二十五日在京召开了有老中青作家、评论家、文学编辑和青年业余作者二十多人参加的短篇小说创作座谈会。

座谈会以毛主席制定的无产阶级文艺路线、文艺政策以及华主席在十一大的政治报告为指针,联系文学战线上惊心动魄的阶级斗争,揭发批判了"四人帮"对文学事业的摧残,批判了"四人帮"炮制的阴谋文艺及其修正主义文艺路线,就当前文学创作中存在的问题及其如何提高短篇小说创作的思想艺术质量问题,交换了意见。大家认为,要繁荣文学创作,必须高举毛主席文艺思想的旗帜,打好揭批"四人帮"的第三战役,进一步肃清"四人帮"在文学领域里的流毒和影响,认真贯彻执行"百花齐放、百家争鸣"的方针,调动一切积极因素,努力创作出大批具有革命政治内容和尽可能完美的艺术形式、丰富多彩的文学艺术作品,包括短篇小说,满足广大人民群众对文学艺术日益增长的需要。

(一)讨论了当前短篇创作的五个问题

1. 短篇小说创作怎样更好地反映同"四人帮"的现实斗争问题。粉碎"四人帮"以来,报刊上陆续发表了一些以同"四人帮"作斗争为题材的短篇小说,其中思想上、艺术上都比较好的有萧育轩的《心声》(《人民文学》1977年第4期)、邹志安的《工作队长张解放》(《人民文学》1977年第7期)和贾大山的《取经》(《河北文艺》1977年第3期)。到会同志认为,我们要坚持为工农兵服务、为社会主义革命和建设服务的方向,就要提倡反映当前抓纲治国的现实斗争,特别是要提倡写并且努力写好第11次路线斗争这一重大题材,力求反映出在这一伟大斗争中的英雄人物,用毛主席在无产阶级专政条件下继续革命的思想教育读者。但在表现这一重大现实题材方面,当前存在着不少问题。这些问题大致是:(1)有的作品原来是按"四人帮"的理论写与所谓"走资派"斗争的,现在倒了个个儿,把其中的"走资派"改成了革命老干部,把所谓"造反战士"改成了"四人帮"的喽啰,而创作方法、艺术思想却一仍旧贯,充满了"帮"腔。(2)把同"四人帮"的斗争简单化。茹志鹃说,有的作品,英雄人物一出场就神气得不得了,未卜先知,"四人帮"的爪牙则被写成小丑,叼着烟卷,穿着皮夹克,歪戴着帽子,把反面人物脸谱化、漫画化。正反面人物都不是有血有肉的形象,特别是没有写出"四人帮"的凶残性。李准说,这一倾向在其他艺术形式方面表现也相当突出,最近上演的话剧《转折》就是一个不成功的例子。(3)有些作者受"四人帮""从路线出发"谬论的影响,动辄就正面去写某个重大事件、重大主题,甚至写整个"文化大革命",结果弄得公式化、概念化,作品里充满政治口号以及马列和毛主席著作的黑体字。他们不懂得短篇小说应"以小见大",从一两个人物、一个家庭,

第一章 中国文坛的早春（1977）

人民文学简报

第 3 期 （内部参阅）　　《人民文学》编辑部编

一九七七年十二月十九日

本社召开短篇小说创作座谈会

为了响应华主席在党的十一大政治报告中向文艺战线提出的战斗任务，深入揭批"四人帮"反革命的修正主义文艺路线，推动文学创作的繁荣和文学评论的开展，本社十月十九日至二十五日在京召开了有老中青作家、评论家、文学编辑和青年业余作者二十多人参加的短篇小说创作座谈会。

座谈会以毛主席制订的无产阶级文艺路线、文艺政策以及华主席在十一大的政治报告为指针，联系文学战线上惊心动魄的阶级斗争，揭发批判了"四人帮"对文学事业的摧残，批判了"四人帮"炮制的阴谋文艺及其修正主义文艺路线，就当前文学创作中存在的问题以及如何提高短篇小说创作的思想艺术质量问题，交换了意见。大家认为，要繁荣文学创作，必须高举毛主席文艺思想的旗帜，打好揭批"四人帮"的第三战役，进一步肃清"四人帮"在文学领域里的流毒和影响，认真贯彻执行百花齐放、百家争鸣的方针，调动一切积极因素，努力创作出大批具有革命政治内容和尽可能完美的艺术形式、丰富多彩的文学艺术作品，包

～1～

《人民文学简报》

透视出一个社会；只懂得正面突击，不懂得迂回、侧击，只懂得说教，不懂得文艺作品的使命在于用艺术形象打动读者。

2. 关于生活与创作的关系问题。与会同志揭发批判了"四人帮"颠倒生活与创作的正确关系，表示努力恢复毛主席倡导的作家要深入生活、创作要从生活出发的原则。同志们一致指出，"四人帮"出于篡党夺权的邪恶目的，肆意颠倒是非，混淆黑白，歪曲历史，按照自己的反动意图来定题材、主题、人物和情节，把作者关在房子里苦思冥想，东拼西凑，把短篇小说变成了他们搞政治阴谋的工具。他们竟然让作家坐飞机过雪山草地来"体验"红军的长征生活，让青年作者把唐山地震时腿部受伤仍然坚持工作的老干部写成"断了腿还在走的走资派"！"四人帮"鼓吹"从路线出发"、"主题先行"等许多修正主义口号，鼓励脱离生活瞎编故事，许多作品没有深厚的生活基础，不是对生活的概括、提炼和反

映,而是阴谋政治的图解。与会同志们认为,这个流毒很深,要彻底肃清还要下功夫。与会作者结合自己的创作实践,畅谈了深入生活的重要性。周立波说,他之所以写出《暴风骤雨》,是因为他参加了东北的土改,对那里一些村子的社会情况和人物比较熟悉。马烽说,他有几个村子做"生活的根据地",能说出那里的子丑寅卯,对那里的情况比较了解。一个作家如能像解剖麻雀那样深入细致地了解一两个村子(当然还不够),对文学创作会有极大的好处。他还提出,作家最好在基层(如县、公社)兼职,以便更深入地了解、观察、分析、研究那里的情况和人物。王愿坚说,作家必须长期地全心全意地到群众的火热斗争中去,争当群众的知心人,生活的有心人,创作的用心人。与会者指出,生活是创作的源泉,革命文学作品是人民生活在革命作家头脑中的反映的产物。目前,我国社会主义革命和建设正处在一个新的发展时期,工业学大庆、农业学大寨的群众运动如火如荼,"大庆人"、"大寨人"式的英雄人物大批涌现,文学家应当赶快去找他们,写他们。

3. 关于革命的现实主义和革命的浪漫主义相结合的社会主义文学创作方法问题。与会作者一致认为,为了打碎"四人帮"的"三突出"之类的文艺枷锁,更集中、更典型化地反映社会主义革命和建设,尽快提高创作的政治艺术质量,必须重新学习和掌握毛主席倡导的革命现实主义和革命浪漫主义相结合的创作方法。茅盾提出,要文学评论家研究"二革"结合问题。他说,毛主席在社会主义革命和社会主义建设的新条件下,提出了"二革"结合这个问题,指示了文艺作品必须遵循的创作方法。作家如果没有真正弄通马列主义、毛泽东思想,就不能从纷纭复杂的社会现实中透过表象而认识其本质,不能看到社会发展的方向;同时,如果作家不能全面看问题,不能从比较长的历史阶段看问题,那么,即使他的作品有革命乐观主义的豪言壮语,却未必有大气磅礴,感人至深,指出方向,坚定必胜信心,立足于革命现实而又比现实提高一步的革命浪漫主义。张光年指出,周总理在第三次文代会上说,革命的现实主义是基础,革命的浪漫主义是主导,这就要求我们认真学习马列主义和学习社会,不断改造世界观,把革命的理想、充沛的热情,同坚持真理、实事求是的精神,水乳交融地统一到自己的作品里。刘白羽说,毛主席的著作和诗词就是"二革"结合的典范,我们要把"二革"结合的创作方法运用于短篇创作,才能创作出典型环境中的典型人物,打动读者。

4. 关于短篇小说的题材问题。与会作者指出,"四人帮"在文学创作中只允许一种题材——写所谓与"走资派"的斗争,堵塞了文学创作百花齐放的道路,路子越走越窄。李准说,现在我们要把作者的眼界扩大开来,我们的文艺作品不仅应该反映当前的现实斗争,也要反映革命历史题材,科学、教育方面的题材也应大力提倡。陈骏涛在书面发言中指出,当前我们要澄清"四人帮"在题材问题上造成的混乱,要划清重大题材和非重大题材、主要题材和次要题材的界限。他主张,应当首先保证有相当数量和较高质量的反映阶级斗争和路线斗争的重大题材的作品,大力提倡作家去熟悉和表现这些重大题材,但并不排斥作家有选择表现各类题材的自由。"四人帮"垮台一年来,短篇小说的题材比过去开阔了,除了反映同"四人帮"作斗争的作品外,同时出现了一些反映革命历史题材,特别是描写领袖形象的短篇,如王愿坚的《足迹》《路标》,也出现了叶文玲写的《丹梅》这一类写新人新事的作品。到会作者表示要从各条战线、各个领域来表现我国人民实现四个现代化的伟大斗争,描绘我们绚丽多姿的生活风貌。

5. 提高短篇小说的思想艺术质量,把小说创作搞上去。短篇小说是文学创作中的一个重要门类,比较容易迅速地反映现实斗争。它靠塑造栩栩如生的人物形象打动读者、教育读者,因此作家要努力提高短篇小说创作的水平。"四人帮"统治文坛时期,短篇小说创作遭到严重破坏。许多作者忽视了对人物的刻画和典型的塑造。与会同志就短篇小说的艺术构思、题材提炼、写作技巧、语言、风格以及文风等问题，互相切磋，决心在艺术上精益求精，勇于创新，努力写出好作品来。与会同志批判了"四人帮"只准"一花"独放，推行一种风格的文化专制主义，提出要发扬作家风格的多样化。王朝闻指出，文艺要服从生活状态的多样化，服从艺术爱好的多样化，服从总的政治任务之下的具体任务的多样化，提倡作家有个人的独特风格。对于风格的态度问题，要从为谁服务这一根本问题、原则问题来考察，它是一个要不要贯彻毛主席的文艺路线和体现"双百方针"的问题。与会作者认为，马克思在《评普鲁士最近的书报检查令》中说："你们赞美大自然悦人心目的千变万化和无穷无尽的丰富宝藏，你们并不要求玫瑰花和紫罗兰发出同样的芳香，但你们为什么却要求世界上最丰富的东西——精神只能有一种形式呢？我是一个幽默家，可是法律却命令我用严肃的笔调；我是一个激情的人，可是法律却指定我用谦逊的风格。"这段话清楚地表明了风格的多样性只能促进文学创作的繁荣与发展，而不是相反。

（二）加强文学评论工作

座谈会上讨论了如何加强文学评论的问题。与会同志指出，由于"四人帮"的破坏和干扰，"缺少文艺评论"，文学评论就更少。"四人帮"打着文艺评论的幌子，扣帽子，打棍子，搞"一言堂"，不准争鸣。不批评则已，一批评就一棍子打死。粉碎"四人帮"后，文学评论有所改善，但仍然薄弱，与当前批判"四人帮"的斗争，与全面系统地阐述毛主席文艺思想体系的要求，很不相称。对文学作品的评价和文学创作的指导不够，没有不同观点的争鸣和讨论。

与会同志听到以华主席为首的党中央批准《文学评论》杂志复刊，非常高兴，感谢华主席、党中央对文学战线的亲切关怀，决心发挥文学评论的战斗作用，深入批判修正主义的文艺观点和有害作品；加强对优秀作品特别是青年作者的作品的热情帮助，促进文学队伍的壮大。同时要鼓励文学评论工作中百家争鸣。

会前，我和周明曾去拜访过茅盾。茅盾是中国作家协会主席，虽然中国作家协会至今还没有获准恢复工作，但在我们这些编辑人员的心目中，茅盾还是成就和威望无可超越的作家。年事很高的茅盾听说要开这样的一个短篇小说座谈会，很高兴，答应到时候到会。他要我们谈谈对当前短篇创作的看法。我们说短篇小说已渐繁荣，但短篇小说也存在着越写越长的倾向。10月23日茅盾应邀来到东四礼士胡同当时的文化部政策研究室（借用的会场），并在会上作了题为《老兵的希望》的讲话，同与会人员一起照相留念。这是长达十年的"文化大革命"之后，茅盾第一次出来参加文学界的会议，第一次就文学问题发言。这是有历史纪念意义的。他的这篇文章分别发表在1977年11月12日的《光明日报·文学》和《人民文学》1977年第11期上。正如茅盾所说："多年没有开过这样的会了，只有在打倒'四人帮'之后，才有可能开这样的会。这次座谈会，人数不多而方面甚广；作家而外，有诗人、评论家，都是文坛上久经考验的坚强战士，卓有贡献，向来为广大读者所欢迎和热爱。现在共聚一堂，畅谈心得，交流经验，必将对创作的繁荣发展，发生重大影响。"①

20年后，老友周明打电话告诉我："茅公到礼士胡同129号出席短篇小说座谈会与代表们见面的照片，是潘德润同志拍的，我已经将其捐给了茅盾故居，现在已经放大悬挂在故居的大厅里了。"他还神秘兮兮地告诉我："那画面上还有你我的头像呐。"这真是一幅珍贵的留影！我手里也保存着一帧。

会议于24日下午结束。张光年作了总结发言。

座谈会闭幕后，来自北京和外地的二十多位与会代表，于10月25日乘车到香山游园。这么多老中青作家、评论家和编辑一起到香山游园，也是十年"文革"后残破不全的中国文学界的一件盛事。香山，不仅对于外地作家，甚至对北京作家来说，也都是久违的了，何况是这么多年没有见过面的老中青作家聚在一起游园呢。

---

① 茅盾：《老兵的希望》，《茅盾全集》（第27卷），人民文学出版社1996年版，第225页。

茅盾出席短篇小说创作座谈会并讲话

在汇报和宣传上,也多生波折。出版局党组于10月28日开会,听取《人民文学》关于"短篇小说创作座谈会"的汇报。出版局局长王匡在会上说:"这次短篇小说座谈会开得是好的。但文艺创作还有许多问题没有解决。收获是主要的,调动了大家创作的积极性。但对这次会怎么报道,要考虑一下。对于新华社发消息,我持保守思想,不赞成。在自己的刊物上发表一下就可以了。登在报上就变成宣传了。这要考虑后果。后果很清楚,各地积极性很高,北京开了这样的会,报上一宣传,势必各省也都要开起来,结果变成几套锣鼓一齐打,实际上给中央施加压力,也给宣传口施加压力。各地开这样的会,势必不谈短篇小说,而要求成立文联、作协,这就成了'无底洞',给中央施加了压力。我是希望文艺繁荣的,但不由我们带头。我们只是一次业务会议。一公布说我们吸收了部分省市的作家参加,其他没有参加的省市,我们怎么解释?发这样的消息就帮了倒忙。我主张发内参,不扩大宣传。主要是我们没有能力解决文艺战线的问题,不能唯恐天下不乱。文学工作在出版局占什么位置?我们只是组织稿件,出版刊物和书籍,至于文学的方针问题,我们连想都不敢想。文学存在的问题很多,有些是方向性的问题,出版局解决不了。我本人既无能力,又无实践。目前只起组织性作用。文学界的体制问题也无力解决。文联、作协是否成立,我们解决不了,也不能代替文联、作协。"①

身为出版局局长的王匡,上任伊始曾做出大胆的决定,批准公开出版 15 种中外名著,迅速缓解了"四人帮"造成的亿万读者的书荒问题。他为中国的老百姓做了一件大好事。在短篇小说座谈会问题上,他却如此谨慎,当然也是有难言的苦衷的。

根据出版局党组的决定,这次短篇小说创作座谈会是不作报道、不写内参的。由于中央决定批判《纪要》的消息传了出来,张光年便决定短篇小说座谈会在《光明日报》上发消息和文章摘要,并嘱我写一个内部简报。这就是上面引用的那份简报(分送出版局局长王匡和文化部政策研究室负责人丁宁等)。短篇小说座谈会到此才算真正结束了。

向"文艺黑线专政"论开火

"文化大革命"一开始,党中央宣传部和国务院文化部就被砸烂了,两部的领导人员多数受到审查和迫害,其工作人员被赶到"五七"干校,停止工作达十年之久。到 1977 年的 10 月,党中央才发了 43 号文件,宣布成立中宣部,任命张平化为部长,规定中宣部的主要任务是:在党中央的领导下,掌管新闻宣传、文化出版的方针政策。尽管在恢复中宣部的命令中,其所属的十个单位,没有列上文联、作协和各协会,但中宣部的恢复、"阎王殿"这顶黑帽子的摘除,已经预示着文艺的春天为时不远了。

"四人帮"覆灭已经一年多了,《林彪同志委托江青同志召开的部队文艺工作座谈会纪要》仍然是套在全国文艺工作者头上的紧箍咒,

---

① 见笔者的工作日记,1977 年 10 月 29 日传达记录。

他们炮制的"文艺黑线专政"论还时时被用来当作歪曲和否定"十七年"和30年代文艺的棍子,严重地阻碍着文艺生产力的解放。因此,批判"文艺黑线专政"论就成为1977年底揭批"四人帮"反革命文艺、繁荣新的社会主义文艺的当务之急。

1977年11月20日,《人民日报》编辑部邀请文艺界人士举行座谈会,坚决推倒"文艺黑线专政"论。参加座谈会的首都文艺界人士有茅盾、刘白羽、贺敬之、谢冰心、吕骥、蔡若虹、李季、冯牧、李春光等。到会人员中,除了李春光是当年的造反派外,其他人全部是"文革"前文艺界的老同志和名流。到会者指出:所谓"文艺黑线专政"论,是"四人帮"强加在文艺工作者和广大人民身上的精神枷锁和政治镣铐。它全盘否定毛主席革命路线在文艺战线上的主导地位,篡改文艺战线斗争史,否定"十七年"革命文艺的成就,摧残"文化大革命"前所有优秀的文学家、艺术家和一切优秀的文艺作品。"文艺黑线专政"论是林彪、"四人帮"反对毛主席的革命文艺路线、推行其反革命修正主义文艺路线的重要理论支柱。只有砸碎"文艺黑线专政"论这个沉重的精神枷锁,肃清它的流毒,才能真正贯彻"双百方针",繁荣社会主义文艺事业。

《人民日报》的座谈会率先发动对"四人帮"制造的"文艺黑线专政"论的批判,消息和观点一经在报纸上发表,极大地鼓舞了瑟缩不前的全国文艺界。《红旗》杂志发表了批判教育战线"两个估计"的文章。这对文艺界的批判是一个很大的推动。继而文化部召开了批判《林彪同志委托江青同志召开的部队文艺工作座谈会纪要》的会议。接着,文化部批判组撰写了批判文章。

中央某领导问:"文艺黑线专政"论是怎么来的?回答说:来自江青的《纪要》。《纪要》说:"毛主席的前三篇著作(按:指《新民主主义论》、《在延安文艺座谈会上的讲话》和《看了〈逼上梁山〉以后写给延安平剧院的信》)发表到现在已经二十几年了,后两篇(按:指《正确处理人民内部矛盾的问题》和《在中国共产党全国宣传工作会议上的讲话》)也已经发表将近十年了。但是,文艺界在新中国成立以来,却基本上没有执行,被一条与毛主席思想相对立的反党反社会主义的黑线专了我们的政,这条黑线就是资产阶级的文艺思想、现代修正主义的文艺思想和所谓30年代文艺的结合。'写真实'论、'现实主义广阔的道路'论、'现实主义的深化'论、反'题材决定'论、'中间人物'论、反'火药味'论、'时代精神汇合'论等等,就是他们的代表性论点,而这些论点,大抵都是毛主席《在延安文艺座谈会上的讲话》中早已批判过的。电影界还有人提出所谓'离经叛道'论,就是离马克思列宁主义、毛泽东思想之经,叛人民革命战争之道。"还因为有毛泽东1963～1964年两次关于文艺的批示,"十七年"的文艺,究竟是毛主席的革命文艺路线占主导地位,还是有一条与毛主席革命文艺路线相对立的文艺黑线统治着,显得更加复杂,成为粉碎"四人帮"之后文艺界面临的重大抉择,也是批判江青的《纪要》面临的一个首要问题,必须在批判"四人帮"的斗争中弄清楚。

此前我们《人民文学》编辑部对"四人帮"的批判,主要是针对"阴谋文艺"的批判,强调的重点,是把颠倒了的历史重新颠倒过来,在研究批判"四人帮"的第三批材料的过程中,逐渐认识到并转到了对"文艺黑线专政"论的批判上来。我们已准备了长文,并送主编审处。也已经研究过几次,确定从题材等五个方面来着手深化,一个专题一个专题地批判。这五个专题是:(1)"十七年"文艺的成就与问题;(2)作家队伍问题;(3)30年代以来的文艺;(4)文学遗产问题;(5)根本任务论。

《人民日报》召开的座谈会,促进了我们对"文艺黑线专政"论的批判的开展。11月22日下午,张光年在《人民日报》会后打来电话,对我说:"《人民文学》编辑部是否可举行一个座谈会,限于文学方面,批《纪要》。可谈得深一些。然后再进一步搞材料,组织有说服力的文章。这是党中央安排的。教育部门的批判文章,是政治局审稿时加上的,又通知《人民日报》开座谈会。文学界要很好地投入战斗。你们研究一下,可以很快地见到版面,把战斗气氛搞得浓浓的,要有一些规模,不是冷冷清清的。"

鉴于题材问题是一个争论很大而又关乎创作思想的问题,11月28日,编辑部先邀请杨子敏、谢永旺、李基凯、沈承宽等四人,加上编辑部的刘剑青、阎纲、高远和我四人,开了一个由上述八个人参加的"题材问题座谈会",回顾了新中国成立后在题材问题上的多次反复,讨论了批判"四人帮"的"反'题材决定'论"等谬论。

杨子敏回顾说:新中国成立以来,题材问题一直是一个左右摇摆的问题。最早的一次讨论是由朱定的《关连长》和萧也牧的《我们夫妇之间》引起的。① 在讨论中提出:在工农兵方向下,能不能写小资产阶级?接着是胡风提出的生活在哪里?生活在我们周围。苏联作家安东诺夫的《在电车上》发表后,我们的文学界又一次提出了题材的问题。题材是什么?有时我们说工业题材、农业题材、军事题材,有时又说小资产阶级题材。反右时,有人提出题材多样化。于是才有了《文艺报》的《题材问题》专论,提出广开言路,爱惜人才。在"四人帮"掌权的时代,文学题材变得越来越狭窄,样板戏里的一号人物,都没有家庭生活。江水英生了病,是别人送鸡汤。如果写了家庭,就有损英雄人物的形象的高大完美。没有夫妇之间、家庭之间的关系,把英雄人物神化,把他们塑造成不食人间烟火、六亲不认的人。最后变成了只准写一个题材——与走资派的斗争。我们要联系文学史上的创作实际,联系历史上被马克思他们肯定过的一些作品,梳理一下,弄清什么是题材,题材在创作中起什么作用。1962年批判"中间人物"论,要害在于把中间人物说成是代表"三自一包"。以《赖大嫂》里的赖大嫂为代表,还有《豹子湾战斗》中的丁勇。结果把作家们弄得缩手缩脚,只能写"高大完美"了。"四人帮"提出"主题先行"、"从路线出发"等框框,把文学创作引入了死胡同。李基凯说:到1964年有人提出"大写十三年"的口号,其实质是把文学的题材仅仅限定在

---

① 萧也牧(吴小武)的《我们夫妇之间》和朱定的《关连长》均发表于1950年《人民文学》第1卷第3期。同年六七月间《人民日报》和《文艺报》相继发表文章批评《关连长》小说和影片以关连长的无原则的同情心和怜悯心代替了革命的人道主义,宣扬小资产阶级的人道主义思想,严重歪曲了人民解放军的形象。《我们夫妇之间》则被指为"写身边琐事"的创作倾向加以批判。萧也牧在"文革"中因反对江青一伙对小说《红岩》的污蔑而受到迫害,1979年11月7日含恨死于河南黄湖团中央"五七"干校。

写社会主义建设时期,变得越来越狭窄。到"文革"中张春桥和姚文元把这个口号更绝对化了。谢永旺说:三年困难时期强调多样化,作家脱离生活,信心不足,在创作上反映重大题材的少了,反映非重大题材的多了。《题材问题》专论的发表不是孤立的,与这篇文章差不多时间发表的,还有陈默和侯金镜的文章,共三篇。后来搞了《文艺十条》(后又改为八条),旨在调整文艺的关系,虽然有这样那样的错误,也总结了经验。"反'题材决定'论"完全是"四人帮"概括出来的。

参加座谈的都是老作协和老《文艺报》的老熟人,所以,这次座谈实际上是一次为召开批判"文艺黑线专政"论的大会而开的准备会。

当时,从上到下仍然存在着一种奇怪的观点:"文艺黑线专政"论可以批、应该批,虽然毛主席的革命文艺路线始终占着主导地位,但"十七年"文艺的确存在着一条文艺黑线。我们编辑部于12月中旬传达了当时中宣部部长张平化的一个讲话,他说:《解放军报》、《人民日报》都发表了文章,这个问题影响比较大。教育战线批了"两个估计",国内外影响很大。文艺战线这个问题,比教育战线影响还要大。怎么批?问题不少。要考虑怎样批更有力量。教育战线批"两个估计",是华主席、邓副主席亲自领导的,做了大量调查研究,找了根据,才写出文章,对整个战斗(指第三战役)起了作用。文艺战线的问题要研究,怎样用毛泽东思想揭批"四人帮",使人们看了以后,认识到"四人帮"篡改毛主席革命路线,明确今后怎么办?看了《解放军报》和《人民日报》的文章,觉得没有什么问题,但感到不足,"四人帮"是怎样篡改毛主席革命路线的,没有说清楚。要批判"文艺黑线专政"论,牵涉两个问题:一个是《纪要》,毛主席看过,而且改过三次;另一个是"两个批示",毛主席批评得很厉害。这些问题要很好研究。《解放军报》文章是从字面上批,软弱无力。譬如说,把毛主席批示中的"大多数"解释为"不是全部","基本上"解释为"不是一切人","跌到修正主义边缘"是说一种"可能",都是软弱无力。《人民日报》文章(报道)把"十七年"黑线一笔带过,回避这个问题,使人感到"十七年"不错。那样的话,毛主席为什么还有"两个批示"?为什么要搞"文化大革命"?这些协会的领导人又怎么样呢?是不是还要请周扬去当文化部长？外电就有反映，说我们的教育要回到"十七年"。毛主席的批评要讲够，说明"四人帮"怎样借毛主席搞乱文艺战线的。不要给人一种印象，觉得"文化大革命"前问题不大。对毛主席的批评要肯定。"四人帮"是借此打倒一切，"文艺黑线专政"论固然要批，但不要把毛主席的话当作江青的话批了。黑线是有的，毛主席跟黑线作了斗争，毛主席革命路线是占了统治地位的。这个问题要下功夫，重要稿件要审查，要慎重，没有把握的问题要送审。现在全面地系统地批判"文艺黑线专政"，时机还不成熟。刘白羽同志当总政文化部长，由总政文化部先搞这么一篇全面系统的批判文章。批"四人帮"论点的具体问题，还可以继续搞，目前还是打教育战线的仗，文艺战线现在可以搜集材料，不要让人家感到过去都是正确的。批判文章要控制严一些，批"四人帮"是对敌斗争，和内部讨论不一样，内部讨论意见可以不一致，批"四人帮"要一致。

这段话的主要意思显然是："文艺黑线专政"论要批，毛主席的革命文艺路线在"十七年"中占了主要地位，但文艺黑线也是存在的，要周扬回到文艺工作岗位上来，就是"回到'十七年'"，当然也就是黑线回潮了。他这番话的根据不是别的，正是毛泽东改过三遍的《部队文艺工作座谈会纪要》和毛泽东于1963～1964年针对中国文联和各协会的两次批示。

与此观点相呼应的，是《光明日报》编辑部在一篇批判文章前面加的按语，公开明确地提出了"十七年"间存在着一条"刘少奇修正主义文艺黑线"。

但批判"文艺黑线专政"论的历史潮流是不可阻挡的。12月21日至26日，中宣部召开了文艺界座谈会。会议最后扩大到社会科学、文学艺术、新闻出版等各方面。许多著名文艺家就批判"文艺黑线专政"论和恢复文艺工作发了言。中宣部的领导们就文艺问题讲了话。会议的发言和讲话，为我们编辑部即将召开的会议铺设了道路。

在张光年的主持研究下，《人民文学》编辑部决定了召开深入批判"文艺黑线专政"论座谈会的具体方案：由周明联系，在伍修权的帮

张光年

助下,座谈会于12月28日至31日在北京总参招待所召开;会议名称定为"向'文艺黑线专政'论开火大会",旨在繁荣社会主义文艺;参加人员主要是首都文学界的人士,另邀请少量外地人士和中国文联各协会的前负责人,名单由我们拟定,张光年又同各方人士协商后补充了一些;由周明、汪南宁负责,通过渠道,请党中央主席华国锋为《人民文学》杂志题词,并安排在大会最后一天(31日)在会上公布,以此为契机掀起批判"文艺黑线专政"论和繁荣社会主义创作的新高潮。

比较起《人民日报》编辑部召开的座谈会来,这次以"向'文艺黑线专政'论开火"为题的在京文学工作者座谈会,邀请的人多达一百余人,是在长达十年的"文化大革命"中被"四人帮"的法西斯专制主义打散了的作家队伍的大会师,因而也可以说是中国当代文学史上一次有着重要意义的会议。这次劫后作家大会师已经过去二十多年了,可是作为会议组织者之一,当我如今回过头来叙写当时的会场时,其惨状至今还历历如在目前。出席的作家中,有多少人是受过严重迫害的,我没有统计,但仅是从秦城监狱里活着出来的作家就有好几位。有的被"四人帮"及其爪牙们打断了腿,像我们尊敬的老作家夏衍,就是拄着拐杖来到会场的;有的是被折磨得精神失常的,像刚刚获释的上海小说家峻青,在监禁期间,精神受到严重刺激。整个会场上就像是些从战场上下来的残兵败将一样,令人不堪目睹。尽管有些凄惨,但作家们都对这次会师从心眼里充满了胜利的喜悦。

会议的主办者是《人民文学》编辑部。会议由《人民文学》主编张光年主持。张光年说:今天这个座谈会是在以华主席为首的党中央提出要坚决推倒"四人帮"的"文艺黑线专政"论下,为全面贯彻执行毛主席的革命文艺路线和华主席在十一大提出的战斗任务而召开的。最近,中央宣传部举行座谈会,有300人参加,张平化同志讲了话。中宣部座谈会的精神,张平化同志的讲话精神,也是我们这个会的精神。从遵义会议以来,毛主席的革命路线始终占主导地位。刘少奇的修正主义路线的干扰破坏是严重的,但是我们站在毛主席革命路线上同他进行了斗争。"文艺黑线专政"论是"四人帮"制造的大冤案,是加在我们身上的精神枷锁。今天要起来打烂这个枷锁。希望到会同志畅所欲言,对"文艺黑线专政"论的全部谬论进行揭发批判,可以从各个不同角度来谈,也可以对有些问题进行探讨、展开争论。例如,对《光明日报》那个编者按我就有不同的看法。要是说有刘少奇的文艺路线,那么,这条路线的内容、纲领是什么?代表作家是谁?代表作品是什么?如果说文艺的党员领导干部是黑的,不是又回到"黑线专政"论了吗?不是把华主席党中央取掉的精神枷锁又加在我们头上吗?据说《光明日报》一再重复这个论调,使有的同志文章不敢写,写了赶快索回修改。我们这个会也要解除《光明日报》重新加上的枷锁,免得大家不敢讲话。"四人帮"把我们的队伍打散了,但没有打垮。今天以华主席为首的党中央又把我们集合起来,我们要在华主席的英明领导下,像广大民兵那样,召之即来,来之能战,战之能胜。对"四人帮"进行义正词严的声讨!

夏衍在发言中说:"四人帮"被打倒了,是不是还有一些不成文、不成形的精神枷锁?毛主席说,不能让帝王将相才子佳人统治舞台,"四人帮"歪曲为要把帝王将相才子佳人统统赶下舞台。又如题材问题,马列主义经典著作中从来没有规定哪些能写,哪些不能写。题材与世界观有关,同是"咏梅",毛主席与陆游的就不同。关于题材问题,我写过文章,说看不清楚的事,过一段时间再写,文中还引了列宁对高尔基的一段话,"四人帮"把这斥为"距离论"。"四人帮"对写人民内部矛盾没有办法,就把内部矛盾改为敌我矛盾,如《龙江颂》。"中间人物"也是不能不写,问题是怎么写。不能因为胡风提倡"写真实",就不能写真实,难道要写虚假?这个问题,马列也讲得很清楚。又如文艺写恋爱都不允许,我们谁没有谈过恋爱?难道用共产主义道德标准写恋爱不行吗?也不准写干部的缺点和英雄的死。应该把"四人帮"颠倒了的是非,全部再颠倒过来。我认为,只要符合六条标准的就可以写,这样才能发挥出积极性。为此,要加强理论批评和研究工作,加强文艺理论队伍,有计划地培养理论人才。不少同志要求恢复《文艺报》,很需要。

　　文艺老战士冯乃超发言说:我们的文艺运动,面临一个新的阶段。现在英雄人物很多,很需要写他们,我们过去文艺运动的缺点之一,就是对英雄人物写得不够。身经百战的老帅的形象也应该写出来。题材要多样化。我看,新的文艺复兴高潮一定会到来!还有一个问题,有同志抗战时期参加文艺宣传队,受到毛主席、周总理的关怀和肯定,"四人帮"却把演剧队说成反革命的别动队,让这些同志成了反革命。这个问题,在有的地方至今没有解决,应该给他们平反。(夏衍插话补充说:长沙大火的当天晚上,周总理当面指示我负责联系演剧队。关于演剧队被迫加入国民党的事,总理做了三条指示,大意是:一、被迫加入的,可以加入,但要向队里讲清楚;二、不要弄假成真;三、有个别坚决不肯加入而被敌人注意的,要安全保护其撤离进解放区。我去桂林、香港时,总理都有对演剧队的指示。演剧队的问题,我有义务讲清楚。)

曹靖华

　　老翻译家和散文家、北京大学教授曹靖华发言揭露"四人帮"的写作班子初澜写文章污蔑陕西人民出版社出版他的散文集《春城飞花》是复辟回潮的阴谋。他说:以华主席为首的党中央粉碎了"四人帮",这篇文章才没有来得及发表,要不然,我走进八宝山也难瞑目。狗的本性就是咬人,"四人帮"培养的狗必须打,打落水狗。敌人反对的,我们就要拥护。我被"四人帮"的看家狗咬了一口,说明我大致上没有做得太错。

峻　青

上海作家峻青发言说：我们又会师了。今天，我非常激动。我们这支队伍是毛主席、周总理抚育成长起来的，我们是毛主席的队伍。但"四人帮"把我们说成黑线人物、反动权威、黑干将、黑作家，对我们进行了残酷的迫害。在血淋淋的屠刀下，哪一个人的心上没有留下创伤？我们过早地老了，白发满头，身体多病，眼睁睁看着宝贵的光阴白白流逝，这是宝贵生命的最大浪费！那个时候，一位老朋友悲愤地说了一句话："还我的笔！"现在，以华主席为首的党中央领导我们把这支笔夺了回来，我们又投入了战斗。我虽然身患重病，但不甘落后。"文化大革命"之前，我开始写一部反映华东地区土地改革和解放战争的长篇小说。我的写作得到了总理的热情关怀，他听了我的详细汇报并做了重要指示，提供了许多重要的情况。以后见面，总理总是询问我写作的情况。在总理鼓励下，我写完了四部中的第一部。但是万恶的"四人帮"把我的作品连同大量有关的资料，包括总理的谈话记录和指示，全部作为反革命罪证抄走，至今下落不明。后来，他们制造了一个骇人听闻的政治陷害案件，用特务手段，将我秘密绑架逮捕，用专机送到北京长期关押。如果不是以华主席为首的党中央救了我，我今天就不能和同志们一起开会了。因此，我困难再大，也要重新继续写这部被抄没了的作品，坚决把它写完，用写作进行战斗。

对"十七年"文艺的评价，是与会人士发言中谈论最多的问题之一。曾在中宣部文艺处工作过、现在人民文学出版社任职的李曙光说：全国解放以后，三次"文代会"都是在毛主席亲自关怀下进行的。"十七年"的文艺工作有错误，这同任何工作一样，都应一分为二。但不是黑线。"四人帮"的逻辑是，文艺界任何人犯了一个错误，都要栽到整个文艺界的头上。所谓"黑八论"，除了那个奇怪的"反'题材决定'论"，有七论是在文艺界曾经批判过的。例如出现较晚的"中间人物"论,刚一出来就受到了批判,纠正得很及时。《文艺报》曾发表过一篇深入的批判文章。但"四人帮"却说是"假批判"。文艺界批判了苏修文艺,写了评丘赫拉依的文章,由周总理修改定稿,他们又说是只抓小的,不抓大的。实际上,丘赫拉依的电影流毒很广,又写文章骂我们,批了他,震动很大。当时有个策略,不点赫鲁晓夫的名;肖洛霍夫没有骂我们,也不点名。这有什么不对?结果也不行,你批修正主义,你也就是修正主义。"四人帮"就是这样来否定整个文艺界的。

就"十七年"文艺发言的,还有冯牧、李准、吴组缃、韦君宜、秦牧、雷加、逯斐、王愿坚、徐迟、邹狄帆、草明、柯岗、蔡仪、王春元和杜书瀛等。

关于30年代文艺问题,是与会发言涉及较多的另一重要问题。老作家周立波说:30年代文艺被"四人帮"搞得乱七八糟,其实,毛主席在《新民主主义论》和《在延安文艺座谈会上的讲话》中早有结论。我认为,30年代文艺是有功绩的,提倡了大众化、拉丁化,使文艺开始普及;培养了一批作家,产生了一批好作品,不少革命作家牺牲了;做了很多资产阶级没有作的工作,并且除了"左联"以外,还有"左翼"的朋友。当时我们对鲁迅不够尊重,虽然组织上入了党,但思想上没有或没有完全入党。周扬同志的一些说法,是从"第三国际"来的。夏衍同志的《赛金花》是有错误的作品,但同时他又写了《包身工》这样的好作品。在"国防文学"问题上,我们与鲁迅对立,但在其他问题上,又并不反

> 在京文学工作者座谈会
> 简　报
> 一九七七年十二月二十八日　第三期　《人民文学》编辑部
>
> 揭发批判"四人帮"对三十年代
> 文艺的诬陷
>
> 在二十八日下午分组讨论会上,有些同志发言揭发批判了"四人帮"对三十年代文艺的诬陷。他们指出,"四人帮"出于篡党夺权的需要,歪曲历史,全盘否定党领导的三十年代文艺运动。现在必须遵照毛主席的教导,对三十年代的文艺进行正确的评价。
>
> 老作家周立波说,三十年代文艺被"四人帮"搞得乱七八糟,其实,毛主席在《新民主主义论》和《在延安文艺座谈会上的讲话》中早有结论。我认为,三十年代文艺是有功绩的;提倡了大众化、拉丁化,使文艺开始普及;培养了一批作家,产生了一批好作品,不少革命作家牺牲了;作了很多资产阶级没有作的工作,并且除了"左联"以外还有左翼的朋友。当时我们对鲁迅不够尊重,虽然组织上入了党,但

《在京文学工作者座谈会简报》

对,而且喜欢鲁迅的作品。总之,要实事求是,有错就批,不符合事实的要推倒。

鲁迅研究室的李何林说:"四人帮"所谓"别、车、杜"思想是30年代文艺的指导思想,完全是一派胡言。我今年74岁了,是30年代过来的人,当时像我这样爱好文艺的进步青年就没有读过什么"别、车、杜"的东西,相反,接触最多的还是创造社、太阳社1928年译介的马克思主义文艺论著。后来,鲁迅翻译的就更多了。30年代进步的文艺界,总的看来,是以辩证唯物主义和历史唯物主义为指导的。缺点是没有把这种理论与中国革命实际结合起来,不像鲁迅结合得那么好。由于有这种革命思想的指导,左翼文艺才能在反帝反国民党反资产阶级各种思潮的斗争中取得不小的成绩。"四人帮"一笔抹杀这些,是违反历史事实的。关于"国防文学","四人帮"把它污蔑成卖国文艺。鲁迅对这个口号虽有过批评,但并没有全盘否定,鲁迅认为,在"民族革命战争的大众文学"的总口号之下,"国防文学"作为应变口号,是可以存在的。他说,"国防文学"口号是有缺点的,受到王明右倾机会主义路线影响,但它在当时确实发生了影响,在一定程度上起了团结文学界共同抗日的作用。"四人帮"无限夸大缺点,把本来属于人民内部的论争打成敌我问题,别有用心地借这个问题大做文章。"四人帮"讲30年代文艺,只提鲁迅。其实,对鲁迅,他们也是恣意歪曲,利用鲁迅为他们服务。至于像郭沫若、茅盾、巴金、曹禺、殷夫等作家的作品,没人敢提。30年代进步的文艺,影响了一批年轻的作家,"四人帮"要否定"十七年"的文艺成绩,不彻底否定30年代的作家、作品是不可能的。

就30年代文艺发言的,还有骆宾基、曹靖华、许觉民等。

林默涵于29日上午在大会上作了长篇发言。"文革"前,他任中宣部副部长兼文化部副部长,现在还没有分配工作。请他到会发言是我负责去联系的。他的发言分两个部分,第一部分全面回顾了新中国成立以来"十七年"文学的发展和历次政治运动的功过,第二部分讲了他对30年代文学的看法。两部分里都引用了许多我们以前不知道的材料。

12月30日上午,张光年代读了卧病中的中国文联主席郭沫若从北京医院送来了书面发言。

张光年同志并转
文学座谈会的同志们:
《人民文学》编辑部举行座谈会,会开得很及时。我因身体不好,不能出席,失去了向同志们学习的机会,很遗憾。

"四人帮"的滔天罪行罄竹难书,他们严重干扰破坏了毛主席革命文艺路线的贯彻。他们对文艺工作者乱扣帽子,乱打棍子,把许多革命作家和好作品打成黑作家和黑作品,在文艺工作者头上加上了"文艺黑线专政"论等一系列精神枷锁。这些精神枷锁必须彻底摧垮。除恶务尽,不能心慈手软。一个波澜壮阔的文艺运动新高潮即将来临。

祝同志们在以英明领袖华主席为首的党中央领导下,遵照毛主席在延安文艺座谈会所指明的一系列方针政策,创作更多更好的好作品,为实现我国四个现代化做出更大的贡献。

预祝同志们新年好。

郭沫若(签字)
1977年12月30日

宣读郭沫若的书面发言后,张光年又请茅盾以中国作家协会主席的身份发言:

今天,我是感到很兴奋、很愉快的。在这个会上,高兴地听到张平化部长宣读英明领袖华主席给这个大会的题词。这对我们是很大的鼓励,很大的鞭策,指明了我们工作的方向。所以,我想对华主席这个指示,我们要认真学习学习。后来又宣读了郭沫若同志的书面发言,他的书面发言虽然很短,但是把一切问题都讲到了。我十分同意他的书面发言。刚才主持会议的张光年同志要我以作家协会主席的身份来讲几句话。作家协会主席我是曾经担任过,中央也没有命令撤销过。不过"四人帮"不承认我们,他们连作家协会也不承认,他们连文联也不承认。所以嘛,连我们自己也不承认自己。今天我还是按照中央的意思,还要以作家协会主席的身份来讲几句话。

茅盾(右)与周明在书房中

第一次文代大会,是1949年开的,那个时候还在中华人民共和国正式宣布成立之前。在那个会上,毛主席到会讲了话,周总理也讲了话。我记得在这个会上,选出了文联主席。文联主席是郭老,还有两个副主席,一个是周扬同志,一个就是我。后来就一直没动过,直到"四人帮"上台那个时候。作家协会会议开过以后,同时成立各协。最初叫文学工作者协会。这个协会让我当了个主席,以后也没有什么变动。时间可以说很长啰。这个中间,我们知道,一些刊物就是用文联的名义以及作协的名义来办的。用文联的名义的是《文艺报》,用作协的名义的是《人民文学》。《人民文学》第1期要创刊前,请毛主席题词。毛主席写了一句话作为题词,这就是现在大家都知道的"希望有更多、更好的作品问世"。在这漫长的时间当中,《文艺报》也罢,《人民文学》也罢,都做了一些好事情,写了一些好文章,但也有一些错误。这些错误,我当然也是要负责任的。因为自己的思想水平低,也有一些文艺上比较复杂的问题,是难以马上就看出来的。不过那个时候,每次有错误,都是毛主席及时指出来,让我们来纠正。毛主席认为过去文联、作家协会负责的同志和工作的同志,都是他的学生。他是关心我们进步的,所以看到我们有错误就给指出来。而"四人帮"则把我们当成敌人一棍子打死。当初,《文艺报》也罢,《人民文学》也罢,在有些文章里,都犯有路线错误的问题。受刘少奇修正主义路线干扰影响是有的,不过毛主席看到了,他起来纠正了。因此嘛,占主导地位的,还是毛主席的革命文艺路线。对于那些刘少奇的修正主义思想,实际上,一部分是他自己发明的,一部分还是从苏联捡来的。那个时候,有过关于社会主义现实主义的讨论。这个口号是苏联首先提出来的。斯大林活着的时候,他是肯定这个口号的。斯大林死了以后,苏联的修正主义者首先从这个地方打开缺口,来反对社会主义现实主义。……我们也因为在这以前屡次受到毛主席的教育,所以在这个问题上没有怎样犯错误。事实上犯错误的,只是个别的人。不是这样的吗?

"四人帮"抛出"文艺黑线专政"论,一直从30年代讲到建国后"十七年"。如果来摆摆事实的话,就知道这个所谓"文艺黑线专政"论,实际上是个大阴谋。

因为如果从30年代算到建国后"十七年",就把延安文艺座谈会那个时期也算成"文艺黑线专政"了。延安文艺座谈会,我们大家都知道,是毛主席亲自主持的。而且因为《在延安文艺座谈会上的讲话》发表以后,在延安的作家从窑洞里出来,跑到工农兵中间去,发表了许多好作品。这些好作品,在"四人帮"窃取了一部分宣传工作的职权以后,通通被打入冷宫,通通不让人家露面。直到现在,以华主席为首的党中央领导全国人民粉碎了"四人帮",这些作品包括喜剧、歌剧之类,才得到了解放。所以这个"文艺黑线专政"论实际上完全是捏造的。它的目的是使这样一些老作家不能露面,或者把他们关起来,或者怎么样,有时用种种方法把他们搞到一个地方去,使他们不能同群众见面。而他们捏造一些事实,来欺骗不懂历史的那些年轻人、文艺工作者及广大群众。他们这样搞了十年光景。这个流毒相当普遍。所以,他们反革命的言论,包括他们的"三突出"创作方法之类,影响不能低估,所以,我们要做很多工作,用很多时间,做细致的工作,来消除他们的流毒。

讲到这里,有个问题,现在文联同各个协会是不是应该恢复了?各个省的做法不同,有的省已经恢复了,有的省没有。当然因为事情忙,还顾不上。各地是省一级的,中央一级是全国文联,作家协会,其他协会,一共十个协会。上一次我们应张部长邀请在中宣部座谈会了一次,已经讲到了这一点。张部长表示应该恢复。现在这个会上,我想发言的人也有提到要恢复文联各协会的。今天叫我——作家协会的主席来讲话,听说其他各协会负责人都来了,也要讲话。看起来到了这个时机。中央已经准备恢复了。这是我的猜想,也是许多人的盼望,热烈的盼望。这件事情不是恢复一个机构的问题,是表示毛主席的革命路线重新向前进。被"四人帮"视为黑作家的这些人,现在应该让这些同志参加文艺工作的发展。这对贯彻"百花齐放、百家争鸣"方针是有利的,对于广大专业文艺工作者互相交流经验也是有利的,对于我们怎么样想办法帮助广大的业余工作者也是有利的。现在我们知道,专业文学工作者的数目很大,大概几千。业余的就大得多啰!我想大概有上百万吧。无论工厂、农村、机关……任何地方都有业余的文艺工作者,要帮助他们提高写作水平。我们老作家当然不敢说,能拿出多少东西来满足人民。但是,至少是老马识途,这条路还知道。还有,我们在毛主席的教育下几十年嘛,你说老还没老呢,那是说不过去的,所以至少还可以说是个识途老马。老作家的经验可以帮助业余文艺工作者少走弯路。这个工作要由文化部来担任那也困难。由中央一级和地方各级作家协会及其他协会（其他协会也有业余爱好者的问题）来担任，就比较方便一些。

还有要恢复刊物。《人民文学》早就恢复了。不过，当时"四人帮"篡党夺权，要把他们的一个人塞进去，这个人大家都知道，叫袁水拍。他同"四人帮"的关系很密切，效忠信不晓得写了多少封，所以这个人得到"四人帮"的欣赏。这个袁水拍我倒是很早就认识他。抗战那几年我在香港的时候，办一个报纸的副刊，他就在投稿，那时候他还不叫袁水拍这个名字。

《文艺报》还没有恢复。过去《人民文学》和《文艺报》有分工：《人民文学》登创作居多；《文艺报》登文学评论文章，是理论指导刊物。现在好多文艺工作者希望恢复《文艺报》。恢复《文艺报》有两个好处。第一，有一个专门的文艺理论指导性的刊物，文艺创作方面的问题，会引起百家争鸣，不过这也不是泛泛地谈，而是应该在六条标准指导之下的百家争鸣。第二，《文艺报》还可以慢慢地培养一批新的理论骨干，现在一些写理论文章的同志，我看大半是60岁以上的人了，所以也有个培养新的理论骨干的问题。这个班子是要坚强的，要有较高的理论水平。

我想要在毛主席的革命文艺路线指引下，实现"百花齐放、百家争鸣"这样的繁荣局面，在这样的大前提下，把这件事情提到议事日程。

我所讲的这些话，有些是我个人的，大部分是我听取我所接触到的许多文艺家的看法。

今天没有准备，讲错的地方，还请同志们指正。

我的阅读范围有限，郭沫若的书面发言，好像至今没有公开发表。茅盾的发言，先在《人民文学》发表，后收入了《茅盾全集》第27卷。

在这次会议上最令人瞩目的一件事情是，中国文坛的前领导人周扬，在编辑部的安排下，于12月30日上午来到会场，首次在公众场合下露面，并应邀在会上发表了长篇讲话。这是周扬第一次公开在文学界的集会上发表讲话。他的到来,对于大多数与会作家来说,有一种久别重逢的情感。当然也有人是不喜欢他的。周扬在"文革"后的这个第一次公开讲演,至今还没有公开发表,也没有收入80年代编辑出版的五卷本《周扬文集》,却是研究周扬和当代文艺史的重要史料。现在根据我保存下来的当时的会议简报第6期(1977年12月30日)引录在下面:

  参加《人民文学》召开的这个座谈会,我觉得很幸福,感慨万端。同志们知道,我是文艺队伍中的一个老兵,错误缺点很多,有路线性错误,有一般性错误;有历史的错误,有当前工作的错误。对我错误的批判,我都接受,这是对我很好的教育,我要感谢。但"四人帮"对我的诬陷迫害,我一概不能接受。"四人帮"是个很大的反面教员,要是没有这场"文化大革命"对"四人帮"的斗争,人民群众的马列主义水平不会有现在这么高。有一点我感受特别深刻:如果我们工作犯错误,敌人就会利用,他们就有机可乘。因此,我们要尽可能少犯错误,尽量减少被敌人利用的机会。今天我讲讲我们过去的情况。
  (一)怎样正确评价30年代文艺
  江青和林彪炮制的"文艺黑线专政"论,把30年代文艺问题挑了起来。关于30年代文艺,毛主席、鲁迅都有很高的估价。毛主席指出当时是"两个深入",农村革命的深入和文化革命的深入,指出在革命中文艺是个重要的阵线。鲁迅指出,五四以来的文艺运动是唯一的文艺运动,而国民党对当时的文艺,只有压迫和屠杀。所以,鲁迅说无产阶级的文艺是用烈士的血写成的。直到现在,台湾还有人骂我们现在的"乡土文艺"是30年代文艺的"幽灵"。江青认为30年代文艺不好,那么,敌人为什么这么仇视呢?不是证明"四人帮"同国民党的看法完全一致吗?当然,他们的面貌各不相同,"四人帮"披着马克思主义的外衣。30年代文艺的成就是无论如何不能抹杀的。
  30年代有一批革命作家,他们坚信共产主义。其中有的同志献出了他们年轻的生命,有的直到现在还是文学革命的骨干力量。他们有错误、有缺点,但同志们可以想想,那是在什么背景下产生的。那时的革命发生了两个大的转折:大革命的失败和农村革命、文化革命的深入。这时候,也正是王明的始而"左"倾继而右倾的路线严重干扰的时期。当时的文学运动,刚刚诞生,还是小孩,很幼小,不受影响是不可能的。像创造社、太阳社这样的团体,虽然有错误缺点,但不能说是不革命的。他们的教条主义不是封建主义的,而是马克思主义的。他们培养了很多的人。鲁迅确实是伟大的革命家、思想家、文学家,他作为文化革命的旗手当之无愧。我们在思想上对鲁迅缺乏认识,我们有缺点。1935~1936年两年间,形势变化,有的负责人被捕,条件很艰苦,自己觉得教条主义的做法不行了,需要改变。但是我们同党失去了联系,看不到党的文件。后来看到共产国际季米特洛夫的文章,非常鼓舞人心,像在黑暗中看到光明。此后又看到党的《八一宣言》。"国防文学"的口号就是在这样的情况下提出来的。我们并没有背着鲁迅解散"左联",鲁迅也没有说"国防文学"这个口号不能提。问题是提出这个口号时来不及和鲁迅商量,来不及在党内商量,不敢提出无产阶级的特殊领导地位,而且有"左"的宗派主义和教条主义错误。"四人帮"抓住我们的错误大做文章,企图把我们当时上海文化界的人打成反革命,打成和国民党一样的人。这件事就这么荒唐了十几年。

(二)怎样正确评价"十七年"文艺

建国以后,毛主席对文艺非常重视,亲自领导、过问了文艺工作和文艺斗争。毛主席对"十七年"的文艺的评价,主要是肯定的。周(恩来)总理对执行毛主席的文艺方针、路线,花了很多的心血,给予很大的关怀。这种情况,怎么能说是"黑线专政"呢?而且,"十七年"中有很多好作品,即使江青夸耀的八个样板戏,也是属于"十七年"的,怎么能否定呢?"四人帮"和胡风、右派、苏修等敌人是一致的,否定"十七年"。他们把"十七年"说成"黑线专政",目的是反对毛主席、周总理,我们这些人,不过是他们的靶子。

"十七年"有没有缺点、错误？有，错误由我主要负责，他们打击我是为了反（周）总理。三年困难时期，我授意写了《为最广大的人民群众服务》的社论，说文艺服务的对象除工农兵外，还有知识分子，这就错了。第一次文代会上，为工农兵服务的口号提得很高，第二次文代会就不那么高了。第三次文代会由于反修，又提得高些。说明为工农兵服务的思想，在我们头脑中扎根不深，脱离群众，同工农兵结合得不够好。其次，在知识分子改造的问题上，在对待遗产的问题上，也有错误。

毛主席作了两个批示之后，我们真心诚意想解决这些问题，谁不想把工作做好？我们进行了整风，"四人帮"却说是"假整风"。你可以说整风还不彻底，为什么要说成是假的呢？1956年底到1966年初，我向中央写了个报告检查自己的问题，送到政治局通过，准备公开发表，但被"四人帮"压下了。他们不准人家革命，不许检讨，而是要打倒！

（三）要文化革命，还是要毁灭文化

"四人帮"如果讲点革命路线，那么把我们打重一点，也不要紧。但他们不是为革命，而是要反革命。他们搞文化专制主义，搞阴谋文艺，不但要毁灭无产阶级文化，而且要毁灭古今中外一切进步的文化。

"四人帮"提出过什么好东西？没有。想来想去，他们唯一的创造就是一个"三突出"。创作怎么能用这样的公式？除了"三突出"外，就只有帽子棒子了。"三突出"是林彪的英雄创造历史的唯心史观，是极端个人主义、公式化概念化在创作上的混合物，是为了突出"四人帮"，为他们篡党夺权服务，是他们搞阴谋文艺所需要的公式。承认"三突出"，就是承认倒退到公式化、概念化，要看到这是严重的两种创作方法和创作路线的斗争。

最近将要发表的毛主席的信，提到了形象思维问题。"四人帮"是不提这个问题的。形象思维最早是黑格尔提出来的，后来别林斯基、车尔尼雪夫斯基、高尔基也提过。形象思维是文学的基本特征,是中外古今一切艺术的根本规律,无论是革命文艺还是反革命文艺,都不例外。否定形象思维,就是否定文艺。毛主席提到的比、兴,这是我国诗歌最早的形象思维的概念。可见,我们的祖宗很早就知道了形象思维。《诗式》中说,比是意中之象,兴是象中之意。王船山说,情中有景,景中有情,情景不能分开。想象和思想是联系在一起的。不要形象思维,必然导致公式化、概念化,这是符合"四人帮"搞阴谋文艺、搞文化专制主义和毁灭文化的要求的。要提倡形象思维,作者就必须到工农兵中去,坚持文艺的工农兵方向。

我们要维护两个东西,一是工农兵方向,二是"两结合"的创作方法,来创造无产阶级英雄人物的光辉形象。我们要在彻底批判"四人帮"的斗争中配合政治形势,为工农兵服务,保卫毛主席的革命文艺路线。要反对粗暴,也要反对自由化的偏向。要发展马克思主义文艺理论和文艺批评,建立一个高水平的创作队伍,同时建立一个高水平的理论队伍,保证我们的革命文艺沿着正确道路向前发展。

大概因为这是周扬在多年失去自由后第一次在作家朋友们面前讲话的关系,他显得很拘谨,用词很谨慎。他在讲话开始说,他被邀请参加《人民文学》召开的这个座谈会,觉得很幸福,感慨万端,他很虔诚地检讨了自己所犯的种种错误。当他说这些话的时候,眼泪从他的脸上汹涌地流了下来,他无法控制住自己的感情。他这次会上所作的检讨和自责,以及他的讲话的全部内容,得到了到会的许多文艺界人士的赞赏和谅解。

第二天(12月31日)上午,中宣部部长张平化带来并在会上宣读了华国锋主席应《人民文学》编辑部之请给刊物的题词:"坚持毛主席的革命文艺路线,执行'百花齐放、百家争鸣'的方针,为繁荣社会主义文艺而奋斗。"所谓《人民文学》编辑部之请,原是周明和汪南宁等提起动议并起草了一封信,通过华国锋的秘书转呈华国锋,请他题词。华国锋随即题写了上面这段题词,对《人民文学》杂志和刚复苏的文学事业表示了支持。接下来,张平化部长发表即席讲话。与他不久前在中宣部的内部讲话相比,口气有了显著的变化,也以肯定的口气提到了周扬,周扬的出现不再是黑线回潮了。他说:

> 从历史上看,这个组织(按:指文联和各协会)是在伟大的领袖和导师毛主席亲自领导下建立起来的,也是在敬爱的周总理亲自参加工作中间,把它组织起来的。现在文联的主席、副主席都还健在,郭老还在,雁冰同志还在,周扬同志还在,现在要恢复这些组织有充分的条件。当然,由于"四人帮"的干扰破坏造成了严重的损失。"四人帮"的干扰破坏,使我们党各方面的事业都遭受了严重的损失,对于文学艺术这方面所造成的损失,所留下的余毒,应该说是非常的严重,决不可以低估!但,尽管是这样,毛主席的革命路线,还是居主导地位的。广大文艺工作者、文学工作者,还是忠于毛主席的革命文艺路线的。除了极少数"四人帮"的死党、叛徒、特务、死不改悔的走资派,这样的极少数人之外,广大的文学工作者、文艺工作者,我们都应该把他们组织起来。……昨天在中央宣传部听汇报以后,我们研究了,要迅速恢复。为了迅速恢复这个组织,要成立一个筹备机构。这个筹备机构一方面进行现在的工作,恢复文联,恢复各个协会,首先是作家协会,把这些组织恢复起来,把当前的工作抓起来。……同时,这个机构还有几个任务,要筹备第四次文代会。……要在1978年适当的时候,召开第四次文代会。

接下来,中宣部副部长、文化部部长黄镇代表中宣部讲话,他说《人民文学》编辑部召开的这次座谈会,是不久前中宣部召开的座谈会的继续。他还就今后一个时期的文学工作讲了三点意见,即:一定要把揭批"四人帮"的斗争进行到底;尽快使文艺创作活跃起来,促进社会主义文学艺术的百花齐放;加强文艺队伍的整顿和建设。

根据原始记录查对,除了前面已引录的以外,在会上发言的还有刘白羽、贺敬之、李季、严文井、阮章竞、王瑶、叶君健、金近、唐弢、朱兵、杨志杰、赵寻、曹禺、姚雪垠、臧克家、曲波、林林、刘剑青、张志民、冯其庸、严辰、贾芝、朱寨、毕朔望、陶钝、蔡若虹、吕骥、袁文殊、盛婕、刘庆库。

以我看来,这次座谈会的历史贡献至少表现在下列两个方面。

第一,在批判"四人帮"对文艺战线的破坏时,抓住了"文艺黑线专政"论这个重点,突破了《纪要》不能批的禁区,这就把批判斗争大大推进了一步。但"文艺黑线"论却基本上没有被动摇,"两个批示"问题也还没有解决。因为那时连刘少奇同志的冤案还没有翻过来。从到会的文化界领导人到作家评论家,在发言时,还必须按照"有一条与毛主席革命路线相对立的刘少奇修正主义路线"的调子构思谋篇。连主持会议的张光年也不例外。

第二,大家呼吁尽快恢复在"文革"中被解散了的文联和各协会。中宣部张平化部长在12月31日的闭幕会上宣布:"昨天在中央宣传部听汇报以后,我们研究了,要迅速恢复(文联和各协会)。为了迅速恢复这个组织,要成立一个筹备机构。这个筹备机构一方面进行现在的工作,恢复文联,恢复各协会,首先是作家协会,把这些组织恢复起来,把当前的工作抓起来。……同时,这个机构还有几个任务,要筹备第四次文代会。……在1978年适当的时候,召开第四次文代会。"

会议的最后一天,即1977年12月31日,《人民日报》发表了毛泽东1965年给陈毅同志的一封信。他在这封信里谈了形象思维问题,成为文艺战线揭发批判"四人帮"的锐利武器,也是推动文艺事业的巨大动力。

第二章
新时期文学的兴起

(1978)

贾大山的《取经》(《河北文学》1977年第3期)和刘心武的《班主任》(《人民文学》1977年11月号)通常被认为是"新时期文学"的开山之作,这倒不是因为在这两篇短篇小说问世之前没有别的揭露"四人帮"给普通人的肉体或精神上留下创伤的小说了,而只是因为这两篇作品在思想上和艺术上比一般的平庸之作,毕竟高出了一畴,从而引起了评论界和读者的注意。没有编辑审稿的慧眼、没有主编的勇气、没有评论家的及时肯定,这些作品,也许会像其他大量平庸之作一样,被埋没在历史的烟尘之中。

罗德里克·麦克法夸尔与费正清主编的《剑桥中华人民共和国史》(1966~1982)里,由荷兰乌特勒支大学比较文学教授杜维·福克马执笔的《1976年和"伤痕文学"的出现》一节中写道:"在新作家里,刘心武是第一个批判性地触及'文化大革命'的不良后果的作家,他的短篇小说《班主任》(1977年)引起了全国的注意。他涉及了'文化大革命'给作为其受害者的青年人正常生活带来的不良影响和综合后果。"①由加州大学东方语言学教授寒瑞尔·伯奇执笔的《毛以后的时代》一节里,则说:"'伤痕文学'的第一次表露,也是实际上的宣言,应推刘心武(1942年生)1977年11月发表的《班主任》。"刘心武

---

① 《剑桥中华人民共和国史》(1966~1982),中国社会科学出版社1990年版,第800页。

也说:"这篇作品是'伤痕文学'中公开发表得最早的一篇。"①这些外国研究者没有给《取经》一定的地位,可能是因为他们没有读到当时发表在地方文艺刊物《河北文学》上的这篇作品。这不能怪他们眼界狭窄。他们毕竟没有身在其中,况且在1977年,甚至在1978年的上半年,"伤痕文学"和"新时期文学"这两个概念也还没有人使用。

无论是从揭示"文化大革命"给普通中国人带来的创伤作为一种新的文学思潮来说,还是从作家艺术家得到平反昭雪和被停止工作达十年之久的文艺机构恢复工作来说,1978年都是最为关键的一年。5月11日《光明日报》发表特约评论员文章《实践是检验真理的唯一标准》,引起全国范围内的关于真理标准问题的大讨论,以及同年底中央召开的理论务虚会和党的十一届三中全会,推动了全国各界人民的思想大解放。应该说,1977年的中国文学所经历的,仅仅是向"新时期文学"过渡的时期,即以"伤痕文学"为主要文学思潮的"新时期文学"的滥觞期,这个过渡期或滥觞期的代表作是《取经》和《班主任》;到1978年,中国文学才算真正开始了文学的"新时期"。

关于30年代文艺的争论

《人民文学》杂志社主持召开的以"向'文艺黑线专政'论开火"为题的在京文学工作者座谈会的长篇报道,分别在1978年1月17日《人民日报》和1978年第1期《人民文学》发表后,在读者中的反响甚为强烈。报道发表后,我奉命把文艺界和读者来信中反映的情况,综合地向主编张光年汇报过一次。大致反映是:大家都希望尽快有优秀作品问世,但文学界人士热切地希望把30年代文艺和"十七年"文艺的功过是非弄清楚,而一般读者则希望开展对近两年来发表的坏作品、阴谋文艺进行批判和清理。无论在座谈会上还是座谈会后,文学界人士之所以对30年代文艺给予特别严重的关切,是因为在《林

---

① 刘心武:《关于〈班主任〉的回忆》,《文学报》第1040期,1998年11月26日。

彪同志委托江青同志召开的部队文艺座谈会纪要》里把"十七年"、"文艺黑线"与30年代文艺联系起来,形成了一条"又粗又黑"的"黑线"。这次会议的呼声以及所取得的成果成为《人民文学》杂志此后一个时期的组稿重点,甚至是方向。

这次声势很大的文学界座谈会,对全国思想界、文艺界的震惊和影响,是我们事先就预料到的。全国各省市的文艺刊物和部队的文艺刊物批判"四人帮"的"文艺黑线专政"论和阴谋文艺的声势也随之高涨起来。在部队方面,《解放军文艺》早在1977年11月30日至12月1日就邀请驻京部队文艺工作者魏巍、丁毅、时乐濛、杜锋、唐诃、陆柱国、严寄洲、黄宗江等举行座谈,愤怒揭发"文艺黑线专政"论是江青和林彪相互勾结合伙炮制出来把它强加给伟大的人民解放军的。① 紧接着,1978年2月6日,解放军总政治部文化部评论组的批判文章《"文艺黑线专政"论的出笼和破灭》发表。《解放军文艺》第3期发表评论员文章《彻底推倒"文艺黑线专政"论》,披露了新的内幕:"在炮制过程中,陈伯达提出,'十七年'文艺黑线专政的问题很重要,但只是这样提,没头没尾,必须讲清楚这条文艺黑线的来源,它是30年代文艺的继续,把这个问题讲清楚,才能更好地认识和解放'十七年'的文艺黑线,这条黑线是从那个时候就开始了的。"在地方,各省的文艺刊物纷纷召开座谈会和发表批判文章。

到了3月初,一位新闻界的朋友告诉我,中南五省宣传部长会议上说,"十七年"文艺界的确有一条黑线,我们反对的只是黑线专政。这就是说,"文艺黑线专政"论成为谬论已不成问题,而"文艺黑线"论却又大行其道,不能批。

"四凶"被捉两年了,但要真正把被颠倒了的历史再颠倒过来,却也并非易事。特别是在文艺界。都说文艺界是是非之地,受害深,阻力大,困难多。当时文艺界流行着一句顺口溜:"一条黑线,二个批示,三旧,四条汉子,五一六通知。"与这个顺口溜相关的"文革"中的

---

① 新华社1977年12月24日消息,又见《文汇报》12月25日,又见《解放军文艺》1978年第1期。

许多冤假错案,明明应该,而且可以尽快翻过来,可是翻不了,甚至一谈起来,也还是噤若寒蝉。原因何在? 因为那些都是毛泽东生前定下来的或经他老人家认可的,因为毛泽东逝世后很快就出现了"两个凡是"论。

2月13日,编辑部接到张光年转来李何林的一封信。信是写给严文井并转张光年的。信中对《人民文学》第1期的"本刊记者"报道中引述他在在京文学工作者座谈会上的发言有意见,说刊物歪曲了他对"两个口号"问题的看法,他没有说过"国防文学"起过团结作家抗日的作用。他还随信附来打印的《两点声明》,同时将其散发给了有关人士。30年代文艺问题是批判"四人帮"在文艺上的阴谋的一个重点,而恰恰在30年代问题上,特别是在"国防文学"问题上,学术界原本就存在着分歧的意见。李何林对周扬等,一向是持批评或否

李何林

定态度的。但他在"开火"大会上发言时,采取的是一种比较宽容的说法。他说:"关于'国防文学','四人帮'把它污蔑成卖国文艺。鲁迅对这个口号虽有过批评,但并没有全盘否定,鲁迅认为,在'民族革命战争的大众文学'的总口号之下,'国防文学'作为应变口号,是可以存在的。他说,'国防文学'口号是有缺点的,受到王明右倾机会主义路线影响,但它在当时确实发生了影响,在一定程度上起了团结文学界共同抗日的作用。"我们的报道引述李何林发言的措辞时,记者所根据的,是李何林在会上的发言记录。

在我的印象中,在处理30年代问题上,中宣部的总的思路是批判"四人帮"的阴谋要一致,而一些具体问题上的分歧,则让学术界去

争鸣。如今,由于李何林的《两点声明》,关于30年代文艺问题的分歧,终于再次公开爆发起来了。

编辑部接到李何林的信后,立即查对了原始记录,认为记者的报道稿与原始记录稿基本相符。编辑部经过分析后认为,李何林是想退回到他原来的立场,力求做到自圆其说。大家对老先生采用散发"声明"的做法,产生了某种反感和排拒,纷纷主张要在刊物上公开发表他的《两点声明》,同时附上编辑部的核实经过,把真相公之于读者,以期澄清事实。但事情的发展并没有按照我们编辑人员的主张办理,李何林的信和《两点声明》最终没有公布。

3月3日上午中宣部文艺局荣天屿来电话,说张平化和李晓明(文艺局局长)要调看《人民文学》召开的"开火"大会上关于30年代文艺的发言记录。看来李何林散发的《两点声明》已经起了作用,领导机关重视起来了。既然中宣部要调看记录,我就与管理材料的张玉秋商量后,答应于星期一送达。"两个口号"的论争,在延安时就惊动过毛泽东,他曾要中宣部负责调查处理,好像后来就不了了之了。这回中宣部又要调看我们的会议记录,能否得出一个结论来呢?

我们准备在刊物上发表一组关于30年代文艺问题的文章,拟约沙汀、王瑶撰文,并发表林默涵在"开火"会上的长篇发言。3月30日上午,刘剑青、阎纲和我三人一起到朝阳医院,去探望在那里住院的主编张光年,并向他汇报我们的打算。正好遇上周扬也去看望张光年。张光年同意了我们的设想。

下午,我和阎纲一起去沙汀和林默涵处组稿。沙汀当即答应了我们的约稿。林默涵也答应说着手修改那篇在文学座谈会上的那篇批判"文艺黑线专政"论的发言稿。

第二天我再去北京大学找王瑶。我在北大读书时上过王瑶先生的新文学史课,是他的学生,但现在约他写30年代的文章,又是着眼于批"文艺黑线专政"论,使他有些为难。王瑶说,他的处境很难。他在两个单位工作,一个单位一种观点,而他是折中的。李何林所在的鲁迅研究室认为"国防文学"是王明路线的产物,北京大学则认为不能这样看。两家的人与各自单位所持的观点又大都一致。他说,他

报告,并说了我读后的意见:我认为可以发表。经与作者任白戈取得联系,他似乎并不太愿意给我们。4月19日下午,沙汀把我叫到他那里去,谈任白戈文章问题,他希望由《人民文学》发表。我说,他本人不大愿意给我们,我们不能勉强他。适陈荒煤在场,荒煤说,以《人民文学》发表为好。沙汀说,他再给中宣部副部长廖井丹打电话,明天最后定。沙汀还说,林默涵的文章给《文学评论》发。我说,林默涵的文章是在我们座谈会上的发言,又是我们提出来请他修改的,还是给我们

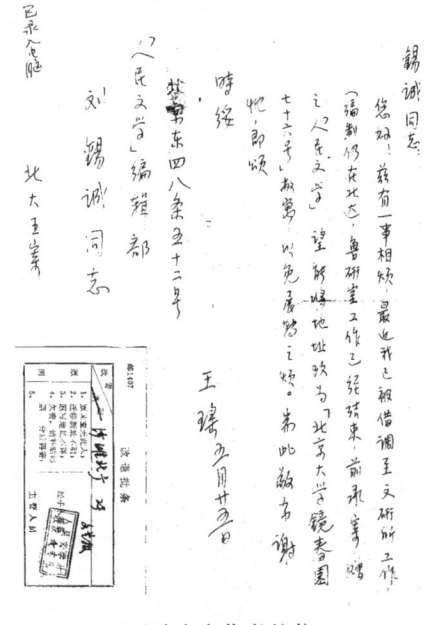

王瑶致本书作者的信

为好。沙汀这时已被任命为中国社会科学院文学研究所所长,接替自1977年7月24日何其芳逝世以来空缺的所长之职。"文革"前任文化部副部长的陈荒煤,如今也屈尊担任该所副所长。

沙 汀

　　任白戈的文章决定给《人民文学》发表。任白戈委托沙汀帮助修改定稿。正好我们也希望得到沙汀的指导。沙汀非常热心地帮助我,把这篇经过多位文艺界领导人审阅修改过的文稿,又审阅推敲了一遍。我们决定安排在《人民文学》1978年第5期上,题目定为《坚决批判林彪江青一伙对三十年代文艺的诬蔑》。发稿后,我收到了沙老于4月30日发来的一封信。信中说:

是能够接受周扬在会上发言中的观点的。

王　瑶

我们还听说任白戈写了一篇关于30年代文艺问题的文章,正在中宣部送审中。在医院里,周扬和张光年也向我们提到此文。沙汀也向我推荐了任文,建议我们要找来看看。4月1日,我从王瑶那里回来后,便给中宣部文艺局荣天屿打电话,询问任文是否已定了给哪家刊物,如果还没有给其他刊物,是否可以给《人民文学》发表?荣天屿说,此稿已送周扬和茅盾看过,沙汀也看过,并提了修改意见。他说,他要把我们的意见向张(平化)部长请示,然后答复我。过了5天,即4月6日,荣天屿给我打来电话,说:"经请示张部长,任白戈同志文章转给《人民文学》。我们写了一封信,关于30年代问题有些争论,我们认为,当前应一致起来批判'四人帮',希望你们组织有分量的文章。至于有争论的一些问题,让他们学术界去讨论,也可以组织文章,也可以发些资料性的文章。至于任白戈同志的文章,经周扬同志看过,用铅笔改了一些地方。我们也改了一些地方。沙汀同志知道他的写作过程,可同他商量一下,其中个别地方,还有可以推敲的地方,你们可以同作者直接联系。"①中宣部的这个意见很及时,对我们编辑工作有指导意义。粉碎"四人帮"后,在文艺界内部一些人中对30年代问题出现了分歧的看法,但当前的首要任务是集中精力批判"四人帮"的谬论、清除其影响。

4月10日收到任白戈同志文章后,我立即打电话向主编张光年

---

① 此电文系笔者当时的记录稿,见笔者1978年4月6日的工作日记。

锡诚同志:

　　脑子不够用了。今天忽然想起,(任)白戈那篇文章,其中"而且就在谈到混入左联的这些坏人的时候"一语,是否已经改成"而且,当我们谈到三十年代的左翼文学运动的时候"?我记得你曾告诉过我,你和光年同志商酌后,已经改了。若然,那就好;否则请一定改过。盼多费神详加校正,受人之托,总怕发生差错。而我实在又没有工夫,所以只有一切拜托你了。

　　我最近很疲累。幸而找到一个清静的地方,可以扯伸休息几天,积蓄点精力,以便出差到南方去走走。我的新址是:虎坊桥万明路11号,即原东方饭店,房间号码是132号。

　　匆致

敬礼!

沙　汀
(1978年)4月30日

沙汀给本书作者的信

在沙老的帮助下，任白戈的文章顺利在《人民文学》1978年第5期上发表了。此文的发表，对于恢复被"四人帮"弄颠倒了的30年代文艺的本来面貌和正确评价30年代左翼文艺的历史功过，是起了重要作用的，在文艺界的影响是很大的。任白戈是左联的成员，又是一位很少就文艺问题发表见解的政治家。他于1933年在上海参加左翼作家联盟，为左联所属的理论研究委员会成员。1934年被选为左联常委执委，任宣传部长、秘书长。1935年赴日本，负责东京左联支部。1936年发表《现阶段的文学问题》，响应"国防文学"口号。参加了中国文艺家协会。后到延安。新中国成立后从政，曾任重庆市委书记兼市长、四川省副省长、中共西南局书记。

对于年届74岁的沙汀老人来说，新任文学所所长之职，工作之忙之累，是可以想见的。他的认真负责的精神和对朋友、对事业的真情，再一次感动了我。他累了，他要休息一段时间，要逃避人们的打扰，但他还是把他的暂时保密的住址告诉了我，以防我有重要的事找不到他。

4月19日沙汀、陈荒煤同我谈完有关任白戈和林默涵文章的安排后，我从沙汀那里出来，就直接到了文化部，给林默涵的秘书孙浩挂电话，请他再催一下林默涵。《人民文学》决定在1978第5期发表任白戈的文章和林默涵根据1977年12月29日在"开火"大会上的讲演改定稿《解放后十七年文艺战线上的思想斗争》①文章。我拿着林默涵在大会上的讲话记录稿，到他在沙滩老中宣部东门外的弓弦胡同住处去交给他，请他修改定稿。"文革"前，我曾到过这个地方，现在他的住房只剩下很小的一个平房了（好像是两间，我记不得了），门前的夹道也变得很狭窄。"文革"前我曾因工作关系，与他有过直接的接触，我提醒面前的这位老领导说，他的报告里多次提到"丁陈

---

① 虽然此前已在《人民文学》上发表了林默涵写于1978年1月26日的《关于题材》一文，但实际上此文应是作者长期受"四人帮"迫害、获得自由回京后，第一次公开演讲和第一篇重要文章，文中公开了"十七年"文坛的许多重要史实。

反党集团",而政治形势发展很快,将来丁陈问题的结论会不会有变化,请他在修改定稿时考虑。约定来取稿的时间后,我离开了他的住处。他的修改稿没有考虑我的建议,我们照原稿发排。倒并不是我有什么先见之明,"不幸而言中",我只是觉得林默涵虽然经过了"文革"的迫害,却还是那样自信而固执,不能审时度势。几年后,中央对丁玲的历史问题重新做出决定,改变了以前的处分决定,"丁陈反党集团"问题也得以平反。这是后话。

1978年4月24日,我去林默涵那里取《解放后十七年文艺战线上的思想斗争》的定稿。取稿时,前后分三次,每取来一部分就誊写一部分,最后一部分尚未誊写完,就发了稿。到5月6日,校样出来,我打了六份给林默涵送去,并提醒他尽量赶在下周一退还给我。林说:"我要送周扬同志看,尽量争取时间。"我说:"尽量不要脱期,因为第6期要给文联全委会留版面。"林默涵又说:"我们要搞《文艺报》,那你们就不要等了。"

关于30年代文艺的争论,在理论界一直在持续着。直到1979年11月第四次文代会的报告送审时,这个问题还作为一个悬而未决的重要问题,受到了中央的关注。在讨论周扬的第四次文代会报告稿时,中宣部副部长廖井丹说:"关于30年代的问题,陈云批了,要好好研究,应当有一个正确的看法。原想让当事者写个回忆录,讲得更清楚些。没想到在刊物上又都争论起来了。"在延安时,陈云就受毛泽东之托,过问过30年代文艺战线上的"两个口号"问题,事过三十多年,如今再次向他请示,廖井丹说,他有了批示。如何批示的,我不得而知。

对《严峻的日子》等的批判

揭批"四人帮"的第三批材料公布后,《人民文学》编辑部在揭批"文艺黑线专政"论的同时,也在关注另外一个问题,即"四人帮"如何利用刊物搞阴谋夺权和如何肃清"四人帮"的流毒。这其中有《人民文学》自身的问题,也有其他刊物的问题,情况颇为复杂。在组织和落实文章上,编辑部虽经多次研究,却始终举棋不定。

如何对待《北京文艺》发表的《严峻的日子》就是其中的难题之一。① "四人帮"覆灭后,全国各地的评论家和读者来信,强烈要求《人民文学》介入,批判《严峻的日子》。但这篇文章的发表,涉及当时的北京市委书记吴德,在北京市迟迟按兵不动的情况下,我们《人民文学》作为一家中央级的文艺刊物,当然也不宜过早介入。

4月3日,我与刘剑青到张光年家里去,请示和研究第5期刊物的版面安排。正好"文革"前中国作家协会的老秘书长张僖也在,他们正在研究中国文联全委会的筹备工作。张光年要我们《人民文学》写一个大报道,描述一下全国文艺的新形势。我们说,我们要揭发批判这篇属于阴谋文艺的作品,但要保护作者。《北京文艺》原定4月号发表批评《严峻的日子》的文章,但现在该刊不能及时兑现,而且即使他们决定要发一篇批评文章,北京市委书记吴德也不一定批,那我们就不能等了。我们出来批评,必然会刺痛吴德。张光年对我们说:就是要刺痛一下嘛!

过了几天,到4月10日,刘剑青向我传达了张光年和他的意见:我刊决定批《严峻的日子》,北京市委的盖子要揭。我们组织人民出版社的金童写文章(前些日子,我们收到了署名金童的读者来信),并写一按语,也把我刊从第1期到第6期的错误文章都点到。第二天,刘剑青在编辑部碰头会上又说:随着运动的发展,刊物上要发表一些批判"四人帮"利用刊物搞阴谋夺权的文章。张光年看了《严峻的日子》,决定发金童的读者来信,但要改成文章,加编者按语。其他错误文章,可以列出几篇,也可归纳出几个问题笼统地写。但要避开天安门事件,就说广大群众到天安门悼念周总理,被打成反革命。编辑部发表这样的错误文章,也有责任,有的甚至是捉刀代笔;要保护作者,矛头指向"四人帮",可以点到主编和常务副主编。

---

① 伍兵:《严峻的日子》,《北京文艺》1976年第6期。这篇小说写的是镇压在天安门广场上悼念周恩来总理的群众,是"四人帮"在北京市的代理人的支持下炮制和发表的,因而是有险恶的政治目的的。

编辑部开始准备一篇大报道,分工由阎纲写第一部分,即批判"文艺黑线专政"论的情况;傅活写第二部分,即文艺界一年来初见成效,文艺繁荣的情况;吴泰昌写第三部分,即作家深入生活的情况;最后由我汇总定稿。同时,由我草拟一个批判《严峻的日子》的编者按语。按语很快写好后,由刘剑青与张光年一起改了一遍,算是定稿发排了。星期日加班一天,大报道也如期完成了。4月24日是星期一,我带着大报道到张光年处请他阅改。哪知张光年改变了主意,说大报道决定不发了。改为集中发表任白戈、王瑶和林默涵三人关于30年代问题的文章。关于《严峻的日子》的编者按语,他说:"昨天陈笑雨的追悼会上见到了吴冷西同志,吴说《毛泽东选集》第6卷要发表毛主席给《文艺报》的信。我就想到,我们这按语也是'政治性不足'、'文也不足'。"张光年说,他还要改一遍,要我给他一份样稿。

"政治性不足"和"文也不足"涉及《文艺报》的一段史实:1958年初,根据毛泽东主席的意见,《文艺报》组织了几位文学界人士撰写文章,对丁玲的《三八节有感》、王实味的《野百合花》等在延安发表的旧作进行"再批判"。编辑部撰写了这个专栏的编者按,送毛泽东审定。毛泽东当时在南方,看了来件后,亲自动手做了大量修改和重写,即退给《文艺报》的主编张光年、副主编侯金镜、陈笑雨,并将这个专栏的栏题改为《再批判》。毛泽东为《文艺报》写的按语是这样的:"'奇文共欣赏,疑义相与析',许多人想读这一批'奇文'。我们把这些东西搜集起来全部重读一遍,果然有些奇处。奇就奇在以革命者的姿态写反革命的文章。鼻子灵的一眼就能识破,其他的人往往受骗。外国知道丁玲、艾青名字的人也许想要了解这件事情的究竟。因此我们重新全部发表了这批文章。""谢谢丁玲、王实味等人的劳作,毒草成了肥料,他们成了我国广大人民的教员。他们确能教育人民懂得我们的敌人是如何工作的。鼻子塞了的开通起来,天真烂漫、世事不知的青年人或老年人迅速知道了许多世事。"[①](当年那场"再批判",批错了许多人,铸成一大错案,这里不去说它。)在清样的空白

---

① 见《文艺报》1958年第2期。

处,毛泽东主席还以龙飞凤舞的行书给三位主编写了一封短笺:"我在杭州,明天就是你们付印的日子。其他文章来不及看了,兹退还。你们是政治家,政治性不足;你们是文学家,文也不足,不足以唤起读者的注目。最近文风有所改进,但就这篇按语说,则尚未。"毛泽东还写道:"题目太长,'再批判'三字就够了。用语太直,用字太硬,形容词太凶,效果反而不好,宜加注意。"①毛泽东就文风问题对《文艺报》几位主编的批评,倒是对该刊后来文风的改进起了显著的好作用。现在,张光年就我为批判《严峻的日子》起草、由他修改的编者按语所说的"政治性不足"、"文也不足"的话,就是来源于此。一方面,说明他对毛主席三十多年前的话记忆犹新;另一方面,也说明他也要我注意,文风问题不是一个小问题,文风不好,用语太直,用字太硬,形容词太凶,都不会产生好效果,不能被读者所接受。后来,金童的文章并没有在《人民文学》上发表。

北京文艺界还有一个浩然的问题。浩然在"文革"后期发表的几篇作品,在评论界和读者中意见也很大,纷纷要求在刊物上加以批判。这时,广东的《广东文艺》1977年第11期发表了李冰之(于逢)撰写的《评浩然的〈西沙儿女〉》,紧接着又在第12期上发表了同一作者的《评浩然的"新"道路》,对浩然在"文革"中依附于"四人帮"的思想体系进行了严肃的批判。《解放军报》于2月4日发表了读者来信,批评浩然的《西沙儿女》。《人民日报》3月17日发表了海南军区批判组和广州部队理论组所写的《江青授意炮制〈西沙儿女〉的罪恶阴谋》。但北京市的文艺刊物却一直按兵不动。

《北京文艺》评论组的评论编辑邹世明2月6日来到我们编辑部,就北京市的这两件大事与我们交换意见。她无奈地说,《北京文艺》在对浩然和《严峻的日子》的批判上,感到很为难。

关于浩然的中篇小说《西沙儿女》及其下卷《奇志篇》(未出版)和1974年9月10日在天津市部分工农兵业余作者座谈会上的发言

---

① 转引自阎纲:《文风的回忆》,收入其《冷落了牡丹》一书,敦煌文艺出版社1997年版。

《要勇敢地前进》等作品,我们编辑部研究过多次,但究竟怎么办,还没有做出决定。开年以来,南北三家报刊相继发表批评浩然的文章,影响很大,文艺界的朋友争相传阅,也给我们增加了压力。《人民文学》打算怎么办?必须做出决策。特别是《解放军报》文章发表后,我们更坐不住了。作为评论组组长,我于2月21日到主编张光年处向他请示,请他做决定。五天后,即2月27日,张光年的夫人黄叶绿给我打来电话,向我转达了张光年的决定:转载李冰之的一篇文章。这表明了我刊的态度:(1)浩然的那些作品应该批评;(2)浩然的问题毕竟是人民内部矛盾,属于同志犯错误,我们自己不组织文章,而只转载广东的一篇。实际上,《人民文学》1978年第3期转载了李冰之(于逢)所写的三篇批判浩然的文章中的两篇,即《评浩然的〈西沙儿女〉》和《评浩然的"新"道路》,没有加任何按语。

第三个问题,是蒋子龙问题。蒋子龙是一位工人作者,1976年,他在《人民文学》上发表过短篇小说《机电局长的一天》,表现了一个工人作者的文学才气和邓小平复出后主持国务院工作时期出现的新面貌,是一篇反映工业战线的好作品,但被"四人帮"的爪牙指责为宣扬"唯生产力论"的毒草。之后,他却在压力下又写了同"走资派"斗争的小说《铁锹传》。粉碎"四人帮"后,蒋子龙的这篇小说受到了天津文艺界的批评。《人民文学》编辑部收到了天津文化局的老作家杨润身、王昌定、王树人三人合写的一篇批判蒋子龙的文章。杨润身等的批判文章是否要发表,我去请示主编张光年,他对我说:要先征求一下天津市委的意见,他们认为要在中央刊物上批判,那我们就发批判文章,否则,我们就不发。不久,见到《人民日报》内参上发表了有关这篇小说的批判文章和材料。出于保护一个青年作者的考虑,最终我们还是把杨、王、王的批判文章压下来了。

一年后,蒋子龙的《乔厂长上任记》在1979年7月号《人民文学》发表,在天津再次引起批评和争论,《天津日报》连续发表四篇长篇文章;《文学评论》和《工人日报》于10月10日召开座谈会,陈荒煤和冯牧都在会上发言,对蒋子龙的作品予以肯定,保护了这位青年作者。那又是后话了。

出差武汉三镇

平生没有到过武汉三镇。1978年早春,《人民文学》编辑部决定派我到武汉去组稿,任务是去采访几个深入生活比较好、创作有成绩的作家。且不说抗日战争中武汉曾经是作家艺术家集中的后方城市,在这里曾成立了抗敌文艺协会,许多名家名流也都是从这里转道去革命圣地延安的,新中国成立后的武汉也属于为数不多的几个作家云集之地,《长江文艺》在我当学生的时代就是文学界的一块名牌。临行前,编辑部内七嘴八舌帮我参谋,湖北籍的涂光群最了解情况,人家商定的重点采访对象是碧野和吉学霈。由于经费拮据,出差一般不许坐飞机。我乘火车去,3月13日出发,次日便到达武昌站。然后径到《湖北文艺》编辑部接头。编辑部负责人刘岱陪我去拜访文联和刊物的负责人王淑耘。她是位老作家、老干部,是文联的一把手骆文的夫人。当时湖北省文联已经恢复了,但还没有挂牌。

骆 文

王淑耘资格老,性格直率,敢于讲话,不大怕冒犯什么人。她对我说，湖北省的文学刊物，1949年创刊时叫《长江文艺》，"文革"中改名为《湖北文艺》。文联想把刊物改回新中国成立初期的刊名《长江文艺》，报告递到省委宣传部去，但未获批准。原因何在？答复是一句反问的话：湖北办的文艺刊物叫《湖北文艺》，有什么不可以？于是，堵住了大家的嘴，谁也无法答对。徐迟在云南采访，来电祝贺省文代会的召开。我把电报交给宣传部长，要求在会上宣读一下。几个部长传看后说，不要宣读了，传阅就行了。为什么？因为徐迟在贺词中说了一句祝贺《长江文艺》的话。

王淑耘对我说起他们那里的情况，有点儿一吐为快的情绪。大概是压抑太久了。她还说：省委宣传部要派文体处处长来担任党组副书记兼秘书长，好像文联的人并不欢迎他，因为他在"文革"中跟着"四人帮"跑。"四人帮"垮台后，在审查作品时，又不肯放行。有人说他是个风派。雁翼的《十月的风云》在《湖北文艺》发表后，他说：我们省里也有个工业书记，这样的作品为什么不送审？组织诗歌朗诵会，骆文写了一首诗，他一定要审查；审查后说，要改，不改不能朗诵。刚刚粉碎"四人帮"时，大家热情很高，现在那种热情又冷下来了，连批判"文艺黑线专政"论的劲头也不大了。在徐迟的问题上，因他有历史问题，早早就要他退休。徐迟都回家乡去看过房子。1976年（？）又给徐迟重新分配了工作，要他到我这里来。徐迟问能不能给他发一张工作证，我说当然可以。他顺手交出两张照片，我们就给他办了工作证。我们成立文联时，他在参加政协会，我们想叫他回来，他也没有回来。

我揣摩，王淑耘说的那个时间，徐迟大概正在北京。那时，全国科学大会还没有召开，《人民文学》编辑部散文组的周明组织和陪同老作家徐迟在北京西郊中国科学院全力采访年轻的数学家陈景润，写作他那篇尔后震惊了文坛的报告文学《哥德巴赫猜想》，热情讴歌我们的科学家和科学事业。这篇写于1977年9月的长篇作品，刚写完就被周明拿到《人民文学》编辑部来，一点儿也没有耽搁地就发表在1978年的第1期上。这一段时间，戴着助听器的徐迟，是我们编辑部的座上客，被我们这些当时还年轻的编辑们奉为上宾。他的这篇作品一发表,便得到了评论界的高度评价。我临行前,已把组里准备发表的几篇评价《哥德巴赫猜想》的短文交给了阎纲,请他处理。可是,这样一个可敬可爱的老头儿作家,在湖北,竟然有人这样对待他。"四人帮"被粉碎了这么多日子了,那罪恶的余毒还缭绕不散,也实在叫人不可思议! 难怪王淑耘表现出那样义愤填膺的样子!

我要采访碧野。他的长篇小说《我们的力量是无敌的》我是在上高中的时候读的。虽然小说受到过批评,说作者歪曲了解放军的形象,但小说及其作者却因此而深深地印在了我的脑海之中。我之所以有今天要采访他的念头,也大半是因为那本小说的印象的促动。当然在我动身去武汉之前,听说他的新作《丹凤朝阳》很快就要出版。这部长篇新作,取材自他深入生活的丹江口水利枢纽工程的建设,是他与建设者们朝夕相处、生命与共的六年的艺术结晶。

1978年3月14日,我到文联院里去拜访老作家碧野。谈话是从丹江口水利枢纽工程开始的。国家决心建设丹江口水利枢纽工程,据说是南水北调大构想的一部分,前后费时十五年,动用民工十余万,据说比刘家峡水库还要大6倍,蓄水量达到320亿立方米,发电量达90万千瓦。效果怎样,效用若何,我没有调查研究,不便置评。但这工程就在武当山的附近,不免令我想起明永乐十年(1412年)到二十一年(1433年)修建武当山的道教宫观——"皇家家庙"的壮举,当时帝令一出,兴师动众,大兴土木,鼎盛时,民工多达三十万众。与武当山当年的建设规模相比,丹江口水利枢纽工程,虽然才动用了十余万民工,但关系到南水北调的宏伟设想,在新中国成立不久的当时也算得上是一大工程了。遗憾的是当年南水北调的计划没有能够实现,以至于进入21世纪人们还在谈论这个话题。

碧野为了了解和体验丹江口这座庞大水坝的建设者的生活,把家都搬到了工地上。这个曾以熟悉战争题材而知名于文坛的作家,如今又决心做这个巨大工程的见证者和参加者。他在那些迎战洪水、顶风冒雨,以巨大的奉献精神和吃苦耐劳的毅力建设大坝的十余万民工、技术人员、施工人员和指挥人员中间,吸取题材,构思故事,提炼情节,选取人物,创作了他的《丹凤朝阳》。他自豪地对我说:"不入虎穴,焉得虎子！没有那两千多个日日夜夜的工地生活,怎么会有这部新作的问世呀？刚去的时候,只不过是那南水北调的宏伟蓝图鼓舞了我,而经历过多少艰难和惊险、多少汗水和心血、多少不眠之夜后,生活终于铸造了这部长篇。生活是创作的源泉。"他对自己在进入创作过程时,顶住了"四人帮"宣传的"三突出"等那一套艺术教条而高兴。

碧野说:小说动笔于1973年春,到1977年,前后共修改了八稿。1975年,茅盾知道我在写这本书,给我来信说:"不求近功。"1976年我把稿子给了中国青年出版社。编辑部来信要我写"走资派",要我把工程师这个人物写成旧知识分子。我说再考虑考虑。于是出版社就把稿子寄了回来。茅盾先后给我来过四封信,叫我改寄给人民文学出版社看看。但人文社始终没有给我回信。正在这时,天津人民出版社的林呐来武汉,他看了稿子后,决定拿走,我就给了他。今年春节后,茅盾又来信说:"望眼欲穿。"他等着呢。

茅盾年纪大了,已属深居简出的老人,去年秋天,在《人民文学》召开的短篇小说座谈会上听他讲话时,见他的面容已显憔悴得多了。经历过文坛十年的荒芜和寂寞之后,他期盼着有能鼓舞人心的作品出世。他在千里之外寄"望眼欲穿"四个字给老朋友黄碧野,倒是恰能表达他对远在异地的老朋友的一番殷殷期待之情。

收到碧野谈深入生活的文章《生活——创作之源》时,我已于7月转到了复刊的《文艺报》编辑部工作。由于分工的不同,《人民文学》不再发表评论文章,只发作品,于是碧野的此文,我带到了新单位,安排在同年第4期(9月出版)的《文艺报》上发表。

在武汉采访的几天里,作为北京来的刊物编辑,我会见、拜访和结识了许多文友和老作家,如吉学霈、黄声孝。《湖北文艺》的诗歌编辑刘益善和小说编辑吴芸贞二位同行给我帮助最多。特别令我感动的是吴芸贞,她受编辑部指派,几乎每天陪着我,帮我找人,帮我办事。有一天,我要到路途较远的汉口滨海饭店去拜访部队作家马吉星,她怕我走错了路,就陪我一同去,与我一起听那些对她来说未必感兴趣的,甚至是无味的交谈。她和刘益善还陪我游美丽的东湖,到联结武汉三镇的大桥桥头,凭吊早已在历史烟尘中变得无影无踪的黄鹤楼遗址,空对着蓝天和江波发思古之幽情。我们禁不住背诵起崔颢那首千古名句来:"昔人已乘黄鹤去,此地空余黄鹤楼。黄鹤一去不复返,白云千载空悠悠。……日暮乡关何处是?烟波江上使人愁。"黄鹤是人名?是山名?还是仙鸟之名?千余年来,多有争论。崔颢在其诗题下自注曰:"黄鹤乃人名也。"《图经》说费文伟登仙驾鹤于此。《齐谐志》说仙人子安乘黄鹤过此。《清统志》说:"黄鹤山在江夏县(近武昌县)治西隅,一名黄鹄山。"不管黄鹤作何解,是黄鹤以山得名,还是山以人而名之,黄鹤楼则真真实实地是一段历史的标志。人们一直在怀念它!一直在凭吊它!几年后,黄鹤楼又拔地而起,巍然屹立在桥头,雄视武汉三镇了。那是后话。而其时的湖北文学界,正如《黄鹤楼》的诗句"烟波江上使人愁",使人高兴不起来。

我离开武汉的3月19日,天公不作美,突然下起雨来。街巷间,也大有"白云""烟波"之状。小吴来招待所给我送火车票,并执意要送我到车站。我感到十分不安,坚决谢绝了她的盛情。眼看着她冒着大雨离开招待所后,我也在大雨之中步行到武昌火车站。虽然衣服鞋子都被淋湿了,心里却稍觉坦然一些。这位年轻的朋友,性格的温柔谦和,办事的周到细致,给我留下了深刻的印象。即使在二十多年后的今天,当我在写着这一段文字时,还是要对她说声:谢谢!

3月19日是我在武汉停留的最后一天。上午,我与同住在招待所的天津棉花公司的一位姓周的采购员搭伴,去参观归元寺。我在那天的日记里记下了当时的感想:"这是一座明代建筑的藏经寺,至今保存完好,难能可贵。在喧嚣闹市之中,不失为一所可对后人进行艺术遗产教育和进行娱乐活动的场所。尤其是罗汉堂里那五百罗汉,可谓千姿百态,个个栩栩如生。相传是工匠父子二人花了九年工夫才塑成的。工程之浩大,造诣之高强,不能不使人为之惊叹!"

遭 遇 忠 言

3月20日我从武汉转车来到石家庄市,继续我的为《人民文学》组稿之旅,目的是想采访或约写一两篇谈深入生活的文章。就这一论题而言,河北省文学界自然也应属于首选之地。

我到河北省革命委员会文艺组,找到田间和张庆田,请他们帮我推荐人选。他们异口同声地推荐了林漫(李满天)和张峻。老诗人田间还不客气地自荐,说他自己也是常下乡去的,暗示我应写他一笔。

我在一排平房里找到了60年代写了农村题材长篇小说《水向东流》、《水流千转》、《水归大海》三部曲,现年64岁的老作家李满天,同他进行了一次长谈。我们谈得很细。他的《力原》在"文革"中受到批判,罪名是歪曲贫下中农形象。这完全是"四人帮"及其喽啰们的欲加之罪。《力原》是发表于60年代的一篇优秀短篇小说,刊登于1961年第2期的《河北文学》上。发表后,很快便得到了茅盾的高度评价。茅盾说:"这是一篇风格清新、体裁别致的短篇小说。开头一小段议论式的冒头以及末后一小段抒情式的结尾,前后相映,风趣盎然。文字朴素而又富于形象性,对话有个性。结构如行云流水,层次分明,先后呼应;俱见匠心,而又不露斧凿的痕迹。"①《力原》的成功完全取决于作者对农村生活和人物的深入了解。"文革"中,李满天从干校回来后,又到县里挂职,担任县革委会副主任。1974～1976年又在矿上住了两个多月。还到承德的一个知青点上生活过,观察和研究知青这一群体。应该说,他是一个对河北农村生活有深厚积累的作家,他比较喜欢农村里那些有开创精神、有志气的青年。"文革"后他创作了《炉火纯青》。

在我心里,张庆田也应是一个重点采访对象,原因有三:(1)去年《人民文学》召开短篇小说座谈会,他应邀来京参加了会议,尽管他在会上很少说话,但我们在会上已经熟识了;(2)他是长于写农村题材的,而且写得那样真实可信,对人物把握得那样准确;(3)60年代《文艺报》曾对他的名作《"老坚决"外传》进行过批判,定为写"中间人物"的作品,如今似应有所表示。但当我去拜访他时,却落空了,他没有在家。我感到很遗憾。后来,我曾给他写过一封信,信的内容已经记不得了,可能是表示要在《文艺报》上为《"老坚决"外传》平反一类

---

① 茅盾:《力原》,《文艺报》1962年第1期。

的话,并向他约写那篇没有实现的深入生活的稿子,了却我的一个心愿。

我回京后,张庆田于1978年3月29日给我回了一信。他在回信里并不买我的账,并以"老坚决"的脾气对我们进行了很不留情面的批评,这倒是我始料所不及的。他的信里写道:

大札收阅。自那天会上一别,久未见面,您一定很忙的。

你们对《"老坚决"外传》怎样评价,我无可非议。一篇作品也值不了什么。我只是对"批评问题"提出一点意见。总不能"翻手为云,覆手为雨"吧!

《文艺报》一篇文章中在指责下面一些领导时,倒是铁面无讳。应该如何如何。

但是,自己是否也应该有些自我批评?否则是没有威信的。《文艺报》复刊,对过去就有承担责任的义务。否则再指手画脚,谁听你们的?

大家会说:"别听理论家那一套,别上他们的当!今天他们这样说,明天他们又那样说!到时候还是要你自己倒霉。"

恕我直言,要总结经验,应是严肃的,不能只冒泡,到时候,又转个180度。

祝你工作顺利

握手

张庆田
1978年3月29日

张庆田是个大好人,是个勤奋而正直的作家,他当然对那些挥动"中间人物"大棍棒杀《"老坚决"外传》而现在却仍三缄其口的主持者和批评家心怀不满不服不恭不敬,这也是完全可以理解的。他的这番话,尽管是对我说的,实际上却是对即将复刊的《文艺报》和批评家们说的,那意思是:既然是批评家就不能翻手为云、覆手为雨,今天这样说,明天那样说;既然批评错了棒杀错了就应有承担责任的勇气和义务；既然要总结经验，就应是严肃的负责的，动真格的，而不是虚晃一枪，好像没有过去那档子事，现在又正确。

事情出现在1962年8月2日至16日中国作家协会召开的"大连会议"之后，特别是根据某种指令写作的1964年第8、9期《文艺报》编辑部的文章《"写中间人物"是资产阶级的文艺主张》发表之后，批评"中间人物"论的声浪一下子在文艺界席卷而来，矛头固然是对着主持会议的邵荃麟和一大批写农村生活和人物的作品和作家，其中也包括《"老坚决"外传》。我的同事谢永旺以沐阳为笔名发表在《文艺报》1962年9月号上的随笔《从邵顺宝、梁三老汉所想到的……》也受到了重点的指责和批评，他所归纳的"不好不坏、亦好亦坏、中不溜儿的芸芸众生"一时间成了批评"中间人物"论的文章必引必批的名句。一晃过去二十年了，《"老坚决"外传》的账好像仍然没有人出来还，还是未见当事者出来写一点文字做自我批评，难怪张庆田老兄写信来向即将复刊的《文艺报》兴师问罪！《人民文学》短篇小说座谈会后，我也再没有机会与庆田见面；张峻我倒是见过一次，记得是在太行山里的井陉县开一个作品讨论会的时候。如今重新翻出尘封已久的张庆田的这封来信，细细琢磨，真的也感到他的话是一针见血的。当然这不是说，要对以往的批评文章一概抹杀，几十年白花花一大片，但重大是非还是应该弄清楚的。

张庆田的来信，对我们这些在北京的刊物做编辑的人是个忠告，叫我好生想了一阵子。在中央一级的刊物或出版社做编辑的人，往往容易觉得自己比地方上的同行优越、高明，很难听到批评和忠告。其实这是一种盲目性。背地里人家也许说得很难听。你有什么？说穿了，北京不过是码头大而已。

在石家庄，我还拜访了当时主持工作的田亚夫。他很关心北京对梁斌《红旗谱》的评价。他说，省里要他们对这部长篇提出意见，他们在批"文艺黑线专政"论时，在报道中提出《红旗谱》是一部好书，但宣传部长没有同意发表。我把这个情况带回了北京，向张光年和刘剑青转达了田亚夫的意见。《红旗谱》无疑是"十七年"间创作的一部优秀作品，是评论界常常挂在嘴上的"三红一创"之一，对这样的优秀之作,河北省至今还不给作者平反。所以当《文艺报》和《文学评论》两个编辑部在 1978 年 12 月 5 日联合召开为作家作品落实政策平反大会拟定作家作品名单时,我就有意地加上了这部小说。

闯开写知识分子题材的禁区

因在《人民文学》杂志上发表《地质之光》和《哥德巴赫猜想》,老作家徐迟与《人民文学》编辑部之间结下了不解之缘。有一段时间,他几乎天天泡在编辑部,聊在编辑部,吃在编辑部。那时,徐迟在武汉的处境并不是很好,作为《人民文学》的编辑,为人热情的周明和王南宁对徐迟的帮助很大,后来他们成了莫逆之交。那时,尽管徐迟常在编辑部,我从来没有想到要采访他或与他单独做一次谈话。谁知,自打从武汉回来后,我倒是在心里产生了一种欲望,想同他做一次长谈。这个欲望的产生,也许是因为武汉文艺界有些人对他的不恭激发了我。与他的长谈,使我真正地了解了这个 20 世纪中国文坛上的怪才。

(前排自左而右)黄宗英、陈景润、徐迟、秦牧 (后排)王南宁、周明

1978年4月4日,我在编辑部里与徐迟做了一次倾心长谈。

以往我对徐迟的粗浅了解是,他是一个带着浓重的欧美现代派味道的诗人,一个翻译家。而坐在我面前的徐迟,却是一个思想敏锐、散发着地地道道的中国味和学者风格的作家。他的贡献在于,在中国当代文学史上开启了写知识分子的文学思潮和文学实践。闯开这个禁区,从作家个人来说,不仅靠个人的功力,而主要是要勇气。

徐迟对我说,在新中国成立后的十七年中间,他有七年的时间是在"生活"(按:那时说"生活",是特指在工农兵中体验生活)中度过的。当然不是在一个工地,但绝大部分是在建设工地:冶金工地、水电工地、石油工地。在"五七"干校,他与骆文在一起,放了四百天的牛,风风雨雨,早出晚归。也学会了盖房子,学会了一些手艺。恢复工作后,又与黄声孝一起在一条货船上。在宜昌港。后来又到江汉油田,住了五年。前年(1976年)12月,到北京来写《地质之光》。油田的规模很大,他只看一口油井,守一个井口,守一台钻机。钻井队天天跑,他们转移,他也就跟着他们搬家。但这口井很不争气,所以没法写。钻井队搬到湖南去,为了采访一个人,他也跟着他们到了湖南。在钻井队,他很快与他们成了朋友。由于过去他感到自己生活底子很差,与工农结合得不好,所以这几年尽量在这方面多下功夫。

徐迟说:过去我的思想性比较差,在"文化大革命"中补上了这一课,读了不少马列主义的经典著作。为了解决作品的政治思想性问题,摸索了45年。我1933年就读于苏州东吴大学文学院,那年开始发表作品,次年完成诗集《二十岁人》。过去,我的作品追求形式美(按:他的译作确实这种倾向更加明显),从现在起,我的创作发生了重要的转变,即首先考虑的是作品的思想性和社会意义,然后再考虑写得尽量地精美一点。

他还说:写报告文学,关键是一个爱字。采访陈景润时,其实在数学研究所只住了一周。先是采访赵大姐、李书记以及几位大数学家,最后才采访陈景润,正式谈话,只谈一次,三个钟头。从接触了陈景润这个人后,我便爱上了他。为他的内心的美所倾倒。采访蔡希陶时,除了对他的爱以外,还要加上对他的崇敬。对周培源,我非常敬佩。他从来都是一个有正义感的人。从一个朴素的有正义感的人,发展成为一个科学家和政治家。写"石油头"王铁人,材料来自江汉油田王铁人的五个老战友。我不是写那个甩开膀子干的王铁人,而是写一个有脑筋的王铁人。在油田,上上下下,从工人到干部到领导,都很关心我。有的活动是第一书记亲自安排的。有一次下雨,发生井喷,工人们都穿着雨衣在井上干,我也和他们在一起。干部们都不去。石油部开了一个电话会议,问:"你们各级党委都到哪里去了?大概都在办公室里吧!"听完我的报告后,干部们都到井上去了。在石油战线,井口就是火车头,然后才是运输队,铺管道,炼油。我就要一个井口,一台钻机。当然我开不了钻机。但了解了一个井口的活动,整个油田也就大体上明白了,大体上可以描写一台钻机的情况了。

徐迟告诉我,他下一步要写报告文学,写真人真事,写列传。这三个东西,是"四人帮"所反对的,他们反对写活着的真人真事。各个历史时代有各个时代的文艺形式。唐诗、宋词、元曲不用说了。社会主义时代的文学形式,恐怕主要是特写、报告文学,是写真人真事、写列传。他说:"我觉得电影有局限性,电影恐怕要有个革命,否则完成不了这个任务。对于这样一个壮丽时代,这样众多的英雄人物,最好的体裁是两万字左右的特写、报告文学、列传。新的人物来了,我不能在那里停留着不动。科学大会的宣传工作没有做好,千百个了不起的人物没有得到宣传。我准备写几十个列传。不光是科学家,还有工人、农民、战士、老干部、女将,各条战线上的英雄人物。写下去,写下去……下半年要写周总理传。"

我面对着63岁的徐迟,深深地被他的热情和精神所感动。对生活的热情和激情、对人物的爱,是一个作家必备的品质和条件。试问,那些对生活抱着冷漠态度的旁观者,能一口气写出充满着如此激情和气势的《地质之光》、《哥德巴赫猜想》等报告文学来吗?通过与徐迟的谈话,我更了解他了,也更明白了为什么王淑耘在同我谈到1975年7月某些当权者们要徐迟退休这件事时会那样的义愤填膺。

徐迟写的《哥德巴赫猜想》在《人民文学》发表后,影响很大,主人公陈景润在数学所李书记的陪同下,来《人民文学》编辑部道谢和座谈。参加座谈会的,除了编辑部的编辑之外,还有张光年、李季、徐迟、柯岩、刘剑青。会上有一个插曲。陈景润提出,秦牧在《南方日报》4月4日发表的《探访"科学怪人"陈景润》,不知是何意思。这篇文章,事先我们编辑们已经看到了,大家对秦牧这样的著名作家写出这样的宣扬低级趣味的东西,有点儿像西方记者一样,感到不可理解。这样一来,他应约给我刊写的那篇批判"四人帮"的文章发表与否,多少有了一点影响。不过,最后张光年还是决定维持原议,同意了在4月号上发表秦牧的文章。

儿童文学作家座谈会

"四人帮"的文化专制主义所造成的严重书荒在1978年显示出来了。据1977年的统计,全国少年儿童读物一共只出版了129种,比党中央认为少年儿童读物奇缺的1954年还要更加奇缺。全国两亿儿童没有书读,小读者们嗷嗷待哺。到1978年初,全国的文艺团体,包括中国作家协会在内,都还没有恢复工作。有影响的儿童文学作家,全国只有20位左右,少儿读物编辑人员200名左右。

国家出版局已着手努力改变儿童没有文学作品可读的局面,开始做了一些工作。《儿童文学》、《少年文艺》、《儿童时代》等儿童文学刊物相继复刊,一批政治思想和艺术技巧都比较好的儿童文学作品,已经陆续和小读者们见面了。据人民文学出版社负责人的介绍,截止到1978年4月底,冰心的《小橘灯》已二校退厂,叶君健的《新同学》已发稿,金近的《春风吹来的童话》已发稿,胡奇的《神火》已付型,严文井的《小溪流的歌》和高士其的《生命进行曲》正在编辑中,还有一本多人合集小说集《探索星空奥秘的人》即将出版。此外,还选择了一批优秀的儿童文学作品,准备再版。

1978年5月9日,人民文学出版社邀请一批著名儿童文学作家,在北京和平宾馆8楼大厅召开儿童文学创作座谈会。会议由人民文学出版社社长、儿童文学作家严文井主持。出席会议并在会议上发言的有:茅盾(书面发言)、张天翼(书面发言)、叶圣陶、冰心、高士其、叶君健、金近、柯岩、秦牧、峻青、左林、王愿坚、陆柱国、郑文光、刘厚明、杨大群、管桦、敖德斯尔、刘心武、阮章竞、庄之明(中学教师)。全国妇联副主席康克清、共青团十大筹备委员会副主任胡德华、中宣部出版局局长边春光到会并讲了话。这是一次规模空前的儿童文学创作会议。我作为《人民文学》杂志的记者,应邀参加了会议,并写了一篇题为《努力为两亿小读者写作》的报道,发表在《人民文学》1978年第6期上。

到会的儿童文学作家们认为,要根本改变目前儿童读物跟不上新形势需要的局面,关键是要尽快组织和培养一支专业和业余相结合的创作队伍。

邓颖超与冰心(左)

老作家冰心说:23年前也开过一个儿童文学作家座谈会,当时有8位同志在会上发了言,都表示要为祖国的未来——儿童们写作,直到永远。今天,这些同志都还健在。我提起这些旧话,是提醒在座的同志不要忘了。现在我们的国家已经进入了一个新时期,在今后的23年里(按:指到20世纪结束),我们肩上负担着更重要的教育下一代的任务。前几天,"五四"青年节,我应邀参加了北京大学80周年校庆活动。到会师生两万多人,我坐在主席台上,很有感触。我感到,作为一个作家,有责任拿起笔来再为青少年们写作,于是我写出了我的相隔多年的《三寄小读者》,寄给了中国福利会主办的《儿童时代》。

因中风而全身瘫痪的儿童文学老作家张天翼,在病榻上花了一个星期的时间,用他仅能活动的左手给座谈会写了一个书面发言——《再为孩子们讲一句话》。他在书面发言中说:人民文学出版社召开这个会,我打心眼里高兴。因为重病,我不能参加,不能和大家交谈,但我要尽力表明一点我的心意。过去,我曾为孩子们讲过话,今天,我还要为孩子们讲一句话:孩子们需要文艺作品!我国有两亿儿童,可是给孩子们写作的叔叔、阿姨少得可怜。过去,毛主席、党中央一再关心、过问儿童文学,也曾经产生过一些好作品,但都被"四人帮"打入冷宫,孩子们读不到。现在,"四人帮"粉碎了,我们又有了写作条件,让我们赶快把孩子们从饥荒中救出来吧!儿童文学是重要的教育工具。它关系着我们的下一代走什么路,做什么样的人。我们都有子女,都希望把自己的子女教育成有用的人——共产主义事业的接班人,能为四个现代化做出贡献的人。那我们就拿起笔来为孩子们写作吧!

由于细菌感染而导致全身瘫痪的著名科普读物作家高士其,坐着专用轮椅来到会场,让助手代读了《为繁荣少年儿童科学文艺创作而努力》的发言。他说:在这样一个伟大的历史时代里,科学工作者应走进文学领域,文学工作者也应走进科学领域,科学家与文学家应该比以往任何时候都更加紧密地联系合作,在这科学高度发展的今天,已成为必然的趋势。在一般文学读物里找不到科学的答案,而一般科学读物里却又缺乏文学的优美动人,不能引起小读者的兴趣。在这种情况下,科学文艺读物就显得非常需要了。它能扩大少年儿童的知识领域,充实和巩固他们的课堂学习,帮助他们建立唯物主义的世界观,树立征服宇宙、战胜自然、建设祖国的雄心壮志,鼓励他们向科学进军,引导他们去攀登科学现代化的高峰。

座谈会关注的另一个问题是:扩大儿童文学的创作领域,贯彻百花齐放的方针。要克服题材狭窄、作品枯燥、艺术性不足等弱点,扩大儿童文学创作的领域,提倡和鼓励题材、体裁、风格的多样化。

高龄体弱的茅盾未能到会,他在题为《外行人的祝贺》书面发言里说:祝贺儿童文学的百花齐放,儿童文学家将写出更多更好的作品。祝贺这些作品将具备各种体裁,各种风格;祝贺这些作品将为不同年龄的儿童服务。祝贺题材的多样化,从赞颂伟大的领袖与导师毛主席、赞颂中国共产党、赞颂我们社会主义革命和社会主义建设的新生事物,到儿童们所喜爱的生动活泼、富有教育意义的童话寓言。祝贺这些作品将给儿童以我国的历史知识,用不同年龄的儿童所能欣赏的笔调,叙述我国古代人的轶事。培育他们热爱祖国、热爱社会主义的感情。祝贺这些作品将使儿童知道世界各国人民的历史,开拓他们的眼界。祝贺这些作品将给儿童以初步的科学知识,培育他们为实现四个现代化而努力的志愿。①

金近说:儿童文学面对着新时期的总任务,需要我们做出新的贡献。我们要开阔创作题材,从多方面向孩子们进行教育。对儿童文学来说,正当的趣味、合理的幻想,有助于启发孩子们去理解生活,寻求美好的理想。

蒙古族作家敖德斯尔说:我们少数民族居住在伟大祖国60%的土地上,那里有沸腾的生活。应当用儿童文学的形式把兄弟民族的生活告诉少年儿童读者。过去胡奇曾以少数民族生活为题材写了《五彩路》、《绿色的远方》等作品。我们希望汉族作家到少数民族地区去,表现热爱祖国、热爱党,与汉族同胞世世代代在一起生息、战斗的兄弟民族。

参加会议的不少作家说:孩子们希望了解祖国一日千里的发展,工业建设、铁路运输、石油开采、地质勘探、远洋航行、海洋考察、高原科考、宏观世界、微观世界,都可以成为儿童文学的对象,都是儿童文学作家驰骋想象的广阔天地。小说、诗歌、童话、民间故事、寓言、科学幻想小说、传记文学、游记等等,都是儿童们喜闻乐见的文艺形式。

---

① 全文见《人民日报》1978年6月1日。

中外古今的儿童文学名著，也应适当地介绍和移植。

　　老作家、翻译家叶君健说：30年代，在极端艰苦的条件下，在反对反动派进行文化"围剿"的斗争中，鲁迅就曾挤出时间为少年儿童翻译外国的儿童文学名著。本来，世界上有许多作家不单只写给成年人看的作品，也写作给少年儿童看的作品。普希金的长诗《渔夫和金鱼的故事》，麦特林克的剧本《青鸟》，马克·吐温的一些以儿童生活为题材的小说，现在都成了世界古典文学名著。此外，我国还有许多优美的民间创作，只要作家略加加工和再创作，就可以变成优秀的儿童文学作品。我们有些古典文学作品，也可以改编成儿童文学。

　　人民文学出版社召开的这次儿童文学创作座谈会，是"文革"十年之后召开的第一次儿童文学创作座谈会。照冰心的说法，这是1955年召开的儿童文学创作座谈会23年之后召开的又一次座谈会；从这次座谈会算起，到20世纪结束，还有23年的时间。因此，这次座谈会又有承前启后的历史意义。会场上团结胜利的热烈气氛和战斗的誓言感染和激励着每一个到会的作家。这次会议发出的声音，对尔后新时期儿童文学的繁荣起了不可忽视的积极作用。

文联全委扩大会与文联各协恢复活动

　　在1977年12月底召开的"向'文艺黑线专政论'开火"大会上，对文艺界人士提出的尽快恢复文联和各协会的建议，张平化部长在31日举行的闭幕式上口头宣布，经研究，同意文联各协尽快恢复工作。到1978年3月29日，编辑部传达了中宣部的决定：恢复文联筹备组已被批准。文联各协筹备组：组长林默涵，副组长张光年、冯牧（兼秘书长）。作协和《文艺报》筹备小组：组长张光年，其他人有李季、冯牧、孔罗荪、朱子奇。经过一段时间的筹备，距离召开文联三届三次全委扩大会议的时间已经迫近了。

　　5月14日（星期六），张光年打电话来，要我给郭沫若的秘书王庭芳打电话联系，林默涵和他要去见郭老（沫若），向他汇报恢复文联各协的筹备情况。郭老身边的栾秘书接的电话。过了一个多小时，回答我说:(1)郭老住在医院里,医生不同意会客;(2)郭老身体很不好,即使见了,恐怕也不能做任何事情了,请你们自己准备就行了。同一天,冯牧嘱我给老作家徐迟打电话,催他快点来京,请他替郭老准备一篇讲话稿。当时传说,科学大会上的讲话稿《科学的春天》是请徐迟代笔的,文章写得很漂亮。(按:近来在报上读到童大林等同志的文章摘要,纠正了这种说法,说那篇文稿是他们几位参加大会工作的人所写,不是徐迟写的。)

第二天,5月15日(星期日)下午,文联各协筹备组会议在礼士胡同54号文化部理论政策研究室办公室举行,讨论召开文联全委扩大会议的细节问题。除了筹备组成员外,工作人员也参加了。我也被通知参加。会议讨论了参加全委会的代表,会议日程安排,各协会筹备组的名单。决定会期八天,5月27日至6月5日。冯牧宣布,文联全委扩大会议宣传组由邹荻帆任组长,我任副组长。

会前,恢复文联及各协会筹备组向中宣部写报告并经批准,明确了有关中国文联与各协会关系的一些重大问题。冯牧在25日召开的筹备组人员会议上宣布了上述决定。这些关系主要是:

第一,中国文联与各协会的关系问题:"文革"前,文联与协会不是领导和被领导的关系,而是平等的关系。文联与协会都受中宣部的直接领导。党组也是这样,大的协会设立党组,小的协会与文联合成立一个党组。现在,中宣部领导认为,文联对各协会应是领导关系,中宣部领导文联,文联领导各协会,中宣部只抓

邹荻帆

文联。文联只管各协会的重大事情,具体业务由各协会自己抓。文联党组是领导核心。

第二,中国文联恢复工作后,中心工作是筹备第四次文代会。筹备组就是文联的工作机构。筹备组长就是文联的秘书长,副组长就

是副秘书长,再增加吕骥、胡青坡、金紫光,胡、金是专职的。筹备组实际上就是党组,起党组的作用,直到第四次文代会召开。将来文联可以成立书记处。

第三,作协书记处暂不增补,现在参加工作的同志,可参加书记处扩大会议。成立党组,书记张光年,副书记李季、冯牧。党组成员报中宣部审批。

第四,《文艺报》于7月份复刊。

我们进驻了西苑饭店后,徐迟很快把他草拟的中国文联主席郭沫若的书面讲话稿《文学艺术的初夏》交来了。经林默涵和张光年看过后,派我到北京医院向郭老送审。5月25日上午,我来到北京医院郭老的病房外面的接待室,把讲话稿交给郭夫人于立群审阅。她拿着文稿回病房去了,我在接待室里等待她的回话。于立群看完文稿后,从病房回到接待室来,向我谈了她对书面讲话稿的意见。于立群说:(1)《文学艺术的初夏》这个题目不好,"春天"是有特定含义的,"初夏"则没有什么特定的含义;(2)徐迟的稿子里说郭老"扶掖"青年,这个"扶掖"不好,听起来不舒服;(3)黄镇的讲话很好,这个发言稿则很平淡;(4)茅盾的发言稿中也没有"在华主席领导下……"等这样的话。于立群同志还说要加上一些内容:在我们这次大会之后,文联及各协会的机构就恢复工作了,要开展新的工作,同时,也要更加深入地揭批"四人帮"。这个意思要加进去。"四人帮"的余毒并没有完全清除。既要有新创造,同时也要继续批判。"冲锋陷阵……"这一段是指什么说的?是指对工作,还是指对敌人战斗?他的意思是要取得新的成果。这种精神,是否要用这种词汇来形容呢?这也与后面的"春来了"、"百花齐放"的格调不一致嘛。要取得新成果,同时要勇敢地、长期不懈地揭批"四人帮"。郭老讲话的最后部分,要加上揭批"四人帮"第三战役的内容,可参考茅盾的发言稿。

于立群讲完意见后,郭老秘书王庭芳也谈了几点意见。他说:不要"初夏"这样的意思,写"春意更浓了"就可以了嘛。要写上有的老战友死去了,我们深切地怀念他们。这就更增加了对"四人帮"的仇恨。特别希望加重写周总理对文艺的重视和关心。文艺工作者是人类灵魂的工程师,要深入生活,改造思想,创造出更多更好的作品来。作家是劳动者,作家的劳动是创造性的劳动,全社会要尊重作家和文艺工作者的劳动。党对文艺的领导是党的政策的领导,而不是某一个人的领导,不是某一个人说了一句话,都得听,如果这样,就会弄得无所适从。

听完郭老身边人员代表郭老谈的意见后,我赶回宾馆,向林默涵、张光年、冯牧三位领导汇报。他们都意识到徐迟起草的稿子已经被否定,只能再找别人另执笔重写了。但27日会议就要开幕,所剩时间不多了,事情紧急,他们当即指定我和谢永旺连夜起草。我的心里打鼓,连徐迟这样的大手笔都被否定了,我们这些人能行吗?但已来不及多想了,后天早上会议就要开幕了。

《文艺报》"四条汉子"①
(自左而右)阎纲、唐达成、刘锡诚、谢永旺

---

① 阎纲、唐达成、谢永旺、刘锡诚四个人个子差不多,又都喜欢穿米色的风衣。第三届中国文联全委会第三次扩大会议召开后不久,在"文革"期间被迫停刊的《文艺报》复刊,他们四人先后被调到《文艺报》工作,当时参加读书班和评奖初评工作的外地评论家们戏称他们为《文艺报》的"四条汉子"。

我、谢永旺、阎纲三人分工，写完后再统一对接修饰，整整干了一个通宵。第二天一早，把稿子交给领导修改。26日下午，我再次带着新稿《衷心的祝愿》来到北京医院送审。郭老的家属们和秘书在一起研究了新起草的文稿，统一了看法，由郭老的女儿郭纪英向我谈意见。她的意见归纳起来有如下三点：

第一，稿子上被删掉的几句话还给人以新鲜感，可以恢复。

第二，篇幅还可以再短些，有些一般文章中常见的话，可以不说。郭老身体不好，要集中表达他百感交集的心情。

第三，关于毛泽东思想的几句话，希望再加强些。

郭老的书面讲话稿通过了！我如释重负。回到宾馆，赶紧交付排印。我们毕竟没有辜负林、张、冯等领导和大会的重托。

5月27日上午，第三届中国文联全委会第三次扩大会议开幕式在西苑饭店礼堂举行（三届二次全委会召开于1963年6月）。参加开幕式的有文联全委、特邀代表和在京文艺工作者共八百多人。来宾有：中央宣传部部长张平化，副部长黄镇、朱穆之、廖井丹，对外友协会长王炳南，文化部副部长刘复之，《红旗》杂志社负责人熊复，《人民日报》负责人秦川，新华社社长曾涛，《光明日报》负责人杨西光，国家出版局局长王匡。会议由恢复中国文联和各协会筹备组组长、大会执行主席林默涵主持，中国文联副主席茅盾致开幕词。由著名电影演员于蓝代读中国文联主席郭沫若的书面讲话稿《衷心的祝愿》。黄镇代表中央宣传部作报告，题目是《在毛主席革命文艺路线指引下，为繁荣社会主义文艺创作而奋斗》。① 之后，由筹备组副组长冯牧代表筹备组报告会议筹备经过。

文联三届三次全委扩大会议在中国文艺史上是一次重要而特殊的会议，它宣告了被"四人帮"砸烂、十年不能活动的中国各文艺家自

---

① 茅盾《开幕词》，郭沫若《衷心的祝愿》，黄镇《在毛主席革命文艺路线指引下，为繁荣社会主义文艺创作而奋斗》，《中国文学艺术联合界第三届全国委员会第三次（扩大）会议的决议》，周扬《在斗争中学习》，巴金《迎接社会主义文艺的春天》均见《文艺报》1978年第1期，1978年7月15日出版。

己的组织——文联及各文艺家协会重新恢复了！由于多年来被禁止活动，代表们一旦聚集在北京，群情振奋，要求发言的人十分踊跃，秘书处先后收到发言稿七十多份，实际安排在大会发言的只有四十多人，其他的在小组会上发言。发言中提出的问题和涉及的方面甚广，从批判"四人帮"倒行逆施的种种罪恶和对作家艺术家的迫害，到重提深入生活、繁荣创作、加强文艺理论批评，再到文学史的写作中如何清除"四人帮"评法批儒的影响，等等。所幸的是，大会闭幕之后，出版了一本大会文集，将这些发言都收集在其中，为文学史写作者提供了丰富的史料。

从中国当代文学史、中国当代艺术史的角度来说，这次会议的决议中，第一次使用了"新时期文艺工作"这样的词汇，从而宣告了"新时期文艺"的正式诞生。6月5日大会通过的《中国文学艺术界联合会第三届全国委员会第三次（扩大）会议的决议》中说："会议决定在明年适当的时候，召开中国文学艺术工作者第四次代表大会，总结建国以来文艺战线正反两方面的丰富经验，讨论新时期文艺工作的任务和计划，修改文联和各协会章程，选举文联和各协会新的领导机构。会议对恢复文联和各协会筹备小组这一段时间的工作表示满意，责成筹备小组继续负责筹备第四次文代大会。"郭沫若的书面讲话中，提出了一个重要的观点："作家、艺术家的活动，包括深入生活和从事写作，都是劳动，是艰苦的创造性劳动。作家、艺术家是劳动者，是劳动人民的一部分。作家、艺术家对人民有益的劳动，是会受到党和人民的尊重的。""全国文联和各个协会一定要尊重作家、艺术家的劳动，支持他们的创作，爱护他们的积极性，虚心听取他们的批评建议，帮助他们前进。我们这些在文联和协会担任工作的人，要学习我党群众路线的优良传统和发扬民主的好作风，在文艺界发扬社会主义民主，造成生动活泼的政治局面。"全国文联副主席巴金在6月29日的大会发言《迎接社会主义文艺的春天》中说："当前一个重要的课题，就是要大力表现新时期中的新的题材、新的主题、新的人物。我们主张题材多样化，但同时又主张应该以反映现实斗争的题材为主。"他还提出了一个响亮的口号："创作要上去，作家要下去。"

值得记下一笔的,还有一些来自各省、市、自治区的作家、艺术家的发言,他们揭露和控诉"四人帮"残酷地迫害作家、艺术家的罪行,令人震惊,令人愤怒。天津作家方纪受到"四人帮"的迫害,1973年从监狱出来后,在农场"劳改"期间得了脑栓塞,得不到及时治疗,终于瘫痪了,不能说话了,他请姜湘忱代读他的发言。他揭露了江青、姚文元、陈伯达根据王曼恬提供的黑材料,在1978年2月21日接见天津市革委会和天津革命群众的大会上,点他的名近二十次,给他扣上"刘邓反革命司令部在文艺上的代理人"等帽子,然后把他关进监狱。据不完全统计,天津文艺界遭到江青及其亲信王曼恬迫害的专业文艺干部达八百多人。原文联的八九十人中,就有二十多人被非法拘捕、绑架和集中监禁。一些同志的身心受到严重摧残,一些同志活活被逼死、整死。(大会《简报》第8期)他说:"尽管我已经残疾,但我人还在,心不老,我愿拿出最大的毅力战胜疾病。我相信,我终将能够和同志们一起放声高唱!我们将接过许多已经去世的同志们的生花之笔,努力为我们党的新长征谱写出壮丽辉煌的新篇章!"

马烽的发言,通过《三上桃峰》事件"和赵云龙、赵树理的被迫害致死,揭发和控诉了江青、"四人帮"在山西的法西斯文化专制主义罪行。(大会《简报》第16期)刘知侠的发言,通过"四人帮"制造的"陶钝事件"以及对《铁道游击队》的污蔑,揭发了"四人帮"在山东文艺界犯下的罪行。(大会《简报》第13期)阮章竞通过《北京文艺》抛出恶毒诽谤在清明节悼念周总理的广大干部和群众、污蔑邓小平的两株大毒草《严峻的日子》和《天安门广场擒敌》,以及为江青树碑立传的《西沙儿女》等一系列事实,揭发了"四人帮"及北京市委前文化组和当时主管宣传文化工作的领导人的恶劣行径。(大会《简报》第13期)布赫代表玛拉沁夫、敖德斯尔、云照光和贾作光发言,揭发批判"四人帮"在内蒙古自治区制造的挖所谓反党叛国组织"新内人党"的骇人听闻的假案中,被迫害的干部群众达数万人,成千上万的人被酷刑拷打致死或成了残废,仅有170人的内蒙古歌舞团,被打成内人党的即达107人。著名作家纳·赛音朝克图被打成残废,含冤而死。(大会《简报》第15期)

这次大会宣布,中国文学艺术界联合会、中国作家协会、中国戏剧家协会、中国音乐家协会、中国电影家协会、中国舞蹈家协会正式恢复工作。其他几个协会,中国美术家协会、中国曲艺工作者协会、中国民间文艺研究会和中国摄影学会,继续筹备恢复工作;这四个文艺家协会,是一年之后,在1979年冬召开的第四次文代会上宣布恢复工作的。

文联全委会开幕前两周,筹备工作正进入紧张阶段时,5月11日《光明日报》发表了《实践是检验真理的唯一标准》的特约评论员文章。回想5个月前,即1977年12月7日《光明日报》还在编者按中用异体字凛然地坚持"'文艺黑线专政'论虽然没有,但文艺黑线是有的"这样一种奇怪的论调,而今《光明日报》在领导班子改组后,立场发生了根本性的转变。这篇文章的发表震动了理论界,也震动了文艺界和刊物编辑们。它不仅说出了我们心中的话,而且给文艺工作者们以强大的理论武器,大大地促进了对"文艺黑线专政"论的批判和平反冤假错案的进程。在这十天的文联全委会上,来自全国各地的七十多位老文艺家踊跃发言,异口同声地谴责江青、"四人帮"的文化法西斯专制主义,集中批判了"文艺黑线专政"论。巴金在闭幕词里说:"我们的任务还很艰巨,我们虽然推倒了的'文艺黑线专政'论,但是它的流毒还很深很广,远远没有肃清。'四人帮'编造的种种谬论歪理,在某些地方还在兴妖作怪,我们坚决不能放过。"

参加这次文联全委扩大会议的,在京全委60人,外地全委59人,各协会和各地文艺界负责人72人,特邀123人。工作人员35人,记者36人。会议于6月5日闭幕。

中国文联第三届第三次全委扩大会议期间和闭幕后,批准恢复工作的五个协会,分别召开了主席团会议或扩大会。6月3日,茅盾主持召开中国作家协会主席团扩大会议。到会的除了作协原主席团成员外,还有各省已恢复和即将恢复的作协的领导人。主席团主席茅盾,副主席周扬、巴金、刘白羽到会(柯仲平、老舍、邵荃麟三位副主席已经去世)。出席会议的主席团委员还有严文井、张天翼、张光年、曹禺、曹靖华、臧克家、谢冰心(何其芳、郭小川、杨朔已经去世)。主

席茅盾宣布:张光年就任作协书记处常务书记。中国作家协会所属三个刊物新的编委会名单如下:

《文艺报》编委会由11人组成。主编:冯牧、孔罗荪。编委:孔罗荪、韦君宜、冯牧、冯至、刘白羽、陈荒煤、李春光、张光年、林默涵、周巍峙、赵寻。

《人民文学》编委会由15人组成。主编:李季。副主编:葛洛、刘剑青。编委:刘剑青、孙犁、严文井、李季、沙汀、张天翼、周立波、草明、唐弢、袁鹰、谢冰心、曹禺、曹靖华、葛洛、魏巍。

《诗刊》编委会由11人组成。主编:严辰。副主编:邹荻帆、柯岩。编委:田间、阮章竞、严辰、李瑛、克里木·霍加、张志民、赵朴初、柯岩、贺敬之、臧克家。

凤凰涅槃:《文艺报》复刊

文联全委会开会之前,恢复文联及各协会筹备组向中宣部写的报告中,有一项是《文艺报》于1978年7月份复刊。筹备复刊的工作开始于5月初。

5月6日林默涵对我说"我们要搞《文艺报》,那你们就不要等了"的那天中午,刘剑青就接到了张光年打来的电话,要他通知孔罗荪、冯牧、刘剑青、谢永旺和黄文珍下午三点到他家里去,研究《文艺报》的复刊问题。因为是午休,剑青接电话的时候,我就在办公室里。看来《文艺报》7月复刊已是箭在弦上了。

两天后,5月8日的早上,我们一上班也接到了正式通知:《人民文学》评论组的阎纲、吴泰昌和我三人,均转到《文艺报》去。当天下午,冯牧在礼士胡同129号召集《文艺报》选题会议,研究下半年的选题计划。到会的有张光年、孔罗荪、胡青坡、谢永旺、阎纲、吴泰昌和我,以及文化部政策研究室的顾骧。

冯牧主持会议,正式宣布《文艺报》于7月复刊,并就当前文艺形势和复刊后的任务讲话。他说,《文艺报》复刊后的任务大致有三项:(1)要对马克思主义和毛主席的文艺思想、文艺理论进行再宣传、再学习;(2)要澄清一些被"四人帮"搞乱了的理论是非、政策是非;(3)要开展文艺作品的评论。

关于当前文艺的形势,他说:粉碎"四人帮"一年半以来,尽管我们的文艺取得了一些成绩,但与人民群众的要求还有很大距离。文艺的繁荣,有时是从戏剧舞台开始突破,如1957~1958年的话剧会演;有时是从短篇小说首先突破,如1953~1954年发表的一些短篇小说;有时是从长篇小说突破,如1957~1959年出版的许多长篇;有时是从故事片电影突破,如1959年的一批献礼影片。粉碎"四人帮"后,电影的状况很不好,明年是新中国成立30周年,献礼很令人担心。话剧已上演了5个(北京人艺的《丹心谱》等),全国正在排练的大型话剧达91部。美术情况也比较好,连续举办了几个大展,改变了千人一面的局面。小说的进展不明显,据说有些好作品发表,但还没有来得及研究。

话剧已提出了很多问题,值得研究。如如何准确地成功地反映第11次路线斗争?我个人认为,在这方面,《丹心谱》就提供了正面的成功经验,既充分反映了"四人帮"破坏的严重性,又鲜明突出地反映了党的领导作用。正面、直接描写以革命领袖为主要形象的作品开始出现,这样的作品已超过了10部。描写毛主席、周恩来、朱德、贺龙、陈毅、叶挺等革命领袖,有的是作为中心人物写的,有的是作为插曲写的,有的是虽然没有在舞台上出现但自始至终能给观众强烈感染的。

要提倡文学以反映现代题材为主。文学创作如何反映当代生活,特别是反映60~70年代的社会主义革命和建设,如何歌颂新生事物和先进人物,这些问题如不能很好地加以解决,所谓以现代题材为主,就可能要落空。人民文学出版社一年中出版了30部长篇小说,但好的却寥寥无几。这么多长篇,也没有评论。《义和拳》出版后,没有评论。《李自成》出来,也就只有几篇评论。

过去的《文艺报》,对好的作品遗漏不评的不多,不公正的评论也不多。复刊后,《文艺报》应有这样一个栏目:发表犀利的短文、战斗性的杂文,提出问题,就一个问题发言。文艺界有一种怪胎,我叫它

"摇身一变文艺"。有的是作品,有的是人。昨天在写《春苗》的,几天后,就写出了《暴风骤雨里……》;从前石一歌垄断了鲁迅研究,一年后,又是他们在批判。对这些"四人帮"造成的怪胎,需要用短剑、匕首式的短论和杂文来对付。《文艺报》复刊后要贯彻"双百方针"。在这个问题上,理论上虽然发表了不少文章,但不能说认识上就没有争论了。我们要提出自己的看法。

《文艺报》编辑部同人(北京云居寺,1981)

张光年说:《文艺报》复刊的报告,党中央很快就批准了。这是广大群众干部的要求,也是文艺界的希望。《文艺报》以文学为主,面向整个文学艺术界,也要顾及业余作者。要在斗争中立,在破中立。要扶植新生事物和新生力量,多做雪中送炭的工作。我们的队伍是有力量的,要在恢复的过程中把力量组织起来。要树立良好的文风和刊风,那就是按"十一大"的精神,说老实话,实事求是。有些问题长期摆在那里,没有解决。要恢复党的传统,恢复生动活泼的政治局面。在这类问题上,该讲话时就要讲话,而且文章要写得犀利些,泼辣些。《文艺报》是一份在国外有影响的刊物,它的复刊会受到国内外的注意。复刊后要积极参加国际斗争,反帝、反霸。苏联的《文学报》反华文章发得很多,我们不能装聋作哑。过去我们常向外国作家约稿,今后也要加强同外国作家的联系,也可以向他们约稿。《文艺报》复刊,面临的困难很大,大家要学大庆的精神,有条件要上,没有条件创造条件也要上。刊物要始终坚持贯彻"双百方针"。"双百方针"是阶级的方针,并非"四人帮"所说的,贯彻"双百方针"就必然导致什么自由化。复刊第 1 期应写一篇好的《致读者》,说清我们的刊物是不是"反党的喉舌",当前以及今后干些什么。

很显然,那时,无论是张光年还是冯牧,他们所坚持的或重申的,仍然是过去他们办《文艺报》时的指导思想:党的"哨兵和喉舌"。及至《文艺报》复刊号出版,读者看到的《致读者》,与张光年和冯牧上述的口头讲话相比,已是一篇经过慎重斟酌过的文告了。这篇文告,不是出自主编冯牧之手,而是张光年的手笔,是经过多人推敲才定稿的。

《文艺报》复刊号出版的日子是 1978 年 7 月 15 日。新号是 1978 年第 1 期,总号是 343 期。出刊时,恰逢两件重大事件:一是中国文联全委会刚刚闭幕,作为中国文联的机关刊物,《文艺报》复刊号开辟了"中国文学艺术界联合会第三届全国委员会第三次(扩大)会议专辑",发表了

《文艺报》复刊号

茅盾的开幕词、郭沫若的书面讲话《衷心的祝愿》、黄镇在大会上的讲话、周扬的《在斗争中学习》、巴金的《迎接社会主义文艺的春天》，以及本刊记者的长篇报道；二是中国文联主席郭沫若逝世，本刊发表了编辑部、巴金、张瑞芳的悼念文章。因此，张光年及冯牧、孔罗荪二位主编和我们编辑部原来的设想并没有得到充分的体现。原来计划发表冯牧的《评〈丹心谱〉兼评话剧创作》、方明的《重评〈红旗谱〉》等，都没有能够发表。

文联全委扩大会议闭幕后，我于6月9日正式转到了已经决定复刊的《文艺报》编辑部。《文艺报》隶属于中国作家协会。正式任命冯牧、孔罗荪为主编，谢永旺为编辑部主任，陈丹晨和我为编辑部副主任。编辑部就设在冯牧在文化部政策研究室的办公室，即东城区礼士胡同129号。这所小公馆式的四合院，"文化大革命"中曾是于会泳的办公室。现在成了我们的办公室。环境虽甚舒适，但却十分拥挤。

《伤痕》的发表

上海复旦大学中文系学生卢新华的短篇小说《伤痕》于1978年8月11日在《文汇报》发表。那个时候，北京各单位的办公室里都订阅了一份《文汇报》。我含泪读了这篇小说后，心灵为之一震。初步的感受是，小说虽然写得还不够老到，但对"四人帮"的法西斯统治给老百姓心灵上留下的伤痕的把握，无疑具有相当的典型性，是一篇具有强烈艺术感染力的短篇小说。

小说发表后没过几天，我就收到了《文汇报》的朋友给我寄来的由群工组编辑的《信稿动向》第48期（1978年8月18日），该刊以《小说〈伤痕〉反响强烈获得广泛好评》为题，发表了文艺部整理的三篇读者反映综述，从不同角度评价和肯定了这篇小说。文章说：载有小说的报纸，当天在上海争购一空，街头的阅报栏前，人头攒动。第二天，报社就收到了五十多封读者来信；四天里，共收到来信来稿两百多封。综述说：

对小说《伤痕》绝大多数读者表示赞赏,说:自己和周围的同志是流着眼泪看完它的。这是一篇感人至深的小说,既有深刻的政治含义,又富有扣人心弦的艺术感染力。这样的文章,报上已经好久没有见到过了。不少读者来信指出,作者不仅在作品中着意刻画了"四人帮"一伙戳在王晓华母女身上感情方面的伤痕,更重要的还在于指出了"四人帮"的极左思潮在王晓华思想上烙成的伤痕,这就是作品深刻的思想意义之所在。

读者普遍反映,他们读了《伤痕》并没有仅仅只是流下了同情的眼泪,而是在流泪的过程中,进一步加深了对"四人帮"的刻骨仇恨和无限热爱华主席的思想感情。他们决心要不断洗刷自己心灵上和思想上的伤痕,为实现"四化"贡献毕生力量。

有的人认为小说的成就主要是作者思想解放,敢于闯入文艺创作的禁区。上海市东海农场二连秦明说:"四人帮"被粉碎近两年了,我们有些作者被"四人帮"禁锢十年的思想还不能一下子解放,心有余悸,不敢这样写,怕写了会被说是小资产阶级的情调。而小说《伤痕》的作者却勇敢地写了。上海师范学院中文系凌振元来信说:《伤痕》是值得一读的优秀小说。凡是读过的人无不为之感动。首先这位作者有深厚的无产阶级感情,爱憎分明,对生活观察得很细;其次这位作者能刻苦学习,艺术手法也处理得不错。小说中所塑造的王晓华这个人物,真切可信,可亲可爱。这篇小说真正起到了教育人民,团结人民,打击敌人,消灭敌人的有力武器的作用。它及时配合了当前揭批"四人帮"的伟大政治斗争。

……不少读者来信认为,《伤痕》这篇小说是继《班主任》之后的又一篇扣人心弦的小说。说它好,好就好在没有"帮风"、"帮气",跳出了多年常见的模式,给人以清新之感。《伤痕》没有着力刻画所谓的"一号英雄",没有搞"三突出"、"三陪衬"。主人公晓华并没有闪光的语言、惊人的行动,但我们却热爱这样一个正直善良,积极要求上进,有时却不免有些幼稚偏激的青年。……

小说《伤痕》在《文汇报》发表之前，曾在复旦大学中文系的墙报上刊出。当时，中文系很多同志来看，有的女同学看后掉下了眼泪。随后，其他系的同志也纷纷跑来看，有的把底稿抄了去。这样，很快就在校内议论开了。有的说，这篇小说有问题，把"文化大革命"说成了一场悲剧，暴露了我们无产阶级专政国家的阴暗面，认为作者在政治上冒了风险。有的说，小说中讲的故事是真实的，在"四害"横行时这样的故事千千万万，但报纸上不可能公开发表。多数同学对卢新华表示支持。

小说在报上发表后，作者所在班级用了三节课的时间进行讨论，多数师生肯定了这篇小说，持完全否定意见的是极少数。

《文汇报》8月22日发了一整版的文艺评论，在"评小说《伤痕》——来稿摘登"的大标题下，选登了10篇短文，作者都是群众读者。当年还是复旦大学中文系一年级学生、后来留校做了复旦大学中文系教授的陈思和的文章《艺术地再现生活真实》说："作者在描写王晓华母女间的生离死别、她与苏小林爱情生活的悲欢离合等情节时，倾注了深刻的社会内容，有力地控诉了'四人帮'对革命老干部和青年一代肉体上和精神上的摧残，形象地概括了广大革命干部、劳动人民在'四人帮'法西斯淫威下所经受的苦难。王晓华在'四人帮'煽起的反动'血统论'的瘟疫的环境下，企图用与母亲与家庭决裂的代价来换取新的生活的权利，可是，从上海到辽宁，'叛徒'妈妈这一精神包袱始终像魔影一样，时时在她前进的道路上出现，不断地把她所努力吹起的希望泡沫戳得粉碎。这一悲剧性的遭遇以及在主人公心理上相应产生的变化，都真实地反映了'四人帮'横行时遭受迫害的要求上进的青年人的精神状态。……对一个新时代的青年来说，精神上最痛苦的就是想革命而硬被人拒之门外，想生活得有意义而反被生活所鄙弃。作者抓住了这样的情节来揭露'四人帮'的罪恶，是真实而深刻的。"陈文的分析一针见血地剖析了小说里所塑造的王晓华这个艺术形象的价值。

俗话说，林子大了什么鸟都有。北京是个政治化了的城市，在文化人中,尤其是在文学界,"左"右都有,而且都成阵势。在当时北京的文艺界,对这篇小说就出现了不同的看法,有的人甚至持否定的态度。有的人说,这是一篇揭露阴暗面的作品,是"暴露文学",这种倾向是不应该提倡的。于是,由这篇小说,而引起了对"伤痕文学"的争论。这场争论持续了很长时间。

"伤痕文学"作为概念

其实,小说《伤痕》并非是一篇没有缺点的作品,它的缺点甚至很明显,这一点,《文汇报》在小说发表后很快刊登的一些读者文章中已经指出了,稍后,小说遭到非议后许多起而捍卫它的著名作家、评论家(如陈荒煤、冯牧等)也都曾谈到过。但因为它揭露了"四人帮"的罪恶,挖掘了"文革"给普通人造成的肉体的和精神的创伤的根源,从而在读者群众中和在文坛上都引起了强烈的共鸣,在小说创作上起了开启新思潮的先河的作用,所以作家评论家们热烈而坚定地肯定它。也正因为它写了"文革"给普通人造成的伤痕,也就引起了一些思想和艺术上保守的人士的恐慌和反对。他们把这篇小说和这类小说叫作"暴露文学"、"伤痕文学"。他们之所以感到恐慌,是从习惯思维出发,认为社会主义的文学,不能以暴露阴暗面为主,现在竟然出现了一股揭露社会主义阴暗面的文艺作品和文艺思潮,岂不是翻了天吗?于是,一场热烈的争论就不可避免地发生了。

究竟是谁发明了或者最先使用了"暴露文学"或"伤痕文学"这样的名词呢?研究者蒋守谦考证说:"依我看,'伤痕文学'概念的发明者始终是一个不曾真正公开亮出自己的身份和全部理论观点的人物。最早把这种人物加以曝光的,是作家苏叔阳。1978年10月上旬,《文艺报》召开了一次关于真理标准问题座谈会。到会者的发言经整理后发表在1978年11月15日出版的第5期刊物上。苏叔阳在题为《从社会实践中来,受社会实践检验》的发言中有这样一段话:'比方说,在林彪、"四人帮"猖狂时期,大多数干部、群众的心里,或多或少、或深或浅,都留下了伤痕。这本来是生活中大量存在的现象……但是,有人一看见作品中有这些内容就要斥之为"伤痕文学"、"暴露文学",这种闭上眼睛不看这种事实的现象显然不能认为是正确的。'我以为这很可能就是'伤痕文学'作为一个正式概念存在于报刊文章的滥觞。"①他的这个结论有待进一步研究。

"暴露文学"这个词,自刘心武的短篇小说《班主任》发表(1977年11月)之后不久,就已经出现于报刊上了。卢新华的短篇小说《伤痕》的发表,由于它触及了"血统论"对青年的伤害,才又一次在读者中出现了轰动效应,再次出现了关于《伤痕》是不是"暴露文学"的责难,继而,由于小说的题目《伤痕》,就很自然地引申出了"伤痕文学"这个概念,并从而使关于"伤感文学"、"伤痕文学"或"暴露文学"的争论加剧了。

就我看到的材料,《文汇报》1978年8月22日发表的一组十篇评论《伤痕》的来稿摘登中,就有两篇使用了或提到了"暴露文学"这个词语和概念。马勇前在《这是否也是一种"伤痕"》一文中说:"小说《伤痕》通过描写王晓华和她母亲的遭遇,深刻地揭露了'四人帮'的罪恶。读后,扣人心弦,感慨万分。难怪《伤痕》发表那天,我们这里不少人奔走相告,为之介绍。然而,过了两天,一位朋友告诉我,《伤痕》在社会上有一些不同反应。一曰'人性论',认为小说过多地描写了王晓华的心理活动,用人性这东西赢得一些读者的眼泪。二曰悲剧性,认为小说暴露了社会主义的阴暗面,写得太悲惨,看了不好受。如果是这样,真要替作者捏一把汗。但是,这是多余的担心。这恰好说明作者思想解放,勇于打破文艺创作的禁区,大胆实践,为繁荣社会主义文艺付出了心血。这是很难得的。于是,我对朋友说,小说名曰《伤痕》,而社会上的这些议论,恐怕也是林彪、'四人帮'的文化专制主义留给人们思想上的伤痕吧!'四人帮'的'三突出'之类的模式,在一些人的头脑里扎得太深了,不彻底解除这种精神枷锁,是有碍于文艺创作繁荣的。因此,我想在这里提出一些问题,供大家研

---

① 蒋守谦:《"伤痕文学"概念的生成和操作》,《管窥蠡测——蒋守谦当代文学评论选》,新疆人民出版社1999年版,第404页。

究：一、社会主义文艺作品，可不可以写悲剧？写了一个人（或一家人）的不幸，是不是成了'暴露文学'？二、社会主义文艺，要不要用生动、细腻的艺术手段来描写人物的心理活动和精神世界？这样写了，是不是就成了宣扬'人性论'？"另一个作者翁思再在《悲剧是禁区吗？》一文里写道："《伤痕》是一场悲剧。过去，在'四人帮'文化专制主义统治下，悲剧是受到禁止的。今天砸碎了'四人帮'的桎梏，在'百花齐放'方针指引下，出现了《伤痕》这样好的悲剧作品，令人高兴。可惜的是，这样的作品现在还太少。许多作者至今还不敢跨越这个'禁区'，据说有一条是怕戴'暴露文学'的帽子。其实毛主席早就说过：'一切危害人民群众的黑暗势力必须暴露之。'对林彪、'四人帮'的暴露和'暴露文学'完全是两回事。"

前面已提到，《伤痕》这篇小说，在北京文艺界的领导人士中间，是存在着分歧看法的。换言之，真正的分歧意见，即赞赏《伤痕》的意见和责难《伤痕》的意见（或把它说成是"伤痕文学"的意见）的争论，主要还不在普通读者中间，而在领导者们中间。在稍后中国作家协会召开的《人民文学》、《诗刊》、《文艺报》三刊联席编委会第5天（10月24日）的会议上，作为《文艺报》编委的陈荒煤发言时说："有人说陈荒煤在提倡'伤痕文学'。这个问题，我反复思考过。我考虑了这样一些问题：我们今天，就我看到的，选了24篇小说，反映'四人帮'的罪恶、与'四人帮'斗争的，占2/3；反映老一辈革命家的，几篇；反映四个现代化、搞科研的，只有很少几篇。要体谅青年的心情，他们受了严重的内伤，刚刚放出一点来，就引起很多人的大惊小怪，有人就同我讲，那是过去的历史了，要向前看。……我们的教训，一定不能重演。'文化大革命'不能在文艺上有所反映，怎么行？将来一定要出现伟大作品的。作家不反映这个'文化大革命'，是作家的失职。尽管现在发表的这些作品，作者大都是青年作家，他们的经历究竟有限，不能一下子把本质揭露得很深，但他们闯出了一条路子。我们在《文艺报》的会上说过，青年是受伤的一代；刘心武在一次会上说，是思考的一代。很好。……《伤痕》这类作品，编辑应做工作。编辑要把关，尽到责任。另一方面，即使有那么一篇，作者坚持不改，也应发。不要搞光明的尾巴。不要把大框框去掉了,又来些小框框。《伤痕》引起这么大的争论,很好。"

关于"伤痕文学"的争论,逐渐在理论上提升为"歌颂与暴露"的争论。争论的核心,就是是否允许在文学作品中写社会的阴暗面,能否写"四人帮"这个毒瘤的倒行逆施给人们造成的伤痛。1978年12月,中共广东省委书记任仲夷主持召开广东省文艺创作座谈会,邀请周扬等前去参加,周扬在他的讲话里,专门辟出"歌颂和暴露的问题"一节来谈歌颂与暴露问题。他说:"《于无声处》第一次写了大胆反抗'四人帮'的新英雄,也写了无耻投靠'四人帮'的新叛徒。这就是这个戏的重要贡献,也是它受到观众欢迎的原因。话剧《丹心谱》,短篇小说《班主任》等作品,也都是写反对'四人帮'的斗争的,也都受到了群众的欢迎。对这类作品,即使其中不免还有某些缺点和不足,轻率地称它们是'伤痕文学'、'感伤主义的文学'或'暴露文学',而对之采取贬低或否定的态度是不恰当的。"①

这场争论发展到1979年初,又形成了"文学向前看"和"歌德与缺德"的讨论。这场争论一直持续到1979年年底召开的第四次文代会,周扬于1979年11月1日向大会所作的经过中央政治局讨论审定的报告《继往开来,繁荣社会主义新时期的文艺》中,对这类作品及这一文学思潮作出了肯定性评价后,才算告一段落。周扬说:"这些作品是我国当前思想解放运动的伟大潮流的产物,又反过来影响和推动着这个潮流的发展。这些作品很多出自较年轻作者的笔下,他们以敏锐的观察和大胆探索的勇气,真实地描述了他们亲身的经历和体会。他们要控诉,要抗议,要呐喊,因为他们的经历充满了辛酸和血泪、愤懑和悲痛,也有识破欺骗后的觉醒和斗争。他们以泼辣的风格突破成规和戒律,抒写了自己的深切感受和许多令人震惊的所见所闻。这些作品反映了林彪、'四人帮'给人民的生活和心灵所造

---

① 周扬:《关于社会主义新时期的文学艺术问题》,原载《人民日报》1979年2月23、24日;又见《周扬文集》(第5卷),人民文学出版社1994年版,第87~88页。

成的巨大创伤,暴露了他们的滔天罪恶。决不能随便地指责它们是什么'伤痕文学'、'暴露文学'。人民的伤痕和制造这种伤痕的反革命帮派体系都是客观存在的,我们的作家怎么可以掩盖和粉饰呢?作家们怎么能在现实生活的种种矛盾面前闭上眼睛呢?我们当然不赞成自然主义地去反映这些伤痕,由此散布消极的、萎靡的、虚无主义的思想和情绪。人民需要健康的文艺。我们需要文艺的力量来帮助人民对过去的惨痛经历加深认识,愈合伤痕,吸取经验,使这类悲剧不致重演。"①

"伤痕文学"因一篇作品而得名,最初是用来否定这类作品的贬义词,后来竟然被文艺评论界反其意而用之,成了新时期文学中反映十年"文革"题材的文学创作和文学思潮的专用名词。这是在特殊年代中的特殊情况下出现的一种特殊的文学现象。

第三战役:对准"文艺黑线"论

文联全委扩大会议后,在全国各省市反响很强烈,地方上行动很快,纷纷召开会议予以贯彻,文联和各协会很快被批准恢复工作,为作家落实政策的活动也此起彼伏。云南召开了第三次文代会;山西省委办公厅发了16号文件,宣布省文联、省作协等恢复工作;上海文联扩大会议传达了全国文联会议精神,并接着于7月召开创作会议;武汉、福建……

为了打好揭批"四人帮"的第三战役,把批判引向深入,8月份在京成立了文艺界大批判领导小组,由张光年(作协)、林默涵和赵寻(文联)、刘白羽(总政文化部)、贺敬之和冯牧(文化部)、孔罗荪(《文艺报》)、袁鹰(《人民日报》)、陈荒煤和许觉民(文学所)组成。

文艺界揭批"四人帮"第三战役的攻坚战是对"文艺黑线"论的突破。但依然阻力重重。正在这个时候,邓小平接见了文化部的正副

---

① 周扬:《继往开来,繁荣社会主义新时期的文艺》,《周扬文集》(第5卷),人民文学出版社1994年版,第174页。

部长黄镇和刘复之,他同两位部长的谈话传达下来,对文艺界的平反错案冤案是一个很大的鼓舞和动力。邓小平谈话的大意是:理论问题波及文化部没有?理论问题主要是两篇文章引起的。一篇是上海的(按:实际上是南京的)同志写的,先是送到党校去,我说这是一篇马克思主义的文章,强调实事求是,理论联系实际。我在部队政治工作会议上讲了,有人反对,说这是反毛泽东思想的,帽子可大了。另一篇是讲按劳分配的。我看过提了一点意见,先念也看过。这也是一篇马克思主义的文章。现在不要把什么事情都说成是有气。刚刚敢讲话,刚刚说了一下,就说是针对着毛主席的,那怎么行呀?我讲过,要完整地准确地掌握和学习毛泽东思想体系,有人就反对。后来华主席讲了话,他们才不讲了。问题是从两个"凡是"来的。提两个"凡是"的时候,我还没有出来。我就讲过,这不是毛泽东思想,如果毛主席在世,也一定会反对这种思想。我们做事一定要实事求是,从实际出发,理论联系实际。我们要认真思考问题,提出问题,解决问题。现在思想一定要解放。"四人帮"的精神枷锁箍得不得了。

在那个时候,人们仍然很少能独立思考,无论干什么事情,都是习惯于等待上级重要领导人说话。邓小平的这个谈话集中讲了实践是检验真理的唯一标准问题,传达到了文艺界,对推动文艺界开展真理标准问题的讨论和批判"四人帮"的第三战役,是一个强大的

理论动态85

内部刊物　注意保存

中共中央党校理论研究室　　1978年9月15日

人民群众是文艺作品最权威的评定者

理论要由实践检验。文艺作品要由广大人民群众评定。这是文艺评论的根本问题,也是一个常识范围内的问题。可是由于"四人帮"的倒行逆施,在一个时期内却把这个问题给搞颠倒了。流毒所及,以致于在粉碎"四人帮"后的今天,仍然有加以讨论和澄清之必要。

文艺作品的好坏,应当由谁评定?在毛主席的文艺论著中,是早有定论的。毛主席说过:"戏唱得好坏,还是归观众评定的。要改正演员的错误,还是靠看戏的人。""一个戏,人们经常喜欢看,就可以继续演下去。有些戏,人们不大高兴看,就必须改变。"(《《毛泽东选集》第五卷,第316页》)有些戏有不同看法怎么办?"究竟它站得住脚站不住脚,还有多少观众,让实践来判断,不忙去禁止。"(《毛泽东选集》第五卷,第349页》)这

《理论动态》

精神武器。

在我的印象中,那时中央党校理论研究室编的《理论动态》往往能最快最准确地传达出上级某领导同志的意见和思想,而且我们的主编冯牧和《理论动态》的主持者吴江也熟悉,所以我们办刊物,除了从正道传达下来的上级指示外,也还常常从这本内刊上获得信息和思想。此时,《理论动态》第85期(1978年9月15日)上发表了一篇具体涉及文艺问题的专文《人民群众是文艺作品最权威的评定者》,把文艺界的真理标准讨论,引导到了"谁是文艺作品的最权威的评定者"这一问题上。在当时,提出"人民群众是文艺作品最权威的评定者"这个命题是有积极意义的。这篇未署名的文章说:"在打倒'四人帮',推倒了'四人帮'的法西斯文化专制主义的今天,把'人民群众是文艺作品最权威的评定者'的命题提出来,是有其特别重要的意义的。这不仅仅因为这个问题被'四人帮'搞颠倒了,需要拨乱反正,肃清流毒,而且因为这个问题对于社会主义文艺的繁荣和发展关系太大了,太重要了。就实质来说,这是一个社会主义文艺和法西斯文化专制主义的分水岭。文学艺术和人民群众的关系是极为密切的,人民群众对文艺的发展和繁荣极为关心。……我们讲文艺的繁荣和发展,离开最广泛、最充分的社会主义民主,离开亿万人民群众的积极参加,能够谈得上吗?没有亿万人民群众的直接参加,能够真正放得出来、争得起来吗?不依靠广大人民群众,只靠少数人在狭小圈子里关着门讨论什么是香花、什么是毒草,决定什么可以给人民看、什么不可以给人民看,就不可能有什么生动活泼的政治局面。以为区别香花和毒草只是少数人的事,人民只能接受别人选择好了的现成的'香花',这就在实际上取消了'双百方针'。"文中提出的"少数人"是指谁人,至今我也不清楚底里,但我相信,那是必有所指的。从下文所说的,似可看得出来一点消息:"一部戏、一部电影出来,不是首先考虑群众能不能通过,而是首先急急忙忙千方百计迫使领导表态。结果弄得有些领导同志为难不敢看戏。有时领导发表了一点个人意见,就决定了一部作品的命运。这个风气不利于对作品做出全面的准确的评价,甚至也不利于这些领导更好地发表自己的见解。如果能把领导个人的意见当成群众意见的一部分,领导看戏时,发表意见就可以自由一点,充分一点,其发生的作用也就可能更大一些。当他们对一个作品做出正式决定时,则必须充分听取、考虑广大人民群众的意见,并善于把群众中的正确意见集中起来。"这些议论,在当时是有针对性的,即使现在,也还是有其现实意义的。

面对着文艺战线上如何深入开展第三战役,文艺界大批判领导小组于9月下旬下达了的一项部署:要突破文艺理论上的禁区,要实事求是,开展实践是检验真理的唯一标准的讨论。

在这样的背景下,《文艺报》于10月初召开了第一次联系文艺界实际的"实践是检验真理的唯一标准座谈会"。《文艺报》1978年第5期在"坚持实践第一　发扬艺术民主"的栏题下,发表了六篇文章:茅盾的《作家如何理解实践是检验真理的唯一标准》、巴金的《要有个艺术民主的局面》、沙汀的《创作也要受实践的检验》、李春光的《谈社会主义文艺民主问题》、苏叔阳的《从社会实践中来,受社会实践检验》和费振刚的《从谈论真理标准所想到的》。其中有的就是作者根据在座谈会上的发言整理而成的。从这些文章和发言中可以看出,文艺界当时关心的问题,一是如何发扬社会主义民主,二是对一个时期以来出现的一些揭批"四人帮"的作品的评价。

一方面为了推动文学评论界关于"伤痕文学"和"歌颂与暴露"的讨论,一方面为了给即将召开的中国作家协会三个刊物编委会提供参考,推动文艺界的真理标准问题大讨论,《人民文学》编辑部9月编印了两册《作品选读》,选入10篇有代表性的以揭批"四人帮"为内容的短篇小说:刘心武的《班主任》(《人民文学》1977年第11期)、卢新华的《伤痕》(《文汇报》1978年8月11日)、曹鸿骞的《命运》(《安徽文艺》1978年第3期)、吴强的《灵魂的搏斗》(《上海文艺》1978年第5期)、高红的《丝瓜累累的时节》(《安徽文艺》1978年第7期)、王宗汉的《高洁的青松》(《吉林文艺》1978年第1期)、关庚寅的《"不称心"的女婿》(《鸭绿江》1978年第7期)、舒展的《复婚》(《作品》1978年第7期)、王蒙的《最宝贵的》(《作品》1978年第7期)、刘心武的《爱情的位置》(《十月》1978年第1期)。编者在前言里说:"揭批'四人帮'的第三战役以来,报刊上出现了一批以揭批'四人帮'为内容的短篇小说,在社会上引起了强烈的反响,向文艺评论界提出了一些值得探讨的问题。对有些问题,例如文艺创作与生活的关系、歌颂与暴露等,存在一些不同的看法,应当本着百家争鸣的精神开展积极的讨论。为了帮助同志们了解这些作品的内容,关心这方面的讨论,活跃思想,热情支持好的文学作品,澄清被'四人帮'弄混乱了的一些理论是非,我们选印了一部分有代表性的作品,供大家阅读。"大约同时,《文学评论》编辑部也选了24篇当时有影响的短篇小说,供评论界研究。

繁荣短篇小说创作成为关注重点

《文艺报》复刊后,我们这些在第一线的编辑们充分感受到了"伤痕文学"的汹涌浪潮,各地陆续有好作品出世,但也存在着一些值得注意的问题和争议。编辑部决心推动一下短篇小说创作,具体地研究一些创作问题。8月份,《文艺报》先后派出了两批记者,分别到北京和上海召开短篇小说座谈会,与当地的作家评论家们一起探讨问题。

分赴两地召开座谈会的同志执笔写成《短篇小说的新气象、新突破——记本刊在北京召开的短篇小说座谈会》和《解放思想,冲破禁区,繁荣短篇小说创作——记本刊在上海召开的短篇小说座谈会》两篇长篇报道。这两篇报道发表在《文艺报》1978年第4期上。

在研究两地座谈会报道的编辑部会议上,冯牧、孔罗荪两位主编分别作了定调子的发言。冯牧说:"第一,报道要对各种不同的意见都有所反映,要注意对作品做分析,提倡艺术民主;第二,编辑部的意见要把握得比较准确,包括标题都要考虑,是不是叫'新气象、新突破'?要斟酌。伤痕文学还只是一种创作的动向,或者说是一个总的趋向,很值得重视。两地的报道,允许意见不一致,关键是编辑部的意见要一致。"孔罗荪说:"同时发两篇报道,要写一个编者按。"他要我执笔写这个"编者按"。

鲜明对照。直到这一年的年底，我们收到湖南的文学评论家、周立波的大儿子周健明的信，传来的信息仍然不乐观：

锡诚、洪波同志：

　　来信早收到，因盛裕同志①上京，所需要文章也由他带上，想必你们谈了许多，便没有很快回信，望谅。

　　惠赠的《文艺报》收到，谢谢。这几期办得很好，特别是最近一期，发表了大量谈实践是检验文艺作品的标准的文章，很精彩，揭露了"四人帮"罪行的文章，不论有多长，我们都喜欢读。你们不辞辛苦地深入各地调查组稿，这种作风，值得学习。第4期《文学评论》迟迟不见出版，大家不知是印刷厂的关系，都担心荒煤同志文章是否出得来。文艺界如果多几位敢于说话的人，也许会好些。

　　我们这里的情形仍无大变化，比起广州来，相差很远。也许"文艺黑线"论特别在这里有"群众基础"吧。设置"黑线论"的情形，我们也略知一二，总之是不合时宜的，也肯定是行不通的。倒可奉劝这些同志读读金山同志的回忆、臧克家同志关于老舍的回忆、黄宗英同志的回忆。读了黄宗英同志的《星》，铁石心肠也会落泪。这种惨痛的教训，难道不值得永远记取吗？

　　撰安！

健　明
1978年11月24日

二　访　广　州

　　告别了沉闷的长沙，10月6日上午10点，我到达南方文化重镇

---

①　张盛裕，其时任湖南省《湘江文艺》负责人。

长沙游岳麓山时,建议取唐代诗人杜牧的"停车坐爱枫林晚,霜叶红于二月花"诗意而改。

原亭几经沧桑。据光绪《善化县志》和湖南省《文物志》记载,同治年间重修过。后来湖南高等学堂监督程颂万又有修葺,并刻张南轩、钱南国诗于亭内。抗日战争时期,亭再度毁于兵火,后虽经修复,仍一毛瓦亭子。旧社会国无宁日,民不聊生,名胜古迹终不免满目蓬蒿,荒废凄苦。

名胜古迹遍布于中华大地,而几乎每一处古迹无不留下了灾难深重的印迹。爱晚亭也不能幸免,看完碑文,心中有一种沧桑感。录完碑文,公园内已阒无一人,再到云麓殿前时,竟见大门紧闭,无法入内。但见前殿的两边的那副对联,显示着潇湘大地的浩然大气:"西南云气来衡岳,日夜江声下洞庭。"一座巍巍衡山,一条浩浩湘水,蕴藏着无数神话故事,显示着几多历史风采,何其雄哉,何其伟哉!

往山下走时,上山时的那种兴致已经荡然无存了,无法抑制的国庆节的记忆,一下子拉回到了几十年前。生活十分困窘的1960年的国庆节,我是在下放劳动的地点——鄂尔多斯高原上的一个叫大圐圙的村庄里度过的;与我一起担任小队长的张达兄弟(他是另一个村子里的农民),专程回家去给我拿来一些咸菜,使我在那个节日里能与全国人民同乐。1965年的国庆节,我是在西藏最西南边陲错那县的勒布区公所(一个只有几户居民的小村子)里度过的,与区委书记、区文书一起,在被雪山割断了与外界一切联系的木板房里共度良宵,坐在他们仅有的一架熊猫牌小收音机旁,静静地聆听从北京传出的祖国母亲的声音。如今,他们都在哪里呢?

10月2日,我们两人又相伴去韶山,参观了毛泽东主席的旧居。这个给我们留下了深刻印象的小山村,因为诞生和养育了这位20世纪的中国伟人而名扬中外。

关于真理标准问题的大讨论,大大推动了全国文艺界对"文艺黑线"论的批判,但批判和推倒"文艺黑线"论的斗争,在全国各地的发展是不平衡的。湖南文艺界与北京、上海及其他地区的差距形成了

于开展。希望北京开什么会，通知我们一声，也希望各省的文艺刊物编者能开个经验交流会议。"

关于陈荒煤应邀在长沙向文艺界所作的30年代文艺问题的报告被某人向省委告黑状的事，周立波的儿子周健明也给我讲了，而且情节更为详细。在北京时，我也曾听到陈荒煤本人在会议上亲自讲过。他应湖南省文联和哲学社会科学研究所的邀请，到长沙参加揭批"四人帮"歪曲鲁迅的大会，是经湖南省委一位主管书记批准的，但会后有人向省委告了状，说那个会是"黑会"。听了来自各种不同人士讲的情况介绍和意见后，我的心情很沉重，觉得在这里实在是无事可做。于是，便借阅了"文革"中的1970年9月至10月的《湖南日报》，抄录了当年批判周立波的那些大批判文章，也抄录了《人民日报》那位姓何的编辑给湖南省革命委员会的电话指示信的记录稿，也算此行的一大收获吧。

在被沉闷的文坛信息压得几乎透不过气来的时候，迎来了1978年的国庆节。这一天的上午，我和高洪波是在长沙湖南宾馆里度过的。下午，我和小高要走出去，一起去逛岳麓山和爱晚亭。到达岳麓山下时，已近黄昏。极目远眺，但见滔滔湘江河道的中央，闻名遐迩的橘子洲遥遥在望。由于天色已晚，我们只能小步跑着上山，在夕阳朦胧中，瞻仰名山岳麓的风采。那年，我虽然已届43岁，却还有一种"不到黄河死不休"的青春强劲充满了我的全身。尽管气喘吁吁，我们仍然沿着密林中弯弯的山道，快速地向拾级而上，有一种慌不择路的感觉。来到爱晚亭，环绕几匝，在夜色中，据1952年重建时所立石碑，录下了它的身世，聊作备忘：

爱晚亭位于清风峡前的小丘上，公元1792年（乾隆五十七年）岳麓书院山长罗典倡建。亭之原名"红叶"，又名"爱枫"。亭后满谷枫林，一湾小涧。春天树木葱茏，潺潺流水；夏天清风吹拂，格外清爽；隆冬枝干参天，松涛澎湃，唯独深秋别异，漫山红叶，如丹似火，饶有佳趣。

关于"爱晚亭"名字的来历，一般的说法是，清代诗人袁枚过

据湖南人民出版社的介绍,该社在粉碎"四人帮"之后出版的《朝晖文艺》丛书,包括了康濯的短篇集、柯蓝的短篇集、萧育轩的短篇集、刘勇的短篇集、叶蔚林的《过山瑶》、古华的短篇集、谢璞的《奔腾的孔雀河》等。莫应丰的长篇小说《风》和石太瑞的诗也已出版。那时,叶蔚林在零陵地区歌舞团创作组,古华在郴州地区歌舞团创作组。此外,胡英、叶之蓁、彭伦乎也是在周立波影响下成长起来的青年作家,粉碎"四人帮"后也开始发表作品了。

  但根据我们的接触,较为普遍的反映表明,湖南省领导上的思想还没有从"四人帮"的影响下解脱出来。他们曾下达指令,上级没有下达红头文件,省里就顶住压力,不开展真理标准问题的讨论。作家们只是从报刊上,包括从《文艺报》上,了解外地文艺界思想解放的情况和大好形势,而在他们这里,却死气沉沉。未央说:要大力清除帮风、帮气。创作比以前是放开了些,大胆了些,但现在我们是"向外看"。康濯说:"文革"中制造的许多冤假错案,至今没有落实政策。1970年9月省里批判周立波,《人民日报》的何××来电话,指示批《山乡巨变》。《湖南日报》一连发了好几个版的批判文章,说周立波为刘少奇的反革命修正主义路线服务,鼓吹资本主义复辟。今年5月23日,纪念毛主席《在延安文艺座谈会上的讲话》,省文化局开座谈会批"文艺黑线专政"论,《湖南日报》发了报道,说周立波的《山乡巨变》是部好作品。省委宣传部却马上打电话,质问这篇报道为什么不送审?到第二次发消息时,就把《山乡巨变》删掉了。张盛裕说:《湘江文艺》组织了一组关于30年代文艺的批判文章,省里领导要审查,主管书记说不能发。如要发表,就要交常委会讨论。所以这些文章没有发出去。约陈荒煤写的关于30年代文艺的文章和吴亮平同志的采访记也被抽了下来。张盛裕说:"我手头还有一篇延安杂志上的文章《陕北文艺的建立》,记了毛主席、洛甫等中央领导人当时讨论30年代文艺'两个口号'的意见。吴亮平总结说,'国防文学'在当时是一个更为适当的口号,'民族革命战争的大众文学'口号是不妥当的。毛主席是肯定'国防文学'口号的。我组织的所有文章都发不出去,所幸的是,在9月号上发表了魏猛克的文章。我们在这里工作难

生活。写完后，交给陈丹晨、阎纲、吴泰昌修改定稿。

沉闷的长沙文艺界

《文艺报》在同一期上发表了本刊记者在北京和上海召开短篇小说座谈会的两篇长篇报道，但对当时文学创作和文学评论都相当活跃的广东省的创作情况和创作思想，还没有做全面的了解和报道。于是，我和文学评论组刚调来不到一个月的年轻同事高洪波，奉命出差长沙和广州。在写完座谈会的编者按语和交出《党怎样领导文艺》的稿件后，我们二人便匆忙于9月26日登上了南下的列车。

在长沙，我们拜访了宣传部副部长王驰、处长蒋国斌，文联的负责人康濯、王剑青和张历耕，《湘江文艺》的负责人张盛裕、郭味农、王以平等同行，湖南人民出版社文艺室主任黄起衰、王勉思和作家任光椿；在我们主持召开的座谈会上，见到了作家未央、周健明、胡英、鲁之洛和评论家韩抗、樊篱等。

湖南省的文学创作情况，应该说是有深厚根底和相当成绩的。粉碎"四人帮"后已有不少新人崭露了头角。但无论是宣传部还是文联，都没有掌握全面情况。真正掌握情况、广泛联系作者的是出版社的编辑人员。湖南人民出版社黄起衰的介绍，加上《湘江文艺》张盛裕的介绍，使我们很快了解了省里文学界的创作情况。黄起衰是文艺界公认的"老黄牛"，为湖南文艺界做了许多有益的事情。1983年，我与冯牧、阎纲为他们社主编的中国当代文学史上第一套评论丛书《中国当代文学评论丛书》20辑，就是得到了袁琦、黄起衰、萧汉初、张永如等的帮助和支持才得以问世的。

湖南的文学界，蒋牧良和周立波潜移默化的影响在一些青年作者中深入人心，他们的思维方式和创作实践滋养了许多作者，这些作者们以《湖边风雨》和《山乡巨变》等作品的风格为楷模，在作品里和人物创造上显示出浓郁的乡土气息，在文学上自成一派。1977年11月《人民文学》杂志社召开的短篇小说座谈会上，仅邀请了冷水滩市的工人作者萧育轩参加，是因为他较早在《人民文学》上发表了作品。

北京和上海两地短篇小说座谈会的报道比较充分地反映了两地创作的情况和创作思想。我写的"编者按"主要是肯定当前出现的这批小说,也指出存在着一些值得注意的问题;指出对这些小说,文艺界存在着不同的意见,提倡百家争鸣。写好后,就交给孔罗荪阅改定稿。他要我再加一段话:在座谈会上各抒己见,开展争鸣,以及作品要经过实践的检验。我改好后,便交给了编辑部主任谢永旺,就去准备出差了。

这时,我手头还有一个硬任务,奉命给《光明日报》撰写一篇《党怎样领导文艺》的文章。所谓奉命,是起因于谢永旺传达的大批判领导小组下达的任务。林默涵宣布了揭批"四人帮"第三战役中文艺界各单位分别承担七个大题目:(1)批判"四人帮"的反动文艺路线(文化部和总政文化部);(2)"双百方针"(发扬艺术民主——《人民日报》,文艺批评与百家争鸣——文学研究所);(3)实践与文艺创作,包括文艺的真理性(《文艺报》);(4)党怎样领导文艺(《人民日报》);(5)创造新英雄人物形象(文学所和《文艺报》);(6)30年代问题(文学所);(7)文艺的禁区、题材问题等。分工中没有《光明日报》,《光明日报》的朋友们向我们约稿,要我们写一篇党怎样领导文艺的文章。动手写之前,编辑部的主要编辑陈丹晨、阎纲、吴泰昌和我四人在一起议了一次,就我们所理解的有关党领导文艺的几乎所有问题,都谈到了。从毛泽东倡导"双百方针"、不同意解散文联、"文革"中对姚雪垠的关怀,到列宁与蔡特金的谈话强调领导个人的爱好不能代替党的政策,再到周总理和陈毅如何与作家艺术家交朋友。我用了一个星期天(9月24日)的时间,把这篇文章写了出来。在文章中,我讲了四个层次的问题。(1)党对文艺的领导主要是政策方向的领导。(2)党的领导不能用领导者个人的审美爱憎代替政策,党的领导人要根据实践检验真理的精神检查一切文艺理论、政策。毛主席晚年有些批示,是根据间接听来的情况决策的,现在在新的情况下,有条件重新加以研究了。(3)党的领导不能随便肯定和否定一部作品,要发扬艺术民主,经受群众考验,发挥专门家的长处。(4)党委要提供方便,使作家能深入生活,给他们提供物质条件,关心他们的

广州的火车站。对我来说,广州是旧游之地。去年来时,对这里的文学界已有所接触。不过上次来是我一个人,是作为《人民文学》的记者,这次来是我和高洪波两个人,是作为《文艺报》的记者。角色的转换,也是时势变化的一个小小标志。走出繁华喧嚣的车站不远,左手边就是装饰一新、五颜六色的广交会大厦。当时,广交会是全国唯一的对外窗口,吸引着国内外的各种政要和商贾宾客。国内各省市的干部们也借机蜂拥而至,不愿意失去这个公款出差的机会。

在城市风格上,广州与北京迥然不同。北京那种浓重的政治气氛和保守滞板的状态,在这里一扫而空。由于商业发达和地近香港,这里的干部思想比较解放,观念更新,朝气蓬勃,务实竞进;市民则关心吃穿、挣钱、娱乐。我对高洪波说,广州曾经有过的辛亥革命和大革命时期的那种革命精神,大概永远也不可复现了。

《作品》的负责人黄培亮和省作协的梁梅珍把我们安置在广东省迎宾馆,住西楼124房间,分卧室和客厅。迎宾馆是省政府交际处的别称,各省皆如此,广东也概莫能外。出入迎宾馆的几乎都是有轿车迎送的领导干部,把我们这些小小编辑安排在这里,着实使我感到慌乱不安。但黄培亮说,这几天正逢广交会,又靠近国庆节,宾馆爆满,找不到便宜的招待所。我去打听价目,尽管我们住的不是对面的那栋高干楼,住宿费每天也要6元,在那个年代,这个数目当然也远远超出了我们的报销标准。在餐厅里用餐的,每天只有我们两个人,高干们在哪个餐厅里用餐,不得而知,也不愿意费脑筋想了。与黄、梁二位商量好,老作家我们自己去拜访,下星期二在省作协召开一次座谈会,请一些作家、评论家就当前的创作情况发表高见,请他们二位帮忙。

记得是第二天,省委宣传部的副部长、老作家杜埃,就来到迎宾馆我们的住地看望我们,并在餐厅里请我们两人吃饭。与其说他是个官员,毋宁说他是个作家。他从1933年进中山大学读书起,就参加了秘密救亡工作。1936年入党。30年代中期,参加了"广州左联"和"广州社联",在《新路线》(假托在香港出版,只出了一期)上发表了散文《都市,动乱的天堂》。1934年春,广州大逮捕后,逃往九龙,后在香港和菲律宾等地从事宣传和文化工作。他告诉我,他正在写一部反映太平洋战争的长篇小说《风雨太平洋》,把他在海外亲身经历和目睹的太平洋战争付诸笔墨。如今的年纪,他显得一脸福相,天庭饱满,耳垂很大,面带微笑,说起话来慢思条理的。去年我就同他认识了,编发过他写的长篇评论《调整和贯彻好党的文艺政策》一文(《人民文学》1977年第11期)。他那么大年龄了,又是领导干部,应该我们去拜望他,他怎么亲自到宾馆里来看望我们了呢?这种平易近人的作风,让我从心底十分感动。

杜埃(右)与本书作者

杜埃参加了我们于10月10日在省作协会议室召集的座谈会,并发了言。他说:对文艺界来说,当前最重要的是解放思想问题。而现在是,一边在讲解放思想,一边又心有余悸。希望《文艺报》从创作上做出示范。创作问题是很复杂的,很多人并不是搞得很清楚了。《班主任》、《伤痕》这样的作品提出了令人深思的社会问题,揭露了青少年的严重的内伤,有人就说这些作品是"暴露文学"。但究竟是不是"暴露文学"呢?"四人帮"可不可以暴露呢?如果连"四人帮"的罪恶都不可以暴露,那很多人就不敢写了。解决心有余悸的问题,就要解放思想。这个问题,与当前全国正在进行的真理标准问题的讨论有密切关系。《文艺报》要带头进行批评与反批评,开展争鸣,不要像"四人帮"时那样搞一言堂。对小说《伤痕》的评价,就有两种意见嘛。对过去一些作品的重版,也要组织评论,如《子夜》、《上海的早晨》等,要通过评论,分析当时的历史背景,帮助年轻读者了解。当前短篇的创作,从《人民文学》召开的座谈会以来,有了很大的发展。作家们所写的题材是中国历史上从来没有过的,是崭新的题材。"四人帮"给我们国家造成了那么深重的灾难,现在我们正在医治这些创伤。暴露"四人帮"的罪恶,不等于暴露社会主义社会。要引导人们把仇恨集中在"四人帮"身上。对小流氓宋宝琦,人们是赋予同情的,打倒"四人帮"后,他可能变好。在这个人物的描写上,《班主任》很有分寸。写这些阴暗面,就是为了解除包袱,使人民重新抬起头来,树立起理想。除了现实题材外,还要提倡写革命历史题材。青年们不懂半个多世纪以来的历史。

此后,杜埃一直把我当成一个小文友。1979年第四次文代会上,我们再次见面时,他还是那样热情和平易。1983年秋,他的散文集《花尾渡》由湖南人民出版社出版,他很快给我寄来了一本,使我先睹为快。直到我离开中国作协多年后的1988年3月,我在深圳主持召开全国民间文学基本理论研讨会后,转道广州,他还在广州东方乐园设宴招待我和我的朋友们,并一起留影。

于逢是我们拜访的另一位老作家。于逢在"文革"前就与《文艺报》有着不解之缘,他的长篇小说《金沙洲》1959年由作家出版社出版,因揭露了高级合作化中的阴暗面,批判了一些"叱咤风云"的官僚主义者,涉及如何反映农业合作化,如何塑造典型环境中的典型人物,如何反映现象与本质、主流和支流,革命现实主义与革命浪漫主义等问题,在《文艺报》、《羊城晚报》等报刊上进行过长达半年之久的讨论。在这些讨论中,在批评小说《金沙洲》的同时,一些教条主义的、绝对主义的、无冲突论的文学主张,也得以大行其道。因为于逢是广东作协的作家,所以中国作家协会广东分会理论研究组在讨论的后期,在《羊城晚报》(1961年8月3日)上发表了一篇题为《典型形象——熟悉的陌生人》的长篇论辩性文章,从文艺理论的高度,阐述他们关于文学创造典型的观点,批驳了借文学批评而出现于文坛上的教条主义、绝对主义和无冲突论观点,也力求恰当地指出了《金沙洲》的缺点。这篇长文涉及了当时文学创作和批评界的重要问题和文艺思潮,稍后被《文艺报》转载了。① 关于《金沙洲》的讨论,也就从此结束。

粉碎"四人帮"后,于逢于1977年底一口气写了三篇批判浩然的文章,发表在《广东文艺》(后改为《作品》)上,气势如虹,文笔洒脱,既老辣严肃,又以理服人,受到读者的普遍赞赏。经我的手,将其中的两篇在当年第3期的《人民文学》上转载了。10月7日我们拜访他时,谈话间他最关心的是两件事情:一是培养青年作者,如今虽有青年作者出现,但总体来说仍是文学队伍后继乏人,欧阳山提出办广东文学院,培养文学青年;二是文学不应只有揭露"四人帮"的作品,还应有描写与"四人帮"英勇斗争的作品,而且要提倡描写"四个现代化"的作品。现在许多作家都在写历史题材,有的是写革命历史题材,写现实题材的不多,写工业题材的更少。而文学反映"四化"是社会主义文艺基本方针的要求。对此,《文艺报》应予提倡。我们的文学要揭露和批判"四人帮"的罪恶行径,但也要提倡反映向"四个现代化"的进军的题材,提倡写新时代的英雄人物。

10月8日(星期日)一大早,我们就来到梅花村欧阳山的家里,拜访这位广东文学界的泰斗。说他是广东文学界的泰斗,不仅是因为他的资格最老,而且还因为他的文学成就最高。以知识分子在中国革命中的命运和历程为题材的长篇小说《一代风流》的前二部《三家巷》和

欧阳山在写作中

---

① 中国作家协会广东分会理论研究组:《典型形象——熟悉的陌生人》,《文艺报》1961年第8期。

《苦斗》,出版于20世纪50年代末,虽然在当年的政治气候下,也遇到一些评论风波,但在艺术成就上,特别是《三家巷》,仍不失为一部佳作。相隔十年后,他正在准备写《一代风流》的续作《柳暗花明》。但他的眼睛视力不好,其写作方式不得不由习惯了的笔写变成口授,由助手记录下来后再行修改。我们访问他时,他的儿子已经回到家里来担任了他的秘书。他希望我们把《文艺报》编得比《人民日报》更开放一些,在文艺问题上,要走在《人民日报》的前面,文章不一定要求非常成熟,《人民日报》则要求发表比较稳定些的文章。他认为,目前对林彪、"四人帮"的文艺路线批判得还很不够,形"左"实右的东西,有人还喜欢,在人们的心目中,"左"好像更保险些。他最感到忧虑的是文学接班人的问题,很有紧迫感。他说:作家队伍里老的多,年轻的接班人没有跟上来,问题严重。美术搞得好,有美院可以培养年轻人,教师一面教学生,一面还可以作画。画院可以养一批画家,又是一个生产单位。戏剧也有学院。唯独文学没有。中国作协没有专业作家,省里也不好办。作家放在编辑部,在作协担任工作,就没有时间写作。要设专业作家,大家就都要求来。我们党组已经研究决定成立文学院。是否能搞得成,还不知道。

(自左而右)杜埃、周钢鸣、萧殷、陈残云

晚上我们去拜访萧殷。萧殷也住在梅花村。与萧殷谈话,如叙家常,自由自在,无拘无束。他接着欧阳山的话题,建议《文艺报》在文学队伍的培养问题上,进行一些呼吁。我们谈到王蒙在文坛上的复出时,他的精神为之一振。他说,王蒙的《青春万岁》,最初就是1953年在他担任《文艺报》主编时,经他的手在《文艺报》(同时在《北京日报》)上发表的。我们谈话的时候,他的床头上就翻放着刚出版的《青春万岁》(人民文学出版社 1978 年)。萧殷还告诉我们,他在写关于写英雄人物的文章。萧殷的文学评论一向以青年人为对象,不仅通俗易懂,而且充满了英雄主义精神。随后话题又转到工人作者陈国凯最近在《广州文艺》上发表的短篇小说《眼镜》和孔捷生的短篇小说《姻缘》。这两篇小说都引起了读者的好评。我来穗前,也已读过了。他比较喜欢陈国凯。向我介绍说,陈国凯是广州氮肥厂的工人,很有文学创作的才能,1962年以一篇短篇小说《部长下棋》登上文坛。但在"文化大革命"中,被扣上"配合蒋介石反攻大陆"的罪名,遭到无休止的批判。1973年,他发表了《大学归来》之后,在"四人帮"搞的"反文艺黑线回潮"的妖风下,小说被诬为"毒草",并准备在报上重点批判。在巨大的政治压力下,作者被迫自杀未遂。自陈国凯的第一篇小说发表后,萧殷就与他保持着联系,有时是通信,有时是陈

陈国凯

国凯来访,萧殷常在写作上给他一些帮助。萧殷患有严重的肺气肿和哮喘病,他嘱咐我们在京为他买一个取暖用的炉子。他对我说:"广州冬天很阴冷,过冬很难受。帮我在北京买一个蜂窝煤炉子,运来广州。"我们答应一定帮他买。每到冬季,广州十分阴冷,一般人都常在手上脸上生冻疮,何况他患着肺气肿和哮喘病!那时在京买炉

子和烟囱，需要户口本和副食证。我跑了几家山货店，终于给他买好炉子和烟囱，又请作协总务科长邹起同志帮助包扎，并运到到广安门火车站，发运到广州。①

　　陈残云因事未能参加我们的座谈会，当天下午，他在梁梅珍的陪同下，来到我们的住处，与我们见面交谈。陈残云是一位很有思想和锋芒的作家，又是省作协的主席，他的谈话集中在解放思想、敢闯禁区的问题上。他对《文艺报》第3期上发表的《鼓足干劲，解放思想，把电影创作搞上去——记本刊召开的电影创作座谈会》这篇报道中的思想大不满意。他说：我看到，报道中对"十七年"的电影，要采用专业人员与群众相结合的办法慎重地加以审查，我一夜都不能入睡。既然承认"十七年"是红线，又要重新审查，不是意味着比过去更"红"了吗？过去，这些影片已经通过了慎重的审查，你还审查什么？王阑西说，"文化大革命"前摄制了大约六百部影片，有五百部可以放映。我给王阑西写信问他，既然邓小平有讲话，为什么放不解禁？他回信说，他赞成我的观点，但邓的讲话，他不知道。王阑西是支持放的。可是他讲了话，没有人支持。《文艺报》要支持邓小平的工作嘛！陈残云还谈到了禁书的问题。他说：一本书除非不出版，一旦出版后，就不能随便禁止。政府可以禁书，但要有法律，公开禁止的理由。所谓繁荣，一是要创作新的作品，二是要开放一些过去的和古典的作品。"四人帮"时期，把很多作品打成毒草、禁书，现在面临着一个平反的问题。在这方面，《文艺报》要想想办法，多做工作。《文艺报》应当提出问题，闯禁区，有锐利的锋芒。这样，地方上才能跟着你们走。现在是两头解放，中间不解放。作为作家和批评家，不能做风派人物，谁的势力大，就听谁的，要有自己的见解，按党性办事。

　　这次广州之行，还拜访和结识了花城出版社的岑桑和易征，广州军区作家萧玉；在我们召集的座谈会上，结识了《作品》编辑部的沈仁康、中山大学的楼栖教授等一大批文艺界人士。

----

① 高洪波写过一篇《一封家书的联想》（发表于《广州文艺》1998年第5期），记述了他与我一道出差广州时与广东文学界的交往情况。

三刊编委会与真理标准讨论

  1978年5月11日《光明日报》特约评论员文章《实践是检验真理的唯一标准》引发的大讨论，批驳了"两个凡是"的观点，为十一届三中全会的召开和改革开放国策的制定做了重要的思想准备。20年前的这一讨论，也对刚刚兴起的"新时期文学"起了重大的促进作用。1978年10月20日至25日在北京远东饭店召开了《人民文学》、《诗刊》和《文艺报》三家刊物的编委会联席会议。在这次会议上，各位编委是本着讨论真理标准问题和发扬社会主义民主的精神，对新时期文学面临的一些重要问题坦率地发表了意见。这次会议对处于转折时期的中国当代文学即"新时期文学"的发展，起了不可忽视的作用。但这次对中国文学发展起过重要作用的会议的内容，却一直没有整理发表。现根据笔者当时的记录，将各位编委的发言整理如下，作为中国当代文学史的一份史料，提供研究者参阅。

  在这些发言中，现在看来，有些提法可能过时了，有些提法因受时代局限而有明显的错误，但其主要部分和主要精神，如：呼吁为受迫害的作家和被打成毒草的作品平反，揭批"四人帮"捏造的"文艺黑线专政"论和"文艺黑线"论，重新估价30年代文艺和"十七年"文艺的历史功力，恢复毛主席的革命文艺路线，为"伤痕文学"开道，冲破禁区、解放思想、砸掉精神枷锁，提倡作家写自己熟悉的生活和深入生活，文艺为新时期服务和文艺的新时期，特别是根据实践是检验真理的唯一标准的讨论，结合文艺实际，提出了人民群众是文艺作品的权威评定者，等等，无疑推进了真理标准讨论在文艺界深入人心，推动了文艺界的思想解放。

  张光年（主持人，中国作协党组书记、书记处常务书记）：现在在这里召开《人民文学》、《诗刊》和《文艺报》三个刊物的编委会联席会议，讨论编刊方针问题。讨论编刊方针，就不可能回避当前思想战线上大家关心的问题，如实践是检验真理的唯一标准问题、社会主义民主问题。我们要把当前全社会普遍关心的问题与文艺问题结合起来,不拘形式地扯一扯,这些问题与几个刊物都有直接关系。只有在讨论中把这些问题都进一步明确了,刊物才能编好,制定选题也会更加符合实际、符合需要。一年前集中批判"文艺黑线专政"论,这个批判一直延续到中国文联第三届全委会第三次扩大会议的召开,对文艺界起了很大的作用。最近一段时间,显得比较沉寂。报刊上不那么生动活泼了,文章发表得也少了。《人民日报》、《文学评论》、大学的报刊、作协的三个刊物,都曾做了许多工作,但比起上半年来,下半年劲头就显得很不够了。眼看着别的战线生动活泼、尖锐泼辣,文艺战线相比之下则大为减色。是不是没有问题可谈,没有意见可说了呢?(揭批"四人帮"的)第三战役的任务解决了,是不是心有余悸不敢说?不是。要创造机会,在文艺问题上展开讨论。当前真理标准问题的讨论,说社会实践是检验真理的唯一标准,这个观点是毛主席阐明过的。还有报刊上目前在宣传讨论的加强社会主义法制,扩大社会主义民主问题。法制可能谈得少些,民主却是大有可谈的。没有民主的土壤,百花就开不起来。我们要靠自己的工作形成一个生动活泼的政治局面,只有这种政治局面形成了,文艺创作才能繁荣。

刘白羽(《文艺报》编委):我支持并拥护召开这样一次会议。我觉得文艺战线要旗帜鲜明,要站在提前实现四个现代化这个目标的前列,但文艺家们现在还没有做到这一点。《中国青年》站在前面了,我鼓掌欢迎。但文艺也不能落在后面呀。历史尖锐地向我们提出了这个问题,我们要用实际行动作出回答。我们要高举旗帜,批"文艺黑线专政"论。首先要进行马列主义大批判运动。新时期的到来,不可能是平平静静的,必须在文艺战线上展开理论批判。哲学上的

刘白羽

这场大论战,实际上不仅仅限于哲学问题。在文艺上,不能放弃从实际出发,放弃就不是马列主义者了,放弃就不能前进了。中央领导讲,实现四化是一场革命。刊物要做实现四化的闯将。否则,刊物就没有必要出了。我们的刊物拿到社会上去,就是要在艺术形态领域里进行斗争。粉碎林彪、"四人帮"两年了,对他们在文艺问题上的谬论和罪行进行批判,做了很多工作,但还远远不够。哲学问题的讨论推动了各条战线。我们要急起直追,在文艺上进行批判斗争。就是说要高举毛主席文艺思想的旗帜,把被林彪、"四人帮"颠倒了的是非颠倒过来。最大的是非,是从实际出发还是从概念出发。毛主席把马列主义的真理同中国革命的实际结合起来,没有这种结合,就不可能产生毛泽东思想。在文艺方面,毛主席的伟大贡献也是把马列主义的真理同中国的实际相结合。《在延安文艺座谈会上的讲话》首先谈的是从实际出发还是丛概念出发。延安文艺座谈会是解决当时的实际问题,当时许多文艺工作者到延安去,没有解决与工农兵结合的问题。毛主席就是要引导我们从实际出发。结论也是必须为工农兵服务,深入到实际斗争中去。林彪、"四人帮"抛出"文艺黑线专政"论,是形而上学,他们制造谎言,把毛泽东思想割裂成只言片语。对"文艺黑线专政"论,年初我们批了一下,现在还要批,要提高到真理标准,从实际出发,从马克思主义这个根本原理来批。不能说林彪、"四人帮"没有理论体系,这样说就是要我们放下批判武器。马克思列宁主义就是在批判斗争中发展的,放弃批判就不能前进。毛主席要求我们到火热的斗争中去。真正的好心,要到群众中去检验。文艺问题是无法靠下命令解决的。毛主席提出的文艺为工农兵服务是不变的。现在的工农兵是不是还是延安时代的工农兵?(张光年插话:要与新时期的工农兵相结合。)以兵来讲,抗日时期的兵,大都是文盲,但觉悟高。今天的兵是什么?65%是高中或初中水平。是不是工农兵?是,是新时期的兵。如不从实际出发研究问题,就是不看对象。如果还只看当时的一句话,就不够了。新的历史提出了新的问题。这个问题不解决怎么行?

关于写英雄人物的问题。我到王府井去,看到青年叼着过滤嘴的香烟,穿着窄腿裤,留着小胡子。这是"四人帮"搞的。是什么解决了我对青年的看法的呢?是天安门事件。天安门我去了两次,看到青年同志拿着手电筒,那样严肃地朗诵悼念周总理的诗。我觉得我不如年轻人。青年是可爱的、伟大的。其伟大在于他们在"四人帮"横行的时候敢于站出来反"四人帮"。一下子彻底改变了我的看法。我读了一些揭批"四人帮"的作品,开始思考一个问题:要写我们的英雄。在战争时期,英雄看得很清楚。社会主义时期有没有英雄?在"四人帮"横行时,这些人就是英雄。他们是新的斗争形势下的英雄。韩志雄就是我们新历史时期的英雄,是马克思主义武装起来的英雄,他是自觉地站出来反"四人帮"的。我们有些作品没有提到这个高度。这也就提出了一个问题,社会主义有没有矛盾斗争。有矛盾斗争就有英雄,问题是我们能不能意识到,能不能像战场上、刑场上那样写,如能,就没有框子了。

关于创作方法,什么"主题先行"呀,"三突出"呀,"源于生活高于生活"呀,完全是形而上学,不值一驳的。"四人帮"残余思想的影响,在文艺工作者中间是不可低估的。有的作品,写到后面,往往又陷入"四人帮"那一套。

曹禺(《人民文学》编委):目前刊物办得不够劲。我们不光要摇旗呐喊,更要从实际出发,干出东西来。没有生活,就产生不了《忆向阳》那样的好诗。作家要拿出作品来提倡。评论家要拿出批评的激情来指路。评论家太重要了。《文艺报》作为评论的机构,《人民文学》、《诗刊》作为作品的战场,需要有人来干,需要有马列主义的人来干。出了个《班主任》,好,又出了一批同类的作品,但高于这个作品的不多。缺点要谈。《人民日报》又爱看了,因为它谈缺点。《文艺报》应谈谈过去的不足,就怕认为自己了不起。整个空气是放,是民主。再不干,对不起党。要敢于说话,不哗众取宠。当然也不能光说缺点,不说成绩。

张光年:文艺工作能不能适应新时期的总任务?华主席在国庆节的致辞中说,"四化"是一场伟大的革命。在上层建筑、意识形态中,凡是不适应生产关系的,要迫使其改革。如管理问题,非常尖锐。

文艺好像离得远些,但如果不适应这场大变动、大革命,就会发生危机。势必要出现一次马克思主义的思想解放运动。思想解放是有阻力的,或来自外界,或来自自身。当前真理标准问题的讨论,接触到了问题的核心。拨乱反正把核心问题抓住了。精神枷锁、阻力就是林彪、"四人帮"的那一套,他们利用人民对革命导师的热爱,搞句句是真理,句句照办,而他们自己却不照办。毛主席在电影《创业》的批示中说,要调整文艺政策,他们不照办、不执行、不迷信。归根到底,他们就是利用人民对党发自内心的热爱,要搞愚民政策。他们把革命导师发扬民主的语录撕成碎片,当成吓人的帽子、打人的棍子,贴上马列主义的标签,打死人也不敢反嘴。一切革命的词句在他们手里都发生了质变。他们用反革命的魔术,败坏马列主义的名声和威信。实践是检验真理的唯一标准。群众经过一系列斗争,经过反复比较和痛苦思索,越来越认识到全面掌握和领会马列主义毛泽东思想的重要性。哲学讨论为什么那么动人?因为它抓住了一个非常活生生的东西。经过"文化大革命"的检验,谁是真马列,谁是假马列,已经搞清楚了。

毛主席的革命文艺路线包括三个方面:文艺为工农兵服务、"双百"、"二革"。本来这是经过长期革命实践检验的,这次又经过"文革"的检验,越来越放出光辉。"四人帮"把"五四"以来、延安以来、新中国成立以来的文艺一概否定,造成了万马齐喑、百花凋零的局面,长安不见使人愁。然而乌云终归是遮不住太阳的。在文艺上讲,拨乱反正就是一场捍卫毛主席文艺路线的生死斗争。他们的反革命修正主义路线与毛主席的革命文艺路线是水火不相容的。文艺成果要经得起实践的检验,而且往往是残酷的检验。"四人帮"制造的一切冤假错案,全经不起实践的检验。"文艺黑线专政"论是被推翻了,至少没有人公开为它辩护了。但还有一种说法:文艺黑线的帽子却不能摘掉。黑线是有的,那就是刘少奇的文艺黑线。这是改组以前的《光明日报》提出的,现在已经是光明的《光明日报》了。那时许多同志感到惶惑。当时我们在会议上反驳了这种说法。我不赞成这种说法。现在也不赞成。我着重说三条事实:

第一，林彪、"四人帮"讲的文艺黑线，就是指新中国成立后周总理领导的文艺界革命路线，绝不是指被文艺界打退了的胡风等，而恰恰是指我国社会主义文艺的主流。"十七年"中，文艺领导干部曾犯过右的、"左"的错误，但绝不是反党反社会主义的（江青在《纪要》里说是"反党反社会主义的"），这已是为客观事实证明了的。那么是不是可以说，"黑线专政"论是荒谬的，而构成"黑线专政"论的前提（文艺黑线）是可以成立的？我看这是文艺战线上的大是大非问题。

第二，最近一年来，报刊上集中批判"文艺黑线专政"论的同时，也批判了"文艺黑线"论。"文艺黑线"论也是颠倒是非、混淆黑白的。同样是理论黑、作品黑、队伍黑。理论黑，一是"三结合"，一是"黑八论"。说"十七年"有一条刘少奇的反革命修正主义文艺路线，完全与事实不符。大量事实证明，他们把毛主席的革命文艺路线当成刘少奇文艺路线来批。他们明明知道"十七年"是周总理领导的。越是总理领导的，越是当成毒草批。我认为，给文艺界加上的刘少奇文艺黑线是个阴谋，矛头首先是针对着总理的。把不是刘少奇的人都推到刘少奇那里去。揭发出这个阴谋，本身就是捍卫毛主席文艺路线。

第三，彻底纠正林彪、"四人帮"制造的冤案，不仅是拨乱反正的是非问题，而且是从政策上予以平反昭雪的问题。文艺界那么多有生力量含冤而死，许多人至今背着黑锅。这不利于调动积极性，不利于促进文艺的繁荣。有些业余作者受到株连，至今没有解决。

党中央、华主席热望文艺繁荣起来，彻底打掉精神枷锁。我们要从实际出发，与新时代的工农兵相结合。"四化"向我们提出了问题：文学现状怎么估计？希望要有新的创作产生，要有今天的杜甫、李白、巴尔扎克出现，作家、艺术家要真正回答和满足人民群众的要求。

魏巍（《人民文学》编委）：粉碎"四人帮"以来，特别是话剧方面，形势很好。但整个文艺还有不少问题。后果亟待消除。文学艺术处于繁荣的前期，相信繁荣是要到来的，来得早晚取决于我们的努力。破坏他们的东西，首要的是"文艺黑线专政"论。这是"四人帮"当年摧毁文艺界的突破口，也是他们的理论支柱。"文艺黑线专政"论有没有"成绩"呢?有。它把许许多多拥护、执行毛主席革命文艺路线的人打成了黑线人物,文化生活在相当一个时期内陷入饥饿状态,还有精神流毒的影响。今天讨论实践是检验真理的唯一标准,"四人帮"的这些流毒还远远没有肃清。另外群众不管什么都看,甚至手抄本,也不报告。不破不立。破除这些非常必要。一是从理论上破,二是拿出作品来,用文艺实践来破。陈亚丁成为"四人帮"的发言人并不是偶然的,他执笔写了《纪要》,1957年他写了《对当前文艺工作的意见》,思想极"左",比如说什么集体创作是文艺创作的主要方式。在创作问题上,一定要粉碎他们的精神枷锁。他们搞的"主题先行"、"三突出"等,是什么创作方法?要从理论上加以批评,希望理论战线发挥作用。

《天安门诗抄》非常动人。天安门事件是伟大的事件。五四运动时只有四五千人。天安门事件有多少人?一眼看不到边呀!反"四人帮"的英雄应该写。《中国青年》登的东西,我们支持。

"四人帮"的创作思想究竟是什么?是主观主义,反现实主义,反动浪漫主义,歪曲现实,颠倒敌我。他们的"源于生活高于生活",实际上并没有源于生活。对生活了解得更深刻,飞得才更高。"双革"结合,就应当有很好的现实基础。要根据实际生活创造出各种各样的英雄人物来,英雄人物不是高踞于党和群众之上的天才。只要写英雄人物一点点缺点,就被指责为"暴露文学"。看作品要看总的倾向。我们说创造无产阶级的英雄人物,并不是"四人帮"理论的翻版,"十七年"时就响亮地提出来了。(张光年:第二次文代会前,中央政治局讨论报告草稿时,就谈了这个问题。)英雄人物不是孤立地存在,是和各种各样的人物相联系的。不能说在英雄人物之外,又写了中间状态的人物、反面人物,就是写了社会的阴暗面。歌颂暴露的问题是个根本立场问题。"四人帮"暴露的是所谓的"走资派",而我们要揭露"四人帮"。我们既要写光荣的革命传统,又要写反映现实生活的作品。批判"四人帮"、肃清其流毒的作品,应在当前文坛上占重要地位。原因是,第11次路线斗争时间长,恶果很大,每个人有不同认识,有深有浅,要通过文学作品来提高人民群众的认识。"四人帮"是懂得文艺的作用的,抓写"走资派"的作品,抓得多紧呀。现在我们也要抓紧,否则几十年后,什么是"四人帮",人们会忘掉的。当前,我们要肃清"四人帮"的流毒和影响。怎么肃清?就是要写作品。抓纲治国,拨乱反正,是中央的战略决策,也要贯彻到文艺战线,而且更要抓紧,因为文艺战线被破坏得更厉害。

冰心(《人民文学》编委):我刚开完妇代会。妇代会上有好多事情没有注意到。江青见外国记者,邓大姐在场。江说:邓是管妇女的,范围窄。意思说邓大姐管得窄。我要说起来就婆婆妈妈的。在"四人帮"时代,我们是伤了皮肤的,孩子们却是伤了灵魂。今后23年(按:指20世纪余下的23年),他们要当家。老师出的题目是:"理想"。是抄书上的理想。日本人说,我们北京比过去脏多了,到处是乱扔的面包纸。这是婆婆妈妈的事,谁也不管。我们对孩子的教育放松了。12年(按:指"文革"10年,粉碎"四人帮"后又是两年,共12年)中,有很多退步。我是说的儿童问题,他们是将来的工农兵。现在的孩子既无知,又无志。这是种危机呀。儿童文学不能光写自动机器人一类的东西,像看《西游记》一样。可以翻译些作品。

唐弢(《人民文学》编委):"四人帮"垮台时,有人讲到"四人帮"的哲学基础理论体系,我想,他们有什么体系?说黑的就是黑的,唯我主义,有利于我的就是红的。我不是主张不批。冰心也是写"伤痕"的,比《文汇报》登的那篇《伤痕》并不差。他们是寄生的哲学,寄生在马列主义毛泽东思想上。因此,批判起来比较困难。最近真理标准问题的讨论,是我们抓住了他们的要害。实践是检验真理的唯一标准,这是常识。但现在居然有人提出意见,好像实践不是检验真理的唯一标准。我们应感谢他们。不管他们是思想糊涂还是什么,他们是把"四人帮"的哲学基础说出来了。用这一点可以概括他们的观点。什么"主题先行"、"路线交底"(写理论),都是为了图解实践不是检验真理的唯一标准。在文艺领域里,就是否定生活。既否定作家的生活基础,也否定了作家对生活的看法,只是主观唯心主义地创作。我觉得《伤痕》之所以好,就在于它是从生活出发,从现实出发。小说也确有不足,就是有些部分不是从生活出发的。目前有些反"四人帮"的作品,还多少存在着"四人帮"的影响。这是很可怕的事,很值得人们注意的事。三个刊物要注意,外地有几个作家,70年代的作家,很值得注意一下。像王蒙,是很有才气的作家。他在新疆多年,"四人帮"对他的影响少些。我们应该多写些直接揭批"四人帮"的作品,也要写些与"四人帮"没有关系的作品,用创作实践来反"四人帮"。一般的人,要想很快写当前发生的事情,不易,过一段时间,渣滓沉下去了,就好写了。渣滓沉下去了,水清净了,看问题就比较容易了。还

唐弢(右)与本书作者

有比王蒙更年轻的作家。我接触过一个作家,对海很熟悉,但提高不易。为什么不能提高?古典小说,不管中外的,他都不感兴趣。莎士比亚、巴尔扎克的作品,他看不到,都没有接触,与渔民生活在一起,对这些作品也没有兴趣。古典作家的作品不看,要提高就很困难。看了这些作品,也可以帮助我们更快地肃清"四人帮"的流毒。没有文化积累,要提高就很困难。"四人帮"对莎士比亚、巴尔扎克统统禁止,那是历史的耻辱。眼下有些作品,写人没有写好。高尔基说过,文学是人学。写人就是写心理。《伤痕》发表后,有一种说法,认为不能写心理。这是不对的。我对诗歌的意见大。现在有些诗,没有诗的味道。《诗刊》的同志把关要严格些,宁可少几页。报刊上,《诗刊》上,《人民文学》上,有些诗没有够诗格。此风不可长。现在写诗的人

多,特别是旧诗,文字不通。不讲平仄,怎么叫七律呀?

草明(《人民文学》编委):刊物有战斗性,旗帜鲜明,就受读者欢迎。《广东文艺》登了几篇批浩然的文章(按:指于逢以李冰之的笔名在《广东文艺》1977年12期上发表的《评浩然的"新"道路》,这之后又连续在该刊发表了两篇文章),马上就上去了。当前受欢迎的作品,都是尖锐泼辣的,如《丹心谱》、《班主任》、《天安门诗抄》等。文艺的工农兵方向、"双百方针"、"双革",都是经得起实践考验的。"四人帮"的文化专制主义,必然要走向毁灭。现在的主要倾向就是放,在六条标准下放。已经发表的作品,虽然不是篇篇都好,但都暴露了"四人帮"的倒行逆施。不要求全吧。观众、读者是能辨别哪是好的,哪是不好的,自然淘汰,不用你说哪些好,哪些坏。领导要抓主要的,要心中有数。《文艺报》可到工农业单位中召开座谈会,但组稿不要有暗示性。评论文章不要一个倾向掩盖另一个倾向。小平同志说,《李自成》第一卷很好,第二卷没有第一卷好,很公平。《班主任》好,别的作品就不一定好。哪篇好就好,哪篇不好就不好。理论家评论家最好到生活中去,要熟悉生活。文学作品反映工业、反映工人的太少了,和我们工人的业绩相比,很不相称。质量、数量都不相称。为什么一部工业作品出来,评论家那么不感兴趣呀?过去的已不可挽回了,今后事大。没有电力,怎么现代化?为什么对工人阶级那么视若无睹?最有意思的是《第一个回合》,只有一个叶圣陶写了一篇文章。比不上写战争的、写土改的,总还应鼓励这个方向嘛。我写了几十年,没有写出好作品。但只要有一口气,我就要写下去。文艺要为新长征服务,必须大家都来做,领导、编者、作者、评论家、读者都来配合。

韦君宜(《文艺报》编委):出书与拍电影差不多,现在市面上看到的书,是一年前发的稿。明年可能有些较好的作品出版,大都是"四人帮"统治时期压在抽屉里的稿子。《三家巷》、《上海的早晨》是"十七年"批判过的,现在可再版。"黑八论"是文艺领导主张过的。是不是黑的?

柯岩(《诗刊》编委):邓小平抓教育,突出一个"考"字。文艺要抓一个"放"字。我欣赏《班主任》,它不是客观描写。我赞美生活中的战士。我丝毫不反对《伤痕》的发表,但我更赞美英勇顽强的战士。既要读者看到严酷的现实,又要给读者以榜样的力量。青年们来信(按:指对小说《伤痕》的批评),我们应该怎么办?要鼓励《伤痕》的作者,允许放。

李季(《人民文学》主编):文联扩大会后,又冷下来了。现在批"文艺黑线专政"论的文章少了。余悸多了,考虑得多了。这次编委会是正常的,但还要我们去动员。谢冰心拍拍胸口,问是不是讲这里的话(按:即讲真话),为什么会造成这种状况,搞理论批评的人一听到只言片语,就心有余悸,考虑得更多了。昨天光年发言讲得很好、很深刻。哲学战线上形势很好。但真理标准这样一个马列主义的常识问题,竟然认识这样困难。群众是文艺作品的权威评定者,这是

李 季

毛主席早就讲过的,为什么现在却成了问题,还要如此煞费苦心地讨论?这与实现四个现代化目标一致吗?不一致。我有一种感觉,当前是不是面临着一种什么新东西?总感到寸步难行,走一步都要付出很大的代价。现在是什么状况?文联全委会后,新华社向国内外发了消息,几个协会恢复工作,到现在还是房无一间、地无一垅。秘书长跑断腿,借一间办公室都借不到。有十几个国家的作家要拜访作协,到哪里拜访?准备搭防震棚。最近组织了205个作家、翻译家、编辑出去访问,有长期的,有短期的,所到之处,受到欢迎,出乎想象。人民欢迎。我们的作家是世界上成绩最好的作家。我们经受了考验,是胜利者,不是失败者。为什么粉碎"四人帮"两年之后,却出现这样的情况呢?尽管房子问题不能妨碍我们干革命。但这总归是

事实吧！一位30年代以来颇受尊敬的老作家,修改了10部作品,1部可以发表,9部都被枪毙。住的房子不如一个普通编辑。我们的文艺什么时候繁荣发展呀？华主席、党中央说现在百废待举。华主席为文联的房子已经做了3次批示。作协、文联名义上是恢复工作了,但牌子还挂不出来。找不到上级领导单位。最近听有人说:你们不是我们领导的单位,只是我们联系的单位。"十七年"不是文艺黑线吗？所以人家不敢沾边。关键是有些同志的头脑中,"十七年"还有"文艺黑线"这个观念。我们是联系单位,没有领导,可有可无。八路军归哪一路？我们必须争取领导,争取党中央的领导,但党中央下面是哪个具体部门领导？《文艺报》到现在连党的文件都没有。从6月初宣布复刊,到现在,还没有上级可以联系。我们恳切地要求领导对我们抓紧一点。

　　加强领导问题。既然文艺是一条战线、一个方面军,就要充分发挥它的作用。党领导什么工作,都是放手发动群众,在文艺战线上,同样也应如此。现在是不是这样呢？不是这样。作为作家,一思考,一下笔,稍有一点创作冲动,就马上碰到禁区。我自己就是这样。经常遇到这个问题。是我自己思想不解放？不是。我们在北京尚且如此,在边远的边疆,业余作者怎么办？因此不能盲目乐观。别的战线可能上去,但文艺战线这个问题不解决,是无法出现繁荣的。报纸上在讲各条战线都在攀高峰,我们的高峰在哪里？我们是红旗在手,真理在胸,后面有8亿人民,力量是强大的,什么力量也阻挡不住我们的步伐。我们有信心创作出无愧于伟大时代的作品来。但必须斗争。现在讲思想要再解放一点,我还要补充一句,胆子要再大一点。

　　我同意柯岩的意见,要同情作者。《伤痕》等作品可以发表,应培养他们,他们可以成为文学事业的接班人。编辑有责任。当然要多考虑一点消极作用,这样会更好。英勇斗争的还是主要的嘛。否则,恩格斯给哈克纳斯的信不是白写了吗？编辑部应搞得更昂扬一些嘛！是伤逝呀,还是搏斗呀？最近领导同志说了这个意思。其实,编辑部稍加帮助就会更好嘛。

　　冯至(《文艺报》编委):思想解放与实事求是不可分。实事求是

冯 至

的对立面是主观主义、形而上学。主观主义好像是可以随意想象的,其实主观主义导致的往往是僵化。只有实事求是才能解放思想。现在有许多禁区还没有排除。有的是旧的禁区没有排除,新的禁区又产生了;有的是大禁区攻破了,小禁区还存在;有的是根本没有破。为什么说旧禁区没有排除,新禁区又产生了?报纸上有篇小文章说,《宋诗一百首》把王安石的《爆竹声中一岁除》给删除了,因为张春桥抄引过。删掉这首诗的思想是很糟糕的,是"四人帮"的思想。(袁鹰:《唐诗一百首》把"天涯若比邻"也删掉了。)这样搞下去,后果是不堪设想的。

许多人认为当代资产阶级的东西不值一顾。这种看法是很片面的。为了不被"四人帮"搞的那种虚伪的繁荣所欺骗,应该介绍一些当代资产阶级的东西进来。我们要搞四个现代化,但与资本主义现代化有什么不同,却有些模糊不清,那怎么行?这是小禁区。

"四人帮"把我们搞成了多疑病者。看到什么都是影射。陈翔鹤的《慧能》被说成是影射庐山会议。作者没有反党情绪,批评者如果不是多疑病者,就是自己有这样的想法。我的《杜甫传》也被说成是影射。

民主生活很不健全。天天讲冲破禁区,解放思想,禁区却总是冲破不了,思想也总是解放不了。我们是从半封建半殖民地直接转到社会主义的,缺很多教育、知识、文明、民主。华主席说思想要解放,李季加上胆子要大一点。封建社会是胆子小,因为动不动株连九族、杀头。有人也想斗争,个人变成反革命没有什么,子女受株连受不了。这不是为懦弱者辩护,实际情况就是这样。清除一些我们社会里的封建因素,对发展我们的文学有好处。

邹荻帆(《诗刊》副主编):建议作协召开一次文学编辑会议。

赵寻(《文艺报》编委):实践是检验真理的标准的讨论是一次思想大战。作家艺术家要敢于拿自己的成果让群众去检验。百花齐放是反"四人帮"的武器。

陈荒煤(《文艺报》编委):要对当代文学、现代文学发言,不免碰着一些人。要联系实际,不能不碰着一些人和事。30年代问题,江青讲,从30年代起就有一条又粗又长的黑线,把30年代的人统统都打了。最近有两件事情值得研究。第一件事,编《两个口号论文集》时,找到了吴亮平同志在延安时作的结论,他是请示过毛主席并与洛甫交换过意见的。他认为:(1) 两个口号可以并存;(2) "国防文学"更适合当时的情况;(3) "国防文学"是个创作口号。为了证实这件事情,我找了吴亮平,又找到了当时用英语发表作品的人,这个人现在还活着。第二件事,徐懋庸的爱人(王韦,文学研究所的工作人员)要求重新审查徐懋庸在遗书上所提的事。徐懋庸到延安后要求向毛主席汇报,毛主席听了汇报后,讲了几点:(1) 两个口号的论争,在山沟里也有论争,我们山沟里的论争传不出去罢了;(2) 两个口号都成立;(3) 有争论不要害怕,真理愈辩愈明;(4) 既然您认识到鲁迅的处境是困难的,因此,你们对鲁迅不尊重。徐懋庸的遗书上讲,毛主席让他跟陈云、李富春去汇报。他们的意见基本一致。陈云同志已批,徐懋庸讲的大体如此。要组织部、宣传部找些老同志座谈,把问题澄清。一个多月了,还没有消息。在湖南,要我演讲,我把这件事情讲了。据说,有人把我告到省委去了。说陈某人来湖南放毒。主席明确讲到,文武两支部队是一致的。而且讲到二三十年代文艺运动起了伟大作用。粉碎"四人帮"后,30年代的人物一个个出现,到底有几个叛徒?而且30年代文艺运动的干部,新中国成立以来从事党的工作的,如任白戈同志任西南局书记,很多同志任大学校长,他们并不是特务内奸。30年代很多优秀的作品陆续出版。但是对文艺黑线,虽然并没有发表文章说有,实际上却有形无形地存在着这样的论点。建议刊物、理论战线,有一个比较长期的规划,完整准确地运用毛泽东思想总结一下30年代文艺的问题,还历史本来面目。现在是什么现代文学史、近代文学史、当代文学史呀,一个鲁迅走在"金光大道"上!趁着人还在,不去收集史料,把问题搞清楚,怎么写历史?现在好多学校写文学史,大体都是40年代出生的同志在写,没有一个在30年代参加过斗争的。云南大学副校长跟我讲,上60岁的人一个看法,上40岁的人一个看法。鲁迅受胡风的挑拨和冯雪峰的宗派主义影响,以及不能接触更多的人,尽管文艺界抗敌协会有110个人,因为有徐懋庸这些人在,他要看看是可以的,但说要看看他们要搞什么勾当,这话就不对了。不去研究当时的历史,就无法做到实事求是。一指出缺点,就说是翻案!"四人帮"定的案,为什么不能翻?现在专政的帽子摘了,就已经是宽大了,不承认执行黑线就不行!(李季:我们的编委名单不能公布,就因为都是"黑线人物"!)昆明文学史讨论会,提出很多问题,很难设想这些人怎么能写文学史!他们提出,鲁迅与党的关系,是鲁迅领导党,还是党领导鲁迅?(冰心:许广平说,鲁迅活着,一定有问题!)真正要把"文艺黑线"推倒,应从30年代开始。我们编了两个口号的文集,收了四十多篇文章。最后经我审定,我心有余悸,抽下来十几篇。鲁迅骂徐懋庸后,曹聚仁给徐写了一封信,很好。徐回到上海,我就批评过他,他在《女子月刊》上回了一封信,虽然有点火气,但有些观点是正确的,有些问题是有道理的。如果真正了解徐懋庸的心情,说他在攻击鲁迅,就不是实事求是的。鲁迅死后,他写了一副挽联,眼睛都哭红了。为什么抽了这封信?怕引起误会。还有茅公的文章。这就是照顾大局。现在很多历史问题还没有澄清的时候,不要混乱。周扬同志经常讲,30年代的人物不多了,要尽快了解和收集资料。靠我们一个所(按:指文学研究所)不行。要靠整个文艺界来做,把无产阶级文艺运动的经验总结起来。现在很多人写文学史,是根据"文化大革命"初期被揪斗时的坦白材料。

第二个问题,也是禁区。周扬要我搞部近代文学史。哪怕简单点,就写"三十年"(按:指新中国成立后的30年)。文学所很难写,我没有材料。广州黑会、新侨黑会,我都没有材料。总理在"十七年"讲了很多话,据说材料在文化部。我们给(中宣部)文艺局打报告,要看看,他们说你们搞公开的,我们编内部的。为什么要保密?除了有鬼外,能说什么?文艺界每前进一步,都有讲话。建议重新发表一下。建议文联和作协选出总理的讲话,重新发表(按:后经中央批准,于1979年第2期的《文艺报》上发表了周恩来1961年6月19日《在文艺工作座谈会和故事片创作会议上的讲话》)。这就是实践。现在的年轻人都不知道。希望正式向中央打个报告,编个目录,有些文章重新发表。文化部大门一关,毫无办法,进不去,是个禁区。

第三个问题,有人说陈荒煤在提倡"伤痕文学"。这个问题,我反复思考过。我考虑了这样一些问题:我们今天,就我看到的,选了24篇小说,反映"四人帮"的罪恶、与"四人帮"斗争的,占2/3;反映老一辈革命家的,几篇;反映四个现代化建设、搞科研的,只有很少几篇。要体谅青年的心情,他们受了严重的内伤,刚刚放出一点点来,就引起很多人的大惊小怪,有人就同我讲,那是过去的历史了,要向前看。斯大林死后,赫鲁晓夫上台,我们党在毛泽东领导下,写了两篇文章,论无产阶级专政的历史经验。为什么"四人帮"还篡党夺权,付出这么严重的血的代价?他们以神圣的革命的名义,进行反革命勾当。这个教训,能不能说全国人民都认识得很清楚了?不能说。更不要说后一代了。我们的教训,不一定不能重演。"文化大革命",不能在文艺上有所反映,怎么行?将来一定要出现伟大的作品的。(张光年:反映伟大的时代。)作家不反映这个"文化大革命",是作家的失职。尽管现在发表的这些作品,作者大都是青年作家,他们的经历究竟有限,不能一下子把本质揭露得很深,但他们闯出了一条路子。我们在《文艺报》的会上说过,青年是受伤的一代;刘心武在一次会上说,是思考的一代。很好。

不能把揭露"四人帮"的作品与写四个现代化的作品看成是两类作品。华主席要我们思想再解放一点。思想不解放,胆子无法大。你要前进,每一步都会有障碍。我写了5篇文章,讲了几次话,就有很多同志写信来,替我担忧。不否认青年中有与"四人帮"作斗争的,我们这里就有李春光;但伤痕总是有的。有多少青年,老子革了一辈子命,到头来成了叛徒!我们被关在里面,连一张纸都没有。斗争不是那么简单。任何情况下,都有斗争的条件。韩志雄还有笔可写。不看实际条件,一律要求写斗争,写斗争英雄,这有点简单化。特别是一个短篇小说。要看总的倾向。有写工农业的,有写华侨的,从各个方面反映这场斗争。在某些条件下,沉默就是斗争。我很欣赏《人民的歌手》(陕西青年作者莫伸的小说),这就是很好的斗争。《伤痕》这类作品,编辑应做工作。编辑要把关,尽到责任。另一方面,即使有这么一篇,作者坚持不改,也应发。(张光年:编辑可以提意见,但不能强使人改。更不能替人家改。)不能搞光明的尾巴。不要大框框去掉,又来些小框框。《伤痕》引起这么大的争论,很好。

沙汀(《人民文学》编委):去年看到《天安门诗抄》,我就说,为什么不编散文、小说呢?为什么不搞征文呢?要大家把天安门事件的所见所闻写出来。天安门事件是个大事件,表达了对周总理的热爱,只要我们一搜集,一定会有很多人写。这比小说创作容易。有些要顾大局。

臧克家(《诗刊》编委):我对童怀周心里抱愧。(《诗刊》编辑部)编辑不敢为天下先。到了立于不败之地时,才敢发表。这是很不好的。

臧克家(右)与周明在"五七"干校

陈荒煤:编辑部不要求全责备。现在谈禁区,主要是破"四人帮"设置的禁区,不等于什么都要反,什么都可以写。《参考》上说,有一个公社,有一个关几百人的集中营。就不好写。

李瑛(《诗刊》编委):"四人帮"的流毒,危害不可低估。文艺战线批得不够。他们是有理论的,要用革命的理论战而胜之。这是进行新长征,是完成社会主义新时期总任务的需要。实践是检验真理的唯一标准。受欢迎的文艺作品之所以受欢迎,就是因为它思考了生活,抓住了生活的脉搏,指出了生活的方向。是从生活出发,到生活中去,发现生活的本质;还是看到些现象就进入创作?这是两种思想的分野。文艺作品要经过人民群众的检验和生活的检验。如今部队的成员变了,高中毕业生占 65%。现在可以流传坏书了。过去抗日战争、解放战争时期,没有时间,现在有时间了。不到生活中去,不可能写出表达人民心声的作品来。作家一定要到生活中去。许多作家长期以来脱离生活太久了。

袁鹰(《人民文学》编委):华主席说,我们这届政府是粉碎"四人帮"后的第一届政府,全国人民给予我们很高的期望,我们担负着继往开来的任务。这话对我们新编委会也适用。我们涉及 15 个报刊编辑部。在这个新时期,我们也担负着继往开来的任务,要继承过去的优良传统,克服过去的缺点和错误。即使不能当突击队,至少是个拉拉队吧。

真正要高举毛主席的伟大旗帜。现在确有真高举、假高举的问题。要破除"四人帮"的那一套东西,因为还有余毒,否则真理标准的讨论怎么会有那么大的反响!揭批"四人帮"两年以来,到处都碰到这个问题。碰到很多禁区、流毒,不解决这个问题,就无法前进,四个现代化无法迈步。用什么来检验几十年的斗争成果呢?只能用实践。这是马克思恩格斯反复讲过的,但却成了问题。教育战线上的"两个估计"和"文艺黑线专政"论,不应当砍掉吗?形形色色的假"左"真右的东西,不应当批判吗?不管打着什么旗号出现,都要批,抓纲,坚持抓纲,揭批"四人帮"。在真理标准问题上,受"四人帮"的毒害,文艺战线不亚于其他战线。"文艺黑线专政"论的出现,经不起

"十七年"、30年代文艺实践的检验。把做装饰用的马克思、恩格斯的话去掉后,《纪要》有多少是从实际出发的?彻头彻尾是个冤案,是诽谤!承认实践是检验真理的唯一标准,就要用这个标准来检验"十七年"、30年代的文艺工作。只能用这个标准。

林默涵(《文艺报》编委):实践是检验真理的唯一标准,联系到文艺方面,要不要从实际出发,是个根本的问题。"百花齐放、百家争鸣"是社会主义民主的问题。"四人帮"破坏最严重的就是这两个问题。否定生活是艺术的源泉,否定从生活出发,这就从根本上否定了文艺。彻底否定"双百",只许一花独放,只许江青一家做主。我反对"样板戏"这样一个提法。这种提法是错误的。文艺有什么样板?文艺之所以能存在,就因为它有独创性。列宁讲得很清楚,文学最不允许平均和标准化。这个提法危害很大。

领导文艺要符合文艺的规律。孔夫子编选《诗经》,那就是领导。艺术委员会也是领导。十几年中,文艺方面进行了两种斗争。一种是与资产阶级的斗争,还有一种是与领导文艺的简单化、粗暴化现象的斗争。也可以说是两条战线的斗争。新中国成立十周年时,写过一篇社论,要求进行两条战线的斗争,一是反资,二是反公式化、概念化。江青不同意。后来的结果是《文艺八条》。"文革"起来,把这个否定了。现在看来,《文艺八条》有许多还是可用的。《纪要》是毛主席看过的,改过的;《文艺八条》也经毛主席看过。不是也可以批嘛。问题是是否符合实际。周扬曾对毛主席说:《文艺八条》有些右的东西。毛主席说:我看过的呀,怎么没有看出来呀?最近邓小平说,毛主席的指示是根据间接得到的情况说话的嘛。现在揭发出来的二七厂的经验、清华的经验,都是假的,蒙蔽毛主席,要毛主席做一些不符合实际的批示打人。"四人帮"恶性发展,变成极左的东西,根本否定了文艺规律。领导文艺要合乎艺术规律。马、恩、毛都没有明确地讲出几条来。恐怕是根据"双百"来领导,才符合艺术规律。但艺术规律是什么?恐怕是艺术创作的规律。文艺工作与其他工作都是整体革命工作的一部分,齿轮与螺丝钉,这是共同的。但所有工作,又都有自己的规律。问题是什么是艺术规律。所有意识形态都是客观世界的反映,科学是正确的反映,宗教是歪曲的反映,艺术是形象的反映。没有形象就没有艺术。既然是形象的反映,就必须是从生活出发。作家艺术家只能写他熟悉的生活。我们只能引导作家艺术家熟悉某种生活,而不能强迫作家艺术家写他不熟悉的东西。因此,文艺创作必须是个人独创性的,不能是标准化的,必须绝对保证个人的独创。

要用实事求是的精神弄清有没有"文艺黑线"。一是从文艺思潮来看,二是从创作来看。"十七年",文学、电影,大部分是好的。现在电影解放得慢一点,大家好大意见嘛。小说也是如此。三是从队伍来鉴别。"十七年"活跃的作家艺术家现在还很活跃,他们拥护党、热爱社会主义。

"四人帮"用来指责我们的"黑八论",是他们"文艺黑线"的重要内容。所谓"黑八论",是"四人帮"拼凑起来的,大部分是我们批判过的,而且是把内容加以歪曲了。比如"写真实"论。写真实,我们是没有意见的。我们所批评的,是认为只有写黑暗面才是写真实。这一点,请看周扬同志的《文艺战线上的一场大辩论》的第三部分。可是"四人帮"和我们不同,他们是一概不要真实。还有"现实主义广阔道路"论(秦兆阳),我写了文章。我不同意说现实主义是各个阶段都一样的创作方法。旧现实主义与社会主义现实主义是不一样的。(冯牧:到70年代,法修发展到无边的现实主义。)现实主义是不变的。"四人帮"发展到不要现实主义。"现实主义深化"论是冯雪峰提出的,与胡风的理论有共同性。现实主义要深化,就只有写黑暗面。二次作协理事扩大会的报告,就没有让雪峰作,而是茅盾作的。"中间人物"论,是中宣部文艺处批评的。认为只有写中间人物才有教育意义。我们认为这个论调是不对的,还是应提倡写英雄人物。我们并不是不要写中间人物,但说文学的主要任务是写中间人物,是不对的。我觉得批评还是对的。但"四人帮"接过去,变成了根本不能写中间人物。"反火药味"论,也是我们批评过的,只是内部讲的。当时讲的是出口的影片,不要净搞那些战争片。"真人真事"论,搞得荒唐不堪。这是起码的常识。我们认为,真人真事不是不能写,写真人真事的作品也有很多好的。《钢铁是怎样炼成的》、《卓娅和舒拉的故事》就是写真人真事的作品，写得就很好。这要看作者掌握的材料。"四人帮"批"真人真事"论，把大量的群众创作给摧毁了。工农兵作者还不能脱出真人真事。不许写真人真事，就是不要群众创作。"无差别境界"论，是周谷城提出的哲学方面的问题。《文艺报》也批评过。这些论调都是我们批评过，"四人帮"却反过来，加在我们头上，说是我们提倡的。

至于刘少奇的文艺黑线问题，根本就没有刘少奇文艺路线那么回事。刘少奇谈文艺问题，总共只有两次。一次是1964年1月3日，刘少奇和邓小平召集中央和北京市部分文艺领导和著名文艺家开会，贯彻毛泽东1963年12月的批示。一次是提出写民主革命阶段的，不是社会主义的文艺。我是在出版的会议上驳斥了的。因此，说有一条刘少奇的文艺黑线，根本就没有那么回事。

刊物要为实现四个现代化服务。要教育青年，文艺能起很大作用。要提倡写正面的东西，也不要回避写受毒害的东西，但有一条，不能使人灰心丧气。现在青年中消极的东西很多，看破红尘。黎澍同志在《中国青年》杂志55周年纪念会上讲话说，所有受欢迎的刊物，都是不回避时代最尖锐的问题的。邹韬奋之所以受青年的欢迎，就是因为他喊出了青年想说的话。周总理说过，中国有两个青年领袖，一个是恽代英，一个是邹韬奋。刊物必须成为青年的喉舌。刊物没有评论是不行的。邹韬奋在每期刊物上都发表读者来信，让人民在刊物上说话。他还帮助群众解决问题，每信必答。刊物要编好，就要让群众在刊物上讲话，要帮助群众解决问题。

陈荒煤：科学院建立了学术委员会，是权力机构。它有权决定研究成果的出版。讨论时，有人反对，说凌驾于党委之上。邓小平同志支持。

李春光（《文艺报》编委）：创作问题，主要应通过文艺批评来解决，不能靠急忙下禁令的办法去解决。社会主义民主的问题不解决，我们这个国家是没有希望的。要把林彪、"四人帮"作为一个历史过程来批，不能简单地只批"四人帮"做的几件事。"十七年"，社会主义民主问题并没有解决。封建余毒并没有解决。封建专制主义,一人说了算,家长制,把这些东西都当成了社会主义的东西。如果这些东西早解决了,就不会出现"四人帮"了。鲁迅要是活着,反右时,可能成为"右派"。要把社会主义民主问题谈透。

孔罗荪(《文艺报》主编):《文艺报》仓促上阵,没有编好。默涵同志说,要想刊物受群众欢迎,就要提出和回答群众关心的问题和要求。我们没有登读者来信。我们发表了一些好文章,如评论《天安门诗抄》的文章,外电有反应,香港报刊也有反应。发表了廖静文的文章(按:指《文艺报》1978年第3期发表的《嘉陵江畔的一段往事——回忆郭老与悲鸿》)。好多地方刊物都没有提出尖锐的问题。

陈荒煤:我们这样大的一个国家,就这么一本薄薄的评论刊物(按:指《文艺报》),每期只有6万多字,很不相称。《文学评论》出版几期后,就有人批评它是本中性的刊物,不敢接触尖端问题。《文艺报》复刊后,也有人反映不够尖锐泼辣。文学评论工作,要时刻关注读者关心的问题。什么是尖端的问题?首先是还债。《文艺报》过去针对文艺界发表过不少文章和意见,部分是有错误的,大部分是正确的。但由于"四人帮"的破坏,弄得混淆不清。如"黑八论"问题,《文学评论》发表了一篇文章;《解放军报》约我们文学所一位同志写了一篇文章,我不同意发,我给《解放军报》打了电话,认为过去的批判是过了头的。过去的批判,现在来看,是不是"黑八论"? 过去的批判是不是强加的?文艺上有些问题确实存在着片面性。目前要先清理被"四人帮"歪曲了的东西。关于30年代文艺问题,已出版的四期《文艺报》,没有一篇文章。30年代与"十七年"是一回事,说"十七年"是文艺黑线,30年代是个根子。所谓被文艺黑线专了政,主要是针对30年代的左翼文艺领导人。鲁迅研究室有人说,现在有人想翻30年代的案,是翻不了的。还有抗战文艺团体问题,周总理对文艺工作的领导,演剧队的问题。《文学评论》编辑部和《文艺报》编辑部要共同商量,是否可采取联席会的方式,联合召开组稿会,共同组稿,做到步调一致。

韦君宜:对过去"黑八论"的批判,有没有可以研究的地方?编辑部要拿来再看一看。"四人帮"把"黑八论"当成敌我矛盾来打。这几论是否够得上敌我矛盾？例如"中间人物"论，当事人现在还健在。过去挨批的作品太多了。现在，许多作家写信来，要求再版，要求落实政策。有的就自己写文章。到现在，挨批的作品还没有平反。有些该谈的，应在刊物上谈谈，如彭永辉的《红色的安源》。

冯牧(《文艺报》主编)：叶帅最近说，功是功，过是过，是是是，非是非。

韦君宜：现在因人废言、因言废人的现象都有。写评论的年轻人，这一套一学就会。无限上纲，谁也吃不消。《前夕》经《浙江日报》一批，人就被隔离审查了。文风也应注意。除了长文外，还可以发些散文式的短小一点的文章，如茅盾的《夜读偶记》一类的文章。要能讲讲艺术技巧则更好。

冯至："五四"的精神有什么可继承的？可以考虑考虑。"四人帮"在现在发生，不是偶然的。随便搞自己的同志，想出种种残酷的办法来虐待人，在世界史上只有德国的希特勒和我们中国。日本也可以归入。中国是封建主义，德国与日本是封建主义与资产阶级混合。德国人有一种奴性，对上级卑躬屈节。我们中国人，这种奴性也没有很好解决。是否需要有一个启蒙运动？需要一个启蒙运动，来把野蛮的、残酷的东西肃清。王震说，希望我们的子孙后代不要再出现"喷气式"。让我们的人民更文明一些。英国、法国这类的事情是比较少。民主比我们强。我们是思索的一代。另外还有一部分人是"愚昧的一代"。明年是"五四"60周年，纪念"五四"，联系文艺界的情况很有必要。人人自危，"文化大革命"之前，就有这种情况。有时，一句话就能置人于死地。

赵寻：《文艺报》虽然没有那么尖锐泼辣，但还是提出了些问题。文艺界还是重视这个刊物的。既然名字是《文艺报》，就不能光谈文学。方针、路线、原则性的问题，有不少问题亟待清理。30年代的估计问题，要《讲话》还是要《纪要》的问题。可以点名批了。戏剧问题特别多，我们不敢谈，《文艺报》登高一呼，我们就跟上来。《海瑞罢官》怎么办？我们应该提倡海瑞精神、魏征精神。我们本来要写篇文章，但没有敢提《海瑞罢官》。江青打电话给周扬，说这个戏不好，关键在分田到户。江还告诉主席，主席说，关键在罢官。戏剧方面帝王将相、才子佳人的问题如不解决，就统统都不能演了。给广州会议平反是一件大事。如《文艺报》来一篇文章，就影响大了。现在没有声势。戏剧方面还有很多问题，如样板戏的经验问题，至今在社会上还有特殊地位，因样板戏而造成的冤案也还没有平反。"样板戏"这个提法应予取消。

孔罗荪：新华社记者提出，如果我们开个文艺界落实政策座谈会，他们可以报道。

冯牧：大批作家和作品亟待平反。如小说《刘志丹》被扣上四条罪状：为高岗翻案，突出陕甘宁边区，剽窃毛泽东军事思想，为习仲勋树碑立传。作者李建彤受到残酷迫害，至今没有得到平反。应当像邓小平所说的，不管新账老账，只要是错的，都要平反。

在纪念真理标准讨论和三中全会过去了二十多年之后，由笔者来整理发表《人民文学》、《诗刊》和《文艺报》三刊编委会联席会议的发言纪要，固然是因为我当时作为《文艺报》编辑部的一员参加了会议并做了记录，而且这份记录在我手里完好地保存着，更重要的是因为笔者感到，那次会议在乍暖还寒的政治氛围里，对"文学的新时期"的到来发生过无可替代的积极作用，我只是希望它的发表能给文学史家提供一份翔实的史料。那时，几十位编委虽然认识上有差异甚至分歧，但在文艺思想上还没有出现后来那样深刻的对立。其中有些观点今天看来也许值得进一步商榷，但他们坚持实践第一的立场观点，推动解放思想运动，为"新时期文学"廓清道路的意向是不容置疑的。会后不到两个月，便迎来了决定中国命运的党的十一届三中全会的召开。接着又开了对思想理论界影响巨大的理论务虚会。文艺界欢呼党的十一届三中全会的胜利召开和解放思想、实事求是路线的制定。但文艺界的许多悬案还远没有解决，斗争还有待深入。

已故《文艺报》主编、对促进新时期文学发展功绩卓著的文艺评论家冯牧，在编委会上除了插话外，没有过多发言。10月30日，他召集了《文艺报》编辑部会议，并联系实践是检验真理的唯一标准问题的讨论和刊物的选题计划在会上作了一次系统的讲话。编辑部一位老编辑说，冯牧的讲话是《文艺报》的"施政大纲"。我愿意根据我当时的记录，把冯牧的谈话复述于下。

冯牧说："十七年"批"中间人物"实际上是批了赵树理、周立波、马烽这些人。对他们的创作是有影响的，他们后来的创作就不能不考虑考虑了。现在，是研究一下"十七年"，包括"三十年"的作家作品的时候了。研究"十七年"的关键是《文艺八条》。《文艺八条》至今还没有平反。《文艺八条》是当时文艺上思想斗争的产物。由于1958年的"共产风"造成了一些问题，如有些地方饿死了人，中央提出了"调整、巩固、充实、提高"的八字方针。周总理直接领导，两年就改变了面貌。"共产风"对文艺的影响很大。文化部提出了很多违反创作规律的口号。中宣部觉得有必要搞个文件来指导和规范文艺界领导的思想，按照文艺固有的规律领导文艺。有些本来存在的"左"的形而上学的东西，不要沿袭下来。于是就拟定了《文艺八条》。《文艺八条》也有缺点，例如没有谈深入生活，强调作家写自己所熟悉的是对的，但没有强调知难而进。再一个关键是1957年的反右派斗争。现在安徽有人提出应给1957年一批戴帽"右派"的作品翻案。丁玲除外，艾青、公刘、刘宾雁、王蒙……美国人出了一本叫《苦果》的书，其中就有《组织部来了个年轻人》和《在桥梁工地上》。用实践检验一下，当时根据作家的作品和言论划定他们右派，行不行？秦兆阳的《论现实主义广阔的道路》是不是敌我性质？（孔罗荪：还有瞿白音的《创作的独白》，现在拿出来看看，也没有问题嘛。）包括孔厥，也应该实事求是地加以研究。《解放区短篇小说选》就没有选他的《一个女人翻身的故事》，这篇小说是毛主席肯定过的。他生活上犯了错误，人死了，就没有人提了。他的《新儿女英雄传》是谢老写的序。对"十七年"文艺来自"左"、右的干扰，要重新看一看。被"四人帮"搞乱了的作家和作品，要根据"实践"来检验和澄清。

中国作家协会三个刊物编委会联席会议开过之后，许多省市的文艺界也相继召开了以真理标准问题为主题或为指针的座谈会。全国大多数地区的文学界思想解放的形势大好。

这里简略地记下我所知道的广东和上海两个思想活跃的省市文艺界的动态。广东省文艺界走在前面,于1978年12月底在广州市召开的广东省文艺创作座谈会,本书另有记述,在此不赘。上海文艺界也是思想活跃的地区之一。上海作家协会于10月27日召开座谈会。会议由吴强和萧岱主持。参加座谈会的有师陀、王纪人、刘树晨、蒋孔阳、冯岗、郑煌、王西彦、许杰、黄宗英、丁景唐等。座谈会上集中谈了四个问题。(1)关于历史题材问题。师陀说,作家是根据现代生活的知识来理解历史事件、历史人物的,作家不可能回到历史中去生活,所以写历史不能脱离生活。"文化大革命"中,对一些历史作品随心所欲地加以引申,扣上"借古讽今"的帽子,至今还心有余悸。郑拾风说,历史题材确是一个禁区。"文革"前,《解放日报》发表过《魏征和李世民》的文章,闯了祸,被说成是矛头针对毛主席的。事实上,作者与读者谁都没有想到这文章是反对毛主席的。"文革"中,情况就更严重了。"四人帮"发明了一套"新索引法",什么历史题材都可以扣上"影射"的罪名。这个问题不解决,历史题材的创作就不可能繁荣。(2)关于反映生活的问题。王纪人认为无产阶级文学艺术的任务,不单纯是消极地反映现实,而是要改变和改造现实。50年代曾经提出过"干预生活"这个口号。当时确有少数别有用心的人利用过它。但正确的因素应该坚持。《班主任》、《伤痕》和《于无声处》等作品,之所以轰动,主要就是因为触及了现实。文艺作品必须要回答现实生活中各式各样的问题。反右斗争时被打成毒草的《组织部来了个年轻人》、《本报内部消息》和《在桥梁工地上》等作品,用实践检验,充其量是存在一定缺点的作品。把正确的、敢于揭示人民内部矛盾的作品也否定了,使人们至今还不敢接触人民内部矛盾这个课题。在新的形势下,文艺评论也出现了新的课题,需要有新的概括,解决新的课题。如社会主义的悲剧、精神创伤、文艺的真实性、歌颂和暴露等问题。(3)关于写真实问题。刘树晨说,茅盾曾经说过:"写真实本质上是一个修正主义的口号。"其实这不是修正主义的。从实践的观点来看,写真实是要揭示生活的本质。有人讲过,"艺术的生命是真实"。古往今来,经过考验流传下来的作品,都是符合这一条的。"四人帮"把写真实列为文艺黑线的第一条罪状。现在需要彻底澄清。要把写真实本身包含的客观内容,同以后对它的各种解释,严格区别开来。(4)文艺界讨论"实践"问题的重大意义。蒋孔阳说,第一,是恢复毛主席《在延安文艺座谈会上的讲话》的权威性。他老人家在一开头就提出:"我们讨论问题,应当从实际出发,不是从定义出发。""四人帮"大搞主观唯心主义、唯意志论,把思想搞乱了。他们抛出的所谓"文艺黑线专政"论,用实践检验,17年来出现了很多优秀的作品,事实就驳倒了他们那套谬论。第二,"实践"问题是帮助文艺工作者解放思想的武器。"四人帮"从唯我主义出发,顺者昌,逆者亡,根本没有什么标准。从实际出发,就有了客观标准。广大人民就是文艺创作的最权威的鉴定者。第三,有助于克服公式化、概念化、雷同化。因为没有创造性,就不成其为文艺。文艺不从实践、不从生活中来,就不会有创造性。这是一条客观规律。《班主任》、《哥德巴赫猜想》等作品,之所以受欢迎,正是由于反映了现实生活中的问题。作家不深入生活,向壁虚构,他的作品就不可能有创造性。第四,文艺的真实性同实践有关,是政治与真实性的统一。"四人帮"只谈他们所需要的"政治",而不准谈真实。为了拨乱反正,今天有必要强调真实性,对真实性要大声疾呼,求得两者的统一。

在笔者整理这篇记录稿时,我所尊敬的《人民文学》、《诗刊》和《文艺报》的编委中,有几位前辈作家、评论家,已经不在人世了,他们是陈荒煤、冯牧、孔罗荪、周立波、冯至、沙汀、邹荻帆、曹禺、曹靖华、李季、唐弢、葛洛、田间、阮章竞、张志民、赵朴初。当年他们站在新时期文学的潮头上,呼唤思想解放,砸掉禁锢着自己的精神枷锁,坚持发扬实践精神,推动中国文学进入一个历史新时期的功绩,将是永存的。要声明的是,文中所引述的编委们的发言,均未经发言者审阅,如有错误,由整理者负责。

真理标准问题的讨论,为新时期文学的兴起和发展起了决定性的作用。但回顾真理标准问题的讨论,在文艺界并不是一帆风顺的,不但迟迟开展不起来,在有些地区甚至阻力重重,即使开展起来也是很不深入的。在笔者看来,正是因为文艺界"左"的思潮没有得到彻底的清理，到1979年初便再次抬起头来，严重地干扰着新时期文学的健康发展，使新时期文学在发展过程中常常出现本来可以避免的曲折。

《文艺报》编辑部出面为作家作品平反

"文革"结束两年了，可是，"文革"中被打成反革命、黑帮、黑线人物等，以种种罪名受到迫害，甚至致死的作家，以及被打成毒草或反党作品的文学作品，却没有一个单位出来为其平反。不给平反，天理不公！文艺生产力也无由发挥，繁荣创作就无异于一句美丽的空话！我们这些编辑，一是思想解放了，愿意为推动文艺的繁荣献策尽力；二是满怀着一腔热情，无所顾忌，敢闯禁区。于是为蒙冤的作家作品平反昭雪的重任，就由我们这些编辑们甘心情愿地承担起来了。这是中国文学史上我所仅见的一件大事。回想在苏联文学史上，也有过这种现象，但我还没有看到材料，说明他们有过这样的一次大动作。作为经手者，我根据记忆、笔记和原始记录，把事情的原委、经过大略地记述在下面。

一个大胆的计划的诞生

《文艺报》、《人民文学》和《诗刊》三个编委会在北京远东饭店召开三刊编委联席会议之后，各编委会又单独开会。在10月25日召开的《文艺报》编委会上，编委们十分关注在"文革"中受迫害的作家和被打成毒草的作品的平反落实政策问题，第二主编孔罗荪在发言时转达了新华社记者的一个建议：如果我们能开一个为作家作品落实政策的会议，他愿意写一篇报道。第一主编冯牧接着作了发言："大批作家和作品亟待平反。如小说《刘志丹》被扣上四条罪状：为高岗翻案，突出陕甘宁边区，剽窃毛泽东军事思想，为习仲勋树碑立传。作者李建彤受到残酷迫害，至今没有得到平反。应当像邓小平所说的，不管老账新账，只要是错的，都要平反。"在此后编辑部的会上，他又提出要为赵树理、周立波、马烽、艾青、公刘、秦兆阳、刘澍德等一大批受迫害的作家平反。

编委会议论过平反冤案问题后，我们《文艺报》编辑部先后研究

(自左而右)《文艺报》同人钟艺兵、李炳银、刘锡诚、许世杰、高洪波

了几次,决定与陈荒煤担任主编的《文学评论》联合主持召开一次为作家作品落实政策的座谈会。之所以名为座谈会而不叫平反大会,是考虑到事情是由我们编辑部发难,自下而上的进行的,而没有按照惯例先向上级主管部门提出申请并得到批准,而且用"座谈会"的名义,规模小些,不易引起某些人的注意和非难。因此,这只是一个策略。

我根据编委会和主编的决定,于11月14日到《文学评论》编辑部去,与杨世伟同志一起研究了召开这次落实政策座谈会的一些具体组织工作。商定时间就在12月5日,事不宜迟。我们组织发言并做了分工。《文艺报》负责组织发言的单位是人民文学出版社、上海文艺出版社、解放军文艺社、北京大学。《文学评论》负责组织发言的单位是中国青年出版社、百花文艺出版社、中国人民大学、北京图书馆。另外,还有中国作家协会和国家出版局,也由《文艺报》负责组织。《文艺报》编辑文椿、雷达学(后来改用笔名雷达)、高洪波等参加了组织发言的工作。

第二章 新时期文学的兴起(1978)

据汇报,解放军文艺社从1958年开始出书,到"文革"前夕,共出版了10部长篇小说。公开遭受批判或内部定罪的作品:(1)《敌后武工队》,作者冯志,系天津人民广播电台台长,"文革"中被迫害致死,河北省委已为其平反,但结论还留有一个尾巴。(2)《长城烟尘》,作者柳杞,罪名是美化日本侵略者,已发了稿未出书。(3)《源泉》,作者丁秋生,内容写改造俘虏兵,经王愿坚帮助修改过,内部定为反改造,全部销毁。(4)《欧阳海之歌》,作者金敬迈,军区已开了平反大会,中央专案组有结论。(5)《晋阳秋》,作者慕湘,内容写薄一波与阎锡山的斗争,被中央"文革"文化组定为毒草。他们没有提到杜鹏程的《保卫延安》。人民文学出版社接谈的同志很谨慎,只谈了该社再版的书,而没有能够更多提供给我们想要了解的"文革"中被迫害的作家和被打成毒草的作品的情况。在这种情况下,编辑部的同志们只得根据自己与各地的联系所了解的情况凑,好在有主编冯牧、孔罗荪和唐达成、阎纲、谢永旺等老《文艺报》的编辑,大家凑出了一个远非完备的名单。《文艺报》编辑们拟定的这份应予落实政策的作家作品的名单虽不完备,没有能够把在全国范围内受批判、被打成毒草的作家和作品包罗以尽,但仍然不失为一份弥足珍贵的资料。名单如下:

罪名是反党、反毛主席,为刘少奇等反革命修正主义头目树碑立传的:《刘志丹》(李建彤),《六十年的变迁》第一、二部(李六如),《保卫延安》(杜鹏程),《青春之歌》(杨沫),《小城春秋》(高云缆),《朝阳花》(马忆湘)。

罪名是歌颂错误路线,攻击毛主席革命路线的:《红旗谱》、《播火记》(梁斌),《我的一家》(陶承),《风雨桐江》(司马文森),《晋阳秋》(慕湘)。

罪名是歪曲阶级斗争,宣扬阶级调和论、人性论、和平主义的:《三家巷》、《苦斗》(欧阳山),《火种》(艾明之),《大波》第四部(李劼人),《太阳照在桑乾河上》(丁玲),《苦菜花》(冯德英),《文明地狱》(石英),《在茫茫的草原上》(玛拉沁夫),《山乡风云录》(吴有恒),《三月雪》(萧平),《变天记》《山河志》(张雷),《普通劳动者》(王愿坚),《我们播种爱情》(徐怀中),《工作着是美丽的》(陈学昭)。

罪名是歪曲和攻击社会主义革命和社会主义建设的:《上海的早晨》(周而复)、《在和平的日子里》(杜鹏程)、《乘风破浪》(草明)、《风雷》(陈登科)、《在田野上,前进!》(秦兆阳)、《香飘四季》(陈残云)、《金沙洲》(于逢)、《归家》(刘澍德)、《水向东流》(李满天)、《过渡》(沙汀)、《南行记续编》(艾芜)、《高高的白杨树》、《静静的产院》(茹志鹃)、《勇往直前》(汉水)。

罪名是丑化工农兵形象,歌颂叛徒,美化阶级敌人的:《红日》(吴强)、《暴风骤雨》(周立波)、《战斗的青春》(雪克)、《破晓记》(李晓明、韩安庆)、《桥隆飙》(曲波)、《屹立的群峰》(古立高)、《红路》(扎拉嘎胡)、《源泉》(丁秋生)、《清江壮歌》(马识途)、《辛俊地》(管桦)、《铁门里》(周立波)、《战斗到明天》(白刃)、《长城烟尘》(柳杞)、《新四军的一个连队》(胡考)。

罪名是大写所谓"中间人物",反对塑造工农兵英雄形象的:《下乡集》、《三里湾》、《灵泉洞》(赵树理)、《丰产记》(西戎)、《李双双小传》(李准)、《山乡巨变》(周立波)、《东方红》(康濯)、《桥》(刘澍德)、《我的第一个上级》(马烽)、《高干大》(欧阳山)。

那时,社会政治生活中的平反昭雪工作也还刚刚开始,许多著名的领导同志的冤案还没有得到平反昭雪,文学艺术领域里的冤案的平反工作就显得更加复杂一些。有些被迫害致死的作家和被打成毒草的作品,要想由我们两家编辑部出面来给他们翻案,替他们平反昭雪,人们不免怀着惊恐、怀疑、甚至害怕的心理。作家们被"文化大革命"搞怕了,被穷凶极恶的林彪、"四人帮"给搞怕了。从粉碎"四人帮"算起才不到两年的工夫,人们还没有能够从不正常的政治生活中恢复过来,还心有余悸,还噤若寒蝉。我们在组织发言时,就碰到过十分令人尴尬的事。先是雷达去请李建彤发言,请她揭露康生如何捏造莫须有的罪名迫害她,把《刘志丹》定为反党小说的。李建彤答应了,但还有顾虑。因为那时,康生还没有公开被点名,况且小说《刘志丹》牵涉到毛主席,他在北戴河会议上的讲话中说,利用小说反党是一大发明。谁都知道,材料是康生供给毛主席,结论当然也是康生的。小说《刘志丹》必须翻案!我们编辑部对此认识是一致的,不仅冯牧在编委会上谈过他的意见,我们文学评论组的编辑们对此认识也很坚定。于是,我又到她家里去了一趟。李建彤大姐听了我们的意见后,对我说:你们编辑部出面为我平反,我很感谢。可是,你要知道,这个案子是康生主持,三头对案定的铁案,前后连累了几百人入狱。已经连累了那么多人,我不愿意再连累你们,你们还年轻啊。我再次说明了我们的决定,她答应出席《文艺报》与《文学评论》联合召开的落实政策座谈会并发言。我走出她家大门,总算放下心来,《刘志丹》是大冤案,她肯去会上发言,我们的会就没有白开。部队的宁干因担任《保卫延安》的责任编辑,遭到严重的迫害,我们请他来会上发言,为《保卫延安》平反,同时也是为他的冤案平反。他答应了。在会期临近的时候,我们再次到他家里去落实。他却有些迟疑了。他对我们说:"发言稿倒是写好了,是不是请许翰如同志到会上去发言?"我们劝说他,还是由他去发言。他在犹豫后终于做出了去发言的决定。从这些例子中,不难体会到在当时的环境中人们的心态处在怎样的矛盾之中。平反昭雪是不可逆转的决心,但做起来又不能不瞻前顾后。

作家作品落实政策座谈会

平反大会签名

我们编辑部策划的"作家作品落实政策座谈会"于1978年2月5日在北京新侨饭店六楼小礼堂举行。记得那天早晨起来便是纷纷扬扬下了一夜的鹅毛大雪,到上班的时间还没有停止的意思,道路很滑,车辆行驶很慢,但应邀到会者却多达一百四十余人。其中既有文学界的,也有艺术界的;既有北京的,也有外省市的。真可谓是盛况空前。会议由《文艺报》第二主编孔罗荪和《文学评论》主编陈荒煤共同主持。孔罗荪致开幕词,陈荒煤作会议总结,《文艺报》的高洪波和许世杰担任记录。在会上发言的有丁峤、李建彤、夏衍、林君雄、赵寻、宁干、李曙光、马彦祥、王蒙、谭家健、周忠厚、刘锡诚、杨亮才、王子野、贺敬之、周巍峙、张光年。作书面发言的有周立波、陈登科、鲁彦周、范政浩(上海文艺出版社)、陈玉刚(百花文艺出版社)、黄俊贵(北京图书馆)。到会的作家、艺术家还有丁宁、丁振海、王梦岩、王维玲、于兰、王愿坚、毛星、毛承志、文椿、司徒慧敏、叶林、叶文玲、叶左群、白刃、白桦、史宽、冯牧、冯其庸、许力以、许觉民、朱兵、朱寨、江晓天、刘白羽、刘文、刘厚生、刘梦溪、刘剑青、刘宾雁、乔福山、李季、李准、李春光、宋振庭、苏醒、邓可因、沙汀、严文井、吴雪、吴泰昌、吴伯箫、吴桂凤、何孔周、邹荻帆、茅盾、张庚、张僖、张骏祥、岳建一、阮章竞、麦辛、宗福先、林杉、林默涵、林绍纲、金子信、金紫光、周游、周而复、陈丹晨、陈祖美、陈涌、陈骏涛、草明、赵朴初、郑重、郑伯农、郑兴万、郑荣来、胡青坡、柯岩、钟惦棐、袁鹰、姚雪垠、姚运焕、徐怀中、徐民和、黄镇、陶斯亮、唐达成、高洪波、高歌今、屠岸、峻青、盛英、崔道怡、葛洛、鲁勒、彭云、彭宁、彭韵倩、解驭珍、杨天喜、雷加、雷达学、缪俊杰、顾骧、蔡天心、蔡仪、黎丁、潘荻、阙道隆、雷加、管桦、谢永旺、谢宏、魏伯、魏巍、戴介南、廖旭和等。

孔罗荪

孔罗荪简短的开场白后,便开始大会发言。

丁峤首先就电影界的情况发言。他说:林彪、"四人帮"把新中国成立以来17年间拍摄的电影划为四类:第一类是反党反社会主义的毒草;第二类是宣传错误路线,为反革命分子翻案;第三类是丑化军队老干部,写男女关系、爱情;第四类是写中间人物。这个时期拍摄的六百多部影片无一幸免,都被打进冷宫,禁止发行。《怒潮》、《红河激浪》被说成是为错误路线翻案。江青的紧箍咒每紧一次,电影界就遭一次殃。她在一次会上就枪毙了《革命家庭》、《五朵金花》、《红日》、《在烈火中永生》等54部影片。我们的影片就真的一无是处、一团糟吗? 实践是检验真理的唯一标准。"十七年"的影片,在政治上基本上是好的,是执行了毛主席的革命路线的,在艺术上也已开始形成了独特的民族风格,事业欣欣向荣。这是历史的结论。今天,我们要宣判另一个扼杀中国电影事业的刽子手——康生。我仅举《红河激浪》的例子。1963年9月26日,曹轶欧给康生写了一封信,说她看了《红河激浪》:"回来后越想越不对,特别是地点和时间,颇有文章可研究:无论山歌腔调,女人和男人的头饰,人的名字等等,都是影射陕北或陕甘宁无疑……可能在时间上影射了高岗……另一个人也可能影射刘志丹,也可能不是……我还想,这个电影与李建彤的小说是不是有某些联系……"当时正是康生制造了骇人听闻的所谓"利用小说反党"的冤案,诬陷习仲勋等同志和小说《刘志丹》的作者之后不久。康生如获至宝,立即在信上批示:"我怀疑这个剧本是不是《刘志丹》的变种?"9月30日,时隔4天,他又在一封给有关领导的信里说:"剧本作者有意无意地、或明或暗地联系到习仲勋等人,这是可能的……习仲勋好交戏剧界人物,他在西北文艺界是会有影响的……既然是真人真事,为何要虚构一个姓高的领导人物……"他提出要查问影片拍摄与习仲勋的关系,查问陕西省委领导有什么关系,查问导演是什么人。当时的文化部责成北影成立调查组进行调查。调查的结论是,剧中人与习仲勋没有什么关系。当时的甘肃省委第一书记汪锋同志也指出:作者同高岗、习仲勋不可能有什么关系。但接着就开始了一场耸人听闻的大陷害,从中央到地方,一大批老同志都不同程度地蒙受了不白之冤。当时的西北局、甘肃省委的一些领导同志,中宣部、文化部的一些领导同志,都受到株连。甚至连剧本创作中所依据的几个人物模特儿也受到种种非人的摧残,老红军、老游击队员赵铁娃同志为此含冤而死。影片《逆风千里》也是一起冤案。被扣上反革命影片的帽子,停止发行,彻底审查,作者惨遭批判。影片《北国江南》也被康生打成毒草。他还参与制造了《早春二月》、《革命家庭》、《舞台姐妹》、《怒潮》、《抓壮丁》、《兵临城下》、《阿诗玛》等影片的大冤案。对这样一个人,不批不足以平民愤。郑君里、海默、上官云珠都在他制造的政治高压下含冤而死,献出了生命。我们要珍惜"十七年"电影界的成绩和经验。1959年是电影大发展的年代,在国庆十周年献礼片中,《老兵新传》、《风暴》、《五朵金花》、《林家铺子》、《春满人间》、《冰上姐妹》等一大批优秀影片至今还享有极高的声誉。1962年出品的《槐树庄》、《甲午风云》、《红色娘子军》、《李双双》、《枯木逢春》等影片标志着我国电影又达到了一个新的高度。同时,还拍摄了一百多部戏曲片。新闻片、科技片、美术片都在"十七年"里蓬勃成长起来,形成了百花齐放的局面。总结30年来的经验,电影要发展,必须贯彻"双百方针",发扬艺术民主。①

夏衍发言说:康生这个人作恶多端,不仅民愤甚大,党愤更大。我认识他比较早。我1927年入党以后在上海××支部,当时康生是××区委书记,叫曹云。1928年康生在上海被捕过几次,有时几个钟头,有时几天就放出来了。由于区委书记被捕,我们通知党员搬家,搞得很紧张。他最后一次被捕是由他的老师,一个国民党西山会议派的头子丁惟汾保释出来的。当时他们之间有什么条件,我不知道。在保释出来后,康生就到苏联去了。在苏联,他是王明的助手,中国党第三国际代表团副团长,从那时起,他就是王明忠实的助手了。他所干的坏事最大的有这样几件:(1)1935年六七月份吧,东北抗日联军接到了一个王、康指示,这个指示居然要求东北抗日联军与伪满联合起来。这给抗日联军造成了很大的混乱和损失。我们文艺界的老同志、太阳社的负责人童长荣就是在那个指示后英勇牺牲的。(2)1937年苏联清党时期,有许多中国在苏的党员,被康生指控为托派或布哈林派,因清党而死去的人为数不少。(3)1943年延安整风,我不大了解。现在已经昭雪的61个人的案子就是他搞起来

---

① 丁文以《为"十七年"电影平反昭雪》为题,发表在《文艺报》1979年第1期上。

的。(4)解放后,在土改中他搞的那一套也伤了许多人。

夏衍与冰心、严文井、周明

在文艺界,康生在文艺方面直接插手,破坏毛泽东的文艺思想,应该说他的主要目的就是反对周总理,因为从解放前到解放后,文艺工作主要是总理直接领导的,尤其是新中国成立以来,文艺界取得了很大成绩,是与周总理的直接关怀有关的。我记得1962年北影在北戴河召开了一个讨论电影剧本的会,我去了。当时中央在那里开八届二中全会的预备会。有一天,康生把我找去说:"60年第三次文代会以后,文艺界出现了一种很不健康的,甚至于反动的逆流。"他点了两件事情:一件就是《刘志丹》小说,说"现在有人利用小说、文艺的方法反党";再一件事,他告诉我,江青向毛主席反映了最近在全国上演了许多坏戏,各地的戏曲方面出现了逆流,如《伐子都》①一类,让我们文化部管一管。当时我对《刘志丹》小说一无所知,可是对提出演《伐子都》是坏事,我感到很奇怪。因为关于这个戏,康生曾经问过

---

① 《伐子都》,一名《牛脾山》,又名《罚子都》。本事见《左传·隐公十一年郑伯伐许》、《列国演义》第六至七回。

我:"在杨小楼以后,现在有什么好武生?"我说有钱浩梁。他就让我组织一场。他看了非常高兴。所以对这件事,我是感到非常奇怪的,但当时并没有感到有什么阴谋。几天以后,总理在北戴河请了一些演员举行座谈会,会后总理对我讲,康生对文艺界的工作有些意见,让我回去向齐燕铭同志汇报一下,康生希望全国戏曲界先进行整风。我回来向齐燕铭同志汇报后就去了上海,因为上海是个重点。我到上海一说,上海的同志们提出:"这些戏以前是不上演的,就是康生点名要演的,是在紫光阁讲话中提出来的,什么《十八扯》、《胭脂虎》等等,我们还有所保留,有些还没敢演呢!"我说服他们,说康生可能话讲得过头了一点,还是请你们注意一下。毛主席提出了"千万不要忘记阶级斗争",说明阶级斗争还是十分尖锐的,这些旧的节目就不要演了嘛!

后来我在那里开了一次电影界的会,我也枪毙了两个电影,一个叫《球迷》,还有一个没有拍。因为在那种情况下,文艺界有"山雨欲来风满楼"的景况,文化部处于除了检查就没有什么工作好做了的完全挨整的地位。就在毛主席提出"千万不要忘记阶级斗争"后,康生不止一次地找我,有一次还到我家里,与他一起来的是王力。他说:"电影方面的问题很多,有许多毒草,你们要注意!"在电影方面,康生的干扰要追溯到1958年。1958年康生到长影看过一些片子,后又调了上海的一些影片,康生看后向总理反映:"电影方面的问题严重,毒草丛生。"总理让他在文化部讲一讲。于是1958年10月或11月间,康生在文化部作了一个报告,点名批评了当时许多电影剧本,包括《球场风波》、《不夜城》、《青春的脚步》等等。文化部就写了一个检讨,报上也写了文章,拔掉文艺界的白旗吧!可是上海、吉林等地有意见,吉林省委文教书记傅正声同志找我谈,问我们要拔白旗为什么不与他们打个招呼。上海电影制片厂认为这些片子没有什么问题,柯庆施打电话给总理表示不满。当晚总理打电话给我,让我再去解释一下,我第三天就去了上海。我向柯庆施、曹荻秋介绍了情况,柯庆施大怒,很生气,他说:"我看这些影片比康生点的《游龙戏凤》好得多!"我当时不知道康、柯之间有矛盾,感到奇怪:怎么中央政治局委员之间会这个样子呢？

　　1959年向国庆十周年献礼时出现了一批较好的影片，得到了总理的表扬。在怀仁堂举行的一次酒会上，总理指出了电影界的成绩，并讲了与外国还有差距，要赶上。不久，康生又找我们谈话，说我们只拿出几部好的来献礼，实际上后面隐藏着的坏的影片还多得很。因此，在接着来的反右倾斗争中康生枪毙了很多影片，其中之一是《红河激浪》。这部片子的毛片我看了，我提出了很多意见，但政治上没问题。在这个片子公演前，康生找我谈话，提出了很多责难，说什么这部片子同高岗有关，戏中有个高老虎，高岗的绰号就叫"老虎"。于是，他让我们调查一下影片的编剧、导演和支持影片的陕西省委。我们动手调查前，康生还要我们不仅查影片，更要看影片的背景。他说现在有一大批人支持这个影片，目的是为高岗翻案。我们查过后，报告送上去了一个多月，康生又叫我去，硬说没有收到报告。他讲了两个问题："利用小说、电影来反党，主席已指出了，但此风还在蔓延，《红河激浪》就是一例，难道你没看出来，你们文化部没有责任？"另一个问题，他是这样讲的："党内有两个山头，一个是陕北的山头，一个是上海地下党的山头，这两个山头，你们都捧了场，都在美化。《红河激浪》是捧了陕北的山头的。我在上海待了很久，那里也是有个山头的。你们拍了个《革命家庭》却是王明路线的，都要好好查一查。"

　　我再谈谈《革命家庭》这部电影的一些问题。在这部影片的拍摄过程中，在一次酒会上，他知道我改编了陶承的小说，对我讲："你要注意呀，陶承这个人是政治骗子，她说的都是假的。你们改编这个戏，是美化王明路线，这就是你们改编这个戏的目的。"后来我们问过总理，总理说不是假的。影片拍成后，他又找我说："我看这个戏有问题，我早已与你们讲了，你们还是要拍，片子美化了王明路线。我这个文教小组组长讲的话还算不算数？"我无话好讲了。在"文化大革命"中，刘少奇已经倒了，在一次会上，康生又讲了这个问题，其中有个很有趣的。康生说："电影中有个跳楼的地下党员叫老刘，就是刘少奇。"此外，他还提出了《逆风千里》、《怒潮》、《独立大队》等。1964年中央工作会议上，康生还公然指责《怒潮》的作者是高岗的死党,应开除党籍。在最后总结那天,我亲耳听到毛主席说:"片子有点毛病可以修改,不能修改的暂不上演,但这个作者不要开除党籍。"这才把这个人的党籍保留下来了。

我再讲一件小事。1962年春节,康生找我到钓鱼台,在座的有姚臻、王力、吴冷西等。康生问我:"戏曲片拍了不少,为什么不拍一个《红楼二尤》?"他提出让上海拍,由董芷苓主演。我觉得内容还可以,再加上香港也提出国内戏曲片少,便向廖承志同志汇报后,就拍了这部片子。影片拍成后,我还没有看,他先调去看了。一次见到我时,他跷起大拇指连声说"好",还说:"这个影片是目前拍出来的戏曲片中最好的一部。"他说这个话的时候是1963年。奇怪的是,1964年在江青讲话之后,在展览馆召开的一次会上,康生居然指着我的鼻子说:"你连尤三姐样的片子都拍出来了!"实在让我哭笑不得,当时我没有发言权。

康生是我们党内隐藏得最深、最恶毒、最坏的坏人。康生的目的就是反对周总理。我在监护时期一直在考虑这个问题。这场"文化大革命"所要揭露的是林、江、康三驾马车,他们各怀鬼胎。有些事情不是江、林所能想得出来的,江青虽然很坏,但是草包。"文化大革命"初期的戴高帽、游街等都是康生布置的。有一个红卫兵亲自对我讲过:"在康伯伯家里,康伯伯给了我们一本《湖南农民运动考察报告》,还组织我们学习了,让我们这样做的。"康生的问题不单是破坏文艺,他只是从文艺打开缺口。康生的真正的目的是篡党夺权,他想当总理。周总理直接抓的文化、宣传、统战三方面,康生恰恰是从1962年开始从这三方面来破坏的。"文化大革命"中,这三方面,从中央到地方,全被破坏了。其次是外交,也是总理抓的。康生也直接插手进行破坏。我希望今天这个会开个头,今后要把许多冤案、假案清理一下。

在"文革"期间,戏剧界是重灾区之一。赵寻在会上发言说:最大的冤案在戏剧界。今天我代表戏剧界蒙冤的同志们讲几句。先从《海瑞罢官》说起。这不仅是文艺界的事情,也关系到历史界、哲学界。吴晗同志现已家破人亡了,只剩下一个小孩。这是一大冤案。

对《海瑞罢官》的批判,被江青鼓吹为"文化大革命"开始的号角。实际上是文字狱的开始。1959年初,吴晗就酝酿写这出戏了,那时庐山会议还没有开。经七次修改,1960年上演,1961年发表。吴晗为什么要写这个戏呢?原来这个戏就叫《海瑞》,后来一个朋友提出来,叫海瑞的剧目很多,不如就叫《海瑞罢官》吧。当时提倡海瑞精神,而且马连良也没有戏演,这个戏是为马连良写的。这个戏其实并没有什么情节,没有什么戏,本来吴晗就不是写戏的。后来,江青讲这个戏有问题,当时她所提出的问题,是说这个戏攻击了人民公社,鼓吹"分田到户",因为戏中写了把大地主的土地分给了农民。开始没有批起来,不少人认为不好批,连不上。于是到上海组织批判,还要保密。写批判文章有什么要保密的?江青向毛主席汇报了两次,诬陷这个戏,主席没有信,主席并没有看戏,只是后来讲了句:"要害是罢官吧?"姚文元的《评〈海瑞罢官〉》1965年4月发表,《人民日报》转载时加了按语。按语最后说:可以讨论。并且也发表了不同意见的文章。江、姚对《人民日报》大加指责。"文化大革命"开始后,演这个戏的马连良,还有上海的周信芳,都受了牵连,受了迫害。从那时起,就提出了影射问题。凡是历史戏,都要从中寻找影射问题。清官戏也不能演了,清官反而比赃官还更坏了。我们写历史戏是要总结历史的经验教训,古为今用嘛!如果我们影射得正确,有什么不好?从批《海瑞罢官》开始,许多戏都不能演了。凡"骂上"的戏都成了禁区,一个时期出现了三株大毒草——还有《谢瑶环》和《李慧娘》。《谢瑶环》是写为民请命的,根据秦腔《女巡按》改编的,就是因为"骂上",被扣上"攻击领导,反党"的帽子。《李慧娘》这个戏与康生有关系。戏是孟超写的,康生给他写了亲笔信,赞扬很好(当然,鬼戏不一定不能演)。后来,康生却大批《李慧娘》。他在一次会上说:"我要骂人!"《李慧娘》是不是毒草,可以研究。以后,一切鬼戏,不管是好鬼还是坏鬼,都不能演了。康生提倡过《十八扯》,批评青年演员不会演花旦戏,认为有些演员没有解放前演得好。他说:"你们为什么放不开?"在紫光阁讲话中,他就讲过这样的话。后来康生却从这些戏骂起来,冤枉和坑害了许多人。话剧受灾也很严重。海默的《洞箫横吹》,还有《布谷鸟又叫了》①等,都受到批判和迫害。写话剧史一谈到过去的人,就被扣上为某某人树碑立传的帽子,以至连话剧史都无法写。

在"文革"中,文学界受伤的面很大很广。许多边远地区的作家的情况,我们作为主办者并不掌握,也来不及去了解。正如你清楚老舍先生在无法忍受侮辱时毅然投湖自尽,也许你并不清楚远在昆明的诗人兼教授李广田先生也以投湖的方式来抗议横暴。上海作家峻青所受的迫害,我们曾在1977年底他刚从监狱中出来时的一次会上听到他的控诉;而赵树理在山西被残酷迫害致死,其情状不忍复述,但开这个座谈会时,却没有能组织到一个了解情况的人来会上发言。……而且,受迫害的不仅有专业作家、知名作家,还有更多的无名的业余作者。在会上发言的和涉及的只是无以计数的灾难中的一小部分。

小说《刘志丹》的作者、女作家李建彤以悲愤的心情在会上控诉康生和"四人帮"对她及其小说的迫害。她说:小说《刘志丹》冤案牵连到三百多陕北干部、四千多群众,连我去吃过饭的饭店经理都受到牵连,总数达一万多人,被打成所谓"习(仲勋)贾(托夫)刘(景范)反党集团"。先戴帽子,后找证据。我走到哪里,他们就调查到哪里。连给我带路的人都被打死了。习仲勋被撤职,闲了16年。"文革"中,逼迫他承认是《刘志丹》的黑后台。贾托夫被迫害死了,死因不明。工人出版社的社长因为说过"《刘志丹》是部好小说,50年后我还出版","文革"中被打死了。编辑部主任过了电刑。责任编辑被打瞎了眼睛。刘景范说"康生才是反革命,从苏联回来没做过一件好事",因此被打成反革命,由谢富治下令给戴上手铐,关了7年。康生唯恐天下不乱,说小说全是为高岗翻案。把草稿印发六百多份,批第

---

① 《布谷鸟又叫了》,话剧剧本,作者杨履方,原载《剧本》1957年1月号。同年中国戏剧出版社出版单行本。此剧发表后,在各地广泛上演,被改编为歌剧、戏曲,拍成电影,颇获好评。1958年报刊上发表了持不同意见的文章。姚文元批判其为"大毒草"。1962年在广州会议上,周恩来总理讲话时给予平反。"文革"中被康、江一伙列为十大"反党反社会主义"影片之一。

五稿还不行,要批第三稿。我不服,说你们连阿哈玛①还不如,他还能让关汉卿修改《窦娥冤》!他们嫌我把王明路线写得太挖苦了。因为康生就是王明的人。他们给我定了四大罪状:把中央苏区写得不如陕北,把陕北写得太好了,写陕北就是和中央苏区分庭抗礼;为高岗翻案;为习仲勋树碑立传;反对毛泽东思想。说我写这部小说,是为了反党。世界上哪有凭一本小说就能篡党夺权的?我写了7次检讨,都过不了关。

因责编长篇小说《保卫延安》而罹难的宁干发言说:杜鹏程的《保卫延安》是新中国成立后出现的一部表现人民解放战争的优秀长篇小说,这部作品作为"解放军文艺丛书"的第一部,自1954年出版以后深受广大读者的欢迎和评论界的好评。它对1947年延安保卫战时期解放区军民艰苦卓绝的斗争的反映是感人的,对当时的历史环境的描写和人物形象的塑造是真实的,对毛主席的军事思想的表现是深刻的。1959年秋天,彭德怀在庐山会议上受到批评,这本书虽然停止了发行,但作者并没有受到过分地责难。"文革"开始,"四人帮"抛出"文艺黑线专政"论,对《保卫延安》及作者大张挞伐。首先由《解放军报》发难,连续发了两篇文章;接着《人民日报》也发表文章,说它是"利用小说反党的活样板"。后来,《陕西日报》接连发表了9篇文章,包括专论、座谈等形式,对作品全盘否定。作者受到了残酷的打击和迫害。那时,作者在延安,我还在监狱中。"四人帮"给《保卫延安》加的罪名有:攻击毛主席,污蔑党的政策,污蔑人民群众,宣扬战争恐怖,为错误路线翻案,为彭德怀树碑立传,受彭德怀指使。这些罪名都是不值一驳的。小说分明热情地歌颂了毛主席,作者笔下的所有人物,都是为保卫毛主席、为保卫延安而战,贯穿着对毛主席的无限热爱和深厚感情。怎么能说是反对毛主席的呢?这部小说是不是在彭德怀授意下写的呢?不是。作者关于这部小说的构思,在1952年就成熟并已动笔了。当时作者在新疆新华分社工作。我们是从来稿中发现这部作品的。当时新中国刚刚成立不久,我们认

---

① 阿哈玛,田汉话剧《关汉卿》中的一个奸臣。

为，写部队的作品不多，写高级指挥员的尤其罕见，所以我们读后，支持出版这部作品。但作者当时在地方工作，我们就报了军委文化部，经过胡乔木把作者调来北京。对作者也没有什么特殊待遇。彭德怀没有提供任何创作条件。这一点我们可以作证。是小说出版后，他才出了名的。书出版后，彭德怀接见过作者，彭德怀同志说："功劳是毛主席的，不要写我，我没有什么。要多写毛主席。"因为作者写了彭德怀同志，这部小说的命运就无需多说了。"文革"中，遭到全部销毁，大加讨伐。彭德怀是老同志，在党内、军内威望很高，对党做过重大贡献。他在党的领导下，为革命事业立下了汗马功劳。文艺作品理应表现他们这些老革命家。

宁干同志发言后不久，《解放军报》将他的发言全文在报纸上发表，并加了编者按，旗帜鲜明地为《保卫延安》及其作者杜鹏程和责任编辑宁干同志平了反。① 这是后话。《保卫延安》和《刘志丹》等这些作品的平反,在我国文坛上有着重要意义,为作家可不可以和怎样反映过去的革命战争时代和革命家们的作用,初步打开了一条通道。

谭家健(中国社科院文学研究所)发言说:陈翔鹤先生因为写了两篇历史小说《广陵散》和《陶渊明写挽歌》,在1969年被折磨致死,死后还遭到继续批判。陈翔鹤先生从30年代初参加文艺活动,与冯至先生一起受过鲁迅先生的指教。新中国成立后当过《光明日报·文学遗产》的主编。后来写历史小说,借此形式把一些作家的形象表现出来,结果被扣上许多吓人的政治帽子,如《陶渊明写挽歌》写的是古代作家陶渊明在江西的一段生活,竟被说成是"影射攻击"党的庐山会议,为彭德怀鸣冤叫屈。《广陵散》写的是另一个古代作家嵇康不屈服于晋朝统治者的故事,作者的描写是实事求是的,却被说成是鼓动牛鬼蛇神反对改造。到1969年夏天,陈先生被批斗得支持不住了,中午请假回家取药,在等公共汽车时一头栽倒下去,再也没有起来。当时,军、工宣队正在贯彻迟群一伙的"经验",反而说他是畏罪自杀,被打成叛徒,说什么:"死了也不能让他安生,继续批判!"继而株连到家属。至今也没有得到平反。

周忠厚(中国人民大学中文系)在会上呼吁,在"文革"中被扣上写"阴暗面"和"中间人物"的作品,都应予以平反。王蒙的《组织部来了个年轻人》等作品被打成"写社会阴暗面",赵树理和马烽被说成是"中间人物"论的标兵……这些不实之词统统应该推倒。赵树理是难得的现实主义作家,无论是《三里湾》还是《锻炼锻炼》,在描写落后人

---

① 宁干:《〈保卫延安〉——人民战争的一曲颂歌》,《解放军报》1978年12月11日。编者按如下:"杜鹏程同志的长篇小说《保卫延安》是一部革命军事题材的优秀作品。它热情歌颂了毛主席的人民战争思想,生动地描写了彭德怀同志等我军高级指挥员的形象。1954年作为解放军文艺丛书出版后,深受军内外广大读者的欢迎。1967年,在林彪、江青、陈伯达的淫威下,当时的《解放军报》对这部书进行了错误的批判(在此前后,还错误的批判了其他一些文艺作品),在全军全国造成了恶劣的影响。今天我们发表宁干同志的文章,借以拨乱反正,澄清是非,推倒强加于《保卫延安》的一切诬蔑不实之词。"

物时,既看到其落后面,又挖掘其先进面。马烽的《三年早知道》也是这样。江青污蔑赵树理光写"中间人物",不写先进人物,应该恢复名誉。

周立波在卧病中给座谈会写来了一份发言稿,委托刘锡诚在会上宣读。他的书面发言说:"林彪、'四人帮'实行文化专制主义,把一切文艺书籍、一切作品都打成毒草禁锢起来,这真是千古冤案。党中央一举粉碎了'四人帮',两年多来,被禁止的书刊大都出版了,有的正在出版中。这是文艺界的大喜事。但可惜评论还没有跟上来。粉碎'四人帮'以后,人民不但争购这些'禁书',争看遭到同样命运的旧戏和电影,而且希望在'双百方针'的指引下,大家动手写出反映四个现代化的新作品来。"

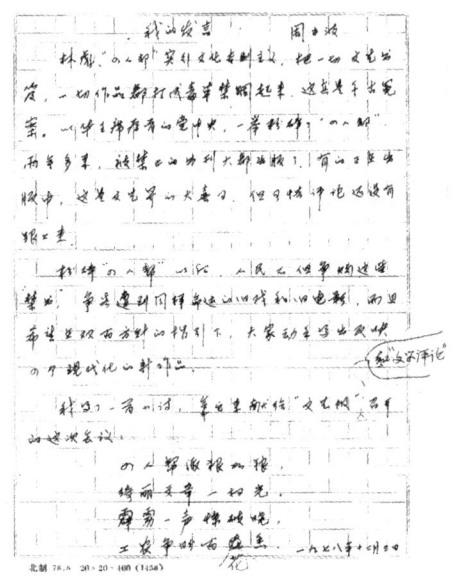

周立波发言稿

刘锡诚接着说:周立波的《山乡巨变》是一部描写农村巨变的成功之作,但在"文革"中,受到蛮横的批判,被打成毒草。立波同志被江青5次点名,被康生1次点名,被关押达7年之久。《湖南日报》曾用整版的篇幅发表题为《鼓吹农村资本主义复辟的黑作品》等批判文章。湖南对周立波的批判和迫害是与北京的直接插手有关的。《人民日报》文艺部何××1969年10月28日给湖南省革命委员会政工组宣传组的电话记录说:"一、关于来湖南问题,我们运动比较忙,最近不可能来。来是要来的,什么时候来还不能定。总要抽一个运动有空的时间来。来的时候我再打电话告诉你们。二、批判周立波已经列入了我们的计划。当然最后要由中央定。打算在明年年初见报。需要一个综合性的打中要害的大型的文章,请你们认真研究,抓紧准备。写好了,经过中央批准,我们报纸就可以转载。三、周立波的要害问题,我们也会研究的。但现在还正在做准备,在接触他的作品,没有跟领导同志请示、研究。批判周立波,要把他的全部作品,几十年来的创作倾向、文艺理论,进行系统的分析研究,抽出其中要害的东西。这样才能打得准,打得有力。周立波不光是创作,还有理论,在几次黑会上都发了言,平时还散布了很多谬论。赵树理和周立波比较,赵树理还是土的,周立波有些洋,受苏修的影响,《被开垦的处女地》就是他翻译的,很崇拜肖洛霍夫。我个人看了他一些作品,觉得丑化工农兵,《山乡巨变》是很典型的。这个作品很阴险,把农村两个阶级、两条道路、两条路线完全颠倒了。所谓山乡巨变,看到末尾,不是'巨变',而是'倒变',我看了后很愤怒。他把合作化写成洪水猛兽,写成灾难,好像合作化不是给农民带来幸福,而是给贫下中农带来痛苦。刘雨生,这个合作社的社长,被搞得妻离子散、家破人亡,活寡妇等人也是。毛主席在《关于农业合作化问题》的报告里告诉我们,我国实现农业合作化是有基础的,广大农民愿意走社会主义道路,他们的热情像火一样。可是在《山乡巨变》里,农民都不愿意走社会主义道路,有个亭面糊说是愿意入合作社的,但亭面糊是什么人?被丑化得不成样子。'中间人物论'、'现实主义深化论',必然落脚到写所谓英雄人物的阴暗面,导致丑化工农兵。《山乡巨变》没有一个正面人物,每一个人都有阴影,都有创伤,内心世界都很复杂,这是苏修的理论。周立波受肖洛霍夫的影响很深,《山乡巨变》里面的亭面糊,就比《暴风骤雨》里的老孙头更突出,这里面很有东西。这是我个人看了一些作品后的读后感,没有向领导请示,也没有与别的同志研究,不一定对。四、重点文章,一定要认真研究材料,反复讨论。根据过去的经验,重点文章一稿是不行的,恐怕要改好多次,要多花一些力量。你们可以请示省革委会的负责同志,他们水平高,看问题深刻。请他们做些指示,思想就更明确,文章就能写得更好。五、关于周立波的材料,要收齐。他写的东西,他的言论,都要收集。你们那里存一份,还请给我们寄一份来。我们都希望找一些内部材料,我向领导反映一下你们的要求。不过批判主要是研究创作,批判创作倾向,没有掌握内部材料,也不妨碍批判。六、除了保证写好重点文章之外,还要有几个人组织工农兵写批判文章。《人民日报》将来在发综合文章的同时,还要发一些小型的文章。"在这样的精神下,湖南对周立波的批判铺天盖地。到今年5月23日,湖南省文化局召开座谈会,有人发言说《山乡巨变》是好作品,在报纸上做了报道。省委宣传部给文化局去电话,质问这样的报道为什么不送审?第二次发消息时,就把《山乡巨变》的话删掉了。周立波同志现在病中,至今没有得到平反。

上海文艺出版社的范政浩在书面发言中说:上海文艺出版社的前身是新文艺—上海文艺—人民文学出版社上海分社和上海文化出版社。新文艺出版社被张春桥定性为胡风的老窝、"30年文艺的'黑店'",一大批作品被扣上各种罪名受到批判,作者和有关编辑受到迫害。由于上海是"四人帮"控制的篡党夺权的基地,"文艺黑线专政"论和反革命的"两个估计"也是在上海炮制的,上海文艺界所蒙受的法西斯文化专制主义的灾难也就特别深重。长篇小说《战斗的青春》(作者雪克,即孙振)真实地反映了冀中平原人民坚持抗日战争、开展敌后反扫荡的斗争,1968年江青和姚文元窜到作者所在的天津去,说孙振是叛徒,《战斗的青春》是叛徒写的宣扬叛徒哲学的大毒草。于是在京、津、沪等地的报刊上连续发表了几十篇批判文章,对作者和小说进行挞伐。作者被关押了5年之久,遭受毒打和折磨,一个身高1米70的人,被整得体重仅剩下了30公斤。孙振的许多亲友受到株连,他的父亲(老共产党员)也被关押了5年,几个外地朋友也被关押起来审查。责任编辑刘金也受到残酷迫害。"四人帮"还采取按图索骥的手法,在河北宪县和深泽县制造耸人听闻的白色恐怖,到处乱抓叛徒。朱道南的革命回忆录《在大革命的洪流中》写的是革命先烈恽代英、张太雷、澎湃等和叶剑英、徐向前等老一辈革命家的革命事迹,后又改编为电影《大浪淘沙》。"四人帮"在上海的余党用卑劣的手法将其说成是为陶铸同志树碑立传,将年事已高的作者打成叛徒和逃兵,进行了残酷迫害,老伴被迫害致死,儿子被关进地牢,上电刑、坐老虎凳。刘知侠的长篇小说《铁道游击队》被打成"歪曲和攻击人民战争"的大毒草,作者被揪斗和关押。《黎明的河边》被扣上诸如"描写革命战争的残酷"、"塑造的英雄都让她死掉"的罪名。作者峻青被打成国民党特务,列为"中央专案",被抓到北京在监狱里关押多年,遭受了惨无人道的折磨和摧残。此外,上海文艺出版社出版的作品中还有14部短篇小说集和中长篇小说被罗织各种罪名,受到批判。如刘澍德的《归家》、《卖梨》,陆俊超的《幸福的港湾》,茹志鹃的《高高的白杨树》,陆文夫的《二遇周泰》,王安友的《海上渔家》,羽山、徐昌霖的《东风化雨》,哈华的《夜莺部队》,艾明之的《浮沉》,沙汀的《祖父的故事》,周立波的《禾场上》,巴金的《雾·雨·电》,鄂华的《女王皇冠上的钻石》等。

百花文艺出版社的陈玉刚的书面发言说:江青、姚文元、陈伯达于1968年2月21日来天津,诬蔑天津文艺界有一个"黑网",说"上海有一些最坏的书是在天津百花文艺出版社出版的,而天津有些大毒草是在上海出版的"。把巴金的《倾吐不尽的感情》、王西彦的长篇小说《在漫长的路上》、杜宣的散文集《五月鹃》、柯蓝的散文集《起飞的孔雀》、陈伯吹的儿童文学《礼花》、闻捷的散文集《非洲火炬》、叶以群的散文集《在不平常的日子里》等都打成了坏书。百花出版的天津及其他地区的作者的作品,如孙犁的《铁木前传》、梁斌的《播火记》、冰心的《樱花赞》、艾芜的《欧行记》、冯牧的《繁花与草叶》、叶君健的《两京散记》、陈大远的《安徒生的故乡》和汉水的小说《勇往直前》,也都被栽上毒草的罪名。

贺敬之发言说:我非常拥护召开今天这样的会,为还未平反的作品和作者平反。我们的会是在西单、天安门民主活动,在华主席、邓副主席对此作了批示,我们进行了学习之后召开的,它符合华主席和邓副主席批示的精神。在华主席的"四个点"的指示以后,同志们思想解放了。对西单的活动,中央肯定了其主流,并给以引导。我们都是这样看的,也有少数同志的看法不一定是这样的,认为是不是纠偏了,是不是我们在理论问题上的提法过头了。我觉得,对有些需要加以引导的部分加以引导,这在总的精神上是符合的。我们要进一步揭批"四人帮",要安定团结,大是

贺敬之

大非不弄清楚,不拨乱反正怎么行呢?康生的问题不揭,文艺界就不能安定团结。现在不是不要思想解放了,而是为了要安定团结,为了使"四化"的步子加快,思想要大解放。发展社会主义民主和实践是检验真理的唯一标准还要谈,林彪、"四人帮"的反革命修正主义路线还要批。在这种情况下,两个编辑部召开这个会是适合时宜的。我们为这些作品平反,不是向后看,而正是为了向前看,总结过去的经验,对我们今后的文艺发展是有益的。为了推动今后上层建筑的变化、生产关系的变化,文艺要发挥作用,要充分反映这一变化。对于林彪、"四人帮"、康生,怎样去识别他们呢?李建彤同志的发言,值得我们学习。在无产阶级专政下进行斗争,没有社会主义民主是不行的,其必然结果是资产阶级向无产阶级斗争了。那么多作品被打成毒草,如果允许人家讲话,就不会是那么个样子了;如果我们能对这些作品真正地做个调查,按照历史唯物主义精神去调查,也就不会是那个样子了。《海瑞罢官》毛主席并没有看,是江青汇报的。只有敌人、反革命两面派才害怕实事求是。为了今后的斗争,拨乱反正是完全必要的。关于一些理论问题,有些作品至今未落实政策,一个原因,是因为康生讲过话,康生讲的完全是胡说八道;另一个原因,涉及

理论是非没弄清楚,如包公精神、海瑞精神、为民请命等。我们说在无产阶级专政条件下,为发扬社会主义民主,在有些问题看不清楚,在领导机关应该一致而没有一致的时候,代表老百姓说话需不需要?包公精神需要不需要?有一个地方演包公戏的时候,群众喊口号:"共产党员要向包公学习!"吉剧《包公赔情》很受欢迎。我们的文艺作品要不要反映现实生活中的问题,要不要批评我们工作中的问题?我看,为了解决我们无产阶级专政下继续革命的问题,需要发挥无产阶级文艺的战斗力。继续揭批林彪、"四人帮",为一些作品平反,不仅需要做,而且要加快速度地做,这对繁荣社会主义文艺创作是完全必要的。

落实政策的阻力还很大,"文艺黑线专政"论并未解决

周巍峙在发言中说:今天这个会对为过去被打成毒草的好作品和被打成反革命的作家平反昭雪、落实政策,是一个很好的促进。这完全符合华主席、邓副主席、中央常委最近的指示精神,要发扬社会主义民主,这反映了亿万人民的心愿。邓副主席强调,要有错必纠,这也是毛主席的一贯教导。我们要为受迫害的同志昭雪,需要做大量的工作。现在有许多作品并没有彻底平反,还有的从作者到作品

周巍峙

都没有平反,其中有专业作家,也有许多工人、农民业余作家,他们被打成了黑苗苗。对这一工作,有的地方并没有当回事,有的地方现在文化部门的负责人就是当时把一些作品打成毒草的主持人,所以阻力很大。这些问题不解决,不利于安定团结,那么多干部、群众受了牵连,心情不舒畅,积极性不能发挥出来。因此,如何继续为冤案平反昭雪,这是一个重要方面。今天两个编辑部召开这个会为作品平反,是对革命事业负责的一个表现。实践不仅是检验真理的唯一标

准,也是检验文艺的唯一标准。曾被江青捧为反修战士的康生,比江青还厉害。"文革"初期,他点名的高级干部——副部长以上的,就有三十多人。康生早就从政治上破坏党的干部队伍,破坏党的革命传统,干扰毛主席的革命路线,比江青有过之无不及,破坏作用极大。他是封建文艺的吹鼓手,也是扼杀革命文艺的刽子手。他自己干的事,反扣在别人头上。康生常说看这个人像特务,江青常说看这个人像坏人。两个人很相似。不少同志很早就把江和康连在一起议论的,结果被打成了反革命。今天把康生拿出来示众,大快人心。我们给好的作品、文艺工作者平反,牵涉的是过去的问题,但有现实意义。这不仅是理论路线问题,而且还有一个舆论问题,这不只是文艺界的事,还影响到各行各业。我们要写文章来分析,进行宣传教育,做些马列主义文艺理论的教育。还有一个现实意义,保护一个作品很不容易,文艺作品牵涉到多方面的问题,有个必然王国需要我们去认识。一部作品不一定会反映得很正确,如何运用六条标准去衡量,对作品有个正确的评价,分清作品、作家的思想观点,这是重要的。界限不搞清楚,作家还要受冤枉,心有余悸。今后如何评价一部作品,是很重要的,文艺理论工作要加强。

中国作家协会党组书记、书记处常务书记张光年发言说:参加这个会很受教育。这个会是很得人心的。粉碎"四人帮"两年多了,文艺界还有这么多问题没有解决。我们党很英明,现在又挖出了康、谢大坏蛋。康生的血债是累累的,我们文艺界只是一部分,就这一部分已很惊心动魄了。冤案如山啊!他们究竟是几人帮?不去算它了,就用"四人帮"来作为他们的代名词吧。早在"文革"前,他们就大搞阴谋了,他们上欺中央,下压全党,千方百计进行欺骗,用毛主席的片言只语作为打人的棍子、杀人的刀。他们败坏我们的党、我们的领袖的崇高威望。现在还有这么多作品、作家没有平反昭雪,今天会上只是谈了一部分。很多作家惨遭迫害呀,比如周立波现身患重病,癌症晚期,但还坚持写作。沙汀等许多老同志也是长期受迫害。梁斌同志的《红旗谱》写得很好,是一朵社会主义文学的红花,值得骄傲。可是在河北的报刊上却遭到长篇累牍的批判。我们今天为他们平反,是正义的、政治的行动。一部作品就影响一大片人和一大片类似的作品。要解放这些被压抑的、受挫折的社会主义文艺生产力,调动他们的积极性,是很有现实意义的。我们若不进行斗争,就不能得到解放。最近我参加了两个座谈会,提到了"文艺黑线"问题。究竟有没有"文艺黑线"呢?许多同志纷纷起来控诉"文艺黑线专政"论造成的极大的危害,但是这一问题并未得到很好解决,有人还为其辩护呢,讲什么"文艺黑线"还是有的。我们文艺界要很好地广泛地讨论,究竟有没有"文艺黑线"?我们如果承认这东西,就是否定毛主席的革命路线;承认这东西,就是多少肯定了"四人帮"的反革命诬陷。凡是我们力所能及做的事情,如在我们的报刊上发表文章,可以去做,不要等待。这样做,华主席、党中央会支持我们的。不仅是北京,各地报刊都来做这一工作,都来查一查,做好平反落实政策的工作。我也希望各地报刊就"四人帮"强加给文艺界的"文艺黑线"问题有没有存在的根据,都来争论争论,否则,我们的文艺生产力就不能得到彻底的解放。我们要像爱护眼珠一样地爱护来之不易的安定团结,我们要一心一意地搞四个现代化,要抓纲治国。要做的事情很多很多,其中之一就是要为林彪、"四人帮"造成的大量冤案、假案平反,解放生产力。与全国各条战线相比,我们文艺界落后了,要急起直追,拿起笔来,把揭批林彪、"四人帮"的第三战役搞得更加有声有色。过去的十年,我也主编过《文艺报》。我们自己做得不当的事情,也要考虑、总结,总之要实事求是。对于林彪、"四人帮"的揭露,我们不仅要评论,还要用形象。康生不是爱看鬼戏吗?我们可以写鬼戏去揭露他们,写出一批深刻动人的、揭示他们丑恶灵魂的作品,教育我们的后代。

"文艺黑线"是"四人帮"制造的一个涉及全国的大冤案,把许多文艺上有成就、做过很大贡献的文艺工作者,包括大批一般的文艺干部、业余作者和文化工作者,都牵涉在里面,进行残酷迫害。开座谈会时,我们虽然义愤填膺地做组织工作,但我们还弄不清楚究竟有多少人被打入"文艺黑线"之中。最近看到夏杏珍所撰《"文革"中的周扬一案》,才知道因"周扬一案"受到立案审查的人就有周扬、夏衍、阳翰笙、萧望东、徐平羽、林默涵、陈荒煤、石西民、钱俊瑞、张致祥、于伶、金山、郁风、穆欣、黄稻、谢和庚、沙汀、张庚、吕骥、赵寻、华君武、张光年、周巍峙、马彦祥、任桂林、石羽、唐瑜、吴祖光、新凤霞、凤子、苏灵扬、戴爱莲、丁玲、艾青、金紫光、司徒慧敏、周而复、叶浅予、程季华、周立波、阿英、陈白尘、孟超、黄苗子、袁文殊、舒强、阿甲、陈企霞、徐懋庸、葛琴等。① 立案审查之外的挨批斗、受审查的人就不计其数了。

会议在高昂激愤的情绪中开了一整天。作家艺术家们忘掉了室外漫天的大雪和寒冷。室内的气氛是热烈而温暖的，是畅快而自由的。大家听着陈荒煤为大会作总结。他也是一位在"文革"中备受摧残的老作家兼理论家。他从监禁中获得自由后，于1977年被周扬、夏衍等老朋友招来北京时，已是65岁的老人。今天他身为主办单位之一的《文学评论》的主编来作总结发言，只是以热情的语言肯定会议的成功，而没有能够把他的沉痛经历告诉大家。作为主办者，

陈荒煤

两个文艺理论刊物的主编和我们这些编辑们，如李建彤老大姐所担心的，虽然冒着政治上的风险，却义无反顾地操办了这次特殊的会议，为作家、艺术家、评论家们提供了一个机会和舞台，使他们能够甩掉束缚着自己的枷锁，自己起来解放自己，为在"文革"中遭到迫害甚至含冤而死的作家和被污蔑、被禁毁的作品平反昭雪。尽管一次会议的发言不可能谈到全国所有受迫害的作家和作品，在首都文艺舞

---

① 夏杏珍：《"文革"中的周扬一案》，《忆周扬》，内蒙古人民出版1998年版，第655页。

台上的登高一呼也不等于解决了文艺界所有的冤假错案。据笔者当时所了解的情况，那时有一些地方或单位的领导者，正如同周巍峙同志指出的，还是当年"批判"作家艺术家的主持者或组织者。摆在作家评论家们面前的斗争任务还很繁重。作家艺术家们还要为自己的命运继续斗争。但思想解放已成为不可阻挡的时代洪流。

开展这次落实政策座谈会，目的是要推倒林彪、"四人帮"给文艺工作者加上的种种罪名。至于"十七年"中间文艺战线在"左"的思想和政策下，对许多作家和作品所进行的粗暴的批判和错误的处理，所造成的许多冤案错案，在这次座谈会上没有机会一并予以清理和平反，有待于文艺界特别是当年批判和处理的主持人也本着"实践是检验真理的唯一标准"的精神，挺身站出来，实事求是地加以反省、致歉、总结，从而得到文艺界广大人士和受伤者及其家属的谅解。否则，文艺界的安定团结的局面是难于出现的，文艺生产力也不可能得到真正的解放。

广东文学座谈会的召开与"新时期文学"词语考释

10月20日至25日，中国作家协会在远东饭店召开了《人民文学》、《诗刊》和《文艺报》三个刊物的联合编委会。编委们结合真理标准问题，针对《光明日报》关于"文艺黑线"的编者按语，揭发了其阴谋性，并讨论了文艺刊物的办刊方针。

12月5日，《文艺报》和《文学评论》两家期刊联合在新侨饭店礼堂召开了一百四十余人参加的"作家作品落实政策座谈会"。在这次规模盛大的平反昭雪座谈会上，为杜鹏程的《保卫延安》，李建彤的《刘志丹》，周立波的《山乡巨变》，赵树理的《三里湾》、《锻炼锻炼》，刘澍德的《归家》、《老牛筋》，西戎的《赖大嫂》，汉水的《勇往直前》，王蒙的《组织部来了个年轻人》，吴晗的《海瑞罢官》和孟超的《李慧娘》等一百多部作品平了反。

12月下旬，广东省召开了文学创作座谈会。省委书记任仲夷邀请周扬、夏衍、张光年、林默涵、冯牧等前去参加会议并讲话。周扬的讲话题为《关于社会主义新时期的文学艺术问题》，发表在1978年第12期的《广东文艺》上。会后，不仅《人民日报》发了消息，还于第二年即1979年2月23、24日连续用两天的版面，全文发表了周扬在会上的长篇讲话。① 但不记得是什么原因，我们《文艺报》竟然没有派记者去，只由易准给我们写了个会议消息。会后不久，我收到了广东省作协主席、老作家陈残云的一封信，他在信中向我传递了这次会议的一些情况：

> 刘锡诚同志：
> 　　收到你的信很久了，几次要给你写回信，谈点文艺问题，但拿起笔来，又不知写些什么，写不出来，也就一直搁着没有回信。后来又忙于创作座谈会的事，现座谈会已告一段落，易准同志写了个简略的消息，已给你们寄去，我就不另外写了。
> 　　我们这次座谈会开得不错，大家思想解放，畅所欲言，周扬、默涵、光年三同志都作了整天的报告，对大家帮助很大，会上大家提出的问题，都做了具体的回答。我们提出了"十七年"是红线，认为黑线是文艺界最大的冤案。我们提出的意见，正和光年同志在《人民日报》发表的文章基本相同，大家想在一起了。是月6日上海《文汇报》发表了我一篇文章，也谈了黑线问题，谈得委婉一些。后来在会上发言就更鲜明了。会上从工农作者到省委书记，一致否认"十七年"存在黑线。
> 　　明天夏衍同志还要作一次报告，不知谈些什么。
> 　　过几天我要到上海去，对拙作《山谷风烟》稍作修饬即可付排，将由上海和广东两出版社同时出版，和梵扬同志同去。估计在沪住两周左右。
> 　　不尽，即此奉复，并祝
> 敬礼

---

① 周扬：《关于社会主义新时期的文学艺术问题》，《周扬文集》（第5卷），人民文学出版社1994年版，第75～103页。

第二章　新时期文学的兴起(1978)

陈残云
1978 年 12 月 21 日

我曾经写信请广东作协嘱人写一会议报道，由我们刊物发表。除了陈残云信中提及的外，《作品》编辑部负责人黄培亮于 1979 年 1 月 24 日给我的来信中，也谈到广东文学创作座谈会的消息问题："1 月 19 日信敬悉。《文艺报》第 1 期已收到，并看了其中大部分文章。这一期内容很丰富，而且很有战斗性，真是越办越好。易准同志写的消息基本上反映了会议的情况。后因赶不上付印时间，而用了前稿，问题不大，我一定将情况转告欧阳山、萧殷同志。"易准是评论家，当时担任着理论研究室的主任。

广东省文学创作座谈会在中国新时期文学发展史上是一次重要的会议。它的召开不仅为批判"四人帮"制造的"文艺黑线专政"论和"凡是派"制造的"文艺黑线"论的正本清源上做出了很大的贡献，而且对开启一个时代的"新时期文学"作了初步的阐述。广东省的领导人思想解放，有力地影响了广东的文学界；广东文学界的重要作家和领导圈子中，思想也都比较解放，意见也比较一致，旗帜比较鲜明，所以他们能做出较大的动作，因而也在全国文艺界发生着举足轻重的影响。但令人遗憾的是，二十年来，文学评论界和文学史家们对广东文学座谈会的忽略是很不正常的，显然反映了当代文学评论界和研究界目光的狭窄和偏见。

这里要顺便说一下"新时期文学"或"新时期文艺"这个名词的渊源和来历。

1989 年，中国社会科学院文学研究所研究员蒋守谦到日本做学术访问，在一次关于中国当代文学的座谈会上，一位日本青年汉学家发问："'新时期文学'的概念最早是由谁在哪一篇文章里提出的？"当时，他和另外两位中国学者都没有回答出来。后来经他的研究认为，"新时期文学"一词，始自刘白羽在第四次文代会期间召开的中国作家协会第三次代表大会上所作的《开幕词》："在我们的大会上，要继续学习邓小平同志的《祝辞》，进一步深入讨论周扬同志的报告……

明确社会主义新时期文学工作的新任务,动员鼓舞全国各族新老作家,特别是要扶植新一代的青年作家,同心同德,振奋精神,团结起来向前看,为繁荣社会主义文学艺术而奋斗。""让我们更紧密地团结,更勤奋地创作,为实现社会主义四个现代化擂起战鼓,高唱战歌,攀登世界文学的高峰,开创社会主义文学繁荣的新时期而奋斗。"(《文艺报》1979年第11/12期合刊)他还认定张炯的《新时期文学的又一可喜收获——简评中篇小说的崛起》(《文艺报》1980年第2期)是"最先把'新时期文学'放在题目上加以标举的一篇文章"。①

显然,蒋守谦在写这篇文章时,并没有注意到1978年6月5日通过的《中国文学艺术联合界第三届全国委员会第三次(扩大)会议的决议》中关于"新时期文艺工作"这一词汇的使用,更忽略了周扬于1978年12月在广东省文学创作座谈会上的讲话《关于社会主义新时期的文学艺术问题》一文所使用的"社会主义新时期的文学艺术"这一比较规范化了的专有词汇并对其进行了理论上的阐释。周扬在广州讲话之后,其讲稿即由中国社会科学院印成内部征求意见稿,在领导范围内征求意见,同时《广东文艺》1978年12月号予以发表。稍后,其定稿于1979年2月23、24日在《人民日报》上公开发表。从此以后,"新时期文学"或"新时期文艺"逐渐为文学理论评论界所认同和采用,成为中国当代文学发展中的一个重要阶段的名称。

启动短篇小说评选活动

1978年9月20日《人民文学》公开发布举办"1978年全国短篇小说评选"活动的启事,开始了短篇小说评选工作。这不仅是中国文学史上的首创,而且是推动短篇小说创作的提高和繁荣的一条蹊径。以往,我国的文学工作习惯于两种辅导方式,一是行政方式,二是评论方式。行政方式一向受到某些人的推崇,也受到另一些人的鄙睨,

---

① 蒋守谦:《"新时期文学"话语溯源》,《管窥蠡测——蒋守谦当代文学评论选集》,新疆人民出版社1999年版,第398~402页。

但在中国国情中,仍然不失是一种可行的方式。评论方式虽好,但并非能看出直接的效果。采取群众推荐与专家评选相结合的方式,评选出当年最优秀的短篇小说,并以此来推动小说创作的质量的提高和创作的繁荣,正是综合了群众和专家评选两方面的优势。

我手头还保存着当时最早起草的几种文件,翻阅这些文件,使我头脑里浮现出许多美好的记忆。作为史料,这些文件似乎没有失去其价值,所以我要在此引述其中的若干片段。

举办1978年全国优秀短篇小说评选启事

提倡短篇小说,好处很多:它有利于及时反映工农兵群众抓纲治国,努力实现社会主义现代化的火热斗争;它有利于促进文学创作题材、风格上的百花齐放,特别是文学创作新生力量在思想上、艺术上的锻炼和成长。

近年来,全国各地出现了一批好的和较好的短篇小说,受到广大读者的热烈欢迎。群众希望短篇小说迅速繁荣起来,带动各种文学创作日益繁荣兴旺。

为促进短篇小说创作的发展与提高,本刊决定举办1978年全国优秀短篇小说评选,希望得到全国各文艺团体、文艺期刊、文艺工作者和广大读者的热情支持。

现将这次评选的有关事项公布如下:

一、评选范围:从1976年10月至1978年12月止,在此期间全国各地报、刊发表过的优秀短篇小说,均在评选范围之内。

二、评选标准:凡从生活出发,符合六条政治标准,艺术上具有独创性的作品,不拘题材、风格,皆可推荐。提倡那些能够鼓舞群众为新时期总任务而奋斗的优秀作品。

三、评选方法:采取专家与群众相结合的方法。热烈欢迎各条战线上的广大读者积极参与推荐优秀作品;恳切希望各地文艺刊物、出版社、报纸文艺副刊协助介绍、推荐;最后,由本刊编委会邀请作家、评论家组成评选委员会,在群众性推荐的基础上,进行评选工作。评选结果,将于1979年上半年在《人民文学》上公布。

  凡参与推荐与评选的个人或集体、单位,请将意见填入本期附印的《评选意见表》或另纸写出寄给我们。评选意见截止日期是1979年1月底。

《人民文学》杂志社
1978年9月20日

(附表略)

此件连续刊登在《人民文学》1978年第10、11、12期上。我的收藏中,还有一份较这一文件更早的同样名称的文件,签署日期是9月7日。作为那份文件的附件,是供领导参考的"初步设想"。全文如下:

附:《1978年全国优秀短篇小说评选的初步设想》

(此件仅供领导参考,不公开发表)

  《人民文学》遵照英明领袖华主席给本刊题词的精神,为了贯彻"百花齐放"的方针,繁荣社会主义文艺创作,准备从1978年起对全国优秀短篇小说逐年进行评选。有关评选范围、办法的初步设想如下:

  一、评选范围:

1978年评选,从1976年10月至1978年12月止(以后每年一评),在此期间全国发表过的优秀短篇小说均在评选范围之内。

  二、评选标准:

(1)提倡反映当前现实斗争生活的作品,反映革命历史斗争的佳作也可入选。

(2)提倡题材、风格的多样化。

(3) 提倡篇幅短、生活新、思想深而又富有独创性的作品。

(4) 提倡革命现实主义和革命浪漫主义结合较好的作品。

(5) 主要是推荐新人作品,有老作家的短篇佳作也可入选。

三、评选办法:

采取专家与群众相结合的方法。请各地文艺刊物、出版社和报纸文艺副刊推荐并发消息;在《文艺报》及其他报刊发消息;在《人民文学》上发启事(在本刊10月号上登"启事",并附《评选意见表》)。发动广大群众推荐。

《人民文学》要安排专人负责初选,提出初选篇目,交评委会审定。初步设想每年选出优秀短篇小说二十篇左右,按质量分别为一、二、三等。在明年3月号《人民文学》上公布评选结果,并酌情给当选者精神上和物质上的奖励。

评选委员会由《人民文学》邀请作家、评论家5人组成(拟请茅盾、张光年同志主持)负责审定,选出当选的优秀作品。

四、奖励办法:

(1) 一等奖作品如未在《人民文学》上发表过的,可予转载;全部获奖作品建议由人民文学出版社出单行本。

(2) 请获奖作者到北京来开座谈会,请领导同志接见。

(3) 获奖作者每人发给纪念性的奖状或纪念册。

(4) 获奖作品按一、二、三等奖,分别给予100元、80元、60元的奖金或书籍及其他纪念品。

(5) 设想奖金预算2000元。一等3篇300元,二等5篇400元,三等12篇720元。做纪念章或纪念册,600元左右。

(注:此文件是上述《评选启事》9月7日稿的附件。)

群众推荐与专家评选相结合是这次评选的一个突出特点。这一举措,得到了广大读者的热烈反响,纷纷投票推荐自己认为优秀的短篇小说作品,到1979年2月10日,编辑部总共收到群众来信10751封,投票20838张,推荐作品1285篇。真可谓盛况空前!群众投票得票多的作品,编辑部在初选时,优先考虑。但也顾及了读者意见会出现某种片面性的可能,如地区和读者文化水准的差异,有可能导致确属优秀的作品而在群众中得票甚少的情况。编辑部把得票300张以上的作品(除《醒来吧,弟弟》外)全部入选,共12篇。另外,又在群众中得票并不很多的优秀作品中选了8篇,加起来共20篇。编辑部把这20篇小说作为"优秀小说初选篇目"送给评委审阅。编辑部于2月22日致信评委,针对在初评工作中遇到的和想到的一些问题,提出了一些设想,供评委们在审阅初选作品时参考。信是这样的:

您好!

1978年全国优秀短篇小说评选工作,到2月10日为止,群众来信已经结束(投票结果见《简报》第三期)。近日来,我们编辑部全体同志经过多次开会讨论,拟出了初选作品20篇的篇目,今送上,供您在评选时做参考。这里,把我们在讨论中接触的一些问题,以及我们对这些问题的想法,向您汇报如下。

(一)选多少篇合适的问题:大多数同志认为,粉碎"四人帮"以来,短篇小说创作日益繁荣,出现的好作品较多,受到社会各阶层特别是青年读者的欢迎和重视,产生了较大的影响。从这个实际情况出发,这次评选出的优秀作品不宜太少。但如果不做应有的严格要求,尺度放得很宽,选的作品过多,也不能达到推荐优秀作品的目的。因而,认为选15～20篇比较相宜,最多不超过20篇。

(二)如何体现群众推荐与专家评选相结合的问题:我们必须充分重视群众的意见,群众投票多的作品应优先考虑。但也要看到读者提意见也会有局限性,例如地方刊物上发表的作品很多读者看不到;由于各种原因,某些优秀作品暂时还不能被广大读者所欣赏等等,因此一些得票虽少而确系优秀的作品,也应选入。根据这种认识,这次初选时,我们把得票300张以上的作品(除《醒来吧,弟弟》以外)全部选入,共12篇;另外选入8篇,每篇得票不一定都多,有的甚至是很少的。

(三)对老中青作者的作品应否一视同仁的问题:基本上应

该一视同仁。但从实际情况来看,粉碎"四人帮"以来,短篇小说创作队伍中出现了不少新人,他们的创作,不仅数量多,而且有一定数量的作品质量也较高。通过评选,对这样一些新作者给以鼓励、肯定,这对于发展、壮大文学创作队伍,有特别重要的意义。在同一时期内,中年作家的创作也比较活跃,而老作家写得还不很多。因此,大家一致认为:这次评选应偏重于中青年作者,特别是青年作者。初选篇目中,未选入老作家的作品。

(四)评选工作如何体现"百花齐放"的方针?我们认为,"百花齐放"方针的基本精神,是鼓励作者充分发挥各自的创造性。而初选的20篇作品,基本上都是从生活出发,在取材上冲破不少禁区,在风格、手法上也大都各有特点,可以说都有不同程度的独创性。20篇作品中,写爱情生活的篇数最多,而反映工农业战线斗争生活的篇数较少,直接反映向"四化"进军的作品则连一篇也没有。我们考虑,如果在题材上求平衡,降低质量要求,使某些作品入选,这样做是不妥当的。

(五)对各少数民族作家的作品应不应该特别加以照顾?我们认为:我国是一个多民族的国家,此次评选工作中,对各兄弟民族作者的作品应该特别加以注意。但近年来,各兄弟民族作者写的短篇小说不很多,初选篇目中只选了回族作者张承志的《骑手为什么歌唱母亲》(内容写蒙古族人民的斗争生活)。

(六)这一次是粉碎"四人帮"以来的短篇小说评选,而初选的20篇作品中,1978年的作品入选较多(17篇),1977年的作品入选较少(3篇),是否适宜?讨论中大家认为:1978年的短篇小说创作比1977年有显著进展,因此1978年的当选作品比1977年多,是符合实际情况的。应该考虑到1977年的有些作品在当时的历史条件下所起的作用,在选取标准上可以适当放宽一点,但不宜放得太宽。

(七)初选的20篇作品,仅仅是从6种刊物和一种报纸副刊上选出的,而《人民文学》上发表的作品又占了较大的比例,这样做是否合适?我们经过反复讨论,认为如果在这个问题上考虑过多，势必影响入选作品的质量，因此对初选篇目没有再做调整。

（八）在初选篇目中，刘心武同志的作品占了两篇（《班主任》和《爱情的位置》），是否合适？我们认为从作品质量、社会影响以及群众投票的情况来看，这样做比较合适。

（九）当选的作品要不要分等级？我们觉得以不分等级为宜，但可以按作品质量排出先后顺序，在颁发奖金时，发给前5名的奖金数目可以高一些。

以上考虑和意见若有不当，请予指正。

我们计划在3月中旬全部完成此次评选工作，因此建议在3月5日举行评选委员会会议，正式进行评选，确定当选篇目。望您于3月5日前翻阅有关作品，届时出席讨论。

此致

敬礼！

人民文学杂志社
1979年2月22日

1979年3月5日如期举行了"1978年全国短篇小说评选"评选委员会会议。评委们对编辑部提供的初选篇目和在信件中提出的设想进行了讨论，对某些篇目进行了调整。

评委会后，《人民文学》编辑部又于3月7日致信各位评委：

根据昨天评选会议上同志们的意见，我们对"优秀短篇小说初选篇目"又做了修订，现送上，请再斟酌。

修订后的篇目共25篇——原篇目22篇（按：原件如此）中去掉一篇《虎皮斑纹贝》，增加4篇（《满月儿》、《抱玉岩》、《"不称心"的姐夫》、《最宝贵的》）。《虎皮斑纹贝》是《人民文学》登载的，内容又是写青年爱情生活的，而此类题材的作品过多，因此去掉了。增加的4篇都是地方刊物上登载的；其中《最宝贵的》由于特别短小、精练，根据会后某些同志一再建议，又选入了（内

第二章　新时期文学的兴起(1978)

容上的缺点可与作者商量修改）。此外，对排列顺序也做了调整，把《窗口》和《湘江一夜》置于前五篇中，把《顶凌下种》置于第七篇的地位（因得票只有22张，似不宜再提前）。《足迹》是描绘周总理形象的，写得也还精练，因此置于第六篇的地位。

您对这一篇目还有什么意见，请于本月10日前打电话或来信示知。

此致

敬礼！

人民文学编辑部
1979年3月7日

经过三次调整篇目，最后确定了下列25篇优秀短篇小说获奖。《1977～1978年全国优秀短篇小说评奖获奖作品》篇目如下：

《班主任》刘心武　《人民文学》1977年第11期
《神圣的使命》王亚平　《人民文学》1978年第9期
《窗口》莫伸　《人民文学》1978年第1期
《我们的军长》邓友梅　《上海文学》1978年第7期
《湘江一夜》周立波　《人民文学》1978年第7期
《足迹》王愿坚　《人民文学》1977年第7期
《顶凌下种》成一　《汾水》1978年第1期
《愿你听到这支歌》李陀　《人民文学》1978年第12期
《弦上的梦》宗璞　《人民文学》1978年第12期
《伤痕》卢新华　《文汇报》1978年8月11日
《从森林里来的孩子》张洁　《北京文学》1978年第7期
《骑手为什么歌唱母亲》张承志　《人民文学》1978年第10期
《辣椒》张有德　《人民文学》1978年第4期
《取经》贾大山　《河北文学》1977年第4期
《满月儿》贾平凹　《上海文学》1978年第3期
《最宝贵的》王蒙　《作品》1978年第7期

《献身》陆文夫　《人民文学》1978年第4期
《墓地与鲜花》萧平　《上海文学》1978年第11期
《眼镜》刘富道　《人民文学》1978年第2期
《姻缘》孔捷生　《作品》1978年第8期
《抱玉岩》祝兴义　《安徽文艺》1978年第7期
《"不称心"的姐夫》关庚寅　《鸭绿江》1978年第7期
《看守日记》齐平　《解放军文艺》1978年第12期
《芙瑞达》于土　《广东文艺》1978年第1期
《珊瑚岛上的死光》童恩正　《人民文学》1978年第8期

举办短篇小说评奖,在我国,是新时期文学初期出现的新事物,"文革"前的17年中,从来没有进行过类似的评奖。这次评选的收获是多方面的,以笔者看,其一,也是最大的收获,是使一些有才能的青年作家脱颖而出,得到了公众的认同;其二,25篇作品的评出,标志着我们的新时期文学已经走出了"四人帮"文学教条影响的阴影,逐渐向着文学的本义回归;其三,以"伤痕文学"为开路先锋的新时期文学横空出世,开了一代文学新风。

第三章
大辩论与大前进

(1979)

　　1978年12月18日至22日举行的中共十一届三中全会为全党和全国制定了"解放思想,实事求是,团结一致向前看"的思想路线,把中国带入了一个以经济建设为中心的改革开放的历史新时期。对新时期的中国文艺界来说,1979年,是思想理论取得重大进展、创作硕果累累的一年。如果要问怎样概括和评价1979年的中国文坛和中国文学,我的回答是:如果把1978年概括为对林彪、"四人帮"进行大批判,拨乱反正的一年,那么,1979年则是文艺界在文艺观点上分裂为两大派,文学艺术在思想大辩论中大前进的一年。一大批青年作家脱颖而出,一大批"归来"的作家再度伸展开飞翔的翅膀,"伤痕文学"继续在左冲右突中锐进,一部优秀的作品问世往往牵动着亿万读者的心,"改革文学"喷薄而出,并以其现实主义的力量震撼着亿万读者的心扉,开始形成一股势头强劲的文学思潮和流派。20世纪以来,文学与读者从来没有发生过如此紧密而广泛的联系。是时代赋予了文学以思想和艺术的强大生命力。

思想解放的锣鼓

　　新年的热闹劲儿还没有冷却下来,1979年1月6日至11日,中央宣传部召开了全国宣传工作会议,贯彻三中全会的精神。在全国宣传工作会议上,宣传部长胡耀邦宣读了经中共中央批准的中宣部

《关于建议为"中宣部阎王殿"彻底平反的请示报告》。他说:"阎王殿"是怎么来的?最早出自康生、陈伯达之手。1965～1966年的《大事记》里说,1966年3月28日至30日,毛主席多次与康生、陈伯达、江青谈话。江青汇报说,宣传战线问题严重,扣压左派的稿件,包庇反共知识分子。前者指的是关锋,后者指的是吴晗。在这种情况下,毛主席的确说过"打倒阎王,解放小鬼"的话。但充其量是指的具体工作。多年来,林彪、"四人帮"对陆定一等同志进行残酷迫害,对中宣部、文化部进行诬蔑。现在一定要公开并彻底推翻"四人帮"强加给中宣部的一切诬蔑不实之词。

(自左而右)浩然、邓友梅、刘绍棠、林斤澜、张弦、从维熙

接着,从1月18日起,中共中央又在北京召开了理论工作座谈会(即理论务虚会),以三中全会确定的方针为指导,研究讨论一些涉及建党治国的重大思想理论问题。胡耀邦在会上作了《理论工作务虚会引言》的讲话。他说,这次理论工作务虚会,一是要总结理论宣传战线的基本经验教训,二是要研究全党工作重心转移之后理论宣传工作的根本任务。会上印发了胡乔木关于社会主义时期阶级斗争的一些提法问题的意见。他认为,"无产阶级专政下继续革命"这个口号涵义不清,在现实生活中仍然可能成为不安定的因素,故不宜再

提；关于"社会主义社会这个历史阶段中,始终存在着阶级、阶级矛盾和阶级斗争"的说法,其中"始终"二字是康生所加,逻辑上不通,提法也错误,迫切需要纠正;"以阶级斗争为纲",不符合社会发展实际,势必造成阶级斗争的人为的扩大化;党内斗争并不都是路线斗争,党的历史不等于就是路线斗争的历史。与会代表对胡乔木的这些意见进行了讨论和研究,并形成了比较一致的看法,认为对社会主义时期的阶级斗争问题应当重新认真研究,做出符合实际的科学结论,过去的一些错误提法应停止使用。

在中宣部"阎王殿"平反之后,紧接着,北京市委书记林呼加在市委工作会议上宣布:彭真、刘仁反革命修正主义集团是不存在的;华北局城工部是叛徒集团的问题也不存在;"二月兵变"事件根本不存在;为《海瑞罢官》、"三家村"平反;《前线·发刊词》是实事求是的,没有错误;为因"畅观楼事件"受到批判和迫害的同志平反。2月28日,文化部党组做出决定并经中宣部批准,宣布为"旧文化部"错案平反,凡是受所谓"旧文化部"、"帝王将相部、才子佳人部、外国人死人部"、"文艺黑线"这些大错案的牵连而受到打击、诬蔑的同志一律彻底平反,一切诬蔑不实之词统统推倒。至此,中宣部、文化部、北京市委这三个受害最重最深的部委都已平反了。

三个部委和中国文联及各协会的平反标志着在组织上基本上完成了拨乱反正的任务,但在思想上,特别是在文艺上拨乱反正的任务则更艰巨、更复杂。全党全国百废待兴,文艺界也不例外。除中国社会科学院所属的《文学评论》和《世界文学》两个刊物复刊较早外,随着中国文联及五个文艺协会恢复工作,又有一批重要的文艺刊物获准复刊。从年初起,复刊的文艺刊物有《民间文学》(中国民间文艺研究会主办,1979年1月复刊)、《剧本》(中国戏剧家协会主办,1979年1月复刊)、《电影艺术》(中国电影家协会主办,1979年1月复刊)、《电影创作》(北京电影制片厂主办,1979年1月复刊)、《大众电影》(中国电影家协会主办,1979年1月复刊)、《曲艺》(中国曲艺研究会主办,1979年1月复刊)等。一批大型文学刊物也陆续复刊和应运而生,如:《十月》(北京出版社主办,1978年8月创刊)、《收获》(上海作家协会主办,1979年1月复刊)、《花城》(广东花城出版社主办,1979年4月创刊)、《当代》(人民文学出版社主办,1979年8月创刊)、《钟山》(江苏人民出版社主办,1979年1月创刊)、《清明》(中国作家协会安徽分会主办,1979年8月创刊)。文艺工作者的思想逐步解放。随着新中国成立30周年纪念日的即将到来,清理过去、开辟未来的任务,被提到了文艺界的议事日程上来了。从年初起,就连续不断地召开各种会议,清理过去,讨论繁荣文艺的重大理论问题和创作实际问题,推进文艺界的思想解放运动。

2月5日,中国文联筹备组召开省、市、自治区文联工作座谈会,出席会议的有29个省市区文联的代表和中央各协会的负责人共75人。会议交流了各地恢复组织机构的情况以及存在的问题和困难;讨论了重新组织文艺队伍的问题。强调必须肃清"文艺黑线专政"论的流毒,对作家、艺术家认真落实政策,并对召开第四次全国文代会提出意见和建议。阳翰笙、林默涵、李季、冯牧主持并讲话。胡耀邦于2月10日到会讲话时向文艺界进言四条:"善于总结经验,经常反映情况,切实加强团结,认真发愤图强。"

思想理论战线正处在一个重要的历史时期。一些重大思想理论问题的提出与解决,对文艺界,特别是我们这些在意识形态领域里工作的人来说,产生了很大的冲击和推动作用,我的感受是:如沐春风,如被甘霖。

为"四五"诗歌正名

诗是诗人的武器,是人民的心声,也是文学诸形式中最敏感最活跃的一种。自1976年的"四五"诗歌运动以来,诗歌一直走在文学的前头,并取得了十分显著的成就。1978年11月14日,经中共中央政治局常委批准,中共北京市委宣布,1976年清明节群众到天安门广场悼念周恩来总理、声讨"四人帮",完全是革命行动,对于因此而受到迫害的同志,一律平反,恢复名誉。诗歌界的许多人提出建议把"4月5日"这一天定为"中国诗歌节"。

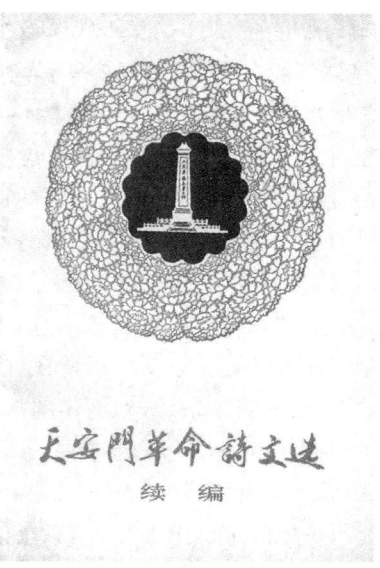

《天安门诗抄》(1978年1月内部印本)与
《天安门革命诗文选》(1978年12月人民文学出版社版)

1979年1月中旬,由《诗刊》社主持在京召开全国诗歌创作座谈会。应邀出席座谈会的人数很多,有来自全国各地的诗人、歌手一百多人,会议围绕着诗歌如何为四个现代化服务这个中心问题,回顾了"五四"以来新诗发展的历史,总结了近三十年来诗歌创作正反两方面的经验,肯定了"四五"天安门诗歌运动的伟大意义,强调诗歌创作一定要说真话、抒真情,表达人民群众的心声。诗歌节的呼声也是与会者最关心的一个问题。会议由《诗刊》主编严辰,副主编邹狄帆、柯岩主持。胡耀邦、胡乔木、周扬等应邀到会讲话。

胡耀邦应邀于1月19日在诗歌创作座谈会上讲话,他一共讲了九大问题。这些问题是:(1)人民对我们的要求。(2)我们的党领导文学艺术的根本经验。他说:"意识形态、思想理论、文学艺术、科学理论方面搞'百花齐放、百家争鸣'。现在回头来看一看,毛主席提的这个方针,我们有时执行得好,有时执行得不好;执行好的时候,成绩就大一些,执行不好的时候,我们就吃苦头,人民吃苦头。……我们也搞过瞎指挥。"(3)"三年来(按:指从1976年'四五'以来)诗歌有大发展,好得很。"胡耀邦对"四五"诗歌很高评价。他说:"你们提出,要把'四五'定为诗歌节。我情况不太清楚。从1976年1月8日周总理去世以后,以悼念总理为起点,诗歌确有个大发展,形势好得很。我同意这个估计。……三年来的诗歌,特点是什么呢?似可从两个方面来说,一方面是歌颂了革命的老一辈,歌颂了共产党;另一方面暴露了'四人帮',他们是共产党中的坏蛋,大坏蛋。《天安门诗抄》中有'我哭豺狼笑',这是暴露了'四人帮';'扬眉剑出鞘',这就是歌颂人民,歌颂了党。主要特点就在这里。……我赞成你们写诗史,要写出很重要的结论来。"(4)创作题材和形式问题。他说:"我们的国家,我们的人民,有几千年(有文字记载)的历史,题材非常广阔。……现在我们生活的天地比那个时候更大了,我们的诗人们应到生活里面去,到沸腾的生产里面去,到各条战线的事业里面去,到宏伟的事业中去,到人们的精神世界中间去。"(5)关于作品的审查问题。他说:"审查者要学会正确的审查,错误的审查不能再继续下去了,要吸收错误审查的经验。江青式的审查、陈伯达式的审查、戚本禹式的审查、关峰式的审查、康生式的审查,把人家都审查倒了。我们不能这么审查,用对待敌人的办法对待自己的同志……我们的审查是内行加群众,外行不懂就别作声嘛。"(6)诗歌创作可不可以组织起来的问题。这在当时是个十分尖锐的问题。胡耀邦说:"你们有什么组织没有?(严辰答:没有。)《诗刊》发行多少份?(答:五十万份。)可不可以组织起来?我看可以组织起来。叫什么名字,诗歌协会?总得有个名字。不一定要叫'四五'。每个省也可以组织。29个省市为什么不可以组织?(张光年插话:现在有的同志要组织'同人诗社'。)我不赞成分什么官方、民方。我们的政策还是讲团结。你是官方,我是民方,我的'民方'就比你的'官方'优越!这不是在制造矛盾吗?全国搞一个组织就可以了。"(7)发表和出版的问题。(8)文学艺术工作者应有的风格问题。胡耀邦指的是文艺工作者的品格,讲了三条。第一条,正确对待自己;第二条,正确对待同行;第三条,正确对待兄弟单位。(9)民主问题。胡耀邦说:"党内民主遭到了很大破坏。第一是党内出了林彪、江青这些坏蛋,摧残人民民主,也就是摧残了无产阶级专政。第二,党内有些同志不懂得发扬民主,官越做越大,搞一言堂,不关心人民疾苦。第三,现在我们党提倡民主生活,发扬党内民主。但少数同志,有些青年,说我们党没有民主,说他比我们党还民主。这种观点我不赞成。"

在这次讲话中,胡耀邦批评了一些青年人中的民主个人主义倾向:"现在有那么些人,或个别人,其中有些小青年,他们的民主是个人主义的民主,或者叫做民主个人主义。毛主席批评过民主个人主义者。所谓民主个人主义者,包括知识分子中的朱自清、闻一多在内的一些人,这些人有两种发展前途:像朱自清、闻一多这样的人,由民主个人主义发展到爱国主义,甚至更进一步成为共产党的亲密战友;但也有人变得很坏。什么叫民主个人主义?民主个人主义是一种旧民主主义的思想,是资产阶级自由主义的思想。现在某些青年人颇为热衷的这种民主个人主义的特征是什么?根据材料,根据街上大字报的事实,我认为有这么几点:第一,离开我们的宪法,讲个人的民主自由。宪法是国家的根本大法,人民代表大会通过的。在中国是共产党领导搞社会主义,以马克思主义作指导。这是宪法里头根本性的规定,你是爱国的,怎么去求外国的总统帮你解决所谓人权问题呢?怎么还找外国记者帮忙,同他们联络呢?你这是什么民主?离开宪法搞个人民主,这个不行。第二,脱离生产发展去搞改善生活。我们的生产受到了破坏,我们要先搞'四化',在搞'四化'的基础上改善生活。我们知识青年上山下乡,重要的是要把农场办好,从各方面关心他们,逐步解决他们的问题。几百万知青统统回大城市,这怎么行?有的已经外迁的学校还说,搬回北京才是百分之百正确,不回北京就是百分之百错误,你这是什么逻辑?我怀疑你那个民主。你是为九亿人打算,还是为少数人打算?要讲真话嘛。不能离开生产建设的现实状况讲改善生活,我们大家还得艰苦奋斗嘛。第三,离开人民的整体利益去计较个人利益。民主是多数人的意志还是少数人的意志?按马克思讲的,人民民主是多数人的意志,不是少数人的意志。民主,要大家商量。我们的最高利益是四个现代化。没有四个现代化，我们大家都完蛋。所以，一切都要看是否有利于四个现代化，是否有利于全国人民的共同利益和长远利益。离开人民的根本利益，这种民主不是真民主。第四，离开马克思主义的普遍真理去讲解放思想。你解放思想，解放到哪里去？你出大字报，还游行示威，提出什么要民主，要人权，反迫害，反饥饿。西方报纸登了头版头条，当然我们也不怕。上访人员提出的一些合理的问题是要解决的，不解决是不对的。但用游行提问题的方式是不好的。至于纠合一群人冲机关，打干部，阻拦火车，扰乱生产，砸烂公共财物，破坏公共秩序，那就更是违法的行为了。一百个游行参加者可能有九十九个人受过委屈，对他们的实际问题和合理要求，我们要解决。但不合理的要求能答应吗？专为个人打算的要求能答应吗？胡乱答应，我们怎么能向人民交账、向国家交账？你们要搞同人诗刊，我不反对。但总要有个限度吧？你拿这个刊物卖给外国人，说上面有情况、有材料，四个美分一份。外国人借此来搞情报，你给他提供材料，这是什么民主？……"①

　　三中全会之后，发扬社会主义民主成为全国全党众所关心的问题。诗歌座谈会前后，北京发生了西单"民主墙"和知青上访等事件。"民主墙"事件和西单墙上出现的诗作，自然也为与会的诗歌界人士所关注。几天前，胡耀邦在全国宣传工作会议上讲话时，已谈到这个问题，他说：西单"民主墙"，多数意见是合理的，但也出现了启蒙社、人权宣言等。这些人当中，不能排除有个别的现行反革命，也有一批是对党、对社会主义不满或极端不满的人。但有些小青年是思想比较动荡，他们不愿意生产，满腹牢骚，有些人不是往共产主义前进，而是追求民主个人主义道路。对这些人要多做思想工作。民主个人主义，可能发展到社会主义，也可能走到反马克思主义。有的人受了冤屈，有的平反了，有的人要价很高，提出了难于满足的要求，也有的人习惯了上访和流浪的生活，有的人则确有精神病态，发展到了诬告

---

　　① 所引胡耀邦的话，据诗歌创作座谈会会务组印发的《胡耀邦同志在诗歌创作座谈会上的讲话》（记录稿，1979年1月19日）。

者。总之,对这些人都不要压制,不要抓,要多做思想工作。要承认群众的整个潮流是好的。对青年中少数追求西方文化的民主个人主义者要做好工作。在诗歌座谈会的讲话中,他再次谈到这个问题:现在有那么些人,或个别人,其中有些小青年,他们讲民主是个人民主。他们是离开宪法讲个人的民主自由,离开生产去搞改善生活,离开人民的整体利益去计较个人利益,离开马克思主义的普遍真理去解放思想。

胡乔木在1月14日的会议上,就新诗的历史和诗歌创作的锤炼等问题讲了话。胡乔木在谈论新诗的历史时说:毛主席与他谈话时,讲到冯雪峰早期的诗《湖畔》,说那些诗"写得非常好",而他后来的文章里,《湖畔》那时的精神到什么地方去了?胡乔木说:"应该说,在中国新诗的历史上,跟《湖畔》有相等的价值、比《湖畔》有更高价值的诗集多得是。所以我认为,不能讲新诗搞了多年没有任何成绩。本来,要说新诗的成绩,要从实际出发,不能从任何权威人物的评判出发。……新诗的成绩从什么时候算起?就拿刚才说的这个例子,那么,新诗的成绩应该从开始有新诗的时候算起。《湖畔》不是延安文艺座谈会以后的作品,可是毛主席就肯定了这个作品。这也说明,新文学运动的历史,当然就要从最早的新文学作品(不管是哪种体裁的作品)开始出现时算起。我们没有充分的理由把新文学从1942年算起。这样算法不合乎客观实际,这样写出的历史,不能完整地反映新文学运动,包括无产阶级文学运动的历史。无产阶级文学运动以前的新文学,它仍然是新文学,它仍然是区别于旧文学,它仍然是中国新文学史上的划时代的大事。不能因后来有无产阶级新文学的崛起而抹杀新文学运动的功劳。……新文化运动包括新文学运动,是同'五四'运动联系在一起的。我们说,新诗运动也应是这样。"胡乔木批评了主张从零开始的虚无主义态度:"不能从零开始,我们的基础不是零。如果我们从零开始,而且不断从零开始的话,那么就真有变成零的危险。我们已经有了很多的先驱者,做了开头的工作,做了拓荒的工作,付出了非常辛勤的劳动。如果对这些劳动一笔抹杀,采取虚无主义的态度加以否认,这非常简单;或者说在一首诗里找出一句话两句话,或者把这些诗的题目加以统计,证明这些诗人是脱离时代的,他们是根本与人民大众没有丝毫的关系的,他们表达的是什么感情……如果这样,说起来是很容易。要知道,要创造一个新的文体,像诗歌这样的领域,要摆脱中国几千年的各种各样的旧体诗,在那个范围以外创造一种新的诗体出来,这是非常艰苦的工作,这不是很容易的事情。我们决不能把过去的诗人的劳动任意贬低。"胡乔木是理论家,也是文学家,他在讲话中对那些极力主张把新文学从1942年延安文艺座谈会算起的极左思潮和虚无主义思潮提出了批评。

周扬的讲话,有关形势和诗歌的,似乎都可以忽略,给我印象最深、也是最动情的,倒是对已故诗人郭小川的评价。他说:"王安石讲:'人才难得。'主席也讲过这话,对邓小平同志。王安石还讲了一句:'人才难得,亦难知。''亦难知',我对这话有点感受。比如对郭小川同志,我非常怀念他。我同他一起工作,很容易看到他的缺点,没有看到他真是诗才,有诗歌才能。后来我在招待所住,他也住了几年招待所,贺敬之同志也常去。过去没有好好看他的诗,我就把他的诗看了,觉得他的确有才能、有热情。过去他在中宣部是副处长,文联秘书长,那时为什么没有完全认识他,并不是他没有缺点,而是没有看出他的才能。所以'难知'啊,包括他的缺点和优点。要谅解他的缺点,发扬他的优点,很不容易。我做文化工作这么多年,这是一条重要的经验,人才难得亦难知。"过去的周扬讲出来的都是原则,很难听到他讲这样有人情味的话,特别是对一个人的评价。"文化大革命"后的周扬完全变了。

全国诗歌座谈会在开年之初召开,会议的话题远远超出了诗歌本身,涉及了许多敏感而尖锐的重大问题,如发扬社会主义民主问题等。尽管诗歌节的动议没有下文,但会议肯定了"四五"诗歌运动的历史地位,在中国当代诗歌发展史和中国当代文学史上最具重要意义。

长篇小说作者亟待冲出思想牢笼

粉碎"四人帮"后,长篇小说的创作一时甚为兴旺,出版社收到的稿子和出版的作品相当不少,但由于长篇创作需要较长的时间,作者(包括一些有成就的作者的作品)普遍存在着被困于旧的僵化模式和"左"的思想牢笼的问题,因而普遍落后于时代的发展和读者的需要。文学需要发展,作者需要前进。

为了让长篇创作走出困境,人民文学出版社于2月5日至13日在京召开中长篇小说创作座谈会。邀请了来自全国各地的四十多位中青年作家和部分老作家,就中长篇小说创作面临的种种问题,如文艺与生活的关系问题、悲剧问题、歌颂与暴露问题、"两结合"创作方法问题等等展开讨论。参加会议的有高缨、黎如清、王蒙、刘心武、陈立德、苏辛群、冯宗璞、冯骥才、杨佩瑾、黄家佐、王以平、秦兆阳、秦牧、谌容、陆文夫等。他们之中,大多是在1978年在该社出版过中长篇小说或在报刊上发表过作品的实力作家。会议由人民文学出版社社长严文井主持。茅盾、周扬、陈荒煤、冯牧都到会讲了话。这次会议触及了当前中长篇小说创作面临着的许多问题,对推动创作起了重要的作用。

不久,2月28日,《文艺报》也召开了一个"中长篇小说创作座谈会",应邀到会的与人民文学出版社会议的参加者不同,多半是出版社和杂志社的编辑。他们是:章仲锷(北京出版社《十月》杂志编辑)、郑万隆(北京出版社文艺组编辑、作家)、王苏(人民文学出版社小说编辑)、黄伊(中国青年出版社二编室编辑)、李硕儒(中国青年出版社二编室编辑)、崔坪(人民文学出版社儿童文学编辑)、周献明(解放军文艺社丛书组编辑)、阎纲(《文艺报》评论编辑)。由于编辑们读的中长篇小说稿件和成书较多,对小说创作中的问题也就思考较多,应该说,比较起一些埋头于写作中的小说作者来讲,这些编辑们相对地有比较清醒的认识。他们对当前小说创作的形势普遍有一种担忧,创作思想的问题不能有飞跃性的提高,不能从旧的创作思想和模式中跳出来，就很难有好的作品出现。当时出版的长篇在数量上并不少，但真正受到读者和评论界欢迎的，却只有魏巍的《东方》和李准的《大河奔流》（后改名为《黄河东流去》）两部。

与会者说，读者关心的是写当前社会生活和矛盾的作品，再写打炮楼，读者已经不满足了，即使《东方》这样的小说，也只能产生一阵子影响。我读过《东方》，并积极张罗和组织召开了一个"《东方》五人谈"，但我认为，上半部写得精彩（在《人民文学》上转载的也只是上部），真正进入写战争时，就落入老套，大为逊色了。与会者说，《大河奔流》写得有新意，但青年读者们说，下集写梁晴从青岛

由阎纲拟定的"《东方》五人谈"的邀请名单

回家务农，这种故事都听得耳朵里磨出茧子来啦。当前创作中存在着两种倾向。一是有不少老作家，他们沿着多年来形成的创作惯性，写他们熟悉的生活（农村或战争题材），由于与政治粘连得太紧，受政治影响太大，辛辛苦苦经营了多年，现在成了一堆废纸。我到故乡山东调研和约稿时，与济南的一些作家接触交流，得知写过《李二嫂改嫁》的王安友花费几年时间写的一部新作已经脱稿，稿纸摞起来比人还高，但由于还停留在老故事、老人物、老手法（当时编辑圈里流传着"五老峰"的说法，其他"两老"是什么，已经记不起来了）上，出版社通不过，只好成了废纸，对作者打击很大。朋友们也替他扼腕惋惜。二

是一些新起的年轻一代的作家，他们写"文革"，但也不自觉地堕入了新的公式化、概念化之中。现在最需要的是观念的更新、艺术的创新。

2月8日至24日，文化部电影局召开全国故事片厂长会议，确定今后电影剧本的选题、影片政治内容和艺术质量，主要由电影制片厂独立负责，充分发挥制片厂的主动性、积极性和创造性。我没有参加这个会议，从报道来看，会议所要解决的是体制方面的问题，并没有接触到多少创作思想问题。

2月10日至22日，中国社会科学院文学研究所在昆明召开全国文学学科规划会议。来自全国各主要高等院校、研究机构以及编辑出版部门等一百多个单位的一百三十多名代表，围绕着"文学研究工作如何适应四个现代化需要"这个中心问题进行了广泛讨论，号召进一步解放思想，总结历史经验，加强文艺理论建设，贯彻执行"百花齐放、百家争鸣"的方针，发展马克思主义文艺科学等各方面的问题。由陈荒煤主持的这次会议是新中国成立以来第一次文学学科规划会议。

为了配合批判和纠正文艺界长期以来"左"的思想影响，在文艺界一些领导人的策划下，并得到中宣部的批准，《文艺报》1979年第2期和《电影艺术》1979年第1期同时全文发表周恩来1961年6月19日《在文艺工作座谈会和故事片创作会议上的讲话》(俗称"广州会议"讲话)。为推动在文艺界深入学习这个讲话，两刊又联合邀请首都和在京的部分文艺工作者举行座谈会。座谈会由《文艺报》主编冯牧和《电影艺术》主编袁文殊主持。以学习周恩来这个讲话为契机，文艺界开始对于党如何实行对文艺事业的领导，以及艺术民主、艺术规律等问题进行广泛讨论。"发扬艺术民主"一时成为文艺界的最强音，在座谈会上和报刊文章里，呼声此起彼伏。以此为起点，周扬等稍后又走出第二步，捡拾起1962年在"调整、巩固、充实、提高"政治经济形势下起草完成、继而被越来越"左"的政治形势搁浅的《关于文学艺术若干问题的意见》(简称《文艺十条》)旧招，再次起草一个新的《文艺八条》。哪知这个新的《文艺八条》也胎死腹中了。

一篇来稿引出的一个故事

为了体现编者的计划，《文艺报》的编刊方法往往是事先由编辑部拟订选题，再约请作者根据编辑部的意图来写稿。这样的稿子，好处是能跟上形势，在版面上体现编者的总体意图和适应上面的要求，在质量上也有较大的把握。不好处是对从自然来稿中发现和培养作者相对不利。坦白地说，一般来稿的选用率是比较低的。而《文艺报》1979年第2期上登出的署名宋遂良的《秀丽的楠竹和挺拔的白杨——漫谈周立波和柳青的艺术风格》一文，却是一篇从自然来稿中挑选出来的好稿子。

那时，我们编辑工作的关注点主要是在平反冤案和"伤痕文学"上，而且薄薄的一本刊物和十几个编辑，对其他题材和其他内容的评论，实在也有点儿顾不上，只能有所为有所不为吧。因此，一些写得好而从内容看可以缓一缓处理的文稿，就暂时压一压，等待时机。这在编辑部来说，也是正常的事。因为对于任何编辑部来说，一个时期里，也都会有一定的重点，何况《文艺报》这样敏感的刊物呢。

记不得是哪一天了。雷达从自己办公桌上的一堆来稿中翻出了一篇稿子，说是写周立波和柳青的艺术风格的，写得不错，建议采用。作者是山东泰安一中的教员。谈风格的文章，这在当时的政治形势和文学形势下，是难得的，且写得不错。雷达把此稿提供给我，我和阎纲看了后，意见一致，很好，决定发表，就把它作为重点评论，安排在1979年第2期上了。文章发表后，不论是在编辑部，还是在读者中，反响都是肯定的。读惯了那些只从政治内容着眼评断作品好坏、高下的文章，乍读这种谈风格论技巧的文章，自有一种清新之感。

在我的印象中，这篇文章的文风婉约纤柔，对作品的体味细腻，似出自一位女性作者之手。不久，为了培养评论队伍，给作者们提供一个交流、切磋、提高的机会，我们决定于年底前在京举办一期本刊作者的读书班，宋遂良就成为我们指定邀请的不认识的作者之一。我嘱高洪波出差去泰安到组织部调查一下作者的政治情况。那时，我们还延续着过去的那一套政治审查制度,事先要对作者的政治情况进行调查或审查。高洪波回来向编辑部汇报时,说了宋遂良的一些情况,当说到他是一位男老师时,我才发现自己犯了一个性别判断的错误,凭某种想象是多么不可靠。高洪波说宋是湖南人,由于出身不好,从上海复旦大学中文系毕业后,被分配到泰安一中当教员,在"文革"中受到冲击,现在在学校的处境也不好。我们决定请他来京参加读书班,这对他改善自己的处境是件好事,但还不能从根本上改变他的处境。虽然我们素不相识,但我还是萌生了一个将他从泰安一中调出来的想法。他来京参加读书班,与我们朝夕相处一个月,大家彼此更了解了,更坚定了我的这个想法。

大约过了一年多,1981年12月,我被指派作为中国作家团的一员到香港参加香港中文大学举办的"中国现代文学研讨会",认识了同团的山东师范学院(后改为山东师范大学)副校长、著名文学史家和杂文家田仲济老前辈。他不仅是我尊敬的作家和史家(他抗战时期写的《抗战文艺史》现在还在香港的书店里热销),又是我的小老乡——潍县东关人,自然多了一份亲情。我便拜托他设法把宋遂良调到他们学校,一方面发现和培养了一个人才,另一方面也为其解除了困境。田老把我的话记在心里,后来终于把宋遂良调到了山东师范大学中文系现代文学研究室。宋遂良不仅有才而且勤奋,没有辜负田老的一片苦心,后来成为有名的文学评论家。他一面教书,一面写作,写了许多有新见的评论和脍炙人口的散文和杂文。

2002年元月14日,我所尊敬的田老,因病不治在济南逝世,我于当年的3月6日写了一篇悼念他的文章,记下了田老应我的请求所做的这件事情。

2002年元月14日傍晚,苗得雨打来电话说,田仲济先生于早6点55分在济南逝世了。我的心头立刻被一种莫名的悲哀和不祥所笼罩。马年伊始尽是传来噩耗,我们已经接连送别了好几位文坛前辈,韦君宜、钟敬文、吕骥、张光年。如今,田仲济先生也走了!田老是我敬重的老作家、老学者,我国现代文学研究的奠基者,他是我的同乡,虽然他住济南、我住北京,相隔千里,虽然他比我大了近三十岁,是我的父辈,但我们的思想却相通,脾气也很相投,交谈起来无间无隙。近二十年来,我们多次见面,多有书信往还。先生的剑与火的性格与品德,令我敬服;先生的道德文章,令我仰慕。他对我的教诲和帮助,我是终生铭记在心的。

我最初认识田老是在1981年的冬天。当时,中国作家协会派出以黄药眠和唐弢为团长的中国作家团出访香港,参加由香港中文大学主办的"中国现代文学研讨会"。那个代表团是改革开放以来由中国作协派去香港的第一个作家代表团,所以阵容特别强大,由13人组成,除了团长外,还有柯灵、王辛笛、丁景唐、楼栖、吴宏聪、林焕平、叶子铭、理由、范宝慈。田仲济和我也是那个团的成员。代表团里有好几位是在香港居留过或在香港颇有影响的文艺界老前辈,为他们的身体着想,代表团成员不在北京集合,而是分别从各自的住地出发,到广州会合。就这样,我和田老在广州的白云宾馆里见面相识了。

丁景唐、林焕平、田仲济在香港(1981.12)

其实,未见面之前,我就很仰慕他的文章了。他于20世纪20年代末登上文坛,到三四十年代,以写杂文而成名。在重庆与姚雪垠等合办《微波》文学月刊,先后出版过《情虚集》、《发微集》、《夜间相》等杂文集,被认为是"鲁迅风"的传人、杂文名家。1947年在上海出版的《抗战文艺史》,作为我国第一部断代文学史,被奉为我国现代文学研究的奠基之作。这部著作在香港和海外至今还享有盛誉。作家协会选择他作为这次赴港代表团成员是有道理的。

我们一起乘坐火车从广州到红磡车站,一起拜访香港中文大学当时的校长马临先生,和内地、港台的作家学者们一起坐在香港中文大学祖尧堂里研讨现代文学的种种相关问题,一起参加由香港《文汇报》、《大公报》、《今晚报》等联合举办的香港文艺界座谈会。他在研讨会上发表了题为《四十年代王统照的创作活动——论一个作家在抗战中的爱国主义精神》的论文。他是刚刚完成的六卷本《王统照文集》的主编。由于我们是"文革"后第一个访港的内地代表团,田仲济与黄药眠、唐弢、柯灵、辛笛等老作家一样,也是备受香港文化界关注的一个成员。他参加了由三联书店举办的签名售书活动,在书店里,不仅有他的《文学评论集》在卖,特别有意思的是,他几十年前的旧著、在大陆久已绝版的《抗战文艺史》也还在卖,还是香港的大学生的参考书。

20世纪80年代初,我所供职的《文艺报》编辑部有个传统,除了编稿,还要从来稿中发现人才和培养人才。山东泰安中学的语文教师宋遂良,投来一篇题为《秀丽的楠竹和挺拔的白杨——漫谈周立波与柳青的艺术风格》的稿子,雷达同志读过后认为文章写得很好,便提交给我复审。我读后,很同意初审的意见,这个作者不仅有自己的见解,而且文字也婉约秀丽,遂决定发表此文。文章发表后,该作者成为我们重点联系和培养的对象。我又请高洪波同志去泰安调查作者的情况。了解了他在中学里的处境后,我把他的情况和处境写信告诉了时任山东师范大学副校长的田仲济先生,希望他能助一臂之力,把宋遂良调到高校来从事当代文学的教学与研究。后田老受教育部指派,率团访问美国,并到旧金山州立大学讲学,路过北京,住在国务院招待所,给我打来电话,邀我前去会面。一见面,田老便不无幽默地对我说:"你交给的任务完成了。我已经把宋遂良调到现代文学研究室来了。"我万万没有想到田老对我这个小朋友的一个建议如此重视,我也深知要调一个人到济南、到高校,有多么困难,要走多少手续!他对人才的爱护、对朋友的忠诚,令我由衷地感谢,也增添了几分崇敬!

田仲济(右)与本书作者

鉴于田仲济在杂文写作上的成就,中国现代文学研究会、山东师范大学等十多个单位于1993年4月在济南主办"田仲济杂文研讨会",邀我前去与会。由于会议的主题是讨论田仲济的杂文,我平时读得不多,便临时抱佛脚,抓紧时间突击读田老的杂文,克日赶赴会议,并携去一篇《文章不是无情物》的文章。杂文是一种战斗的文体,是一种批评的武器。田老的杂文如剑似火,他敢于说真话,敢于触及某些禁区,抨击假恶丑不留情面,幽默中显犀利,平易中透真情。既然有志于献身杂文,就不能不触及现实的阴暗面;既然要触及现实、褒贬是非,就总会有人不高兴。他不回避矛盾,他不惧怕压力,该怎么活就怎么活,该怎么写还是怎么写,不改初衷,因而也赢得杂文界和评论界的敬重。田老见我到会,来我的住处看我,与我促膝长谈。他虚怀若谷,说自己虽然写过些杂文,但没有多少成就,嘱咐会议主持者们不要用"田仲济杂文研讨会"这样的名称,而改称"杂文研讨会"。

会议组织者安排我与学术界前辈罗竹风先生同住一室。罗竹风先生也是山东人,又是老革命,一生经历坎坷,学术上以宗教学和宗教史为主业,兼及其他社会科学的多个领域,也是我很崇敬的学人。他与田老是挚友。他叫我"小朋友",几天里,他给我讲自己的经历,讲田老的学术思想,讲他们的友谊,我感到非常亲切。会议期间,田老除了坚持参加会议外,还多次来看望罗老和我,嘘寒问暖。我看到两位老前辈深厚而无间的友情,是多么羡慕呀。此时,罗老已经患了不治之症,但他自己并不知道,会议结束后去了青岛女儿家小住。我给他往上海写信,过了很长一段时间才收到回信,这时,他已经住进了医院。在信里,除了谈他自己的病情外,又谈了很多田老的为人和治学。

大约两年后,田老在读了我写的一篇散文后,给我写了一封信,不仅谈了他自己的身世和写作,而且对我表示了长者的关心和期望。我一直把他的这封对一个晚辈充满了爱护与鼓励的信件保留在身边,作为对自己的鞭策。他在信里写道:

锡诚同志:

许久就想给你写信,可一直未写,还是你的信先来了。

读了你在《山东文学》发表的散文,晓得了你坎坷的青年生活。我是在一个没落已久的大家庭中长大的,那个大家族,据说已没落了二百多年了,可是空架子还撑着。到我父亲就什么也没有了,他只能教一个私塾,再就有一点贫瘠的土地,都是远在几十里地以外,自己不会种,也无力种,都是租出去。那时山东是两年三收,而且产量极低,每年粮食,小麦不多,很快就没有了。再就是谷子、黄豆,而高粱最多。没有玉米,也没有其他豆类,如绿豆、赤豆。日常吃的主食是窝窝头(小米、大豆,有时略加高粱),我是吃这种东西长大的,当然比起你吃糠和吃菜已是地上天上了。上大学,我是靠三姨家的资助的。

我过去是写了些杂文。但我也明白,杂文是文学史上不论的。我更明白,我写的杂文又是怎么样。那次研讨会可说是一场梦,累了些人,很忙了一阵,现在不必说了。为着杂文是不值得做这些事的。

散文是可以写的,我也有时写一点,但写不好。我这人是对什么既没有才气,又对什么也没有耐心,这就造成了一生毫无所成。

我是个教书的,建国后主要教中国现代文学史了,杂文只是40年代写了点。也搞了一段报告文学。对现代文学也发现了某些问题,但我是个讷于言又"讷"于行的人,事情不是大事情,还是这样的好。如今怪事颇多,张爱玲成了大师,汉奸的夫人是大师,我不懂这些事,但总觉大师之作,该是蕴藏量既深厚又广博,并不是几篇消闲的小说就可算数的。捧大师的,自然是高于大师,也许是颇有来头的!

少"闻"外事,多写点东西,是上策。一年过去已有成数,再有一年盼能成集。自然那艺术史是较大的工程,是该努力完成的(按:指我承担的全国社科基金自助项目"中国原始艺术")。

去年我差点去见阎王,别人是说去见马克思,我不晓得马公的府门在何方,无从问津,人生地不熟,恐怕去了也拒之门外。阎王是老百姓都熟识的,我觉得还是到那里去自然些。然而没曾去,又还阳了。今年该写点东西了,可执笔沉重得很,奈何!

罗竹风老人,回沪后即入华东医院,以后查出有致命的病,但他本人尚不知晓,说起来真遗憾。他是专为出席那会到济南的。有心乱如麻的说法,我真有些心乱如麻了。越写越不像话,就此停止吧。祝春节纳福!

田仲济
(1995年)2月9日

在泪眼婆婆中,重读着田老给我的这封信,他那种剑与火的性格又清晰地重现在我的面前。

田老住院的消息，其实我是早就知道的。好友苗得雨每次来京见面或通电话，也每每谈起田老的人品和病情。我步入老年后，惰性大了，对朋友也就疏于问候。以往，每到春节，我总是给他发个贺年片，表达我的衷心祝福，今年却没有发，一时糊涂，铸成终生遗憾呀。田老以95岁之寿而终，如他在给我的信里说的，到阎王爷那里去了，去得无怨无悔。

茅盾的一封信引起的

病中的茅盾先生对文艺界恢复工作，特别是对第四次全国文代会召开前作家艺术家落实政策的问题十分关心。他于1979年2月16日给恢复中国文联和作协筹备组组长林默涵写了一封信。他写道：

默涵同志：

您好！近来我常想到：第四次文代会今春就要召开了，这次相隔廿年的会议，将是文艺界空前盛大的一次会议。这次会议应是一次团结的会议，一次心情舒畅的会议，一次非常生动活泼的会议，一次真正百花齐放、百家争鸣的会议，一次文艺界向21世纪跃进的会议！

我认为代表的产生，可以采取选举的办法，但也应辅之以特邀，使所有的老作家、老艺术家、老艺人不漏掉一个，都能参加。这些同志中间，由于错案、冤案、假案的桎梏，有的已经沉默了二十多年了！

由此我想到，应该尽快为这些同志落实政策，使他们能以舒畅的心情来参加会议。但是事实并非完全如此，有的省市在为文艺工作者落实政策上，动作缓慢。就以我的家乡浙江而言，像黄源、陈学昭这样的同志，1957年的错案至今尚未平反。因此，我建议是否可以向中组部反映，请他们催促各省市抓紧此事，能在文代会前解决；还可以文联、作协的名义向各省市发出呼吁，请他们重视此事，早为这些老人落实政策！

请考虑是否有此必要？匆此即致

敬礼！

沈雁冰
二月十六日①

　　林默涵接到茅盾的信后，很快便将其转送给了胡耀邦和宋任穷。胡耀邦对这封信很重视，批示要中组部和文化部把各省、市、自治区党委组织部、宣传部和各省、市、自治区文化局、文联管这方面工作的同志都找来，开个会，不仅是老作家、老艺术家，所有文艺界的人，该落实政策的、该平反的，都促一促，希望能尽快解决。经恢复文联和作协筹备组与有关部门商量，决定由中宣部、中组部、文化部、全国文联四单位联合于3月份召开全国文艺界落实知识分子政策座谈会。林默涵在3月22日应邀到我们《文艺报》召开的文学理论批评工作座谈会上讲话时，向我们通报了茅盾的信和四部委的决定。茅盾这封信对各地文艺家落实政策起了很大作用。

评委们对短篇评奖作品各抒己见

　　《人民文学》杂志社主办的"1977～1978年全国优秀短篇小说评奖"活动，在群众投票和编辑审查的基础上，由编辑部提出了第二次名单，提供评委们阅读和讨论。这是评奖的一个关键阶段。3月6日，在北京新侨饭店召开评委会，评委们都到会，发表意见，交流看法，对名单做出调整。沙汀、草明、唐弢、袁鹰、孔罗荪、孙犁、冰心、冯牧、林默涵等评委，在阅读了编辑部提供的备选作品后，在会上细说读后的印象，进行民主评议。我有幸列席了评委会，旁听评委们的评议。现把他们的部分意见记在下面。

　　唐弢是散文家、文学史家和评论家，读他的文章，可以感觉出他的艺术感觉是那样的敏锐和细腻。他对这批作品阅读很是认真，他

---

① 此信收入《茅盾全集》（第38卷），人民文学出版社1997年版，第330～331页。

的感觉也很细腻,完全是个人化的,分析起来也就头头是道。他说:当前短篇小说篇幅太长,这种偏向应指出来,否则,青年一代会认为这就是短篇了。有些小说合情不合理,有的地方合理又不合情。有些是用想象补上去的,使人感到不真实。写小说,固然不要求写亲身经历,但所写的题材,至少是经历过的,或者有类似的经历,这样就可以写得更深刻一些。令人耳目一新的作品还不是很多。生活的不足是个大问题。写作要从生活出发,不深入生活,要想写得生动,是不易的。作家总是要写他所熟悉的东西。刘心武的《爱情的位置》第三段始发议论,是点题,这是不需要的。萧平的《墓场与鲜花》也有这样的毛病。引用过多就是这样,恐怕还是生活不够吧。莫伸的《窗口》结构松散,短篇不讲究结构,是不好的。

袁鹰是散文家,时任《人民日报》文艺部主任,兼任《人民文学》的编委。他发言说:短篇不短,是当前的一种倾向。短篇向中篇发展,中篇向长篇发展,长篇向多卷发展。编辑部提供的这些短篇小说,大部分不是按短篇的写法写的。建议就这个问题写一篇评论文章。具体地说,张洁的《从森林里来的孩子》,写得好,风格朴素,主题开掘得深。

小说家孙犁说:刘心武的小说《班主任》政治上很好,但艺术上不成熟,写得枝枝蔓蔓。《伤痕》文字好,我很喜欢。

小说家草明说:现在的青年喜欢"伤痕文学"。我看成一的《顶凌下种》写得不错,我认为应提前到第四位。

评论家、《文艺报》主编孔罗荪说:这些短篇小说都太长了,在一万字以下的只有两篇:一篇是贾大山的《取经》,一篇是卢新华的《伤痕》。贾平凹的《满月儿》和贾大山的《取经》,篇幅不长,有新鲜感。而像莫伸的《窗口》这样的作品,现在是15000字,篇幅大可压缩。关庚寅的《"不称心"的姐夫》,写爱情悲剧,前后没有交代,艺术上还不成熟。编辑部提供的这些篇目中,显然有不合适的,也可以换一换。像《虎皮斑纹贝》,开头写得还不错,但这类作品太多了。

老作家冰心说:我的意见是这样排列:《班主任》(刘心武)、《我们的军长》(邓友梅)、《愿你听到这支歌》(李陀)、《森林里来的孩子》(张洁)、《窗口》(莫伸)、《眼镜》(刘富道)、《爱情的位置》(刘心武)、《顶凌下种》(成一)、《旗手为什么歌唱母亲》(张承志)、《珊瑚岛上的死光》(童恩正)、《伤痕》(卢新华)、《神圣的使命》(王亚平)、《最宝贵的》(王蒙)、《墓场与鲜花》(萧平)、《虎批斑纹贝》(张士敏,这篇小说环境写得不错,后面写得不好,用日记来写,也不协调)、《芙瑞达》(于土)。

  评论家、《文艺报》主编冯牧说：总体上,我赞成编辑部提供的这个名单。《森林里来的孩子》比《姻缘》写得好,能打动人。《姻缘》写华侨政策,人物写得不成功。《珊瑚岛上的死光》是另一类题材,别具一格。它所反映的不是现实生活,从人物到生活范围来看,都显得狭窄。但不能与其他作品相提并论,它毕竟属于能代表一个时期里的新成就的作品。1977~1978年的文学创作不是十分令人满意的。人民要求有更多更好的作品问世,但我们的作品不够好不够多。现在短篇小说把戏剧抛到后面了。文艺创作的发展是不平衡的。"四五"传统的诗歌有声有色,有一个时期是戏剧活跃,最近一年多来,短篇小说走在了其他创作的前面,出现了许多好作品。文艺创作贵乎及时、生动、敏感地把人民群众最关心的问题反映出来,拨动了群众心中的弦。很多短篇作品能起到这样的作用。包括一些有缺陷的作品,如《伤痕》。对这篇小说,我只投赞成篇,不投赞赏票。因为它写得不够真实、不够典型,思想境界不高。但它立了一大功,第一个提出了"伤痕"问题。"四人帮"把我国的经济带到了崩溃的边缘,给青少年的心灵上造成了种种伤痕和污染,这篇小说提出了这个问题,启发了读者,在这一点上,它超过了其他作品。现在遗憾的是,一个作家只能选一篇,刘心武只能选一篇。《爱情的位置》也是打开了一个缺口的作品,这篇作品出来后,写爱情的作品源源而来。尽管小报上说刘心武是个御用文人,因为他揭露了一些问题,同时又能按党的政策去分析事物。他对生活的观察,在同一代作家中是突出的。有人说李陀超过了他,恐怕不能这样说。但使我高兴的是,他们这些出生于三四十年代的人,很有水平,比起50年代的作家来,起点是很高的。我很喜欢宗璞的《弦上的梦》,在人物塑造上,超过了李陀的《愿你听到这支歌》。在反映时代的生活真实上,《姻缘》和《眼镜》尽管有很正确的答案，但缺乏动人的细节描写。没有写出一两个典型人物来，作品就会显得单薄。如果要我来排名次顺序，我宁愿把那些图解性的作品往后放。

评论家、中国文联负责人林默涵说：关于评奖，中宣部曾说过，应全面评，评几十年的，不能光评"四人帮"倒台后的作品。解放后创作的作品都要评。现在只能分别来搞。四次文代会时提出，能否设立鲁迅文学奖金？评奖要群众、专家、领导三结合，单纯搞群众评奖不合适。既不能长官说了算，也不能评论家说了算，要几方面结合起来。这样才能准确。评奖是选择好作品的手段，没有评上的，也不见得不好，必然有遗漏的。国际上有诺贝尔奖，没有得奖的作品，不见得不好。因为那个奖是有政治目的的。这次提供的作品，揭露"四人帮"的多一点，这很自然。这些作者大多是在这段时间里成长起来的。有人会给他们戴帽子，说是"暴露文学"。这用不着害怕，我们暴露的是"四人帮"，是敌人。周扬同志在他的文章里说是"暴露社会主义黑暗面"（按：指《关于社会主义新时期的文学艺术问题》一文），我愿意给他改成"社会主义社会的黑暗面"。在"文化大革命"中，道德标准遭到了破坏，青年们失掉了理想，没有责任感。文学要帮助青年树立起理想和责任感。列宁称赞高尔基的《母亲》是一本最适合时代的书。因为1905年俄国革命处于低潮，人们的情绪灰溜溜的，小说《母亲》的出版，能够帮助读者树立起革命的理想和信念。什么是我们时代最迫切需要的东西？是培养青年有理想、有远大胸怀。《窗口》就是一篇好作品。小说里写的那个女青年，肯钻研业务，正是我们所需要的。《伤痕》被吹得太过了。

这是一次非常重要的评委会。经过评委们的深入讨论、民主评议和慎重权衡，对《人民文学》编辑部提供的第二次名单，又做了一些修正。编辑部根据评委们的讨论，对篇目进行了调整，并于3月7日确定了25篇获奖优秀短篇小说的篇目。这就是后来公布的《1977～1978年全国优秀短篇小说评奖获奖作品》。

文学理论批评座谈会

中国文学开始了一个新时期。几乎所有的文艺问题,都被置于审判台上,经受重新审视。理论批评面临的问题成堆。这种百废待举的局面,对于任何一个人,大概只有在这样的特殊历史时刻才会遇到,而这种历史的际遇,我们的后代大概很难再遇到、也很难理解的了。

对于文艺界来说,1979年,要召开全国文学艺术工作者第四次代表大会。上一次全国文学艺术工作者代表大会是1960年7月22日至8月13日召开的,如今已过去了19年。1979年,又是中华人民共和国成立30周年,文艺工作的许多历史问题和经验教训亟待清理总结,许多文艺理论问题和实践问题也亟待在研究和讨论中提高认识。

我们《文艺报》编辑部处在文艺理论批评的前沿,不同层次的理论问题和批评问题扑面而来,迫使你做出回答。我们感到迫切需要召开一次座谈会,请全国的评论界朋友们一起集思广益,深入开展讨论。编辑部把这样一次会议的名称叫作"在京文学理论批评工作座谈会"。"在京"者,不过为掩人耳目而已,说明出席者并非我们从全国各省市遴选而来,以免引起有的省市的攀比和意见。会议开起来后,正式的名称是"文学理论批评工作座谈会"。

在3月3日发出的通知中,我们为这次座谈会拟定了三个参考题:(1)探讨和总结新中国成立30年来文学战线(特别是文学理论批评工作)正反两方面的经验;(2)探讨并力图弄清一些理论和创作问题的是非(如文学的真实性和现实主义问题、中间人物问题等);(3)讨论当前创作中提出的一些亟待解决的问题(如创作与生活的关系、创作与政策的关系、人物塑造、创作方法等问题)。

座谈会于1979年3月16日在北京向阳第一招待所召开。"向阳招待所"是"文革"中盖起来的一幢高楼,位于崇文门菜市场的北邻,紧把路口,与同仁医院隔路相对,是用来招待来京大串联的红卫兵的,条件比较简陋,现在已改名为崇文门饭店。邀请到会的有:首都和部分省市的文艺理论工作者、报刊文艺理论编辑、高等院校中文系文艺理论教师,以及"文革"前和"文革"后文艺战线的一些领导人,共九十余人。当时已经恢复工作的文学批评的名流,几乎包罗以尽,实在是粉碎"四人帮"之后第一次全国性文艺理论批评工作的讨论会。

会议由《文艺报》的两位主编冯牧和孔罗荪主持。

关于座谈会的缘起和将要讨论的问题,

文学理论批评工作座谈会

简报 1

1979

文艺报编辑部编

3月17日

文艺理论批评工作座谈会

第一次大会 (三月十六日)

文艺报编辑部召开的文艺理论批评工作座谈会于三月十六日开始。出席这次会议的有首都和部分省市的文艺理论工作者、报刊文艺理论编辑、高等院校中文系文艺理论教师共九十余人。在第一次大会上,文艺报主编冯牧、孔罗荪同志讲了话。

罗荪同志首先谈了召开这次座谈会的缘起。他说党的三中全会和理论务虚会大大打开了人们的思路,提出一系列新问题,特别是围绕实践是检验真理的唯一标准和两个"凡是"这一场政治思想战线上的大论战,澄清了不少是大非问题,也为我们召开这次会议创造了很好的条件。罗荪同志说,他很同意这样一种观点,两个"凡是"就是"四人帮"的"按既定方针办"的继续,他们就是要继续批邓,继续反击"右倾翻案风",妄图继续打倒邓小平同志。这场大论战使我们至少也弄清一个问题:为什么"四人帮"垮台一年多,"文艺黑线专政"论虽遭到批判,但还有人仍坚持说十七年黑线是有的,不能推翻。有些人对文艺战线的同志总是另眼看待,直到三中全会以后,文艺黑线受到批判,"四人帮"加在文艺界同志身上的精神枷锁才得到解除。

罗荪同志接着说,请大家就文艺理论问题务虚。他希望大家解放思想,畅所欲言。他说,粉碎"四人帮"两年多了,我们国家各条战线都有很大发展,比较起来,文艺理论工作显得落后,许多重大文艺理论问题没有很好展开讨论。"四人帮"的流毒,也有待进一步肃清。由于时间限制,这次座谈会只能就当前大家最关心、最迫切需要讨论的几个重大问题展开讨论:一是探讨和总结三十年来文艺理论上正反两方面的经验教训,包括十七年中文艺界几次大的批判运动和一些重大文艺理论问题的争论(如现实主义广阔道路论、现实主义深化论、中间人物论,等等)。二是当前文艺创作中涉及的几个重大问题(如真实性和现实主义,人物创造,人性论、人情味和人道主义,文艺与生活、文艺与政策、文艺与政治等)。罗荪同志着重谈到文艺与政治问题,他说这个问题很复杂,包括文艺为政治服务,政治标准第一、艺术标准第二,六条政治标准,文艺是阶级斗争的工具等,它们对当前文艺创作的影响

《文艺理论批评工作座谈会简报》

孔罗荪在致开场白时说:三中全会和理论务虚会打开了人们的思路,提出了一系列新问题,特别是围绕着实践是检验真理的唯一标准和两个"凡是"这一场政治思想战线上的大论战,澄清了不少大是大非问题,也为我们召开这次会议创造了很好的条件。两个"凡是"就是"四人帮"的"按既定方针办"的继续,他们就是要继续批邓,继续反击"右倾翻案风",妄图继续打倒邓小平同志。这场大论战使我们至少也弄清一个问题:为什么"四人帮"垮台一年多,"文艺黑线专政"论虽遭到批判,但还有人仍坚持说"十七年""黑线"是有的,不能推翻。有人对文艺战线的同志总是另眼看待,直到三中全会以后,"文艺黑线"

论受到批判,"四人帮"加在文艺界同志身上的精神枷锁才得到解除。粉碎"四人帮"两年多了,我们国家各条战线都有很大发展,比较起来,文艺理论工作显得落后,许多重大文艺理论问题没有很好地展开讨论,"四人帮"的流毒也有待进一步肃清。由于时间限制,这次座谈会只能就当前大家最关心、最迫切需要解决的两方面的问题展开讨论:一是探讨和总结30年来文艺理论上正反两方面的经验教训,包括"十七年"中文艺界几次大的批判运动和一些重大文艺理论问题的争论(如现实主义广阔道路论、现实主义深化论、中间人物论等);二是探讨并力图弄清当前文艺创作中涉及的几个重大问题(如真实性和现实主义,人物创造,人性论、人情味和人道主义,文艺与生活,文艺与政治等)。文艺与政治的问题很复杂,包括文艺为政治服务,政治标准第一、艺术标准第二,六条政治标准,文艺是阶级斗争的工具等,它们对当前文艺创作的影响很大。近年来有些揭露"四人帮"的短篇小说,引起读者的强烈共鸣,但有的人却认为是"伤痕文学"、"暴露文学"、"悲剧文学"、"批判现实主义"等,甚至有人认为它们脱离了为工农兵服务的方向,脱离了主流。这些问题不弄清楚,文学创作怎能得到发展、提高?(据《文学理论批评工作座谈会简报》第1期,1979年3月17日)

冯牧在会议第一天作主题发言。他说:像这样专门研究文艺理论批评工作的会议已有很多年不开了,我们面临的问题很多。他介绍了当时全国思想理论战线上提出的一些重大问题,如:(1)思想路线问题。从历史和现实的斗争的探讨中,研究为什么必须坚持实践是检验真理的唯一标准,"凡是"派的主张为什么是反马克思主义的;(2)新中国成立以来理论工作上正反两方面的经验教训;(3)全党全民关心的无产阶级专政下继续革命的问题,社会主义历史阶段是否始终存在阶级斗争的问题;(4)民主与法制问题;(5)领袖和人民群众的关系问题,即坚持唯物史观还是坚持唯心史观的问题。

他讲的第一个问题是30年来文艺工作和文艺创作的经验总结问题。在基本估计上,他归纳了当时出现的四种不同观点。分歧的关键在30年来毛主席的文艺路线是否占主导地位,"左"的干扰从何

冯牧、陈荒煤

时开始,文艺战线上是否已经形成了一条"左"的路线。在谈到新中国成立以来历次文艺思想斗争问题时,他说有两种说法。一是说有5次大斗争:(1)批判《武训传》;(2)批判俞平伯《红楼梦研究》;(3)反胡风的斗争;(4)反右派斗争;(5)以毛泽东两个"批示"为指导思想的反右倾运动。二是说有7次大斗争:加上60年代对资产阶级人道主义、人性论的批判;林彪、江青炮制《纪要》打击革命文艺工作者,全盘否定革命文艺。

他讲的第二个问题是关于文艺路线、方针、理论的问题。其中包括:方向、路线问题,"双百方针"问题,创作方法问题,典型与题材问题,文艺规律问题。

当时会务很忙,我们只记录整理了邀请到会的周扬、林默涵、陈荒煤三人的讲话稿,没有帮助冯牧把他的主题报告全文整理出来。冯牧逝世后,2001年下半年编辑《冯牧文集》时,编委会决定第4卷为"讲话卷",由于没有完整的稿子,故而也未能把这篇讲话收入。

与会代表思想活跃,就一些大家当时关心的文艺问题,进行了激烈的讨论。这些问题如下。

(一)对"工具"论提出质疑

文艺与政治的关系问题是"四人帮"被粉碎之后评论界思考最多、也是最为难解的问题,在文学理论批评工作座谈会上成为与会者关注的话题之一。而文艺与政治的关系,最集中地体现为"文艺是阶级斗争的工具"这一口号。时任《上海文学》编辑部负责人兼理论组组长的李子云,在3月18日的会上,对这个多年来困扰我们的命题提出了质疑。后来,她又在这次发言的基础上,为《上海文学》写了一篇专论,对这个口号进行了彻底的批判和剖析。作为一个批评家和编辑家,她的这次发言和日后所写的专论,对新时期文学的发展是起过积极作用的。现将她的发言要点引录在下面。

李子云认为,当前文艺创作普遍存在着公式化、概念化倾向,原因主要在于两年多来我们仅仅批判了"四人帮"的从反革命路线出发,从"四人帮"大小头目那里找主题的创作原则,没有从根本上肃清"从路线出发"、"主题先行"的影响,因而不少作者至今没有摆脱它们,甚至有人还把它们当作创作"捷径"。

李子云

这种唯心主义的创作方法,是有着比较深远的历史原因的。新中国成立以来,我们文艺战线没有按照文艺的客观规律办事,一次接连一次的政治运动,一次比一次片面强调文艺和政治的关系,一次比一次更厉害地批判那些主张重视文艺和生活的关系的论点,而对于文艺自身内容和形式的关系,则越来越少研究。

1955年,批判胡风鼓吹"主观战斗精神",以及用"到处有生活"来反对作家深入生活。由于他援引过斯大林的一段话:"写真实!让作家在生活中学习吧!如果他能用高度的艺术形式反映出生活真实,他就会达到马克思主义。"许多文章陷入另一个片面性,把"写真实"批成一个反动口号,给戴上修正主义文艺观点的帽子;同时片面强调文艺和政治的关系,破坏了文艺和生活的关系。

1957年反右派斗争,继续批判"写真实",批判"干预生活",把"写真实"等同于揭露社会的阴暗面。《在桥梁工地上》、《本报内部消息》和《组织部来了个年轻人》被作为这方面的代表作品受到批判,作者被错划成"右派"。

"大跃进"之后,三年经济困难期间,文艺政策进行了某些调整。周总理针对当时文艺上简单片面的情况,反复讲必须"两条腿走路"的问题,号召研究艺术规律,发扬艺术民主,扩大题材范围,拨正了文艺和政治、文艺和生活的关系，于是出现了一大批优秀作品，它们以各种不同的风格反映广泛的社会生活。

接着不久，1962年八届十中全会提出"千万不要忘记阶级斗争"，1963年提出抓意识形态领域内的阶级斗争，作为阶级斗争前哨的文艺战线首当其冲。从"利用小说进行反党是一大发明"开始，到《海瑞罢官》的要害是"罢官"，一批又一批文艺作品被索隐考证为假想出来的阶级敌人向无产阶级猖狂进攻的武器，不但《刘志丹》、《红河激浪》、《北国江南》是替阶级敌人发难，连《早春二月》也被批判为资产阶级对无产阶级的进攻。在创作思想上，大批所谓"中间人物"论、"现实主义深化"论，其结果是把各种各样的人物彻底排除在文艺作品之外，认为文艺创作只能写工农兵，写工农兵的英雄人物，而且是写没有任何缺点的英雄人物。在上海，柯庆施在江青的授意指挥下，对文艺工作者提出不要天上、不要地下，只要人间，只要十三年，结果不仅李慧娘之类的古代女鬼，连共产党的烈士也在禁写之列。于伶同志的《七月流火》写了抗日时期牺牲的女共产党员，被指责为替反革命分子扬帆翻案。话剧《杜鹃山》没写死人，但说是为王明路线翻案。这种扫荡，到了1963年上海市委思想工作会议达于顶峰，柯庆施在会上提出：《杜子美还家》是号召蒋介石反攻大陆，《陶渊明唱挽歌》是为共产党送葬，《魏征与李世民》是攻击毛主席、共产党不民主，甚至一篇游记散文中作者有感往昔的两句诗"民心若不顺，皇帝下龙廷"，也被说成是要毛主席下台，等等，真是棍棒齐舞，帽子乱飞，白色恐怖达于顶点，文艺被挤进了死胡同。

1966年"文化大革命"，林彪、"四人帮"共同炮制了《纪要》，将历次运动批判过头的这些"论"，拼凑成"黑八论"，进一步挞伐，并总结出"三突出"、"从路线出发"、"主题先行"等一系列所谓"创作原则"，从根本上彻底否定了文艺与生活的关系，否定了文艺必须从生活出发。这时候反映生活的原则，把文艺和政治的关系强调到了极端，把文艺直接当作他们的政治传声筒，实际上就是公然鼓吹政治即文艺。

由此看来，"从路线出发"、"主题先行"这一套创作原则，并不是"四人帮"凭空发明出来的，它是新中国成立以来这样一条不断片面强调文艺与政治的关系,而不讲文艺与生活的关系的文艺路线发展的必然结果,"四人帮"起了归纳、总其大成的作用,使之发生了从量到质的变化。

为了更好地解决这个问题,我们对文艺界长期使用的一个口号即"文艺是阶级斗争的工具"提出质疑。在阶级社会里,文艺是有阶级性的,不论作家自觉不自觉,文艺总是从属于一定阶级的政治利益。但是不是就可以把文艺简单化,直接地仅仅就当作阶级斗争的工具呢?我认为这是一个不全面、不科学的口号,对文艺创作起着至少以下几方面的有害的影响:

(1)取消了文艺的特性。它在理论上忽视文艺和其他社会意识形态的区别,不承认文艺的特殊性,在实践中将导致取消文艺。

(2)限制文艺的多种功能。历来进步的文艺,都是真、善、美在不同程度上的统一,因此,这样的文艺对人民大众就具有认识作用、思想教育作用和审美作用。如果把文艺仅仅看成是阶级斗争的工具,就会不仅排斥文艺的认识作用和审美作用,同时还会削弱甚至取消文艺的思想教育作用,因为文艺是通过审美和认识生活来实现思想教育的。

(3)堵塞文艺的丰富源泉。人类的社会生活是绚丽多彩的,文艺的源泉无比丰富,创作的题材非常广阔。如果文艺仅仅是阶级斗争的工具,就会仅仅根据阶级斗争的需要,对创作题材做出不适当的规定和限制,就会不利于题材的多样化和文艺的百花齐放。

从上述三方面看,"文艺是阶级斗争的工具"这个口号,在文艺的本质问题上,只讲共性不讲个性;在文艺的功能问题上,只讲一点不讲全部;在文艺的源泉问题上,不讲客观生活只讲主观需要,是"左"倾机会主义路线在文艺上的反映。因此我们必须拨乱反正,恢复马列主义文艺理论的本来面目,促进社会主义文艺事业的进一步发展和繁荣。(据《文艺理论批评工作座谈会简报》第7期,1979年3月19日)

李子云的发言提出了十分重要的问题,阐述了启人深思的观点,受到与会同行的重视。会议简报组专门为她编发了一期简报。她认为,"四人帮"的文艺路线是"十七年"时某些错误理论和实践的必然结果。

在这次会议上,还有其他的评论家持这样的观点。如《雨花》编辑部的陈辽。他在发言中也说:"'四人帮''左'倾文艺路线的形成,不是偶然的,是过去'左'的文艺观点、倾向、思潮发展的必然结果。"(《文艺理论批评工作座谈会简报》第11期,1979年3月20日)

《安徽文艺》的苏中说:"文艺是阶级斗争的工具"这个提法是哪里来的?文艺成为阶级斗争的工具,使很多东西丧失了存在的价值,如齐白石画的虾、山水画、抒情乐曲等,如何能做阶级斗争的工具?曹雪芹、杜甫、白居易、托尔斯泰到底是哪一阶级的斗争工具?(据《文艺理论批评工作座谈会简报》第2期,1979年3月17日)

(二) 质疑"文艺为政治服务"口号

文艺与政治的关系,是文艺界在批判"四人帮"的阴谋文艺中提出来的非解决不可的迫切问题,也是这次会上与会者关注的热门话题。

中国社会科学院文学所理论室研究员王春元说:强调文艺为一定的政治任务服务,单纯做宣传工具,实际成了政治任务的附属品,抹杀了文艺的独特性、规律性。对艺术的审美作用、娱乐作用,对人们性格、情操的潜移默化作用,都没有放到应有的地位。如果仅仅把文艺看成"团结人民、教育人民,打击敌人、消灭敌人"的武器,那就不如政治报告、时事报告更直接更好。说"一切文艺都从属于一定的政治路线",也值得研究。文艺的阶级性不成问题,但属于一定的政治路线,就不一定。政治路线的概念并不很清楚。是人民内部的?还是敌对阶级间的?从实践来看,这种说法是片面的。《青春之歌》、《红旗谱》就曾被批为错误路线树碑立传,在"文化大革命"中,很多作品也都根据这点被打成毒草。文艺在更多场合对生活的反映是比较曲折隐蔽的,它不像经济学那样直接。作为上层建筑的一个部门,它和政治不应有等级的差别,要排第一、第二。因为文艺是齿轮、螺丝钉,就认为文艺要服从党在一定时期的政治任务,并认为革命的思想斗争与艺术思想的斗争必须服从政治斗争,这和"双百方针"是矛盾的。关于文艺的政治标准、艺术标准的提法,也值得研究。文艺都有思想内容,但不一定有政治倾向。政治标准不能代替思想标准。在同一社会,并非各个阶级都有不同的艺术标准,而是更多取决于民族文化传统和时代的特点。阶级性是有的,但它比较曲折,而且阶级的审美趣味互相渗透、互相补充,如果不是这样,民族文化遗产就无法流传下来。(据《文艺理论批评工作座谈会简报》第2期,1979年3月17日)

中国人民大学中文系教授冯其庸说:文艺与政治的关系主要包含以下三个方面:(1)文艺是经济基础的上层建筑,任何文艺不能不受一定阶级的政治的制约;(2)任何作家都要受他实际依存的阶级的制约;(3)无产阶级作家必须用马克思主义武装自己的头脑,用马克思主义观察、分析和理解生活。但文艺不是政治的奴仆,具有自己的独立性,不能由政治任意摆布,变成一种简单的工具。总结30年的经验教训,每次政治运动都从批判一部文艺作品开始,最后打倒一大批人。文艺创作为了适应政治气候,作家成了拉拉队。作家的笔,不由他自己的头脑支配,一切听命于当权者,这怎能写出好作品?纵览中外文学史,可以说,凡听命于当时统治者写的作品,都流传不下来,流传下来的好作品,都是跟当时统治者对立的。当然,今天我们的统治者,不能跟过去的统治者相比,但30年中也不都是无产阶级统治的。(据《文艺理论批评工作座谈会简报》第4期,1979年3月18日)

文化部文学艺术研究院徐非光(戚方)说:是否可考虑不提"文艺为无产阶级政治服务"这个口号。第一,这个提法本身不明确,政治能作为服务对象吗?这等于说政治就是文艺的根本任务。从属关系并不一定是服务关系。文艺不能脱离政治,但不是为政治服务。还是提为工农兵服务,它包括为政治服务。为政治服务,不能概括文艺的根本任务。第二,从十多年的实践看,这个口号对文艺起破坏作用。"四人帮"利用它达到篡党夺权的政治目的。把为政治服务,简单地理解为为当前中心任务服务,用形象图解政策。还容易理解为为政治权力、政治势力服务,适应一个时期的政治气候。把文艺作品写成空洞的政治说教，令人讨厌。第三，从当前转移的要求看，也以不提这个口号为好。现在要少谈政治，多搞些建设。

(三) 批评标准问题

文艺批评及批评标准问题，一个时期以来，上升为文艺理论批评的一个焦点问题。"西单墙"贴出了一封致《文艺报》主编冯牧的公开信，主要内容就是针对"六条标准"的。文学理论批评座谈会的发言中，自然也就涉及了，甚至可以说重点谈到了"六条标准"的问题，并进而波及了"政治标准第一、艺术标准第二"的问题。

美学家蔡仪说："政治标准第一、艺术标准第二"是否合适，还可研究。政治和艺术的统一，也有可讨论之处。统一了是个什么东西，还有含混不清的地方。（据《文艺理论批评工作座谈会简报》第13期，1979年3月20日）

复旦大学教授、美学家蒋孔阳说：文艺批评不应设立固定的标准，每个作家、每部作品都是有不同创造性，有其自己的个性的。用思想性、艺术性的概念，比政治标准、艺术标准更好些，广阔些。现在的作品，毛病主要是思想性不高、不深，思想内容浅，被政治框框限制得很死。（据《文艺理论批评工作座谈会简报》第3期，1979年3月18日）

《汾水》编辑部的李国涛说：我们不少同志因作品被打倒。说是政治问题。但政治标准到底是什么？捉摸不定。文艺的政治标准不能狭窄，要宽，但也不能无边。"四人帮"批《三上桃峰》，株连到其他作品，凡是写马的、写牛的，都挨了批。"马"、"牛"成了政治标准。周总理说：为工农兵服务就是文艺的政治标准。政治标准应是一个框子，但又不使人感到它是一个框子。广大工农兵的需要就是我们的政治标准。总理这样讲，就制止了土制的政治标准。这种提法，有利于发扬艺术民主，有利于坚持实践第一的观点。总理说："人民欣赏，就是价值；你不喜欢，你算老几！"（据《文艺理论批评工作座谈会简报》第13期，1979年3月20日）

林默涵说：现在大家很注意这个问题，西单不是贴出一封给《文艺报》的公开信吗？也有好多同志写文章讲到这个问题。西单大字报上的说法,我看是一种误解。它认为文艺批评之所以有问题,主要是由于有"六条标准"。它认为既然检验真理的标准是实践,而检验文艺作品又有"六条标准",这不是矛盾吗?我觉得,"六条标准"实际上是对文艺作品提出的要求……这同实践是检验真理的标准不矛盾。我们对文艺作品提出几条要求:比如不能是反党的,不能是反社会主义的;但是一部作品是不是反党、反社会主义,必须到实践中去检验,即通过它在群众中所产生的效果来检验,而不能由某一个领导、某一个批评家说了算,也不能由作者自己说了算。"六条标准"和实践是检验真理的标准,有什么矛盾呢?你可以说这个标准不合适,不同意这个标准,但判别作品不能没有标准。这个问题,鲁迅早讲过。有人指责文艺批评有框框。鲁迅说,世界上有哪个批评家是没有框框的?都有框框,或是唯美主义,或是形式主义,或者是人道主义及其他别的什么主义。你只能说某个框框不对,但不能要求没有框框,批评家总是根据一种观点来评论作品的,否则怎么评论呢?所以,没有标准是不可能进行文艺批评的。而且这张大字报本身就自相矛盾,它前面说不能有批评标准,后面又再三再四提出香花、毒草如何如何,既然没有标准,又凭什么来判定香花、毒草呢?至于毒草是否都属于敌我问题,过去认为毒草就是敌我矛盾,现在看,不能那样一刀切。有些毒草是敌我矛盾,有些则属于人民内部矛盾,毛主席把唯心主义也当作毒草,那就不能说是敌我矛盾了。这个问题我觉得应该好好讨论一下,通过讨论就可以搞得更清楚。今天看到刘梦溪同志的一篇文章,其中说到现在有一种讲法,贯彻"双百方针"要以"六条标准"为前提,这点值得商榷。我同意刘梦溪同志的意见。毛主席讲,通过"双百方针",可以使香花放出来,因为香花有时也可能被压制。他举了哥白尼学说的例子,当时人家就不承认它是香花。同时通过"双百方针",也可以让毒草放出来,毒草放出来,是有利于发展马列主义的,因为马列主义必须在同毒草的斗争中才能发展。所以毛主席讲"百花齐放、百家争鸣",既可以放香花,也可以放毒草,问题是你对毒草采取什么态度,是不是敢于和它作斗争。如果贯彻"双百方针"要以"六条标准"为前提,那就不能放毒草了,就没有和毒

草作斗争的问题了。(据大会记录整理稿)

(四) 关于现实主义

周扬说:什么写中间人物,写英雄人物,写真实等等,都是现实主义范畴里的问题。现实主义的路子应该宽一点,这是不是又是秦兆阳同志的"现实主义广阔道路论"? 如果说我现在的这个意见,和秦兆阳同志二十年前的意见相同,就是说明我投降你(指秦兆阳同志)了。我现在已记不得你文章的内容了。如果你的文章是对的,那我就服从你吧。我过去也写过有教条主义的东西,也有框框,比如批判"写中间人物"论,这个文章我看过的。如果文章有错,那我也有一份责任。最近我重新看了大连会议的材料,对荃麟同志是批错了,批重了。1962年毛主席提出"千万不要忘记阶级斗争",党内吹起了一股风。你说"风派"不好,要说一个人完全不受风的影响是很难的。风来了怎么办? 第一要辨风向,比如风来得太厉害了,你还得适应一下,这是难免的,也是可以原谅的。我讨厌"风派",也说过"风派"好话,他能做"风派",总是有点本事,能够适应就是他的本事。……"文化大革命"期间批判我时,批我保护邵荃麟同志,包庇坏人。实际上我的缺点错误是应该更好地保护他而没有能保护他,我也曾不得不适应当时的环境。关于"中间人物"的讨论,我觉得还有些益处。批错了的要纠正。但那篇批判文章,是不是一点好处都没有呢? 我觉得也要实事求是。"现实主义问题",可以搞出多少题目来谈。"干预生活",荒煤同志赞成这个口号。有的同志说"干预生活"的提法,容易被理解为好像作家站在生活之外来干预。至于所谓"干预生活"的作品,比如王蒙同志的作品、刘宾雁同志的作品,现在可以重新评价,重新讨论。搞错了的,就要纠正。(据大会记录整理稿)

(五) 文艺的真实性问题

李国涛:在文艺的真实性问题上,一直存在着斗争,许多同志为它付出了代价。如秦兆阳(何直)、李何林等。1962年邵荃麟再度提出,立即遭到批判。马克思、恩格斯在自己的著作中都曾引过一些文学作品,如希腊神话,作为科学论文的论据,可见这些作品反映生活的真实达到何等程度! 我们作品的真实性太差,根本不能给将来的

社会科学提供有价值的材料。(据《文艺理论批评工作座谈会简报》第4期,1979年3月18日)

人民文学出版社总编辑、《文艺报》编委韦君宜说:有的作品揭露我们社会中的缺点,提出问题,帮助党改正错误,是好意还是恶意?为什么一定得让作者说好听的话?在最近(人民文学出版社召开的)中长篇小说座谈会上,有两位青年作者说,他们在生活中看到许多问题,对当前某些社会风气看不惯,想在作品中表现出来,引起大家重视、改正。有什么不好?这个问题不搞清楚,作者只好脱离生活,胡编一些曲折离奇的情节。再不认真提倡现实主义,这种状况如何改变?(据《文艺理论批评工作座谈会简报》第4期,1979年3月18日)

蔡仪:文艺的真实性,实际上是文艺的生命。这话是套用鲁迅的话。鲁迅说讽刺的生命在于真实。《摩罗诗力说》很强调文艺的真实性,说只有真实才于生有益。可是我们后来关于文艺的真实不大谈了。马克思给哈克纳斯的信,反复强调文艺的真实,口气很重,这些我们都知道,可我们未把真实性摆在应有的地位,多少年来没有注意到这点。《讲话》中讲到了,可是强调的是政治性、阶级性。……真实是文艺的生命,好像一般都承认。文艺有力量,就要求真实。高尔基在好多地方谈到作品人物时说,活人吸引他,是个活人就感动他,假的就不能感动人。鲁迅强烈地反对瞒和骗的文学,这种文学是没有生命的。只有艺术的真实,才有生命。(据《文艺理论批评工作座谈会简报》第3期,1979年3月20日)

(六) 黄秋耘为秦兆阳平反发难

前《文艺报》编辑部副主任、广东省出版局顾问黄秋耘在3月17日的小组会上发言,站出来为秦兆阳《现实主义——广阔的道路》的沉冤翻案。秦文发表于《人民文学》1956年第9期,署名何直。在1957年的反右派运动中,受到批判,被判定为修正主义文艺思想的理论纲领,作者错被划为"右派"。

黄秋耘说:对秦兆阳的《现实主义——广阔的道路》的批判,是文艺界在学术问题、理论问题上的一大错案。对它的批判持续了二十

秦兆阳

年以上的时间,加给它的罪名,总起来说有两条。(1)提倡批判现实,提倡干预生活,提倡揭露社会主义社会的阴暗面,反对歌颂新社会、新生活。(2)反对马克思主义世界观对创作方法的指导作用,反对用社会主义精神教育劳动人民,反对文艺为社会主义政治服务。

为了坐实这两条罪名,还借助了三个方面的"外力":一是所谓资产阶级的批判现实主义,二是所谓胡风的"写真实"论,三是所谓苏联的修正主义文艺思潮。这就是说,《广》文吹捧了上述三种反动谬论,因此,它本身就是反党反社会主义的。

实际上,《广》文一开头就提出了一个"现实主义的大前提",他说,现实主义"以严格地忠实于现实,艺术地真实地反映现实,并反转来影响现实为自己的任务"。他还说,"现实主义的一切其他具体原则,都应该是紧紧依据这一前提来产生"。

这个提法是完全站得住的,因为:(1)这是一个唯物主义的观点,跟胡风的唯心主义观点截然相反;(2)这个前提确实"是在文学艺术实践中所形成、所遵循的一种法则";(3)作者在提出这个前提时,并没有忽略了世界观的作用,相反强调了世界观的作用;(4)作者在提出这个前提时,并没有忽略了文学艺术的思想倾向问题,他强调了文艺要以"影响现实为目的"。而且,他紧接着就说:"现实主义文学必须首先有一个标准,那就是它反映客观现实的时候,它所达到的艺术性和真实性,以及在此基础上所表现的思想性的高度。现实主义文学的思想性和倾向性,是生存于它的真实性和艺术性的血肉之中的。"

《广》文就是从这个最初的立足点去阐述文学艺术的规律,去检验当时一些流行的、妨碍文艺发展的教条主义观点的。这就是整篇文章的主旨和主要内容。怎能够说它是吹捧资产阶级的批判现实主义、吹捧胡风那样的"写真实论"(它确实是提倡真的写真实,但不是主观战斗精神的假"写真实")、和苏联的修正主义文艺思潮遥相呼应的呢?因此,20年来对《广》文的批判,是不切合实际的,不实事求是的。

20年来对《广》文的不切合实际的批判所造成的恶果是相当严重的:(1)由于《广》文是在"双百方针"动员和感召下的产物,这种不切合实际的批判实际上是对"双百方针"的否定。(2)由于错误地把"写真实"这一无产阶级文艺的根本原则奉送给唯心主义者胡风,因而否定并且搞臭了"写真实"这一根本原则。(3)取消了革命文艺批判现实生活中的落后事物和消极因素的神圣权利,混淆两种不同性质的矛盾。(4)宣扬了唯心主义、形而上学和实用主义。

"四人帮"就是利用了我们自己所造成的这些恶果,来打击我们整个革命文艺战线。就是在"四人帮"被粉碎后很长一段时间内,只要揭发批判"四人帮"罪行的作品一出现,往往就碰到"暴露文学"、"揭露阴暗面"之类吓人的帽子,这可见"四人帮"流毒之广。为了拨乱反正,由于批判《广》文所造成的思想混乱,实在有澄清一下的必要。(据《文艺理论批评工作座谈会简报》第6期,1979年3月19日)

(七)王传洪披露《纪要》炮制内幕

《林彪同志委托江青同志召开的部队文艺工作座谈会纪要》的出笼,把"十七年"的文艺说成是黑线专政,把全国大批文艺工作者打成反革命,进行残酷迫害,是林彪、江青以及"四人帮"篡党夺权的重要罪证。粉碎"四人帮"后,随着揭批"四人帮"罪行的深入,《纪要》遂成为全国文艺界最为关注的重点。但由于《纪要》曾经毛泽东"审阅修改"三遍,因而始终受到某些人的保护,到《文艺报》召开文学理论批评工作座谈会时仍然未能被摆上审判台。总政文艺处处长王传洪应邀到会,并向大家披露了林彪、江青合伙炮制《纪要》的经过和内幕,大家听后义愤填膺。

下面是王传洪发言的要点。鉴于《纪要》的内幕至今也没有能够得到彻底的揭露和批判,在此笔者根据手头保存下来的会议《简报》,录之如下:

向大家介绍一些关于《纪要》的情况。当时搞《纪要》完全是保密的,所以来龙去脉不为外界所知。《纪要》殃及全军,祸及全国,经实践检验,是一个反革命纲领。

事情起因于1966年春节,总政接到叶群电话,说江青召集部队开一个座谈会,要部队对江青的决定从政治上、组织上落实。会议由总政报告,由林彪批准,在上海召开。江青让去参加会的人穿便衣,只说是谈文艺问题。会于2月2号开到18号,是张春桥接待的。张、江在军队都没有任何职务,但江青宣布纪律,不能外传,不能张扬,特别不能让北京知道。这时就把"文艺黑线专政"论明确抛出来了。江青当时就指名攻击总理、罗瑞卿、彭真、周扬等同志,诬陷文艺界有一条黑线。可以看出,她是准备很长时间了。部队的几个人根据她的谈话整理了一个汇报提纲,向林彪做汇报。林说,方向路线对头。但刚回到北京,就接到江青电话,说提纲不行,要陈亚丁再去上海。这时又有陈伯达加进来,姚文元也参加了。所谓30年代文艺是黑线组成部分,就是姚的主意,但他没露面。文章中树江青的一段,是陈伯达的手笔。"黑八论"中有两论是张春桥提的。3月10日,江青第三次要陈亚丁去,又把总政的几个同志叫去,按橡皮图章。关于"重新组织队伍",有人提出是否改为"重新教育队伍",立即被张春桥否了。有人也提出,江青是否否定太多了?搞这个《纪要》,叫作部队纪要,实际只有陈亚丁一个人是部队的,其他都无军籍。整个会充满紧张、恐怖、保密气氛。所谓座谈会,实际只是江青提出,陈伯达、张春桥炮制而已。在会上,江青说:"我无权,我要搬尊神。"就是指搬林彪。她在上海搞很多阴谋,说搞《智取威虎山》,就是树林彪,是战略任务。

他们的勾结是从1965年冬开始的。1964年江青就说过:"封建资产阶级专了我们的政。"陈亚丁交代:"张春桥说过:'周扬不是一个,上上下下都有他们的人。'"所以提出文艺黑线,不是突然跳出来,而是蓄谋已久。

在会上,江青直指总理大骂,令人吃惊。关于音乐民族化问题,毛主席让总理开会,江青说这是跟她唱对台戏。在讨论时,提到大型歌舞《东方红》,陈伯达说,朗诵词是陈词滥调。江青说,《东方红》是劳民伤财,不是方向。这个文件只是盗用了部队名义,讨论的根本不是部队的事,江青不过是想借部队的手,砸烂全国文艺界。

《纪要》写明要召开全军创作会。江青指示要以《文艺八条》①和广州会议②为靶子。原定《人民日报》参加,江青知道后,让赶走。林彪指示不同意者要反击。在会上,一共批了47部电影,实际是64部,后来根据江青的话,整理出一份电影情况资料。送给江青后,江青说:很好。以后,这份资料祸及全国。

1966年4月8日到6月12日,在江青策划下,召开了部队创作会。在会上,把《文艺八条》当作反面材料,把广州会议拿来批。一个部队的会上,批一个中央印发的文件,是违反纪律的。凡对《纪要》提过一点意见的同志,全部挨了批斗,两百多人的会,有六十多人挨了批斗。而且回去以后,继续挨批斗。又命令全军各单位都要仿照上

---

① 1961年6月1日至28日在新侨饭店召开全国文艺工作座谈会,讨论《关于当前文学艺术工作的意见》(草案),即《文艺十条》的初稿。经过修改后,中央宣传部于8月1日印发各地征求意见。1962年4月,由中宣部正式定稿为《文艺八条》,经文化部党组、文联党组下发全国各地文化艺术单位贯彻执行。八条是:(1)进一步贯彻执行"百花齐放、百家争鸣"的方针;(2)努力提高创作质量;(3)批判继承民族遗产和吸收外国文化;(4)正确开展文艺批评;(5)保证创作时间,注意劳逸结合;(6)培养优秀人才;(7)加强团结,继续改造;(8)改进领导方法和领导作风。

② 1962年3月2日至26日,文化部、剧协在广州召开话剧、歌剧、儿童剧创作座谈会,即广州会议。参加会议的有一百六十多位剧作家、导演、理论家和戏剧工作者。周恩来、陈毅专程赴会并作重要讲话。周恩来于3月2日作了《关于知识分子问题的报告》。他谈了五个问题:(1)关于知识分子和知识界的定义与地位;(2)关于现代知识分子的发展过程;(3)关于如何团结知识分子的问题;(4)关于知识分子的自我改造问题;(5)几点希望。陈毅于3月6日也作了报告,提出"应该取消'资产阶级知识分子'的帽子","今天我跟你们行'脱帽礼'"。会议贯彻《文艺八条》,热烈讨论了促进创作、百花齐放、积极表现人民的新时代和鼓励题材风格的多样化问题,在文艺界、知识界发生了极大影响。这个会议被林彪、"四人帮"诬为"黑会",大张挞伐。

海会议的情况,继续开会。在部队内开展批"解放军例外论",说解放军不是生活在真空里,拿罗瑞卿做靶子,伪造罗瑞卿言论,诬陷罗瑞卿同志,企图把八一厂拍《抓壮丁》的事推到罗瑞卿身上。

上海座谈会是否毛主席授意,到现在还未了解到。文件讲到毛主席三次审阅修改,现在了解的情况是这样:当时江青要把毛主席修改的原件让林彪看,不要弄到田家英那里去。陈亚丁讲了毛主席修改了哪些部分。毛主席修改的是江青走得太远的地方,又拉回来一些,审慎一些。毛主席在后边批了:仅供领导参考,搞掉一条黑线以后还会有新的黑线。这都是毛主席加的。还有在"歌颂领袖"后,又加上"及其他各领导同志"(江青把"各领导同志"删去)。还有加上"30年代也有好的",以及"对外国古典拒绝研究是不对的"等词句。《纪要》前有几封信,以及中央按语,所有这些,执笔人都是陈亚丁一人。现在看来,毛主席了解文艺情况,主要是根据江青和康生的汇报,毛主席批改的原件,现在也都不见了。《五·一六通知》大事记中,有一条林默涵剽窃《纪要》,这是陈亚丁向江青提供的,江青很重视,以后就编到《纪要》里。(据《文艺理论批评工作座谈会简报》第5期,1979年3月19日)

(八)钱谷融剖白"文学是人学"

华东师范大学教授、美学家钱谷融在1957年8月号《文艺月报》(上海)上发表《论"文学是人学"》论文,从五个方面论述了高尔基的"文学是人学"的观点。他认为,"人学"就是人道主义精神的体现。所谓"人学",作家不仅要把人当作文学描写的中心,而且还要把怎样描写人、怎样对待人作为评价作家和作品的标准。在1959年文艺界反右倾运动中,被视为修正主义文艺的人性论加以批判。

在文学理论批评工作座谈会上,钱谷融宣读了他在1957年10月写的《〈论"文学是人学"〉一文的写作提纲》,就原作中涉及的五个问题,先列出原文要点,再谈当时的思想。他说:"我认为谈文学最后必然要归结到作家对人的看法、作品对人的影响上,而上面这五个问题,也就是在这一点上统一起来了:文学的任务在于影响人、教育人,作家对人的看法、作家的美学理想和人道主义精神,就是作家的世界观中对创作起决定作用的部分,就是我们评价文学作品的好坏的一个最基本、最必要的标准,就是区分各种不同的创作方法的主要依据,而一个作家只要写出了人物的真正的个性,写出了他与社会现实的具体联系,也就写出了典型。"

笔者将其在两个问题（即关于文学的任务和评价文学作品的标准问题）上的剖白引在下面。经过修订的《〈论"文学是人学"〉一文的自我表现批判提纲》后来发表在《文艺研究》1980年第3期上,亦见作者《论"文学是人学"》（人民文学出版社1981年）一书。

梅朵与钱谷融

钱谷融说,关于文学的任务,当时的想法:我认为文学的任务,主要应该是影响人、教育人,应该是鼓舞人们去改造现实、改造世界,使人们生活得更好,而不在于反映现实。因此,正如周扬同志在《生活与美学》译后记中所说:"艺术再现现实,只说明了艺术发生的根源和内容的性质,并不能说明它在历史上的重大作用。"高尔基也一向认为消极的任务是文学所不足取的,把文艺的作用局限在反映生活这一点上,就等于是否定了文艺存在的必要。文艺之所以对人们有益,不仅在于人们可以通过它来认识现实（这当然也是重要的）,而尤在于它能够激起人们改造现实的热情和毅力,能够使人们为实现人类的美好理想而斗争。文艺反映现实,这当然是个无可争辩的唯物主义的命题。但这一命题只是说明了存在的第一性和思维的第二性,并没有多告诉人们一些什么。人们通过这一命题,并不能对文艺的性质、特点有所了解。而且,"现实"这个概念是一个包罗万象的概念,一切存在,都是现实。文艺所反映的现实,是否有它的特定的范围呢？我认为在文艺中,所谓现实应该是指人的个性（人的思想和行动、思想和愿望）。因为,人是不能脱离一定的时代、社会和一定的社会阶级关系而存在的,离开了这些,就没有所谓"人",就没有人的性格。所以人，可以说就是具体的现实。而一般观念中的现实，只能是文艺的背景而非对象，只能是文艺的出发点而非目标。否则的话，像抒情诗、音乐、舞蹈、雕刻等等，怎样能反映现实呢？正因为人是社会现实的焦点，是生活的主人，所以抓住了人，也就抓住了现实，抓住了生活。你只要写出了人，写出了人的个性，就必然也写出了这个人所生活的时代、社会和当代复杂的社会阶级关系，就必然也反映了整个现实。我认为今天的许多作品之所以还缺乏巨大的激动人心的力量，其重要原因之一，就在于作家是从"艺术的任务是在于反映整体的现实"这一命题出发，力求在自己的作品中全面地反映现实的各个方面的动态，而又不把他们集中到主人公的个性的成长发展过程中来描写，因此，使得主人公的形象在作品中被冲淡了，好像他只是为了反映现实的需要被引进作品来的一个工具，而对于现实的反映也由于没有抓住作为现实的焦点——把现实的各个方面联系起来的枢纽的人，因而也往往是支离破碎的，不能给人以一个统一完整的感觉。

关于评价文学作品的标准，钱谷融说，当时的想法是：我非常重视文学的教育作用，文学影响人的心灵的作用。我认为文学作品的历史地位与社会意义，首先是从它描写人、对待人的态度上表现出来的。凡是能够美化人们的灵魂、引导人们向上、激励人们起来为争取美好的生活而斗争的作品，就是好作品；反之，就是坏作品。一切时代的进步艺术跟颓废派艺术之所以针锋相对，主要在于它们描写人的态度的不同，对人的理想的不同。如果一个作家对人生抱着消极的态度，对人类的活动、人类的理想和愿望没有深切的关怀与同情，是绝对写不出好作品来的。在有些古典文学作品中，我们可能不容易找到人民性、爱国主义、现实主义等等，但人道主义精神却是决不会缺少的。如果连人道主义精神都没有，那就绝不可能是好作品，绝不可能成为古典文学作品了。就拿人道主义与人民性、人道主义与现实主义的关系来说，我认为它们也绝不是互相对立的，而是有着异常紧密的联系的。可以这样说，人道主义是构成人民性和现实主义的必不可少的条件，哪儿没有人道主义，哪儿就不会有人民性和现实主义。所以我认为人道主义原则是评价文学作品的一个最基本、最必要,也可以说是最低的标准,符合了这个标准就基本上是个好作品,就一定有其可取之处。至于好到什么程度,可取之处究竟有多大,那就得运用人民性等等的标准去衡量了。

我也知道我这种想法是颇有人性论的倾向的。但我以为马克思主义者并不否定人性的存在,毛主席在《延安文艺座谈会上的讲话》中,说到有没有人性这东西时,也说当然是有的。文学既然是以人为对象(即使写的是动物,是自然界,也必是人化了的动物,人化了的自然),当然非以人性为基础不可,离开了人性,不但很难引起人的兴趣,而且也是人所无法理解的。不同时代、不同民族、不同阶级所产生的伟大作品之所以能为全人类所爱好,其原因就在于有普遍人性作为共同的基础。马克思在《政治经济学批判·导言》中关于希腊艺术的不朽魅力所说的一段话,我以为也显然指出了人性在文艺中的作用。而且我也并不像资产阶级人性论者那样,主张文学应当描写永恒不变的超阶级的人性(那样一种人性是没有的,资产阶级的文艺家之所以要提倡这样的人性论,目的无非在掩蔽阶级矛盾,麻醉被压迫阶级的阶级觉悟罢了),我认为人性是随着时代、社会等等条件的发展而发展,因阶级性、个性的不同而有其不同的表现的。但尽管如此,仍不排除纵的方面的继承性和横的方面的普遍性。没有这种继承性与普遍性,人们的一切交往便都不可能,也就不可能组成社会,不可能有历史。而这继承性与普遍性的基础就是共同人性。所谓人道主义,我以为就是对这种人性的肯定与发扬。文学既以人为对象,既以影响人、教育人为目的,就应该发扬人性、提高人性,就应该以合于人道主义的精神为原则。我认为人道主义原则与阶级性原则是并不矛盾的。只有历史上的先进阶级才能发展人性,才能讲人道主义。而那些落后的、反动的阶级就只能阻碍人性的发展,甚至戕害人性。譬如今天的资产阶级虽然也在空喊着人道主义,但事实上他们的所作所为是完全违反人道主义精神的,今天最讲人道的阶级就是无产阶级;无产阶级的最终目的是实现共产主义,而共产主义也就是真正的人道主义,也就是最高的人道主义。

文学研究所所长许觉民(洁泯)说:"文学是人学",基本观点我赞同。1959年批巴人,也有些问题。在批巴人的人道主义时,对人道主义应作阶级分析,不能笼统地全加否定。16世纪人道主义者如莎士比亚、拉伯雷的作品,在当时有进步性,到了社会主义社会就是反动的,这个问题可以探讨。不能说在无产阶级革命时代,人道主义都是反动的。巴人强调人类的共同本性,我们在批判时,只强调阶级性,有些简单化,人与人之间确实有共同的感情、爱好。(据《文艺理论批评工作座谈会简报》第13期,1979年3月20日)

许觉民说的"我们在批判时",是因为他曾在《文学评论》和《光明日报》上发表过批判巴人的文章。据中国科学院文学研究所编《文艺思想动态》载《对巴人的"人性论"的批判》:"最近批判巴人的'人性论'的主要文章有姚文元的《批判巴人的〈人性论〉》(《文艺报》1960年第2期)、洁泯的《论'人类本性的人道主义'》(《文学评论》1960年第1期)和《〈人性论〉及其创作理论批判》(《光明日报》1960年3月3日),还有华夫(张光年)的一篇短文《'竞异求同'解》(《文艺报》1960年第2期)。这些文章主要是批判他的《论人性》

许觉民(洁泯)

一文,也联系到了他的其他文章。""批判巴人'人性论'的文章,除上面提到的以外,另外有王子野的《人性、人情、人道主义》(《新观察》1959年第24期)、王道乾的《漫谈'人情味'》(《文学知识》1960年第2期)。过去发表过的批判文章有:张学新的《'人情论'还是'人性论'》(《新港》1957年3月号)、李希凡的《驳〈论人情〉》(《北京文艺》1957年第12期)、夏雨穿的《读巴人的〈论人情〉》。"①

---

① 《对巴人的"人性论"的批判》,《文艺思想动态》第1期,1960年3月20日。

从许觉民在会上的发言看,他对自己过去的批判文章,多少有了一些反省忏悔之意,说"我们在批判时,只强调阶级性,有些简单化"。

(九)"伤感文学"、"伤痕文学"、"暴露文学"问题

关于"伤感文学"或"伤痕文学"或"暴露文学"的问题,由来已久,《班主任》发表后,就有了所谓"暴露文学"之说,《伤痕》发表后,便又添了"伤痕文学"之论。几乎整个1978年,或者说1978年的下半年,在会议上、私下里,议论之声不绝于耳。10月,在中国作协召开的《人民文学》、《诗刊》和《文艺报》三刊联合编委会上,陈荒煤曾谈到在"伤痕文学"问题上有人对他的责难,他也曾谈到有一位文艺界的著名人士对"伤痕文学"的否定言辞。在1979年初《人民文学》主办的1978年短篇小说评选活动的评委会上,评委们也有争论,也有人说对《伤痕》这类作品"吹得太高了"。争论一直在延续着,到《文艺报》召开的这次理论批评工作座谈会上,在"感伤文学"问题上爆发出一点小小的争论,是完全在预料之中的。而且这种争论很快又提升为"歌德"与"缺德"、"文艺向前看"还是"向后看"的论争。

在3月19日的小组会上,许觉民在谈到歌颂与暴露问题时说:歌颂与暴露的问题,即文学的美与刺的问题。文学作品揭露当前社会中的落后现象,不是批判社会主义,而是批判资产阶级的残余,目的是帮助无产阶级战胜资产阶级。目前揭批"四人帮"的作品不少,但揭露、批判我们内部问题(如反对官僚主义)的作品太少。批"四人帮"的作品也不应该有条条框框。《伤痕》这种写法就可以,批判现实主义也可以,不一定非要从外面给作品加进理论的东西。当然作品写得更高更好。文学不能只限于歌颂与暴露,乔木同志讲文艺应有更丰富的职责,它们不能只是歌颂或暴露,有些作品不能用这两个词来概括。

3月22日,林默涵大会发言。林默涵的长篇发言在会上引起了激烈的争论。故需要在此多说几句。尽管默涵长期以来是我的领导,当时又是我们《文艺报》的编委,因工作的关系,我同他也有较多的接触,但当时我是站在不赞成林默涵观点的一边的。他讲话时,文艺界的落实政策问题才刚刚开始,胡风问题还没有摆到议事日程上,因此他讲话中有些错误的认识自是无法避免的,谁也不是圣人。在事情过了二十多年后,如今再读他的发言记录全文,应该说,除了那些引起争论的问题外,其中也有许多描述是可供学界和后来的研究者参考的,不可一笔抹杀。他讲的第一点是关于总结30年的经验问题。这是争论最大的问题之一。为了不致歪曲原意,兹引述几段如下:

林默涵

……应该说,在思想领域,我们工作上有过右的东西。思想战线的第一个斗争,是对电影《武训传》的批判。对《清宫秘史》根本没有批评,它的影响不是很大,许多人没有看过,放映的时间也很短,影响比较大的是《武训传》。我觉得这个批判是完全必要的。根本的问题是人民求解放靠什么?《武训传》宣扬资产阶级改良主义,不承认人民求解放,不许同敌人进行政治上、军事上的斗争,而是鼓吹通过兴教育、办学校就可以得到解放。《武训传》宣传的这种资产阶级思想,文艺界、知识界是否看出来了?据我所知是没有看出来。开始有人写一两篇文章批评这个电影,但是没有触及根本问题,根本问题是毛主席提出来的。当时文艺界发表了许多吹捧文章,把《武训传》说得很好。外交部还准备用这个片子招待各国使馆,这是乔冠华亲口跟我讲的,他说看了这个电影非常感动,武训精神代表了我们的民族精神,要用这个片子招待使馆人员。批判《武训传》,毛主席是经过深思熟虑的。据说毛主席看了这个电影后,在院子里散步,考虑了好几天,才下了这个决心。毛主席为《人民日报》写的社论《应当重视〈武训传〉的讨论》讲得很严厉:共产党员自称已经学得的马克思主义,究竟跑到什么地方去了呢?这个批判证明我们思想战线上是有右的东西的。

接着开展了对《〈红楼梦〉研究》的批判。俞平伯研究《红楼梦》的观点是唯心主义的,他认为《红楼梦》的特点是"温柔敦厚",根本看不到作品里反映了阶级矛盾,反映了两种思想、两种势力的斗争。这个批判也是毛主席发起的,文艺界并没有看出《〈红楼梦〉研究》的错误。

对胡风,开始是思想批判。解放前在重庆就批判过他,是周总理领导的。当时党外有胡风的思想,党内有乔冠华的思想,他们是一致的。胡风强调主观战斗精神,乔冠华强调感情,说思想(指马列主义)太多了,感情太少了,现在要的是感情,而不是思想。抗战胜利以前,在总理、董老的领导下,党内就批评了乔冠华等人。对胡风也有批评,但那时胡风是统一战线中的人物,不可能在报刊上公开点名批评。抗战胜利后,胡乔木同志到了重庆,他曾批评乔冠华等认为"思想太多"的谬论,指出其实许多同志不讲马克思主义,"此调不弹久矣"!同时乔木也找胡风、舒芜谈过话,争取他们认识自己理论上的错误。茅盾同志也是反对胡风的观点的。我是1944年底到重庆的。1945年胡风的刊物《希望》出版,第一期就发表了舒芜的《论主观》,强调主观战斗精神,反对所谓客观主义,指的就是茅盾的作品。刊物出来后,曾经在郭老主持的文化工作委员会开过一次会,是乃超主持的,刘白羽同志和我都参加了,还有冯雪峰同志、胡风等。茅盾同志对胡风的观点很反感,他指着胡风说:你们那些洋洋洒洒的大文,是卖野人头。他讲完话就退席了。那时斗争相当激烈,在《新华日报》上也进行过一些公开的争论,何其芳同志和我都写过文章。

后来在香港,对胡风也进行过批判。在重庆时,乔冠华与胡风的观点是一致的,到香港后他有改变,这是个进步。我记得国共谈判破裂,我们从上海转移到香港去时,在船上遇到乔冠华,谈起路翎的小说,这时他的观点已经改变了。所以在香港对胡风的批判,大家的意见是一致的,经过讨论,由荃麟同志执笔写了一篇文章,但并没有打中要害。

胡风的问题一直延续到解放后。在重庆时,总理就过问胡风的事,解放后对胡风的批判,也是在总理的领导下进行的。总理对这个问题有具体指示,总理说,对胡风的思想要批判,希望他能作个自我批评,如果他不作自我批评,就要写文章公开批判,因为他的思想是有社会影响的,不少人相信他那一套。后来开了几次会,胡风不肯作自我批评,只好发表文章公开批评,但是是作为思想问题来批评的。舒芜比较早就改变了观点,他在《长江日报》上发表一篇文章,认识到他过去的思想是错误的,表示要同那种思想决裂,所以解放后批评胡风时就没有连上他。当时乔木同志主持中宣部日常工作,他说对胡风这些人应当尽量争取,最好使他们自己认识错误,因此他不但要我找胡风谈,还要我找路翎、绿原等人谈,尽量争取他们。可是他们不改变观点,后来就只好发表文章,公开批评,但只发表了一两篇文章就结束了。

胡风不但不作自我批评,而且给中央写了三十万言的上书,全面否定了党的文艺路线,把为工农兵服务等咒为"五把刀子",并且提出了他自己的文艺纲领,企图取消党对文艺工作的领导。中央认为这是很好的反面教材,于是把他的上书公开发表,重新展开了对胡风的批判,但仍然是作为人民内部的思想问题来批的。

胡风问题性质的改变,是由于发现他那些搞小集团、攻击共产党的材料。第一批材料是舒芜自动交出的。他找到我,交出一大批胡风写给他的信,这些信钉成一大本,要我看看。我最初搁在一边,没有看,我想私人通信没有什么好看的。后来偶然翻翻,发现信里面全是暗语。因为我们同胡风接触比较多,他那些暗语我们一看就清楚,暗语里有的指周总理,有的指乔木同志,有的指别的同志。一看就知道胡风跟党内的对立是十分尖锐,并且由来已久的。他们在通信中,对我们党、对共产党员表现出刻骨的仇恨,可是当面却同我们握手言欢,当面一套,背后一套,完全是两面派。我看了这些信之后,约舒芜来谈,请他把信整理一下,对暗语加些注释。舒芜很快就整理出来了,注释也是他加的。我把这些材料交给《文艺报》发排,排出样子后送给周扬同志,他说可以发表,就由《文艺报》起草了一个按语,我们改了一下。周扬同志觉得这样的材料应当送毛主席看看。主席一看,觉得这个材料很重要,就重新写了按语,建议在《人民日报》和《文艺报》上同时发表。这批材料一发表,对胡风的斗争就急转直下,变成了政治斗争,而不是文艺思想批判了,也因为这样,对胡风文艺思想的批判并不深入。后来把胡风逮捕起来,在他家里又抄出很多信,这些信极其恶毒地咒骂共产党,咒骂《在延安文艺座谈会上的讲话》,咒骂共产党员,说要用橡皮包着的钢鞭子来抽这些人。这就是后来整理、发表的第二、第三批材料。公安部还发现了很重要的材料,一直没公布。胡风在大革命时加入过共青团,大革命失败后叛变,在国民党江西省党部工作。在江西吉安图书馆查到的一本刊物上,登载了胡风为国民党江西省党部写的《反共宣传大纲》,他还写了一系列反共文章,用的是张××、××等名字。他跟陶希圣的关系也很密切。很明显,胡风是一个坚决的反共分子,却隐瞒历史,混进左联,一直以左翼作家的面目出现,连鲁迅先生也受了他的蒙蔽。

现在有些同志提出,对胡风的批判是不是也有问题?因此我把上面的情况讲一下。对胡风是否要那样搞,是另外一回事,但胡风是一个暗藏的、混到左翼文艺队伍里来的坚决的反共反子,是有确凿的事实的,这个案是翻不了的。在文艺思想上,有的同志提出,因为批了胡风的"写真实",后来文艺就不写真实了。我看不是这样。因为批胡风的文章发表得很多,难免会有些文章是不实事求是的,断章取义的,今天戈扬同志在座,她就了解这个情况。例如《新观察》上发表了批判绿原的文章,就有断章取义的毛病。为此中宣部还发过一个通知,指出对胡风集团的批判,要实事求是,不要采取这种办法。至于对胡风"写真实"论的批判,比较准确的是周扬同志在《文艺战线上的一场大辩论》和他在第三次文代大会上的报告,那里面讲得很清楚。我们批判胡风的"写真实",并不是说文艺不要写真实。"写真实"这个口号是斯大林提的,斯大林是号召"同路人"作家下去,说只要他们下去看看工人、农民里的真实,把它写出来就行了,对他们不要要求太高,这同列宁劝高尔基走出彼得堡、到农村或外地的工厂去观察人们怎样建设新的生活的意思是一样的。可是胡风利用这个口号,加以歪曲,变成如果写光明的事物、写新人新事就不真实,只有写黑暗、写消极事物才真实。这同斯大林的原意恰恰相反,这种观点我们是不能同意的。至于文艺应当反映生活的真实,这本来是一个常识。……

我们工作中也确有"左"的错误。反右派斗争是个全国性的政治运动,我们文艺界不可能不受影响。文艺界反右斗争是扩大化了的,错划了很多"右派",今天看来大多数都划错了。"十七年"中,在文艺批评方面,在领导方法、领导作风方面都有"左"的错误。……多年来我们工作中所犯的过左行为,确实带来了严重的恶果,这是不可否认的事实。特别是反右派以后,还不断地这么搞,不断搞运动,宁"左"勿右,"左"比右好,这种情况为林彪、"四人帮"、康生、陈伯达这些野心家、阴谋家所利用,使他们能够打着"左"的旗子欺骗人民,以售其奸,使党和国家遭到了空前的破坏。这是严重的教训。

林默涵虽然在"文革"中也受到了林彪、"四人帮"的残酷迫害,虽然他也承认"十七年"的文艺工作中犯了"左"的错误,虽然他以光明正大而受到大家的尊重,但他在会上的讲话,却因为缺乏历史反思精神和深度而不能得到大家的认同和谅解。

在对"伤痕文学"的估价上也一样。在谈到感伤主义问题时,林默涵说:我以为什么人物都可以写,也都可以成为作品的主角,但无论写什么人物,都要防止感伤主义,就是说必须使人振奋起来,而不是使人消沉下去。感伤主义是一种腐蚀剂,这种情绪对青年没有好处，由于受"四人帮"的折腾，我们的不少青年"看破红尘"，受感伤主义的毒害已经很深了。恩格斯反对那种"令人萎靡"的社会主义，因为它表面上同情工人，实际上只是怜悯工人，宣扬什么虚伪的"爱"来欺骗工人。斯大林主张我们的文化组织、我们的报纸刊物，应当采取从思想上影响的办法，力求减少呻吟者、啜泣者、怀疑者等等的数目。鲁迅先生在这方面讲了很多很好的话，他说文学作品不能使人消沉下去。鲁迅自己的作品也是这样，尽管他写的都是旧社会，对旧社会的黑暗揭露得很深刻，有的故事人物是很悲惨的，像祥林嫂，但是他的作品使你看了之后并不产生一种消极的感伤情绪。他的作品中有的是辛辣的讽刺、深刻的揭露、强烈的愤怒，但是没有感伤。鲁迅对"青年必读书"的回答是要少看、或者不看中国书。他解释说，他之所以那样回答，是因为中国那些旧书读后使人消沉，外国的书尽管不都是很好，却不使人消沉，读了想做点事。生活在无边黑暗中的鲁迅，当然有时也难免有寂寞的情绪，但他决不将这种情绪传染给正在战斗中的、需要鼓舞的青年。

果不其然，在3月23日的讨论中，陈辽对林默涵的发言提出了许多商榷，主要是针对"十七年"文艺工作的估计、文艺工作者要不要为民请命以及"感伤文学"问题。在我们的文艺界，对一位领导同志公开提出异议甚至商榷，是极少见的事，所以陈辽的发言，令与会者注目。这也足见人们的思想确实是解放得多了。陈辽在谈到"感伤文学"时说：默涵同志批评了当前的所谓"感伤文学"。但是他没有举出具体作品，因此我们不知道默涵同志心目中的"感伤文学"究竟是些什么内容。我也不主张"感伤文学"，革命文艺应该如毛泽东同志所说的，把生活中的矛盾和斗争典型化，造成文学作品或艺术作品，使人民群众惊醒起来、感奋起来，推动人民群众走向团结和斗争，实行改造自己的环境。《伤痕》是不是"感伤文学"呢？《醒来吧，弟弟》、《枫》、《阴影》是不是"感伤文学"呢？我以为不是，这些作品中感伤情绪是有一些，但总的倾向却是揭露"四人帮"，鼓舞我们与林彪、"四人帮"作斗争，实行改造自己的环境。默涵同志说鲁迅的作品没有一点感伤情绪，这也不符合实际。《伤逝》、《在酒楼上》、《孤独者》这些作品没有一点感伤情绪吗?"两间余一卒,荷戟独彷徨",鲁迅本人也还有感伤情绪呢!

(十)会议的基本估价

4月4日,编辑部召开会议,对这次会议进行总结。孔罗荪参加了我们的会议,冯牧大概是因参加《人民文学》的短篇小说评奖会议还是作协有其他事情,没有出席。会议由我主持,我也就先说,然后编辑部的同事们各抒己见。除了个别的同志有标新立异之意外,大家的评价是一致的,归纳起来有以下几点。

(1)这是一次贯彻三中全会精神、解放思想、实事求是、百家争鸣的会议,是此前从来没有过的、开风气之先的理论批评会议。过去召开的这类会议,从来都是先有一个主报告,与会者根据会议主持者定的调子发言,而这次会议,则先由主编孔罗荪提出会议的两个主题,再由主编冯牧条分缕析地提出一些问题和观点,并宣布不打棍子、不抓辫子、不戴帽子,各抒己见,百家争鸣。与会者就总结30年来文艺工作的正反两方面经验和就当前文艺上的若干问题各抒己见,会议提出并讨论问题,但不作结论。

(2)与会评论家在几个问题上——主要是文艺与政治的关系和现实主义问题——取得了很大的进展。与会者普遍认为,根据历史的经验,文艺不能脱离政治,但文艺不能与政治捆得太紧,并对沿袭已久的"文艺为无产阶级政治服务"和"工具论"的口号提出了否定性的意见。在现实主义问题上,特别是关于"写真实"、人性论、人道主义等问题上,迈出了很大的一步,为秦兆阳的"现实主义广阔道路"和钱谷融的"文学即人学"平了反。会议的这些成果,特别是不要再提"文艺为政治服务"的口号的意见,为年底举行的第四次全国文代会的文件起草工作以及文代会上新的文艺口号的形成并提出,做了基础性的准备工作。

(3)与会者认为:"百家争鸣"是一个发展文艺批评和文艺理论的伟大方针,但不应有什么前提,一致否定并批评了"在六条标准的前提下开展百家争鸣"这个口号。

(4)在几个重大问题上展开了争鸣与对话。最引人注目的是以江苏省的陈辽为代表的一些文艺理论批评家,对老领导和老前辈林默涵发言中几个观点提出了不同意见。这些问题是:① 关于"十七年"文艺工作中的缺点错误,主要是"左"还是"右"的问题。② 关于林彪、"四人帮"的"左"倾机会主义文艺路线和我们文艺工作中的"左"的错误有无联系的问题。③ 关于文艺可不可以、要不要为民请命的问题。④ 关于"感伤文学"的问题。⑤ 关于"十七年"间我们犯错误的根源问题。

在这些问题上,文艺界的意见分歧是显而易见的,但要开展争鸣,特别是与文艺界的领导同志间的争鸣,却是很难进行的。在会上与林默涵的争鸣,不能不说是一种新的气象、一种时代的进步。听说,在林默涵不在场的情况下对他发言的批评,使他很不愉快,并因而与冯牧之间产生了一些误会。会后,林默涵给《文艺报》两主编写了一封信。信的全文如下:

冯牧、罗荪同志:

听说你们搬家了,房子很挤,我想向党组提出,看能否调整一下,恐怕很困难。

我在《文艺报》会上的发言,文字上理了一下,删去了一两段题外而可能引起误会的话,至于我的观点完全保留。希望登简报。听说会上许多人对我的发言很不满,逐条驳斥,我建议把他们的发言原样照登,这样才能反映会议的全貌,并使我知道我的发言错在哪里,以便改正,包括我引错了的话,也可以借此更正。

对这次会上的分歧,外边传说不少。听说江苏还有一份材料,对我进行讨伐,可我一点不知道,你们从未对我说起。而《文艺报》上的公开报道,却只说了一面的意见,这使我很为难。这次会上谈的,许多是方针性的重大问题,应该让大家来讨论,因此,我建议必要时,把有关简报通通发表,以引起讨论,如何?老实说,现在有些文章的旁敲侧击的做法是不好的,非同志式的。

我的发言排出后,请把小样给我看一下,因为匆促整理,恐仍有错漏。

专致

敬礼

林默涵上
1979 年 4 月 17 日

文艺评论家（或文艺批评家）常常被文学史家所忽略，这是一种偏见。事实上，批评家们在新时期文学的发展中起了重要的开辟作用。这次文学理论批评工作座谈会就是一个证明。作为史料，我愿意记下应邀参加这次会议并在会上发言的评论家的名字：冯牧、孔罗荪、周扬、林默涵、陈荒煤、易准、苏中、朱寨、王春元、王信、王传洪、顾骧、赵寻、蒋孔阳、胡叔和、叶林、郑伯农、李曙光、沈季平、盛英、林涵表、陈贤仲、阎纲、钱中文、郑煌、束沛德、刘剑青、黄秋耘、陈辽、李子云、冯其庸、黄益庸、徐非光、张盛裕、韦君宜、李国涛、郭志友、王淑耘、胡德培、黎汀、刘宾雁、钱谷融、严家炎、王朝闻、蔡仪、刘梦溪、许觉民、于逢、杨志杰、秦晋、李寅、黄建中、冯建男、刘锡诚、何孔周、陈丹晨、唐因、唐达成、陈刚、徐迟、麦辛等。

巴金率中国作家代表团出访法国

"文革"前，孔罗荪担任过很长时间的上海作协的秘书长，长于组织活动。"文革"后调到北京来，与冯牧一起主持《文艺报》的工作，但他并没有全心全意地投入到编刊中，他作为中国作家协会的书记处书记之一，兼管外事工作；此外，还花去不少时间在老一辈文学家的圈子里走动和应酬，自动地成为作协与巴金之间的联络员；后来，又为巴金筹建中国现代文学馆的设想付诸实现贡献了不小的力量。《文艺报》主持的文艺理论批评工作座谈会闭幕不久，他就全力投入张罗陪同巴金率中国作家代表团出访法国，参加国际笔会在里昂举行的大会。

1979 年 4 月 10 日，巴金由上海到达北京。24 日就离京飞巴黎。同去的，除了孔罗荪外，还有因写了报告文学《哥德巴赫猜想》而声名鹊起的老作家、翻译家徐迟,巴金的女儿、刚复刊的《收获》杂志的负责人李小林,中国作协外联部的翻译高行健。

(自左而右)巴金、李小林、徐迟、孔罗荪、高行健在巴黎墙前

巴金在国际笔会里昂大会开幕式上致辞。全文如下:

我和中国笔会的同事们,怀着十分愉快的心情,在一年最美丽的季节,来出席这次盛况空前的国际笔会大会。

我们带来中国笔会中心全体会员和中国作家对国际笔会运动的最良好的祝愿,愿它在今后的岁月里,永葆光辉,久而弥坚。

我们飞过半个地球到这里来,是为了在文学事业的范围内寻求友谊,寻求合作。来自世界各个角落的作家,尽管有种种的不同,但我想有一点似乎应该是共同的:维护和平,反对侵略,使人民安居乐业,使民族文学沿着自己的道路自由而健康地发展,这样也将有助于世界文学的进步与繁荣。在这次会上,我们愿意为这个总目标向朋友们请教、学习,共同研究、探讨。

中国笔会中心入会后第一次出席大会,也就是说,我们的工作还只是开始。国际笔会成立已有六十年了,"六十"在中国人传统的纪年方法中,只是小小的一轮。在此我们要表达中国人最珍贵持久的友谊。

我们也要借此向尊敬的东道主法国致意。法兰西文学对现代中国文学和世界文学都有深刻而有益的影响;我的第一部小说《灭亡》就是在巴黎拉丁区的小楼上动笔写的。这已是半个多世纪以前的事了。在那前后,法国,也许尤其是里昂——曾经为中国培养了一批优秀人才,他们至今还在我国国家生活中发挥作用。我们为此而感激里昂、感激伟大的法兰西人民。

我们深信,这次里昂大会在各国作家的共同努力与合作下,一定能为促进国际笔会的事业和增进各国笔会中心的相互了解和友谊,做出具有历史意义的贡献。让里昂大会的精神永远留在我的心里。

谢谢大家。

(自左而右)李小林、巴金、徐迟、孔罗荪、高行健凭吊赫尔岑墓

这次法国之行是巴金在"文革"后的第一次出访,也是1949年后

第一个访法的中国作家代表团。对于巴金来说,法国是旧游之地。对那块半个世纪前曾经游学过的地方——塞纳河畔和玛纳河畔的记忆,仍然激动着进入老年的巴金。在巴黎,他们除了参加法国政府和法国笔会中心等文学界举办的各项活动、会见法国著名作家外,还访问了巴尔扎克故居纪念馆,凭吊了纪念伟人的先贤祠。此外,巴金等还访问了尼斯、里昂、马赛等名城。

粉碎"四人帮"后,巴金一直在翻译赫尔岑的巨著《往事与随想》。他对赫尔岑怀着特殊的情感。这次到尼斯,他凭吊了俄罗斯作家赫尔岑墓。"当巴金在尼斯拜谒赫尔岑墓时,似乎又一次看到赫尔岑像照片里一样穿着大衣,凝望着茫茫的地中海在思索……他的苦难的经历并没有压垮他,他留下的闳富著作,至今还像火一样在鼓舞着人们。"[1]

重提"写中间人物"旧案

1962年的8月,中国作家协会在大连召开"短篇小说创作座谈会",俗称大连会议,邵荃麟在讲话中提出并阐述了"写中间状态的人物"的主张。邵荃麟说:"强调写先进人物、英雄人物是应该的,是反映我们时代精神的。但整个说来,反映中间状态的人物比较少。中间大,两头小,好的坏的人都比较少。广大的各阶层是中间的,描写他们是很重要的,矛盾往往集中在这些人物身上……应当写出他们的各种丰富复杂的心理状态。文艺的主要教育对象是中间人物。最进步最先进的人,用不着你教育。写英雄是树立典范,但也应注意写中间状态的人物。只写英雄典范,不写矛盾错综复杂的人物,小说的现实主义就不够。创造性格,主要是依靠人物自己的行动、心理状态来反映他性格的矛盾。"大连会议之后,于9月1日出版的《文艺报》第9期上发表了沐阳(谢永旺的笔名,当时是编辑部的编辑)写的一篇文艺随笔《从邵顺宝、梁三老汉所想到的……》。文章写道:"我们

---

[1] 陈丹晨:《天堂·炼狱·人间》,中国青年出版社2000年版,第379页。

有些优秀作品,足以提高人们对生活的认识和精神境界。但……人物还不够多样。……而不好不坏、亦好亦坏、中不溜儿的芸芸众生,似乎很少人着力去写他们;写了,也不大能引起人们的注意。"①这篇小文章,原本是为了响应和阐发"写中间人物"的,后来成了邵荃麟"中间人物"论的注脚。到1964年文艺整风中,邵荃麟提出的这个"写中间人物"的主张,受到了重点批判,在"文革"中被列入"黑八论",定为"文艺黑线专政"的罪状之一,成为文艺界一大冤案。邵荃麟被迫害而死。谢永旺也因而被定为"小爬虫"受到批判,他不只一次地苦笑着对我和编辑部的朋友们说过,他不敢掠人之美,那"不好不坏、亦好亦坏、中不溜儿的芸芸众生"的名句,是黄秋耘在审稿时加进去的。

批"写中间人物"论这一冤案的内情,其实在北京的评论界,至少在我们编辑部内,是早就清楚了的,因而也议论了不止一次,仅仅是由于牵涉到当年中宣部主管文艺的一位领导同志,而一直被搁浅着。随着揭批查运动的深入和思想的进一步解放,从年初起,一些文艺理论批评家们在报刊上著文对这一批判提出了批判。《文学评论》1979年第1期发表了署名狄遐水的《写"中间人物"主张的再评价》,认为邵荃麟的主张"就其实质来说,是提倡创作上人物多样化的主张"。"狄遐水"是《文学评论》编辑部的编辑王信的化名,乃"地下水"之别写,而"地下水"则来自"文革"中对立派群众组织对他的指责和戏称。我们编辑部和《文学评论》编辑部比较起来,我们受文艺领导层的制约或影响更多些,而他们则有着更大的自由度。由于狄遐水的发难,事情再也捂不住了。

我们编辑部理论组的同人们对这一问题,早些时候就开始做了一些调研。主管文艺理论的副主任陈丹晨从老作协的文书档案中找到了唐达成所作的大连会议记录,对邵荃麟讲话的记录文本以及"写中间人物"的提出和遭受批判,做了仔细的分析,写出了一篇为大连会议翻案的文章《评大连会议和"中间人物"论》,在《文艺报》1979年

---

① 沐阳:《从邵顺宝、梁三老汉所想到的……》,《文艺报》1962年第9期。

陈丹晨

第 3 期上发表了。他指出:"一、大连会议不是反党反社会主义的黑会,而是一次革命文学工作者研究文学创作如何积极为无产阶级政治服务的会议。二、'中间人物'论、'现实主义深化'论不是修正主义、资产阶级的黑理论,而是文艺工作者对文艺创作的一种正当的探讨。"

《人民日报》于 1979 年 4 月 2 日发表了黄伟宗的《"写中间人物"是资产阶级的文学主张吗?》一文。黄伟宗是中山大学中文系的老师,远在广州,对于这一事件中涉及的领导人因素,他有更大的自由度和较少的顾虑,所以他的文章更能直言不讳。

关于文学作品塑造英雄人物以及写其他人物的问题,始终是纠缠着文学发展的一个大问题,从新中国成立到 1979 年的 30 年间,经历过多次公开讨论或批判,如 1949 年《文汇报》开展的关于写工农兵与小资产阶级的讨论,1952 年前后《文艺报》关于创造英雄人物的讨论,1957 年前后关于塑造人物问题的争论,1964 年起对"中间人物"论的批判,以及"文革"中"四人帮"抛出的"根本任务"论,等等,把作家们的手足束缚得紧紧的。对"中间人物"论的反拨,不仅是政治上的需要,更是文学自身发展的需要。在编辑和阅读中,我们深感松开作家的手足,允许作家写各种各样的人物,才是发展文学的康庄大道。因此,从这时起,我们在编辑工作和自己的文学评论写作中,开始意识到并强调写各种各样的人物这一观点。

关于《大墙下的红玉兰》的讨论

我们习惯于把1957年被错划为"右派"、于1979年"改正"了的作家叫作"归来的作家"。一大批归来的作家重新开始了创作,而且一开始就显示出强劲旺盛的创作力。归来的作家从维熙的中篇小说《大墙下的红玉兰》在《收获》1979年第2期一发表,便在读者中引起了强烈的反响,从此中国新时期文坛上也增添了一个新的名词:"大墙文学"。《大墙下的红玉兰》写的是一个悲剧故事,题材新颖,作者以强烈的充满义愤和浪漫主义的笔触,写了"大墙"内令人触目惊心的非人遭遇,和各种被扭曲的人生和人性,向读者揭示了社会人生的另一面,塑造了在"文革"中被打成"走资派"的专政机关的老干部、后被抛进"大墙"内的共产党员葛翎,以及路威、周莉、高欣等几个成功的艺术形象。

这篇小说描写了在特殊年代里发生的人生悲剧,读后给人以极大的心灵震撼。因此我提出了召开一次小型讨论会的意向。我的意见得到了同事们和主编的一致赞同。5月7日发出了讨论会的邀请书。为取得较为一致的看法,在邀请信发出后,编辑部于12日先开了一次内部的讨论会。大家热烈发言,争论也很激烈。所有的编辑都要读作品,经常在讨论中切磋见解,有时甚至要开会讨论,这是当年《文艺报》的一个很好的传统,也因有这种传统而培养出来了不少的评论家人才。由于编辑工作的关系,我与从维熙比较熟悉,交往不少,要在刊物上就《大墙下的红玉兰》开展讨论的计划决定后,我便告诉了他,他对此决定极表赞成,并表示希望将孙犁给他的信在《文艺报》上发表。那是没有问题的,孙犁轻易不写,他的稿子很难得。

1979年初,《文艺报》编辑部已搬出了东城区礼士胡同129号暂借的于会咏那间办公室,在沙滩北街2号著名的"五四"广场偏北部、文化部和《红旗》杂志共住的大楼的前面,临时搭建了一栋两层的防震棚做办公室。作为编辑部的负责人,为修建这个两层的抗震棚,我曾花了不少精力。一个民间性的文化单位如此长时间里连个办公室都解决不了,这个防震棚也算是那个特殊时代、特殊条件下的一个纪念吧。《大墙下的红玉兰》讨论会分别于5月15日和24日在这个防震棚的二楼会议室里举行。应邀到会的作家、评论家和刊物编辑有:刘宾雁(作家)、黄伊(中国青年出版社编辑)、顾骧(中国文学艺术研究院研究人员)、毛承志(人民文学出版社理论编辑)、邹世明(《北京文艺》理论编辑)、崔坪(人民文学出版社文学编辑)、郭志刚(北京师范大学中文系教授)、辛述威(第141中学语文教师)、母国政(北京市崇文区文化馆)、成志伟(东城区文化馆)、赵秀英(首钢集团)、王正华(《体育报》)、刘光人(北京市公安局)。

从维熙(右)与本书作者(成都,1997)

与会者对这部作品的评价并不一致,甚至很有分歧。会上的部分发言在"《大墙下的红玉兰》(作品讨论)"的栏题下集中发表在《文艺报》1979年第7期上。这些文章是:顾骧的《历史教训的探索》、沙均(毛承志)的《悲剧不悲》和郭志刚的《见真知深 新人耳目》。

刊物出版后,我们收到了上海《收获》编辑部寄来的一封署名"北京语言学院13楼一读者"的全面否定和批判小说《大墙下的红玉兰》的来信。本来,在我们的讨论会上,对小说《大墙下的红玉兰》就存在着不同的看法和评价,现在有了这封写于4月1日、把《大墙下的红玉兰》与苏联的"解冻文学"等量齐观的读者来信,在对作品的评价上,就形成了截然对立的两种观点。其时,从维熙正在上海电影制片厂把小说改编为电影剧本。他读到第7期《文艺报》上的讨论文章后,特别是读到沙均的文章后,很快从上影厂给我写了一封信来。信里说:

锡诚同志:

你好!

昨天,《大墙下的红玉兰》剧本已写完,能抽出时间来写几封信了。

7月号《文艺报》上的几篇评论文章,我和导演都仔细地研究过了,觉得对剧本的修改,很有好处。因此,深深感激《文艺报》和编者。剧本打印之后,当即奉寄求正。

三篇文章中,沙均同志文章提出的否定性意见较多,我仔细思考了他提出的一些问题,觉得该同志用心良苦,花了许多时间去研究小说,这是作者应当感谢的。但是,这篇文章游离了主题、人物、故事,去专门讲些具体问题,是舍本求末的一种探讨。因为评论者没有劳改队的起码常识,比如,在"细节不真实"的部分,指出葛翎身为劳改处处长,"居然不知马玉麟在河滨农场"之类。试以山西省为例,一共28个监狱,怎么能设想葛翎能有如此大的神通?对葛翎和路威的关系,评论者亦做了同样的推论,脱离人物当时所处的具体环境,来探讨他的性格和行为,是架空的。比如对《文汇报》与周总理的关系问题,葛翎刚刚视察监狱回来,监狱都不订《文汇报》,他怎么能知道发生了《文汇报》反总理的问题?以抽象的一般性的概念去分析人,而不是从人物当时的典型环境去研究人物,在评论工作上,必然产生"无的放矢"的毛病。

所以,把我的想法写给你,意在今后的讨论中,能从文学艺术的根本问题上去探讨,即《文艺报》编者所说的那些话。哪怕对小说政治上的批评都好,像《收获》那位读者的批评那样,怕就怕不懂生活,而又陷入劳改队生活的探讨,那是公安部门的业务,而不是我们《文艺报》的业务,对吗?

相当长的一个时期以来,包括"四人帮"以前,文学艺术创作中出现了一种畸形,即:抛弃了对革命浪漫主义的探求,因而许多作品,不能动人以情,不能使人为之热血沸腾,更谈不到文学作品中的美学内涵。在路威、周莉、高欣这些人物身上,我比较有意识地在这方面进行了一些探索。我们年轻一代是多么缺乏美的情操的教育呵!

年轻时,我是一个"屠格涅夫迷"。随着岁月的流逝,生活的启示,我迷恋上了浪漫主义大师雨果。在近20年的改造生活中,雨果的许多作品,甚至其中的一些章节,我都熟到能以背诵。因此,在《大墙下的红玉兰》这篇小说中,很可能自觉不自觉地流露出一些浪漫主义的气质。上海、湖南、安徽一些同时代人,信中都向我指出了这一点,并表示赞赏。这也是无产阶级的人性美的体现吧!?

我于8月20日左右回京,在此之前,有什么事情,请函投上海。

阎纲同志在病中,如去医院,请锡诚同志代为问候。

信中所写,纯属朋友间的交谈,不对处,望指正。

你在《长春》上的那篇评论文章,我是很喜欢的!望能多写些这样的文章,以正视听。

问达成及吴泰昌等同志好。

此祝

夏安!

从维熙

(1979年)7月31日匆匆

信中提到的革命浪漫主义,确实是个值得理论刊物编者和文学评论家们认真关注的问题,由于不断地提倡作家贴近现实、直面人生等,浪漫主义多少有些被作家们冷淡了。无论从创作倾向还是文学理论上来说,小说《大墙下的红玉兰》的确是一篇充满了革命浪漫主义色彩的作品。收到这封信后不到半个月,又收到从维熙自上影厂寄来的第二封信。信的全文如下:

锡诚同志:

 前去一函,想已收到。

 第8期《文艺报》请寄到我的家,不要寄上海了,因为我于20日返回北京。

 《大墙》已改完,改后的电影剧本,比小说更尖锐,上影比较满意。

 《清明》创刊号发了鲁彦周同志的中篇《天云山传奇》。小说写得很好,而且十分尖锐,称得起是目前罕见的中篇。小说中几个人物都写得很有风采。其分量,不在《未来在召唤》之下。请抓紧时间读一下。一定有收益!(老鲁在这儿已改成电影)

 《文艺报》第8期,请寄:北京东城魏家胡同内南吉祥胡同17号。

 顺致谢意。北京面谈!

 问阎纲同志好!

从维熙
(1979年)8月13日

关于《大墙下的红玉兰》的讨论,除了第7期的三篇文章外,《文艺报》第8期又发表了方明(刘光人)的《从生活出发——兼与顾骧同志商榷》和易准的《葛翎的性格及其悲剧的结局——兼与沙均同志商榷》两篇文章。刘光人是北京市公安局的干部,"文革"前就是《文艺报》的作者,考虑到他对监狱生活的了解,特邀请他与会并撰写文章参加讨论。易准是广东省作协理论研究室的负责人,也是《文艺报》的老作者。至此,《文艺报》一共发表了5篇文章。10月15日,从维熙又给我发来一信,谈他与孙犁的通信事:

锡诚同志：

　　《文学评论》散会①之后，找你，未能找到。《新港》编辑部那位女同志（按：指盛英）亦想找你，不知后来见到了没有？孙犁托她代问编辑部，"通信"何时在《文艺报》披露？

　　我意《大墙》的综合稿和我与孙犁同志的信函书简，最好能在11月号《文艺报》发表，不然，在文代会后，《文艺报》篇幅将更挤了，而且《大墙》讨论突然中断，时隔太久，也不太合适。

　　发前，我想看一下《书简》的清校样。

　　给你的两次信函，皆未曾接到只字回音。

　　盼复一短函。

　　致以

敬礼

从维熙
1979年10月15日

　　从维熙何时把他与孙犁关于小说《大墙下的红玉兰》的通信交给我的，我已经记不很准确了，他来信时，我们已经决定把他们两位关于《大墙下的红玉兰》的通信安排在1979年的最后一期上发表，并很快给他送去了校样。他看过校样后，在个别地方做了改动，于10月25日退我并附来一信。

锡诚同志：

　　我只将我和孙犁的通信，个别地方改动了几个字。

　　比如：原稿中提及谢铁骊同志一事，为北影编辑高时英的误传，实为荒煤同志的意见（荒煤同志告诉我的），因而我必须改正这一两句话。

---

①　指1979年10月10日由《文学评论》杂志编辑部与《工人日报》文艺部联合召开的关于蒋子龙小说《乔厂长上任记》座谈会。

其他，无改动，请过目。

读者来稿综述，我没有改动，因我无权更动编辑部的文字，更无权删动群众意见，对吗？

《新苑》第 2 期发表了我另一中篇《杜鹃声声》。北影自己动手改编电影了，我不能缠在电影中不能自拔。我还要多写小说，特别是中篇。目前动手写的中篇《她倒下了，在黎明的曙光里》刚写完一半，看样子需要到年底才能完成。

您信中谈到为《三十年》撰文一事，我当尽力而为。不过，我们这一代人，30 年中，改造生活过了 21 年，而真正拿笔的时间，只有六七年。

阎纲同志病体如何？请代为问候。

握手

从维熙

（1979 年）10 月 25 日

孙犁与从维熙关于《大墙下的红玉兰》的通信，以及读者关于这篇小说的来信来稿综述，都发表在《文艺报》第 11/12 期合刊上。这一期差不多是第四次文代会的专号。他们二位的通信及来稿来信综述，总共占了 6 个页码。自 7 月下旬以来，编辑部收到参加讨论的来稿来信四十余件，从中可以看出读者对这篇作品的关注程度。历时半年的讨论就此告一段落。

孙犁对小说《大墙下的红玉兰》的评价显示了一个老作家的老到深邃眼光。他说：

你的小说能一下子把我吸引住。它的生活的真实背景，情节的紧凑衔接，人物的矛盾冲突，都证明你近来在小说艺术探索方面的努力和成就是非同一般、非同小可的。我一直兴奋地高兴地读下去，欲罢不能，中间有些朋友来访，我拿着书本对他们说："从维熙这些年进步很快，小说写得真好！"

你反映的是一个时代的、生活的真实面貌。对那两个运动员的描写,使我深深感动,并认为他们的生活遭遇、思想感情是典型化了的,是美丽的灵魂,是美的形象。

但是,你的终篇,却是一个悲剧。我看到最后,心情很沉重。我不反对写悲剧结局。也许这个写法,更符合当时的现实和要求。我想,就是当时,也完全可以叫善与美的力量,当场击败那邪恶的力量。战胜他们,并不减低小说的感染力,而可以使读者掩卷后,情绪更昂扬。①

他的这番评论与我们编辑部的意见可谓不谋而合。在刊物上开始讨论之前,我们编辑部内部讨论时,好几位同事曾发表过类似的见解,虽然存在着一些分歧意见,但总体上认为,这是一部振聋发聩的好作品,又存在着某些不足,如对反面人物的塑造上笔力欠缺,葛翎的牺牲在情节安排上有欠合理等。这次就一部作品开展的讨论,涉及了社会主义悲剧、歌颂与暴露等一些重要的文艺问题,有普遍意义。

进入1979年,全国都在讨论"转移"问题,我们编辑部也不能置身其外。我们怎样体现战略的"转移"呢?大家众说纷纭。此前,虽然也开辟过《东方》五人谈和召开了一次长篇小说讨论会,但我们的关注重点和评论重点,更多的是放在了短篇小说和话剧上。如果说1978年成绩最大、最受读者欢迎的是短篇小说的话,那么从1979年起,中篇小说的崛起逐渐吸引了亿万读者的注意力。年初以来,刊物上已连续发表了邓友梅的《追赶队伍的女兵》(《十月》1979年第1期)、从维熙的《第十个弹孔》(《十月》1979年第1期)、冯骥才的《铺花的歧路》(《收获》1979年第2期)、谌容的《永远是春天》(《收获》1979年第3期)等。或可把1979年称为"中篇小说崛起年",我想是没有疑问的。而从5月份开始就在筹划的这次关于《大墙下的红玉兰》的讨论,正可看作是我们编辑部关注重点"转移"的重要一步。

---

① 孙犁:《关于〈大墙下的红玉兰〉》,《文艺报》1979年第11/12期;另见孙犁《芸斋书简》(上),山东画报出版社1998年版,第232～233页。

解 冻 文 学？

《收获》1979年第2期发表了从维熙《大墙下的红玉兰》和冯骥才《铺花的歧路》两篇中篇小说,在北京和上海两地的文艺界和社会上反响都很强烈。《收获》编辑部收到一份来自北京的读者来信,谴责说编者在步苏联"解冻文学"的后尘。上海的朋友告诉我,一位老文艺评论家看了后竟"勃然大怒",说"看了叫人没有了信心,还不如资本主义"!

在《文艺报》举办关于《大墙下的红玉兰》讨论的同时,人民文学出版社现代文学编辑室也召开了一次编辑业务学习会,对《收获》发表的《大墙下的红玉兰》和《铺花的歧路》进行了一次推心置腹的认真讨论,而且在讨论中出现了截然对立的两种不同的看法。

主持会议的人民文学出版社副总编辑韦君宜说:《收获》第2期刊登《大墙下的红玉兰》和《铺花的歧路》以后,引起了社会的反响;冯骥才的《铺花的歧路》因系我社供稿,大家更为关心。许多同志认为,这是两部揭批"四人帮"的、现实性较强的好作品,但《收获》编辑部也收到了一封从北京语言学院13楼以"一读者"的名义发出的批评信。这封信的作者以一个学生

杨述、韦君宜夫妇(1975)

家长和人民的代言人的口气,指摘编辑部说:"人民给你们纸张,是希望你们提供好的作品,而不是要这些思想和艺术都很低劣的东西。这类东西名曰批'四人帮',其实质是向人民散播对社会主义制度的不满情绪,搞乱人们的思想。"写信者还警告说:"希望我们的文学不要步苏联50年代所谓'解冻文学'的后尘。希望我们的作家不要学集中营文学作者索尔仁尼琴,不要学帕斯捷尔纳克。社会主义文学

应当是战斗的、引导人们奋勇向前的,而不是这类丑恶的东西!"这两部小说是一种客观存在,现在有两种截然相反的反应、两种截然相反的认识。它们究竟是好的或比较好的作品,还是散播对社会主义不满情绪的"丑恶的东西"或"解冻文学"呢?我们的编辑应该结合这些具体作品进行学习研究,明辨是非,提高鉴赏能力和业务水平,做好编辑工作。

人民文学出版社《业务简报》

李景峰、毛承志、张木兰、刘岚山等指出,"一读者"的来信所代表的是"社会上怀疑和反对三中全会的那种极左思潮在文艺问题上的反映"。听了一些同事的发言后,崔坪声明,给《收获》杂志的那封读者来信出自他的手笔。他坚持信中的观点,并补充说,他对于"大翻个"有看法。他说:新中国成立以来是否一切都错了?有无对的?过去批判的是否都批错了?像批资文艺难道错了吗?"人性论"该不该批?如果"写真实"是对的,那么什么是不对?过去对苏联修正主义的批判是对是错?"四人帮"的"根本任务"论对不对?我们无产阶级文学要不要塑造英雄形象?毛主席的《讲话》还灵不灵?有多少还适用?现在不少青年对过去画大问号,所以如此,是由于宣传工作不当,而引起人们的怀疑。还有对"文革"的看法问题,文学作品如何反映?对毛主席发动和领导的"文化大革命",是全盘否定,还是三七开,或者是倒三七开?亿万人民起来参加"文化大革命",难道他们都是群盲吗?轰轰烈烈,怎么解释?应写"文化大革命"中的英雄。"四五"英雄也可以写。辽宁的武斗和枪毙人,在文学作品中怎么反映?文学作品反对"文化大革命"可不可以?动手术要是触伤了心脏怎么办?揭露的矛头不一定都正确,几亿人民应在四项基本原则指导下解放思想,要写中越反击战中的英雄及过去的董存瑞、黄继光、邱少云及苏联的卓娅和舒拉的故事、普通一兵等,来引起人们对社会主义的热情。英、美、日电影中塑造警察的英雄形象,都是用来维护他们的制度的。《大墙下的红玉兰》写得比较尖锐,会引起人们对社会主义制度的怀疑,这个悲剧是人为的,是可笑的,经不起推敲的。中央说过,不要给"文化大革命"作结论。文艺界有的领导干部是信口开河,"黑八论"是全批错了吗?也有对的吧?

人民文学出版社现代文学编辑室的一些编辑就崔坪同志的发言,以实践是检验真理的唯一标准为武器,进行了辩论。在谈到对"文化大革命"如何看,文学作品该如何反映,是肯定还是否定,是歌颂还是暴露时,胡德培等说:关键是从概念出发还是从实际出发,是说真话还是说假话。中央负责同志说让下一代去作结论,但并没有说作家不要去写"文化大革命"。作家应该敢于用自己和人民的感受大胆地反映这段生活,都等中央作结论以后再去写"文革",就是扼杀我们的文艺。

至于对30年的文艺状况怎么看,新中国成立以来是否有批错的,"人性论"该不该批,对"写真实"怎么看,"四人帮"的"根本任务论"对不对,毛主席的《讲话》还灵不灵、有多少还适用等问题,同志们认为,实践将作出正确的结论。

对这两部作品,谢郁彦、王苏、龙世辉、王笠耘、朱盛昌等都认为无论在政治上还是艺术上,都是较好的。说它们在"政治上和艺术上都低劣",是"丑恶的东西",显然很不公平。这些作品都是作家从生活中提炼出来的,有典型意义,也有一定的艺术感染力。如果将这两部作品加以比较的话,一些同志认为《大墙下的红玉兰》要比《铺花的歧路》的艺术性高一些;也有的同志认为,在艺术上,《铺花的歧路》比《大墙下的红玉兰》好,两部作品各有特点。

从内容上看,有的同志说,《大墙下的红玉兰》所写的是林彪、"四人帮"把敌我关系颠倒了的事实。林彪、"四人帮"的反革命纲领是老干部等于民主派,民主派等于走资派,因而要通通打倒,他们要"革革过命的人的命"。主人公葛翎是个老公安战士,如今被"四人帮"投到党的监狱里,并由他判过罪的反革命分子对他执行专政,这个严酷的现实,揭露了林彪、"四人帮"妄图打倒共产党、复辟资本主义的罪恶目的,它告诫人们不能再让这样的历史重演。葛翎的形象是生动感人的,他的命运也令读者关心。有的同志补充说,在"文化大革命"中,林彪、"四人帮"砸烂公、检、法,并趁机篡夺了一部分权力,把它变成篡党夺权的工具,迫害老干部,实行法西斯酷刑,镇压天安门革命群众运动,充当了可耻的角色。面对他们对张志新的暴行,《大墙下的红玉兰》那么写,还算对他们客气。他们那一套根本不是社会主义的东西。有人还认为这么写"太尖锐了,使人对社会主义产生怀疑",真是岂有此理。

冯骥才(左)与本书作者

《铺花的歧路》写的是女中学生白慧在"文化大革命"初期,因打伤了人而造成思想上和爱情上的悲剧的故事。白慧出身于革命家庭,母亲又是革命烈士。她热爱党,怀着一颗虔诚的心投入到"文化大革命"中去。但由于她年轻幼稚,识别不了真假马列,上了林彪、"四人帮"的当。她出于革命动机,打伤了一个女教师,后来又和一个叫常鸣的青年发生了热烈的爱情。常鸣是个很有思想的革命青年,由于他的帮助教育,白慧懂得了真正的革命道理,并认识到自己犯了罪。白慧向他承认了自己的罪过,于是悲剧发生了。原来,她打伤的那位女教师竟然是常鸣的妈妈,因此她得不到常鸣的谅解。作者意在通过对白慧所走过的铺着鲜花的歧路和她的悲剧的描写,揭露林彪、"四人帮"是使这些人犯罪的罪魁祸首,并唤起社会对这些青年的责任感。

有编辑说:《铺花的歧路》是从生活中提炼出来的,是有普遍性、有典型意义的。在"文化大革命"中,特别是运动的初期,确有许多人是怀着天真烂漫的革命动机去参加"文化大革命"的,他们在林彪、"四人帮"极左路线的驱使下干了错事、蠢事,甚至犯了罪。打人杀人的事到处都有发生,因此,《铺花的歧路》所写的事绝对不是个别的、偶然的事,像白慧这样打人的青年并不是少数。白慧打人之后精神上受到刺激,觉悟之后良心上又受到谴责,并发生了爱情的悲剧,这是真实的,能够引起人们的同情。白慧这个形象具有典型意义,对这一代人都有教育意义。

有的同志说:白慧这个形象不仅对青年人有教育意义,对成年人也有教育意义。这个人可贵的地方在于她的确出于革命动机打了人,并且一旦觉悟之后能痛改前非;现实生活中还有不少在"文革"中打人杀人之后至今还不认罪的人,因此,《铺花的歧路》中另一个人物,叫郝建国的造反派头头倒是应该抨击。这部小说的故事情节也很吸引人,巧得可信,偶然中有必然。她带着赤诚之心参加了"文化大革命",上了当,犯了错误,并由怀疑到觉醒,这个过程符合认识规律,是真实的,有典型意义。

现代文学编辑室的编辑们认为:对这类作品要扶植,当然也要讲清缺点和不足,既不要打杀,也不要捧杀。这两部作品,还都存在一些问题。对《大墙下的红玉兰》,多数同志认为,后半部分写得比较粗糙,有败笔之处。如葛翎的悲剧有人为的痕迹,悲剧不悲。葛翎是个久经锻炼的老公安战士,他被章龙喜引入死亡之路,是不真实的,他明知夜间爬监狱的墙要打死勿论,为什么一定要去爬?高欣这个人物也有人为的痕迹,他的女朋友对他的爱情基础是什么,也没有揭示清楚。此外,作者也怀着忐忑之心,在那里表述对毛主席的忠心,也使人感到不够自然。有的同志进一步指出,葛翎明知道爬墙有危险,并且也发觉有人在设圈套,却硬要爬墙去摘玉兰花,这不是愚蠢吗?难道他非要用这个来悼念周总理不可吗?这是否有"左"的东西、有"三突出"的影响呢?对《铺花的歧路》,主要缺点是写得不够细腻,对白慧在"四人帮"垮台、全国人民欢庆的时候却要出走,交代得不够清楚,故事情节上也还有编造的痕迹。

大家认为,这两部作品虽然都在一定程度上反映了"文化大革命"的某些生活方面的现实,帮助人们认识社会、思考问题,是鼓舞人的、战斗的、向前的,但它们距离"文化大革命"的真实生活还有一段距离,揭露得还不够深刻。

有的编辑同志指出,揭露"四人帮"的创作仅仅是开始,中长篇小说可以说刚刚在露头,比起八年抗战期间出了那么多电影、小说,对十年"文革"来说,现在出现的这些作品,无论在数量上还是质量上,都还很不够。积极向上的作品当然要提倡,但不能在题材上给作者们定比例、划框框,像"四人帮"时代那样,只能粉饰生活,只能写同"走资派"作斗争的题材。要想实现"百花齐放、百家争鸣",繁荣创作,就必须把题材、路子和作家的眼界放宽些,崔坪同志说对揭露"文革"阴暗面的稿子叫他发,他不发,这是错误的,他可以保留个人意见,但对待工作不能各自为政,自行其是。①

《为文艺正名》引起争论

李子云为《上海文学》撰写的"本刊评论员"文章《为文艺正名》于该刊 1979 年第 4 期上发表,公开地否定和批评了延续已久的"文艺是阶级斗争的工具"这个口号。这也说明,她在"文学理论批评工作座谈会"上的发言是有备而来,早就准备好了的。

---

① 参阅并摘自人民文学出版社《业务简报》总第 81 期(1979 年 7 月 16 日)。

《为文艺正名》一文的发表首先引起了上海文艺界的热烈讨论。上海师范学院中文系、复旦大学中文系、上海戏剧学院等单位先后开会讨论。中国作家协会上海分会接连召开了4次座谈会,邀请持不同观点的人士参加讨论。《文汇报》与《解放日报》都编印了相关的内部材料。

《文汇报》编印的《理论探讨》发表了一篇《讨论〈为文艺正名〉简报》。此文归纳了上海文艺界在讨论这篇文章后的不同观点。现摘要引述在下面:

> 上海师范学院中文系吴世常、刘叔成,上海市文化局唐应光、杨里冈等同志不同意《为文艺正名》中阐述的基本观点。他们认为"'文艺是阶级斗争的工具'是个科学的口号",其理由如下几点:
>
> 1. 无论是"十七年"还是"四人帮"时期,都是把"工具说"作为文艺的社会功能来理解的,没有看到谁把"工具说"作为文艺的"定义"。杨里冈说:"《正名》批判的对象是不存在的,像堂吉诃德同风车作战。"
>
> 2. 革命导师和经典作家都是主张"工具说"的。刘叔成、吴世常引用列宁在1905年提出的"文学事业应当成为无产阶级总的事业的一部分",是"齿轮和螺丝钉"的论断,还引用毛主席在《讲话》中提出的"二支军队"(拿枪的军队、文化的军队)的论断,证明革命导师都是主张"工具说"的。他们还指出,早在1928年4月,鲁迅先生在《文学与革命》中就曾说过文艺"用于革命,作为工具的一种,自然也是可以的"。1932年7月,瞿秋白同志在《文艺的自由和文艺家的不自由》中,又多次提到"文艺是阶级斗争的工具"。鲁迅和瞿秋白当时批判的是梁实秋和"第三种人",因为他们反对文艺是阶级斗争的工具。
>
> 3. "工具说"并不是唯心主义的文艺观。承认文艺是社会生产力的反映固然是唯物主义的文艺观,但是,由于"阶级斗争是阶级社会中社会生产力的最基本的内容",由于作家的头脑都

是带着阶级性的,因而说阶级社会中的文艺作品带有阶级性,是阶级斗争的工具之一,也是唯物主义的文艺观。

4. 什么叫作"阶级斗争工具"呢?不仅反映不同阶级之间的斗争的作品是阶级斗争工具,而且反映同一阶级内部的斗争,反映人民内部矛盾(工人与农民的矛盾等等)、宣传一定阶级的思想的作品,都是阶级斗争的工具。所以,吴世常同志认为,"即使描写山水花鸟等自然景物"的文艺作品,因为作者都"托物言志"、"借景抒情","与阶级斗争有着关联",所以也是"阶级斗争工具"。

5. 从文艺实践来看,经得起历史考验的作品,都是作为阶级斗争工具问世的。"工具说"反映了客观事实。我国历史上最早的是孔老二强调"兴观群怨",重视文艺在政治斗争中的作用。《诗经》中的作品就是如此。屈原、白居易也是如此。

6. "工具说"同文艺创作的公式化、概念化没有必然联系。公式化、概念化的主要原因,是作家脱离生活。"工具说"并不否认文艺的特点。鲁迅、高尔基都强调"工具说",但并没有忽略文艺的特殊性。毛主席在《讲话》中强调文艺是"团结人民、教育人民,打击敌人、消灭敌人的有利的武器",也并没有使赵树理、周立波的作品喊口号,最近得奖的那些优秀作品如《于无声处》、《班主任》、《伤痕》等,都是阶级斗争的工具。

他们认为《为文艺正名》有如下错误:

1. 这篇文章讨论的是文艺的定义,文艺的定义可以从各个方面去下,古今中外的大文学家都想给文艺下一个统一的定义,但谁也无法做到。研究问题不能从定义出发。

2. 因为"四人帮"利用过"工具说"而把"工具说"否定掉,这是从一个极端走向另一个极端,这是因噎废食,形而上学。

3. 如果仅仅抓住山水诗、花鸟画来批"工具说",这是用支流掩盖主流,没有看到本质。

4. 把"工具说"作为阴谋文艺的理论基础,混淆了"十七年"同"四人帮"控制时期不同性质的矛盾和问题。

5. 批了"工具说",文艺成了什么工具?还要不要为无产阶级政治服务?还要不要为四化服务?这些都不要了,文艺工作怎样搞?怎样领导?《正名》把思想搞乱了。

在上海作协召开的四次讨论会上,邱明正、王文生、徐中玉、王西彦、罗竹风、石方禹、张海珊、王若望、刘金、徐辑熙等同志,表示基本上赞同《为文艺正名》一文所阐述的基本观点。

1. 有鉴于当前创作中公式化、概念化的倾向,提出应该研究文艺的特性,掌握文艺的特殊规律,为文艺正名,这恰恰是从实际出发,而不是从定义出发。(王文生)

2. 不能否认"四人帮"将"文艺是阶级斗争的工具"作为文艺定义这样一个事实:他们要求文艺作品都要写阶级斗争、都要安上阶级敌人;他们以"无冲突论"为名,反对表现人民内部矛盾;他们炮制《反击》、《欢腾的小凉河》这类图解反革命政治纲领的坏电影,而把一大批不符合他们篡党夺权需要的好电影打成"毒草",开除出文艺的行列;他们"彻底扫荡"优秀文艺遗产;他们批判"形象思维论";他们批判"寓教于乐"论——这些都说明"四人帮"根本不讲文艺的特性。他们事实上是将"工具说"作为文艺的全部本质和全部功能,作为文艺的定义的。(徐辑熙、石方禹等)

3. 不能将文艺的特性、文艺的属性、文艺的功能这三个概念混为一谈。"文艺用形象来反映生活",这是文艺的特性。文艺带有阶级性,这是文艺的属性。文艺可以作为阶级斗争的工具,这是文艺的社会功能之一。批判"工具说"是指出不能用文艺的一种社会功能来代替文艺的特性,并不否认在阶级社会中文艺带有阶级性,也并不否认在阶级斗争中,文艺可以成为一种特殊的工具。(石方禹、王元化、王文生)

4. 列宁和毛主席都反复讲过文艺是革命机器中的"齿轮和螺丝钉",这里讲的是文艺事业同整个革命事业的关系,并不回答"文艺的本质是什么"的问题。用"吃苦耐劳和螺丝钉"来作比喻,主要说明革命文艺是革命事业的一部分,和别的更重要的部

分比较起来,自然有轻重缓急、第一第二之分,但它是整个机器不可缺少的齿轮和螺丝钉。(罗竹风、王元化)

5. 应该全面地理解鲁迅在20年代末、30年代初批判梁实秋和"第三种人"时所阐述的一些观点。鲁迅说"我以为一切文艺固是宣传,而一切宣传都并非全是文艺"。说明他既肯定无产阶级文艺对无产阶级事业的作用,又反对取消文艺的特性,将文艺变成表标语口号。鲁迅批判梁实秋等人时,捍卫的是文艺的阶级性;鲁迅批评太阳社时,强调的是文艺的特殊性。鲁迅并不认为可以将"工具"作为文艺的全部本质和全部功能。同时,当时马克思主义文艺理论刚刚开始在我国传播,翻译过来的书大都是卢那察尔斯基、普列汉诺夫、弗里契等人的著作,而且是从日文转译过来的,苏联当时的文艺理论本身有机械论的成分在内,这也影响到当时瞿秋白等左翼批评家在某些提法上的简单化。所以,对于历史,我们应该按照实事求是的观点重新估价。(王元化、邱明正)

6. "工具说"不能概括文艺的性质、功能、特征和发展规律。从文艺的性质讲,文艺是社会意识形态、社会生活的形象反映,作家可以自觉地拿起文艺武器为政治服务,但不是所有的文艺作品都是如此。从文艺的功能讲,文艺有知识、教育、审美三大功能;同时教育作用也是广阔的,不能仅仅概括为阶级斗争教育。从文艺的特征讲,必须有形象手段,"工具说"忽略了这一点。从文艺的发展规律讲,促进文艺发展的动力是多方面的,不能仅仅归结为阶级斗争;同时,在没有阶级斗争的原始社会,就有了文艺,将来到了共产主义,没有阶级斗争,文艺将大发展,这都说明文艺并不与阶级斗争共存亡,所以"工具说"不能概括文艺的发展规律。"工具说"本身是片面的,但并不反动;"四人帮"利用了这个口号,引申发展了这个口号,引申出来的东西是反动的。(邱明正)

7. 《正名》提出应该在文艺的两大基本关系(文艺与生活、文艺与政治)中,将文艺与生活的关系放在首要的地位,这是符合马克思主义认识论的。不能离开真实性来谈政治倾向性。对革命文艺来说，只有从生活出发，才能将真实性与政治性统一起来，离开了生活，谈不上无产阶级的政治性。同时，也不能将政治和阶级斗争等同起来，把什么都说成阶级斗争，把政治理解得简单化了，把阶级斗争扩大化了。我们处在新的转折时期，文艺应该多方面满足人民的精神需要，因此，为文艺正名是有必要的。（石方禹、徐辑熙）

8. 反对《正名》的同志说，历史上经得起考验的作品，流传下来的作品，都是阶级斗争的工具，这个论点经不起实践的检验。（罗竹风、张海珊、王文生）

9. 有同志说，批了"工具说"，文艺工作就没法搞了。这真有点像奇谈怪论。文艺应该为工农兵及其干部服务，文艺应该更广阔地为无产阶级的利益服务，批了"工具说"，可以服务得更广阔、更活，文艺更有生气了。（王元化、查志华）①

除了这篇《简报》所述外，《上海文学》1979年第6期发表了王得后和吴世常的文章，对此问题提出不同意见，进行商榷。《上海文学》发表的《为文艺正名》一文及所引起的讨论，很快波及了北京和其他省市的文艺界和高校中文系。

中国社会科学院文学研究所副所长陈荒煤7月14日将《文汇报》编印的《理论探讨》上有关这次讨论的文章《讨论〈为文艺正名〉简报》、张履岳与王一纲的《不妨看点文学史——读〈为文艺正名〉有感》复印给所内各研究室参阅，并作了如下批语："《上海文学》今年四月号发表《为文艺正名》一文引起了上海文艺界的热烈讨论，这个讨论实际涉及文艺与政治，文艺与生活，文艺的性质、功能、特征和规律问题。现将《上海文联简报》及《文汇报》所编《理论探讨》未定文稿《不妨看点文学史》翻印发给各室。理论、现代、当代、文评各室，最好讨

---

① 以上文字摘自中国社会科学院文学研究所根据《上海文联简报》和《文汇报》所编《理论探讨》的打印稿。

论一下。陈荒煤(1979年)七月十四日。"陈荒煤要求文学研究所各室进行讨论。该所编辑的《文学研究动态》第12期(8月22日出版)发表了该所理论室研究人员王淑秧撰写的《当前报刊及简报上出现的文艺理论方面几个有争论的问题》,简述了围绕着"工具论"而出现的讨论。

5月24日《长江日报》报道了武汉大学中文系关于这个问题的讨论。许多发言认为"工具论"是马克思主义文艺观的一个基本原则,是经过实践检验了的真理。有的认为具有"阶级斗争工具"作用的,只是一部分作品,因而"工具论"是"以偏概全",必须推倒。有的认为"工具论"虽不是错误的,但有片面性,不完善。有的认为"工具论"忽视文艺的真实性,容易导致根据某种政治需要来编造作品;忽视文艺的特性,把文艺当成政治说教的"工具";限制了文艺创作的题材和体裁,妨碍多样化;无法正确评价文学遗产,某些优秀的古典作品不能说它是"阶级斗争的工具";无法概括文艺的全部作用。有的认为"四人帮"的文艺理论的基础不是"工具论",而是"唯意志论"。

湖北文联和武汉市文联联合召开了讨论会。在讨论中,对"工具说"也都出现了不同的,甚至是对立的见解。从各地听到的情况,都希望文艺界和理论界就这一问题作进一步的深入讨论。①

《向前看呵! 文艺》引起争论

《广州日报》1979年4月15日发表了黄安思(即黄文俞,时任广东省委宣传部副部长)的一篇题为《向前看呵! 文艺》的随笔。作者把打倒"四人帮"以后出现的揭露林彪、"四人帮"的一批文艺作品都说成是"向后看"的作品,在广东文艺界引起了激烈的争论。不久,这场争论也扩及全国各地,于是,"向后看的文艺"成为一种文艺观点的

---

① 《湖北省讨论文艺如何为政治服务的问题》、《武汉大学中文系讨论文艺是不是阶级斗争的工具》,见《上海文学》编辑部编《〈重逢〉和〈为文艺正名〉资料汇编》(一),第77~78页,1979年7月编印。

代表。作者写道:

星期天,有文艺界的老朋友到访。他是主持报刊编务的,因而动了我的念头。我说,近来颇有意于写点文章,写一篇短文谈谈文艺的向前看与向后看的关系如何。他沉思了一会说,近期揭露"四人帮"的作品,可以大致为三类:一类是描写了大胆反抗"四人帮"的英雄人物的,如《于无声处》;一类是提出了"四人帮"荼毒下产生的社会问题的,如《班主任》;一类是诉说了"四人帮"肆虐下个人的悲惨遭遇的。前两类都受到群众的欢迎,文艺界也给以充分的评价。至于后一类,在群众中的反响最强烈,这类作品一见登出,人们便争相购阅,一时成为谈论中心;然而在文艺界中则有不同的看法,有些同志认为它带来了感伤。

来访的人,交非泛泛,可说是深知我者。他的这番议论,我是认真看待的。他知道我为人粗疏,容易发偏颇的言论,是故把近年来的创作动态,简括向我介绍,有免我以偏概全的深意。我近年来也渐渐地察觉自己的坏脾气,也渐渐地改了一点。好吧,就按这三类做区分吧。我以为:写反抗的令人感愤(奋);提问题的发人深省;而诉说个人家散人亡、悲欢离合,以及爱情周折的,则难免使人伤悲。那伤悲,对于不同年龄、不同阅历、不同的世界观的人们的反应,我以为也是有所不同的;而这当中,也就难免有人觉得命运之难测,前途的渺茫。然而,这又绝非出自作者的本意。他们的本意,是要在一个侧面来揭露林彪、"四人帮"滔天罪行的。他们多数是青年,又多数是业余作者,他们敢想敢说敢干,冲破一个又一个禁区,怎能不为他们的胜利进军举杯祝贺呢!

但是,我还想要提出两点意见。

其一,今年,1979年,标志着一个新时期的开始。团结一致向前看,团结一致搞四化,这是我们党的三中全会的号召。我们全国九亿人民,在过去的十年里,深受林彪、"四人帮"的荼毒,可谓创巨痛深。然而,当他们揩干净身上的血迹以后,其共同的愿望就是要实现毛主席、周总理的遗愿,团结起来搞四化。那么,作为意识形态领域一个重要部门,一条重要战线的文艺,又当如何?应否提出文艺向前看的口号,提倡向前看的文艺呢?时下的评论说,文艺应当是人民的代言人,不应当是某个领导人的"传声筒",这个颇为深奥的问题,不是这篇短文所能谈论的。但是,不论怎样,团结一致向前看,团结一致搞四化,不是什么"长官意志",而是九亿人民的心愿。难道我们的文艺不应遵循吗?

其二,我以为,政治先行,文艺后进,也是常见的合理的现象。因此,作为一场政治大革命的揭批林彪、"四人帮"运动,现在已经在全国范围胜利结束,而像我那位朋友概括的那三类向后看的文艺的创作则方兴未艾,那也是合理的现象。我以为这方面的作品,不仅要写,而且要写得更深。林彪、"四人帮"的祸害,最根本的,是他们想要把我们拖到亡党亡国的深渊,而他们已经把我们的国民经济拖到崩溃的边缘,

文艺情况汇报

1
1979
7月25日出版
供领导参考

文艺报 编辑部编印

广东省文艺界关于《向前看呵!文艺》争论的一些情况

(一)四月十五日《广州日报》发表了黄思安(即黄文俞,广东省委宣传部副部长)的《向前看呵!文艺》。作者把打倒"四人帮"以后出现的揭露林彪、"四人帮"的一批文艺作品,都说是向后看的作品。他认为,揭批"四人帮"运动,"已经在全国范围胜利结束",文艺应"提出向前看的口号,提倡向前看的文艺"。文章发表后,反响极大,许多原来准备写揭露"四人帮"题材的作者搁笔,广大读者也误认为"收"了。许多《作品》月刊的读者,都等着看《作品》第五期还敢不敢"放"(刚巧第五期延期出版十天,读者便误认为《作品》挨整了)。广东有影响的青年农民作者杨干华及《我应该怎么办》的作者

《文艺情况汇报》这谁也察觉到了。希望有反映出这本质的作品,至于怎样反映,则让我们的作者在广阔的天地自由驰骋了。一部《天安门诗抄》,蒸腾着炽热的爱与憎的感情,但没有一个诗人在那里诉说个人的不幸;他们对"四人帮"切齿痛恨,而又把死此凶顽的希望

寄托于党。这些诗篇,是唤人觉醒与战斗的号角,不是缠绵悱恻的窒筴,此集因之不朽。

他旗帜鲜明地提倡"向前看的文艺",而对所谓"向后看的文艺"则颇有微词。黄安思的文章发表后,首先是引起了广东省文艺界的关注和热烈争论。继而北京也牵涉进去了,《人民日报》和《文艺报》先后参加了这次讨论。

关于《向前看呵!文艺》的讨论在广东展开后,广东作协分会秘书长曾炜寄给我一份他撰写的《广东省文艺界关于〈向前看呵!文艺〉争论的一些情况》。我将其编发在《文艺报》编辑部的内刊《文艺情况汇报》1979年第1期(7月25日)上,提供给领导参考。这篇内刊报道写道:

4月15日《广州日报》发表了黄安思(即黄文俞,广东省委宣传部副部长)的《向前看呵!文艺》。作者把打倒'四人帮'以后出现的揭露林彪、'四人帮'的一批文艺作品,都说成是向后看的作品。他认为,揭批'四人帮'运动,'已经在全国范围胜利结束',文艺应'提出向前看的口号,提倡向前看的文艺'。文章发表后,反响极大,许多原来准备写揭露'四人帮'题材的作者搁笔了,广大读者也误认为'收'了。许多《作品》月刊的读者,都等着看《作品》第5期敢不敢'放'。(刚巧第5期延期出版10天,读者便认为《作品》挨整了。)广东有影响的青年农民作者杨干华及《我应该怎么办?》的作者陈国凯等同志,看了黄文后非常愤慨,纷纷写信来表示不同意见,不少评论工作者及读者纷纷写了评论文章。广东文联党组即召开扩大会议,广东作协评论工作委员会先后召开两次座谈会,都几乎一致地对黄文提出不同意见,《南方》、《广州》两报也先后发表了黄培亮等同志的几篇评《向前看呵!文艺》的文章。但由于黄安思的地位和在广东宣传、新闻界(原《南方日报》社长)方面有相当的影响,省宣传、文化部门一些领导表示拥护黄文的观点。目前《南方》、《广州》两报也把拥黄文章摆在重要位置,特别是《广州日报》拥黄态度更鲜明。黄安思在两个月内连续在两报上发表了六篇文章,企图把此争论压下去(《南方日报》6月23日发表的黄安思的《我的意见》像是结论性的)。① 《人民日报》7月2日报道广州开展的这一场争论,及《文艺报》第6期的评论员文章,对广东文艺界鼓舞很大。许多人认为黄安思长期在广东身居要职,又曾领导过文艺,势力相当大,根据历史经验,许多人认为'近武器'打不到他,只能在北京发中程导弹。因此,最近北京报刊报道《向前看呵!文艺》一文争论的消息,引起全国注意是大好事,一场文艺界大辩论已经开始。

黄文引起的这场争论涉及文艺工作的一些根本性的问题,包括文艺如何为政治服务,如何为四个现代化服务,以及题材多样化,现代生活题材和历史题材的关系等问题。就这些问题展开争论,对推动社会主义文艺的繁荣是有益的。但更为重要的是,黄文的核心,还是对打倒'四人帮'以后三年文艺创作作何估计的问题。黄文的观点非常鲜明,他认为打倒'四人帮'以后,出现揭露性的作品过于'大量'了,而且过于'阴暗'了,所以都把这些作品全归为'向后看'。这就从根本上把三年文学创作的成就完全否定了。《向前看呵!文艺》的出现,并非偶然,而是一种思潮的代表。作者是在3月底、4月初一阵否定三中全会的怪风中,突然积极执笔为文的。他的观点带有非常明显的政治性……

此报道经我压缩修改后又发表在《文艺报》上。曾炜于9月1日

---

① 黄安思同志的六篇文章(包括用笔名谢芝兰)是:黄安思《向前看呵!文艺》,《广州日报》1979年4月15日;谢芝兰《随便谈谈》,《南方日报》1979年4月6日;谢芝兰《随便谈谈之续》,《南方日报》1979年4月20日;黄安思《写得深一些、广一些》,《广州日报》1979年5月6日;黄安思《我的意见》,《南方日报》1979年6月23日;黄安思《黄安思同志的来信》,《广州日报》1979年7月5日。

来信说:"来函及简报一期均收到,随即转几位领导同志传阅。您把内容改写,充实了,我很满意。残云同志看了,也高兴。他说过几天写一文章给您。"

短篇小说《我应该怎么办?》及其反响

广东作协分会的文学刊物《作品》1979 年第 2 期发表的陈国凯的短篇小说《我应该怎么办?》,第 3 期发表的孔捷生的短篇小说《在小河那边》,写的都是"文革"造成的人生悲剧,所以在读者中的反响甚为强烈。但评价却并非一律,无论在一般读者中还是在文学圈子里,都出现了不同的,甚至是对立的评价。影响比较大的是陈国凯的小说。因为他写的是一个无法回答的爱情难题。广州文学界的朋友给我寄来了一份 1979 年 7 月 5 日《广州日报》发表的陈衡撰写的报道《中山大学中文系中国现代文学教研室讨论〈我应该怎么办?〉和〈在小河那边〉》剪报。

关于《我应该怎么办?》,中山大学现代文学教研室在讨论时,出现了三种意见。

一种意见认为,这是一篇打动读者心灵的优秀作品。持这种意见的同志,理由有三:(1)小说通过薛子君的家庭悲剧和个人遭遇,典型地、真实地概括了"四人帮"横行时,中国人民遭受的灾难和痛苦,有力地控诉、鞭挞了林彪、"四人帮"的滔天罪行,激

陈国凯给本书作者的信

起了人们的爱憎情感。(2)小说塑造了李丽文、刘亦民这两个同"四人帮"作斗争的英雄形象。他们是中华民族的精英,我们党是依靠他们粉碎了"四人帮",并宣告了一个时代悲剧的结束。(3)故事情节独特,艺术构思新颖,有艺术魅力。

另一种意见则相反,认为这是一篇基本倾向不好的批判现实主义作品。持这种意见的同志,理由也有三:(1)小说的环境描写不典型、不真实。作者所反映的时代是中国人民与"四人帮"进行激烈搏斗,最终战胜了他们的时代,但小说中围绕着薛子君行动的人们,多数都是跟着"四人帮"走的,看不到党的力量和群众的觉悟,整个小说的环境描写没有反映出这个时代的本质和主流。(2)悲剧主人公薛子君的形象,跟旧悲剧主人公没有多大区别,没有社会主义的时代特点,体现不出时代精神,看不到打倒"四人帮"后的光明前景。(3)情节离奇,故事陈旧,艺术结局脱离主题。小说的主题很明显,是谁造成薛子君一家的灾难,但现在以"我应该怎么办"为结局,就变成几个人在爱情问题上的纠葛了。

第三种意见认为,这是一部基本倾向是好的、但有明显缺点的作品。持这种意见的同志认为,小说揭露、控诉林彪、"四人帮"的命意是好的,就作品悲剧根源来说是真实的,但悲剧冲突带有臆造的痕迹,悲剧主人公薛子君的性格刻画前后不一致,作者把一个原来具有一定反抗精神的女青年塑造成一个在"四人帮"的淫威下逆来顺受、完全屈从于命运安排的小人物,这是违背人物性格发展的固有生活逻辑的。小说所描写的故事,在过去文学作品中也是屡见不鲜的。而《我应该怎么办?》的结局,使人感到迷惘。有的同志提出,前人所解决的问题,为什么我们今天粉碎"四人帮"后却不能解决呢?

过去,我们比较注意《作品》杂志上的评论文章,文风泼辣犀利,不像我们这里要照顾各方关系,文章常常被磨去锋芒。现在出了两篇牵动读者情感的小说,自然也就成为我们编辑部文学评论组的关注焦点和谈论话题。我至今怀念那些同伴们的敬业精神和犀利眼光,凡是各地刊物上出现的好作品,大半逃不过他们的眼睛,或可自豪地说,没有从他们的眼皮底下漏掉什么好作品。在读到《我应该怎么办?》时,我们为它在读者中所产生的轰动效应而感到高兴,但从科学的文学批评的角度来看,也还感到有些不足,那就是故事及结构比较陈旧,有似曾相识之感。

经过一段时间的考验,这篇小说在《人民文学》杂志社举办的"1979年全国优秀短篇小说评奖"中,经过评委们的慎重研究,被评为当年的优秀短篇小说,肯定了这篇作品的艺术成就。这也算是评委们对这场讨论所作的一个总结。

"上下几千年,纵横几万里"

胡耀邦与文艺界广交朋友,对文艺问题讲话很多,文艺界常从他的讲话中受到鼓舞。1979年5月12日,他又召集文化界人士到钓鱼台开了一个座谈会,由他讲文艺界如何"有所作为"。起因是邓小平有句名言,叫作"有所作为"。胡耀邦说:党的三中全会以来半年了,我们主要做了三件大事:(1)澄清了大是大非问题,解决了一批历史上遗留下的问题,使党、国安定团结了;(2)把农业问题理出了个眉目;(3)教训了一下××,搞了自卫反击战。今年4月,中央工作会议定下来,还要做三件事:一是经济要"调整、改革、整顿、提高",二是要整顿党风,三是要繁荣文化。今天要讲的是,要在文艺创作方面来个"有所作为"。

什么是30年来文艺创作上的根本的经验教训呢? 胡耀邦说:正面的、最根本的经验,还是毛主席提出的八个字:"百花齐放,百家争鸣。"反面的教训是:控制太死,调子太高,棍子太多。希望能多写些现代的东西,但又不要规定比例。写社会主义革命,写社会主义建设,这是我们的第一主题。写民主革命,包括旧民主主义革命和新民主主义革命两个时期,是第二主题。写古代的东西,是第三主题。胡耀邦下面说的这些话,给文艺界很大的鼓舞:"我们在全世界面前是以古老的文化见称的。所以,一个古代,一个近代,一个现代;一个几千年,一个一百几十年,一个三十年——我们这道路宽阔得很! 今年春天我们提出这个问题来:我们的题材无比宽阔,我们的生活无比宽阔,我们的历史很悠久。""我的意思是把题材搞宽一点。题材一宽阔,我们就可以更多地满足人民的需要。""继承历史遗产和反对帝王将相、才子佳人,《文艺报》上要发一篇文章,把问题讲清楚。用历史上动人的故事,真实的历史,来提高我们的干部、人民的精神境界,丰富我们的智慧,这不是坏事!"胡耀邦关于题材无比广阔的思想,后来发展为这样一句名言:"上下几千年,纵横几万里。"

主持中国文联工作的林默涵于6月1日给胡耀邦写了一封信。信的全文如下:

耀邦同志:

根据您在那次座谈会上的讲话,我们写了一篇文章,目的是想把您讲话的精神传布出去。现送上,请审阅,如认为可以,请批给哪一个报纸,建议用本报评论员名义发表。

我们体会您那次讲话的精神,不只是为了给作者打开创作题材的路子,而且是积极地认为我国人民几千年来的光辉历史,都值得写,应该写,写好了都对人民有教育意义,都能提高人民的精神境界,鼓舞人民的斗争意志。这样就不仅使创作者解除思想顾虑,也使各级领导文艺工作的同志消除误解,而自然地抛弃对于创作题材的种种戒律。文艺界不要老是指责各级文艺领导同志不懂这个不懂那个,而应该对他们耐心地做思想工作,使他们明白这些道理,而改进领导方法。这样才能加强团结。否则,创作人员和领导人员的矛盾就很难消除,反而还会加强。目前有些地方就颇紧张。我们是这样理解您的讲话精神的,这篇文章也是按照这种精神从正面来讲的。不知当否?

敬礼

林默涵上
(1979年)6月1日

胡耀邦很快批阅了林默涵的来信。回信说:

第三章 大辩论与大前进(1979)

默涵同志：

　　这篇东西我看可以用。我只是把标题改了一下，文中勾去了三个字。请你同《人民日报》商量一下，他们是否用，如他们不用，《光明日报》、《文艺报》用也可以。

　　一个星期前你送给我的讲话，我已粗略地看了一遍。我觉得讲得好，没有什么不对的地方。

胡耀邦
(1979年)6月2日

林默涵把胡耀邦的回信及他给胡耀的信的抄件，转给了《文艺报》主编孔罗荪一份。默涵附了一简信：

　　请罗荪同志一阅。我在给耀邦同志信中所提的一点意见，请参考。

林默涵
(1979年)6月4日

孔罗荪随即将其交给了我们。《文艺报》1979年6月号发表的本刊评论员文章《广开文路　大有作为》，有可能就是胡耀邦退给林默涵的那篇文稿，因不是我所经手，我不得而知。但我们编辑部以及我本人都是赞同胡耀邦的观点的，文学的题材要克服以往的狭窄性和功利性，要广阔些、再广阔些，上下几千年，纵横数万里，什么都可以写，什么题材的作品都不应有什么禁忌，只要写好了，都会有益于提高人民的精神境界，关键是作者站在什么立场上写、用什么为指导思想写。从文艺领导的角度看问题，固然要分出现代第一、近代第二、古代第三，便于宏观指导和全局统筹；而对于作家个人来说，他只能写他所熟悉的，别无他途。这恐怕是一条不变的规律。

　　我们明显地感觉到，文艺界领导层中的意见分歧在中宣部召开的文艺座谈会上表面化了。林默涵对《文艺报》和有关领导同志发动了攻势。

《文学:回忆与思考》的征稿

1979年10月1日是中华人民共和国成立30周年。对于中国文学来说,30年的风雨历程,尽管道路十分曲折,经验和教训却是极为丰富的。我们组内商定,在"《文艺报》丛刊"的名义下编辑和出版两本书:一本是《文学三十年》,一本是《当代作家作品论》。我之所以提出以"丛刊"为丛书名字,是受到60年代何其芳编辑出版的"中国科学院文学研究所丛刊"的启发。计划从下半年起,在刊物上陆续发表一些老作家回顾和总结自己创作道路和创作经验的文章。这件事情由我分管的文学评论组负责实施,自然也就由我负总责。5月30日我起草了一份约稿信,请主编孔罗荪审阅签发。孔罗荪在我起草的信稿上加了四个字:"字数不拘",就算批准了。我们准备在刊物上陆续发表一部分,全部文章汇齐后,编为《文学三十年》纪念文集。在组内进行了多次研究,并由各位同志按照日常分工把可以约稿的对象排列了个名单。由于是30年文学的总结性文集,具有文献性,所以我们定了一条原则:不管是什么倾向的作家,只要是有成就的,都在约稿之列,不应有门户之见。这一点,对我们这些年轻一辈的编辑来说,没有历史旧账的纠葛,比较容易做到。名单没有送审,我看了就算定了。但我们受到知识和闻见的限制,肯定是有许多不周之处。受大形势的限制和影响,许多在历次政治运动中被错误处理而当时尚未改正的作家,没有能够包括进来,当然是这次组稿的最大缺憾。

约稿信是于6月1日发出的,截止日期定在8月底,留给作者写作的时间只有两个月。时间不很宽余,但对大部分愿意给我们写的作家来说,是可以完成的。这个计划至少有两层意思:一是粉碎"四人帮"以来第一次向这么多老作家约稿,而且是约写创作经验和体会的文章;二是体现了编者对有成就的作家的创作,不分门派,一视同仁。有些老作家,平时我们与他没有什么联系,没有向他约过稿,也没有评论过他的作品,通过实施这个计划,编辑部与他直接发生了联系。约稿信发出后,得到了许多老作家的响应,他们纷纷来信,并按时寄来了稿子。

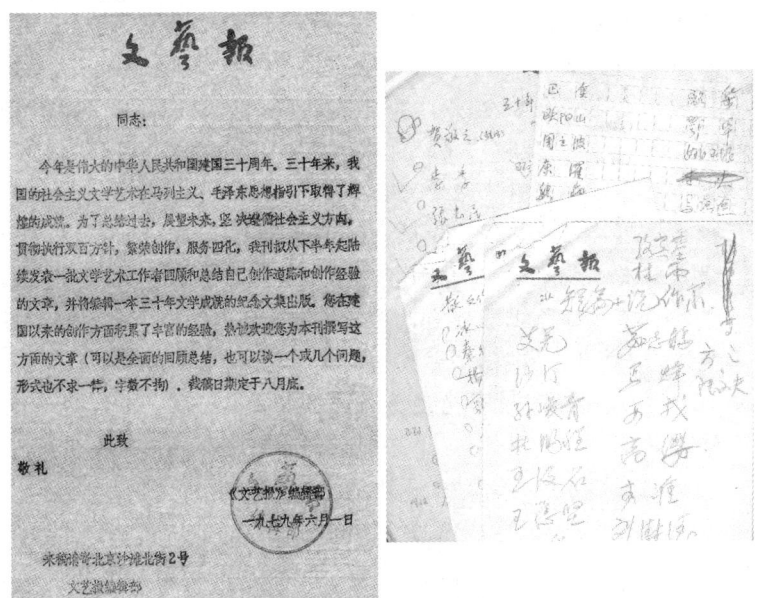

《文艺报》约稿函及约稿名单

我的乡党、诗人苗得雨来信说：

锡诚同志：

您好！各位好！

信收到数日。读信受到很大鼓舞和启发。谢谢您和各位同志的关怀与支持。

我那篇谈《蹲、跑、飞》的文章，得您支持与赞同，十分高兴！您后面的意见也很好，必须防止某些看法的片面性。稿如用时，不当不妥之处，望多加斧正！

当前我正在家进行一个月的创作假。下半年的，我与孔林同志轮开。长春刊物负责人会议，我们请了假，未去，给他们写去一信，书面反映了我们的一些想法，盼会上能研究，或做些规定。我们提的包括如何展开争鸣的问题（设法造成正常化的空气，使大家敢于争又善于争）；如何促使题材、体裁、形式多样化的问题（领导人与编辑在把关时，胃口要宽）；文艺工作者包括编辑人员的创作问题（定假期或编创合一）；审阅制度（要宽，基本三级制）；稿费问题（恢复到1956年）等。不知会上研究得怎样？许多问题恐得逐步解决。事情不正常，年深日久，也已形成惯性，不是一两天能解决的。

你们6月1日来信约写回顾30年写作经验的文章，我的一份已写出，名《风格问题及其他》，重点谈个人风格问题，也针对当前状况。现寄上，请您和各位同志审阅。如觉得可以时，不当之处也望多加斧正。稿名改为《只有努力，努力》也可。这类稿较难写，今日才交稿，快到截稿期（8月底）了，希多谅！

顺附一文，从编者角度谈培养作者的，或许当前有些意义，请一并审之。不适用时，请寄回即可。

问候谢永旺、吴泰昌、阎纲同志！问候社内诸同志！
见孔罗荪老师，请代问好！祝安！

得　雨
（1979年）8月20日

我们收到的稿件有茅盾的《温故以知新》，于逢的《历史将会最后判明》，马烽的《三十年创作小结》，马识途的《我追求中国作风和中国气派》，方之和叶至诚的《也算经验》，王蒙的《我们的责任》，王汶石的《我从事小说创作之前》，王杏元的《生活是创作之母》，王安友的《我是怎样学习写小说的》，韦其麟的《回首一瞥》，公刘的《在学习写诗的道路上》，艾青的《在汽笛的长鸣声中》，艾芜的《关于三十年文艺的一些感想》，包玉堂的《诗坛学步二十五年》，冯德英的《关于"三花"的创作答读者》，刘心武的《生活的创造者说：走这条路！》，刘宾雁的《时代的召唤》，西戎的《走向广阔的道路》，冰心的《从"五四"到"四五"》，杜宣的《生活和作品》，杜鹏程的《谈谈我的生活和创作》，李乔的《不要违反艺术规律》，李英儒的《创作中的一个重要问题》，李满天的《该歌颂的尽情歌颂　该批判的放手批判》，杨沫的《我的生活和创作》，杨益岩的《学习的过程　创作的过程》，何为的《关于〈第二次考试〉：现在和过去》,张志民的《从"我"说起》,邵燕祥的《创作需要的是同志式的批评》,吴强的《我的回顾》,吴伯箫的《经验?》,严文井的《我怎样开始为孩子们编故事的》,知侠的《漫谈拙作话当年》,陈残云的《热爱生活,表现生活》,陈登科的《艰难的道路》,林雨的《回顾》,苗得雨的《风格及其他》,陆文夫的《为读者想》,赵树理的《生活·主题·人物·语言》(此文系我们代选的),欧阳山的《文学生活五十五年》,草明的《探索》,茹志鹃的《漫谈我的创作经历》,柯蓝的《文学创作断想》,郭风的《关于百花齐放、百家争鸣》,高缨的《一份简单的汇报》,秦牧的《三十年的笔迹和足印》,敖德斯尔的《在各民族独特风格的文学中做出贡献》,袁静的《关于〈新儿女英雄传〉的创作》,晓雪的《在学习与写诗的道路上》,徐光耀的《溪流的跌宕》,康濯的《我这三十年》,黄钢的《我是怎样写作报告文学的》,黄声笑的《我的创作三十年》,彭荆风的《三十年和十年》,雁翼的《生活感受与创作》,浩然的《一桩往事的回忆》,鄂华的《创作回顾》,韶华的《我写工业题材的一点感受》,碧野的《我走过的创作道路》,管桦的《扯碎魔鬼网罗》,臧克家的《京华练笔三十年》,魏钢焰的《创作——心灵震撼的记载》。

公刘致本书作者的信

这 60 篇文章,陆续在《文艺报》和其他报刊上先行发表,最后收为一集出版。当年 12 月在京召开的第四次文代会期间,这部书的集稿也成为许多作家交谈的话题。在天津百花文艺出版社主编《散文》杂志的谢大光同志就曾写信来,要我把一些稿子交他先在刊物上发表:

老刘同志:

您好!

上周到京,曾到编辑部拜访,未能见到。我现在在编《散文》月刊,工作比较紧张。文代会时,听说你们要编一本 60 个作家的 30 年历程的书,由您负责。我们刊物想能从中选少数篇发表,作为"我和文学"这个栏目,不知能否同意?如可以,我再找适当时间去京联系。您看如何?望来信。《散文》月刊也发一些散文理论方面的文章,您如对此有兴趣,也望能予以支持。下次赴京,再去看望。

此致

敬礼!

谢大光

(1979 年)12 月 15 日

原定书名为《文学三十年》的这部书稿,由文学评论组同人分工约稿,由我总其成并负责具体编辑工作,前言也是由我执笔的。我在前言里写道:

我们的社会主义文学,随着共和国的成长经历了 30 个不平凡的年头。它走过的路是曲折的、崎岖的、艰难的!30 年来,文学发展的经验教训是极其丰富、极其深刻的,亟待从理论上加以概括和总结。但这样的总结似乎一时还难于做得出来。在建国 30 周年这个值得纪念的日子到来之前,我们向各民族、各地区和在各行各业工作的一百余位作家约稿,请他们把 30 年来自己的创作经验、心得、体会、意见写出来,大家共同来总结我们的成就和不足、经验和教训,题目自定,文体和篇幅不拘。截至年底为止,我们共收到了六十多位作家寄来的文章,现汇集成册,作为对建国30周年的一个小小的纪念。遗憾的是,由于种种原因,有几十位作家未能将自己的文章寄来;还有许多成绩卓著的作家在林彪、'四人帮'封建法西斯暴政下含冤而死,他们的丰富的创作经验,没有来得及写出来。同时,限于篇幅,作家们在这里所谈的也只是他们丰富经验和体会的某个方面。因此,这本文集只能反映出当代文学历程的一个侧影——然而是重要的侧影。

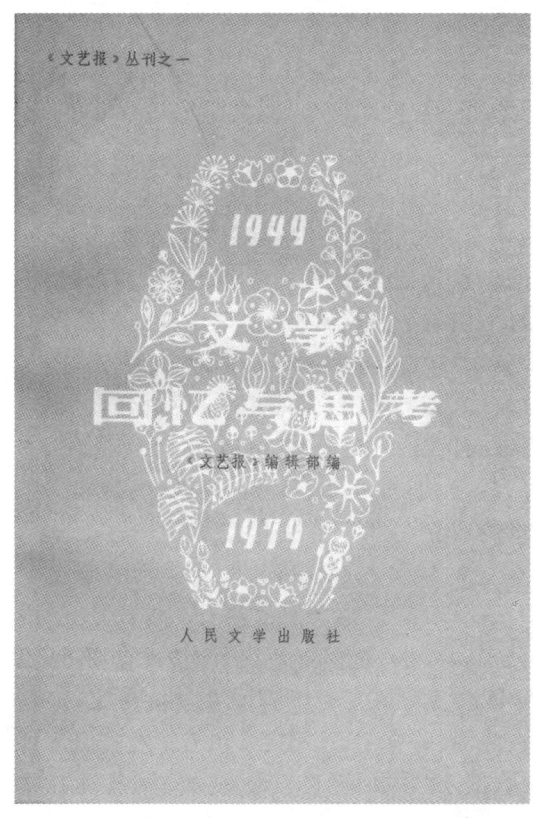

《回忆与思考》

我们的国家已经进入了一个新的历史时期,我们的文学也已经开始了一个新的、更加繁荣的时期。一批数量很大的青年作家进入了文学队伍的行列,他们正以深刻的思考、洋溢的才华和坚韧的探求精神,向着文学创作的高峰攀登。可以预期,到建国40、50大庆的时候,文学肯定不必再为自己身上的创伤而喟然叹息,将会自豪地宣布:我们向人民提供了优秀的精神食粮,我们称得上是人类灵魂的工程师。那时,我们的经验将绝不是这样一本薄薄的文集所能容纳得下的。

我们最后编完的时间是1979年12月30日。出版时,书名改为《文学:回忆与思考》,《文艺报》编辑部编、人民文学出版社1980年12月出版。

这本汇集了如此多作家的写作经验总结的文集,出版20年后,到新中国成立50周年的今天,重新翻阅,倍感可贵。可惜的是,还有许多我们当时致函约稿的作家,如巴金、李季、沙汀、曲波、雷加、姚雪垠、阮章竞、陈荒煤、贺敬之、柯岩、严辰、袁鹰、曹靖华、骆宾基、邓友梅、从维熙、刘绍棠、黄宗英、峻青、方纪、孙犁、马加、关沫南、高晓声、陈学昭、田间、刘真、玛拉沁夫、布林贝赫、吴有恒、未央、徐迟、李准、蹇先艾、李若冰、赵燕翼、铁衣甫江、王玉胡、刘白羽、魏巍、王愿坚、白桦、陆柱国、徐怀中、胡可、胡奇、李瑛等,由于种种原因,没有能交来稿子。还有一些已经过世的或在"文革"中被迫害致死的优秀作家,没有能够包括进来。更明显的缺陷,是没有向30年来活跃于文坛的、著名的文学评论家们征稿,没有评论家们的参与,中国的文学史绝对谈不上完整、全面、公正和科学;这主要是我个人的思想和认识局限造成的,其实那时我身边就有好几位优秀的文学批评家,如周扬、林默涵、陈荒煤、冯牧、陈涌、陈企霞、唐因等。没有这些作家和评论家的创作经验,无疑使这部《文学:回忆与思考》变成了一个本意是30年文学经验总结的大成,而实际上却不过是个残疾者,从而成为20世纪后半叶中国文坛的一大遗憾。当时这本书印了24000册,数量不算少,至少对于那些真正愿意把当代文学史写得比较客观和比较丰富的文学史家来说,是有参考价值的。

那个年代,编辑是无名英雄,义务劳动,大家都不署名的。现在根据记忆,把参加这本书稿的约稿和编辑工作的同事和朋友记在下面:高洪波负责北京地区(可能还有部队),雷达负责华北地区和西北地区(也分担了部分北京作家的联系),郑兴万负责东北地区和华东地区,李炳银负责中南地区和西南地区。阎纲也给了我许多帮助,审阅了一些稿子,记得采用现在这个书名,也是他出的主意。

计划中为新中国成立30周年编辑出版的两种"《文艺报》丛刊"，只出了一种。第一种《文学：回忆与思考》问世了，第二种《当代作家作品论》却胎死腹中。其实，后一本书的稿子，我们也已经组织好了。无奈那份选题计划至今还躺在我的纸篓里，只能空做纪念了。

《"歌德"与"缺德"》风波

《河北文艺》1979年第6期发表了青年作家、编辑李剑的随笔《"歌德"与"缺德"》。文中说："在创作队伍中，有些人用阴暗的心理看待人民的伟大事业，对别人满腔热情歌颂'四化'的创作行为大吹冷风，开口闭口'你是歌德派'。这里，你不为人民'歌德'，要为谁'歌德'？""歌颂人民，暴露敌人，这是无产阶级文艺的根本任务。""现代的中国人并无失学、失业之忧，也无无衣无食之虑，日不怕盗贼执杖行凶，夜不怕黑布蒙面的大汉轻轻叩门。河水涣涣，莲荷盈盈，绿水新池，艳阳高照。当今世界上如此美好的社会主义为何不可'歌'其德？""那种不'歌德的人'，倒是有点'缺德'。"

这篇随笔发表后，在文艺界的反响甚为强烈。它的批判矛头显然是对着三中全会提倡的思想解放，对着文坛上大量发表的描写"文革"生活的"伤痕小说"的。6月16日，我们《文艺报》编辑部领导层研究工作时，主编冯牧说：《河北文学》最近一期发表的两篇文章（按：指李剑的《"歌德"与"缺德"》和淀清的《歌颂与暴露》）是严重违反三中全会精神的。要有一篇文章批驳其中的观点。于是便由副主编唐因（笔名于晴）执笔写了一篇短评《如此"歌德"》，发表在《文艺报》1979年第8期上。就时间而论，于晴的文章，写作在前，发表在后。

在于晴的文章之前，《光明日报》于1979年7月20日发表了王若望的《春天里的一股冷风——评〈"歌德"与"缺德"〉》。王文指出："我国虽则是社会主义社会，但有着几千年封建制度的历史包袱；同时，我国的社会主义革命和社会主义建设是在经济、文化相当落后的基础上进行的。""何况还经历了林彪、'四人帮'的浩劫，在这十几年的停滞、倒退中积累下来的问题更是成堆成山。"认为应该正视这些问题,而不应该用那些"浮夸不实之词"来"粉饰太平"。作者并指出,该文所用的是"四人帮"之流的惯用伎俩,如"捕风捉影、无限上纲",用"诅咒红日"取代"恶毒攻击";而且与江青们所说的"吃农民粮,穿工人衣,摇着三寸笔杆不为国家主人树碑立传,请问,道德哪里去了",和江青的你们"吃着农民种的粮食,穿着工人织造的衣服,住着工人盖的房子,人民解放军警卫着国防前线,但是却不去表现工农兵……你们常说的艺术家的'良心'何在"何其相似乃尔!王若望还指出,该文涉及了两个文艺理论上的问题:一是歌颂与暴露,一是如何写四化。

继而,《河北日报》7月22日发表了崔承运的文章《要鼓励作者大胆创作——驳〈'歌德'与'缺德'〉》。文章指出,《"歌德"与"缺德"》的发表是文艺界"极左思想的产物",是同三中全会的解放思想的精神背道而驰的。

《人民日报》7月31日同时转载了《"歌德"与"缺德"》和《春天里的一股冷风》两文,同时还发表了一篇署名周岳的文艺短评《阻挡不住春天的脚步》,指出《"歌德"与"缺德"》一文是极左路线的"乔装打扮",它"反对解放思想、反对'双百方针',抵制三中全会精神的贯彻执行"。作者同意《光明日报》发表的王若望文章的评语——是"春天里的一股冷风",并指出这是对文艺界的"及时的提醒"。

《"歌德"与"缺德"》一文在全国引起了广泛的讨论和批评,据有关方面统计,当时全国共有29个省市的报刊发表了批评和讨论文章。此文也引起了中宣部的注意。根据胡耀邦的建议,中宣部领导邀请河北省委宣传部主管文艺的负责同志、河北文联的负责人、《河北文学》的编辑与作者李剑,以及中国文联和中国作协的林默涵、陈荒煤、李季和冯牧四人,于9月4日至10日在北京开座谈会,就全国范围内关于《"歌德"与"缺德"》的讨论,进行研究,交换意见,帮助河北省有关同志提高认识,解决问题。

据冯牧的传达,胡耀邦在发言中,把《"歌德"与"缺德"》引起的事件称为粉碎"四人帮"三年以来文艺战线上第一个较大的"风波"。他说,这篇文章错就错在和党的文艺路线相违背,和"双百方针"相违背，特别是在粉碎"四人帮"后，党中央反复申明要贯彻"双百方针"，把被林彪、"四人帮"颠倒了的东西再颠倒过来，拨乱反正，要爱护社会主义的积极性，化消极因素为积极因素；而这篇文章却与这些方针不合拍，调子也不合事宜。事情出来后，对作者要采取帮助教育的态度，要治病救人，惩前毖后。第一个出来写文章的是王若望，他的文章写得是对的，批评是正确的，但也有缺点，循循善诱不够，还可以讲究方式。

为什么李剑的文章会出现在1979年春天，而且出现在河北？胡耀邦说：今春恰恰在三中全会后不久，在拨乱反正方面，步子跨进了一大步，就新中国成立后党的若干历史问题做了决议，拨正的幅度和步子比较大，就出现了一些思想。正像斯大林说的，火车在拐弯时拐急了，有的人就会从火车上给甩下去。他的思想还停留在三中全会之前。因此，党中央号召大家改变僵化、半僵化的状态。要使自己的思想适应新形势、新任务。有些方面河北是抓得不紧的，有几个著名的事件就出在河北。如正定的毁西瓜事件。毁瓜不就是"割尾巴"的继续吗？不能把社会主义事物当成资本主义的"尾巴"来割。保定有个厂子，13个造反派被隔离审查，造成今年春天重新造反、工厂瘫痪。河北省总的是执行中央路线的，但思想战线、调整班子、批极左，抓得是不紧的。李剑文章的出现不是偶然的，是一定历史条件下的产物，所以，不能过多地责备个人的责任，要分析环境。文联也不要过多地追究李剑，当然不等于不追究。李剑要注意，要重视。希望同志们接受教训，团结一致向前看，把河北的文艺局面打开。

河北省参加座谈会的齐斌、田间、张庆田、刘哲、李剑都发了言，但据说，直到会议结束时，只有张庆田和刘哲表示接受批评，其他同志，包括作者李剑，没有表示接受大家的意见。胡耀邦和廖井丹讲话后，情况在发生转化，但他们能转变到什么程度，参加会议的同志说，很难说，他们只是表示，根据座谈会的精神，重新考虑。中宣部这次对《"歌德"与"缺德"》事件的处理方法，很受文艺界广大人士的赞赏，既分清是非，又耐心教育诱导，治病救人。

短篇小说《重逢》引起争议

收到《上海文学》1979年第4期，便注意到了辽宁青年作家金河的短篇小说《重逢》。小说写的是"文革"中与武斗事件有关的两个人物的故事。就题材的艺术处理（人物关系和结构）上，显然称得上是一篇颇具匠心的小说。在编辑部的例会上，读过作品的同事们一起议论过，并认为是一篇值得在刊物上置评的小说。隔了一期，在第6期的《上海文学》上发表了一组评论文章和来信，有金河的《关于〈重逢〉的一点想法》、叶茂康的《也谈〈重逢〉》、周钢都的《致金河同志一封公开信》、张胜友和张瑞的《谁之罪？》、唐代凌的《一篇实事求是的小说》、包承吉的《对短篇小说〈重逢〉的异议》，对小说，特别是对人物的处理，发表了不同的意见，展开了讨论。从这些文章中，不难看出，在小说评价上存在着分歧或对立，有的可以说是严厉的批判。

过了没有多久，在6月22日的《文汇报》上，发表了署名杜哉的批评文章《到底谁该受审判？——评短篇小说〈重逢〉》，措辞十分严厉，引起了我的认真思考。我便把登载杜哉文章的这张《文汇报》留了起来，以便有空时再细读。随后，我们在《文艺情况》上编发了一篇相关报道。我们不生活在上海，不知道杜哉是何许人氏。反复读杜文，觉得文章几乎不是从文学的立场评论作品，而更多的是从"文化大革命"中造反派（叶辉）和老干部（朱春信）的孰是孰非上立论，从根本上否定了作为艺术作品的《重逢》，批评作者把现实真实搞颠倒了。我在这里摘引文章结论部分的一小段话："以北宁市1967年9月那场武斗而言，那么，究竟谁该受审判呢？不言而喻，是'四人帮'及其帮派体系中的那些骨干分子。小说《重逢》撇开了制造大规模武斗流血事件的元凶'四人帮'，而去罗织老干部朱春信的什么武斗罪名，去对他进行'良心的审讯'，显然是弄错了方向，搞错了对象。小说也不是没有触及'四人帮'，但只是让叶辉的母亲含糊其辞、似是而非地说上一句：'（叶辉）在北京受到了无产阶级司令部的最大最大的教育。'又让叶辉空空洞洞、不着边际地说上一句：'我只恨林彪、"四人帮"。'

这些,比起对朱春信的那么多揭露性的描写和诛心之论来,真是搔搔痒也算不上的。这一点,不值得作者好好想一想吗?"①事情并没有就此结束,7月5日,《文汇报》又发表了宫常的一篇《也评〈重逢〉》,是与杜文商榷的。

8月份,我应邀到上海参加该市的文艺创作座谈会的时候,不仅结识了许多同行,也了解了许多过去不知道的情况。9月下旬,我收到《上海文学》李子云的来信,信中也说到关于《重逢》的讨论,才知道杜哉是谁。李子云的信中说:

锡诚同志:

信收到几天了。你走后,我们也是忙忙乱乱,你还写了洋洋万言的文章,我们连这个收获也没有。怎么说呢?够呛。这里情况,顾骧、王兴仁、闻山诸同志回去大概也和你说了吧?挨骂的不止一人,鄙人也在内,而且一而再、再而三(此事不必为外人道,因为虽骂但不许说,如果说了传到他耳朵内,又要骂)。反正已练就了一层厚皮,无所谓。

吴泰昌来沪,已来报过到,略谈了一下北京一般情况。从《"歌德"与"缺德"》(最近《山东文学》也有呼应)情况以及北京一些动态看来,斗争情况还是比较复杂的。昨天发来周扬同志文代会的报告,看来也不理想,今起要讨论三天,接下去要讨论叶帅报告,看来节前就要在讨论中度过了。

你推荐的两个中篇,一定看看。王祖玲送给了我一本,就可看起来,孙颙的还没有见到。你文章提到《重逢》了没有?很望提一笔。你们走后,刘某(杜哉)又在《解放日报》上化名舒生写了一篇骂金河的文章,可惜你们这期简报只报道至金河文章,没来得及把舒生这篇综合进去。

胡耀邦同志讲话有暇时望寄一份。廖井丹同志讲话对我们

---

① 杜哉:《到底谁该受审判?——评短篇小说〈重逢〉》,《文汇报》1979年6月22日。

很有帮助。

有什么新情况望通气！

祝好！

李子云
(1979年)9月25日

我没有想到杜哉和舒生竟是刘金的化名。刘金是熟人，在上海文学座谈会上，我们刚刚见过面。无论在年龄上还是在文坛上，刘金的都是我的老大哥。我很敬重他，但对他此举却倍感奇怪。我们这些常写点文章的人，有什么必要化名呢？应该是坐不改姓、立不更名嘛！不就是表达一种观点吗？何必掖着藏着的呢！这也算是新时期文学史上的一个小插曲吧。至于我对《重逢》的评价，查阅我过去所写的文章，我虽然没有写过专文，但却是在文章中提到过此作、并且给了肯定性评价的。小说《重逢》是一篇不错的作品，作者在小说里对艺术作品如何反映刚刚过去的"文化大革命"，做了大胆探索，应予肯定，将这样的小说一棍子打死，显然是不足取的。

《文艺情况》创刊

在新时期文学初期，除了公开的文章外，不宜公开的内部情况、讲话和文稿特别多。编辑部在4月20日讨论选题时，有同志提出，在正刊之外，很需要另办一种内部刊物，供大家交流参考。鉴于兄弟单位中，中国社会科学院文学研究所已办了一份《文学研究动态》(侧重于学术研究)，文化部文学艺术研究院理论政策研究室办了一份《文艺思想动态》(侧重于艺术领域)，经过编辑部多次研究并报主编同意后，我们决定创办一份以反映文艺界情况，主要是创作和评论动向、文艺思潮为主要内容的内刊，刊名就叫《文艺情况》，不定期。第1期于1979年7月7日正式创刊。《编者的话》如下：

《文艺情况》是不定期的内部刊物。办这个刊物的目的，是

第三章　大辩论与大前进(1979)

要向文艺界的同志们,特别是文艺理论批评战线的同志们提供一些当前文艺动态和资料,以便交流情况,互通情报,促进文艺评论的开展和文艺创作的繁荣。

本刊刊出的材料,并不代表编者的观点,有些甚至是尚未核实的材料(如读者来信),仅供参考。

为了编好这个刊物,除了本刊编写采访的稿件而外,欢迎各兄弟刊物、单位和个人踊跃赐稿,提供情况。

这一期发了本刊记者、文学评论组编辑雷达采写的《〈十月〉杂志召开短篇小说创作座谈会》以及在"两篇引起争论的文章"的栏题下发表了黄安思的《向前看呵！文艺》和李剑的《"歌德"与"缺德"》。

雷达《〈十月〉杂志召开短篇小说创作座谈会》一文概括地报道了会上发言的要点,观点鲜明,及时地肯定了文学,特别是小说创作的方向和成就。《十月》创刊于1978年,是大型刊物中创刊最早的一家,出刊半年多来,以其思想解放的锋芒,得到了文艺界的好评。报道提到座谈会主持者是该刊负责人陆元炽,此公我不熟悉；另一位常与我们打交道的负责人张兴春,我倒是颇熟悉的。应邀参加这次座谈会的

《文艺情况》创刊号

都是北京当时实力派的作家,有王蒙、白桦、刘心武、林斤澜、从维熙、刘绍棠、李陀、苏叔阳、张洁等。还有陈荒煤。第一个小题目就是《成绩不容否定》,提纲挈领而又旗帜鲜明地阐明了对短篇小说创作形势的估价:"到会同志一致充分肯定了粉碎'四人帮'以来,短篇小说所取得的新突破和新成就。认为这些作品,以揭露、批判'四人帮'及其极左路线为中心,广泛而深入地触及了现实生活中的问题,跳动着时代脉搏,呼喊出人民积蓄多年的心声,恢复了革命现实主义传统。无论从战斗性上,还是从题材、人物、风格的多样化上,都是多年以来所未有过的。这些作品中的优秀篇章,家喻户晓,妇孺皆知,其中成功的人物形象,直接和现实生活融汇在一起,成为群众中'熟悉的陌生人',这样的艺术效果,也是新中国成立以来所少见的。同时也出现了一大批文学新人,他们像破土的春笋,谁想压抑也压抑不住。大家一致认为,短篇小说所取得的重要成就,应该给予充分评价和认真总结。尽管这些作品还有缺点,但谁也抹杀不了它们的成绩。只要不是无视事实的人,都应该看到。"到会作家们又如数家珍地述说近期短篇小说领域发表的优秀新作,如《剪辑错了的故事》《黑旗》《话说陶然亭》《记忆》《月兰》《重逢》等。并指出作者们不仅敢于写,而且写得很深刻。

针对当时文坛上有人指责所谓"感伤文学",陈荒煤发言说:"所谓'感伤',就是看不到希望,看不到前途,沉湎在这种低沉的情绪中悲观绝望。就我看到的作品,没有这种感觉;有悲哀和痛苦的感情,就命名为感伤,是不公平的。"文章还报道说:"有同志说,歌颂和暴露是一对矛盾,是不可分割的。但在作品中,却不一定要求必须既歌颂又暴露。有些作品完全是暴露,但作家是含着理想去写的,作家就代表着光明的一方;正因为有了光明,才可能把黑暗暴露得纤毫毕露。这样的暴露文学是应当要继续写下去的。"

这篇报道,还报道了与会者就当时文坛上有的人关于"作家写自己熟悉的生活就是远离为工农服务"的责难所发表的意见。

我们在编辑工作中感到,有些不宜扩散的文稿,只能提供领导或编辑部参阅,于是我们在《文艺情况》之外,又编印了一份《文艺情况汇报》。《汇报》第1期于1979年7月25日出版,发表了广东作协秘书长曾炜撰写的《广东省文艺界关于〈向前看呵！文艺〉争论的一些情况》。

《文艺情况》由编辑部直接领导,从编务组抽调了许世杰来做专职编辑。他工作很认真,除了广泛约稿外,还自己动手撰稿。由于我做过新闻工作,又分管文学评论组,开始阶段,主编指定由我负责。《编者的话》也就让我来起草。因为是内部刊物,审稿似乎更要慎重、认真,任务也不轻。后来,由于编辑部发稿和事务的工作太忙,压力太大,我辞去了这项工作,由陈丹晨接手。《文艺情况》的出版,是那个特殊时代的产物,受到了各地同行们的欢迎。各地向《文艺情况》提供了不少有价值的好稿,《文艺情况》也向各地同行们提供了许多情况,起到了交流情况的作用。我个人就收到过不少作家、刊物主编和编辑的来信,或索要刊物,或谈读后意见。我于1983年9月调离《文艺报》,后来总共出了多少期,又何时停刊,我就不得而知了。

好得很,还是糟得很？

1979年短篇小说的势头始终保持强劲,一直没有低落。从年初起,刊物上就陆续发表了一批在读者中引起强烈共鸣的优秀作品。按发表时间排列如下：

茹志鹃：《剪辑错了的故事》,《人民文学》第2期(读者投票数：4331票)；

陈国凯：《我应该怎么办？》,《作品》第2期(读者投票数：6801票)；

张弦：《记忆》,《人民文学》第3期(读者投票数：3398票)；

方之：《内奸》,《北京文艺》第3期(读者投票数：1312票)；

樊天胜：《阿扎与哈利》,《人民文学》第4期(读者投票数：4697票)；

茹志鹃：《草原上的小路》,《上海文学》第4期(读者投票数：1204票)；

金河:《重逢》,《上海文学》第 4 期(读者投票数:2175 票);

冯骥才:《雕花烟斗》,《当代》第 2 期(读者投票数:204 票);

李栋、王云高:《彩云归》,《人民文学》第 5 期(读者投票数:9793 票);

叶蔚林:《蓝蓝的木兰溪》,《人民文学》第 6 期(读者投票数:3852 票);

刘心武:《我爱每一片绿叶》,《人民文学》第 6 期(读者投票数:3070 票);

邓友梅:《话说陶然亭》,《收获》第 3 期(读者投票数:143 票);

陈世旭:《小镇上的将军》,《十月》第 3 期(读者投票数:4270 票);

高晓声:《李顺大造屋》,《雨花》第 7 期(读者投票数:872 票);

蒋子龙:《乔厂长上任记》,《人民文学》第 7 期(读者投票数:27222 票);

王蒙:《悠悠寸草心》,《上海文学》第 9 期(读者投票数:1345 票);

孔捷生《因为有了她》,《人民文学》第 10 期(读者投票数:5148 票)。

同时,有些作家和评论家指出,短篇小说出现了雷同现象,作为迅速反映现实的一种轻便体裁,短篇面临着一个新的门槛。可喜的是,受到读者欢迎的蒋子龙的《乔厂长上任记》的发表,被认为是改革题材小说之开端,预示着小说创作已经开始了一个新的阶段。

中篇小说异军突起。一批交口称赞的作品联袂问世于大型文学杂志:

邓友梅:《追赶队伍的女兵们》,《十月》第 1 期;

从维熙:《第十个弹孔》,《十月》第 1 期;

从维熙:《大墙下的红玉兰》,《收获》第 2 期;

冯骥才:《铺花的歧路》,《收获》第 2 期;

王蒙:《布礼》,《当代》第 3 期;

谌容:《永远是春天》,《收获》第 3 期;

鲁彦周:《天云山传奇》,《清明》第1期;

冯骥才:《啊!》,《收获》第6期。

无论在作家还是评论家圈里,一致公认中篇小说的集束出现,从容量、人物塑造、反映社会矛盾等方面显示出了小说的现实主义在深化。值得特别提出的是《红岩》第2期发表了周克芹的长篇小说《许茂和他的女儿们》,和"文革"中以手稿方式流传于群众中的张扬的《第二次握手》,出版后仍然受到读者的广泛喜爱。

报告文学在进入文学新时期以来,涌动起中国现代文学史上的第三次浪潮。在徐迟的《哥德巴赫猜想》、《地质之光》等佳作之后,1979年出现了黄宗英的《大雁情》(《十月》第1期)、刘宾雁的《人妖之间》(《人民文学》第9期)、柯岩的《船长》(《人民文学》第11期)。

像其他思想领域一样,文艺界也出现了一股反三中全会的逆流。"伤痕文学"受到了越来越尖锐的批评和否定。除了不见文字的外,《广州日报》4月15日发表的黄安思的《向前看呵! 文艺》、《河北文学》第6期发表的李剑的《"歌德"与"缺德"》就是这种论调的代表。如前所述,金河的短篇《重逢》在《上海文学》第4期发表后,很快也受到了指名的批评。有些本来拥护三中全会的人,在这种形势下,开始退缩了。

《文艺报》文学评论组

(自左而右)郑兴万、刘锡诚、李炳银、雷达、孙武臣

5月25日,我们编辑部评论组的会上,雷达在汇报四川文学界的情况时说:杜新远说,《四川文学》从第4期起不再发表"伤痕文学"了。王觉反映,四川文艺界落实政策搞得很差。郑兴万(石泉)在编辑部会议上汇报情况时说:《山东文学》编辑部的同志说,他们也不再发表"伤痕文学"作品了。有人认为,短篇小说揭露"四人帮"过了头,应该收了。

5月18日,文化部电影局编印的《电影工作简报》第10期发表了一篇指责冯牧的内部文稿,说:"强调写作家所熟悉的,其实质是反对文艺为工农兵服务的方向。""现在有许多剧本和其他作品,多是写爱情、伤痕一类。这样下去,毛主席的革命文艺路线不是也会被否定了吗?""前一时期社会上出现了一些混乱,文艺界有的人是起了带头羊的作用的。""现在有些领导文学创作的同志,是在俄罗斯和欧洲18世纪文学的染缸里染过的。"①

文艺界有的人把指责的矛头对着《文艺报》,责难《文艺报》思想解放走得太远了,扮演了"带头羊"的角色。其实,他们刮起的是反对三中全会的风。6月9日,在编辑部全体会议上,冯牧说:"对前一段《文艺报》工作的估计,我同意很多同志的意见。要防止被一些'风'刮倒。有些不同的意见,在编辑部的范围内谈,请不要出去议论。"外面的"风"的确很多,我也听到了一些,但不像冯牧、孔罗荪那样首当其冲,所以也就采取了"风过耳"不上心的态度。尽管这样,冯牧的一席话还是真叫我的头脑清醒了不少。的确,有些文艺界人士,甚至有的领导同志,把"伤痕文学"的"泛滥"看成是坏事,是挖社会主义的墙脚,把文艺界"自由化"的倾向归罪于《文艺报》的提倡和纵容。他们还指责冯牧否定"六条标准"。政协会议上有的委员发言,甚至批评《文艺报》反对自卫反击战。孔罗荪在5月29日编辑部的会上说:"有人批评我们,作为中央一级的刊物,对这次战争没有表态。我表示接受这个批评。这一期发一篇对越自卫反击战的文章。"我们不得

---

① 关于这场斗争,详见拙作《风雨伴君行》,载高洪波、李迪主编:《远行的冯牧》,华龄出版社1999年版,第527~614页。

不赶快约请洁泯救急,撰写了一篇评论自卫反击战的报告文学的文章《人民不朽——读对越还击自卫战的若干报告文学》,在第 7 期上发出去。

《文艺报》工作的正确与错误、"左"与右、好与坏,与整个文艺界的形势是紧密相连的。文艺界似乎都这么看。我们自己也有这种感觉。此时,各地文学刊物的负责人路过北京到长春参加民间性的"文学刊物编辑会议",福建的张贤华、浙江的沈虎根、广东的黄培亮等熟人都来编辑部的防震棚里与我们见面交谈。但长春的会议,我们不能派人去参加了。我们要开会研究文艺形势和总结我们的工作。从 6 月 22 日起,编辑部连续开了两天的会。从大家在会上的发言中,能够反映出一些信息。

唐达成与谢永旺

谢永旺是编辑部主任,他听到的情况多。他说:有人认为《文艺报》是危险的岗位。其实也并非如此。但有一位领导同志提醒说,文艺界是最容易出问题的地方。在最近召开的政协会上,有的委员就提出,《文艺报》不赞成自卫反击战,说《文艺报》提倡"创作自由"。

阎纲说:文艺担负着为"四化"扫清道路的任务,包括那些官僚主义分子,死官僚。今后,文艺是启蒙?是复兴?《文艺报》不受到攻击是不可能的。我们的文艺到底是什么样的文艺？几十年来，没有流派，没有大作家。文艺忠于生活，还是忠于政治、忠于神明？粉碎"四人帮"后，解决了一个问题：文艺忠于神明不行。但忠于政治还是忠于生活的问题，还没有解决。文艺要改革，不改革无法适应现实的要求。

吴泰昌说：在马克思主义思想解放运动中，《文艺报》是有功绩的。我们做了几件大事，我们没有犯什么大的错误。过去，我们考虑具体的领导的意见太多了，今后，应以是否对社会主义文艺有利为出发点。《河北文艺》上李剑的文章引起了公愤。而在"歌德"的问题上，我们没有点出他是对着公刘的文章，这就显示出我们的方向是正确的。

郑兴万（石泉）说：歌颂与暴露是当前文艺界的一个尖锐问题。《河北文艺》是一个势力。揭露"四人帮"难道成了攻击无产阶级专政？官僚主义该不该揭露？这涉及文艺要不要讲真话的问题。《文艺报》应把这个问题讲清楚。现在，文坛上有一股风，要把那些写出了真实情况的作品打下去。山东有个作者投来一篇稿子说，《山东文学》编辑部说：今后不再发"伤痕文学"了。现在，稍微揭露点官僚主义的作品，就不能用。这是当前创作中出现的重要动向。这样下去，还是要说大话、假话、空话、套话，只能歌功颂德。

李炳银说：有人抓住《血染的早晨》攻击当前的一些作品。有人说《文艺报》变成了《文艺红旗》。我们是服从党的领导，但不是服从某个人的领导。刊物上发表什么文章，文责自负嘛。

唐达成说：文学要为巩固和发展经济基础服务。否则，要文学干什么？周扬最近的讲话很深刻，说任何思想解放运动都是为某种制度开辟道路的。李剑的文章看起来很革命，是以维护社会主义的面目出现的，实际上却是在阻挠和反对思想解放运动。

雷达说：当前的分歧，主要是围绕着短篇小说展开的。有必要总结一下短篇。三年来的文学，继承了"四五"的传统，与人民融合在一起。出现了一大批文学新人。创作题材也扩大了。最近，有些作者模仿刘心武，出现了思想与形象脱节的情况。

孔罗荪说：最近，我在考虑一个问题：文学反封建的问题。家长制、一言堂、裙带风，都是封建主义。当前最主要的敌人，是封建主义的残余。

冯牧说：编辑部要团结一致，要坚持下去。现在有些青年作家担心，为数不多的坚持真理的作家也开始退却了。我们要坚持贯彻"双百方针"。我们面临着一场大辩论，在这场大辩论前，《文艺报》要做到旗帜鲜明，要采取适当的方式，把一些重要问题提出来。周扬在研究第四次文代会延期举行时说：总要把多年来的文艺，研究清楚吧！文艺与政治的关系，搞清楚了吗？人性论与人道主义问题，搞清楚了吗？研究清楚，不容易，但必须搞清楚。对理论问题，要切切实实地进行研究。既有批评，也有自我批评。《文艺报》能否就三年来的文学创作，做点调查研究？究竟是好得很，还是糟得很？要做出回答。

风景这边独好

寒流开始袭击首都文艺界的时候，广州文艺界的思想解放思潮依然后浪推前浪。

编辑部命我与文椿再去广州组稿。我们是7月3日乘飞机到达广州的。文椿是电影的老行家，这次到广州，主要是拜访王阑西等电影界的老朋友、老同事、老上级。我的约稿对象则是作家和评论家。因此，我们到广州后，便各奔东西，各行其是。这次到广州，组稿任务完成得比较满意，约了易准写一篇参加《大墙下的红玉兰》讨论的稿子，约了萧殷写一篇关于当前文艺思潮的随笔。还找了好几位作家交谈，倾听他们对当前文艺工作的见解。与黄安思所代表的反三中全会的僵化思潮的斗争已经取得了决定性的胜利，僵化思潮至少在广东已没有招架之功了。《作品》副主编黄培亮的一篇批评林默涵的观点的文章在《学术研究》1979年第4期上发表。所到之处，听到最多的一个字眼是："阴转晴！"文艺界的天气已由阴天转为晴天。

我到广州后的第二天，先去梅花村拜访萧殷，他是广东作协最负盛名的文艺批评家。面对文艺界反对三中全会的浪潮，我们希望约请一些理论家写文章,肯定新时期三年来文学所取得的成绩,保卫思想解放的成果。萧殷答应了给《文艺报》写篇短文的约请,但他目前最感迫切的,却是把陈国凯的小说集推出去。他为陈国凯的小说集写了一篇序言,交给了《广州文艺》,但迟迟没有发表出来,他要我拿到北京去在《文艺报》上发表。我答应下来。我回到北京没有多久,他就将文章给我寄来了。他在附信中说:

锡诚同志:

谅你已经回到北京?

《陈国凯小说集》序言,《广州文艺》理论组终于把稿子交还给我。我只改了个题目,即寄给你。如《文艺报》不适用,请尽快把稿子退给我。

约定的那篇文章,还未动笔,但力争在8月上旬交卷,勿念!

握手。

萧　殷

(1979年)7月20日

我所关心的是请他写一篇时评性的文艺随笔,他至今没有动笔却先寄来了给陈国凯小说集写的序言。我收到他寄来的稿子后,马上写信去催文章。而据我所知,《广州文艺》(《作品》的此前用名)名义上虽由他主编,但理论组有一个负责人在思想上却倾向保守,所以他的稿子压了很久,并没有在刊物上发表出来,所以他要把稿子交给我。我对此很表同情,也乐于帮这个忙,况且陈国凯也是我们要大力推出来的文学新人。萧殷收到我的催稿信后,于8月1日又发来一信:

锡诚同志:

来信收悉。我接你来信之前,曾将一篇《序》寄给你,大概收到了?现在问了陈国凯同志,才弄清楚他的小说集名为《羊城一夜》,并非《广州一夜》,因此该序言的题目,请改为《〈羊城一夜〉序》。为盼!

因近忙于校阅《论生活、艺术和真实》一书的清样,故拟写的文章,还未动笔。估计上旬不能完稿,最早大约也要8月中旬才能寄出。如何?可否赶上9期发稿?望来信告。

内部简报已收阅,谢谢!

陶萍问你好!

祝好!

萧　殷

(1979年)8月1日

使我为难的是,《文艺报》复刊后,有一个不成文的规定,即不发表序言一类的文章。我便将萧文转寄给《光明日报》文艺部的朋友,请他们在他们的"文学"副刊上发表。并写信告诉了萧殷。这时,我刚从上海参加该市召开的文艺座谈会回京,收到了他寄来的稿子《他们用的是什么武器?》,因是约稿,当即编发在第9期上,并写信告诉他,也顺告他序言转寄给了《光明日报》。9月13日,萧殷又来一信:

锡诚同志:

信悉,知你出差上海方归,知我的短文已发9月号。这篇文章是匆匆写成的,是校完《论生活、艺术和真实》的第二日动笔的,一赶完,马上就动身到顺德清晖园去参加座谈会,这是在一个小小夹缝中赶写出来的,其辛苦可想而知。但稿子刚寄出,就感到许多不足之处,可是我已到了清晖园。就算只把问题提出来,也是很不全面的,不巧遇到这阵这么忙,有什么办法呢?

《〈羊城一夜〉序》转至《光明日报》我无意见,不知什么时候见报?

6月号《梅江文艺》(广东梅县地区的文艺刊物)发了一篇《评〈作品〉发表的两篇小说》,其恶劣的态度可与""歌德"与"缺德""比美,其观点之荒谬也不在""歌德"……"之下。我们打算在第9期《作品》转载,向全国示众,以证明这种极左思潮之猖獗。同时要编辑部组织两篇批驳文章,不知写得怎样。最近,我逐步将《作品》的担子下放，我自己打算把仅有的一点精力放到写作上去。顺告。

陶萍问候你！

握手

萧　殷
(1979年)9月13日

不久，《〈羊城一夜〉序》和随笔两文，分别在《光明日报》和《文艺报》上见报。我约来的稿子终于有了着落。

在广州，恰逢省作协从9日起召开专业作家会议，其中，9日下午是广东文学院的开学典礼。他们邀请我去参加，遇上了一个全面了解各位作家对当前文艺形势的看法的好机会。我搭乘欧阳山、陈残云和萧殷的车子，一起去白云山农工商联合企业的会场。我前后参加了三天的会，听了于逢、陈残云、欧阳山、易巩、黄庆云、孔捷生、梵扬、陈国凯、张绰等作家的发言。一路听下来，将他们的发言归纳一下，大致触及三个问题：一是对黄安思的批评，涉及对三年来文艺形势的估计；二是作家要适应和反映新的现实生活；三是对全国文代会延期举行的意见。

第一，对文艺形势的估计问题，欧阳山说：三年来文艺到底该怎样估计？这也是黄安思提出的问题。怎样叫"向前看"？怎样叫"向后看"？黄在题材方面谈得多。单从题材讲向前看、向后看，是完全没有道理的。《祝福》、《红楼梦》就是很好的例子。鲁迅就声称，《祝福》写的是几十年前的事。《红楼梦》也是写的过去的生活。从来就没有人说，写某种题材是向前看、写某种题材是向后看。胡耀邦说得更明确，要写几十年、一百年、几千年，那不成了返祖现象了！主题思想能推动社会前进的，就是向前看的；把社会过程拉向后退的，就是向后看的。这样看来，就不是题材的问题，而是主题思想的问题了。在社会主义社会，哪种文艺才是向后看的文艺呢？要把我们引导到殖民地社会、封建社会、资本主义社会的文艺，才是向后看的文艺。反之，有利于社会主义建设的，就是向前看的文艺。这个看法如果能站得住，那么，什么是向后看的文艺？请黄安思找找！凡是经过历史的淘汰保留下来的文艺，都应是向前看的文艺。当然作者的世界观和立场不同。这样说来，三年来的文艺，都是向前看的文艺。当前的文艺中，有没有向后看的呢？也有。但它们的影响很小。《未来》那种刊物，就是向后看的。① 黄安思提出的两个作品《我应该怎么办？》和《在小河那边》，我认为这些作品是好的，孔捷生那篇还可以谈一点意见，但大的方面有什么不对？是不是只写个人遭遇、个人哀伤？大团圆结局嘛！说《我应该怎么办？》是不知怎么办，就是哀伤？作为读者，可以知道怎么办。三个人物都非常有性格，事情怎么处理，性格本身就能回答。

陈残云也说，现在文艺上"左"的东西还很多，有些人习惯于按过去的那一套看问题。尽管情况变了，可是还心有余悸，精神状态不解放。我们支持陈国凯、孔捷生，不能向他们泼冷水。这样才有利于推动思想解放。

第二，思想解放和扩大题材的问题，适应新的现实的问题，是广东作家关心的创作问题。在会议的发言中，作家们说：当前思想解放还放得不够，强调还要继续"放"；对"四人帮"揭露得还很不够，还要继续写。要继续发展大好形势，贯彻"双百方针"。邓小平提出的"四个坚持"与揭批"四人帮"、贯彻"双百方针"没有矛盾。要放得好，就要坚持"四个坚持"，即坚持社会主义方向。题材要广泛。同阻碍"四化"建设的一切作斗争，反特权、反官僚主义、反帮派体系、反思想僵化，这些题材还要写。如果不把"四人帮"的流毒肃清，"四化"建设是无法实现的。社会主义建设、提高人的道德品质、爱国主义也要写，落后现象、买卖婚姻也可以写。

陈残云说：我们文学的题材比较狭窄，应该扩大。过去，文学对社会上一些"多余的人"、苦难的人写得多，如小偷、妓女等，这些人造成的社会问题不能解决，作家同情他们；现在，社会不同了，本质上不应出现这些人，我们也不好同情这些人，题材显得狭窄了。广东作家

---

① 《未来》，北京"西单墙"出现的刊物。

要写和想写那些逃港的人,同情他们没有工作,还是爱国的,有的生活无着,不得不出卖肉体,但这就恐怕暴露我们的社会,所以又感到不好写。在珠海边界,现在容许与澳门小型企业发展边境贸易,并出现了新的工厂。宝安县在香港有插花地,现在九龙买了,拿回来外汇。过去我当宝安县委副书记时,曾经想过这件事,也向上级反映过,但不能解决,而现在已经实现了。这些题材也应该可以写。广东有些新鲜的事物,省委已向中央写了报告,谷牧带了工作组来定下来了,工资、干部、进出口由自己决定。广东、香港签订了350项合约。在宝安、汕头、珠海,设立三个特区,来料加工,可以多搞些。有很多农村,已有了高级轿车和空调设备。这是新的现实,文学要反映这个新的现实,适应这个变化。胡耀邦讲话很好,三年,三十年,一百几十年,几千年,都可以写。文艺不能太狭窄、太简单化了。

广东作家提出的扩大题材、适应新的现实的问题,表明他们的思考,远远走在了全国同行们的前面,可惜没有引起在中国文联和中国作协这些中央文艺单位工作的领导干部们的注意,他们深居京城,发号施令,却听不到现实生活迅猛前进的脚步声,看不到新生事物层出不穷,因而在思想上根本没有这样的准备。

第三,关于第四次全国文代会延期的问题。周扬的大会报告稿已发到全国各地文联讨论,并通报了延期举行的决定。对此,广东作家们普遍表示了不满情绪。陈残云对我说,文代会延期的原因说是大家思想不统一。正因为大家思想不统一,文代会就更要召开。这样大的事情,不能由文艺界的几个同志包办,这样做,不还是"四人帮"流毒的表现吗?今年不统一,明年就统一了?明年还不统一,怎么办?文艺界的问题,应该由文艺界的同志共同讨论。真理会愈辩愈明嘛。希望《文艺报》反映这个意见。中国文联和中国作协作为群众性文艺团体,在做出决定之前,未能很好地征求地方的意见,领导者缺乏民主作风,是导致他们产生如此尖锐意见的主要原因。

《电影工作简报》事件

第四次全国文代会之所以延期举行，确是不无原因的。这原因就是文艺领导层中间出现了一时难于弥合的分歧。对这一点，广东的作家们是不得其详的。文艺领导层中出现的分歧，又起因于文化部电影局编印的《电影工作简报》(1979年5月18日)第8期发表的一篇题为《北影厂学习邓小平同志重要讲话中所提出的一些意见》的报道。据《电影工作简报》注释说，这篇报道又是节录自文化部《政治工作简报》第10期。这篇报道指名道姓地对文化部党组成员、中国作家协会负责人、《文艺报》主编冯牧进行了政治性的批评，批评冯牧2月14日在全国故事片厂长会议上的讲话，其内容涉及包括文艺界的领导都是在"俄罗斯和18世纪文学染缸里染过的"、文艺队伍、六条标准等一系列重大问题，并且因而使文艺战线的领导层的分歧扩散到了文化界、文艺界，矛盾公开化、尖锐化了。《简报》事件与《"歌德"与"缺德"》和《向前看呵！文艺》的讨论并称为1979年中国文艺界的三大事件或三大风波。

讨论第四次全国文代会周扬报告稿，使文艺战线领导层中的意见分歧,益发加剧了。这其间,中宣部召集了一次各文艺单位的领导干部参加的文艺座谈会,中宣部的部长胡耀邦、副部长廖井丹和朱穆之都讲了话,对存在分歧意见的和一些悬而未决的问题,表示了明确的意见。8月9日,主编孔罗荪给我们编辑部作了详细的传达。

孔罗荪说:文艺界的分歧是存在的。分歧主要围绕着对"十七年"文艺形势和近两年来文艺形势的估价这两个问题。"十七年"文艺是否存在着一条"左"的路线呢?有的认为,这种说法不妥当;但大家都承认,来自"左"的和右的干扰是存在的。有的同志认为,1957年之后,"左"的思潮占了主导地位,危害极大。还有人认为,"四人帮"的极左路线与十七年"左"的错误,有根本性的不同,但不能说"四人帮"的极左路线与"十七年""左"的思潮没有联系。胡耀邦说,在文代会的报告中,这类问题,宜粗一点,求大同存小异。主要问题上有了一致的认识,枝节问题不一定一个一个弄清楚了。关于近两年来文艺的形势,有人认为糟得很,感伤文学、暴露文学、批判现实主义等,很乱。甚至有人说,这两年来的文学脱离了社会主义道路,走上了毛泽东思想的反面,是"砍旗"。有些文章反对工农兵方向,反对六条标准,反对写工农兵英雄人物。总之一个字:右!最有代表性的,是《"歌德"与"缺德"》和《向前看呵!文艺》。另一种观点认为,这两年文艺的发展形势很好,特别是话剧和短篇小说,有很大的突破,不仅突破了"四人帮"的禁区,而且在题材、思想上也突破了"十七年"。尽管在艺术技巧上还不够成熟,但应给予充分的估价。存在的分歧,除了《"歌德"与"缺德"》和《向前看呵!文艺》外,还集中表现在文化部的《简报》上。《简报》说我们的文艺是社会混乱的"带头羊",当前面临着的是类似1956年的形势,就是要来个反右。《简报》甚至连"夺权"也提出来了,说讲艺术民主,实际上是要"夺权"。

持不同意见的领导同志在文艺座谈会上展开了争论。有的同志对新的形势看不惯,把文艺的活跃当成是自由化,放得过头了。当会上有人发言说文艺形势"从未有过的混乱"时,胡耀邦插话说:"应该说是活跃更恰当些。"

中宣部副部长廖井丹讲话,大意是:要开文代会,就做好思想准备,肯定会出现些不同的意见和看法。我们正面临着历史转折时期,出现不同的意见是很自然的。要拨乱反正,一系列问题都会在文艺上有所反映,在作品中有所反映。思想分歧表现为不同观点,是活跃形势,不是混乱形势。出现分歧的看法,不是偶然的,而是必然的,到现在为止,分歧还没有得到充分反映,因为形势复杂,有的同志还在考虑、研究,现在已经发表出来的,不管说好说坏,都是好事情。毛主席提出"双百方针"几十年了,实际上"双百"并没有得到很好的贯彻。目前也刚刚有点苗头,开始有了一点活跃的形势,如引导得好,会出现"双百"的局面。但现在是否面临着这样一种形势:"双百"的局面刚出现,就有人要把它打下去,像《"歌德"与"缺德"》这样的文章。我们要对《"歌德"与"缺德"》这类文章进行批评与反批评。对这类文章也不忙于戴帽子、下结论,要真正贯彻"双百方针",要允许放出不同思想,也允许犯错误和改正错误。对文艺界当前存在的问题,是是否真正贯彻"双百方针"的问题。目前要强调解放思想,畅所欲言,把不同观点亮出来,千万不可采用组织手段、行政手段去压制。要注重引导,进行批评和反批评,反对用简单粗暴的方法。

中宣部副部长、文化部部长朱穆之说:《简报》是错误的,要一一纠缠也很麻烦。有的同志认为《简报》问题严重,代表了文化部一些领导同志的看法,有的地方重复了《纪要》的观点;也有的同志认为,当时签发的人没有注意,疏忽了。《简报》反映了一种看法。现在并没有人主张只反右不反"左",或只反"左"不反右。现在有没有主要危险?还需要认真研究。现在要在党内消除极左影响,挖掘社会根源,大家认为这是当前的主要危险。"四人帮"的流毒不能低估,不反"左",思想就不能解放。但对解放思想,也要有正确的认识。我主张要进行两条战线的斗争,既要反"左"又要反右,主要是反"左",有所侧重。《简报》是用来反映情况的,不要把《简报》变成通报。这期《简报》已经发出了,也不要收回,再出一期批评的简报就行了。五届人大二次会议提出了"重点转移"问题,文艺界也有个转移的问题。文艺的转移,主要是转移到繁荣创作上去。

关于周扬在第四次文代会上的报告稿,胡耀邦与林默涵、陈荒煤、冯牧等文联的报告起草人谈了一次话，把报告的内容确定下来，决定第四次文代会在10月在北京召开。文艺界在文艺问题上的争论也暂时休战。

列席上海文艺创作会议

上海定于1979年8月10日召开"上海市文学、戏剧、音乐、舞蹈、美术创作座谈会"，我应邀前往参加。同去参加这次会议的北京人士还有文艺研究院的顾骧、王兴仁、马肇元三位。9日下午到达上海后，我被安排在新乐路167号的东湖招待所309号房间，与安徽作家（当时他的户口在马鞍山市）张弦同住一间。同时应邀出席会议的外地作家还有江苏作家高晓声、浙江作家沈虎根、郑秉谦、山东作家刘知侠、林雨，江西作家俞林和安徽作家江流等。高晓声、郑秉谦、张弦都是1957年被错划的"归来作家"，林雨是"文革"中被"双开"（开除党籍和军籍）的作家。他们在新时期都程度不同地焕发了创作生机，创作力很旺盛，作品也颇受读者欢迎。沈虎根是工人作家，《东海》的负责人，江流是《安徽文学》的负责人，我们有更多的共同语言。会议期间，外地来沪的作家们有机会聚在一起，有很多时间交谈人生和创作。

我同张弦已是熟人，我很欣赏他的获奖小说《记忆》的叙事艺术和思想深度。我们同庚，今天又同住在一个房间里，于是东扯西拉，聊得很投机。他的经历坎坷多难，如今再拿起笔来写作，才华依然。他对我说，上海有个叫吴亮的青年工人，很喜欢搞文艺评论，要向我介绍，叫我帮助他。我说，我在北京，他在上海，交流有一定困难。还是把他介绍给《上海文学》的李子云吧。张弦也同意我的主意。李子云大姐到旅馆里来看我时，我就把这件事告诉了她。她很乐意地答应下来。吴亮很快在文坛上崭露头角，成了一个有个性的评论家，后来我还在《文学报》上发表文章，与他的典型观商榷。

上海创作会议的主旨报告是文艺界老领导陈沂作的。他的遭遇也很坎坷，"文革"后才得到平反，调回上海，又担任了市委的领导。

对文艺,他当然是老行家,但毕竟远离文艺界多年,对文艺界的情况了解有限,又在领导岗位上,行为难免谨慎,思想难免保守。在讲到"伤痕文学"时,他持赞成的态度,他说:"经历过'文化大革命',我们的民族产生了'伤痕文学',有什么奇怪?'四人帮'造成的伤痕,人人都有。对那些创作了被人称为'伤痕文学'的青年作者,我们应支持。在这样一个苦难的年代,怎么能没有伤痕?我们的责任是引导他们,把他们引导到三中全会精神上来。'歌德派'是反对这个的。"他的儿子14岁便被迫下乡,受伤很深。他本人在"文革"中也是深受其害的,故他对"伤痕文学"持赞成态度,是顺理成章的。然而,在讲到《在延安文艺座谈会上的讲话》时,他似乎还停留在50年代。我在拜访《上海文学》编辑部时,老作家王元化、吴强、罗竹风和同时代人李子云、周介人在场。王元化和李子云二位就直言不讳地对我讲他们对陈沂讲话的看法:陈沂的讲话,还是50年代的思想,说什么马恩列对文艺都没有系统的论述,而把《讲话》奉为"文艺的根本大法",这是不符合真理标准讨论精神的。我们是扔掉了马列,特别是扔掉了他们关于现实主义的论述,现在倒是应当很好地研究马列。这是私下里的议论,其表述自然坦率,不加修饰。过去我曾听到过有关陈沂思想"左"的议论,但既没有亲身感受,也就没有任何先入之见,昨天亲耳听了陈沂的报告,今天又亲耳听了各位的议论,倒是真有同感。

参加文学组的作家有:巴金、王若望、吴强、杜宣、茹志鹃、黄宗英、峻青、任干、哈华、师陀、菡子、丰村、费礼文、赵自、周嘉俊、萧岱、李根宝、崔京生、钟望阳、王西彦、陈伯吹、贺宜、苞蕾、宗福先、姜彬、冯岗、李子云、李梦城、罗竹风、钱谷融、蒋孔阳、王元化、严励、李俊民。时隔20年后,当我执笔写这件事的时候再回过头来看这个名单,自然显示出不少的局限性,有些应该包括进来的作家和评论家并没有在内。

在文学组的讨论中,王元化犀利的发言主要是针对着陈沂报告中关于毛主席《在延安文艺座谈会上的讲话》的评价的。他说:30年来,《讲话》学习过好多遍了,到后来,发展到只读毛主席的书。我感到,除了毛主席的《讲话》外,还要对马克思主义文艺理论进行全面完整的学习,包括周总理和陈毅的讲话。30年来,对马恩列斯的理论学习得少,后来的结果是,艺术规律、艺术方法都不谈了。有人说,马恩的著作是资本主义时代写的,似乎过时了,且完整性不够,缺乏全面性和系统性。我看不能这样讲。普列汉诺夫的著作,不能说不完整。有些问题,马恩时代就解决了。一些属于规律性的、根本性的、方法性的东西,是不变的。那时社会主义还没有实现。但作为规律,还是要以马克思的理论为基础加以发展。不仅是"四人帮"横行时,即使在"文革"以前,也把毛主席的《讲话》理解错了。歌颂与

王元化

暴露问题,政治标准与艺术标准问题,都要拨乱反正,都要在总结30年的经验时加以探讨。歌颂与暴露问题,按说是不成问题的,对社会主义、对人民要歌颂,对敌人要暴露,这是指作家的立场和态度而言,如果运用于作品的题材和人物上,则就是庸俗社会学的了。一个作家没有爱憎是非怎么行?读读马克思论巴尔扎克、列宁论托尔斯泰的那些话就明白了。不能重复句句是真理,抠几个字眼,表示自己"高举",那就很糟糕。今天,马克思主义、毛泽东思想,只能是作家研究生活的指针,如斯大林说的,不能躺在马克思主义上。对待《讲话》,也不能用"凡是"。对待《讲话》,"凡是"派的影响很深。不是全面理解,而是摘出片言只语,凡是《讲话》中说过的,不许动,未说过的,不许说。这不是像《可兰经》一样吗?毛主席自己也并不以为自己的话不能动。《讲话》收入"毛选"时,删改的地方很多。我曾经对过,最早的版本里,讲到讽刺问题时,说当时是不同意讽刺的,但到收入"毛选"时,是否废除讽刺呢?不是的,讽刺永远是需要的。文化部艺术研究院编的第13期《简报》里说,凡是写爱情的,都是伤痕的。

那就是"凡是"。比方说,《讲话》里没有讲过作家要写自己所熟悉的,因为《讲话》里没有说过,就不成什么规律。但这像水往低处流一样,是常识。而反对这个的理论,竟然还是存在的。艺术民主,毛主席没有谈到。不能要求毛主席在那个时代谈到那么多问题。但周总理的讲话谈到了,却变成了禁区!《简报》里说,谈论艺术民主,过火了,就是要夺权。"长官意志"问题,是乔木同志提出的。主要是强调艺术规律,反对瞎指挥。毛主席《讲话》里没有谈到。艺术规律,在马克思主义著作里是接触到了的。党领导文艺,没有问题,但官僚主义瞎指挥,则要反对。一谈艺术民主,就有人说要夺权。假若是夺权,是夺官僚主义的权,有何不可?党怎样领导文艺,很重要。可以总结30年的经验,不能一谈要党的领导,就把"四人帮"时期那种错误的领导拿来。不能用行政命令来领导文艺。领导出思想、作家出生活啦等等,这些错误的东西,不是党的领导。要实事求是地探讨。学习《讲话》是应该的,但同时要全面地研究马克思主义的文艺理论,并以其作为指导思想。学习《讲话》时,要坚持"实践是检验真理的唯一标准",否则就变成了毛主席讲过的不能动,没有讲过的不能讲。这对文艺的繁荣是不利的。王西彦同志说,作家要有一个创作的环境,主要就是艺术民主。我认为,当前文艺面临的两大问题:繁荣创作和活跃评论,都要有艺术民主,有了艺术民主,才能大步前进。

不久前在北京召开的文学理论批评工作座谈会上,我与文艺理论家钱谷融朝夕相处了好几天,饶有兴趣地听了他关于"文学是人学"思想的形成与遭遇的长篇发言,如今又在上海的会上见面,并再次听他的发言,是一件快事。他讲的是文艺批评问题。他说:1956年前的文艺批评还比较好,后来就不行了。想起对《青春之歌》的批评,郭开的意见受到了批评,批评是对的。奇怪的是,愈到后来,受批评的意见却愈占上风。批评文章大致如此:生活难道是这样的吗?生活有多复杂,人有多复杂,文学就有多复杂。研究文学,就是要研究生活、研究人、研究作品。思想与艺术是不能分的,要谈艺术,就一条、两条、头头是道,是很荒谬的。现在往往是从理论开始,应该如何如何,把生动的现象看得很简单。作家又不能不考虑这些意见,于是左顾右盼。当前要繁荣创作,批判极左思想很有必要,不然那套东西束缚着大家。像《"歌德"与"缺德"》那样的思想,不只是河北有,上海也有。

顾骧

在会议中间,我和顾骧于8月12日去拜访巴金,听他对当前的文学形势的意见。巴金对我们说:30年来的经验要很好总结一下。外国人有很多文学作品,我们为什么没有作品?我们说30年的成绩很大,但没有作品。茹志鹃写了,马上就有人出来批评她,说她写儿女情、家务事。一个很有才能的女作家,却只写了两本薄薄的短篇小说。老作家也没有长篇,只有艾芜的《百炼成钢》。对作家一是养、二是管。管得太死、太严,要松一点。一个二十多岁的青年人,就把他们从生活里拔出来,让他们做专业作家,这样的办法不行。最好让他们在生活里当业余作家,不脱离生活,他们有了困难,帮助他们解决。不要把作家养起来,再让他们去"深入生活","深入生活"总是有隔阂的,比在生活里困难要多。我写《家》的时候,是在生活里。要让作家多写,多出作品。过去的情况是,一方面"养"作家,一方面又限制作家。一个作家写一本书后,就再也写不出来了,这就是"养"的结果。时年75岁的巴金,正在翻译俄罗斯作家赫尔岑的《回忆与思考》。他说,第一本已经排好了,今年要译出30万字,主要根据英文版,参照俄文版。这部巨著写的是俄罗斯社会,那是一个官僚主义社会,对我们今天还有用。除了翻译外,他还在为香港文汇报出版社写一本创作回忆录。下一步还要创作一部长篇,暂名《一双美丽的眼睛》,他说要写到80岁,还有5年时间。

巴金也在会上发了言。他说:会开得很好,首先是让人讲话,发扬民主。有人说,发扬民主有副作用。我们要把意见都讲出来,集中集体的智慧,最大多数人的智慧。1956、1957年,发扬民主,要大家讲话,大家响应号召,讲话了,很多人却被打下来。1962年那次(按:指文学界批判"中间人物"论)最厉害。根据经验,现在愿意讲话的人很少,心有余悸。摆在我们面前的,还有许多问题没有解决。有人说过"十年后再说"的话,而现在,上面还是有斗争,第四次文代大会的报告,不是还没有写出来嘛。有两种意见。

巴 金

无怪乎令人担心!在北京开会时,《人民日报》报道了张志新的事迹,号召大家学习张志新烈士。她可贵,了不起。但报道却不写割她的喉管的事。要学习她,首先就要替她报仇,惩办杀她的人,维护党的原则。可是,同时又说不要追究凶手。这说明还有斗争。叫人讲话,还要做思想工作,有些人又怕别人讲话。30年来成绩怎么样,缺点怎么样,要让大家来讨论才行。总结"三十年"、"十七年"、"三年"的经验,要经过认真的讨论,要多征求意见。"十七年"的成绩是肯定的,不存在一条"黑线",但并不是说没有错误。我看,运动太多了,运动一来,人人自危,保自己过关。怎样为"四化"服务?什么人为"四化"服务?外国是机器代替人力,一个现代化旅馆里看不到几个人。我在北京开会住在和平宾馆,每层楼都有好几个服务员,而旅客却要自己搬行李。报刊上,每篇文章都有"为四化服务",大家都写这样的话,要浪费多少纸头?首先要思想现代化。否则,满脑子里封建思想,"四化"恐怕是没有办法实现的。现在官气很大。1954年我在人代会上发言讲官僚主义。不是我个人的意见,是毛主席要大家讲缺点。那时没有多少官僚主义,今天官僚主义不得了了,形成了一个官僚主义阶层。一个部,部长、副部长、局长几十个,要划个圈,总得有架子吧。我的马列主义水平低,但爱国并不比人差。对官僚主义要疾恶如仇。一件小事,要几个月才能批下来。200号的房子,我给彭冲写了信,至今还没有拿到房子。要多出作品,在多的基础上求好。在近十年中,日本作家出了很多书,而我们呢,不出也一样是作家。我意作家是业余的。作协可以帮助作家多得点稿费。陈登科提出作家应有版权。我认为可以考虑给作家版权,作家应享有版权自主权。在国际上加入版权协会。我写了篇文章,写的是把雪峰写的交代材料拿去发表,是对作家的不尊重。版权应归作家本人。我们的出版社想出谁的书就出,出一本书好像是给作家的恩惠。

上海许多作家评论家的发言都集中在总结"三十年"、"十七年"、"三年"的经验教训上。在我的印象中,除了上面几个人的发言外,中年女作家茹志鹃的发言,以自己的创作经历来透视中国共产党领导文艺工作30年的成败得失和经验教训,最具有说服力和典型性。

茹志鹃说:中国的作家写不过同时期的外国作家,是我们没有才气,没有生活,不用功吗?不是。为什么我们有优越的社会主义制度,却出不了杰出的作家和作品?我想过关键不在于生活不够。鲁迅说,文学家首先是思想家,而现在作家头脑里设置了很多框框,缺少想象力,头脑这个"加工厂"失灵了。作家对生活进行思索的能力,下降到接近枯竭的程度。从我的创作道路来看,我写了两本书,论年代,那些小说都写于50年代,到60年代创作的数量减少了。原因何在?我是1960年离开编辑部搞专业创作的。在编辑部时也没有什么照顾,都是晚上写,数量倒是有一些。搞了专业后,反而没有写多少。这几年深入生活,到上海县,在生活中产生了苦闷。我发现,我这辈子,写不到公社这一级,县更不要说,同吃同住同劳动,只能在大队。罗马尼亚电影《权利与真理》的作者是中央委员。有些领导干部能不能同我们交交朋友。我们很少讲究艺术实践,只讲生活。只要下去生活就好了。另外,对"中间人物"的批判,对我有很大影响。很害怕,为什么只写中间人物,为什么只写小题材,为什么不写大题材。人物、题材,都分成一级一级的,我要一级一级地攀登。不断地强调深入生活,强调为政治服务,而作家的想象力和对生活的思索,濒临枯竭的地步。我的创作的减少趋势在"四人帮"统治之前就开始了。会上很多同志说起对我的批判,不是"四人帮",也不是车文仪,而是指的现在。譬如《重逢》(按:金河的作品)发表后,有人提出这样那样的意见,我感到,其中有来自上面的论调,并不是从作品的主题出发,而是"那个人物是否能定为打砸抢分子"之类。只抓住这些来评论文艺作品,我感到,对创作是很不利的。再举我自己的例子。《小路》①发表后,也有不同的看法,有的意见甚至很使我感到惊讶。

蒋孔阳说:妨害创作的究竟是什么?过去总认为是生活问题,但不提思想和艺术。即使强调深入生活,也是深入被规定了的、一般化的、受条条框框限制的生活,而不是像果戈理、鲁迅、曹雪芹他们那样以独特个性特征去深入生活。作家还应该用闪光的思想去照亮生活,但由于必须符合某些框框,作家的思想也成了没有个性的一般思想,连艺术也是规定好的一般化的东西。是不是可以说,作品的公式化、概念化正是生活公式化、概念化的结果。

李子云说:文艺要繁荣,关键是什么?解放思想,批极左思潮。实践标准问题没有解决,在别的战线较量过,在文艺战线还没有。今年3月底4月初有过动摇,反三中全会精神的风吹得很厉害。3月16日、30日的报告,有些人就出来反对"伤痕文学",说什么伤感主义比正面宣传反革命还要坏。上海的戏剧舞台是好还是坏?有人说比1962年还坏,演《无事生非》、《雷雨》、《王昭君》!在这股潮流中,从广州的《向前看呵!文艺》到河北的《"歌德"与"缺德"》,不是孤立的现象。《谈飞》是田间写的,说什么文艺界是坏事的带头羊。《河北文艺》是这股思潮的代表。这与文艺界真理标准讨论没有深入、极左思潮没有批臭有关。短篇小说蓬蓬勃勃,轰动一时的作品大多出自青年之手。短篇小说进入了新阶段,向着纵深发展。其标志是金河的《重逢》和茹志鹃的《草原上的小路》。《乔厂长上任记》(蒋子龙)提出了干部问题,最为尖锐。《炮兵司令的儿子》也触及了这个问题。一部作品是否按照生活的本来面目写,是现实主义能否胜利的关键。我们的电影,如今是

---

① 即短篇小说《草原上的小路》。此小说,在这一年的年底举行的第四次全国文代会上,茅盾和周扬分别在报告中都给予了高度评价,他们同时还提到了作者的另一获奖小说《剪辑错了的故事》。

高级概念化,往往是那事件变成概念后再写成文艺作品。《上海文学》是从林雨的《烧水炉旁》开始的,小说提出了人们关心的问题。接下来出现了《墓场与鲜花》、《重逢》、《草原上的小路》。现在面临着的处境是:向前发展呢,还是倒退呢? 有些人认为,现在的文学违反了文学的党性原则。要弄清什么是党性原则。是唯上、唯书,还是唯实? 这两年的文学创作,首先是忠于生活的。文艺家不再是从政治家那里得到主题,而是从生活中发现主题。政治家们从文艺作品里了解了生活。

在"文革"中,上海文学界是重灾区,普遍受到张春桥、姚文元的迫害或毒害,有的甚至被迫害致死(如闻捷、芦芒)。有些人参加了写作班子。"文革"后,在大的观点上虽然一致了,但由于种种历史的或现实的原因,作家们仍然营垒分明。会议空闲时间里,在与一些作家的接触中,我感觉出了他们之间在观点上的分歧和在情绪上的对立。正如有人说的,真理标准的讨论显然在上海文艺界进行得还不是很深入。

会议后期,上海作协分会负责人钟望阳召集应邀来沪参加座谈会的华东六省文联负责人开会,就华东地区文联和刊物的协作问题交换意见。上海文联的其他负责人冯岗也与会,他好像是从《解放日报》调来的主持文联工作的;上海方面出席会议的还有王若望和赵自。安徽作家、《安徽文学》的负责人江流提出如何对待自发性民办刊物的问题,引起了与会者的共鸣。自发性的民办刊物在各地的兴起,起始于1978年10月,办这类刊物的都是些青年,有的是1976年"四五"运动中被抓起来的青年。到1979年初已成一大景观。北京有《北京之春》、《沃土》、《今天》等。南京有《探求者》。江流认为,这些刊物,虽然有少数倾向不好,但多数是好的。它们的兴起,可以看作是对目前文艺创作现状的不满,艺术技巧方面也在探索追求。其实,这类刊物,有的是文艺性的,但并非完全是文艺性的。

9月4~10日中宣部召开的解决《"歌德"与"缺德"》问题座谈会上,胡耀邦也多次谈到西单"民主墙"和民办刊物问题,批评了个人民主主义的思潮。我们编辑部也对当时局势的发展相当关注,不仅在讨论选题时将其列为一个选题,布置搜集民办刊物的情况进行研究,而且决定于9月份召开一次文学如何反映人民内部矛盾问题的座谈会。

中国当代文学研究会成立和部分期刊主编会议

与上海创作会议差不多同时,1979年8月初,一些文学刊物的主编们聚会长春,出席由吉林省的文学刊物《长春》做东主持的全国部分文学期刊编辑会议。南方各省市的刊物主编们,如《作品》的黄培亮、易准,《湘江文艺》的张盛裕,《东海》的沈虎根,路经北京时,都到我们在沙滩的抗震棚里来聊天。在文学理论批评工作座谈会上,曾有一些文学刊物的同志联名写了一份倡议(或曰报告),提出由作协召开全国文学期刊会议,但并没有下文。这次长春会议是各地期刊的朋友们自发联合召开的。我们刊物是吴泰昌去参加的,回来后他写过一篇侧记,发表在《文艺报》上。但我们对会议具体内容不得其详,仅从会议的纪要和朋友的来信中了解其大概。

广东黄培亮回广州后给我写来一信:

锡诚同志:

在北京受到您的热情接待,非常感谢!我们的会议于10日结束。11日和张盛裕、张兴春等同志到哈尔滨。14日离哈赴沈阳,在沈阳住了两天。17日我和易准由沈阳直接飞广州。

听说您8日到上海参加创作会议。文艺界有什么情况,望能及时给我们通通气。我们这里是较闭塞的,及时提醒一下,对我们办刊物很有好处。

寄去《学术研究》第4期,我们的文章,有空看看,很想听到您的宝贵意见。

需在广州代办什么事,请即来信,不必客气。

编安

黄培亮
(1979年)8月23日

浙江沈虎根在上海会议后也给我寄来一信:

锡诚同志：

我刚从上海回到杭州，第一天上班就接到你寄来的资料（按：指他索要的内刊《文艺情况》）。可见你把我在沪时提出的要求放在心里了。不瞒你说，我心里是很高兴的。回到机关，就忙着向党组汇报，下一步还要向宣传部党委汇报，接着还要向下传达，思想上负担较重，估计还有些日子可忙的。为此，我的信就写得很简单了，只是表示一个谢意！好在我们在不久文代会召开时又可在北京见面了，那时我来看你。

再一次表示谢意！

祝

安好！

沈虎根
1979年8月28日

冯 牧

与期刊编辑会议前后相差几天，由吉林师范大学、吉林大学、吉林省社会科学院、《社会科学战线》杂志社、长春电影制片厂共同承办的"中国当代文学学术讨论会"于8月10日至21日在长春召开。参加会议的有72所高等院校从事当代文学研究和教学的教师，10所研究机构从事文学研究工作的研究人员，以及30多个文艺报刊、出版社和部分省市作家协会的代表，共180余人。会议讨论了新中国成立以来文学发展中的许多历史问题和文艺理论问题，并宣布成立了中国当代文学研究会，选举冯牧为会长，朱寨、张炯、郑煌、韦君宜等为副会长。① 8月25日编印的《中国当代文学学术讨论会纪要》是"文学理论批评工作座谈会"之后又一个全面探讨和反映新中国成立以来"三十年"、"十七年"、"三年"文学成就和问题的集体成果之一。全文如下：

> 由吉林师范大学、吉林大学、吉林省社会科学院、《社会科学战线》杂志社和长春电影制片厂共同承办的"中国当代文学学术讨论会",于1979年8月10日至8月21日,在长春市正式举行。
>
> 为了开好这次学术讨论会,去年7月,曾在北京师范学院召开了筹备会。一年来,它受到了中国社会科学院文学研究所和有关兄弟院校的大力支持。
>
> 参加这次讨论会的代表比较广泛,其中有北京大学、北京师范大学、南京大学、武汉大学等72所高等院校从事当代文学教学工作的教师;有中国社会科学院文学研究所、文化部文艺研究院、北京市哲学研究所等10所研究机构从事文学研究工作的研究人员;
>
> 还有《人民日报》、《光明日报》、新华社、《吉林日报》、《文艺报》、《诗刊》、《十月》、人民文学出版社、上海文艺出版社、大百科全书

朱寨

---

① 中国当代文学研究会的成立,缘起于1979年3月在上海建国饭店召开的由北京师范学院、东北师范学院、武汉师范学院、南京大学、上海师范学院、哈尔滨师范学院联合编写、由冯牧任顾问的《中国当代文学史初稿》的审订会。

文艺部、湖南人民出版社、辽宁省作协、吉林省作协等30个单位的编辑、记者。出席大会的共有112个单位,180多位代表。大会先后收到了林默涵、杨沫、康濯、胡采、杜鹏程、王汶石、李准、孙峻青等人发来的贺信贺电,特别是峻青同志在上海医院卧床伏枕写来的贺信,使代表深受感动。

会上,书面交流了各单位代表为会议撰写的学术论文。这些论文,有关于当代文学主要作家作品的研究,有关于当代文学理论、文艺批评、文艺运动的研究,有关于当代文学近三年来创作倾向的研究等等,共65篇,百余万字。

这次会议,着重围绕建国30年来我国现实主义文学的成就和不足、斗争和发展、经验和教训,以及与此有关的问题,进行了广泛、深入而又热烈的讨论。代表们本着十一届三中全会的精神,实事求是,解放思想,畅所欲言,各抒己见,坚持用实践是检验真理的唯一标准,回顾了建国30年来的文学现象,提出了不少重要的问题,发表了许多有见地的看法。

会议后期,中国当代文学研究会筹备小组的同志,经与会代表充分协商,选举产生了"中国当代文学研究会理事会",茅盾同志为名誉会长,周扬、林默涵、陈荒煤、贺敬之、沙汀、胡苏等同志为顾问,会长冯牧,副会长(按姓氏笔画为序)公木、韦君宜、朱寨、张炯(兼秘书长)、郑煌、胡采、秦牧等同志,并选出46名理事。"中国当代文学研究会"正式成立。

会议结束前,中国社会科学院文学研究所第一副所长陈荒煤同志,在百忙中应邀到会作了报告。

与会代表一致认为:这次学术会议,是从事我国当代文学教学和研究人员的第一次盛会,是大家自动发起、联合组织的较大规模的学术活动,是交流研究成果、探讨学术理论的好形式。会议发扬了学术民主,促进了学术交流,它对于今后广泛、深入地开展当代文学的教学和研究工作,是一次有力的推动。

现把会议讨论的主要内容和各种意见分述如下。

(一) 对建国后17年文学中的现实主义发展情况的看法

一种看法是：建国后17年，社会主义现实主义、革命现实主义与革命浪漫主义相结合，成为我国文艺创作和理论批评的指导原则，现实主义文学得到了新的发展，文学事业呈现出前所未有的崭新面貌。"十七年"的文学，虽然受到"左"的和右的干扰，经历了曲折的过程，但基本上贯彻了无产阶级革命文艺路线，成绩是主要的，现实主义是主流。持这种观点的同志，列举并分析了一系列作品，说明它们都是"从现实生活的基础出发的，是源于生活又高于生活的"。一些同志认为，不少优秀作品，"塑造出了一批至今仍然活在人们心中的典型人物"，"教育了我们整整一代人"，在这一点上，和过去时代的文学相比，是毫不逊色的。持这种意见的同志也认为，17年当中，"左"的干扰比较严重，影响了现实主义的更大发展，否则，成就会更加巨大，更加辉煌。

有些同志不否认"十七年"文学的成就，不否认现实主义是主流，但认为"左"的干扰相当严重，现实主义发展受到"压制和阻碍"，因而"17年中的现实主义是不充分的"。持这样意见的同志指出，建国后17年，没有出现影响更大、成就更高的作家和作品。"许多老作家的创作，没有超越建国前已经达到的水平"，许多新作家，"道路坎坷，成长艰难"，取得的成就不够理想。建国后出现的一些较好的作品，多是表现历史题材的，反映"十七年"生活的作品，"成就卓著者颇少"。所以，这些同志认为"对'十七年'文学中现实主义成就，不宜评价过高"。

另一种看法是："十七年"的文学创作、理论批评，存在着严重的反现实主义倾向。这主要表现在："片面强调文学为政治服务的性质"；"夸大文学的政治性，贬低文学的真实性"；多从政治需要出发，很少从生活的真实出发。结果是"公式化、概念化的作品泛滥，教条主义理论得势"，把许多好作品打成毒草，把许多正确的文艺主张当成修正主义观点加以批判，"现实主义处在受压抑、被打击的地位"。

有的同志把这种反现实主义倾向的根源概括为四点：(1)

"坚持唯心主义的文艺观,反对唯物主义的文艺观。这集中表现在文艺和政治的关系同文艺和生活的关系的混同方面。"结果是宣扬了唯意志论,把精神看成了第一性的东西。(2)"形而上学的绝对主义的一点论。"表现为强调一面,否定一面,如强调社会主义的光明面,否定社会主义的阴暗面,只准歌颂,不准暴露;强调英雄人物的阶级共性,否定英雄人物的个人特点,只能写优点,不能写缺点;"把阶级斗争极端化、永恒化、扩大化",只可以写阶级斗争,不可以写生产斗争等等。"把形而上学和政治权力相结合"是当代文学的反现实主义倾向可怕之所在。(3)"形式主义创作方法"泛滥,人物类型化,主题、情节、结构模式化。(4)"在30年来当代文学历史上有一条'左'倾文艺路线",这条路线"早在50年代后期就已开始形成。这和政治民主、艺术民主不仅关联着,也和过去对我国古典现实主义传统以及外国文学的现实主义缺乏认真的总结研究关联着"。

  第三种看法是:认为不能用现实主义或反现实主义这个概念笼统地评价"十七年"的文学现象,应该对具体现象、具体问题做历史的具体的分析。例如,建国初期的文学,确实存在着某些混乱和右的干扰,但在批判小资产阶级创作倾向、阐述工农兵方向时,又有简单化,甚至过头的地方。1956年提出"双百方针",思想一度活跃,文艺呈现繁荣;1957年反右派,1958年"大跃进",1959年反右倾,用政治运动代替文艺运动,"左"的思潮泛滥,现实主义被扭曲了。1961年以后,周总理重新阐述和坚持无产阶级革命文艺路线和党的文艺政策,文学事业再度出现繁荣景象,但又被1963年以后的"左"的思潮淹没了,并成为后来被批判的"靶子"。到了"文化大革命"前夕,江青炮制《纪要》,"左"倾文艺路线开始形成,反现实主义倾向尘嚣尘上,但即使在这种情况下,也还不能说根本就没有现实主义作品。总之,持这种观点的同志认为,文学现象很复杂,斗争历程很曲折,只用现实主义或反现实主义的概念来划段分期、评价文学现象是不够准确、不够科学的。

(二) 对"文革"十年和近三年文学情况的看法

对"文革"十年的文学情况,大家看法比较一致。认为"四人帮"推行了一条封建法西斯文化专制主义的极左路线,大搞阴谋文艺,十年中文学的主要倾向是地道的反现实主义,是古今文学史上罕见的大倒退。有些同志认为,承认这一点并不意味着全盘抹杀十年来的文学创作,对这一时期的作品,还要作具体分析。一种情况是"四人帮"炮制的阴谋文艺,自然要一概否定;一种情况是受"四人帮"影响较严重的作品,不能完全否定;一种情况是基本上较好的作品,但有"四人帮"影响的痕迹,这就要适当肯定。有的同志认为,即使是像《金光大道》那样的作品,也要一分为二。还有的同志认为,对八部"样板戏"也要区别对待,具体分析。其中有些有现实主义的基础,如《红灯记》;有些问题较大,如《龙江颂》。对好的作品要剔除"四人帮"强加的一些东西,恢复它们的本来面目。

对"文革"十年的文学和"十七年"文学的区别和联系问题,大家也发表了自己的看法。与会同志认为,十年中"四人帮"推行的文艺路线、散布的文艺理论,绝非出于偶然,不能把它看作是孤立于"十七年"的历史发展之外,而只产生于"文化大革命"之中。但究竟有怎样的联系,又有什么区别,大家的意见却不尽相同。一种意见认为:早在1957年(有的认为在1963年)就形成了一条"左"倾文艺路线,"文革"十年的极左文艺路线,是在已有路线上的恶性发展。两者只有程度上的差别,并无本质的不同。一种意见认为:"十七年""左"的思潮泛滥,发展到"文革"十年,"四人帮"统治文坛,才形成了一条极左文艺路线。两者有必然的联系,但又有性质上的差别。一种意见认为:文艺问题比较复杂。在文艺理论批评上,"文革"十年和"十七年"有密切联系,虽然性质不同,却是一脉相承。在创作上则区别较大,联系较小,性质也完全不同。

对粉碎"四人帮"后近三年的文学情况,大家的看法比较一致。认为这三年的文学,不仅恢复了现实主义传统,而且在题材、主题、人物等方面都有所突破。特别是加强了文学和人民的联系,一些作品提出了人民群众关心的社会问题,反映了人民的要求,喊出了群众的呼声,为广大人民群众所喜爱。大家认为,这是一个新的开端,一个很好的潮头,预示着我国社会主义文学大繁荣的时代必将到来。大家指出,这三年的文学也存在一些问题。作品的题材范围还比较狭窄,艺术上也比较粗糙,还有公式化、概念化的毛病。特别是有些作品,对一些社会问题还开掘得不深,有的作者还"心有余悸",有的文艺领导还相当保守等等,都是有待解决的问题。此外,在理论批评上,应紧紧跟上创作,回答新问题,推荐新作品,大力扶植青年作者,广泛开展文艺问题的自由讨论。与会代表还注意到,这三年的文艺发展,是曲折的、有斗争的。许多事实表明,不能低估"四人帮"在文艺领域内的流毒和影响。前一时期刮起的那股"冷风",《"歌德"与"缺德"》等一些文章和文化部《简报》的出现,事出有因,并非偶然。虽然春天里的"冷风"尚不能形成一种气候,但却代表着一种思潮,应当引起我们的重视。不过,许多同志也认为,对待这样的问题,还是应该摆事实、讲道理,用自由讨论的方式去解决,不要搞"一窝蜂"式的"围剿",不能再重复过去的错误做法。

(三) 对1956年到1957年文艺运动的看法

在讨论建国以来的现实主义问题时,大家着重讨论了1956年到1957年文艺运动的情况。很多同志虽然肯定了1956年到1957年上半年文艺界曾出现过思想活跃、敢想敢放的生动局面,但在对1957年文艺界的反右斗争的估价上,却有着不同的看法。一种看法是:文艺界的反右斗争颠倒了是非,混淆了敌我,后果严重,影响很坏,时至今日,仍然有些同志"心有余悸"。实践证明,文艺界的那场斗争不仅是"扩大化",而是根本搞错了。一种看法是:不能离开当时的历史条件看问题,当时从国际到国内,从政治到文艺,的确存在着两种势力的较量,反右斗争是必要的,不能否定,当然,方式方法不尽妥当,造成了"扩大化",这是应该吸取教训的。

关于这一时期的文艺运动,究竟反映了什么实质性的问题,大家也纷纷发表了意见。一种意见是:1956年到1957年掀起了一次"巨大的思想解放运动",它"带来了文学艺术的春天","然而,这一次思想解放运动却悲剧性地流产了",其原因是"'左'倾文艺思潮的泛滥"。持这种观点的同志,不同意关于"五四"以来有三次思想解放运动的提法,认为真正的第二次思想解放运动,是从1956年春到1957年上半年兴起的,经过二十多年的"之"字路,到粉碎"四人帮"以后,特别是在党的十一届三中全会以后,思想解放运动才以50年代所不可能有的姿态和规模遍及全国,文艺事业又一次获得解放。

在理论上,有的同志认为,"1956年到1957年,我国文艺战线上曾经出现过一场教条主义与反教条主义的大论争。这次论争是以何直的《现实主义——广阔的道路》为中心而展开的"。何直的文章,是"向文艺上的教条主义开火","击中了要害"。当时批判何直的文章是"教条主义的反攻"。结果,是把反教条主义的力量压下去了。另一种意见是:不同意把1956年和1957年看成是一次思想解放运动。有的同志指出,凡是构成一次思想解放运动的,都是先进的思想冲破阻碍它发展的束缚。1956年到1957年并不存在这种束缚。如果说这种束缚是教条主义,那么,当时党的领导,文艺界的领导,是否都是教条主义,而被错划成"右派"的一些同志,是否就是马列主义的代表呢?如果认为这是一次思想解放运动,那么发难者和领袖人物又是谁?在文艺上标志着思想解放的理论和作品又有哪些?持这种意见的同志认为,今天对《重放的鲜花》里的作品也要具体分析和评价。过去把这些作品打成毒草,自然是错误的,但今天又全部都誉为"鲜花"也未必妥当。这些同志主张:要还作品的本来面目,实事求是地加以评价。

对"教条主义与反教条主义一场大论争"的观点,有些同志也持有异议。认为这是把问题简单化了,应该历史地具体地分析文学现象,应该一分为二地看问题,否则,是搞不清是非功过的。把当时文艺界的领导和许多同志都看成是教条主义,把所谓反教条主义的同志都说成是马列主义,这是难于使人理解和接受的。

(四)对其他问题的一些看法

在讨论中,涉及了革命现实主义和革命浪漫主义相结合的问题。有的同志认为:"这种创作方法是社会主义文艺最好的创作方法。"它和社会主义现实主义,虽然在根本点上没有太大的差异,但它更明确地要求作家在创作时一定要有革命的理想。如果光强调革命现实主义,缺乏革命理想,就易流于自然主义;反之,只强调革命浪漫主义,忽视革命的现实主义,又容易导致空话连篇,脱离现实。所以,必须"两结合"。持这种看法的同志,认为30年中许多脍炙人口的优秀作品,都是"运用'两结合'创作方法取得了较突出的成就"。

另一种看法是:"两结合"实际是不能结合的,"两结合"的提法并不科学。通常所说的"两结合"创作方法,是体现"革命气概和求实精神相结合"的原则。这实际上是把艺术的方法同哲学概念混同,甚至等同起来了。作为一种艺术方法,要有自己独特的艺术思想和艺术表现体系,并以一定的代表作品作为这一方法的实践上的标志。持这种观点的同志认为,建国以来的大量作品,不是革命现实主义的,就是革命浪漫主义的,很难找出真正"两结合"的作品来。那么,这种创作方法在文艺实践上又有什么普遍意义呢?有的同志认为,"革命现实主义并不排斥革命理想,革命浪漫主义也要以现实生活为基础,硬把两者结合起来,产生不出一种新的创作方法来"。有些同志也就"两结合"创作方法提出的时代背景和文艺思潮作了回顾。认为那时头脑发热,对形势估计有问题,提出了建设共产主义文艺的口号,号召文艺"放卫星"等等。新民歌运动,也有脱离现实去"浪漫"的倾向。在这种情况下,忽视现实主义传统,提倡浪漫主义,并提出"两结合"的"完全新的艺术方法"显然是不妥当的,不符合艺术规律的。但也有的同志认为,新民歌运动开始是健康的,很多作品反映了人民的愿望、要求和美学理想，只是到了后来，在"共产风"、"浮夸风"的影响下，才步入了歧途。

关于文艺与政策的关系，在讨论中也有所涉及。有些同志认为：建国初就强调文艺必须为政策宣传服务，提出"赶任务"的说法，认为"离开了政策观点，便不能懂得新时代的人民生活中的根本规律"，"离开了党和国家的政策，就是离开了党和国家的领导"。这种用政策精神代替生活真实的观点，后患很大，成了公式化、概念化和文艺批评简单化、庸俗化倾向的理论之一，影响了社会主义文艺的繁荣。

与这个问题有关，有的同志提出：建国后某些反映农村斗争生活的作品，确乎符合当时政策的要求，但今天看来，就颇有问题，歌颂了不该歌颂的现象，批判了不该批判的事物，这能否说是反映了生活的真实？一种意见认为：当时的农村斗争生活就是那个样子，作品如实反映，应该说是反映了当时的生活真实。另一种意见认为：这样的作品，只表现了当时生活的表面现象，虽然和当时的某些政策口径一致，但却没有深刻地反映生活的本质，没有很好地表达劳动人民的心声，因此，不能说这样的作品是真实的。

（五）思想解放问题

有的同志指出，今天学术思想领域里的形势很好，总的趋势是两个字："解放"。虽然还有干扰，但大势所趋，人心所向，戴帽子、打棍子的时代一去不复返了。我们不仅要从"四人帮"的束缚下解放出来，也要从"十七年"的某些条条框框里解放出来。这要我们自己去争取，去斗争，民主不是恩赐的，恩赐的民主，不是真正的民主。要靠我们自己解放自己。要用"实践是检验真理的唯一标准"这把尺子，检查自己和文艺界的过去和现在，冲破思想上僵化或半僵化的状态。恐惧出于无知，无私才能无畏。我们要努力学习，勇于探索，追求真理，有所作为。当代文学的一些重大问题，我们完全应该独立研究，不要等待，即使我们的看法不全面，也会起到"抛砖引玉"的作用，大家齐动手，学术研究就会有进展。有的同志说:"四个坚持"是照耀我们前进的"四把火炬",而不是"四条棍子"。大家坚信,在党的十一届三中全会精神的指引下,思想会越来越解放,形势会越来越好,不管前面还有多少艰难险阻,我们的社会主义文学事业一定会繁荣昌盛起来。

(1979年8月25日,长春)

我在编辑部分工负责文学评论,因与上海创作会议冲突,未能前去与会,由编辑部其他同志参加。期刊编辑会议在推动编辑人员思想解放、义无反顾地推动新时期文学向前发展上,固然有无可估量的作用(没有一大批思想解放、站在新思潮前列的编辑,新时期文学发展的道路,也许不会是现在我们看到的样子),但相比之下,当代文学学术研讨会的成果则给人以登高望远之感,在文学批评与文学教学上有着重要的作用。当然,现在再来重新审视20年前的这份材料,也许并不是没有可挑剔之处。会议结束后,中央民族学院的吴重阳给我寄来了《纪要》。我作为中国当代文学研究会的理事,参加了它的大多数学术活动,并于1986年6月在呼和浩特召开的第5届年会和第2次代表大会上被选为常务理事和副会长,直到2000年11月在广东肇庆召开的第5次代表大会上,自动退出研究会的领导班子。算起来,参加中国当代文学研究会的工作,前后整整20年之久。

公开清算《纪要》的时机到了

在文学界,许多事情都存在分歧意见,思想解放的步履还很艰难。原因何在?其中之一,或曰一个重要原因,是粉碎"四人帮"三年了,江青勾结林彪炮制的《部队文艺工作座谈会纪要》仍然没有很好地批判,许多奇谈怪论甚至直接来源于这个《纪要》;更深层的原因是,据说毛泽东阅改过三遍。

《文艺报》和《文学评论》两个刊物的领导商定,要闯一闯彻底批《纪要》这个禁区,于1979年8月17日邀集在京的中青年作家和文

文学研究动态

14
1979
9月5日出版
（总第22期）
内部刊物 注意保存

中国社会科学院文学研究所科研组编

《文艺报》和《文学评论》编辑部联合召开座谈会深入批判江青勾结林彪炮制的《纪要》

八月十七日《文艺报》和《文学评论》两个编辑部邀请在京中青年作家以及文学理论工作者、首都报刊编辑共约八十人在新侨饭店举行座谈会，进一步深入批判江青勾结林彪炮制的《纪要》。在会上发言的有苏叔阳、白桦、张锲、苏予、马德波、孟伟哉、鄂华、陈骏涛、张洁、刘心武、王蒙、李佗、张弦、邵燕祥、张作光、杨志杰等同志。会议由荒煤、冯牧、孔罗荪等同志主持。

现将会议情况简报如下：

在座谈会上大家指出，江青勾结林彪炮制的《纪要》是一个完整的反动纲领，是他们篡党夺权的一个步骤。他们以《纪要》为理论基础，在文艺界推行极左路线，完全否定了党领导下的几十年的革命文艺运动；否定了我们的文艺队伍；严重摧残了社会主义文

学理论工作者、首都报刊编辑共八十余人，在新侨饭店召开了一次座谈会，对《纪要》作进一步深入的批判。会议由两家刊物的主编陈荒煤、冯牧、孔罗荪共同主持。在会上发言的有苏叔阳、白桦、张锲、苏予、马德波、孟伟哉、鄂华、陈骏涛、张洁、刘心武、王蒙、李陀、张弦、邵燕祥、张作光、杨志杰。但会上的发言，却并未集中在揭批《纪要》本身上，而是矛头另有他指。归纳起来有下列几点：

（1）粉碎"四人帮"三年来的文艺运动是伟大的文艺运动。这个话题之所以重要，是因为文艺界否定或贬低三年来文艺的成就的声浪不绝于耳，而且得到某些领导人的支持。

（2）歌颂和暴露是文艺的崇高使命。歌颂与暴露的问题之所以一直是文艺论争的中心问题之一，起因于"伤痕文学"的兴起和对"伤痕文学"的评价。但8月中旬再次成为会议上的中心话题，则与《河北文艺》发表的《"歌德"与"缺德"》及其在全国掀起的风波不无关系。因此，历史地看，歌颂和暴露这个命题的提出是无可厚非的。但随着认识和思考的深入，人们越来越感到，把文学的使命归结为歌颂和暴露，要么歌颂，要么暴露，这种二分法的思维模式是不正确的，有些作

品可能是只反映一种状态。

（3）当前文艺创作中的主要问题，不是作家深入生活不够，而是心有余悸。

"十七年"和"三年"

1979年3月，《文艺报》召开的文学理论批评工作座谈会上，提出了总结新中国成立以来30年、新中国成立至"文革"开始的17年、"文革"结束以来的3年，这三个阶段文学运动的成就和问题、经验和教训；这不仅是我们编辑部全年的工作和刊物版面的重点，也是第四次全国文代会筹备小组报告起草小组的研究重点。全国文代会周扬报告的讨论稿已于8月初发到各省市自治区的文联征求修改意见。而总结"三十年"，首先是"十七年"；争论最大的，也是"十七年"。

我们组织的《文学三十年》作家回忆文章，已开始陆续在刊物上发表，这标志着至少有几十位身处不同境况、具有不同创作成就的作家参与了这个大总结，而他们以自己的创作实践为依据写成的文章，总的看来，在对"十七年"文学的总体评价上，与时下比较活跃的评论家们的较多的否定相比，显示了更多的肯定，虽然也有痛切的解剖。我深切地感到，评论家们（大部分是新起的）与作家们（大部分是从"十七年"经历过来的）之间出现了一种无形的但强烈的隔阂和距离。这是一种隐忧。

到了8月底9月初，全面审视和总结粉碎"四人帮"三年来文学的成就和问题，已经上升为我们编辑部的工作重点。为迎接文代会的召开，《文艺报》1979年第10期要发表一篇社论或重点评论文章。8月29日，我们在制定第10期选题计划时，冯牧和孔罗荪都来参加讨论掌舵。他们首先传达了胡乔木关于评价新中国成立以来文艺的四个基本观点的思考意见：政治标准和艺术标准，为工农兵服务，歌颂和暴露，普及与提高。胡乔木提出要"推翻"毛泽东制定的这四对关系的意见，固然有近来许多文艺理论家的讨论研究为铺垫，应该说，还是表现了他作为一个理论家的坚定性。作为主管理论工作的政治局委员,胡乔木提出的这些意见,无疑给第四次文代大会的报告提供了理论基调。

对三年来文学的估计上,也存在着分歧,持基本肯定和基本否定观点者,都有一股势力。我们编辑部属于前者。我们要组织对三年来文学成就的评述,或曰总结和评论。这项工作,计划组织两种人来做。一是组织茅盾、巴金、冰心这些老作家们来写文章,他们的影响大;二是组织评论家们来写述评性的文章。9月20日,孔罗荪说,茅盾要我们给他提供一份最近三年来文学概貌的材料。

孔罗荪9月3日在文学评论组同人们讨论三年来的文学创作的会上发言说:"评价三年来的文学,小说创作要给予充分估价,小说中又要以短篇小说为主,兼及中长篇。短篇起了开路先锋的作用,如《班主任》、《伤痕》等,敢于闯禁区,起了开辟道路的作用。小说创作突破了'十七年'。至于在哪些方面有突破,题材、思想、艺术,要做些具体分析。"应该承认,年岁不饶人,因精力所限,孔罗荪读的文学作品并不多,因此也就较少谈论具体文学作品和问题,除了参与评奖时不得不读一些,平常更多关注的是电影和文艺大局问题,这次发言则是很难得的。雷达、郑兴万、谢永旺和我,主要是我们四个人,顺着孔罗荪发言的路子,就三年来的创作做了梳理和剖析,并在理论上予以提升,归纳为以下几条。

(1)恢复了现实主义传统:从生活出发而不是从概念出发。恢复了文学的真实性原则。塑造各种各样的人物形象和典型,为写中间人物恢复了名誉。密切了文学与人民群众的关系。

(2)文学的题材扩大了。大大突破了只允许写工农兵三大题材的限制。写三大题材固然应予提倡,但写工农兵以外的题材,也应允许和鼓励。知识分子已成了文学作品的正面人物,如《工程师和他的女儿》。即使写农村题材,也不应只是马烽、西戎那一路写法,而应写新的矛盾、新的人物。

(3)作家敢于触及重大社会矛盾和重大社会问题,如《大墙下的红玉兰》、《铺花的歧路》、《永远是春天》。

(4)作家敢于写人的命运。为悲剧开禁,社会主义也有悲剧,如

《天云山传奇》。歌颂和暴露是文学的责任,但文学不限于歌颂和暴露。

（5）开始写人的情感,写儿女情家务事,写个人悲剧。过去,作家对进入创作过程中的现实生活和各种人物的思想、道德、社会和审美评价,往往体现着马列主义的观点或党的观点;而现在,作家在艺术作品中表达的是个人的独创的观点。

（6）艺术上力求创新,如《草原上的小路》。

我们立论的主要根据是短篇小说和中篇小说。至于长篇小说,据我们的不完全统计,1977年出版了28部,1978年出版了38部,同人们只能说阅读了其中的一部分。比较好的作品有:魏巍的《东方》、李准的《黄河东流去》、高樱的《云崖初暖》、周克芹的《许茂和他的女儿们》(1979年)等,数量不多,应该说,还无法与"文革"前"十七年"的长篇小说相提并论。有些长篇还没有摆脱"四人帮"的文艺教条("三突出"、英雄人物都是些不食人间烟火的人等)的影响。

《乔厂长上任记》事件

全国文代会延期于10月份举行,这个期限眼看也就要到了。对于中央来说,成堆的问题要一个一个地解决。在9月4日至10日中宣部召集的解决《"歌德"与"缺德"》座谈会上,虽然没有完全说服作者李剑(李剑只要求在会上说的一些话就到此为止别再外传了,各地文艺界流传的关于××是李剑的后台的传闻,也没有深究),但因为有胡耀邦的介入和中宣部几位副部长的苦口婆心的说服,偌大一场风波也就算是风平浪静了。另一个问题,即关于"三十年"、"十七年"、"三年"的争论,却没有那么简单。问题固然是文艺理论批评的问题,但分歧的要害和分歧的双方却在文艺领导层里。问题的核心,最后落到了"三年"的文学究竟是"好得很"还是"糟得很"这样一个问题上。

我们《文艺报》处在分歧和论争的中心,因为我们编辑部是"伤痕文学"的坚定的提倡者和鼓吹者,所以受到的指责当然也就更为集中。在文代会之前以及明年开春的刊物上,必须对这些问题作出回答。我们连续几天开会研究，检省过去，计划未来。

正在这时，1957年被错划为"右派"分子放逐到北大荒、后落脚于黑龙江文联多年的原《文艺报》总编室主任唐因，结论得到改正后，调回了《文艺报》。10月6日一大早，在冯牧的带领下，唐因来到编辑部上班。与唐因命运与共的唐达成早些日子就已获平反回来了，现在唐因也跟踵而至，"二唐"的称呼便骤然间在编辑部内外叫响了起来。我们编辑部的力量在外人看来，本来已经够强大的了，已有被称为"四条汉子"的谢永旺、阎纲、唐达成和我四人（因为我们四人的个头都差不多高，而且都穿着一身米色的风衣，故名），现在又打出了"二唐"的名号，使编辑部的力量更加显眼，也更为树大招风。稍后他们二位先后被任命为副主编，成为文艺界某些领导人指责《文艺报》是"右派掌权"的口实。

虽然《文艺报》在文艺界的影响越来越大，但在外界压力下的冯牧却显得有些焦躁。他的压力最大，这可以理解。蒋子龙的长达几万字的短篇小说《乔厂长上任记》在《人民文学》1979年第7期上发表，也给思想比较解放的文艺家们和《文艺报》提供了一个新的契机。就题材、思想、

文艺思想动态

19
1979
10月30日出版
内部刊物　注意保存

文化部文学艺术研究院理论政策研究室编

小说《乔厂长上任记》发表以后

事情的经过

一九七九年第七期《人民文学》发表工人作者蒋子龙的小说《乔厂长上任记》（以下简称《乔》）后，在全国引起了强烈反响。经上海人民广播电台、中央人民广播电台播送和《工人日报》等报转载后，在工业战线反映尤为强烈，人们争相传阅，相互推荐。《人民日报》《光明日报》和《文汇报》相继发表了评论文章，予以肯定。北京人民艺术剧院在天津演出期间，邀请作者介绍了创作经验。全总文工团已将小说改编为话剧，准备排演。这篇小说的影响之大已超出了文艺界。有些工厂把《乔》当作政治、业务学习和干部必读材料，有的还组织了学习讨论。据说，《乔》也引起了某些工交部门领导同志的注意。

与此同时，《乔》在作者所在的天津市，也引起了另外的强烈的反响。不仅有人在天津四处散布作者有问题，而且有人曾将《天

1

《文艺思想动态》

人物而言,这篇小说是一篇不同于前此发表的那些"伤痕文学"的小说,被评论家们赞美为"改革文学"的代表作。从思想倾向来说,小说所张扬的是改革和改革者。我们在评价"伤痕文学"的同时,也"歌颂"改革文学,"歌颂"改革,不就不存在只热衷于鼓吹"暴露"社会阴暗面的问题了嘛。但小说一出世,便遭到了天津文学批评界一些同志的猛烈批判。9、10两个月,《天津日报》上连续发表了四篇批判文章。这四篇文章的意思集中到一点,就是《乔厂长上任记》是反对揭批查和思想解放运动的。

召珂《评小说〈乔厂长上任记〉》(《天津日报》9月13日)说:在小说的作者看来,电机厂的混乱现象"是揭批林彪、'四人帮'及其帮派势力的伟大斗争和思想解放运动所造成的";"这场运动犯了不可原谅的错误"。"小说竟说解放思想运动是对工人的'欺骗、愚弄和呵斥',搞得他们'从肉体到灵魂都退化了'。""小说涉及的问题……是一个关于揭批查运动是否采用了'四人帮'整人的方法,犯了扩大化错误的问题。""作者通过小说中人物的言论,对揭批查运动作了总评价",看了令人"毛骨悚然,不寒而栗","仿佛是林彪、'四人帮'的阴魂又被召唤到战场上来,给我国人民造成了新的灾难!"又说乔光朴的"一举一动,都在实践着一条政治路线,这条路线的一个重要特点,就是对于揭批查运动的反'拨乱反正'"。

宋乃谦、滑富强《乔厂长能领导工人实现四化吗?》(《天津日报》9月19日)说:乔厂长对揭批查运动"大泼冷水","充当了不光彩的消防队员","把'四人帮'诬陷老干部,和我们的揭批查运动混为一谈"。

王昌定《让争鸣空气更浓一些》(《天津日报》10月10日)说:"作品从始到终缺乏对林彪、'四人帮'的深仇大恨,反倒充满了对揭批查运动的不满和诋毁。"

这几篇文章认为,小说引起争论的"症结"在于郗望北这个"震派"人物。这是个"贯彻始终的人物,到后来举足轻重",小说对他"倾注了全部的爱和同情",因此,他在小说中的地位,"是无法回避的"(王昌定和宋、滑文)。这个"形象的出现绝不是偶然的,而是当前社会上出现的那股企图翻揭批查运动的案的逆流在文艺创作中的表现"(召珂文)。郗望北所说的关于"火箭干部"的那番话,"王洪文会举双手赞成";从他所说的"当过官的比没当过官的权力欲和官瘾也许更大些"这段话,"不难听出他对老干部的咬牙切齿之声";有朝一日郗望北一类的人物重新上了台,就可能"再一次出现十年浩劫的局面"(王昌定文)。

这些批判文章的发表,不是没有原因的。最直接的原因,就是蒋子龙在"文革"后期在《人民文学》上发表《机电局长的一天》之后,又发表过一篇《铁锨传》的小说。在粉碎"四人帮"之后的揭批查运动中,天津有读者就这篇小说曾给《人民文学》编辑部和《人民日报》文艺部写来批判文稿,说他与"四人帮"在天津的爪牙王曼恬的阴谋活动有牵连,这个情况,我们是从《人民日报》文艺部编印的一期内参里得知的。

我所供职的《文艺报》编辑部对《乔厂长上任记》是肯定和赞赏的,对青年工人作者蒋子龙是持保护态度的,因此我们很快发表了金梅的文章,但那只是一篇发在"新收获"栏目中的短评,没有抓住时机组织和发表更有声势的评论。于是,在10月6日召开的编辑部会议上,冯牧发表了一通想来是深思熟虑的系统意见,其中第一条就是要我们撰写一篇评论,论述乔厂长是一个典型,又强调说,这样的一篇文章,既应是一篇文学评论,又应是一篇社会评论。显然,他是希望发表一篇论述改革题材和改革人物的评论,来改变一下我们编辑部的形象。我接受了这个力不胜任的任务。我的评论文章就采用了冯牧发言时所命的题目——《乔光朴是一个典型》。因为要赶时间,尽管文章篇幅不短,却连夜一气呵成,很快就交给了编辑部主任谢永旺,转主编审阅后,发表在1979年第11/12期《文艺报》合刊(即第四次文代会专号)上。我的主要论点是:"小说的主要成就在于为我们塑造了乔光朴这样一个在新时期现代化建设中焕发出革命青春的闯将的典型形象。""随着现实生活进入了一个新的历史时期,作家们还可能而且必然塑造出各种各样的当代英雄来充实我们的文学画廊,如工人、农民、知识分子、基层干部中的英雄人物,但乔光朴无疑是其中的一员,而且是最早出现于文学作品中的成功的典型形象之一。"①

与此同时,《文学评论》和《工人日报》也于10月10日联合召开座谈会讨论《乔厂长上任记》。座谈会邀请了评论家冯牧、缪俊杰,作家张洁、李陀、刘宾雁,以及北京内燃机总厂的厂长、北郊木材厂的厂长参加,由陈荒煤主持。我也参加了会议。中国社会科学院文学研究所编印的《文学研究动态》1979年第19期(1979年10月25日)发表了署名"敏"的文章《对小说〈乔厂长上任记〉的反应》,介绍了小说发表后的争论和座谈会上的发言要点;文化部文学艺术研究院理论政策研究室编印的《文艺思想动态》1979年第19期(1979年10月30日)发表了根据《人民文学》有关资料和文研院话剧组梁化群、杨竹青来稿编写的《小说〈乔厂长上任记〉发表以后》的报道,侧重介绍了围绕着小说及作者的争论和事情的经过。因涉

《文学研究动态》

19　1979
10月25日出版
(总第24期)
内部刊物　注意保存

中国社会科学院文学研究所动态组编

目录
对小说乔厂长上任记的反映
当前文艺理论战线探讨的一些问题

对小说《乔厂长上任记》的反应

蒋子龙的短篇小说《乔厂长上任记》(载《人民文学》今年七月号)发表后,引起了读者强烈反响。报刊纷纷赞扬。但也有些同志认为这是一篇创作倾向有严重问题的坏作品,进行了批判。为贯彻双百方针,繁荣创作,《文学评论》和《工人日报》编辑部于十月十日在北京联合召开了《乔厂长上任记》座谈会。参加座谈的有作家、文艺评论家,也有工人及搞工业工作的干部。

现将报刊上和座谈会上各方面的意见综述于下:

一、多数意见都是肯定、赞扬《乔厂长上任记》的。最集中的意见,是认为小说塑造了一个为时代所需要的、献身四化的闯将的英雄形象。如冯牧在发言中说:"作者以难能可贵的艺术家的勇敢,用严谨的现实主义手法表现了当前工业战线的矛盾和斗争,塑

1

---

① 刘锡诚:《乔光朴是一个典型》,《文艺报》1979年第11/12期合刊;后收入《小说创作漫评》,湖南人民出版社1981年版。

及历史旧案,为了忠于原貌,还是把文学所《文学研究动态》的报道文章引在下面:

蒋子龙的短篇小说《乔厂长上任记》(载《人民文学》今年七月号)发表后,引起了读者强烈反响。报刊纷纷赞扬。但也有些同志认为这是一篇创作倾向有严重问题的坏作品,进行了批判。为贯彻"双百方针",繁荣创作,《文学评论》和《工人日报》编辑部于10月10日在北京联合召开了《乔厂长上任记》座谈会。参加座谈的有作家、文艺评论家,也有工人及搞工业工作的干部。

现将报刊上和座谈会上各方面的意见综述于下:

多数意见都是肯定、赞扬《乔厂长上任记》的。最集中的意见,是认为小说塑造了一个为时代所需要的、献身四化的闯将的英雄形象。如冯牧在发言中说:"作者以难能可贵的艺术家的勇敢,用严谨的现实主义手法表现了当前工业战线的矛盾和斗争,塑造了一个真实可信的、有血有肉的基层领导干部的典型形象——乔光朴。这是一个四化建设新时期的闯将的形象。这样的具有时代精神的英雄人物,是我们国家的脊梁骨。尽管这个人物也可能有缺点,可能有时遇到问题考虑不周,做事有点冒失,工作方法也不是无可指责的,但在为四化而奋斗的进军中,他是开辟道路、打破坚冰的先锋。""乔光朴形象的出现有着特别重要的意义,能够振聋发聩,给人以很大的鼓舞和力量。"陈荒煤在发言中说:"一个工厂的厂长,怎样领导生产?怎样管理企业?怎样为四化做出应有的贡献?《乔厂长上任记》为我们提供了一个活的榜样。他破除一切条条框框和种种陈规陋习,按照时代的要求,遵循经济规律办事,不愧为献身四化的当代英雄和闯将。"刘宾雁说:"我们这个时代的特点是客观上充满复杂尖锐的矛盾,多年来积累下许多难以解决的问题,而主观方面又有不少消极因素阻碍我们大刀阔斧地去解决问题。因此,我们需要乔光朴这样的'铁腕人物'。""乔光朴主动进入一个危机四伏的环境,义无反顾地同各种阻碍四化的邪恶势力作斗争,毫不考虑个人安危得失。正是由于这一点，这个人物和这篇作品赢得了广大读者的热爱。"一机部干部伍佩纶说："这篇作品在机械系统反响比较强烈，群众争相传看。有的同志提出要求，希望部里的内部刊物转载，发给企业领导干部人手一册。还有的工人特意买一本《人民文学》第7期送给厂长，希望厂长像乔光朴那样领导工人干四化。""群众喜爱乔光朴这个人物。他敢抓、敢管、敢做、敢当，对现实四化有高度的责任心和事业心，在我们企业领导干部中，这是非常难能可贵的品质，也是需要大大提倡的精神。"《人民日报》9月3日宗杰的评论文章题目就是《四化需要这样的带头人》，称这篇小说为"迎着春天里吹来的一股冷风而绽蕾怒放的鲜花"。《文艺报》第9期金梅的文章中，称乔光朴是"新时期的英雄形象"。

人们肯定、赞扬《乔厂长上任记》的另一个重要方面，"在于它既塑造了光辉的典型，又揭露了现实生活中的问题和弊病，两者结合得很好"（冯牧发言），"切中党风时弊"（宗杰评论）。"同形而上学的'歌德'论者不同，作品对现实生活既有热烈的歌颂，又有尖锐的批判，既有对光明的描写，又有对阴暗面的揭露。既对现实生活的某些现象表示了强烈不满，也没有对胜利的未来丧失信心。总的说是把揭示生活的矛盾同推动社会生活前进结合起来，通过干预生活，向读者揭示了一条如何对待现实生活——为实现四化而奋斗的道路。"（《文汇报》9月3日文华、宪镛的文章《一篇揭示现实生活矛盾的好小说》）"小说严肃地批判了不正之风。说出了我们工人的心里话。在现实生活中，这类不正之风确实不少，影响很大，造成一些人对党产生不应有的怀疑。因此，这样的作品我们大伙爱看。"（北郊木材厂工人刘杰）

……座谈会上谈到，蒋子龙是一个工人作家，1976年曾发表过《机电局长的一天》，也是一篇反映工业战线生活的好作品。后来，"四人帮"通过他们的爪牙施加压力，说小说是宣传唯生产力论的毒草，要作者检查。经过一番周折，蒋子龙迫不得已，发表了一篇违心的检查。随后，他又受命参加一个写同"走资派"

斗争的作品。这次,《人民日报》9月3日的文章中提到了《机电局长的一天》,指出在1976年初那样污浊气氛中,作者能发表这种作品,是难能可贵的。《天津日报》召珂的文章却对此"哑然失笑",说:"评论者的态度不能被认为是严肃的。对事实真相和我们的观点将另文论及。"看来是准备揭蒋子龙的老底。

座谈会上很多同志对此表示气愤。冯牧说:"蒋子龙同志当时的思想状况人们是了解的。这样一个工人业余作者,他有多少责任,对他的问题应作什么结论,并不困难。听说已作了结论,而且还作了检查。这就要求我们从他的全部工作历史、全部创作活动,从他的作品所反映出来的全部政治思想及其对生活的态度,对他做出全面的、正确的、实事求是的评价。不幸的是,在粉碎'四人帮'已经三年后的今天,竟然又发生了这样的问题!不许犯错误,也不许改正错误,改正错误写出了好作品也不许成立,这难道是公平的吗?"陈荒煤鼓励蒋子龙"不能放下这支笔"。①

陈荒煤在会上还说了一些在这篇综述里没有提及的深情的话。比如他说:"我和子龙谈过,我对他说:'第一,我们支持你。第二,在批评面前,要冷静。第三,你说以后不再写东西了,我不同意,大多数是支持你的。'家里人要他调到某个小县城的厂子里去工作,从此与写过文学作品的那个蒋子龙告别。文艺界有许多争论,是极左思潮的继续。经过历次运动后,工人作家还剩下了几个?为什么产生了工人作家,又遭到如此的命运呢?应该写文章指出,《天津日报》的几篇文章,是打着百家争鸣的幌子打棍子。如果承认是争鸣,那就要允许反批评。"

其他作家、评论家在座谈会上的发言,《文学研究动态》的报道也没有着墨。根据我的笔记,我认为,张洁和李陀的发言是不能忽略

---

① 敏:《对小说〈乔厂长上任记〉的反应》,《文学研究动态》1979年第19期。

的。张洁也是来自第一机械工业部系统的作家,与蒋子龙有相似的背景,她发言说:第一,乔厂长是四化进程中的英雄,他驰骋于四化的舞台上,他的意义甚至比雷锋还要深刻。他身上有这样那样的缺点,他不是神,为什么要要求他是神呢?第二,小说揭示了上层建筑领域的某些环节,对社会生产力起着阻碍作用。第三,评论文学作品时,不应进行人身攻击。李陀说:《乔厂长上任记》和《人妖之间》是两篇有重大意义的作品,它们的出现标志着我们的文学创作又上了一个台阶。《乔厂长上任记》为文学提供的新东西是:(1)文学干预了工业生产。如提出和描写了工厂的管理、一长制等等。(2)小说为文学提供了一个新人物——乔光朴。要允许作家对政治、经济、文化提出自己独立的见解,从而把笔杆子提高到与人类灵魂工程师相称的地位。小说的缺点是,乔厂长这个人物写得太顺利了,典型环境写得太简单了。如果把这篇小说写成一出悲剧,也许更符合当代的实际情况。

经历过这场前后长达四年的风波,蒋子龙终于在文坛上站住了。应该说,在蒋子龙事件中,陈荒煤和冯牧的支持起了决定性的作用。蒋子龙成名之后,也没有忘记他们二位文坛前辈和领导在他处境困难时对他的帮助和支持。1992年12月,陈荒煤80岁时,文学研究所为他举办了文艺生涯60年研讨会,蒋子龙从天津赶来与会,并作了《权威的随和》的发言,谈了他和荒煤的这一段文缘,表示了对荒煤的崇敬之情。① 回顾文学史,几乎每一个成名的作家,在自己前进的道路上,总会遇到一两个在某个关键时刻帮助过、提携过自己的人,否则,他也许一生不过是一个平庸之辈。因而记住提携过、帮助过自己的人的恩德,是中华民族的一种为人美德,这样的人,也就被称为"有德之士"。由于我的阅读范围很小,没有读到蒋子龙关于感念冯牧的文字。在蒋子龙面临着巨大压力时,同样也正承受着巨大压力的评论家、《文艺报》的主编冯牧,却不顾自己的处境,站出来为这个并无私交的青年工人作家仗义执言,他对《乔厂长上任记》的肯定,甚

---

① 蒋子龙:《权威的随和》,见严平编:《荒煤文艺生涯六十年纪念文集》,海天出版社1993年版,第44~46页。

至对颇存争议的《机电局长的一天》的肯定,对蒋子龙无疑也是非常重要的。这一点,不仅在当时,就是在冯牧过世5年后我替他编辑《文集》时,再读他的那些热情洋溢的文字,也还不时地被感动得热泪盈眶。

文坛上本来并非只有写"伤痕"的文学,但责难者们却吹起阵阵冷风,指责"伤痕文学"、"暴露文学"泛滥成灾,是"缺德"文学和"向后看的文学"。《乔厂长上任记》的登场一下子改变了文坛上只有"伤痕文学"的错误印象和当时文学题材显得狭窄的局面。

"文艺为政治服务"口号的终结

"文艺为政治服务"的口号是中国共产党执政以来在文艺领域里一个最基本、最重要的方针和口号。1979年春天召开的文学理论批评工作座谈会上,已经有人对这一口号的正确性提出了质疑。《上海文学》杂志于1979年第4期发表了《为文艺正名》的评论员文章。此后,在一些文艺报刊和专业性的会议上也不同程度地接触到了这个问题,开展了讨论。第4次文代会筹备组起草组,花了很大的精力起草了一个主旨报告草稿,并曾于8月间下发到各省市文联进行讨论,征求意见,定稿后送党中央审批。在10月29日中共中央政治局召开的会议上,胡乔木就这个问题发表了意见,指出"文艺为政治服务、文艺从属于政治"的提法"在理论上是站不住脚的",不要再用了。他说:

> 周扬同志的报告中有一个问题——关于文艺为政治服务、文艺从属于政治的提法。这个提法,我过去提过意见,对这个问题我是经过认真考虑后才提出意见的,我认为这个提法现在还是以不再提出为好。它在理论上是站不住脚的,马恩也从来没有这样讲过,在他们的著作中找不到文艺必须"从属"于政治的根据。照这样,难道哲学、科学等等,也必须从属于政治吗?这种话,马恩从未讲过,全世界也没有人讲过。我们说"文以载

道",但没有人讲"文以载政"。把文艺看成是一种工具,是讲不通的。这在理论上也是站不住的。比如,我们开会的人大会堂的画,哪一幅是为政治服务的?就是《江山如此多娇》,说是为政治服务,也是勉强的。这无法用理论来解释。齐白石的白菜、徐悲鸿的马、黄胄的毛驴、吴作人的骆驼,你不能说这是为政治服务的,但我们要说,这是新中国的文艺。

还有音乐,除了一些歌曲外,很难说哪一个乐曲是为政治服务的。无论马恩还是我们都讲不清这个道理。《二泉映月》,就不能说是为政治服务的。

那么,电影、戏剧、文学,是否有所不同?比如说是否是为一定历史阶段的政治服务的?我看这个也讲不通。我们上演《屈原》,也不能说是为社会主义、为四化服务。我们只能说它们是社会主义文化的一部分,它们在培养新人方面,在影响人的世界观、政治观、道德品质方面,在提高人民的精神境界方面,能产生影响、能起作用。如果让京剧为政治服务,那么,现在上演的传统剧目有哪一个是为一定历史阶段的政治服务的?那样,它们就大都不能上演了。话剧也如此。《王昭君》、《雷雨》、《日出》,用为政治服务也不能解释得清。电影也同样。有许多电影,你不能说它是为一定历史阶段的政治服务的,也不是为四化服务的,但它可以是好片子。

文艺为政治服务——这个口号使大量的事实和文学现象无法解释。《红岩》、《红日》、《青春之歌》等好作品,都不是为社会主义建设服务的,但它们是为培养新人,提高人们的思想、文化服务的。

有人说,我们可以把"政治"解释得广一些。可不可以?那也不行。世界上出现的许多革命作品,也不能用这个口号来解释。它只能解释少数作品,文艺上的一部分作品,而不能解释全部文艺现象。

因此,我想这个口号还是不提好。当然,我也不赞成文艺脱离政治。问题在于这个口号本身即是简单化的。我们多年来提倡哲学为政治服务,结果是30年没有哲学著作,没有哲学家。

这个口号,从正面不能解释,但从反面、从消极方面,却可以产生种种缺点和影响。当然,这个观点在会上可能引起争论。……

政治是上层建筑,但并不能因此其他的东西都要为它服务。在文学史上,真正为政治服务的作品,很少有留存下来的。文学史上留存下来的作品,都不是为当时统治者的直接政治利益服务的。在资本主义社会,搞不出一本为它的政治利益做宣传的艺术作品。也很难找得出一部直接为巩固封建制度服务而传世的作品。

但是,这个口号产生的直接害处却是很明显的。比如所谓政治第一、艺术第二的提法,就是由此产生的。这个口号,是经不起检验的(邓小平插话:这个口号带来了创作的公式化、概念化。)毛主席所欣赏的文艺作品,他就从未讲过是政治第一,他从未这样讲过,比如他喜欢"三李"的作品,不管李白、李贺、李商隐,都很难说是政治第一。这种提法,历史上任何一家一派,都没有用政治第一的标准来写文学史的。这样的文学史,编不出来。政治标准和艺术标准只能是统一的,而不能是分开的。政治标准第一,就会造成简单化,它已经使得30年来我们的文艺受到了很大影响。现在文艺界有很多同志对文化部不满,和这个口号也是有关的。政治与艺术如果不是合二为一地加以衡量,那是没有办法的。只强调政治标准第一,是非常危险、非常有害的,也可以说其害无穷的。我不是讲艺术要离开思想政治,而是讲要统一起来。无产阶级的作家,不可能不用无产阶级世界观来要求作品,这是个起码的要求。但是,如果要做到真正的创作繁荣,那就必须从这个框框里突破出来,不然,一定会遇到很大的障碍。

这是有关文艺发展的一个非常重大的问题。文艺工作者,大多数是共产主义者,他们总不会对社会主义利益置之不顾的。但是,我们用这种狭隘的框框来评判文艺的传统已经相当长远了,对此文艺界的意见是非常大的。为了社会主义文艺事业的利益,必须解决这个问题。因此,我认为,这个口号还是不提为好。

我们编辑部收到了一份记录稿。我读了后,感叹胡乔木到底是个有经验的理论家,他善于从马恩的理论武库中没有讲过这样的角度,来否定早在《在延安文艺座谈会上的讲话》中就首开文艺"从属于"政治先河的经典、或显然也得到过毛泽东主席首肯或默许,从而在全国长期坚持的革命文艺方针或口号。文艺家们的意见,改变不了大局,只有中央权威人士出来说话,问题才会有转机。我随即将题目改为《胡乔木同志谈文艺与政治——在一次会议上的发言》,批到内刊《文艺情况》1979 年第 11 期上发表。周扬所作的第四次文代会报告《继往开来,繁荣社会主义新时期的文艺》草稿,根据胡乔木的这些意见做了修改。邓小平在第四次文代会上的祝辞和稍后于 1980 年 1 月 16 日在中央召集的干部会议上所作的讲话《目前的形势和任务》,在这个问题上,站得更高,阐述更明晰:"文艺界刚开了文代会,我们讲,对写什么,怎么写,不要横加干涉,这就加重了文艺工作者的责任和对自己工作的要求。我们坚持'双百方针'和'三不主义',不继续提文艺从属于政治这样的口号,因为这个口号容易成为对文艺横加干涉的理论根据,长期的实践证明它对文艺的发展利少害多。但是,这当然不是说文艺可以脱离政治。文艺是不可能脱离政治的。"①宣布终结"文艺为政治服务"、"文艺从属于政治"的口号,无疑作为第四次全国文代会的最大功绩,写在了共和国文学史上。这在中国社会主义文艺发展史上是一件大事,遗憾的是,有些文学史家并没有充分认识到这一点。

文艺与政治的关系问题,并没有因为在中央和文艺界的领导层获得解决,全国文艺界就轻而易举地思想一致了。在后来相当长一

---

① 《目前的形势和任务》,见《邓小平文选》(1975~1982),人民出版社1983 年版,第 219~220 页。

个时期里,文艺界的思想还相当混乱。在即将到来的 1980 年,在全国文艺报刊上就这个问题爆发了一场大讨论。在那次大讨论的前后,有些单位编写了综述性材料,但并没有下功夫溯根穷源,查清楚"文艺为政治服务"这个关乎全局的口号是何时、由何人、在什么情况下首先提出来的,以致一些文学史家们也不能不大而化之。

鉴于"文艺为政治服务"口号始自何时、何人,言人人殊,经笔者查阅资料,发现正式使用"文艺为政治服务"这个口号的文件,应始自时任党中央宣传部长的陆定一1960 年 7 月 22 日代表中共中央和国务院在中国文学艺术工作者第三次代表大会上的祝辞。陆定一在《祝辞》中说:"我国的革命文学艺术从来都是为政治服务的,是忠实地服务于人民革命事业的。我们一定要继续保持和发扬这种光荣的传统。"①综观陆定一讲话的全文,可以看到,这个口号形成的政治背景是我国思想理论战线正开始进行国际上的反修宣传和论战,文艺上批判"人道主义"和"人性论",批判修正主义,强调强化国内政治思想领域里的社会主义革命,越来越明确地把文艺当成抵制资产阶级思想和遏制修正主义侵蚀的"武器"。

反映人民内部矛盾的作品引起关切

一批反映人民内部矛盾问题的文学作品在 1979 年下半年联袂问世,既反映了作家们对当前社会问题的关注,也引起了社会各界、文艺评论界以及我们编辑部的关切。社会上对这些作品的出现,开始议论纷纷,褒贬不一。反响较为强烈的,如:报告文学《人妖之间》(作者刘宾雁,《人民文学》第 9 期),话剧《报春花》(作者崔德志,《剧本》第 4 期,北京人民艺术剧院上演),话剧《权与法》(作者邢益勋,《剧本》第 10 期,自 9 月起由中国青年艺术剧院演出),话剧《假如我

---

① 《陆定一同志代表中共中央和国务院在中国文学艺术工作者第三次代表大会上的祝辞》,见《中国文学艺术工作者第三次代表大会资料》,中国文学艺术界联合会编印,第 16〜17 页。

是真的》(又名《骗子》,作者沙叶新、李守成、姚明德,10月起相继在上海、北京等地上演),诗歌《将军,不能这样做》(作者叶文福,《诗刊》第8期),电影剧本《在社会的档案里》(作者王靖,《电影创作》第10期),小说《乔厂长上任记》(作者蒋子龙,《人民文学》第7期),小说《悠悠寸草心》(作者王蒙,《上海文学》第9期),小说《小镇上的将军》(作者陈世旭,《十月》第3期),小说《草原上的小路》(作者茹志鹃,《收获》第3期),小说《飞天》(作者刘克,《十月》第3期),小说《女贼》(作者李克威,《电影创作》第11期)等。

读者和观众对这些作品所提出的问题反应十分强烈,有的甚至是震动。《文艺报》艺术组的老记者杨天喜写了一篇《话剧〈骗子〉引起了热烈的争论》的内参说:"这出戏在上海内部演出后,反响相当强烈,许多观众热烈鼓掌,有的上台向编、导、演献花,有的称他们'功德无量';也有的干部说这出戏是'大毒草'。这个消息很快传到一些省、市,到上海人艺《骗子》剧组访问的就有13个戏剧演出单位。现在北京的中央戏剧学院导演师资班、进修班正在内部演出,中国青年艺术剧院也曾排练,福州市话剧团也在《福建日报》(9月21日)登出上演这出戏的预告。关于这出戏的成败得失,争论仍很激烈。无产阶级文艺是最富有战斗性的,它以满腔热情歌颂推动历史前进的美好事物,也以犀利的笔触抨击阻碍历史前进的丑事和坏事。当前文艺要为'四化'服务,就要充分发挥这种战斗作用。但是,文艺如何反映生活,如何发挥战斗作用,《骗子》所引起的争论,也在这些问题上展开。有人说,这种现象在生活中是个别的,不赞成写这种作品,文艺作品要保护人民,打击敌人。也有人说,这个剧本是属于暴露的,把坏事摆出来,让大家知道什么是坏的,应该怎样,不应该怎样。群众是有鉴别力的。还有的说,这出戏的主题关系到党和国家的命运,不反掉特权,能搞'四化'吗?生活中的特权,比戏中严重十倍、百倍。这场争论也涉及这个剧本是否同情、美化骗子,以及作品主要应该批判什么。有的指出,剧本要明确骗子是犯罪分子,对骗子的揭露应该是主要的。生活中某个骗子蓄意行骗,剧本为什么要美化他?有的持不同观点,认为剧本没有肯定骗子行为,而且有一定的批判。也有的说，作者为了在戏中突出特权，完全可以根据生活素材进行取舍加工，虚构提炼。还有的说，对李小璋应该同情；如果对他进行批判，就毫无意义。"

当时争论最大的是所谓社会效果。杨文说："一个公安干部说，农场知青看了这个戏会闹事。有的公安干部还说，这个戏演出后，青年犯罪率可能增长。也有人认为，不应把戏的作用估计过高。如果有骚动，也是社会问题引起的。"

"这出戏中对于干部的描写，也是争论的一个焦点。由此还涉及如何反映人民内部矛盾，怎样掌握内部矛盾和敌我矛盾的界限和分寸，这是当前创作中的一个新课题。有的指出，这出戏把老干部写得一片漆黑，不符合实际。剧本中只有张老一个正面人物，太少。有的说，这关系到我们干部队伍的基本状况的估计。有的还说，这个戏是写走资派的戏，走资派还在走，看了戏后，似乎感到要搞第二次'文化大革命'了。还有的说，剧中几个干部，都是打倒'四人帮'后重新工作的，现在这样描写，就会给人感到原来'四人帮'整老干部，倒是整对了。有的甚至说，把我们的干部说得没有一个好人，社会制度这么坏，叫人看了要造反，要打倒共产党，要推翻社会主义制度。也有的认为，特权不是社会主义制度产生的，是与之不相容的。还有的认为，话剧团赵团长、文化局孙局长、市委吴书记，这些人政治上没有反党，没有充当'四人帮'的爪牙，生活上也不是腐朽奢侈，特别是吴书记，在打倒'四人帮'后没日没夜地工作，但他也有一点特权思想。如果一批评，就大叫'一团漆黑'，今后怎么写人民内部矛盾？有的观众为作者鸣不平。一位观众问作者是否有反党之心？作者说：'没有，一丝一毫也没有，之所以写这出戏，是为了佐国佐民，急党所急，扫除特权思想。'有人说，作者是在给党的脸上抹黑。他们答复说：'给党的脸上抹黑的，是那些目无党纪国法、搞特权的人，作者是要给党的脸上擦掉灰，希望我们的党恢复原有的光辉。'"文章最后写道："据悉，一位领导同志捎信给青艺，希望这出戏不要上演了。之后，青艺决定停演。"

一方面从中央到文艺界都认可对文艺创作不要横加干涉，一方面话剧《假如我是真的》又在争论中被停演。一出写人民内部矛盾的戏竟然闹得沸沸扬扬，成为文艺进入新时期以来文坛又一桩怪事。对这个剧本，我们编辑部不持否定态度，但因得风气之先，所以我们也就没有发言，从杨天喜的内参中，也可大略看出我们编辑部的态度。到第二年，即1980年第10期的《文艺报》上，我们发表了沙叶新的一篇小随笔《扯"淡"》，因涉及《假如我是真的》、《在社会的档案里》和《女贼》这三个干预生活的现实题材的剧本，而被某些人指为矛头对着胡耀邦主持的"剧本创作座谈会"，从而也成了《文艺报》"资产阶级自由化"的一大罪状。

鉴于反映人民内部矛盾的文学作品的社会反响十分强烈，而在创作上又提出了若干新鲜问题，《文艺报》编辑部于10月24日和12月8日连续两次在京召开文学作品如何更好地反映新时期的社会矛盾问题座谈会，听取意见，寻求良策。会议的议题引起了许多作家评论家的兴趣，到会的竟达多八十多人。那几年，新侨饭店是文艺界活动最频繁的地点，两次座谈会，都在新侨饭店的六楼会议室举行。第一次会议应邀到会的有陈荒煤、韦君宜、王蒙、白桦、舒展、刘宾雁、许觉民、崔德志、钟惦棐、孟伟哉、林克欢、张锲、金敬迈、赵寰、叶文福、王春元、缪俊杰、陈贤仲、杨志杰、陈骏涛、秦晋、杨世伟、彭韵倩等。第二次应邀到会的有李曙光、公刘、从维熙、涂光群、严家炎、贺新创、黄秋耘、钟惦棐、朱寨、张炯、张兴春等。还有我们编辑部的孔罗荪、唐因等。会议由冯牧主持。

王蒙的发言给我的印象很深，他抓住了当前这种题材的创作的问题。他说："乔厂长是我们国家各种矛盾的缩影。过去有一种说法，叫作"中层板结"。现在，矛盾则复杂得多。《乔厂长上任记》试图提出各种矛盾，也有比较正确的解决。有人试图通过小说来提出并解决工业的问题，这是不适当的。《人妖之间》充满了无产阶级的党性。希望文学作品更多样、更深刻，作家要面对全国，不要把复杂的社会生活仅仅归结为官僚主义。文学创作上刮风的现象也很严重。当然，还有思想僵化、自私自利、个人主义。我们的笔杆子是一种语言，搞实际工作的又是一种语言。这是一种矛盾，也是一种危机。要剖析官僚主义,用文学创作,就不如写篇政论文章。而要画出官僚主义者的灵魂,写出其悲剧性,文学就有用武之地。我们的官僚主义,与国民党不同。他们是在和人民一起掌了权后,又与人民对立。吕正操同志说:'一进权门深似海,便将群众作路人。'要把灵魂的悲剧性表现出来,意义就更深远。也有另一种作品。有两篇写强奸少女的,你说它不真实?它是有根据的。但重要的是向灵魂深处开掘,不要向刺激性方面发展。不要你写强奸,我来写轮奸。写得越惨越好。这没有意思。这不是设禁区。这是社会现象,不是不可以写,爱情生活受压抑,有时可能出现犯罪。对于一个作家来说,这里要有分寸,如同外科手术,他的力量不在炫耀大胆。文学作品干预生活,也要把面搞得宽一点,除了揭露外,也要沟通人们心灵的温暖,提倡一点使人得到愉悦、美感,搞点温良恭谨让。"

文学干预生活是与会人士谈论较多的问题,也是一个时期以来文坛上比较流行的"关键词"。在阐述这个问题上,洁泯(许觉民)的发言有一定的代表性。他说:"第一,最近出现的一些好的文学作品,充满了生活气息,反映了生活真实,帮助人们认识了生活。抓住生活的中心问题,就能引起读者的注意。哪些问题是四化的障碍?文学创作起了不小的作用。读者读了文学作品,因而感奋起来,激励他们去改造环境。《人妖之间》揭示了我们生活中很多阴暗的东西的本质。人妖颠倒,是非颠倒,'四人帮'只不过是代表人物,下面还有大大小小的'四人帮'。一个社会渣滓,可以扶摇直上。张志新出党,王守信入党,人妖颠倒!概括得好。第二,这些作品干预了生活中的许多问题,触及了搞四化与阻碍四化的矛盾。文学不干预生活,就丧失了战斗性。看到丑恶的现象不批判,就失去了文学的作用。文学反映现实,不能只反映一面,不能不反映矛盾斗争。暴露中就包含着歌颂。第三,反封建,还是我们的任务。连官僚主义都带有浓厚的封建主义的色彩。封建主义的问题不彻底解决,民主法制就建立不起来。"

部队青年诗人叶文福的《将军,不能这样做》发表后,在读者中引起的反响很强烈。有些读者叫好,认为诗作反映了生活真实,具有振聋发聩的艺术力量;也有人担忧,以行政的力量出来干预,打电话,甚至调阅人事档案来进行处理,这种方法是否合适。今天的会,我们邀请他到会参加讨论。他向北京师范大学学生发表的演说,我曾看到过一份油印件,思想锐利,见解深刻,肯于思考,但言辞过激,狂妄了些。但他的那首诗,应该说是一首好诗。抨击一位将军,抨击了封建思想意识,这在中国的现实生活中和文学作品中都属于禁区。今天你有权力可以不承认它,未来历史总会承认它的。文学史家们总会记下这一笔的。叶文福应邀来参加座谈会,心情当然激动,这是可以理解的。他发言说:"我是山野里的野花,我写了十多年没有人管我,偶然搬到花盆里,还很不习惯。我看了两个将军造房子,又看了中南海造房子,那条街上尘土飞扬,我激动了。由于我们国家是个封建意识非常完整的国家,有些人虽然革命几十年了,却有着浓厚的封建思想。有些人还在搞什么公国、诸侯呢。要睁开眼睛看看,要说真话。现在,我的作品一首也发不出去。现在,有这样的奇怪现象:你写一个人,就说你为一种现象翻案。猖狂的不是诗人,诗人是很严肃的。当人们还根本不理解'革命'二字的时候,谈论'革命'就是败口味的事。社会上的那些小流氓,是以手里的小刀子为武器。而我们有些人,则是以'革命'为武器,他们是'革命'流氓。现在我们应该对封建主义进行批判。要战斗,但必须是艺术。要有改革,但不能在安全线里改革。希望中国出几个车尔尼雪夫斯基那样的人,不怕流放!"还有好几位与会人士谈到《将军》这首诗。孟伟哉发言说:"《将军》一诗触及了生活中的矛盾,帮助我们认识生活、认识自己。作者深入生活,其艺术发现和概括使我们对时代、矛盾有新的认识,有很大的教育意义。"

钟惦棐的发言很简短而带有几分哲理的意味:"艺术向何处去与中国向何处去是一码事,现实主义艺术在难产中与中国在难产中也是一码事。理论上的问题,最后还是要通过创作实践去解决。当然,揭露得愈深刻,阻力也就愈大。1957年批判了我,我感到是个人的牺牲,而革命事业前进了,这不是好的吗?《乔厂长上任记》引出了天津的批判文章,这不是可以写一本《战斗的1979年文学》吗?"钟惦棐在第二次会上发言说:"现在是两种阵痛。现实主义文学的阵痛和革命事业的阵痛。现实主义的文学虽然遭到了各种刁难,但《将军》已经写得够委婉的了,这些作品中所批评的,我都赞成,不批评就不能前进。文艺可以帮助社会生活的转变。现在社会正在阵痛中间。我们应当在银幕上说些更中肯的话,帮助党渡过难关。文学要达到现实主义,而作家要看到更大的现实,要看到更大的现实在怎么运动。"他还说:"更使我闻到文学气息的,是茹志鹃的《草原上的小路》。思想不是外加上去的,而是从笔端流出来的。《在社会的档案里》,我拿不准。《飞天》反映的内容不真实,我不欣赏。小说突出了军区政委,什么事都没有干,就干了这么一件事。特权是个定时炸弹,要写,也要找个更好的角度去写。"

苏叔阳是个很幽默的作家,他的发言,在机趣中显露着深邃的思想。他说:"现代戏不能塑造一个又一个清官——好干部。假如这个清官突然有一天生病了怎么办?这个问题是提得非常严重的。要战斗!但必须是艺术!对目前这些作品,我举双手支持,但不应满足于观众的掌声。有时精彩的政论性的语言,也会引起热烈的鼓掌声。八亿人都是哲学家,不能全台都是政治名词呀。艺术要真实,主要是塑造真实的、个性化的典型,塑造有血有肉的人物。一个形象胜过几段政论性的台词。小说、戏剧、电影,都面临着研究。《降龙伏虎》当时很轰动,曾几何时,现在没有人再提起了。"

诗人公刘1957年被错划为"右派",1979年,他带着相依为命的女儿,从劳动和就业的地点山西忻县到安徽就职,途经北京暂住时,常到我们编辑部来。他的思想犀利,他在座谈会发言的中心意思是提醒作家注意作品的社会效果,要解放思想、突破禁区,要从自己的蒙昧状态中解放出来。他说:"我一向拥护'距离'说,要向后看。一种社会现象发生了,不可能马上就有大作品出来。三年、或十年后,也许会有在巨大画面上反映'文化大革命'的作品出来。现在的作品还是粗浅的,是回忆的材料的整理。现在,我们面临着不祥之兆,很可能再次夭折。文学作品像针灸一样,真正扎到穴位上才有刺激。看了《飞天》,觉得虽有刺激,却没有真正扎到穴位上。不要为追求刺激而刺激。现在出现了一种追求吓人、离奇的苗头。文学创作也要注意社会效果。《女贼》剧本倾向是好的,但我总觉得那样表现黄毛,是不是也可能引起副作用?是要揭露阴暗面,目的是引起疗救的注意,但不要在治疗过程中又引发了始料未及的其他问题。是否可以适当给予一定的注意,因而社会效果也可能好一点?如果因某作品出现了不同的反应而引起某些斥责,甚至对之采取某些行政措施,那就要重申'三不主义',要保护作家艺术家犯错误的权利。《飞天》所写的,并非是当前与千百万人民命运攸关的问题,花这么多笔墨,而且触动这么多人,不值得。作者的愿望可能是好的,但很可能帮倒忙。突破禁区,意味着作家要从蒙昧状态中解放出来。"

从广东远道而来的黄秋耘,60年代是《文艺报》的编辑部副主任,他是个造诣深而闻见广的前辈作家兼批评家。他在会上的发言,表现出他的艺术审美水准和审时度势的灵活。他说:"茅盾在1958年提出两个口号:一个是'为人生的文学',一个是'血与泪的文学'。很有现实意义。能给人以愉快的作品,应让其'放',但这类作品,不能与干预生活的作品相提并论。《收获》《十月》《当代》三种刊物,都发表过干预生活的作品。而《花城》的胆子比较小,它所发表的作品,多是古代的、打毛衣的一类作品,属于休闲的文学,甜蜜的文学。这样搞下去,确实不太好。现在最受非难的作品,是那些写现实题材的,无非是写老干部恢复工作后忘了人民,搞特权。这些作品有这样那样的缺点,但千万不要把这些作品打成'挖社会主义墙脚'的作品,如拿它们来示众,新时期的文学很可能夭折。反对这类作品的理由,无非是两条:一是妨碍安定团结,二是降低了党在人民群众中的威信。这样看,是夸大了文艺作品的作用。主要应该在现实生活中消灭这些坏事,而不是要责问文学作品。文学应积极地干预生活,勇于揭露阴暗面,但要深一些,避免自然主义。张洁的《谁生活得更美好》是不是干预生活的?是。它揭露了吴欢,歌颂了一个女售货员。"

尽管在对文学反映人民内部矛盾问题的认识和评价上,大家的看法并不一致,但谁都承认,1979年是文学大发展、大前进的一年。而干预生活的文学,作为这一年文学的主体,在思想、艺术、技巧上都有着长足的长进。至于文学的某些缺点和失误,无论如何不能再重复历史的错误了。

在会上我们编辑部的同志都没有发言。其实关于文学反映人民内部矛盾问题,我在会前已写了一篇文章,寄交《作品》的易准,他们准备发表。这次会后,我就参加到文代会的会务中去了。直到11月21、22日,我们编辑部才在新任副主编唐因的主持下开会,确定了刊物明年第1期的一些主要选题:冯牧写《1979年文学的一瞥》,张炯写《1979年的中篇小说》,黄秋耘写《评张洁的小说》,公刘写《诗要干预生活》,杜埃写《文学反映人民内部矛盾问题》。编辑部还决定约请几位作者来京办读书班,写几篇文章。

第四次全国文代会

周扬在第四次文代会上作报告

盼望已久、也是筹备已久的第四次全国文代会,终于在第三次全国文代会开过19年之后的1979年10月30日在人民大会堂开幕了。前一天晚上,召开了党员代表和工作人员会议。我作为工作人员参加了会议。会议在周扬的主持下,请胡耀邦讲话。胡耀邦传达了中央政治局关于文代会的意见,提出了"团结一致向前看,为繁荣我们的文学艺术而奋斗"的大会方针,并宣布由邓小平代表中央向大会致祝辞。胡耀邦在讲话中,宣布了中央同意的中国文联党组提出的五条政治要求:(1)充分发扬民主,解放思想,畅所欲言。(2)维护和加强团结,顾大局,识大体,同心同德,和衷共济,把会开好。(3)集中精力讨论有关当前文艺工作的方针任务和重大问题,对文艺历史上的旧账和当前某些具体文艺作品的评价等有争议的问题,不在大会上纠缠,以免分散注意力,大会也不预备对这些问题作出结论。(4)对地方党政机关和部队领导有意见,可写出书面材料交大会领导小组,向有关部门或中央转达,不在会上讨论。(5)尚未平反的冤假错案,不在大会上提出申诉,可向中纪委、组织部提出,由大会转达。这五条要求很有时代特点。在文艺界,历史旧账实在是太多了。

胡耀邦讲话后,周扬又讲,他说:"中央对大会的要求,归纳起来就是两条:一是民主,二是团结。问题多得很,'三十年'、'十七年'、'三年'。耀邦同志要我作这个报告,确实感到很大的困难。总结经验不是容易的事情,欠的债也多。不是因为'四人帮'把我整了一下,就没有债了。我劝同志们不要计较,不能因为挨了'四人帮'的整,我们过去整人整错了的,就没有责任了。历史的问题,也不是一天两天讲得清楚的。一定要发扬民主。破坏了民主,这个会要失败的。"

茅盾在第四次文代会上致开幕词

第四次文代会于10月30日下午在人民大会堂隆重开幕。德高望重的老作家茅盾致开幕词。这次会议是全国文艺界的代表在"文革"后的大会师,经过了三年的拨乱反正和对真理标准问题的大讨论,在文艺思想上取得了大体一致或相近的认识,是一次名副其实的"继往开来"的大会,在中国文艺史上是一次重要的会议。

邓小平代表党中央向大会致祝贺词。他肯定了"文化大革命"前"十七年"的文艺路线是正确的,文艺工作是有成绩的。他重申了毛泽东同志提出的文艺为最广大的人民群众、首先是为工农兵服务的方向,坚持百花齐放、推陈出新、洋为中用、古为今用的方针,在艺术创作上提倡不同形式和风格的自由发展,在艺术理论上提倡不同观点和学派的自由讨论。他响亮地提出的"人民是文艺工作者的母亲"成为一个时代文艺工作者们谨记的至理名言。

周扬所作的题为《继往开来,繁荣社会主义新时期的文艺》的主题报告是经过全国文艺界上上下下广泛讨论过的。报告在简述了新中国成立以来文艺工作的坎坷艰难的发展历程后,肯定了三年来文艺所取得的巨大成绩,立场是很明显的。对"文革"前后两个时段文艺成就的概括,并非他一人的认识,而是集中了许多人的认识和智慧,提哪些和不提哪些作品和作家,是很费斟酌的。他说:"革命诗歌和诗歌朗诵打破长期沉默,抒发了人民群众的战斗激情。特别应当提到的是传诵一时的《天安门诗抄》,以及一批新老诗人所创作的歌颂人民英雄、批判'四人帮'的诗篇,如《团泊洼的秋天》、《中国的十月》、《革命人民的盛大节日》、《在浪尖上》、《周总理,你在哪里?》、《一月的哀思》等,在广大群众中引起了强烈的反响。……中、短篇小说《班主任》、《神圣的使命》、《窗口》、《我们的军长》、《伤痕》、《乔厂长上任记》、《大墙下的红玉兰》、《草原上的小路》,特写《人妖之间》,话剧《丹心谱》、《于无声处》、《让青春更美丽》、《未来在召唤》、《报春花》,歌剧《星光啊,星光》等,以激动人心的主题、战斗的风格和独创的艺术手法,受到了人们的欢迎。最近创作和演出的舞剧《丝路花雨》,以其新颖优美、富有浓厚民族特色的艺术风格,歌颂了古代中外人民的友谊以及劳动人民艺术家的不屈的斗争精神和艺术创造精神,博得了观众的称赞。此外,还出现了尝试表现老一辈无产阶级革命家的话剧,如《报童》、《曙光》、《陈毅出山》等。一些老作家也焕发精神,继续创作;描写抗美援朝、保家卫国斗争的长篇小说《东方》,描写古代历史人物的话剧《王昭君》和《大风歌》,描写当代科学家的报告文学《哥德巴赫猜想》等,就是这方面的成果。电影在题材和艺术表现上也有新的进展,出现了如《从奴隶到将军》、《吉鸿昌》、《小花》等一些新作。"这段叙述,建构了中国当代文艺的一个画廊,向文学史、艺术史家们提供了一个基本的目录。长期以来关于"伤痕文学"、"歌颂与暴露"的争论就此宣告结束了。

长篇小说读书会

由于两次文代会之间相隔了19年,其间又爆发了"文革"大浩劫,作家艺术家们生离死别,有很多话要讲。于是,第四次全国文代会的开会时间拉得很长,前后历时半个多月。会议期间套开各协会的代表大会。我是作家协会的干部,主要参加作家协会的会议;但"文革"前我是中国民间文艺研究会的干部,又是这次大会的代表,也得多少听听会,于是我就两边跑。民研会在去年召开的中国文联三届三次全委扩大会上,未能批准宣布恢复活动,要在这次文代会期间宣布恢复活动。

文代会于 11 月 16 日闭幕,我们立即投入了编辑部的工作。《文艺报》虽然延续 1954 年的决定,还是中国文联机关报,但我们没有篇幅把文代会的全部讲话都发表,而只选择了邓小平的祝辞、茅盾的开幕词、周扬的报告《继往开来,繁荣社会主义新时期的文艺》、夏衍的闭幕词,以及中国作协会员代表大会的几个主要文件发表。我们决定把第 11 期和第 12 期合刊出版,这样容量大一点,除了文件外,还能容纳几篇必须及时发的文章,使刊物不失可读性。因此,刊物的出版日期拖到了 12 月 12 日。

《文艺情况》自创刊以来,一直由我负责主持,我感到事情头绪实在是太多了,有点儿捉襟见肘,难于应付,遂于 11 月 28 日召开的编辑部负责人会上提出,能否请唐达成来主持。但老唐强调他情况不熟,人头不熟,暂仍由我负责,明年再说。马上要处理的是谢逢松的一封来信。他的来信,除了承认说现在文艺界的领导人都是 18~19 世纪资产阶级文学"大染缸"里"染出来"的是个错误外,其他仍然是正确的,仍坚持。他要坚持的,是指他对"伤痕文学"的否定态度。我请许世杰把他的信先发在《文艺情况》上,下一步再决定是否在刊物上公开发表。

反映人民内部矛盾问题座谈会后,编辑部商定,约请公刘为我刊撰写一篇谈干预生活的文章。我给他写了信,他还没有回信。在周立波的追悼会上,冯牧嘱我将公刘在《星星》诗刊复刊号上发表的《新的课题》一文在《文艺报》上转载。我将索要来的公刘文章交给唐因审阅决定后,决定在明年第 1 期上刊出,并由我写了按语。

原定举办的长篇小说读书会早已发了通知,定于 12 月 5 日开幕。文代会一闭幕,这件事情便提到了议事日程上。29日上午,我与郑兴万一起去西山北京军区找文化处处长谢庆山联系定招待所。之所以要选择这个招待所,是因为它地处偏远,环境优美安静,没有人打搅,适合阅读作品、潜心写作。被邀请的人员中,有几位因工作离不开,不能到会。如北京师大的郭志刚、《长春》文学月刊的郭志友、《上海文学》的李子云。李子云给我来信说:

> 锡诚同志:
>   你们发给钟望阳同志的通知,我看到了。此事不知归哪些人负责,我想您管评论,一定会知道(昨天吴泰昌同志来信,并未提起,可能他不知道)。去读一个月书,我当然高兴,现在一天到晚处于乱哄哄的状态,坐不下来,想到一些问题也是即兴式的,没有时间系统整理,想写一点,也是既无时间动手,也无时间考虑。去年弄了篇《为文艺正名》也还是开了理论务虚会的结果(也仍是时间不够,否则还可弄得更周全些)。① 所以很想去。但是你们也知道,我们这里就那么几个人,又面临很大困难(此事大概尚未了),明年刊物怎么办?既有大形势的问题,也有上海小形势的问题。因此,老钟不同意我去,我也只得服从刊物的需要了。还希望今后——比如半年以后,再能举办这样的读书会,能够早一些通知,可以将工作做一些安排,那就可以来参加了。失去这次的机会,确实感到很遗憾,觉得是个损失,你们如果有什么精彩的材料(如发言记录或什么人讲话记录之类)仍请寄我一份,仍请把我作为缺席的学员,如有什么我可在上海完成的任务(比如看那哪几本小说),也仍请交给我,当秉烛完成。
>   匆此
>   祝好!

---

① 即《上海文学》1979年第4期本刊评论员文章《为文艺正名——驳"文艺是阶级斗争的工具"说》。

李子云上

(1979年)12月5日

补：丹晨同志一本去年11月号《上海文学》未知收到否？唐达成同志处，12月份开始赠送刊物，便中请告。又及。

应邀参加这期读者会的都是我们联系的作者，有陕西的王愚、浙江的钟本康、江苏的黄毓璜、北京的孙均政、山东的宋遂良，以及本刊编辑部的阎纲、郑兴万、李炳银。我因在张罗第二次人民内部矛盾问题座谈会，没有从一开始就住到会上去，读书会就由阎纲和郑兴万负责。宋遂良一路周折，到达北京西山的招待所时，已经开班几天了。二十多年后他写了一篇《却顾所来径》，深情地回忆起这件往事：

> 受真理标准讨论的鼓舞，我在1979年给复刊后的《文艺报》寄去了一篇文章，他们很快发表了，并鼓励我继续写。那年冬天，编辑部一个电话打到学校传达室，让我去北京参加一个长篇小说读书班(后来被称作"黄埔一期")。我于那年12月9日第一次到了北京。火车是夜里到的，北京已经很冷，我的旧棉衣挡不住严寒，冻得在车站外直跺脚，看见有些乞丐、盲流在厕所里烧废纸取暖，我便也捡了一些凑过去入伙，他们也善意地接纳了我这个戴眼镜的"老九"。第二天早晨找到编辑部，见到了主编冯牧同志，他说读书班已经去西山了，便派了一辆小车专程送我去。当我从飞驰的小车上回望我清晨踯躅过的街头时，我想到了"范进中举"，心里是酸楚的。几天后我去了天安门广场。我抚摸着人民英雄纪念碑的石雕，心中喃喃地诉说：祖国啊，母亲，您终于把这个远离过您的儿子召唤到自己的怀抱里来了！我泪如泉涌，真想痛哭一场，但在这个地方，我只好用手帕掩住脸，让号啕化作哽咽……二十多年来的委屈、辛酸一刹那间像风散云飞一下子消失了，天安门的阳光多么温暖灿烂。

编辑部尽可能地向参加读书会的同志们提供了1979年出版的

较好的长篇小说,请他们分头阅读。我们提供的作品有《创业史(二)》(柳青)、《黄河东流去》(李准)、《将军吟》(莫应丰)、《旋流》(鄢国培)、《秦川儿女》(刘泳波)、《赤龙与丹凤》(陈登科)、《山谷风烟》(陈残云)、《桥隆飙》(曲波)、《总工程师和他的女儿》(焦祖尧)、《煤城激浪》(李向春)、《光明与黑暗》(谌容)、《创业》(张天民)、《第一个回合》、《无产者》(于逢)、《沧海横流》(韶华)、《云崖初暖》(高缨)、《丹凤朝阳》(碧野)、《三战陇海》、《山呼海啸》、《生活的路》(竹林)、《冬》、《朱蕾》、《第二次握手》(张扬)、《枫》、《湖边》(周健明)、《园丁》、《山菊花》(冯德英)、《风》、《东进,东进》等。

《文艺报》长篇小说读书会成员合影

  经过十天的阅读,12月15日(星期六)在沙滩北街2号中国作家协会的会议室召开"1979年长篇小说座谈会"。这是粉碎"四人帮"三年来第一次专题研究长篇小说创作的座谈会。这次座谈会,除了参加读书会的人员外,还邀请了首都几家文学出版社主管长篇小说的编辑和评论工作者:胡德培(《当代》杂志社)、徐岱(中国青年出版社)、王苏、王鸿模(人民文学出版社)、王梦岩(解放军文艺出版社)、成志伟(东城区文化馆)。会议由我主持。大家集思广益,从不同的角度总结了1979年的长篇小说的成败得失。短篇小说、中篇小说、报告文学、诗歌都已有了不同程度的新突破,而唯有长篇小说踯踯不前,甚至退步,许多作品还多少残留着"四人帮"时期文艺教条的烙印,还显示着许许多多创作框框(其实就是政治框框)的影响。经过筛选和淘汰,好的和比较好的长篇小说,充其量,只有《黄河东流去》、《将军吟》、《山菊花》、《生活的路》、《第二次握手》、《山谷风烟》、《总工程师和他的女儿》、《湖边》等寥寥几部。

李准的《黄河东流去》被认为是1979年最优秀的一部长篇。如黄毓璜所评价的:"这部小说读起来是一种艺术享受。在人物创造上,吸取了明清小说的传统手法,人物出场都是带着故事的,一出场,读者就忘不了他。作者很注意安排人物的重点章节。在人物塑造上,反复突出人物的主导性格。对李麦的倔强,就用了许多细节去描写。不是写人物的一个方面,而是写人物的各个方面,看上去,不是画,而是雕塑,有立体感。环境处理也独具特色。黄河两岸的特色、家庭特色都很浓。"这部小说是1979年中国文学的一部标志性的成就。编辑部曾为它举行过专题研讨会;笔者也极欣赏这部长篇,曾写过一篇题为《论〈黄河东流去〉的艺术成就》①的评论文章。莫应丰的《将军吟》1979年只在《当代》杂志第3期发表了前15章,尽管如此,却也受到了与会者的关注。王愚在读书会期间写作的一篇评论文章《有益的探索　可喜的收获——当前出版的几部优秀长篇小说读后》中评论说:"'文化大革命'初期狂热夹杂着革命、盲动伴随着深思的生活画面,以其本身固有的色彩和气氛,展现在读者面前。我们的生活是一幅广阔无垠的画幅,各种互相交错的矛盾,各种风姿万千的人物,都在这画幅上投下斑斓的色彩。"②给了这部作品很高的评价。笔者认定,这是关于《将军吟》的最早的评论文字。几年后,《黄河东流去》和《将军吟》都被评为第一届茅盾文学奖的得奖作品。

1979年长篇小说创作暴露出来的创作倾向和问题可以概括为:

---

① 《论〈黄河东流去〉的艺术成就》,原发表于一家大学的学报上,后收入拙著《小说与现实》一书,花城出版社1983年版。

② 王愚:《有益的探索　可喜的收获——当前出版的几部优秀长篇小说读后》,《文艺报》1980年第2期。

在政治与艺术的关系的观念和处理上,还没有摆脱长期以来形成的,特别是'文革'中得到强化了的艺术教条主义的窠臼。宋遂良指出:"我们的作家不敢像外国作家那样,写人物的命运,而是写事,写阶级斗争、思想斗争、科学实验。常常以叙事代替对人物的描写。框框多,主要来源于政治。"王愚说:"有些作品的人物描写使我们感到不真实,主要是没有从生活出发,违反了现实主义原则。"刘锡诚说:"现在长篇小说的主要问题,是按运动、事件、生产过程来构思、来结构、来写作;写人,也总是把人物简单化。总是两种人物:正面人物和反面人物。如果艺术作品中的人物不是比生活中的人物更生动、更个性化、更复杂、更有概括性,有谁愿意读呢?"阎纲指出:"目前的长篇小说,较少新的突破。原因是什么?什么是这个体裁存在的特殊问题?为什么别的体裁的创作突上去了,而长篇创作上不去?很值得研究。短篇小说发展较快,这是思想解放的结果。但长篇小说一味追求短篇小说的新、奇,就要上当。长篇小说应该向生活的广度和深度进军,真正充当起'历史插画'的角色。"

这次西山的读书会是《文艺报》复刊以来,或者说是新时期以来举办的第一次评论作者的聚会,以集中阅读、相互讨论的方式,对当前的文学现象进行梳理和总结,既能产生一批文章,为刊物提出一批选题,也培养了评论队伍,事实证明是一种十分有效率的、有益的活动和方式。评论家们相处了一个月,在读书和讨论中增长了相互间的了解。无怪乎大家把这次读书会戏称是"黄埔一期"。

无政府主义思潮

新的中国作家协会党组和书记处成立后,对中国作家协会的机构和人士任免做了新的决定。《文艺报》也不例外。12月22日上午召开编辑部会议,孔罗荪来宣布:唐因任副主编,谢永旺任编辑部主任,刘锡诚和陈丹晨任编辑部副主任。唐达成任什么职务,没有宣布,领导上可能还在思考之中吧。下午,作协召开全体人员大会,由书记处常务书记李季宣布1980年的工作要点和机构设置,由秘书长张僖宣布干部任命。

第四次文代会闭幕后的文艺形势如何,是大家关注的一个大问题。要有一个清醒和准确的估计,才能组好稿、编好刊,既能起到引导创作前进的作用,又讨得上面满意。我们连续召开编辑部会议、组长以上干部会议,讨论文艺形势。

从主编和副主编的嘴里,我隐约感觉到,上面的意见是在批评有些人思想解放,甚至滑到了无政府主义。有些青年作家听不得批评。对不好的作品和错误的思潮,评论家们不敢理直气壮地进行批评。唐达成在12月19日编辑部讨论文艺形势的会上说:"社会上虚无主义的情绪蔓延,这就有助于市侩哲学的滋长。搞安乐窝,搞刺激性的东西。失去信念。有些老干部养花、养鱼,放录音机,听邓丽君。在文学上出现了多种思潮并存的局面:一是甜蜜的文学,二是虚无主义的文学,三是现实主义的文学。

唐　因

既要反映现实,就要对现实负责,要讲真善美,有诗意。"在12月20日召开的编辑部组长以上干部会议上,孔罗荪说:当前,极左思潮也很严重,要集中火力批评。同时,在讨论《在社会的档案里》和《飞天》时,有人提出了"百分之百的现实主义"的主张。这也是关乎文艺与政治关系的问题。唐因说:"刘心武提出,有的青年作家骂他是御用文人。老作家也有人骂他。他现在是两面受敌。"

12月24日,主管文艺工作的中宣部副部长贺敬之召集《文艺报》和《文学评论》两个编辑部的负责人开会,研究文艺与政治的关系问题。我也被召参加了。贺敬之首先传达了胡耀邦在中宣部理论座谈会上发表的意见:"理论布局还没有布开。"他讲了理论布局的七个方面:军事、政治、经济、历史、文学艺术、法学、科学教育。文学艺术方面的理论研究太弱了些,要搞些指导性的东西。一年来理论工作的成绩要充分肯定,切中时弊是对的,还要切中时利。过去的一年破的东西多了点,在某些问题上存在着某些片面性。立的怎么样?是不是应该以立为主。贺敬之据此提出要组织理论班子,集中抓几个题目。他说:"对形势,要分清主流和支流,不能认为支流出了点问题,就一下子认识模糊了。(1979年)后半年出现的问题主要是思想僵化的问题。出现了几篇不太好的东西,就又刮起一股什么风来。我赞成周扬同志的说法,要继续解放思想,敢于批评也是解放思想。但是,有的作品是否是毒草,要十分谨慎。有些人说是错误的东西,其实不一定是错误的,因为还是有些人是不赞成三中全会的。"

中宣部召开的会议之后,12月26日,我们编辑部又开会,继续谈文艺形势和对策。冯牧说:"什么叫思想解放?有人说:'既然社会主义大厦已经不行了,不如干脆推倒重来,搞二次革命。'这种观点我是绝对不能同意的。我不认为解放思想就是不顾一切的个人勇敢。不顾一切的个人勇敢与无政府主义有共通之处。解放思想的过程,其实就是追求真理的过程。对真理的追求,无所谓过头不过头。在文学上,我也不赞成百分百的现实主义的提法。"

第四章
与人民同呼吸

(1980)

　　1980年在中国当代文学史上写下了灿烂的篇章。第四次全国文代会总结了新中国成立30年来，特别是粉碎"四人帮"3年来，我国文学艺术事业取得的巨大成就和历史经验，提出了社会主义建设新时期我国社会主义文艺的任务。但也要看到，还有许多关乎文艺事业健康发展的重要议题并没有得到完满解决，文艺思想上的分歧和斗争不仅没有弥合，甚至还在深化。

　　进入1980年以后，一些官方的文艺机构召开了种种会议，如全国剧本创作座谈会、第二次全国文学期刊编辑工作会议、全国戏曲剧目工作座谈会、全国少数民族文学创作会议等；一些全国性的民间学术团体也连续召开了若干在文学史上有重要影响的学术会议，如4月由中国社会科学院文学研究所、中国当代文学研究会、中国作协广西分会、北京大学、广西大学、广西民族学院联合在南宁召开的全国诗歌讨论会，8月在庐山召开的高校文艺理论学术讨论会，11月在昆明召开的中国当代文学研究会第二次学术讨论会，在成都召开的外国文学学术讨论会。这些会议的召开，在一些迫切、但在第四次文代会上并没有触及和讨论的文艺问题上，讨论得深入和务实多了。

创 作 扫 描

　　对1980年文学的估计存在着相当分歧的看法。在我看来，尽管

第四章 与人民同呼吸(1980)

有种种不利的因素的影响,1980年仍然可以称得上是一个创作大发展的年份。全国有省市级以上的文艺期刊180余种,定期的大型文学刊物(或丛刊)26种。在这一年里,在全国文艺期刊上发表的和由各级出版社出版的短篇小说3000余篇,各种类型的诗歌30000余首,中篇小说172部,长篇小说96部。

短篇小说仍然不失为本年度最受读者欢迎、并且取得了比较突出艺术成就的文学样式之一。中国作家协会委托《人民文学》编辑部举办的1980年度全国优秀短篇小说评选活动,通过群众与专家相结合的方式,最终评选出《西线轶事》(徐怀中)、《乡场上》(何士光)、《月食》(李国文)、《三千万》(柯云路)、《笨人王老大》(锦云、王毅)、《一个工厂秘书的日记》(蒋子龙)、《陈奂生上城》(高晓声)、《灵与肉》(张贤亮)、《夏》(张抗抗)、《南湖月》(刘富道)、《天山深处的"大兵"》(李斌奎)、《你是共产党员吗?》(张林)、《空巢》(冰心)、《春之声》(王蒙)、《结婚现场会》(马烽)、《丹凤眼》(陈建功)、《红线记》(罗旋)、《小贩世家》(陆文夫)、《西望茅草地》(韩少功)、《被爱情遗忘的角落》(张弦)、《活佛的故事》(玛拉沁夫)、《镢柄韩宝山》(张石山)、《心香》(叶文玲)、《勿忘草》(周克芹)、《最后一个军礼》(方南江、李荃)、《手杖》(京夫)、《彩色的夜》(王群生)、《美与丑》(益希卓玛)、《海风轻轻吹》(吕雷)、《卖蟹》(王润滋)等30篇优秀作品。30篇之外,堪称优秀之作的小说恐怕还有这个数字的几十倍之多。

中篇小说异军突起,特别引人注目。如果说1979年是中篇小说的崛起之年,那么本年度无疑已经出现了历史上未曾有过的初步繁荣。《人到中年》(谌容)、《在没有航标的河流上》(叶蔚林)、《犯人李铜钟的故事》(张一弓)、《蝴蝶》(王蒙)、《土壤》(汪浙成、温小钰)、《蒲柳人家》(刘绍棠)、《淡淡的晨雾》(张抗抗)、《开拓者》(蒋子龙)、《三生石》(宗璞)、《甜甜的刺莓》(孙健忠)、《惊心动魄的一幕》(路遥)等一大批脍炙人口的优秀作品脱颖而出。1980年发表的172部中篇小说,在下一年(1981年)由《文艺报》承办的"1977～1980全国优秀中篇小说评选"中有11篇获奖,占四年获奖作品总数15篇的73%,可见这一年的中篇小说在思想艺术上所达到的水准之高。这些作品以其思想内容的深刻和艺术造诣的成熟震动了整个文坛,使中国社会主义文学扎扎实实地进入了世界文学的行列。一向比较后进的长篇小说创作也逐渐跟了上来,作家们把《黄河东流去》(李准)、《戊戌喋血记》(任光椿)、《星星草》(凌力)、《上海的早晨》(周而复)等有一定深度和历史感的作品奉献给了读者。

报告文学作为文学的轻武器,紧紧地捕捉着时代风云的脉搏,追随和记录着人民前进的脚步,出现了《祖国高于一切》(陈祖芬)、《励精图治》(程树臻)、《热流》(张锲)、《笼鹰志》(李玲修)等洋溢着澎湃激情和时代精神的作品。

艺术方面,话剧舞台虽然一度比较沉寂,但进入下半年后,成绩颇使人振奋。除老舍的力作《茶馆》誉满西欧三国得到西方评论界的高度评价而外,新作联袂问世,《左邻右舍》(苏叔阳)、《灰色王国的黎明》(中杰英)、《陈毅市长》(沙叶新)、《血,总是热的》(宗福先、贺国甫)等,在探索现实生活、塑造有概括力的艺术形象(例如《左邻右舍》中的洪人杰)方面,取得了可喜的成就。

电影事业是最富有群众性的事业,电影剧本的数量也是相当可观的。仅以摄制成片的作品而论,也达到了新中国成立以来的最高水平,其中《天云山传奇》、《巴山夜雨》、《法庭内外》、《燕归来》、《苗苗》等影片,多是由作家编剧,因而凝聚着作家、艺术家的艺术探索的心血,体现着革命现实主义的巨大力量。如今的评论家,有些人不承认中国文学史上有过"革命现实主义",笔者在这里还是要坚持这一观念。这是1980年前后中国文学艺术中的一个不可抹杀的事实,至于到了20世纪90年代,文艺多元化了,那是另一回事。

本年度文学创作的一个显著特点是,出现了明显的分化:一部分有见解、有造诣的作家,不再停留在表面地、浅尝辄止地描绘十年浩劫给人们造成的伤痕,而把全部精力放在广泛开拓新的题材、深入开掘主题和努力塑造人物形象上。久被遗忘的反封建的主题在一些作家的笔下得到了深刻的揭示,现代迷信思想、极左思潮的泛滥成为许多作家探讨的课题。《被爱情遗忘的角落》以母女两代人的爱情悲剧折射出社会生产力发展的低下与缓慢,同社会人际关系和思想意识中封建残余的关系。《回声》通过一个知识低下的农民刘根满的愚昧和一个受过高等教育的学生路大为的愚昧,反映出现代迷信思想和极左思潮给社会生活带来的深重危害,以及怎样迟滞了社会的发展。另一方面,也出现了一些追求情节离奇、思想倾向不很健康的反现实主义的作品和思潮。

深刻地反映新时期的社会矛盾,从不同角度对现实生活进行深入的开掘,是本年度小说创作的另一个重要特点。丰富多彩、五光十色的人民生活进入作家们的艺术视野,铸造出了一幅幅斑斓的图画。党和政府的新经济政策给农村生活带来了生机勃勃的景象(如《陈奂生上城》、《乡场上》、《土壤》),国民经济的调整、改革、整顿、提高的方针给人们的社会关系带来的深刻变化(如《三千万》、《一个工厂秘书的日记》、《开拓者》),新的国内国际形势给军队建设提出的新课题(如《天山深处的"大兵"》、《最后一个军礼》),爱国主义的思想(如《灵与肉》、《空巢》)都在文学创作中得到了反映。

第三个特点是,超越和突破了长期以来恪守不渝的一些艺术模式。在艺术形式上进行探索与创新,是1980年文学界出现的新气象和新格局。艺术创新的探索是在几个方面进行的。一个方面,是在继承我国古典小说和外国古典文学,特别是在俄国批判现实主义的传统表现方法基础上的发展与探索。如小说《乡场上》,学习鲁迅和契诃夫的笔法而又有所发展和创造;话剧《左邻右舍》学习老舍的风格又有所创新;高晓声的几篇小说采民间故事和寓言之长,表现一种寓意很深的哲理。另一方面,是向外国现代流派的借鉴,如移植和学习"意识流"的手法。小说方面有以王蒙的《蝴蝶》为代表的一批作品。话剧有《深夜静悄悄》。诗歌方面出现了"朦胧诗"。尽管在由《诗刊》社主办的"1979～1980年全国中青年优秀新诗评奖"获奖作品中的1980年发表的19篇作品中,"朦胧诗"并没有得到一个"席位",但作为中央级文学期刊的《诗刊》,从1980年第8期起开展的关于"朦胧诗"的讨论和几个诗歌讨论会上,都对"朦胧诗"给予了一定的评价。这些探索或多或少给文艺带来了新东西;在吸收外国文学的表现手法来表现中国人的外在生活和内心情感上进行了初步的尝试,并且出现了若干受到读者欢迎的好作品。①

樊骏来信谈《黄河东流去》

元月 7 日收到老朋友、文学研究所现代文学研究者樊骏的来信。樊骏是我们编辑部联系的老作者,刊物是照例按期赠送给他的,只是他的正业是现代文学研究,而我们刊物的重点是当代文学,所以向他约稿的机会并不多。难得他向我们寄来一篇评李准的《黄河东流去》的稿子。他的信,也是那样严谨,显示着学者之风。

锡诚同志:

听马昌仪同志说起,我那天给谢永旺同志的信中提到的李准那部小说,有点使你们为难。这反而使我不安。

我这个人可能过于认真,把别人的好意视为很重的负担,总希望尽快还"债"。这次,一方面北京出版社送了书,希望推荐;一方面你们寄来杂志,希望写点东西。我就想,写一篇有关的评论可以同时还掉两笔"债",岂不一举两得吗?你们既然已经约请了人,自然不必考虑我这一动之"灵机"。

我并不觉得这小说有何了不得,本来也不准备全面分析。读了一遍以后,觉得作品写出了人物灵魂深处和细处的一些东西,即注意表现劳动人民的人性美和人情味,并且刻画了人物心理的民族特征,这些,对李准的创作和中国当代文学来说,都是个进步。提高了表现人物的能力。所以说到底,我不过是想以此为例,借题发挥罢了。

今天,无意之中,读到了《十月》上的剧本《她》,很是感动(可能读第二遍就不一定那么感动了),觉得作品揭开了使人们深为

---

① 这一段扫描,吸收了笔者写于 1981 年 3 月的《与人民同呼吸——1980 年的中国文艺》的一些段落,见拙著《小说与现实》,花城出版社 1983 年版,第 113~122 页。

痛苦的社会疮疤,但注意写出了生活中积极的东西,而且对于生活满怀着信心和热情;因此,读了不使人感伤消沉,而是振作起来。当然剧本也有不足之处,男主人公的性格不够完整,有些细节不怎么协调,一些人物身上社会投影还是比较单薄,就典型化和现实主义来说,有所不够。但上述特点却是至今许多作品所缺少的,应该肯定。如果从这样的角度推荐一下,你们需要吗(三四千字)? 前不久,在报上见到过上演《她》的广告,是否就是这个《她》? 你们听到什么反响吗?

  我觉得还是得关心点现状。这样才不致使自己的研究脱离实际。今年,我的时间比较能自由掌握,所以,总想对你们有所"贡献"。不过,这并不是我的正业,而需要自己的工作还是很多,所以,常常是"灵机一动",来了又去,想想而已。你们认为有意义,我就做,不然就忙我的正业去。——我把"正业"看得很神圣,不能轻易写文章。

  请代将上述意见转告老谢。

  祝春节好!

樊　骏
1980年1月7日

  正如樊骏信里所说,他把"正业"看得很神圣,一般是不给期刊写这类文章的,但他又那样讲究情义,所以才主动给我们刊物写了这篇评论李准的《黄河东流去》的文章。

公刘评顾城

  冯牧将刊载有诗人公刘《新的课题——从顾城同志的几首诗谈起》一文的《星星》诗刊复刊号交我,并嘱我可将公刘文章在我们刊物上转载;对青年诗人顾城的创作,应予注意。根据主编的意见,我和主管诗歌评论的高洪波商定,将公刘评顾城的文章安排在《文艺报》1980第1期的"作家论坛"栏目里转载。发稿时由我在文前加了一个"编者按":"公刘同志提出了一个当前社会生活和文学事业中至关重要的问题:怎样对待像顾城同志这样的一代文学青年?他们肯于思考,勇于探索,但他们的某些思想、观点,又是我们所不能同意,或者是可以争议的。如视而不见,任其自生自灭,那么人才和平庸将一起在历史中湮没;如加以正确的引导和实事求是的评论,则肯定会从大量幼苗中间长出参天的大树来。这些文学青年往往是青年一代中有代表性的人物,影响所及,将不仅是文学而已。我们深信,后面的办法不失为一良策。本刊特转载《星星》复刊号上的这篇文章,请文艺界同行们读一读、想一想。"

公 刘

《文艺报》1980年第1期(1月12日出版)出版的当天,我便给公刘寄去了一本。他在收到刊物后,当即给我写来一信。信的全文如下:

锡诚同志:

刊物收到。封面设计特别是色调不大理想,希望得到改善。

谢谢你撰写的编者按,它使我的拙文大大地添了分量。当然,更根本的是冯牧等同志主张刊载的决定,创造了使它与更多的读者见面的机会。

可惜,由于我自己不细致,在把《星星》刊物交给你的时候,不曾校出其中的一处误植,即:(《文艺报》P.40最后一小段)"他们的悲观是和人民大众的悲观熔铸在一起的。……"其中"观"字实乃"欢"字之误。(是喜欢的"欢"。)如若你们认为需要订正,就请在第2期上赐一角之地,如认为不必,就算了。我是怕跟在我身后的鬼又来钻空子。

评《这一代》文章因为小有谣风暂中辍,待弄清事情原委后当继续写完,届时寄冯牧同志过目后转呈各位。根据北大同学回信,他们申明根本不曾外传我的回信,也根本没有把我的信件排入第 2 期的计划。而且原信也转回武大的收件人去了。现在我正在等待武大同学的解释。

干预生活一文,我还是会遵嘱写的,老实说,那方面,还真有话可说呢。不过,反正贵刊也不能叫我一个人实行霸权主义,隔几个月再发一篇吧。

专此

敬礼

公　刘
1980 年 1 月 14 日于合肥

又,《白花、红花》收到各方面的来信(包括专业、业余及一般读者),反响均十分强烈,许多人用了最高规格的措辞,在我,当然不可因此而洋洋,但评论界,是否也可以做一点公正的估价呢? 不少人认为:此书出版是诗坛一件大事。我个人想,虽不一定是大事,至少也是对当前的诗歌运动有积极意义的——《文艺报》对诗是不大关心的。这是我的不满,又及。

公刘评顾城的文章敏锐和热情地肯定了顾城和他们这一代年轻的诗人在"文革"中和在"天安门事件"中的那些诗作的"愤世嫉俗"的性质,把他们称之为"思索的一代",充满了一个老文艺家对晚辈的鼓励和期待。他的《白花、红花》此前已经寄赠我,我们(包括我自己)的确对诗歌运动关注不够,总觉得有了《诗刊》这样专门的刊物,我们就不必唱主角了。他的不满和指责是有道理的。

黄秋耘评张洁引出李希凡的非议

《文艺报》从 1980 年第 1 期起开辟了"文学新人"栏目,由文学评论组负责,也已确定了一批选题。第一篇就请黄秋耘写张洁。他寄来的文章题目是《关于张洁作品的断想》。黄秋耘的文章写得好,有概括有分析,对张洁的艺术个性体会到位,怕是很难有人能够超过。

由于张洁是个艺术风格和艺术个性相当特别的女作家,关于她的文章,报刊上已经发表过几篇了,多数是肯定和赞扬的。黄秋耘文章的主调也是肯定张洁的作品是些"倾注全力去刻画人物心灵深处的微妙活动"的"精致的艺术品"。具体谈到不久前发表的《爱,是不能忘记的》时,黄文说:"这篇小说并不是一般的爱情故事,她所写的是人类在感情生活上一种难以弥补的缺陷,作者企图探讨和提出的,并不是什么恋爱观的问题,而是社会学的问题。……为什么我们的道德、法律、舆论、社会风习等等加于我们身上和心灵上的精神枷锁是那么多,把我们自己束缚得那么痛苦?而这当中究竟有多少合理的成分?等到什么时候,人们才有可能按照自己的理想和意愿去安排自己的生活呢?"

黄秋耘

黄秋耘文章的基本观点,我们编辑部的同志大都是同意的,这倒并不是因为"文革"前他曾是《文艺报》编辑部的老主任,有什么感情方面的因素。没有想到的是,没有过几天,李希凡给我寄来了一篇与黄秋耘争鸣的文章《倘若真有所谓天国……——阅读琐记》。我从内心感到很难处理——发吧,不好对黄秋耘交代;不发吧,对李希凡不好交代。而且李文的基调是批判张洁小说的思想倾向的。我与张

张　洁

洁也有交往，甚至熟悉，我在读了《爱，是不能忘记的》后，也为主人公那没有爱情的婚姻感到遗憾，我还曾到二里沟张洁的家里去拜访过她，我看到她家里的陈设，书架上摆着汝龙译的那一套27本契诃夫的小说集，墙上挂着契诃夫的大幅肖像，与小说里写的那情景、那情调是多么一致呀！因此，对李希凡否定她的小说的文章，实在是左右为难，从心眼里不想发。编辑部不少同人认为，李文是教条主义文艺批评的一个代表。但是，经过编辑部慎重研究，还是决定作为争鸣文章在第5期发表。同时，又商请晓立(李子云)写了一篇题为《深刻细致，但也要宽阔》，基调是肯定小说的评论一起发表，以显示我们编辑部发李文是为了争鸣的意图，减少给人打棍子的色彩。晓立文章末尾署的脱稿日期是2月5日。我们在李希凡文章的前面加了个编者按语："秋耘同志的《关于张洁作品的断想》在本刊第1期'文学新人'栏发表后，文中有的评价引起了一些不同的看法。李希凡同志提出了商榷；晓立同志的文章，也有自己的见地；我们认为都是有分析的、说理的。现一并发表于此。对于作品和文艺理论问题，观点有所歧异，原是正常的事。我们提倡用实事求是的态度，进行自由的、平等的讨论。"尽管用心如此良苦，李文发表后，还是在文艺界引起了不小的议论。

李文发表后，报刊上也陆续有肯定和否定两种观点的文章发表。与《文艺报》同一天(5月14日)出版的《光明日报·文学》副刊就发表了一篇署名肖林的《试谈〈爱，是不能忘记的〉的格调问题》的批评文章，其立论与李希凡的文章甚为相似，好像是两家报刊事先商量好了的一样。

《收获》第一期推出四个中篇

去年(1979)年尾我到谌容处，她告诉我《收获》第1期要发表她的中篇小说《人到中年》，并给我看了校样。回编辑部后，我写信向《收获》的负责人李小林索要校样，说准备写文章。她接到我的信后，很快就寄来了。《收获》第1期出版后，她又给我寄来了刊物，并附有一封信：

> 刘锡诚同志：
> 　　您好！
> 　　寄上鲁彦周的中篇《呼唤》和王若望的《饥饿三部曲》，请查收。谌容的《人到中年》和张一弓的《犯人李铜钟的故事》校样，您也都拿到了吧？这四个中篇各有特色，我们一期发表，希望引起重视。如果您能替我们推荐、鼓吹一下，那就更好了！匆匆。
> 　　祝好！
> 　　　　　　　　　　　　　　　　　　　　　　小　林
> 　　　　　　　　　　　　　　　　　　　　（1980年）1月15日

《收获》开门红，第1期就推出四个中篇，而且都是上乘之作。谌容的《人到中年》我已经读了，写当代社会环境中的中年知识分子的生存困境，颇见新意。我读了校样后，立即动手写了一篇评论《人到中年》的文章。送去给谌容过目并征求意见时，顺便征求她起个什么题目好，谌容说，题目就叫《为中年干杯》不好吗？我接受了她的意见，题目定为《为中年干杯——读谌容的〈人到中年〉有感》。文章写好后，正赶上第3期发稿，就塞到这一期上了。因为给本刊写稿，就署了个笔名"易言"，取我的名字"锡诚"二字的半边偏旁。我们编辑部的同人在自己的刊物上发表文章，有时署真名，有时署笔名，如唐因的笔名于晴，唐达成的笔名唐挚，谢永旺的笔名沐阳，陈丹晨的笔名胡余，吴泰昌有时用笔名吴繁，郑兴万有时用笔名石泉……只有阎纲老大哥是坐不更名、立不改姓。

王若望的《饥饿三部曲》写的是解放战争时期渤海解放区、我的家乡以北的滨海地区，八路军在极端困苦的环境中，发挥革命英雄主义精神，坚持斗争，取得胜利的故事。在碱滩上，当给养断绝之际，战士们连碱地里的虫子都抠出来吃。看得我眼泪涟涟。

张一弓的《犯人李铜钟的故事》使我的灵魂受到震动，大概因为我是农民的儿子，我对当年农村因天灾人祸而导致的人口大量死亡一事身同感受。读了他的小说，立刻使我想起1969年到1971年下放到哲学社会科学部信阳地区的罗山—息县五七干校劳动时，在从信阳去罗山的大卡车上看到，当年信阳事件中因大饥馑而被饿死的农民的小坟头，密布于公路两旁不远的田野之中，心中涌起一阵阵剧痛。我敬佩张一弓笔下这个铮铮铁骨的李铜钟，当我读到他率领在死亡线上的农民兄弟冒死开仓赈灾，读到在他死后坟头上那蓬青草这些情节时，我无法制止自己的泪水夺眶而出，痛哭不已。

　　记得我读完张一弓的小说，是4月18日晚上，第二天清早就动身到首都机场去贵阳出差，不能动笔写篇评论文章，便火急火燎地从机场打电话给编辑部，请他们组织评论文章。后来阎纲写了一篇题为《"高尚的圣者和殉道者"》的评论，发表在人民文学出版社编辑出版的《新文学论丛》上。他把李铜钟说成是共产主义事业的"殉道者"，后来常被论者所引用，成了当代评论的"经典"名句。① 由于事务缠身，一直没有写一篇文章来说说我对这篇引起我精神震颤的小说的感受。到1980年底和1981年初，我们一致要推荐这篇小说参加我们主办的全国优秀中篇小说评奖，引发了一场复杂的政治性纠纷。河南省来人，拿着盖着红章的介绍信和材料，告张一弓是"文革"中参与夺权的造反派头头、"震派"人物，指斥小说如何攻击了社会主义现实。于是，我们不得不派高洪波去张一弓劳动的河南登封县做调查，全编辑部众口一词仗义执言为张一弓辩解，无论如何不允许把一个有才华的青年作者打下去，无论如何不允许把小说《犯人李铜钟的故事》说成是攻击性作品！1981年，张一弓的这篇中篇小说终于被评为全国优秀小说一等奖！我对这篇小说的感受和感情始终不减，一年后，写了一篇《在坚实的道路上——张一弓论》的长文。②

---

　　① 阎纲：《"高尚的圣者和殉道者"》，原载《新文学论丛》，后收入《文学八年》，花山文艺出版社1987年版，第145～157页。

　　② 刘锡诚：《在坚实的道路上——张一弓论》，后收入《小说与现实》，花城出版社1983年版，第137～156页。

剧本创作座谈会

　　1979年下半年,大体是第四次全国文代会的前夕,文坛上陆续出现了一些揭露官僚主义和社会阴暗面的作品,引起了社会各界的广泛关注。围绕着几部揭露高干特权和高干子弟的作品,社会上和文艺界也出现了两种对立的评价:一种观点认为,对官僚主义和纨绔子弟的揭露,大快人心,是继"伤痕文学"之后对文学题材的拓展和深化;另一种观点则认为,这是给社会主义制度抹黑,是对革命老干部的歪曲,又要搞第二次"文化大革命"了。

　　北京电影厂主办的《电影剧作》杂志于1979年第10期发表了一个引起争议的电影文学剧本《在社会的档案里》(编剧王靖)。剧本写的是一个军队高干的子弟王海南被流氓杀害的故事。办案人员尚琪在办案过程中,发现女犯李丽芳曾是文艺兵,被派去给王海南的父亲、军队高干当保健护士时,与王海南相爱。高干强行侮辱李时,遭到李奋力反抗,却反被王海南的弟弟奸污。后李自杀未遂,复员结婚后,丈夫发现她不是处女,便与其离婚。李从此流落街头,与流氓为伍,并指使流氓将王海南杀害。办案人员尚琪认定,此案并非一般刑事案件,必有深刻的社会背景,欲追究所有这些罪行的源头,结果被公安局军代表逮捕。剧本发表后,很快在社会上和文艺界引起了强烈反响和争论,包括来自有关方面的指责和批判。

　　上海人艺青年编剧沙叶新、李守成、姚明德合作的六场话剧《骗子》(又名《我要有个好爸爸》、《假如我是真的》),1979年10月由上海人民艺术剧院上演,同样引起了强烈反响。剧本是根据上海发生的一起冒充高干子弟招摇撞骗的事件,加以艺术虚构而创作的。东风农场的知青李小璋按政策可以回城,但名额却被一些干部子弟占了,而他的女朋友周明华已经怀孕了。他便冒充中央纪委领导干部老张的儿子张小理,并取得了市委吴书记的妻子、组织部钱处长的信任,于是提出把自己的好友李小璋调回城里。而钱处长和吴书记又很想通过老张的关系参加出国代表团。李小璋回城之事正在进行,农场郑厂长向中央纪委检举此事,老张亲往调查并揭露了骗局。李小璋在法庭上说:我错就错在是个假的,假如我是真的,那我所做的一切,就将会是完全合法的。据我们编辑部的记者杨天喜报道:"这出戏在上海演出后,反响相当强烈,许多观众热烈鼓掌,有的上台向编、导、演鲜花,有的称他们'功德无量';也有的干部说这出戏是'大毒草'。这个消息很快传到一些省市,到上海人艺《骗子》剧组访问的就有13个戏剧演出单位。现在北京的中央戏剧学院导演师资班、进修班正在内部演出,中国青年艺术剧院也曾排练,福州市话剧团也在《福建日报》(9月21日)登出上演这出戏的预告。"对这个戏的评价存在着激烈的争论。既涉及如何表现人民内部矛盾问题,又涉及艺术作品的社会效果问题。但争论的焦点,实际上是文学作品要不要写社会的阴暗面,以及如何写的问题。责难者的立论是:"这个戏是写走资派的戏,走资派还在走,看了戏后,似乎感到要搞第二次'文化大革命'了。""剧中的几个干部都是打倒'四人帮'后重新工作的,现在这样写,就会使人感到原来'四人帮'整老干部,倒是整对了。""把我们的干部说得没有一个好人,社会制度这么坏,叫人看了要造反,要打倒共产党,要推翻社会主义制度。"当时,北京西郊的八大学院已经预订了7场的戏票,但由于上级有人干预,不得不宣布停演。

还有一个作品,是长春电影制片厂主办的《电影文学》1979年第11期发表的《女贼》。编剧李克威。剧本写戏曲演员黄韵秋在"文革"中被迫害致死,女儿黄毛流浪街头,加入一个小偷集团。"四人帮"覆灭后,公安局局长陈一潭了解了黄毛的身世,将黄毛抓住后,做耐心的教育,在黄韵秋的平反昭雪追悼会上,黄毛悔恨自己的行为,被送到工读学校,开始了新的生活。这部作品也发生了争议。责难者的意见是:作者对女贼的描写,有自然主义倾向,甚至持欣赏态度,会产生消极的社会影响。

作为一个综合性文艺批评刊物的编辑,对这类作品的问世以及社会上的反响,我们是听得最直接,也感受得最深的。我们与这些作者也有千丝万缕的联系或交往。对这些作品所显示的思想倾向和社会效果的批评和责难,特别是来自一些有社会地位和社会影响的人物的批评和责难,却引起了有关领导的关注。据我个人的猜测,就是在这样的社会背景下,中央才决定以中国戏剧家协会、中国电影家协会和中国作家协会的名义,于1980年1月23日在京召开"剧本创作座谈会",以期通过讨论的方式对青年作家们进行一些正面引导,同时,也平息一些大人物的责难和回答来自"左"的"上纲"与攻讦。

我没有参加这次规模很大的会议。会议结束后,我们《文艺报》被指定发表由指定的人员撰写的《剧本创作座谈会情况简述》(1980年第2期)。用这个文件的语言来表述,这次会议的起因和主旨是:"这次剧本创作座谈会是在党中央的亲切关怀下,在中央宣传部直接领导下召开的,是第四次文代会后文艺界的一次重要会议。会上结合当前几个有争议的剧本,就近年来戏剧与电影剧本创作中的一些新情况和新问题,以及与当前文艺创作有关的几个重要理论问题,交换意见,开展自由讨论,肯定成绩,总结经验,以便继续解放思想,进一步繁荣创作,使文学艺术工作在四化建设中更好地发挥作用。"[①] 会议主办单位名义上是作协、剧协、影协三个群众性文艺团体,实际上则是由中央宣传部直接组织和主持的。不仅由当时任党中央秘书长、中央宣传部部长的胡耀邦作主题报告,而且全部会务与文件起草工作都是由中宣部副部长贺敬之主持操办的。

从《简述》的字里行间,可以看出会议主持者的一片苦心。既要向那些责难者和攻讦者做出妥协和交代,又要对青年作者们做出批评和引导;即既要指出他们的偏激,但也不想挫伤他们揭示新的社会矛盾、表现新的社会生活的积极性。

但这次座谈会的后果却事与愿违,这是那些好心的主持者们所万万没有想到的。

---

① 剧本创作座谈会办公室整理:《剧本创作座谈会情况简述》,1980年2月23日。

第四章 与人民同呼吸(1980)

李子云来信

我们要举办长篇小说读书会,是去年底决定的,并给我们所选定的几位评论家发了邀请函,但因时机不好,回函参加者却寥寥。李子云因《上海文学》的编辑工作无法离开,没有能来,我便约她为《文艺报》写篇评论王蒙的文章。王蒙一连发表了几个短篇,其创新的探索颇引起人们的注意。信发出后不久,便接到了李子云的来信。信是这样的:

锡诚同志:

(1979年12月)23日信收到。你们的读书会读到哪些好长篇?便中请告知一二,中篇还有时涉猎,而长篇则实在没有时间去读,想借助你们了解些情况。

评王蒙的近作,可以考虑,请将他作品目录寄下。他的作品我虽较注意,但看得不全面。就我所见,我以为还是《最宝贵的》与《悠悠寸草心》最好,最近发表的《夜的眼》及《说客盈门》,我觉得那种风格非他所长,他还是沿着《组织部来了个年轻人》及《悠悠寸草心》的路子发展较好。您意如何?另外,他的有关议论文章篇目也请告。听说夏公在《骗子》讨论会上推荐了他在《读书》1月号上的文章,是吗?至于时间,我尽量在3月10日以前交卷,但是,我现正在弄其他一些东西,放不下手,也许稍迟,是否可以?否则打断手头东西,重新拾起,又要花一些时间。

《上海文学》1月号发了张弦小说①,我觉得很好,很想写篇短文推荐,由于是自己刊物发的,不好用在自己刊物上,这恐怕也不能算"新人新作",这类文章你们需要吗?

北京情况如何?这里在制造紧张空气。有什么新动态,望见告一二。

---

① 指张弦的短篇小说《被爱情遗忘的角落》。

泰昌、丹晨、永旺同志望代候。

祝好

李子云

（1980年）1月26日

另外，有几位同志真名笔名我弄不清。

前次泰昌同志来信说唐达成同志来任编辑部主任，唐因是不是他的笔名？另外唐挚又是哪一位？我们赠送刊物，我开了唐达成同志，这次见发表贵刊编委，我们这里又提出送副主编唐因，这三位是否是同一人？望告。

刚要发信，又了解到一些情况。这次学习邓、胡讲话，某公在汇报会上不仅批评了刘宾雁，而且批评了王蒙的《夜的眼》，文联党组讨论则扩而大之，连茹（志鹃）的《小路》、（金河的）《重逢》、（王蒙的）《说客盈门》、《悠悠寸草心》连同这期的张弦的《被爱情遗忘的角落》都被列入邪门歪道，看来有人认为仍可以打开缺口，扩而大之，范围越扩越大。据此，我决定写评王蒙的文章。看来阵地不守，将无容身之地。

张弦文章被文艺处某人指为黄色，真啼笑皆非，我也真想为它叫喊一下。

以上情况请保密。

又及。

女评论家李子云在评论界是凤毛麟角，思想解放，站在潮流前头，去年为《上海文学》写了《为文艺正名》评论员文章，产生了很大影响。现在她之所以下决心接受王蒙这个选题，个中也不是没有原因的。从她的信里的"阵地不守，将无容身之地"一语，依稀感觉到上海文艺界也并非风平浪静，仍似闪着刀光剑影，要推动思想解放，同样实属不易。不久，她在《读书》上发表了与王蒙的创作通信，其中对《杂色》的评价颇引起评论界的注意。

青年诗人熊召政为民请命

中国作家协会武汉分会主办的《长江文艺》1980年第1期发表了青年诗人熊召政的政治抒情诗《请举起森林般的手,制止——致老苏区人民》,一下子震动了全国。文学界又一次感受到了文学的力量!

作者是一位年轻的业余诗人。这首近三百行的诗,以他所在的县——一个老苏区、农业学大寨的先进典型县为背景,真实地揭露了县委少数领导人在"四人帮"猖獗时如何鱼肉人民、草菅人命,及至"四人帮"覆灭后,仍然继续胡作非为的行径。在诗的末尾,作者写下了"1979.9.1愤笔"几个字,透着怒不可遏的气势。当时,我们编辑部评论组里,由高洪波分工主管诗歌评论,他向大家推荐阅读后,同事们无不义愤填膺,也为《长江文艺》的同行敢于发表这样的作品感到自豪。

编辑部很快收到了《长江文艺》编辑部诗歌编辑、诗人刘益善寄来一篇反映湖北省对这首诗反响的内参文章《一首引起强烈反响的诗》。1978年出差武汉时,刘益善和吴芸贞负责接待我,与我相处了好几天。刘益善反映的情况很及时很重要,编辑部决定在《文艺情况》上发表,以示支持。

刘益善文章中说,作者熊召政在掌握了大量令人触目惊心的材料后,以诗人不可忍受的愤怒,用一个晚上写就了这首诗。诗发表后,编辑部收到了来自全国十几个省市的读者寄来的五十多封信,热情地肯定这首诗。作者所在县的反应空前强烈。县委收到这一期《长江文艺》后,立即召开常委紧急会议,认定这首诗是反对共产党的,决定春节后在全县开展大辩论。县委一位书记在县剧团新年茶话会上讲话时,针对着这首诗说:"是不是什么都可以写?难道写反对共产党的还要拿稿费吗?"与此相反,一些地区的群众和干部读者认为,这首诗说出了他们心里的话,互相传阅、刻印;在各种场合下朗诵。省委一位负责同志把作者找去,谈了两个小时,肯定了这首诗。

由于1980年中央11号文件的下达和人民群众的支持,县委要在全县辩论这首诗的决定无形中流产了。

作家"为民请命"的问题始终是一个敏感而又始终没有解决好的问题。记得1979年3月,文学理论批评工作座谈会上,贺敬之在会上发言,就提出过这个问题,但最后不过是在圈子内议论议论而已。熊召政的这首诗写的虽然是一个具体的县里的人物和事情,但具有相当的普遍性,它触及了一些革命资历颇深而又手中有权的官僚主义者。反对官僚主义是社会主义文学的天职,但真正动手写出作品来,再在刊物上发表,就会有些地方、有些人对号入座,并使用手中的权力来反对和压制。熊召政的《举起森林般的手,制止——致老苏区人民》的发表,反对者和压制者,就不仅出在作者所在的那个县及其当权者,在其他地方和系统也大有人在,而且来势汹汹,大有乌云压顶之势,对此,当时的我们是感同身受的。若没有中央的干预,事态的发展恐怕是短期内难于平息下来的。文学的任务固然不全在为民请命,但取消了文学为民请命、为人民代言的使命,就无异于取消了文学!

这首政治抒情诗发表之后虽然遭到一些压力和曲折,但终于没有被埋没,它的光芒丝毫没有受到诬损。中国作家协会委托《诗刊》社主办的"1979～1980年全国中青年诗人优秀诗歌评奖",评委们一致将其列入1979～1980年35篇获奖作品之一。

《文艺报》1980年工作要点

依照"文革"前17年的体制,《文艺报》复刊后,仍是中国文联的机关刊物,不过是文联主席团委托中国作家协会主办。因此,一仍旧贯建立了一个经中宣部批准的编委会。因此,年度计划要分送编委,召开编委会讨论通过。1980年是一个在文艺方针和观念上出现较大分歧的年代,故年度计划更要送编委会讨论审查。2月22日,编辑部把由唐因主持起草的《〈文艺报〉编辑部1980年工作要点》分送各位编委审阅,并很快召开了编委会。改变"机关刊物的性质"是唐因很强烈的思想。

编辑部提交编委会审阅讨论的《〈文艺报〉编辑部1980年工作要点》如下：

一、《文艺报》是中国作协主办的群众性的文艺评论刊物，但并不具有机关刊物的性质。刊物要努力贯彻和体现党的方针政策，成为文艺界百家争鸣的园地，反映文艺界的意见和要求。因此，在编辑思想上，把《文艺报》看成是"权威性、指导性刊物"的想法，是不适当的。刊物上发表的文章，并不一定代表编辑部的观点；以编辑部名义发表的言论，我们也应自视为只是一家之言，欢迎提出异议，进行探讨。这样，才能真正体现"双百方针"的精神，便于刊物编得生动活泼。

二、刊物应当旗帜鲜明地站在思想解放运动的前列，站在为繁荣社会主义文艺而斗争的前列。为此，要在原有基础上，加强刊物的战斗性，并努力提高刊物的理论水平。

三、1980年刊物的中心是进一步深批极左流毒,批评庸俗社会学及其他错误思潮对文艺事业的影响,发展革命现实主义和革命浪漫主义,发展马克思主义的文艺理论。重点包括:(一)联系实际和历史,针对《林彪同志委托江青同志召开的部队文艺工作座谈会纪要》的流毒对当前文艺创作、文艺工作的干扰,对《纪要》的主要理论支柱"根本任务论"等做深入的持久的批判。(二)继续进行关于现实主义问题(涉及文艺与政治、真实性问题等)、人道主义(包括人性论、个性等问题)、美学问题等重大问题的理论上的探讨。这种探讨应当是从实际出发的和论战性的,不登文学概论式的学究文章。(三)提出和参与重要的文艺问题、文艺作品的讨论。在讨论中,编辑部有自己的观点和倾向,但不是必须先有定论,然后开展讨论,最后也不是非作结论不可。(四)大力鼓励、扶植有利于四化的,在思想、艺术上有突破、有创新的作品、作家和创作倾向,及时提出和研究值得注意的创作上的普遍性、倾向性的问题,应特别重视文艺创作的新生力量,加强对新人新作的评论。(五)加强对"五四"以来有代表性的作家、作品的研究,提倡继承和发扬革命文艺的战斗传统。(六)适当介绍外国文艺情况,重点评介在文化交流中对我们有重要借鉴意义的作家艺术家。(七)加强对社会生活的评论。

四、作为以文学评论为主的综合性文艺评论期刊,应有自己的特点。编辑工作的重点应放在加强综合性的和对普遍性、倾向性问题的评论和讨论。对值得重视的新作品和各方面的文艺现象,也要力争有及时的反映,不可偏废,但应避免零敲碎打和广告式的评介。为此,应努力办好综合性评论和评论普遍性、倾向性问题的专栏。

五、增强编辑部的业务研究空气,调动一切积极因素,加强对文艺情况的调查和对文艺创作的研究讨论,从而及时提出选题,组织稿件。编辑部也应有自己的专栏作家。为加强研究工作,编辑部人人都有阅读作品和文艺刊物的责任,定期进行交流和讨论。为此,编辑部应健全文艺问题讨论会以及编前、编后会等制度。

六、征聘《文艺报》通讯员，以扩大和加强刊物和文艺界及读者的联系，培养文艺评论队伍。《文艺报》通讯员的发展对象，主要是中青年文艺评论和积极分子。

七、努力提倡生动、活泼、优美、朴素的文风。刊物的装帧、版式、目录等也应有所革新。

八、月刊已很不适应当前文艺运动蓬勃发展的状况，应积极准备，在适当的时候改为半月刊。

九、今后工作任务必更繁重，编辑部需要增加人力，应积极进行调集适当的编辑人员。

十、开辟下列栏目：

《纵横谈》，文学作品评论，侧重评论一段时间、某一类文学创作或创作、工作中的倾向性、普遍性问题。

《杂感》，关于社会生活的生动泼辣的政论、小品、杂文，既歌颂四化中的新气象，也要批判落后，切中时弊。同时刊登漫画。

《新作短评》，评论新创作，以文学为主，也包括各种艺术创作，评论新创作的某一突破、某一创新，或从作品谈创作上的某一问题。每篇不超过1500字，避免"内容提要"式的介绍。

《随笔》，关于文艺创作、工作的随感、漫笔。每篇千字左右。

《作家论坛》，作家艺术家在生活、创作中的所感所思。

《讨论会》，刊登讨论作品或文艺问题的文章。

《在新长征中》，报道有代表性的作家艺术家当前的创作、活动情况，配合照片或速写。

《作家、作品研究》，对"五四"以来重要作家、作品的研究。

《读者中来》，读者意见或一段时间、关于某一问题的读者来信综述。

此外，还考虑开辟关于文艺创作或掌故、轶事一类的知识性栏目。

这份工作要点在编委会上受到有的编委的严厉批评，主要是批

评编辑部把刊物办成了同人刊物。这次会议上对《文艺报》的批评，显然不止对着我们这些具体编辑人员，而更重要的是对着主编冯牧和孔罗荪，以及副主编唐因。因事关重要，现据我的记录把当时几位编委的发言情况约略地记在这里。

《文艺报》编委会记录

刘白羽：当了编委，我仅尽了一次责任，给我送了一次校样。编委管什么？是不是订个章程？

韦君宜：刊物最大的问题是，有些问题在会上说得多，却都没有在《文艺报》上提出来。可能考虑太多吧。剧本创作座谈会后，有些小说，如《飞天》，全社会都在议论，可是从刊物上看，却似乎没有这回事。小说《人到中年》的评论，也没有发表的地方。剧本座谈会上谈的问题，总应该在《文艺报》上看到吧，也没有。刊物真要做到有群众性，比如扩大到大学生、高校教师，读者就不算小了。编辑部有点求全、求稳，摆架子。

林默涵：我在抓《鲁迅全集》的定稿工作，尽不了编委的责任。《文艺报》的方针不清楚。要不要设编委会？既然有编委会，就要发挥作用，这是起码的民主。要集思广益嘛。不能不要编委会，不能变成同人刊物。现在《文艺报》还是文联的刊物,委托作协领导。所谓领导是指内容的领导。我个人认为,除了文学外,其他艺术方面,还是可以照顾到的。作为文联的刊物,也就是群众性的刊物。文联的刊物,可以有编辑部,但不能成为同人刊物,要反映整个文艺界的意见。应摆脱同人刊物的倾向。《文艺报》应该发表文艺界的各种意见,要贯彻百家争鸣。这一点,我看《文艺报》没有做到。《文艺报》不能只反映一种倾向;反社会主义的,应该反对。都是社会主义的,就应一视同仁。现在没有公开的争论,只是你打你的、我打我的。不同意见展开争论,就有人看了。

刘白羽:第一《文艺报》要考虑时代的任务,要体现党的领导。在文艺界,《文艺报》是最权威的,这一点不能回避。实现四化,培养社会主义新人,到底哪些有利于培养新人?哪些不利?在这个问题上要旗帜鲜明。回顾过去的半年、一年、几年,就看得出来旗帜鲜明不鲜明。不能争论争论就行了,还要有所引导。往哪一个方向引导?别的刊物不用考虑,《文艺报》要考虑。编委会起什么作用?编委会要考虑方针问题。现在,涌现出许多社会主义新人,青年人是教育的对象,《文艺报》要研究思想动向。党组要把这样的文件给编辑人员看,主编要及时向编辑人员传达。不了解动向,评论的标准就很难掌握。要研究我们服务和创作的对象。第二,要贯彻"双百方针"。到今天为止,漠雁的文章①不能发表。现在也有扣帽子的,实际上还是一家之言。第三,发扬文艺民主问题。要倾听读者的意见,倾听各方面的意见。不搞文艺民主,很危险,变成了同人刊物。权威要大家承认才行。在这方面做得很不够,连编委会都不开,连群众的意见都不听,说提倡文艺民主不是空的吗?否则大家都不发表意见了!编辑部对编委会要做到两点:(1)重要的情况要告诉编委;(2)有关刊物方针政策的问题,编委会要讨论,重要的会议也要告诉编委。

林默涵:"双百"不是唯一的方针,但是必须的方针。通过"双百"

---

① 指漠雁批评《在社会的档案里》等一批有争议的作品的文章,后来在《文艺报》上发表了。

鼓励创作，引导有问题的创作，批评错误的东西。很坏的作风要批评。理论方面，通过争鸣发展马克思主义理论。标准还是是否有利于现代化，是否有利于培养社会主义新人。四化与培养新人是一回事。现在是物质生产不足，人的生产过剩。四化搞不上去，有的同志认为是官僚主义、特殊化造成的，其中也有个管理问题。文艺可以批判。还有另一方面：有人说，因为你有官僚主义，所以我们可以罢工嘛。这种倾向，要不要批评？如果都是无政府主义，四化怎么能实行？乔厂长好就好在看到了两面。批评官僚主义、特殊化的作品，不能使青年觉得失望。有没有这样的作品呢？有。既要批官僚主义，又要批无政府主义。（刘白羽插话：作家应有道义。）两个会议（按：指第四次文代会和剧本创作座谈会）后，《文艺报》上没有发表反映创作中的不好倾向的文章，也没有发表很好引导的文章。

在编委会上，我们编辑部的几位负责人是列席，只有听取批评的份儿，没有辩驳的权利。由于立场观点的分歧甚至对立，我听起来，几个编委的发言真像是审判，他们指责我们编辑部把刊物办成了同人刊物，罪莫大焉！我们好像犯了大罪，把《文艺报》搞得偏离了社会主义文艺的大方向！我真为主编冯牧、孔罗荪和副主编唐因感到难受。他们坐在那儿也一声不吭。

编委会开过后，编辑部对《〈文艺报〉编辑部1980年工作要点》做了一些修改，加上了上半年的选题计划，又打印出来，再次分送给了编委。所谓修改，主要是把认为太零碎的第十条删去，放到了下半年的选题计划中去，而对批评最严厉的所谓同人刊物问题，则根本没有动。在第一段里，仍然完整地保留了"《文艺报》是中国作协主办的群众性的文艺评论刊物，但并不具有机关刊物的性质"这句话。现在看来，这句话的毛病是显然的。1954年中国文联主席团会议委托中国作协主持《文艺报》的决议，以及粉碎"四人帮"之后于1978年5月召开的恢复中国文联和中国作协的中国文联三届三次全委扩大会议，仍然维持了1954年的决议，《文艺报》属于中国文联的机关刊物，只是委托中国作协编辑罢了，要改变它的性质，要通过一定的法定手续才行，焉能在一个年度编辑计划里就改成群众性刊物了呢。

对《文艺报》的责难不仅来自编委,也来自一些在立场和思想上与我们相对立的文艺界有影响的人士。作为中国文联党组书记的周扬,也听到和感受到了这些同志对《文艺报》的尖锐意见。3月7日文联党组扩大会议传达五中全会精神时,周扬就在传达中夹带了魏巍对《文艺报》的意见。他说魏巍找过他,说《文艺报》只能发表一种意见,只能发表揭露性的作品。

宋遂良来信谈山东文艺界动向

我们编的《文艺情况》第1期上载有郑兴万、李炳银整理的《本刊举办长篇小说读书会探讨创作问题》一文,扼要报道了长篇小说读书会的一些情况和主要观点,在各地引起一些反响。山东作协也要召开一个中长篇小说座谈会,讨论省内中长篇小说的创作问题。参加我们读书会的宋遂良也被通知参加。他应邀来京参加完我们举办的长篇小说读书会回泰安后,于2月29日给我、郑兴万、阎纲三人写来一信,谈山东作协的这次活动,也透露出山东省文艺界的一些动向。他虽不在省里工作,甚至也不在文艺界,但他信中所谈的,对我们了解山东省文艺界的思想动态还是很重要的。

锡诚、兴万、阎纲同志:

你们好!

昨天,省作协打电话叫我上济南去了一趟(这儿去快车只一个小时)。他们从3月7日起召开一个中长篇作者创作座谈会,让我把参加北京读书会的情况向与会者做一个汇报(他们还把《文艺情况》报道读书会的那个简报印发为会议"学习材料")。会期七天,约三十人左右,还邀请了京、沪出版社分管山东长篇创作的同志参加。

看来我必须去讲一次。他们对我很热情,把我这个发言当作重要议程之一,这更增加了我的惶遽不安。我当周密地慎重考虑各方面的情况,以谈"业务"为主,发表个人的意见。兢兢业业,力求圆满完成任务。

  此时此刻,我很想见到你们,像两个月前一起交谈时那样请教一些问题。但没有条件。有几个大一点的问题,请你们能给我一点指教,以便心中有数。

  一、最近在京召开的剧本讨论会报道以后(《大众日报》前天摘要刊登,受了批评,昨天又以显著地位全文发表),此间隐约地流露过一种"收"或"巧妙地收"的情绪。我以为这不是中央的精神。这个讨论会是积极的,进步的,一切拥护三中全会的同志不应有什么顾虑。是不是这样？这次讨论会是不是还有什么别的精神？

  二、乔木同志去年10月30日关于文艺与政治关系的那个讲话精神,可不可以传达？

  三、其他你们以为值得注意的问题。

  我深知你们十分忙碌,而这类问题又非在信中可以一两句话说得清楚的,只要求你们做一个简略的答复吧。

  我的那篇谈长篇的稿子,已于约十天前寄出,想已收到。另一篇谈浪漫主义的,不日也将完成,去济南前寄出。你们的回信如在3月6日以后,请直接寄"济南山东作协曲延坤同志转交"为祷！

  专此即请

编安！

宋遂良上
1980年2月29日于泰安

  山东文艺界的情况,我们不甚了了,但总的印象是有些当政的人思想趋于保守,《大众日报》的总编辑对待胡耀邦亲自主持并作报告、经过写作班子定稿的《全国剧本创作座谈会简述》采取如此态度,倒是我们没有想到的,在全国是独一无二的。至于省作协,很快召开这样一个中长篇小说创作座谈会,促进小说创作前进,赶上全国文学形势,改变落后局面,不失是一个积极的措施。

"文学,要关注九亿农民"

开春以来,虽然人们普遍对文艺形势感到担心,但总体看来,"伤痕文学"的势头依然强劲,题材在扩大、思考在深化,《被爱情遗忘的角落》等好作品联袂问世。作为刊物的编辑,我为此感到由衷的兴奋。但是,我们也感到作家们在舔舐自身肉体和精神的伤口时,忽视了对他们的衣食父母——农民父老的生活和命运的关注。反映农村题材和描写农民命运的文学作品太少了。我出身于农民家庭,是农民的儿子,我对这一点有特别的敏感。我向主编冯牧和副主编唐因提议,以《文艺报》编辑部的名义召开一次农村题材创作问题的座谈会,倡导一下农村题材的文学创作。主编们接受了我的意见。

《文艺报》编辑部遂于3月15日在沙滩北街2号文化部教育司会议室召开了一次农村题材小说创作座谈会。冯牧和唐因主持了这次会议。会后在4月12日出版的《文艺情况》第5期上发表了以《文学,要关心九亿农民》为题的座谈会纪实。冯牧的开场白说:当前,农村形势发展很快。相形之下,反映农村生活的文学作品与农村的伟大现实是不相称的,存在差距。农村题材的文学创作与其他题材的文学创作相比,无论是数量还是质量,也都存在着差距。

与"十七年"中涌现的大批反映农村生活的优秀作品相比,同样存在着很大差距。当然,文学创作与现实生活之间是有时间的间隔的。优秀的创作只能在作家对已经发生的社会变革和新的事物有了充分的体验、理解和认识之后才能进行。这是要有一个充分酝酿的过程的。我们希望这个时间的间隔缩短得快一些,希望已经出现的这三个差距缩小得快一些。我们召开这个小型座谈会,就是向熟悉农村生活的、在农村题材创作方面有一定经验的各位请教,请大家谈谈经验、问题,探讨一下文学创作如何进一步地、深刻而广泛地反映我们农村社会主义建设的新形势、新变革,尤其是随之而出现的新农民的精神面貌,以引起更多作家对九亿农民的关注,促进农村题材文学创作的发展。

刘绍棠是以写农村小说为主的作家,他发言说:我感到写农村题材的最大苦恼是政策多变。我以前的作品主要是写农村的,短篇写了60篇,虽然都是"光明美好轻飘飘",但现在要出集子,也只能选出6篇。绝大部分都不符合今天的政策了,唯这6篇是远离政策的。我们"十七年"农村小说的致命伤,就是太直接为政治服务了。

刘绍棠

我是这次会议的发起者,平时对农村题材的创作也有些思考。我接着绍棠的话茬说:有的作家紧跟着政治运动写了一些作品,从政治宣传的角度看,也许是好的,他的热情也应该肯定,但随着时间的推移,这些作品已经失去了存在的价值。艾芜同志最近给我们写了一篇稿子,谈他30年的经验教训,主要的一条就是跟政治太紧。他在解放前写了二百多篇小说,解放后,只写了不到二十篇。1979年8月,我在参加上海文艺创作座谈会时,听巴金先生的发言,他也谈到这个问题,他举出的例子,一个是中年作家茹志鹃,另一个就是老作家艾芜。

刘绍棠继续说:是这样。孙犁同志的《铁木前传》今天之所以更加光彩夺目,就是没有紧跟政治。柳青同志笔下的梁三老汉,现在也是打不倒的,而梁生宝就比较概念了。我们今天写农村,不仅要写这3年,还应对农村的30年的历程重新认识,重新描写。1949年至1955年这段历史是好写的。但从1955年农业合作化高潮到1957年反右、1958年"大跃进",就需要重新认识了。一些反映这段生活的作品,现在看来都有点问题。秦兆阳同志也忧虑,《在田野上,前进》怎么办? 浩然同志的《艳阳天》亲切动人,人物栩栩如生,但小说的矛盾焦点是反右斗争和退到初级社还是进入高级社的问题;《金光大道》反映的是两极分化问题。这些现在也需要重新认识了。我曾问一位老贫农对入社后的看法,他说:"给了块糖球,结果我连苦胆都快吐出来了。"我考虑,中国农村生产关系的变革是不是太快了,当时邓子恢同志的主张是不是真的右了? 我看,最近出现的《黑旗》、《李顺大造屋》就是还农村本来面目的好作品。农村这三年的明显变化,是农民富起来了,生产上去了,口粮多了,养猪多了,收入多了。这是光明面。随之而来也出现了投机倒把、盗窃、迷信活动、赌博和铺张浪费等阴暗面。今天我们写新气象,也不能避开这些问题。现在农村题材的作品短缺,我们提倡一下,不是为了配合政治任务,而应反映农民的时代风貌,反映生活的历史真实和现实真实。一定要从过去的图解政策中跳出来,千万不要复这个旧。总结过去的创作,我的最大问题是没有想到塑造人。我只想写农村的政策,为政治服务,忽略了对我的乡亲们的观察和认识。即便写人,也只是以阶级定典型,没有人的个性。我又要回农村去了,我的任务是要去熟悉人,重新认识我的乡亲们。

管桦说:不了解农村,就不了解中国。现在农村题材的作品少了,这是"文化大革命"造成的后果。许多作家长期在农村生活,非调回来搞运动不可,一弄就是十年灾难。一批中青年作家经历了深重的灾难,他们都在写自己感受最深的东西,他们连亲身经历的都写不过来,似乎也就没有时间再深入农村。我们要客观地分析农村题材作品少的现象。这三年文学创作的题材范围扩大了，突破了一些禁区，可以反映知识分子和科学家的生活了，文艺比较活跃起来了，所涉及的社会面也广了，这也是农村题材的作品相对减少的一个原因。我就怕提倡一下农村题材，其他题材就少了。题材应该越来越广泛。文学艺术的任务是创造一种真的、善的、美的灵魂世界，让读者自愿地到这个世界里来漫游，得到对社会生活意义的理解，从而激发起创造真的、善的、美的世界的热情。文学艺术要培养人的情操和美德。文学是人学，文学要写人。中国有八九亿农民，是不可忽视的力量，他们对中央的政策最敏感，他们有丰富的斗争生活和精神世界。文学如果不写人，只图宣传政策，即使是神笔，也写不过来。今天发表了，明天又变了。现在许多作家都准备深入农村，但这和深入工厂不一样，有许多具体困难。比如短期吃派饭还可以，时间长了农民就反感；不少农民住房紧张，同住就不方便。有关领导部门要妥善安排。

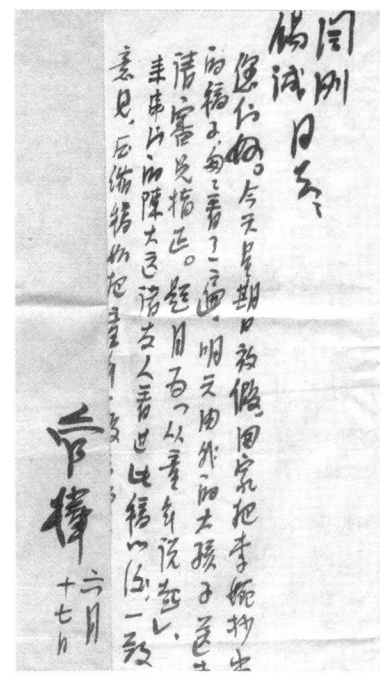

管桦手迹

浩然说：这个会很重要，是为九亿农民征求精神食粮的会议。文学艺术不仅要对九亿农民发挥作用，还有一个形象而准确地介绍农村情况和农民面貌的作用。这30年来，农村变化很大。历史上哪一次农民运动也不像这30年的农民运动——如果把农业合作化当作一次农民运动的话——翻天覆地，触动每一个人，广泛、激烈而深刻，生活既丰富多彩又十分复杂。对30年的各个阶段要作具体分析。作家要站在高高的山巅上。要重感情，但不要感情用事。这30年的农民运动，从整体上讲，从根本上讲，给中国九亿农民带来了好处，他们不受剥削了,不受兵荒马乱的严重骚扰了。这是过去任何朝代、任何政党所不能给予他们的。这是主流。逃荒要饭,只是暂时和局部的现象。如果我们的政策不是这样反复,会给他们带来更大更多的益处,不会有那些灾难和痛苦。这是我近两三年来经过痛苦的反省过程之后,准备再写东西时考虑得出的基调。我过去一直是紧跟政策的。但由于长期生活在农民中间,还没有去写那种浮夸的、胡说八道的东西,作品也有点生活气息。虽然我生活在农民中间,却由于受着一种思想的束缚,我看农民的欢乐多了,看他们的痛苦少了,是睁一只眼、闭一只眼看生活的,所以我没能像有的同志那样写出好作品来。今后怎么办?要重新认识生活,首先要重新认识我自己。农民受到精神和经济上的灾害是不小的。文学可以起到影响农民的灵魂、医治农民精神创伤的作用,从而指导他们的生活。文学特别需要替农民说说话,起点舆论作用;应该狠狠揭露和鞭打那些不心疼农民的人!这种人很不少,官僚主义、霸道作风相当严重。《文艺报》召开这个会,要推动一下农村题材的创作,很符合我的心愿。我是受了内伤的。我再不想去图解任何概念了,我要到生活中去,用我的信仰——只有马列主义、社会主义能够救中国——用我的良心忠实于养育我的农民,去了解农民,描写农民,替农民说话。好的,我歌颂;坏的,就揭露。身体条件差了,我不能"大面积垦荒"了,只能勤恳地去经营我的"两垅地"。就此拉秧,还不甘心,我还要努力再开一茬小花。

浩　然

林斤澜说:"十七年"中,我的办法很简单:一有运动就下乡,一次不落。农村还是年年有运动;即使没有运动,冬闲时也搞整社,搞"打击什么什么自发势力"。这个"打击什么什么",好像是保留节目,没节目时就上它。这两年,我同一些农村业余作者常在一起扯一扯。

他们的情况是:(1)这两年的变化使他们懵住了,这与思想解放不够有关,农村毕竟闭塞一些;(2)写作上的图解问题依然存在,有的小说跟演讲稿一样,从概念出发,提出一个问题,然后再用个概念一碰,立竿见影,问题解决了,这是图解的高峰。北京农村业余创作活跃时期是"大跃进"的时候,那时领导上对我们专业人员的要求就是图解。我们这几块料——管桦同志除外,在50年代坐的是同一个科——紧跟科,紧字科。1958年以后我们跟得是非常顺溜的。(浩然:头一年反右,跟得是不顺溜的。创作怎么办?随后就明确了:"紧跟"才是康庄大道。)你说的是1957年,到1963、1964年又来了一家伙哟。我们写东西的能不考虑这些吗?傻子也得考虑!这三年文艺创作上最好的一点,就是把笔墨放到了人的悲欢离合上,写人了。可是,反映农村生活的作品,尤其是农村业余作者的作品还转得不够。注意写人了,随着又出现两个问题:第一,讲写人,可以图解式地写,也可以不失真地写。过去,跟着写人而来的是典型问题,随着典型而来的是"本质论"。对此,农村作者就是转不过来。"典型要代表一定的本质",中农是动摇的,贫农必定是革命的。你把贫农写得灰溜溜的就不行。我们今天反其道而行之行不行呢?当然也不行。我看还是根据生活,根据生活的真实来写。典型和本质是个理论问题,希望文艺理论工作者能从理论上加以解决。第二,主题问题。对于一篇小说,人们总习惯于用一两句话概括出写的是什么,解决了什么问题;如果一两句话讲不清,就认为小说的主题不明确。高晓声的《漫长的一天》是个名篇,反响很好,有

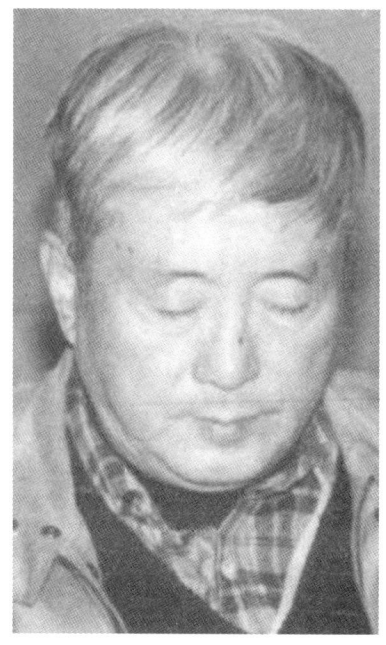

林斤澜

突破。有些农村作者的看法却不同,他们问:"小说反的是什么?反官僚主义还是事务主义?"我曾同高晓声谈过,他说:"我根本就没有考虑反什么,我什么也没反!"高晓声不是提倡无主题。如果说契诃夫一生的作品的主题是反庸俗,可以这么去认识作品主题的话,那么高晓声的作品有主题,不是没主题。在一个短篇里像样地提出个问题,并解决问题,是很难的。如果有这样的短篇小说,也是可以的,但只是一个路子。作家可以走这条路,也可以走别的路,走《漫长的一天》和《陈奂生上城》的路子。过去,我们被前一条路缠住了。

管桦说:打个比方,我们中华民族患了十年的重病,现在渐渐好起来了,一边吃药,一边营养。我把"揭露文学"看作吃药,有的苦一些,但只要对健康有利,就应该肯定;对健康不利的,就停止服用。所以要请医生总结经验,提高医疗素养。中国广大农村封建的东西是严重存在的,不单是婚姻方面,主要是干部作风。这是中国前进、发展的最大障碍。中央是个大医生,对此已经做出了诊断。文学艺术应该当个助理医生,用文学艺术的手段治一治这些封建痼疾,向广大农村的痼疾开火!只要对人民、对党的事业有好处,我们就写,不要怕有人拍桌子!同时,对农民的高尚品质、美好情操也应该很好地歌颂。决不能规定只准写这个、不准写那个。还有,对农村的广大干部,包括县委书记,也应该进行点文学艺术常识的教育。

刘绍棠说:中国的农民是伟大的,但农村干部确实是个大问题。劳模出问题的很多,由于不进行思想改造,社会吹捧,领导庇护,在政治荣誉上进行剥削,渐渐走上了李自成、洪秀全的道路。我很想写一个劳模的悲剧,解剖一下这个问题。我们在歌颂农民的同时,农民的历史局限性也应在作品中有所表现。

阎纲在发言中谈了当前理论界和创作界大家都关心的写普通人物、正面人物、英雄人物的问题。他说:我们的文学有很好的传统,一是写战争,二是写农民,这在文学创作的题材领域里占有很大比重。我们要接过这一传统。"十七年"涌现了不少写农村题材的优秀作品,为我们塑造了许多各具千秋的人物形象。可是,一般给我们印象较深的,是中间人物或落后人物,而不是英雄人物或正面人物。这是什么原因？在英雄人物和正面人物中，也往往是带有缺点、错误的给我们的印象比较深；写贫农时，自私一些的就比只写品质好的给我们的印象深。这又是什么原因？为什么纯而又纯的英雄人物往往站不住脚？这虽然是司空见惯的现象，却需要我们深入考虑。十一届五中全会以后，这一问题可以解决了，连伟大领袖都会犯错误，一个普通的人物又怎能没有缺点错误呢？我们所写的英雄人物、正面人物的缺点错误是从生活中来的，不是为写而写、不是强加上去的。这应该算是塑造人物的一条路子吧？当然也不排斥写十全十美的英雄人物，或出于内容的需要不写英雄的缺点，但不等于英雄没有缺点。路子可以打开些。现在要去描写新的农村，塑造农村的新人，将会遇到一系列新的问题，需要我们不断探讨，摸索经验。近年来的创作，就已经向理论界提出了许多挑战性的问题。理论大大落后于创作了。

几位作家的发言很令我感动。他们对农民的命运和农村的变革都很熟悉，他们也都表现了一种作家的责任感。尤其是刘绍棠和浩然的发自肺腑的发言。他们是我的同辈人，他们为中国当代农村题材的文学做出过不同的贡献，也陷入过一些误区，甚至走过弯路，但他们对自己的创作，表现出了一种清醒的认识和不懈的追求。浩然在20世纪50年代，在我的故乡山东省昌乐县东山王村下放，在那里做过村支部书记，并根据在那里的生活体验创作了长篇小说《艳阳天》等一些作品，长期与那里的农民保持着亲如家人的联系，家乡的父老都把他当成自己人。我对浩然的《艳阳天》一向持肯定评价，对他本人也十分崇敬。他发言里说他受过"内伤"，是指"文革"十年的经历。在一段时间里，文艺界许多朋友对他过于苛责，我在听了他的发言后，理解了他。20年后，1999年夏天，我的家乡县政协秘书长朱彬占先生和小说作家郭建华来京，为他编辑出版了一本《浩然与昌乐》的文集，并到我的住处来向我传浩然的话，要我为之写序，我与浩然通了电话。我接受了这个建议，写了一篇序言。在那篇小序中，我也提到并引述了他在这次座谈会上的发言。我写道：

在新中国成立50周年、也是政协成立50周年即将到来之际,我的故乡昌乐县的政协编了一本《浩然与昌乐》的文集,收录了作家浩然同志与昌乐有关的一些作品、文章、讲话和史料。浩然来电话,嘱我为其写一篇短序。无论是看在家乡父老的份儿上,还是看在多年来与浩然的文学交往的份儿上,我都是义不容辞的。只好勉力而为了。

大凡稍稍研究过浩然的作品和经历的人,都会知道,他之所以能写出享誉一时的长篇小说《艳阳天》及一批以农村生活为题材的短篇小说,之所以能塑造出一大批各色各样的60年代的农民形象,与三年困难时期他在昌乐县的生活积累和情感体验有着莫大的关系。没有1960年在前东村劳动锻炼、当支部书记的那段经历,没有与东村农民兄弟的那种情深似海的交往和生死与共的生活,就不会有取得后来那样的文学成就的浩然。我从文集中看到的是一个有责任感、有良知的作家。浩然把昌乐当成他艺术生命的"第二故乡"。他不忘昌乐这块贫瘠而富饶的土地所给予他的恩惠。他不忘那些在饥饿的夜晚把一碗地瓜面粥省给他的农民兄弟。正如他说的,一口饭就能救一个生命。没有这种情感体验和生命体验的人,就难说他了解农民。当然,除了昌乐外,浩然还有其他距京城更近的生活基地,如河北的三河县。我相信,在作家队伍里,浩然是为数不多的知根知底地了解农民的作家之一。我从这里悟出了,为什么昌乐人总是记着浩然,惦着浩然,想着浩然,敬着浩然。浩然是个有成就的作家,也是个容易被人误解的作家。正如世界上没有完人一样,浩然也是从坎坷中走过来的。他有个时候甚至是遍体鳞伤的。是改革开放及其成就,使他"那么快地挣扎起来"了。这也许成了他的人生财富。新时期初期,我在《文艺报》工作的时候,曾于1980年3月15日开过一次农村题材创作座谈会,邀请他与会参加讨论。我也是农民的儿子,我对农民和农村怀着很深的感情。那次座谈会是我策划的,并为那次座谈会想出了一个"文学,要关心九亿农民"的口号。那次会由已故的老主编冯牧主持。刘绍棠、管桦、林斤澜来了,浩然也来了,并在会上发了言,他的发言很动情,很有新意。

……我听了浩然的发言,感到了他心灵深处的激荡,了解了由"内伤"带来的痛楚,也对他在农民问题上的责任感和同情感抱有认同感。我希望他甩掉包袱,再为农民兄弟写出一些作品来。90年代,他终于又写出了《苍生》。他实现了自己的诺言,值得祝贺。

不同的作家评论家,在农民和农村问题上持有不同的见解是必然的,过去如此,现在仍然如此。现在要分析农村的社会人际关系,也许比以往更为复杂。但没有对今日农村的社会人际关系的正确分析和把握,就很难进入创作,即使进入了创作过程,也很难写出能够概括一个时代的优秀作品来。这是常识。现在,农民和农村问题仍然是作家们应该关注的大问题,毕竟我们还是个农业大国,还是个农业人口大国!可是,关注农民和农村问题的作家太少了!抱着热情和同情来关心农民和农村的作家就更少得可怜了!因此,在这里我还要再次捡起20年前我所说过的那句话:"文学,要关心九亿农民!"当然现在农民已不再是九亿这个数字了。①

座谈会上的另一个话题是什么是社会主义新人和如何塑造新人的问题。这是社会转型时期的现实向文学家提出的一个新问题。关于这个问题的见解有这样几段对话。

叶文玲:河南许多农村业余作者都向我提一个共同的问题:我们现在提倡塑造社会主义新人形象,到底什么样的人算是农村的新人?我也搞不大清楚,请大家探讨一下。

刘绍棠:要给新人定个标准,很难。还是要到生活中去找,去发现,不好下个定义。

刘锡诚:我们现在所处的时代是一个催生社会主义新人的时代,

---

① 《〈浩然与昌乐〉序》,政协山东省昌乐县委员会编:《浩然与昌乐》,长征出版社1999年版,第1~3页。

也许严格的、科学意义上的新人还没有成熟,但文学家的任务就是要发现生活中的新人。

唐因:社会主义新人在生活中是某一方面很有光彩的人,但我们的作品往往把他写成一个完人。生活中没有完人,对作品中的完人,读者也不相信。过去要求把所有优秀的品质集中在一个人身上,光辉灿烂,叱咤风云。这样的完人缺乏真实感。而在思想品质和感情的某一个侧面很具光彩的新人形象,读者是会接受的。

浩然:对。新人要在生活的比较中才能发现,要忠于生活,不能凭空去编。而且新人在不同的历史时期也有不同的标准。总之,新人是那些体现了历史前进方向的人。

(自左而右)冯牧、刘锡诚、阎纲在座谈会上

座谈会上还讨论了农村题材创作中写人与写社会的关系问题。其实这也是文学创作的一般性问题。只是因为我们的文学刚刚从写政策的惯性中解脱出来,正向着写人和人的命运转变,而如何认识社会的矛盾(阶级、阶级斗争、政治运动、生产发展等)、人际关系,如何处理好写人和人的命运与写社会矛盾的关系,成为会议关注的一个问题。

刘锡诚:写农村题材的作品,过去主要是写生产,写政策,现在开始写人了,写人的命运了。但也不能只写人的命运,还要通过人的命运展现社会生活和社会矛盾。长篇《许茂和他的女儿们》在当前农村题材作品中是较为成功的一部,人物命运写得好,但忽略了对社会矛盾的揭示。我们要倡导一下农村题材的作品,要出现一批好作品,还有许多障碍:一是对几个历史阶段缺乏正确的看法,二是相当一批作家缺乏农村生活的体验。

浩然:我们应该强调一下:作家要到生活中去。

唐因:作家深入生活是非常需要的。

浩然:还要依靠在农村生活的知识青年。可是农村的业余作者与城市的业余作者不一样,他们学习和写作的条件太差了,相当困难。得了点稿费也不得了,人们闻风而至,非请客不可,否则就得不到继续写作的环境。我们应该呼吁一下,请有关方面想办法给他们创造一些条件,吃点偏饭。评论界也要对农村题材作品和农村业余作者的作品多鼓励一些。理论的指导是很重要的,以前的文艺理论对文艺创作常常没起好作用,更多的是起了扼杀作用。

刘绍棠:也不要匆忙评论,匆忙评论容易造成一股风;还要注意别评论得过分了。现在,写多少作品,不如有人给评论一篇作品;《文艺报》虽然没有什么权力,可是省市县级领导还是蛮听你们的话的,只要一评一捧,省市县人民代表的头衔等等就都来了。

唐因:如果一篇作品受了批评,一切就都没有了。

林斤澜:(笑)就是这样。我觉得评论不在于是否匆忙,而在于是否从艺术上进行实事求是的、恰如其分的分析。如果仅从政治上、思想意义上分析,图解文艺就会混过关了。要防止图解风再风行,必须从艺术上分析、评论,这也是农村业余作者们很需要的。我们过去对艺术规律的探讨太不够了!

唐因:大家谈得很好,也比较深,听了很受启发。三年来,文学创作很兴旺,显得农村题材的作品有些差距,需要提倡。目前也出现了一些不错的反映农村生活的作品,可以说面目一新,无论思想性还是艺术性,都有光彩。但这样的作品不多,要赶上去,就需要在座的和不在座的作家们的努力。我们做理论工作的,就要为大家敲敲边鼓。

农村是广阔的天地,在那里是大有作为的。这句话对农村文学创作也适用。我们中国新文学的第一个不朽的典型就是农民。"十七年"中有分量、有成就的作品相当多的是农村题材。一个时期以来,由于种种原因,对这方面的题材重视不够。我们预计,农村题材的作品不久就会多起来。今天涉及了许多理论问题。由于理论上的薄弱,许多基本概念至今还搞不清楚。什么叫典型,到现在仍纠缠不清。现实主义与浪漫主义的结合,也说不清楚。这需要理论家们来做。但同时,从文学史来看,任何理论上的问题,最后还要由作家在创作实践中来解决,靠作家拿出光彩夺目的作品来解决。我同意大家的意见,对30年来的农村生活,需要站在历史的山巅上重新体验、重新认识、重新评价。我们的革命,带来了农民革命的全部优点,也带来了农民革命的全部缺点,情况非常复杂。而社会主义新人恰恰是在突破这些因袭的重担,抖落历史撒在他们身上的灰尘中出现的。他们不是从天上掉下来的。大家提到文学要写人,写人的命运、悲欢,这是文学的规律,是几千年文学的实践所证明了的,也是恩格斯在评价德国当时文学的状况时提出来的。他说,德国文学已经有了一个极大的转变,转向写普通人的命运和他们的悲欢。当然,通过人的命运还要反映社会矛盾和社会生活的发展规律。很重要的一条:要到生活中去。我曾在一篇文章中看到一副对联:"四面江山来眼底,万家忧乐到心头。"就把它转赠给绍棠、浩然和各位要深入农村生活的朋友吧。

提出关注九亿农民的命运和精神需求,提倡农村题材的文学创作,对于我们一个杂志编辑部来说,不过是情性之所至,登高一呼而已,真正要使这个思想变为现实,那是作家协会的事。座谈会之后,我也写了一篇题为《想着农民 记着农民》的短论,发表在《文艺报》1982年第5期的"纵横谈"栏目内。仅是振臂一呼而已。至于对"三十年"、"十七年"、"三年"中农村社会的矛盾、人际关系等等深层次的创作问题,对于作家来说是不可绕过的,但与会者显然还没有较为深刻的思考,更谈不上有什么超越以前的认识和见解。因此,不能认为在写人、写人的命运与写社会矛盾的关系上,已经有了什么大的前进。

我们觉得还应再作进一步推动,于是,4月9日又召开了第二次农村题材创作座谈会。参加第二次座谈会的作家都是外省的青年作家:古华、乔典运、申跃中、韩石山、王萌鲜、贾大山。比较起北京的作家们来,这些青年作家与农民有着更多的血肉联系,更了解过去和现在的农民和农村。听着他们的发言,心里有一种电闪雷鸣般的震撼之感。

周扬、沙汀推荐《许茂和他的女儿们》

四川省简阳县红塔区业余作者周克芹写了一部题为《许茂和他的女儿们》的长篇小说,发表在当地出版的内部刊物《沱江文艺》上。这部长篇小说发表后,受到在重庆文联工作的老作家张惊秋(殷白)的赞赏,他写了一篇题为《题材选择作家——评〈许茂和他的女儿们〉》的长文评介这部小说,并于1980年1月将稿子分别寄给了《文艺报》、周扬和沙汀各一份。我们考虑到小说是在内部刊物上发表的,还没有公开发表,便将评论稿退还给了作者。作者收到退稿后,即将这份退稿寄给了陈荒煤同志,请他转给《文学评论》。周扬同志接到殷白的稿子后,便于2月3日修书沙汀,予以推荐,并把殷白的文章和载有《许茂和他的女儿们》的《内江三十年文学作品》一并寄给了他。沙汀收到信后于2月18日给周扬同志回了一封长信(实际上是一篇书信体的长文)。他在信里还说:"罗荪同志来,我们已经约定,等他们看完作品后,就派人来同我就作品交换意见。这事您就暂且不必管它,安心做您目前更为迫切需要您做的工作,等您有了时间,再看那剩下的一部分,然后对作品进行通盘考虑吧!"①由于他这几年与我联系较多,便将周扬和他的通信以及殷白的文章一起交给了我们,并对我说他读了周克芹的小说,也认为是部好作品,建议在《文艺报》发表。在给周扬的信里,沙汀给了周克芹的《许茂和他的女

---

① 沙汀:《关于〈许茂和他的女儿们〉的通信》,《文艺报》1980年第4期。

儿们》很高的评价。

在3月3日编辑部碰头会(冯牧、孔罗荪和唐因都在场)上,决定将周扬和沙汀关于《许茂和他的女儿们》的通信列入发稿目录;限于篇幅,殷白的文章稍后再发。到10日发稿之前的一次碰头会上,唐因提出:"殷白的文章还是应同时发,否则将是一个案子!"于是又决定,殷白的文章与周扬和沙汀的通信一起发表。后来的事情证明了,姜还是老的辣,唐因的考虑比我周到。

编辑部把决定发表的意思,信告了殷白同志。殷白得知沙汀将他和周扬的通信以及他的文章交给了我们,我们决定发表周、沙的通信后,急忙于3月13日给《文艺报》主编冯牧和孔罗荪各写了一封信,历述他的稿子投寄和处理的过程,告了我们一状,并提出了一些要求:"总的意见是:如发周扬致沙汀信而无我那篇东西,可加个注,注明见《四川文学》4月号。这个办法看来有些遗憾。所以我又提供另一办法,我兄如厚爱,是否可以转载形式发表,因为实际上这篇东西已经在《沱江文艺》1980年1月号发出,《文艺报》可以作为转载自《沱江文艺》(专区的小刊物),而不是转载自《四川文学》。事实上《四川文学》也可以说是转载《沱江》的。这样处理似可免去我的遗憾和歉意。而且很可能《文艺报》出在前,《四川文学》再早也要在4月中旬才能见。……"唐因的考虑和决策果然是对的,否则,不真成了一桩"案子"了吗?

当时,我在编辑部里主管文学评论,收到殷白的稿子时,并没有读过在《沱江文艺》上发表的《许茂和他的女儿们》。我们决定退殷白稿子的事应当说也是情有可原的。加上我孤陋寡闻,当时也不知道张惊秋(殷白)是延安鲁艺出身的老同志,退稿一举无疑是冒犯了鲁艺出身的老评论家,尽管我是无知又无意的。现在检讨起来,还是怪自己浅薄,差一点儿埋没了这部好作品。幸得老作家沙汀及时向我们推荐评介文章,又亲自把周扬和他的通信交给我,才把事情挽回过来,最早评介了这部好作品。

周扬和沙汀《关于〈许茂和他的女儿们〉的通信》(2月3日和2月18日)以及殷白的《题材选择作家——评〈许茂和他的女儿们〉》最

终同时发表在《文艺报》1980年第4期上。殷文文末标明:"原载四川省《沱江文艺》1980年第1期,本刊转载时做了删节。"

周扬不愧是修养有素的老批评家,尽管他并没有读完这部长篇,但他一下子就抓住了小说的价值所在。他在给沙汀的信里说这"是一部引人入胜的书";"故事发生的时间是在1975年我国人民和'四人帮'激烈斗争中的一个短暂的曲折时刻,地点是四川的一个偏僻的农村。历史背景回溯到农业合作化初期,展示了从那时以来的时代风云的变化莫测和农村新旧势力的反复斗争,描绘了各种人物之间错综复杂的关系。每个人物的面貌都不相同,亲近如父女之间、姐妹之间的关系,也由于每个人的性格、遭遇和觉悟水平的不同,心灵深处各藏有自己的秘密,彼此也并不能完全开诚相见。人物的命运,和当时我们整个国家的命运一样,走在坎坷不平的道路上。他们在生活中经受了多少的颠簸,心中有多少良好的愿望,他们的思想感情又是多么丰富啊。作者对农村环境和人物个性的描绘是栩栩如生的。谁能说农村不是一个广阔天地呢?谁能说这些普通的每天从事平凡劳动的农村男女,特别是青年男女不是足以震撼大地的伟大力量?当然,我并不是说这部小说已经充分地把农村的广阔天地展现在我们面前了,但是无论如何,已使我们多少看到了这片令人神往的天地,看见了在其中活跃的一些充满活力的可爱人物。小说也描写了我们农村中、社会中的不少消极面、阴暗面,但并不给人以消沉的感觉,相反给人以鼓舞的力量。这是我们现实生活中蕴藏的无穷潜力。我们的文艺作品应当努力表现劳动人民中这种真正的力量。"①

由于周扬和沙汀的推荐,《许茂和他的女儿们》和它的作者周克芹一下子登上了中国的文坛。这部小说的发表改写了进入新时期以来我国文坛没有描写农村题材的长篇小说的历史。它的问世与我们编辑部呼吁"文学,要关注九亿农民"也不无关系。后来,这部长篇小说又荣获了第一届茅盾文学奖。

---

① 周扬:《关于〈许茂和他的女儿们〉的通信》,《文艺报》1980年第4期;又见《周扬文集》(第5卷),人民文学出版社1994年版,第198~199页。

贵州文坛纪事

我们在阅读地方文艺刊物时,发现一些揭露社会黑暗面过了头的、倾向不好的小说。上海出现的话剧《骗子》(又名《假如我是真的》,沙叶新等编剧)等作品引起了从地方到中央的关注,成为中央决定召开剧本座谈会的直接导因之一。贵阳市的《花溪》上发表的短篇小说《黑玫瑰》也是引起当时文坛关注的一篇小说。

在这样的文艺形势下,我决定到贵州去一趟,了解那里的创作情况,并研究一下小说创作的态势。4月19日(星期六)早上六点,从我住的西郊皇亭子新华社宿舍出发,到猪市大街民航大楼前去乘民航交通车。到达机场后,因风力太大,飞机延误到九点才起飞。在候机时,我心里还在想着昨晚读过的张一弓的中篇小说《犯人李铜钟的故事》,便打电话回编辑部,托付同事尽快组织一篇评论。

到达武汉,在机场休息一小时,让旅客吃午饭。那时,民航是不提供午餐的,我在机场买了一包咸酥饼充饥。登机后继续飞行,下午三点到达贵阳机场。我没有到过贵阳,那时也不兴要接待方接机,人地生疏,便搭乘民航的大客车到贵阳市里的民航售票处。下车后,一边打听,一边提着行李步行到科学路66号贵州省文联。《山花》编辑部副主任卓廉操同志接待了我,并把我送到云岩宾馆住下。我对卓说明来意,请他把他们编的刊物和省内作家的作品送我一些,我就在宾馆里读,等我读完后再同他们联系;在我读完之前,不用来关照我。我认为要了解这里的创作情况和写作水平,只有通过自己的阅读,靠汇报和介绍是很难做出准确判断的。

第二天(20日)上午8点钟,《山花》编辑部主任、作家胡维汉同志来宾馆看我。胡维汉1957年毕业于中国作协的文学讲习所,以前曾在上海文艺出版社出过两本小说集。我向他谈了来贵阳的意图:要看些作品,做点调查研究,与作者和编者交谈,了解些创作情况和创作思想。他向我推荐了四位他认为较好的作者:张永龙,中学教师,写小说;李发模,文化馆干部,写诗;廖公弦,《花溪》编辑部的负责人,写诗;叶辛,知青,现已调到作协做专业作家。胡维汉告诉我,刚刚出版的《花溪》第4期,因登了一幅裸体世界名画作封底,印刷厂工人告到了市委宣传部。市委宣传部报到了中宣部。市委宣传部根据中宣部的文件,禁止发行。因这期刊物报废,损失三万多元,所以编辑部的同志们情绪不高。胡维汉向我提出,是否由《花溪》派一名编辑到北京出席即将召开的全国文学编辑工作座谈会。我立即给中国作家协会主持筹备编辑工作座谈会的孔罗荪同志打了电话。孔罗荪当即就同意了,并要我转告《花溪》的同志带几本刊物到会上去。

我在贵阳待了八天,除了在宾馆里阅读当地作者的新作外,我还旁听了贵州省文化工作会议的汇报会,访问了《山花》和《花溪》两个编辑部,参加了由《花溪》编辑部召开的作者座谈会和省作协召开的评论工作座谈会,较为广泛地接触了在贵阳的一些作家。《花溪》发表的贵阳市农药机械厂工人卢勇祥的小说《黑玫瑰》,受到《贵州日报》署名文章的批评,在文艺界引起了一场不小的风波,继而又发生了《花溪》发表世界名画(裸体人像)被查禁的事件,贵州省和贵阳市的文艺界圈子里感到一种无形的压力,情绪甚是动荡。在我参加的这些会议上,听到的是对《黑玫瑰》遭"围剿"的不满和对裸体世界名画与黄色作品界限不清的抱怨。一时间,文艺思想上出现了一些混乱,迫切要求加以引导。

回京后,我在《文艺情况》上发表了一篇《人才辈出 生机勃勃——贵州文坛见闻》,记述我在贵阳调查研究和阅读采访时了解的情况和我的个人看法。全文如下:

> 四月下旬,有机会到贵阳走了一趟,在中国作家协会贵阳分会、《山花》编辑部和贵阳市《花溪》编辑部的帮助和支持下,集中阅读了一些作品,同大约五六十位专业、业余作者进行了座谈和交谈,讨论了当前创作中的一些问题和青年作者的培养问题。一批很有才华而又肯于思考、勤奋刻苦而又有较深厚的生活基础的中青年作者,正如雨后春笋般成长起来,不仅把贵州省的文学创作推到了建国30年来未曾出现的盛期,而且同文学创作比

较繁荣的省市比较起来也毫不逊色。

（一）不必再担心后继乏人了

由于历史的原因，贵州省的作家队伍阵容不算强大。有数的几位老作家如蹇先艾、邢立斌、田兵等，都担负着文化部门的行政领导工作，这些年来创作无多。五六十年代培养起来的一批作家，如傅泽（已经去世）、胡维汉、廖公弦、张克、石果、伍略（苗族）、苏晓星（彝族）、滕树嵩（侗族）等，有的在文坛上很活跃，是一支有潜力的写作队伍，有的还没有完全落实政策，艺术的生产力还没有完全解放出来。

粉碎"四人帮"以后，贵州各地、县涌现出了一大批文学新人。据粗略统计，有一定艺术造诣、经常发表作品的不下四五十人。《山花》、《花溪》两个编辑部经常联系的小说作者有10～20人，贵州人民出版社联系的作者仅诗歌方面就有四百余人，其中经常发表诗的百余人。这些青年作者中有的刚刚崭露头角就显示出了才华。他们创作力旺盛，功力较为深厚，他们的起点普遍比50年代成长起来的那些作者当时的情况高。这些人在当前贵州文坛上最为活跃。他们面对现实，肯于思考，比较少受一些创作框框的限制，也勇于探索。比较优秀的作者，如诗歌作者李发模（绥阳县文化馆）已在全国各地报刊上发表了几百首诗，其中《呼声》和《雪地上》在读者中引起了强烈反响，被认为是比较优秀的革命现实主义诗歌作品。以长篇小说为主要写作样式的青年作者叶辛（原是上海插队知青，现调省作协专业创作）几年来已经发表了两个中篇（《高高的苗岭》、《深夜马蹄声》）、三部长篇（《我们这一代年轻人》、《岩鹰》、《风凛冽》）及一些短篇、散文和电影剧本。短篇小说作者何士光（凤冈县琊川区中学教师）虽然作品还不算多，但善于刻画人物，文章平中见奇，笔底很有功夫，是一位很有潜力、很有前途的短篇小说作者，他的小说《秋雨》(《山花》1979年8月号)和《春水涟漪》(1979年10月号)无疑可以进入优秀作品的行列。六盘水市28岁的青年作者王剑，曾跟随家庭迁移许多地方，生活闻见颇广，创作路子也较宽，除写短篇外,近年已发表了两个中篇:《血染红的弓箭》(《六盘水文艺》1979年第2期)和《无果的花》(《红岩》1980年第1期),目前在百花文艺出版社和《收获》编辑部还各有一个中篇。青年作者张永龙(知青,现贵阳十一中学教师)刚露头角,对农村生活比较熟悉,本人生活道路坎坷,思想深沉,他的小说《黑豆队长》(《山花》1980年第1期)立意新深,不落窠臼,引起了读者的广泛注意,评论界认为是1980年以来比较优秀的小说之一,《山花》第5期又发了他的一篇《留得清白在人间》。女青年作者余未人(《花溪》编辑部编辑)刚刚开始发表作品,她的小说《道是无情却有情》、《玫瑰情思》(《花溪》第1、2期)构思新巧,讲究结构美,人物刻画也有自己的特点,但略显生活底子不够深厚。布依族新起作者罗国凡也值得注意。有相当造诣的作者还有许多,这里不能一一列举。可以肯定地说,这一批中青年作者的出现,大大地扭转了贵州文坛一向比较沉寂的局面,已经可以不必担心文学后继无人了。只要加强党的领导,改善党的领导,继续解放思想,维持三年来初步形成的这种百花齐放、百家争鸣的局面,从中成长出优秀作家来是完全可以预期的。

(二)关于青年作者的培养

刊物是联系和扶植青年作者的中心。《山花》和《花溪》编辑部各有自己相对固定的作者队伍,对全省、全市业余作者的情况了如指掌。他们同作者保持着经常的联系,有时请作者到贵阳改稿或参加读书会、写作班。他们还派人到贵州大学和贵州师院的中文系去讲课,沟通高校中文系同创作界的联系,对于改变高校文科教学中某些脱离实际的倾向,发现和培养学生中有一定才能的作者起了积极的作用。例如他们在学校里发现和培养的作者薄非、石荔(女),都是二十多岁的学生。

今年来,贵州作协分会分别召开了李发模、何士光作品讨论会。事先由作协收集印发了他们的作品,有准备地在座谈会上探讨他们创作的成败得失,肯定成绩,指出不足。这种讨论会也邀请老作家参加,老中青作家聚集一堂,促膝谈心,互相磋商,效果很好。

省里文化部门开会也有选择地请业余作者来参加,使他们更多地了解文艺界的情况,开阔眼界。我这次在贵阳恰逢召开贵州省文化工作会议,到会者除地县的文化局局长、文化馆站负责同志外,还邀请了几十位中青年业余作者到会,而且安排会议的第一阶段就是讨论创作思想问题。

值得注意的几个问题:

(1)贵州大部分青年作者思想解放,敢闯禁区,勇于创新,这是好的一面;但有的同志生活底子还不够厚实,眼界狭窄,影响到他们的创作的深度和提高。已经抽调到省作协搞专业创作的作者,这个问题尤其应注意解决,作协应提供更多的机会和方便,安排这样的作者同生活保持密切的联系,源源不断地获得丰富的生活积累。

(2)贵州有两个文艺刊物,发表了大量的作品,出版社去年一年出版了三千万字的小说作品,是做出了成绩的。但也要看到,一些有影响的作品不少是发表在外地的刊物上的,如李发模的几首有影响的诗、叶辛的小说、王剑的中篇。一些中青年作者反映,贵州不乏人才,但往往自生自灭,成长不起来。这些意见是值得深思的。

(3)加强文艺批评是扶持文学青年的重要方面,不能设想文艺批评很不发达的情况下,文艺创作能达到高度繁荣,即使一个时期出现某些繁荣,也长久不了。许多同志认为,贵州和全国一样,文艺批评不够活跃。理论批评要敢于支持文学创作中的新事物、新探索,同时要敢于批评错误的倾向。对于青年作者的作品不能光捧,要实事求是。有些文学青年作品的调子比较低沉、灰暗,与他们的世界观有密切联系。对此,评论工作者应作有说服力的评论,加以引导。不能把实事求是的批评说成是打棍子。许多同志认为《花溪》第1期上发表的《黑玫瑰》是一篇有较大缺点的作品,但也提出了值得注意的社会问题。作者卢勇祥是青年工人,有一定的写作才能,应该帮助他建立正确、积极的世界观和艺术观,帮助他正确地运用革命现实主义的创作方法。有些同志认为《贵州日报》发表的有些文章批判多,引导少,这样未必有利于"双百方针"的贯彻。当前青年作者中从主题出发的倾向有所发展,他们不是真实地反映社会生活,而是从一个思想或概念出发编造故事。这是"主题先行"论流毒没有肃清的表现,评论工作者应帮助他们逐渐提高认识。

（三）两个积极性比一个积极性好

（1）贵阳市有两个以文学为主的刊物,一家是省文联办的《山花》,一家是贵阳市办的《花溪》。最近贵州人民出版社正在筹办一个大型丛刊《创作》。《山花》去年发行不到5万份,今年第4期邮局要13万份。《花溪》今年起改为月刊,由3万份增到12万份（仅在贵阳市零售就9万份）。两个刊物各有自己的办刊方针。《花溪》以城市读者为主要对象。两家不同风格的刊物的并存、竞赛,对于贯彻"百家争鸣、百花齐放",对于培养作者队伍,促进创作的繁荣大有好处。一篇作品在这家刊物发表不了,可能会在另一家刊物上发表,这是正常的。现在两家刊物实际上已经各自团结了一批撰稿人,发展下去,不排除围绕着刊物形成不同流派、不同风格的作家群的可能性。

（2）贵州大部分地县都有小型文艺刊物,在培养作者方面做出了贡献,在向人民群众提供精神食粮方面作用也不可小视。以遵义地区为例,全地区30万人口,文化馆出版的《遵义文艺》联系的作者就有60多个。省里对文艺刊物加以整顿,提出有编辑力量、有稿源、能达到一定质量的刊物可以保留,不具备这些条件的应根据情况停下来。有的同志认为,由于纸张困难,地区以上的刊物可以保留。多数同志认为,从培养文艺队伍方面来看,两个积极性比一个积极性好,应允许在可能的条件下办好自己的刊物。

我的这篇调查报告是在《文艺报》主编的内部刊物《文艺情况》上发表的,目的是向文艺领导部门提供一些贵州文艺界的情况,也希望能对主要以"伤痕"为题材的全国文坛起一点参考作用。对贵州文坛的估价是否正确,我不敢说。但起码从当地同行的介绍和我自己的阅读中,发现并向全国文艺界介绍了一些崭露头角的青年作家。调查报告发表之后,听说在贵州文坛引起了很大的反响,我把一向默默无闻的贵州文学界介绍给了全国,多数朋友感到满意和高兴;听说也有些人不满意,这也是预料之中的。我写这篇文章既不是上面的授意,也不是官方的文件,只是作为一个编辑和记者的个人观察,我无法使所有的人都满意,我也不负担这样的任务。

我的调查报告发表之后,先后收到一些朋友和作者的来信,与我进行交流与沟通。其中有《山花》编辑部副主任尹伯生,《贵阳晚报》记者兼作者汤世杰、六盘水作者王剑等。汤世杰和王剑后来成了颇有成就的作家。王剑1980年12月26日从六盘水寄来的一封信说:

锡诚老师:

　　近安!

　　一直想给您写信,但始终鼓不起勇气。知道您很忙怕打扰了您。现在趁欢庆新春的机会,能够向您表达我说不尽的感激之情,真是高兴极了。

　　今年6月(按:是4月),您到贵州检查(按:不是什么检查,而是调查采访)文艺界情况,可惜我当时正病倒在床,没有聆听您的教诲,的确是件憾事。这样的好机会多难得,我却失掉了。以后,到重庆《红岩》编辑部修改作品,王群生同志又把您对我省文艺界的情况说了,更觉得感动。

　　正如您所了解到的一样,我是一个在各方面都很不成熟的青年作者。从1974年开始搞文艺创作以来,自己一直很苦恼。首先,是为写不出心声,写不出在艰难困苦中的人们心灵的美;其次,是为艺术修养,为文艺界一会儿东风,一会儿西风的状况。去年4月开始,我逐渐学习写中篇小说,起步就走了弯路——写我并不熟悉的少数民族。第一个小说《血染红的弓箭》就不成功。而后,感到这个路子不对,才转到自己比较熟悉的题材上来，写了《无花的果》、《红白夹竹桃》等。

  10月份，在渝期间，群生同志谈到了您对中篇小说的一些看法，特别是强调了写真善美的问题，给了我很大的触动。几夜不能安眠，总在思索您提出的问题。我感到发掘人们善良的本质，歌颂人性的美好，展示人类的未来，一直是文学创作的主题。即使是18、19世纪那些传世不衰的文学名著，甚至包括批判现实主义的作品，不也是如此吗？您的话成为一把无意间启迪我的钥匙，打开了我锁闭已久的心灵之门。所以我在重庆写了《秋夜，静静的……》，接着，一口气又写了《忘记吧，逝去的岁月》、《心灵的泉》。现在，正在准备《望断归来路》、《啊，落叶》、《虹》、《人的权利》、《消失在夜色中》等中篇的写作提纲，打算明年一气完成。

  锡诚老师，是您给了我勇气，给了我力量，给我在迷津中指出了一条路。为此，我由衷地感谢您。并且，将在今后漫长的岁月里，不懈地努力创作，力争写出一点像样的东西，来报答您的厚望。

  我也知道，创作的道路是艰苦的，有如爬坡，不上则下。但是我相信，有您的指导，有许多编辑同志的帮助，我一定能下决心走下去，走到底！只有如此，才对得起您。

  不敢多占用您的时间。也请原谅我的冒昧。《忘记吧，逝去的岁月》和《心灵的泉》抄正后，本想寄给您请您赐教的，可是……如今还压在手边。等再改一下，而后考虑寄出吧。

  即颂

  安康并问新年好！

您的学生 王 剑
1980年12月26日

  收到王剑这封热情的信后，是否给他回过信，我已记不清了。最使我遗憾的是，我始终没有见过这个很有才华的青年作者。

成　都　七　日

　　结束在贵阳的组稿工作后,我于4月28日乘火车到达成都。从成都火车站乘公共汽车径到新巷子《四川文学》编辑部,编辑部的负责人陈进同志送我到路途不远的锦江宾馆住宿。我在这一天的日记里写道:"时光荏苒,这次来蓉,距上次来此,相隔已经15年了。那是1965年9月,由北京经由成都去西藏,因拉萨天气关系,飞机不能起飞,在成都停留几天,也住在锦江。我还拍摄了一张昙花开放的照片,就在这进门的大厅里,用的单位里借来的禄来福来照相机。昙花开放只有几个小时,拍下来那朵从叶片上伸出来的昙花实是不易,是'文革'前和在西藏拍摄的几百张照片中唯一保留下来的一张,也算青年时代田野工作的一个很珍贵的纪念吧。"那年我才30岁,初生牛犊不怕虎,当时西藏平叛之后不久,交通条件和社会治安都还相当糟糕,我却走南闯北地在西藏勾留了一个月,直到边境上的错那县勒布区门巴族聚居地,并在那里过了一个难忘的国庆节。此番来锦江,这座饭店已是旧貌换新颜了。

　　第二天上午,我徒步走到四川作协分会去报到。在办公室里见了黎本初、陈进和作协办公室的一人(省作协的秘书长唐大同架子很大,连见一见的姿态都没有),向他们说明来意。四川作家不少,如艾芜、马识途、高樱、雁翼、黄化石等,部队的,如丁隆炎(省军区)、凌行正(成都军区,90年代担任了解放军文艺出版社社长)等。这次来蓉,我想了解一下粉碎"四人帮"以来成长起来的文学新人的情况,读些作品,做点调查研究,开个小型座谈会。他们向我介绍的新人很少,说平常《四川文学》编辑部联系的作者有三四十人,比较有点水平的,也不过是三五个人。看来,这里青年作者的成长,与贵州相比,大为逊色。

　　下午,无奈中去拜访四川人民出版社的文艺编辑室,接待我的是吴正贤和杨字心。吴、杨二位向我介绍的四川文学新人有火笛、周克芹、刘俊民(省文联的专业作家)、龚巧明(四川大学中文系学生)、周永年、贾万超。还有成都市话剧团的榴红和《四川文学》编辑部的包川。杨字心写小说和散文，后来与我多有过往，1986年夏天，在成都开中国民间文艺研究会的常务理事会，我是会议主持者之一，一批各地的通俗小说作家找我，诉说中国作家协会排斥通俗作家入会，要求成立中国大众文艺学会。一天，我们就在杨字心的家里聚会酝酿，杨字心买来西瓜给大家吃。到了老年，我内心感到歉疚的是，字心送给我的一本小说和一本散文，我没有写点什么，有失朋友的厚道。

30日上午，美籍华人作家聂华苓女士及其丈夫安格尔先生在锦江宾馆九楼大厅向四川省文艺界作报告，高樱要我去听听。高樱的长篇小说《云崖初暖》由人民文学出版社出版后，他来过北京，已与我相识，我们在刊物上组织过评论文章。他知道我到了成都，特别热情。聂华苓报告的主题是台湾文学情况，安格尔报告的主题是美国诗歌。他们的报告很精彩，既有介绍又有分析，没有什么客套话。聂华苓也很直截了当地指出我们的缺点：大陆文艺的要害是，只讲社会性，不讲艺术性。她的讲话给听众留下了很深、也很刺激的感受。

报告会还没有结束，四川青年女作家包川找到我，要向我谈谈她准备写的四篇小说的构思。她是《人民文学》杂志社举办的"1979年全国优秀短篇小说评选"25篇获奖小说之一《办婚事的年轻人》的作者，现任《四川文学》的编辑。今年初她来京参加颁奖大会时，我们见过面。我听了她讲述的小说构思后，就我作为一个编辑的理解和经验，给了她一些鼓励，建议她快点写出来。我问到她的情况，她向我讲了她的身世和坎坷遭遇。她说她的名字叫包德川，父亲早年毕业于北京大学，在宜昌教书，因历史问题被劳改，死于1962年。母亲是北平女子大学的毕业生，因患肺病也相继离开人世。哥哥于1957年被打成"右派"。受父亲历史问题的牵连，她大学二年级便辍学在家，长期失业，生活困难，贫病交加。"文革"中到街道工厂干活，因提意见，被军宣队指派在街头补胶鞋，精神受到很大刺激，因而住院治疗。在困苦中试写剧本，1975年被推荐到峨嵋电影制片厂任编剧，1978年上北京电影学院编剧班学习，在那里写了上面说到的那篇获奖小说。1979年又在《四川文学》发表了小说《母爱》。她低着头讲述自己的不幸,涕泪满面,泣不成声。

听了包川坎坷而不幸的人生经历,我为她感到难过和同情。在那个阶级斗争天天讲、月月讲、年年讲的岁月里,且不说她的父亲有什么历史问题,对一个女孩子而言,她是无法选择自己的家庭的,而她竟遭遇到了那么多的苦难和不幸。我又转念一想,一个人的不幸也许就是他的财富吧,特别是对于那些想终身献给文学的人!

送走了包川,好久心情才平静下来。开始读《四川文学》编辑部送来的当地作者榴红、何春生、刘俊民、包川、李伏加的作品。我的精神完全沉浸到小说的世界中去了。

正值"五一"节,宾馆里很安静。读作品读累了,便信步到大学老同学张羽军和徐棻夫妇的家里去探访。老同学见面,自是十分高兴。张羽军是张恨水的侄子,比我年长几岁,在校时,就表现出几分文学才能;徐棻是中文系的学生,有表演的天分。在校时,两人在北大的校剧团里演戏,感情很好,现在他们结为夫妻,分别在四川省人艺和川剧团里工作,如愿以偿了。后来徐棻因成绩卓著,成了川剧名角和四川省川剧院的院长。那是后话。

5月2日《四川文学》编辑部与作协分会的行政人员举行聚餐会,邀我参加。那饭店的名称我忘记了,是家老字号。在餐桌上,见到了老作家艾芜和沙汀。沙汀已从北京回到了他久居的这座城市。沙汀和艾芜同住在作协新巷子19号宿舍里。我去看望过沙汀了,没有到艾芜家里坐。中国文联恢复活动之初组织的第一个西南前线访问团,就请艾芜和刘剑青当团长,那时,我已经认识了他,但不像沙汀那样熟。在饭店里见到他,

文坛双子星座:艾芜与沙汀

正有一个与他交谈的机会。我被安排在二老的身边,我们一起喝了酒。

我对沙老说,我想去一趟简阳,见见周克芹。沙老告诉我,周克芹至今还是个农民,且家境十分贫穷,生活相当窘困。他是在非常艰苦的环境中写出《许茂和他的女儿们》这部几十万字的长篇小说来的。我被周克芹的故事和他作品中的人物吸引着,在沙汀的启示下,坚定了亲自走一趟简阳的决心,去会一会这位至今还没有脱产的农民干部和业余作家,听听他的故事。行前,沙老还交给我一些绵阳和万县地区的内部文艺刊物,要我有机会时,见一见那里的作者,同他们谈一谈创作问题。

5月4日,四川文联为我安排了一个作者座谈会。到会的人中间,除了几位年轻作者外,还见到了老作家高樱、黄化石。高樱为人热情,我们虽然不常见面,但常互相惦记。二十多年后,2002年11月第6次全国作家代表大会开会,我们同住在京丰宾馆,见面时

高樱(左)与本书作者

互相拥抱,合影留念。黄化石在我接触的四川作家中是最有性格的一个作家,他出版未久的长篇小说《潘家堡子》在来蓉之前我已经读过,写的是1962年的农村生活,排除"左"的和右的干扰,巩固集体。叙述语言很是生动,有相当的艺术功力,但问题是小说作者所表现出来的思想倾向:是批"左"还是反右?他在座谈会上的发言,牢骚满腹,好像谁都不理解他似的。会开到中午,高樱在家里请我吃饭,高夫人亲自掌橱,约了黄化石和刘俊民作陪,化石再同我谈会上没有谈完的那个话题,主要是表示对他的长篇的评论不多、评价不高,颇是

耿耿于怀。我说了我的看法，他也不同意。作为一个作家，这种愤世嫉俗的性格倒也别出一格，给我的印象极深。几十年过去了，他的形象和性格一直在我脑海中闪动。刘俊民是四川作协的专业女作家，那时刚刚出版了一个中篇，后来却不见这位出道很早的四川女作家有什么作品了。

在成都，我还到《星星》诗刊去拜访过诗人流沙河。因我不搞诗，后来也就没有来往。也曾到峨影宿舍去拜访过老作家雁翼，但没有见到。刚回到宾馆，便接到他打来的电话，约好4号请我吃晚饭，并请赵尔寰来接我。80年代，我与雁翼交往不少，特别是1980年底为电影《山城雪》与邹士明发生的那场笔墨官司，他还来京找过我，并给我寄来一封信和一篇内参稿件，那封信我一直保留着。后来，他下海经商，发达了，就断了来往。2000年5月在《文艺报·文学周刊》主政的何孔周转来雁翼刚出版并签了名的《雁翼名作系列》五册，并嘱我写一篇评论。见到久违了的老朋友的新作和嘱托，我写了《深如潭炽如火——评雁翼〈商人悟语〉》，发表在同年6月27日的《文艺报》上。

到简阳访周克芹

从成都乘火车到简阳，路途虽不远，火车却很慢，旅途甚是寂寞。5月5日我来到位于川东沱江边上的简阳县城。简阳县城就在周克芹供职的红塔区的辖区内。在站上乘坐一辆三轮车到县委招待所住下。招待所离区公所不远。

第二天一早，我打听好路，步行来到周克芹工作的区公所找他。他领我来到他居住的房子——区公所的一间公房。办公室兼卧室，大约有6～8平方米，窗户被堵起来，室内阴暗无光，墙上糊满了旧报纸，床上挂着蚊帐，床上床下到处是书，靠窗摆着一张小小的木质写字桌，上面吊着一个25瓦的灯泡。那部30万字的《许茂和他的女儿们》就是在这里写出来的。此前别人向我介绍说，周克芹生活穷困，他不得不把家里的门板摘下来去卖掉，而为了怕碰见熟悉的老乡和同事,只好扛着门板到本县最偏远的集市上去卖。

见面时他对我说的,与我在京开会时常常听到的,是完全另外的一种思想。他对我说:"罗丹说,文学就是发现美。从司空见惯的事物中发现美,至今还有用。真善美本身没有阶级性,资产阶级可以用,我们也可以用。温柔敦厚,心灵美好,为啥不可以写?作家的高低不在于思想多么尖锐,语言多么尖刻,关键在于从司空见惯的生活中发现美。有人说,龙庆是个中间人物。这说对了。他的内心是美好的。像许茂这样的老农民,我不同意别人那样的写法,他生活的坎坷不幸,是时代造成的,他的心灵却是美的。四姑娘、三姑娘,也都是从生活深处发掘出来的。我是想把美展示出来,同时对破坏美的势力给予鞭挞。在最困难的时候,我们的农民是最能吃苦耐劳、忍辱负重的。"

我听着他的话,环视着他的生活环境,回想着别人向我介绍的情况,我终于从里到外彻底理解了这个周克芹,理解了他为什么要写出那样一个许茂,理解了他为什么要对那些把农民和农民干部写得很坏的作品那样不齿。这个收获,还得感谢沙汀给我的启示。

他还对我说:"农村干部,有一段时间是不看农村题材的文学作品的,因为写得不真实,人和故事都有一个框框,把大家的胃口搞乱了。今天写农村题材,除了要有丰富的过去的生活积累和写得真实外,还要有新的生活的体验。读者对象也变了。现在,区社一级的干部,都是有文化的人了。农村题材的作品,不光是给农民读者看,工人、知识分子也要看。要尽量做到雅俗共赏。"

在周克芹的斗室里,我读到了一封几个青年农民写给他的信,使我的心灵深处受到很大震动,因此引录在这里:

周克芹同志:

我们读过《许茂》后,不禁要问,你是在什么时候来过我们这里,并把这里发生过的很多事情写成了书?也许书的作者——克芹同志,是同我们一样的农民?要不怎能为我们说话呢?

你的书写出了许多我们想说而不敢说的话,你的书教给我们有些不曾明白的道理，你的书对发生那些可悲的事有一定的见解。这是写这本书的人的难能可贵的精神表现。我们中华民族有几千年文明的历史，也有过引以为荣的兴旺时代，但是今天，造成贫穷落后的是谁？根源在哪里？"历史是人民写的"，再过若干年，人们心中又会有一本不是文字写的书的。

　　我们是勤劳勇敢的民众，我们占总人口的大多数，我们生活在农村，经济上极度贫穷，文化上极度落后，这能怪我们懒吗？不是的！统治者们不帮助我们摆脱贫困，不教给我们文明道德，他们却利用庄稼人的弱点制造灾难。在十年浩劫（岂止十年！）的大悲剧中，在有的人看来，造成我国贫穷落后的，似乎是腰无分文、目不识丁的庄稼人！现在看来，真是可笑又可悲啊。

　　作家同志：像这样的书，多多益善，虽然它还不怎么完美，艺术结构对我们这些人来说是并不重要的。之所以要给你写这封信，是因为看过你的书后，郁积在胸中的闷气可以舒散一点，因为你的书还能教我们学到识别真善美、假恶丑的能力。

　　紧握双手！

四川泸县几个青年农民
1980年4月2日

　　这几个农民之所以肯花费半天时间写这封信，愿花费8分钱的邮票寄这封信，是为了什么？当然不是为了出名，而是要向作家表达他们由衷的敬意和他们的一些社会政治观点！这使我明白了一个道理：小说《许茂和他的女儿们》在农民读者中引起的震荡，要比在知识分子读者和我们这些职业读者中引起的震撼，要强烈得多！我们有些评论，与这封三言两语的短信比较起来，显然有些"隔"。周克芹对我说，他对报刊上发表的好几篇关于《许茂》的评论很感谢，但并不满意，也不感到高兴，因为这些评论的发表是在周扬给沙汀的信发表之后不得不发的，评论并不实事求是。他说，周扬给沙汀的信才是实事求是的。

　　我心满意足地告别了简阳。简阳这个沱江边上的小古县城，因出了一个周克芹而使我永远铭记在心。后来,周克芹与我通过多次信。我们的交往是通过沙汀连接起来的。沙汀也一如既往地常向我提起周克芹,要我读读他的这篇那篇小说。1984年周克芹在《青年文学》第1期上发表了小说《果园的主人》。我到干面胡同沙汀住处去的时候,沙老告诉我,他看了,有新意,要我也看一看,有心得的话就写一篇评论。我在沙老的提示下,写了一篇《社会的变革与现实的合力——评周克芹〈果园的主人〉》的评论,发表在1985年2月14日的《光明日报》上。

重庆文坛掠影

从简阳经重庆回京。回想在抗战时期,山城重庆不仅是政治上的国家陪都,而且是文化上的重镇,曾经集中了多少中华文化名人!此前,我没有来过重庆,重庆对我来说是一块巨大的磁石。我一定要好好看看它!

5月8日晨5时15分到达重庆火车站。出得站来,正所谓黎明前的黑暗,只好在车站的候车室里等到天亮后再做打算。7时许,到市委招待所暂住下来。稍事安顿,便动身去中山三路重庆村重庆市文联所属《红岩》杂志编辑部联系工作。《红岩》的前身是《西南文艺》,1951年10月创刊,是中国作家协会重庆分会主办的综合性文艺刊物。五六十年代,曾产生过很大的影响。我上中学时,还常常读这本杂志。1956年6月号出版后停刊,次月《红岩》创刊。

出面接待我的,是编辑部副主任张继楼和散文组组长熊小凡。张继楼是诗人,1958年兴起的新民歌运动中,他来北京开会,我们见过面,算是老相识了。熊小凡则第一次见面。他们向我介绍了粉碎"四人帮"三年来重庆市的文学创作和作者情况。看来,文学创作的现状未可乐观,刊物办得也很艰难,每月有四百多万字的来稿,三分天下,本市占1/3,本省占1/3,外省占1/3。除了几位老作家外,新锐作者,充其量三五人而已。

据我的了解,重庆是个文学大市,新中国成立前就有27家报纸,每天都有副刊与读者见面。现在，四川省的中国作协会员，重庆也占了一半，有105名。但在我的印象中，此地的老作家，除了王觉、杨益言、张惊秋（殷白）、梁上泉、陆棨，以及从部队转业来的小说作家王群生和崭露头角的女诗人傅天琳等人外，在全国有影响的新人却数不出几个来。重庆市话剧团编剧石曼对我说："文革"前，在任白戈任市委书记时，创作出了长篇小说《红岩》，最近几年来，却什么有影响的作品都没有产生。为什么？重庆缺少任白戈这样一个书记！作家的培养与园地有莫大关系。重庆有一百多个作家协会会员，每人每月就算写五万字吧。往哪里发表？市委要求连文化馆的小刊物都要登记，文化局发文件要作家的稿费50％交公。而重庆市文联每年的业务活动费只有8000元，平均每月只有七八百元！订阅报刊、购买图书、出差组稿，连开文代会都成了问题。专业人员下不去，《人民文学》要组织一组反映四化的诗稿，诗人要到郊区一周时间，因文联没有这笔经费，只得作罢。粉碎"四人帮"以来，没有组织过一次编辑人员的创作活动，包括参观学习。编辑成了盆景！

全国剧本创作座谈会成为文艺界关注的话题。大家对文艺形势忧虑重重。重庆的业余作者在与我见面座谈时，对1980年的文艺形势普遍感到困惑和惊恐。《红岩》编辑李跃国说：有位工厂的书记对我说："你们文艺界把社会主义说得一塌糊涂。我上了一堂政治课，不如你们一场电影，一下子冲垮了！"他们把文艺看成洪水猛兽。批评《骗子》、《在社会的档案里》、《女贼》等，有些喜欢文艺的读者说，以后文艺没有看头了。有的作者说，不要再写"伤痕"了，不要说老实话了，还是要写假大空。文艺界出现了些不好的作品，引起了全国的震动。是不是又要在文艺界找几个人开刀了？我们的作者们稍微揭露了点阴暗面的问题，就不得了了。西方的文学作品，如《金环蚀》，揭露到了总理大臣，《警察局长的自白》揭露到了局长、议员，我们是社会主义国家，怎么就那么没有自信？老作家张惊秋说：今年初召开的全国剧本创作座谈会后，下面的思想很紧张。这种思想状态是哪里来的？还不是从几十年政治运动中来的？不能叫纠偏，实际是纠"右"。思想还要继续解放，现实主义还要深化和发展。"伤痕文学"

不是个贬词,而是客观现实。

在12日上午的座谈会上,我见到了已在全国诗坛上小有名气的傅天琳。她显得很柔弱、很文静。她说她已经结束了19年的林场工人生涯,调到了北碚文化馆。从一个集体所有制的工人,转成了国家干部,她感到很满足了。她说,她的杂务很多,想表现得好一点,于是,每天打开水、摆桌凳等,创作不是很多。

这次重庆之行,新朋友老朋友见了不少。座谈会结束后,王觉率领《红岩》编辑部的马戎(编辑部主任)、张继楼、熊小凡请我到饭店里吃午饭。饭馆的名字我忘记了。

张惊秋得到消息,来招待所看我,因他写的关于周克芹小说《许茂和他的女儿们》的评论是经我手处理的,我们之间有了些交往,加上沙汀在成都时对我特别交代,到重庆后要张惊秋帮忙安排与万县几位业余作者见面座谈,因而我们之间又增加了一份私人之间的情谊。沙老嘱咐我与万县的业余作者们开个座谈会,帮助他们提高写作水平。

王群生与我是熟人,我们在北京见过好几次面了,他交谊很广,在北京有不少朋友,因而对北京文坛的动态消息知道得多,创作力也比较旺盛,产量不少。他没有参加座谈会,但他晚上来看我,谈创作问题。我同他谈得很多,包括关于当前中篇小说的成败。前面提到贵州青年作者王剑在给我的信里说,他在《红岩》改稿时,王群生同他交谈创作问题时也说到过我关于中篇小说要写真善美的观点。我离开重庆时,他来送我到朝天门码头上船。

到码头来送我的还有一个人,他是重庆图书馆古典部主任、80年代中期担任《红岩》主编的张胜泽。他于1959年夏天四川大学中文系毕业后,分配到中国民间文艺研究会工作,1959～1965年与我是同事。由康生点名发难,阳翰笙同志的《北国江南》受到批判,于是开始了1964年夏天的"文艺小整风"。中国文联系统的批判矛头集中对着文联的老领导——阳翰笙,领导小组不满足于康生点名的《北国江南》,肆意扩大批判范围,连翰老写于抗战时期的《李秀成》和《铁板红泪录》等一大批话剧,也摆上了批判台。年轻的张胜泽不同意这样的做法，写了一张反对批判翰老这些话剧的纸条传到主席台上。因此，惹来了横祸，被清洗出了中央机关，被逐出了首都北京，回到原籍重庆。我们也是多年未见了，这次在重庆相见，看到他还是那样忠诚无瑕，实在是打心眼里替他高兴。

早 7 点从朝天门码头开船，我在东方红号轮船上度过了一天。这一天是 1980 年 5 月 13 日。到晚 7 时半，轮船泊靠万县码头。望着夜幕下的滔滔江水，脑际不由自主地浮现出了何其芳先生那儒雅的形象。万县是这位诗人兼理论家的故乡。何其芳 30 年代在北京写的最后一组散文，就是根据他孩提时代在家乡万县的记忆而写的。今年年初，文学研究所编辑的《文学研究动态》第 2 期上刚刚发表了美国哈佛大学东亚研究院的庞尼·麦克道高尔（Bonnie McDaugall）为其英译的何其芳诗文选集《梦中道路》（Paths in Dreams）所写的导言《何其芳的早期生活和时代》，这篇经何夫人牟决鸣和卞之琳过目的文章，对何其芳的早期生活与创作的记述和描写，留在我脑子里的印象还很新鲜。可惜，何其芳在曙光初露的 1977 年、改革开放还没有启动的时候，便辞别了人世。如今，在周扬的安排下，由比他年纪更大些的沙汀接替他担任了文学研究所的所长。万县的几位业余文学作者，温传昭（《万县日报》记者）和施荣良（《三峡文艺》编辑）等，在沙汀的策划下，由张惊秋一手安排，早已等在码头的趸船上。利用长江客轮在万县泊岸过夜的机会，我们在趸船上见了面，我根据沙老的嘱托，向他们介绍了当前文学创作的一些情况，他们也向我介绍了万县文学作者创作的情况。我们看不清对方的面孔，你一句我一句地在江风中交谈着，好像是一次老朋友的聚会。老作家沙汀对他们这些青年作者的关心和期望，他们由衷地感激，我也为完成了沙老嘱托而感到高兴。座谈持续到深夜 1 点半，他们又带我登上高高的江岸石阶，但见岸边商家的灯火依然辉煌，藤货竹器，琳琅满目，摊贩的叫卖声此起彼伏。我特意到港务局的商店里买了两把竹编小扇作为此行的纪念。在江岸上告别这些年轻的文友，轮船于夜里 2 时半起航，继续向着三峡的第一峡瞿塘峡和白帝城航行。

对形势的忧虑

我回到北京,看到5月8日出版的《文艺情况》第6期上刊载的读者萧卒(就口气看,作者可能是位地方的领导干部)的文章《忧虑与期望》,文章的观点和我在旅途中所听到的意见十分吻合:文艺爱好者们对《骗子》、《在社会的档案里》和《女贼》的批评处理表示了忧虑和担心。

根据我个人的体会,中央决定召开剧本创作座谈会,是希望改变行政领导方式,以温和而容易接受的方式,通过大家讨论,发扬文艺民主,提高认识,让全国文艺界不要把目光只集中在揭露黑暗面上,要注意文艺创作的社会效果,不要给那些"左"的势力提供把柄和攻击大好形势的可乘之机,但客观上却没有收到预期的效果,至少没有完全收到预期的效果。萧文说:"随着剧本创作座谈会精神的贯彻,有关领导同志在会上的重要讲话都陆续发了下来,报刊上呼吁作家要重视社会效果和以《档案》等作品为分析例证的文章也日渐增多。为了了解业余作者执行创作计划、完成创作任务的情况,我在同业余作者们个别接触中,竟听到了几乎是一致的反映:看来现在是在'刹车'了。于是出现了三种情况:对形势还是吃不透、拿不准,看一下再说;避开'容易引起麻烦'的现实题材,纷纷争写民间传说、神话故事或历史题材;磨平矛盾冲突,或把具有强烈现实意义的题材背景硬推到'四人帮'时期,以求保险。"

这一个月,我从贵阳一路走下来,沿途所听到的与萧文所反映的情绪是大同小异的。如果我们重视社会效果的话,那么,应该承认,对《假如我是真的》等三个有争议作品的处理,不是使人心情更愉快了,而是被浓重的忧虑所笼罩。

《文艺报》举办第二次长篇小说读书会

《文艺报》编辑部第二期长篇小说读书会于5月下旬在陶然亭举

行。各地应邀来京参加读书会的有刘建军(西北大学中文系教师)、郭志友(《长春》文学月刊的评论组长)、田中全(湖北人民出版社编辑)、胡永年(《安徽文学》文学月刊评论编辑)、单复(《鸭绿江》文学月刊副主编)以及本刊编辑部的阎纲、郑兴万、雷达学、刘锡诚。名为长篇小说读书会,其实绝非限于长篇,中篇也在与会者们的视野之中。5月23日召开座谈会,交流看法。30日冯牧和孔罗荪到会与参加读书会的人员见面座谈。

刘建军在发言中说,就与现实生活的联系而言,中篇小说普遍比长篇小说要密切些;而与现实生活联系比较密切的小说,更多受到读者的喜爱。因为我们今天的社会不像19世纪那样稳定。作家们在创作中开始注意探讨怎样对待人和爱护人的问题,这一立场脱离了50年代按照党的政策的要求塑造人的道路,而更类似于文艺复兴时期的人本主义。

郭志友说:在50~60年代,长篇小说在文学诸体裁中占有突出的地位,而在新的时期,长篇的这种地位已被中篇小说所取代。作家们应注意在时代风云的大背景上写人物的命运,一个成功的小说人物能从一个侧面反映出时代的面影。这样不仅写作的角度新,主题也易于突破。高樱的中篇小说《兰》写的是悲剧,但能够给人以振奋。

田中全指出,当前长篇小说在人物塑造上的突出成就,是按照生活中的本来面貌塑造人,而不再是按照既定的概念塑造人,在人物的发展中充分展示其丰富性。周原的《覆灭》中所写的老一辈革命家,有所突破。《人到中年》中的马列主义老太太,写得非常成功。

郑兴万说:要把"文革"写得深刻,关键是要着力写好反面人物,反面人物写好了,作品就能有所突破。孙健忠《甜甜的刺莓》中的那个反面人物实在可怕,他是特定时代的产物。谌容的创作,从《这里是春天》到《人到中年》,在艺术表现上,是一个很大的突破。

这次读书会向编辑部推荐了19部中篇小说:谌容《人到中年》,张一弓《犯人李铜钟的故事》,胡小胡《阿玛蒂的故事》、《呼唤》,鲁彦周《天云山传奇》,孙健忠《甜甜的刺莓》,高缨《兰》,邓友梅《追赶队伍的女兵们》,冯骥才《铺花的歧路》,从维熙《大墙下的红玉兰》,王蒙

《布礼》、张笑天《公仆》、周原《覆灭》、白桦《啊,古老的航道》、陈国凯《代价》、张步真《老猎人的梦》、张抗抗《淡淡的晨雾》、《春夜》、刘心武《如意》。

关于中长篇小说创作面临的问题,阎纲提出,文学要从神学回到人学,从现代迷信中解放出来,恢复革命现实主义。唐因提出,现在长篇小说的普遍性的问题是篇幅越来越长。小说之所以越来越长,无非是两个原因:一是脱离了"五四"以来小说的传统,总是企图注释党的政策;二是总是想探索历史的原因。

文艺局给我们出题目

文艺形势甚是微妙。正如唐达成在6月2日编辑部干部会上讲的:"当前主要问题是文艺要向前发展,而有些人却要力图拉回到'十七年'去。"唐因说:"要加强刊物评论文章的论战性。评论主要是要看是否突破了'十七年',是否批判了庸俗社会学。"

我们编辑部受双重领导,一个是中国作家协会党组,一个是中央宣传部文艺局。中宣部文艺局日前针对当前文艺形势给我们出了一批题目。正当我们讨论下半年的选题计划时,6月4日,编辑部向我们传达落实这些题目。问题涉及很多方面,现只将关于文艺方针政策方面的问题录在下面。

(1)对当前文艺形势的看法,中央的方针没有变。目前不能提出主要倾向是"左"还是右的问题,要根据不同情况分析原因,是什么问题就解决什么问题。最近一个时期,"左"的流毒又有突出的表现。出现一点问题,就有人说是"双百"搞过头了。要组织文章把成绩讲清楚。不能一听到反右,就来了精神;也不能一听反"左",就有劲了。要两条战线作战,该批评的就批评,该保护的就保护。提出文艺中有小资思想(按:这是陈涌在一篇文章中提出来的),还是对的,不能含糊。文艺领导中,官僚主义是有的,既要保护领导的权威,也要保护作者。报刊不宜提反"左"为主或反右为主这样的口号。

(2)我们文艺的口号是"为人民服务、为社会主义服务"。正在准备文章。报刊上不要发表反对这个口号的文章。文艺与政治关系的问题也可以讨论。

（3）胡乔木在内部小范围里关于不要再提文艺为政治服务的讲话，传出去了，有些影响。胡耀邦的讲话就要发表。现在，文艺上还是坚持24个字："百花齐放，百家争鸣；古为今用，洋为中用；推陈出新，××××。"

（4）关于文艺的规律、精神生产的特点，要开展讨论。社会主义条件下生产的目的性是什么，现在还要讨论。文艺，把赚钱放在第一位，是不对的。目前出现的问题，都与此有关。

（5）提出文艺的社会效果问题，是对的。现在文艺出现了一些混乱。有人说，提出文艺的社会效果，是先验的，这种说法是不对的，社会效果还是可以认识的。把社会效果看作是打人的棍子，也不对。

（6）现在谈文艺问题的文章，马克思主义、毛泽东思想的语言不多了。书记处的意见，至少要搞出一篇文章来，讲讲毛泽东思想，《人民日报》、《红旗》杂志要讲，《文艺报》也要讲。

（7）文艺理论上的问题很多，有些问题，要通过百家争鸣搞得深一点。文艺与政治的关系问题，创作方法问题，如现实主义、真实性、两结合，人性论、人道主义，形象思维问题，文艺心理学问题，文艺创造与欣赏心理，歌颂与暴露，社会主义悲剧，讽刺喜剧问题等等。主要报刊要有计划。对《王昭君》有不同意见，虽是名家之作，也可以争论。有人给《文艺报》写了文章，但没有给发表，作者告到我们这里。民族问题要注意。

此外，还有许多问题，如作家与时代的结合、深入生活、思想锻炼问题，文艺立法问题，30年代文艺问题，1957年反右派问题，重要文艺活动家的评价问题等等。

问题很多，我们编辑部经研究，确定下半年抓三个重点：一是政策上要仗义执言，二是文艺的真实性，三是艺术上的创新。

张光年约谈《文艺报》改版问题

由于形势发展的需要,《文艺报》改版(将月刊改为半月刊)的问题被提到议事日程上来了。不仅在编辑部内部多次谈论,也在3月份召开的那次编委会上提出来了。我受主编们的指派,草拟了一份《关于〈文艺报〉自1981年起恢复半月刊的请示报告》,供研究讨论。报告全文如下:

《文艺报》自1949年创刊后,至今已出了364期,其中经历了几个阶段:1956年前为半月刊,1957年为周刊,1958年至1960年为半月刊,1961年至1966年"文革"为月刊,粉碎"四人帮"之后,1978年7月复刊后为月刊。两年多来,《文艺报》在贯彻党的文艺方针政策、评论和推动社会主义文学艺术的繁荣与发展、培养和扶植文学新人方面做了一些工作,特别是在揭批"四人帮"的极左文艺路线,肃清流毒,拨乱反正,推动思想解放,发展社会主义文艺理论批评方面,做出了一些成绩。

文艺战线是一条广大的战线,文艺工作、文艺创作、文艺队伍诸方面,都存在着很多问题。许多基本理论问题,包括现实主义、人道主义问题,创作论方面的一些问题,有待于通过扎扎实实的、深入的研究和百家争鸣加以发展,从而逐步建立起我们自己的马克思主义文艺理论体系。粉碎"四人帮"后,创作界人才辈出,创作空前繁荣,许多作家、作品需要及时地加以评论和引导,从而逐步培养一支既有马克思主义理论修养,又有高度鉴赏力的文艺批评队伍,努力改变目前文艺批评的落后局面。此外,文艺部类甚多,文学之外,电影、戏剧、音乐、美术、舞蹈、民间文学、摄影等方面,也存在一些迫切的问题需要《文艺报》以适当的方式加以探讨。过去《文艺报》还担负着一部分外国文学问题的评论任务和对外文化交流的报道任务,这两年来尚未能顾到。鉴于文艺界需要探讨的问题很多,理论战线急需尽快赶上形势发展的要求,我们认为,适当扩大《文艺报》的篇幅,增加一些容量,缩短周期,是符合文艺界同志们的要求的。为此,我们建议,《文艺报》自1981年元月起改为半月刊,每期3个印张即48面,由现在每月发稿8万字增至每月发稿13万字左右。

恢复半月刊后,编制拟稍加扩大,由现在的33人增至××人;拟成立外国文学组。

当否,请中国作家协会党组批示。

《文艺报》编辑部
1980年4月18日

6月16日下午,接作协党组书记张光年通知,《文艺报》编辑部主要骨干唐因、唐达成、谢永旺、刘锡诚、陈丹晨到他家里谈话,商讨如何增强《文艺报》的战斗性和明年改半月刊的问题。除了我们5人以外,他还约了陈荒煤。陈荒煤是《文艺报》的编委,在文艺观点上比较一致。有他参加,也可以为张光年和我们《文艺报》编辑部出谋划策。张光年在6月14日的日记里写着:"翻阅《文艺报》上几篇文章,感觉该刊对待文艺界思想矛盾,缺少鲜明泼辣的反映,太平淡了。"①

张光年说:要写一篇《蒋子龙论》。(他说这话的背景是,编辑部接到有关蒋子龙的一封告状信,我们已决定从研究室和文学评论组抽调记者去天津调查蒋子龙的问题。)

陈荒煤说:我给蒋子龙写了一篇序言。他的突破是从写阶级斗争为纲到不写阶级斗争为纲。一个作家走过一段弯路,就把人家一棍子打死,如蒋子龙,如浩然,这是个政策问题。

张光年说:蒋子龙的《乔厂长上任记》是不是第一个反映重点转移的?是不是反映了重大现实?这部小说有点浪漫主义。今后,不必再去强调革命现实主义与革命浪漫主义相结合,但也不要批判和反对。大家趋向于用革命现实主义。我不大同意只用现实主义。革命的现实主义,实际上就是社会主义现实主义。还是高尔基关于社

---

① 张光年:《文坛回春纪事》,海天出版社1998年版,第177页。

会主义现实主义的见解好,是社会主义文学的开山祖。把革命浪漫主义作为现实主义的一个组成部分。我们不能放弃社会主义、无产阶级文学这面旗帜,这个大框框还是要。至于其他的,哪怕是《在延安文艺座谈会上的讲话》或《关于人民内部矛盾的问题》中讲的个别论点,确实过时了的,就不必再宣传了。蒋子龙正是我们所需要的作家。不怕写艰苦、写矛盾,但要强调写斗争。他是从学习三四十年代苏联建设时期的文学中走过来的,技巧还不成熟,模仿,不凝练,枝蔓。但可贵的是他坚持了现实主义和革命浪漫主义,这正适合广大青年、工人、老干部读者的口味。他遭到打击,但始终不放下笔。《新港》上发表的这篇《基础》我刚看完,还是有内在的、推动生活前进的东西,写得相当深刻。把我们党的基础都腐蚀了,要从头来;但一号召,就又行动起来了。这不能叫光明的尾巴,很感人。这个作者不是为名利而写作,不是品质很不好,有意讨好"四人帮",想做官,附和时好。我很愿意和他谈谈。荒煤的文章,就拿给《文艺报》发表吧。

陈荒煤:《文艺报》改半月刊势在必行。要下决心与冯牧商量商量,给中宣部打个报告批一下。关于领导问题,编委会要经常开。现在刊物办得活泼有余,泼辣不够,旗帜不鲜明。安定团结,不进行斗争不行,很多事情要斗,斗了就能达到安定团结,不斗,流言蜚语、胡说八道就会大行其道。有些重大问题,还不敢打起旗子来。完全从关系上考虑,这样不行。要及时评论,也要有长远计划。要花工夫研究问题,写出驳不倒的文章来。要切实从研究作品入手。《人到中年》就要写这样的文章,要肯定它是革命现实主义的作品。北影厂党委有人说,这部作品坏就坏在没有写一个坏人,也没有写"四人帮"的迫害,就是制度不好!《文艺报》缺有分量的、扎扎实实的文章。要替作者说话,驳斥错误理论。这样的文章即使不能每期都有,但重大问题一定要有。应有具体的选题计划。蒋子龙从一个工人到作家,要总结。过去,工业题材的文学作品从来没有引起这样大的反响。要通过对大量作品的分析,提到理论的高度。周扬催我把马列主义文艺理论学会搞起来,把研究工作抓起来。《文艺报》不管在哪儿,还是理论中心,还是权威。明年编委会要改组,扎实地参与工作。

张光年:要经常发表些读者来信和作家书简。

陈荒煤:对老作家的作品也要注意。

张光年:周立波、沙汀、艾芜的作品,应该写文章。《周立波短篇小说集》就很有特色,值得青年学习。

张光年约我们编辑部5人到他家里就《文艺报》改版问题谈话之后,改版问题就算定下来了,从组织系统来说,剩下来的就只是个手续问题了。还有一道手续,就是召开编委会通报和讨论一次。7月29日,以冯牧、孔罗荪、唐因三人的名义向编委们发出通知,于8月4日上午在新侨饭店六楼会议室召开编委会,"回顾今年以来《文艺报》的工作,研究如何改进以及准备在明年改为半月刊的问题"。

贺敬之谈文艺形势

第四次文代会和剧本创作座谈会之后,各地文艺界出现了一些忧虑的情绪。中宣部文艺局于7月3日召集首都各文艺批评报刊负责人汇报情况,然后由贺敬之谈文艺局对文艺形势的估量,向我们通报。今年以来,文艺界相当多的同志冷了下来,吹起了一股类似去年4、5、6月间的冷风。中央发了11号文件,规定各级党组织不能对文艺作品横加干涉,而有的省却不予执行。如黑龙江省对文艺进行调整,开文联党组扩大会,又由宣传部召开党员骨干会,讲《人妖之间》是与社会主义对立的。有的地方仍然存在着简单粗暴现象。有些党员作家和领导,任意解释党的文艺方针路线。北京作家李×提出,文艺复兴必须打碎一切旧的理论——他指的是马恩列斯。陈涌的文章提出的小资产阶级思想、封建思想问题,昨天的社论里提出了"三资"——小资产阶级、资产阶级、封建主义思想,引起了强烈的反响。

我们《文艺报》汇报的要点是:(1)当前文学评论不很发达,发表园地的不足,已成为束缚艺术生产力的一个障碍,建议出版一张报纸。(2)《文艺报》发表的文章中提出"十七年"文艺的缺点,主要是说作品中图解政策,受到了有的作家的指责,他们说我们在否定"十七年"。(3)批评了创作中的不良倾向,但又没有讲清楚,许多人以为要

"收"了,刊物上也不再发揭批"四人帮"的作品了。《文艺报》发表了于晴(唐因)的文章、胡乔木的讲话、剧本创作座谈会的简述,这样一来,有些作品在地方刊物上可能发不出来了。(4)一部分青年作者对生活不熟不深,思考受到局限,主题开掘不深,靠编故事写作。(5)创作中对人性的开掘和对封建主义的抨击值得重视。

在听了《文艺报》和《人民日报》文艺部主任袁鹰的汇报后,贺敬之发言。他发言涉及的面很广泛。谈到加强文艺批评时说:要提高文艺批评的战斗性和科学性,是什么问题就是什么问题,方针政策的问题,看准了就要有点火力。抓什么题目?胡耀邦同志的意思是要组织文章讲一讲两条战线的斗争,讲一讲用这种观点观察问题、分析问题。现在有极左,简单粗暴,违反11号文件。对此我们要发言,至少在主要阵地上发言,而且这一段时间要有一定声势,造成气候,兄弟报刊要相互配合。对从右的方面怀疑"四个坚持"的,也不能忽视,要旗帜鲜明。小说《调动》不是一般的格调不高,它对我们的社会,有一个评价,一个是苍老的声音,一个是年轻的声音,我们的社会怎么是这样?那还有什么希望?我们认为批评得不够。对《人到中年》的批评,如果是教条主义的批评,也要写文章反驳。抓写农民,《文艺报》抓得很对。文艺队伍中,有的人品质很坏,打着受迫害的旗号,其实比谁都"左"。该表扬的表扬,该批评的批评,不要吞吞吐吐。

关于中篇小说《人到中年》

谌容的中篇小说《人到中年》要在《收获》杂志1980年第1期发表的消息,我在1979年12月份就知道了。那时的谌容是某中学的老师,因写作与教学发生矛盾,她也就干脆在家里不去上班,学校里不再发她工资,事情闹得很僵。我因写《永远是春天》(《收获》1979年第3期)的评论,到她家里去与她交谈,也就与她相熟起来。我向中国作家协会秘书长张僖同志反映了她的处境,张僖愿意为她的事出面向北京市有关方面斡旋。后来她的工作和工资终于得到了圆满的解决,调到了北京市文联。

第四章　与人民同呼吸(1980)

(自左而右)周明、朱子奇、陆石、张光年、张洁、周扬、谌容在第四次文代会上

记得有一次我到她家里去,她向我出示《收获》杂志排好的《人到中年》的校样,我先睹为快,振奋之余,就写了一篇评论,拿去请她看。她嫌我的题目太过严肃,帮我改成了《为中年干杯》,我为她改的这个题目而高兴,到底是作家,思维就是不一样! 很快,我的文章就安排在《文艺报》1980年第3期上,差不多与发表《人到中年》的《收获》第1期同时面世。这是评论《人到中年》的第一篇文章。

《人到中年》发表后,陆续听到对这篇作品的不同的声音,有的还上纲上线,在思想内容上予以否定。前面提到,陈荒煤在张光年家里研究《文艺报》改版问题时说,北影有的人说,小说《人到中年》坏就坏在没有写一个反面人物,是写我们的制度不好! 大概还因为作者在小说里写了个外号"马列主义老太太"的人物,触动了某些老干部的神经,于是就认为小说给老干部、给社会主义抹黑。我正式听到关于这篇小说受到攻击的消息是在7月3日中宣部文艺局召开的主要文艺报刊汇报会上贺敬之的发言中。其实,在此之前,我们在讨论选题的编辑部会议上,议论到北京市人代会的报告,在历数北京市文艺成就的段落中,压根儿不提这篇作品,就反映了北京市主管意识形态的某些人的态度。

据我个人的见闻,当时已经见报的评论文章(按时间顺序)还有:陈丹晨《一个平凡的新人形象》(《光明日报》3月26日)、陆寿钧《买书·读书·写书——〈人到中年〉和它的作者》(《文汇报》4月8日)、诸晓《衣带渐宽终不悔》(《文汇报》4月29日)、梅朵《我热爱这颗星》(《上海文学》第5期)、朱寨《留给读者的思考》(《文学评论》第3期)、《读者对〈人到中年〉的反应》(《人民文学出版社业务简报》6月7日出版之第8期)、晓晨《不要给生活蒙上一层阴影》(《文汇报》7月2日)、王振复《独特的个性美——也评小说〈人到中年〉》(《文汇报》7月5日)、谌容《写给〈人到中年〉的读者》(《工人日报》7月7日)。这些文章,都是在肯定《人到中年》创作成功的前提下的见仁见智的评论。

一篇明明是优秀作品,却受到误解或无端攻击,因此我们有责任出来捍卫它。于是,《文艺报》编辑部匆忙上阵,于7月10日在作协简陋的会议室里召开了一个小型的《人到中年》座谈会。会议规模虽小,出席的人却都是些文艺批评界有影响的人物。他们是:李清泉(50年代《人民文学》编辑部老主任)、朱寨(文学研究所当代文学研究室主任)、闻山(《文艺研究》编辑部主任)、张炯(文学研究所)、王春元(文学研究所理论室主任)、顾骧(文化部理论政策研究室)、张钟(北京大学中文系教授)、郭志刚(北京师范大学中文系教授)。与会者众口一词,一致高度评价这篇小说,其成功之处,一是以独到的视角反映了知识分子的生存状态和当今社会情况,主题具有普遍意义;二是写了一个成功的知识分子新人物——陆文婷;三是塑造了一个"马列主义老太太"典型。也指出了一些败笔,如对姜亚芬这个人物的处理和刻画。但那不过是璧中微瑕而已。召开这个座谈会的意图是一目了然的,无非是要给那些从"左"的方面或如贺敬之所说的站在"教条主义"立场上来否定该作品的人一个强有力的回答。而且我们还打算在其他地方(如上海)也举行这样的讨论会。

反封建主义与反官僚主义

自从我们提出文学要关注九亿农民、重视农村题材以来,文艺界加强了对这类题材的作品的关注和评介,社会效果很好。开春以来,各地文学刊物上发表的农村题材小说逐渐多了起来,《北京文艺》、《汾水》、《奔流》等刊物纷纷推出了一些好小说。备受关注的作品,除了《陈奂生上城》之外,又出现了《笨人王老大》(锦云、王毅,《北京文艺》1980年第7期)、《春秋配》(乔典运,《奔流》1980年第2期)等。

要写农村生活和农民,要把农村题材写得深刻,就要反映当前的社会矛盾,而当前农村的社会矛盾和人际关系又是怎样的呢? 浩然小说里写的那个时代的社会矛盾和人际关系是阶级关系,所有矛盾都沿着阶级和阶级斗争这条线展开,现在显然不可同日而语了。当前农村的人际关系究竟是怎样的,不仅作家们闹不清楚,就是那些高层的社会主义理论家们,也还没有提供出有说服力的答案。我们从新发表的小说里看到,反封建主义和反官僚主义的主题,不约而同地突显出来。所谓反封建主题,主要是婚姻不自由问题,妇女人权和人格问题,如《绿色的山冈》(成一,《北京文艺》1980年第4期)、《杜鹃啼归》(《青春》1980年第6期)、《崔主任和蓬头鸡》(《青海湖》1980年第6期),都写了婚姻不自由给妇女造成的人生悲剧。这个曾经是"五四"文学关注点的社会问题,如今再次成为文学的重要主题,受到作家们的关注。不过,在新的社会条件下,通过爱情、婚姻表达反封建的主题,往往与反官僚特权结合在一起,成为一个新的时代特点。

反特权问题的提出,还有一个重要因素,就是黑龙江省某些人为《人妖之间》里写的那个大贪污犯王守信辩护,于是中央决定向黑龙江派出一个调查团调查此案。唐达成此时在编辑部里还没有派定职务,我们便在编辑部专门设了一个研究室的机构,他是该室的负责人。在编辑部里,研究室实际上是闲职,时间和任务都有很大弹性,于是,就派他去参加调查团赴哈尔滨。

7月份我们在编辑部会议上多次议论这一文学动向和这一批评思想。孔罗荪在编辑部里谈当前社会等级制度时说,连死人进八宝山都有规格,老百姓为此编了笑话。作家要为民请命,要在评论版面和"纵横谈"栏目里编发谈反封建和反官僚特权的文章。唐因把文章的题目都定下来了:《反封建是新时期文学的重要主题》。

《当代女作家作品选》的遗憾

《当代女作家作品选》初版封面

我与《文艺报》文学评论组的同事高洪波、雷达、李炳银三位同志编选的《当代女作家作品选》第1、2册,于1980年8月出版了。(全书共3册,第3册是1982年出的。)这部书出版后,很快得到了读书界和海外的好评。那时,西方对中国当代文学还很陌生,连鲁迅这样伟大的作家,外国人知道的都不多,更谈不上有什么女作家了。有一次,我听杨沫说起,美国人就是从这部书中知道她,并翻译了她的作品的。过了不久,英国海涅曼出版公司从中选了12位作家的作品译成英文出版。

此书的出版得到了花城出版社的支持。之所以起意编选这部书,是鉴于在新时期开始以来,女作家蜂起,成为文坛一大景观。正如我们在编后记里说的:"在我国文坛上,女性作家是一支不容忽视的力量。她们以各自独具风格的作品,赢得了读者的喜爱,丰富了我国文学艺术的画廊。她们的作品里凝聚着丰厚的社会内容,产生过并将继续产生广泛的影响。"新中国成立以前,出版过这类的书,但时代已经发生了巨大的变化,许多作品已经被时代淘汰了,而新起的作家和新发表的作品又没有人加以遴选。所以,我们在这部书里选录了今天活跃在文坛上的37位女作家的代表作。港台的女作家不在其中,已经过世的女作家也没有选录。

稿子寄交出版社之后,我们《文艺报》的主编孔罗荪转给我一封老作家锡金写给他的信和穆立立提供的已故女作家彭慧的一份简历。看了材料后,我心中感到一种遗憾和不安。彭慧1957年被错划为"右派",于1968年受迫害而死,理应将她的作品收入我们所编的选集中。但书稿已定,已经无法弥补了。于是,我就把锡金给孔罗荪的信和穆木天、彭慧的女儿穆立立提供的有关材料,放入信箧收藏起来,以便找机会把这些材料公之于众。现在,这个机会到了,我就把这些材料附在下面:

罗荪兄:

我于15日来京,现寓人民出版社鲁编室209号房间。来此是参加《鲁迅日记》注释的定稿工作,为期约半年。反正年底前要走的。

今天接到穆立立(木天和彭慧的女儿)寄来的两份她给《中国文学家词典》提供的彭慧简历。她要我把一份转寄给你或《文艺报》的其他同志,因为她听说,《文艺报》编辑部在编一部《女作家作品选》,所以提供你们参考。你转给适当的同志吧。

她又说,据她所知,人民文学出版社今年出版的《中国现代小说选》中,选了彭慧在1939年写的《彩凤家妈》;语言学院编的《女作家作品选》中,收了彭慧在1947年写的《皮大衣太太》。她说,如果《文艺报》编辑部没有找到彭慧的适当作品的话,她建议你们采用彭慧在1932年以"慧中"的笔名发表在《北斗》(第2卷第3、4期合刊)上的《米》。

等因,奉此:即希转咨贵部,实为德便!

乃超见过一次。适夷见过四次。萧军见过一次。"左联50周年纪念"时你坐在汽车里,没见着。我往主席台上找,看见了幸之、于伶、艾青,没看见你。可能挡住了视线了。

你是很忙的,我也很忙。有半年时间在北京,总会见面的。

玉屏在北京吗?

宝权、培兰夫妇问好。

即颂

日祺

锡　金
1980 年 3 月 29 日

也可能年底还不走,因为郭(沫若)编室要我注释《洪波曲》,有你和乃超还有适夷在京,有靠山,我胆子大些,因此答应了,但说等我把《鲁迅日记》的工作结束了再开始。那就可能是明年的事。又及。

附:彭慧简历

彭慧(1907.7.10~1968.7.12),现代女作家、文学翻译家、教授。原名彭涟清,曾用慧中、涟清等笔名。湖南长沙人。自幼父母双亡,寄住外祖父家中。小学毕业后,入湖南省立女子师范学校读书。因受《新青年》影响,曾用白话文写小说发表在该校学生自治会会刊上。1925 年由于带头闹学潮,未及毕业便离校往北京,考入北京女子师范大学。翌年加入中国共产党。1927 年到武汉,年底被派往莫斯科孙中山劳动大学学习。1930 年回国后,在武汉、上海从事地下党工作。1931 年底,调到左翼作家联盟,为左联党团成员、执委,并担任过大众工作部和宣传部的工作。1932 年在《北斗》杂志(第 2 卷第 3、4 期合刊)上发表短篇小说《米》,从此开始文学创作和翻译活动。作品散见当时的文艺杂志。所译契诃夫的《草原》于 1937 年由读书生活出版社出版。1937~1938 年在武汉从事妇女救亡运动,并参加发起成立中华全国文艺界抗敌协会,写了一些宣传抗日的诗歌和有关妇女救亡运动的论文。1939~1940 年在昆明写了《还家》、《彩凤家妈》等短篇,收入《还家》集。1942~1946 年先后在中山大学和桂林师范学院任教。同时,翻译了契诃夫的《山谷中》、班台莱耶夫的《致胡佛总统的一封信》(均载《文艺生活》)和托尔斯泰的《哥萨克》(1948年文通书局),并以抗战时期国统区劳苦妇女的悲惨命运为主题写了一些短篇小说,登在当时的杂志上。1947~1949年在上海写了《皮大衣太太》、《马校长》、《洋外套》(均载《现代妇女》)等反映蒋管区社会黑暗和人民困苦生活的短篇,翻译了苏联女作家薇拉·英倍尔的《列宁格勒日记》(1949年国际文化服务社)和托尔斯泰的《爱自由的山人》(1952年北京师范大学出版部)。同时,从事妇女运动,任《现代妇女》杂志编委,写了一些有关妇女问题的评论。1949年参加全国第一次文学艺术工作者代表大会,随后赴长春东北师范大学任教。1950年调到北京师范大学教授俄罗斯文学与苏联文学。曾任北京师范大学中文系党总支书记,中国作家协会委员、民盟北京市妇女委员等职。新中国成立后,结合教学写有《普希金研究》、《托尔斯泰研究》、《俄罗斯批判现实主义研究》、《苏联文学上社会主义现实主义的发展》等讲稿与论著。翻译了布宾诺夫的《白桦树》。1954~1957年曾担任《文艺学习》杂志编委,为该刊写了一些介绍苏联作家与作品的文章。此外还写过《论〈红楼梦〉的人民性和它是否市民文学的问题》(1956年9月《人民文学》)以及其他评论文章。"文化大革命"中被"四人帮"迫害致死。她在"文化大革命"前完成的长篇小说《不尽长江滚滚来》,1980年由人民文学出版社出版。

锡金与孔罗荪抗战初期都在武汉"文协"任编辑,彭慧也在武汉从事妇女救亡工作,他们交谊很深。新中国成立后,孔罗荪在上海编刊物、做作家协会的行政领导工作,彭慧在北京师范大学任教,锡金在东北师范大学任教。1980年锡金被借调到人民文学出版社参与《鲁迅全集》的校订工作。

我们只着眼于当时活跃在文坛上的女作家和刚冒头的青年女作家,而多少忽略了由于种种原因暂时搁笔的一些名家。除了前面说的彭慧外,从30年代就在文坛上既能编又能写、非常活跃、曾被郭沫若描绘为"豪气千盅酒,锦心一弹花,缙云存古寺,曾与共甘茶"的赵清阁,40年代京派作家中在北平文坛上也曾活跃一时的梅娘,都被我们忘记载入了。其实,她们一个住在上海,一个住在北京,只是我们都没有花力气去寻找罢了。因此,现在看来,这套本来出于好心才起意要编纂的选集却成了一部显示出很大缺陷的选集。如今再来翻检,真是感到很遗憾!很惭愧!

正式宣布《文艺报》改版

经过几番酝酿讨论,《文艺报》改版的决定已经形成了。8月29日召开编辑部全体会议,由副主编唐因宣布明年刊物改版。他反省了两年来刊物编辑工作中的缺点和不足:过去刊物旗帜不够鲜明、生动活泼。文艺上遇到的问题实际上还是对三中全会的不同态度所引起的。拨乱反正,有些问题却不敢碰,或碰了却不及时。不大关心民间疾苦,没有做到仗义执言,为民请命。在文艺创作和理论问题上,没有发表能够解渴的文章。即使提出主张,也往往虎头蛇尾,有头无尾。如年初提出的怎样反映新时期的社会矛盾,又比如文艺的真实性与倾向性问题。在文学评论和艺术评论方面做了些工作,但由于是月刊,战线又长,体现得不够,没有引起艺术界的关注。文学评论往往局限于评论作品,而对作家的活动和思想生活关注不够。改版,不仅是一个月一本改成两本,重要的是内容要有变化。

冯牧也发表了讲话:改版既然决定了,就要集中思想、集中精力办好。要看到,矛盾很多,困难也很多。

(1)新的任务是繁重的,现有力量如何担负起来,办法无非是两个:一是增加力量;二是把现有的力量科学、有效地组织起来,把全部思想和精神集中起来,为实现目标而奋斗。我们的编辑人员中有两种人,一种是自己不写文章的编辑家,一种是社会承认的评论家。要把编辑工作与个人研究结合起来。好的编辑应该也是个好的评论家或作家。(在鼓励编辑写评论文章上,冯牧是开明的领导者,也因此,《文艺报》出了不少很有出息的批评家。)

(2) 克服缺点,弥补不足,发扬长处,适应事业的需要。有一个工作体制的问题。我们是作家协会主持的舆论机构,不应当渗入任何官方的东西。编辑部里每个人都是平等的,主编、副主编、编辑部主任、副主任与编辑是平等的。像大学那样,最权威的是教授,我们要培养出我们自己的编辑权威、评论权威,最后给以职称。不能出现官多兵少的局面。最令人反感的是编辑部主任轮换制度。要建立起有效的岗位责任制体制,更好地发挥每个人的积极性,提高自己的业务能力和写作水平,从这里出权威、出批评家。打破世俗的、衙门化的制度,采取采、编、通、写(评)统一化的制度,最后的目标是出权威。要恢复和重建群众性的评论网,包括建立评论员。可以搞两级,年青的、对文艺有兴趣的大学生、中学教员。可以反映文艺情况的,可以叫特约通讯员。建立评论员制度,要有特约评论员,评论员必要时可以当主编。要大大扩大联系面。不要怕人家说我们是同人刊物。如果同人是坚持党的方针的,有什么不好?我不是在提倡办同人刊物。不要因为观点不同,就疏远人家,更不能对不同见解的作家评论家采取不屑一顾的态度。

(3) 关于编辑方针。周扬提出文联要办两件事情:一是做舆论工作,掌握文艺战线的舆论、方针政策和理论;二是做好文艺界的服务工作。这两条也是我们的工作。凡是对老中青作家有利的事,我们都做。改版后的《文艺报》,每期都要把全国文艺界的大事发表出来,贯彻"双百方针",发表不同的意见。不要怕争论,争论的目的是要加强马克思主义的优势。

(4) 要研究当前的文艺形势,特别是第四次文代会后中央确立的文艺方针,提出系统的选题。在当前,党的思想路线与文艺创作的关系怎么样?如何正确地贯彻解放思想,在很多方面文艺界有退步。有些是党中央前进了,文艺则退步了。生活问题,要丰富和扩展生活积累,对新生活新矛盾要体验和理解。现在再写"伤痕",就不深刻了,作家必须与国家大事结合起来,写出能鼓舞人、有助于人们解决新矛盾的作品来。要正确解决继承和创新的关系。有一种观点,鼓吹打破一切传统。外国文学有很多值得学习的地方,而把"意识流"

当成是外国文学唯一的东西,那是错误的。有一种理论说,现代生活节奏快了,文学的节奏也要快。生活节奏对文学有影响,但不是文学变革的决定因素。有人说,任何思想解放运动都是从形式的变革开始的。这是倒因为果了。文学的变革,包括今天我们说的创新,不可能脱离民族的土壤,否则,这种变革就是建立在沙滩上。

冯牧的思路对大家启发很大,他的好处是不强加于人。改版既定,但问题尚多,于是大家又各抒己见,集思广益,讨论了好几天。我受命负责筹备《文艺报》改版事宜,起草文件。

我起草了一个改版方案和约稿信。约稿信的内容包括:《文艺报》明年元月起改为半月刊,每月7日和22日出版。改版后的《文艺报》,在文学评论方面将适当加强,将发表综合性的、以谈问题为主的评论文章,有单篇优秀作品的分析评论,作家、作品的研究文章(最好把作家、作品放到一定历史范围内分析研究,力戒学院气)。每期开辟"文学新人"、"新作"和"作家近况"三个专栏。"文学新人"栏目主要介绍评论崭露头角的文学新人(包括作家和评论家),只要创作有特点、有才华,就可以评介(介绍文章请附作家的作品篇目),文章文体不拘,字数限在3500字以内。"新作"栏目主要评论近期内发表的文学新作,可以谈某一突破、某一特点,尽量避免全面分析和叙述情节,也可以谈某一失误。"作家近况"栏目包括两种文章:一种是专访,采访一位作家;一种是消息报道,简要报道一些作家的近况。

对《文艺报》的批评

俗话说:树大招风。《文艺报》就是一棵招风的大树。复刊以来,《文艺报》常常受到批评和指责,我们一向认为那是一些思想保守甚至僵化的领导同志和文艺家的责难,并没有深入地思考自身是否存在问题。9月5日,冯牧向编辑部组长以上的人员传达了周扬和贺敬之对《文艺报》的意见。这是他们在研究筹备召开文联全委会时谈的。这些意见表述得很系统,对我们来说,无疑是当头棒喝。

周扬说:

我认为文联的工作主要是两项：一是舆论，一是服务。舆论工作，《文艺报》总的说办得是好的，但也不满足。没有形成一个有力的思想阵地，版面给人以散的感觉。举例说，中央重新提发展社会主义文艺的总口号，《文艺报》应大张旗鼓地宣传，但实际上却没有给人以鲜明的态度。《文艺报》应成为有作战力的刊物，形成有力的舆论。《文艺报》一再强调自己不是机关刊物，是群众性刊物。不管怎样，要宣传党的方针，成为权威性的刊物。第四次文代会后，我们是有方针的。大的形势不稳定，文艺也不会十分稳定。从《文艺报》的版面上，看不到鲜明的、始终一致的态度。老是文学评论和艺术评论争版面，不是在一个共同的目标下，攥成一个拳头。《文艺报》还是要提高战斗性，能作战，要形成一个战线。文艺局意见很大：《人民日报》26号社论发表后，《文艺报》始终不表态。表现得毫无兴趣。别人就把旗帜抓起来。有人反映，《文艺报》有同人刊物的色彩，使人感到组稿面太窄，观点上就是自己一家，不发不同意见的稿子。还是要努力争取反映各种不同意见嘛。有些问题，就是要放在刊物上讨论，方针、政策、体制、作品，都可以讨论。地方上对文艺粗暴干涉，为什么不能揭露？希望文联加强舆论的力量，形成拳头。要形成拳头，就要让不同意见发表出来。中央正在研究胡风的问题，反革命、历史问题，好解决；文艺思想问题，相比起来，要难办些。1944年，周恩来领导批评胡风，基本上是正确的，但方法上可以考虑。50年代，假如不是匆匆忙忙交给公安部处理，文艺思想还可能搞得更清楚些。《文艺报》要改版，就要名副其实地反映全国的情况，使读者看到全国文艺发展的基本面貌。现在你们在关注新的艺术形式的探讨，我也赞成。国家进入新时期后，恢复了与外国的联系，要介绍外国的文艺，对外国的文艺长期不感兴趣是不对的。看了最近一期《文艺报》有个感觉，有的文章不大愿意提马克思主义、阶级分析，宁愿用些含糊的概念，什么人性美啦，人情美啦一类。一篇评中篇小说的文章，还是要用马克思主义的语言,人性美这类语言,偶然说说可以,但变成标准则不行。这种情况,其他报刊也有,谈共同爱、人性美太多了,带感情的因素,不周密,不科学。不要造成这种印象:马克思主义不时兴了。文风不生动、不活泼,板着面孔教训人,要有改进。总之,《文艺报》应围绕着这两项工作,在文艺思想上、在大的问题上,形成自己的舆论,为作家艺术家服务,否则就变成教训人了。

贺敬之说:

我很同意周扬同志的意见。《文艺报》在理论上显得很分散,不集中。要与周扬同志、与文艺局多取得联系,现在《文艺报》与文艺局联系很少。过去一段,我们抓文艺上的指导思想不够。举例说,第一,对新确立的文艺方针、对"二为"问题,在这两个最重要的问题上,《文艺报》没有表态。对中央的决策,应该采取积极态度。第二,从今年初起,胡耀邦同志强调,提出作家要与时代相结合,积极反映这个新的时代。这是文艺上最大的问题,《文艺报》也不积极宣传。中央政治局提出消除封建思想的问题,刊物表态也太迟了。你们提出的"阳春白雪",与"为人民服务"的方针是背道而驰的。

老作家蹇先艾的品德

在贵阳文学界组稿、采访和调查期间,我的一个重要收获是认识了30年代的老作家蹇先艾先生,以及当地的许多知名的文艺界人士。蹇老和蔼可亲,虽然与我是第一次见面,却像一见如故的老朋友那样与我亲切交谈。他在短篇的写作领域里是大师,但并不给人任何居高临下的感觉。他出席了省作协于4月26日召开的评论工作者座谈会,并就文学现状发表了意见。他说粉碎"四人帮"三年来,文学作品有些已经超过了"十七年"。但对任何一个作家来说,在进入创作时,选材要严,开掘要深;要坚持从生活出发,又不是什么生活都可以写。4月27日是星期日,蹇老以74岁的高龄,带领他的属下卓廉操、尹伯生等同志,陪我到花溪公园和南郊地下公园去游园。花溪公园以自然景色之秀丽构成一天然公园,非一般人工公园所可比肩。尤其是站在坝上桥头举目北望,巍峨的麒山像一把利剑指向云天。江水汩汩,流泉飞瀑,蔚为壮观。地下公园的溶洞里,钟乳石千奇百怪,仪态万千。走进洞里,最适宜于发挥和培养一个人的想象力。有一去处,甚至还能听到地下水流的涛声。据说,这是一万年前大自然的造化。中午,蹇老一行在河滨饭店请我午餐。作陪的,除了上述人员外,又增加了作家涂尘野和作协的秘书长。我区区一小编辑,蹇老及《山花》编辑部如此热情,实在是受之有愧,也可见出贵州人的待客之道。

从北京临行前,沙汀同志知道我要去贵阳组稿,曾特地嘱咐我要看望蹇老,并嘱我打听一下在肃反中和"文革"中受到不公正处理的老作家石果的情况。当时的北京文艺界,正以不可阻挡的气势为历次政治运动中被错批错划的作家艺术家平反改正,年逾古稀的沙老,心中一直惦念着被错误处理多年、远去贵州而今杳无音信的石果。我向蹇先艾老转达了沙老的意思,蹇老答应帮我打听。但在贵阳的八天里,我并没有能够见到石果,也没有听到石果的任何消息,就回京了。

蹇先艾

次年夏天,我正在沙滩北街《文艺报》的抗震棚里挥汗伏案看稿,蹇老带领一干人马闯进办公室里来,我因毫无思想准备,一下子愣了。甫定,蹇老说他们是要到北戴河去休养,路过北京的,接着转身向我介绍:"这位就是你托我寻找的石果同志,他二十多年的沉冤如今已经平反了,我们省委组织部为他发了文件。"石果赶紧把手伸出来与我握手,向我递上一份贵州省委组织部发的为石果同志平反的红头文件的复印件,并对我关心他的事表示感谢,同时送给我他经营多年而刚刚出版的长篇小说《沧桑三部曲》(《拂晓时节》、《芳英谱》、《惊变记》)。我正眼看这位饱经风霜的老作家石果时,但见那副长期堆满苦难的脸庞上露出了笑容。我一目十行地读着他递给我的那份文件,一种莫名的苦涩涌上心头。石果,1917 生于贵州湄潭。1934年中学毕业后,于 1935 年参加工农红军,历任黔北游击队一分队队长,中共湄潭县委书记,黔东北游击纵队第三支队政委,湄潭县副县长,《新遵义报》主编等。1946 年开始发表文学作品。新中国成立后长期受到错误对待。如今沙汀老也该释然了。经过蹇老的撮合,我和石果同志见了这一面,后来再也没有机会见面。他送我的那三部厚书我一直保存着,但那份记录着石果 25 年的苦难和欢乐的文件,不知放到哪里去了,在我这次写这段历史时,翻箱倒柜都没有找见,总觉得是一个遗憾。

王蒙刮起创新风

王蒙自 1979 年至今一连发表了 6 篇颇显示出创新意识的小说:短篇《夜的眼》(《光明日报》1979 年 10 月 21 日)、《春之声》(《人民文学》1980 年第 4 期)、《风筝飘带》(《北京文艺》1980 年第 5 期)、《海的梦》(《上海文学》1980 年第 6 期)和中篇小说《布礼》(《当代》1979 年第 3 期)、《蝴蝶》(《十月》1980 年第 4 期)。他的这些作品的发表每每都会在我们编辑部引起一番争论,大家很敬佩王蒙的艺术才能和在艺术创新上敢为天下先的勇气,但对他在作品中大量引入"意识流"、割碎生活的表现方法也多少有所保留。他的这些作品在首都文学界反响十分强烈。

以王蒙为代表的小说创新,引起了我们编辑部的浓厚兴趣。我们于 6 月 25 日邀请王蒙、宗璞、刘心武等活跃于北京文坛的作家举行"创新与探索"座谈会。王蒙在会上提出:文学的概念要突破,文学不光是写人物,写性格。精神活动就不一定是性格。而且写畸形性格,也最容易获得成功。宗璞说:单一的白描的手法,已经不够了。刘心武称赞了王蒙在《当代》上发表的《布礼》,希望《文艺报》发表文章予以评论。

王　蒙

《文艺报》召开的"创新与探索"座谈会之后,中国当代文学研究会与《北京师范学院学报》编辑部于8月20日在北京师院召开"王蒙近作讨论会"。许多评论家应邀出席,我也在被邀请之列,并在会上发了言。

王蒙在会上介绍了他创作这些作品的情况。他的这段剖白对于理解他的创作思想很有价值。现据仲呈祥在《文学研究动态》上的报道录之如下:

《布礼》是去年2月动手写的,写得很艰苦。我想写在那个特定的20年过程中,人们在政治上受到的考验,这是我最感兴趣的。应该说,肉体上的殴打、侮辱、暗杀或贫穷、饥饿这些折磨,人们在解放前都已受过了。但阶级斗争的扩大化,以"左"的形式对人民的迫害,主要是灵魂上的摧残,则是在解放后,特别是十年浩劫中才感受到的。我们很多老一辈,在旧社会坐十年监狱,斗志昂扬,至死不屈;但"文化大革命"一开始,有的就自杀了。这是为什么呢?就是因为旧社会坐敌人的牢房感到光荣,而现在坐自己的牢房,精神崩溃了。

十年浩劫中,每个人在心理上受到的考验,超过了肉体上受到的考验。《布礼》写心理活动多。它时间跨度长,写了三十多年;空间幅度宽,从城市到农村,从机关、学校到社会乃至家庭,都写了。而且,时空的跳跃性大。开始写时,我试着采用传统的回忆方法,结果写下来变成了流水账。就是实虚结合起来写,也还是流水账。所以我想打破时空顺序的限制,主要通过描写心理活动来达到目的。在生活中,时间是定向的,总是由过去到现在再到将来;空间也是定向的,或是由近及远,或是由远及近。但人的心理活动,却并不如此定向。心理总是有自己的特殊逻辑。记得,我不满40岁时,正在十年浩劫中,经常梦见儿时的情况和死去的亲人。现在不梦这些了,大概是因为生活过得更有意义了吧。有的图景,重新结构后,特别震撼人的心灵。譬如总理逝世后,把他78年生活历程中的照片逐年放在一起,与把一张儿时的照片与遗容放在一起相比,后者就特别感人。这种重新排列组合,也就是感情的重新加工,精神的再创造。这是一种心理活动的逻辑。《布礼》就想表现这种逻辑。

《布礼》"年代不详"那个场面,有人欣赏,有人说不知所云。这个场面是限于这个特定的作品的。我觉得,"四人帮"的"主题先行"必须反对,但如果有生活的话,有时主题先行也不一定都失败。有时,也可以故事先行,例如我的《说客盈门》,就是从听来的一个故事开始构思的。至于《布礼》,是感觉先行,是心理活动先行。就是这个场面在我脑子里出现了多次。在我突然被宣布为"右派"后,多年来"无限热爱"的一腔热血遭到这种下场,我就感觉到这种场面。我所说的心灵的考验,最突出的就表现在这个场面中。

《布礼》之后写的是《夜的眼》,这也是感情先行。就是对"夜的眼"的感觉。这里头有我个人的感觉,但也不全都是。我最怕别人考证作品里的人物写的是谁。这篇写了一个长期在农村里的人对大城市的感觉,有时是朦胧的。从感觉上可以看出人物,看出灵魂来。写感觉,蛮有趣。这里面包含了深思。写《夜的眼》还在西单"民主墙"活跃之时。整篇体现了在温暖和希望中的一点点清醒。思索是有,但还没有完成,是正在进行时。为什么就不可以写正在进行时的小说呢？这篇有一个主题，就是写生活的转机。高晓声的《陈奂生上城》就是写转机的。《夜的眼》有尚未想清的，但也有相当清楚的，是正在思索之中。

有同志说这篇是虎头蛇尾，前重后轻。这种意见与作品对不上号。这不是一篇走后门的故事。我们往往有一种戏剧观念，认为前面写的人的那些感觉都仅仅是铺垫，似乎都可以删掉。如果删掉，就与我的作品没有共同之处了。这篇作品的主题，恰恰在于那前面写的零星感受，什么看电视呀，足球赛呀，他的感受，城乡差别……都写进去了，如果我不用《夜的眼》的形式，绝不可能写进那么多的内容。有人说我写的是意识流小说，对不起，我不懂什么意识流。你硬要说是，我也无法。你说还不像，为什么要像呢？我本来就没有要它像嘛！写《夜的眼》的最大变化，就是摆脱了戏剧性，侧重写人的主观感觉。

写《夜的眼》，就容易得精神病。我很需要用滑稽调剂一下，以增进健康。于是，就写《说客盈门》。这篇小说的故事，用最不严肃的手法写最严肃的主题，与此同时（去年6月至12月），还在构思《风筝飘带》。第四次文代会时，我就在讲救护别人反被诬的故事。上饭馆吃炒疙瘩，是我刚调回北京住在招待所里经常的事，有切身感受，发现饭馆的小青年营业员里不乏很有思想的人。高楼过道上谈恋爱，我也撞见过。夏天的晚上，到处可见"风筝飘带"似的插图。怎么办呢？人口之多，没办法解决呀！但是，青春在任何情况下都是美好的。有人说佳原和素素是"渺小"的。我真不知道这位评论家是怎么想的，"一心为善"难道是渺小的吗？这篇作品的中心就是一个思想：青年人的理想，蓬勃向上的东西，人要学习，要奋发，要向上。这是一个普通的常识，但却被抹杀了。似乎每个人的地位就决定了他的价值似的。

《蝴蝶》更是用有限的篇幅来大跨度地思考我们的城市和乡村。这里面用了象征、感觉、自由联想、幽默，还有相声式的、杂文式的笔调。可能比较突出、高妙的，是"大干促大便"吧。虽然五花八门，像是杂烩，但反映了生活。我构思不是按生活自己的结构,而是按生活在人们心理上的反映的结构,经过沉淀、筛选、记忆,然后写成的。

《春之声》的时空却很集中,不过在岳子峰坐火车回乡途中的几小时。我想通过他沿途的观感写出生活的前途、希望、转机。情绪由低落到高昂。生活中哪怕是最简单的事,都可以让人想到很多很多。从生活的一点引出放射点,像扫描似的,充分发挥联想,结构小说。当然,这些东西有必然的内在联系,能表现时代特有的转机。这篇小说是先有生活感受的。去年春节前,我就坐了两小时的闷罐车。

《海的梦》很单纯,也很明确。我有意给读者留空白,留思索。我行文中去掉了交代性的叙述语言,如第一天怎么样,第二天怎么样,等等。我怀疑现在再用19世纪的艺术大师们的传统手法能否符合当代读者的欣赏习惯。人们越来越希望看到与生活节奏相适应的艺术形式了。戏曲为什么丧失了青年观众呢?道理之一就在于此。我相信祖国戏曲不会灭亡,但一定要改革。粉碎"四人帮"以来长篇小说的销路一直不佳。本来长篇小说的销路应当是最好的,过去短篇有《青春之歌》、《红岩》的读者多吗?但现在为什么读者喜欢中短篇而不喜欢长篇了呢?我想,一个重要的原因,是长篇的写法更保守。

其实,大家都在探索,都在创新。茹志鹃近年的作品,如《剪辑错了的故事》,写法就与她过去的作品不同。高晓声作品的语言很"土",但结构很"洋",外国人评论说他是"现代派"。《陈奂生上城》的结构就很"洋"。

我不懂外文,也不懂意识流。我是看了一些"现代派"的小说。"现代派"的手法不是简单地一骂就可以了之的。在这里,我以为关键还是在要有生活,写出来的要是中国气派。我是借鉴了一些手法,如主观镜头、叙述的简洁、打破时空顺序,等等。但中国的传统也不是那么窄的。中国诗歌中有多少像意识流?难道在西方出现意识流之前,中国人就没有意识,没有心理活动吗?所以我有个题目:《论〈红楼梦〉中对潜意识的描写》。如林黛玉的那些心理活动。能说曹雪芹也是借鉴了意识流吗?!

总之,"故国八千里,风云三十年"。50年代,我的作品主要是革命加青春,赞美革命,赞美青春。我被错划"右派"后由北京到新疆,涉足八千余里,三十年风风雨雨的激荡生涯,使我对生活的感受更深刻复杂了。因此,我感到一定要突破原来的手法,追求新的、适合于表达自己思想的艺术形式。①

会议是民间性的,与会者们围桌而坐,堪称"圆桌"会议。出席者中间没有文艺界的官员,都是从事评论的编辑、教师和研究人员。发言自由、平等,没有谁强加于谁。主导的意见是对王蒙近作所表现的艺术创新和探索的肯定。"故国八千里,风雨三十年"的坎坷经历使王蒙对中国的社会有着深刻而独到的认识和思考,他急于寻找一种不同于传统方式的小说叙事来表达他的思考这些作品正是他在艺术上的探索。他的文学形式的

阎　纲

变革是社会变革的必然。人性的解放和对人的价值的重新认识,要求作家描写其主观的感觉和心灵的活动,传统的艺术手段显得不够了。王蒙的小说,虽然采用了一些时空颠倒、意识流动的手法,毕竟与西方的"意识流小说"不同,是一种心理描写小说。他的近作给文艺理论提出了若干新问题。也有人对王蒙近作的倾向提出了质疑。一种意见认为,这些作品是由于作家缺乏生活,无法向生活的深处开掘,只好求助于在表现形式上变化些花样,以吸引读者。一种意见认

---

① 仲呈祥:《小说创作的新探索——关于王蒙近作的讨论》,《文学研究动态》1980年第22期。

为,这些作品主要是由于作家不满足于陈旧的表现形式,刻意追求一种形式上的创新,因而只能看作是艺术形式上的革新。

我也在会上发了言。主要看法是:(1)对王蒙在小说的艺术形式上的探索应予高度评价。在这一点上,没有任何当代作家可以与之比肩。没有探索,就没有前进。既然是探索,就要允许成功,也要允许失败。生活前进了,要求艺术表现形式有新的突破,文学不能老是讲老而又老的故事,也不能总是用老的表现手法。王蒙突破了短篇小说只写生活横截面的局限,突破了时空限制,不重视写人际关系,而以大跨度来表现他的"故国八千里,风雨三十年"的生活经历和情怀感受。赤子之心的渲染,不仅作为作品内容的有机部分,而且也成为其艺术风格的不可分割的因素。(2)文学要写人,而情节又是性格的历史。从这一立场看,王蒙的这类探索作品,又似乎没有塑造出令人难忘的人物形象来。他的心理刻画,并没有成功地用于写人,而成了一些破碎的印象,把诸多凌乱的思绪连缀起来,缺乏感情的巨大潮汐,而那些冷调的叙述和评论,反而削弱了艺术的强大感染力。(3)王蒙是个有个人风格的作家,他在这些作品里很好地吸取了相声的幽默和杂文的犀利,因而字里行间的评论显得相当深刻,显示了王蒙博采众长、化为己有的本领,但也还显得没有完全水乳交融地统一起来。

何西来(右)、本书作者(中)、朱寨(左)

青年文学创作会议推迟召开

青年作者的大批涌现是文学进入新时期最重要的一个标志。但由于文艺批评的引导跟不上去,各地陆续出现了一些倾向不好的作品,青年作家的思想状况令人忧虑。在如此形势下,本来已经定下来要召开的第三次全国青年文学创作会议便不得不推迟到明年再说。

中宣部文艺局于9月6日召集首都各文学期刊负责人和文学讲习所的负责人开会,听取关于青年作家的情况汇报,对形势做出新的估量。通知到会的有古鉴兹(文讲所)、邵燕祥和王燕生(《诗刊》编辑部)、谢真子(作协创联部)、苏予和章钟锷(《十月》杂志编辑部)、周雁如和曹亚菲(北京市文联),以及《文艺报》的我。主管文艺的副部长贺敬之听取汇报,并就青年作者情况的估价和工作发表了意见。

古兹在会上谈的情况最有价值。他说,文讲所第5期学员共收了33个,其中作协会员17个,只占一半。作者们把主要精力放在了写作上,大都在"跟风",想写出能够引起"轰动"的作品来。但有不少人对文学遗产不大重视。有的人看到什么就写什么,怎么想就怎么写,认为暴露得越尖锐越深刻,也就越接近现实主义。相当多的人认为《飞天》是好作品。他们不满意冯牧对"批判现实主义"的批评,认为现实主义就是现实主义,不要附加上什么社会主义的形容词。在文学与政治的关系问题上,看法也很分歧。有人认为,文学应当脱离政治。有的人则说,脱离了政治文学就不能发展。有人认为,当前文学主要应向封建主义作斗争。提出注意社会效果,是一根"棍子"。"意识流"小说的时兴,在"山药蛋"派作家们中引起了异议。河北作家贾大山为了讽刺"意识流"小说,写了一篇2000字的小说。严文井讲课时说,高晓声大大超过了赵树理,"山药蛋"派作家们表示不能同意。有人认为王蒙走上了歧途,生活底子薄,无以为继了。有人则认为,要充分估价王蒙在小说上的开路作用。

关于当前的文艺形势,贺敬之说,剧本创作座谈会之后,文艺界不同程度地出现了各取所需的情况,粗暴的文艺批评和粗暴的行政干涉有所抬头。青年作者的成就,应予充分估计,不能动摇,是可以信赖的。对他们的缺点、弱点,也是要重视的。确有些人对马列主义不感兴趣,甚至对马列主义的语言都回避。中国作协提出要办一个《文艺学习》那样的刊物,可在10月份召开的全委会之前拿出意见来。北京的确需要有一个像上海的《萌芽》那样的青年刊物。1978年姚雪垠提出专业作家只拿基本工资,否则青年作家们有意见。你的工资那么高,却又写不出作品来!作家是否都要拔到专业队伍里来,也是个问题。至于文艺批评,粗暴的批评也有,我们不赞成,但也确实有些作家批评不得。要开展实事求是的批评,好处说好,缺点说缺点。对文艺批评要保护,他们也有苦闷,说错了也没有关系。过去批胡风的主观,有简单化的东西,完全否定主观的作用。现在有些同志又走到另一面去了。在哲学上是唯心的,但在文艺创作上又不同,不能简单地等同起来。社会主义文化,不全是马列主义的。我们讲为人民服务,有的人不讲,也不能把他们从社会主义文化中革除出去嘛。要在宪法的范围内发扬民主。"星星"画展就属于这一类文化。社会主义文化有自己质的规定性。而"星星"画展,在方针上,有一系列主张肯定是我们所不同意的。

何士光及其《乡场上》

何士光

我很欣赏的那个贵州业余作者何士光在《人民文学》1980年8月号上发表了一个短篇《乡场上》。读了这篇小说后,就像在浩茫的天空中看到了一颗闪光的流星那样高兴。其时,我们正在制定、研究《文艺报》改版(改为半月刊)方案,工作很忙很乱很紧,但一种无法压抑的激情激励着我,便于9月8日一口气写了一篇评论《深沉·浑厚·成熟——评何士光的小说》交给了《光明日报》文艺部。我希望能在首都出版的大报上发表,把这个我们《文艺报》同人们认同的"文学新人",通过报纸媒体介绍给更多的读者。但稿子寄出去快一个月了仍音信杳然,虽然都是编辑同行,都是抬头不见低头见的朋友,却对拙作不理不睬。我的潜意识里闪现出一丝不满。我下决心把稿子拿回来,另找出路。

10月4日我到《光明日报》文艺部去,将稿子索要回来,改寄给了《山花》的编辑部主任尹伯生同志,并很快得到了他的首肯,也很快在《山花》1980年第11期上发表出来了。寄稿的同时,我又写信给蹇先艾老,请他给《文艺报》写一篇评论介绍何士光的《乡场上》的文章。蹇先艾的评论和竹蔗的评论在《文艺报》上发表,拙文在《山花》上发表。《乡场上》和它的作者一下得到了读者的承认。何士光的《乡场上》和高晓声的《陈奂生上城》、张贤亮的《邢老汉和狗的故事》、锦云和王毅的《笨人王老大》一起,作为1980年最优秀的短篇佳作而得到了社会的公认,何士光也因而跻身于全国优秀作家的行列。何士光也受到了省里的重视,作协积极设法把他从偏远的凤岗县调到贵阳来,在多种机会中,何士光最终选择了专业创作。

我从贵阳组稿回来后,陆续收到他从凤冈县琊川中学的来信,这些信件成了我们那段交谊的纪念。

刘锡诚老师:

近来安好。

不知道是否在京。上月,你们约请蹇老为我写评论文章,十一月又发表了对《乡场上》的评论,当然这并不能看作是我个人的(事),但是以我个人来说,真是非常惶恐,为无法感激您而深深不安,只有写这封信来问候您,表达我的一点心意。

这次《红旗》杂志及各大报都对《乡场上》发表评论,实在是我原来不曾想到的,当然很高兴,同时更是吃惊。这不能不使我来想这样一个问题:为什么我写的这样一篇短短的小说会这样地受到同志们的注意呢?这就使我对写作这件事情有了比较深入一点的认识,认真地读大家的文章,才好像明白了一点大家是以怎样的尺度来看待一篇作品的好坏的,从而使自己对当今的各种缤纷的见解相应地有了一点看法,想到有的是对的,有的则很可能不对。这对我启发很大。以后将尽力去学习。

　　竹蔗同志您一定是认识的吧,方便的话,请您向他转致我的感谢,感谢他对我的鼓励。事实上,在读他的文章的时候,我也只有抛开自己来尽量吸收他的论述的合理的内核,不然就不胜汗颜了。我哪有那种功力呢?如果说小说有一点效果,也是我偶然碰到的,许多问题我确实想也没有想到。或者,可以说现实主义这种方法以其源远流长而深入人心,使人不自觉地照着学;至于我,能算什么呢?

　　您忙,如无特别的必要,就不必要回信了。

　　恭请

编安

士光谨上
(1980年)11月25日

　　《乡场上》以其艺术上的成就荣获中国作家协会举办的1980年全国优秀短篇小说奖,名列第二。颁奖仪式于1981年3月24日在北京举行。何士光来京领奖,并代表获奖者在会上讲话。那时,我们《文艺报》正承担着首届全国中篇小说评奖的任务,一方面受着各方面的关注,另一方面我们的工作也很紧张。我和何士光在会场上见了面。这是我第一次见到这位我曾在调查报告中提到过、后来也有书信来往的贵州作者。

中篇小说评奖做出决定

　　9月中下旬以来,《文艺报》编辑部对体制做了一些调整,整理内务,制定选题,以适应明年改版的需要。

　　我从9月12日起,着手写《评陈国凯的小说》,一直到21日才写完。陈国凯是工人作家,我认识他好几年了。粉碎"四人帮"后,经过沉痛的思考,其创作有飞跃性的提升,以短篇《我应该怎么办?》为起点,几年间,陈国凯的小说写得越来越引起评论界的注意,如今发表

第四章 与人民同呼吸(1980)

的大中篇《代价》，跨入了全国优秀中篇小说之列。我与他认识好几年了，现在到了该写篇文章来评论一下他的时候了。写完这篇文章，我的工作重点有所转移。我接受了一项新任务——起草一个《文艺报》工作条例。从9月24日起，改刊的事，由唐达成接手继续筹备。

9月20日编辑部开会，全体编辑听取出差新疆、陕西调研组稿的雷达和出差辽宁调研组稿的李炳银的汇报。

雷达汇报了新疆作家穆特里夫、铁依甫江、克里木·吐尔地、王玉胡、克里木·霍加和文学新人祖尔冬·撒地尔等人的近况。新疆作家提出希望出版维文版《文艺报》的要求，对此，编辑部并没有作出回应。在西安，雷达重点访问了新起的作家陈忠实、贾平凹、邹志安、峭石、京夫、蒋金彦，汇报了他们几位的情况。陕西作家认为《文艺报》提出文学要关注九亿农民的口号是好的，但怎样写农村和农民，却是个需要研究的问题。作家们对于中央的包产到户、责任到田的政策，总的态度是拥护，但还不理解。写农村题材离不开政策，政策的实施，就是农村的现实。蒋金彦说："有的人说要远离政策，这我写不了。"农民的落后意识，封建的人身依附关系，农民与干部的敌对情绪，被爱情遗忘的角落，干部制度造成的官僚主义、干部作风，都离不开政策。农业学大寨也不能全盘否定。

李炳银着重汇报了辽宁省几位崭露头角的文学新人达理、熙高、邓洪文、李宏林的创作情况。特别汇报了省委书记任仲夷1979年就提出要把文艺工作搞活的口号，并亲自去听轻音乐，说：既要唱"雄赳赳，气昂昂"，又要唱"洪湖水，浪打浪"。

从1979年下半年到1980年上半年，中篇小说空前繁荣，优秀作品此起彼伏。比起短篇来，中篇容量大，人物形象鲜明，成为新时期文学的一个新景观。这就促使我们萌生出一个念头：在《人民文学》杂志社举办的"全国优秀短篇小说评选"之外，由我们《文艺报》编辑部受中国作家协会委托举办"全国优秀中篇小说评选"活动，而且将奖项定名为"《文艺报》中篇小说奖"。编辑部上下酝酿日趋成熟，遂由我起草了"《文艺报》中篇小说奖"评奖办法，并在10月3日举行的编辑部会议上，就此事做出了正式决定，通过了评奖办法，决定初选工作由我来负责组织实施。《〈文艺报〉中篇小说奖启事》在《文艺报》第 11 期上公开发表。

中篇小说评奖规定的时限范围是 1976 年 10 月至 1980 年底发表或出版的中篇小说（限 3 万字至 12 万字）。这次评奖吸收了短篇小说评奖的一些经验，预先规定了名额：一等奖 3 部，二等奖 6 部，三等奖 6 部，共 15 部（后来有变，改为一等奖 5 部）。推荐方式也有些规定：由国内文学团体（各地作协分会）、文学杂志社、出版社根据作品的社会实践推荐，而且一个单位推荐数量不得超过 10 部。

办法还规定，由本刊聘请著名作家、评论家和著名编辑组成评奖委员会主持评奖工作。由著名作家、评论家和出版社、杂志社的负责人组成评委会，有利于评奖的全面、公平、公正、公开。因牵涉到一些杂志社和出版社，人员的确定需要协商，故尚待时日。大家便分头征求预先拟定的评委及单位的意见。我分工给上海的吴强打电话，转达编辑部意见，请他担任评委，他很爽快地答应了。

获奖作品集由上海文艺出版社出版。因为该社总编辑范政浩曾来京参加过我们召开的为作家作品落实政策大会并作发言，我与他也比较熟悉。责任编辑是赵继良。他一直参与我们的评选工作，为此书的出版做了大量工作。而那部为新中国成立 30 周年而编辑的作家文集《回忆与思考》则交由人民文学出版社出版。10 月 7 日，我再到人民文学出版社去交涉，接待我的是罗君策和编务室的一位副主任，名字我忘记了，他们表示，年内一定出书。

中国文联同意《文艺报》改为半月刊的批复，于 10 月 8 日下达。接着主编会议决定：召明任办公室负责人，李基凯任理论组长，阎纲任文学评论组长。

上海作协召开短篇小说座谈会

10 月 22 日上午乘飞机去上海，应邀参加上海市作家协会召开的短篇小说座谈会。应邀参加座谈会的外地作家，还有高晓声、陆文夫、张弦、白桦、从维熙。

吴强主持会议。他说：为什么要开这个会呢？看看全国的文学形势，联系上海的创作情况，有必要开。在全国，四年来的文学创作，较之"十七年"有了很大的突破，也可以说有了一个飞跃。而在文学的各种形式中，短篇小说最引人注目。两届评奖，评出了50篇优秀的小说，尽管并不能代表全国的创作。《文艺报》也要举办中篇小说的评奖。上海也出现了一些年轻的作者和作品。但总感到上海如此之大，人那么多，小说创作在全国行列中却甚是薄弱，不是那么蓬蓬勃勃的气象。上海不能万马都要领先，却也总该比现在好。这

吴 强

种状况要改变，在数量和质量上都要向兄弟省市学习。这就是我们要开这个会的意思。人家都说上海开风气之先，不是那么闭塞。事实上，上海作家相当闭塞。创作上不敏感。人家的创作园地里出现了许多新气象，已经变化很大了，可是我们这里还没有大的变化，出现的大多是些缺乏新鲜感的艺术创作，或者显得作家视野狭窄、艺术想象非常差。我们有一种紧迫感。所以这次座谈会也邀请了几位外地同志来参加交流。

吴强的这番话并非自谦之词，而有实事求是之意，是从实际出发的。上海的文学（主要是小说）与其他省市相比，为什么没有显出突出的成就呢？我想，"文革"中的那一套极左文艺思想，那些遭受迫害的老作家，固然是一直抗拒着的，但对上海的青年作者们的思想影响，却是太深了。"文革"后期，我作为新华社驻上海记者，曾在上海的高校和工厂里住了大半年，做了许多调查，接触了许多人，对这一点深有所感。对他们来说，要从极左的那一套文艺思想中"突围"出来，四年的时间也许并不算充裕。

茹志鹃发言说：短篇形势好，形势逼人。20年前，我在生产队里深入生活，晚上走路时听到喀嚓喀嚓的声音，原来是冰裂了——春天来了！现在，文学的春天到来了！但上海文坛消息闭塞，新消息来自北京。比如，王蒙的"意识流"小说发表后，便提出了新问题：小说是否一定要写人？文学新流派是否会接踵而来？30年来，我们的文学上风格是有的，但是否有流派，就难说了。现在，中国文坛面临着不同的、个性鲜明的作家。

关于1980年上半年短篇小说何以不景气，从维熙说：茹志鹃说文坛如春天来临，正处在潜流时期，我也有同感。短篇创作不十分景气，处于停滞状态。1979年出现了许多好作品，是大丰收的一年。而今年的前7个月，大不如1979年。原因何在？受季候风的影响有没有关系？我在劳改队的时候，管过桃树，没有风风雨雨，果树就会丰收。一场冷雨杏花残。正在开花时，刮一场季候风，果树的产量显然就不如正常年景。以大自然的规律来看文学创作，刮了一场季候风，影响了戏剧、电影、文学。离北京远的地方，传说更多了，某某不让写了，某某被捕了，像这样一些言论，对创作没有影响是不现实的。我当时正在写短篇《在底层》，就不得不中途停下笔来。从理智上说，深信要写真实，走现实主义的路，但遇到这种气候，就不能不先放下来。紧接着，我所在的公安局发了一个简报，口气吓人，说大墙里面一百二十多人不服罪了。比较能站得住脚的作品也有，如《人到中年》。其次，从内因上讲，对新的历史时期新的社会矛盾把握不准，一部分青年作者就回避严肃的主题，做艺术上的探索和追求，追求离奇的、虚无缥缈的东西，就什么"恋"，就发表了几十部。另一种表现是，越血淋淋的越好，还停留在1978年卢新华的《伤痕》这块界标上，沉湎于儿女情长之中。刊物上过多的这类东西，反映了作者们不大敢碰严肃的题材。在这种时候，王蒙发表了几篇意识流的作品，勇于探索，做艺术上的创新。我们支持。每个人有每个人的路子，在文学史上，只有创新的人才有前途。《北京晚报》展开了讨论。王蒙也知道，他的作品失掉了一部分读者，但也赢得了另一部分读者。青年作者们应该注意的是，我自己的艺术素质和准备是否适合于王蒙那样的情况。王蒙的脑子像电子计算机,我就干不来。我很喜欢《春之声》。我认为1980年的短篇小说之所以不如去年,之所以停滞,另一个原因,与文艺理论和文艺批评的指导有关。对作品的社会意义,强调到了无以复加的地步。文艺理论强调的是急功近利,往往把现实存在的价值估计太重,把艺术价值估计太轻。

刘绍棠说:短篇小说好比体操运动员,不是在草坪上翻跟头,而是在平衡木上翻跟头,要锻炼写作技巧。据沈阳图书馆的统计,读者的兴趣转向了中篇,借阅率最高的是《收获》、《十月》、《当代》、《花城》这些刊物。不是短篇本身出了什么问题,而是作者在运用短篇这种艺术体裁上出了毛病,即如何截取生活的横断面,如何取材,如何处理,以达到给读者以纯美的享受。在目前情况下,如何提高短篇小说创作的质量?首先是解放思想。想走现实主义的路,还是想走别的路?实践是检验真理的唯一标准——这是三中全会的旗帜,要用这个旗帜抵御小道消息,抵御季候风。河北发表的《省委第一书记》、湖北发表的《啊,父老兄弟》,就是不错的作品。有些不懂文艺的官员来管理文艺,横加干涉的事例常常出现,在这种环境中,能写出这样的好作品,实属不易。我、邓友梅、王蒙、刘绍棠,包括浩然、刘心武、理由,虽然艺术观点不尽一致,但我们都光明磊落,都谈得来,不受季候风的影响。浩然很灰,观点不大一样,但我们的友谊处理得很好。

陆文夫说:现在的小说有老一套的倾向,我把这些小说叫作"证明文学"。

青年作家孙颙说:1978年得奖小说带头篇《班主任》和1979年得奖小说带头篇《乔厂长上任记》,都属于"证明小说",作家缺乏自己独立的见解和思考。"证明"毕竟不是文学的根本任务。

关于理论批评,青年作家陈村说:文学批评不仅应由漠雁他们写(按:指《文艺报》第9期发表的漠雁文章《迟发的稿件——评〈在社会的档案里〉》),而应由陆文夫、张弦那样的人写。

王安忆说:理论受时代的局限。我们反映的生活,一定要高于我们的理论。高晓声的陈奂生反映了30年的农民生活,他写小说时,不见得就意识到了这一点。作家反映生活,要比理论认识深刻。

写真实、说真话,是座谈会上老中青作家共同的语言。老作家王西彦"文革"前曾在《文艺报》上用"细言"的笔名发表过不少好的理论批评文章,后来在"文革"中受到迫害,进入新时期,他已写了好几篇小说。他说:世界上最难的是讲真话。作家的使命就是讲真话。讲真话的作家,其命运大都坎坷,如屈原。但他们的名字在历史上留下来了。

赵自是工人作家,现在《上海文学》做编辑工作,业余时间写作。他今年看过不少小说稿件,对个中问题深有体会,他说:当前创作中最大的问题是不真实,最大的敌人是虚假。有的作品用新的手法,用"意识流"手法,或者作者退出去而只用对话,说是创新,实际上是用艺术形式掩盖生活的虚弱。

王西彦

在谈到体制对创作的制约时,吴强说:文联这样的体制、这样的形式是为了对作家进行控制。宣传部抓你,你就抓下面,是控制。南斯拉夫、匈牙利的体制,它们的作家协会就只有一个主席,而他是尽义务,没有报酬的。办刊物就办同人刊物嘛,不办这种机关刊物。但要走出这条路,实为不易。我们这里,其他领域都在变,只有文艺不变!

1978年和1979年两年间,上海有51位作者发表了一百多篇小说。问题不在数量,而在质量。正如吴强在开场白里说的,优秀的作品数量并不很多。这次开会前,上海作协对上海作家发表的作品(小说)做了一个统计,我摘要引在此处,也许会对文学史家们有点参考价值。

艾明之《我的祝福》　　　　短篇　　《人民日报》　1980.2.23

	《金文焕病史》	短篇	《当　代》	1980/2
	《无言歌》	短篇	《人民文学》	1979/12
	《不仅仅是爱情》	短篇	《作　品》	1979/3
	《雾》	短篇	《上海文艺》	1978/11
菡　子	《焚》	短篇	《十　月》	1979/4
	《探亲》	短篇	《人民文学》	1980/3
	《夜不收》	短篇	《上海文学》	1980/7
峻　青	《桃花岛》	长篇	《花　城》	1979/2
	《海啸》	长篇	《山东文艺》	1978/5～11
	《牧羊人》	短篇	《江　城》	1979/9～10
	《黄河在咆哮》	短篇	《东　海》	1979/7
王若望	《伤心沟代序》	短篇	《上海文学》	1980/6
	《饥饿三部曲》	中篇	《收　获》	1980/1
哈　华	《满门战将》	短篇	《文汇报》	1979.12.16
	《她志在凌云》	报告文学	《福建文艺》	1979/4～5
	《战争的岁月里》	长篇		
师　陀	《李贺的梦》	短篇	《人民文学》	1979/6
	《西门豹》	话剧	《收　获》	1979/4
王西彦	《春寒》	中篇	《花　城》	1979/2
	《船与舵》	短篇	《上海文学》	1979/12
	《晚来香》	短篇	《人民文学》	1980/1
	《风雨凄凄的早晨》	短篇	《钟　山》	1980/1
	《坠落的鹰》	短篇	《花　城》	1980/5
	《偏执的心》	短篇	《芙　蓉》	1980/3
吴　强	《灵魂的搏斗》	短篇	《上海文艺》	1978/5
	《葬画》	短篇	《长　春》	1979/10～11
	《灵前》	中篇	《钟　山》	1979/3
	《堡垒》	长篇	上海文艺版	1979
茹志鹃	《出山》	短篇	《上海文艺》	1977/10
	《剪辑错了的故事》	短篇	《人民文学》	1979/2

	《草原上的小路》	短篇	《收获》	1979/3
	《儿女情》	短篇	《上海文学》	1980/1
	《家务事》	短篇	《北方文学》	1980/3
	《一支古老的歌》	短篇	《文汇增刊》	1980/3
	《小星和她的娘娘》	短篇	《南京文艺》	1978/9
	《红外曲》	报告文学	《上海文艺》	1978/12
	《离不开她》	报告文学	《人民日报》	1979
	《实习生》	短篇	《芙蓉》	1980/3
黄宗英	《美丽的眼睛》	短篇	《上海文艺》	1978/6
	《星》	短篇	《人民文学》	
	《大雁情》	报告文学	《十月》	1979/1
唐克新	《李天王》	短篇	《工人创作》	1980/1
	《选举》	短篇	《人民文学》	1980/2
	《夜海孤航》	长篇	《解放日报》	1980.7~8
胡万春	《望远镜》	短篇	《解放日报》	1980
	《陨石》	短篇	《鸭绿江》	1980/4
	《寂寞中的安慰》	短篇	《上海文学》	1980/6
	《企望》	短篇	《北京文艺》	1980/7
	《花落何处》	中篇	《长城》	1980/3
	《位置问题》	中篇	《艺丛》	1980/1~2
仇学宝	《一份奇特的起诉书》	短篇	《希望》	1979/2
	《在人防地下餐厅里》	短篇	《上海文学》	1979/5
	《五一节的前夕》	短篇	《长江文艺》	1979/7
	《春天里的插曲》	短篇	《工人创作》	1980/2
	《取图》	短篇	《长江文艺》	1980/9
史中兴	《选举》	短篇	《人民文学》	1980
	《没有失去的发言权》	短篇	《上海文学》	1980/9
俞天白	《女儿的心愿》	短篇	《上海文学》	1980/6
	《现代人》	中篇	《十月》	1979/2
任大星	《列车停靠九分钟》	短篇	《雨花》	1979/6

第四章 与人民同呼吸(1980)

	《金丝海棠》	短篇	《福建文艺》	1979/6
	《百灵鸟》	短篇	《新　港》	1979/9
	《不寻常的婚礼》	短篇	《福建文艺》	1979/10
	《鱼》	短篇	《北京文艺》	1979/12
	《大钉靴奇闻》	短篇	《十　月》	1979/2
任大霖	《心中的百花》	短篇	《人民文学》	1979/1
	《深沉的倾诉》	短篇	《东　海》	1979/6
	《长胡子的红卫兵》	短篇	《上海文学》	1979/11
	《诗人"洪卫革"》	短篇	《星　火》	1980/5
卢新华	《伤痕》	短篇	《文汇报》	1978.8.11
	《魔》	中篇	百花文艺版	1979
	《爱之谷》	短篇	《延　河》	1980/2
	《表叔》	短篇	《人民文学》	1980/4
	《典型》	短篇	《上海文学》	1980/7
竹　林	《生活的路》	长篇	人民文学版	1979
	《爸爸》	短篇	《海　燕》	1980/1
	《洁白的梨花瓣》	短篇	《上海文学》	1980/5
	《未来的海员》	短篇	《芒　种》	1980/6
	《在菊花舞会上》	短篇	《芳　草》	1980/6
王安忆	《谁是未来的中队长》	短篇	《少年文艺》	1979/4
	《雨,沙沙沙》	短篇	《北京文艺》	1980/6
	《从疾驶的窗前掠过的》	短篇	《人民文学》	1980/7
	《广阔天地的一角》	短篇	《收　获》	1980/4
	《啊,少年宫》	短篇	《芳　草》	1980/8
	《命运》	短篇	《新　港》	1980/7
	《这是不是那个》	短篇	《广州文艺》	1980/7
杨遗华	《两代人》	短篇	《上海文学》	1980/3
陈　村	《我曾在这里生活》	短篇	《上海文学》	1980/3
	《当我二十二岁的时候》	短篇	《上海文学》	1980/10
曹冠龙	《锁》	短篇	《上海文学》	1979

	《小虎子》	短篇	《青年报》
	《三个教授》	短篇	《安徽文学》1980
	《蛇》	短篇	《上海文学》1980/12
崔京生	《步子》	短篇	《上海文艺》1977
	《能掐会算》	短篇	《上海文艺》1978
	《大海猎手》	短篇	《上海文艺》1978
	《寂静的雨夜》	短篇	《上海文学》1979/10
	《帆揽》	短篇	《收获》1980/4
	《敬酒》	短篇	《青年报》1980
	《押俘》	短篇	《写作参考》1979
罗齐平	《看守日记》	短篇	《解放军文艺》1978
	《上马与下马》	短篇	《上海文学》1979/12
孙 颙	《风雨行》	短篇	《上海文艺》1978
	《只有等待》	短篇	《钟山》1980/2
	《冬》	中篇	人民文学版 1980
赵 自	《还在等待他》	短篇	《上海文学》1980/2
	《沙铁嘴》	短篇	《鸭绿江》1980
	《坦克阿唐将发言》	短篇	《北方文学》1980/9

这是一份颇不完善的材料，权且录之如上，聊备参阅吧。

会议结束后，我还办了几件事。

10月29日上午，我拜访了《萌芽》编辑部，与主持编辑部工作的哈华、唐克新、韩小英做了交流。下午应施燕平、戴厚英之邀，到复旦大学分校中文系作了《当前小说创作》的演讲。因"文革"中两派的深刻分歧，戴厚英在接我去学校的汽车上，对我大骂孔罗荪，真有些势不两立的样子。对戴厚英其人，此前我已经有了些了解，但没有想到她的性格竟是那样的暴烈。顿时使我想起我去广州时，花城出版社岑桑、王曼告诉我要出版戴厚英的长篇小说《人啊！人》，同样也受到过孔罗荪的指摘。我在北京听孔罗荪说起戴厚英时，其愤怒之情也溢于言表。可见上海文艺界在"文革"中形成的两派情绪之对立。岑桑他们没有受外界干扰,自主地出版了这部后来影响很大的长篇小说。

10月30日,我参加了《上海文学》编辑部召开的评论作者会,除了已经多有交往的李子云、周介人外,又结识了江曾培、王纪人、许锦根。评论家们在一起谈论的话题和表达的思想,与作家们谈的有很大差异。作家们既需要评论家,又贬低或不满评论家。我以为,这是评论家没有建立起权威的一种表现,也是作家们浅薄的一种表现。19世纪俄罗斯文学就不是这样,别林斯基、车尔尼雪夫斯基、杜波罗留勃夫这一批大批评家们建立起了绝对的权威。而且我认为,这种权威的建立在很大程度上成就了俄罗斯文学的辉煌。到20世纪90年代,年轻的评论家们提出,批评的任务不是评论作家们的具体作品,而是阐释自己的"精神图像"。虽然我不尽同意,但应该说这是对作家们的浅见的一种反拨或反叛。在《上海文学》召开的这个座谈会上,发言普遍感慨评论落后于创作,其实是在"注释"作品的评论套路上打转转,而没有丝毫超越。政治对文学评论的干扰和制约太大,是我国文学评论的致命弱点。江曾培还谈到,"对评论家的不重视,是国家文明不够的表现"。

10月31日上午,我到愚园路茹志鹃家里去拜访了这位女作家。她对我说,对方造她的谣,她很苦恼,写作条件又差。她想找一个写作间,据说上海的专业作家可以有一个15平方米的写作间,否则她想要求调到苏州去。她对上海的人文环境非常失望。她说,看来,上海文艺界没有办法搞好,只有搞自由社团,互相竞争。在茹志鹃家里交谈时,浙江的作家福庚和郑秉谦来访她,相互介绍认识。

听说哈华、姜彬他们要筹备创办一张《文学报》。我到姜彬家里去拜访他,"文革"前我就认识他,这次去拜访,一方面是看望老朋友,另一方面是想证实一下是否要创办《文学报》的事。

访江苏文学界

从茹志鹃家里出来,我便匆匆赶火车去南京。

在南京,我住在大方巷省委招待所,离张弦的家不远。那时,张弦还是安徽马鞍山市的人,家住在南京。第二天(11月1日,星期六),由张弦陪我到《雨花》编辑部。在编辑部里见到了顾尔镡、叶至诚、高晓声。大家虽是初次见面,却毫无拘束地聊起文艺的改革来。他们都赞同在宪法规定的范围内办自由社团和同人刊物。顾尔镡说,黄钢办的《时代的报告》杂志已经出版发行,就是先例,可向他们学习。南京的几位作家,包括高晓声在内,1957年被打成"右派",史称"探求者"集团。现在他们虽已平反,但看来他们想办自由社团和同人刊物的梦还没有做完,大有屈原所说的"余心之所善兮,虽九死其未悔"的气概。叶志诚说,小说的社会功能是被夸大了,其实小说哪有那么大的作用?

我们商定于下周四约几位同志谈谈如何提高小说创作质量的问题。接着,张弦又陪我到《青春》编辑部,女主编斯群向我介绍了南京市的青年作者的情况。他们联系的青年作者有徐乃建(女)、董会平、吴倩(女)、顾小虎等。《青春》的张祥泽同志来帮我联系到市委招待所(即五台饭店),并帮我把行李拿去。第三天是星期天,除了读读南京青年作者的作品外,没有事情;正好我在写一篇反封建问题的评论。但这里住宿费每天7元,住了一晚,觉得太贵了,还是想搬回省委招待所去,那里比这里便宜,可是还得找省作协开介绍信。

3日到南京大学,会见许志英、董健,向他们约稿。他们要编辑部给他们出题目。又到江苏人民出版社和《钟山》编辑部,与他们谈中篇小说评奖推荐作品的事。接待我的是顾关荣同志。《钟山》创刊不久,但现在的发行量是32万份。在出版社又遇到福庚和郑秉谦。他们在筹备创办大型文学月刊《江南》,到相邻省市取经,下一站他们还要去安徽。在出版社和《钟山》编辑部,我与徐兆淮失之交臂。他在哲学社会科学部文学研究所工作多年,我们是多年的朋友,我又在社科院的河南息县"五七"干校同他在一个连里干过活,这次怎么能不见面呢?于是,我找了一个时间到他家里去见他。

4日,再次就编辑工作与《青春》的斯群和程健交换意见。我说《青春》编辑部思想比较解放,没有因某种固定的艺术观点和程式而压住一些好作品,这是我们应该学习的。但他们也有不足,应该提倡开掘得深的作品,否则就难于进一步提高作品质量。

这天我应邀到张弦家里吃晚餐。我对张弦的小说很欣赏,他对生活的认识很深刻,视角也很独到,我跟他一起出席过上海的创作会议,同住一个客房,不仅很谈得来,甚至很有默契。今天的客人中,还有福庚和郑秉谦二位。张弦的家住得很挤,他的户口不在南京,这里是他的夫人张玲的住房,她是南京某厂的工人,也是一位文学作者。她是在张弦被错划成"右派"时,与张结婚的。我知道了这一背景,对她肃然起敬。今天是张玲掌橱,招待我们。她家的厨房和操作间实际上就是从门口进卧室的走道。

福庚在《青春》召开的青年作者座谈会上说,今年"刮风"特别多,特别是胡乔木的讲话,说要反击,我们下笔如有"绳"。过去我们是造神又造鬼,如今要写人物,就要写出人物的历史和社会原因。郑秉谦1957年曾被错划为"右派",讲话至今仍然显得谨慎。他通报说,浙江要创办一本大型杂志《江南》,宗旨是:离政治远点,离生活近点;离概念远点,离形象近点。我觉得他概括得很准确、很实在。

晚上,顾尔镡、叶至诚、高晓声、梅汝恺请我吃饭。顾尔镡当时是主持省作协和《雨花》杂志的负责人,思想解放,性格开朗,敢说敢为,后来曾受到来自上面的责难。叶志诚是叶圣陶先生的儿子,20世纪40年代就与其兄叶志善、姐叶志美合出过散文集和小说集,1957年因参加"探求者"文学社被错划为"右派",下放劳动,现任《雨花》杂志的副主编。"探求者"的另一成员方之不久前逝世,叶志诚给《文艺报》写了一篇悼念文章《方之的死》,发表在今年第1期上。去年,方之刚平反,我们编辑新中国成立30年创作经验集《回忆与思考》时,向他约稿,他给我们写了一篇《也算经验》,发表在新中国成立30周年出版的第10期上。哪知他平反才半年就逝世了,令人十分惋惜。叶志诚此文就是写方之的死给他带来的沮丧心情的。这次见面,他的话不多,在文艺创作上,我们的观点倒很相似,在《雨花》的编刊和选稿上,与我们编辑部也很相近。高晓声已是熟人了,他也是当年"探求者"的成员,命运与其他几位也一样,甚至更为不幸,错划为"右派"后,被送回老家武进劳动。二十多年后的小说家高晓声,而今仍然像是一个道地的农民,寡言而深沉。从他的《陈奂生上城》也可以看出他对农民的亲和感,他就是农民队伍中的一员。去年年底,我的同事、《文艺报》编辑部的主任谢永旺就他的小说写了一篇评论,在征求我的意见时,我建议他把标题改成《独树一帜——评高晓声的小说》,他接受了,此文发表在《文艺报》今年第1期上。"独树一帜"四个字,就是我对高晓声小说的印象和评价。梅汝恺是第一次见面,他

高晓声

也是当年"探求者"文学社团的一员,1957年出版了长篇小说《农场女儿》,不久被错划为"右派",下放劳动。归来后的他,如今正在潜心翻译显克微支的长篇小说。我听到他在翻译,心情为之一震,这倒不是因为我也是学外语的,而是直觉地感到命运把他从创作这条路拉回到翻译上来了。后来他又写过小说,证明当时我的那一闪念是不正确的。今天的晚餐,江苏省作协的主要人物都来了,当年的"探求者"们,除了远在苏州的陆文夫和已经逝世的方之,都到齐了,因此,我特别高兴。由于我们编辑部首倡重视农村题材的创作,而江苏作家中,以高晓声为代表,又走在了全国前头,故我提议《文艺报》与《雨花》联合举行一次农村题材小说的座谈会,得到了在场诸位的赞

梅汝恺

同,达成口头协议。晚饭后,这几位老大哥,一起把我送到南京火车站。

写农村题材的困惑

11月7日早晨,我乘火车从南京到达济南,要在那儿逗留几天,目的是了解一下山东省文学界的情况,也顺便组织几篇稿子。山东在人口上是个大省,但在文学上却是个小省。出乎我意料的是,山东文联刚刚改组过,新的领导班子是民主选举产生的,原来上面派来的那几个行政官员,在选举中全部落下马来,新当选的领导人都是专业干部。两个副主席中,刘知侠任党组书记,苗得雨任副书记。党组成员有萧洪、孔林、王希坚。这一消息,给我一丝惊喜。看来,从20世纪五六十年代起群众就不断反对的"外行领导内行"那一套"左"的办法,群众的确已经厌烦了。刘知侠和苗得雨向我讲起这件事情来,真有点儿情不自禁。希望此番安排,能起到促进艺术生产力前进的功效。

我们中国的文艺家协会走的路子,是学习苏联的,但弄来弄去,便走上"衙门化"的道路,不利于文学艺术的发展。山东是我的故乡,但新中国成立30年来,我的故乡却没有出现文学大家,我从远处看来,盖因领导思想的保守,"左"的思想禁锢得太厉害。这一次,一向保守的山东却成了全国文艺界发扬民主的第一家。如果这种民主空气能够继续健康地发展下去,我们的文艺家协会也许能真正成为作家艺术家自愿组织的社团,也会为文学艺术的健康发展提供更适宜的土壤。

座谈是最好的了解情况的办法。第二天,我便与几位老作家座谈。山东是农业大省,在文学上,熟悉农民和反映农村从来是最重要的任务。大家不约而同地谈到在当前形势下,如何认识和反映农村生活的问题。诗人苗得雨说:过去,政治上是领导人思索,我们跟着走;艺术上是靠名人靠大家,别人跟着学。现在突破了许多框框。新东西出来了,思想上有思索,艺术上就会有探讨。文学如何反映新中国成立后的30年,有一定的难度。过去农民是抱着牛腿入社,现在又抱着牛腿出社。政策的变化,使作家产生了困惑。什么是文学的真实?单学鹏发表文章所说的,我有同感,"桃园经验",还得按原来的面貌写,只要写出了事物的两面,就能达到真实。

  王希坚说:全国已经解决了的,在我们这里还是问题。其他地方的一些老问题,在我们这里倒还是新问题。我们的作家们还是按照先进与落后、反对的与赞成的这些老框框来写作。苦思冥想找题材,就写分田到户吧,于是一个反对分田,一个赞成分田!《陈奂生上城》、《乡场上》就不是这样写,情节很简单,人物却突显出来了。写爱情,还是写羞羞答答,感情怎么样,没有描写,而是写理智上认识到如何有利于四化,就决定嫁给他吧。关于作家深入生活问题,我们下去生活,就是蹲点做工作,关心的是工作中发生的问题如何解决,总结经验和教训,把这些事具体化,就成了一篇小说。有些青年作者也在走这样的老路。我工作了几十年,真正了解和懂得生活,是被错划成"右派"下去改造时。以后就不行了。这次去胶东,住的吃的都安排得很好,听到的都是好话,能写什么?我们的长篇小说多半是写事情的过程,外国的长篇小说是写人的命运,连题目都与我们不一样。"意识流"的手法运用得好,确是好的。但有的人缺少生活,用玩花招来掩盖生活的不足,这是形式。我们这里也有人想走捷径,模仿,是用来吓人的。诗歌比小说更厉害,一是回避重大问题,来风花雪月那一套;二是故意要人看不懂。朦胧诗有好的,从表面的事物中发现深刻的东西,这样的探索是值得提倡的。有的朦胧诗里却没有什么新东西。山东文坛,主导的是思想僵化,老框框打不破,思想还需要解放。

  最后一位发言者是京剧团的作者,此人我不认识。他的话却给我以震惊:文艺界确实是春天了,一阵冷风,一阵热风,但大势所趋,由寒变暖,给人以希望。我们这里则有些作茧自缚。这与十年浩劫、极左路线的干扰不无关系。

  座谈会后,老苗请我吃晚饭。刘知侠和牟崇光作陪。牟崇光在主持省作协的工作,当时在写报告文学。

公事完了后,我独自到趵突泉一游。那天的日记里写下了下面的几句话:"此前,我曾与诗人路工来游,已是 22 年前的旧事了。沧桑变化,面貌大改。昔日自然朴素的古风,今已无存,更多的是雕琢斧凿的印象。一线泉也不再吐线了,满湖落叶,一派苍凉。呵,原是初冬了!"游趵突泉的心境与济南文坛给我的印象一样苍凉。

沙叶新文章惹了点事

年初召开的全国剧本创作座谈会肯定了三年来文艺的成绩,对三部被认为有争议的作品《假如我是真的》、《在社会的档案里》和《女贼》的批评和处理,也没有重复过去那种激烈和严厉的措施。但以会议的方式,宣布这三部作品停演,在全国各地的文艺界也引起了相当强烈的反响。

《假如我是真的》的作者之一沙叶新参加了这次会议,会后过了一段时间,他写了一篇题为《扯"淡"》的随笔,交给我们《文艺报》的编辑,因他是名家,我们很快就将其安排在了当年的第 10 期上。文章是谈论 1980 年的文坛(剧坛)何以会出现"淡季"的,实际上,是针对着剧本创作座谈会,流露了一些不满情绪。比如他说:"今年的话剧剧目之所以与现实生活的距离远了、干预生活的味道淡了,窃以为和今年年初在北京举行的剧本创作座谈会不无关系。这次座谈会所提出讨论的三个作品,都是所谓干预生活的作品,就此一点已很引人注目。但我以为会议的出发点还是好的,对这三个有争议的作品用会议的形式进行讨论,也完全是正常的、必要的。尽管会议开始期间,与会者有些紧张,争论双方由于不明底细都保持沉默,或弯弓待发,或加紧设防,沉默中可以嗅出刺鼻的火药味。可是逐渐逐渐与会者便深切地感到这次会议并不是一场你死我活的厮杀,而是和风细雨的争鸣,这使得那些即使想进行政治恫吓的少数鸣鞭者也不得不放下鞭子。于是正常的讨论得以开展,争论的双方都能够平等地、善意地、实事求是地交换意见,进行探讨。应该说,这次会议确实是执行'双百方针'、坚持三不主义、实行艺术民主的一次具体实践。会上还着重提出作品要注重社会效果的问题,尽管对这一问题的认识与会者还不很一致,可是都认为这一问题的提出是有必要的、有意义的,是值得作家和评论家认真思索的。总之,这次会议确实如报纸上所宣传的那样开得很好,可是会议的结局——即对这三个作品不了了之的奇怪的处理,却使人大惑不解,使得这三个作品的支持者和部分反对者都极感意外。最后的结果是,这三个作品无一不被软禁。可是——会议不是一致认为这三个作品不是毒草吗?不是认为作者的动机是好的吗?甚至三个作品的反对者不也认为三个作品的社会效果也有它积极的一面吗?既然如此,为什么这三个作品就不能公开演出和拍摄呢?……因此,我斗胆地认为,这次在北京召开的创作座谈会,是在'四人帮'倒台后既开了自由讨论的先河,也开了变相禁戏的先例!"

沙叶新是我们刊物的作者和朋友,我们发他这篇文章时,距剧本创作座谈会已有一些时日,而且全国各地对这个座谈会的议论也很多,既有称赞的,也有贬低的,因此我们没有想到会惹出什么麻烦来。可是,沙叶新文章里的那些"刺儿"很显眼,终于被抓住了,成了我们编辑部这几年来搞自由化的一个突出的罪状。到第二年即1981年反自由化运动到来时,我们不得不将其当作一桩重要的原则错误进行检讨。

沙叶新

除了沙叶新的文章外,还有一篇招致某些人责难和批评的文章,那就是我们刊物的编委、文学研究所副所长、电影界的老领导陈荒煤发表在《文艺报》1980年第11期上的《为什么会这样呢?——悼念赵丹同志》。陈荒煤在悼念赵丹的文章里公布了赵丹临终前的遗言:

"他说,党要具体管创作是不可能的,而且有的人没有本领管,却忠于职责,结果只能越管越死……"这句遗言,引起了有些人的不满。

领导核心的分歧

文艺界领导核心中的分歧加剧了。从10月23日起,周扬邀请夏衍、刘白羽、林默涵、张光年、冯牧、陈荒煤、贺敬之、赵寻等人在他家里开"老同志谈心会"。会议开了多次。他想通过此种形式解决他们这个文艺领导核心中的不团结或分歧问题。其间涉及的问题相当广泛,如刘白羽对陈荒煤悼念赵丹文章的意见,林默涵对"伤痕文学"的意见。他们的分歧在许多事情上都与《文艺报》有关。11月4日,冯牧在老同志谈心会上发言,着重谈的就是他同林默涵之间的意见分歧。6日贺敬之也发表了他对《文艺报》的意见。真是唇枪舌剑,两种思想观点各不相让。周扬虽然出于好心,但并不能解决问题于万一。

11月13日周扬在谈心会上作总结发言。他谈的四个问题中的第一个问题就与《文艺报》和冯牧有关。他说:

> 文艺界老同志有些争论,能开诚布公地讲出来,态度诚恳,开始形成正常的批评与自我批评的空气。领导中有分歧,不奇怪,没有分歧倒是奇怪了。经过30年,特别是近十几年的曲折发展,一部分同志对文艺问题产生了不同见解,这不仅不奇怪,甚至是不可避免的。回顾4年来,没有抓紧解决,我有责任。现在如果再不冷静地看这些问题就不行了。今天全国形势比以前任何时候都更有利于解决思想界、文艺界的争论和分歧。前一段,只想弥合一下,现在看来不能解决问题。我是看到了,但抓得迟了。有一种说法:"文艺界是三国演义。"几个方面的同志都是文艺界的领导,应该互相交流,不讨论不交流不争论,在重大问题上观点统一不起来是不好的。现在这个会,至少是能交流,恢复了批评与自我批评的作风。可以有不同的态度,但有两种

态度和做法是错误的：一种是无限上纲；一种是自由主义，不闻不问。这两种态度都无助于矛盾的解决。一个是扩大矛盾，一个是无视矛盾。无限上纲，可能"左"的影响更厉害一些。"左"，我们有很长的传统，根深蒂固。现在文艺界的争论，有没有路线分歧？必然有。思想政治路线，都存在不同的立场，必然反映到文艺上来。对路线问题持有不同看法，但不能扣上路线错误的帽子。一些同志的自由主义，另一些同志的思想僵化，都不要扣帽子。不要随便说某人是"凡是"派的代表，说某人反对"四个坚持"。群众怎么说我们没法禁止，但我们不要在意，同时要引起我们的注意。不要害怕人们背后议论我们。让人家背后不议论我们，不可能。过去我苦恼过，现在我不苦恼了。哪个人背后不遭议论？有人还说我们是延安派、鲁艺派呢。这一两年来，我很少批评别人，但这不是想抓选票。我有一点问心无愧，党中央决定了要我做什么，我坚决执行。总之，对一些议论要采取正确的态度，批判的态度。既不盲从紧跟，又不要自由化。对自己的工作，一定要采取谦逊态度，感到自己工作的不足，努力使自己做到能听不同意见。这点讲起来不容易，做起来更不容易。有些同志不能听不同的意见，只能听好的意见，奉承的意见。要形成能听不同意见的空气。主要是解决如何正确对待自己的问题。

老同志谈心会上的意见分歧，周扬点名指出了争论双方的代表，一方是刘白羽和林默涵，一方是陈荒煤和冯牧。涉及的具体问题很多。除了上面提到的一些大问题外，占很大分量的是，指责冯牧和他主编的《文艺报》对一些错误观点不进行批评，如对赵丹遗言的宣传问题，发表沙叶新的文章《扯"淡"》的问题，王若望在上海静安区竞选的问题，陈登科和赵梓雄在文章里说"政治家没良心、艺术家有良心"的问题，等等。

这一阶段，冯牧在外面开了会，就很快回到编辑部来向我们通报情况，要我们谨慎从事。12月25日，冯牧又就中央工作会议上涉及的若干问题向我们作了通报。他说：

现在正在开中央工作会议,会上许多同志提到宣传战线,包括文艺战线和文艺生活中存在的一些问题。胡耀邦同志把思想政治工作会议上的讲话《做一个彻底的唯物主义者》一文中有关文艺工作的部分删去了。他提到文艺战线如何适应当前面临的情况,不能把重点放在揭露阴暗面和丑恶的东西上。任何时代的文艺都不能没有批判性,没有批判性的文艺是不完全的。现在的主要矛盾是如何对待社会主义建设中的困难。大多数人承认四年来文艺的成绩很大,但现在的问题是,在承认主流是好的前提下,如何估价文艺战线的弱点和不足,把文艺引导到对全党全国的神圣使命起更积极的作用上来。《啊,父老兄弟》把事情闹大了。武汉有关部门把这期刊物撕掉。这当然是横加干涉,我们不同意这种做法。好多刊物出来支持,不冷静。天门县本是个假红旗单位。问题的解决是妥善的,这样的县,要大刀阔斧地去解决,波动就会很大。作者迫不及待地想出名,没有经过有关部门同意就公开发表了。结果文章出来后,天门就大闹起来了。文艺对社会有影响。真人真事会给下面带来麻烦。刘宾雁的《人妖之间》也有这样的问题,叫人抓住小辫子。写文章,既要切中时弊,又要考虑效果嘛。陈沂在思想政治工作会议上点了孔罗荪的名,说我们反对三中全会。我写的文章是肯定四年来的文艺的,现在还是这样的观点。反对三中全会的不是我们。评价文艺的成就,离不开整个国家的形势。要把文艺放在这样的背景下考虑:对国家、对经济发展基本上起了促进作用;出了人才,出了作品,出了理论,出了经验。现在分歧在哪里?肯定成绩问题不大,分歧在于对问题的估计。天门事件我们就没有想到。当时我主张把文章抽下来。抽下来是对的。王若望在《安徽文学》上发表的文章《"御用……"之类》,把文人分为两类。他说他是针对着刘金的。岂止如此?他又搞竞选,这样一来,王若望可能走到尽头了。(孔罗荪插话:陈沂说上海有三个持不同政见者,一个是巴金,一个是王若望,一个是白桦。)王若望一年来发表的文章,够持不同政见者了。江苏几位同志发表的言论(按:主要是指顾尔谭的文章),也是乱打一通。强调安定团结,不是和稀泥。胡耀邦批评文艺界没有声音,是很婉转的。要求《文艺报》能顾全大局,把维护安定团结放在首位。他说,文艺的成绩是主要的,但方向和目的有问题。他要求文艺界要发出声音,是发出时代的声音。他要求《文艺报》要有鲜明的态度,同党中央站在同一立场上,把文艺创作引导到正确的方向上来。小说创作有问题,但问题不是很大。《我是谁?》明明不大健康,有人就一定说很好,是非不明。《文艺报》要开个会研究研究,希望文艺界发出更响亮的声音,在发展社会主义生产的目标下,发出振奋人心的力量,不要使读者失望。我们不举这个旗帜,《时代的报告》就会举。我不主张与《时代的报告》采取针锋相对的立场讨论问题。小说《飞天》发表后引起了批评①,而《十月》的文章却百分之百地肯定《飞天》。《文艺报》发表沙叶新的文章,也引起很大的波动,几个会议上不断谈起它。文章里有几句话确实不好。(孔罗荪插话:我们登了陈荒煤和凤子的文章后,就算了。)我也不愿意把此事搞大。客观地想想,《文艺报》这样的刊物,发表这样的文章,安徽马上就公演《假如我是真的》,还登广告欢迎外省来观摩。上海知青闹事,阿克苏地区的知青返回上海。做实际工作的赵紫阳同志,对思想战线很头痛,不合作,一再向文艺界呼吁维护安定团结的局面,与中央发出同样的声音来。现在自发刊物全国有五六十家,文艺界有些同志也头脑发热,纷纷要搞同人刊物。我们要维护安定团结,行动起来,发出时代的声音,满足广大群众的精神需要。

牵扯到的事情很多,分歧显然是相当深刻的。但我们对于四年来文艺所取得的成绩是坚信不疑的,对我们自己的态度和行为也是

---

① 《飞天》发表后,《解放军文艺》1980年9月号发表了燕翰的批评文章《不要离开社会主义的坚实大地》。

心中有数的:我们是三中全会精神的坚定的拥护者。但我们听了冯牧的传达和他自己的一片忠言,却感到了问题的严重。连"二唐"也感到了问题的严重和肩上担子的沉重。

文坛动向令人关注

首都文艺界,特别是领导层在一些问题上的分歧,和围绕着《文艺报》的一些传闻,在各地文艺界传播很广很快。既然是小道消息,就真假难辨,是非难断,一些关心文艺发展和我们安危的外地朋友纷纷来信打听。《上海文学》的李子云就是其中的一位。那时,我们两刊有点儿同病相怜的味道。她去年为《上海文学》撰写的评论员文章《为文艺正名》在文艺界产生了很大影响。我们邀请她来京参加长篇小说读书班,但她因编辑部工作离不开,主持上海文联工作的钟望阳不放她,而未能如愿。我几次向她约稿,她都答应了,却至今只在我们刊物上发表了一篇署名晓立的评张洁的《爱,是不能忘记的》的文章。年底,我接到她的一封回信:

锡诚同志:

信收到多日,知道您已返京。北京文艺界情况究竟如何?这里颇多传闻,大家也都很关心,但又不清楚,有暇时,望详告一二。

文章事,我是想写的,也有一些题目,如刘真,如林斤澜(我很喜欢林的作品,也觉得很少人深入评论他的作品),只是最近我母亲又到生病的"旺季"(冬天到了),十月底住过一次医院,十一月下旬出来,没两天,又急诊进院,这次多种病并发,已急救过两次,因此,只能稍待一些时日才可动手。写后一定寄上。另外你们希望一些什么题目,也可来信告知,大家通通气。明年起,每年可以为你们写两三篇。有些别人评过的,我也想重评,如谌容,不就她《人到中年》一篇,而是从她粉碎"四人帮"之后发表的一系列作品来谈谈她创作上的长处与短处,因我还比较注意她的作品,也有一些想法——有的也许与已发表的评论文章不尽相同。

我那篇与王蒙的通讯,听到什么意见,望简告。我看到王最近一些谈创作的文章,还想再写一篇,当然不是给你们,别处也要。

有暇请来信。

祝好!

子 云
(1980年)11月30日

李子云来信问北京文艺界的情况和传闻,她大概是听到了中央工作会议上关于文艺的一些议论和周扬最近在老同志谈心会上的总结讲话,冯牧在11月14日刚向我们编辑部传达过了。周扬在讲话中讲了四个问题:第一,如何对待党内的思想争论,包括文艺界的思想争论;第二,建立一个思想一致的团结的领导核心;第三,对文艺形势的看法;第四,眼睛应该向上看还是向下看。

唐祈评公刘

接到公刘于11月15日从合肥寄来一封信,是向我询问他转寄给高洪波的一篇唐祈的文章下落的。信里说:

锡诚同志:

你好!

回皖后,曾给高洪波同志去信一封,请他代我向你以及其他同志致意。不知何故,迟迟不见他的回信,我颇为焦急,因为信里还提到唐祈同志的一篇评论稿,最近唐又来信问我,并说,他也去信询问处理情况,始终不见答复。我想,也许是小高出差走了?那就请你翻一翻给他的信件,把唐和我的两封信拆了吧!

转上北京卫戍区某部战士白晓明同志来稿两件,请一阅。

白处我已回信——攒下的邮件堆积如山,实在看不过来。如果你有空,而又愿意答复作者,就请简单写几句话。我仍在养病。顺问唐挚、泰昌、雷达,总之编辑部全体同志,请一概代我问好。

编撰两安!

公　刘
(1980年)11月15日

经向高洪波查问,唐祈确有一文在他的来稿卷宗里,是评论公刘的抒情诗的,他准备提交编辑部采用的。我们两人看过后,一致认为文章写得很好,即发在第12期上。唐祈的生活道路与写作生涯是曲折多舛的,他现在是甘肃师范大学中文系的教授,但他的评论没有教授们常有的那种学院气。这也很自然。唐祈40年代很活跃,是"九叶诗派"的诗人,其诗作的基本色调是渴望光明,伤世忧时。九个诗人(穆旦、杜运燮、陈敬容、曹幸之、郑敏、辛迪、袁可嘉、唐湜、唐祈)的合集《九叶诗选》最近由江苏人民出版社出版了,在诗界引起很大的反响,重现了他们的艺术成就,他们也因而得到了公正的评价。新中国成立后,唐祈先后任《人民文学》杂志小说散文组的组长和《诗刊》的编辑,在反胡风和反右派运动中受到批判。

当代文学讨论会在昆明召开

中国当代文学研究会第二次学术讨论会于11月17日至27日在昆明召开。会议由中国当代文学研究会、中国社会科学院文学研究所、中国作家协会昆明分会、云南省社会科学院、云南大学、云南民族学院、昆明师范学院、云南人民出版社联合主办。冯牧是会长,他要去主持会议。而且云南是冯牧长期工作的地方,他随部队进云南,50年代在部队里培养和带出了一大批青年作家,现在他们都还活跃在文坛上。到会的有来自全国各省、市、自治区120所高等院校的教师、文学研究者、报纸杂志的编辑和老中青作家评论家270余人。笔者也去参加了这次盛大的学术集会。会议集中讨论了粉碎"四人帮"

以来新时期文学的成就和问题。先后在大会上作专题发言的有张炯、马德波、钟惦棐、彭荆风、陈古海、刘锡诚、阎纲、峻青、姜彬、张抗抗、程树臻、谢冕、丁力、晓雪、方冰、饶阶巴桑、周良沛、雁翼、陈焜、黄秋耘、谌容、陈辽、闻山、陆一帆、孟蒙等。会长冯牧作了《四年来新时期文学的成绩和存在的问题》的专题报告,外国文学研究所所长冯至就外国当代文学作了报告。

张 炯

这次会议的历史作用在于对四年来新时期文学做了基本估计:这四年来的文学繁荣是新中国成立以来任何时期不可比拟的,它标志着我国文学在经历十年浩劫后正在走向复兴。具体表现在:第一,文学刊物空前繁荣,作品数量空前增多,作家队伍空前壮大。全国范围内大型文学丛刊26家,中央和省、市、自治区一级的文学刊物180种,地区、县以下的文学刊物2000种以上。长期被剥夺了创作权利的老作家焕发了革命的青春,年富力强的中年作家成为创作的主力,大批青年作者如雨后春笋涌现于新时期文坛。长篇小说头三年出版169部,近两年中篇小说崛起,1979年发表74部,1980年到9月止,已发表95部,短篇小说目前每月发表在1500篇以上。第二,文学恢复和发扬了革命现实主义传统,有力地表达了人民的心声和愿望、感情和理想,真实性和战斗性大大加强,广泛地反映了社会现实生活的各个方面,刻画了各种各样的人物。第三,文学形式的新探索,推动了文学风格的多样化,使文艺呈现出百花齐放的局面。与会者们也指出了当前文学创作中存在的不足和问题。

与会者还讨论和梳理了当前文学创作和文学理论中大家关心的一些问题:(1)文学与政治的关系问题;(2)真实性与倾向性问题;(3)革命现实主义与革命浪漫主义问题;(4)典型环境与典型性格问题;(5)作品的社会效果问题;(6)文学的创新问题;(7)人性、人道主义问题。

我在12月10日的大会上作了题为《从思想到艺术的突破——谈1980年的短篇小说创作》的专题发言。我认为,文艺界对1980年的短篇小说创作是存在不同看法的。一些同志认为,今年的短篇小说和话剧、电影一样,是停滞的、沉寂的,不能同大丰收的1979年同日而语;另一种意见认为,今年的短篇小说创作虽然不像去年那样涌现过一批批由于冲破禁区而使文坛耳目一新、令读者为之瞩目的作品,但只要稍微深入观察和研究就

谢冕

不难看出,今年的短篇小说创作从思想深度到艺术质量,不仅不比去年的25篇获奖作品逊色,反而有较大的提高和突破。最明显的特点是,1980年的短篇小说创作出现了分化:一方面,一些修养不足的、浅薄的作家和初学者,热心于寻找一些所谓重大的、爆炸性的题材,追求和玩赏曲折离奇的情节,编造和杜撰缺乏生活真实的故事。就题材而言,这些作品大致都是写的知青生活、爱情纠葛(不少是乏味的甚至肉麻的三角恋爱)和"伤痕"。这类作品的弱点表现在三个方面:(1)题材过于狭窄,出现了雷同化和规格化;(2)把多姿多彩的生活单一化;(3)不少作品多少表现出"主题先行"、从理念出发、图解政策的遗迹。另一方面,一些生活底子深厚、对社会生活有真知灼见的作家开始在艺术创作的正确道路上长驱直入、奋力攀登,他们不再停留在表面地、肤浅地反映十年浩劫给人们带来的伤痕上,而把主要精力放在开拓新的题材、深入地开掘主题和努力创造典型人物上。如徐怀中的《西线轶事》(《人民文学》第1期)中的刘毛妹,张弦的《被爱情遗忘的角落》(《上海文学》第1期)中的存妮和荒妹,张贤亮的《邢老汉和狗的故事》(《宁夏文艺》第1期)中的邢老汉,陆文夫的《小

贩世家》(《雨花》第1期)中的朱源达,高晓声的《陈奂生上城》(《人民文学》第2期)中的陈奂生,李国文的《月食》(《人民文学》第3期)中的伊汝,叶文玲的《心香》(《当代》第2期)中的亚女,何士光的《乡场上》(《人民文学》第8期)中的冯幺爸,锦云和王毅的《笨人王老大》(《北京文艺》第7期)中的王老大,汪曾祺的《受戒》(《北京文艺》第10期)中的小和尚等。创作方法也出现了分化:在前几年批判林彪、"四人帮"的"瞒"和"骗"的反现实主义倾向的基础上,现实主义文学在许多作家中得到认同并出现了许多好作品;同时,运用其他主义的创作方法的作品也出现于报刊之上。这个发言,后来收入湖南人民出版社于1981年出版的拙著《小说创作漫评》一书中。

谌　容

在我看来,昆明会议的特点是:(1)对新时期文学的若干问题的争论极其热烈,因而探索也就相对比报刊文章深入得多。(2)由于一些活跃于文坛的作家(宗璞、谌容、张抗抗、峻青、雁翼、彭荆风、周良沛、晓雪等)和外国文学研究者(冯至、陈焜等)的参与和共同讨论,大家对问题的研讨和认识多了一些参照系(譬如对"意识流"小说),而避免了评论者们的"自说自话"和"近亲繁殖",把文学评论推进了一步。这是迄今20年来中国当代文学研究会主持的12次全国性学术研讨会中唯一的一次。(3)戏剧文学向来是文学的领地之一,新时期初期,评论家们相当关注戏剧文学和电影文学(好几个电影剧本都是出自作家之手),这次会议由于电影研究者(钟惦棐、马德波等)的参与,文学评论的视野更加广阔而全面,文学评论的职能第一次得以全面体现,此后,文学与戏剧和电影文学离得越来越远,文学评论家们龟缩在小说诗歌的狭小领地里,对戏剧和电影创作变得十分隔膜,甚至没有任何发言权了。这当然是文学评论的悲哀。

冯牧在昆明期间,在昆明作协、昆明部队,一连作了好几次演讲。11月23日他在中国当代文学研究会上所作的演讲,很系统、很生动。我自己有个记录,可惜大会没有安排人做全文记录。故冯牧身后,于2000年编辑《冯牧文集》时,我根据冯牧外甥女程小玲提供的一份讲话提纲,稍加整理,将《我对当代文学的发展形势、基本经验以及我们所面临的前景和任务的一点看法——在中国当代文学研究会第二届学术研讨会上的讲话(提纲)》提交给《冯牧文集》副主编和第4卷(讲话卷)的特邀编辑谢永旺,并向他表达了我的意愿,后由他做主,将其收入到2001年1月由解放军出版社出版的《冯牧文集》9卷集之第4卷中。由于照冯牧手稿付印,日期写的11月17日,而这一天是会议的开幕之日,实际上讲演的那天是23日下午。在此,替他做一订正吧。

会间,还有一些小型活动。

《文艺报》于1月24日邀请昆明地区的作家召开了一个座谈会,应邀参加的有部队作家苏策、刘祖培、彭荆风,地方作家李乔、张昆华、张长、杨昭。以老作家苏策和李乔的发言最有见解和深度。苏策说:这两年文艺发展收获很大,

苏策(左)与本书作者

而今年以来,像过去那种简单地暴露的"伤痕文学"作品少了,写得比较深刻了。过去是"赶任务"的文学,打麻雀"除四害",就写个"除四害"的小说;搞计划生育,就写个计划生育的小说。现在,有些作者是在赶另一种任务,批"凡是派",他就写一篇批"凡是派"的小说。《报春花》就是"赶任务"的作品,现在已经很少有人看了。《于无声处》和《丹心谱》现在也很少有人看了。"赶任务"的作品恐怕站不住。有一次,我与刘梦溪谈起《蝴蝶》,我认为小说写得很好,但也有点保留。王蒙很聪明,小说写得尖锐,读者却愿意往下看,但我还是感到太政治化了。要把文艺创作搞得好一点,就要在艺术上下功夫,要在人物、情节上下功夫,让读者在不知不觉中受到感染和教育。这么多年来,很少提艺术了。《王昭君》是老作家的作品,也有这样的问题,到香港去演,只卖几成座。而《雷雨》在昆明上演了五十多场,却场场满

座。作家要写自己熟悉的生活。领导最好少管。文艺的优劣,需要时间和群众的检验,要靠竞争,不能靠某人而定于一尊。希望《文艺报》提倡艺术性的评论。有些质量差的作品,即使名头再大也要少捧。如话剧《王昭君》和长篇小说《东方》,评论文章太多了,看了却令人遗憾。所谓"捧",就是好处说过分了。(彭荆风:老作家缺乏自知之明。)所以,魏巍总以为自己的观点对。

晓雪和李乔

李乔说:《文艺报》有些评论不实事求是。《王昭君》吹得很玄。吴祖光也在文章里说"巧妇能为无米炊"。去年文代会时看了戏,大失所望。这次少数民族参观团的同志也议论到这个剧本。不要一看到是老作家的名字就吹,这对作者、读者都不好,任何作品都要经过实践和检验。人物站不起来,连王昭君也站不起来,把时代写得好像毫无民族隔阂,她很乐意去,这不合情理。主题好,不等于作品好。作品好要靠形象。短篇小说《乡场上》里的形象就不容易被忘记。我们在批"四人帮",臧克家歌颂"五七"干校的诗,你们也吹捧,讲好话,这不对头。

《云南日报》也邀请几位与会者开了一次小型的座谈会,究竟哪几位参加,已经记不清了。该报从大会发言和座谈会发言中选择了9篇发言,分别发表于12月4日和12月18日。4日专版有:峻青、姜彬《文学创作的反封建任务》,刘锡诚《从思想到艺术的突破——谈1980年的小说创作》,钟惦棐《现实主义要深化》,谢冕《新诗的希望》;18日专版有:雁翼《四年来诗歌我见》、黄秋耘《漫谈探索与创新》、张抗抗《理解青年才能写好青

雁 翼

张抗抗

年》、马德波《作家的职责与文学的使命》、丁力《新诗发展管见》。因为马德波和阎纲在小座谈会上的发言相当尖锐激烈,触及了在当时看来比较敏感的话题,所以印象比较深刻。阎纲说:"政治有政府的政治和群众的政治,文艺之所以翻跟头,是政治翻跟头的结果。"马德波说:"作家不应当在社会的丑恶现象面前闭上自己的眼睛,不能对不公正、不合理的消极事物视而不见、无动于衷。作家对于生活中存在的那些横在四化路上的障碍物——官僚主义、特殊化和各种污染我们社会风尚的不正之风,如拉关系、走后门、假大空等丑恶现象,决不应放弃斗争。宽容邪恶就是对善的危害,姑息丑就是对美的损伤。"他批评了某些人对《骗子》和《在社会的档案里》的批评和指责:"论者指出,描写一些不良行为,如行骗、搞不正之风、流氓的语言和'血淋淋'的动作,都会引起不良的社会效果。有的人则指责说,社会上的不良风气是文艺作品'教唆'或助长起来的,这实在是本末倒置。"马德波的发言,流露出对年初召开的"剧本创作座谈会"及会上某些发言者的不满,而这在1980年的年底无疑已成为一个敏感话题。

会后,云南人民出版社编辑出版了一本这次会议的论文集《新时期文学探索》。由于云南方面有人告了状,诬称有的发言脱离了"四项基本原则",故云南省委宣传部下令此书停止发行。好在有几个与会同志手里还保存下来几本,不至于完全埋没。我想,将来写文学史的学者,肯定会不忘提上一笔。后来,我到昆明出差,见到早已离开宣传部文艺处处长的位子、调到省作协主持《边疆文学》的女作家冯永祺,向她询问其中原委时,她向我证实说,确实是某人告了状,省委宣传部不得不做出停发的处理。其实,这本文集里所收发言和论文,固然可能有欠妥之处,而最尖锐的,也不过是马德波流露的对《骗子》

等作品的处理和阎纲说的两种政治吧。

会议期间,与会的北京大学校友有一次聚会,大家一起参观了云南大学、闻一多最后讲演的会议厅,拜谒了闻一多的衣冠冢和李公朴的衣冠冢。《思想战线》与《文学报》两个编辑部还组织了一次滇池之游。全体代表游石林。昆明军区政治部、昆明作协分会、省社科院、云南人民出版社联合举行茶话会。

云南彝族作家张昆华陪我到西山龙门和黑龙潭、金殿、莲花池游玩。我还与云南大学中文系学生座谈

(自左而右)丁力、阎纲、毛承志、刘锡诚

了一次。会议结束后,阎纲、毛承志、郭志刚等去贵阳,冯牧催我尽快回京,我就于29日取道桂林回北京了。

唐因谈文艺思想上的两种倾向

中宣部文艺局12月6日召开了首都文艺报刊负责人会议,贺敬之向各报刊布置宣传任务。唐因在我们编辑部讨论时说,现在文艺思想上有两种倾向:一种是回到图解政策,甚至歌颂《纪要》,支持这种观点的人,一般都与权力相结合;一种是要突破马克思主义的束缚,持这种观点的大多是些年轻人。对于后一种人,他们敢于思考生

活是好的,但他们的自我表现、自我欣赏到了置人民利益于不顾的地步。他们不仅要突破马克思主义,还要突破现实主义。

他说:《文艺报》是一座桥梁,我们应进行两种倾向的斗争。明年,我们要提倡文学反映时代精神,反映新时期的斗争,显示出新时期的生活面貌和精神状态,振奋精神,鼓舞人们前进。提高创作质量,包括作品的社会意义和艺术质量。文艺要满足人民精神生活的需要。听不到文艺界的声音,无异于听不到民族复兴的声音。我们不要陷入题材决定论,但也不要忽视题材的意义。题材可以反映出新的精神面貌。揭露也并非都不好,揭露可以使人向上,也可以使人毫无出路。现在有些作品热衷于罗列惨状、罗列伤痕,似乎写得越惨越好。我们要提倡反映四化、描写社会主义新人。创作质量的核心,是典型的创造,而典型是社会意义与美学价值的统一。当前创作中编故事的倾向极为严重,《淡淡的晨雾》和《悠远的钟声》都属于这类作品。人物创造方面出现的新东西要给予突出的评论。如最近发表的《场》(张洁《文汇增刊》)、《我是谁?》(宗璞《长春》)、《童犯》(苏策《人民文学》),都可以作为评论的题目写文章。不论什么评论,都要体现我们提倡什么、反对什么,要从问题出发,从提高创作质量出发,体现一种观点,即体现时代精神。

唐因是个思想活跃而又爱憎分明的人,感情强烈到有时未免失之于偏激。这既有性格方面的原因,也有客观环境加在他身上的烙印。他是1949年《文艺报》创刊时的编辑。1957年在《文艺报》任总编室主任时,被错划为"右派",继而被发落到北大荒劳动。后来回到城里,在黑龙江省文联主办的《北方文学》任编辑部主任。"文革"中受到残酷迫害,夫人也因不堪侮辱而自杀身亡。1979年,带着多年伤痛的他回到他年轻时代工作过的《文艺报》来。现在他全力以赴地工作,读的作品很多。1980年一年,在刊物上,他用于晴的笔名写了好几篇随笔杂感,以提出问题为特点,也发表过一篇评论冯骥才小说的长文。当时唐达成虽然已从山西回归来京很长时间了,但还没有任命,编辑部的实际编务实际上是由唐因一人主持的。他的担子是够重的。

要发出时代的声音

12月18日,《文艺报》组织小说座谈会,扫描和盘点1980年的小说创作。参加者有蔡葵(文学研究所)、张守仁(《十月》编辑部)、许以(《人民文学》编辑部)、陈骏涛(《文学评论》编辑部)、谢明清(人民文学出版社)、杨桂欣(人民文学出版社)、阎纲、刘锡诚、冯牧。讨论会由唐因主持。

与会者认为,虽然上半年作家的情绪有些波动,也发表了少量倾向不太好的作品,如受到批评的《飞天》等,但从全年看,仍然是持续大丰收的一年。较好的小说有莫应丰的《将军吟》,蒋子龙的《开拓者》,冯骥才的《铺花的歧路》,汪曾祺的《受戒》,韩少功的《西望茅草地》,刘心武的《如意》,白桦的《妈妈呀,妈妈》,王蒙的《夜的眼》、《海的梦》、《春之声》,宗璞的《心迹》,陆文夫的《小贩世家》等。

鉴于有的作品(如《假如我是真的》、《在社会的档案里》、《女贼》、《飞天》)和文章(如王若望在《安徽文学》发表的《"御用……"之类》、沙叶新在《文艺报》发表的《扯"淡"》、顾尔镡等在报纸上发表的文章)发生了一些负面影响;鉴于《今天》等民办刊物在西单墙刊出,王若望在上海静安区发表竞选演说;鉴于安徽、北京、天津文艺界有几位知名作家要求办同人刊物;鉴于陆续发生了影响很大的天门事件、阿克苏知青返城事件等(有人将其归结为文艺的"教唆")……中央领导人对文艺工作有所批评,要求文艺界要顾全大局,要求《文艺报》发出声音,呼吁文艺界与党中央保持一致,发出一致的声音来。

在这种形势下,冯牧先是在12月18日召开的小说座谈会上、继而在12月25日召开的编辑部干部会上,提出文艺要发出时代的声音,要反映时代精神的主导性意见。

在座谈会上他谈到文艺与政治的关系时说:一方面,文艺不能做政治的附庸;另一方面,文艺要完全脱离政治,也是绝对不可能的。我们今天还处在大转折、大动荡、大变革的时代,而文艺要反映时代的精神,怎能脱离开政治呢?最根本的一点是,艺术,必须首先是艺术。他阐述了三中全会以来文艺创作所表现出来的三个特点:第一,在拨乱反正中冷静地思考"三十年"、"十年"、"十七年"、"四年"出现的新问题,亦即运用现实主义比较自觉、比较深刻、比较广阔了。创作开始摆脱了从事件出发的比较肤浅的写法。作家站到时代的先进思想水平上,站在历史的高度观察生活。时代精神,是能够推动时代前进的思想。第二,文艺创作出现了不平衡现象。不同门类的创作发展不平衡,有时是短篇小说走在前头,有时是戏剧走在前头,有时又是诗歌走在前头。现在,短篇小说有所深化,中篇小说于1979年崛起以来也连续发展两年了,诗歌已开始改变把自己紧紧拴在政治上的现象。第三,文艺的发展是波浪式的,时起时伏。这既反映了领导的摇摆,也反映了作家的摇摆。要克服文艺的这种时起时伏的现象,作家应有贯彻始终的信念——社会主义方向。要强调作家自主地选择自己的风格,建立自己的艺术个性。

冯牧18日发言后,编辑部在二唐主持下研究明年的选题时,就文艺反映时代精神问题,又做了些研究和落实。但现在看来,无论二唐还是谢永旺、陈丹晨和我,都没有能体会冯牧的苦衷和真意。所以,在25日召开的干部会上,冯牧不得不把他的意思说得更明白了。他说:胡耀邦批评文艺界没有声音,是很婉转的。要求《文艺报》能顾全大局,把维护安定团结放在首位。胡耀邦说,文艺的成绩是主要的,但方向和目的有问题。他要求文艺界发出声音,是发出时代的声音。他要求《文艺报》要有鲜明的态度,同党中央站在同一立场上,把文艺创作引导到正确的方向上来。要看到,现在面临的困难远远超过了三年困难时期。那时,人心是向党的,只要登高一呼,就能团结起来克服困难。现在,群众不听,危险就在这里。现在文艺界有三种力量:一是《时代的报告》,中央已经提出处理意见;一是陈××这些人要搞同人刊物;一是持不同政见者。(孔罗荪:我们的确要同心同德啊!)现在外国人说我们是"邓胡赵体制",我们没有理由不支持。胡耀邦所说的"声音"是时代的声音。文艺要给广大群众以健康的影响。当前迫切的是要反映时代,发出时代的声音来,使文艺在帮助党克服困难、鼓舞人心上起到自己的作用。要提高作品的思想艺术质量,要深刻,要体现时代的先进的思想。(唐因:多难兴邦的精神!孔罗荪:还要提出"匹夫有责"的口号,现在也面临着这样的困难。)是要满足广大人民群众迫切需要的精神食粮。要马上动作起来,搞出一批选题。

提到目前全党面临的严峻形势,提到《文艺报》没有与党中央站在同一立场上来看问题,一向喜欢就文艺论文艺的我们这些书生,头脑立刻变得警醒些了。下午在讨论冯牧的讲话时,大家发言颇为热烈。唐达成说:"一片哀叹改变不了现状,国民党时期那么黑暗,鲁迅还说文学是指引国民前进的灯火。文艺要使人振奋。《在没有航标的河流》上,写了在生活中有真善美,有互相支持,给人以力量,这样的作品值得提倡。"唐因说:"现在多数作品拘泥于个人的悲欢,而不注意国家命运。文艺要在多难中兴邦。"唐达成:"作家心中要有光明,不能叹息不已。"唐因:"风雨如晦,鸡鸣不已!"唐达成:"我们的文学有战斗的传统。鲁迅坚持的,就是战斗的传统,而不是叹息的传统。编造是文学的歧路。现在有些作品,不是红牡丹,就是武打。这是文学的镣铐,不是文学。"

中篇小说评奖委员名单确定

《文艺报》受中国作家协会委托举办四年来中篇小说评奖活动的评奖办法,业已在《文艺报》1980年第11期上公布。为了搞好这次评奖工作,编辑部同有关单位协商,决定聘请一些有名望的作家、评论家和出版社、杂志社的负责人担任评委,主持评奖工作。评委名单经过多方磋商和权衡,到年底终于定下来了。名单如下:

主任委员:巴金

委员:(以姓氏笔画为序)丁玲、韦君宜(人民文学出版社总编辑)、王维玲(中国青年出版社副总编辑)、孔罗荪(本刊主编)、江晓天(中国文联理论研究室主任)、冯牧(本刊主编)、朱寨(文学研究所研究员、当代文学室主任)、李士非(《花城》杂志主编)、吴强(上海作协负责人、《收获》杂志副主编)、苏予(《十月》杂志副主编)、陈荒煤(文学研究所副所长、《文学评论》主编)、范政浩(上海文艺出版社总编辑)、林呐(天津百花文艺出版社社长)、唐因(本刊副主编)、秦兆阳(《当代》杂志主编)、魏巍(北京部队)

名单报送作协党组书记张光年审阅,他于12月20日签署:"没有意见。"原件退回编辑部。酝酿已久的中篇小说评奖活动从此进入了操作阶段。

在文坛边缘上
（增订本）

刘锡诚 著

下

河南大学出版社
HENAN UNIVERSITY PRESS

·郑州·

第五章
在风雨中跋涉

（1981）

《文艺报》改版

　　经过半年多的筹备，《文艺报》从1981年第1期起改为半月刊。之所以要改版，主要是因为形势所迫。由于文艺界两种思想的对立和交锋，突发事件频繁出现，别的文艺刊物可以不予表态，而作为文联委托作协主办的综合性评论刊物，《文艺报》就逃不过去，或赞成或反对，一定要有自己的态度，否则，就会被人指责为旗帜不鲜明，"左"啦或右啦。从组织上讲，中宣部和作协党组也需要我们这个窗口来表明对一些现象和问题的态度。过去几年来，我们在一些事情上装聋作哑，能不表态就不表态，着力于推进文学艺术创作的发展，因而受到的责难太多了。从期刊本身来说，一个一月出版一期的月刊，如若把约稿、发稿、排版、校对这些必要的程序加起来，一篇稿件从三审到与读者见面，至少要有两个月的周期，很难对文艺界发生的大事都能照顾到，更难组织或撰写出追踪式的文章。另一方面，我们的头脑也有点儿发热，认为新中国成立以来文学的形势从来没有这样好过，新作家和新作品频出，批评要跟上创作的发展，要促进创作的提高和繁荣，月刊的节奏太慢了。在这一点上，主持作协工作的张光年，也可能跟我们有某种共同想法，他心里大概也有一种1957年《文艺报》周报时代的成就感和恋旧情结。令我们没有想到的是，到了1980年底,文艺界乃至整个思想战线的形势已经变得异常紧张了。

改版的第1期,没有太多的张扬,只是在《编后》里强调:"使它真正成为旗帜鲜明、丰富多彩的百家争鸣的园地","更加鲜明有力地反映时代精神,进一步提高文艺创作的质量,更好地满足人民群众精神生活不断增长的需要,是当前文艺工作面临的重要问题"。这几句话留下了当年文艺形势的一些痕迹。这些话的背景是:一是突出要"百家争鸣"和"旗帜鲜明"。相当一个时期以来,有些人指责《文艺报》成了同人刊物,不开展百家争鸣,不发表不同意见的稿件,对倾向不好的作品和文章批评不力,在大是大非问题上旗帜不鲜明。二是刊物要"鲜明有力地反映时代精神",这是中央领导向我们提出来的一个要求,也是针对1980年的文学创作向文艺界提出来的一个导向性的口号。现在以编辑部的名义把它写到了改版号的《编后》里去,作为半月刊的宣言。

胡耀邦于1980年2月12日、13日所作的《在剧本创作座谈会上的讲话》过去了整整一年之后,被指定在《文艺报》1981年第1期上发表,让中央领导的思想和苦衷直接与文艺界的广大读者见面。我们并接到指示,陆续组织文章结合文坛实际谈感想。在文前加的"编者按"说:

> 讲话就当前文艺工作、文艺创作的一系列根本性的问题作了深刻的论述。我们相信,一切关心社会主义文艺事业的繁荣和发展的人们,都会从这个讲话里得到启发。我们希望文艺界的同志们认真研读这个讲话。
>
> 粉碎"四人帮"以来,文艺战线取得了巨大的成绩,但和我们所面临的重大历史任务相比,我们的工作还远远不能满足时代和人民的要求。文艺工作者有必要更深刻地认识新时代,反映新时代;有必要联系自己的工作实际和创作实际,深入思考,努力探求,发扬成绩,克服缺点,为进一步繁荣和发展社会主义文学艺术事业,提高文艺创作质量,鼓舞人民同心同德地把我国建设成为具有高度物质文明和精神文明的社会主义国家,更好地

满足人民大众精神文化生活多方面的需要,做出新的贡献。

按语看似官话,实则语意深长,也许只有我们这些行内的人才能体味。事实上,文艺界是以非常复杂的心情对待胡耀邦的报告的。

鼓浪屿会议

期刊在文学发展中起着重要的作用。许多优秀作品,往往是被期刊编者首先发现的;许多青年作家,也往往是被期刊编者先发现并培养起来的。不管有些作家怎样回避谈论这个话题,几十年来的文坛现实却证明了这是一个不争的事实。这也加重了期刊编辑部的责任。在新时期之初的那几年,文学期刊编辑部之间的交往非常活跃。26家大型文学期刊刚刚于1980年11月下旬在江苏省镇江市举行过一次座谈会,并成立了"中国大型文学期刊编辑协会",接着,17家省级文学期刊(大多是月刊)又聚会厦门鼓浪屿,商讨这些刊物共同关心的问题。两个会议的议题是不同的。

鼓浪屿会议的起因是什么呢?天津百花文艺出版社于1980年初创刊了一本以选登其他刊物发表的优秀小说为宗旨的刊物,名为《小说月报》①,选登全国各地文学期刊发表的优秀小说,读者只要手持一刊,便可尽得全国小说精妙之作,不仅受到读者欢迎,在市场上也十分畅销,发行达200万份。编辑选刊此举,一方面名扬四海,名声渐高;一方面有利可图,挣了不少钱。但许多期刊编辑部的朋友私下里对《小说月报》颇有微词,各地议论纷纷,特别是这样的权威刊物却由一家地方出版社,而非中国作家协会这样的权威机构来主办,不免对其权威性产生疑虑。那时版权法还没有出台,但各地刊物已朦胧中产生了保护版权的意识,于是,17家期刊决定开一次会议来商讨采取什么对策。

---

① 《小说月报》1980年1月在天津创刊,林呐、谢国祥、邓元惠任主编,是我国新时期文坛最早的一家小说选刊。

我们刊物没有参加这次会议。《鸭绿江》杂志的副主编、老散文家单复,在与我在昆明一起参加了中国当代文学研究会第二次学术研讨会之后,又到鼓浪屿去参加了期刊编辑部座谈会,并给我寄来一封信,向我通报了会议的结果。

锡诚同志:你好!

在昆明分住两地,未能好好聊聊,实在遗憾。

我由西双版纳回昆明后,接到编辑部电报,要我直接由昆明去厦门参加17家文艺刊物编辑部会议。我又匆匆赶赴厦门。路经上海时,去看了巴金和朗西等上海文化生活出版社的同人。老巴很高兴,临别时送我《家》、《春》、《秋》、《寒夜》、《巴金近作选》、《嚼火集》六本新版书。

厦门会议有两个成果:一、成立21家文学刊物编辑协会;二、由协会出一月刊:《小说》。从1981年起,21家刊物的作品,不准转载。由会刊《小说》自己选载,4月创刊。先印50万册。每月估计每个编辑可得500元红利。

协会推选顾尔镡为会长,会址设在南京,刊物也在南京出版。

这次我外出50天,前天才回来。回来后,书信积压不少,得处理几天。加以编辑部要开几天会,研究今年刊物如何编好。宣传部还要我们把两年来的刊物检查一下,总结总结。

风闻京中文艺、报刊界又有些紧张,几个著名报纸受了批评。不知真实情况如何?

刘宾雁的《从〈人妖之间〉引起的》一文,香港的《动向》已转载。该刊也转载了《啊,父老兄弟》①。港刊是很敏感的。

贵刊改版后,一定会有新的面貌,急待先睹为快。

你一定也很忙吧,不多打扰你了,对我们的刊物,多支持多帮助并盼赐大作。

---

① 祖慰:《啊,父老兄弟》,原载《人民日报》1980年11月8日。

匆此，祝

编安

单　复
（1981年1月）6日

厦门会议，商议出了一个大家同意的主意，即大家合办一家小说文萃性的刊物，名曰《小说》，与《小说月报》平分小说创作的天下，由江苏作协《雨花》的负责人顾尔镡领衔。在我的记忆中，这家预计创刊就印50万册的选刊，实际上并没有能够出版，其领军人物顾尔镡因发表了一篇《也谈突破》的小文章，而成为受到中央批评的人物，所以创办刊物之事，也就无暇顾及，无形中流产了。面对21家文学期刊的协议，《小说月报》也采取了一些措施，以协调与各原创文学期刊的关系。

在鼓浪屿会议上，与会者发表了些什么样的意见，不得而知。到年底11月召开的文艺创作会议上，中宣部副部长贺敬之讲话历数一年来文艺界出现的问题时说，从《"歌德"与"缺德"》到鼓浪屿会议，是少数同志思想混乱、对中央关于文艺的一些根本性意见置若罔闻的两个例子。可以肯定地说，有人发言走了火。

温小钰："我们还是肯定得太少"

中篇小说评奖一事决定后，《文艺报》编辑部拟从全国各省市邀请十几位编辑家、评论家、高校教师来京担任初选工作，为评委会正式投票决定做初步的准备。内蒙古大学中文系的温小钰也在被邀之列。她既是高校教文学的老师，又是作家和评论家，这几年在创作上颇有成绩。她在收到邀请之后，给我写来一封信。信里不光是谈这件事，还谈了她对文学现状的看法。

锡诚同志：

今天系里告诉我，《文艺报》举办中篇小说读书会，同意我去参加。(因为我下学期有课,要缺一个来月课,因此他们慎重研究,并特殊优待了。)并说已经给你们回电报了。

这样,我将在2月10号左右进京赴会。

这次参加读书会的人不知有多少,另外,阅读中篇的范围有多广?时间紧,要搞出像样的评论也不容易,我在去之前需要做些什么准备,望来信示知一二。

《土壤》①在我们这里反响比较强烈,读者面也很广泛,因为我遇见的许多人,包括教师、编辑、学生、业余作者、农牧场干部、邮电局职员等等,都说读了这个作品,他们也都表示还比较喜欢。我们有的老师读了两遍三遍。当然,一些夸奖的话因为都是当我面讲的,多半是支持、安慰和鼓励的意思,不是客观、认真的评价。我和浙成都特别希望听听你的意见,浙成说,在北京时间匆忙,来不及同你就作品充分交谈,而我们又十分需要和首都评论界的专家们通气,尤其希望你肯花一点时间,对这个作品发表一点意见。前不久,长春电影制片厂总编室曾来信,意欲将此作品改编电影,征求我们同意。我们当然没有什么意见,请他们自行其是去,只不过我们自己怀疑,这是一个比较"内向"的作品,即人物的内心活动、思念、议论较多,没有那么多情节,要改电影,他们大概还得增加不少"动作"吧。

锡诚同志,很久不见面了,我觉得有许多想法需要同你交谈。首先一个看法是我们不要妄自菲薄,当前中国的文艺创作,特别短篇小说创作的质量,是走在世界较前列的,无论内容的充实、深刻或写作手法的熟练、准确以及情绪的感染力,都达到了一个很高的水平,我曾读过两篇去年美国欧·亨利短篇小说奖的获奖作品,说实话,与我们1978、1979年的得奖作品,特别是1980年来引人注目的一些作品相比,我们肯定超过他们。只说美国文学,斯坦贝克和海明威的一些短篇,也无法与我们今日的

---

① 中篇小说《土壤》,汪浙成、温小钰著,原载《收获》1980年第6期。获1977~1980年全国优秀中篇小说评奖二等奖。

某些短篇匹敌,我觉得我们还是肯定得太少,也推荐得太少了。中篇成绩不如短篇,但也很兴旺,高潮也在崛起。作为一个评论工作者,我感到高兴、兴奋、自豪,但作为一个创作者,又感到巨大的压力。中短篇范围内的竞赛、竞争日甚一日地激烈,看得出,就是像茹志鹃这样已形成稳定风格的老作家也在不断探索新的题材与主题、新的手法与技巧,更不用说如小老虎般的后进中、青年作家了。

要说的话很多,来不及写,见了面再讲吧。

我忙,学期要结束,学生要考试,要辅导,有许许多多工作要做。问昌仪好,她身体好吗?又在为什么苦战着吧。在呼和有什么要办的事吗?来信!浙成问你好。

祝
　　一切好!

小　钰
(1981年)1月8日

记得温小钰来过我的家里,她与文学所的吕薇芬和我的妻子马昌仪都是朋友,那天是由吕薇芬陪着来的。在我的记忆中,实际上她并没有能来参加信中说的第一次中篇小说读书会。是什么原因,我已经记不得了。也许是因为被推荐的作品名单中,有她和汪浙成的《土壤》?读着温小钰的这封书信,她那智慧的形象又闪动在我的眼前。那几年我们交往的情形也再次浮上了我的脑海。哪想到,帕金森病过早地夺走了这个很有才华的女作家的生命,太可惜了!

温小钰(左)与马昌仪

邀黄秋耘开专栏

《文艺报》从月刊改为半月刊,自然而然就增加了刊物的时效性和言论性。为把刊物办出特色,我们想了许多办法。我们想找几个能够胜任的专栏作家在刊物上开设专栏,每期一篇,或提出问题,或发表议论,既讲敏锐,又求深度。我做过一段新闻工作,世界上知名的报纸,没有不设专栏作家的。但专栏是一个以发表言论为宗旨的栏目,其作者,必须是我们对其写作能力与思想倾向知根知底的,否则,要么是思想倾向和文章路子与我们编辑部不对路,要么是不能眼观六路耳听八方,一旦上了道,就可能出现骑虎难下的尴尬局面。这样的专栏作家实在难找。我们商量过几个对象,但都难以下决心。身在广州的黄秋耘是一位既有水平而又与《文艺报》路数一致的人选,很合乎我们的口味。

前几年,我到广州组稿,去过他在梅花村13号的家里,一是去看望他,二是去组稿。"文革"前,他在《文艺报》工作多年,"文革"后回到广东,现在出版局当顾问,他实际上成了我们《文艺报》的同志出差广州的联络点。去年11月份中国当代文学研究会第二次学术会议在昆明召开,我们又在会上相遇,除了会上的活动外,还一起参加了《云南日报》邀集的小型座谈,我们两人的发言也都在该报发表了。他的文章题为《漫谈探索与创新》,发表于12月18日;我的题为《从思想到艺术的突破》,发表于12月4日。会间,我曾向他约稿,也曾商请他在《文艺报》开设专栏,探他口气,会后,也曾为此事给他写过信。今年年初,收到了他的回信。

锡诚同志:

惠函诵悉。日前从昆明寄上《往事与抒情》一稿,率尔操觚,不甚理想,如蒙采用,务希认真审阅,大力斧正为盼!

您建议我为《文艺报》写专栏文章,考虑再三,恐怕不能胜任。不过,今后我在写回忆录《风雨年华》之余,一定要多写一些文艺随笔、杂文之类，投寄给《文艺报》，聊供补白之用。如不合用，就请退还给我，不必客气。您想到什么好题目，亦希随时示知，只要力所能及，一定效劳。

《风雨年华》拟化整为零，先在报刊上发表一些片段，但只限于写建国以前的事。第一季度可能先发表三四篇，大都是与文艺无关的。尚盼多提意见。

曾彦修同志年前来穗，拟创办一个专门发表思想性、政论性杂文的《生活》半月刊，嘱我代他组稿。我看，在目前的情况下，此举似乎有点"不合时宜"。尊见如何？尚希有以教我。

昆明会议的部分讲稿，已在1980年12月18日《云南日报》见报，您看到吗？

匆匆此复。并祝

安好！

永旺、阎纲、泰昌均此

秋　耘
（1981年）1月9日

设想是一回事，实际操作又是一回事。专栏是言论性的。在我们这样的一个舆论控制比较严格的体制下，80年代初，要想办成一个基本上尊重作者写作意愿而较少干涉的专栏，是很难实现的。这个专栏的设想最终也没有实现。前次去梅花村拜访他时，他就告诉我，他打算写一部回忆录《风雨年华》，但只写到新中国成立前。现在他是广东省出版局顾问，谁都知道，顾问不过是一个闲差、一种安排，没有实事可顾可问，写作才是他的主业。这部回忆录于1988年已由人民文学出版社出版。他给我寄来的文章《往事与抒情》，是我们的约稿，一篇散文写作的经验谈，发表在《文艺报》1981年第3期的"我与散文"栏目中。

姚芳藻约我为《中国百科年鉴》撰稿

在昆明开会时,我与中国大百科全书出版社年鉴编辑部的负责人姚芳藻相识了。姚芳藻是20世纪四五十年代驰名的女记者,先后担任过《大公报》和《文汇报》的记者,1956年因报道《文汇报》发动的关于电影问题的讨论,与丈夫梅朵一起被卷入钟惦棐的"向党进攻"的"电影的锣鼓"一案中。能认识这位仰慕已久的名记者,我很高兴。无论年龄还是经历,我在她面前都是一个小弟弟。她说他们正在为编1981年的《中国百科年鉴》组稿,要冯牧为他们写一篇1980年文学发展的专文,但冯牧没有时间写,现在约我执笔撰写,稿成后与冯牧共同署名。我答应了她的约稿。冯牧委托我执笔的事,此前也有过一次,是为日中友好人士编辑出版的《使者》杂志写的一篇介绍中国当代文学的文章。从昆明回京后,她又给我写来一信,告诉我长篇、中篇各写多少字数,这是年鉴的规矩。我很快写出了《与人民同呼吸》等短文,寄给了她。她收到我的信后,致信于我,说稿件收到了。她的来信说:

锡诚同志:

  稿件收到,谢谢你的大力支持!拜读了,我觉得很好,对我们很合适,现在要看领导的意见了。我估计领导不会有很多意见的,比去年质量有很大提高。

  这两篇字数也十分合乎要求,长篇小说是否动笔了?只要500字就可以了。上封信里我已告诉了为什么要求短些。

  谢谢你对我很大的帮忙。在昆明,你给我留下了很好的印象,希望今年再相见!

  敬礼!

芳 藻
(1981年)1月11日

《中国百科年鉴》(1981年卷),由中国大百科全书出版社出版,精装,16开,是一本权威性的年度百科。我的小文章就登在这一卷上。这是我与她的头一次交往。后来我们还有过好几次来往。记得《文艺报》主办的"1977~1980年中篇小说评奖"结束要举行发奖大会时,她又找到我,要我写文章,并向她提供获奖名单。

我是1957年反右结束后才从学校到文艺单位来的,因此对于姚芳藻,我没有更深的了解。我始终纳闷的是,"文革"后,她为什么没有回到《文汇报》而到了大百科去主持编辑工作。近几年读到她写的一些《文汇报回忆录》和《柯灵传》等,才对她多了一份了解。她的丈夫梅朵我倒是多有接触。因为"文革"后他仍然搞电影评论,常来北京,来我们编辑部,或出席我们编辑部召开的会议,常给我们写文章。他与唐达成、文椿都很熟,所以我们也常见面和交谈,有时就在我们简陋的办公室里一起吃中饭。1月24日中国电影评论学会在京成立,钟惦棐被推为会长,梅朵和程季华、罗艺军被推为副会长,会后,他还到我们编辑部来过。他在《文艺报》1981年第4期(2月22日出版)上发表的《希望——漫话1980年的电影》一文,大概就是这次来京时写。他对1980年的电影的评价是很耐人寻味的,不妨在这里记下一笔:"如果简单地说,1980年的水平比1979年降低了,可是1980年拍出了像《天云山传奇》、《巴山夜雨》、《法庭内外》等一些好影片。它们在反映生活的深度与广度上,在艺术和思想的成就上,显然比起1979年的好影片有较大的突破与进步。如果简单地说,1980年是在1979年的基础上前进了,则显然是不合乎事实的,因为1979年的电影还没有出现一种令人忧虑、不安的倾向,并没有像1980年这样拍出了相当数量脱离现实生活、假大虚空、情趣低级的影片。其中有的影片的情况特别严重,它们即使是在30年代和40年代,也会为我们的进步电影工作者所反对。"真是一针见血,文如其人。

喜读张弦《未亡人》

在上海参加创作会议时,张弦给我看过一篇题为《未亡人》的短篇小说的手稿,让我提意见,说是应《文汇月刊》(该刊由梅朵主持)之约而写的。看过后,我颇为赞赏。后来,他又告诉我,编辑部提出了一些意见,要他修改。1月中旬,我接到他1月12日发自南京的信,说是小说已在《文汇月刊》1981年第1期上发表了。来信如下:

锡诚兄:

顷接来信及照片,谢谢!你离宁时因郑秉谦他们来了,未能去送你,真抱歉!后来我还是去了桂林一趟,见到李中岳同志,他说你去了昆明,你这次外差可真够辛苦的了。

谢谢你的关心,在《文艺报》发了我的消息和照片。南开大学的老师是通过我单位一同事处拿去了我的自传,文稿我未见,只听说写成了。我建议他们先送你看看。如可用,当然好。要你多费心了。

《钟山》我这里还有,千万不必再寄还了。那个中篇,作为当时生活的反映,今天似还有认识价值。但在读者中的反应并不强烈。不知其他同志看后有何意见。

你在上海看过的那篇《未亡人》,修改以后,《文汇月刊》以为有进步,已在元月号上发表。尚未出版。待我收到后当奉寄一册请予指教。

此间已开始传达中央最近的文件和有关报告。文艺界议论不少。今年创作方面怕多少又要受点影响了吧!中国的事,实在也太难办。

暇时盼常来信。即祝

冬安!

张　弦

(1981年)元月十二日

张弦是个不事张扬的人。他勤于思考也善于思考,作品数量虽不多,但每篇作品都有出人意料的新意。他复出后的作品引起了评论界的注意,也引起了相当激烈的争论。我们在《文艺报》上发表过一篇小文章并配照片,对他作了介绍。① 在此前后,由《人民文学》主持的全国短篇小说评奖委员会上,围绕着《被爱情遗忘的角落》发生了很大的分歧,肯定这篇小说的有冰心、王蒙、冯牧、袁鹰。冯牧说,小说《被爱情遗忘的角落》虽然写了男主人公摸存妮的乳房这个细节,格调不高,但从整体看是个优秀的短篇。否定这篇小说的有魏巍、草明、唐弢。草明认为小说写了人的生理本能,唐弢说写的是兽性。最后,这篇小说还是入选了,但名次排得相当靠后。

张 弦

信中所说的在《钟山》上发表的,是他早年写的一个中篇《苦恼的青春》。我从他那里拿走路上读的,答应还他的。

《文汇月刊》发表的《未亡人》,也像《挣不断的红丝线》一样,给我的心灵以猛烈的冲击,未亡人周良蕙在丈夫、市委副书记死后12年仍然不能有爱情、只能守寡,在精神上所遭受的折磨和摧残,正是当时中国社会上任何一个年轻的未亡人的命运的写照。于是,我很快便写了一篇《读张弦的〈未亡人〉》小文章,感喟道:"一个寡居了12年而年仅43岁的市委副书记的未亡人,一个虔诚的爱情的追求者,一个刚刚开始意识到人性的尊严的稚子,同一个比她只年轻五岁的普通邮递员之间发生的爱情,却遭到了来自社会各方面的指责和诽谤,无形的压力像达摩克利斯的剑悬在她的头上。"② 也许我对张弦的小

---

① 见《文艺报》1981年第2期。同期发表的,还有茹志鹃和陆文夫的近况报道。

② 《读张弦的〈未亡人〉》,见《文艺报》1981年第5期;后收入拙著《作家的爱与知》,花山文艺出版社1991年版。

说有所偏爱吧,三年后,1984年的夏天,谢永旺主持中国作家协会创作研究室时,组织一批评论家在西山住了一个月,分头写作《当代作家论》一书,我应约写了一篇全面论述张弦小说的论文《张弦论》。①张弦逝世后,他的第二任夫人、电影导演秦志钰女士在张弦生前好友、散文家、原《十月》杂志的老编辑张守仁的帮助下,为他编辑出版一部一卷本的《张弦小说选》,张守仁给我来电话,说要把我的这篇文章作为附录收在书中,征求版权意见,并说"选来选去,你这篇文章是写张弦的文章中最好的一篇"。文集出版后,秦志钰导演到我家里来给我送书,向我叙说张弦的人品、创作和他们的爱情。我见书思人,收在文集中的拙作,也算我和张弦多年神交的一个纪念吧。

散文家岑桑

岑桑是岭南散文家,出版过散文集《廿世纪的野蛮人》、《巨人和狼》、《幽灵在徘徊》、《当你还是一朵花》等。他写过各种题材的散文,但在我的印象中,倒是他写的杂文和随笔更有特点。粉碎"四人帮"之后,他担任了广东人民出版社分工主管文艺图书的副总编辑。我几次到广州去拜访当地文艺界人士,也曾去大沙头广东人民出版社,从而与他相识。后来文艺编辑室从人民出版社分出来,成立花城出版社,他成为花城出版社的负责人,至于是社长还是总编,我就不清楚了。

我们编辑部几位同事组织选编的《当代女作家作品选》第1、2卷,就交给他们出版。选集出版后,署名丁玲等著,压根儿没有署我们的名字,变成他们广东人民出版社自己编选的选集了。且不说这部选集的策划的创意,"五四"到30年代出版过类似的女作家的选本,新中国成立30年来却没有出版过一本女作家的选集,我们提出的这个选题,自然是带有开创性的,出版社此举,用现在的话说,就是

---

① 《张弦论》,收入中国作家协会创作研究室编:《当代作家论》(第1卷),作家出版社1986年版。

第五章　在风雨中跋涉(1981)

侵权行为。我们为此提出交涉，他们答应编出第3卷后重版时更换版权页。第1次印刷为2卷，时间在1980年6月，印了33000册；第2次印刷改为3卷，印了18000册，时间是1981年的12月，版权页改为刘锡诚、高洪波、雷达、李炳银编。这时，文艺编辑室已从广东人民出版社独立出来，故第2次印刷就是用的花城出版社的名义。其实，我们与他们的关系一直很融洽，与他们好几位编辑有来往。岑桑这次来京办事，顺便到编辑部找我们，就是为了《当代女作家作品选》的事，向我们表示歉意的。

锡诚同志：

你好！

两月前到北京时，曾到作协去找你，适你与阎纲同志到昆明去了，怅怅。后来我找雷达同志谈了一次，为《当代女作家作品选》事向你们道歉。现该书决定重印，改换封面。如你们还有什么嘱办的，希即复示。

去年11月接你报寄来的约稿信一份，嘱我为"我和散文"这个栏目写篇东西。我因在人民文学出版社有个散文集要出版（计划春节前发排），需要一个跋，觉得不妨一稿两用，便写成《我和散文》一文，打印出来了。现将一份寄上，请审阅，看看是否符合你们的要求。倘不能用，望寄回给我转到别的地方考虑。

"我和散文"这个点子很好。不知此书可否交给我们出版？今年还有什么可以交给我们出版的吗？希望不断得到你的大力支持。

握手

岑　桑
1981年1月16日

岑桑要在人民文学出版社出版的散文集，记得好像是《岑桑散文选》。他把为此书写的《后记》交给我，希望能在《文艺报》上发表。稍后，与杜埃的《散文之我见》安排在同一期，发表在《文艺报》1981年第17期(9月7日出版)的"我与散文"栏目里。1996年8月25日，上海女作家戴厚英被杀害。吴中杰和高云所编的《戴厚英啊戴厚英》（海南国际新闻出版中心1997年）一书中选录了岑桑写的《垂泪忆金屏——缅怀戴厚英》，我从这篇怀念文章里才知道，《岑桑散文选》的序言就出自戴厚英的手笔，"金屏"乃戴厚英的乳名。花城出版社和岑桑、王曼、杜渐坤等，在戴厚英处境最困难的那几年，冒着风险帮她出书，邀请她到广东写作、休养、避难，他们之间也建立了深厚、真挚的友谊。

在刊物上开辟"我与散文"栏目，确如岑桑说的，是个好选题，费了很大劲组织了那么多稿子，后来却没有成书，实在是我编辑生涯中的一桩憾事。《当代女作家作品选》的出版事宜，后来由岑桑亲自抓，我们有过多次信件来往，他也派罗沙来京与我们交涉过。责任编辑，记得好像是胡莘华和郑潜云同志，那时版权页上还没有记载责任编辑的惯例，所以没有记下他们的名字，就由我在这里补记下一笔吧。

蹇先艾著文评何士光

何士光的短篇小说《乡场上》去年在《人民文学》上发表以来，受到评论界的普遍好评。我约请作者所在的贵州省文联主席、老作家蹇先艾老先生给我刊写一篇评论何士光小说的文章，蹇老立即答应了我的约稿。蹇文《何士光和他的短篇小说》很快就安排在1981年第1期的"文学新人"栏目内发表了，并附有一帧照片。这是我刊开辟"文学新人"栏目推出的第一人。蹇老德高望重，在贵州乃至全国文坛有崇高威望，他的文章的发表对当时还是业余作者的何士光来说，自然是十分重要的。我有保存信件的习惯，不知为什么没有找到蹇老给我的信，他在给我寄稿时，肯定是附了信的。在此只能阙如了。后来我接到何士光来信，谈到蹇老的文章和他的工作调动等问题。

刘锡诚老师：

第五章　在风雨中跋涉(1981)

您的来信并《文艺报》一期收到。烦您关心了。您对我的帮助和鼓励实在太大，使我感到言谢是不便的，只有谨记之。

您在我们贵州文艺界人士中的威望是很高的，大家觉得您对贵州文艺工作很关心，我经常听各方面的人士谈起您。您说了一点什么，大家显得很重视，加以流传，并在讲话和文稿中引用。您上次那篇《生气勃勃　人才辈出》的文章，使得人们很高兴(不知为什么，据说也有人不满意)。由于在那上面提到了我，才引起了好些关心。因此，十二月我在贵阳时，就一直等到把您的校样拿到手才离开。读了之后，我真不知说什么才好。同样，《文艺报》发蹇(先艾)老的文章，也是因为您对我的帮助。我只有努力地做下去，以不辜负大家。

十二月我到贵阳去参加了省总工会召集的全省文学业余创作积极分子会议。在此期间，我最后拿定了主意，就是决定不到《贵阳日报》或《山花》去，报社一直在调我，但我怕去了之后写不出东西来，当编辑或可能不适应。我想在这儿继续深入生活，免得昙花一现，辜负大家。您说我应该扩大眼界，蹇老及省里的同志也这样说，这确实是的，因为我一直就蛰居这儿。由于您的文章中说到这一点，省里的同志说往后给我一些机会。前不久，我接到《文艺报》及《雨花》编辑部关于今年在南京召集农村题材短篇小说座谈会的信，我知道，这又是您帮助我的缘故。这是一个好机会，但不知道终究是不是能成行。

由于我负担的教学任务较重(两个高二毕业班的语文课，兼教研组工作)，加上我写一点东西时又老是不能不一再涂改，很慢，所以我写出来的东西不多。最近要发表的就是《小说选刊》(2期)与《山花》(1期)上各有一篇谈写《乡场上》的体会的短文。《人民文学》来信说已通过要发表我一篇叫《赶场即事》的小说，期数还没有告诉，不知道会不会挤掉。另外，就是地方刊物上有些写短稿，陆续可能出来。

近来我日益感到了写作与教学的冲突，时间不够，常常很苦恼，也只好努力去做。省作协在联系给我请创作假，如能蒙准，会好一些。

　　　　打扰您了,敬请

安康!

　　　　　　　　　　　　　　　　士光谨上
　　　　　　　　　　　　1981年1月20日于贵州凤冈

　　贵州省的领导和文联的领导对何士光的关怀和帮助,使他的处境从此发生了根本性的转折。他从一个民办中学的老师调到了作家的专业团体。一个以写贫困偏僻山区的人物及其命运为题材的作家在全国文坛上得到了公认。看来,文学不会亏待那些有才华而又肯于付出努力的人!他远在贵州山区凤岗,还不知道主持《雨花》杂志的顾尔镡此时正在受着审查和批评,预定计划在南京召开的农村题材小说座谈会,恐怕难于按时召开了。

党员领导骨干会议

　　1月26日,周扬在他的家里召集文艺领导核心组会。① 林默涵在会上通报了他和刘白羽两人向中宣部部长王任重提出的对周扬、陈荒煤、冯牧的批评的内容。核心组会议研究决定春节后召开文艺界骨干学习会,开展批评与自我批评,求得思想一致和团结。

　　文艺骨干会以中共中央宣传部的名义于2月12日召开,正式名称是"文艺部门党员领导骨干会议"。会议的主题是认真学习中央工作会议文件,实际上,则是联系文艺界实际,总结经验,证明文艺界是贯彻了三中全会精神、与中央保持了一致的。因而对新时期的文学艺术来讲,这是一次关系到是否继续贯彻思想解放精神的会议。参加会议的有中宣部、文化部、文联及各协会、《人民日报》、广播局、新华社、总政治部文化部、北京市委宣传部等单位负责人周扬、贺敬之、夏衍、周巍峙、林默涵、陈荒煤、司徒慧敏、刘白羽、张光年、陆石、吕

---

① 张光年:《文坛回春纪事》,海天出版社1998年版,第219页。

骥、赵寻、华君武、蔡若虹、袁鹰、陈播、赵起扬、吴晓邦、徐肖冰、李连庆、赵鼎新、李英儒等一百二十多人。由周扬作主题讲话。

周扬的讲话全面阐述了他对当前文艺问题的看法。他说,这次会议讨论的中心问题是,要检查一下三中全会以来我们的文艺工作是执行了中央的路线、方针,还是背离了、违反了中央的路线、方针?是坚持了四项基本原则,还是背离了四项基本原则?在执行三中全会的路线和维护四项基本原则的问题上,我们是不是旗帜鲜明?他所提的问题,正是很长的一个时期以来,特别是第四次文代会以来,不同意见争论的焦点所在。他自问自答地说:"我看,文艺界基本上执行了中央的路线、方针,基本上维护了四项基本原则。"他的自问自答,显然是有所指的。中央工作会议讨论了生产问题,要求稳定经济。但许多同志提出了宣传战线,批评了包括文艺战线上出现的一些问题,要求文艺适应当前面临的形势。国际上发生了波兰团结工会事件。有一位中央领导同志有批示:有的同志认为中国不会发生波兰事件,为时过早,假若有两方面做不好,一是经济,一是政策,也可能发生。宣传工作,包括文艺工作,搞不好,只提倡写阴暗面,不能鼓舞人,庸俗低级。中央决定进行经济调整,关停并转。对自发团体、自发刊物问题,也要制定几项措施。

周扬说文艺界基本上执行了中央的路线、方针,一方面是正面估价文艺界的形势,另一方面,也是对他们那个开了好久的谈心会上提出的种种责难的回答。他还补充说:"我们共产党员要旗帜鲜明,但不能把什么问题都提到阶级斗争、路线斗争的高度。"他的言下之意是说,有的人动辄把文艺界出现的某些问题或错误上纲上线说成是阶级斗争、路线斗争。

他说:"我说'基本上',是认为粉碎'四人帮'以后,特别是三中全会以后,文艺界首先冲破禁令,批判了'文艺黑线专政'论,重新强调了'双百方针',宣传了实践是检验真理的标准的讨论,提倡解放思想,打破禁区,扩大文艺题材范围,宣传了革命的'四五运动',宣传了张志新式的英雄人物,提出了文艺要培养社会主义新人,提出了文艺为人民服务、为社会主义服务,提出了文艺创作要注意社会效果。在胡耀邦同志推动和指导下,开了多次文艺会议,大大活跃了文艺界的民主空气和创作空气。这些基本上都是执行了中央的路线、方针,基本上也是旗帜鲜明的。说'基本上',意思就是说,执行中央的方针、政策不够有力,有时也不无偏差,对某些错误的作品和言论没有予以及时恰当的批判,在有的问题上旗帜不够鲜明,放任了文艺界自由化的倾向。第四次文代会期间及其以后,我有什么做得不对的,有什么差错,大家可以毫不客气地指出来。整个说来,文艺工作成绩是主要的,文艺界出现了新气象、新成果。当然,不可讳言,也出现了不少问题和一些偏差,如在创作上单纯地不适当地揭露社会阴暗面。当然,革命现实主义文艺要发挥它的批判的功能,但是,不能只揭露阴暗面,而不写我们生活中的光明面。在林彪、'四人帮'横行时期,光明面也还是多得很,张志新式的人物不止一个,'四五'运动的战士们,各条战线上的英雄模范,并不是很少的。因此,要反映生活的真实,就不能单纯揭露阴暗面,更应该反映人民中蕴藏着的无穷力量。其次,在创作上,脱离生活、脱离实际,生编硬造一些惊险、恋爱情节,模仿西方资本主义的生活方式,模仿低级庸俗的歌唱表演,有的连民族自尊心、民族尊严都不顾了。"

他说:"我们的理论批评战线,也显得薄弱,有某些混乱现象。马克思主义、毛泽东思想,在有些人看来好像都吃不开了,至少不那么行了。唯心主义到处都是,唯物主义,特别是历史唯物主义却非常之少。对现实主义,不讲革命现实主义,似乎不揭露阴暗面就不是真现实主义。讲革命的浪漫主义,好像就是提倡'瞒'和'骗'的文学,连革命理想都不敢讲了,也不要了。鲁迅和梁实秋等关于人性论的争论,梁实秋反而是正确了,混乱到如此程度。我们要肯定人道主义在历史上起过的作用,要承认人性,但总要用唯物主义的观点来分析人性,不只是它的自然属性,更主要的是它的社会属性,它是具体历史发展过程以及在文艺创作中各种人物性格上的体现。这个问题要具体分析,是一个需要专门研究的问题。我们要用历史唯物主义观点来观察历史现象。现在,我们坚持马克思主义、列宁主义、毛泽东思想,坚持辩证唯物主义和历史唯物主义。但不能再用贴标签的方法,这需要占有大量材料来进行具体分析。"

我引用的这段话是经过作者修改后发表的正式版本。我听的是录音。周扬还有些话在改定时可能考虑到人事关系等删掉了。但很重要,至少对还原当时的文艺界情况是重要的。如他说:"估计文艺的状况,与估计整个党的状况,是不可分开的。党是活跃的,但党、经济工作也出现了混乱现象。文艺的状况也一样。我们有不少问题,群众批评是对的。我们没有及时加以批评和指导,这是错误。突出的,不仅是艺术质量,还有思想倾向问题。对'伤痕文学'的估计,我比默涵同志要高一点。这么大的灾难,伤痕太重了,如果文艺对此没有反映,那怎么行?但不要尽搞这些,现在搞得太多。揭露是需要的。社会主义有阴暗面,怎能不揭露呢?现在是单纯揭露阴暗面的太多了些。我们是革命的现实主义的文艺,没有批判,能叫革命的吗?但单纯揭露阴暗面,不好嘛!张志新、遇罗克,那是光芒万丈嘛,他们是'四人帮'倒了后被杀害的。写什么爱情呀,意识流呀,那并不是什么新东西,而是旧东西,不要反对,也不要推崇和提倡。有些东西离开了生活,提倡资本主义生活方式,连民族自尊心都没有了。《文艺报》应更多地对这些不健康的、不利于社会主义的倾向加以批评。"

周扬在"文革"后复出以来,一直不忘提倡文艺界要坚持贯彻"双百方针"。现在形势的发展出现了一些新问题,不仅文艺创作上出现的一些揭露阴暗面的作品(如《假如我是真的》)引起了某些领导人的不满和责难,而且在社会上出现了自发社团和自发刊物问题,因而在党内高层人士中出现了所谓"三四左右"的说法("三"是指三中全会,"四"是指四个坚持)。因此,周扬的这次讲话要照顾到两方面,他不能不面对反自由化的问题。

他说:"在文艺上既要继续坚持贯彻'双百方针',切实保证文艺创作和学术研究的自由,但又要坚决反对和防止自由化。在资本主义国家里讲社会主义是没有自由的,我们要特别强调社会主义文艺是真正自由的文艺。因为它摆脱了钱袋而自由,摆脱了个人名利思想而自由。毛泽东同志讲艺术上的自由,主要指艺术形式和风格的自由竞赛。科学上的自由,主要指学术讨论的自由发展。艺术创作只要思想内容上不反党、不反人民、不反社会主义,形式和风格尽量放宽,任其自由发展,自由竞赛,领导不要多去干涉。坚持这两个自由,保护这两个自由,同时要反对资产阶级自由化。如果说文艺界有什么值得注意的问题,主要是存在着自由化的倾向。什么叫自由化?简言之,就是要摆脱党的领导,摆脱社会主义轨道。"

他说:"对于文艺的领导,还特别要靠社会方式,靠群众的舆论,群众的选择和鉴别。像过去那种官僚主义的审查制度是要不得的,但不能根本没有审查。电影、戏剧、电视等方面,有关主管部门要审查选题计划、剧目计划,刊物、报纸,对于要发表的文章怎么能不审查呢?审查权限放在哪一级好,可以根据具体情况决定。要建立生产责任制,生产单位对于生产计划不能没有审查。对于文化事业,行政命令也不能完全取消,有的节目,该禁的还是可以禁。要讲文艺自由,但不是绝对的自由。这种绝对的自由,世界上是没有的。鼓吹自由化,实际上就是要搞绝对个人主义、无政府主义,搞非法社团和刊物。个人要办电影、办剧团,多数青年是想自己搞研究、搞艺术,个别有野心、唯恐天下不乱的人,就别有用心和目的,不可不防。所以我们既要坚决克服和防止对待文艺工作的粗暴现象,又要反对和防止自由化倾向。"①

他的观点概括起来,就是:文艺界在三中全会以来的成绩是主要的,是执行了中央的路线、方针的,但存在着一些问题,如文艺作品揭露阴暗面的问题,一些在政治思想上与中央不一致的文章的问题。这些问题归结起来就表现为一种自由化倾向,应引起文艺界各部门领导人的注意。但要分清艺术创作和学术研究上的自由与资产阶级自由化的界限。面对着有些人对文艺界的指责,周扬的估计是清醒的,实事求是的。大约一个月后,我们在编辑部听到传来的消息说,邓颖超同志给邓小平同志写了一封信,说"不要过分地指责文艺界"。

---

① 周扬:《联系实际,总结经验,认真学习中央工作会议文件——在文艺部门党员领导骨干会议上的讲话》,见《文艺情况》1981年第4期(3月10日)。

邓小平同志将这封信批转给有关部门了。

这次党员文艺领导骨干会议开得时间很长,断断续续开了三个多月。本来预定由周扬作总结报告的,由于发生了一系列事情,如3月24日周扬在1980年全国优秀短篇小说评选发奖大会上作《文学要给人民以力量》①的讲话,4月份过问1977~1980年全国中篇小说评选工作并听取汇报,特别是4月份出现了批判白桦的电影剧本《苦恋》的事件,不久召开中共十一届六中全会,因此,起草好的总结报告稿胎死腹中,会议没有总结,无疾而终。② 7月6日在中宣部文艺局听《胡耀邦对宣传口几位同志的谈话》传达时,听到胡耀邦谈到了周扬的讲稿,说:"今年后半年做几件事?要学习(六中全会决议)。前段学习没有作总结,非作不行。前后两段要衔接起来。周扬的稿子要重新搞,讲大问题、新问题、主要问题。要抓(十一届六中全会)《决议》的学习,中宣部要组织宣讲。"另据张光年日记载:"7月6日在周扬家里开会,周扬提出,整风学习小结报告,组成周、贺、林、陈、张五人小组,周内谈出提纲。7月9日,周扬接受张光年意见,整风小结报告不作了,集中精力搞'新八条'(《文艺八条》)。"③

周扬讲话时,我们还不知道王任重1月30日在中宣部办公会上对《文艺报》提出了批评。把周扬讲话中对《文艺报》的要求与王任重的批评联系起来,就明白了,决定召开文艺部门党员领导骨干会议,在会上就文艺状况统一认识,也许与王任重对文艺状况的悲观估计不无关系。王任重对我们编辑部的批评,是孔罗荪根据陆石的记录向我们编辑部传达的。我们听了后,感到他的批评是粗暴的,但他毕

---

① 周扬:《文学要给人民以力量》,《周扬文集》(第5卷),人民文学出版社1994年版,第360~371页。他在这次讲话中谈了真实与忠诚、勇气和虚心等问题,提出了评奖也是讲评的著名观点。他的这次讲话不知道为什么没有收入《1980年全国优秀短篇小说评选获奖作品集》(上海文艺出版社1981年版)中。

② 顾骧说,周扬要他帮助起草这次会议的总结报告,并口授了提纲。但总结没有作,报告稿胎死腹中。详见顾骧:《此情可待成追忆——我与晚年周扬师》,王蒙、袁鹰主编:《忆周扬》,内蒙古人民出版社1998年版,第453~454页。

③ 张光年:《文坛回春纪事》,海天出版社1998年版,第259~260页。

竟是中宣部的部长,关系重大。

我们没有申诉的权利和场合。文艺骨干会议之后,作协党组书记张光年于2月初召集《文艺报》的领导干部孔罗荪、唐因、唐达成、谢永旺到他家里开会,研究王任重批评后《文艺报》面临的形势和编辑部的学习与改进问题。参加会议的还有作协的张僖、陈荒煤。冯牧因住院没有参加。周扬秘书露菲给张光年打电话说:冯牧有些紧张,居然写了一份检讨,说发表沙叶新的文章(按:指《扯"淡"》一文)是什么"政治性错误",请求处分。冯牧固然首当其冲,可也太脆弱了。

周良沛评邵燕祥

唐祈评论公刘的文章在《文艺报》发表后,诗界反映甚好,起码改变了《文艺报》不关注诗歌创作的形象。但我们还没有制订出一个长远些的约稿计划。在编辑部里我分管文学评论,但我的注意力和兴趣主要在小说,好在有高洪波主管诗歌,他很勤奋,交游也广。2月中旬,接到诗人周良沛从昆明寄来一篇评论邵燕祥的文章。他在信中说:

邵燕祥

锡诚同志:

  政协礼堂一见,一晃又是个多月。人一生就这么晃晃荡荡地过去了。

  我到沙滩一次,您不在。短篇评过了,中篇也该招彩了吧。评奖跟压宝一样就没意思了。若是允许,编一本《落选的佳作》(短篇),一定比获奖作品还有读者,当然不是说获奖的全不好,由于众多其他的原因,也不可能全好。

第五章　在风雨中跋涉（1981）

燕祥叫我为他的诗集写了篇序,听说你们要发点这样的文章,在介绍公刘之后要介绍燕祥,所以就寄给您了。北京有些人也看过了,回来拖了好些日子,打字员才打出来。恰恰文章也不是光谈燕祥的,还是寄给您好些。《人民日报》要发我谈艾青的,《诗刊》,燕祥要避嫌。就不能发这两家。您看过,行的话,请冯先生点个头,若看不上,就请快点告诉我,好为它另找婆家。倒不是我有多强的发表欲,而是朋友请我作序,我也就该让它起一点应起的作用。您看过之后也就知道,咱们丝毫也不是抬轿子,是探索问题。

总之,不行也莫为难,咱们是朋友,文艺界里面的这一套也不生疏。只求您能尽早告诉我一个结果就行了。

顺致

编安

良　沛

1981年2月9日

文联1号搬家了,在云大对门,信切忌寄到作协。

周良沛

周良沛是"归来派"作家,他来去于昆明和北京之间,很是自由自在。去年11月,我到昆明参加中国当代文学研究会第二届学术年会时,他的工作好像也还没有定位,也没有分给他房子,他就暂住在云南饭店的一个房间里,堆得乱七八糟,也懒得收拾。他在昆明会议上的发言《说"朦胧"》,对朦胧诗有分析有见解,也比较宽容,在会上颇有影响,正好我们缺少这样的评价朦胧诗的文章,我便将其索来带回北京,交给洪波发了稿,日前刚出版的1981年《文艺报》第1期已经发表出来了。他的这篇来稿是给邵燕祥的诗集写的序言。刚发了他的评朦胧诗的文章,不可能马上再发这一篇,尽管邵燕祥是应该安排加以评论的。但最终为何没有发表,是他的老上级冯牧压下了,还是我们压下了,已经记不清了。

他信里说我们一个月前刚在政协礼堂见过面,是指1月28日下午中国作协在政协礼堂举办的春节"作家茶座"联欢会。那天去的作家、编辑、记者特别多,大约有几百人。其时,正是《人民文学》杂志社主办的短篇小说评奖进入最后阶段,即评委会评定阶段。1月20日,评委会在新侨饭店开会,讨论编辑部初定的21篇小说的篇目,但25个评委只到了10位,不超过半数,即葛洛、刘剑青、王蒙、沙汀、唐弢、草明、袁鹰、孔罗荪,因此无法做出决定。无奈之中,只好将评委会临时改为评委座谈会。真有点儿哭笑不得,不伦不类。周良沛的交际广、耳朵尖,可能已经听到了评奖进展的消息和内定的篇目吧,所以他在给我的信里,表示了一点不满,说要是允许,可编一本《落选的佳作》。其实,这种选本实际上已有人在编。3月11日,短篇小说评奖委员会再开会,到会的评委也还是只有14位,丁玲、巴金、孙犁、贺敬之请假,冰心、魏巍托人带来意见,欧阳山意见待补。评委们围绕着《人民文学》编辑部提供的初选入围作品中的张弦的《被爱情遗忘的角落》、韩少功的《西望茅草地》和祝兴义的《杨花似雪》三篇小说发生了激烈的争论。最后把《杨花似雪》淘汰了。现在看来,评奖虽然有群众投票的参与,但评委会里许多评委形同虚设,只是看重其名义,很难真正起到评委的作用。这种重虚名的传统看似尊重民主,实则颇值得怀疑。从这一点来看,周良沛的牢骚也不无一点道理。

顾尔镡《也谈突破》挨批

根据去年我与顾尔镡的协商,将在1981年5月由《文艺报》和《雨花》两个编辑部联合在南京召开一次农村题材小说创作座谈会。回京汇报后,我起草了一份会议通知,于1月3日发了出去。通知内容如下:

第五章　在风雨中跋涉(1981)

中国作家协会××分会：

　　为了探讨如何更好地反映新时期农村的矛盾斗争，交流创作经验和体会，推动农村题材小说创作的繁荣，《文艺报》和《雨花》编辑部决定于今年五月上旬在南京联合召开一次农村题材小说创作座谈会。届时邀请你会×××同志参加座谈会。我们希望到会同志能在五月份前写出反映这方面斗争生活的比较好的作品来，当前特别希望写出体现强烈的时代精神、能够鼓舞人心的作品来。邀请参加会议同志的主要发言望能预先写好，于4月10日前寄交《文艺报》编辑部文学评论组。请将此同志转致×××同志为感。

　　此致

敬礼！

《文艺报》编辑部

《雨花》编辑部

(1981年)1月3日

通知寄出一个月后，接到顾尔镡1月30日的来信。信中说：

锡诚同志：

　　大札收悉。经文联党组研究后，因涉及会议规格、经费、落实招待所等事宜，除商讨会议具体内容外，似需事先就有关问题交换一下意见，以便编造预算进行各项筹备工作。加之我们原想委托高晓声同志具体负责此次会议，他因身体欠佳不能去京，所以是否在春节后(2月15号至20号)您或其他同志能来宁一趟，就筹备工作问题先行商谈一次，俟后有必要时，我们再去向你们及冯牧、罗荪、唐因等同志汇报。另，参加会议同志，我们建议是否再增加刘真同志，如同意，请函告，以便我们补与联系。

　　匆此

　　敬祝

编安

顾尔镡上
1981年1月30日

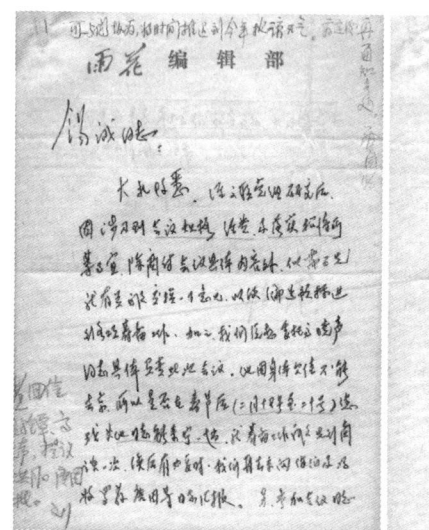
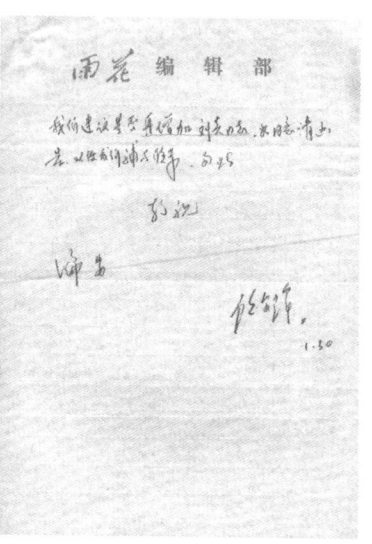

顾尔镡手迹

去年我到南京,除了约稿、会朋友外,还带着商讨共同开会的任务。这件事,事先我是经唐因同意了的,不是随便的建议。本来已经谈好的事情,现在竟然出了问题,老顾并没有向他们的文联党组汇报。地方上的事,手续繁多,与我们编辑部不同。看来还得从头来起。我把顾尔镡的来信呈送唐因,请他批阅。唐因在信上批示:"可与顾协商,将时间推迟到今年秋凉天气。商定后再通知各处。"

我于2月14日分别给顾尔镡和高晓声回信,建议把会议时间延期到秋天。此时,正值顾尔镡在《雨花》1980年第12期发表《也谈突破》引起了中央有关领导的注意,正责成中宣部文艺局研究处理。他在文章里写道:"政治上突破,最主要的是'四项原则'。'四项原则',我们是要坚定不移遵守的,怎么又要突破呢?首先,'四项原则'本身也是在发展的;其次,我们对'四项原则'的认识也是在不断加深的。突破的问题,就由此而产生。"当然,老顾已是自顾不暇,这次联合召开创作座谈会的事也就遥遥无期了。

3月23日,孔罗荪在我们编辑部组长以上的会议上吹风说,有人认为,当前自由化是主要的倾向,因此,要反自由化。中宣部文艺局抓了一篇文章,顾尔镡的《也谈突破》;抓了一个刊物,《戏剧界》(安徽)。于是,老顾的文章,成了将要开展批判的资产阶级自由化的代表作。《文艺报》被指定要对此文写一篇批判文章,但我们裹足不前,迟迟落实不了作者,到5月初,南京《新华日报》上发表了一篇批判文章,我们感到有救兵了。5月5日召开的作协党组和书记处联席会议上,张光年指定《文艺报》这一期就转载《新华日报》的文章,下期再发表评白桦的文章。过了几天,孔罗荪又在编辑部干部会上说:"昨天与光年说好了,《新华日报》批《也谈突破》的文章不转载了,但下期一定要组织文章。"最后,《文艺报》始终没有发表批判文章,拖黄了。

与包川讨论新作

去年4月底在成都与女作家包川见面,就她的创作谈过一些个人的见解和建议,主要是希望她多写。转眼一年了,日前收到她的一封来信,告诉我她在这一年里发表的几篇新作,并要我读一读。

锡诚老师:

新年好!

匆匆一别,又翻年了。你走后,要"多写作品,写好作品"的压力,每时每刻都在压迫我,使我简直没有勇气给你写信……

现在提起笔,仍觉得惭愧。去年我一连写了五篇,现在发了三篇。还有两篇要打磨。我要求自己脚踏实地、一篇一篇稳步前进。这篇《孑孓》看起来平淡,但我深信你会从冷冷的街道、轻微的热风、平淡的生活中,感觉到我对友谊、关怀、平等、公道的向往,听到我心灵深处对美好炽热生活的呼唤……我们这里的人说《孑孓》比《母爱》含蓄、深沉、抒情些,是我去年写得最好的一篇,我自己也不太清楚,你看呢?另外,《人民文学》二月号要发我的《高音喇叭》，请你也看看吧。他们写信说我"在创作上有了新的突破，可喜可贺"，我自己也说不清楚，你千万仔细看看，并一定告诉我你的看法，提出批评。

我接受了你的意见，不去搞那些雕虫小技，我力求使自己的作品有一定的社会意义，有一点我是认定了的，那就是我的作品是给多数人看、为多数人服务的，我愿意始终如一地植根于民众之中，站在民众的立场去表现人民。这与文艺的党性原则是一致的，因为文艺的党性原则必定是反映人民愿望的……说不来理论，反正我是这么理解就是了。不知道对不对？从发第一篇小说起，至今一年半了，我的几篇小说的得失如何？我应该总结，以便迈出新的坚实的步子，只是，我觉得自己肯定看不清楚，如果你能抽时间给我谈谈，那——我要天天祈祷你长寿！你愿意吗？

去年，张作光同志①来川，"召见"了我（他只能通过宣传部找我去），谈起了你……让我用"多写作品，写好作品"的实际行动，来感激你们对我的关心、帮助和督促吧……如果你见到他，一定代我问候。

如果你们搞评论的老师们能跟一些作者坐在一起讨论他作品的成败得失（哪怕半天、一天的座谈会），实际收效比在报刊上发些空泛的指责或捧场的喝彩强得多得多，你说是吗？这是我临时想到的，请不必介意。

就写这些吧，祝你
阖家安好！

包　川
1981年2月10日

那时，包川在《四川文学》编辑部只是个临时编辑人员，处境不好，情绪波动。在如此环境下，她还能写出《母爱》、《高音喇叭》这样

---

① 时任贺敬之秘书。

的作品,我真替她高兴。《人民文学》的同志们在她的成长过程中多有扶植和指导,对她帮助很大。读了她的《孑孓》和《高音喇叭》,顺手便给她写了复信,谈了我的读后感,希望她再接再厉,因为一个作家只能活在自己的作品中。四个月后,又收到她的来信,向我报告她的处境的险恶,同时与我讨论一些创作问题。去年初见面时,我曾对她说,搞创作,不要着眼于搞雕虫小技。她的这封来信,在题材的大和小的问题上,不同意我的见解,以契诃夫的《万卡》为例,说明小题材也可以写出优秀小说来。

锡诚同志:

您那么忙,还耐着性子读完了我的作品,并不吝赐教,我真不知道该怎么感谢您……您总是那么勤勤恳恳、兢兢业业,这种博大的高尚的事业心格外感人,使人敬佩之至。难怪聂华苓、安格尔及他们的报告会,石鲁的山水、花鸟、人物都使人感到历历在目,仿佛昨天……

提笔多次,千头万绪不知该怎么下笔。仅凭这一点,你也可以猜测我目前的处境。去年您来时,我的工作问题还有希望解决,而今,问题早已超出我个人工作问题的范畴,僵了! 就因市里先十几天转走了档案,我不去便只能当一辈子临时工;就因为我人事先已到川文,又因对市里主管调动我的人说了几句气话,他们就可以将一个人的前途丢进海里! 看不到希望的岸边,茫茫海面上连一根救命稻草也没有! 我这么一个几十岁、一百斤的人,竟不如几张薄纸的分量……

不说这些! 原谅我忍不住说了这些……这些事影响我的情绪。但只要我进入创作,情绪就不存在了。我早就半死半活了,死,对厄运;活,对事业。放心!

关于我的创作,你说的是正确的,中肯的。我基本上是接受的。只是在"小"的问题上,有些想法:即使"小",它总是生活中的一粒微尘吧,难道不染上生活的颜色,不带着生活的特质么? 契诃夫的《万卡》、安徒生的《卖火柴的小女孩》也都反映了一定的社会生活，具有打动人心的魅力。只是，我自己功力不足，没能写出小故事中深刻、感人的人物，没能使小故事更富于历史感，你说是不是呢？你的信来得巧极了，正值我的创作假开始，你帮我总结了前一段创作的得失，提醒我注意一些应该注意的问题，对我帮助极大。最近我写完了《相见》，接着将完成《街头少年》、《核桃》、《琥珀》。我之所以开出这些目录，是想让你今后核实，看你的帮助大不大……

你的文章我都拜读了，除了化名的以外。

三月份我去了葛洲坝、武汉，四月中旬回蓉，一个星期写完了《相见》初稿，五月份我跑了永川、重庆，给的半年假已过了三个半月，下面最少还得完成三个短篇，紧张死了。

再一次感谢您的帮助。有您这样的朋友经常敲打（包括您让小高、贺嘉等来敲打），我想我是会打破自己的纪录的……等着看吧！

什么时候再来四川呢？我们这儿的人很欢迎您。

如果有机会，我很想去北京学习，一星期、一个月也好，可惜没有那样的机会。我孤陋寡闻、闭门造车，进步实在太慢！哪儿有北京那样的活跃呀？"能有几个志同道合者，讨论一些社会问题……"谈何容易！

你最近写了些什么？忘了，中篇评奖获胜，下面的人说，比短篇公道、正确。祝贺你！不枉为你捏了一把汗！

顺颂

安康

我全家问你好！

包　川
1981年6月8日

包川关于小说题材的"大"和"小"的见解是对的，特别是短篇小说，只能截取生活的横断面，以小见大是短篇最根本的艺术特点。但我所说的雕虫小技并非与题材大小完全同义。她的短篇小说《相见》

我是后来读到的,记得在一篇评论文章中,曾做过评论。她在信里,以"公道"二字来概括四川文学界对我们主办的中篇小说评奖的评价,使我感到欣慰。北京码头固然大,但光看北京作家的眼色是远远不够的,这是来自外省的反应,对我们来说尤为珍贵。

家 乡 文 事

由《文艺报》文学评论组同事们组稿、由我汇总并编辑的新中国成立30周年文学回忆录《文学:回忆与思考》(1949~1979)于1980年12月由人民文学出版社出版了。我们给62位作者分送了样书,陆续收到一些作者来信,肯定我们做了一件好事。老朋友苗得雨收到我寄去的书后,来信告诉我收到了样书,也谈到家乡文坛的一些情况。在文艺界一般人的心目中,老苗属于保守派,其实这种印象并不很准确,他常常想突破或超越自己,却又很难突破和超越,况且行政事务吞噬了他很多的时间。在信里,他谈了自己在1981年春的文坛风雨中的心态。

锡诚同志:

你好!

来信及赠寄的《回忆与思考》收到多日。多谢你的费神。《回忆与思考》,我当即大体读了一遍,许多文章很好,总之这本书不错。你们做了一件很有意义、很受欢迎的工作。出的还算可以,有的书两年还出不来。

这一段我们主要在抓学习。《山东文学》1月号想解放一下,结果出现了与中央精神不相吻合的事情,我们正在联系实际学习,促使《山东文学》的同志从2、3月号转过来。文联这里出的一些材料较稳当。咱们两次的座谈会纪要均已刊在《文艺通讯》第11/12期合刊上。已寄出,想已收到。作协的《创作与学习》第2期也寄去了。并均望指正。

对诗的发言,这期专版了。我的发言共五段,《山东文学》发的是其中的一段。咱俩看法一致,但愿中国诗路向宽处发展。

《文艺报》前几期讨论按规律领导文艺问题,我曾在剧协一会上发言,主张"支持内行,也就是内行",得到了各方赞同。我忽然想到这段内容恰是一篇短文,可否投投稿?今寄上,请审。若不适用时,寄回即可。

问诸友好! 永旺、泰昌、丹晨、阎纲同志好!

祝安!

苗得雨

(1981年)2月11日

在我看来,改革开放以来,山东文学界,就领导而言大体是保守的,既没有多大的作为,也没有多大的错误,既没有推出有全国影响的好作品,也没有出《"歌德"与"缺德"》那样的突出事件。山东人既有点夜郎自大的气质而不自觉,却又从来不为天下先、也不敢为天下先。受儒家的中庸之道观念的影响太深了。刘知侠和苗得雨主持省文联的工作,是专家治会,想要思想解放一下,跟上全国形势,谁知1981年的春天,形势却发生了陡变,他们自然有一种被丢在了前沿阵地上的感觉。

苗得雨

但老苗毕竟是文艺家执政,还是有愿望想在自己手上把省里的创作搞上去的。到了夏天,他们在度假胜地青岛举办了一次在外乡工作的山东籍作家的笔会,也邀请我去参加,因下半年轮着我值班,不能外出,就谢绝了他的好意。笔会闭幕后,他给我来信,转述了会上的大致情况。

锡诚同志：

　　来信收到。知你下半年在坐班主持工作，工作的繁重是可想而知的。今年特热，北京听说也不次于济南，望多注意。

　　稿已用出，并作重要稿对待，我感到有些不安。你一接手发稿，首先想到故乡老友，深为感激。标题改得也好，很高兴。

　　（山东作协青岛）笔会开得还可以，我盼望你去，你工作脱不开身，未能去，我及好些同志都感到遗憾。崇光已寄去一消息，请酌情安排。闭会我搞一小结，接着整了一份汇报。今捎上请阅。会上各方面情况，大体都提到了。我们已将笔会发言等材料分别排在《文艺通讯》与《创作与学习》中。其中杜鹏程、曲波等同志讲话很好，有的将来在《山东文学》上用。

　　你评尤凤伟的文章，很好，我见到了清样。这也是对故乡工作的极大支持，我由衷地高兴。望今后常写这样的文章给我们。

　　我赞同你的看法，山东文学创作已在上升，前景很有希望。我在笔会小结中，表达了同你相同的意思。让我们很好地配合，把家乡的工作搞得活跃起来。

　　前段我带作者去鲁西，写了一些报告文学，其中有7万字的一篇名叫《崛起》，已发《当代》第5期，主要从地区领导角度写的，发后估计会有反响，望注意指导与指点。

　　问诸友好！

　　祝安！

　　　　　　　　　　　　　　　　　　　　　得　雨
　　　　　　　　　　　　　　　　　　　1981年7月31日

　　我未能前去青岛参加笔会，感谢老苗来信，告诉一些会上的情况。看来，笔会不过是一次联谊性的活动，没有说出什么可重视的有关文学创新的意见来，但也如他信中所说的，预示着山东的文学创作"前景很有希望"。其实，老苗并没有将全部重要情况都告诉我。评尤凤伟的文章是指我发表在《山东文学》上的《谈尤凤伟的短篇小说》一文。记得6月份，有一天，在八一厂写什么电影剧本的尤凤伟请我吃饭（那时，我住在羊坊店路3号新华社宿舍，离八一厂很近），在饭桌上，我们就他的创作做了一次时间不短的交谈，后来我便写了上面说的这篇文章。那时，在我的视野中，在山东作家中，尤凤伟的确是一个值得关注和评论的青年作家，但当时他的作品还不多，所以我只着眼于他的短篇小说。撇开思想认识上的问题不谈，发了评尤凤伟的文章，可能有人并不高兴，这是我们山东人的老毛病。

过了不到一月，又接到评论家宋遂良8月20日的来信，使我对青岛笔会情况的了解更全面些。他说："我们山东文艺界比较保守的领导同志最近很得意，据说青岛年会上一派'捍卫'的气氛。他们说，极左的人攻击我们是'保守'、'思想不解放'，实际上呢，我们是正确、稳妥、看得深，因为我们思想觉悟比较高。我们要理直气壮地坚持下去。作协一位副主席对我说，他最近接触了一些高层领导后，才了解到冯牧、陈荒煤、孔罗荪后边挂帅的人物竟是夏衍（原来对他在第四次文代会上的表现是很满意的）。他们对《人民日报》不批《苦恋》很不满，对《文艺报》就更不用说了。据《山东文学》的同志说，连发不发锡诚同志评尤凤伟创作的文章都有争议。上半年锡诚同志来济南，据说他们也'没有好印象'。苗得雨同志在《文学报》座谈会上讲了他那一番'管不了但不跟着跑'的议论以后，我出于友情和对他的关怀，给他写了一封长信，我说你这种讲话，就是一种'三年早知道加秋后算账派'的架势，希望他看主流。他回了我一封长信，坚持他的观点，委婉作了些解释，但是态度是不错的，光明磊落。作为文艺战线上的一个游击队员，我对这些情形也感到忧虑。这半年来的创作就有些沉寂。你们的杂志也没有什么生气，好像有点'做一天和尚撞一天钟'的味道。我也不知道今后会有什么风浪。但要改变自己的观点也很难。我想只有坚持两条原则，一是实事求是，二是不带私心。这样一来可能好一些。"

中篇小说评奖启动

《文艺报》主办"1977～1980年中篇小说评奖"最初是以《文艺

报》的名义,并在《文艺报》上登了一则启事。我们的积极性特高,而且对于中篇小说的创作情况很有自信,因此,初始决定举办评奖,编辑部说了就定下来了,没有向中国作家协会党组申报。稍后,中国作家协会党组感到各个杂志社各自为政,各搞一套,于文学事业不利,便决定加以规范,改成统一由中国作家协会主持,短篇小说评奖委托《人民文学》杂志社主办,中篇小说评奖委托《文艺报》主办,新诗评奖委托《诗刊》社主办,报告文学评奖委托《文艺报》和《人民文学》联合主办。

"《文艺报》中篇小说评奖启事"登出后,广大读者和各地文学团体对评奖活动给予热情支持,纷纷提出建议,推荐作品,寄来样书。截至1981年1月底,16个省市作家协会分会、11个出版社和13个文学杂志社共推荐了70余部在规定时段中发表的中篇小说参加评奖初选。这个数字,占粉碎"四人帮"以来的四年间发表的304部(1976年10月至1977年12月12部,1978年36部,1979年84部,1980年172部)中篇小说的1/4以上。截止时限过后,又有安徽、辽宁、广东分会和4家杂志社、出版社推荐来18个中篇。有几个省区的作协分会没有推荐。山东作协、江西作协、宁夏作协来信来电表示本省推荐不出优秀中篇小说,故没有推荐。

中篇小说评奖初评组合影

为搞好中篇小说评奖，我们决定在召开评奖委员会之前，请一些关注中篇小说创作和从事评论的人士来进行初评工作，以减少评委们的负担。我们将初选工作名之曰"中篇小说读书会"。读书会于2月12日起在一机部苏州胡同招待所举行，为期一个月。邀请来参加读书会的有来自各地出版社、文学杂志社、报刊编辑部的文学评论工作者18人。他们是：刘锡诚（本刊）、王纪人（上海师范学院中文系）、王鸿模（人民文学出版社）、刘思谦（河南大学中文系）、吴宗蕙（北京师范学院学报）、晓蓉（本刊）、萧云儒（《陕西日报》）、殷晋培（辽宁鞍山市文联）、陈宝云（山东文联）、曾文渊（上海市文学研究所）、高松年（《西湖》编辑部）、王维刚（齐齐哈尔师范学院中文系）、谢望新（《南方日报》）、阎纲（本刊）、张守仁（《十月》编辑部）、陈贤仲（《延河》编辑部）、吕文（《花城》编辑部）。经过一个多月的集中阅读研讨，朝夕相处，朋友们的关系十分密切。

参加读书会的编辑和评论家们采取与外界隔绝的全封闭的方式，集中进行阅读、讨论、研究。即使强调封闭，还是有作者通过各种关系来与我们联系，传话，疏通情感，以达到入选的愿望。但我们并没有受到任何干扰，坚持"二为方向"、"双百方针"，通过分工阅读和集体讨论，充分交换意见，最后决定推荐篇目。

在读书会提出的初选篇目的基础上，编辑部于3月2日、4日召开了在京评论家参加的中篇小说创作座谈会，在更大的范围内进行研讨。与会者除了参加读书会的人员外，还邀请了在京的评论家顾骧、王春元、张炯、吴德安、沙均、王鸿儒、张钟、袁琦、潘仁山和本刊副主编唐因。座谈会由主编孔罗荪主持。

读书会结束后，参加读书会的成员写了一批评论文章，陆续在《文艺报》上发表。发表在第7期上的有谢望新的《在对生活思考中的探求——读近两年的中篇小说》、张守仁的《七十年代的潇水图——赞〈在没有航标的河流上〉》、吴宗蕙的《人生应当有更高的境界——谈〈天云山传奇〉三女性》、刘思谦的《现实主义的力量——读〈啊!〉断想》。发表在第8期的有萧云儒的《时代的聚光镜——中篇小说的社会主义新人塑造》、刘福林的《一幕给人以鼓舞力量的悲剧——评〈犯人李铜钟的故事〉》、王纪人的《心灵美的探求与文学创作——试评〈在没有航标的河流上〉、〈如意〉等中篇小说》、王维刚的《〈蒲柳人家〉的风俗画与人情美》。发表在第11期上有曾文渊的《给人物以个性——读〈追赶队伍的女兵们〉》、陈宝云的《问题与人物——〈家务清官〉与〈公仆〉的比较研究》。发表在第14期上的是高松年的《"应该把不可能的写得仿佛可能"——有感于中篇小说中的编造倾向》。

晓蓉与刘思谦

　　初评工作虽然是封闭的,但外面还是议论纷纷。以《彩色的夜》获短篇小说奖的重庆作家王群生3月9日给我打来电话说:"我刚从默涵同志处出来,默涵同志关心中篇评奖问题,问评了哪些作品,读了哪些作品。说《文艺报》评论了一些不该评的作品,造成的影响不好。他还说:殷白的《序》(按:指殷白为他的小说集《彩色的夜》写的序)要交《文艺报》发表。殷白可以来北京。他当场给殷白打了电话。并请你转告谢永旺同志。"默涵同志是文艺界的老领导,但我不知道他读了多少中篇,听到一点风就来指责我们。但我很快就把他说殷白为王群生写的序要在《文艺报》发表的意见告诉了谢永旺。王群生转达的默涵同志对我们《文艺报》评论工作的批评和对中篇评奖工作的意见,尤其是关于评论工作的意见,其实不过是在以往的老意见上加上了一点新内容而已,在作为一个普通编辑的我看来,这显然是偏见。

　　我们在研究决定初选名单和进入终评时,既要考虑到政治方面的可容纳性,又要顾及艺术成就的高下优劣;既要考虑到某些知名作家,又要考虑到某些杂志。因而承受着巨大的压力,对每一篇作品都是颇费思量的。譬如,张一弓的《犯人李铜钟的故事》,首先对碰到的是政治方面的问题。第一,小说的背景是1958年因浮夸风、官僚主义而导致大规模饿死人的信阳事件,该事件曾受到中央的通报批评和处理,以文学手法表现出来,写得令人震撼,但要加以奖励,有没有问题,是要考虑的问题。第二,张一弓在"文革"中是《河南日报》的造反派,全省的知名人物,"四人帮"垮台后,被下放到登封县文化馆劳动,鉴于这种情况,在当时情况下,河南省组织部门坚决不同意作者获奖。编辑部派高洪波到河南省和登封县去做调查和政审,并见到了在劳动中(拉车运水)的张一弓,了解有关情况。回京后,高洪波向编辑部做了汇报,编辑部听了情况汇报后,认为张一弓的问题仍然属于人民内部矛盾,我们不能埋没人才,做历史的罪人,于是坚定不移地将这部小说提交评委会参评。在评委会上,这部小说得到多数评委的高度评价,秦兆阳、韦君宜都提出,这部小说应列为一等奖第一篇。秦兆阳说,这部小说是最完整的一篇小说,唯一的缺点是,最后归结到一年开了240次会议,而没有写出书记的忏悔。考虑到小说内容的尖锐性,评委会最终还是决定将其放在了一等奖的第四位。由于评委会通过的获奖名单还有一道最后的手续,就是要经中国作协党组批准才能生效和公布,因此,作为党组书记的张光年横下决心批准这部作品获奖,也是冒着很大风险的,故而功不可没。又譬如,孔罗荪提出,王蒙的入选作品原定《布礼》,该作发表于《十月》杂志,而《十月》还有别的作品可选,如果《布礼》入选,《当代》杂志就没有别的作品入选,因此,建议换成《蝴蝶》,在思想和艺术上,这两篇小说各有特色,不是一举两得嘛。孔罗荪的这一意见被采纳。尽管还有一些插曲,但总体说来,中篇小说评奖是公平、公正、公道的。

与已经举办过多届的短篇小说评奖不同,中篇小说奖的名额确定为15名,而且确定评奖之初,就决定要分出一、二、三等奖。这就更增加了难度。最后只评出一等奖5名,二等奖10名。由于编辑部财政情况欠佳,没有多少钱,一等奖的奖金定为500元,二等奖的奖金定为400元,三等奖的奖金定为300元。奖金虽然不过是象征性的,奖项的声望却很高。每位获奖者赠送一件纪念品,一方镌刻着自己名字和此奖项名称的石章。倒也显得别致,受到了15位获奖者的赞扬。

最终获奖名单是:

一等奖 5 名:

《人到中年》(谌容)、《在没有航标的河流上》(叶蔚林)、《天云山传奇》(鲁彦周)、《犯人李铜钟的故事》(张一弓)、《蝴蝶》(王蒙)。

二等奖 10 名:

《土壤》(汪浙成、温小钰)、《追赶队伍的女兵们》(邓友梅)、《大墙下的红玉兰》(从维熙)、《啊!》(冯骥才)、《蒲柳人家》(刘绍棠)、《淡淡的晨雾》(张抗抗)、《开拓者》(蒋子龙)、《三生石》(宗璞)、《甜甜的刺莓》(孙健忠)、《惊心动魄的一幕》(路遥)。

作为主持其事的工作人员,阎纲、晓蓉和我,经受了锻炼,长了见识,但也得罪了好几位非常渴望得到这个奖项而最终没有如愿的作家。我为这次中篇小说评奖经得起历史的检验感到宽慰。

陈辽论农村题材小说

改革开放以来,每年的一号中央文件都是有关农村问题的。足见农村问题在中央工作中占据的地位是何等重要。农村题材的文学创作也是我们《文艺报》努力提倡和时刻关注的。我刊与《雨花》商定于 5 月在南京召开农村题材小说创作座谈会。相应地,要在刊物上陆续发表几篇深度研究农村题材小说创作的文章。在昆明当代文学研讨会上,我与陈辽谈过请他为我们撰稿的事。1 月 12 日我给陈辽写信,正式约他为我刊撰写一

陈 辽

篇有关农村题材小说创作问题的重头文章,并向他提供了一个参考篇目。他接受了约稿。3 月初,他给我寄来写好的文章,并附有一

信,信中说:

刘锡诚同志:

近来你好!

自接1月12日来信后,一个多月来,一直在为写这篇文章做准备。我重新阅读了近年来的农村题材的优秀短篇(您信中提出的篇目以及我认为是优秀的作品),翻阅了"十七年"间农村题材的作品,并去有关单位参阅了中央关于农村工作的文件下达后本省和全国各地农村情况的内部材料。2月中旬起,开始撰写本文。

我在上封信中和您讲起过我的写作意图,不仅仅就作品评作品,而是想总结一些经验,能够对农村题材的短篇创作多少起点指导作用,以符合《文艺报》发这篇文章的要求——对农村题材短篇创作座谈会进行配合。因此,我写了三个部分:对新中国成立以来农村题材短篇创作所走的道路的简要回顾;对近年来农村题材短篇小说创作成就和经验的小结;对进一步发展和提高农村题材的短篇小说创作质量的几个问题的探讨。在动笔撰写期间,得知南大讲师胡若定同志(他也参加昆明当代文学讨论会的)也在从事这方面的研究工作,因此请他合作此文。两易其稿,现由我最后定稿成文,寄给您审处。

没有轻率对待您的约稿,这是确实的。但由于水平限制,此文能否达到您的约稿要求,那就不一定了。如您认为可用,不妥处请斧正;如不拟采用,则请在3月20日前寄还给我,以便我另作处理。

我平时不坐班,在家。今后来信或稿件往还,请寄南京市313信箱武一青转陈辽同志收。

谢谢您对我写作评论文章的促进和关心。

顺颂

编安!

第五章　在风雨中跋涉(1981)

弟　陈辽
1981年3月4日

过了三天,他又给我寄来一信,除了探询稿子的处理外,还详细谈了江苏文艺界的近况,特别是顾尔镡文章引起的麻烦。

锡诚同志:

您好!用挂号寄给您的信、稿,想已收到。

惠书敬悉。也许是江苏比较开明吧,我们这里情况还好。省委宣传部长最近肯定《青春》办得好,应该这样办下去;省委书记胡宏同志与顾尔镡同志谈话,也是鼓励为之,谈得较融洽。江苏省的理论工作者则于上月开了一个座谈文艺形势的会议,会期三天,基本内容如您信上所述,认为四年来文艺界是问心无愧的。三中全会前,与"四人帮"、"凡是"派进行了斗争;三中全会后认真贯彻了三中全会的方针、路线、政策;四年来取得了新中国成立以来任何一个时期都从未取得过的巨大成就。就创作而言,三年来,发表短篇小说约一万篇,中长篇数百部,诗歌约十万首。其中有争议的短篇不过百篇左右,有争议的中长篇不过几部,有争议的诗歌也不过百首。姑不谈有争议的作品并不全都是有错误倾向的,即使它们都是有问题的,那么它们在全部创作中还不到1%,即99%以上是好的,比较好的,或无害的。99:1,哪一条战线比得上文学战线?特别是与经济上的严重失误相比,文学战线更是成绩斐然!试问:现在对经济上的严重失误,有谁做过认真的自我批评?有谁承担过责任?还不是笼笼统统地归罪于极左路线流毒未肃清和缺乏经验就算了。但是对文艺创作和文艺工作上的问题,却有人抓住1%不放(当然对这1%也应该重视,应该批评,应该解决),以致否定四年来的巨大成就,这又如何能使人信服呢?不是说要"写本质"吗?不是要看本质和主流吗?但是,对文艺工作,有人就偏偏不看它的本质和主流,而只看其中的"阴暗面"(按:这是一个很好的杂文题目),再也不说以歌颂为主。本着这样的精神,我省文艺工作者仍打算一如既往,继续贯彻三中全会方针、路线,继续解放思想。看到您的来信,更鼓舞了我今后的写作信心。

《农村题材短篇小说的起飞》一文,之所以特别写了第一节,就是为了与"十七年"做比较,为了突出近年来的创作成就的。此外,我最近还写了《新时期的文学 文学的新时期》一文,基本精神恰好就是您信里的意见。此文不知道能否发出,如能发出,以后当把文章寄送给您,请您教正。

您的识见和学问,我是钦佩的。您在报刊上的文章,我都找来读过了。望今后常联系,多多赐教。

再见。顺颂

编安!

弟　陈辽
1981年3月7日

记得陈辽老大哥那时还没有调到省社科院文学研究所,仍在《雨花》杂志社当编辑。我们都是在期刊做文学评论编辑又兼写点评论文章的人,文艺思想和文艺观点也比较接近,是老朋友了。他和胡若定合作的这篇《农村题材短篇小说的起飞》(按:我们将题目改为《农村生活的新画卷——读近年来反映农村生活的一些短篇小说》)作为重点文章发表在《文艺报》1981年第12期(6月22日出版)上,是近几年来发表的关于农村题材小说的一篇相当扎实的论文。

孙绍振《新的美学原则在崛起》

孙绍振在《诗刊》1981年第3期上发表《新的美学原则在崛起》,引起了文坛的关注,非议之声鹊起。作者的主要论点是:"与其说是新人的崛起,不如说是一种新的美学原则的崛起。这种新的美学原则,不能说与传统的美学观念没有任何联系,但崛起的青年对我们传统的美学观念常常表现出一种不驯服的姿态。他们不屑于做时代精神的号筒,也不屑于表现自我感情世界以外的丰功伟绩。他们甚至于回避去写那些我们习惯了的人物的经历、英勇的斗争和忘我的劳动的场景。他们和我们 50 年代的颂歌传统和 60 年代战歌传统有所不同,不是直接去赞美生活,而是追求生活溶解在心灵中的秘密。"

孙绍振

所谓"新的美学原则",简言之,就是写内心、写自我,与传统的现实主义所主张的客观地反映现实相悖,因而,作为一种理论原则,为现实主义占据主流地位的我国新时期文坛所难容,被看作是异端。当时专门为领导提供信息服务的中国文联理论研究室在一份《关于四年来文艺理论工作的基本情况》的材料里写道:"这种主张对文学创作,特别是诗歌创作产生了不小的影响。一些青年作者追求写自我、写主观世界、写下意识,有的评论家把这些恭维为'新的美学原则'的'崛起'。"但新时期文坛又是一个开放的文坛,提倡百花齐放、百家争鸣,不拘一格,不尊一家,因而"崛起"派也占有"一席之地"。

孙文引起了热闹的争鸣,很多刊物上发表了文章。《文艺报》很快收到了周良沛的争鸣文章《有感"新的美学原则"的"崛起"》,我们将其安排在第 10 期发表。可喜的是,几乎所有文章都属于学术上的争鸣和探讨。

与柳溪的结识

在编辑《当代女作家作品选》时,我们选入了天津女作家柳溪在 1956 年发表于《人民文学》上的短篇小说《爬在旗杆上的人》。当年的署名是耿简。后来,她在 1957 年被错划为"右派",便停止了写作。今年春天,我读到了她在长春出版的大型期刊《新苑》1980 年第 4 期上发表的中篇小说《生涯》,不久,突然收到了她的来信。

刘锡诚同志:

你好！

我从冯骥才同志那里，常常听到对你的介绍。因此就好像非常熟悉了。

近来我写了三个中篇：一是《生涯》，发表在《新苑》1980年第4期上；一是《四姊妹》，发表在1981年《新苑》第1期上；还有一部《火凤凰》（按：发表时题为《彩凤凰》）还在修改。都是写各式各样妇女命运的。骥才对《生涯》很感兴趣，还写信对我进行鼓励。在天津，只有我俩还能钻研点写作。虽然我已老了，但我还是在拼命努力地工作。我不喜欢只写悲惨事件的作品，我主张在正视我们的现实的前提下，给人们以光明和勇气，我喜欢悲壮，而不喜欢悲惨。我认为《生涯》中的女主角，就体现了我的信念。这些年我是在无人过问的冷漠中，默默地耕耘，像蚯蚓那样，但我也需要鼓励。骥才这个后起之秀，恰在这时给了我鼓励，我是非常珍视的。现在，我给你寄一册《新苑》，请你在百忙中看看，给我提提意见，我也是很感谢的。《新苑》错掉字不少，我已逐字纠正。他们人手少，这已属难得。《四姊妹》不久即可寄来样本，届时我当再奉寄。

请代我问候吴泰昌、侯敏泽、唐因、唐达成等诸同志，因时间太少，就先写这些吧！

致以

敬礼！

柳　溪
（1981年）3月11日

从《生涯》中，我已感到作者的经历中埋藏着深切的苦难和坎坷，当然也被小说的故事所打动。正如她在给我的信里所说的，她是在"无人过问的冷漠中，默默地耕耘"。也正因为如此，她的作品中有一种他人所不具备的气质和风格。在她生活的天津，只有冯骥才与她有往来和交流。她感到寂寞。我也感谢冯骥才搭桥，使我和柳溪建立了直接的联系。在《生涯》和《四姊妹》之后，她又在上海文艺出版社出版的大型期刊《小说界》1981年第3期上发表了中篇小说《彩凤凰》。我开始研究她的作品。我在这些作品里看到了作为作者的柳溪的身影。拖到1982年春夏之交,我才写成了《柳溪之为柳溪》的文章,着眼点就是谈她的独特的气质和风格。我在文中写道:"我这里要论的柳溪同志,大约可以算得上是一位生活经历相当丰富、也相当坎坷的女作家。我们不敢说,只有那些经历过坎坷人生的人,才能出息为一个好作家。但我们却可以说,坎坷的人生经历往往能够把一个作家带到成熟的境界。柳溪之为柳溪,柳溪之为我们今天看到的柳溪,与她经历的人生道路怎么能没有关系呢?她近年来连续发表的三部中篇小说……字里行间流露出来的那种深沉、愤懑、悲怆、执着的气质和风格,难道不是打着作者个人经历的深刻烙印吗?她笔下的主人公吉悒兰、高婕、素娥对生活的态度,以及她们那种百折不回、锲而不舍的追求,难道不是充分地寄托着作者的生活理想与美学理想吗?通过小说再现出来的几十年的社会斗争风云与小说人物命运际遇之间形成的关系,难道不是寄寓着作者从生活中领悟到的深刻的哲理吗?至少,我们从这些小说中看到了柳溪,看到了她的思想、气质、生活态度、政治观点,爱与憎、喜与忧,等等。"①

文学新人孙健忠

我到湖南去过,与许多湖南作家、评论家进行过座谈,也拜访过几位作家,因而对湖南的新老作家不算陌生,与好些作家(如康濯、谢璞、周健明、张盛裕等)和出版家(如黄起衰、袁琦、张永如等)有来往。土家族作家孙建忠,我第一次到长沙组稿时,就见过面,但后来没有来往。他的中篇小说《甜甜的刺莓》发表后,我们编辑部的同志在阅读时,已经将其作为优秀作品提出来了,也已把他列入"全国性"的"文学新人"的组稿名单。去年底已经约湖南评论家王亨念给我刊写了一篇《花与刺的道路——试谈土家族作家孙健忠及其创作》,在今

---

① 见拙著《小说与现实》,花城出版社1983年版,第157~165页。

年第2期的"文学新人"栏中发表了。在中篇小说评奖开始时,湖南作协将这篇小说推荐上来,受到中篇小说读书会的评论家们的赏识,入围初选作品目录中。正在这时,我收到了《湘江文艺》主编张盛裕的来信,询问孙健忠小说的参评情况。

锡诚同志:
　　你好!健忠告诉我,你们约他写创作道路的文章,是否可约谢璞也写这方面的文章,请予考虑。四月初我们编辑部拟邀请省内部分中青年作者开一次座谈会,讨论关于乡土文学等方面的问题。地点在岳阳。不知你们能否派人来参加指导?盼复。
　　专此顺祝
撰安!

盛　裕
(1981年)3月17日

健忠中篇小说评奖事进展如何?又及

《甜甜的刺莓》提交评委会讨论时,也得到了多数评委的首肯,最终进入了中篇小说获奖作品的二等奖名单。约他写的创作道路的文章,稍后在《文艺报》1981年第16期上发表了。他在一年中上了两次《文艺报》,应该说够幸运的了。1981年10月9日至10日,我和郑兴万到长沙主持召开农村题材小说创作座谈会,孙健忠也到会,并在会上就社会主义新人问题发了言。

任白戈为《徐懋庸选集》写序

在我们的意识形态环境里,一旦被人批判,特别是被鲁迅这样的人物批评过指责过,在社会上就永难容身,这是一种政治化了的、不利于人才成长和创造性发挥的社会环境。徐懋庸被鲁迅斥责,所以他的功也就被"过"所抵消了,因为他无法辩驳;1957年又被错划为"右派",晚年一直在忧郁中度过,1977年2月12日逝世。他的作品，特别是他那些出色的杂文，也很少被人研究。1978年12月，他被错划"右派"的问题得到纠正，恢复了党籍。任白戈作为徐懋庸的朋友，在他身后为《徐懋庸选集》作序，还这位曾经以"杀偏锋"而著称的作家以历史本来面目。我在《人民文学》杂志时，沙汀曾把任白戈论30年代文艺的文章介绍给我，现在又向我推荐他的这篇序言，使我没有费力就得来一篇难得的重要文章。

锡诚同志：

  白戈同志为四川人民出版社即将出版的《徐懋庸选集》写了一篇序言，现介绍给你，请你转有关同志，希望能在《文艺报》发表。

  四川人民出版社早已有出懋庸选集的计划，因为稿挤，一时没有发到工厂。去年底，三联书店也编了徐氏杂文选。也由白戈写了序言，且已发表过。

  但听说两种选本内容不一样，两篇序言也完全不一样。白戈跟懋庸有五十年的友谊，他对徐是很了解的。因此，他的序写得有感情，也抓住了徐作的特点。这些观点，对今天也有意义。

  稿子如何处理，请早一点告诉我。

  麻烦你。谨致

  敬礼

沙 汀
1981年3月17日

我们为任白戈的序言换了一个标题《徐懋庸及其作品》，发表在《文艺报》1981年第14期上。任白戈1934年至1937年与徐懋庸一道在左联工作，1938年至1942年一道在抗大工作，他们之间有50年的友谊，任白戈对徐懋庸的为人和为文及其思想发展有着很深的了解。

两 面 夹 击

作为文联主办的综合性文艺评论刊物,《文艺报》面临着两面夹击的形势。问题的焦点在于对第四次文会的估计问题上的分歧,不仅没有弥合,反而越来越尖锐了。党内出现了"经济上反'左',意识形态反右"的呼声。一些人在散布:第四次文代会是一次自由化的会议。

3月23日,孔罗荪到编辑部来,召开组长以上干部会,领导大家讨论文艺形势。他说:《人民日报》社论发表后,各地纷纷打电话来问,冯文彬澄清了经济上反"左"、意识形态反右的说法。上海的陈沂讲话,说上海基本上没有贯彻第四次文代会的方针和精神,第四次文代会是否正确还是个问题。现在看来,分歧仍然是坚持三中全会还是反对三中全会的问题。第四次文代会是胡耀邦同志抓的,周扬的报告是政治局讨论通过的,有人却认为第四次文代会上自由化是主要的,现在应该反自由化。文艺局就抓了两个典型:一个是顾尔镡的文章,一个是安徽《戏剧界》杂志。我们要写篇短评,呼应《人民日报》的社论。唐因说:这是不是资产阶级自由化?我认为,现在没有资产阶级自由化,有些是有错误观点的文章,没有及时反驳而已。

4月22日,冯牧到编辑部来传达邓小平同志3月27日关于文艺问题的谈话精神,同编辑部的同志谈话。他说,当前有四件大事,请大家注意。

第一件,文艺界对三中全会以来的文艺形势的估计,有两种意见。一种意见认为,文艺战线基本上执行了党的三中全会路线,也出现了一些错误,对这些错误批评不够;另一种意见,则基本上否定第四次文代会制定的文艺方针,认为第四次文代会是否正确,还是个问题,实际上,就是不赞成新的文艺方针。

第二件,出现了两个口号的对立。第四次文代会制定了新的文艺方针,即文艺为人民服务、为社会主义服务和百花齐放、百家争鸣。中央为此也做了决定。但现在对这个方针出现了不同看法。他们攻击和抵制"二为",他们认为"文艺为政治服务"这个口号不能丢。

　　第三件,在队伍的估计上,主要是对中青年作家怎么看。第四次文代会实际上解决了中青年接班的问题。但有人说:你们对中青年的缺点错误不批评,把他们搞成这个样子,难道你们不负责任?他们抓住安徽《戏剧界》和顾尔镡的文章不放。我们的态度是:(1)对中青年作家的缺点要帮助,不要护短;(2)要注意对老作家进行评论。

　　第四件,又接连出了几桩大的事件。《苦恋》是其一。此外,《花城》第1期上发的苏晨的文章,《清明》第1期上发的小说《月华皎皎》,都应批评一下。

　　正在这时,传来胡耀邦同志的一个电话指示:一是要多表扬好的作品;二是对有缺点的作品要多疏导,帮助改好;三是对有严重错误的作品可以批评,但要与人为善。

　　面对这样复杂而紧张的形势,我们编辑部采取了几项对策。对文学三项(短篇小说、中篇小说、诗歌)评奖的成就要进行宣传。给广东出版局发电报,征求他们对苏晨文章的意见,然后做出决定,我们怎么办。顾尔镡思想解放,是拥护三中全会精神的,我们要对顾尔镡文章表态而又要保护顾尔镡,于是决定转载《新华日报》发表的批评《也谈突破》的文章,我们自己就不写文章了。至于白桦,他写过许多好的作品,现在出了《苦恋》事件,我们要全面对待他的创作,决定先发一篇全面评论白桦戏剧的文章(由钟艺兵执笔),再由唐因写一篇《〈苦恋〉及其评论》批评文章。

送 别 茅 盾

　　我国现代进步文化的先驱者、伟大的革命文学家沈雁冰(茅盾)于1981年3月27日5时55分在北京逝世。中共中央于3月31日做出决定,恢复沈雁冰同志的党籍,党龄自1921年算起。4月11日下午,沈雁冰追悼会在人民大会堂西大厅隆重举行,由邓小平主持,胡耀邦致悼词。茅盾临终前,于3月14日给中国作家协会书记处写信说:"亲爱的同志们,为了繁荣长篇小说的创作,我将我的稿费25

万元捐献给作协,作为设立一个长篇小说文艺奖金的基金,以奖励每年最优秀的长篇小说。我自知病将不起,我衷心地祝愿我国社会主义文学事业繁荣昌盛!"嗣后,作协根据他的遗愿设立了"茅盾文学奖",专门奖励优秀的长篇小说。

我们怀着沉痛的心情参加了茅盾的追悼会,瞻仰了他的遗容,向他作最后的告别。回想四年前,即1977年10月,我在《人民文学》编辑部工作时,和周明一起到茅盾家里去邀请他参加由编辑部召开的粉碎"四人帮"后第一个文学座谈会——短篇小说创作座谈会,他和蔼可亲地接待了我们,答应参加我们召开的会议。尽管他当时已经身患重病,还是应约来到礼士胡同129号文化部理论政策研究室与各地来的小说作者们见面,并在会上作了题为《老兵的话》的讲话。当我和周明等把他搀扶进会场时,摄影家潘德润把当时的瞬间画面拍摄了下来,成为永久的纪念。我把他的讲话稿送交《光明日报》"东风"版发表。

《文艺报》1981年在第7期上发了茅盾逝世的简讯。第8、9两期集中发表了追悼会上消息、照片和悼词,以及茅盾生前友好巴金、郭绍虞、叶子铭、孔罗荪、李一氓、凤子的悼念文章。

出席《收获》座谈会人士合影

趁巴金参加茅盾追悼会来京的机会,《收获》编辑部于4月13日在北京新侨饭店六楼召开座谈会。座谈会由副主编吴强主持。应邀到会的有沙汀、陈荒煤、冯牧、孔罗荪、周而复、吴祖光、朱子奇、韦君宜、汪曾祺、林斤澜、王蒙、邓友梅、李国文、从维熙、刘绍棠、谌容、张洁、苏叔阳、理由、张抗抗、刘锡诚、陈丹晨、阎纲、吴泰昌等。《收获》是由巴金主编的一份大型文学期刊,现在发行量为110万份。1979年复刊以来,发表了一些引起重大影响的文学作品,如谌容的《人到中年》、张一弓的《犯人李铜钟的故事》、鲁彦周的《天云山传奇》、从维熙的《大墙下的红玉兰》、茹志鹃的《草原上的小路》等。我们《文艺报》编辑部与《收获》编辑部之间有很密切的关系,他们发表的好作品,我们很快便组织评论。座谈会后,巴金和我们编辑部的几位编辑合影。

《收获》、《文艺报》两编辑部有关人员合影(自左而右)
阎纲、柴鸿遴、陈丹晨、李小林、刘锡诚、巴金、吴泰昌、吴强、冯牧、孔罗荪

张庆田评汤吉夫

汤吉夫是河北廊坊师专的教师,他在《上海文学》1980年第8期上发表的小说《老涩外传》很有味道,引起了我们编辑部的注意,看得

出作者不是没有学养的那一类作家。今年他又在《河北文学》第2期上发表了《"女光棍"轶事》。两篇小说写得很不一样。我的同事雷达很欣赏他的小说。我们在中国当代文学研究会里结识,在某个文学的聚会上也见过面。那时,我读的作品较多,他的作品数量不多,我是都读过的。我们决定请河北省的小说作家张庆田写一篇评介文章,向全国读者推荐。

他写了一封信来,邀请我去参加河北省当代文学研究会的会议,也打听张庆田写他的那篇文章的处理情况。

锡诚同志:

近好!

中国当代文学研究会河北分会成立会拟于5月下旬和河北文艺理论研究会一起在河北廊坊召开。会议筹备组的同志要我先同您打一个招呼,希望您能在会议期间光临一下。(廊坊距北京较近,专车只要一小时许即可抵达,我们计划派车接送)因为是处在一个有点麻烦的时候,请领导同志出席似稍有不便吧?所以便想请您来参加。如您不得脱身,也希望能另派别的同志。您看如何?

届时,我们当再以筹备组的名义发一正式请帖。

庆田同志的文章是否已印出?计划发几期?刊物印出后,盼送我两份,可以吗?河北报上连续批评《日全食》和《竞折腰》的作者。我确实不满意这两位作者的作品,但我也确实不满意一些批评文章;作品固然不好,但有些批评文章,其恶劣也不在作品以下。有一封读者来信(批评《省委第一书记》的),不知您读过吗?理论上即荒谬,左来右去、右去左来,很令人不解的。

我4月刊出小说一篇(《心》),在上海《少年文艺》,5月2期的《长城》上有一篇《今夜,他是个普通人》,很希望您能看看。《百花洲》3期拟发的中篇《归》已付印,发表后容我寄上。

转此布达,即颂

撰安!

汤吉夫

1981年4月13日

汤吉夫一面教书，一面写作，而且一直坚持下去，两种思维交替登场，且都有成绩，实属不易。后来他离开了廊坊，跳槽到了天津师大。人文环境改善，眼界更加开阔了。张庆田是河北省有成就的老作家，编辑部许多同事都与他相熟。我最早与他见面，是在1977年《人民文学》编辑部召开的短篇小说创作座谈会上，他应邀而来，住在远东饭店，我是会议的组织者，我们朝夕相处了好几天。次年，我到石家庄去了解文艺界的情况，第一个找的就是他，那时，他是河北文联还没有恢复活动之前的文艺界负责人之一。60年代，他的小说《老坚决外传》曾受到《文艺报》署名文章的批评，指责为写"中间人物"的代表作之一。粉碎"四人帮"后，他的作品被选入《人民文学》杂志社编选的《1949～1979短篇小说选》之中，在共和国文学中留下了自己的身影。他写的《汤吉夫和他的作品》（发表于《文艺报》1981年第8期），文章虽短，评价却很中肯。

《苦恋》事件

白桦的电影剧本《苦恋》在《十月》杂志1979年第3期发表时，并没有引起什么强烈的反响，可能是因为读电影剧本的人毕竟不多。根据电影剧本摄制的影片《太阳和人》完成后，在内部审查观摩放映时，却引起了强烈的反响。领导方面认为，这部片子存在着一些严重缺点，需要修改才能上映。有一份简报报到上面去，称其为"四反"（反对四项基本原则）作品。黄钢向中纪委写报告，要求调查出笼经过，追查支持者。

据张光年的日记载，2月23日周扬在自己家里召集文艺领导核心组碰头会，着重谈《太阳和人》的修改问题，并取得了一致意见。但刘白羽、林默涵"咄咄逼人，碰得夏衍老头气恼不止"。3月2日的核心组会上，周扬就黄钢给中纪委报告中提出的"调查出笼经过，追查支持者"征求与会者的意见。林默涵支持黄钢，贺敬之赞成调查，陈荒煤和张光年表示反对,夏衍、赵寻、陆石等也不赞成作为违纪事件处理。① 怎样对待《苦恋》,在领导核心中出现了分歧。

3月27日,邓小平同志同中国人民解放军总政治部负责同志谈话。他说:"对电影文学剧本《苦恋》要批判,这是有关坚持四项基本原则的问题。当然,批判的时候要摆事实,讲道理,防止片面性。"②

4月18日的《解放军报》发表特约评论员文章《四项基本原则不容违反》,对白桦的电影剧本《苦恋》提出严厉批评。接着,该报又于4月20日刊发读者来信。4月23日出版的《时代的报告》增刊第1期发表了该刊文艺评论员黄钢的《这是一部什么样的"电影诗"?》和电影评论员的《〈苦恋〉的是非,请与评说》。同一天,即4月23日,《北京日报》发表何洛的《我观〈苦恋〉》,

张光年日记

---

① 《1981年批判〈苦恋〉的前前后后——张光年日记选》,《百年潮》1998年第1期。
② 邓小平:《关于反对错误思想倾向问题》,《邓小平文选》(第二卷),人民出版社1983年版,第382页。

上海《文学报》第 4 期发表武文的《创作不能背弃祖国的利益》。5 月上旬出版的《红旗》杂志第 9 期发表远方的《〈苦恋〉与知识分子的爱国心》。文艺界风云突变,以电影《苦恋》(《太阳和人》)及其作者白桦(另一作者彭宁)为靶子,掀起了一股声势很大而又气势逼人的大批判,文艺界人士一时惊恐万状,担心"文化大革命"又来了。

黄钢文章

4 月 22 日冯牧到编辑部来,传达邓小平同志 3 月 27 日的谈话,并向我们通报有关情况。他说,关于电影《苦恋》,《解放军报》连续发了 5 篇文章,有些作家紧张起来了,反应很强烈。大家不要对一些问题想不通,以免造成新的失误。那样,有人就会不饶你。要慎重,这几期要特别注意,个人写文章也要注意,要与中央保持一致。像《十月》那种顶的办法(按:指《十月》在小说《飞天》上的态度),不好。昨天中宣部开了个会,研究了《解放军报》的文章(按:指批《苦恋》的文章)。我们对《苦恋》先不要急于表态,等等中宣部,按中宣部的决定办。新华社和《人民日报》也都不转载《解放军报》的文章。周扬的文章(按:指第四次文代会的报告)原定发在《人民日报》第 5 版的,现在决定提到第 2 版。我们按周扬文章的精神办。

陈荒煤来告诉我们,乔木找电影界同志谈了,对《苦恋》,一是批评,二是修改。王恩茂同志说,是不是不要改了。周扬打了电话,说白桦是有才华的作家,《苦恋》有错误,但还是应帮助他修改好。

我们一直按兵不动等待中宣部的指示。5 月 11 日,孔罗荪来主持编辑部组长以上干部会议,研究写评《苦恋》文章的事。大家一致认为,白桦写了很多好作品,现在《苦恋》有错误,对他要保护,我们不同意那种一棍子打死的做法。于是决定由唐因动手写一篇《〈苦恋〉及其评论》,既批评《苦恋》,也谈对它的批评,同时还要钟艺兵组织一篇全面评价白桦创作的文章。编辑部还决定要艺术组的召明写一篇关于《苦恋》及其批评的综合报道。这篇报道,即稍后发表在《文艺报》1981 年第 10 期(5 月 22 日)上的笔名钟枚的《对〈苦恋〉的批判及反应》。我们的意图是,以综合报道的方式,引用读者来信的话,巧妙地表达我们编辑部的态度。这篇综合报道,因立场客观,旗帜不鲜明,一度成了指责我们编辑部批评白桦态度暧昧的例证之一。

7 月 17 日,邓小平同志同中共中央宣传部门负责同志谈话说:"关于《苦恋》,《解放军报》进行了批评,是应该的。首先要肯定应该批评。缺点是,评论文章说理不够完满,有些方法和提法考虑得不够周到。《文艺报》要组织几篇评论《苦恋》和其他有关问题的质量高的文章。不能因为批评的方法不够好,就说批评错了。……关于《苦恋》的批评,《解放军报》现在可以不必再批了,《文艺报》要写出质量高的好文章,对《苦恋》进行批评。你们写好了,在《文艺报》上发表,并且由《人民日报》转载。"①

到 7 月初,两位主编先后都病了,孔罗荪住院,冯牧要去兰州养病。谁来执笔写这篇批《苦恋》的文章?唐达成在丁东写的《唐达成访谈录》里说:"当时胡耀邦说,文艺界对《解放军报》的批评很有意见。邓小平说,那就让《文艺报》再来写一篇。小平同志说了话,《文

---

① 邓小平:《关于思想战线上的问题的谈话》,《邓小平文选》(第二卷),人民出版社 1983 年版,第 391~393 页。

艺报》不能不写。当时主编是冯牧,他不愿意写。白桦在云南时是他的部下,他说我写不合适。我和唐因是副主编,我们就推不掉了。张光年当时是中国作协党组书记,他决定让我和唐因写。"①写批《苦恋》文章的任务最后落在了副主编唐因和唐达成的身上。这也是顺理成章的事,尽管他们两位也并非高兴。张光年在7月18日的日记里写道:"他(周扬)向我传达了昨天小平同志邀他和中宣部王任重、朱穆之,新闻界胡绩伟、曾涛谈文艺问题情况。小平同志要求文艺界写一篇有说服力的评论《苦恋》的文章,《文艺报》发表,《人民日报》转载,结束这场争论。我说这篇文章可让唐因、唐达成合写。"当天下午,张光年就把二唐叫到家里,要他们执笔。张光年写道:"他们对承担写作任务有顾虑。"②

确定二唐为写作评论《苦恋》文章的执笔人后,作协便在厂桥中直机关招待所(现金台饭店前身)开了房间,他们二人(记得还有艺术组组长钟艺兵)都住了进去。两主编病了,两副主编住进了招待所,编辑部三个主任轮班,从6月30日(第15期)起由我接替谢永旺值班,正赶上写作批《苦恋》文章的时期,既要处理编辑发稿事务,又要负责与招待所、中宣部文艺局、作协等上级机关的联系。那年夏天特别热,我们又是在沙滩的抗震棚里办公,温度特别高,非常辛苦,一般同志都改成半天上班。二唐每写出一稿,就由编辑部派人取来,由我们排印成仿宋体四号字的校样送审,每次都要按照中宣部的指定,专程送中央政治局全体成员、中宣部的正副部长、中宣部组织的审查组(除部长副部长外,记得还有《人民日报》胡绩伟、《解放军报》姚远方等),共几十份之多。《文艺报》从来没有经历过如此阵势。在我的记忆中,前后排印了八次校样,审查组每次开会审查讨论新的修改稿,都是异口同声的批评,一直不通过。唐因是个脾气耿直的人,他拒绝参加这样的会。唐达成性子绵软,只好由他去参加,听取批评,做记

---

① 丁冬:《唐达成访谈录》,《百年潮》1998年第1期。
② 《批判〈苦恋〉的前前后后——张光年日记选》,《百年潮》1998年第1期。

录，回来再做传达和动手修改，但他每次从会场上回来，都是唉声叹气，一脸无奈的神情。那时，招待所里还没有空调，只有一个电扇，我每次去的时候，总看见二位副主编老大哥赤裸着上身，汗流浃背，在电扇风下伏案秉笔。两个多月，我也是战战兢兢，不敢离开那间办公室，总担心不知什么时候，中宣部或中央办公厅会来电话。第八次校样送审后，又开了一次审查会，结果还像往常一样没有通过，我们的心情十分沉重。记得好像是个星期六的下午，我连续接到好几个重要电话，先是中央办公厅打来的电话说："你们的文章，耀邦同志看过了，说可以了，就这样发稿吧！"我高兴极了，几个月的胆战心惊终于到头了！赶紧向各位领导报告。接着，王任重的秘书也来了电话，说文章可以发表了，要我等着，他们把王部长的那份稿子送到编辑部来。文艺局也来了电话。我们不敢怠慢，准备发稿，并将定稿的样子送《人民日报》。

周扬召集专门会议研究《文艺报》问题

周扬于5月14日上午，召集几个文艺战线的领导人到他家里研究《文艺报》的问题。出席的有贺敬之、张光年、陈荒煤、冯牧和孔罗荪。会后，冯牧把周扬谈话的内容及时向我们作了传达。

周扬：今天主要研究《文艺报》的事情。这一段《文艺报》取得了不小的成绩，主要表现在解放思想、贯彻三中全会精神上。现在要讨论如何进一步改进工作。《文艺报》应看作是党在文艺战线上的主要刊物，所以要在刊物上看到党对文艺的声音。《文艺报》和《人民文学》都是主要刊物，工作都要改进。尽管成绩不少，但也还有缺点。过去中宣部、作协党组抓得不够。大家要同心协力办好刊物。目前，文艺界思想相当混乱，思想不一致，有些分歧不要掩盖。《解放军报》、黄钢的文章就是在这种情况下发表的。矛盾的焦点在领导核心：林、刘、陈、冯。问题不在哪一个人身上。我不主张讲路线问题，但至少有两条战线，有极左和自由化。总而言之，还是有斗争。主要的，是要清理"左"的倾向。两种对立观点的形成，到第四次文代会起草报告时,明朗化了。那天在老作家的会①上,点了《文艺报》的名,不要有情绪,要能听不同意见。如何加强《文艺报》的工作,使其成为党在文艺上的代表性刊物?要把《文艺报》和党的关系搞密切,特别是和中宣部、文艺局的关系搞密切,同地方上文艺界的关系搞好,和军队老中青作家的关系搞好。要代表作家的全部,而不是代表一部分人。要消除隔阂。《文艺报》必须是整个文艺界的刊物。过去《文艺报》在贯彻三中全会的方针政策、解放思想、扶植中青年作家、平反冤假错案方面,旗帜是鲜明的,而在对一些错误倾向的批评上,则旗帜不够鲜明。要起来斗争,对"左"、右两种倾向,都要进行批判。现在还没有写出有分析的批判文章来。只要坐得正,就不怕人家讲。攻击《文艺报》的,不外三种情况:一是有误会,二是有成见,三是观点不同。工作搞不好,对于贯彻正确路线就显不出力量。矛盾很多,不光是默涵和白羽,文化部也形成了三驾马车。要把文化部搞好,也要把文联各协会搞好。现在,分歧表面化了。群众已感觉到了双方的对立很厉害。必要时要妥协。要全力维护中央的领导,要把关系搞密切,有意见就讲出来。有人说,我对人要求不严,我是有这方面的缺点。现在只能进,不能退。要有批评和自我批评,要敢于斗争。对领导也应采取这种态度。对下面也不要随便批评。各省的文章和报道要多发表。要斗争,但也要有策略。《文艺报》要写个改进工作的方案,报到中央书记处去。有人对《文艺报》有些反映,如臧克家说,《文艺报》有个小圈子。我们确也存在着僵化的倾向,脱离群众就是僵化嘛。

贺敬之:当前的问题是如何开展批评。中宣部发了8号、9号两个文件,整顿文艺团体和文艺刊物,要求刊物检查一下有没有与四项基本原则相抵触的地方,领导班子怎样调整。80%是好的,20%存在不同程度的问题。有一个进一步统一思想的问题。丹晨的文章②是

---

① 指5月7日周扬召开的老作家座谈会。
② 指陈丹晨的《资产阶级自由化与自由的文学》,发表于《飞天》1981年第2期。

针对白羽的文章,不是针对中央文件,不要误会。总之,我们也有些自由化的问题。《文艺报》编辑部的同志对自由化怎么看?《文艺报》对批极左比较积极,对反右就不那么积极了。到底哪些是"左"的?"左"是指指导思想而言的。到底"左"的东西是什么?心中无数。比如,以《苦恋》为中心,黄钢事件就值得研究,不是孤立的,要研究分析。有些事情只是说说而已,没有深入下去,如为政治服务问题、文化部简报的问题,连来龙去脉都还没有搞清楚。《文艺报》是主要反"左"的,对反右不大关心。对错误的倾向怎么批评,要采取什么办法,要研究嘛。不能只讲好话,不能不批评。当然要讲究方法。我们面临的问题非常复杂,但不能有无穷的顾虑。《文艺报》在与中宣部和中央的关系问题上,在与中央保持一致上,有距离,这方面要改进工作、要加强。这个问题以后怎么解决,要研究。

周扬:中宣部通过作协党组办这个刊物。

贺敬之:去年中央开会,对《人民日报》发表赵丹的文章、《文艺报》发表沙叶新的文章(按:指《扯"淡"》),文艺局很为难。刊物需要回顾一下过去的这一段。周扬同志讲的,要写个改进报告送中央书记处。文联和各协会的刊物不是那么一致,有思想问题,也有组织问题,需要调整。

周扬:写个报告,要从积极方面讲。

张光年:过去强调改革时,考虑过《文艺报》的问题。三中全会前后,《文艺报》旗帜鲜明,支持了中青年,文艺界对《文艺报》也很支持。不足之处是一览无余,深度不够,生动活泼不够,理论性不强,团结方面也做得不够。过去,《文艺报》抓住一些问题进行讨论,很热烈、活泼。从学习开始,结合学习进行了检查。首先要有自我批评,才能批评别人。从第12期以来,每期都有进步。短文少了,长文多了。《新观察》是依靠《人民日报》帮助办的。《文艺报》到底是党刊还是民刊,要明确。过去《文艺报》经常挨打,被打成反党小集团。应成为党的喉舌。这一段,《文艺报》办得有缺点,也是作协的缺点。如何贯彻党的方针?王任重、赵守一,包括乔木的讲话,听了感到很郁闷,也无法宣传。某位领导同志讲一次话,我们都要宣传,这很难办得到。我对王任重、赵守一、朱穆之的讲话有看法。朱穆之说文艺界对7号文件是抵触的。发7号文件有缺点,事先也不征求文艺界的意见,老作家的团结工作做得不够,要做到广泛团结,生动活泼,否则,是要犯错误的。这涉及各方面的人。《文艺报》要办得活泼些。过去,读者来信就没有人抓。上海《文学报》就办得很活泼。

新诗评奖:《诗刊》拒绝刘白羽的信

中国作协委托《诗刊》编辑部举办"1979～1980年全国中、青年诗人优秀诗歌评奖"活动,在编辑部送交评委会的初选名单中,一度有过很大争论的部队青年诗人叶文福的政治抒情诗《将军,不能这样做》(《诗刊》1979年第8期)被列入。而在评委会讨论时,却发生了严重的分歧。刘白羽给评委会写了一封信。我们编辑部于5月15日接到了兄弟编辑部《诗刊》编辑部送给我们的一封长信的副本。这封信是写给作协党组的,汇报(说"申述"更准确)他们编辑部关于叶文福《将军,不能这样做》一诗的意见,他们拒绝接受刘白羽的评价。信是这样的:

> 十二日上午,我们召集编辑部同志开会,讨论了白羽同志给诗歌评奖委员会的信件。信件传观后,一致不同意对《将军,不能这样做》一诗的评价,强烈要求评委会坚持评选。有不少同志(包括搞朗诵和美术的同志)认为,如果为群众所公认的好诗《将军》不予评奖,这次评奖就毫无意义,建议取消。有同志说,如不评《将军》,《诗刊》何以面对广大读者?还有同志认为,评不评《将军》,不是对一首诗的评价问题,而是是否捍卫文学的革命现实主义原则的问题。同志们普遍认为信中对叶诗的批判是站不住脚的,尤其对引用叶文福的文章时断章取义,做了明显歪曲十分不满。大家一致要求《诗刊》领导将编辑部的意见,如实向作协领导反映。

> 现将会上的意见整理汇报如下:

《将军,不能这样做》是近两年来新诗创作的重要收获之一,也是打倒"四人帮"四年多来被广大读者所公认的优秀诗篇之一。这首诗在1979年8月号《诗刊》上发表后,《解放军报》、《文汇报》、《辽宁日报》、《青海日报》纷纷转载,一些电台也纷纷向听众广播推荐。不少评论家和诗人在谈诗的文章中也都给予了充分的肯定,影响所及,正如《鸭绿江》文学月刊1979年11月号披露的一封读者来信指出的那样:"常读诗的人喜欢它,不常读诗的人甚至根本不读诗的人也喜欢它,它和读者的心贴得这样近,它和生活联得这样紧。"的确,它的影响,已远远超出了诗歌领域,而深入到广大人民群众的精神世界。一个时期内,《将军》一诗成了人们普遍议论的话题。作为一首诗,发生了如此深广的影响,在迄今60多年的新诗史上也是少见的。

　　到现在,近两年的时间过去了,《将军》一诗所显示出的战斗的革命现实主义精神历久不衰。在《诗刊》社受中国作协委托而举办的全国中、青年诗人优秀新诗评奖活动中,它所得到的读者投票数,位居第一。

　　三中全会以来,党中央在强调加强和改善党的领导的同时,曾不断指出克服特权思想和官僚主义的迫切性。广大读者和人民群众之所以那么强烈地欢迎《将军》一诗,主要就是因为这首诗的主题涉及党和人民群众所普遍关切的问题。《将军》这首诗虽然是揭露和批评性的,但是,作者的态度是严肃的,与人为善的。作者以真挚的同志式的满腔热情,对当年为共产主义出生入死,立下汗马功劳,今日却陷入封建特权泥沼的将军进行了规劝和忠告,殷切地希望我们这位将军,珍惜往日的光荣历史,重新唤起当年革命英雄主义豪情,为四化建设继续奋斗!诗作所反映的生活和要表达的主题,是有生活根据的,又完全符合毛泽东同志历来倡导的批评和自我批评原则。

　　因此,像《将军》这样的说真话、抒真情,和人民的爱憎息息相通,表现了无产阶级文学党性原则,捍卫了我党我军光荣传统,因而受到专家和人民群众普遍好评,在国内外引起巨大反响

第五章 在风雨中跋涉(1981)

的优秀的革命现实主义诗篇,在这次评奖活动中,是理所当然地应当给予奖励的。

经过评委会第一次会议讨论,多数同志明确表示,这首诗应该评奖。第一次评委会之后,我们从评选活动之外,听到了信中所述不同意见,为此,我们觉得有必要申述我们的意见。

一、这首诗的内容是否与《中共中央关于当前报刊新闻宣传方针的决定》(即中七号文件)精神相抵触问题。中央文件规定的对解放军要"注意维护他们的尊严和荣誉,非确有必要不宜对他们进行公开的批评"。对此,我们应贯彻执行。但首先,文艺作品不同于新闻报道,它是社会生活的集中和概括,《将军,不能这样做》写的虽然是将军拆除幼儿园,为自己盖房子,但它的思想意义是在批评某些干部搞特殊化的一种社会现象,对于这种社会现象,我们党也正在干部中通过批评和自我批评的方法进行处理。党中央通过在干部中学习贯彻《准则》和报刊上的公开表扬和批评都是为的这个目的。其次,《将军,不能这样做》的内容和作品的感情倾向是健康的,是对犯有搞特殊化错误的干部的一种善意的批评和规劝,态度是真挚诚恳的。如何认识党内存在的"不正之风"?应该如何对待群众的批评意见?黄克诚同志在《关于党风问题》的文章中讲得十分清楚。黄克诚同志指出:"群众对我们的监督是非常必要的,非常好的!要知道这是群众对我们的好意,是关怀爱护我们,是不希望我们脱离群众。"可见,善意的批评绝不是对被批评者威信和尊严的损害。更何况批评个别将军也不等于批评解放军整体。因此,即以现在的宣传口径看,这首诗和中央的根本精神(包括十号文件)并无抵触,我们应该给予支持和保护。

有同志指出,《将军,不能这样做》这首诗的小序中写的"一位军队的高级干部耗用了几十万元外汇为自己盖现代化的楼房","纯属无中生有",指责小序采用新闻报道手法,却又不遵循真实准确的原则。我们认为作为诗的小序,它既然不是指名道姓,没有明确指出生活中的某单位某人,当然就不是新闻报道,而是作品本身的一个组成部分,它仍然可以看作是虚拟的,并不存在"歪曲和捏造"具体事实的问题,因为作品的感人力量,即使虚构的也要给人感到它是真实的,小序也正是为了增加这种艺术真实性而采用的一种表现手法。这也的确是一个"常识性"问题,不必多加指责。当然我们从艺术表现上看,这个小序如果不加,也不会影响诗的表达效果,从这个意义上说,去掉小序可能会使诗的艺术表现上更完整,而不会使不完全懂得小序这种艺术表现方式的读者另生误解。但这绝不能说明由于加了小序,就可以认为这首诗是捏造事实,"对于维护人民解放军的尊严和荣誉造成了不利的影响"。这既非对一首诗的艺术上的正当指责,也是不符合实际情况的。诚然,小序中提到了"外汇",有不合情理处,《新华文摘》转载时,即已删去。从本质上说,浪费公共财产的错误并未改变。

二、作者关于这首诗的创作动机是否有问题。我们是主张动机和效果统一的。一个作者即使有了好的创作动机,如果写出来的作品不好,仍然是不能为广大群众接受的。我们看作者的创作动机,绝不能离开作品来谈。《将军,不能这样做》的作者在诗中表现的感情是真挚的,他是在尊敬革命前辈的前提下来批评他们的某种缺点的,目的是希望我们党、我们的革命事业更健康发展,更兴旺发达,这一点无可指责,而作品在群众中的反响也是好的。我们现在主要是在对作品本身进行评价,就只能从作品本身出发来研究。作者的确是在诗发表后,相继发表过两篇谈这首诗写作情况的文章,我们认为这两篇文章的某些感情有偏颇处,对我们社会的弊病如特权问题等看得过重,忧虑过深,言辞过于激烈,但基本的方面还是正确的,特别是他能把特权这种社会弊端放在十年浩劫、"四人帮"对我们的党风党纪严重破坏的前提下来谈论,而且明确指出他批评的是党的各级干部中的"某些人"、"他们中的少数人"的一些问题,因此是有分析的,而不是笼统地不满我们的党和各级干部。作者谈到所谓"封闭式的政治,把人民当傻瓜"时所指出的"最使人痛心的例子,莫

第五章 在风雨中跋涉(1981)

过于敬爱的周总理病危时受'四人帮'非人道的残酷迫害,而几亿热切盼望他老人家早日病愈的人民都不知道"。因此,这些话,并不能简单地以此定为"不符合四项基本原则"。另外,应该说明,我们的评奖主要是从作品出发,而并不是要全面分析评价作者的整个创作思想和创作道路,党的政策是不能因人而废作品,即使作者写过别的不好的作品或发表过什么错误言论(但还不是敌我矛盾),也不能把他的好作品也全盘否定。这并不是孤立地看问题,而恰好是坚持了辩证的观点。

三、关于这首诗是否助长了偏激情绪,挑拨党群关系、军民关系问题。当然,我们的党群关系、军民关系,是经受过几十年革命斗争考验的,"四人帮"制造十年灾难,这种关系受到了新的考验,但也终究没能破坏了,由于三中全会以来,党的一系列正确方针的贯彻实施,这种正确关系正在逐渐恢复和发展,这说明它是任何异端和敌对势力都破坏不了的,这一点有充分的实践所证明。对此,我们也应有坚定的信念。至于一首小诗,即使它真是有意要挑拨这种关系,结果也只能是无济于事的。而《将军,不能这样做》,我们认为,它不但不是挑拨党群关系、军民关系,而正是在维护这种关系。如果我们的党群、军民关系还存在着某种不正常的东西,原因只能是我们的各级干部中的少数人由于这样或那样的工作和生活中的缺点错误所造成的,只要我们正视这种问题,努力揭示和解决这个问题,是不难解决的。《将军,不能这样做》这首诗发表后,的确引起了一些人的震动,有同志来信反映一个部队的负责同志读了这首诗很受感动,他把这首诗从报纸上剪下来压在自己办公桌的玻璃板下,以激励自己。我们相信,像这样的党和军队的干部是绝大多数,他们受到人民群众的尊敬和爱戴,他们将是真正维护党群关系、军民关系的带头人。我们认为这是这首诗所起到的积极作用和影响。至于少数人或国外报刊要利用它做文章,那不是这首诗本身的问题,即使没有这首诗,他们也仍然会找到别的题目做文章的,我们看问题,总得从全局整体上来看,而不能只从消极的方面去考虑。

四、信中说,"此诗发表后不久,即受到中央和军委一些领导同志的多次批评","引起部队的广大同志的反感"。对此情况,我们并不了解,也没有听到过任何正式的传达。相反,我们倒是听到来自全国各地广大读者的普遍赞扬,包括部队不少指战员来稿来信赞扬(真正听到说有的将军对这首诗也是肯定的),而批评意见很少。

基于以上看法,我们认为《将军,不能这样做》是应该评奖的。当然,评奖也并不是说这首诗就已经十全十美了,更不是说我们所有的诗歌创作都要以此为范例,我们仍然要提倡题材、内容和形式风格的多样化,努力促进诗歌创作的百花齐放。在当前为了促进安定团结,鼓舞人民群众同心同德为实现四化努力奋斗,我们还提倡多反映我们生活中积极向上的东西,同时也不排斥其他内容,这是我们所要努力的方向。但今天是在昨天的基础上发展过来的,我们不能用今天的标准来否定昨天的一切,不能因为今天的现实生活发展对文艺提出的新要求而否定过去曾经有过好的影响、起过好的作用的作品。我们认为《将军,不能这样做》就属于这样的作品,对这样的作品,给予评奖就是给予它以历史的肯定,这是广大读者的意愿,也是生活的逻辑。我们相信这样做是完全正确的,否则倒会导致相反的结果来。那样,倒将是不符合党和人民群众的根本利益的。

以上意见,希望领导在研究这首诗和评奖时,能充分予以考虑。

《诗刊》编辑部
1981 年 5 月 14 日

中国作家协会党组、书记处于 5 月 5 日举行联席会议讨论中篇小说、报告文学、新诗三项评奖问题。叶文福的《将军,不能这样做》一诗,最终并没有列入获奖名单,而他的另一首诗《"祖国啊,我要燃烧"·夙愿》入选。从时间上来看,《诗刊》的申述信件在后,党组和书记处的会议在前;即使不是时间的误差,在刘白羽的意见和《诗刊》编辑同志们的意见之间取舍,作协的领导层也不会不把天平向前者倾斜,因为那是一条政治上稳妥的选择。况且,叶文福刚刚于一个月前,即4月10日在北京师范大学中文系作的一次演讲中说"毛泽东的悲剧证明了这个时代是荒谬的"等等,讲稿到处在流传。作协会议上的情况究竟是怎样的,我已经记不得了,尽管我作为中篇小说评奖的具体执行者列席了那次会议。5月25日,中国作协召开了三项评奖发奖大会。新诗奖获奖作品35篇。

除短篇小说评过奖之外,中篇小说、报告文学、新诗是第一次评奖。三项评奖发奖大会由冯牧主持,张光年致开幕词,周扬讲话,巴金发表书面讲话。《文艺报》在1981年第11、12期上做了全面报道。周扬讲话是自己讲的,题为《按照人民的意志和艺术科学的标准来评奖作品》,分别发表在《文艺报》第12期和《人民日报》6月24日。

艾芜第三次南行

认识女作家冯永祺时,她好像是云南省委宣传部的文艺处处长,后来调到了云南人民出版社,再后来我去昆明时,在《边疆文学》的办公室里见到她和刘绮在吃中饭,于是在办公室里聚谈了一阵子,这时她又成了《边疆文学》刊物的主持者。她给我来信,寄来一篇写过著名的《南行记》及《南行续集》的四川老作家艾芜第三次南行的消息。这篇消息很快就见版面了。艾芜是我很仰慕的老作家,中国文联和作协恢复工作后办的第一件大事,就是组织一个作家团到广西去访问,团长就是请艾芜担任的。去年我从贵阳到成都时曾在四川作协逗留了几日,五一节那天,应邀与作协的同行们一起聚餐,就与艾芜和沙汀两位老作家同坐一桌,吃酒交谈。冯永祺及她所在的云南人民出版社热心地为艾老再次南行创造条件,并愿意陪同,我对她此举很是赞赏。稍后她又写了一篇专访《路,艰苦幸福的路——记作家艾芜第三次南行》给我寄来。

刘锡诚同志：

谢谢你们把艾芜第三次南行的"文讯"刊出了。

艾芜和高缨这次南行，亲眼看到滇西人民在三中全会之后各方面取得的变化，很有收获。高缨将写出一批反映边地人民新风貌的散文；艾芜同志已在云南表示要写南行新篇。不知你注意到否，《光明日报》和《文学报》对他的第三次南行均有反映。《光明》在同一版上还有一短文《深入生活无止境》。

作为一名77岁高龄的著名作家，一本初衷，永不停顿地走向生活，走向创作，积极去熟悉和表现人民的进取和变化，在当前、在永远，都是值得肯定和提倡的。不知《文艺报》在作家专访一栏中，是否可发一篇艾芜第三次南行的专访？如可能有此选题，你们对此文有什么要求？请在便中赐函简告。

我随艾芜南行，向生活、向作家学得不少东西，这些收获，已写了三篇散文在《边疆文艺》连载。最近读了《文艺报》发表的访问巴金的文章，遂产生了要一访艾芜的打算。

我社（按：指云南人民出版社）计划从组织出版反映兄弟民族生活的中长篇入手，在现在和将来可以在全国各地出版社中，能拿出无论数量和质量都极有特色的一套丛书。请给予关心，并请在各种时候著文予以介绍和研究。估计此一计划要在今年年底付诸实施，我们正拟向全国写兄弟民族生活的作家组稿。

《新时期文学探索》①一书因有关同志对作品有抽有增，故只好由5月出书改为6月。

　　致

敬礼！

冯永祺
1981年5月20日

---

① 《新时期文学探索》系1980年12月在昆明举行的中国当代文学研究会第二次学术年会的论文选集，由云南人民出版社于1981年6月出版。但由于某种原因，此书被禁止发行。

此前，我刊曾发表过高进贤写的骆宾基访问记和陈丹晨写的巴金访问记，现在又收到了冯永祺的艾芜访问记，正好弥补我们报道老作家创作生活方面的不足。这篇专访发表在《文艺报》1981年第16期上，文笔细腻，文风优雅，以随行者的方式报道了年近80岁的艾芜历时50天、行程6000千米的滇南之行。同期还发表了艾芜本人写的《南行杂记》一文。在1927年的那次南行50多年之后的此次南行给艾芜注入了新的"精神的刺激"，他感到"兴奋，昂扬，引起创作的冲动"。他说："作家的心胸，有如广阔的天地，要包括万事万物和各方面的人，并让时代的暴风雨，冲击来，冲击去，发出各种各样的声音，有欢呼，有哀鸣，有怒吼，有低唱。总之，不能把自己关在狭小的笼中，和时代的生活隔绝。我们今天还是要呼喊：'热爱生活，到生活中去！'"

三项文学评奖颁奖大会

中国作协委托《文艺报》举办的全国优秀中篇小说评奖——"《文艺报》中篇小说奖"（1977～1980）、《文艺报》和《人民文学》编辑部联合举办的全国优秀报告文学评奖（1977～1980）、《诗刊》编辑部举办的全国中、青年诗人优秀新诗评奖（1979～1980），于5月25日在北京举行发奖大会。这次获奖作品共80部（作者89人），其中中篇小说15部，报告文学30篇，新诗35篇。冯牧主持会议，张光年致开幕词，刚刚担任中国作家协会代主席的巴金发表书面讲话，中央宣传部副部长、中国文联主席周扬讲话。获奖作者代表、中篇小说《啊！》的作者冯骥才讲话。

这次评奖是新中国成立31年来第一次，是历史性的。通过评奖提升文学创作的水准和积极性是国际上通行的惯例，也应该是我们这样的文学大国的好办法之一。作为一个编辑，我有幸参与了中篇小说评奖工作的全程，对取得这样的结果，感到由衷的欣慰。

我参与组织中篇小说评奖的感想是，如果说读书会初选阶段还相对顺利的话,那么,后半段,则一直伴随着各种各样的矛盾和斗争。一种是认识和思想上的,一种是人事和关系上的。由于这两个层面上的矛盾和差异,对一部作品的认识就出现差异。评委会通过的获奖名单,尽管还要党组和书记处的批准,尽管那只是个手续问题,但有些问题作为党组和书记处就不能不再三斟酌。如《犯人李铜钟的故事》进入一等奖没有争议,但排在第几名却成了一个举棋不定的难题,最后放在一等奖第四名,理由是无法说得出口的。《蒲柳人家》的名次也是颇费斟酌的。不少评委认为这是一篇艺术质量较高的作品,有人甚至提议放在一等奖第一篇,但最后,从作品的社会意义衡量,还是把《人到中年》放在了第一篇。党组、书记处会上,则对作品中的人性问题比较敏感。有一篇写得还不错的作品,就因为涉嫌人性问题,不得不放弃。党组、书记处联席会议还指出:评奖不能每年都连着搞,也不必各种门类一齐搞,文学作品需要经过一段时间读者的检验,才能显示出其艺术成就的高下、生命力的长短。

首届中篇小说评奖评委与获奖者合影

给中篇小说获奖者的奖金是微不足道的,大家都能理解。但要发一样真正有纪念意义的纪念品,则是绝对必要的。我出了一个点子,给每个获奖者刻一枚图章。这个点子得到了编辑部参与其事的同事的赞同。印章的石头虽然算不上多么上乘,也还说得过去,最重要的是镌刻着奖项的名称和获奖者的姓名。中国古训有"海枯石烂"

之说,把贡献出了优秀作品的作家的名字镌刻在石头上,祝愿他的作品和名字与石头永存!

评奖在全国文学界发生了震动性的影响,连一些边缘地区的作家或作者都受到了一定的冲击。我收到了好几位外地作家和编辑朋友的信件可证。1961年出版长篇小说《玉泉喷绿》而受到韦君宜撰文赞扬的内蒙古作家贺政民给我写来一信,就谈到他对这次评奖的关注和感想。

锡诚兄:

尊函拜读,不胜感激。这是一封给人鼓劲的信,几天以来我读了许多次,次次都使我激动不已。今后,我一定要埋头写作,决不当落伍者。近几年,我把主要精力放在了学习上,对我这个具体人来讲,这样的安排还是必要的。今后当然还要坚持学习,并要把学习和写作结合起来。

最近读了《芙蓉镇》和《在没有航标的河流上》,很高兴。读《在没有航标的河流上》的那天晚上,我竟高兴得彻夜失眠,由衷地为四年来文学的伟大成就而欢呼!当前我国文学的思想水平和艺术水平,已经达到了相当的高度,不仅使人折服,而且使人吃惊!中国的新文学出现伟大作品的日子,看来不会太远了。

《文艺报》开始评奖的时候,许多人担心像《人妖之间》等等作品可能落选。最近一看评奖结果,真是大快人心,人们都说这次评奖的最大特点是公正!您自始至终地参与了这次的评奖,人民已经在他们心头为您和您的同事们记了一次大功!

头两年,我不得不佩服我国新创作的思想深度,但总觉得多数作品在艺术上似乎还有点嫩。现在,我又不得不佩服我国新创作的艺术高度了!

《文艺报》在改版之后,很耐读。它既评价作品的思想深浅,也谈论作品的艺术特色,同时还连发了几篇"美学入门"的文章,真是色彩斑斓!

记得我曾写信劝告您:在一般情况下,您就不要给我复信了,把时间节省出来放在更有意义的工作上。您只要在特殊情况下给我通通气,做点指导就是了。现在我仍然这样地请求您。

请代向昌仪同志问候。

祝好!

贺政民
(1981年)6月8日

获奖作家张一弓回到郑州,也写来一信。关于他本人和他的小说在评选过程中的情况,我并没有向他做任何形式的透露或暗示,大会期间甚至没有时间交谈,但从他的简短的来信中,可以看出他不平静的心情。他还要返回他下放的卢店。

锡诚同志:

您好!

发奖大会后,我遵《北京文学》之命,留京写了两个短篇,临行匆匆,竟未能与您话别,一路上怅然若有所失!

在您的评论文章中,曾多次提到《犯人李铜钟的故事》,给了我极大的温暖和鼓励,感情脆弱的我,读着读着就掉下泪来。大会期间,我曾多次想,应该去看看锡诚同志,应当问一问,我在写作上应该注意些什么呢?还有哪些弱点应该弥补呢?总之,希望从您那儿多获得一些智慧。但当我两次走到您住室门前时,您都在伏案工作。我两次返回,两次想着,您在播种汗水,我却在收获荣誉!

在郑小住数日后,我就要返回卢店了。我是个笨拙的习作者,只会一镢头、一镢头地在生活中挖掘,用镰刀收割,还不会使用康拜因联合收割机。但为了不辜负您和同志们对我的鼓励和希望,我将努力耕耘,争取使自己不断变得稍好一些。

此致

敬礼!

张一弓

1981年6月28日

这次张一弓的作品获奖,他确实感慨良多,此举对他的处境的改变起着决定性的作用。对他的处理,不能怪地方上的单位和领导,我们所处的地位和感受与他们不同,这一点我是理解的。我们,包括发表他的小说的《收获》杂志的主编和编辑,更多的是爱才,希望不要因某种因素或偏见而造成千古遗恨。当然,我们也不是无视政策,而是希望在政策允许的条件下尽量宽容。事实证明我们没有做错。张一弓作为一个有才华的作家,以自己的作品得到了广大读者的承认。

在发奖大会之前,待职两年之久的唐达成被正式任命为《文艺报》副主编。《文艺报》从6月7日出版的第11期起,在版权页上加上了他的名字。

"不能不偏不倚"

(自左而右)袁鹰、邵燕祥、束沛德、李子云、刘锡诚

面对今年上半年文艺创作的不景气和文艺界反"左"反右的争论和对立,中宣部文艺局于6月13日召开会议,听取情况汇报,研究文艺形势,健全文艺批评,布置评论选题。

《人民日报》文艺部主任袁鹰的发言一语中的,给我很深的印象。他说:光讲有"左"反"左"、有右反右是不够的。作为领导人的指导思想来讲,"左"的东西还远远没有肃清。当前看来,"左"的东西与资产阶级自由化不能相提并论。不偏不倚，容易引起模糊。目前还是应该旗帜鲜明地批"左"。今年过去半年了，短篇小说没有好作品出来。至少与去年同期相比，好作品减少了。"四月逆流"过去后，要重整旗鼓。他的发言旗帜鲜明，对贺敬之他们一个时期以来常挂在口头的这种模棱两可的说法提出了批评。

《文艺报》副主编唐达成发言说：今年以来，"百花齐放"的局面较好，而百家争鸣的局面则不好。林默涵、魏巍认为，"双百方针"什么阶级都可以利用。这种观点是极左思潮的一种反映。黄钢认为，"四人帮"与我们之间，没有本质的区别。我们要抓紧组织起一个理论批评队伍来。

汇报发言中反映出许多新的情况和问题。如：今年来文艺创作的不景气与理论批评的混乱有关；山东文学界反映，触及社会矛盾的作品少了，而倒退到好人好事的作品多起来了；长春《电影文学》连续发表几篇文章，谈的并不是什么理论问题，而是对冯牧同志的人身攻击。

贺敬之说：要明确，"左"的根子很深。在指导思想上，"左"的东西还是主要的。在相当一个时期内是这样。在右的思想影响下，也出现了资产阶级自由化或自由主义的现象。由于有黄钢的"左"的批评，对自由化也要加以注意。要清理"左"的思想，同时也要克服右的或自由化的表现。需要有一篇类似于社论或编辑部名义的文章。至少是《文艺报》，或《文艺报》社论，《人民日报》转载。现在写到"左"的表现时，总觉得说得太空，只是说"粗暴干涉"。其实"左"的表现很多，并不只是粗暴干涉，根子也很深。要写得充实。自由化也要给予一定分量，要涉及"四项基本原则"。

6月18日，唐因、唐达成、谢永旺、陈丹晨和我五人，应召到张光年家里，研究黄钢文章发表以后《文艺报》应取什么策略。在16日中宣部文艺局的会上，贺敬之已经提醒大家，《解放军报》的文章要避开不谈。我们研究决定，避开《解放军报》的文章，但黄钢的文章则要开展正常的讨论。对影片《苦恋》，要采取讨论的方式，组织发表三篇短文章，同时也可以召开座谈会。对叶文福的批判，《文艺报》不参加。

7月8日下午,我被通知到文艺局开会,由王慧敏传达朱穆之答贺敬之关于《苦恋》问题的请示:(1)现在先不要发表关于《苦恋》的争鸣文章;(2)适当的时候可以发表不涉及其他方面的对《苦恋》的正确的批评文章;(3)适当的时候发一篇和黄钢同志商榷的文章。现在不便于发表群众性的关于《苦恋》的辩论的文章。当前主要是贯彻六中全会的精神,要逐级传达贯彻。

云南作家群声援冯牧

对《文艺报》及其主编冯牧的攻击,牵动着他曾经工作过的云南的一些地方作家和昆明部队作家的心,他们为他的处境感到忧虑,也对那些攻击者感到厌烦和无奈。像全中国任何地方一样,云南作家中也分为两派、两种观点。尽管这样,《边疆文艺》1981年第7期仍然发表了两篇声援冯牧、批评"左"派的文章。这很不容易。在《边疆文艺》编辑部工作的彝族作家张昆华将这一期分送给有关的朋友。

锡诚同志:

您好!得知您在主持编务,辛苦了。《文艺报》顶过了腥风恶浪,但还是很难呵。望保重身体。我相信中国文坛绝不会被"×副部长"这类人搞乱、搞垮的。

《边疆文艺》七期已出版,前些日子我给您周围的同志都寄下去了,连长影的《电影文学》主编高鸿鹄、北影的马德波、安徽的陈登科等,我都寄去了。为冯牧同志说话的那两篇文章,必将引起反响,只不过有的人现在不便吭气罢了。这一期刊物上有本刊主编×××写的诗,题为《心中的碑》,很有问题。他就是《将军与士兵》的作者李鉴钊的亲弟弟。一贯整人的人。前些日子就曾为黄钢批《苦恋》的文章叫好,连说:"太好啦,太好啦!"苏策、荆风同志都深知其人。最近他在家度创作假。周良沛同志也给苏策同志说过,这诗有严重问题。周今日与刘宾雁一起飞赴北京。

冯牧同志要去兰州一段时间，也好。兰州军区司令员陈康同志待他很好，去那儿后，心情会好一些。

《滇池》8期发了电影剧作家公浦和云南作家群联名的文章，过一日即可寄上清样。还有《个旧文艺》4期有该刊负责人王梅定、李汉柱、蓝芒三人写的《驳陈立德》的文章，也写得不错的。这就给那些中伤人、搞匿名稿的人以一点回答。否则，他们也太欺负人了。

拙作长篇小说《魔鬼的峡谷》已出版单行本，明日寄上，请指正。

敬礼

昆　华
1981年7月6日

从袁鹰在文艺局汇报会上的发言中，听到了"四月逆流"四个字；今又在张昆华的信里，读到了"腥风血雨"四个字。看来，如何评估上半年来的文艺形势，真有点儿英雄所见略同呢——文学创作不景气，没有好作品问世。《电影文学》是长春电影制片厂的刊物，远在长春出版，竟也连续发表了两篇对冯牧进行人身攻击的文章，可见"左"的思想无孔不入，要它不表现是不行的，故不可小视。这一情况在最近中宣部文艺局召开的会议上已经有人提到了。现在《边疆文艺》发表了云南作家两篇文章进行批驳，发出不同的声音，无疑是一件好事。昆明市文联主办的《滇池》杂志还要后续，在第8期，《个旧文艺》在第4期发表公浦等作家的文章。

湖南作家群

我深信，不写评论文章的评论编辑，也很难做好分内的工作。适当撰写些评论文章，能够促使自己增加思考。1981年伊始，我在编辑工作之余，着手研究湖南作家谢璞和叶蔚林，先后写了两篇篇幅不短的文章。

湖南近现代作家很多,有丁玲、沈从文,等等,但在湖南本土长期生活的当代作家中,以蒋牧良、周立波、康濯三位,对当地后起作家的影响最深。我一直在思考,湖南是否已经形成了一个以周立波为代表的包括老中青作家的湖南作家群的问题。晚些时候,8月20日,现居山东的湖南籍评论家宋遂良在给我的信里也与我探讨此事:"不久前,我在读了古华、水运宪、韩少功等湖南作家的一些作品后,想到可不可以说在湖南实际上已形成一个以周立波同志为中心和代表的文学流派,其中还包括谢璞、周健明、孙健忠、莫应丰、刘建安等,有很多共同点,我想了不少,但没有把握,我便给周健明同志去了一封信征求他的意见(因为我的一个同龄叔叔宋梧刚和他是老朋友,通过他中介),很快就收到健明同志的复信,说他非常赞同,对我说了一些使我愧赧的鼓励的话,并说锡诚同志曾征求过他关于湖南作家群的意见,让我与你们联系,求得你们的帮助,建议我写成文章寄给你们,并准备参加明年6月在衡山召开的当代文学学会的年会等。这就鼓舞和促使我来思考这个问题。我准备最近就把这些想法写一写寄你们指正。至于学术性强一点的文章,那还要积累和思考,一下子写不好。"他的观点与我的观察不谋而合。

最先进入我的研究视线的是谢璞。我到湖南出差组稿和调研时,与这个湘西出身的中年人相识,后来互相有不少书信过往。我以为,在谢璞身上有周立波的影响。他初期的作品以写美好事物和讴歌美好品质为主。"文革"后,他的创作出现了转变,多了几份冷峻的色调和深沉的思考。我写了一篇《耕耘者的足迹——评谢璞的小说近作》,发表在《光明日报》上。文章发表后,连续收到了谢璞的好几封来信。

7月12日的信说:"最近从乡下回长沙,读到您的信(并收到寄还的《二月兰》),紧接着李元洛、周健明同志又高兴地告诉我,《光明日报》已刊出了您的文章,找来读后,自然欢喜,很感谢您在春节中挤时间为勉我求进步所付出的心血!为这篇短文,您读过我杂七杂八的东西,耗费的精力是巨大的。为此向您致以诚挚的谢意。《新苑》近期发了我的中篇《信誓旦旦》。很拙,寄上清样一份,仅仅是为了汇报一下我在中篇方面的探索,暴露一下我艺术上的弱点,以便今后更具体地得到您的指点。健明同志嘱笔问候您。敬礼!谢璞。"

10月26日的信说:"在长沙只住了几天的您和老郑同志够忙的了。由于知道您很忙,我不便于多打扰您,人得将心比心。然而您临走的前两天那次交谈,对我是个更具体的帮助,使我振作不小,力争努力突破原有的低水平,向先进看齐。您指出过,我写短篇时情节不宜过多。这是有道理的。我会在今冬精心地写一批短篇,好好实践,但愿艺术上有所长进。我甘于寂寞,不等于甘于滞后,要在摸索中移步。您发于《光明日报》的文章,对我的创作很有用处。我仔细咀嚼过批评家的诚恳意图,衷心地感谢您!今年内,我写了些作品,今冬拟好好加工修改一些。已发表的,反响较好的有《新华文摘》第7期转载的《相知》,《新苑》第2期上的《信誓旦旦》。这两个粗糙的作品,如能得到您百忙中抽空一读,那就太感谢了。我希望听到您的批评,三言两语,我都是高兴的。几句话,往往可以化除自己不少偏激与毛病。致敬礼!谢璞。"谢璞有生活,观察细,风格质朴,笔下人物也有情趣。但终因受到缺乏系统的科学文化知识和学养的限制,他的创作缺乏大气,提高受到一定的局限。

同样是以湖南农村为题材的湖南作家,叶蔚林与谢璞不同,更多地表现出了人世与自然的险恶。他较少谢璞作品中的那种乐观与美好,也跳出了写两条路线的模式,更多地关注社会制度造成的人际关系。获全国短篇小说奖的《蓝蓝的木兰溪》就是如此。他的《在没有航标的河流上》在《芙蓉》发表后,我被小说中的人物盘老五的独特命运与坚毅性格所吸引,为小说中所描绘的大自然的壮丽画面所陶醉。所以,当湖南人民出版社副社长袁琦遵照他的嘱托来请我写一篇评论文章时,我很爽快地就答应了。叶蔚林4月20日来信说:

刘锡诚同志:

　　接袁琦同志来信,说约请您写篇评介我的拙作的文章,您已承诺。这消息很使我高兴。我很驽钝,写得很少。文学修养极差,写作中常常是知其然,而不知其所以然。亟希望能得到您的指导。

　　为了您撰写文章方便，兹将我的作品目录寄上，并《蓝蓝的木兰溪》一册。我以为自己有点价值的东西，都收在该集子中了，其他篇目您可不必费心询查。

　　麻烦您了，谢谢。

　　致以

敬礼！

叶蔚林
（1981 年）4 月 20 日

　　于是我写了《找到了自己——评叶蔚林的小说》的长文①，写他找到了"自己"——自己的题材、自己的风格。这个题目不是我的首创，而是取自俄罗斯经典作家的名言。一个作家的最大成功莫过于找到自己。并不是所有作家都能找到自己的，有的作家写了一辈子，也不见得能找到自己、发现自己。我的事忙而杂，文章发表后，既没有写信告诉他，也没有寄刊物去，因此，不知道老叶是否看到过。后来，他的创作引起一些议论和是非，我也没有精力去关心，我还是相信他的小说写得好。再后来，他离开湖南，去了海南，我们就再也没有联系了。

向作家进一言

　　党内有些负责同志对文艺工作现状的意见很尖锐，听说在 6 月 27 日至 29 日召开的党的十一届六中全会上，又有人提出了文艺问题。整个文艺形势，真有点儿山雨欲来的味道。六中全会结束后，胡耀邦找宣传口的几位领导同志谈了下半年的工作。7 月 6 日，我们（有《人民日报》的李希凡和缪俊杰，《文艺报》是我去的）被召到文艺

---

① 《耕耘者的足迹——评谢璞的小说近作》和《找到了自己——评叶蔚林的小说》二文均见拙著《小说创作漫评》，湖南人民出版社 1981 年版。

局去听传达。胡耀邦在这次谈话中提出要"向作家进一言"。

他说:"文艺界在选拔接班人上,不找造反派,不找'四人帮'派系的积极分子。我个人的意见,文艺界有特殊性,主要领导干部退居第二线是不可能的。但下半年,文化部党组、司局、协会副主席这一级要坚决退下来。这里还有个体制问题。这个问题,是否也要写点言论性的东西?《人民日报》或《文艺报》可写一点。

《人民日报》文艺部两位副主任:蓝翎、缪俊杰

"下半年做几件事?要学习《关于建国以来党的若干历史问题的决议》。文艺界前一段的学习还没有做总结,非做不行。前后两段,要衔接起来。周扬同志的总结稿子要重新搞,要讲大问题、新问题、主要问题。抓《决议》的学习,中宣部要组织宣讲。文艺界要组织作家艺术家拥护决议,当然不是空洞表态。另外,还有些问题,如毛泽东文艺思想怎么理解?老同志要写文章。要根据《决议》的精神,回顾文艺工作的历史。延安文艺座谈会以来、新中国成立以来重要的历史经验,有摆一摆的必要,'左'的要澄清。有的说法不大妥当,如'十七年'的文学,是否全部是反现实主义的、假大空的?文艺批评是否应一概否定?

"评论的问题很敏感。《苦恋》事件已经平息下来了。这件事不能不了了之。一位负责同志对我讲,《苦恋》还是应该批评。《文艺报》先发表批《苦恋》的文章,完了再同黄钢争鸣。《人民日报》是既批'左'又批右。怎么批右?有些很不好的作品,是不是也可以在《人民日报》上批评?《人民日报》对《苦恋》没有反应是对的。

"作家要倾听群众的意见,要深入广大人民群众,多想到群众,多听群众意见。要就此向作家进一言。不一定是只写一篇文章。真正走群众路线,对作家会有所促进。讲一讲这个意见,有好处。戏剧、电影听群众的意见比较多,文学就少些。可开个座谈会,约一些群众来讲一讲。"

传达之后,各与会单位的同志即席发言议论了一番。贺敬之又对胡耀邦的谈话作了一些解释和引申。他说:"所谓'进一言',实际上是'进两言':深入生活,倾听意见。《人民日报》与《文艺报》要联合作战。"胡耀邦同志又提到了《文艺报》。

因为我当班,所以回编辑部后,便连忙写了一篇千字短文《向作家进一言》,主要讲作家要深入生活、联系群众的问题,也讲到创作中有生编硬造的倾向,作为对总书记号召的响应,发表在第16期上。

7月9日,文艺局又召集一个小会,研究酝酿已久的《开展健全的文艺批评》一文的写作。主持人在会上介绍了两个情况:(1)要保住阵地,有些人甚至要剥夺我们的阵地。我立刻想到,这是指要改组《文艺报》的设想。说《文艺报》是右派掌权、要改组《文艺报》,我们早就有所闻了。(2)王任重讲话批评周扬的文章片面,旗帜不鲜明。

我在张光年7月7日的日记里也看到了同样的记载:赵寻传达了王任重在中宣部一个会上的讲话,对文艺工作、作协评价、周扬文章、《人民日报》和《文艺报》多所指责。当晚6时,我在编辑部值班时,张光年打来电话称:(1)王任重的讲话,不要在编辑部传达,以免搞得人心惶惶。在适当的时候,对《苦恋》还是要发表文章。(2)《文艺报》要从地方刊物上发现质量较好的文章加以转载,或删节转载。读者高兴,我们也高兴。要特别注意地方报纸、发行量不大的刊物的文章。六中全会后,作家们要写些文章。转载要形成制度,每月要有一半转载。两本刊物(按:指《文艺报》和《文艺情况》),一本基本上转载,或1/3,或1/4,变成一本全国文摘。要与群众通气,要有作品讨论,或报道外地的作品讨论,北京或外地文艺界的活动。现在,由于各种原因,很不活跃。(3)唐达成的文章,要加上《新民主主义论》中意思：民族的、科学的、大众的文化，中国作风、中国气派，百花齐放、百家争鸣。

反自由化

7月17日，邓小平同志对中央宣传部门领导同志谈话，主要是谈了文艺问题。第二天，我们便到文艺局去听传达。邓小平同志说："党对思想战线和文艺战线的领导是有显著成绩的，这要肯定。工作中也存在着某些简单化和粗暴的倾向，这也是不能否认和忽视的。但是，当前更需要注意的问题，我认为是存在着涣散软弱的状态，对错误倾向不敢批评，而一批评有人就说是打棍子。""六中全会以前，总政提出了批评《苦恋》的问题。最近我看了一些材料，感到很吃惊。有个青年诗人在北京师范大学放肆地讲了一篇话。有的学生反映：党组织在学生中做了很多思想政治工作，一篇讲话就把它吹了。学校党委注意了这件事，但是没有采取措施。倒是一个女学生给校党委写了一封信，批评了我们思想战线上软弱无力的现象。还有新疆乌鲁木齐市有个文联筹备组召集人，前些日子大鸣大放了一通，有许多话大大超过了1957年的一些反社会主义言论的错误程度。像这一类的事还有不少。一句话，就是要脱离社会主义的轨道，脱离党的领导，搞资产阶级自由化。""关于《苦恋》，《解放军报》进行了批评，是应该的。首先要肯定应该批评。缺点是，评论文章说理不够完满，有些方法和提法考虑得不够周到。《文艺报》要组织几篇评论《苦恋》和其他有关问题的质量高的文章。不能因为批评的方法不够好，就说批评错了。"[1]

8月3日至8日，中宣部在北京召开全国思想战线问题座谈会，会议讨论了邓小平7月17日的谈话。胡耀邦在会上说，全党必须学会运用批评和自我批评这个武器来增强团结，改进工作。胡乔木说，

---

[1] 邓小平：《关于思想战线上的问题的谈话》，《邓小平文选》(1975～1982)，人民出版社1983年版，第344～348页。

对于《苦恋》以及对资产阶级自由化思潮的批评,正是一种关于早已确实存在的重要政治倾向的批评。他批评文艺界软弱涣散,各自为政,提出反资产阶级自由化思潮。(《红旗》杂志第23期)

思想战线问题座谈会后,在文艺界开始了克服和检查软弱涣散状态和反对资产阶级自由化。中国作家协会党组从8月13日至17日连续召开四次扩大会议,开展批评与自我批评,检查软弱涣散状态。《文艺报》和《新观察》成为中国作家协会检查的两个重点。唐因向党组递交了报告,鉴于中宣部长讲他是"右派骨干","要调整"《文艺报》的领导班子,他要求调动工作。

《文艺报》处在斗争的旋涡中,一直被指责对错误倾向批评不力。副主编唐因在会上的检查说:"刊物对文艺界的某些错误思潮及有错误倾向的作品,要么瞻前顾后,不敢批评;要么零敲碎打,缺乏通盘的安排、系统的研究。今后要加强对创作现状的分析、研究,改变情况不明、心中无数的状态。要坚持开展原则性的、说理的批评;同时又要防止简单粗暴。"①

在党组和书记处开会前夕,《文艺报》第15期(8月7日出版)上发表了白桦的一篇短文《对于文艺批评中某些现象的看法》,很快引起了有关同志的注意。在8月13日的党组扩大会上,张光年说:"《文艺报》和《新观察》最近发表的文章,说明了我们领导的涣散。白桦的文章一登出来,与邓小平同志的讲话尖锐对立起来。周扬同志给我打电话,说帮了倒忙,起了不好的作用,马上就会有简报上去,说矛头指向什么人。在这之前,《新观察》第14期上发表了白桦的《春天对我如此厚爱》,《苦恋》的事还没有完,在这个时机发表这样的文章,不好。《论起哄》,文章很恶劣,不忍卒读。《文艺报》的同志不是不知道目前紧张的局面,好在只差一步。我们工作涣散,要弥补,要检查错误。周扬同志的意见是,《文艺报》下期就发表一篇文章,也顺

---

① 见仓涟:《坚决改变文学领导工作的涣散软弱状态——中国作家协会党组、书记处联席会议简讯》,《文艺报》1981年第17期;后收入《中国文艺年鉴》(1982年),文化艺术出版社1984年版,第293~294页。

便把《新观察》上的两篇错误文章写进去。我们口头上讲团结,下面又两面三刀,违反了中央的意见。"

白桦(左)与本书作者

在张光年和周扬批评后,我们立即就《文艺报》第15期发表的白桦文章《对于文艺批评中某些现象的看法》,上演了一出双簧戏——由我们编辑部内部同志化名赵星写了一篇《要理直气壮地开展文艺批评》的短文,加上经张光年修改审定的"编者的话",发表在最近出版的第17期(9月7日出版)上。"编者的话"说:"本刊第15期'读者论坛'栏中发表了读者白桦同志的《对于文艺批评中某些现象的看法》一文后,收到了读者赵星同志的来信。他对于当前文艺思想斗争形势提出了自己的看法,批评了本刊在开展文艺批评,特别是在对待某些不利于四项基本原则的作品和观点方面,表现出软弱状态。赵星同志的批评是正确的。我们竭诚欢迎广大读者对本刊的批评和鞭策。最近本刊编辑部正在根据中央加强思想战线工作的精神,总结工作,决心克服编辑工作、评论工作中确实存在的涣散软弱状态,在文艺界和广大读者的支持下,使刊物做到切实的改进。"至于《新观察》上发表的两篇文章(白桦的《春天对我如此厚爱》和舒展的《论起哄》),赵星的短文里容纳不下这样多的内容,只能各人自扫门前雪了。

在9月1日召开的中国作协党组会上,张光年提出一个新的口号:"提倡描写社会主义新人,同时也提倡题材和风格的多样化。"他说:《文艺报》要通过文艺评论进行社会评论,不要搞纯文艺评论。不提出任何口号,就等于失职。我们是社会主义思想指导下的社会主义文学,不是一般的人道主义的文学,创作方法是革命现实主义,即高尔基当年提倡的社会主义现实主义。现在超阶级的人性论流行,"青年马克思"那一类东西,现在又泛滥成灾了。文学上要反对右的倾向,也不要忽视"左"的。有的人希望把这次批评和自我批评转化为不叫运动的运动,这是与六中全会精神恰恰相反的。我们就是要开展两条战线的斗争。只有批《苦恋》,才能取得资格。

中国文联召开座谈会

中国文联的一些全委于8月19日在作协会议室开会,为文联召开解决涣散软弱状态座谈会做准备。我和钟艺兵也参加了。会议主要议题是由中宣部副部长朱穆之讲召开此会的意图。他的讲话大意是:

第一,这个会是中央决定要开的。会议的主旨是解决涣散软弱问题。不是开一个白桦的《苦恋》问题的会,当然也包括《苦恋》在内。《苦恋》是当前涣散软弱的一个标志。它表现了文联、作协的涣散软弱,应立即解决。也表现了作协、文联、文化部正在抓这件事,在迅速、认真地扭转。

第二,《苦恋》不是孤立的,它是个典型,代表了一种错误倾向。

第三,批《苦恋》,在国内外产生了一些影响,特别是国外歪曲了批《苦恋》的真相,散布了大量挑拨性的言论。所以要开好这个场,否则今后会阻力重重,没有办法开展批评了。胡耀邦同志讲,《苦恋》的问题本来好解决,如果当时建议文联开个会,请作家艺术家们来做出公正的评价,就好了。当时没有这样做。现在还得走群众路线。现在,不光是一个《苦恋》了,还有一批倾向不好的作品。所谓解决涣散软弱,就是要开展批评和自我批评,加强思想战线的工作,特别是同脱离党的领导、脱离社会主义轨道的资产阶级自由化倾向作斗争。

在会上发言的有魏传统、丁乔、魏巍、赵寻、于兰、阮章竞、艾青、汪洋、陆石等。这些人中的多数,平时很少关注文艺的动态,如今一听到中央决定和中央号召,个个都义愤填膺,表示拥护中央决定召开这个会。

接下来,从20日起,由周巍峙主持,在人民大会堂召开文化部和文联的座谈会,开展批评与自我批评,解决涣散软弱状态,批判《苦恋》。也有人批判《文艺报》。这个会,我没有参加,详情不得而知。主持编辑部工作的副主编唐因根据新华社的口径写了一篇报道。

青年评论家谢望新

1977年冬季,在老评论家萧殷的家里,我认识了广东《南方日报》文艺版的青年编辑兼记者谢望新。他业余时间写评论,也写报告文学。几年来,我们交往很勤。开始是我常去广州组稿,后来是他常来北京参加各种学术活动。他与同事李钟声合写了一篇长篇报告文学,出了一本书,寄给了我。从他身上更多看到的是评论家的气质,于是他成了我们编辑部经常联系和培养的作者。今年初请他来京参加了中篇小说读书会,撰写了一篇题为《在对生活思考中的探求——读近两年的中篇小说》的评论文章。从北京回穗后,文艺形势突然发生了一些变化,他感到有些困惑。8月底收到他的一封简信。

锡诚兄:

你好!收到你的来信,非常高兴。你总是那样关心我,令我感激不尽。

我知道你很忙,故不敢轻易给你写信,怕打扰你。

你虽然"要事缠身",但我仍陆续从各地报刊上读到你的文章,这使我感到高兴、亲近。我想,你还是得"超脱"些,事业对一个人来说,这是更为重要的。

我们已传达了中央会议精神,等省委意见后,我们再行动。目前广州文艺界很动荡,"文艺黑线"评论文章我决定放下了;作家作品研究仍坚持写下去。报告文学读后,盼能听到你及编辑部其他同志的意见。

材料收到,谢谢。

问候你爱人老马。

握手!

谢望新
(1981年)8月19日早

(自左而右)高松年、刘锡诚、谢望新

文学评论,在我看来,至少有两派:一派是学院派,一派叫社会派吧。我们这些做编辑又写点文章的人,属于社会派,因为我们不固守成规,密切追踪文坛新象,把文学批评与社会批评融为一体。谢望新写的评论好像更多地与我们《文艺报》相近。一是他比较愿意花时间和精力关注刊物上新发表的好作品,从而发现新的作者和新的现象;二是他在艺术观点上基本上是传统的现实主义理论,但又对新的探索持宽容态度。记得我写的《乔光朴是一个典型》一文在《文艺报》1979年第11/12期合刊上发表之后,他在1980年元月4日给我寄来的一封信里说:"《乔光朴是一个典型》已拜读,很受启发。我前些日子也为《广州文艺》写了一篇《思想·形象·艺术生命力》的文章,也是讲形象、典型问题的。《花城》第3期上发了两个短篇小说《兰草的眼泪》、《流水弯弯》,写得十分好。作者陈建功是北大中文系的学生,很有才华。《花城》编辑部希望《文艺报》能介绍一下,你认为有必要吗?今后如可能,是否可以约我写点短文,如介绍些广东的作家作品。《羊城一夜》已出书,陈国凯很着急,要我询问你一下,介绍他作品的文章能不能快点发?《作品》12月号已发了评杨干华短篇小说的文章。广东省委已批准作协广东分会成立出版社,拟出丛刊。我很想去那里工作,只是这里不肯放。"

后来,他把80年代所写的文学评论文章结集为一本《浪潮之外的孤魂》,要我给他写篇序言。他把远在广东的自己比作评论界的一个孤魂,虽然言重了,但也从一个侧面表明他的一点心迹。我在那篇序言中是这样写的:"他的文学评论,在发表时我就大部分从报刊上读到过。有几篇在写作过程中,他曾征求过我的意见。我钦佩望新思想的敏锐和笔头的快捷。他阅读作家的作品,纵览文坛现状,能很快捕捉到作品中蕴涵的内在的东西,把握住创作思潮中的动向,很快能拉出一篇评论的稿子。1981年《文艺报》编辑部组织第一届全国优秀中篇小说评奖的预选时,我是组织者之一,曾与望新朝夕相处了一个多月。读书班临结束时,要求到会者每人写一篇论文。他把他的构思和角度同我谈了。我发现他很善于从纷乱的现象中进行概括、总结,星期日我们在北京工作的同志都回家去休息,等到星期一回到招待所时,他已经把他写好的稿子摆到了我的面前。……他在这篇文章里,用宏观的观察较为准确地把握和评价了那一时期中篇小说的思想艺术价值和作家创作的探索趋向。这是他写作途程中的一次飞跃，也是他从广东走向全国的第一步。但他的潜能还没有得到充分的展示，因为他所处的生活圈子里的人，还少志同道合的伙伴同他胼手胝足地探讨文学问题、社会问题、艺术技术问题，在这种极有益的探讨中刺激他的批评的思维，这种环境在限制着他的事业和意识。"①这大概也就是他以"孤魂"自况的含义吧。

获奖中篇小说集出版问题

获奖中篇小说集，早就定下来由上海文艺出版社出版，他们表现出很高的热情和合作精神。出版社总编辑范政浩是我们聘请的评委，责任编辑赵继良穿梭于京沪两地，跟我们已经很熟了，责任心很强。他是参加了发奖大会的。发奖大会结束，他就拿着早就编好的稿子回了上海，并且很快就排出了校样给我寄来。我把校样退回后，他来信说，我在校样上把王蒙的《组织部来了个年轻人》的题目改错了。王蒙的这篇著名的小说常常被人们写错，较多的情况下是写成了《组织部新来的青年人》，我大概也犯了同样的错误。王蒙这篇《作者小传》，是我请他写的，其中还有过反复，弄得王蒙都有点儿不耐烦了。还算客气，王蒙在6月3日给我的一封信里说："锡诚同志：大函知悉。遵嘱又把小传写了一遍，恐仍不符要求。我实在不知道小传应怎样写，和怎样写出文采。请多加原谅。我有三个中篇的题材，正在赶写之中，再不努力就要落后了。问候编辑部诸同志！王蒙。"没承想，我还是改错了。赵继良信里说：

锡诚同志：

你好！

26日信和小传校样收到。这中间该改的都"过"进改样中去了。其中有一处改错了。王蒙同志的《组织部来了个年轻人》

---

① 《把握当代文学的脉搏——谢望新评论集〈浪潮之外的孤魂〉序》，《语文月刊》1989年第10期。

是他自己写的,现在改的是当年《人民文学》上发的题目。我们的《重放的鲜花》里错用了题目,惹得王蒙同志对我们发了一通意见。这次亏得老范(政浩)看得仔细,要不然又可能出麻烦事了。还有是巴金同志的讲话,你们《文艺报》发的与《人民日报》不一样,有改动,我也按你们发的改了。至于校样,你说由小吉(晓蓉)负责。她来信说要我找你,她没时间看。这事我请示老范后,他说你们不看就算了,反正是现成的。这次我看了部分校样,也请了几位同志看了。再看一遍,还是觉得是些好作品,能打动人。但是,会不会因为里面有些地方与当前情势步调不大整齐,总有点慌,也有点担心。我现在只有一个想法,争取出得越快越好,就怕弄到一半出些枝枝杈杈的事,结果上不上、下不下。就目前进度看,校对还是可以的,就是印刷问题,因为前段时间印教材,压下好多东西,这本书篇幅又大,一些大厂都吃不进,给小厂印刷质量不保证,不放心。直到上周才落实。现在就等校完就付型上架子。校样中《三生石》一文中的1239面上有段话,似与当前气氛不太协调,有点小麻烦,已经把校样寄给宗璞同志,请他斟酌一下,希望她最好改一下,以免引起不必要的误会。你有便去个电话,帮助做点工作。至于其他的地方,也可能有带"电"的地方。不过,动起来也难。再说,如果要在里面一定要找些问题出来(肯定找得出来)的话,那也只能听天由命了。反正,现在就是一个目标,争取早出。

今天听30号文件,又听到老作家姚雪垠的发言,知道你们日子不好过。这位老先生的发言实在要命,但我们这儿专门介绍的。上海听说在开思想问题座谈会,其结果,当然你也能料到一二。

全国80年优秀短篇大约9月中旬可以出书,到时有可能到北京,争取专程去拜访你。

余后谈。匆匆。

握手!

赵继良

1981年9月3日

《1977～1980全国获奖中篇小说集》

赵继良在信里还谈了不少事情,反映了他们(当然也包括我们)在当时政治情况下那种战战兢兢,甚至如履薄冰的心情。宗璞的《三生石》怎么改的,我没有再核对过,因而不晓得,就这么过去了。至于姚雪垠攻讦我们《文艺报》和其他坚持改革开放的朋友的事,我们早已有所闻了,不过,上海市文艺战线的领导人专门向文艺界传达姚的发言,却耐人寻味。《1977～1980全国获奖中篇小说集》分上下两册,于11月出版,印了50000套。从年初办读书班起到评奖到发奖再到出书,整整用了一年的时间,我们的"龙套"到此就算"跑"完了。

困惑的情绪

为配合改变涣散软弱状态、批判资产阶级自由化倾向,《文艺报》除了在头条地位转载《人民日报》评论员文章《掌握文艺批评的武器》(第 17 期)外,还接连发表了唐因和唐达成合写的《论〈苦恋〉的错误倾向》(第 19 期)、魏易(唐因)的《积极开展马克思主义文艺批评》(第 20 期)、胡余(陈丹晨)的《把目光注视着今天》(第 22 期)等短评。在第 20 期上,又发表了综述《部分省市文艺界积极开展批评和自我批评》,报道了北京、四川、新疆、湖南、贵州、山西、江苏、吉林、山东、广东、辽宁等省市开展克服资产阶级自由化和改变领导涣散软弱状态的动态。

在受到批评的有错误倾向的作品中,有四川诗人孙敬轩发表在《长安》杂志上一首诗《一个幽灵在中国大地上游荡》。他在四川省委召开的思想战线问题座谈会上有个自我批评发言,受到了文艺局的重视,指示我们在刊物上发表。我们加上《危险的倾向 深刻的教训》的标题,发表在第 22 期上。在我们刊物上,除了白桦的《苦恋》和邓小平同志讲话中批评的叶文福的诗《将军,好好洗一洗》外,都没有发表过专门的批评文章或检讨,而对孙敬轩的诗作却在发表经过中央审定的二唐批评《苦恋》的文章之后,紧接着又发表了作者本人的检讨,这样做的结果,好像孙敬轩也成了这次批自由化思潮中的一个典型,从而给他造成很大的压力,这既是我们始料未及的,也是我们编辑工作中欠慎重的一次决策。其实,孙诗的主旨是对封建主义遗毒的批判,而对封建主义的揭露和批判是出自好几位中央领导同志的讲话,作为诗歌作品,诗的作者可能在分寸的把握上不能如理论文章那样准确,会出现某些偏差甚至误谬,但作为自由化作品来处理,显然是有欠妥当的。到 11 月 5 日在北京召开的文艺创作座谈会上,贺敬之在讲话时说:"孙敬轩同志的《幽灵》,立场站错了,站在社会主义和党的对立面去了嘛。经过四川省委正确方法的帮助,做了自我批评,很好。他到葛洲坝去,很动人的。他说:中国在这里!"

在文艺界领导机关开展的检查和改变涣散软弱状态,以及在报刊上开展的反资产阶级自由化的批判,使不少作家感到困惑莫解,文艺创作受到了相当的影响。年初以来,从中央到地方的文学刊物,均没有深刻反映现实生活和矛盾的好作品问世。连我们的主编孔罗荪也在编辑部会上说:"翻翻各地的刊物,远离现实的作品多了。"研讨创作问题的会议,从年初起就锐减了。《文艺报》于4月13日召开了一次四部中篇小说的讨论会,所研讨的作品也都是1980年底发稿、1981年初问世的。这些作品是水运宪的《祸起萧墙》(《收获》第1期)、古华的《芙蓉镇》(《当代》第1期)、刘心武的《立体交叉桥》(《十月》第2期)、礼平的《晚霞消失的时候》(《十月》第1期)。文坛的动荡、作家们的困惑,从北京到地方逐渐弥漫开来,使作家们有一种潜在的不安定感,而没有一种平静的心态,是很难进入创作状态的。除了上面谢望新和赵继良等人的来信,我还收到一些地方上的同行和朋友的来信,他们都表达了同样的心情和忧虑。

贵州《山花》编辑部主任尹伯生来信说:

锡诚同志:

近好!好久没有联系,甚念。

今年以来,《山花》没有发出差强人意的小说,固然原因很多,但从自己来要求,总感愧疚。所幸1至4期连载的中篇《野玫瑰与黑郡主》,各方面反响都不错,总想去信请你读读,并希予以评介。但从5月起,贯彻7号、9号、15号等文件,各种会议不断。老实说,我内心也一时把握不定,所以一直拖下来,没及时去信。目前又要贯彻30号文件。(我们省市文艺骨干会于7号开始,估计10天左右。)我认为在批判防止自由化的同时,提倡一点健康的而又色彩较浓、趣味较强的作品,恐怕不仅应该,甚至还很有必要。我担心,在思想转弯子的一段时间,会出现某种相对冷落状况。对你,我大胆一点说,似乎今年来短篇创作,在全国能称得上力作的,恐怕极少,至于中篇,就更不用说了,甚至有点儿"不景气"哩!对此,实不能令人满意。所以,虽然拖延至今,我仍寄去一篇极为粗糙的短文,请编辑部审处。同时,我也仍请你抽空翻阅一下《山花》,力争能在贵刊发个简评,你能亲自动手写个评论更好。当然,你很忙,但出于对你的尊敬和熟悉,仍不揣冒昧提出这个要求。为了稍微弥补今年短篇的弱点,我们决定11期发小说专号,内容和质量仍属一般,但其中有几篇或可差强人意。准备校样出来后寄给你,请你指教。

你今年还能出来走走不?衷心欢迎你再来贵阳。

致问

撰安!

尹伯生

1981年9月4日

云南作家张昆华9月份两次来信说:

锡诚同志:

您好!来信敬悉。感谢您在繁忙的编务中还关心我的创作。尤其是您那儿,日子不会好过。但又有什么办法呢?我们的心情都能理解。我们已开始了学习,先学半个月。我很好。

为什么极左的人总会得势?我相信也不会太长。听说黄钢开着香港某团体送他的汽车到处转起来了。这事,

张昆华

要在别的同志身上,还受得了吗?前段时间,我和李钧龙两个副主编在家主持《边疆文学》)工作,除了发七期的批陈立德和匿名稿外,还发了一篇驳斥黄钢在报告文学上的谬论的文章,安排在10月号上。最近李鉴尧、杨昭回来上班、学习,还不知道此文

最终能否出世。但我是要坚持发出去的。此文揭露了黄钢在报告文学上理论和实践的自相矛盾和谬误，较有说服力。刊物出来后，我再多寄几份给您。对搞极左、打棍子的人，我们只要能找到机会，总要予以揭露的。

最近，李纳的亲戚从北京归来，昨晚与我畅谈，北京情况也了解。晓雪也回来了。我很是惦念着您。我想，来日方长。盼您多多保重。冯牧同志大约要过一月才从兰州回来（他不赞成发综合消息报道云南刊物批匿名稿事，是对的。否则，人家又说是他当后台。其实是云南作家出于伸张正义，出于气愤，出于捍卫三中全会路线，才搞的。）对他的其他事情，我们历来感到乐观，只是忧虑他的身体。对您，也希望不要累垮了。

请代向孙武臣同志致谢。他论述长篇小说的文章不知何时可出？拙作能被提及，我就感到满意和感激了。谢谢您！《十月》上发您的那篇文章，最后提及《蓝色的象鼻湖》，您的扶持，我永远难忘。我当努力提高自己。想摆脱编务，搞专业创作，我相信会写出比现在的水平略高一点的作品来的。在创作的道路上，评论家是尊敬的园丁。贵州同志常说起您的贵州之行以及后来的评论，对他们帮助很大，给了鼓舞。可惜云南的某些文艺领导人，并不希望别人出作品，出了作品还要嫉妒。我就只好加倍地奋斗了。我盼望"专业作家"的帽子会幸运地落在我的头上。现在看，编刊物是件吃力不讨好的事啊！

我建议您将来写专论，一本一本地出书，出那种不受风浪影响的专著。不然，变化太大了，将弄得评论家跟着转——而有些事又不能跟着转。暂且打住，怕侵占您的时间。

敬礼！

昆　华
（1981年）9月3日

锡诚同志：

在昆明见到马昌仪同志，让人十分高兴。短短的同游，感到她是一位多么朴实而高尚的同志。她来时,开初我不知道。因为民间文学会议在海埂(离昆明尚有数十里)体委训练基地。后来,云南人民出版社同志告诉了我,才在24日见到她。此后,出版社安排了一个日本小面包车,加上上海文艺出版社副总编辑郑煌(袁雪芬之夫)等,由我和杨仲禄(出版社文艺编辑室副主任)陪同,共11人(还有我儿子张小章,本来我爱人吕廉政也要去的,但因为她要补考外语,临时未能成行),从海埂出发,上龙门,沿着上次我们同游的足迹,到聂耳墓、太华寺、华亭寺,又到黑龙潭植物研究所(可惜因为放假,管温室的同志进城了,只在外边看了看),然后去黑龙潭看了唐梅、宋柏、元杉、明茶、清墓,之后又驱车前往金殿,这才回到海埂。整整一天,游兴甚浓,在各地都拍照留影,这真是难忘的一天!

昌仪同志他们将与广西的陆地、上海的姜彬等赴西双版纳。是集体组织包车去的,食宿一切将无问题,请放心。他们30号会议结束,估计1号离昆,10号左右回来。我觉得搞民间文学研究工作的,能到西双版纳去看看,那是十分难得的机会。您也一定会支持的。

27日那天,彭荆风同志与冯牧同志通了电话,得知批《苦恋》的文章将发表于(《文艺报》)19期。你们总算了了一件公事。又看到内参上白桦的反应,我个人是很有想法的。昌仪同志将你们的情况也给我讲了。我完全能理解你们的心情。但有什么办法呢?只好让时间来评定,来做结论吧!为什么坚决拥护三中全会路线、粉碎"四人帮"后积极热情地工作、为中国社会主义文艺的新兴和发展做出了重大贡献的同志们要受到压抑呢?

云南文艺界虽复杂,但只有那么两三个人在背后捣鬼,省委、省委宣传部领导比较好,因此没有什么大的风浪。说真的,我只想搞专业创作,写点东西算了。说到这儿,我总是难忘您对我的帮助和指导。作家与评论家的关系,也可以说是园丁与花草——作家的成长离不开你们的耕耘和浇灌、培育。您给我的评价、鼓励，我永远铭记在心，并将努力提高自己的写作水平。《文艺报》孙武臣同志的文章，见后很受鼓舞，所指出的不足，我是心悦诚服的。谢谢了！

　　昨天的《人民日报》（28日八版）又对拙作《蓝色的象鼻湖》做了评价，真有点受宠若惊了。我想，我只有努力写出新作，能比过去发表的东西有点进步才行呢。

　　《新时期文学探索》这本书，遇到一点麻烦。我与冯永祺商量了，由我去找出版局局长吴侦祥同志谈谈。吴说，就是那么一两个"积极分子"老是盯着，他是无所谓的。吴局长是我部队上的老首长，他比较稳，对我很好。主要有《云南画报》主编任方和张国华在提意见。是否内部发行，要由省委宣传部来定了。冯永祺和出版社副总编辑刘以同志是很想不通的。他们主要是对阎纲、马德波的那两篇文章有意见……又乱上纲。但搞不起什么名堂来的。晓雪同志比较公正，有水平。我们都会说话的。放心。阎纲同志我已给他有信。

　　敬礼！

张昆华
1981年9月29日

刚参加完贵州省委宣传部召开的批评和自我批评会议的何士光来信说：

锡诚老师：

　　近来安好！

　　因无要事即不便打扰您，许久不曾给您写信，明鉴。九月初我在贵阳参加省委宣传部召开的批评与自我表现批评会议期间，尹（伯生）老师给我看了您近期写给他的信。我非常赞同您对目前文艺创作的情形的看法。我想，如果一个作者是严肃而负责任的，就总会有东西好写，路子大约不窄。即便在原来，那种花哨的东西，许多作者不是也不写？

为了忠诚地反映生活,对我们的时代贡献自己的一份力量,从北京回来后,我老想写得好一点,但也始终不如意。八月,我在《人民文学》发表了一篇《故乡事》,不知您是否看过。如果看过,我真想您能在便中告诉我一点您的意见,好帮助我考虑问题。

　　撰安、编安!

士光谨上
(1981年)10月4日

　　大约在9、10月间,我接到的文艺界朋友的不少来信中,差不多都流露出一种沮丧和无奈的情绪。文坛是意识形态中最敏感的领域,而作家则有如惊弓之鸟,原来是有"左"反"左"、有右反右,一旦《苦恋》事件及其他类似事件出来,反右上升了,在多年来形成的"'左'比右好"的观念下,便都退缩起来。于是,以揭露社会阴暗面为主要锋芒的"伤痕文学"和继之而起以针砭时弊为主旨的反思文学,不管是否承认,确实遇到了一次较大的挫折,震撼心灵、脍炙人口的作品难以出世,而远离生活、远离矛盾的作品乘虚而入,现实主义再次被严重地弱化了。甚至连何士光那样生活在边远山区、要"忠诚地反映生活"的作家,也觉得"始终不如意"。

二　唐《论〈苦恋〉的错误倾向》发表

　　唐因、唐达成授命写作的《论〈苦恋〉的错误倾向》一文第八稿终于获得审查通过,由党中央总书记胡耀邦亲自发话,在《文艺报》1981年第19期(10月7日出版)发表,《人民日报》同一天转载。编辑部的同志们都松了一口气。

　　文章不是个人著作,而带有职务写作的性质,因此他们写得很吃力,难为他们了。从全局来看,文章比较得体,既批评了白桦剧本的错误,而讲的毕竟是创作问题,与黄钢的大批判文章迥然有别。这是世所公认的。但文章又并不为广大文艺工作者同行所赞赏。

二唐面对的首先是作者白桦。作为一位有才华,能以诗歌、小说、戏剧等各种体裁写作而又不断有好作品问世的作家,他与我们编辑部同志们很熟,加之过去他在昆明部队里又是冯牧的部下,我们编辑部无一例外所有人都是希望保护他的。而白桦,如唐达成在他与丁东的访谈里所说的,对唐说:"能够理解,能够理解。"

10月12日,延期举行的中国文联主席团扩大会议在北京召开。周扬在会上告诉大家,他已向中央提出辞去中宣部副部长职务。我们不知道周扬的真实思想,但文艺领导核心里的意见分歧有增无减,来自"左"的方面的不断攻击,《苦恋》事件的打击,等等,使他感到失望和厌倦,身体状况又每况愈下,大概都是他要辞职的原因。周扬的辞职,在与会人士中,也在文艺界包括我们这些编辑中,引起了震动和忧虑。人们普遍担心,三中全会以来文艺战线开创的思想解放的大好局面能否保得住,能否继续下去。

据张光年10月22日日记称:二唐文章发表后,胡乔木给周扬和他写了一封信,说二唐批《苦恋》文"很好",是"苦心经营之作",并对几处语法做了指谬。我们得知此信息后,打算在刊物上发表,请人民文学出版社总编辑韦君宜帮助与作者联系。他在信的末尾写着:"此信请不必回信了,但烦转给二唐和文井、君宜等同志一阅。"11月10日,谢永旺给我写来一张字条:"锡诚:上午,韦君宜告诉我,我们原准备发表胡乔木同志的信(关于二唐文章的),她问了胡,胡说还要再写一信,关于内容方面的意见,然后一起发表。最近,胡又来电话说就不能写第二封信了,第一封信可以发表。(我不知此事,不知是指发表于何处。)永旺。"因为有了这个答复,胡乔木于10月15日写给周扬和张光年的信发表在《文艺报》1981年第24期(12月22日出版)上。我们拟了一个题目《关于提高文化修养问题的一封信》,加了一段编者的话:"语法修辞和逻辑上的混乱现象,在我们的文学作品和理论著作中屡见不鲜,应该引起所有著作家和编辑的注意。正如胡乔木同志在这封信中所正确地指出的,这'究竟是一个国家的文艺作品和编辑出版工作的文化水平的一种表现'。本刊过去发表的文章,也往往因为在这些方面的训练不足,而有许许多多的毛病。我们愿意同文艺界的同志们一道,加强学习,努力提高民族语文的修养。"这个按语出自何人之手,已记不得了。

继续倡导农村题材创作

理论界一方面在批判自由化倾向,一方面却又出现了许多奇谈怪论,如"人性论是创作的动力"、"文学离不开性爱"、"离政治越远越好"、"我为少数人写作",等等。而创作又一直不景气。我们还是要一如既往地继续提倡文学关注农村、农民和农业。年初曾与江苏省的《雨花》杂志商定共同召开农村题材小说座谈会,后因顾尔镡的文章受到批评而无形中被取消了,于是,编辑部决定兵分两路,于10月6日起程,我和郑兴万去长沙,阎纲和晓蓉去西安,分别邀请这两个在农村题材文学方面出现过好作品的省份开座谈会,希望能给消沉的文坛多少增加一些亮色。

《文艺报》第21期(11月7日出版)发表了记者石泉(郑兴万)整理的本刊编辑部于10月9日、10日在长沙召开的农村题材小说创作座谈会纪要——《如何深刻反映农村生活?》。应邀参加这次座谈会的有康濯、孙健忠、潘吉光、张步真、胡英、韩少功、王亨念、刘勇、彭伦乎、叶蔚林、韩抗、莫应丰、谢璞、胡光凡。会议由笔者主持。

我的开场白:"在湖南作协分会的帮助下,我们《文艺报》编辑部今天邀请湖南几位写农村生活的作家在这里开一个座谈会,讨论一下如何准确地认识和深刻地反映正在发生着巨大变革的农村生活,进一步提高农村题材小说的思想艺术质量的问题。重视反映农村生活的问题,《文艺报》在去年就提出来了,曾经在北京开过一个座谈会,也在刊物上发表了文章。一年多来,文学战线上已经出现了令人高兴的变化,不仅反映农村生活的小说多起来了,而且出现了一批优秀的作品。仅以1980年的得奖作品为例,描写农村题材的短篇小说为10篇,占得奖作品的33%;中篇小说为6篇,占得奖作品的40%。长篇小说研究得不够,很难说出中肯的看法。仅就中短篇而论,农村题材的作品取得的成就是最显著的。作家们塑造了若干有个性的人物形象，反映了新经济政策给农村的社会关系和人们的精神面貌带来的深刻变化。在这方面，今年的文学创作又有新的发展，有一些不错的作品问世。但我们也要看到农村题材小说创作也出现了一些新问题。第一，有不少作品立意很好，但显得表面、肤浅，比如写农民在实行生产承包责任制之后，富裕起来了，经济地位改变了，钱多了就上街赶场买东西。不是说这些不能写，问题是要往深里开掘，不要仅写表面的现象，不要搞新公式化，不要陷入图解政策的旧辙。第二，当前小说对农村生活的反映面还比较狭窄，题材有待进一步开拓。我们应当努力反映出农村现实生活的某些本质方面来。农村人与人之间的关系，社会关系的变化，工农业之间的关系，国家、集体、个人三者之间的关系，领导与群众之间的关系，家庭关系，两代人的问题，婚姻问题，伦理道德关系，社会主义思想对农村生活的影响，等等，都有待作家们去研究、去表现。第三，我们提倡写各种各样的人物，同时也要大力提倡描写社会主义新人，鼓舞广大读者为建设现代化强国而奋斗。我们已经有了几个农村新人的形象，如高山兰、赵镢头、刘新华等，但像50年代的李双双、梁生宝那样有典型性的形象还不多。在这方面，也存在着一些不同的理解，不仅需要在理论上加以探讨，更重要的是在创作实践中加以解决。"

《文艺报》第22期（11月22日出版）发表了晓蓉和李星写的本刊编辑部于10月30日在西安召开的农村题材小说座谈会纪要——《深入农村，写变革中农民的面貌和心理》。会议由阎纲主持。应邀参加座谈会的有胡采、陈忠实、邹志安、王晓新、王吉星、路遥、王蓬、贺抒玉、贾平凹。

阎纲的开场白说："我们受《文艺报》编辑部之命，请陕西的作家座谈小说写农村、写农民、写农村新人的问题。这是关系到文学如何继续完成它的历史使命的重要问题。我国社会主义文学有两个优秀传统，一个是写革命战争，一个是写农村生活，都产生过一批优秀的作品。无疑，这个传统今天仍旧要发扬。但是这些年来，在创作题材取得新突破的同时，这个传统一度被忽视了。无论从创作的现状来看，还是从新农村的现状和历史发展的趋向来看，都要求文学必须正视九亿农民。陕西作家写农村生活的优秀传统源远流长。柳青同志当年写农民的面貌和心理,以及农村的历史变化,曾在文学领域里开创过一个新局面,影响深远。柳青,还有王汶石同志,他们写农民有些什么经验?比如柳青同志,他长期和农民生活在一起,特别爱农民,特别关心整个国家和无产阶级的命运,在这个前提和背景下,他去观察农民运动,当然就深刻多了。他的经验,我们学习发扬得还不够。面对目前农村的新形势,小说家怎么办?能不能通过对于农民面貌和心理的艺术描写,把农村题材的小说写得更准确、更深刻、更有理想?陕西土生土长的小说作家不少,全国读者在关注你们,看你们怎样打开新画面,反映新世界,描写新人物。"

  文学要描写社会主义新人,是我们新提出来的一个文艺理论与文艺评论上的口号,也是我们这次召开座谈的一个主要的关注点。但究竟什么是社会主义新人,却有不同理解和不同的描写。在我们编辑部里讨论时,唐因提出:现在创作上有一种"非英雄化"的倾向。有一种理论,把除了坏人以外的一切人都说成是社会主义新人。我们认为,社会主义新人应该是具有较高的社会主义觉悟和品质的人。"非英雄化"不是政治的概念,而是文学理论上的概念,这种理念的出现,固然有反叛"文革"中的"高、大、全"的背景,但对社会主义文学要创造出具有时代特点的社会主义新人的形象,却是一种销蚀剂。在讨论农村题材的小说创作时,不能忽视它的消极影响。

  在长沙和西安研讨会的同时,编辑部还在北京召开了一次"塑造社会主义新人形象问题"座谈会,就塑造社会主义新人形象的必要性和重要性、社会主义新人形象的基本特征以及如何塑造社会主义新人形象等问题进行了探讨。①

---

  ① 孔周:《努力塑造光彩动人的社会主义新人形象》,《文艺报》1981年第24期。

关于文艺评论的一封信

《中国青年》1981年第19期发表的华铭的文艺评论《评〈醉入花丛〉》引起了胡耀邦的注意,他随即于10月13日给林默涵、贺敬之、张光年、冯牧写了一封信,予以推荐。信中写道:

> 这篇小评论,也许你们都看过了,如果谁还没有看过,请他看看。我对文艺批评能够健康地发展是充满信心的。《文艺报》已经带了一个头,从这篇小评论也看出一个好苗头。我不是说这篇东西写得很成熟,而是说它多少说了一点道理,并且根本没有打棍子。再进一步说,也只有报刊上,首先是各种文艺刊物经常有点文艺评论,才能真正带出一个好的文艺批评的风气来。坐而论道,什么恰如其分的、有充分说服力的文艺批评风气,永远学不会,永远带不出。能不能向文联和各协会的负责同志提出一个指标:每人每年亲自写两篇?当然可以评论好创作,也可以批评坏作品。能不能把这个指标看作是加强对文艺工作领导的一条重要要求?请你们议一议。
>
> 胡耀邦
1981年10月13日

《醉入花丛》是李剑写的一个短篇小说,发表在《湛江文艺》1980年第6期上,写的是女红卫兵叶丽十年来的悲惨遭遇。十年前,她在大串联中掉了队,不得不留宿于一个青年农民的家中。半夜时分,在这个农民的哀求下,她"急贫下中农之所急",和他发生了两性关系,继而结了婚。不久,她又被地委书记奸污,并因而受到丈夫的打骂和凌辱,于是,无望的叶丽醉卧于油菜花丛中,茫然不知所归。华铭的文章批评小说脱离生活,生编硬套,艺术拙劣,表现了一种不正确的创作倾向。

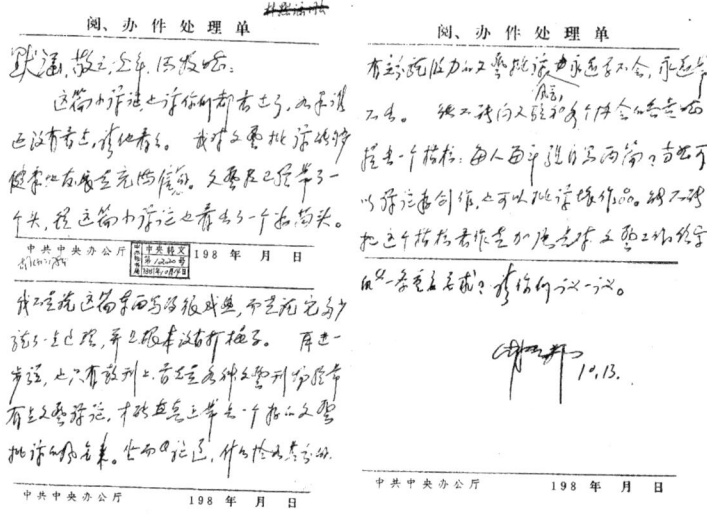

胡耀邦批件

胡耀邦的这封信,写于唐因、唐达成执笔的《论〈苦恋〉的错误倾向》发表几天之后,他肯定了《文艺报》的工作,实际上为《文艺报》受到的连续不断的批评画了一个句号。他向各文艺家协会领导者们提出的要求,曾经做过一些传达,但并未引起足够的重视。作协党组书记张光年也只是在他的日记里写下了"这很好"三个字。① 就这样不了了之了。

小说《初春》遭冷遇

在当代作家中,张弦是一个艺术结构和表现技巧都很讲究、都很下功夫、也很成功的人。他的作品,从《被爱情遗忘的角落》、《挣不断的红丝线》,到今年第1期《文汇月刊》发表的《未亡人》,几乎每一篇都引起热烈的争论。这种情况,一方面说明他的小说因触及了某些

---

① 张光年:《1981年批判〈苦恋〉的前前后后——张光年日记选》,《百年潮》1998年第1期。

深层的社会问题或适应了某种社会思潮而被读者所关注;另一方面,也不能不给他造成一定的心理压力,他的坎坷经历使他不愿意自己成为争论的中心。新发表的《初春》则是有别于上述小说的另一类题材,起码就题材来讲,是一种新的艺术尝试。可是小说发表后,遭到的却是冷遇。他写来一信,向我倾诉。

锡诚同志:

接读来信,非常高兴。谢谢你对我的关心和爱护。评我小说的文章暂不发,我完全理解和赞成。《解放日报》在讨论《红丝线》前,编辑同志来信告我,纯为活跃文艺思想,无任何背景。《上海文学》也很支持这场讨论。7月下旬,他们及时刹了车,估计也是善意保护。《未亡人》的争论更是如此。我也不希望把我的作品搞成争论的中心。

张弦手迹

《初春》发表后,收到不少读者来信,全是中学生或大学生,他们一致热烈欢迎,对50年代丰富多彩的中学生活和纯洁、无私的中学生们表示羡慕和感动。有的读者从而对电影发出感慨:"为什么我们中学生生活在银幕上成了空白?为什么银幕上的青年总是卿卿我我,你追我跑?……"和读者的热情形成鲜明对照的是电影界抱以惊人的冷淡,至今尚无一家制片厂和一位导演与我联系(尽管目前各厂为剧本荒伤透了脑筋)。上影文学部原拟退稿,后因听说刊物要发表,又说发表后研究,但现已发表了一个月,还迟迟无消息来。

　　记得我曾向你多次谈及改编《青春万岁》的动机。故人旧约,实属其次。主要我非常渴望将共和国初春的美好岁月,50年代初春的人们单纯、美好、充满理想的心灵,艺术地再现出来。当然,并非为了要今日的青年全部接受,进而效仿(这并不重要,也不可能),而只是希望他们感动,相信,理解,从而理解他们的父辈。这对填平代沟,疏通隔膜,总不无益处吧! 即使持以批判的态度,也首先需要理解,不理解从何批判起呢? 为此目的,我放下自己的创作,三易其稿,(自1978年至今)屡碰钉子,而不以为悔。电影界今日如此的反应,真叫我难以理解。他们大概也同样不会理解我。确实,对于那些几天里可以编造出个剧本来的作者们,醉心于"红、黄、蓝、白、黑"之类的导演们,我又有什么共同语言呢? 一方面视触及现实生活的作品为洪水猛兽,一方面又不断鼓励着虚假和庸俗,这就是我们电影界的现状!

　　不知道《初春》能否打动你,能否唤起你青春时代的回忆,你看,有没有价值在《文艺报》或什么别的地方提一提?

　　周扬同志"引咎"辞职,使我深感震惊。久久不能释怀。看来今后在创作上只有更深入地思考和开掘,更含蓄地、深刻地表现,才是正路。望你今后常指点。你现在责任重大,暂不写文章,人们都理解的。

　　向你们,唐因、达成诸同志深致敬意! 祝好!

张　弦
(1981年)10月25日

张弦在这封发自南京上海路51号他的居处的信里,由小说《初

春》遇到的冷淡而及于电影界的庸俗倾向,发了一通议论,表达了内心的不安。从我们最初认识起,他多次同我谈到,他要改编王蒙年轻时代写的小说《青春万岁》,这是他萦回于心的一桩夙愿。他一方面为这个夙愿所激励,一方面很重视与王蒙的友谊。现在,他步王蒙的后尘,再次捡起了这个20世纪50年代美好青春岁月的题材,当然是从新的艺术立场和视角,写了一篇《初春》。他希望这篇小说能有所反响,也希望电影制片厂能将其搬上银幕。但他对此感到失望。他的这封信,很能帮助我进入作为作家的张弦的心灵,这篇小说也艺术地展现了他的不悔的理想!

其实,张弦从改编《青春万岁》起,就走上了漫长的电影剧作家之路。我曾劝过他:"你到底是个小说家呀!"但他总是痴迷于电影,后来,小说创作反倒成了业余了,并为电影人秦志钰所吸引,走到了一起,结为伉俪。

担心思想解放运动的成果被否定

陈辽从南京来信,把他近来的许多思考告诉我,与我进行私人间的探讨。他是一个"解放派",一贯以新时期文学的成果的保卫者面貌出现。他在信中也表示了自己的困惑和忧虑。担心几年来的文艺创作成果被否定,担心思想解放运动的成果被否定。他的来信提出的问题也是我所思考和担心的问题。比较起他来,我所处的单位和岗位,也许比他知道得更多,担心也就更多。

锡诚兄:

您好!

前寄一信,想已收到。连云港市教师进修学院已经把《高晓声研究资料》寄给您了吧?我请他们寄两本,一本给您,一本给《文艺报》编辑部。不知您收到没有?

黄山会议,(李)基凯同志回京后想必把有关情况向你们说过了,此处不赘。

我从黄山回宁后,浏览了最近的文艺报刊,及报刊上的一些批评文章,觉得有这样一些想法应该提出向您请教:

一是对前几年揭批林彪、"四人帮",批判现代迷信,批判极左路线的作品的评价问题。在最近一些批评文章中,有些文章竟把这些作品都一概加以否定了。您可能也已听说,河南把《犯人李铜钟的故事》当作有错误倾向的作品来批……这样搞下去,怎么得了?势必否定对两个"凡是"的批判,否定三年来文艺创作成果。

二是把资产阶级自由化与文艺创作上的探索、理论上的探讨混淆的问题。我认为,资产阶级自由化,有其确切的含义。那是指否定和反对党的领导,否定和反对社会主义的那些错误东西、不良倾向。至于在文艺创作中一些作家在艺术上的新探索,在文艺理论中一些理论家在理论上的新探讨,则属于艺术上的是非问题。两者不能混为一谈。然而在最近有些评论文章中,又把后者当作资产阶级自由化来批了。这样批下去,又如何得了?

三是坚持四项基本原则和保卫思想解放的成果问题。两者本来是一致的、统一的。但在最近一些批评文章中,在强调坚持四项基本原则时,竟把近几年来的思想解放的成果也否定了。如对《讲话》,幸亏乔木同志的讲话作为中央39号文件发下来了,在肯定《讲话》的基本原则、历史作用、现实意义的前提下,乔木同志对《讲话》中的"动机与效果"、"人性论"等几个问题提出了批评,指出在这些问题上的观点对后来的文艺工作产生了不利的影响,这才稳住了文艺界。而在前些日子的某些批评文章中,动不动就说什么"思潮",否定了《讲话》,否定了毛泽东文艺思想,等等。这种做法,实际上也就是对前几年思想解放运动中的成果的否定。

《文艺报》作为全国性的文艺理论刊物,能不能就这些问题发表一些指导性的文章呢?我很想能听到您的高见。

我这些想法也不一定对,只和您一个人谈谈,请勿外传为盼。

周扬同志辞去副部长职务后,最近北京文艺界情况如何?根据您的高瞻远瞩,今后文艺形势将向何处发展?敢请明以教我。

我从黄山回来后,杂事颇多。打算在最近了却这些杂事后,好好考虑一下明年的写作计划。但侧重点放在哪里,自己也没有把握。有的同志劝我向现代文学靠,离现实远一些。颇似有理,但又和我的个性不合。在此情况下,和您谈了以上这些情况和想法,请拨冗指教。

余不赘述。顺颂

著祺!

弟　陈辽
1981年11月19日

向唐因、丹晨、基凯同志问好。又及

当代文学理论批评太靠近政治、太政治化了。这种境遇的确给人带来许多烦恼。据我所知,生出远离政治、远离现实的想法,转向现代文学或其他学术领域的人,绝非陈辽一个。但陈辽说他的个性更适合于当代文学,的确,他喜欢不停地追踪和探索。我无法回答他。从事当代文学的批评,无时无刻不受到政治,甚至具体的政策的影响和左右,大概很难建立起独立的学科体系和规范,更谈不上进入"纯学术"的境界。他太单纯、太天真了吧。

要振奋精神

临近年终,中央决定今冬明春召开三个大型会议:一个是全国理论工作会议,一个是全国新闻工作会议,还有一个是全国文艺工作会议。全国文艺工作会议的筹备组由周扬任组长,赵守一和贺敬之任副组长。

11月5日起召开文学创作座谈会。在京的很多老作家都来参加。会议由赵守一主持。贺敬之传达了胡耀邦关于文艺工作的两个讲话。贺敬之的讲话很长,中心意思是要求文学战线振奋精神,鼓起气来,使文学有个新的发展。这当然不是贺敬之个人的意见,而是中央的意见。一年来,反"左"批右,检查涣散软弱状态,批判资产阶级自由化,《扯"淡"》问题,《也谈突破》问题,《苦恋》问题,叶文福问题……一个接着一个,全国文艺界都在开会开展批评与自我批评,检查和改变软弱涣散状态,作家们普遍感觉困惑和忧虑。除了张洁的《沉重的翅膀》外,文学创作基本上没有什么上乘作品问世。文学不能长时期处于疲软状态,而要改变这种疲软状态,光讲那些大道理是不能完全奏效的,重要的是要给作家艺术家创造一个平安宁静、舒缓自由的环境和心态,否则,怎么会有好作品出世呢?于是,中央决定召开文艺工作会议,目的就是要总结成绩,克服缺点,团结一致,振奋精神,向前看。

在此总的气候下,《文艺报》的处境也在开始改变,历史翻过了一页。11月9日,中宣部赵守一和贺敬之两位副部长听取由唐达成所作的《文艺报》工作汇报。

赵守一说:我赞成这个回顾和总结。摆在我们面前的是甩掉包袱,轻装前进。过去有成绩,也有失误。失误主要是《扯"淡"》和《苦恋》。如果说过去是徘徊,现在则是揭开新的一章。《文艺报》是文艺战线的指导性刊物,是党在文艺战线进行工作的重要武器,党就是通过《文艺报》领导文艺界,促使、鼓励文艺界,沿着"双百方针"前进。

贺敬之说:《文艺报》成绩很大,主流是好的,也有些失误,经中央指出,消极可以变积极。胡乔木写了信,说要这个指导性刊物;王任重、周扬也都说,不要另起炉灶了,就要《文艺报》。作为指导性刊物,应是马克思主义的理论阵地,是党性与群众性相结合,所谓指导性就是党的声音。

《文艺报》稳定下来了。

戴厚英的《人啊，人！》

花城出版社的王曼社长给我写信来，告知纠缠已久的戴厚英的长篇小说《人啊，人！》①，广东省委已经得出了结论，认为是一本好书。并嘱编辑把有关的材料寄给我。我为广东方面对出版《人啊，人！》所表现出的唯真理是听的精神感到高兴。

戴厚英，我早在上海就认识了，那时，她还住在巨鹿路675号上海作协办公室后面的二楼宿舍里，我还曾应施燕平和她的邀请，到上海大学中文系给学生作过一次演讲。前年，我到广州去出差组稿，正是围绕着《人啊，人！》的出版问题闹得沸沸扬扬的时候，恰好花城出版社邀请谌容和戴厚英在广州写作，住在白云山的松涛别院一座清净的院落里。出版社的同志把我们送到那个幽静的去处，与二位女作家见面、交谈，并一同用餐。

戴厚英

我们对上海文艺界在"文革"中的情况，没有调查，所知甚少。改革开放以来，上海文艺界与戴厚英持对立立场的朋友们，与我们的关系很好，交往很密切，在文艺观点上也颇为契合。但我们动手编选《当代女作家作品选》时，并没有受他们两派的影响，决定收入她的代表作，并给她写了信。1981年8月20日，岑桑写信给我和雷达学说："接戴厚英同志信，说你们拟将她的近作收进《当代女作家作品选》，她想将已由我们收进集子的

---

① 戴厚英：《人啊，人！》，花城出版社1981年版。

一个短篇《豆芽菜》寄给你们，但她自己已无底稿，叫我们将校样寄她。考虑到往返费时，现将校样直接寄给你们。另外，戴还有一个很有特色的短篇《一颗心的经历》在我们手上，拟收进另一个集子，现一并寄上，请考虑是否可收她两篇？（后者是原稿。如你们决定收进去，我们等稿子寄回后才另抄一份。）"我们经过商量，认为长篇小说《人啊，人！》是她的代表作，故没有采用其他作品，而从长篇中节选了一节《我从失中得到，我将创造》。她专为我们写了一份小传。

无论是花城出版社的领导同志，还是广东省委的负责同志，在《人啊，人！》的出版上，虽然冒了很大风险，但在做了一定的调查研究后，独立地做出了决定。他们所做的事，令人陡生敬意。

锡诚同志：

　　你给李汗的信，我已阅过。《当代女作家作品选》一、二集已付型，因在外地印，要明年一月中旬才能见书。可以给你留一两套，放在李汗处，你来广州时再交你。

　　三集尚缺王英琦小传，而且没有签名。整本书各人签名缺一大半。工厂规定齐清定，这样不愿接收。请你告知高洪波同志催一催，或发张白纸请他们签名寄来。这书由郑潜云负责编辑，他出发了，别人不知头尾，不好查收。这事只好麻烦你们了。

　　《人啊，人！》省委已有结论，认为是一本较好的书，不同意上海意见。我们整理了一份读者来信，比较简单，我叫编辑再搜集补充，然后寄给你。

　　《潮汐文丛》你印象如何？可否在《文艺报》上登个消息？

　　谢谢！

　　撰安！

王　曼
1981年11月23日

戴厚英于1996年8月25日在寓所里被杀害后，复旦大学吴中杰和高云编辑的《戴厚英啊戴厚英》①一书里，收录了花城出版社岑桑、王曼、杜渐坤、李士非四位当年负责或参与编辑出版小说《人啊，人！》的社长、编辑的怀念文章，这些文章帮助我回忆起小说出版前后的一些细节和了解了一些过去不知道的事情。1981年10月17日，上海《文汇报》率先发表了姚正明、吴明瑛题为《思考什么样的"生活哲理"——评长篇小说〈人啊，人！〉》的文章后，在上海掀起了一轮对她的批判。1981年12月4日和10日，广东省委宣传部邀请省直和广州市文艺、新闻、出版界的部分人士，召开了两次座谈会，讨论对长篇小说《人啊，人！》的看法，研究广东对这部长篇小说应采取的态度和措施。会议由宣传部长陈越平主持，副部长张作斌、副部长兼省新闻出版局局长黄文俞等有关领导人均参加了座谈会。会议认为《人啊，人！》是一部较好的小说，小说中的人道主义情怀不是应该批判的，而是应该肯定的。最后决定，广东对《人啊，人！》的方针是自由讨论而不是批判。

《小说创作漫评》出版

湖南人民出版社副社长袁琦于12月6日写信给我，告知拙作《小说创作漫评》一书已经出版。"已印装了一部分，还不难看。我已嘱咐(张)永如同志寄给你(已寄出)，其余部分要到月底才能出书。"我很快就收到了责任编辑张永如给我寄来的书。从50年代末起我就出过几种书，但这本书，作为我的第一本文学评论集，是改革开放以来两年间写的评论文章的结集，每一篇文章都浸透着自己的思想和心血，所以我是很珍视的。袁琦副社长和张永如同志为它的出版做了许多工作，我感谢他们。

编辑是作者与读者的沟通者，没有编辑，作者就无法把自己的作品交到广大读者手里。由于担任文学评论刊物编辑工作的关系，我

---

① 吴中杰、高云编：《戴厚英啊戴厚英》，海南国际新闻出版中心1997年版。

接触的文学作品很多，读过之后，便要写些意见和感想出来，于是便有了我的文学批评。但我深知，文学批评文章，是建立在感悟的基础上的，而我还没有来得及进行更深入的思考、推理与比较，因而，还算不上精深的研究文章。但文学批评文章的作者，又处于无可替代的地位，具有他人不具备的长处和特点。他做的是淘汰的工作，他要从纷繁的文坛中把大量缺乏思想艺术价值的作品淘汰掉，把少数比较优秀的作品遴选出来，推荐给读者和文学史教员。做这样的工作，没有一定的艺术水准和眼光是无法进行的，或无法胜任的。有些缺乏艺术感悟能力和艺术欣赏水平的老师，他可以说得头头是道，但给他一部作品，他也许无法判断这部作品的优劣好坏高下，即使能判断也说不出所以然来。由于长期的工作训练，编辑就具有这样的判断能力。没有编辑的爱惜、取舍、淘汰、推荐，任何有才气的作者，都可能会永远被埋没在草野之中，而且文学史也很难写出来。

两年来，文坛经历的是一条风雨之路。作为一名文艺评论刊物的编辑和一个文艺评论工作者，要时刻站在风雨的前面，尽到推动文学发展的职责。对传统的文艺理论和观念需要重新思考和审视，原有的知识需要不断更新。全部的付出，就是古人说的"为人作嫁"。我所做的，正是这样一种不求回报的事。写过了，就如同被风吹走了的书页或纸片，不再有什么意义了。而当我看到这本评论文集时，却又不免感慨万端。那时，理论书的读者还真不少，一次就印了12000册，很快又印了一版。

破冰之旅：内地港台作家的第一次聚会

持续十年的"文革"过去已经四年了，"伤痕文学"和反思文学的浪潮席卷中国内地文坛，成为中国改革开放事业和思想解放运动的一支不可忽视的推动力量。1979年以来，中国内地作家与外国作家的交往已经不少，但内地、台湾、香港的文学界之间，却仍然被坚冰所阻，没有直接沟通的机会。由内地作家组成的"中国作家团"应邀于1981年12月18日赴香港，出席由香港中文大学主办的"40年代中国现代文学研讨会"。一袭"红都"中山装打扮的内地作家团刚刚步出香港红磡车站,便立即被香港媒体记者们围追堵截,全方位地追踪报道,好似意识形态领域里爆出了一颗不大不小的"原子弹"。内地、港台的作家学者,第一次坐在一起讨论中国现代文学,真是匪夷所思;由于这次"中国作家团"的香港之旅,是"文革"后第一个访港的作家代表团,故此行堪称文学界的破冰之旅。

香港《文汇报》报道版面

内地作家代表团团长是北京师范大学教授、解放前就在香港工作过的老作家黄药眠。团员有唐弢、孔罗荪、柯灵、王辛笛、丁景唐、田仲济、叶子铭、楼栖、林焕平、吴宏聪、理由和刘锡诚,秘书是范宝慈。台湾方面有陈纪滢、余光中、叶维廉、痖弦、洛夫。东道主香港作家和学者有刘殿爵、刘以鬯、吴其敏、张向天、侣伦、夏果、舒巷城、潘际坰、唐瑜、萧铜、潘耀明、郑辛雄、吴羊璧、杜渐、原甸、谭秀牧、蔡国喜、朱鲁大、张志和、陶然、黄河浪、东瑞、秦岭雪、曾家杰、李今吾、王智浓、冯伟才、陈浩泉,以及《大公报》副总经理陈凡,《新晚报》总编辑罗承勋,《文汇报》总编辑金尧如、副总编辑曾敏之。旅美作家有周策纵。

没有改革开放,就不会有这次内地、港台作家学者的聚会。而访港的这个"中国作家团",作为"文革"后第一个访港的作家代表团,用的名义是"作家团"而不是"代表团",这个名字不免有点儿不伦不类、古里古怪,派出这个团的中国作家协会的决策人肯定是用心良苦的,但在我却一直是个没有解开的谜。

参加香港中文大学召开的40年代中国现代文学研讨会的中国作家团

再说,香港中文大学领导人能克服意识形态分歧,做出邀请内地、香港、台湾三地的作家坐在一起开会的决定,在当时,确实是一件非同小可的事情。我想,首先应该归功于当时香港中文大学校长马临先生,没有他的决断,这个会难于开得起来。尽管台湾作家陈纪滢、氩弦、洛夫因台湾当局不给他们发"签证"而没有到会,但老作家陈纪滢还是毅然送来了一篇题为《四十年代中国文学之演变》的论文,并委托香港学者李今吾代为宣读。余光中亲自到会,但我注意到他用的名义却是香港中文大学客座教授。对于主持会议的香港朋友来说,他们更是谨慎有加,既不愿意得罪大陆,也不愿意得罪台北的朋友,这份谨慎突出地表现在如何处理陈纪滢论文中的一些提法和言论上。如《明报》一篇报道所说的:陈纪滢的论文里"颇多敏感句语,但大会当局安排了一个避过敏感部分的'节本'供李氏宣读"。(香港《明报》1981年12月22日报道)

开幕式于12月21日上午在香港中文大学祖尧堂举行,港中大校长马临主持。主持者选择了长期客居美国、任教于威斯康星大学的周策纵教授作开幕致辞,相当于内地学术会议的"主题报告",为大会定调子。他讲话的主旨是:"40年代的文学作品,好比民族奋斗的史诗。"会议一共进行了3天。先后在大会上宣读论文的,台湾学者:陈纪滢(《四十年代中国文学之演变》)、余光中(《试为辛笛看手相——〈手掌集〉的赏析》)、叶维廉(《研究四十年代诗的几个据点与角度》);香港学者:刘殿爵(香港中文大学文学院院长)、常宗豪(香港中文大学中文系主任)、赵令扬(香港大学,《有关四十年代中国新文学研究资料和方法》)、梨活仁(香港大学,《香港大学冯平山图书馆所藏四十年代上海出版之杂志》)、黄继持(香港中文大学,《民族形式问题——华南与重庆的讨论评述》)、卢玮銮(香港中文大学,《中华全国文艺界协会香港分会的组织与活动》)、梁佳萝(香港中文大学,《学者的散文》)、陈炳良与黄德伟(香港中文大学,《张爱玲小说中的"启悟"主题》)、吴茂生(香港中文大学,《李广田的小说》)、刘以鬯(《怀正:四十年代上海的一家出版社》);内地学者:黄药眠(北京师范大学,《评黄宁婴的长诗〈溃退〉》)、唐弢(中国社会科学院文学研究所,《四十年代中期的上海文学》)、楼栖(中山大学,《四十年代华南文艺运动》)、王辛笛(上海市作家协会,《从三十年代谈到四十年代——上海新诗风貌》)、柯灵(上海市作家协会,《上海沦陷期间戏剧创作管窥》)、丁景唐(上海市出版局,《四十年代初期上海鲁迅研究概观》)、林焕平(广西师范大学,《四十年代茅盾在香港和桂林的文学成就》)、叶子铭(南京大学,《论四十年代茅盾的文学评论》)、田仲济(山东师范大学,《四十年代王统照的文学创作》)、孔罗荪(中国作家协会,《四十年代中国文学概略》)、吴宏聪(中山大学,《虾球传》)、刘锡诚(中国作家协会《文艺报》,《赵树理四十年代的小说》)、理由(北京市作家协会,《四十年代一门年轻的文学样式——报告文学》)。

叶子铭和林焕平的论文都是关于茅盾的创作和创作思想的。叶子铭的论文,在全部学术研讨中,是争论最为激烈的一篇。香港的学者普遍对茅盾的创作采取贬低的态度,与内地学者分歧甚大。内地学者与香港学者之间在政治立场和艺术观点上的差异,在对茅盾的评价上显示得最明显。香港学者对王辛笛40年代的诗歌表现出浓厚的兴趣并给予高度的评价,又因有台湾诗人余光中在会场上与辛笛的唱和酬答而多了几分情趣,加之辛笛宣布把他所珍藏的40年代的三种诗刊《诗创造》、《中国新诗》、《森林诗丛》整套送给香港中文大学,使他成为会场上的热点人物。

内地改革开放的初期,香港居民中对内地政策持疑虑态度的,大有人在,更不要说是那些被我们称为"右派"的人了。到达香港后,我们在媒体上看到不少歪曲,甚至仇视和漫骂内地的言论。《香港时报》所用的标题就具有挑衅性:《台湾作家未参加/中共"官方"代表倾巢出/所谓"文学研讨会"/活像批斗大会发言/吹嘘突破政治领域简直是个笑话》。(12月23日)《联合报》著文说:"主办者原是纯为学术而邀请大陆的作家参加,但中共视海外文化会议或国际会议为政治宣传和'统战'活动的机会;这次中共派遣的'作家代表团',大都是政治色彩很浓的'文化官'或'马列文艺宣传家',而且一开始就'借题发挥'作'统战'宣传。……柯灵赴港前,就向香港报界拍发了'统战'宣传的稿子,说到所谓'和平统一'时说,'我看香港可以作为沟通大陆和台湾的引桥'。"(12月24日)《香港时报》记者文章《所谓"文学研讨会"活像批斗大会发言》说:"这个研讨会的策划单位,一再吹嘘包括有台湾及大陆的作家座谈,实际上应邀的台湾诗人瘂弦、洛夫及文艺作家陈纪滢均因'签证'问题没有参加这个研讨会,而来自大陆的所谓'作家代表团',各具浓厚的政治色彩……从中共代表团的名单中,明显看出是以统战宣传为主体,因为不少成员一直担任中共'官职'而与创作团早已人隔万重山,部分成员最少在20年以上没有发表过真正的文艺创作,但他们对'马列主义'的文艺教条,诸如'文化革命论'、'论新民主主义教育'、'马恩列斯论写作'一类八股样板'文艺'却是很有'优越性'的。……宣传文艺教条的中共'官方'代表倾巢而出,如果说这个研讨会突破了政治的领域,简直是自欺欺人的说法。"(12月23日)

尽管媒体上有这样那样一些不和谐的声音,整个会议仍开得很成功,达到了沟通、研讨、磋商、了解的目的。正如香港《今晚报》的一位记者写的:"对香港的文学工作者来说,由香港中文大学中文系主办的'中国现代文学研讨会'是极有意义的一次盛会。"(12月29日)

与会内地作家中有好几位是"老香港",40年代在香港生活与写作过,并积极参与了香港的抗敌文化活动,香港文化界对他们是十分熟悉的。黄药眠先生是著名诗人和文艺理论家,曾以《约瑟夫的外套》、《论走私者的哲学》、《初学集》等作品知名于文坛,在文学理论上造诣很高,40年代在香港达德学院担任过文学系主任,培养了很多学子。新中国成立后,在北京师范大学任教,在1957年的反右运动中,被错划为"右派",与吴景超、曾昭抡、陶大镛、费孝通、钱伟长一起共称鼎鼎大名的"六教授"。粉碎"四人帮"后,错案得到改正,在文坛上重新闪烁出光芒。这次来港,让他担任团长,是最适宜不过的人选了。柯灵、辛笛、林焕平、楼栖等也是以前在港生活和工作过的老作家。

这次在港期间,香港三联书店为几位老作家举办了一次签名售书活动,一个钟头的时间里就售出了500本书,使香港读者面对面地领略了内地作家的风采。所售书籍,有唐弢的《落帆集》和《唐弢杂文选》,柯灵的《长相思》和《电影剧本选集》,田仲济的《抗战文艺史》和《文学评论选集》,黄药眠的散文诗《面向着生活的海洋》,以及收入辛笛、唐祈、郑敏、袁可嘉等"九叶"诗人诗作的《九叶集》等,成为最受香港读者欢迎的文学图书。

(自左而右)刘锡诚、王辛笛、唐弢、理由在香港理工大学演讲

12月26日上午,大会会务组安排唐弢、王辛笛、刘锡诚、理由四人在理工学院唐炳源楼为香港中文大学的学生们举行文学讲座。唐弢的讲题是《创作与生活》,王辛笛的讲题是《我的创作经验》,理由的讲题是《有来有往》。我则负责回答学生们就当前内地文学现状提出的问题。

内地文坛:反自由化和朦胧诗

从意识形态的差异来说,1981年内地文坛的动向成为香港社会最敏感的话题之一。当年的中国内地文坛,有两个问题备受香港文艺同行和媒体舆论的关注甚至忧虑:一个是朦胧诗,一个是自由化。所谓"自由化",批判白桦的《苦恋》的风波,原本就是备受香港文化界和媒体关注的一桩大事。我们《文艺报》的两位副主编唐因、唐达成合写的《论〈苦恋〉的错误及其他》同时在《文艺报》和《人民日报》发表(转载),"自由化"的风波告一段落未久,到了年底我们访港之际,《文艺报》却又发表了一篇引人注目的署名文章,引起了香港舆论界和文艺界新的震动和忧虑。我们在港期间,《明报》于1981年12月25日登出一篇题为《过多抚摩昔日创伤而叹息 〈文艺报〉批判作家离轨道》的文章,报道和评论了此文中关于资产阶级自由化和文艺界领导涣散软弱的一些提法:

> 12月上旬出版的《文艺报》发表谷言题为《为提高文艺作品的质量而努力》的文章,它说:文艺战线也确实出现了企图摆脱党的领导、脱离社会主义轨道的资产阶级自由化的错误倾向,出现了一些不健康的、消极的、有害的作品与言论。应该看到,某些文艺作品、文艺观点和某些人的言论中表现出的自由化倾向,并不是孤立的、个别的,而是社会上资产阶级自由化的错误思潮的反映。而文艺界的资产阶级自由化倾向,又必然要对社会上资产阶级自由化思潮起推波助澜的作用。
>
> 文章说:党中央对此早有察觉,一再提出重要的意见。应引

为深刻教训的是,我们文艺界的同志,对党的一些带有根本性的重要意见,没有及时地引起充分的注意;对于错误的作品、观点、言论,没有能旗帜鲜明地、理直气壮地、有说服力地进行批评。文艺战线领导存在着涣散软弱的状态。

文章指出:在文艺创作上,一个时期以来,赶不上时代前进的步伐,与人民群众建设四化的沸腾生活的基调不很合拍。一些作品,过多地抚摩昔日的创伤而叹息,过分热衷于追求揭露社会的阴暗面,缺乏振奋人心的昂扬的时代强音。现在,情况已经有了新的变化。党的思想战线问题座谈会对文艺界起了重要的促进作用,严肃的、与人为善的批评与对人处理的慎重方针,给文艺战线带来了新的局面,资产阶级自由化思潮开始受到抵制。

《文艺报》发表的这篇署名"谷言"的准社评式的文章,出自谁人之手,我不得而知。但据我的经验,要么是出自我们编辑部同人之手,要么是上面什么人写的授权在《文艺报》发表。这种化名之作,在《文艺报》过去是常常有的,因为要传达上级的某个意图,或奉命之作,而又不愿意署自己的真名或大家都知道的笔名,便临时起一个名字,或谐音,或有寓意,或许什么意思也没有。"谷言"也许就是"姑妄言之"的意思吧。香港人却不以"姑妄言之"来理解这篇文章的用意。这篇准社评总的思想是:"文艺战线也确实出现了企图摆脱党的领导、脱离社会主义轨道的资产阶级自由化的错误倾向,出现了一些不健康的、消极的、有害的作品与言论。应该看到,某些文艺作品、文艺观点和某些人的言论中表现出的自由化倾向,并不是孤立的、个别的,而是社会上资产阶级自由化的错误思潮的反映。而文艺界的资产阶级自由化倾向,又必然要对社会上资产阶级自由化思潮起推波助澜的作用。"指出资产阶级自由化倾向和错误思潮的要害是企图摆脱党的领导和社会主义道路,这样的提法和对形势的估计是比较严峻的,预示着批判资产阶级自由化和纠正软弱涣散的斗争,并不以批判白桦的《苦恋》的告一段落而结束。

在12月26日香港《文汇报》、《大公报》、《新晚报》三家联合召开的香港文艺界座谈会上,内地文坛批判资产阶级自由化倾向一事,自然成为与会者最为一个关注和求解的问题。由于我的身份是《文艺报》编辑部的副主任,我被看作是代表团13人中一个最近乎官方人士的成员,又因为刚刚过去不久的批评白桦《苦恋》的重头文章是《文艺报》发表的,所以在会上我被指名来回答这个问题。12月27日的香港《文汇报》发表了一篇署名陆浩的题为《新诗主流和自由化倾向》的"特稿"报道说:

> 对于内地出现的自由化倾向,《文艺报》编辑部副主任刘锡诚也坦率地对这个问题发表了意见。他强调说,文艺作品的自由化倾向主要是由于作者从主观出发,脱离了生活和社会主义轨道,但这是个别的现象。自由化是应当加以批评纠正的,例如白桦的《苦恋》受到了批评,但他的另一些好作品也同时得到了创作优秀奖。文艺批评应当客观地分析问题,并不是专打棍子和专戴帽子的。
>
> 刘锡诚还指出,除了自由化倾向外,内地文艺界也出现了商业化的倾向,他并列举竞相出版推理小说及侦探小说为例,认为这种倾向是理应受到批评的。

我在回答提问时,强调自由化倾向的出现,是因为有些作家"从主观出发,脱离了生活和社会主义轨道,但这是个别的现象。自由化是应当加以批评纠正的,例如白桦的《苦恋》受到了批评,但他的另一些好的作品也同时得到了创作优秀奖"。我的回答没有像《文艺报》文章那样说自由化倾向是企图脱离党的领导,如果说企图摆脱党的领导,那就成了政治问题了;我还强调自由化是个别的现象,是不难纠正的。

出席香港文艺座谈会的是香港文艺界人士和媒体人士①,与在香港中文大学举办的现代文学研讨会会场上的那些大学教授们不同,他们较少教授们自恃的那种学究气,而有更多的政治敏锐性和现实感。两种不同职业的人的关注点和气质是颇有差别的。

辛笛成了新宠

来自上海的"九叶派"诗人辛笛,成为香港现代文学研讨会上会内会外最受关注的热门大陆作家。这种情况的出现,我以为,是由三方面的原因造成的。一是辛笛等活跃于40年代的诗人,在1949年全国解放、共和国成立后封笔,大部分隐于文坛,没有新作问世,这种状况的形成,当然是由政治的原因使然的;二是内地刚刚由江苏文艺出版社出版了一本《九叶诗选》,几乎囊括了被称为"九叶派"诗人的全部好作品,使多年来隐于文坛之外的诗人和难得一见的现代派诗作,得以与渴望开放的读者见面;三是内地诗坛上"朦胧诗"的活跃以及对"朦胧诗"的责难,激起了读者对"朦胧诗"的更强烈的兴味。

在这种形势下,辛笛的访港自然成为这次学术会议的一个热点和亮点。他一到香港便写下了一首《香港,我来了》的自由体新诗,表达他相隔多年后的感受:

香港,我来了!
阳光下有山有水,
就可以有无数的高层建筑;
夜来辨不清是天上的繁星,

---

① 出席座谈会的香港作家、诗人、评论家有刘以鬯、吴其敏、张向天、侣伦、夏果、舒巷城、潘际坰、唐瑜、萧铜、潘耀明、郑辛雄、吴羊璧、杜渐、原甸、谭秀牧、蔡国喜、朱鲁大、张志和、陶然、黄河浪、东瑞、秦岭雪、曾家杰、李今吾、王智浓、冯伟才、陈浩泉,以及《大公报》副总经理陈凡、《新晚报》总编辑罗承勋(罗浮)、《文汇报》总编辑金耀如和副总编辑曾敏之等。

还是人间的灯火,
都是一样的灿烂可亲!
切梦刀到头来
会帮助我验取什么是高贵,
什么是卑微!
我真想再一次在薄扶林道上散步,
去看望一下当年的望舒;
我还分明记得
那时还在永别亭前
送葬人的路祭;
隐隐升起的
是伤心的野哭!

一九八一年十二月二十一日

  辛笛向大会提交的论文是《试谈四十年代上海新诗风貌》。在宣读论文前,他怀着兴奋的心情讲他这次南来的感想,特别是说到现代诗的提倡不应该忘记叶公超:"我国现代诗的提倡和发展,叶先生是应当记上一笔的!"他自述说:"我于1935年毕业于清华大学外文系,叶公超就是外文系讲授现代诗的老师。也就是因了亲受叶公超的教益和影响,才从事于现代诗的创作。"他还说:"最近读《朱自清日记》,其中也记录了叶公超对新诗的意见。如1932年10月30日记:'公超谓翻译诗因语趣关系,传意实不足,须传境界。'又如11月15日:'晚公超来谈中国所以无长诗之故,因中国无宗教信仰,不思灵魂得救,而西方有识者皆腐心焦虑于此。又中国人对自然与西方不同,西方人最初亦只以自然作背景,渐乃付以生命,至华兹华斯竟于自然中吹入全神思想,且彼等对自然有一种美的直觉,此实中国所无也。又谓西洋近代诗,日趋精确,阅者渐少,小说新体已成,诗尚在创造中。公超谓此方面试验以美国为最,大抵年轻诗人为之,因举E. E. 卡明兹(《日落》诗)为例。'"辛笛之所以特别提起叶公超,还因为叶刚于上月在台北逝世。辛笛还提到女诗人赵萝蕤,即诗人陈梦家的夫人,她也曾出版过一部现代诗集,她写诗也是受叶公超的影响的。

辛笛与威斯康星大学教授、香港中文大学客座教授周策纵的唱和最是风趣,也缓和了会上会下的气氛。在马临校长的夜宴会上,作为大会主席的周策纵拿出了他的一张贺年片送人,上面印了他亲笔写的《沙田杂诗之一》:"雨后山花出浴娇,远峰入水泣鲛绡。和烟久坐陪松竹,沁翠清音与梦摇。"并在与会者的邀请下用湘音楚调朗诵了这首诗。内地诗人辛笛和韵作了一首七绝:"白首成诗韵最娇,此行一路梦红绡。且携山色湖光去,待与夫人双桨摇。"第二天,周策纵要回美国威斯康星去,又作一首《赠辛笛先生》诗赠辛笛:"扶苏九叶隔年春,掌上明珠洗暗尘。倘为生民诗可殉,楚骚端未共沉沦。"并诗末附言:"中国现代文学会议席上,余光中教授与予本春秋责备贤者之义,对新诗人于40年代末期后纷纷封笔,颇表惋惜。辛笛先生以当时诗人为生民请命,献身革命事业为解。因成此诗,略当问难请益云尔。周策纵1981年12月21日于香港。"并注云:"《手掌集》乃辛笛40年代诗集,《九叶集》则出版于1981年,亦40年代所作也。"辛笛当场又回赠周策宗一首《戏为周策纵先生寄内》:"少壮离乡老大回,花开花落喜春回。自从分手航天去,日诵南华又几回。"(按:周夫人名叫吴南华。)周策纵又有奉和诗一首《讽和辛笛诗人戏笔代我寄内之作》:"老妻召我逐年回,铁鸟匆匆海外回。十二金牌卅六计,走为上计且来回。"周策纵的诗实在算不上什么好诗,只不过是表示友谊的应景酬答之词罢了。

台湾诗人兼教授余光中,对辛笛于1948年由上海群星公司出版的《手掌集》里的诗作大加赞赏,在发言的讲台上以抑扬顿挫的声调和欣赏有加的姿态,一篇篇朗诵着辛笛的诗作。当他宣读完题为《试为辛笛看手相》的论文后,辛笛为余先生所感,欣然上前与他握手表示谢意。

关于内地诗坛兴起的朦胧诗思潮,辛笛在研讨会上报告说,自从"四人帮"垮台后,内地的文学艺术已得到复苏,诗人是有前途的,无论新诗、旧诗都大有可为。他强调说,在任何情况下,新诗都是诗创作的主流,是历史发展的必然结果。有些人认为写新诗者没有才华,作旧诗的才有水平,那是不正确的。他还指出,新诗发展的希望在于青年诗人身上,现在国内一些青年诗人都是极有才华的,老一辈的诗人应当向青年人学习,同时也应作铺路石,让青年人超越自己,则新诗当能得到更大的发展。在谈及现时对国内新诗流派所引起的论争时,辛笛详细论述了新诗各流派的情况。他风趣地说,有人批评他是"老朦胧",可是他却一点儿也不承认自己朦胧;他解释说,只要诗的内容健康,政治方向明确,什么"朦胧诗"和"爱情诗"都是可以写的。

孔罗荪与陈纪滢失之交臂

我们《文艺报》主编孔罗荪(第二主编)提交的论文是《四十年代中国文学概略》。作为他的下属,我向大会提交的论文是《赵树理四十年代的小说》。讲40年代解放区文学的只有我这一篇。我写这篇文章时就想,国统区的抗战文学运动固然取得了巨大成绩,解放区出了个赵树理,他的创作也自应在这个会上予以肯定。孔罗荪临时有事去不了香港,临行前嘱我代他宣读。哪知我们两人的发言都排在了第三天(12月23日)的下午。于是团里临时决定孔罗荪的论文改由代表团的秘书范宝慈同志代读。

去年,1980年6月16日至19日,在巴黎第16区的胜家波里涅克基金会音乐厅也曾举行过一个"中国抗战时期文学研究讨论会",孔罗荪在会上宣读的论文是《抗战时期中国西南文坛》。这次向香港中文大学的研讨会提交的论文,也许没有巴黎会议论文的内容那样集中,但作为20世纪40年代文学的亲历者,他的观察和感受却是无可代替的。在我的印象中,孔罗荪的这篇长文生前好像没有发表过,也没有收入1983年4月由湖南人民出版社出版的《罗荪文学评论选》中,更不可能收入此前由四川人民出版社出版的《罗荪近作》中。《罗荪文学评论选》是冯牧、阎纲和刘锡诚共同主编的《中国当代文学评论丛书》(总共出了20种)中的一种,这套丛书被文学史家们认定为新中国成立以来的第一套文学评论丛书。稿子是由我向孔罗荪同志约定的,由出版社的唐维安同志担任责编。所选他自新中国成立以来写的文学批评文章共 18 篇("文革"前 11 篇,"文革"后 7 篇),是由他亲自编订的,可以看作是他的代表作。因此,这本书在他的文学生涯中有着不可忽视的意义。

大陆作家孔罗荪和台湾作家陈纪滢 1928 年曾在哈尔滨组织蓓蕾文艺社,属于抗战时期的东北作家群中的进步作家,1938 年又都到了武汉,并参加了中华全国文艺界抗敌协会,后来一个去了台湾,一个留在了大陆。这一对早年同属东北作家群、后来久别 40 年的朋友,原定要通过这次"破冰之旅"在香港会议上见面的,巧的是,因台湾当局不给"签证",陈纪滢没有办法到会,孔罗荪也没有到会,成为憾事,也使新闻界大失所望,失去了一则好新闻,尽管陈纪滢的缺席给几家报纸提供了口实使他们大做其文章。好在后来,1986 年,在中国作协外联部的安排下,分别多年的孔罗荪与陈纪滢终于在香港见了面。那已是后话了。

第六章
为文艺与政治的关系松绑

（1982）

1981年文学的回顾

批判电影《苦恋》以及在文艺界开展的"克服软弱涣散状态"的检查整顿，对文艺界和我所在的《文艺报》编辑部所造成的影响是深重的、深远的。1982年的整个春季，我们好像都没有走出那个阴影。

对于一个以文艺批评为宗旨的刊物来说，经常分析和评估文艺形势，是编辑工作中不可缺少的举措。编辑部从1982年1月6日起连续开了好几个会，来总结1981年的工作和研究如何面对1982年的形势，做出自我反省。尽管熬过了批判《苦恋》的那段漫长而痛苦的经历，如今仍在自我检查"资产阶级自由化"、"涣散软弱状态"的过程中而看不到尽头，编辑部的几位主要负责人，显然都处于一种精神疲惫的状态中，或者如一些同志所批评的——"下半年是被动的"，无所作为的。

回想1981年7月17日邓小平同中央宣传部门的领导作了《关于思想战线上的问题的谈话》之后，我们便被推到了批判《苦恋》的最前沿；同时，又开启了另一个主题，即检讨在"资产阶级自由化"问题上的"涣散软弱"。8月13日召开的中国作协党组第一次扩大会议上，党组书记张光年说："一个时期以来，我们对文学创作、文学队伍中存在的错误思想倾向，虽然通过《文艺报》发表过一些批评文章，但不够鲜明有力,特别是没有及时抓住某些有社会影响的典型事例,进行科学的分析和有说服力的批评,确是缺乏战斗力的软弱表现。"这就是说,作协领导层的"软弱涣散"来自于《文艺报》的"软弱涣散"。因被指为对"资产阶级自由化倾向"批评不力而成为中国作家协会检查和整顿"软弱涣散状态"重点的《文艺报》,由副主编唐因代表出面作检查。他说:"在文学战线上,当前特别要注意和加强反对违反四项基本原则的、脱离社会主义轨道、脱离党的领导,搞资产阶级自由化的错误倾向;也要继续清理、克服长期妨碍文艺发展的'左'的指导思想的影响。纠正'左'的指导思想和反对自由化是两项不可分割的任务。当前要突出解决文学战线领导存在的涣散软弱状态。软弱,不仅表现在对右的自由化倾向没有理直气壮的批评,也表现在对'左'的指导思想没有进行有说服力的批评。"他联系《文艺报》的评论工作,认为"刊物对文艺界某些错误思潮及有错误倾向的作品,要么瞻前顾后,不敢批评;要么零敲碎打,缺乏通盘的安排和系统的研究。今后要加强对创作现状的分析、研究,改变情况不明、心中无数的状态。要坚持开展原则性的、说理的批评;同时又要防止简单粗暴"。①邓小平指示要在文艺界开展整肃"软弱涣散状态",主要是指对违反四项基本原则,脱离社会主义轨道、脱离党的领导,搞资产阶级自由化的批评不力,而唐因的检查却把这次整顿改变"涣散软弱状态"概括为既反右、又反"左"两个方面。这段话很能代表唐因的性格。

在编辑部总结工作的全体会议上,理论组组长李基凯批评说:去年下半年,《文艺报》的地位与所起的作用是不相称的,似乎没有起什么作用。试问,提出了什么问题?在文艺问题上的影响不大。批《苦恋》是有影响的;但,如果问题早点提出来,其作用会更大些。在政策性的问题上,没有旗帜鲜明地提出什么问题;在创作理论上,也没有提出什么像样的理论。面对这样的批评或自省,只能哑言。

---

① 见仓涟:《坚决改变文学领导工作的涣散软弱状态——中国作家协会党组、书记处召开联席会议简讯》,《文艺报》1981 年第 17 期;后收入《中国文艺年鉴》(1982 年),文化艺术出版社 1984 年版,第 293~294 页。

创作理论如此,创作形势又怎样呢?3月10日,唐因主持编辑部文学一组和文学二组全体编辑开会,汇报和讨论分析当前文学创作的形势,为拟定1982年的刊物选题计划作准备。

主管短篇小说的雷达说:目前文学评论不景气,评论界提不出新问题来。作家们也普遍地出现了思想混乱。例如,贾平凹的一些作品表现出一种色空感,有"好了"的思想。张弦自发表了《挣不断的红丝线》之后,有人认为他脱离了火热的生活;《未亡人》也有这种倾向。对茹志鹃的创作,我们也收到了不少来稿,认为她的作品比张洁的《爱,是不能忘记的》走得更远。王蒙的作品有散文化倾向,但不符合国情。(晓蓉插话:有人认为,王蒙的作品华而不实,内容空虚。)高晓声和张抗抗的新作值得注意,已经组稿评介。王安忆的《本次列车终点》写得好,已请老作家王西彦写评论。总的看,当前的小说创作,存在着回避矛盾的倾向,缺乏理想和浪漫主义,流于肤浅。高行健出版了《现代小说技巧初探》,引发了一些作家对现代主义的兴趣,已约他写一篇谈小说创作技巧的文章。

北京师范大学教授、评论家郭志刚公开发表的《揭示矛盾和现实主义——简评1981年短篇小说评选获奖作品》,对1981年短篇小说创作形势的评价也大致如此。他既肯定了1981年短篇小说创作取得的成绩,也指出:"这次获奖的短篇小说在反映我们时代的矛盾方面,特别是重大的社会矛盾方面,整个说来还是薄弱的,落后于现实生活的实际发展。在不少生活领域,我们还缺乏比较有力的作品。"①

关于中篇小说,主管编辑晓蓉说:1981年发表的中篇小说计有385部,数量不少,但大多是平庸的。比较重要的作品有谭谈的《山道弯弯》、水运宪的《祸起萧墙》、顾笑言的《你在想什么》、朱春雨的《沙海的绿荫》、蒋子龙的《赤橙黄绿青蓝紫》、古华的《金叶木莲》、鲁彦周的《春前草》、叶之榛的《我们建国巷》、张辛欣的《在同一地平线

---

① 郭志刚:《揭示矛盾和现实主义——简评1981年短篇小说评选获奖作品》,《人民日报》1982年3月31日。

上》、叶文玲的《青灯》、从维熙的《伞》、柳溪的《四姊妹》与《彩凤凰》等。王蒙一连发表了三个中篇，却内容平平，采用意识流的手法，反映生活流于肤浅，文字趋于油滑，写得似乎越来越怪诞。写"四化"题材的作品，几乎挑选不出好的来。单学鹏的《这里通向世界》，是写当前"四化"的有代表性的作品，前半截有新意、有突破，到了后半段，就回到老路上去了。值得注意的是，出现了一批以市井生活为题材的中篇，如苏叔阳的《我是一个零》、陈建功的《辘辘把胡同》、张斌的《柳叶桃》等。青年作家礼平的《晚霞消失的时候》，我们刊物上发表了评论文章，但有人有不同意见，成为一篇有争议的小说。

由于中篇的容量较之短篇为大，作者对所选取的生活在进入艺术处理时可以伸缩自如，所以，自1980年中篇创作出现第一次繁荣期以来，1981年确实继续保持着旺盛的态势，发表的中篇小说数量不少，许多重要作家都在尝试着进入中篇的创作。但也要看到，由于有些作家生活积累和艺术修养的不足，盲目跟进，导致了1981年的中篇创作并不是很理想，甚至可以说在艺术上并没有多少提高，尤其是缺乏思想的深度和高度。到1982年进行中篇小说评奖时，其思想艺术质量的缺欠就突出地显露出来了。与1982年的中篇小说相比，1981年的中篇，得到评论界公认的好作品委实不多，反映生活的深度不够，艺术处理上做到游刃有余的作品更是鲜见。故而在1981～1982年的中篇小说评选中，只有5个中篇小说进入最终获奖名单，这些作品是谭谈《山道弯弯》(《芙蓉》1981年第1期)、水运宪《祸起萧墙》(《收获》1981年第1期)、顾笑言《你在想什么》(《花城》1981年第2期)、朱春雨《沙海的绿荫》(《十月》1981年第3期)、蒋子龙《赤橙黄绿青蓝紫》(《当代》1981年第4期)。只占1981～1982年全部20篇获奖中篇小说的1/4，而1982年的获奖小说则占压倒性的多数，为15篇。

主管长篇小说评论的孙武臣说：1981年长篇小说的数量，达到了一百多部。老作家冯德英推出了《桥隆飙》，李纳出版了《刺绣者的花》，露菲出版了《米河流向远方》，都是写革命历史题材的，大概是由于读者的关注点的变化，这些作品都没有引起关注。有一类作品，直面当前生活中的矛盾斗争,反映了尖锐的现实问题,如张洁的《沉重的翅膀》。另一类作品,触及了人性问题,如戴厚英的《人啊,人!》。这两部作品都引起了争议,甚至掀起了一些波澜;在思想艺术上的成败得失,急需评论界加以讨论。历史小说渐成风气,推理小说显露端倪,建议在刊物上进行笔谈。他在随后写的《1981年:长篇小说丰收》评述中,对1981年的长篇创作做了这样的评价:"1981年是长篇小说的丰收年。据统计,粉碎'四人帮'以来,长篇小说的出版数量与年俱增,1981年突破了百部大关。从创作的总体情况看,在反映时代风云、描绘历史面貌、塑造各个阶层的人物形象,以及表现手法和艺术风格的多样化等方面,普遍有所提高,革命现实主义在不断深化和发展。长篇小说的落后面貌已有所改观,比起一直处在领先地位的中短篇小说来,长篇小说一步步地跟上来了,正在出现令人可喜的势头。"①在这篇为《中国文艺年鉴》(1982)写的专稿中,他还评论了杨佩瑾的《旋风》、周而复的《上海的早晨》(第四部)、古华的《芙蓉镇》、姚雪垠的《李自成》(第三卷)、凌力的《星星草》(下)等长篇。当然最不能不提到的是,作者对两部引起广泛的社会反响、也颇有争议的小说——张洁的《沉重的翅膀》和戴厚英的《人啊,人!》——发表的意见。他认为《沉重的翅膀》在"反映新的生活、新的人物、新的思想"上是"具有开路意义的作品"。"作品真实地反映了当前社会现实中围绕改革和阻碍改革所展开的尖锐复杂的斗争,并且深刻地揭示出这一斗争引起的各种人物内心世界的反应和变化,以及这些反应和变化所预示着的改革是不可阻挡的历史发展之必然的真理。"在评价《人啊,人!》时,他说:"作者通过女主人公、中文系总支书记孙悦所进行的反思是必要的,但党的三中全会以后开始的新的历史时期,带给人们以新的鼓舞、新的希望,以及这鼓舞与希望在人们心灵中所引起的积极变化,不仅在《人啊,人!》中没有得到应有的反映,而且书中人物大多是牢骚满腹,厌倦颓唐,蝇营狗苟,毫无希望,显然这就歪曲了

---

① 孙武臣:《1981年:长篇小说丰收》,《中国文艺年鉴》(1981),文化艺术出版社1984年版,第302~306页。

新时期生活的真实。作品引起争议的主要是关于表现人性、人道主义问题。在经历了一个兽性猖獗、人性灭绝的非常时期以后,作者发出大写'人'字的呼声,不能说没有必要,但作品仅以提倡和反对抽象的人道主义的斗争作为唯一的视角,去概括和总结30年社会主义革命斗争的全部历史,并以实质上是资产阶级的抽象的人道主义为药方,去疗救人们心灵上的创伤,其思想的错误是显而易见的。"孙武臣的汇报发言,是这篇评述文章的基础,他对戴厚英这部作品的价值判断,在编辑部的会议上的汇报发言中并没有说,而是写在了稍后定稿的文章里。他在文章里对《人啊,人!》的价值判断和偏激情绪,是笔者所不能同意的。

《人啊,人!》在人性描写和阐述上的开创意义,无论如何也是应该肯定的。1981年12月4日和10日广东文学界召开的座谈会对《人啊,人!》的肯定,笔者已写在了本书第五章里,这里就不再赘述了。15年后,上海评论家吴中杰在《忆戴厚英》一文中对《人啊,人!》做了公正而中肯的评价,特别是他描述了小说出版后读者的强烈反响,从另一面反证了小说的价值:

> 《人啊,人!》在读者中引起的轰动,就一部长篇小说来说,在中国恐怕是并不多见的。我为收集资料,从她那里先拿到过一百多封读者的信。当时上海还有这样的一个传说:一对新婚夫妇回娘家,新娘子到家里看到一本《人啊,人!》就手不释卷,通宵在娘家把书看完。而复旦大学老教授朱东润先生,还不无幽默地见到戴厚英喊她为"人啊人"。这都说明了《人啊,人!》当时的社会影响。《人啊,人!》的轰动效应,却又成了戴厚英一场新的炼狱的序幕。本来被某些人禁止出书的她,现在居然引起了如此大的影响,岂能不郑重对待?接踵而至的是《诗人之死》的出版再次搁浅。① 出版社完成了一切程序,就是不能下厂印刷出

---

① 《诗人之死》是戴厚英以她所爱的诗人闻捷为原型写的长篇小说。在国内出版受阻,最早出版是在香港劲草出版社(1981年6月)。

版;而《人啊,人!》后记里公然宣扬人性、人道主义又引发了轰轰烈烈的"讨论"。前者多在内部进行,外面无声无息,众所不知;后者则大张旗鼓雷厉风行见诸报刊,众所周知其表,不知其里。而谁都始料未及的是,"讨论"《人啊,人!》使戴厚英在一夜之间成了远远超过《人啊,人!》影响的名人了。用现在的话说,反把她"炒热"、"炒红"了,以致有人后悔说,应该在内部关起门来批的。这场对《人啊,人!》的"讨论",在当代文学史上画了一个大大的"?!"号,也给史家提供了一个有趣的课题:《人啊,人!》现象。试看:当代有几部小说引起过文艺界、教育界、读书界、政界、新闻界的如此关注?有几部小说得到的评价有如此天壤之别——誉之者谓国色天香,要捧它上天;毁之者谓毒草蒺藜,要打下地狱?而十多年来,它又经几家出版社连续印刷十余版,迄今还行销不衰,更不必去说国外出版的众多译本了。这不值得作为一种文学史现象研究吗?研究中国"新时期"文学史的人们,恐怕不仅要对《人啊,人!》做出科学的评价,对那场"讨论"的原委以及其方式,看来也是不能回避了,应该有个说法的。其实,就我辈庸夫俗子们来看,在经过了一场十年浩劫,人性、人道被摧残殆尽之后,有人来呼唤了一下,退一步说,即使说得不周密或有偏颇,那时节文艺界拨乱反正要解决的问题多多,何必把她作为"雁奴"呢?而且,那种先有结论的大批判式的"讨论",又何尝不让人感到沿袭二十多年的"大辩论"之遗风犹在?从这一点来说,那倒是一次回光返照。此后真可说是"一个时代结束了"。而戴厚英其人的一生,她以批判人道主义开始进入文艺界,二十年后来了个"否定之否定",自己宣扬人性的人道主义,并又因此而挨批。更可悲的是,又过了整整十五年,她还是惨死于毫无人道、绝灭人性的同乡人的刀刃之下。这难道只是她个人的悲剧吗?

  戴厚英死了。她如此死于非命,这么突然,这么意外,我不由想起中国历史上一些死于非命的文人。王勃渡海溺水,那太久远了。近代的,徐志摩飞机失事,罹难高山;聂耳游泳弄潮,葬身大海——这些虽都出于意外,令人浩叹,但还能够想象。而江淮才女戴厚英,在极其偶然的情况下,死于同乡人谋财害命的极原始的暴力之下,正如农村人说的:淹死在牛脚塘里。如此意外,只有"无语问苍天",不得不归究于命了。当年闻捷自杀后,有人从戴厚英的玻璃板下查出了她写的一张纸片:"人固有死,或重于泰山。"那后面半句"或轻于鸿毛",她故意不写,这是她对闻捷之死的评价和哀悼。而今她自己如此死于非命,死而有知,她自己将怎么说呢!

　　戴厚英自踏上文坛就是一个是非人物。她的是非,一半是由于她那自信、天真、敏感、倔强而又野性十足的性格,一半是由于人们认识问题的时差和思想观点的分歧。她是有许多缺点错误的,但她的缺点错误"却如一条清溪,澄澈见底,纵有多少沉渣和腐草,也不掩大体的清"(借鲁迅评刘半农语,无相比之意)。她的缺点错误,多数是在"无限信任、无限崇拜"的时代,自以为是在"为真理而斗争"中形成的。而当她一朝醒悟后,对待自己的缺点错误光明磊落,并不掩过饰非。这从她的许多文章,尤其是自传《性格·命运·我的故事》中可以了然。近两年来她皈依佛门,研读老庄(实际上她不可能真正"出世"),如果天假以年,不仅将会在新的领域有成果贡献于世,她的性格也会有所改变的吧。而如今她死了。"死后是非谁管得,满村听说蔡中郎。"戴厚英的是非,待文学史家们去研究评说吧。我这里记下最后告别时挽她的一联:"'老九'灾难,纸上风雨,满城争读《人啊,人!》;民间疾苦,笔底波澜,文坛痛失戴厚英。"聊表呜呼哀哉之情。还妄言一句:随着有中国特色的社会主义建设的发展,各种体制、法制不断进步和完善,落后腐败不断被消除,戴厚英品格的亮点将会愈益显露出它的光彩,而且会远远超过她的作品的价值!①

---

　　① 吴中杰:《忆戴厚英》,吴中杰、高云编:《戴厚英啊戴厚英》,海南国际新闻出版中心1997年版。

唐因在编辑部的会议上总结说：当前的文学创作，在现实的阻力面前出现了两种不同的倾向。有的作者正面突击，显示了现实主义作家的勇气，如张洁的《沉重的翅膀》。有的作者则绕开一些过于敏感的问题，在一点上深入进行挖掘，如陈祖芬的《一只皮球和万家灯火》。与刘心武的《立体交叉桥》不同的是，她写大家都腐烂在一所小院里。这类作品，还有韦君宜的《母女》。也有的人，如王蒙，碰到现实问题，就走向油滑。

总括来说，编辑部比较一致的看法是：1981年的文学是平庸的。对1981年的小说创作，笔者在1982年5月曾做过这样的一个概括性的评价："许多作品对生活的反映失之肤浅。这些作品的作者们的视线仅仅停留在事物的表面，他们对于自己眼前发生的日常生活中的戏剧性事件，只抓住并描绘了外部的和最表面的形态。他们没有向读者提供出新的和广阔的生活画面，也没有从他们所描写的场面、事件、人物中写出新意，因而就无法给读者以思想的启迪、道德的教化和审美的满足。"①

时间过去了30年，现在看起来，这个评价也还没有大错，而且人们应该能够更冷静、更客观地看这段历史了。导致1981年文学创作平庸暗淡的原因，可惜文学史家们至今还没有人加以深究，没有人给出有说服力的论说。一年来反"自由化"和整顿"软弱涣散"给作家、评论家心理上所造成的负面影响，多少被评论界掩盖了。多少有些黯淡的1981年，被文学史家和评论家们笼而统之地纳入到了新时期文学的繁荣盛世之中。

在1981年文学创作的总体评价上，《文艺报》不过是一家之言。也还有另一种声音。自中国作家协会所属的《人民文学》和《文艺报》两个编辑部分别负责短篇小说、中篇小说评奖以来，人民文学出版社另编一种短篇小说、中篇小说年选。《1981年短篇小说选》（选入短

---

① 刘锡诚：《深刻些，再深刻些——1981年的小说二题》，《光明日报》1982年5月27日。

篇小说35篇)出版后,谢明清在《人民日报》1982年5月21日发表短评中称它"不仅创作题材广泛,艺术风格多样,而且许多作品洋溢着高昂的革命激情和强烈的时代精神",与《文艺报》同人们的评价对照起来,大有南辕北辙之感。文中说:"随着农村经济政策的落实,我国农村正在发生着历史性的转折。选集中描写农村生活的作品,突出反映了这个特点。高晓声的《水东流》、王润滋的《内当家》、赵本夫的《卖驴》、周克芹的《山月不知心里事》、张一弓的《黑娃照相》、何士光的《喜悦》、韩少功的《风吹唢呐声》、郑九蝉的《能媳妇》、王吉星的《女御史》和浩然的《机灵鬼》等,通过对人物内心世界的深入剖析和人物思想性格的细腻刻画,真实生动地反映了新形势给农村带来的新变化,以及广大农民对物质文明和精神文明的新的追求和憧憬。选集中反映社会生活变化的作品,还涉及我国政治生活的各个领域。迟松年的《普通老百姓》,生动地描写了吴副专员如何从不肯退休到辞官为民的曲折复杂的思想斗争过程。简嘉的《女炊事班长》,为我们展示了部队生活的新画面,热情地赞颂了战士生活中的积极向上的力量。航鹰的《金鹿儿》,在商业战线强调面向顾客、改进服务态度的今天,无疑具有一定的典型意义。林斤澜的《头像》,从一个侧面歌颂了艺术家们的献身精神。反映青年生活的作品,选集收有陈建功的《飘逝的花头巾》、王海鸰的《他们的路》、温小钰的《宝贝》和艾克贝尔·米吉提的《哦,十五岁的哈丽黛哟》等。刘绍棠的《蛾眉》、李准的《王洁实》和乌热尔图的《瞧啊,那片绿叶》,虽然都取材于十年动乱的生活,但却从不同的角度总结了历史的经验,批判了林彪、'四人帮'的法西斯专政给人们带来的灾难。"

《丑小鸭》创刊

继中国青年出版社主办的《青年文学》(双月刊)于1981年12月在北京创刊之后,另一家青年文学刊物《丑小鸭》(月刊)经过大半年的筹备,于1982年1月25日在北京创刊了。2月12日,《人才》杂志社与《丑小鸭》编辑部在民族宫西楼俱乐部召开创刊座谈会,讨论如何办好刊物。我应邀赴会并发了言,祝贺这家青年文学刊物的创办。

《丑小鸭》创刊号

值得记下的,是为"伤痕文学"呐喊助威、做出了贡献而招致一些持有"左"的思想观点的上层文艺界人士责难的陈荒煤为《丑小鸭》创刊写的《我对〈丑小鸭〉创刊的祝贺》。它说出了老一辈文学家和我们这些为新时期文学推波助澜的编辑和评论工作者的心声。陈荒煤传记研究者严平在其所著的《燃烧的是灵魂——陈荒煤传》(中国电影出版社 2006 年)一书中曾经两次提到并引用过这篇散文。陈荒煤在写了一个寓言式的梦之后写道:

> 我终于从梦里惊醒过来,睁开了眼睛。
> 天已大亮,几天来被风沙迷雾般笼罩着的沉闷天空,在灿烂的阳光下,显得格外明亮开阔,远处绿色葱葱的山脉都清晰可见,这真是一个红五月的春光明媚的早晨。

真是日有所思,夜有所梦。我想起来这是《丑小鸭》编辑部约我最后交稿的日子。我也想起来,我近来也感到有些气闷。我不过是写过一点评论文章,支持了一些青年作家比较优秀的创作,不是就有人责备我跟着青年作家后面跑,是想当什么"青年领袖"吗? 其实,经过十年动乱,倘若不把青年一代扶植起来,不相信青年就是我们的未来,看不到未来还有什么希望,我们这些老头儿活着还有什么意思? 难道真像梦里一样,当我们倒下时,文坛只不过是一块干枯的荒原(当然,不可能是这样),这就是我们几十年来经过曲折复杂战斗的结果!

　　于是,我就把这个梦写了下来,说明只要我没有真正倒下,我就是要为新一代呐喊,愿意和新的一代一同前进!

　　我并不幻想这一群"丑小鸭"都能变成美丽、温柔、洁白、远飞的白天鹅,即使都是一群野鸭,只要经得起风浪,也很好,但愿他们真的能记住自己是"丑小鸭",不害怕"丑",不幻想都变成天鹅,就能茁壮成长起来,都能为社会主义新时期文学繁荣做出贡献。

　　要记着,这是青年爱好者的园地,要不断发现和培养新的人才。只要"丑小鸭"自己并不以"人才"自居,就能成长为真正的人才。只要人才辈出,"丑小鸭"里终究会飞出来一批也许是经得起风浪的野鸭,也许是高高飞翔的雄鹰,也许是羽毛美丽的凤凰,也许是纯洁的白天鹅……

　　使我们老一辈不能不感叹:

　　"数风流人物,还看今朝!"

　　这就是我对《丑小鸭》创刊的祝贺。①

---

① 陈荒煤:《我对〈丑小鸭〉创刊的祝贺》,《陈荒煤文集》(第2卷),中国电影出版社2013年版,第167~169页。

第一届茅盾文学奖评选读书班

1981年,根据茅盾先生遗愿,将其捐献出来的25万元稿费设立了茅盾文学奖。中国作协决定由巴金担任评委会主任。此奖项的设立旨在推出和褒奖长篇小说作家和作品。当时规定每三年评选一次,参与首评而未获奖的作品,在下一届以至将来历届评选中仍可获奖。首届评选在1982年举行,评选范围限于1977年至1981年出版的长篇小说。"茅盾文学奖"是我国第一个以个人名字命名的文学奖,也是中国长篇小说的最高奖项。

为了做好茅盾文学奖的评奖工作,中国作协党组把谢永旺从《文艺报》编辑部主任的位子上调到作协研究室任主任,主持此事。他沿用中国作协系统的《人民文学》、《文艺报》两个单位已经进行过的中短篇小说评奖的办法,启动并主持了"茅盾文学奖"初选工作的读书班。读书班开班的时间是1982年的2月5日,与《文艺报》为纪念毛泽东《在延安文艺座谈会上的讲话》发表40周年的准备文章在西山装甲兵招待所举办的写作读书班差不多同时。为了避开外界的干扰,读书班地址选在西山脚下的昭庙,偏远幽静,环境优美,适合于读书。

应邀前来参加这届读书班的有北京师范大学的童庆炳、《上海文学》编辑部的周介人、《文学评论》编辑部的蔡葵、《文艺报》评论组的孙武臣、人民文学出版社的杨桂欣、陕西作协的王愚、武汉大学的陈美兰、河南作协理论室的孙荪、江西作协理论室的吴松亭、山东师范大学的宋遂良、中山大学的黄伟宗、杭州大学的吴秀明、南通师范学院的吴功正、评论家何振邦、中国作协研究室的吴福辉。这些人当年在文学评论界大多已是颇有点名气的评论家,希望通过他们的阅读、交流、切磋和评选,选拔出一个提供给"茅盾文学奖"评奖委员会的老作家、评论家们参考的备选名单。

第六章　为文艺与政治的关系松绑(1982)

第一届茅盾文学奖初选读书班成员合影

以往,我在《文艺报》主持评选中篇小说奖时,曾经规定中篇的字数每篇在 3 万至 12 万字之间,这样的篇幅不是当作欣赏、兴趣阅读而是作为任务阅读时,也并不感到枯燥和繁难。而长篇小说不同于中篇小说,每本都在 30 万至 50 万字左右,作为任务来读,实在并不是一件乐事,况且还要把每一部读过的作品放在中国现当代文学史上去加以品评和比较。据读书班参加者陈美兰的回忆文章《回忆首届茅盾文学奖评选读书班》称:"由全国各协会、出版社、大型文学杂志编辑部推荐上来的作品只有 134 部,但是,如何在这 134 部作品中挑选出代表这个时期创作水平的作品,对当时读书班来说却是一件不容易的事。记得当时班上有一个不约而同的认识:一定要仔细研读作品才能做出高下、优劣的判断。经过一段日子的'挑灯夜读',才开始做第一轮淘汰,在反复交换意见后,134 部作品中有两人以上认为可考虑的作品是 26 部。在进入第二阶段工作后,研讨活动就更频繁了,为了认清一部作品的价值或问题,大家常常会把话题拉开到对当时整个文学态势的谈论,为此,读书班还专门举行了多次规模较大的研讨会,除读书班成员外,还特别邀请了冯牧、唐达成、刘锡诚、阎纲等同志与会,希望在交流中更扩大视野,从而评选出在当时来说最有价值的作品。"①经过了一个多月的反复阅读和讨论,最后以读书班名义推荐给评委会讨论的作品是17部,最后由谢永旺提交评委会(据谢永旺同志答记者问说,读书班提供的是18部)。

在阅读和评选过程中,读书班曾开过多次交流座谈会,交流阅读情况和审阅意见,如上所述,我也应邀去参加过。最后,各位读书班成员根据阅读心得和座谈会上的发言,各自都修改定稿为论文,以"长篇小说创作笔谈"的栏题分别发表在《文艺报》1982年第7、8两期上。第7期发表的是谢永旺的《长篇小说方兴未艾》、蔡葵的《有了长足的进展》、杨桂欣的《长篇小说中的"文化大革命"》、吴松亭的《写出人物性格的丰富性》、陈美兰的《人们需要更能拨动心弦的音阶》。第8期发表的是周介人的《长篇创作中的新探求》、王愚的《展现复杂的时代矛盾》、吴秀明的《向历史小说学点写人物的经验》、何振邦的《不要纯净化、模式化》、童庆炳的《既要有勇气　又要有诗情》。

《文艺报》写作读书班与"开拓者家族"的提出

纪念毛泽东《在延安文艺座谈会上的讲话》发表40周年,对于我所供职的《文艺报》来说,采取何种指导思想组织怎样的文章,自然成了一个无法回避的难题。从年初起,编辑部就这个问题已议论过多次了。1月10日,主持编务的副主编唐因召集中层干部会议正式讨论选题计划。参加者有刘锡诚(编辑部主任)、李基凯(理论组组长)、吴泰昌(文学评论二组组长)、郑兴万(文学评论一组)。唐因谈他的设想:《文艺报》的纪念专辑要有两组选题。(1)要把《讲话》的科学原理加以宣扬。目前有些人夸大《讲话》的不完备的一面,使毛泽东文艺思想受到了歪曲。我们要反对来自"左"的和右的方面的干扰,总结和回顾这几年来文艺理论上拨乱反正的成果。回顾三中全会以来

---

① 陈美兰:《回忆首届茅盾文学奖评选读书班》,《武汉文史资料》2003年第10期。

文学（也可谈到艺术）在拨乱反正中所起的作用，发扬成绩，总结经验，同时对"左"倾思想的人也是一个反驳。（2）重提文艺与新的群众的时代相结合，反对与群众相脱离的倾向的蔓延。唐因其人，虽然在王任重部长眼中他属于并不听话的人、亦即他们所说的"右派掌权"的人物，其实，唐因在骨子里是个文艺观点相当传统、相当保守的人，有时候在私下里被我们归在更靠近"左"的思想阵营里，所以他提出的第一点，是意料之中的，没有意外；而第二点，则是唐因的个人创造。各组根据唐因的设想，分别落实组稿计划。

1月30日下午，我和李基凯到北京医院向作协党组书记张光年汇报、约稿并听取他的指示意见。张光年在这天的日记里写道："下午刘锡诚、李基凯来，为纪念延安文艺座谈会四十周年组稿。我再次提议《文艺报》开展讨论，经常发表读者来信。"

编辑部决定以举办读书班的方式约请几位作者来京撰写重点文章。这是《文艺报》复刊以来举办的第四期读书班了。举办这期读书班的目的与前三次不同，其直接目的，是为了落实纪念毛泽东《讲话》40周年选题的组稿计划。故这期读书班也称为"写作读书班"。应邀参加这期读书班的人员有潘旭澜（复旦大学中文系）、王愚（西安作协）、宋遂良（山东师范大学）、刘思谦（河南大学中文系）、吴宗蕙（《北京师范学院学报》编辑部）、徐辑熙（上海师范学院中文系）、黄泽新（天津师范学院中文系），以及《文艺报》编辑部的唐因、阎纲、李基凯、彭华生、刘锡诚。

读书班于2月5日在北京装甲兵招待所开班，前后为期一个月，于3月9日结束。大家一面读作品，一面构思和撰写文章。最后产生了一批文章：唐因、李基凯合写的《坚持和新的群众的时代相结合》（署名魏易）、徐辑熙《文艺批评是一门学问》、黄泽新的《"双百方针"》、王愚的《广阔的生活视野——近来文学创作题材的开拓》、宋遂良的《近年来小说创作的人物描写问题》、刘锡诚的《文学与当代生活——新时期文学在社会生活中的作用》、阎纲的《人才辈出》、刘思谦的《开拓者家族——论蒋子龙的小说》、吴宗蕙的《在苦难中觉醒——评韦君宜的小说〈洗礼〉》、潘旭澜的《五年来报告文学之一瞥》。另外,还有何西来写的《关于文艺工作者的世界观改造问题》。

《文艺报》写作读书班成员合影

唐因和李继凯撰写的《文学与新的群众的时代的结合》,其所论,是1982年中国文学艺术界面临的一个时政性的宏观问题,是为纪念毛泽东《在延安文艺座谈会上的讲话》发表40周年做准备的。唐因提出文学与新的群众的时代相结合的问题,带有理论上的指导性,因为毛泽东40年前提出过文艺与群众相结合的方向,而今日的群众已经不再是40年前的群众,新的文艺何去何从,需要有新的口号来代替和填充,需要有新的语言来阐释。唐因所提出的这个口号和所作的阐释,适应了纪念《讲话》40周年的需要,不仅成为我们《文艺报》组稿的选题,而且稍后也被中宣部文艺局制订的纪念《讲话》的计划所吸收。

刘思谦的《开拓者家族——论蒋子龙的小说》一文的命题和构思,第一次在读书班的结业座谈会上亮相交流时,便令人为之一振。在我看来,这是本次写作读书班的一个最有新意的成果。"开拓者家族"概念的被捕捉和被提出,是"伤痕文学"独占我国新时期文坛鳌头六年之后,评论家对新时期文学走向的转型所作出的新思考、新概括,所提出的新概念、新口号,并在后来的文坛上逐渐发展演变为一个更为通俗的术语——"改革文学"。此文很快为编辑部所采纳,发表在《文艺报》1982年第4期上。①

读书班结束后,潘旭澜教授回沪后给我寄来两封信,告知有关情况:

锡诚同志:
　　您好!
　　我已于昨日下午回到家里。在京一月,承蒙你和编辑部诸同志多所关注,殊为感谢!拙稿《五年来报告文学之一瞥》,第二页提到的《历史的审判》,作者应为穆青、郭超人、陆拂为。稿中遗漏了郭超人,希代为补正。
　　问候各位同志。
　　敬礼
　　　　　　　　　　　　　　　　　　　　　潘旭澜
　　　　　　　　　　　　　　　　　　(1982年)3月11日

锡诚同志:
　　您好!
　　大札奉悉。泰昌同志没有来过信。我那稿子听凭您安排就是。
　　北京回来,给学生上课,为研究生订学习计划,还有其他一些经常性的琐事,白天就没有多少时间可以读书或写东西了。又不大能熬夜,所以不少该做的事都不能按期完成。
　　最近抽空将《论杜鹏程的小说》脱稿,算初步了却一件事。那本小册子《艺术断想》,不久前林呐同志(按:时任天津百花文

---

① 作者后来以《蒋子龙的"开拓者家族"》的题名将此文收入《刘思谦自选集:学理与激情》,河南大学出版社2012年版。

艺出版社社长）来信说，照一般情况要九月份才能出版。这样，离交稿已有两年之久。我原想五月份用点时间将过去写的东西略加整理、结集，鉴于出版之慢，也就没有多大劲头，所以尚未动手。倘不是在校执教且年已半百，我很可能会改行学搞创作。

　　这里打算办一个评论刊物，或申请登记、或用出版社的名义办，人家要我多给它干点事，我觉得因各种客观条件的限制，难办；而且我身体、学识、能力都不行，谈了几次都没敢答应。

　　我近来身体似比春季稍好点，谢谢您关心。我觉得您的干劲、精力、劳动强度很惊人，赞佩之余，很希望您注意劳逸结合，不要过分劳累，以免预支太多。

　　即颂

文祺

　　烦代问候编辑部诸同志，恕不另信。

旭　澜

（1982年）5月18日

潘旭澜（右）与本书作者

　　读书班期间，我还收到上海师范学院中文系副教授、《文艺报》1981年举办的中篇小说评奖读书班和初评组成员王记人先生的来信,谈到应邀参加本期读书班的他的同事徐辑熙。

锡诚兄:

来信及惠赠的书(按:指《小说创作漫评》)早已收到,非常感谢!

我感到你的书很有意义,绝不是应景的时文。不仅是你所推荐的作家,凡是关心当代文学的读者和评论者,都会感谢你的辛勤的劳作。金子固然是客观存在,但如果没有淘金者的辛劳,我们怎能见到它的闪光呢?现在的作品浩如烟海,如无专家及时检阅评论,是很容易埋没的。而且我以为你的大作同样是理论性的,不是枯萎灰色的理论,而是带着绿色生命的理论。此言绝非恭维,目的是请你不吝赐稿,尽早发表。

谢永旺同志曾邀我去京参加茅盾文学奖初评活动,因时间太长,影响教学工作,只得推辞了。

你去香港事,我已听说了,因为丁景唐、辛笛是你的同行者。他们曾在作协介绍香港之行。

3月底我们高等院校文艺理论研究会将在广州召开年会,讨论文学概论的教学和教材问题。将邀罗荪同志(我会的顾问)。并再请《文艺报》一位代表。前年在庐山开会时,是丹晨同志来的,不知今年由哪一位参加?不知你是否有空去广州?

我的同事徐辑熙在你处,他很会写文章,请多加关照。

阁下印在书上的照片拍得很帅,可谓风度翩翩,雄姿英发!

祝

编安!

王纪人
1982年2月26日

读书班期间,2月13日,参加写作读书班的成员与我们编辑部的部分同志一起开会,座谈1981年的文艺思潮。在座谈会上,大家充分肯定了1981年文学创作所取得的成绩,但也谈到文坛上出现了一些带有倾向性的问题。譬如,文坛不再是统一的文学,而存在着或增长了不同倾向的支流。在阅读中,大家发现,实用主义哲学思想、虚无主义哲学思想、存在主义哲学思想等正在给文学创作造成不可忽视的影响。正是这一股暗流,使文学创作反映新时期新的现实社会矛盾、推进和深化现实主义遭到弱化,而"十七年"间曾经流行一时的公式化、概念化有所抬头,许多作品回避社会矛盾冲突,争相以写好人好事为能事。大家一致认为,继续清除庸俗社会学和无冲突论思想的影响,已经被提到了今后一个时期文学创作和文学理论批评界的议事日程上来。

1981年全国优秀短篇小说评奖

中国作家协会委托《人民文学》编辑部举办的一年一度的全国优秀短篇小说评奖工作,自1978年起,到1981年全国短篇小说评奖已是第四届了。评选工作自年初开始,到3月初结束。3月22日,受中国作协委托,《人民文学》编辑部在北京召开了"1981年全国优秀短篇小说评选发奖大会"。中国作家协会书记处书记葛洛在发奖大会上发表祝辞。

这次短篇小说评选工作依然按旧例行事,先由读者投票推荐,后由评委投票决定名次。读者群众投票369186张,推荐入围作品100篇。3月3日,1981年全国短篇小说评选委员会在副主任张光年的主持下,于北京新侨饭店六楼会议室开会投票,最终取得一致意见,决定了20篇作品为1981年全国优秀短篇小说。

评委会由21位评委组成:丁玲、巴金(主任委员,未出席)、王蒙、孔罗荪、冯牧、刘白羽(未出席)、刘剑青、沙汀、严文井、李清泉、陈荒煤、林默涵(未出席)、张光年(副主任委员)、欧阳山(未出席)、草明、贺敬之、唐弢、袁鹰(未出席)、冰心(未出席)、葛洛、魏巍。

当选的20个全国优秀短篇小说是:

王润滋《内当家》(首刊于《人民文学》第3期,北京)

第六章　为文艺与政治的关系松绑(1982)　　651

　　赵本夫《卖驴》(首刊于《钟山》第2期,南京)
　　乌热尔图〔鄂温克族〕《一个猎人的恳求》(首刊于《民族文学》第5期,北京)
　　陈建功《飘逝的花头巾》(首刊于《北京文学》第6期,北京)
　　简　嘉《女炊事班长》(首刊于《青春》第8期,南京)
　　达　理《路障》(首刊于《海燕》第10期,郑州)
　　刘厚明《黑箭》(首刊于《人民文学》第5期,北京)
　　迟松年《普通老百姓》(首刊于《鸭绿江》第2期,沈阳)
　　周克芹《山月不知心里事》(首刊于《四川文学》第8期,成都)
　　舒　群《少年chén女》(首刊于《人民文学》第4期,北京)
　　汪曾祺《大淖纪事》(首刊于《北京文学》第4期,北京)
　　林斤澜《头像》(首刊于《北京文学》第7期,北京)
　　刘绍棠《蛾眉》(首刊于《长春》第1期,长春)
　　张一弓《黑娃照相》(首刊于《上海文学》第7期,上海)
　　古　华《爬满青藤的木屋》(首刊于《十月》第2期,北京)
　　韩少功《飞过蓝天》(首刊于《中国青年》第13期,北京)
　　王安忆《本次列车终点》(首刊于《上海文学》第10期,上海)
　　航　鹰《金鹿儿》(首刊于《新港》第4期,天津)
　　鲁　南《拜年》(首刊于《山东文学》第8期,济南)
　　王振武《最后一篓新茶》(首刊于《芳草》第3期,武汉)

　　1981年短篇小说评奖的入选者,是从首都和各省的文学刊物上选拔出来的优秀之作。但与前两年相比,1981年的短篇小说创作情况,如本书前面所录《文艺报》编辑部会议的年度创作回顾评论一样,处于低迷状态,没有很多好作品问世,水平和质量没有可圈可点的提高。对此,在评选会上评选委员们作了如下概括性的评估:"总的来看,1981年短篇创作不如前两年那样蓬勃活跃。从社会风情、家庭关系角度描写高尚心灵、美好事物的作品虽然不少,然而那种深刻揭示现实重大矛盾,在尖锐冲突中塑造社会主义新人,笔力遒劲、风格雄健，足以振聋发聩、引起强烈反响的精彩篇章，却觉不足。看来，面对历史新时期所提出的新课题，作家们还需要进一步深入生活、深入思考，因而在创作上难免会出现一段调节休整时期，以孕育新的面貌、新的水平。"《人民文学》记者也对得奖的小说作了相当客观冷静的评价，只用了"去年短篇创作发展平缓，但当选作品仍各具特色，在思想深化、艺术创新、题材开阔与风格多样方面，继续有所进展"①这样四平八稳、八面玲珑、说等于没有说的套话来交代读者。应该说，这样的评价与我们在《文艺报》编辑部总结会议上和《文艺报》举办的第四期读书班与部分编辑座谈会上对1981年创作形势的检讨是不谋而合的，也是符合实际情况的。这就是说，1981年的短篇小说的低迷，恰恰证明了一个真理：文学并不是直线发展、一路前进的。

　　这20个短篇，大多数也都在我们《文艺报》上评论过。与历届评奖一样，每次评奖都推出若干文学新人，如果没有这些评奖活动，没有著名作家和评论家的参与和提携，许多青年作者可能永远不过是业余作者而已，他们因全国评奖的认可而走向全国，为文学史家所承认，为更大范围的读者所知晓。这次获奖的作者中，又推出了几位新人。其中，有的作者，如《内当家》的作者王润滋、《山月不知心里事》的作者周克芹、《飘逝的花头巾》的作者陈建功、《爬满青藤的木屋》的作者古华、《本次列车终点》的作者王安忆等，或有评论家写过评论文章，或在综论式的评论中被评述过，因而便在文学史上留下了一个足印。而另一些新人，则只不过是昙花一现，瞬息间便在文坛的星空中消失得无影无踪了。回想在上大学时读别林斯基的《1848年的俄国文学概观》，批评家历数了那么多的作者和作品，经过时间老人的淘汰，剩下来的真是寥寥无几，我曾经对此现象生发过无限的感慨。如今的评奖也是如此！此外，舒群、林斤澜、汪曾祺等知名的老作家的作品的入选，也许是本届评奖的一个不可忽视的特点和耀眼的亮点。

---

　　① 《人民文学》记者：《喜看百花争妍——记1981年全国优秀短篇小说评选活动》，《人民文学》1982年第4期；又见《人民文学》编辑部编：《1981年全国优秀短篇小说评选获奖作品集》，上海文艺出版社1982年版。

第六章　为文艺与政治的关系松绑(1982)

汪曾祺的《大淖纪事》后来得到评论界的高度评价,就是最有力的证明。

评奖工作告一段落后,1981年3月15日,《人民文学》和《小说选刊》即联合召开了一次座谈会,就得奖的这20个短篇小说发表评论。评奖之后做这样的安排,也是惯例。座谈会由《小说选刊》副主编肖德生主持。中国作家协会书记处书记兼《小说选刊》主编葛洛、《人民文学》副主编李清泉到会。参加者有束沛德、缪俊杰、王兴仁、谢明清、陈骏涛、张韧、杨世伟、唐达成、陈丹晨、阎纲、郑兴万、雷达、崔道怡、刘锡诚。笔者在座谈会上的发言稿,题为《不仅要思索,还要追逐生活的脚步》,发表在《小说选刊》同年第5期上。题目所显示的这个思想的形成,来源于阅读陈建功的获奖小说《飘逝的花头巾》的启发。我写道:

> 无论写文章还是发言,常常听到要"思索"这样一个词儿。思索,的确是作家的一种品质,没有深沉而冷静的思索,没有钉子那样的钻劲,就不会产生深沉的思想和意外的发现,因而也就谈不到文学创作。近几年来,我们的文学批评之所以大力倡导作家要思索,还有另一层意思,就是要求作家们从"左"的思想束缚中跳出来,从习惯势力中跳出来,从教条主义、庸俗社会学、公式化、概念化等僵死的框框中解放出来,用马克思主义世界观作指南,独立地分析、研究和思考现实生活,从中发现生活的真理,提升并构造文学作品。事实证明,这样的思索对提高我们文学创作的水准,推动文学事业的前进,是起了巨大作用的。今后也仍然要提倡作家勤于思索、善于思索。但是,对于一个作家来说,单靠思索是不够的。他还要紧紧跟随着生活的脚步,捕捉生活的每一个声音。否则,他的创作仍然有可能堕入主观意念的演绎这个熟悉而又习惯的泥淖。
>
> 现实生活的脚步一刻也不停息地在迈动,就像汩汩的山泉活水。昨天曾经是熟悉的东西,今天就变得陌生了。法捷耶夫曾经说过,他在写好《青年近卫军》之后,曾想根据他对农庄生活

的一些观察写一部关于集体农庄青年生活的小说,而且大纲已经酝酿成熟了。1946～1947年间他未能写出来,就发现他借以构造中篇小说的那些材料已经陈旧了,青年们已经不再是那个样子了,集体农庄也变了,甚至生活所提供的情节也大异其趣了。他感到不能再提笔写那部构思好了的作品,而应该到生活学校里去再读一次,要研究在新条件下生活的青年。时代变了,青年们变了,一切都变了。作家应当紧紧地追逐着生活的脚步,不敢有一点偷懒和怠慢。

读陈建功的《飘逝的花头巾》,触发了我上面的一番感想。陈建功是很会思索而且对生活有独到见地的,但我更为他对青年人的思想和心态的了解与揭示所折服。假如他只求思索,在冥冥中苦思,而没有对生活的溪流的锲而不舍的追逐、观察、体验、研究,他就无法描绘出80年代的青年们的所思、所想、所做、所为,他也就不可能写出秦江和沈萍在生活、爱情、事业、理想、人生等一系列问题上的那些和谐和龃龉。由于他对青年生活十分熟悉,他才能发现生活怎样包容着一切,又怎样改变着一切;过去仅仅为自己不平的遭遇而反抗、而奋进的青年们中间,如今发生了怎样的分化,有在"团结起来,振兴中华"中找到支点的奋斗者,也有在"天下熙熙,皆为利来;天下攘攘,皆为利往"的人生浊流中顺流而下的奋斗者……

只有对现实生活一刻不停地进行着细致观察的人,才能不断地发现并把握住现实生活中层出不穷的新矛盾、新冲突,才能在自己的作品中把新的发现告诉读者。我们读到不少描写青年生活的小说,但像陈建功的《飘逝的花头巾》这样朴实而深刻的却不是很多,尽管其中也有思想大于形象的毛病,但比起那些对青年的生活做自然主义描写的作品来,它显然高明得多。

评委会评出的这些优秀作品向我们展示了1981年的短篇小说创作,尽管保持着一定的水平,但却更多地显示着整体的平庸与黯淡。

包括短篇小说评奖在内的所有中国作协的评奖，评委会的主任都是远在上海的巴金，而主持其事的，则从来都是副主任张光年，发奖大会也是张光年讲话。但这次短篇小说评奖的发奖大会的致祝辞者，却换成了老作家葛洛。这一变化，也耐人寻味。葛洛是一位平易近人的长者，如今是中国作家协会书记处常务书记兼《人民文学》的第一副主编，又是新创刊的《小说选刊》的主编。我在作协工作多年，却没有机会在他手下工作，直接接受他的指导和教诲，领略他的为人风采。他住在黄土岗作协宿舍时，我去那个院子办事，常看到他提着洒水的小壶在院子里浇花，那样逍遥。他在发奖大会上的祝辞，虽然内容比较平庸，程序性的话占了许多篇幅，但其中讲到1981年短篇小说的特点时，概括得也算大体准确："1981年的短篇小说创作又有新进展，题材面有进一步的拓展，艺术上也有新的探索，更多的作家着力于描写当前农村的新面貌和新变化，揭示劳动人民的心灵美，这些在这次获奖的作品中都得到反映。"①公开出版的《1981年全国优秀短篇小说评选获奖作品集》的卷首，除了葛洛的讲话外，还有丁玲的《如何能获得创作的自由》，不像是一篇序，充其量不过是一篇借题发挥的"准序"。

在中国作家协会主持的短篇小说评奖之外，人民文学出版社自1980年起，也以自己的评价眼光每年编选一本短篇小说集。该社选编的《1981年短篇小说选》向读者提供了另一种评选的维度和尺度。作协评奖的20篇获奖优秀短篇小说中，在人民文学出版社选本中只入选了13篇，而有7篇之多没有入选该社选本之中。落选的作品是乌热尔图的《一个猎人的恳求》、刘厚明的《黑箭》、舒群的《少年chén女》、韩少功的《飞过蓝天》、王安忆的《本次列车终点》、鲁南的《拜年》和王振武的《最后一篓春茶》。在作协评奖中未进入获奖名单却被人民文学出版社选本选中者有高晓声的《水东流》、马烽的《典型事件》、

---

① 葛洛：《在1981年全国优秀短篇小说评选发奖大会上的讲话》，见《人民文学》编辑部编：《1981年全国优秀短篇小说评选获奖作品集》，上海文艺出版社1982年版。

乌热尔图的另一篇作品《瞧啊,那片绿叶》、艾克拜尔·米吉提的《哦!十五岁的哈丽黛哟》、叶文玲的《篱下》、王海鸰的《她们的鹿》、郑九蝉的《能媳妇》、王吉星的《女御史》、何士光的《喜悦》、李准的《王洁实》、浩然的《机灵鬼》、李功达的《蓝围巾》、张弦的《挣不断的红丝线》、佳俊的《蚌壳·珍珠》、韩少功的《风吹唢呐声》、温小钰的《宝贝》、陈剑君和徐孝鱼合作的《生命》以及金河的《大车店一夜》(台湾和香港作者的作品未录在这里)。两相对比,真所谓:仁者见仁,智者见智!

其他门类的文学评奖,在1982年初都没有进行。如中篇小说和报告文学的评奖,都是两年一次,要到1983年才能安排进行评选的。

一要坚持 二要发展

1982年5月23日是毛泽东《在延安文艺座谈会上的讲话》发表40周年纪念日,照惯例,文艺界是要举行较大规模的纪念活动的。但今年纪念《讲话》与往年不同的是,由于党的十一届六中全会关于历史问题的决议的发表,以及年初召开的思想战线问题座谈会上几位中央领导人有关毛泽东文艺思想的发言,文艺理论界私底下对《讲话》中的若干片面性和局限性多有议论,文艺界面临着对毛泽东文艺思想的重新评价。在毛泽东文艺思想问题上,中央宣传部下达了"一要坚持,二要发展"的指导意见。

中宣部文艺局部署

2月23日,中宣部文艺局召集各中央文艺报刊编辑部负责人开会,部署《讲话》发表40周年纪念活动安排,向到会的各单位负责人宣读了文艺局的《通知》。大意是:第一,《讲话》有重大意义,要组织学习,有利于统一对当前文艺形势的认识。第二,十一届六中全会正确地评价了毛泽东思想,邓小平、胡耀邦的讲话丰富了毛泽东文艺思想;胡乔木的讲话,强调指出《讲话》的基本思想要坚持,同时要总结新的经验。第三,"文革"前纪念《讲话》是发表纪念文章,但从未开过纪念会,今后也不单独举行纪念会。

40周年纪念,不举行纪念会,主要是对《讲话》进行研究。报刊可组织文章。《人民日报》、《红旗》杂志、《文艺报》、《光明日报》可组织文章,于5月23日前后发表。文学研究所、文联举办学术讨论会。不举办调演活动。在中宣部部务会议上,王任重不同意搞纪念会,也不同意搞会演、调演、展览等活动,认为有个人迷信色彩。胡耀邦同志出了几个题目:文艺在建设社会主义精神文明中的作用,社会主义现实主义、革命现实主义与自然主义的区别,辩证唯物主义与主观主义、主观随意性的区别,等。曾任中宣部文艺局副局长(?)的黎辛回忆说:"1982年5月23日,在纪念《讲话》发表40周年之前,胡乔木指示中宣部主管文艺的副部长贺敬之说,以前我们年年纪念《讲话》,这不合适;《讲话》从今年起,我们每五年纪念一次。"①

中宣部副部长贺敬之在会上说:这次纪念《讲话》组织文章时,其指导思想和方针,主要是根据胡乔木同志1981年8月8日在思想战线问题座谈会上讲话的精神。不局限于《讲话》本身,要全面研究毛泽东文艺思想。

胡乔木在思想战线问题座谈会上的发言说:

> 六中全会最重要的任务之一,就是要科学地阐明毛泽东同志的历史地位和毛泽东思想。这个任务,经过很多同志很长时间的集体努力,已经由六中全会完成了。说到毛泽东同志的文艺思想,我认为,这个题目的内容很丰富,很需要我们认真研究,而这项工作我们现在还做得很少很少。我们的工作决不能限于研究一篇《在延安文艺座谈会上的讲话》,或者加上一篇《同音乐工作者的谈话》;它要包括研究毛泽东同志所创作的优美诗词和大量的优美散文,研究这些作品的美学观点和美学价值,以及他对历史上和现代一些作家和作品的评论、评价、鉴赏。……关于《在延安文艺座谈会上的讲话》,我认为,这个讲话的根本精神,不但在历史上起了重大的作用,指导了抗日战争后期的解放区

---

① 马驰、张喜华:《亲历者回忆胡乔木关于〈讲话〉的三次指示》,《社会科学报》2009年12月3日。

文学创作和建国以后的文学创作的发展,而且是我们在今后任何时候都必须坚持的。它的要点是:文学艺术是人类社会生活的反映,生活是文学艺术的唯一的源泉。生活可以从不同的立场反映,无产阶级和人民的作家必须从无产阶级和人民的立场反映。必须在实际上而不是口头上解决立场问题。在人民当家做主的地方,必须深入到人民的生活中间去,首先是到占人民绝大多数的工农兵的生活中间去,这样才能够写出反映他们的生活、符合他们的需要的作品。这不但是作家、艺术家的义务,也是他们过去常常求之不得的权利。作家要站在无产阶级和人民的立场上,创造文学艺术作品,来团结和教育人民,惊醒和鼓舞人民,推动人民为反对敌人、改造旧社会旧思想、建设新社会新生活而斗争。

同时,胡乔木以在科学的态度指出和分析了毛泽东《在延安文艺座谈会上的讲话》中和在文艺问题上的一些不正确的提法及其后果:

> 对毛泽东同志的文艺思想也要采取科学的分析态度。我们不能用"句句是真理"或者"够用一辈子"那样的态度来对待《在延安文艺座谈会上的讲话》,那种态度根本不是马克思主义的,而是完全违反马克思主义的。长期的实践证明,《讲话》中关于文艺从属于政治的提法,关于把文艺作品的思想内容简单地归结为作品的政治观点、政治倾向性,并把政治标准作为衡量文艺作品的第一标准的提法是不正确的。对于一部作品,应该从思想内容和艺术形式两个方面去评价。从总体上来说,文艺作品的思想内容涉及的方面很多,包括政治观点、社会观点、哲学观点、历史观点、道德观点、艺术观点等等,而且这些观点在文艺作品中都不是抽象的,而是同艺术的形象、题材、构思,同艺术所反映的生活真实相结合的。这就要求我们在衡量、评价一部作品的思想内容时,除了分析它所包含的政治观点、政治倾向性以外,还必须分析它所包含的其他方面的思想内容,它对生活的认

识价值,这样才能全面地评价作品的思想意义。否则,就不可能做到这一点,而且势必硬把作品变成某种政治观点的图解物。即使是政治倾向十分强烈的文艺作品,它的思想内容也不可能只限于政治倾向,除非它不具备一般文艺作品的特征。因此,不能把文艺作品的思想内容仅仅归结为政治观点、政治倾向性(毫无疑问,革命的政治观点、政治倾向性对革命作家是绝对重要和绝对必要的),不能孤立地把政治标准作为衡量文艺作品的第一标准。硬要那样做,就必然导致实践上的简单粗暴,妨碍文艺创作、文艺批评的健康发展。①

贺敬之说:胡乔木同志认为,尽管《讲话》对文艺问题讲得很系统,但研究毛泽东文艺思想,不要局限于《讲话》本身,还要联系到文艺创作,联系到"双百方针",联系到他的诗词等等。从现在起,我们就要搜集材料。文学研究所的文艺理论室当仁不让,要有个规划。有些材料要向中央档案馆去借。还有毛主席给周扬同志的几十封信。写作中当然可以有不同意见,不一定要求一致。但毛泽东文艺思想是文艺工作的指针,在根本问题上,公开文章要大体一致。重点文章我们这里要关心一下。坚持和发展,这两个方面,已经成为我们文艺的方针政策,是要贯彻的。文章要敢于说话。要有一篇文章讲讲毛泽东文艺思想的科学性在哪里?与资产阶级文艺观相比较,有哪些贡献?有哪些是不够科学的?不受篇幅限制。可以在《文学评论》上发表,然后由《人民日报》摘要发表。其他文章,还是要结合实际。我们对毛泽东文艺思想到底抱什么态度?是既要坚持,又要发展。写好后,在《人民日报》上发表。《文艺报》组织的文章,主题是文艺要与新的群众的时代相结合②,主要讲无产阶级的文艺与资产阶级的文艺的区别。这个题目很好。

---

① 胡乔木:《当前思想战线的若干问题——1981年8月8日在中央宣传部召集的思想问题座谈会上的讲话》,《文艺报》1982年第5期。

② 据笔者记忆,这个主题是《文艺报》副主编唐因提出来的。

贺敬之提示了一些需要论述和阐明的理论问题。如现实主义与浪漫主义的创作方法问题，不能回避。有些有代表性的不正确的观点，可以展开来说，但要说理。鼓浪屿会议所代表的文艺思潮，可以公开点名。现在还有两条战线的斗争，这种斗争带有阶级斗争的意义。关于文艺与政治的关系，胡乔木说，政治不是目的，政治要为农业、工业、教育等服务；在一定的条件下、一定的范围内，文艺又要为政治服务，这也没有错。文艺工作者世界观的重要性，是《讲话》的精髓；能动的反映论、实践的观点，要坚持。不要马克思主义，难道要存在主义？过去没有引用过的材料，这次撰写文章时，可以公开引用，譬如毛泽东在成都会议上的讲话。

一要坚持　二要发展

按照中宣部文艺局的《通知》精神，《讲话》40周年的纪念活动，不搞大型的纪念会，重在加强研究，统一认识。实际上，在中央书记处的决定下，今年的纪念活动，其动作规模是很大的。第一，在1982年5月23日的《人民日报》上发表了《毛泽东同志给文艺界人士的15封信（1939～1949）》①。第二，同日，发表了陈云1943年3月的一篇讲话《关于党的文艺工作者的两个倾向问题》。第三，在《文艺报》上重发了胡乔木1981年8月8日在思想战线问题座谈会上的讲话《当前思想战线的若干问题》。第四，5月6日至12日，由中国文学艺术界联合会、中国社会科学院文学研究所联合召开了"毛泽东文艺思想讨论会"，周扬在会上发表了《一要坚持　二要发展》的演讲②；

---

① 这些信是：1939年6月17日致萧三信，1940年11月30日致周文信，1941年7月15日致雪苇信，1941年8月2日致萧军信，1942年4月13日致欧阳山、草明信，1942年6月12日致罗烽信，1942年11月23日致欧阳山尊、朱丹、成荫信，1944年1月9日致杨绍萱、齐燕铭信，1944年4月2日致周扬信，1944年5月27日致胡乔木信，1944年7月1日致丁玲、欧阳山信，1944年11月21日致郭沫若信，1945年2月22日致萧三信，1945年10月4日致柳亚子信，1949年9月23日致沈雁冰信。

② 周扬：《一要坚持　二要发展》，《人民日报》1982年6月23日；后收入《周扬文集》（第5卷），人民文学出版社1994年版，第404～411页。

《人民日报》于 5 月 20 日发表了题为《对毛泽东文艺思想一要坚持二要发展》的报道；《文艺报》于第 6 期发表了记者理文写的《一要坚持，二要发展——记毛泽东文艺思想讨论会》的报道。第五，《文艺报》第 7 期发表了文艺界围绕着毛泽东给文艺家的信和陈云的讲话召开的学习会的报道以及冯牧、夏衍、华君武、谢铁骊、臧克家等人的发言摘登。

《人民日报》记者的长篇报道说："目前在文艺界和社会上存在着两种不可忽视的错误倾向：一种倾向是企图否定毛泽东文艺思想的根本精神，不承认它的伟大理论贡献和对当前文艺事业的巨大指导作用，这是资产阶级自由化思潮在文艺理论领域的表现；另一种倾向则是无视历史，回避现实，继续采取形而上学和教条主义的态度，盲目地坚持'句句是真理'，否定毛泽东文艺思想在新的历史条件下有不断发展、继续前进的必要性。因此，为了前进，我们必须开展两条路线的斗争。……我们应当根据马克思列宁主义、毛泽东思想的立场、观点、方法来总结历史经验，研究新情况，回答新问题，不断丰富和发展马克思主义的文艺理论。"①

历史的观点和科学的态度

在纪念活动开始之前，《文艺报》重发了胡乔木《当前思想战线的若干问题》，对于解放文艺界人士的思想，实事求是地、历史地、科学地，而不是以"句句是真理"的态度评价和对待毛泽东文艺思想，提供了前提和可能。

胡乔木说："我们不能用'句句是真理'或这'够用一辈子'那样的态度来对待《在延安文艺座谈会上的讲话》，那种态度根本不是马克思主义的，而是完全违反马克思主义的。长期的实践证明，《讲话》中关于文艺从属于政治的提法；关于把文艺作品的思想内容简单地归结为作品的政治观点、政治倾向性，并把政治标准作为衡量文艺作品

---

① 《人民日报》记者：《毛泽东文艺思想讨论会》，《人民日报》1982 年 5 月 20 日；又见中国社会科学院文学研究所、《中国文学年鉴》编辑委员会编：《中国文学年鉴》(1983)，中国文艺联合出版公司 1984 年版，第 18 页。

的第一标准的提法;关于把具有社会性的人性完全归结为人的阶级性的提法(这同他给雷经天同志的信中的提法直接矛盾);关于把为反对国民党统治而来到延安,但还带有许多小资产阶级习气的作家同国民党相比、同大地主大资产阶级相提并论的提法——这些互相关联的提法,虽然有它们产生的一定的历史原因,但究竟是不确切的,并且对新中国成立以来的文艺的发展产生了不利的影响。这种不利的影响,集中表现在他对文艺工作者经常发动一种急风暴雨式的群众性批判,以及1963、1964年关于文艺工作的两个批示上(这两个批示,中央已经正式宣布加以否定)。这两个事实,也是后来他发动'文化大革命'的远因和近因之一。应该承认,毛泽东同志对当代的作家、艺术家以及一般知识分子缺少充分的理解和应有的信任,以至于在长时间内对他们采取了不正确的态度和政策,错误地把他们看成是资产阶级的一部分,后来甚至看成是'黑线人物'或'牛鬼蛇神',使林彪、江青反革命集团得以利用这些观点对他们进行了残酷的迫害。这个沉痛的教训我们必须永远牢记。"①

文艺界人士,特别是文艺评论家和文艺理论家们,很高兴地援引作为党中央政治局委员的胡乔木发表的这些论点为根据,并从而深入地研讨了过去一向作为文艺经典的《在延安文艺座谈会上的讲话》中涉及的一些理论问题,如源于生活、高于生活的问题,文艺批评标准问题,人性问题,"两结合"的问题,等等。虽然这种自由探讨仅仅是开始,但要看到在1982年里围绕着《讲话》全国发表了四百余篇文章②,毕竟在建立自由探讨的学风方面,有了难得的、长足的、可贵的、可喜的进展。

毛泽东文艺思想讨论会

按照中宣部的部署,5月6日至12日,中国文学艺术界联合会、

---

① 胡乔木:《当前思想战线的若干问题》,《党和国家领导人论文艺》,文化艺术出版社1982年版。

② 据蔡田明:《纪念〈在延安文艺座谈会上的讲话〉发表四十周年活动综述》,《中国文学年鉴》(1983),中国文学年鉴社1984年版,第21页。

中国社会科学院文学研究所联合召开了"毛泽东文艺思想讨论会"。参加讨论会的有在京的部分文艺理论和评论工作者、高等院校文艺理论教师及专业作家八十余人。中宣部顾问、中国文联主席周扬在会上作了《一要坚持　二要发展》的讲话。会议由陈荒煤、冯牧、许觉民主持。

冯牧在开幕式上作了题为《重新学习和认真研究毛泽东同志的文艺思想》的开幕讲话。冯牧的开幕讲话着重讲了毛泽东文艺思想是发展的,它的基本原则和基本精神是要永远坚持的,但"对于它的由于历史局限和其他种种原因造成的某些不科学、不尽确切的方面,我们不能重蹈覆辙"。他说:

> 不久前,我们回顾和学习了毛泽东同志在抗日战争时期所作的一些讲话和论述,清楚地看到了两个事实:第一,毛泽东同志的文艺思想的基本概念,早在30年代就开始形成了;第二,把这些讲话、论述和毛泽东同志后来的很多论著相比,可以明显地看出,他对文艺问题的看法是在随着历史的前进而在不断地丰富和发展的。他的许多文艺问题的重要论著,就是他和他的战友们在致力于把马克思主义文艺理论和中国革命文艺工作实践相结合的思想结晶。对于毛泽东同志的文艺思想的这些根本精神和科学原理,我们必须坚持,永远坚持。对于它的由于历史局限和其他种种原因造成的某些不科学、不尽确切的方面,我们不能重蹈覆辙。我们学习和研究毛泽东文艺思想,还要根据我们丰富的历史经验和新的历史条件,用马克思主义的立场、观点和方法来分析和研究当前出现的新情况,回答和解决当前出现的新问题,进一步丰富和发展毛泽东同志的文艺思想。有些人由于毛泽东同志关于文艺的论述中存在着某些不科学的论断,就妄图否定毛泽东文艺思想的科学原则和基本原理,否定它对于我们社会主义文艺发展的重要意义,当然是极端错误的。而那些至今仍然坚持字字照办、"句句是真理",否认毛泽东思想也像马克思主义一样,必须通过实践不断向前发展的人,他们的态度

和观点,从根本上也是违反毛泽东思想的。胡乔木同志指出,要把'毛泽东同志的文艺思想同马克思主义的文艺思想科学地结合起来',这是完全正确的。顺理成章的是,我们还要把毛泽东的文艺思想和我们当前的社会主义文艺工作、文艺创作的实践科学地结合起来。……我认为,只有这样,我们对伟大的毛泽东文艺思想才能做到:一要坚持,二要发展。①

5月12日周扬在会上作了《一要坚持　二要发展》为题的报告。这个报告发表于6月23日的《人民日报》上,报告中的"一要坚持,二要发展"这句话,也就成了1982年中国文艺界评价《讲话》的关键词和如何对待毛泽东文艺思想的一个标志性的口号。

周扬在报告中强调了三个"不要":第一,不要把毛泽东思想与马克思列宁主义割裂开来;第二,不要把毛泽东文艺思想与整个毛泽东思想割裂开来;第三,不要把毛泽东文艺思想同我国几千年来的文化传统和"五四"文学革命传统割裂开来。而报告中关于文艺与政治的关系问题的这一段论述,我想就是他所说的"二要发展"的重点之一吧。周扬说:

> 大家谈论比较多的,是文艺与政治的关系问题。这个问题,邓小平同志说过,今后不再提"文艺从属于政治",因为这种提法不完全符合文艺和社会生活的历史,而且容易产生流弊。按照马克思主义的观点,在社会发展中起决定作用的是经济。物质生活条件即社会生产方式制约着精神生活、政治生活、社会生活。这是历史唯物主义最基本的公式。文艺与政治同属上层建筑。上层建筑各种因素之中影响有大小、强弱、久暂的不同,但起最后决定作用的还是经济基础。说文艺从属于政治,既否认了经济基础的最后决定作用,也否认了上层建筑各因素之间的

---

① 冯牧:《重新学习和认真研究毛泽东同志的文艺思想》,《人民日报》1982年5月21日。

相互作用,以及文艺在长期历史发展过程中所形成的相对的独立性。我们过去批判把这种独立性看成是绝对的,那是批判得对的,但由此而连相对的独立性也不承认,那就不对了。研究这种相对独立性的历史联系及其发展,正是文学史应该探索的问题。

政治作为上层建筑之一,不是任何时候都是正确的,也会有不正确的时候。即使是正确的,它也不能强使意识形态都从属于它。不再提文艺从属于政治,这并不是说文艺与政治无关,可以脱离政治。因为我们有党的四项基本原则。共产党员还有党性和党的纪律的约束。文艺的党性原则是自觉自愿的。在今天,文艺为人民服务,就要为社会主义服务,因为社会主义是人民的根本利益所在。①

"说文艺从属于政治,既否认了经济基础的最后决定作用,也否认了上层建筑各因素之间的相互作用,以及文艺在长期历史发展过程中所形成的相对的独立性。""政治作为上层建筑之一,不是任何时候都是正确的,也会有不正确的时候。即使是正确的,它也不能强使意识形态都从属于它。"我以为,周扬的这几段话,击中了我们以往对《在延安文艺座谈会上的讲话》在理解、阐释、宣传和执行中的要害。窃以为,1982年党中央借周扬之口表达出来的对毛泽东文艺讲话"一要坚持,二要发展"的原则,即使在今天也是适用的。

《人民日报》5月20日发表了会议的长篇综合报道《毛泽东文艺思想讨论会》,在四个小标题下作了概括性简述:(1)正确对待毛泽东文艺思想;(2)"为人民服务,为社会主义服务"是对毛泽东文艺思想的一个重要发展;(3)文艺应当成为用共产主义思想引导人们前进的强大精神力量;(4)"双百方针"要求通过斗争和竞赛来发展社会主义文艺。

---

① 周扬:《一要坚持 二要发展》,《人民日报》1982年6月23日;又见《周扬文集》(第5卷),人民文学出版社1994年,第408~409页。

关注工业题材的文学创作

对作家个人来说，题材的选择无疑是自由的，每一个人都有权选取自己所熟悉的生活矛盾和所熟悉的人物事件。所以，把题材问题当作评价一个时期的文学创作好坏和成败的标准，常常会遭到非议。但就整个文学创作的形势和走向来看，创作题材却又始终是个不能回避的问题。去年以来的文学创作，特别是小说，形势不容乐观。尤其写工业战线生活的文学作品，在整个文学创作中，更显得落后和不景气。不敢接触现实中存在的问题，绕开矛盾与社会的脉搏，已成创作迟滞的症结所在。反映工业战线生活和矛盾的好稿难得一见，这成为《人民文学》编辑部的同志们关注的事情。

当前工业题材写作与现实生活发展之间出现的矛盾或反差，也成了近来《文艺报》编辑部关注和议论的中心，甚至是一个不能坐视不顾的话题了。于是，《文艺报》和《人民文学》决定联合举办一次研讨文学如何反映工业战线的矛盾斗争的会议，以求在文学创作界发出一点声音。

2月17日，我代表《文艺报》到《人民文学》编辑部，与刘剑青副主编一起研究拟订召开创作座谈会的议题和邀请名单。刘剑青是我在《人民文学》工作时的老领导，施燕平因"文革"中与某些人物的牵连被革职之后，各编辑组提供的备用稿的审阅与选定，无不出自刘剑青之手，故而他积累了丰富的编辑经验和很高的文学修养。他为会议提出了五项的议题：

（1）工业战线题材亟待开拓。
（2）作家不敢接触现实问题，很多作者绕开矛盾和社会的脉搏。
（3）人物形象苍白，缺乏各种各样的典型化的人物。
（4）民族化、群众化的追求。
（5）创什么新？

作为《文艺报》编辑部一方的代表，我也对这次讨论工业题材创作的会有自己的期望：希望通过讨论，向创作界指出，目前创作界存在着实用主义地图解生活、图解政治,回避现实矛盾和新的概念化、公式化的倾向,作家要着力挖掘生产关系的变化带来的人际关系中的新矛盾,突破"车间文学"的老框框,表现新时期"四化"建设中的人,写出能够概括时代面貌的人物来。人从来是文学中的主角,工业建设题材的写作也不例外。

两刊联合主办的工业题材创作座谈会于2月19日至21日召开。会议邀请了华北地区二十多位作者,座谈的主题是:在新的历史条件下,文学如何更好地反映工业战线的矛盾斗争。出席会议的,除了一些常被称为工业题材作者的老中青作家,如草明、雷加、阿凤、焦祖尧、郑万隆、程树榛、张天民、蒋子龙、韶华、刘宾雁、陈建功、水运宪、柯云路、刘宾雁、理由等外,还邀请了京津的一些评论家,如许觉民(洁泯)、朱兵、夏康达、蒋荫安以及郭家申、卞立强等外国文学研究者。

天津女作家阿凤发言的题目是《写工业也要风格多样化》。山西作家焦祖尧发言的题目是《突破"车间文学"的框框》。蒋子龙发言的题目是《重要的是要不断超越自己》。陈建功的发言题目是《表现变革中纷繁的心理进程》,他提出作家要珍惜自己的审美情感,不跟风跑。程树榛的发言题目是《新生活的潮流冲击着我》。草明的发言题目是《体会和希望》,强调写普通人。水运宪的发言题目是《塑造创业者形象的感受》。郑万隆发言的题目是《认识时代 认识自己》。张天民发言的题目是《两个前提和三个探索》,他的追求是:说不清的主题,想不到的构思,既是现实的、又是理想的人物。刘宾雁的发言题目是《触及社会矛盾 面对社会现实》。夏康达的发言题目是《深进去,也要跳出来》。理由的发言《陌生的与熟悉的》,主张化工业题材为一般题材。苏联文学研究者郭家申发言题目是《苏联工业题材的文学》。日本文学研究者卞立强的发言题目是《日本工业题材文学创作的情况》。

理论家洁泯的发言,要点是强调文学的基本任务在于表现生活中的现实矛盾。一部作品,只有深刻地表现了生活中的矛盾,才能在读者中被认可,在文学史上站得住。近年来发表的比较好的作品,无不是反映了生活中的矛盾。他以水运宪的中篇小说《祸起萧墙》为例,指出作家笔下的傅连山这个人物的遭遇,不是他一个人的,而有其典型的现实意义。通过描写这个人物的遭遇,作者对生活的矛盾挖掘得比较深。

《文艺报》第 4 期以《描写工业战线的变革和矛盾》为栏题刊登了草明、刘宾雁、柯云路、理由、阿凤、韶华、陈建功、蒋子龙、焦祖尧、张天民、郭德润、程树榛、郑万隆、水运宪等在座谈会上的发言,以及石泉(郑兴万)写的报道《更多更好地反映工业战线的斗争生活》。《人民文学》第 4 期也发表了一部分作家的发言。

《文艺报》同期还发表了刘思谦在本刊读书班上写作的《蒋子龙的"开拓者"家族》一文。

人性和人道主义问题的讨论

重提人性和人道主义问题及其背景

关于人性、人道主义及其与文学的关系问题,早在 20 世纪 50 年代中期就提出了,但未能开展正常的讨论。到了 60 年代,这个问题又被当作"修正主义"受到多次批判。在历时十年的"文化大革命"中,人性、人道主义被"四人帮"及其在思想战线的打手们诬为"一切反革命修正主义的理论基础"而遭到诛伐。粉碎"四人帮"后,特别是在党的十一届三中全会后,首先在文艺创作中,批判林彪、"四人帮"为了封建法西斯政治的目的摧残人性,把人性、人情味、人道主义打成"反革命修正主义"的谬论,从不同侧面、不同层次表现普通人的人性、人情味、人道主义,成为有责任感的作家们的时代使命,继而,在文艺批评中,在理论的层面上再次提了出来,展开讨论,希望能够通过正常的讨论给予其马克思主义的阐释。

(一)批判林彪、"四人帮"在人性、人情、人道主义问题上散布的种种谬论,是历史的要求。

陈剑雨指出,林彪、"四人帮"在人性、人情问题上所散布的谬论,是他们"极左路线的一个重要内容"。他们"从政治领域到文艺领域,不断地大反所谓'人性论'、'人情味',搞得乌烟瘴气。拨乱反正,对于到底什么是'地主资产阶级人性论',什么是无产阶级人性观,很有加以澄清的必要"。①

刘建军写道:"十年浩劫不是历史的偶然误会,不是命运女神对中国人民开的一次恶意玩笑,而是一定的历史条件造成的必然结果。思考着的人民和关注着人性的文学,都不能不认真追溯探求这个必然结果的历史原因。为什么以解放全人类为最高使命的无产阶级革命,竟然会出现如此残酷迫害人的行为,是什么时候开始把人和革命对立起来?""痛定思痛,近二十年的教训,其中最重要的一条不就是忘记了人,漠视人,不信任人,不关心人,不爱护人吗?"②

何西来指出,"在长期把人不当人以后,要求'把人当作人'的呼声,自然就会高起来";而这"表现在文学上,就是人性、人情、人道主义的重新提出"。③

俞建章指出,粉碎"四人帮"后,"人"、"人道主义"成了"有责任感的文学家"不可回避的"时代的重大主题"。④

(二)批判林彪、"四人帮"在人性、人情、人道主义问题上散布的种种谬论,是生活现实发展的必然。

梁晓声写道:"我们的国家,目前发生了,并且正在发生着极其深刻的明显的变化。这种变化的主要特点是阶级关系的变化。我们同地主资产阶级的你死我活的斗争,已经基本消除,并且仍在继续消除。地主资产阶级作为一个阶级来说,已经接近最后消亡。因此,人与人之间的关系,已经不再像我们夺取政权的时期和夺得政权的初期那样,主要表现在阶级关系上。这样的社会状态,使人与人之间,

---

① 陈剑雨:《电影中的人性和人情》,《电影艺术》1980年第5期。
② 刘建军:《流贯作品的炽烈的血液——漫谈中篇小说的革命人道主义精神》,《文艺报》1980年第8期。
③ 何西来:《人的重新发现——论新时期的文学潮流》,《红岩》1980年第3期。
④ 俞建章:《论当代文学创作中的人道主义潮流》,《文学评论》1981年第1期。

有可能以更多的'共同人性'建立一种纽带,确立一种新兴的关系。我们的文学艺术家和理论家们,如果不注意研究这种新的人与人之间的关系,怎么能谈得上真实地反映现实生活呢?如果今天我们仍搬用或沿袭我们一向在人性问题上的不变的观点,解释和看待今天人与人之间的关系,正确地表现'共同人性'又从何谈起呢?"①

何西来也指出:"人性、人情、人道主义,作为一个理论问题重新被人们认真思考,恢复它们在马克思主义理论体系中的地位,是与党重新肯定八大对国内主要矛盾的估计,以及经过二十余年的曲折终于实现党的工作重点的转移分不开的。"②

刘建军写道:"经过拨乱反正,我们的事业有了根本性的改变,但是漠视人、不关心人的现象还依然严重存在。和人民休戚相关的作家,在反映现实生活时,不能不发出深情的呼唤:清除对人的冷漠,关心爱护各种人才是实现四个现代化的根本问题之一。"③

哲学家汝信写道:"目前开展对马克思主义的人道主义的研究,具有重大的实际意义。我们实际工作中的许多问题,都是与此相关联的……要真正解决这些问题,首先需要端正对社会主义社会里人的认识,真正把人当作人来看待。在社会主义社会里,当剥削阶级已被消灭后,人与人之间应该建立起崭新的关系,这时马克思主义的人道主义将越来越显示出它的重要性。"④

(三) 毛泽东、周恩来有关谈话和讲话的发表,推动和激发了人性和人道主义话题的关注与讨论。

1977年9月号的《人民文学》发表了何其芳的《毛泽东之歌》,首次披露了毛泽东关于"共同美"的谈话,这个与人性问题密切相关的

---

① 梁晓声:《浅谈'共同人性'和'超阶级的人性'》,《电影艺术》1980年第9期。
② 何西来:《人的重新发现——论新时期的文学潮流》,《红岩》1980年第3期。
③ 刘建军:《流贯作品的炽烈的血液——漫谈中篇小说的革命人道主义精神》,《文艺报》1980年第8期。
④ 汝信:《人道主义就是修正主义吗?》,《人民日报》1980年8月15日。

问题的提出,立即在全国文艺界、学术界引起了很大反响。① 同年末,便有关于人性问题的文章见诸报端。1979年第2期《文艺报》发表了周恩来《在文艺工作座谈会和故事片制作会议上的讲话》,关于人性问题的探讨和讨论逐步热烈起来。陆续发表的有代表性的文章有朱光潜的《关于人性、人道主义、人情味和共同美的问题》②、包中文的《略谈人性和阶级性》③、刘敏中的《论人的本质和文学——兼谈〈文学的阶级性〉》④、朱汝瞳的《有超阶级的人性吗?》⑤等。

1980~1981年人性和人道主义讨论的基本概况

据中国文联理论研究室1981年2月所撰内部材料《近年来对于人性、人道主义问题探讨和讨论的基本情况》的统计,1977年末到1978年,发表了五六篇文章;1979年发表的文章有二十余篇;1980年至1981年2月,报刊上发表的这类文章更多了,大约有六十余篇。讨论中的观点主要表现为三个方面。

第一,从哲学、伦理学角度对人性、人道主义问题加强理论研究和讨论。

有近三十篇文章从各个方面(如什么是人性、人道主义,在阶级社会里有没有"共同人性",什么是共同人性,人性或人性中共同共通的部分与阶级性的关系等等)做了专门探讨。其中较有代表性的有胡义成的《试论人性》(《光明日报》1980年1月31日)、王元化的《人性札记》(《上海文学》1980年第3期)、陈瑛等的《从伦理学的角度看人性》(《社会科学辑刊》1980年第3期)、顾骧的《人性与阶级性》(《文艺研究》1980年第3期)等十余篇。在这个讨论中,特别值得注

---

① 关于发表何其芳《毛泽东之歌》一文的经过和反响,笔者已经在本书第一章中《何其芳的逝世》这篇文章里叙述过了,请参阅。
② 朱光潜:《关于人性、人道主义、人情味和共同美的问题》,《文艺研究》1979年第3期。
③ 包中文:《略谈人性和阶级性》,《雨花》1979年第9期。
④ 刘敏中:《论人的本质和文学——兼谈〈文学的阶级性〉》,《学习与探索》1979年第5期。
⑤ 朱汝瞳:《有超阶级的人性吗?》,《东海》1979年第12期。

意的是汝信、王若水、费震建等人明确提出了马克思主义人道主义、马克思主义人性论的理论。如汝信的《人道主义就是修正主义吗?》(《人民日报1980年8月15日》)、王若水的《文艺与人的异化问题》(《上海文学》1980年第9期)、费震建的《马克思主义人性论初探》(《学术月刊》1980年第3期),以及由此而展开的对于人性、人道主义与马克思主义的关系的研究和讨论。与上述理论观点进行辩驳商榷的文章,主要是杨炳的《马克思恩格斯青年时期所论及的人性和人道主义问题》(《江淮论坛》1980年第6期)。

第二,从文学与人性、人道主义思想的关系上进行探讨。

关于这个问题的专题论文也有十余篇。以黄药眠的《关于文学中的人性、阶级性等问题试探》(《文艺研究》1980年第1期),钱谷融的《〈论文学是人学〉一文的自我批判提纲》(《文艺研究》1980年第3期),陈剑雨的《电影中的人性和人情》(《电影艺术》1980年第5期),朱晶、傅树声的《人性与文学艺术的解放》(《吉林大学社会科学学报》1980年第4期),王淑明的《人性、文学及其他》(《文学评论》1980年第3期)等较有代表性。

第三,加强对近几年文学作品中所揭示的人性问题和人道主义思想进行研究。

这类文章有何西来的《人的重新发现——论新时期的文学潮流》(《红岩》1980年第3期)、刘建军的《流贯作品的炽烈的血液——漫谈中篇小说的革命人道主义精神》(《文艺报》1980年第8期)、俞建章的《论当代文学创作中的人道主义潮流》(《文学评论》1981年第1期)。

此外,1980年10月,全国马列主义论著研究会在天津召开了马克思主义与人道主义、人性论问题专题学术讨论会。

关于这次大讨论的一些基本情况,白烨整理的《人性和人道主义学术讨论会情况综述》发表在《文学评论》1981年第1期和《中国社会科学》1981年第1期上,作了较为详细的介绍。此外,中国文联理论研究室也将这次大讨论中出现和形成的若干有争论的问题作了归纳,现根据打印稿将其中的重要部分节录如下:

(一) 如何认识人性、人道主义。

对于如何认识人性论、人道主义这个问题，大致有三种意见。

(1) 一种意见认为，有地主资产阶级的人性论、人道主义，也有马克思主义的人性论、人道主义。现实的人和人的问题，是马克思主义理论的出发点和前提。共产主义思想把人的价值放在高于一切的地位，人的解放是共产主义革命的最终目标。共产主义是最彻底的人道主义，人道主义和自然主义的统一是真正的共产主义的体现。马克思正是从自己的人性论出发来论证消除私有制，论证无产阶级革命的必要性和必然性的。

这种意见认为："马克思和恩格斯是在对人性在社会经济发展的历史过程中的'异化'的分析中，找到人类解放的实际力量——无产阶级的。他们把对现代社会现实的批判看作是'提高到真正人的问题'的批判，把反对现存制度的革命称为'原则高度的实践'、'人的高度的革命'，把自己的理论视为'人是人的最高本质'这样一个学说，为我们创立了科学的人性论。对人的阶级分析是马克思主义人性论的一个组成部分，阶级性是人性在人类社会一定的发展阶段上的表现。马克思从对人的阶级分析中得出的科学结论，为人的解放、人性的解放、人类的解放找到了实践的力量，指出了光明的前景。他们尖锐地批判了资产阶级人性论，正是为了恢复客观存在的和历史地发展的人性的本来面目，为了实现人性的彻底解放。人是马克思主义理论的出发点和前提，人的解放是马克思主义理论的最终目标。因此，马克思主义不仅包含了人道主义的内容和性质，而且是'彻底的人道主义'和'真正的人道主义'。"①

朱光潜在《关于人性、人道主义、人情味和共同美的问题》中认为，人性"就是人类自然本性"；人道主义"有一个总的核心思想，就是尊重人的尊严，把人放在高于一切的地位，因为人虽是一种动物，却具有一般动物所没有的自觉性和精神生活"。"马克思主义不仅没有

---

① 白烨：《人性和人道主义学术讨论会情况综述》，《中国社会科学》1981年第1期。

否定过人道主义,而且把人道主义与自然主义的统一看作真正共产主义的体现。"他指出:"马克思《1844年经济学哲学手稿》整部书的论述,都是从人性出发,他证明人的本身力量应该尽量发挥,他强调的'人的肉体和精神两个方面的本质力量'便是人性。马克思正是从人性论出发来论证无产阶级革命的必要性和必然性,论证要使人的本质力量得到充分的自由发展,就必须清除私有制的。"①

王若水也认为,马克思主义哲学就是从研究"现实的人出发的"。按照马克思主义观点,人道主义"从积极方面说……肯定人的地位、人的价值、人的尊严、人的幸福;从消极的方面说……反对两个东西,一是神道主义……一是兽道主义……。这些内容,我想是包含在马克思主义之中的。至于资产阶级人道主义抹杀人的阶级性,反对阶级斗争和暴力革命,那当然是马克思主义要反对的。我们用'马克思主义的人道主义'或者'社会主义的人道主义'这样的概念,就可以表达出同历史上的人道主义的区别和联系"。"全面否定人道主义就可能异化到'神道主义'与'兽道主义'去,这种现象不是在'文化大革命'的十年浩劫中发生了吗?至于'人性论',如果把它理解为'关于人性的理论',那么马克思主义也有自己的人性论。其实,我们要批评的只是关于抽象人性的观点,并不是根本否认人性和对人性的研究。"②

汝信在《人道主义就是修正主义吗?》中认为,广义的人道主义,"泛指一般主张维护人的尊严、权力和自由,重视人的价值,要求人能得到充分的自由发展等等的思想和观点","主张要把人当作人来看待,人本身就是你的最高目的,人的价值也就在于他自身"。"当马克思开始作为一个共产主义者踏上自己的发展道路时,他所最关心的也正是有关人的问题。他对资本主义社会里的人的处境和地位的深刻分析,以及对未来共产主义社会里的人的展望,都是贯穿着一种把

---

① 朱光潜:《关于人性、人道主义、人情味和共同美的问题》,《文艺研究》1979年第3期。
② 王若水:《文艺与人的异化问题》,《上海文学》1980年第9期。

人的价值放在第一位的人道精神。"马克思主义学说"始终是以解决有关人的问题作为自己的出发点和中心任务的"。"马克思主义从诞生的第一天起,就把人的解放作为自己的最高目标。""共产主义革命的目的绝不仅限于推翻资本主义制度,使工人阶级从资本家的统治下获得解放,而是为了谋求全人类的解放。也正因为这个缘故,所以马克思展望共产主义远景的时候,提出了'人的复归'的问题。""唯物史观和剩余价值这两个伟大发现,标志着马克思思想发展已达到完全成熟。……这些划时代的发现,不仅没有取消或削弱马克思的人道主义思想,反而使它建立在具有真正科学的基础上而得到了加强。""人道主义是马克思主义必不可少的因素。""当然,不应该把马克思主义融化在人道主义之中,或是把马克思主义完全归结为人道主义,因为马克思主义不仅是研究人的问题。但是,马克思主义应该包括人道主义的原则于自身之中,如果缺少了这个内容,那么它就可能会走向反面,变成目中无人的冷冰冰的僵死教条,甚至可能会成为统治人的一种新的异化形式。""马克思主义的人道主义和过去的人道主义学说虽有一定的批判继承关系,但却有着根本的区别。特别是,在一系列重大原则问题上,马克思主义者是和资产阶级人道主义者相对立的。因此,绝不能把马克思主义的人道主义和其他人道主义流派混淆起来,而应把它看作人道主义的一种高级的科学的形式。"①

(2) 另一种意见认为,人道主义是资产阶级的阶级意识,它同马克思主义是截然不同的两种思想体系,今天的无产阶级没有重新捡起这种精神武器的必要。这种观点,以杨炳的《马克思恩格斯青年时期所论及的人性和人道主义问题》为代表。

杨炳认为,马克思在青年时期(1845年以前)就不止一次地指出,人的本质或本性不是人的自然属性,而是人的社会属性;这种社会属性,在其1843年底至1844年1月写的《〈黑格尔法哲学批判〉导言》中被称为"人的社会本质",到1845年春写的《关于费尔巴哈的提

---

① 汝信:《人道主义就是修正主义吗?》,《人民日报》1980年8月15日。

纲》中便归结为"一切社会关系的总和",迄今尚未见到有哪种说法可以动摇或代替这一科学论断的。可是我们今天的某些肯定资产阶级人性论和人道主义的文章的作者们在摘引马克思的词句时,对这些正确思想置而不顾,或者将人的本质归结为自然属性,或者将自然属性与社会属性搅在一起,或者抽象地承认社会属性而具体地否定阶级社会中人的阶级性,或者抽象地承认这种阶级性而在具体论述中将它挤到一旁。又有的美术家至今十分欣赏 18 世纪的那些臆想——人的自然状态,说什么人的裸体美能够体现人道主义思想、民族精神、国家观念、革命意识等等。所有这些看法……都违背了马克思主义。

文中说,根据马克思关于人的本质是"一切社会关系的总和"的论断,"人的本质是由不断发展的现实的一切社会关系的总和所决定的",而"生产关系是一切社会关系的基础";"在阶级社会中……生产关系又表现为阶级关系",所以"阶级社会中的每一个人,根据自己或有或无某种生产资料而分别属于不同的阶级……在阶级社会中,社会、阶级、人,是一回事;没有阶级就没有人,没有人就没有阶级;阶级没有了,人也就没有了,何来社会?既然人都是阶级的人,而阶级之间又存在着矛盾和斗争,人不但脱离不了它们,而且正是阶级矛盾和阶级斗争决定了人的本质,人的本质也只有通过不断发展变化的阶级矛盾和阶级斗争才能显现出来;撇开阶级矛盾和阶级斗争,人的本质是抽象物,人性是抽象物"。马克思、恩格斯"批判《巴黎的秘密》时所使用的'人性'一语","其实质性内容则是现实生活中下层人民的美德与资产者的丑行,完全是借助非阶级性的形式来表达阶级性的内容"。

文章指出,"青年时期的马克思、恩格斯在人道主义问题上的认识发展过程,具体地说,便是摆脱费尔巴哈影响的过程。受费尔巴哈影响最多的是《1844 年经济学哲学手稿》",但是《手稿》"已经将辩证法与阶级论结合了起来……从现实的社会关系出发,将无产与有产的对立作为劳动与资本的矛盾提出来,对资本剥削劳动的客观实际进行分析,得出了无产阶级革命的必然性和必要性的结论,并非如我们今天的某些学者所认为的那样,是从人性论来论证无产阶级革命的必然性和必要性"。到1847年上半年,马克思在他的《哲学的贫困》中,进一步分析了资产阶级的"人道学派和博爱学派"。至此,马克思与各种人道思想已经"泾渭分明"。"这以后,无论是马克思,还是恩格斯,都没有认为存在着由他们来谈论人道主义的必要,何来'马克思主义的人道主义'?""人道主义是资产阶级的专利品,马克思主义不是'开放体系',没有必要将人家的专利品'开放'进来。当然,这不妨碍马克思主义在特定历史条件下支持人道主义者利用人道主义的口号去反对诸如法西斯暴行等反动暴行,但那是政治上的统一战线问题;世界观不讲统一战线,不能混淆马克思主义与人道主义之思想体系的分野。"

文章进一步谈到,马克思在《1844年经济学哲学手稿》及其他著作中提到了人性复归、人的解放问题。但是这些"人性用语在这里仅是用语而不是实质"。马克思、恩格斯认为,"要恢复人的本性,要使人性复归,要使'人的完全丧失'变成'人的完全恢复',只有消灭私有制,进入新的公有制社会——共产主义社会。人性复归与消灭私有制是同一件事"。他们"是将人性复归、人的解放跟无产阶级解放联系起来,是从无产阶级革命提出问题,不是撇开无产阶级革命去抽象地解放'人',也不是撇开现实的劳资矛盾去抽象地分析'人'"。"马克思主义之所以是马克思主义,正因为它是无产阶级革命的理论,不是抽象的'人'去抽象地解放抽象的'人'的理论。"

文章确认,即使青年时期的马克思、恩格斯,也都否定了人性论和人道主义是马克思主义的。因此,说人性、人道主义是马克思主义的内容,"于史无证,于理有悖,于情不合"。今天"我们应当举起的,是马克思主义的旗帜,不是人道主义的旗帜"。"汝(信)文的人道主义是在批判'四人帮'的名义下提出来的,作者决不至于拿自己的定义去维护'四人帮'的权利和自由。总之,汝文所极力主张的人道主义是一条连自己都实行不了的、根本不存在的东西。""我们必须坚持反对林彪、'四人帮'的阶级斗争扩大化,但不能因此否定马克思主义的阶级论,不要过头。"①

（3）还有一种意见认为："我们对于人道主义应当采取历史分析的态度,既不要笼统地肯定,也不要一概地否定,而要具体地分析它的阶级内容和实际作用。但是,要说马克思主义理论是从人性论出发、是人道主义的,不符合马克思主义创始人的思想实际,因而也是不正确的。如果说共产主义能使人人得到自由的、全面的、充分的发展,在这个意义上使用'人道主义'的话,那么,马克思主义自然是包含着人道主义的因素。根据马克思主义的观点,似可以对人道主义做这样的表述:一、阶级的人道主义;二、社会主义的人道主义;三、共产主义的人道主义。这样来说明马克思主义与人道主义的关系,比较符合马克思主义的性质和内容,比较符合一个国家和整个人类历史的发展进程,既可在一定历史条件下,和各阶级的真正人道主义结成统一战线,又可保持马克思主义的鲜明阶级性和独立性。马克思所阐述的今后人类历史发展的实际进程,首先是工人阶级的解放,然后才是全人类的解放。这就把马克思的共产主义和人道主义者的'共产主义'严格地区分开来了。"②

（二）如何认识"共同人性"。

（1）一种意见认为,共同人性只存在于阶级社会以外的社会,而在阶级社会中是绝对没有的。因为当阶级社会出现之后,由于形成共同人性的社会物质条件和与之相适应的社会关系发生了根本性的变化,人性也就"异化"为各个阶级的阶级性。阶级性成为人性的主要特征和基本内容。此外人类不会有超阶级的共同的属性,即不存在所谓"自然共同性",也不存在所谓"社会共同性"。

胡绳生等的《也谈人性和阶级性》(《辽宁大学学报》1979 年第 6 期)指出:"任何个别都是一般,阶级性就是人性,是人性的一种,是人

---

① 杨炳:《马克思恩格斯青年时期的所论及的人性和人道主义问题》,《江淮论坛》1980 年第 6 期。

② 白烨:《人性和人道主义学术讨论会情况综述》,《中国社会科学》1981 年第 1 期。

性在阶级社会的具体表现,同时,人的共性是通过具体阶级的阶级性而存在并表现出来的,绝对没有不通过阶级性表现出来的人性,也绝对没有不包含人的共性的阶级性。"

朱汝瞳的《有超阶级的人性吗?》(《东海》1979年第12期)中也认为,"人的本质属性只能是阶级性。任何脱离了阶级关系来观察人与人的关系的观点,都会陷入唯心史观的泥潭"。

这种意见最有代表性的还是杨炳的文章《马克思恩格斯青年时期所论及的人性和人道主义》。他写道:"马克思、恩格斯所说的人性,或者说人的本性或本质,或者说人的真正的天性,都不是指人的自然属性,而是指人的社会属性;也不是指私有制产生以后的人的社会属性,而是指私有制产生以前的人的社会属性。……他们认为人类社会开始时是公有制,是没有阶级的,那时的人性是人的真正本性。私有制出现了,阶级出现了,人的异化也出现了。在现实的私有制社会——资本主义社会中,工人的劳动异化了,资本家也因坚持私有制而异化,都不合乎人性,都不是人的本性。"他指出:"可是我们今天的某些文章的作者们恰恰把现实的人变成了抽象的观点……追求自有人类以来直至遥远将来的共产主义社会中人类共性的定义,例如热爱生命、富于感情,追求自由和理想之类。他们从抽象观点到抽象观点,绕来绕去,无非就是为了避开阶级关系对活生生的人的制约。形形色色的共同人性定义都是在批判'四人帮'的名义下提出来的,但是没有一个提出者能够说出自己与'四人帮'之间的共同人性(区别)何在。采用否定马克思主义阶级论的方法,去反对'四人帮'的阶级斗争扩大化,用这一种极端去反对另一种极端,达不到批判'四人帮'的目的。"①

(2) 多数意见认为,"共同人性"不仅存在于非阶级社会,同样也存在于阶级社会中;但是对这种"共同人性"的具体内容及其与阶级性的关系,认识并不一致。

---

① 杨炳:《马克思恩格斯青年时期所论及的人性和人道主义》,《江淮论坛》1980年第6期。

有的认为:"由于人的肉体组织构造一般地说是相同的,所以人类有着以共同生理构成为基础的共同的活动规律、认识规律、心理和情感规律、审美规律等等。所有这些,就大体上构成了'人类共性'的内容。具体说来,这种'共同人性'包括自然属性和社会属性两个方面:属于自然属性方面的有人与自然的密切联系、人的生存本能和繁殖本能;属于社会属性方面的有能动地改造自然的劳动力,人与人之间的交往需要,人的意识能力、语言能力,以及审美能力和审美需要。人的这些天然本性和潜在的禀赋,是随着人们社会生活实践的发展而发展的。在阶级社会里,它不能不受到阶级关系的制约,但这只是外在力量的影响,人的本性和禀赋本身,却是没有阶级性的。这也是所谓'超阶级的人性',甚至是相对意义上的'永恒人性'。"①

黄药眠不同意"一谈到人性,就以人有饮食男女的欲望、求生怕死的本能来解释",认为"那种抽象的'人性论'也是说不通的"。他指出,一般所说的人性,往往"是指阶级斗争和缓时期人的社会共同性"。"在阶级斗争和缓时期,各阶级之间总是保持矛盾的统一体,即各阶级有各自的阶级性,同时从整个的社会来说,又有各阶级共有的社会共同性(按:指'相同或相近似的审美感'等)。为什么会有社会共同性?因为这些社会成员都共同生活在一个社会中,有共同或类似的环境,又共同使用着对自然斗争的工具,共同使用着同一的工艺技术,共同使用着同一的语言(如果是同一民族的话),共同使用着思维的工具(如逻辑修辞学等),此外,还有血缘关系、地域关系(如同乡)等等,混杂其间。"这种"社会共性"与阶级性,是一种"互相渗透"的关系,它们"具体存在在一个人物身上,至于两者之间比重的多少,那就需要看阶级斗争的具体情况,以及人物本身、性格本身而定了"。就文学表现来说,"当阶级斗争的形势比较缓和的时候","人类的社会共同性就比较多些";"当阶级斗争比较尖锐的时候","阶级性、战

---

① 白烨:《人性和人道主义学术讨论会情况综述》,《中国社会科学》1981年第1期。

斗性就强烈起来"。①

顾骧认为,人性是一种"心理现象",人性的共同性,就是人类心理现象中"相似、相通、接近的地方"。"作为心理现象的人性,无论是思维、情感、性格、愿望等等,一般的都打着阶级的烙印。但是……无可否认,在阶级社会里人类的意志、情感、习性等等也还有着相似、相通和接近的地方。倘若不存在这一方面,人与人之间就无法沟通与接触,人类就构不成一个统一的社会。""带有阶级性的人性,是无产阶级社会里共同人性的异化,是共同人性这个矛盾统一体的分裂而走向自己的反面,是对共同人性的否定。到了共产主义社会,人性又经过一次异化,带有阶级性的人性,向新的共同人性'复归',达到否定之否定。异化和辩证地否定,都是扬弃,是既克服又保留,不是简单的抛弃,不是毫无关系、毫无继承的隔断。带有阶级性的人性是从共同人性异化出来,又要往共同人性'复归',它是否定之否定的中间环节,它们之间既对立又统一,它们之间存在着联系是必然的。""虽然,区别于动物的人类共同人性与带有阶级性的人性,都是从社会具体人身上抽象出来的,具有不同程度的共性、普遍性。但就它们二者之间关系而言,前者属于一般、普通、共性,后者属于个别、特殊、个性。作为个别性的阶级性,一定与一般性的人类共性相联系而存在;而作为一般性的共同人性,则寓于个别性的阶级性之中,通过阶级性表现出来。"那种认为二者"是平行的或对立的关系"(如:在母爱、性爱方面表现为共同人性;在另外某些方面,则表现为带着阶级性的人性),或者"是轮流出现的关系"(如:在阶级的斗争比较缓和时期,表现为共同人性;在阶级斗争尖锐时期,则表现为带有阶级性的人性)的看法,"都是用形而上学的观点将二者的关系割裂"。②

还有一种意见认为:"阶级性是隶属于某一阶级,并为这个阶级服务的人所具有的属性,是人类自身不同社会集团之间相互区别的

---

① 黄药眠:《关于文学的人性、阶级性等问题试探》,《文艺研究》1980年第1期。

② 顾骧:《人性与阶级性》,《文艺研究》1980年第3期。

特征,而人性则是人与动物相区别的本质属性,所以它们是不同范畴、不同内涵的两个概念。它们之间既不能相等,也不能说哪一个比另一个内涵丰富。我们谈阶级性时,指的是人类不同阶级各自具有的特征,并不涉及它们共同具有的与动物相区别的特征。因此,阶级性并不包括人性的意思在内。"①

(三)如何认识人性与文学的关系。

一种意见认为,文学史以人为对象的,表现人性、人情,特别是普通人性,是它的固有属性和基本特征,也是作家反映现实、变革现实的基本手段。所以,离开了普通人性,就没有文学;既然没有文学,也没有文学欣赏。钱谷融写道:"文学既然是以人为对象(即便写的是动物,是自然界,也必是人化了的动物,人化了的自然界),当然非以人性为基础不可,离开人性,不但很难引起人的兴趣,而且也是人所无法理解的。不同时代、不同民族、不同阶级所产生的伟大作品之所以能为全人类所爱好,其原因就是由于有普遍人性作为共同的基础。马克思在《〈政治经济学批判〉导言》中关于希腊艺术的不朽魅力所说的一段话,我以为也显然指出了人性在文艺中的作用。我认为人性是随着时代、社会等等条件的发展而发展,因阶级性、个性的不同而有其不同的表现的。……文学既然以人为对象,既然以影响人、教育人为目的,就应该发扬人性、提高人性,就应该以合于人道主义的精神为原则。"②朱光潜也指出,作家如果"望人性而生畏……就必然要放弃对人性的深刻理解和忠实描绘",结果只能"产生一些田园诗或牧歌式的歌颂和一些概念的图解。要打破这种公式化、概念化,首先就要打破'人性论'这个禁区……文艺才能踏上康庄大道"。③

---

① 白烨:《人性和人道主义学术讨论会情况综述》,《中国社会科学》1981年第1期。

② 钱谷融:《论〈文学是人学〉一文的自我批判提纲》,《文艺研究》1980年第3期。

③ 朱光潜:《关于人性、人道主义、人情味和共同美问题》,《文艺研究》1979年第3期。

一种意见认为,在阶级社会中,没有抽象的、共同的人性,只有人的阶级性,或者是阶级的人的人性。因此,社会主义文学不能描写"人性论"者所创造出来的"人性",以及"人性"与阶级性的斗争,而应当全力表现无产阶级的阶级性。丁松龄指出,无产阶级的人性,"也就是无产阶级的党性,共产主义的人性"。"革命的文艺家就是要揭露和批判那些反动的人性,用无产阶级的人性……来教育人民,改造全人类,真正肩负起人类灵魂工程师的光荣任务。""试问:不写革命与反革命的斗争,不写革命阶级与反革命阶级的人性斗争,难道去写无产阶级英雄们和'四人帮'及其一小撮反革命分子的'共同'的人性吗?而他们之间的共同的人性又在哪里呢?"①

一种意见认为:"文学应当反映人的阶级性,也应当反映与阶级性并存的人类共同属性。伟大的艺术作品总是真实地、深刻地、充分地反映和表现丰富的人性的,只有真实地从现实生活的人出发,不囿于只写人的阶级性的固有公式,写出人性的光辉和人性的力量,才会赢得不同时代、不同阶级的人们的欢迎和喜爱。"持这种意见的一些同志还提出,新时期的文学应以反映人性、人情中的非阶级因素为主。他们认为,在社会主义新的历史时期,我们国内阶级关系已经发生了新的变化,阶级斗争已不是我们社会的主要矛盾,因此人民大众在人性、人情的表现上,较之过去的年代也发生了本质的变化。人民厌恶那种人为的'阶级斗争',憎恨那些缺少人情、灭绝人性、惨无人道的邪恶势力;人们期待着能够自由发挥肉体和精神力量的高度精神文明和物质丰富的新生活,要求改善生活和工作的条件,向往淳朴的爱情和美满的婚姻,渴望与分居两地的亲人团聚,希望上下级之间保持正常关系、同志之间有真诚的友谊……这些客观存在的事实,正说明了在我国现实社会生活中人们身上的阶级因素在逐渐减少,非阶级性的因素在不断扩大。"因此,在文学作品中真实地反映人性中非阶级因素扩大的趋势,大胆地、全部地表现人性美和人情美,这是

---

① 丁松龄:《漫谈人性》,《浙江师范学院学报》1980年第1期。

社会主义新时期的文艺'重点转移'的关键所在。"①

一种意见认为,阶级社会中虽然存在着一定范围的共同人性,但并不能改变阶级社会中人有阶级性这一基本事实,并不影响文学的阶级性质,也不要求作家离开人的阶级性去单独表现某些共同的人性。因为这种共同人性并不能离开具体的阶级的人而单独存在。在一个人身上,他的阶级性和某种共同人性是融合在一起的。文艺创作只要历史地、具体地表现了一定阶级的具有典型性的人物,只要这种人物涉及人类社会的某种共同性,它就自然地反映出某种共同的人性。

一种意见认为,无论就文学创作还是文学欣赏来说,都不能单纯从人性或共同人性的角度来看,而应从文学反映社会生活的真实程度来探讨。历史上能够流传下来的优秀文艺作品,并不是因为反映了自然本性的真实或者反映了人类的某种社会共同人性的真实,而是反映了那个时代的为一定生产关系所制约的社会生活的真实。

(四)如何认识近年来文学作品多人性的描写。

近年来大量文学作品从不同的侧面涉及人性的描写,这个情况已经引起理论工作者的关注和探讨。自1980年夏天至1981年1月,先后发表了何西来、刘建军、俞建章三人的专论,另外陈涌在《文艺的真实性和倾向性》(《电影艺术》1980年第10期)一文中也谈到了这个问题。大致意见如下:

刘建军认为,"重视人的价值,恢复人的尊严,关心人、爱护人,在人民内部散播爱和温暖,是这个时期以来中篇小说的一个重要内容"。"它是三年来文学真实反映现实,抒发人民心声,逐步深化的一种表现","是历史的必然,是时代的需要"。他指出:"抽象地看,这似乎是资产阶级人道主义精神的重复,但具体分析,我们就会看到,资产阶级人道主义基本上是以个人主义为核心的,它所标榜的普通的人就是资产阶级个人。而我们的文学所描绘并为之呼吁的人,指的

---

① 白烨:《人性和人道主义学术讨论会情况综述》,《中国社会科学》1981年第1期。

是人类最大多数,是历史的创造者,这是无产阶级文学伟大先驱高尔基所赞美的大写的人。无产阶级所倡导的关心人、爱护人,冲破了资产阶级人道主义的阶级局限,是建立在只有解放全人类才能最终解放自己的明确指导思想之上的,这是崇高博大的无产阶级革命人道主义。"这些作品"以深厚的思想力量和强烈的感情力量,开辟着自己的道路,它将会把自己的永久魅力流传下去"。①

何西来指出:"人的重新发现,是新时期文学潮流的头一个,也是最重要的特点,它反映了文学变革的内容和发展趋势,正是当前这场方兴未艾的思想解放运动逐步深化的重要表现。"他认为"人的重新发现"有三个"标志"。第一,"从神到人"。"从神到人,从领袖的神化到描写的人化,从把领袖看作唯一的尊神到描写一个领袖群,一代无产阶级革命家,是人的重新发现的重要标志。"第二,"爱的解放"。"文艺作品中爱的解放,是人的重新发现的一个重要侧面。爱的不自由,实际上反映着人身的不自由;爱的权利的被剥夺,是以剥夺者对被剥夺者的人身支配为条件的。因此,爱的解放,不能不是人的解放的重要内容。"第三,"把人当作人"。"这里的人,是指普通人,特别是指'以阶级斗争为纲'的理论指导下被打入另册的那些普通人。普通人的非人化,和对个别领袖的神化,是同一个问题的两个极端……无论是前者还是后者,都反映了'四人帮'有意制造的人性的新的异化。'把人当作人'的呼声,就是在这样的条件下,当人们对自己的处境开始有所醒悟的时候,才逐渐高起来的……这是人的重新发现的又一个标志;表现在文学上,就是人性、人情、人道主义的重新提出。"②

俞建军认为:"共产主义就是最彻底、最革命的人道主义。"粉碎"四人帮"之后,由于"对马克思主义科学体系的重新认识","人和阶

---

① 刘建军:《流贯作品的炽烈的血液——漫谈中篇小说的革命人道主义精神》,《文艺报》1980年第8期。

② 何西来:《人的重新发现——论新时期的文学潮流》,《红岩》1980年第3期。

级,又重新获得了科学的意义","于是,人道主义的主题便在当代文学创作中应运而生了"。他把近年来的文学潮流概括为"人道主义潮流",认为这些作品在思想内容上有四个特征:(1)"暴露和鞭挞'文化大革命'反人道的社会现象。"(2)"通过反映这些现实,揭示人的异化现象。""在社会主义社会,国家的职能、经济的发展、人的解放,这三者之间不应出现根本的矛盾。但是由于我们党对阶级斗争形势做了错误的估计,导致了国家作为阶级斗争政治工具职能的强化。国家的职能、经济的发展、人的解放之间出现了异化。在某些特定的历史时期,这种异化表现为国家利益与个人利益的激烈冲突。""异化不仅是一种社会现象,发生在人的社会生活中,它也是一种心理现象,发生在人的自身意识中,是人对人的自身意识的否定。"(3)"思考和认识由此出现的人的价值问题。""对于人的异化状态的否定,同时,也是对人是最高价值体的肯定。这种肯定排除了把人降低到血统、权力、工具之下的社会意识。"(4)"在暴露、揭示、思考中,对于人性美的追求和对理想人物的塑造。""如果说,人的异化现象,发生在社会主义社会同发生在资本主义社会有什么不同,那就是,由于排除了生产资料私有制,在今天的社会中,人的异化过程也是这种异化被自觉地认识、被积极地扬弃的过程,是人自觉地向合乎人性的人的自身复归的过程。……同时也含有对于人性美的歌颂和对于合乎人性的人,即理想人物的歌颂。"①

陈涌认为,文学作品对人道主义人性论的观点是可以写的,但是社会主义作家对此"不能不采取分析的态度"。例如对"四人帮"的法西斯恐怖政策,"即便抱着人道观念的反抗,也是有意义、也是需要勇气,而且往往需要很大的勇气的"。但是应该看到,"政治、阶级、阶级斗争",这是马克思主义"不可动摇的科学理念",人道主义人性论"和无产阶级的观点是有分歧的",我们应当"首先根据我们的政治观念",从"无产阶级政策"的观点来看问题。《如意》中"石义海对'四人

---

① 俞建章:《论当代文学创作中的人道主义潮流》,《文学评论》1981年第1期。

帮'的抗议和抗争的出发点,是人性论和人道主义。而我们也反对'四人帮'残杀那个小业主,则是首先根据我们的政治观点。根据我们的政治观点,把一个小业主当作资本家来活活打死,不论从哪个方面看,都是违背无产阶级的政策的,而且这种做法也是一种破坏法制的行为"。①

《文学评论》召开人性和人道主义问题座谈会

进入1982年,文坛上和理论界对人性和人道主义的兴趣,引发了一场广泛而热闹的讨论,甚至可以说是论争。理论界的讨论,更多局限在了马克思主义与人道主义的关系、共同人性与抽象人性等理论问题上,而对文学创作上对人性、人道主义问题和人的价值的描写与挖掘则少有关注。文学创作界的触角比较灵敏,触及这个领域较早,而文学评论界则相对显得滞后。

如前所述,探讨文艺创作中的人性和人道主义问题的文艺评论,自党的十一届三中全会后陆续出现在各地文艺期刊和学术期刊上。《文学评论》于1980年第5期上发表王淑明的《人性、文学及其他》之后,从1981年起,先后发表了俞建章的《论当代创作中的人道主义潮流》(1981年第1期)、张炯的《关于人性、人情及其他》(1981年第6期)、陈传才与杜元明的《也论文学创作中的人道主义问题》(1982年第1期)。为了把这个问题的讨论引向深化,《文学评论》编辑部策划于3月中旬举行一次关于文学创作中的人性与人道主义问题的座谈会。该编辑部2月27日发出通知,邀请文学评论家们开会,座谈文学创作中的人性和人道主义问题。

《通知》说:

> 本刊编辑部拟于3月12日至13日(星期五、六),邀请在京部分作家和评论家,座谈关于文学创作中的人性和人道主义问题。我们考虑以刘心武同志近年来的某些作品和其他作家的有

---

① 中国文联理论研究室:《近年来对于人性、人道主义问题探讨和讨论的基本情况》(打印稿)。

关作品为主要研究对象,探讨下列问题:

（1）近年来出现的一批作品在描写人性和人道主义方面作了一些探索,为什么会出现这批作品？如何看待文学上的这种现象？

（2）这批作品有哪些主要的得失？如何引导这方面的探索朝着健康的方向发展？

（3）如何分析文学作品中的人性和人道主义因素？在文学描写中,人性的具体内容是什么？人性与道德、人性与风俗民情、人性与阶级性的关系如何？

（4）这批探索性作品的出现,为人性和人道主义这一理论领域的研究,提出了哪些新的课题？……

文学评论编辑部
1982 年 2 月 27 日

《文学评论》编辑部随着《通知》提供了一些参考作品:

刘心武的作品:

《班主任》、《我爱每一片绿叶》、《这里有黄金》《刘心武短篇小说选》

《如意》《十月》1980 年第 3 期

《公路旁的仙女》《文汇月刊》1981 年第 11 期

《到处去发信》《上海文学》1981 年第 11 期,《小说选刊》、《小说月报》1982 年第 1 期

其他作品(以发表、出版时间先后为序):

《西线轶事》 徐怀中 (上篇)《人民文学》1980 年第 1 期,(下篇)《十月》1981 年第 1 期

《三生石》 宗 璞 《十月》1980 年第 3 期

《在没有航标的河流上》 叶蔚林 《芙蓉》1980 年第 3 期

《蝴蝶》 王 蒙 《十月》1980 年第 4 期

《妙清》 李英儒 《钟山》1980 年第 4 期

《受戒》　汪曾祺　《北京文学》1980年第10期

《啊，人……》　雨　煤　《花溪》1980年第10期

《人啊，人！》　戴厚英　花城出版社1980年版

《晚霞消失的时候》　礼　平　《十月》1981年第1期

《芙蓉镇》　古　华　《当代》1981年第1期

《大淖纪事》　汪曾祺　《北京文学》1981年第4期

《爬满青藤的木屋》　古　华　《十月》1981年第3期

《一座雕像的诞生》　《芒种》1981年第5期，《新华文摘》1981年第8期

《洗礼》　韦君宜　《当代》1982年第1期

附《文学评论》发表的有关评论文章三篇：

《论当代文学创作中的人道主义潮流》　俞建章　《文学评论》1981年第1期

《关于人性、人情及其他》　张　炯　《文学评论》1981年第6期

《也论文学创作中的人道主义问题》　陈传才、杜元明　《文学评论》1982年第1期

在筹备过程中，《文学评论》编辑部主管当代文学评论的编辑杨世伟同志，多次同我接头，商量并征寻我的意见。编辑部所提供的这个作品篇目，实际上也包括了我的意见，大体能够反映出当时文学创作描写人性和人道主义思潮的概貌，对于我们回溯和研究20世纪80年代初期这股文学思潮的起伏和始末，是一份有益的材料。评论界对这些作品的评价并非都是肯定的。例如礼平的《晚霞消失的时候》就是一篇颇有争议的小说。《光明日报》于1982年2月8日率先发表敏泽的批评文章《道德的追求和历史的道德化——从〈晚霞消失的时候〉谈起》，接着，《文艺报》、《中国青年报》、《文汇报》、《青年文学》等报刊，相继发表文章，对这部作品所宣扬的宗教信仰主义提出

批评。这篇作品也是在这次座谈会上被认为写人性上有严重缺点的作品。戴厚英的《人啊,人!》也多有争议,笔者已在本书第五章里作了叙述,在此不赘。1981年1月11日,我们《文艺报》编辑部在研究制订刊物的选题计划时,唐因副主编就对此作持批评态度,认为它属于表现了资产阶级世界观的小说。这一点,笔者并不认同。个性突出的戴厚英,在短短的生命中留下的这部长篇,多年来都是文学评论界谈论的话题,这是大概连她自己都没有想到的。

尽管我所在的《文艺报》在1982年第1期上发表了胡余(陈丹晨)的《略谈人性描写中的几个问题》,《文学评论》也在第1期上发表了陈传才和杜元明的《也论文学创作中人道主义问题》,但《文学评论》编辑部于3月12日至13日在新侨饭店604会议室①主持召开的"文学创作中的人性、人道主义问题座谈会",邀集批评家们对新时期文学进行研讨,此举无疑把《文学评论》编辑部推到了"第一个吃螃蟹"者的位置上。

"人"的发现,对"人的尊严"、"人的个性"、"人的价值"的尊重,人道主义的关怀,成为新时期文学的一个突出的主题。这一主题的凸显并以形象的方式所作的展现和阐释,应该说是新时期文学对"十七年"文学的一个思想超越,因而在中国文学史上称得上是一个破天荒的贡献。这一点,凡是掌握了正确的历史观和对中国当代文学史有真知灼见的史家,都不会否认或视而不见的——我坚信。《文学评论》座谈会的功绩,在于提出并肯定了新时期文学表现人性的思潮,初步分析了文学创作在表现人性上的成败得失,探讨了文学表现人

---

① "文革"成为过去、思想解放之初,文学界的很多重要会议都是在新侨饭店的这个大会议室里召开的。最值得记下一笔的,莫过于1979年8月17日由《文艺报》和《文学评论》两个编辑部联合召开的清算江青勾结林彪炮制的《部队文艺工作座谈会纪要》的大型座谈会,和尔后巴金率领吴强、李晓林等《收获》编辑部人员在京召开的座谈会,以及《文艺报》和《收获》两个编辑部的主要人员在此的相聚。可以说,新侨饭店604会议室是中国新时期文学的一个重要的纪念地。可惜,新侨饭店的总经理不是文化人,且换来换去,他们没有这个文化意识。由于笔者对新侨饭店604会议室有一种特殊的情怀,故附笔如此。

性的正确途径。

座谈会后,刊物上在"综述"之外,还陆续发表了一批文章。比起发言来,这些文章在观点的阐述上显得更加周全和严谨,在一些重要理论问题上也有更多的开拓,如共同人性问题、人性美和人情美问题、人道主义问题、异化论等。钱中文说:"近几年来的不少作品,为我们展现了日常生活中普通人的精神的丰富,表现了恶劣环境下人的优美和顽强的生命力。……像《三生石》里那些原本不受人注意的普通人都是有丰富的内心生活的人,他们懂得美与丑,虽然身处非人性的环境,肉体受到摧残,但仍然保持了人的最重要的人性品质:同情和友爱,相互信任和自我牺牲。……《蒲柳人家》和《在没有航标的河流上》是两部有浓厚地方人情色彩的小说,充溢着质朴的人性美,一种在粗犷中有似水的柔情,一种在粗犷中略带几分野性,都具有清新的境界感。《如意》的写作意图无疑是为了歌颂普通人身上的人性和美。在人性普遍沦丧的疯狂年月,石大爷身上仍然保持着做人的最起码的品质,这是弥足珍贵的。他的行动是对非人性的抗议。"①钱中文还就文学表现人性提出了"真实的、历史的、道德的"三大标准。

《文艺报》也是最早提出和关注新时期文学中表现人性问题的刊物之一。在1982年第1期上就发表了胡余(陈丹晨)的《略谈人性描写中的几个问题》的长文。胡文的立论,显然是受到了发表未久的小说《晚霞消失的时候》以及在地方文学刊物上发表的一连串类似的小说的触发,即对那些着意于表现反面人物、敌对阶级的人物身上的人情味和美好人性,以及共同美、抽象美一类理论的回答。作者的结论说:"人性是可以写的。我们既要写劳动人民的人性,也要写敌对的或其他各个阶级的人的人性。但不管写谁,都应放在具体的历史环境、社会生活中去写,揭示出社会的或阶级的制约和影响。更重要

---

① 钱中文:《论人性共同形态描写及其评价问题》,《文学评论》1982年第6期;后收入《钱中文文集》(中国社会科学院学术委员文库),上海辞书出版社2005年版,第48~70页。

的,今天我们还应用最大的热情,花更多的笔墨去发掘、描写、歌颂劳动人民的人性美、人情美。我们在不少新的创作中看到了这样的描写,像《人到中年》中的陆文婷、《犯人李铜钟的故事》中的李铜钟、《在没有航标的河流上》中的盘老五等等。但显然还很不够,我们还要进一步地尽情地写,更充分地写,写出劳动人民活生生的、有血有肉的、丰富的人性美;同时,当我们在描写敌对人物的人性时,我们也不要忘记了把握全貌,采取批判的态度。"①《文学评论》的座谈会后,《文艺报》在下半年出版的第8、9、10期上,陆续发表了刘建军、王若水、许觉民、王春元等人的有关人性和人道主义的文章。

笔者的观点

笔者应邀参加了《文学评论》编辑部召开的这次会议,并于13日的会上发了言。会后,遵编辑部之嘱,将修改稿《谈新时期文学中的人道主义问题》交给了他们,随即发表在该刊1982年第4期的"文学创作中的人性和人道主义问题的讨论"专辑中。

为留下诸家观点的历史记录,在此把笔者的主要观点著录如下:

(一)人的主题的出现,是我国当代文学中的社会主义人道主义合理发展的结果。

人的主题是在"伤痕文学"潮流兴起之后,作家们受到现实生活的启发和暗示,而出现于新时期文学中的。开始出现的仅仅是人的尊严与人的人格这样的思想,接着又扩展到人的价值、人的个性、人的全面发展问题。历史地看,人的主题的出现是我国当代文学中的社会主义人道主义合理发展的结果。

反映在封建血统论的影响下,对人实行大规模的政治歧视与政治迫害的历史现象,是粉碎"四人帮"之后第一批渗透着人道主义思想的小说题材。林彪、"四人帮"煽动的血统论,同希特勒的屠杀犹太人、殖民主义者的种族灭绝政策一样,都是反人道的,都是同马克思

---

① 胡余(陈丹晨):《略谈人性描写中的几个问题》,《文艺报》1982年第1期;后收入所著《陈丹晨文学评论集》,湖南人民出版社1984年版,第233~248页。

主义、社会主义格格不入的。《伤痕》（卢新华）里写的天真无邪的姑娘王晓华，因为妈妈被诬为叛徒而受到株连，她为了同亲生母亲划清阶级界限，竟然九年中断音讯。妈妈因为受到不公正的对待，人的尊严受到侵犯。有许多作品描写了在"文化大革命"中因为出身"不好"而受到非人迫害的人，他们不能回城，不能提干，甚至连找对象都受到社会舆论的非难。在农村，甚至出现了地主、富农的子女只能在地主、富农的圈子里通婚的现象。

中篇小说《大墙下的红玉兰》（从维熙）和《铺花的歧路》（冯骥才），较早地从维护人的尊严与人格方面表现出革命的人道主义思想。在大墙之内，丧失人性的"四人帮"对待革命老干部葛翎，除了施以酷刑、苦役而外，还利用马玉琳一类国民党特务、地痞恶棍侮辱他的人格。"四人帮"施于葛翎的惨无人道的暴行，与作者给予葛翎的人道主义的同情，形成强烈的对照。共产党员的凛然正气和作为一个人的尊严感，从字里行间升腾起来。在校园里，女学生白慧和她的同学们乱棍打死他们的女教师的场面，既生动又悲哀地描绘了人性的泯灭和兽性的发扬。

人的尊严问题，也是宗璞思考的一个重要方面。她在《三生石》中写了梅菩提在十年动乱中的遭遇，贯穿着作者关于正常地对待人的呐喊。她还在《我是谁？》中，写了政治的暴力怎样使人变成了"非人"：受到批斗与侮辱的韦弥怎样在朦胧昏迷之中变成了"牛鬼"、"红狗"、"大毒虫"。作者用象征主义的手法写"文化大革命"这场政治风暴怎样把人弄得变了形，怎样践踏了"人"。她认为，由于"文化大革命"，"人"已经飘然远去了，不存在了，消失在"集体"中了，被许多骷髅、蛇蝎、虫豸咬死了。但她并没有失望，仍期待着春天到来的时候，"人"再回到自己的土地上来。

回顾历史，以表现人为主要对象的我们的当代文学，却悄悄地把人的尊严、人的人格、人的价值、人的个性这些人的本质的重要方面逐出了文学这个伊甸园。很长的时期中，我们把马克思主义同人道主义对立起来，一谈到人道主义就如同遇到了洪水猛兽，谈虎色变。有时又对人道主义采取实用主义的态度，在反映战争（如抗日战争、解放战争)和民主改革(如土改)这些题材时,大胆淋漓地剖析了反动没落势力的政治压迫和经济剥削给劳动群众造成的创伤,抨击反动没落阶级的反人道的法西斯行径,渗透着深刻的人道主义思想。而在反映全面社会主义建设时期的文学作品里,则又抛弃了或部分地抛弃了人道主义思想,只去表现或着重表现人的某些方面,忽略了或回避了另一些方面。比如着重表现了在无产阶级专政下人的改造,在资产阶级和无产阶级两种思想、两条道路的对立与斗争中人的扭曲,在反对内敌外侮,特别是在愚公移山地改造中国的宏图大业中人的英雄精神;而对人的尊严、人的人格、人的价值、人的个性、人的全面发展这些人的本质的重要方面,则噤若寒蝉,不敢涉足。

粉碎"四人帮"之后的情况大为不同了。尽管也许有的作家并没有系统地研究过马克思的人道主义思想,也许他们对人道主义的表达有这样那样不够缜密甚至谬误的地方,但生活提示了他们:社会主义需要人道主义,马克思主义不是同人道主义对立的,而是包含着人道主义的。马克思主义的人道主义在反对林彪、"四人帮"的封建法西斯统治以及清除个人崇拜的影响的斗争中,重新获得了活力。但马克思主义的人道主义并不是退回到以平等、博爱、自由为旗帜的人本主义去,尽管人本主义在反对封建神权、封建等级制等方面也曾经起过积极的历史作用。马克思主义的人道主义是要在生产资料公有制的情况下,使人的人格受到充分尊重,个性得到充分发挥,才智得到全面发展。马克思在《共产党宣言》中就规划了共产主义时代"每个人的自由发展是一切人的自由发展的条件"①。新时期文学对一切反人道的封建法西斯暴行的揭露与批判,正是基于这样的一种人道主义思想。新时期文学中的主题的确立和形成,对人的尊严、人的人格、人的个性、人的价值等的探索,正是马克思主义人道主义的活力得以恢复的一个标志。

(二)新时期文学中人道主义思想的两个层次。

如果把人的主题的出现和对人的价值的探讨作为新时期文学中

---

① 《马克思恩格斯选集》(第一卷),人民出版社1972年版,第273页。

的人道主义思想的第一个层次的话,那么,向伦理道德的拓展,可以说是新时期文学中的人道主义思想的第二个层次。

多年来政治生活的不正常,"左"的思想泛滥,在社会生活中造成了政治利害与道德观念的尖锐冲突。这些政治利害与道德观念的冲突,是近几年作家们所探讨的一些重要文学观念中的一个。比如诚实、厚道、友爱、同情等道德观念,在一定的历史条件下服从于政治的利害,不仅造成了个人的悲剧,而且使社会公德、时代风尚受到了前所未有的损害。我们从冯骥才的《啊!》里看到了这样的一幅图画和作者对这种社会观念的思考。小说中的赵昌和吴仲义之间本来是用一种淳朴的道德关系维系着的,两人相处得不错。但在运动中,由于政治利害的驱使,赵昌暗中动用手段,把本来没有什么政治问题但胆小如鼠的吴仲义一步步逼上绝境,坦白自首1957年自己的思想"反动",为贾大真那样的迫害狂所利用。赵昌看到那个与自己相处十来年,老实、厚道、谦和的吴仲义,无论如何也找不出恨他、整他、将他置于死地的理由,但当他想到,如果吴仲义真有严重问题,自己就要陷进去受牵连,而且也不排除吴仲义检举他的可能性的时候,他就背信弃义地将吴仲义落井下石了。这种抛弃了道德准则,服从于政治利害的反人道的情况,不仅表现在同志、朋友、师生、上下级之间,而且也出现于夫妻、亲子之间。像赵昌那样以怨报德的事情,在十年动乱中比比皆是。为了争得自己的清白,可以歪曲或夸大事实揭发自己的同志、朋友、老师、上级,可以委过于同志、朋友、老师、上级。这种现象,就是今天也仍然存在。谌容的《真真假假》中写的不就是今天的现实吗?为了政治的前途、个人的荣辱,夫妻可以轻率地反目。这在小说中写得很多。韦君宜的《洗礼》中的贾漪,柳溪的《生涯》中的吴烨,都是这样的政治动物。贾漪在王辉凡荣任书记的高位时缠上王辉凡,当王辉凡在十年动乱中被隔离审查时又抛弃了王辉凡,嫁给了造反派头头陈射洪。吴烨在三十多岁时经组织物色与女青年吉悒兰结婚,过着幸福的婚后生活,但三查三整一来,就断然抛弃了这个正在分娩的女人,运动一过,又恬不知耻地回到吉悒兰身边;继而肃反运动一来,却又用欺骗的手段诱使吉悒兰同意同他离婚,抛弃了她。这种在政治利害面前背弃道德原则的行为,从一个侧面反映了我们社会的一些情况。作家们在揭露这些矛盾时,其人道主义立场是很清楚的。同时,作家们也塑造了自己的人道主义理想人物。韦君宜着力塑造了刘丽文,柳溪着力塑造了柯思理这样的渗透着无产阶级人性美和革命情操的人物。在这方面,值得一提的还有刘心武在《如意》里塑造的老校工石义海的形象。作者在这个人物身上展现了在那个道德沦丧的年月里,人类的同情、真诚、忠贞、勤劳等道德并没有被扫荡殆尽,在政治利害的红色洪水中还有一片陆地,这片陆地就成为继承、发扬我们社会的道德风尚的摇篮。

爱情题材近年来几乎成了"热门货"。我们首先应该肯定新时期文学从"无情文学"(不敢写爱情,甚至不敢写感情)的死胡同里走出来,敢于描写包括爱情、婚姻、家庭在内的人的七情六欲,这是文学向革命的现实主义跨出的重要一步。爱情、婚姻、家庭也是社会生活,而且与广泛的社会关系联系着,要反映社会生活、描写人,怎么能将这些领域置于视野之外呢?我们不准备全面谈爱情描写问题,我们要谈的是爱情描写中触及的道德问题。不少作家在写所谓没有爱情的婚姻和没有婚姻的爱情。尽管有的批评家责难这些作家是在咀嚼自我,脱离了社会前进的洪流。但我认为他们探讨的是一些有价值的社会的和文学的观念,他们所反映的伦理学的问题确实是社会生活中相当普遍存在的现象。凭今天读者的智力水平和道德水平,大多数是不会以个人轻率的、不负责任的行为去破坏社会道德的,反倒会从这些描写和观念中得到道德的教益。何士光的《春水涟漪》和张洁的《爱,是不能忘记的》中所写的那种没有爱情的婚姻和没有婚姻的爱情,尽管是现实的,却并非是合理的。追求一种合理的爱情,是不应该受到责备的;责备者责备女主人公违反了"有夫之妇"的为人道德,却闭口不谈"只有继续保持爱情的婚姻才是合乎道德"[1],这无异于提倡妇女应遵从"嫁鸡随鸡"的封建道德。周良蕙(张弦《未亡人》中的主人公)改嫁的愿望和市委大院里群众的私议、组织部门的

---

[1] 《马克思恩格斯选集》(第四卷),人民出版社1972年版,第79页。

阻挠,哪个更合乎无产阶级的道德呢?前者同邮递员的爱情也是人的正常的、不应该受到压抑的感情,丝毫不会辱没前市委书记的名声。刘丽文(韦君宜《洗礼》中的主人公)在没有同王辉凡办理离婚手续的情况下就同祁原紧紧地拥抱在一起,"建立了不合法的恋爱关系"。这种没有婚姻的爱情,比起她同王辉凡的那种失去了爱情的婚姻,不是更合乎道德吗?在这些作者们对爱情、婚姻、家庭、道德的探讨中,除了有对生活的观察和发掘以外,还包含着他们对伦理问题的见解。

(三)突破在于敢于写人的喜怒哀乐、七情六欲,敢于把人写成复杂的、完整的人,而不再是"无情"的纸人。

鉴于人性问题一直是文学作品描写的禁区,近几年来,作家们在这方面表现出了特殊的兴趣,而且确实有所突破。我这里所说的突破,不是指谁大胆地否定人性的阶级性,谁就是"突破"了人性描写的禁区;谁敢于写人的性欲和色情,谁就是思想解放。我所说的突破,主要是指作家在描写各种人物时,敢于写人的喜怒哀乐、七情六欲,敢于把人写成复杂的、完整的人,而不再是"无情"的纸人。

任何个人都是人的自然属性(饮食、男女、求生、劳动、爱美……)与社会属性的统一。从人性的起源上,从哲学的角度看问题,"人的本质"亦即人的人性包括这两个方面。但是马克思也指出:"在其现实性上,它(按:指人的本质)是一切社会关系的总和。"①从文学的角度看,作家的任务主要是描写生活在一定社会关系中的人,也就是社会的人。文学虽然不排斥对人的自然属性的描写,但主要不是去描写人的自然属性,而且人的这些自然属性有一部分也是离不开社会环境而单独存在的,比如性欲是人的自然属性,但爱情就带有社会属性的特点。人性的社会属性是随着历史的发展而变化,受到历史的制约的。作家应当在历史和社会关系中描写出具体的人性来。

刘心武在《如意》中描写的石义海和清朝贵族遗属格格金绮纹的爱情,触及了不同阶级的人们之间是否可以相爱的问题。作为阶级,

---

① 《马克思恩格斯选集》(第一卷),人民出版社1972年版,第18页。

两个对抗阶级之间是没有仁爱可言的。但作为个人,由于所处的环境不同,遭遇不同,具体情况又要作具体分析。当石义海青年时期被外国神甫惩罚,忍着"苏秦背剑"的痛苦给他踩泥时,是贝勒府的格格金绮纹救了他。金绮纹虽是贵族出身,却因为是庶出,且母亲早逝,实际上沦为奴婢。几十年后,金绮纹又因为出身问题受到歧视,在"文革"中被列为专政对象。作为劳动者的石义海,对金绮纹的眷恋之情却始终如一:当金绮纹被监督改造时,是石义海偷偷地替她扫街;在风雨如磐的日子里,他始终珍藏着金绮纹送给他的信物——如意。他们虽然出身不同,一个出身于贵族,一个出身于奴才,但破落的经济地位和政治处境,使金绮纹更接近于被压迫者、劳动者,特别是后来几十年的自食其力的劳动生涯,成为她同石义海生死同心的物质基础。这样的两个人之间发生的爱情,有什么可以挑剔的呢?别人所有的感情,他们都有,别人所享受的幸福,他们都有权享受。方之的《内奸》也是一个例子。他塑造的买卖人、路路通田玉章,是一个既与国民党有关系、又与共产党有关系的人物,但作者没有把他的形象简单化、漫画化,而是把他写成了一个有着充分复杂性、展现出充分人性的人物。就是这样的一个人物,在战争期间为人民做了好事,在十年浩劫中又吃尽了苦头。

不可否认,在探讨人性,特别是探讨共同人性问题上,出现了一些失误,这反映了某些作者在对生活的认识和对一些观念的理解上的片面与错误。大家谈论很多的小说《晚霞消失的时候》和《妙清》就存在着类似的认识论上的错误。两位作者不约而同地在国民党高级将领身上挖掘美好的人性和高尚的品质。《晚霞消失的时候》中的楚轩吾,在淮海战役时是国民党第二十五军代军长,在共产党强大的军事攻势下,国民党军队即将瓦解的时候,他率部投降,新中国成立后成为政协委员、统战人物。作者通过楚轩吾之口讲述他自己那段"惊心动魄"的经历,显示出他虽然同共产党政见不同,而为人品格却是高尚无瑕的,正是他这样的经历和品质,把我们的主人公李淮平震慑住了。楚轩吾向革命投降,人民政协安排他做了政协委员,晚年他为人民做了力所能及的工作,对这样的人,我们应该团结他,而不应该歧视他，应该使他改造思想而不应该侮辱他的人格。但是他的过去毕竟是罪恶的，是对人民欠了账的，作者对他的过去为什么只用这样一种充满同情的笔墨去渲染他的正直的为人、高尚的品格，而抹杀他仇视革命、憎恨人民的一面呢？似乎他的人的本性同他的反动的政治活动是可以截然无关的。

　　文学作品描写人性，是受到作家的世界观制约的。对于无产阶级作家来说，美好的人性固然应该肯定和赞美；而对丑恶的人性，当然不仅不能赞美，更应该加以批判和暴露。比如唯利是图、尔虞我诈，我们就不仅不能赞美，还要加以批判。

　　从当前的创作来看，还有些作者因强调写人的本性的复杂性，强调人与人之间有相通的人性，而陷入了迷误。最近我们读到青年作者张辛欣的中篇小说《在同一地平线上》。这是一篇客观地描写青年们生存竞争的激烈性、残酷性的作品。不能说生活中没有这样的事情和这类的现象，但如此客观主义地描绘，把我们今天人与人之间，甚至夫妻之间写得连一点点同情、帮助和怜悯都不存在了，剩下的只有赤裸裸的利害关系、生存竞争和弱肉强食。这样的写法恐怕不能说是令人信服的吧！作者是一位很有才华的青年，曾经写过《一个平静的夜晚》等很好的小说，但在这篇小说里却出现了失误。

　　还应当看到，有一些文学青年利用马克思主义人道主义这个口号，来宣传存在主义的人的价值观，宣传只有摆脱社会束缚才能保持自己的真正本质这一人与社会分离的观念，宣传强烈的个人主义和利己主义。存在主义产生于对资本主义的抗议，曾经是起过一定作用的，但它逐渐演变为个人同社会隔绝的、抽象的人道主义，就失去其积极意义了。作为社会主义时代的中国作家，怎么能仰人鼻息照抄照搬这种属于唯心主义思想体系的哲学观念呢？有人主张多元化的文艺理论结构，企图为资产阶级的哲学思想和文学理论寻找合法的根据。这是我们不能同意的。我们主张百花齐放、百家争鸣，但不是不要斗争，不是意味着给予形形色色的文学理论和哲学思想通行无阻的特权，而是要在斗争中建立马克思主义的优势。这也就是我们不能同意存在主义人道主义思想的原因。

（四）把马克思主义的人道主义理论贯穿于文学创作之中是一种创作思想的自觉。

有一种意见，把几年来的新时期文学说成是人道主义文学或"人道主义的文学潮流"。这种意见不加分别地把什么题材、什么主题的文学作品都拉到人道主义这个大的命题下面来。对这一种意见，笔者是不敢苟同的。

我们认为，究其主流而言，新时期文学是革命现实主义的文学。马克思主义的人道主义作为一种思想理论，贯穿在我们的文学创作之中，有些作家的作品里人道主义思想表现得较为明显、较为自觉，例如刘心武、宗璞；而有些作家则表现得不明显、不自觉，或很不明显、很不自觉。从创作实践来看，所谓作家的人道主义，主要体现在一些描写伦理道德的作品中，例如探究人的尊严和社会生活的关系的作品；而反映一般社会生活的作品，则体现得不很明显，或主要不是体现人道主义的。根据这种情况，我以为不能把新时期的文学说成是人道主义文学，正如不能把"十七年"的文学说成是非人道主义文学或反人道主义文学一样。

现在，在一些作者中存在一些似是而非的看法。其中之一是认为只有自觉地运用人道主义思想写作或自觉地描写人性的作品，才是高级的作品。个别作家甚至自己否定自己过去走过的、反映群众最关心的社会问题的道路。似乎人世间只有人性和人道主义才是最高尚的东西，其他的社会生活都算不了什么，反映其他的社会生活的作品，大都是幼稚可笑不值一提的东西。其中之二是认为文学要写人性就是写人性美，写人性的"复归"与"朴善净美"。这种意见泛滥得相当严重，似乎只有人性美才是人性，人性丑就不是人性，因此人人都去发掘人性美，似乎复归于"朴善净美"才是无产阶级人性。其实复归于原始人性去并不是无产阶级的奋斗目标，无产阶级的奋斗目标是"每个人的自由发展"或全面发展。

共同人性问题仍然是需要继续讨论的。理论上的讨论可能已经前进了一步，但创作上的问题却并没有解决。例如在处理敌对阶级的人们之间的共同人性上，还没有什么经验可以总结。我想还是应该允许作家们各自按各自选定的方向去试验、去实践,至于谁更接近马克思主义及其人道主义,只有实践才能做出回答。①

杨献珍批评当前的文艺批评

胡绳在《光明日报》1982年4月12日发表《致友人书》,批评历史学界有一种轻视理论思维的倾向,提出历史研究要有一个坚定的哲学基础。他写道:"在我们的历史学界中,有没有轻视理论思维的倾向呢?有没有由于轻视理论,以致陷入自然主义论(也就是任意论),因而不正确思维的情形呢?我以为,不能说没有。因此,对于太平天国的研究者,也正如对于其他领域的历史研究者一样,着重地提出学习理论思维,学习正确思维的问题,恐怕是必要的。……我们的历史研究必须有一个坚定的哲学基础,这就是辩证唯物主义和历史唯物主义哲学基础。有了共同的哲学基础,并不就会在每一个具体问题上立即有共同的结论,还是要'百家争鸣'。但争鸣的结果是有可能达成共同承认的结论的。如果是没有共同的哲学基础的'争论',则是很难找到共同的语言,达成共同的结论的。"

第二天,即1982年4月13日,中央党校副校长杨献珍就此给文化部党校副校长孟一川写了一封信,强调指出文艺研究也应有一个坚定的哲学基础。60年代,孟一川原在中国戏剧家协会工作,是一个干瘦干瘦的老同志,家住在王府大街64号中国文联大楼的后面的报房胡同里,常常能见他出家门步入文联大楼,又出大楼步行回家去。他是老前辈,我是小辈,他却与我多有来往,常到我在和平里的宿舍里来聊天,我们之间称得上是莫逆之交。80年代,他当了文化部党校的副校长,与杨献珍是好友。杨献珍的这封信里写道:

一川同志:

---

① 全文见拙作《新时期文学中的人道主义问题》,《文学评论》1982年第4期;后收入拙著《作家的爱与知》,花山文艺出版社1991年版,第53~63页。

四月十二日《光明日报》第三版胡绳同志写的《致友人书》，希望你看一下。特别是该文的第十三、十四、十五段，讲"历史研究者需要学习哲学，学习马克思主义哲学，学习辩证唯物主义理论和方法……"。这几段文章是对研究历史的人说的。把"历史"换成"文艺"，我觉得这几段话也完全适用于研究文艺的人。胡绳同志说，历史研究必须有一个坚定的哲学基础……同样的，文艺研究也必须有一个坚定的哲学基础。搞文艺批评或评论，更必须有坚定的哲学基础。文艺界某些思想混乱，根源在于没有马克思主义哲学作基础，这样就没有共同语言，你们可以大声提倡文艺工作者、作家，都要学习马克思主义哲学，学习辩证唯物论与历史唯物论。

敬礼！

杨献珍
1982 年 4 月 13 日

中共中央党校理论研究室编辑出版的《理论动态》第 354 期（6 月 10 日出版）全文转载了杨献珍给孟一川的这封信。编者拟的题目是《文艺工作者必须有一个坚定的哲学基础》，并加了一个"按语"："杨献珍同志给文化部党校副校长孟一川同志的一封信中提出，文艺工作者要学习马克思主义哲学，这个意见很重要。……"

《光明日报》1982 年 6 月 24 日发表杨献珍和胡绳《文艺工作者必须有一个坚定的哲学基础》。同日，《人民日报》发表评论员文章《文艺工作者要加强理论学习》。

杨献珍关于文艺界要学习马克思主义哲学、"必须有一个坚定的哲学基础"的意见，引起了文化系统领导层的注意。1982 年 7 月 17 日，中宣部在涿鹿召开有中央文艺机关的评论工作者参加的"文艺评论工作座谈会"，贺敬之在总结讲话中谈到了文艺评论队伍中的世界观问题。在谈到杨献珍关于文艺界也要学习马克思主义哲学，建立坚定的马克思主义世界观的意见时，贺敬之说：

杨献珍同志说文艺工作者要有坚实的马列主义哲学基础,对于文艺评论工作者更应该是这样。我们要做到坚定而不动摇,清醒而不迷乱,并且真正有所作为,有一个坚实的马克思主义理论基础(包括哲学基础、美学基础)是头等重要的问题。现在应该看到,我们有的同志之所以发生思想上和工作上的失误,绝大部分并不是因为立场问题或动机不良,而是世界观方面没有坚实的马克思主义哲学基础。另外,还要有坚实的生活基础……要走出书斋,了解社会。

其实,贺敬之并没有吃透杨献珍的深意。杨献珍之所以提出文艺工作者也要学习马克思主义哲学,要有一个坚定的哲学基础,并不是空穴来风,无事生非。从纪念毛泽东文艺讲话40周年的角度看,我们长时期以来认定和宣传的"文艺从属于政治"论,就是不懂得马克思主义关于上层建筑和经济基础关系的学说,而归根结底,经济基础是最终起决定性作用的因素。而且"政治作为上层建筑之一,不是任何时候都是正确的,也会有不正确的时候。即使是正确的,它也不能强使意识形态都从属于它"①。一个时期以来文艺界,特别是文艺理论界对此多有议论,甚至是公开讨论。面对文艺理论界私下里和公开的这些议论,中央今年提出了对待《讲话》"一要坚持,二要发展"的方针,既坚持和保护《讲话》的权威性、正确性,又以委婉地方式修改其不正确、不完善的部分。所谓"二要发展",直白地说,就是既要坚持它的正确的方面,又要正视其中不符合马克思主义基础理论的或受到时代局限的那些方面。"二要发展"的核心,就是摆正文艺与政治的关系,不再提"文艺从属于政治"这样的口号。

除了文艺与政治的关系这一宏观的大问题外,其时,文艺界还面临着在"伤痕文学"的热潮逐渐冷却之后向何处"转型"的问题。在这个时期,西方的种种哲学思潮,如存在主义、虚无主义等乘虚而入,在

---

① 周扬:《一要坚持 二要发展》,《人民日报》1982年6月23日;又见《周扬文集》(第5卷),人民文学出版社1994年版,第408~409页。

青年学生中找到了土壤,其中萨特的存在主义哲学对我国当代文学界的影响尤其不容忽视。《中国青年报》7月10日发表的欧力同的文章《存在主义向什么挑战?》,还有《文艺报》第8期发表的刘放桐的文章《存在主义与文学》,就是一种值得关注的声音。

尺素史影:《当代文学评论丛书》

80年代的《文艺报》,如今已经过去30年了,其历史功过、成败得失留待后人评说。但我坚信,当年所做的一切都是为了一个目标:恢复和坚持中国文学的现实主义传统,以文学为人民代言,倾吐人民的心声;在文学理念上,要树立评论与创作是文学双翼的新格局。评论要有独立的品格和地位,既不再是"哨兵",不站在创作的头上发号施令、指手画脚;也绝不是寄生的"木耳",不是创作的附庸。为此,除了日常的约稿编辑工作外,我们还筹划编辑作家作品选集、编辑评论丛书、举办评奖选优、举办读书班培训评论队伍等活动,梳理和总结文学创作和文学理论的经验,以期作为办刊和推动文学运动的辅助。我们编辑了《文学:回忆与思考(1949～1979)》(人民文学出版社1980年),收录了62位作家写的创作经验类的文章,可以认为是1949～1979年这30年文学创作经验的一个总结;编选了《女作家作品选》(上中下卷,花城出版社1980～1982年),选录了72位女作家的代表作,大致可以窥见此前中国女作家的阵容和创作概貌;启动了中篇小说评奖并出版了《1977～1980全国获奖中篇小说集》(上海文艺出版社1981年)、《1980～1982全国获奖中篇小说集》(上海文艺出版社1983年)。接下来,我们计划编一套包括健在的,有成就、有影响、有代表性的文学批评家的丛书,以展现我国文学理论批评的成就,总结文学理论批评的经验。

20世纪80年代初,湖南人民出版社曾以钟叔河编的《走向世界丛书》(第一册出版于1980年)而在国内出版界鹤立鸡群。继而文学出版又在地方出版社中异军突起。湖南人民出版社拥有一批有能力的文学编辑,设立了文学编辑室,同时又设立了一个大型文学刊物

《芙蓉》编辑部,图书与刊物两路左右开弓。该社主管文学出版的副社长袁琦奔走于长沙和北京之间,联络作者、传递信息、策划选题,自然也是我们《文艺报》编辑部的座上客。一日,在与袁琦的交谈中,我把打算主编一套《中国当代文学评论丛书》的打算说给他,我俩竟然一拍即合,达成共识,他说湖南人民出版社可以出版。

1982年5月11日,我的这一构想和我所起草的《〈中国当代文学评论丛书〉编辑设想》,得到了同事兼评论家阎纲和主编冯牧的赞同。于是,我和阎纲共同拟订了老一辈评论家的约稿名单和中年评论家的约稿名单。第一步是先出老评论家的选集。最终选定的老评论家有孔罗荪、冯牧、王元化、陈荒煤、胡采、萧殷、洁泯、黄秋耘、朱寨,共9人(按:原拟作者中还有周扬、张光年、唐弢三人,共12人,后他们的评论选未能落实)。这个约稿名单定下来后,由我起草了一份稿约,我们两人分别与作者联系,写信和致送稿约。按分工,王元化是我的约稿对象,我给他发了一封约稿信函。

1982年到1983年间,为编辑《中国当代文学评论丛书》,我与王元化先生有过不少通信。翻检书箧,他给我的信件,保留下来的还有8封。这些信札里记录着20世纪80年代冯牧、阎纲和我三人编辑《中国当代文学评论丛书》时的一些情况。而作为《文艺报》工作人员的我们所主编的那套文学评论丛书,至少体现了80年代的《文艺报》主持者们的一种时代思想和文学理念。

王元化

认识王元化，记得是1979年8月11日，在上海巨鹿路675号《上海文学》编辑部。那次见面，在场的，有编辑部的李子云、周介人，还有吴强、罗竹风、王元化。王元化是我十分崇敬的文学理论家。前一天，我们刚刚在上海友谊剧院听取了陈沂对上海市文学、戏剧、音乐、美术创作座谈会与会人员的讲话，对他的讲话憋了一肚子的话要说。又恰逢某权威期刊的柯某到上海来，全面肯定和强调坚持文艺与政治的关系，说："台湾选了我们20篇作品，要给每位作者5000元奖金，相当于大陆一人五年的生活费，我们不能被敌人利用！"他的谈话，自然也就成了我们这次见面的话题。王元化针对柯某的话说："二战中，苏联剧作家柯涅楚克写了一个剧本《前线》，希特勒大演特演，斯大林也给予肯定。不能认为敌人肯定，我们就要反对！"王元化的这番话铿锵有声，给我留下了极深的印象。这次会面后，吴强邀请我到梅龙镇酒店去吃午餐，其他人作陪，席间大家的话题很广泛，谈得很是投机。

王元化收到我的约稿信后，于1982年5月27日给我回信称：

锡诚同志：

　　手书奉悉。

　　承嘱编选一本文学评论辑（集），编入您几位编辑的《中国当代文学评论丛书》，自当从命。七月底前我可将编好的拙作送上请您几位审定。在编选拙文时，我当尽量遵照来函所示各要点，可能未编入集内的新作会多些，也许将超过1/3。

　　本年第三季度我原定将"四人帮"粉碎后之新作交上海文艺（出版社），其中包括古典文论研究及美学论文等。其中也可能选入一些文学评论性的文章，但此书将于明年第四季度才可出版。不知您对此事有无意见。盼示。

　　又同此函同时邮挂寄拙作《向着真实》一本，请批评指正。

　　匆此。即颂

撰安

第六章　为文艺与政治的关系松绑(1982)　　　　707

王元化
(1982年5月)27日

　　在收到他的这封回信的同时，也收到了他寄赠的新版《向着真实》(上海文艺出版社1982年)一书。此《向着真实》是30年前署名方典的《向着真实》(新文艺出版社1952年)的再版。如《再版说明》所说，这本书是他的"一个历史阶段所写的论文选集"，虽然再版时做了些增删，却保留着《向着真实》这个书名，也仍然坚持几十年来一贯的文学理念，即："'写出真实来！'——斯大林同志说的这句话是现实主义的基本原则。文艺上的许多错误，不正是因为忘了它才滋生蔓延起来的么？那么，坚持现实主义，向着真实努力，这是必要的。"这本书对于了解和研究王元化的文艺思想很有价值。所以，多年来，我一直珍藏着它。他在信里所说的已给上海文艺出版社的那本书稿，就是后来他赠给我的《文学沉思录》。

　　晚些时候，天气转暖，王元化便上了黄山。在山上休养期间，到7月中旬他已经编完了我嘱他编的《王元化文学评论选》书稿，并从黄山直接寄给了我。然后他就回了上海。发自上海的电报说："刘锡诚同志：在黄山寄上拙稿，收到盼复。我已回沪。王元化1982年7月20日。"收到他的书稿后，我立即给他发了一封电报，告知书稿已妥收无误。7月24日，他又从上海寄来一信：

锡诚同志：

　　来电奉悉。我很想知道您几位对拙稿的意见，望不吝赐教。我不知"丛书"的要求和出版时期(原说年内，不知有无改变)，也不知每本书的书名是否是××论文选之类。这些方面您倘能于便中示知一二，则感甚！前经孔周、敬东同志约稿，近又得罗荪同志来函嘱向《文艺报》投稿。听说您现在负责编务。我曾回信罗荪同志，说倘拙稿序言可用，就请编辑部审阅裁酌。您是"丛书"主编人之一，如序称什么集名序(倘有统一名称就用统一名称,如无统一名称就用《论文选集》序为题名),主编中是否有主副之分等,均望改定。

我九月间要来京开会(参加十二大),届时当可把晤。请向编辑部诸位问候。匆此。

祝好!

王元化
(1982年7月)24日

通讯处亦可写:上海淮海中路1755号201室(我家中)
有要事打电话,我家电话是……

他在此信中所提的几个问题,如丛书名、书名、大致出版日期以及序言先期在《文艺报》发表等,我即向冯牧做了汇报和请示,然后把商讨的意见写信告诉了他,请他释念。他又给我来信说:

锡诚同志:

手书奉悉。承将"丛书"诸事见告,并为拙稿与冯牧同志洽谈,诸多费心,感激无量。拙著倘能年内出书,是所至盼。不过很希望您和冯牧同志(倘他有空)对拙著提出直率的意见,使我可以酌情修订,使质量有所保证。我虽忝列文艺界,也写些东西,但始终是个业余的写者,眼光局于一隅,对于许多情况多不了解,因此在角度上、分寸上、提法上可能有不妥之处,您和冯牧同志倘能拨冗指出缺点及如何修改,则对我帮助极大。至于拙序倘《文艺报》可用,就投《文艺报》。希能复制两份,一交《文艺报》,一给我存底。再者《文艺报》倘能早日将校样打出见寄,则最好。拙序中对"丛书"主编及副主编说法倘不确(如未分主副),请您修改。又,文末写于黄山听涛居,在听涛居前加"人字瀑下"四字。现以这些琐事相烦相扰,甚觉抱歉,让我在此先向您致谢!

请向编辑部诸位同志一一问候。

专此。即颂

第六章　为文艺与政治的关系松绑(1982)

编安

王元化　手上
(1982年)8月1日晚

锡诚同志：

昨奉一函，谅已先此达览。

再有一事奉恳，即拙序中在两句诗下，烦代为修改如下：

"我不想为自己掩饰，这是'由于渴望工作却不能工作而流露出来的'一种颓唐情绪，自然不足为训。"

一再相烦，感激无量。

匆此。

祝好！

王元化
(1982年)8月2日

王元化是一个受过磨难的文艺理论批评家。他为《王元化文学评论选》写的《前言》，是一篇信念坚定而文风犀利的好文章，读之，不难见出他为多年来失去工作的权利和时间而埋藏在内心深处的悲哀和惆怅。他要我代为修正的这句话是："我不想为自己掩饰，这是由于渴望工作却不能工作而流露出来的一种颓唐情绪，自然不足为训。……"在这句话的前面，他略述了他在心灵上无法忘怀的那段前尘往事："在那些艰苦的日子里，我曾写了一首七律送给一位和我共遭磨难、如今已故的友人，借以抒吐当时的抑悒情怀。我从来没有作过诗，今后大概也不会再作了。其中有四句是：'豪情都作断肠梦，岁月渐摧鬓发斑。心事茫茫谁堪诉，问君更得几时还？'"接下来，他以"欢欣"的语言表达了新的时代和形势下"理性再觉醒的实事求是的科学精神"给他带来的喜悦。有他的老友、我们的第二主编孔罗荪约稿在先，现在又有他本人的要求，由我执行，把他的这篇序言安排在《文艺报》上发表了。在书稿编辑过程中，我和阎纲都通读了一遍。我又给他回了一信，并向他索要一帧可以用于扉页的照片。他在回信里说：

锡诚同志：

十九日惠寄大札已收到。

弟甚少拍摄照片，近年所拍摄的多系与人合影，恐不适用，再有工作证照片，更不合适。今找出过去所摄生活照一帧，光线较暗，不知可用否？倘勉强可用，望用这一张。现随函奉上。拙稿经你和阎纲同志阅过，倘觉其中有欠妥之处，望不客气，予以斧正。现"丛书"即可发付出版社六七本，您等工作效率极高，令人钦佩。又拙稿有二处，望代改正。一、《关于文艺理论的若干问题》中关于毛主席、少奇同志称呼，仍照原稿未改正的字样恢复过来。二、《文学与真实》的题名请改为《对文学与真实的思考》。诸多费神，感激无量。匆此。

祝好！

王元化
（1982年）8月22日

弟不日即将来京。请问候《文艺报》各位同志。

序言决定安排在《文艺报》发表，校样很快就出来并遵嘱寄给了他。下面的一札，就是他审阅校样后的回信。

锡诚同志：

校样已改定。奉上，收到后请赐一简短回音，以免悬念。拙照不日寄上。匆此。

祝好！

王元化
（1982年9月）14日

由陈望衡责编的《王元化文学评论选》自1982年7月底交稿，半年的时间，便于1983年3月出版了。收到样书后，我的心总算放了下来。文集的篇幅不大，总共才13万字，薄薄的一册，分量却并不轻。这本书，和差不多同时出版的《文学沉思录》一起，是王元化在改革开放初期的文学历程和思想信念的记录。他自己也还算满意。我手头还保留下来了他于1983年5月23日写给我的一封信。也录之如下：

锡诚同志：
　　久未见面，近来忙不？念念。
　　选集已出，谅已见到。弟另有一集《文学沉思录》，为六年来结集，将在上海文艺出版社出版，不日即可问世，出书后当寄奉给兄及《文艺报》诸同志指正。
　　兹有一事奉恳，即华师大张德林同志（副教授），《文艺理论研究》责任编辑，是解放初我在复旦教书时的学生，他写了不少文艺论文，有一定成就。不知可将他论文编入中青年当代评论家选集丛书中否？现附上他近年所写论文目录一份，请兄与冯牧、阎纲同志酌裁，尚希赐复为感。
　　匆匆不尽。请问候《文艺报》编辑部诸位朋友。
　　即颂
撰安
　　　　　　　　　　　　　　　　　王元化　手上
　　　　　　　　　　　　　　　　（1982年）5月23日夜
　　张著倘蒙采用，请与他直接联系：上海华东师大中文系。

经我们的手，《中国当代文学评论丛书》第一辑推出了九位老一辈评论家。毋庸讳言，这九位评论家的选定，体现了我们的取舍标准和眼光；别的人来选，也会有另外的取舍标准和眼光。第二辑是中年评论家，计有李希凡、王春元、张炯、顾骧、潘旭澜、陈辽、王愚、陈丹晨、缪俊杰、谢冕、李元洛共11人。作为主编，阎纲和我都不加入这套丛书。阎纲的《小说论集》（1982）和我的《小说创作漫评》（1981），作为单行本，由同一出版社另行出版。王元化提议的张德林，固然是当时崭露头角的优秀中年评论家之一，但考虑到这套丛书还要继续编下去,故而第二辑暂未列入。

在《王元化文学评论选》编就但尚未出版之前,他的另一本名为《向着真实》的文学评论选,已经于1982年5月由上海文艺出版社出版了,同时我荣幸地收到了他的赠书。"向着真实"是王元化"清园学术"的根基和他的文学理论批评的基本原则。从30年代起,"写真实"就是他的信仰,他以"写真实"为武器,冲破了"左"的文艺教条的束缚。他在《向着真实》的后记里写道:"'写出真实来!'……文艺上的许多错误,不正是因为忘记了它才滋生蔓延起来的么?"这一年的6月8日,他就"要重视文艺基础理论的研究,不要把理论联系实际简单化,文学的启蒙与启蒙的文学,党的文艺政策和文艺规律的一致性,马克思主义面临的两个挑战"这五个重要问题,在《文汇报》上发表了《关于文艺理论的若干问题》的长文,其中"党的文艺政策和文艺规律的一致性"和"马克思主义面临的两个挑战"两个问题尤其值得注意。而这篇文章,就是经我的手编辑的《王元化文学评论选》这本文论集的首篇。

他在《前言》里写道:

> 这本集子是遵照《中国当代文学评论丛书》主编冯牧、刘锡诚、阎纲同志的嘱咐编选的。……我是主张综合研究法的。我认为文艺评论和文艺基础理论甚至美学都有着血肉相连的关系,很难完全割开来。我很同意一位作家朋友和我谈到的意见,他认为文艺评论应以美学为基础,否则就很难把道理说透。由于我在一些评论文章中涉及上述那篇美学论文中的某些观点,为了使读者以明究竟,也收入集内,这样可以使我的论点比较清楚,对全套丛书的体例我看也不会有太大的影响。我想丛书的主编和读者可以体谅这种苦衷。另一篇《创作行为的自觉性和不自觉性》虽未直接涉及当代文学,但却是从当代文学现象考虑出发提出来的文艺理论问题。……自我提出这一问题后,陆续出现了一些探讨同一问题的文章,因此也可以说它应作为当代文学中将会影响作家创作的一个问题而值得注意。

我感到遗憾的是,我对于当代文学作品没有写出什么专题文章,虽然不少作品曾使我深受感动,有的甚至不禁泪下。请想想看,在十年浩劫中经历了那么多的残暴、冷酷,人的尊严被践踏,赤裸裸的兽性发泄……一旦大地回春,从这些作品中领略到了生活的温暖,看到了人的真诚、善良和正直,我是多么感动啊!几乎无法自抑。对于这些在我心中增添了光和热的作家,我将永远怀着感激之情。他们使我加强了从青少年时代起党对我培育的追求真理的信念。也许我有一种偏见,我比较偏爱那些不是凭着小聪明卖弄才情,而是正视生活中的矛盾冲突并加以真实表现的现实主义作品。这些作品纵使被人(很可怀疑地)指摘为缺乏技巧,我还是要说它们在艺术的成就上决不在那些用新异的形式和灿烂的辞藻装饰起来的企图出奇制胜的作品之下。在文艺评论方面,我喜欢读上世纪俄国批评家别林斯基一年一篇的《概观》。这样的评论文章把作品的研究和文艺基础理论、美学结合起来。我自己并没有这样做,但虽不能至,心向往之。我希望能多读到一些这样的文章。①

王元化在《前言》中所流露出来的强烈的内心感受和所阐述的文艺批评观,我不仅极表赞成,而且身同感受。特别是他说的,"我比较偏爱那些不是凭着小聪明卖弄才情,而是正视生活中的矛盾冲突并加以真实表现的现实主义作品",以及"把作品的研究和文艺基础理论、美学结合起来"的"别林斯基一年一篇的《概观》"。因为我在大学里学的是俄罗斯文学,而别林斯基及其《概观》是我受用终生的启蒙教材。

《中国当代文学评论丛书》于1982年5月启动,1983年3月第一种出版,1986年4月出版最后一种,前后经历了4年时间,一共出版了20种。作为新中国成立以来第一套文学评论丛书,这套丛书及

---

① 《王元化文学评论选·前言》,《王元化文学评论选》(中国当代文学评论丛书),湖南人民出版社1983年版。

其历史作用在新中国成立50年前后出版的文学史上,已为几位文学史家所关注和首肯。所惜者,在出版了两辑之后,由于人事的变动和情况的变化,未能再继续下去。被誉为"老黄牛"的黄起衰,责编张永如、唐维安、萧汉初诸公,功不可没。大约十年后,由前辈评论家陈荒煤和冯牧联名主编了一套《文学评论家丛书》16种,由人民文学出版社于1995年出版,选入了好几位青年评论家。那已是后话了。

由阎纲执笔撰写的《中国当代文学评论丛书》的序言里说的一段话:"一个时期或一个时代的文学,不但由那个时期或那个时代的作家为标志,而且以那个时期或那个时代的评论家为标志。出现一个伟大的文学评论家和出现一个伟大的作家,对于文学史来说,意义同等重要。"这是我们的文学理念和文学宣言。现在,在纪念《文艺报》创刊60年的今天,冯牧已经远离我们而去了,我也还这么坚信。只是,似乎中国文学和中国文坛,并没有出现这样的局面,或还没有形成这样的格局。

附:《中国当代文学评论丛书》编辑设想

湖南人民出版社为了发展当代文学评论和壮大当代文学评论队伍,拟于即日起编辑《中国当代文学评论丛书》,争取年底开始成批出版。

本丛书所收的文章,应是当代文学的评论文章。

本丛书各册应是作者的代表作。

新作旧作均可收入,但新作不能少于三分之一。

每种以15万字为宜。

本丛书暂定两辑。第一辑12种,编选老一辈评论家的选集,七月中旬编定交出版社,争取年底同时出书,同时成批地投放市场。第二辑10种,编选中青年评论家的选集,年底发稿,明年第一季度发排,同时出书。集中发行,造成声势。

本套丛书,湖南人民出版社委托冯牧、阎纲、刘锡诚三位同志负责编辑。

希望这套丛书有助于加强作家、评论家、广大读者之间的联系,提高文学评论的声誉,推动文学评论的进一步发展。

1982 年 5 月 11 日

《民间文学论坛》(季刊)创刊

《民间文学论坛》(季刊)于 1982 年 5 月在北京创刊。该刊的宗旨是:"发展马克思主义的民间文学理论,发表对我国众多的民族的各种形式的民间文学作品的研究成果,期望对马克思主义的中国民间文艺学有所建树,为繁荣社会主义新文艺创作,发展马克思主义的社会科学研究,促进我国社会主义的精神文明建设做出贡献。"①

随着民间文学,特别是各少数民族民间文学搜集工作的开展,全国形成了一个庞大的专业研究者和文学爱好者的队伍。但缺乏一个理论园地,聚集和培养理论队伍,提升民间文学的理论学术水平,指导搜集和研究工作的健康发展。以广大民间文学爱好者、搜集者和民间文学理论研究者为对象的学术理论刊物《民间文学论坛》此时在北京创刊,可谓恰逢其时。

这时有一个特殊的时代背景。中华全国文学工作者协会(中国作家协会前身)成立于中华人民共和国成立之前的 7 月,它的机关刊物《人民文学》月刊创刊于 1949 年 10 月 25 日,是中华人民共和国成立后创刊的第一家文学刊物。首任主编由全国文协主席茅盾兼任。茅盾在 9 月某日为《人民文学》写的发刊词宣称,刊物的宗旨有五,不仅发表和促进文学创作,也发表和促进各门类的文学理论批评和研究。其中第三点是:"要求给我们专门性的研究或介绍的论文。在这一项目之下,举类而言,就有中国古代和近代文学、外国文学、中国国

---

① 贾芝:《〈民间文学论坛〉发刊词》,《民间文学论坛》创刊号,1982 年 5 月。

内少数民族文学、民间文学、儿童文学等等,对象不论是一派别、一作家,或一作品。民间文学不妨是采辑吴歌或粤讴,儿童文学很可以论述苏联马尔夏克诸家的理论;或博采群言,综合分析而加论断,或述而不作——总之,都欢迎来吧。"①民间文学也理所当然地包括在文学疆域之内。应该说,茅盾在发刊词里向文艺界朋友们提出的五点要求,不仅是茅盾个人的文学观,也体现了当年新成立的全国文协的文学观。

茅盾在任《人民文学》主编(1949.10～1953.6)的那几年里,虽然未能实现其"采辑吴歌或粤讴"的设想,却陆续发表了一些民间文学的理论文章,诸如严辰《论民歌》(第2卷第2期,1950年6月1日)、何其芳《论民歌》(第3卷第1期,1950年11月1日)、严辰《试谈民歌的表现手法》(第3卷第1期,1950年11月1日)、柯蓝《杂谈搜集、研究民间故事》(1950年第8期)、钟敬文《〈现代歌谣〉引言》(第4卷第2期,1951年)、严敦易《古典文学中的梁祝传说》(1953年第12期)等,体现和延续了1921年他参与发起和组建的文学研究会的文学理念。20世纪50年代初期,不仅《人民文学》,包括中国文学艺术界联合会的机关刊物、主席团委托中国作协编辑的《文艺报》也发表过不少民间文学的文章,全国文协的常委中也有好几位专门或业余从事民间文学研究的作家、教授、学者。随着中华全国文学工作者协会改编为中国作家协会,随着中国民间文艺研究会的建立和开展工作,除了少数民族地区外,作家协会逐渐把民间文学排除在文学之外了。1953年,中国社会科学院成立文学研究所,曾经是文学研究会发起人之一的郑振铎任所长,延安鲁艺来的何其芳任副所长。在他们的领导下,成立了各民族民间文学研究室,把早期北大歌谣研究会和文学研究会以及延安鲁艺重视民间文学研究的传统继承下来,一直坚守着民间文学在文学学科中的席位。高等院校里,钟敬文所在的北京师范大学和北京大学都在中文系里开设民间文学课程。

---

① 茅盾:《〈人民文学〉发刊词》,《人民文学》创刊号,1949年10月;又见《茅盾全集》(第24卷),人民文学出版社1996年版,第88～91页。

第六章　为文艺与政治的关系松绑(1982)

曾任中华全国文学工作者协会常务委员的北京师范大学教授钟敬文在《民间文学论坛》创刊的差不多同时,也在北师大创办了《民间文艺学文丛》(不定期丛刊)。他在《文丛》第一辑的《卷头语》里为民间文艺学在文学理论中的地位的被削弱大声疾呼:

> 民间文艺学是一种人文科学。它的主要任务是研究广大人民过去和现在所创作、享用和传承的各种样式的文学作品——神话、传说、民间故事、叙事诗、歌谣、小戏、谚语及谜语等。这种过去长时期被忽略,乃至于被鄙视的"野人"的文艺创作,从单独一个民族说,它是那个民族宝贵的精神文化财富的一部分;从众多民族说,它又是整个人类宝贵的精神文化财富的一部分。我们不能设想,如果人们在过去长时期的社会生活的活动里,没有这种跟它密切关系的精神文化财富的参与,他们将会遇到怎样更多更大的困难。我们不能忽视这种事实:直到现在,地球上还有不少民族的生产活动和社会活动是跟民间文学密切联系着的,即在他们实际生活中还离不开那些劳动歌、催眠歌,离不开各种生活仪式歌、生产谚语(包括气象谚语等),及某些解释性的神话、传说等。大部分的民间文学作品,是伴随着广大人民的现实生活的。民间文艺是人们现实生活不可缺少的部分,是紧紧贴着现实生活的文化产物。它是那样富于生活气氛和意味的艺术。
>
> 这是客观存在的社会事实。但是,并不是所有的人对它都能够认识清楚。现在有不少的文艺学者或作家,认为这种"野人"的文艺,即使有它自己的某些优点,但从艺术成熟程度说,是不能与专业作家的作品相比拟的。它在文学的国土里所占的地位,好像只是一种"边塞"或"僻壤"。它远离文学国境的中央地带。所以在一般流行的文艺学论著里,除了个别章节(如"文学的起源"等,不免提到民间文学的作品——原始歌谣、神话之类)之外,一般的论述乃至于某些规律的揭示,大都是不把这种"野人"的文艺算在里面的。这种态度和观点的产生,尽管有它某种

历史的和现实的根据,但是,严格地说,它是不妥当的。大家都不否认,从世界文学史的事实看,文学的各种体裁,差不多都发源于群众创作(原始文学及民间文学),也不否认像叙事诗(史诗)等巨大作品在各民族的和世界的文学史上的巩固位置。但是,在专家们所编著的文艺学论著里,大都有意无意地把社会脊梁骨的广大劳动人民的语言艺术,摒弃在他们专心致意的理论研究的圈外。好像一谈到文学,就只有专业作家的作品才是合格的对象。其实,这是一种偏见——不折不扣的传统偏见!

我们认为,一个民族或众多民族的文艺学的论述,应该包括该民族或诸民族的一切创作成果及有关的事象在内,这就是"一般的文艺学"(或简称"文艺学")。在一般的文艺学之下,还应该有侧重论述某方面现象的文艺学,即"部分的文艺学"、"民间文艺学"、"通俗文艺学"(市民阶级的通俗文艺学),以及"原始文艺学"。从这种角度看起来,我们现在高等学校中文系所采用的《文艺概论》、《文学的基本原理》等教本,基本上是一种"作家文艺学",是民族整个文艺现象的一部分的理论概括。它跟"民间文艺学"等的关系,是一种姐妹学科的关系。现在有些搞文学理论的同志,忽略民间文学的理论,以为它不值得怎样重视,是可有可无的东西,把它安放在高等学校文科课程表里好像有些勉强。俗话说:"从门缝里看人——把人看扁了。"如果把那"人"字换作"民间文学",用以批评那些理论家的态度,我看是颇为妥当的。

民间文艺学,作为一种文学理论,其研究对象的领域是相当广阔的,它也有特殊的内容和艺术特点。它的作者和传播者,它跟现实生活的关系,它跟同一社会里其他文化现象的关系……这些与一般作家文学比较起来,都有自己的特点。根据这种对象所产生的理论,不用说,也要有自己的很大特点。它是一种"特殊的文艺学"——跟"作家文艺学"有其共同点,也有许多差异点的文艺学。

民间文艺学这个名词现在虽然没有被广泛使用,但是,在许多国家里,这方面的理论的研究是存在的,甚至于是相当流行的,像北欧、苏联及日本等地区或国家,我们都可以看到他们研究的一定劲头。随着各国各民族人民力量的增长和他们政治、经济地位的解放和发展,今后对于各自民族的固有文化、艺术的搜集、研究事业,将不断出现涨潮的现象。把我国解放前和解放后这方面的情形对比看一下,就可以相当明白了。

在我们这样以广大劳动人民做主人的社会主义国家里,他们所创作、继承和传播的语言艺术,不管怎样,在学术界里,是应该受到跟它所具有的价值相适应的重视的。这是我们时代的一种天经地义。①

钟敬文对文学界和文学理论界的批评一针见血地指出了我国文学界的弊端和偏向。中华全国文学工作者协会改为中国作家协会之后,不仅原来领导层里的民间文学方面的专家被挤出了领导层(如常务委员)行列;文学刊物,除了一些边远的少数民族比较集中的省区外,也大都不再刊登如茅盾所说的"吴歌"或"粤讴"之类民间文学方面的材料和理论研究文章了。在这样的文学情势下,《民间文学论坛》的创办,自是符合时代要求、有积极意义的。

围绕"十六年"的一场文艺大辩论

原来是半月刊的《文艺报》,自1982年起改为月刊。自1981年评《苦恋》以来,在一些基本的文艺观点以及对文艺形势的估价上,《时代的报告》与《文艺报》成为中国当代文坛上代表两种文艺观,并屡屡公开对阵的刊物。《苦恋》问题已成过去,在如何对待《在延安文艺座谈会上的讲话》的基本原则问题上,两刊又开始了新一轮的大论争。这次新的论争,是因《时代的报告》1982年第2期的《本刊说

---

① 钟敬文:《加强民间文艺学的研究工作——〈民间文艺学文丛〉卷头语》,《民间文学论坛》创刊号,1982年5月。

明——重新学习〈在延安文艺座谈会上的讲话〉》引起的。全国很多文艺刊物和人文学术期刊,都先后参与了这场实际上是围绕着对《讲话》是否"一要坚持、二要发展"和是否退回到"十七年"的大论战。因此,这场大论战,与其说是《时代的报告》与《文艺报》两刊的论争,毋宁说是新"左派"与党中央领导下的主流文艺观之间的一场斗争。

"十六年"论一出笼即遭批评

《时代的报告》(月刊)1982年第2期发表《本刊说明——重新学习〈在延安文艺座谈会上的讲话〉》,把"文化大革命"的十年与"文化大革命"后新时期文学的六年连接起来,统称"十六年来",把林彪、"四人帮"实行法西斯专制的"文革"十年与粉碎"四人帮"之后,特别是党的十一届三中全会之后改革开放新时期六年混为一谈。同期还发表了两篇文章:《加强对小资产阶级思想的引导——学习〈在延安文艺座谈会上的讲话〉的一点体会》(燕铭)、《试论〈讲话〉对解放思想的重大意义》(张晓生)。

针对《时代的报告》第2期发表的《本刊说明》,安徽省文联所属期刊部分编辑举行座谈,并在《文艺报》第5期发表雨东写的长篇报道《一个值得注意的原则问题——安徽省文联所属期刊编辑部部分同志对〈时代的报告〉1982年第2期的一组文章及其〈本刊说明〉提出疑义》,对《时代的报告》发表的《本刊说明》提出了质疑。

《读书》杂志发表文摘说:

> 《文艺报》1982年第5期发表署名雨东的文章《一个值得注意的原则问题》,代表安徽省文联所属期刊编辑部的部分同志对今年第2期《时代的报告》的一组文章及其《本刊说明》提出质疑。
>
> 这些同志认为,《本刊说明》中的一些提法很难令人理解,如:"但是从'文化大革命'以来十六年中,《讲话》也曾受到来自'左'的和右的歪曲或篡改。林彪、江青一伙反革命,用极左的办法,把为工农兵服务的人民文艺,演变成为林、江反党集团篡党夺权的阴谋文艺。粉碎'四人帮'后,有些人则又把《讲话》当作

框框来突破,结果不能不使自己陷进资产阶级自由化的泥坑。"

雨东认为这提法的问题在于:

一、《关于建国以来党的若干历史问题的决议》对建国以来的各个历史阶段均有清楚的划分和明确的阐述,党中央文件和中央负责同志的讲话也均无"十六年"的提法,"不知这里为什么要创造出'十六年'这个特殊概念?"

二、十年动乱和十一届三中全会以来是完全不同的两个历史时期,"把二者混为一谈,无异抹杀了三中全会在党和国家历史上的伟大转折意义"。

三、在贯彻《延安文艺座谈会上的讲话》的过程中,历来都存在着两种思想、两种倾向的斗争。而《本刊说明》偏偏只用"'文化大革命'以来的十六年"来论证问题,似乎"文革"以前什么斗争也没有,而粉碎"四人帮"以来文艺界则又只存在右的"自由化"倾向。这是不符合历史事实的。否认粉碎"四人帮"以来,特别是三中全会以来我们的斗争是反"左",就可能导致否定三中全会所提出的实事求是、解放思想,继续拨乱反正以及开展实践是检验真理的唯一标准的讨论等等。

四、该刊同期的另一篇署名文章,不加分析地重提"文艺工作者仍面临着改造世界观,转移立足点这一首要问题"的口号,这里所说的改造思想是专指文艺工作者而言,"这与党中央一再明确指出的知识分子是工人阶级一部分的政策精神,和有关不提'改造思想'的口号的意见,是相违背的。这种提法很容易造成一部分人歧视、批判和排斥另一部分人的情况"。

文章还指出,"要继续注意资产阶级自由化的影响,要理直气壮地宣传四项基本原则,也要警惕'左'的东西的干扰"。①

同时,吉林省白城地区文联主办的文学刊物《绿野》第 2 期发表了黎兮的《〈本刊说明〉说明了什么?——对〈时代的报告〉的一个提

---

① 《读书》1982 年第 7 期。文质摘。

法的质疑》。接着,《文艺报》第 6 期发表辛旭的《"十六年"无差别吗?——评〈时代的报告〉的〈本刊说明〉》,就《时代的报告》的《本刊说明》中所提出的"十六年"问题进行商榷。《安徽文学》第 6 期发表了《对"十六年"提法的异议——本刊编辑部召开的一次座谈会发言摘要》。沈阳市文联主办的文艺刊物《芒种》在第 6 期上发表了东子今的《关于克服"自由化"倾向的思考——兼评〈时代的报告〉的〈本刊说明〉》。

在发表《本刊说明》遭到《文艺报》署名文章的批评之后,《时代的报告》以攻为守,于第 6 期发表了胡乔木的《关于资产阶级自由化及其他》,意在把《文艺报》等刊物置于搞资产阶级自由化的境地。接下来,《时代的报告》第 7 期在《重新刊登〈本刊说明〉请读者评说》的总标题下,加编者按语,集中发表了一组文章:薛亮、方含英的《一篇玩弄诡辩术的奇文——我们对〈文艺报〉〈原则〉一文的看法》,彭泽、严汝的《应当研究新情况新问题》,郑显国、文正的《实事求是地正视问题是新时期的优良作风——与雨东同志商榷》,梁军的《也和〈文艺报〉争鸣》。第 8 期又发表一组反击文章:徐夕明的《对〈文艺报〉批评〈本刊说明〉的异议》(读者来信综论),高洁的《为什么要在"十六年"上大做文章?》,邓斌的《也谈"十六年"的差别问题——评〈文艺报〉第 6 期辛旭文章》,豫林的《〈文艺报〉批"十六年"的文章不能自圆其说》。

紧接着,《文艺报》第 8 期发表了关林的文章《分清是非 辨明真相——评〈时代的报告〉第 7 期的反批评》,对《时代的报告》第 7 期发表的《重新刊登〈本刊说明〉请读者评说》的编者按以及一组集束炮弹式的文章给予回答。一场文艺问题大论战就这样开始了。

一些外省刊物也陆续参加到这场论战中来。除了动作较早的安徽、辽宁、吉林等地的几个刊物编辑部的座谈报道和批评文章外,上海师范学院主办的《文艺理论研究》第 8 期发表了编辑部文章《一个值得注意的原则问题》,福建人民出版社出版的《海峡》(文学季刊)第 3 期发表了余如的《〈本刊说明〉说明了什么?》,福建文联主办的《福建文学》(月刊)第 9 期发表了鲁人的《到底"说明"了什么——评说

〈时代的报告〉的〈本刊说明〉》,安徽省文联主办的大型文学季刊《清明》第3期发表了周云泥的《果真是"十六年"一贯制吗?——与〈时代的报告〉编者商榷》,辽宁文联主办的《鸭绿江》第11期发表了陈深的《必须进行两条路线的斗争——也与〈时代的报告〉的〈本刊说明〉商榷》。

就全局而论,思想解放是推动社会前进的主导的思潮,但《时代的报告》提出并宣扬"十六年"论,在继承和保卫毛泽东《讲话》和反资产阶级自由化的合法旗帜下,以"左"反右,让"左"的思想死灰复燃,也是有适宜的土壤的。针对《时代的报告》的《本刊说明》及其他一系列文章所宣传的观点,我所供职的《文艺报》对之采取了不妥协的斗争和说理批判的方针和态度。副主编唐因于本年度6月15日在长沙举行的中国当代文学学会1982年年会上,就"十六年"的问题作了专题发言,对其"左"的面貌和实质予以揭露和批判;编辑部副主任、文艺理论家陈丹晨在本刊发表了《"十六年"无差别吗?——评〈时代的报告〉的〈本刊说明〉》。①

《人民日报》的报道给予支援

7月21日的《人民日报》发表署名闻一的《〈文艺报〉发表文章评〈时代的报告〉的〈本刊说明〉》的综合报道:

> 1982年第7期的《时代的报告》,在《重新刊登〈本刊说明〉请读者评说》的题目下,发表了一组"读者来信来论",并加了编者按语。按语说:
>
> 今年为毛泽东同志《在延安文艺座谈会上的讲话》发表40周年。本刊为适应广大读者的需要,于今年2月号特辟"重新学习《在延安文艺座谈会上的讲话》"一栏,并附《本刊说明》。该栏目开辟以来,蒙文艺界人士惠赐鸿文佳作,颇受读者欢迎。不意

---

① 陈丹晨:《"十六年"无差别吗?——评〈时代的报告〉的〈本刊说明〉》,《文艺报》1982年第6期;后收入所著《艺术的妙谛》,花山文艺出版社1985年版。

《文艺报》今年5月号发表署名文章,以《一个值得注意的原则问题》为题,指责《本刊说明》中"从'文化大革命'以来的十六年"一语,认为"十六年是一个新奇、怪异的提法","无异是抹杀了三中全会在党和国家历史上的伟大转折意义"。《文艺报》给我们扣上这样吓死人的大帽子,实在令人大感不解。为了使广大读者,特别是一些不明真相的读者了解情况,现将《本刊说明》重新发表,以便于大家共同鉴别,一起进行讨论,其中是非曲直,广大读者幸垂察焉。

这一期《时代的报告》刊登的来信来论有:薛亮、方含英的《一篇玩弄诡辩术的奇文》,彭泽、严汝的《应当研究新情况新问题》,郑显国、文正的《实事求是地正视问题是新时期的优良作风》,梁军的《也和〈文艺报〉争鸣》。这一组文章对《文艺报》今年第5期发表的《一个值得注意的原则问题》提出反批评。薛亮、方含英在文章中说:(一)《本刊说明》中的"从'文化大革命'以来的十六年"只是一个时间概念,而不是提法问题。正如党的十一届六中全会的《决议》中,虽然提到"建国三十二年来",但不能把"三十二年"当作提法而只能当作时间概念一样。如果说,六中全会《决议》说了"三十二年"并没有"抹杀了三中全会……的伟大转折意义",那么,为什么《本刊说明》说了"十六年"就"抹杀了三中全会……的伟大转折意义"呢?!(二)《本刊说明》中说:"有些人""把《讲话》当作框框来突破,结果不能不使自己陷进资产阶级自由化的泥坑"。应当指出,"有些人"突破《讲话》搞自由化,这是不容否认的客观事实,但《原则》一文蓄意把"有些人"扩大成整个"文艺界",从而将这个说明引申为"否认"文艺界的"巨大成绩",以及把两个历史时期"混为一谈"等等。这样的"扩大"和"引申",确实是罕见的怪事。(三)《原则》一文既不谈对《讲话》基本原则的坚持,也不谈在坚持《讲话》基本原则基础上的发展,只是一味强调修改。试问:如此修改下去,难道还能坚持《讲话》的基本原则吗?!在《讲话》发表40周年之际,《文艺报》居然发表《原则》这样的奇文,这确实是"一个值得注意的原则问题"。

我们觉得,《文艺报》近几年来对待资产阶级自由化的态度是很值得研究的。今天发表《原则》这样的奇文,一方面固然要把自己说成一贯正确的好汉,但另一方面,恐怕也很难说没有其他用心。薛亮、方含英的文章最后说:"从《文艺报》等所发表的文章中透露出来的消息看,他们是要动员舆论,组织围攻,把《时代的报告》打成极左刊物,并把它置之于死地。当然,他们这样做是极为巧妙的。但是,就在他们巧妙的行动之中,已经露出破绽,表明他们尽管口头上拥护三中全会,但事实上却用自己的行动在践踏三中全会实事求是、团结一致向前看的路线。"彭泽、严汝在来信中说:"值得人们注意的是,有些人一看见批评资产阶级自由化,就像西班牙斗牛时牛看见红布一样激动起来,立即斥之曰:'你们这是在反对三中全会提出的解放思想的方针,否定三中全会以来的成绩。'说穿了,这是借维护三中全会路线之名,行维护资产阶级自由化之实。"郑显国、文正在文章中说:"事实证明,指出'文化大革命'以来的十六年在对待《讲话》的问题上存在着'左'和右的歪曲和篡改,这是合乎实际的,正确的。而雨东同志在《文艺报》上发表的文章,不仅论点站不住脚,而且论据也是不能成立的。说穿了,这是一种文过饰非、十分蛮横的非科学的态度,同时也是'文化大革命'中打棍子、乱扣政治帽子的恶劣作风的一种流毒的表现。"梁军的文章在谈到文艺工作者是否仍然面临改造世界观、转移立足点的问题时说:"我们的文艺工作者,如果还带着由于历史的错误而形成的偏见,固执地反对改造世界观、转移立足点这样一个对于文艺工作者至关重要的事情,那不仅是十分不应该,也是十分错误的了。"①

一个月后,8月25日,《人民日报》再次发表闻一的题为《部分报刊陆续发表文章就〈时代的报告〉的〈本刊说明〉展开争鸣》的后续报

---

① 闻一:《〈时代的报告〉重新刊登〈本刊说明〉以及与〈文艺报〉商榷的读者文章》,《人民日报》1982年7月21日。

道,报道上海、北京、安徽、辽宁、湖南等省市一些报刊对《时代的报告》的《本刊说明》的争鸣文章和座谈。报道全文如下:

今年第 2 期《时代的报告》的《本刊说明》发表后,上海、北京、安徽、辽宁、湖南等省市的一些报刊纷纷发表文章、座谈会发言摘要,对《本刊说明》的某些提法展开争鸣。

狄英在《对一个提法的质疑》(1982 年 4 月 23 日《文汇报》)一文中指出:"文化大革命"以来的十六年的提法,是一个古怪而有害的提法,它把"文化大革命"的十年和粉碎"四人帮"后的六年混同起来,相提并论。这提法"无意中否认了党的十一届三中全会是建国以来党的历史上的伟大转折"。"粉碎'四人帮'以来,特别是三中全会以来,文艺界一直进行着两条战线的斗争。如果有所侧重的话,那么前一阶段主要是拨乱反正,荡涤极左余毒,批评'两个凡是'观点;近两年来,则是针对社会上出现的违反四项基本原则的错误思潮,在继续批'左'的同时,着重进行了反对资产阶级自由化的斗争。如果认为粉碎'四人帮'以来,文艺界只存在资产阶级自由化倾向,好像'左'的影响就不存在了,那是不符合实际情况的。"

《安徽文学》1982 年第 6 期发表了《对"十六年"提法的异议——本刊编辑部召开的一次座谈会发言摘要》。一些同志在发言中说:今天存在的某些资产阶级自由化的倾向,是局部的、个别的问题,既不是普遍的也不是文艺界的整体,更不是文艺的指导思想。及时指出和严肃批评这种现象,是应该的、必要的。但绝不能把局部的、个别的文艺现象当作一个历史时期总的倾向,更不能把它当作指导思想与林、江的反革命阴谋等量齐观。

1982 年第 8 期的《文艺报》,发表了关林的《分清是非 辨明真相——评〈时代的报告〉第 7 期的反批评》一文,并加了编者按语。

按语说:1982 年 7 月号的《时代的报告》上,发表了薛亮、方舍英等同志的文章,对《文艺报》今年 5 月号发表雨东的报道《一个值得注意的原则问题》,提出不同意见。对于这样重大的原则问题,进行讨论和争鸣,以辨明其中是非曲直,是完全必要的,正常的。但是,在薛亮、方含英等同志的文章中,离开对问题实质的探讨,却说:"《时代的报告》今年2月号提出要'重新学习'《讲话》之后,《文艺报》即召开座谈会进行指责。"仿佛《文艺报》是反对学习《讲话》的。又说:"尔后又在某地产生了一个所谓'情况汇报',这个'汇报'一出来,《文艺报》奉若至宝,即作为内部情况向各地'通报',以组织围攻。"甚至说《文艺报》"是要动员舆论,组织围攻,把《时代的报告》打成极左刊物,并把它置之于死地"。必须指出:这类指责是毫无根据的。我们以为,虚构出什么"开座谈会"、"'通报'"、"组织围攻"等等情况,不仅无助于问题的澄清,而且助长了一种不正的文风,为正常的争鸣所不取。我们诚恳地希望在争鸣中不要采取这类方法。至于是非如何,广大读者自会有正确的评断。

关林在文章中说:(一)《时代的报告》第7期的一篇文章写道:"我们用不着多费笔墨来描绘前一时期文艺界那种乱哄哄的局面。"另一篇文章说:"就来自'左'的干扰而言,莫过于林彪、江青一伙横行的十年;就来自右的干扰而言,则又莫过于粉碎'四人帮'后的近几年。"近几年来,确有少数人否定毛泽东文艺思想的基本原则,但这不代表文艺工作的指导思想。我们的文艺工作中存在着这样那样的缺点错误,但党对文艺工作的指导方针是正确的。《时代的报告》把十年动乱期间指导思想的问题和近几年的问题相提并论,都说成空前严重的极端错误,根本不讲这几年党对文艺工作的指导方针是正确的。(二)《时代的报告》的反批评文章竭力把这场争论说成是要不要批评资产阶级自由化之争,是很奇怪的。党中央召开思想战线问题座谈会以来,文艺界的多数干部群众是拥护中央的批评,积极和资产阶级自由化倾向作斗争的。问题在于,什么是资产阶级自由化,怎样估计当前文艺领域的自由化倾向。不能把纠正毛泽东同志的个别失误叫作资产阶级自由化,不能把整个文艺的局面看成自由化的局面。人们批评《本刊说明》，是不同意它抹杀三中全会以来拨乱反正的巨大成果，把拨乱反正的局面说成是歪曲篡改毛泽东文艺思想的局面。这就是分歧的根本点。（三）围绕着《时代的报告》的《本刊说明》出现了一场争论，这反映了人们对待毛泽东文艺思想在态度上的分歧。对待毛泽东文艺思想，我们的态度是：一要坚持，二要发展。但近几年来，也存在着两种错误的态度。一种是借口我们的文艺工作犯过"左"的错误，借口毛泽东同志晚年有过失误，而否定革命文艺传统，否定毛泽东文艺思想的基本原理，甚至把文艺领域种种"左"的错误不公正地归咎于《讲话》。另一种则是采取教条主义的态度，不承认毛泽东文艺思想有根据新的历史条件向前发展的必要性，不承认在维护毛泽东文艺思想基本原理的同时，也需要改正毛泽东同志文艺言论中的个别失误。《时代的报告》今年2月以来在"重新学习《在延安文艺座谈会上的讲话》"的栏目下，发表了一系列文章。其中有相当数量的文章，提出的观点是很值得研究的。譬如今年第6期的一篇文章，对"文艺从属于政治"问题大发议论。邓小平同志曾经指出，这个口号的利少害多，但他们却认为指出这个口号的消极作用大于积极作用是"太偏激"了。这就不难看出，他们对待三中全会以来党对文艺政策的调整，在若干重大问题上，是很不合拍的，持一种评头论足、怀疑否定的态度。

1982年第8期的《文艺报》，还发表了李何林的文章《我不同意〈文艺报〉和〈文艺动态〉的解释》。文章指出：《时代的报告》的《本刊说明》"明明只是提出《讲话》的遭遇这一个问题，在'十六年中'前后有'左'的歪曲利用和右的反对；前十年、后六年分得很清楚，并没有'混为一谈'；也没有把'十六年'当作一个'历史时期'，说'十六年时期'，而是说在'十六年中'"。"《本刊说明》不是在对'十六年中'的文艺作全面的评价，更不是对后六年的文艺界的成绩作全面的评价……只是说《讲话》受到的'左'右两种遭遇，不涉及其他问题。为什么就是不全面或否定成绩，甚至和《决议》不一致了呢？这不是'我说东，你偏说我没有说西'

吗?何况《本刊说明》只是说'后六年''有些人'反对《讲话》,'陷进资产阶级自由化的泥坑',并未说很多人都是如此,这也符合我们六年来文艺界的实际。"

今年8月号的《时代的报告》,发表了署名为余一卒的文章《兴师动众为何来?》,对《文艺报》第5期雨东同志的文章《一个值得注意的原则问题》进行了全面的反批评。各段小标题如下:(一)确实是"一个值得注意的原则问题";(二)"十六年"一词错了吗?(三)目前对文艺上两条战线的斗争究竟怎样谈为宜?(四)思想,还要不要改造?(五)症结何在?这真正是"一个值得注意的原则问题"。该期还在"读者来信来论"专栏里附了四位读者的来信,对《文艺报》今年第5、6期发表的雨东、辛旭的文章进行反批评。①

论争自有终局时

由《时代的报告·本刊说明》引起的文学界的大论争,一度扑朔迷离,多所曲折,并非如我们今日看到的简单地直线发展。到1982年10月,事情总算出现了转折。中央书记处决定《时代的报告》停刊,另办一个报告文学刊物。

10月8日和12日,《文艺报》编辑部两次召开组长以上干部会议,由副主编唐达成传达中央宣传部关于《时代的报告》的决定。根据我笔记本中的记录,根据中央常委的意见,中央宣传部部务会议对《时代的报告》的错误做出决定。"决定"称:《时代的报告》今年第2期在一组纪念毛主席《在延安文艺座谈会上的讲话》的文章前面,编辑部撰写的《本刊说明》提出了"十六年"的问题,混淆了两个不同时段的性质;第6期又公开发表文章,批驳经中央批发的邓小平同志关于不再提"文艺为政治服务"的观点;同期,发表文章,反对经中央批发的胡乔木同志关于"文艺与政治关系问题"的论述。"决定"指出,

---

① 闻一:《部分报刊陆续发表文章就〈时代的报告〉的〈本刊说明〉展开争鸣》,《人民日报》1982年5月28日。

《时代的报告》的错误是原则性的;在一些兄弟刊物发表了批评文章后,又拒绝检讨,性质是严重的。"决定"指出:(1)《时代的报告》的问题早已发现,因涉及的面比较宽,要选择一个适当的时机加以慎重地解决,现在条件成熟了。(2)在刊物上发表与中央精神相对立的文章是不能允许的。(3)在纪念《讲话》时提出所谓"十六年"的提法,把性质不同的前后两个时段混淆起来,且强词夺理。《时代的报告》还要办下去,但要改为以发表报告文学为主,别的文章就不要发表了。对社会阴暗面的揭露要实事求是,不要散布悲观主义。对文艺工作及其他方面的意见,不要公开发表,可以报送中宣部。杨尚昆同志指示,军队的同志要退出来。军队同志从编辑部撤出后,挑选对报告文学有研究的同志担当。黄纲同志不再担任主编和编辑了。(4)希望公安部党组领导与作协、文联领导融洽共事,不要形成门户之见。①

贾漫在《风雨十年——记新时期的贺敬之》一文中这样描述整顿《时代的报告》的情况:

> 1982年10月,接替王任重任中宣部部长的邓力群找贺敬之谈话,传达中央书记处的决定:让《时代的报告》停刊,交地方另办一个刊物,刊名为《报告文学》,由《人民日报》领导,田流任主编。此事交贺敬之负责落实。贺敬之对此事的态度是:《时代的报告》确有和中央精神不相符的明显错误。但纠正它要防止走向另一片面,不能为《苦恋》的错误翻案。书记处决定的几条措施他愿意照办。但也提出应当全面看待《时代的报告》和主编黄钢等几位老同志,以利团结。他的这些看法经中宣部部务会讨论同意之后,由他出面约集《时代的报告》的几位负责人和《人民日报》的田流同志,传达了中央的决定。在他的谈话中肯定了刊物的成绩,说它发表过不少好的报告文学,批判资产阶级自由化的大方向是对的。同时指出它的严重失误。贺敬之特别指出,批《苦恋》是应该的,但要实事求是,不能以"左"批右。刊物

---

① 据笔者在《文艺报》工作时的工作笔记,第18本。

第六章　为文艺与政治的关系松绑(1982)

的主编是为党的文艺工作奋斗多年的老同志,写过许多影响巨大的好作品。黄钢同志坚持报告文学必须真实,旗帜鲜明地反对虚构,这是完全正确的。《时代的报告》的负责人毕竟是几位老同志,他们遵守党的纪律,服从了中央书记处和中宣部的决定。①

对于贾漫的这段记事,徐庆全在《与这场风波(按:指批判《苦恋》事件)相关的几个材料》中写道:"贾漫的叙述,有一处事实上的失误。《时代的报告》改由田流主编后,并没有马上改为《报告文学》,而是继续以《时代的报告》刊名出版。在田流任主编后的1983年第1期上,编者作了一些说明,可资参考。"②

如前所说,《时代的报告》落得这样的结局,绝非仅因《本刊说明》这一件事情。徐庆全这样描绘了它之所以有这个结局的前因后果:

> 《时代的报告》创刊于1980年,是部队和地方一些老同志合办的报告文学刊物。部队的参与者主要是黄钢、魏巍、姚远方等人,地方上有穆青、康濯、杜宣、梁斌等人,虽然开始名列主编,但大致是挂名的,不参与实际工作。1980年和1981年的实际工作,事实上是由黄钢具体负责的。有材料显示,在创刊号出版后,即被勒令停止发行,但后来还是解禁了。
>
> 《时代的报告》创刊以来,当然发表过一些好的作品,但是,由于编者有着"我们是在战争威胁的条件下进行四化建设的"心态……大约就是这样过高的警惕性,使这个刊物对文艺领域的一些作品进行上纲上线的指责。……在发表专批《苦恋》的增刊后,该刊还对不再提"文艺为政治服务"的口号提出质疑,并对粉

---

① 贾漫:《风雨十年——记新时期的贺敬之》,《文艺理论批评》1999年第3期。

② 徐庆全:《与这场风波相关的几个材料》,见所著《风雨送春归——新时期文坛思想解放运动记事》,河南大学出版社2005年版,第435页。

碎"四人帮"六年来的文艺形势作了令人反感的消极估计。

诸如此类的文章,自然引起了中央的注意。

在"左"的思想路线支配下,不断绷紧的阶级斗争神经和不断膨胀的"革命"行为,导致了这场围绕着"十六年"而展开的文艺论争。这场规模不小的文艺论争,就这样结束了,在我国当代文学史上留下了一个小小的花絮。

胡乔木为文艺与政治的关系松绑
——中国文联四届二次全委会

自1981年批《苦恋》以来,在一些基本的文艺观点以及对文艺形势的估价上,《时代的报告》与《文艺报》成为中国当代文坛上代表两种文艺观、并屡屡公开对阵的刊物。《苦恋》问题已成过去,在如何对待《在延安文艺座谈会上的讲话》的基本原则问题上,又开始了新一轮的大论争。这次新的论争,是因《时代的报告》1982年第2期发表的《本刊说明——重新学习〈在延安文艺座谈会上的讲话〉》引起的。《本刊说明》提出:"从'文化大革命'以来的十六年中,《讲话》也曾受到来自'左'的和右的歪曲和篡改。"针对这种观点,安徽省文联所属的《安徽文学》、《清明》、《戏剧界》等几个刊物的部分同志举行座谈,并在刊物上发表文章,对《本刊说明》提出质疑。《文艺报》第5、6、8期,及全国很多文艺刊物和人文学术期刊,都先后发表批评文章,参与了这场实际上是围绕着对《讲话》是否"一要坚持、二要发展"的大论战。因此,这场大论战,与其说是《时代的报告》与《文艺报》两刊的论争,毋宁说是党内新"左派"与党中央领导下的主流文艺观之间的一场论争。在这次大论战中,既肯定了《讲话》的历史地位,实事求是地阐发和评价了《讲话》的一些关于文艺的论断,同时也克服了把毛泽东文艺思想奉为圣经,"句句是真理"、"本本主义"的教条主义僵化思想状态,敢于对《讲话》中的某些不确切的提法提出了意见,这是思想解放运动给文艺界带来的新气象。

第六章　为文艺与政治的关系松绑(1982)

中国文学艺术界联合会全国委员会第四届第二次会议,就是在这样的文艺形势下,于1982年6月19日至25日在北京召开的。到会的文联全委和列席代表有四百多人,规模空前。这是持续了十年之久的"文化大革命"结束后召开的第四次全国文代会选出的全国委员会的第二次会议。这次全委会由于最终完成了第四次文代会上开启的放弃"文艺为政治服务"的文艺方针、改为"为人民服务,为社会主义服务"的方针而备受重视,在中国现代文艺史上具有特殊的意义。

中国文联副主席夏衍致开幕词,主席周扬讲话,副主席阳翰笙作会务报告。全体与会委员和列席代表本着"学习、团结、鼓劲"的精神,对第四次文代会以来的文艺工作进行了回顾和总结,进一步增强了革命责任感,决心为建设高度的社会主义精神文明做出更大贡献。与会代表热烈讨论了《关于文艺工作的若干意见》(草稿),还通过了阳翰笙代表主席团所作的关于中国文联会务工作的报告、关于增补全国委员会委员的决议、关于设立中国文联书记处的决议和文艺工作者公约。这次全委会的一个重要议题是讨论和制定《关于文艺工作的若干意见》(简称《文艺十条》),同时还制定了一部《文艺工作者公约》,意图用《公约》来统一和约束文艺界的创作和批评行为。

会上分发了中央编译局编写的关于列宁《党的组织与党的文学》修改重译过程的文稿以及重译的《党的组织与党的出版物》新文本,会议闭幕当晚,在党中央宣传部和国家文化部为会议胜利闭幕举行的茶会上,中共中央书记处书记胡乔木发表了题为《关于文艺与政治关系的几个问题》的演说。作为压轴戏,这篇本来事先并没有安排而临时决定在茶会上所作的演说,使文艺与政治的关系问题凸显为这次全会最为重要的议题。

贺敬之在党员会上作动员讲话

全委会在即,6月18日晚,参加全委会的全体中共党员开会,中宣部副部长贺敬之到会讲话,就中宣部下半年关于文艺方面要做的几件工作和对当前文艺问题的意见,向到会的党员通报情况,要求保证把全委会开好。

关于下半年的工作,贺敬之讲了十个问题:(1)学习问题;(2)深入生活问题;(3)关于文艺创作的计划指导问题;(4)关于加强马克思主义文艺评论;(5)加强文艺单位的思想政治工作;(6)整顿文艺界党的组织;(7)文艺部门体制改革、机构改革问题;(8)要抓文艺立法;(9)检查知识分子政策落实的情况;(10)关于针对薄弱环节的工作。这里摘要简录几段如下:

……

四、关于加强马克思主义文艺评论

要加强马克思主义的文艺评论工作,更好地组织文艺评论队伍。小平同志在4月3日讲话中提到了理论队伍问题。为了宣传马克思主义,提高人民群众的思想觉悟、理论水平,有效地同各种错误思想作斗争,我们的理论队伍需要加强。小平同志指出,我们的马列主义理论队伍到现在还没有很好地组织起来。这个估计也适合于文艺界的情况,文艺评论队伍也没有很好地组织起来。这几年来,文艺评论工作同文艺创作一样,取得了很大成绩,但也有不适应新的情况发展的方面。去年中央召开思想战线问题座谈会以来,文艺评论工作又有新的进步,对一些错误倾向进行了比较有成效的批评。现在的评论工作应该怎样做?现在应更好地继续发展。批评各种错误倾向已经有了很好的开头,要继续发展。文艺理论研究工作要更好地与文艺创作的实际相结合。有人说克服资产阶级自由化和批评资产阶级思想的问题已经解决,现在只是提高艺术质量的问题,不要再批评了。这种说法不符合实际情况。发展文艺评论,要继续表扬好的,也要继续批评错误思想、错误倾向。文艺界多数同志认为,现在我们的实际情况还是"左"的和右的两种错误倾向都有,仍然要进行两条战线的斗争。……但是,也有少数同志实际上是不赞成批评资产阶级自由化的。一有点批评就有人不分青红皂白、不问事实地为被批评者打抱不平,这是我们不能赞同的。……

……

六、整顿文艺界党的组织

前些时候发表的陈云同志1943年的讲话很重要。……近年来有不少同志党的观念淡漠了,如陈云同志所说的,摆在我们面前的问题是,首先是党员,还是首先是文化人?还有少数人品质、作风不好,有的人甚至对马列主义丧失信心,有的人公开与中央唱对台戏。……陈云同志讲话发表后,在一些有党性的同志那里引起强烈反响,他们很高兴,奔走相告,进行座谈,证明我们文艺界的党员总的说来是很好的。我们要讲党性,讲党的观念,讲党员的模范作用。……

……

八、要抓文艺立法

要在总结建国三十多年正反两方面的经验的基础上,根据马列主义、毛泽东思想基本原则和新时期党中央发展了的马列主义方针、政策,结合文艺工作的实际,制定对今后文艺工作能起指导作用的纲领性的文件和其他有关的重要的法规。首先一个是周扬同志亲自主持写的《关于文艺工作的若干意见》,这个文件将作为今年内十二大后由中宣部主持召开的全国文艺工作座谈会讨论的主要内容。这个文件我们希望经过一系列讨论,广泛征求意见,经过多次修改后报中央审定批发,成为今后一个较长时期内在文艺方针政策和基本理论问题上的指导性文件,对我们有约束力的文件。这个文件现在还是个草稿,在这个会上请大家讨论,各种意见都可以提。要把走群众路线式的讨论过程,当作文艺部门发扬民主,发扬集体智慧,学习马列主义、毛泽东思想,并在这个基础上统一思想、提高思想的过程。……

另一件事是起草一个《关于文艺运动若干历史问题的意见》,今年内必须抓紧进行。有些重大问题从30年代起半个世纪以来一直有争论,现在仍然争论不止,甚至到了影响团结的程度。陈云同志在1978年就提出,要中组部、中宣部抓一下这个问题,趁老同志还在,把情况搞清楚,统一思想,团结起来向前看。有的同志不同意这种做法,他们的理由之一,认为这是学术问题,应当百家争鸣。这是不对的。实际上这些问题不是纯学术问题,不是艺术成就、风格、形式等等的评价问题,而是牵涉到对党所领导的革命文艺运动历史上的一些重要历史关键和重要活动,从原则上、政治上进行正确评价的问题,是具有现实政治意义和深远政治影响的问题。对这类问题的结论性意见是:只有在中央的领导下,和对整个党史的研究结合起来,依据大量历史事实,才能得出科学的结论,而不是只凭一个或几个研究家的学术见解(不管是否有偏见)就能解决的。反对者的第二个理由是,认为现在主持这项工作的,只代表一方面人的意见。这是没有任何根据的。这件工作是党中央交代下来的,是在中央领导下按原则办事的。如做得有不对之处,你可以提意见,但不能从根本上散布这种无根据的怀疑。……

限于篇幅,在此只摘录了贺敬之在第四届第二次中国文联全委会党员大会上所作的长篇讲话的几个段落。如果要对贺敬之的发言作一个概括的话,归结起来就是讲话中的这样一句话:"仍然要进行两条战线的斗争。"

夏衍:"砍伐过苛"和"上山打柴"

在文艺界的诸多领导人中,夏衍被认为是思想最解放的一个。他对当前文艺形势的认识有自己的评价,不流俗,不苟同,其表述方式也显得怪异而幽默。他没有宣讲为他准备好的讲稿。他在致辞里说:这是一次回顾过去、总结经验的会议。第四次文代会之后,我们的文艺形势发展得很好,各个文艺部门出现了大批的新人、大批的新作,我们的文艺作品的质量有了显著的提高,文艺评论也比以前更加活跃。作家和艺术家增强了作为国家主人公的责任感。一个理论活跃、创作繁荣、队伍壮大的局面正在形成。当然,这两年间的工作中,也还有不少错误和缺点。放火烧山,乱砍花木,是非常容易的;可是要在亿万人民心中牢固地树立起维护生态平衡的意识,有计划、有保证地增加植被覆盖面积的比例,则就比较困难和需要时间了。我们工作中的缺点、错误,都有主客观两方面的原因,"砍伐过苛",当然应当反对,但我们也要看到"上山打柴"已经成了我们民族的习惯这一事实。要反对"左"的习惯势力,要耐心进行教育,也要拟订一些必要的奖惩办法,但更重要的是要积极地"植树造林"。因此,我们一定要努力提高文艺作品的质量。我们要有胆略,出次品应该批评,但我们不要怕出次品。

夏衍的开幕词,对"砍伐过苛"和"上山打柴"的倾向表达了忧虑,提出了批评。虽然他没有点出批评《苦恋》之后又在大张旗鼓地开展对"自由化"倾向的批评和讨伐,其真意却是到会者心知肚明的,恰如一阵清风掠过,使大多数到会的人感到舒畅,因此受到了与会者的热烈欢迎,大家对其报以长时间的掌声。

周扬与《文艺十条》

周扬以中国文联主席的身份讲话。改革开放以来,周扬一直想重新拾起60年代草拟的《关于文艺工作的若干意见》那个文件,他是想通过总结历史经验教训的方法,体现他关于如何领导文艺工作的想法,从而使其合法化。周扬在全委会上的讲话中提出了几点要求:(1)要总结经验,总结党和国家以及文化团体怎样领导和管理文艺工作的经验。文艺工作不能离开党的领导,不能离开人民的要求,要用中央精神统一我们的思想,使我们团结得更好,步调一致。会议提交讨论的《关于文艺工作的若干意见》(讨论稿),主要总结的是党和政府怎样领导文艺工作的经验。(2)要正确地调动文艺工作者的积极性。(3)要密切联系群众,深入生活,这个问题解决得好,文艺就会繁荣发展,如果和群众的关系削弱了,文艺工作就会出问题。(4)要高举共产主义的旗帜,用共产主义思想武装我们的头脑。

附:关于文艺工作的若干意见(讨论稿)

中华人民共和国成立以来,我国的文学艺术事业经历了曲折的发展历程。

开国后的十七年,文艺工作的方针政策是基本正确的,我们贯彻了文艺为工农兵服务的方向,坚持了文艺工作者和人民群众相结合的道路,提出了"百花齐放、百家争鸣"以及"古为今用"、"洋为中用"、"推陈出新"等一系列方针,在这些方针的指引下,社会主义的文艺创作、表演、理论有了蓬勃的发展,民族戏曲和其他传统艺术得到了正确的继承与革新,一支规模宏大的社会主义文艺队伍建设起来了,群众文化的建设工作也取得了丰硕的成果,文艺工作的成绩是主要的。但是在这十七年中,也出现过严重的失误,主要是指导思想上的"左"倾错误。所有制的社会主义改造基本完成之后,以阶级斗争为纲的"左"倾理论和实践逐步发展起来。文艺工作中"左"倾错误的主要表现是夸大文艺领域的阶级斗争,把广大文艺工作者当成资产阶级知识分子的一部分,把不少好的或基本上是好的作品当成反党反社会主义的毒草,采用政治斗争和群众运动的方法对文艺界的不少作家和作品进行政治批判和政治打击,以致混淆了两类不同性质的矛盾。"左"倾错误的另一个表现是没有认真地把马克思主义和文艺的特点结合起来,没有尊重文艺自身的特殊性,因此在处理文艺与政治,文艺与整个社会主义革命、社会主义建设事业的关系时,往往陷于简单化,采取某种违反艺术规律的手段来领导艺术生产。虽然这些错误只是整个"十七年"文艺工作的支流,却被后来的林彪、江青一伙所利用,并且推向极端。

"文化大革命"的十年,文艺事业受到空前严重的破坏和摧残。林彪、江青一伙推行文化专制主义和文化禁锢主义的反动政策,把文化事业推向大倒退、大凋敝的绝境。但严峻的风雨也极大地考验和锻炼了广大文艺工作者,绝大多数文艺工作者的表现是好的,在极端困难的条件下,采取不同的形式在不同的程度上对林彪、江青一伙的破坏活动进行了抵制和斗争。

粉碎"四人帮"后,经过党的十一届三中全会,我国的文学艺术进入了一个新的发展时期。在党中央的领导下,文艺战线解放思想,破除迷信,拨乱反正,正本清源,做了的大量工作。我们消除了十年浩劫所造成的严重后果,清理了指导思想上的"左"倾错误,恢复了马克思主义世界观和文艺观的科学面目。根据新的情况,党中央及时调整了文艺政策。针对新形势下出现的新问题,有效地开展了两条战线的思想斗争,改进了党对文艺工作的领导。这一切都极大地解放了艺术生产力,促使文艺的面貌发生了巨大的变化:作家、艺术家的积极性和创造力逐步调动起来了,创作和学术的百花争艳的生动活泼局面逐步形成,革命现实主义的精神得到了恢复和发扬,优秀作品和优秀人才不断涌现,青年文艺工作者迅速成长。总的说来,我们的文艺正处在建国以来最活跃、最繁荣的时期。

但是,由于十年动乱的遗毒在许多领域中还在起作用,以及对外开放和对内搞活经济的新政策的实施带来了一系列新情况,文艺领域也出现了种种亟待解决的问题。一方面,"左"的倾向在不少领域中还存在着;另一方面,资产阶级自由化和不顾社会效果把精神产品完全商品化的倾向,有了严重的滋长。这两种倾向有时还结合在一起,呈现出错综复杂的局面。

现在,全国各条战线都在党的十二大精神鼓舞下,为开创社会主义现代化事业的新局面而努力奋斗。文艺作为以共产主义思想为核心的社会主义精神文明的重要组成部分,肩负着提高人民的精神境界,培养社会主义新人,促进社会主义制度的发展和完善,满足人民多方面的审美需要的庄严职责。文艺战线也要认真总结经验,发扬成绩,克服缺点,改进工作,以开创文艺事业的新局面。

社会主义文艺应当具有社会主义、共产主义的思想内容,这是区别文艺性质的主要标志。在我们社会主义国家的文艺中,这种文艺应当是核心和主导的部分。与此同时,还应该有具有爱国主义、民主主义思想内容,具有进步的认识价值和教育意义,具有健康的审美价值和愉悦作用的文艺,作为它的长期同盟,也是社会主义文艺事业的不可少的组成部分。

在今后的时期内,我们文艺工作基本的指导思想是:高举社会主义文艺旗帜,在党的领导和马列主义、毛泽东思想的指引下,坚持文艺为人民服务、为社会主义服务的方向;贯彻执行百花齐放、百家争鸣,古为今用、洋为中用、推陈出新,以及表现社会主义时代,和人民群众相结合,专业与业余并重、普及与提高结合的方针;提倡革命现实主义、革命浪漫主义以及革命现实主义和革命浪漫主义相结合的创作方法,鼓励其他创作方法的探索;正确进行两条战线的思想斗争,改革和健全文艺工作的体制和制度;发挥广大文艺工作者的积极性和创造性,为创造具有高度革命性、群众性、民族性和时代性,思想内容和艺术表现形式高度统一的,具有中国特色的社会主义文艺,为攀登人类文学艺术高峰而努力。

一、坚持马克思列宁主义、毛泽东思想的指导

马克思列宁主义、毛泽东思想是党和国家的指导思想,也是我国革命文艺工作的指导思想。党的文艺方针政策是以马克思主义的科学理论为基础的。文艺工作者要努力应用马克思主义的世界观、文艺观,指导自己的生活实践和艺术实践。

毛泽东同志在领导中国革命的长期实践中,把马克思主义的科学原理同中国革命的具体实践结合起来,也把马克思主义的世界观、文艺观同中国革命文艺运动的具体实践结合起来。毛泽东文艺思想是毛泽东思想的重要组成部分,是马克思主义同中国革命文艺实践相结合的产物,是中国新文艺运动丰富经验的科学总结,是党领导文艺工作的集体智慧的结晶。毛泽东同志阐明了文学艺术作为一种意识形态的特殊性能,特别是阐明了中国无产阶级文艺的性质、特征、发展规律和发展道路。他提出了文艺为人民服务,首先是为工农兵服务的方向,倡导了文艺工作者深入人民群众的斗争生活,论述了文艺与人民、文艺与革命、文艺与社会生活的关系,对中外文艺遗产进行了批判与继承,分析了文艺工作中的普及与提高、主力军与同盟军、党内与党外的辩证关系,论述了典型化创作原则的重要性。建国以来,他又提出了"百花齐放、百家争鸣"、"古为今用、洋为中用"、"推陈出新"等重要方针。长期的实践证明,这些主张是完全正确的,过去和今后都是我国革命文艺工作的指针。毛泽东同志有关文艺的言论中,也包含某些不够科学、不够确切的成分,特别是关于如何处理文艺与政治的关系,如何估价中国文艺界知识分子队伍和建国后"十七年"文艺工作,他发表过一些偏颇的意见,对文艺实践产生过不利的影响。党的十一届三中全会以来,党中央肯定了毛泽东思想对我国社会主义事业不可动摇的指导地位,也纠正了毛泽东同志晚年所犯的错误。

对于马克思主义的世界观和文艺观,必须准确完整地去掌握和运用,必须采取既要坚持又要发展的态度。要把毛泽东同志有关文艺的言论中的个别偏颇观点同毛泽东文艺思想的科学体系区别开来,要把对毛泽东文艺思想的"左"倾曲解和毛泽东文艺思想的本来面目区别开来。否定马克思列宁主义、毛泽东思想的指导,否认马克思主义文艺观的存在,否定毛泽东文艺思想的科学原则,否定它对新时期文艺实践的指导意义,这是完全错误的。把马克思列宁主义、毛泽东思想当作认识的极限,拒绝根据新的历史条件去发展它,采取教条主义和实用主义的态度去对待它,认为凡是毛泽东同志讲过的就不可更易,这也是完全错误的。

二、贯彻为人民服务、为社会主义服务的方向

为人民服务、为社会主义服务,是党在文艺领域的总口号,是新时期文艺工作的根本方向。这个口号要求一切文艺工作者都要为人民群众的利益和需要服务,都要有利于人民群众同心同德地进行社会主义现代化建设。文艺为人民服务、为社会主义服务的中心内容是为社会主义精神文明建设创造和输送精神产品。这是社会主义方向赋予文艺的根本任务。我们的文艺家要有高度的社会责任感,自觉地注意社会效果。是否有利于社会主义现代化事业和精神文明的建设,是否符合人民群众的根本利益和审美需要,应成为衡量一切文艺工作成败得失的根本标准。

过去,为政治服务这个口号曾经在革命文艺的发展历史中起过积极作用。它反映了文艺的一项重要使命,但尚未能准确地概括无产阶级文艺的整个使命。这个口号还不够科学,在实践过程中也容易被人简单狭隘地理解。"为人民服务,为社会主义服务"包括要求文艺促进社会主义政治的巩固、发展和完善,但又不仅仅局限于这一点。因此,提出"为人民服务,为社会主义服务"作为新时期文艺工作的总口号,是更为适当的。

社会主义文艺应当既有统一的方向和目标,又有内容、形式、题材、风格的多样性。我们把文艺要"表现社会主义时代,同人民群众结合"作为一条重要方针;把作品要具有社会主义、共产主义的思想内容,要用社会主义、共产主义精神教育人民作为对文艺创作的首要的要求。这是文艺为人民服务、为社会主义服务内容要求的主导方面,是文艺能够成为社会主义精神建设组成部分的首要条件。没有这一点,就不能体现社会主义文艺的根本性质,就无法取得实现文艺为人民、为社会主义服务方向的根本保证。另一方面,我们也完全支持和欢迎作家、艺术家站在正确的立场上,写古今中外一切有意义的题材,创作和演出那些虽然并不具备社会主义、共产主义的思想倾向,但却是爱国的、进步的、健康的文艺作品。此外,也还要利用封建时代、资本主义时代所创造的一切有积极意义的艺术成果,来丰富人民的文化生活。如果忘记了社会主义精神文明必须以共产主义思想为核心,忘记了社会主义文艺必须以社会主义、共产主义思想教育人民,那就要犯右的错误;如果狭隘地规定现阶段的一切文艺作品都必须具有社会主义的现实内容,都必须达到共产主义的思想水平,那就要犯"左"的错误。这两种错误倾向都是需要我们加以防范和纠正的。

社会主义文艺是亿万人民的事业,应当具有最广大的群众性。要重视普及工作,大力发展群众文化。特别要注意发展广大农村以及边疆少数民族地区的文化。工矿和部队的群众文化,也需要进一步发展。一切专业文艺工作者和专业文艺团体都要关心群众文化工作,满腔热情地帮助从事普及文化工作的同志。城市的文化机构和文艺团体应当把更好的文化食粮输送到农村去,支援农村的文化建设。各个艺术门类,都要注意面向农村。在重视普及的同时,也要重视提高。要做到业余与专业并重,普及与提高结合。我们的创作和表演都要既努力面向广大群众,又要力争达到很高的思想和艺术水平。

三、坚定正确地执行"百花齐放、百家争鸣"的方针

"百花齐放、百家争鸣"是发展社会主义文艺的一条长期的、基本的方针。实行这一方针,就是用民主的、适合艺术规律的方法来发展社会主义文化艺术。

在社会主义国家里,艺术上的自由创造和理论上的自由探讨,是宪法赋予公民的权利。一切从事文艺活动的人,只要不违反宪法和法律,都有自由选择文艺主题、题材、形式、样式的权利,都有自由表述意见、阐明观点、进行批评和反批评的权利。社会主义文学应当是真正的"自由的文学"。它只服从于人民群众的利益,只服从于集中体现人民利益的党和国家的领导,只服从于艺术发展的客观规律。它应当比一切过去时代的文艺有更为广阔的天地。

执行"双百方针",就要鼓励不同风格流派的自由发展和自由竞赛,鼓励艺术创新和理论探索,不这样做就会导致文艺的僵滞和枯萎。社会主义文艺不是要泯灭作家的个性,相反它要充分发挥每个作家不同的个人的特点和专长。艺术和学术上的是非高低,只有经过民主的讨论和争鸣,经过人民群众包括专家的鉴别和实践的检验才能得出。党的领导的责任是支持和推动这种争鸣沿着正确的方向发展,而不是简单地凭借行政命令来解决这类问题。

执行"双百方针"的目的,是在竞争和斗争中发展马克思主义,扩大社会主义的文艺阵地。在"双百方针"的执行过程中,必然会有各种错误思想表现出来,由此而怀疑、动摇以至否定这一方针,这是完全错误的,是"左"的思想影响的表现。另一方面,也不能把"双百方针"当成唯一的方针,由此而脱离党的领导和马克思主义的指针,排斥和否定"二为"方向和其他一系列文艺

工作的方针政策,这也是完全错误的,是把"双百方针"改变为资产阶级自由化的右的表现。必须在四项基本原则的指引下,在科学的思想标准和艺术标准指引下,积极开展正确与谬误、真善美与假恶丑的斗争,用正确的东西去批判谬误的东西,用积极的东西去代替消极的东西。

对待思想文化领域中的错误言论和倾向,采用简单粗暴的手段是不能解决问题的,结果将会适得其反。放任自流,不加批判和限制,任其自由泛滥,也是完全错误的。要允许人们在创新和探索的过程中犯错误。同时要用正确的方法帮助他们改正错误。要正确区别两类不同性质的矛盾,划清是非界限和敌我界限,划清学术问题、思想问题和政治问题的界限。不要把学术问题,文艺观、世界观问题当成政治问题,也不要把政治问题当成一般的学术问题、思想问题。就是政治问题,也要具体分析,不能一刀切,不要把人民内部的政治思想问题当成敌我问题。要严格实行"三不主义",凡属思想领域的问题,都要求采取说理的方法来解决。夸大事实、不加分析无限上纲的做法应当坚决废止,但也不能把正常批评说成打棍子,不能把指出理论或创作中的错误观点说成抓辫子,不能把对错误性质的实事求是的判断叫作戴帽子。要在文艺界造成一种正常的批评和自我批评以及反批评的良好的民主气氛。

四、继承和发扬民族文化的优秀传统

社会主义文化不可能从空地上建立起来,必须汲取人类文化的一切优秀成果。要继续坚持"古为今用、洋为中用"、"推陈出新"的方针,首先是继承本国、本民族的文化传统,加以革新和发展。摆在我们面前有两个传统:"五四"以来的新文化传统和几千年的古代文化传统。前者是无产阶级自己领导创立的新文化,后者主要是延续两千年的封建时代的文化。我国无产阶级领导创立的新文化,已经有了六十多年的发展历史,在其发展过程中,积累了十分丰富的经验,创造了许多优秀的成果。认真地研究和继承这方面的传统,已经很迫切地提到日程上来了。而

我国古代文化中,尚有许多未被深入开采的宝藏,也应当加以发扬光大。

继承民族文艺遗产,一是要利用和革新传统的艺术经验和艺术形式,用来表现新的时代,创造社会主义的新文艺;二是要整理、出版和演出传统的优秀文艺成果,用来丰富社会主义时代人民群众的文化生活。在对待民族文化遗产的问题上,有两种相反的不端正的态度。一种是轻视民族传统的倾向,错误地把它和中国近现代物质生活落后相联系,认为民族文学艺术也都是落后的,社会主义现代化就意味着把民族传统文化当作落后陈旧的东西加以抛弃,用外来的东西全盘取代在民族传统基础上的文化创造。这是一种民族虚无主义的态度,是必须予以纠正的。另一种是保守主义的倾向,错误地认为传统不分新旧,不分精华与糟粕,不分民主性和封建性,统统要原封不动地搬到今天来。这样就必然放弃推陈出新,放弃编演现代剧目,把一些经过较好加工整理的剧目恢复到过去的老样子,甚至把国务院明令禁止的反动淫秽剧目重新搬上舞台。这种保守主义倾向和复旧倒退的现象,也是必须予以纠正的。

在戏曲工作中,仍然要坚持现代剧目、优秀传统剧目和新编历史剧目的三并举,我们提倡现代戏,但不能要求一切剧种、剧团都要以编演现代剧目为主,但是对于多数剧种、剧团来说,它们是适合并且有条件搞好现代剧目的。作为整个的戏曲工作,要努力扶持现代剧目,首先是提高它的质量,使它在舞台上站得住脚,在群众中扎得下根。

五、批判借鉴外国文化

我们既要继承民族文化的优秀传统,也要汲取外国文化的优秀成果。世界的科学文化总是互相交流、互相影响的。现在国家与国家、民族与民族之间的交往日益频繁,孤立地发展民族文化是不可能的。打破文艺上的闭关自守,是发展社会主义文艺的重要条件之一。

对于西方资本主义时代所创造的文化艺术,要运用马克思主义的观点进行分析鉴别,把资本主义上升时期和没落时期的东西区别开来,把当代西方文艺中进步的东西和腐朽的东西区别开来。我们借鉴外国文艺,目的在于提高本民族的文化创造。对于外国的艺术形式和艺术经验,要加以融化,和本民族的特点结合起来。中国的文艺既不能越搞越古,也不能越搞越洋。我们的创作首先是要得到广大中国人民的承认,然后才谈得上在世界文坛上占有地位。没有民族特色的东西,就谈不上有世界意义。中国的文艺应当为世界文化增添崭新的异彩,不应当跟在西方文艺后头亦步亦趋。

在进行文化交流的时候,抵制西方资产阶级的侵蚀,是一个特别重要的问题。随着对外开放的长期实施,这种侵蚀将要长期存在,对此一定要保持清醒的头脑,否则就要犯严重的错误。对现代西方文艺,我们可以吸收的是在内容上有某些进步作用和一定认识价值、在艺术方法和形式上有积极意义的东西,决不能去承袭那些唯我主义、反理性主义、悲观主义、享乐主义、无政府主义以及歪曲生活、破坏艺术规律的东西。对于西方那些反动淫秽的东西,不能容许它们在国内自由传播。对于那些虽然带有某种不健康的情调,但还不属于反动淫秽的东西,就不是禁止,而是通过文艺竞赛,通过加强文艺评论,通过卓有成效的思想政治工作,去消除它们的消极影响。

要认真借鉴国际无产阶级文艺运动的经验。社会主义文艺是现代世界的一股强大的文艺新潮流,它标志着人类文艺发展的一个新阶段。中国新文艺从诞生的第一天起,就受到国际无产阶级文艺的深刻影响。我们要学习、研究和总结国际无产阶级文艺运动的经验教训,加强对外国无产阶级文艺和革命的民族、民主主义文艺的介绍、传播工作。这对于促进我国社会主义文艺的繁荣,是十分有意义的。

六、繁荣文艺创作

繁荣创作,是文艺工作的中心环节。任何时候都要十分注意保护作家的创作积极性,发挥这种积极性,并把它引导到正确的轨道上去。文艺建设工作,主要就是多出人才、多出作品,出优秀人才,出优秀作品。有了一定数量的优秀创作成果,我们才能为人民提供丰富的精神食粮。

繁荣文艺创作必须在发展数量的同时大力提高质量。质量的提高,应当是思想和艺术质量的全面提高。社会主义的文艺创作首先应具有社会主义的思想性,反映出丰富而深刻的社会主义、共产主义思想内容,才能达到用社会主义、共产主义的思想教育人民的目的。正确的思想倾向不应当是附加上去的,它应当渗透在对生活的真实的、历史的、具体的描写之中,通过活生生的艺术形象体现出来。要求文艺创作"表现社会主义时代",应包括表现社会主义的时代生活、时代精神、时代新人几个方面。塑造典型是文艺创作的普遍规律。典型化的程度如何,是衡量创作对生活概括的深度、艺术性高低的一个基本标尺。社会主义、共产主义的思想内容和完美的艺术形式的统一,高度的思想性和艺术性的结合,应成为我们文艺创作的努力目标。

社会主义文艺的题材样式应当是无比多样的。我们提倡作家从现实斗争中发现新生事物,肯定在社会主义社会居主导地位的光明面,努力塑造社会主义新人、四化建设的创业者和革命英雄人物的典型形象。我们也同样支持和欢迎作家用正确的思想观点和积极的艺术方法,揭露和批判社会主义社会中旧的残余和社会生活中的阴暗面,表现新旧事物之间尖锐的矛盾冲突。此外,也同样欢迎和支持作家去写古今中外一切有意义的生活题材,塑造各种人物的典型形象。伟大的时代应当产生与之相称的宏伟史诗。中国人民需要社会主义时代的史诗,我们要精心创造史诗性的文艺作品,但同时我们也需要创造各种小型多样、轻松活泼的文艺作品,以满足人民多方面的审美需要。

现实主义和浪漫主义是文艺史上的两大艺术方法,它们曾经互相竞赛、互相影响。我们提倡革命的现实主义、革命的浪漫主义、革命的现实主义和革命的浪漫主义相结合的创作方法,也不排斥作家尝试用其他的创作方法表现中国人民的现实生活和斗争历史。生活是多样的,群众的爱好是多样的,作家的个性是多样的,文艺表现生活的方式方法也应该是多样的。典型化的原则应当坚持,塑造典型形象的方式方法也可以是多样的。

七、加强和改进文艺评论工作

我们的文艺理论应该有一个大发展。文艺理论战线的任务是:运用马克思主义的历史观和文艺观,研究文学艺术的发展历史,研究当前的文艺现状,从中总结出带有规律性的东西,从而正确地指导当前的文艺实践,促进创作的提高,促进人们审美水平的提高,促进社会主义文艺事业的健康发展和不断繁荣。要在马克思列宁主义、毛泽东思想的指引下,系统而不是零碎、联系实际而不是脱离实际地研究文艺问题。要研究一般的文艺规律,研究国际无产阶级的文艺规律,研究中国无产阶级的文艺规律。当前,如何建设具有中国特色的社会主义新文艺,它的规律性何在,文艺理论工作者应当为这个问题的正确解答做出自己的贡献。

马克思主义认为一切意识形态都是社会存在的反映,文艺作为意识形态的一种,是人类社会生活的形象的反映。不能脱离社会生活来研究文艺问题,也不能把文艺这种精神现象和一般的社会现象混同起来。过去在"左"的思想影响下,庸俗社会学在文艺研究中有相当普遍的发展。这种研究看不到文艺是社会生活的能动的反映,看不到文艺反映生活有它的独特方式,不承认文艺反映生活有自己特殊的对象和内容,把一般的社会规律当作文学艺术的特殊规律,用一般的社会分析代替具体的艺术分析。这种流弊还要进一步肃清。但是在克服庸俗社会学的时候,不能陷入另一种片面性。如果把文艺和社会生活完全割裂开来,拒绝考查和分析文艺与社会生活的密切关系,否认哲学世界观和社会普遍规律对文艺的影响和制约,孤立地用"纯艺术"甚至"纯形式"的观点来研究文艺,这就走向了唯心主义和形式主义。在文艺理论研究中,既不能搞机械唯物主义,也不能搞历史唯心主义,应当坚持辩证唯物主义和历史唯物主义。

评论工作要树立马克思主义的学风,坚持理论联系实际,走群众路线,开展批评与自我批评,把鲜明的革命原则精神和实事求是的科学态度结合起来,把文艺批评对思想内容和艺术表现两个方面的标准统一起来。对于文艺创作,既要热情鼓励,又要严格要求。反对简单粗暴,也反对庸俗捧场。评论家要敢于发现艺术创造的新成果,善于总结文艺创作的新经验。要大力支持文艺领域中的新事物,也要勇于和善于批评文艺领域中出现的不良倾向和错误思潮。在批评错误的时候,要顾及全篇;在批评作者的时候,要顾及他的全部表现。需要大力发展这种革命的科学的文艺批评。

八、加强文艺队伍的建设,巩固和扩大文艺界的团结

我们的文艺队伍,从整体来看,是一支好队伍。经过"文化大革命"的严峻考验,又经过粉碎"四人帮"以来的斗争实践,证明文艺工作者的绝大多数是忠于党、忠于社会主义、忠于人民、忠于祖国的。要坚决依靠他们发展社会主义文艺。

提高文艺队伍的素质,首要的任务过去是、现在仍然是学习马克思列宁主义、毛泽东思想,深入群众的实际生活。有一部分青年文艺工作者没有系统地学过马克思主义理论,由于林彪、"四人帮"的歪曲、篡改,有些同志甚至对它产生怀疑和误解。应当针对这些思想做深入细致的工作,使他们相信,文艺创作不能脱离当代先进思想的指导。要在文艺界造成一股学习马克思主义理论的浓厚空气,帮助文艺工作者确立和巩固马克思主义的世界观、文艺观。要继续克服理论宣传中的教条主义、庸俗化倾向,帮助文艺工作者进一步解放思想、开动脑筋,用马克思主义的立场、观点、方法来分析、研究社会生活中出现的新情况、新问题。

我们把毛泽东文艺思想中"和人民群众相结合"这一原则重新肯定作为一条重要方针,是因为历史经验已反复证明:它是保证文艺工作者健康成长和社会主义文艺繁荣发展的必由之路。"人民是文艺工作者的母亲。""人民需要文艺,文艺更需要人民。"文艺工作者要永远保持并发扬密切联系群众的优良传统,牢固地树立全心全意为人民服务的思想,自觉地抵制各种歪风邪气的侵蚀,永远做人民群众的忠实代言人。要建立必要的制度,采取切实可行的措施,保障文艺工作者经常深入到人民群众中去,到社会主义建设各条战线的火热斗争生活中去。作家艺术家在学习马克思主义、学习社会生活的同时,也要努力提高艺术修养。

加强文艺队伍的团结,是广大文艺工作者的共同愿望。要加强老中青三代文艺工作者的团结。要团结台湾和港澳以及海外侨胞中一切爱国主义者,欢迎他们为建设祖国的精神文明贡献力量。要在"为人民服务,为社会主义服务"的统一目标下,团结一切可以团结的力量,调动一切积极因素,共同创造和发展社会主义新文艺。文艺队伍中出现这样那样的分歧是正常的,有关政治原则问题,有关重大方针、政策问题,要和党中央保持一致。至于艺术上的形式、风格,学术上的观点、见解,应该允许有更广泛的自由,不应因为这方面的不一致而影响团结。

九、改革文艺体制

要改革和健全文艺体制,使之适应艺术生产的发展。

目前,我们的文艺体制弊端很多。文化机关衙门化,官僚主义盛行。文艺团体存在机构臃肿、人浮于事、苦乐不均、赏罚不明、"吃大锅饭"、平均主义等现象,工作效率很低,不少人的积极性得不到正常的发挥。另一个突出的问题是片面追求经济收入,以致一些文艺团体不顾艺术产品的思想和艺术质量,出现完全商品化的倾向。文艺体制已成为一个十分突出的问题,如不认真改革,势必严重影响社会主义文艺事业的正常发展。

改革是为了更好地调动人们的积极性和创造力,提高工作效率,促进作品思想和艺术质量的提高,促进社会主义文艺的繁荣。决不能把提高经济收入作为改革的中心目标。要使我们的文艺体制有利于按照艺术规律办事,有利于加强和改善党和国家对文艺事业的领导,有利于社会主义精神文明的建设,有利保障人民群众对文艺事业的民主管理。在改革的过程中,始终要坚持社会主义方向。

要从体制上协调中央和地方、政府部门和文化团体、文艺单位和文艺工作者个人之间的关系,既保证国家对文艺事业有必要的、合理的规划指导,又保证文艺团体有一定的、必要的自主权,还要保证作家艺术家能够充分发挥个人的创造力。文艺单位要精简机构,实行责任制,建立合理的艺术生产管理制度,建立健全的干部制度和人事制度,例如人员的录用制度、招聘制度、流动制度、考核制度、职称制度、奖惩制度等,做到人尽其才、才尽其用。要健全出版制度、发行制度、演出制度、审查制度、对外文化交流制度,克服在这些领域存在的一方面限制太死、另一方面又各自为政的不正常状态。要改革对文艺事业的经营管理制度,给文艺部门提供必要的财力后盾,解决它们在经济上的后顾之忧,使他们能够集中精力提高艺术产品的思想和艺术质量。

十、加强和改善党对文艺的领导

党的正确领导是繁荣社会主义文艺事业的根本保证。我们党成立以来,长期领导了中国的新文化运动。实践证明,不论新民主主义还是社会主义的文艺事业,都离不开无产阶级先锋队的领导。正如共产主义思想体系不能自发产生一样,社会主义文艺也不可能自发地成长起来,不能够无领导无组织地发展。党的领导不能削弱,只能加强。应当改善党对文艺工作的领导。改善是为了加强,只有改善才能达到真正的加强。在党的正确领导下,运用国家政权的力量,发挥文艺专业社会团体和群众文化自治的作用,是发展社会主义文艺事业的政治和组织条件。

党的中心工作是繁荣艺术生产。这主要是通过贯彻执行正确的方针政策,通过制定和执行符合艺术规律的艺术生产和事业发展的规划来实现的。文艺部门党组织的主要任务是:贯彻执行党的文艺方针政策和其他重要方针政策,做好思想政治工作,帮助文艺工作者自觉地学习马克思列宁主义、毛泽东思想,帮助文艺工作者深入人民生活,密切和人民群众的联系,为文艺工作者在学习、工作、生活等方面创造必要的条件，充分调动他们的积极性和创造性，以保证计划的完成。

文艺工作的负责人员要讲究领导艺术和工作方法。他们应当通晓文化历史知识，掌握文艺事业的发展规律，认真进行调查研究，把党的方针政策和本部门的具体情况密切结合起来。一定要看到，社会主义文艺只能依靠广大专业和业余的文艺工作者去创造，这种创造是一种复杂的精神劳动，必须最大限度地发挥文艺工作者个人的独创性。领导人要善于引导，善于走群众路线，不能强迫命令，不能硬性规定作家写什么、怎么写，也不能代替作家去写作。党委的领导人和文艺界的领导人要学会利用文艺评论和其他各种社会方式对文艺工作进行领导。对于具体的艺术和学术问题，领导人可以也应该发表意见，但不要强加于人。要和广大文艺工作者交朋友，和他们开诚布地、平等地交换意见，真心诚意地为他们服务，这也就是为人民服务的一个方面。

要纠正领导工作中的简单粗暴倾向，也要克服领导工作中的软弱涣散和自由主义倾向。领导人要大胆负责，坚持原则，勇于支持新生事物，勇于抵制错误倾向。大事不去抓，小事拼命管，管得过死或撒手不管，这都会贻误文艺事业。党的领导主要抓大政方针，不要以党代政，不要事事干预、事事包办。

文艺界的共产党员要坚持党性原则，认真执行党的政策，在政治上和党保持一致，在工作上起模范作用，在党同群众的关系上起桥梁作用。党员领导干部尤其要严格要求自己。党员党性的增强，政治素质的提高，思想作风的提高，会带动广大文艺工作者树立良好的思想风气，带动人们同心协力地建设社会主义精神文明。

委员们讨论《关于文艺工作的若干意见》（讨论稿）很是热烈，缘于中国文艺界需要这样的一个准文件。会上除发表了许多赞扬的意见，如"必要的"、"适时的"一类虚词外，也有一些触及要害的意见。如：

> 文学艺术是一种广泛的社会事业，仅仅靠行政命令是不能奏效的，关键在于通过社会方式积极地加以领导，提高文艺工作者的社会主义积极性和自觉性。鉴于目前在领导思想和领导作风上存在着放任自流、无所作为或主观武断、简单化的情况，领导要深入文艺工作，不要站在一旁指手画脚，更不要高踞于文艺家之上，要与大家同甘共苦。文艺工作总结历史经验的重要一点，是在坚持四项基本原则的前提下，真正做到正确地广泛地调动文艺工作者的积极性。
>
> 关于当前的文艺形势，与会同志一致认为，文艺工作的成绩来源于三中全会以来的思想解放运动，来源于"双百方针"的贯彻执行，来源于对四项基本原则的坚持。同志们指出，也应当看到，新的历史时期也产生了许多新问题，随着我国实行对外开放、对内搞活经济的政策，文艺战线资产阶级自由化、商品化的倾向也有所增长。
>
> 委员们一致认为，我们正处在一个除旧布新、继往开来的新时期，生活发生着巨大变革，作家、艺术家要反映这个新时期，就应该研究新情况，就要重新学习，学习马克思主义，学习社会。现在要在文艺界养成一种积极学习马列、学习社会的风气。只有确立了马克思主义的世界观，才能抵制种种错误思想的侵蚀，才能做到用人类最先进的思想——共产主义思想武装自己的头脑。①

为了引导与会的文联全国委员和列席会议的各文艺单位的领导人的思路，会议提供了毛泽东致文艺界人士的15封信②和党中央副

---

① 钟枚：《中国文学艺术界联合会第四届全国委员会第二次会议》，《文艺报》1982年第8期。钟枚，本名召明，时任《文艺报》记者、艺术组组长。

② 《毛泽东同志给文艺界人士的十五封信》，见《文艺报》1982年第6期。

主席陈云《关于党的文艺工作者的两个倾向问题》等文件。大会秘书长冯牧对会议提供的《文艺工作者公约》（草案）作了说明。之所以要制定这样一个《公约》，其目的是要求"文艺工作者……增强社会责任感，提倡和注重职业道德，特别是党员作家艺术家，应当有更高的要求。要求文艺工作者在精神文明建设中起模范作用"，即想以《公约》的形式的文件，来约束某些思想开放得越界的作家和艺术家。应该说，这个《公约》的动议是无可指摘也无可厚非的，但说实在话，这个《公约》从来没有被文艺工作者所重视，作家艺术家们谁也没有把它当回事，仍然是我行我素，"左"者依然故我，"右"者故我依然。

《党的组织和党的出版物》重译稿

在文联全委会上，向出席会议的全委分发中央编译局重译的列宁《党的组织和党的出版物》，其政治意味是深长的。这个重译本对流传几十年的《党的组织和党的文学》的译文做了重大修订。最重要的，是把俄文的 литература（原译"文学"）改译成了"出版物"，从而引发了一系列马克思主义经典作家关于文学的观念的变化。

据中央编译局工作人员丁世俊《记一篇列宁著作旧译文〈党的组织和党的文学〉的修订——兼记胡乔木与修订工作》所提供的修改详情，是胡乔木促成了列宁1905年发表的《党的组织和党的文学》一文的重译。现把该文中相关文字引述如下：

　　……胡乔木在1981年秋提出修订这篇旧译文，原因可能有二。一个原因是，"党管文艺"，胡乔木当时在领导党的文艺工作中涉及毛泽东《在延安文艺座谈会上的讲话》。我们的确看到，他在这段时间内的报告、信函里多次提到《讲话》。我们在上面已经说过，《讲话》援引了列宁本文中的论点。另一个原因是，胡乔木当年是毛泽东这一《讲话》的整理者和文字加工者，建国后又是《毛泽东选集》第1～4卷的编辑之一，进入新时期后更领导了对这四卷进行修订、出第2版的工作，而修订工作"主要是校订注释"。《毛选》注释校订工作早在60年代就开始了，因"文化大革命"而中断，进入新时期后必须恢复。如上所述，毛泽东《讲

第六章　为文艺与政治的关系松绑(1982)

话》中援引列宁本文的两个引文出处注释使用的是不确切的旧译文,应加以修订。两个原因都同毛泽东的《讲话》有关。

校改旧译文,原本是翻译工作的分内事。但在当时,要改动毛泽东引用过的旧译文,对普通的翻译工作者来说,却首先得掂一掂这件事的政治分量。尽管在当年(1981)6月,中共十一届六中全会《关于建国以来党的若干历史问题的决议》已经提出,肯定毛泽东的历史地位,批判其晚年的严重错误,但一般人却尚未挣脱个人迷信时代的思维定势。胡乔木凭其政治地位敢于说对毛泽东的文艺思想"要采取科学的分析态度","不能用'句句是真理'或'够用一辈子'那样的态度来对待《在延安文艺座谈会上的讲话》",并且敢于在当时评论《讲话》的历史意义及其不足。历史选择他来提出订正毛泽东根据不确切的译文对列宁本文所作的引证,是最为合适的。

中央编译局要修订列宁《党的组织与党的文学》这篇说明性的文章,缘于毛泽东的《在延安文艺座谈会上的讲话》中引用了列宁的观点和文字,如文艺是党的整个革命事业的"齿轮和螺丝钉"、"党的文学"等,而中共十一届六中全会《关于建国以来党的若干历史问题的决议》(胡乔木是这一决议的主要起草人)已经提出,在对毛泽东的评价上,既要肯定其历史地位,又要批判其晚年的严重错误,《讲话》中的一些导致了文艺方针政策错误的论断和观点,恰恰就是来源于列宁的上述文章。要纠正毛泽东《讲话》中的错误,最好的办法,就是重新审查和重译列宁的文章。编译局的文章说:

……只有把旧译文中的"文学"改译为"出版物"(或"书刊"、"报刊"),把"文学家"改译为"著作家"(或"写作者"、"书刊工作者"),在理论上才讲得通。相应的,"党的文学"改译为"党的出版物","无党性的文学家"改译为"无党性的著作家",也才符合实际。编译局列斯室把这一番翻译探讨的结果不是写成正式报告,而是写成一份小资料《列宁讲的"党的文学"和"无党性的文学家"是什么含义?》,于 1981 年 10 月 29 日送呈胡乔木。

……这段时间他本人也在思考列宁本文所包含的理论问题及其中译文如何修订的问题。编译局的小资料送去不几天,11月3日下午他即让秘书黎虹通过电话转达了他的意见。为了存真,照抄编译局的电话记录如下:

"送来的材料(注:指10月29日我局送的《列宁讲的"党的文学"和"无党性的文学家"是什么含义?》),乔木同志已经看过,认为很好,这个问题目前思想混乱,建议编译局写个东西公开发表,并提出以下意见。(一)'党的文学'的提法是不能成立的,正如'党的农业'、'党的工业'、'党的自然科学'等不能成立一样。只能说'党的农业政策'、'党的农村工作'、'党的工业政策、工作'。文学是一种社会现象,不能用党与非党来划分。(二)关于'党性',也搞得很糊涂,讲得比较乱。'党性'实际就是'倾向性',对是非要有一种观点。'非党文学家'的提法要改,'非党性'也不要,只能讲'无倾向性文学'。(总之),理论上造成的很多混乱,有必要说清楚。关于发表的办法,为了避免造成突然的感觉,可与人民日报社具体商量,先发表读者来信,然后由编译局公开答复,在报纸发表。"

从这次电话开始,七天之内胡乔木同编译局就翻译问题交换意见六次。

11月5日上午的电话记录如下:

"黎虹同志说四日乔木同志打电话给他,让他向编译局转告下述意见。(一)列宁的《党的组织和党的文学》一文重译,然后在报纸上再发表一次。标题可否改为《党的组织和党的言论》,译'著作'或'作品'都不好。文章中的'文学'不一定都改译为'言论',根据不同情况,文字分别处理。(二)昨天曾提出用读者来信和答复的办法。今天考虑用另一种办法:在发表新译文的同时,编译局写篇文章说明一下为什么重译,有哪些更正和要说明的地方。(三)列宁的这篇文章影响很大。现在的译文不确切,在理论上和实践上引起混乱和争论。如都说文学是党的事业的一部分,是齿轮和螺丝钉。(四)编译局把他的意见向中央宣传部报告一下。"

11月9日上午9时来一电话:

"请告编译局,多义词在一篇文章中,按意义不同,用不同译法。在马恩《德意志意识形态》的译文中,对'权利、法'一词即有先例。这种方法是正确的,而后来译为'法权'则是完全错误的。"(按:这一电话说的是把"资产阶级法权"改译为"资产阶级权利"一事。)

这一电话的内容,黎虹还在同日给编译局的信中加以重述,兹不再抄。黎虹称,是转达胡乔木给他的来函。

同日上午10时半,黎虹再来一电话,转达胡乔木的意见:

"'文学'是多义词,'党性'也是多义词,特别是中国流行的'党性'的用法更具有严重的意义,包括党的组织性、纪律性等等。'党性'没有这么多的含义。中国的古语说,无党无偏,或者群而不党。用'无党性的著作家'也不能顺理成章,因为著作家可以在某些地方无倾向性。似乎用'无立场的著作家'更清楚些。请考虑。"

过了两天,11月12日上午8时,黎虹转述了胡乔木11日信件的内容:

"请告编译局,《党的组织和党的文学》一文之所以要改译,是因此文自1943年在延安《解放日报》译载以来,因为译文关键地方始终严重不确切,以致成为党在文艺方面'左'的指导思想的重要理论根据。'党的文学'的提法使人误以为文学这一社会文化现象是党的附属物,是党的事业中的'齿轮和螺丝钉'。党应对文学事业进行正确领导,犹如党应对工业、农业、科学教育的发展进行正确领导一样。但工业、农业、科学教育仍属于整个社会、人民和国家,并不因为有党的领导,就成为党的工业、党的农业、党的科学教育,成为党的事业中的'齿轮和螺丝钉'。在一定意义上说,整个党的事业也是整个社会发展和整个人民生活中的'齿轮和螺丝钉'。由于文学基本上是个人创作,党在文学中不能发号施令，只能提出号召和建议，做出评论，通过作协组织作家深入生活，并通过出版、制片等国家行政进行适当调节；但党对自己的报刊言论和党员个人的言论却可以和应该实行一定的控制，因为那是真正的党的事业的'齿轮和螺丝钉'。故此文的误译影响十分重大，必须改正。"

在这封信中，胡乔木说，列宁本文自1943年在延安译载以来，因为译得不确切，以致成为党在文艺方面"左"的指导思想的理论根据。……

作此补充说明后，笔者想说，胡乔木和编译局共同探讨翻译问题，是为了用确切的新译文来解决新时期党的文艺政策的调整问题。而从编译局方面来说，首要的职责则是如何准确地表达列宁的原意。在共同探讨中，胡乔木就译法甚至译名提出了不同方案，编译局列斯室一一加以斟酌，本着实事求是的科学态度，有的采纳了，有的并未采纳。经过反复推敲，修订后的译文出来了，标题是《党的组织和党的书刊》。1982年《红旗》杂志第22期发表的译文是又经过修订的，标题是《党的组织和党的出版物》。①

看了这篇文章所提供的情况和胡乔木与中央编译局就重译列宁此文的信件与电话记录，就不难明白，为什么胡乔木要把中央编译局重译的《党的组织和党的出版物》以及编译局写的说明文章提供给文联全委会的全体与会代表，并在茶会上发表关于文艺与政治关系问题的演讲了。

第一个《文艺工作者公约》的诞生

中国文联第四届全委会第二次会议经过七天的讨论，于6月25日下午在人民大会堂三楼小礼堂举行闭幕会议。闭会前的最后一项日程是通过了《文艺工作者公约》。全文如下：

一　热爱祖国，忠于人民，坚持四项基本原则，全心全意为

---

① 见《马克思恩格斯列宁斯大林研究》2001年第2期。

人民服务,为社会主义服务,正确地贯彻"百花齐放,百家争鸣"的方针,为建设社会主义精神文明多做贡献。

二 认真学习马克思列宁主义、毛泽东思想,深入新时期人民群众的斗争生活,不断提高思想觉悟和社会责任感,和广大的人民群众相结合。

三 加强艺术修养,磨炼艺术技巧,批判地学习中外文化遗产,用人类创造的知识成果丰富自己的头脑,不断提高为人民服务的专业水平。

四 解放思想,实事求是,勇于探索,勇于创新,精心地从事艺术创造,力戒粗制滥造,努力用具有高度思想艺术质量和民族特色的精神食粮满足人民的文化需要。

五 正确对待文艺批评,虚心听取群众意见,要敢于坚持真理,也要勇于修正错误。

六 注重职业道德,端正思想作风。提倡谦虚谨慎,反对骄傲自满。自觉抵制资产阶级思想、封建残余思想和各种不正之风的侵蚀,做一个有理想、讲道德、守纪律、勤恳朴实、品格高尚的文艺工作者。

七 加强文艺队伍的团结。积极开展批评和自我批评。开阔胸襟,顾全大局。反对极端个人主义,反对自由主义,反对派性,反对门户之见。提倡文人相亲,反对文人相轻。老中青三代人都要互相尊重,互相爱护,互相学习,互相帮助。

八 扶植新生力量,鼓励后来居上,做壮大和发展社会主义文艺队伍的促进派。①

中国现代文艺史上的第一个《文艺工作者公约》重在强调"解放思想",同时强调"反对极端个人主义,反对自由主义,反对派性,反对

---

① 见《文艺报》1982年第8期;又见中国社会科学院文学研究所《中国文学研究年鉴》编辑委员会编:《中国文学研究年鉴》(1983),中国文艺联合出版公司1984年版,第443页。

门户之见",通过开展批评与自我批评的方式,加强文艺队伍的团结。行文四平八稳,看不出任何时代特点。故而文件通过后,只不过是一纸空文,并没有在文艺界起多大作用。本文开头所说的文艺界观点上的,乃至派别上的分歧,并没有得到期望中的弥合。

胡乔木借《党的组织和党的文学》重译调整文艺与政治的关系

为庆祝中国文联全国委员会第四届第二次会议圆满结束,6月25日晚,中宣部、文化部联合举行了茶会。在中宣部部长邓力群主持的庆祝茶会上,胡乔木以中央书记处书记的身份发表了题为《关于文艺与政治关系的几点意见》的讲话。胡乔木本来并没有打算出席文联的全委会,也没有打算在茶会上发表讲话,但是,当他看了会议的简报中报道的几位全委关于文艺与政治关系的发言后,临时决定出席这个茶会,并在茶会上就文艺与政治的关系问题发表讲话,从改正列宁的《党的组织和党的文学》(1905)中"文学(литература)"一词的误译为"出版物"入手,全面阐述了过去我们在文艺与政治关系问题上出现的错误,以及党中央在文艺与政治的关系上和文艺方针上所做的调整,即不再提"文艺为政治服务",而改为"文艺为人民服务,为社会主义服务"。

胡乔木说:"这个错译造成了消极影响。我们不能迁就这个错译的既成事实。主张照旧不改,当然也是一种思想方法。持这种思想方法的同志,看来忠实于科学的精神不那么充分。我们要忠实于政治,我们更要忠实于科学。我们不能让科学来服从政治,那样,科学就不成其为科学,政治也就不成其为科学的政治了。我们的政治要服从于科学。我们党犯了错误,就要做实事求是的自我批评,虽然这种自我批评有时也会带来种种争论,甚至会带来一些消极的副作用,可是我们党有这种勇气,我们党忠实于科学,忠实于历史。而对科学、对历史,是不能不忠实的。……因为过去在延安《解放日报》上面这样译过,后来又被毛泽东同志《在延安文艺座谈会上的讲话》引用了,这就似乎成为不可更改了。现在好像我们的文艺政策建筑在误解上面。哪有这样的事情呢?历史上有过许多误解。这个误解毛泽东同志不能承担责任,文章是博古同志翻译的。改正一个错误,这根

第六章　为文艺与政治的关系松绑（1982）

本不应当成为一个问题。"

由于很长一个历史时期以来，《党的组织和党的文学》这篇文章是作为马列主义文学理论的指导文献而进入文学领域的，这种特殊地位使其中的一些理念如"齿轮和螺丝钉"、"党的文学"和"文学的党性"等成为我们的文学创作和文学批评的无可置疑的指导思想，对中国文学的影响甚深、甚远、甚巨。毛泽东在1942年发表的《在延安文艺座谈会上的讲话》中，文艺是整个革命机器中的"齿轮和螺丝钉"、"文艺是从属于政治的"、"文艺服从于政治"等的思想盖来自于列宁的这篇文章。

经历过"文革"之后，文艺工作者们普遍对文艺与政治的关系感到困惑并提出了质疑，最集中的质疑出现在1979年3月《文艺报》召开的"文艺理论批评工作座谈会"上。继之，是同年召开的第四次全国文代会前夕对周扬文代会报告的讨论。胡乔木在第四次文代会把过去的文艺方针"为无产阶级政治服务"修改为"为人民服务，为社会主义服务"两年之后，亲自指导了对列宁《党的组织和党的文学》的重译，又在中国文联四届二次全委会上谈论文艺与政治的关系问题时，回答了"中央考虑不再用'文艺为政治服务'、'文艺从属于政治'这些提法，而改用'为人民服务，为社会主义服务'，究竟出于什么原因"，第一次公开地阐述了他对《党的组织和党的文学》老译文中"齿轮和螺丝钉"以及"党的文学"和"文学的党性"等若干沿用已久的文学观念的新看法。

他说："有的同志说，文学怎么能够不是党的文学？怎么能够不是党的工作、党的事业的一部分呢？这是提到了问题的比较重要的方面。我们党领导人民建设社会主义。对于社会主义事业，我们党要承担领导责任，要领导到底，一直领导到共产主义。但是，我们要知道，社会主义事业，它是人民的事业，是我们十亿人口、各民族男女老少共同进行的事业。它属于整个社会、整个国家和人民。不能因为它要有党的领导，就把它说成是属于党的。文学艺术是一种社会文化现象，党需要对这种社会文化现象的发展方向进行正确的领导，但是，文学艺术方面的许多事情，不是在党的直接指挥下，经过党的组织就能够完成的,而是要通过国家和社会的有关组织、党和党外群众的合作才能进行的。而且,有许多与文学艺术发展方向关系不大的事情,党没有必要也没有可能去干预。因此,不能把文学艺术这种广泛的社会文化现象纳入党所独占的范围,把它说成是党的附属物,是党的'齿轮和螺丝钉'。……党的文学这种说法的含义是不清楚的。把文学这种社会生活现象完全纳入党的范围是不合适的。"

胡乔木又谈了文学的党性问题。他说:"文学的党性是一个特定的概念,不是可以随便使用或广泛使用的。与此相联系,我们通常还使用文学的倾向性这个概念。对于文学的倾向性,有一些不同的看法和争论。是不是凡作品都有倾向性?或者说凡伟大的作品都有倾向性?没有倾向性的作品是不是不可能存在或者必定毫无价值?……从世界文学史和中国文学史的客观事实看来,有许多有价值的作品是有倾向性的,是或隐或显地表现了作者的政治观点和社会观点的。但是,也有许多有价值的作品并不带有倾向性。……只要是合乎美学标准的,也能够在一个方面起到为人民服务、为社会主义服务的作用。……党要求在作品中努力表现无产阶级的阶级立场和政治立场的时候,我们必须记住,这是对党员的有倾向性的文艺创作而言的,不必要也不应该成为对所有的文艺作品的要求;如果那样要求,我们就把问题简单化了,我们的文学观就太狭窄了。"

他在解释为什么不再用过去流行的"文艺为政治服务"的提法时说:"这两个口号虽然不是截然不同的两回事,但有很大的不同。其根本不同之处在于,'文艺为人民服务,为社会主义服务',是把人民当作一切努力和服务的对象。为人民服务,为社会主义服务,范围要比为政治服务广阔得多,内容要深刻得多。政治本身不是目的,是达到目的的手段。虽然可以说是非常重要的手段,但它只能是手段,目的只能是为了人民的利益。政治要从属于人民,从属于社会主义,才是正确的。不从属于人民,不从属于社会主义的政治是错误的,这样的政治是有的,过去有过,现在也有,我们不但不能服从它,而且要加以反对和纠正。政治要为人民生活中的各种需要服务,它不得不为经济、文化教育,包括文艺等一切人民所需要的东西服务。"①

毛泽东在《讲话》中引用列宁在《党的组织和党的文学》中的话,提出"我们的文艺应当'为千千万万劳动人民服务'",为我们的文艺指明了方向,现在我们也仍然要坚持不渝;但同时他又引用列宁的论点,规定我们的"文艺是从属于政治的……是齿轮和螺丝钉",从而把我们的文艺引上了一条狭窄的错误的小道上,而这是应该反思和摒弃的。因此,对待毛泽东的《讲话》应该有所分析,正确的部分继续坚持,错误的部分应该加以批判和纠正。决定放弃新中国成立以来沿用了三十多年的"文艺为政治服务"的方针,而改为"文艺为人民服务,为社会主义服务"的方针,这是中国共产党文艺政策的一个大的转折。这个牵涉到我国新文艺全局的方针性、方向性的大举动,虽然从思想解放运动以来,许多文艺工作者,特别是文艺理论家、批评家们不畏艰险,大声疾呼,起了很大的破冰和促进作用,但只有到1979年12月举行的第四次全国文代会的主题报告得到党中央的批准,才算真正画上了一个句号。一个文学时代就此结束了!

无疑,胡乔木意识到,要彻底解决这个问题,要给毛泽东的《在延安文艺座谈会上讲话》中的错误论点一个说法,要给长期形成的文艺与政治的紧密关系松绑,还得从列宁的《党的组织和党的文学》这篇经典性文献的"误译"着手,如此才能找到问题的"根"。这就是他为什么指示中央编译局在中国文联四届二次全委会上向与会人员发放重译本《党的组织和党的出版物》及编译局的说明,为什么要借中国文学艺术界联合会第四届全国委员会第二次会议的机会,代表党中央书记处再次向文联的全国委员们以及全国文艺界公开阐述中国共产党文艺方针更易的理由和内容的缘由。在中国共产党文艺政策的制定(当年毛泽东的《讲话》就是由胡乔木帮助整理的)和修改(如上所言)过程中,胡乔木都起了重要的作用,而否定和改变"文艺为政治服务"这个方针,也许比制定这个方针更难,因为他必须想办法撇开

---

① 胡乔木:《关于文艺与政治关系的几点意见》,《胡乔木谈文学艺术》,人民出版社1999年版,第241~253页。

毛泽东的责任。历史业已证明，胡乔木的智慧和胆识使他做出了一个明智的选择。这毕竟是他的历史功绩，应该记上一笔。

中国文联四届二次全委会是中国文艺史上一次重要的会议，因为在这次会议上党中央书记处书记胡乔木同志的讲话结束了长期遵循的"文艺为政治服务"的方针。为写这篇文坛记事，2012年3月1日，笔者给时任中国文联党组书记赵实同志写信，希望能查阅当年的会议简报和记录，不料我的要求遭到中国文联办公厅的否决。我只好根据我个人保留下来的部分会议材料和笔记写成这篇文坛纪事。附笔者致赵实同志的信如下：

赵实同志：

我是中国文联的退休干部，退休前是理论研究室的研究员。目前我正在写作《在文坛边缘上》（河南大学出版社2004年）的续集（1982～1983）。为写作的需要，我要查阅中国文联第四届第二次全会（1982年6月19日至25日）的简报和记录。这次全会在中国当代文艺发展史上起着重要作用。胡乔木在茶话会上的讲话，表达了我们党如何评价列宁的《党的组织和党的文学》（此前已由编译局重新翻译和审定）和毛泽东《在延安文艺座谈会上的讲话》的新立场，已收入《胡乔木谈文学艺术》。其他领导人的讲话也很重要，表现了我们党在新时期领导文艺的新认识和纠正"左"的文艺思想的决心和措施。当时，我作为《文艺报》的工作人员列席了会议，但个人手中的材料（简报）已经无存了。而上面提出的会议记录和简报两种资料都由文联的档案部门管理着，如今时间虽然已超过30年，却至今没有宣告解禁。故而恳请得到您的帮助。如能获准查阅，将不胜感激。盼批示。谢谢！

刘锡诚
2012年3月1日

关于"有倾向性"的文艺思潮

《光明日报》1982年2月8日发表了文艺理论家敏泽对礼平中篇小说《晚霞消失的时候》(《十月》1981年第1期)的批评文章《道德的追求和历史的道德化——从〈晚霞消失的时候〉谈起》。敏泽写道:

> 在阅读小说的过程中,特别是读完小说之后,老实说,我同时产生了惋惜和不满。首先使我感到失望的,就是小说中关于道德的说教,使我直接想到费尔巴哈以至托尔斯泰关于爱的呓语和说教。这是由于礼平在小说中,对历史事件不是采取应该采取的历史唯物主义的态度,而是把抽象的道德观念,例如所谓的"宽容"、"爱"等等,放在小说所描写的事件和思想的主宰地位,从而把历史给道德化了。这样就必然会否定历史的发展规律,最终使历史成为无端倪可寻的乱麻一团。不管作者多么不愿意是如此,或想不到是如此,这是小说表现的形象、思想等等的逻辑的、必然的结果。
>
> 这反映了作者礼平的思想的混乱,或者说"思考的一代"在探索过程中的一种迷惘,正是这种混乱、迷惘的思想状态,使得礼平这位颇具有才华的作者的作品受到了很大的限制和伤害,没有能够做出更好的对于精神文明的贡献,倒是使人对生活产生了某种迷惘。

敏泽的批评文章引起了文艺界的关注。接着,《文艺理论研究》①、《中国青年报》②、《文汇报》、《青年文学》和《文艺报》等报刊也相继发表文章,对这部作品所宣传的宗教信仰主义提出批评。我们

---

① 庄临安、徐海鹰、夏志厚:《评〈晚霞消失的时候〉——兼评〈公开的情书〉、〈人啊,人!〉》,《文艺理论研究》1982年第1期。
② 郭志刚:《让光明升起来》,《中国青年报》1982年4月15日。

注意到,在《苦恋》问题解决之后,文学创作上又出现了一些"带有倾向的"作品和思潮。"带有倾向性的"思潮这个定位比较模糊的词儿是谁最先提出来的,已经无从查考,但作为评论期刊的编辑,我们是接受了的,觉得至少比"问题小说"①或"错误思潮"这样的一些直接批判性的词儿要温和些。

3月29日至30日,《文艺报》副主编唐因召集唐达成(副主编)、陈丹晨(编辑部副主任,分管文艺理论)和我(编辑部主任,分管文学评论)开会,讨论研究一个时期以来文学界出现的一些带有倾向性的问题,并制订下半年的选题计划。唐因系统地发表了他的意见。归纳起来,就是:

(一)重点放在推进社会主义文艺主流上。要倡导在文学中体现共产主义思想,宣传共产主义思想,反映共产主义精神。文艺上就是要坚持和发展现实主义主流,反对假大空,反对机械地、简单化地配合政治。推出什么、倡导什么,要有言论;表达我们的观点,要态度鲜明。要组织新中国成立以来的作家论。作家与生活(有些作家脱离生活)、作家的社会责任、共产党员作家的党性问题、党的文艺与非党的文艺的关系等,要有言论阐述。回顾和阐释三中全会以来文艺取得的成绩。

(二)从理论上和评论上继续开展两条战线的斗争。继续开展人性论和本质论的讨论和探讨。正确阐释文艺与政治的关系。反对理论脱离实际的倾向。对不健康的作品开展积极的批评。要批评无冲突论、极端个人主义思潮和"自我道德完善"思想。对有些用人的尊严、人的价值等美丽外衣装饰起来,而实际上在宣传极端个人主义、利己主义的不健康的作品,要有批评分析。

在唐因的思考的基础上,编辑部全体人员经过多次反复讨论,对创作中表现出来的所谓倾向性思潮,有了比较一致的看法。主要表现在下列几个问题上:

(一)各种思潮对创作的影响不可忽视,如宗教(有的作品把基

---

① 《文学报》用的是"问题小说"。

督教的教义当作社会主义新人的信条——如"他人即地狱"等)、生存竞争和个人主义、存在主义、弗洛伊德主义等思想的影响。如《在同一地平线上》(《收获》1982年第6期)所表现出来的生存竞争思想,在全国引起广泛的关注。报刊上发表批评,展开了讨论。在《光明日报》上陆续发表的讨论文章有刘俊民的《〈在同一地平线上〉的得与失》(《光明日报》7月15日)、朱晶的《迷惘的"穿透性的目光"》(《光明日报》7月15日)、薛炎文的《他是一个复杂的混合体》(《光明日报》7月22日)、何孔周的《真实·典型·倾向——也评〈在同一地平线上〉》(《光明日报》8月12日)、杨旭村的《个人奋斗者的悲歌》(《光明日报》7月22日)、何志云的《"圆的"形象和"扁的"评价》(《光明日报》8月12日)。

(二)在某些作家和作品中出现了回避现实社会矛盾,转向内心的倾向。作家用什么世界观、社会观观察社会和描写人生的问题,成为办刊的一个重要关注点。

(三)写身边琐事的倾向在滋长。不少作家不研究生活,不研究社会,作品没有时代感和时代特点。

编辑部经过多次讨论,对文艺界的现实状况取得了比较一致的认识后,于5月27日在西苑饭店召开了以"文学创作中的倾向性问题和如何进一步繁荣社会主义现实生活创作"为议题的座谈会。

在这一系列讨论的基础上最终形成了《〈文艺报〉1982年下半年选题要点》:

> 根据中央宣传部部务会议最近关于7、8、9三个月的宣传工作的指示精神,本刊下半年继续开展两条战线的斗争,推进社会主义文艺的主流,克服支流。密切注意当前文艺创作的新成就、新突破,及时予以实事求是的评论,并推出新人。既批评从"左"的方面干扰党的文艺方针和社会主义文艺健康发展的言论和做法,又批评文艺理论和文艺创作中的资产阶级自由化倾向。在进行这种斗争的时候,要采取说理的态度,务求正确地引导文艺创作和文艺批评沿着"二为"的方针健康发展。注意对历史经验

的总结,特别是对三中全会以来文艺的成就和经验的总结。推动作家、艺术家、评论家到生活中去。用一定的版面反映作家队伍的思想建设方面的情况(反不正之风、腐蚀和反腐蚀的斗争等)。力求更广泛地团结文艺界人士,有计划地报道作家、艺术家、评论家的情况。

理论方面着重抓人性论与本质论问题的讨论,坚持和发展毛泽东文艺思想,正本清源。针对外国现代派文艺思想对当前我国文学的影响,组织对现代派文艺理论的述评。评论外国文学翻译、介绍中存在的问题。

文学评论方面,除日常的创作评论(如"新作短评"、"文学新人")外,着重抓三个方面:(1)长篇小说的评论;(2)当前创作中的倾向性问题(如作家回避现实矛盾,正确探讨人生,写自我和写社会,宣扬资产阶级个人主义、利己主义等);(3)诗歌反映时代,与新的群众的时代相结合的问题。

艺术评论方面,正确引导电影《天云山传奇》的讨论,并逐渐引导到讨论如何树立正确的马克思主义批评方法上去。针对当前戏剧创作的现状,就戏剧如何反映现实矛盾,深化现实主义问题,组织有分量的文章。扩大视野,适当注意其他艺术门类的评论。

加强对作家近况、文艺动态的报道,下半年进行一次农村文化的调查。注意加强中外文化交流、地访文艺通讯、工作经验的报道。

为了完成上述选题,计划召开几次中小型的座谈会,举办一次读书会。

由于小说创作出现了一些值得注意的思潮和倾向,1982年评论界对好几部作品展开了批评和讨论。如路遥的《人生》(《收获》1982年第3期)、张贤亮的《龙种》(《当代》1981年第5期)、方计财的《爱之上》(《收获》1981年第5期)、张洁的《方舟》(《收获》1982年第2期)、张笑天的《公开的"内参"》(《当代》1982年第2期)、杨东明的

《失去的，永远失去了》(《长城》1981年第4期)、艾明之的《不沉的湖》(《江南》1981年第3期)、孟伟哉的《黎明潮》(《钟山》1982年第4期)、贾平凹的《二月杏》(《长城》1981年第4期)、张洁的《沉重的翅膀》(《十月》1981年第4～5期)、遇罗锦的《春天的童话》(《花城》1982年第1期)。①

针对当前创作界出现的上述值得注意的创作倾向，根据经过编辑部讨论形成的选题计划，《文艺报》也加强了这方面的组稿，为了及时发稿见报，只好编辑部内部自己动手。于是第4期发表了易言(刘锡诚)执笔的《评〈波动〉及其他》，第9期发表了唐挚(唐达成)执笔的《是强者还是懦夫——评〈在同一地平线上〉的思想倾向》。

文艺评论工作座谈会的前前后后

自从1980年7月26日，《人民日报》发表题为《文艺为人民服务，为社会主义服务》的社论，正式提出用"文艺为人民服务，为社会主义服务"的口号代替原来的"文艺从属于政治"或"文艺为政治服务"的文艺方针以来，文艺界的思想并没有很快达到统一，依然存在着或陆续产生出种种不同的思想和观点。1981年，除了对电影《苦恋》的批评所带来的一系列问题和影响外，还发生了好几件事情。最令中央感到不安的莫过于全国17家文学期刊的主编们在鼓浪屿召开的会议及其发出的"一方有难，八方支援"的呼声，以及《雨花》主编顾尔镡在安徽《戏剧界》上发表一篇短文《也谈突破》。这件事情被当作资产阶级自由化的一个典型案例屡屡被一些讲话所提及。于是，在各级各部门领导班子被责成"克服软弱涣散"之后，加强文艺评论和组建一支马克思主义的文艺评论队伍，批判资产阶级自由化，就成了1982年伊始中央领导提出的一个重要问题和任务。

---

① 参阅田理：《关于1982年部分中长篇小说、报告文学争论(批评)的综述》，中国当代文学研究会编《当代文学研究：参考资料》1983年第5期(总第32期)。

1981年6月27日,党的十一届六中全会做出了《关于建国以来党的若干历史问题的决议》,对中华人民共和国建立以来的一系列重大历史事件,特别是"文化大革命",做出了全面的历史的总结;对这一时期一些重要历史人物的功过,特别是毛泽东的历史地位,也做出了基本评价。《决议》自然也在文艺界激起了一些影响,主要表现在对毛泽东的《在延安文艺座谈会上的讲话》和毛泽东文艺思想的评价上。

　　按照中央领导讲话的精神和中宣部的通知,"一要坚持,二要发展"成为1982年纪念毛泽东《在延安文艺座谈会上的讲话》40周年的基调。按照中宣部的统一部署,中国文联和文学研究所于5月12日联合在京召开"毛泽东文艺思想讨论会",中国文联主席周扬到会发表讲话,题目就是用的《一要坚持　二要发展》。他说:"《讲话》是重要的历史文献,经得起考验,过去是、现在还是指导我们文艺运动的指针。这也就是说,对毛泽东文艺思想一定要坚持。这是毫无疑义的。问题在怎样坚持。坚持不等于原封不动,一切照搬。那样,就变成'句句是真理'了。我们讲的坚持,是在发展中坚持。……我们党的十一届三中全会抛弃了'两个凡是'的观点,解放思想,实事求是,从而才真正坚持了毛泽东思想。我们对待毛泽东文艺思想,也应该这样。……说文艺从属于政治,既否认了经济基础的最后决定作用,也否认了上层建筑各因素之间的相互作用,以及文艺在长期历史发展过程中所形成的相对的独立性。……政治作为上层建筑之一,不是任何时候都是正确的,也会有不正确的时候。即使是正确的,它也不能强使意识形态都从属于它。不再提'文艺从属于政治',这并不是说文艺与政治无关,可以脱离政治。……在今天,文艺为人民服务,就要为社会主义服务,因为社会主义是人民的根本利益所在。"①

　　嗣后,1982年6月25日胡乔木在中国文联四届二次全委会的招待茶会上作了《关于文艺与政治关系的几个意见》的讲话,从改译

---

　　① 周扬:《一要坚持　二要发展》,《人民日报》1982年6月23日,后收入《周扬文集》第5卷,人民文学出版社1994年版,第404~411页。

列宁的《党的组织和党的文学》一文入手,纠正"党的文学"的误译,扩及《讲话》中的一些错误的提法,阐述了为什么要放弃"文艺为政治服务"而改为"文艺为人民服务,为社会主义服务"的新方针的基本思想。

上述这一系列文艺史实,使1982年成为中国当代文艺史上一个带有转折性、标志性的年份,因此,由中宣部召开一次文艺评论工作座谈会,动员加强文艺评论工作,以及组建一支"清醒的马克思主义的理论队伍"成为必要。

文艺评论选题会·成立碰头会

为了贯彻中央领导同志关于加强理论队伍建设的指示精神,使文艺评论工作在党的四项基本原则和新的文艺方针的指引下更加健全有效地发展,推动社会主义文艺的进一步繁荣,中共中央宣传部主持的"文艺评论工作座谈会"预定于7月下旬召开。在文艺评论工作座谈会召开之前,先由文艺局出面于7月6日召集了一个有中央级的相关文艺报刊负责人员参加的"文艺评论选题会",为下一步即将召开的文艺评论工作座谈会做准备。

主管文艺工作的副部长贺敬之在会上讲话,部署加强文艺评论、组织文艺评论队伍的措施,并提出一批选题。与会者没有得到文件,根据笔者的记录,把贺敬之讲话概述如下:

加强文艺评论工作,我们起草了一份《加强文艺评论工作,组织文艺评论队伍》的文件。这个月下旬要开文艺评论会议,对《文艺十条》征求意见,并对这个文件进行讨论。

总的看来,目前文艺评论很活跃,成绩也很大,缺点是没有进一步把队伍组织起来。根据中央书记处的意见,马克思主义的文艺评论队伍没有很好地组织起来,没有有计划地开展工作,总结经验,发展马克思主义的文艺理论,批评错误思想和倾向。搞资产阶级自由化的人,倒是有一点组织。从事文艺批评写作的同志,要互相联系,加强领导,发挥集体的力量,有计划地写出一批文章来。在北京先搞一个碰头会,交流情况,分配一定的写作任务,帮助提高文章的质量。碰头会什么时候召开,根据情况而定。由陈涌和徐非光同志担任召集人。

我们这里（指碰头会）不包办全部的文艺批评，只是在中宣部领导下组织在北京的文艺单位的同志参加，有一定的代表性。其中相当多数是共产党员，有的不是，总之都是在中宣部的领导下，靠马克思主义，靠评论家的积极性。各单位所产生的文章，要经过（我们）这里，以便发挥集体智慧。

中央召开思想问题座谈会之后，情况发展很好。文艺创作在前进的过程中。有的同志或明或暗地否定思想战线问题座谈会后的文艺形势，认为文艺创作走向了低潮、进入了淡季。这种观点，不完全是别有用心，但立场是错误的。对于文艺评论，多数同志的估价是进步很大，对错误的倾向可以进行批评，并且方法也讲究了，逐步学会了既要对错误的思想进行批评，又不打棍子。1980年召开的剧本创作座谈会，用会议的方式解决一些倾向性问题，大家认为那样的方式方法是可取的。这半年来，批评文章可以写了，对创作有促进作用。有些文章也有理论色彩。这一段的文艺形势我们要肯定。

对这一段时间的文艺也存在着不同的意见，甚至意见分歧还相当尖锐。有的人不同意批评资产阶级自由化，不同意批评《苦恋》、《晚霞消失的时候》和遇罗锦。也有人认为，什么批评都是假的，没有触及要害，不解决问题，很不过瘾，该打棍子的还是要打。

还是要以表扬为主，讲成绩。对倾向性的错误（至少是"左"、右两种倾向）要进行批评。对右的，资产阶级自由化，不能夸大，即使是支流，也不能夸大。但有的人对其估计不足。要花大的力量进行研究。"左"的思想、做法和影响，也不能轻视。"左"的倾向有理论表现，持"左"的观点的人，更多的是一些做实际领导工作的同志。中央估计，从中央来讲，指导思想上"左"的倾向已经解决，中央以下就很难说已经解决了。批评资产阶级自由化，不能给"左"的思想倾向以存在的口实，给那些有"左"的思想的同志以错觉。下面"左"的思想有所抬头。因此，我们还是要两条战线作战，睁开两只眼睛。我们国家大，现在，一种倾向掩盖不了另一种倾向。主要是这两种倾向，但不止这两种倾向。我们要分清主流和支流。批支流时，"左"、右都要抓。要说批评，目前还是不大敢批评，或批评不够。骂批评家的倒是很多，而且骂得很难听。如所谓"一方有难，八方支援"。对"左视眼"的批评过火了吗？没有。现在还不是大声来纠正的时候。有人说，《光明日报》批《晚霞消失的时候》是典型的打棍子。什么是打棍子？我认为批评很严肃。没有戴帽子，没有作结论。所以对这种论调不能支持。支持它，是有害的。还有个说法，叫"围攻"。比如对"十六年"论提出批评，我认为是可以的。为什么只能你批评别人，而不能对你提出批评？我们没有去组织，文艺局没有组织批评。批评的文章也没有经我们看过，怎么能叫"围攻"呢！

要不要有倾向？要有。这一点不用掩饰。问题是倾向对不对。一提马克思主义的语言，有人就说硬了。有人说，写文章不能像是对中央文件的解释。这是自由化思想比较严重的人的观点，是绝对错误的。文艺方面，持这种观点的人，是在野派，是反对派，要进行批判。还有一种观点，说评论家为党中央作解释的是不行的。如同作家也是政治家一样，评论家也是思想家和政治家。我们阐释党中央的正确的观点，为什么不行？实践证明是正确的嘛！比如"双百"问题，就可以说出很多道理来。"双百"与文艺的规律是什么关系？现在的"双百"，已经不再是毛主席当初讲话时指的风格、形式等，而已经扩及了内容，即社会主义文学的批判功能。六年来，我们的文学已经积累了很多新鲜的经验。

现在写评论文章，写批评，说不好听的，很难。要从党性考虑，坚持真理。我们在中宣部文艺局，每周都听到骂声，有些是谣言，也不要生气。张洁的《沉重的翅膀》，文艺局打了个很长的报告，首先是肯定作品的长处、好处，也指出了其中的一些议论，特别是政治性的议论有错误。我们跟作协党组谈了话，《文艺报》也开了座谈会，讲了作品的缺点。比如讲三十年来的成绩和缺点，有成绩，有失败，但讲实话，是失败。十一届六中全会的决议墨迹未干，就有人出来打抱不平，究竟是谁爱护张洁？人民文学出版社写了个报告，说已经作了修改。文艺局看了，并没有改彻底嘛。邓力群同志批了，要彻底改。现在张洁又出了《方舟》。大家认为倾向不好。有人就说，这是对一个青年女作家不容,对她进行迫害。这是夸大!这样,谁还敢写批评文章?

文艺评论工作座谈会

中共中央宣传部主持的"文艺评论工作座谈会",于7月17日至24日在河北省涿县旅游饭店(桃园宾馆)召开。涿县离北京很近,但地属河北省,就像是北京的一个远郊县。所谓"桃园宾馆",来自民间传说:"三国"的刘备、关公、张飞在此结义。

出席这次座谈会的有中直文艺部门、研究单位、主要文艺报刊的负责人、文艺评论工作者、编辑以及解放军、北京市、天津市、河北省宣传部门的同志,共约90余人。计有:贺敬之、周巍峙、陈荒煤、冯牧、孔罗荪、陈涌、许觉民、朱寨、钟惦棐、蔡仪、王燎荧、王春元、张炯、李庚、江晓天、郑伯农、陆梅林、缪俊杰、李希凡、林文山、唐因、唐达成、侯敏泽、林元、程代熙、乔福山、徐庄、李文斌、罗艺军、方杰、谢永旺、陈冰夷、毛承志、杜高、孟伟哉、颜振奋、杨犁、焦勇夫、何溶、刘剑青、魏天祥、邵燕祥、林涵表、刘梦溪、刘锡诚、陈丹晨、王波云、卫建林、谢宏、陈骏涛、李中岳、解驭珍(女)、李准、王昊、张澄寰、黄维钧、李英敏、杨子敏、梁光弟、徐非光、顾骧、王慧敏(女)、叶遥(女)、马畏安、吴元迈、谭谊、石方禹、阎纲、李基凯、王健儒、马联玉、许欢子、马献廷、袁文殊、唐家仁、周申明、杜荣泉、林默涵、张光年、赵寻、陈刚、苏一萍、郭汉城、王朝闻、张庚、秦晋、于敏、林杉、张常海、郑惠、荣天屿、秦兆阳、蒋荫安、齐兰贞。

文艺评论工作座谈会与会人员合影

第六章　为文艺与政治的关系松绑(1982)

会议由中宣部副部长贺敬之主持并作总结。

座谈会上学习了胡耀邦、邓小平最近的有关讲话,以及中央其他领导同志(按:指胡乔木)在不久前召开的全国文联第四届第二次全委扩大会议上的讲话。

贺敬之开幕讲话中说:

> 在文联全委会上有个小插曲。少数同志认为领导同志讲话的精神不一致。这样看是不对的,每个人讲话的角度不同,但所讲的意见,却都是中央的精神。有人认为乔木的讲话主张文艺可以脱离政治。这是误解。李春光在两个小组会上发表了很错误的意见,会议领导小组对他的发言表示了不同意的意见。这个同志从×××、×××时候起,不断地从反面提出意见。这次可以提意见,但他采取了漫骂的态度。领导同志支持他的正确的意见,但不是无条件的。他做得不对的,要帮助,必要时,也要给他以批评。而他反映的情况,有值得我们从另一面去考虑的东西。但他对这一段在文艺问题上的一些做法,不了解,产生了误解,或不同意。他的正确的意见,要接受;不正确的意见不能接受,要批评。
>
> 文艺评论工作的形势怎样,要分辨清楚哪些是主流,哪些是支流,以便采取措施。应该说,文联全委会开得是好的,意见也是一致的;但也有一些意见不一致、不明确,或不很明确。过去,我们读作品和评论,只读了一部分。但我们观察问题,就应看到各方面的文艺工作,既看提高的部分,也要看普及的部分。因为我们的评论工作是要指导工作,所以只看一个部分是不够的。要见物,也要见人。也要看文艺队伍的状况如何?倾向性的问题是什么?有没有"左"的、右的?要看主流和支流。
>
> 有的学会,散发小册子,攻击邓小平、胡乔木代表中央提出的意见。有的刊物,前面发表了胡乔木在思想战线问题座谈会上的讲话,后面就跟着发表争鸣文章。有的接受批评,有的则我行我素。最近一段时间以来,自由化的事件发生得不少。鼓浪

屿会议是个严重的教训。① 那个会,从中央到地方,各级党委都是不赞成的。我们在处理这个事件时的态度,是从爱护个人出发。但那个会是有组织、有计划的,出席的人员,都是各地文艺刊物的负责人,他们研究的对策是:"一方有难,八方支援。"有意见可以说,但不能动不动就把事情弄到香港去,甚至弄到台湾去。

这次文艺评论工作座谈会的宗旨是:"根据文艺创作、文艺评论和文艺领导工作中的新情况、新问题,交换对当前文艺形势的看法,分析主流和支流,用两条战线斗争的观点,看待当前存在的倾向性问题。对三中全会以来的文艺评论工作,实事求是地肯定其成绩,指出其缺点和不足,分析存在问题的客观原因,做出基本估计。要在总结经验教训的基础上,就如何加强文艺评论工作和文艺评论队伍建设以及树立良好的文艺评论风气,充分地交换意见,对中宣部文艺局起草的《关于加强文艺评论工作的意见》进行讨论,并对《关于文艺工作的若干意见》的进一步修改交换看法,提出意见和建议。"②

附:王正《胡耀邦实事求是处理"突破"事件》

在文艺界人所共知,1981年,因白桦的电影剧本《苦恋》(拍摄成电影《太阳和人》,没有公映)存有一些问题挨批,被称作《苦恋》事件。是胡耀邦同志对此事件实事求是,让《文艺报》、《人民日报》同时发表唐因、唐达成的批评文章,非常得体妥善地解决了。但是,很少有人知道,1981年,也是由于胡耀邦同志实事求

---

① "鼓浪屿会议"是指17家省级文学期刊主编于1980年11月在厦门召开的一次会议。参阅本书第五章中的《鼓浪屿会议》与《顾尔镡〈也谈突破〉挨批》两篇文章中的介绍。

② 《文艺评论工作座谈会今日开幕》,《文艺评论工作座谈会简报》第1期,1982年7月17日。

是地处理了"突破"事件,使该事件得以平息,才保护了当时文艺界思想解放的势头。

"突破"事件是怎么回事呢?据我了解,1980年10月5日至12日,江苏省作家协会在无锡太湖饭店举行青年创作会议。10月5日,陆文夫作了《谈突破》的发言,着重谈文学创作如何突破。10月6日上午,《雨花》主编顾尔镡作了《也谈突破》的发言,也是主要谈文学创作如何突破的问题,其中讲到目前有些生活领域作家还进不去,进而谈到作家在政治思想上也要突破。顾尔镡说:"政治上突破,最主要的是坚持'四项原则'。四项原则,我们是要坚定不移遵守的,怎么又要突破呢?首先,'四项原则'本身也是在发展的;其次,我们对'四项原则'的认识也是不断加深的。突破的问题,就由此而产生。"(会后,顾以《也谈突破》为题,将此发言在《雨花》1980年第12期发表。)顾尔镡发言后,到会同志都把顾的发言理解为:"四项原则"也要发展,对"四项原则"的认识也要不断加深,这是"突破"一词的应有之意。因此,会上风平浪静,水波不惊。不料,事后,有人给中宣部打小报告,截头去尾,只说,"顾尔镡要突破'四项原则'"。这还了得!"于是,老顾的文章,成了将要开展批判的资产阶级自由化的代表作。《文艺报》被指定要对此文写一篇批判文章。"但《文艺报》"裹足不前,迟迟落实不了作者,到5月初,南京《新华日报》上发表一篇批判文章"。"5月5日召开的作协党组和书记处会议上,张光年(时为中国作协党组书记)指定《文艺报》这一期就转载《新华日报》的文章,下期再发表评白桦(《苦恋》)的文章。"但是,"过了几天,孔罗荪(《文艺报》主编)又在编辑部干部会上说:'昨天与光年说了,《新华日报》批《也谈突破》的文章不转载了,下期一定要组织文章。'"但是,"最后,《文艺报》始终没有发表批判文章"。原来把《也谈突破》和《苦恋》一样作为"资产阶级自由化的代表作"予以批判的"突破"事件,竟到此戛然而止,这是怎么回事呢?真相是胡耀邦同志实事求是地处理《也谈突破》,悄然平息了这一"突破"事件。

胡耀邦同志是怎样实事求是地处理《也谈突破》，平息"突破"事件的呢？我从对顾尔镡做些简介以及他在"文革"中和新时期到来后的表现说起。

我和顾尔镡（1925～1999）都是江苏通州中学的校友，我比他高一年级。他在抗日战争时期即参加共产党所领导的文艺工作，是党员。新中国成立后，我俩同在江苏省省级机关工作，他先是在江苏省总工会，后调到江苏省文联作家协会，任《雨花》编委，江苏作家协会办公室主任。他本是演员出身，这时成了剧作家。仅我所知，他和别人合作的锡剧《红色的种子》，誉满江苏，后改编成电影《红色的种子》，是地方电影制片厂拍摄的第一部电影，一炮打响。他又创作了话剧《雨花台下》，得到戏剧界好评。但因为我俩分处两个单位，大家忙于工作，交往不多。"文化大革命"一来，我作为江苏省委办公厅的主任，一下子被"打倒"，定为"走资派"。顾尔镡在江苏省文联是中层干部，不是当权派，算是革命群众。但是，他在省文联批斗"李（进）、章（品镇）、亚（明）""走资派"的大会上的惊人事实，为我熟知。有次，文联造反派批斗省文联主席、党组书记李进，党组成员、《雨花》主编章品镇，党组成员、江苏省国画院院长亚明，即所谓"走资派"李、章、亚。造反派头头点名中层干部顾尔镡揭发章品镇的反革命修正主义罪行。顾起初不吭声，后一字一字地说："对章品镇，我没什么好揭发的。"造反派头头火冒三丈，狂吼："你坚持反动到底，你就站到他们一边去！"这时，顾尔镡"噔、噔、噔"地上台，与李、章、亚并肩站在一起，排在第四位。造反派头头一想，顾不是当权派，叫他上台，与"走资派"站在一起不合适，又高呼口号："顾尔镡滚下去！"顾下台时，昂首挺胸，用鼻音哼出了《国际歌》："起来饥寒交迫的奴隶……"我听说了顾尔镡的这个真实故事，在心里留下深刻印象，称赞"老顾是条汉子"。（记录者按：章品镇有一篇纪念顾尔镡的文章《他冷我、烫我也给我正直的支持》，载内部刊物《南通今古》2006年第2、3期，细节略有不同，但顾尔镡"稳稳当当，不紧不慢地向我们这边走来，准确地在第四个位置上站定,毫不声张,却有一团凛然正气慑服了全场。全场寂然无声。唱《国际歌》时,"虽然口不出声,但唱得是何等的庄严"。可见确是事实。)新时期到来后,顾尔镡被任命为《雨花》主编,率先为1957年被错打成的"探求者反党集团"平反,发表社论《探求无罪,有错必纠》(记录者按:《雨花》1979年4月号发表)。其后,中共江苏省委很快下达了为"探求者"平反的红头文件。有人问顾尔镡:省委还未给"探求者"平反,你怎么胆敢在《雨花》先给"探求者"平反?他说:我曾长久考虑,江苏文艺界拨乱反正,必须从为"探求者"平反开始,这一大冤案不平反,拨乱反正云何哉!如果什么事情都要等省委做出决定后我们才动作,那要我们这些共产党员干什么!"思想解放,就得敢为天下先!"老顾的这些话,说得真好!

因此,当1981年5月初《新华日报》发表对《也谈突破》的大批判文章时,我是有想法的。只抓住一句"政治上突破,最主要的是'四项原则'",既不管前言,又不顾后语,更不考查顾尔镡在"文革"前、"文革"中、新时期到来后的一贯表现,就上纲上线,这怎么能服人呢?

1981年5月到6月间,哪一个月,我记不清了,我作为江苏省科委负责人去北京参加由中国科委、中国科学院等四所单位举办的一个会议。会议前,我给耀邦同志写过一封信(记录者按:王正同志在20世纪50年代是江苏省团委书记,与胡耀邦同志很熟悉),讲了关于我对开发江苏沿海滩涂的意见。会议期间,我看望一位老同志,在那里见到20世纪50年代初胡耀邦同志的警卫员李汉平同志,此时他已担任国家保卫局副局长。我请他带口信给耀邦同志,问他有没有看到我的信,能否找时间和我谈谈。没多天,耀邦同志派车把我接到办公室。关于开发滩涂问题,谈了约一个小时,告一段落。耀邦同志有向下面来的同志进行调查研究的习惯。耀邦同志问我,最近江苏情况怎样。我因去北京开会前,已听说过顾尔镡因一篇文章被批斗,就讲了这件事,并说,因为一篇文章中的一句话就批斗顾尔镡,不好。

我说："突破"不是贬义词，不是否定，不是毁弃某一事物；从正面理解，突破是发展，是前进，是上了新台阶，是指事物在原有基础上进入新阶段。例如，一位体育健将，在赛跑、游泳竞赛中速度更快，突破了原先的冠军纪录，不是不承认、否决原先的纪录，而是突破。突破，对历史、对未来的进步都有鲜明的积极意义。我相信，语言、文艺、科学领域的专家学者，对此会有广泛、深刻的共识。耀邦同志听了我对"突破"的理解、说明后，赞同地"嗯、嗯"了两声。接着又问我：顾尔镡这个人怎么样？我说：顾尔镡同志是个好同志。他拥护十一届三中全会，思想解放，作风正派，为江苏文艺界做了一些好事……（略，见上）耀邦同志又问：他在"文革"中表现如何？我就详细讲了上面顾尔镡在批斗"李、章、亚"大会上的真实故事，他从容上台和被打倒的"走资派"站在一边，下台时哼《国际歌》……（略，见上）耀邦同志听我讲完这个真事后，为之动容，考虑了一些时间对我说：你回去立即给江苏省委打电话，不要批斗顾尔镡了。请省委传话给顾尔镡同志，要他振作精神，抬起头来，搞好今后的工作。我回到住处后，回忆整理了一个记录稿，请保卫局副局长李汉平给耀邦同志阅后再给省委打电话。不料，李汉平很快回来告诉我，耀邦同志说不看记录稿了，你直接打电话给省委吧。于是我按照我回忆整理的记录稿给省委打电话，接电话的是省委办公厅副主任康贻宽同志。等我回到南京，"突破"风波已平息。（记录者按：胡耀邦同志对《也谈突破》的意见，肯定也传达给了中央宣传部，所以对《也谈突破》就不再发批判文章，"突破"事件在北京也偃旗息鼓了。）

后来我听说，江苏省委副书记胡宏、宣传部长汪海粟找顾尔镡谈话，都是鼓励为主。因此，顾尔镡在"突破"事件后，在江苏文学界的声望有所增高。在其后的江苏作家协会代表大会上，他被选为江苏作家协会副主席（常务）兼秘书长。

要不是耀邦同志实事求是地处理了"突破"事件，在全国范围内批判《苦恋》后再在全国范围内批判《也谈突破》，中国文艺界对这件事也许是另一个说法了。因为耀邦同志给文艺界办的这件好事鲜为人知,所以,我要把这桩事告诉大家,也想为中国当代文学史的编写者提供一点史料。

在这件事的过程中,意外地接触到耀邦同志日常生活中的细枝末节,使人了解耀邦同志在大量工作中的沉重负荷,往往难以顾及自身的休整。在谈完工作后,我问及他的健康,他一改平日笑颜愉悦的常态,略显苦恼地望着我说:"不晓得什么缘故,近来臂膀很痛,连手都举不起来,举过头就痛。"这出乎我意料,我连忙说,要请医生诊断,很可能是肩周炎,要请医生治疗,要热敷,请医生开处方,不能受凉。这虽是日常生活中的小事,但也可见耀邦同志对自己的健康很少关注,专心致志于工作,这可是他长期的、一贯的精神状态啊!①

《关于加强文艺评论工作的意见》讨论稿

会议主办者向与会人员分发了一份中宣部起草的《关于加强文艺评论工作的意见》(征求意见稿)并安排了讨论。这份名为"征求意见稿"的文件,尽管不是正式文件,但体现了中宣部主持文艺工作的领导人对新时期六年来文艺形势的基本估计和关于文艺工作的指导思想。内容如下:

> 发展马克思主义的文艺评论,是社会主义文艺运动中带有全局性的大问题。它关系到文艺运动的性质和方向,关系到创作质量的提高和文艺队伍的成长,关系到健康的艺术鉴赏能力的养成,关系到整个文艺事业和社会主义精神文明的建设。文

---

① 口述者王正,1924 年出生,1938 年参加革命。党员。"文革"前,曾任共青团江苏省委书记;新时期到来后,曾任江苏科委副主任,1985 年离休。记录者陈辽,1931 年出生,1945 年参加新四军。党员。曾为江苏省社会科学院研究员,国家级有突出贡献的专家,1996 年离休。此文发表于《雨花》2013 年第 11 期。

艺评论,是党领导文艺的重要手段。马克思主义的文艺评论队伍,是党在思想战线的一支重要方面军。

粉碎"四人帮",特别是党的十一届三中全会以来,文艺评论在解放思想、拨乱反正、揭批"四人帮"、打破文化专制主义的禁锢、消除十年动乱的消极后果、抵制"两个凡是"的干扰、鼓励创作、发现和扶持新人等方面,都做了大量的工作,同党的政治、思想路线总的说来是合拍的。六年来的文艺评论,对文艺的复苏、发展和繁荣,起了促进、推动和开路的作用。

由于对新时期的历史特点认识不足,对整个思想战线面临的新情况、新问题缺乏思想准备,当各种社会思潮和文艺思潮以比较复杂的形态表现出来的时候,文艺评论工作显得不够敏感和清醒,甚至暴露出某些思想上的混乱。一方面对"左"的流毒的斗争缺乏力量;另一方面,对新形势下滋长起来的资产阶级自由化倾向,没有引起应有的警觉,对其危害性估计不足。对明显的倾向性问题,不能做出及时有力的马克思主义的回答,显得软弱无力。极个别人甚至脱离了马克思主义的轨道,迎合或热衷于某些资产阶级的思潮。这种情况,经过党中央一再提醒,已经有了很大改进。然而,整个来说,文艺评论还是文艺战线的一个比较薄弱的环节,马克思主义水平不高。脱离生活和创作实际的学风,也不同程度地存在。评论队伍也比较分散,没有形成有力的阵线。专业的评论队伍尚未组成。所有这些,都与蓬勃发展的社会主义文艺运动不相适应,与新时期文艺战线、思想战线面临的巨大任务不相适应。

为了从根本上改变文艺评论无力、文艺评论队伍涣散的状况,逐步形成马克思主义的文艺指导中心,我们提出如下改进意见:

一、各级党的文艺宣传部门,要把抓好文艺评论和文艺评论队伍的工作,列入自己的议事日程和经常的工作。首先是要加强对文艺评论的政治思想领导和文艺评论队伍的思想建设,以确保文艺评论同党中央在政治上的一致,确保马克思主义在评论工作中的主导地位,确保党的文艺方针政策的贯彻。在文艺评论中,要坚持"四项原则",正确贯彻党的"百花齐放,百家争鸣"的方针。既要避免重复过去曾经犯过的用政治批判和政治运动代替正常的文艺批评的简单、粗暴的错误;又要避免模糊共产主义旗帜,模糊无产阶级和资产阶级、封建阶级思想界限的错误。在这个指导思想下,要充分调动广大文艺评论工作者的积极性,鼓励他们活跃思想,勇于探索,敢想、敢说、敢写,敢于提出问题。要在文艺评论工作者和文艺创作人员之间建立起密切合作、互相帮助和促进的正常关系。党的文艺宣传部门,要直接主持和组织文艺报刊上的重要言论和重点问题的争鸣和讨论。要定期组织重点的选题,组织撰写重点的文艺评论文章。

中宣部拟在适当时机,召开全国性的文艺评论工作会议。

二、加强文艺评论队伍的建设。

建设文艺评论队伍,要以专业评论家、业余评论工作者和广泛的群众性评论相结合,而以专业的文艺评论队伍为骨干。当前的迫切任务是,要在调整、精简机构的同时,初步建立起一支精干的专业评论队伍。

在中央直属单位,准备采取的步骤是:

1. 中央宣传部,设立专业的文艺评论组。
2. 加强和充实文联的文艺理论研究室。
3. 作协和各协会,根据不同情况,加强原有的文艺评论机构或增设新的专业评论机构。
4. 文化部应成立专业的文艺评论组织。
5. 《文艺报》、《文学评论》、《文艺研究》、《人民日报》文艺部、《光明日报》文艺部、《红旗》文艺部,都可设少量专职的文艺评论员。同时,也可聘请少数兼职的文艺评论员。
6. 文艺研究单位,应加强当代文艺的研究和设立评论机构。高等学校的中文系,可建立兼职的文艺评论组。

以上中直单位共需解决专职评论人员的编制100人左右。在机构精简、调整时,要给专业评论队伍拨出专门名额,不得占用。上述人员除从高校毕业生、研究生和实际工作干部中选拔优秀中青年外,也可以适当从符合条件的退居二线的老同志中选调一部分。

各省、市、自治区,可参照上述精神,在本地区建立精干的专业评论队伍。人数不宜过多,要保证一定质量。

在建立专业评论队伍的同时,也要重视业余评论队伍,特别是群众性文艺评论队伍的组织和领导,并从中发现人才,重点培养提高,不断充实专业的评论队伍。

三、加强和健全中国作家协会的理论评论委员会,改变目前有名无实的状况。为了把加入作协的评论工作者组织起来,在作协下面可以成立一个全国性的马克思主义评论学会,以便统一领导。目前与这种学会重复的组织,应合并到这个协会中来。作协和其他协会,应注意吸收有成绩的评论工作者入会。其他协会,也应有专门抓文艺评论的相应机构或形式。为了统一领导,文联也可考虑成立理论评论委员会,并对各级文联的文艺批评起指导作用。

四、加强文艺评论的阵地。

中央一级的文艺报刊,如《文艺报》、《文艺研究》、《文学评论》、《人民日报》文艺部、《光明日报》文艺部、《红旗》文艺部,要予以加强和充实,切实办好。中央宣传部对这些报刊负有指导和帮助的责任。

中央一级文艺单位,联合编辑出版一个内部文艺理论刊物。

各省、市、自治区,也应根据具体情况,采取实际措施,加强本地区的文艺批评阵地。

五、对文艺评论工作者的职称、待遇、经费,以及工作、生活条件,要切实加以解决。

1. 专业评论工作者的职称,应与专业作家和其他专业文艺工作者同等对待,按照其实际思想和业务水平,予以评定,并享有同等待遇。

2. 要给专业评论工作者以深入生活、调查研究的便利和经费保证。业余评论工作者,也应享有请创作假的方便和权利。

3. 专业评论工作者生活或住房条件特别困难者,应在可能的条件下帮助解决。

4. 给评论工作者创造学习和提高的机会。作协的讲习所,应把评论班办下去,并且办好。中国人民大学可恢复文学研究班。各地还可举行短期的讲习班、读书会。

5. 在适当时机,开展对优秀评论文章或专著的评奖活动。

六、各地接这一通知后,应根据上述精神,结合本地区的具体情况,制定具体落实计划和方案,并将贯彻情况和意见向中宣部作出正式报告。

出席文艺评论工作座谈会的代表对《关于加强文艺评论工作的意见》(征求意见稿)进行了讨论。"征求意见稿"对六年来的文艺形势,特别是对文艺评论的估价,在与会者的讨论中是存在着分歧意见的。冯牧在向大会发表的讲话中说:"我在听了汇报和一些同志的发言之后,有一种印象,有相当一些同志,对于文件草稿的说法感到不满足,感到没有准确地反映出我们当前文学评论所已经达到的成就。对这种看法,我想讲一点不大相同的意见。党中央已经一而再、再而三对文艺工作做出了正确的评价,认为文艺工作是这几年以来成绩比较显著的部门之一。这里面包括了文学艺术创作,当然也包括了文艺评论工作。""文件草稿上说:现在我们的文艺工作,在解放思想、拨乱反正、揭批'四人帮'、打破文化专制主义的禁锢、消除十年动乱的消极后果、抵制'两个凡是'的干扰、鼓励创作、发现和扶植新人等方面,都做了大量的工作,同党的政治、思想路线总的来说是合拍的。六年里的文艺评论,对文艺的复苏、发展和繁荣,起了促进、推动和开路的作用。这段评价的准确程度如何?是高了呢?还是低了呢?我的看法是:这段评价基本上符合我们文学评论发展的现状,既没有夸大,也没有贬低。我觉得,只要改两个字,就更加准确了。假如把'合拍'改成'一致'就可以了。我觉得我们就没有理由再提出更高的要求。因为,我们所做的工作、所取得的成就,没有超过这个估计。"

贺敬之在对会议总结时说,还要在文化部、解放军总政的范围内广泛征求意见。

文艺与政治的关系问题

胡乔木6月25日在中国文联第四届全国委员会第二次会议招待茶会上关于文艺与政治关系的讲话,成为出席这次文艺评论工作座谈会的评论工作者和组织工作者们讨论的热点话题。胡乔木的讲话,得到了参加文艺评论工作座谈会的评论家们的一致拥护,文艺与政治的关系问题,仍然是会上最为关注的问题,大家就重译列宁的《党的组织和党的出版物》一文发表了一些意见。

钟惦棐(中国电影家协会)说:文艺和政治的关系问题是文艺基础理论的基础,我们多少年来就一直和这个问题打交道,胡乔木同志把这个问题更深入、更细致、更系统地加以阐明,对今后文艺的发展具有深远的意义。

王春元(中国社科院文学研究所)说:胡乔木同志的讲话加深了自己的认识,希望中央把"为人民服务"作为一个普遍的口号来强调,而不仅仅是文艺。

陈丹晨(《文艺报》编辑部)说:胡乔木同志对"文艺为政治服务"的口号提出了新的看法,这是他长期深思熟虑的结果,也反映了历史发展的必然结果。因为,粉碎"四人帮"以后,文艺战线和其他各条战线一样,从理论上拨乱反正、正本清源,在认真总结历史经验,重新认识文艺政策和文艺创作中各种重大问题的时候,人们很自然地开始对文艺与政治的关系进行思考。因此,胡乔木同志在讲话中说不提"文艺为政治服务"的口号不是偶然的。

杜高(中国戏剧家协会)说:胡乔木同志的讲话提出了对文艺的根本性的指导思想。我们的文艺必须从过去那种"为政治服务"的狭隘的见解中解放出来,走上一条广阔发展的道路,同时又必须鲜明地、坚定地高举共产主义的旗帜,这是新时期社会主义文艺的基本特征。

在讨论中,有的文艺评论家指出,"文艺为政治服务"口号的改变,也存在一些值得注意的问题。刘剑青(《人民文学》编辑部)说:当前有些地方管文艺的领导同志对不再提"文艺为政治服务"这个口号不理解,除了认识上的问题外,还有一个迫切需要解决的问题,就是如何加强和改善党的领导。因为长期以来,在"文艺为政治服务"的前提下,形成了一套老的领导思想、方法和作风,不再提这个口号,势必要有一套新的领导思想、方法和作风,如果不认真解决这个问题,也不利于文艺事业的发展。

解驭珍(中国社科院文学研究所)说:"二为"的口号在大学教师和一些担任文艺领导工作的同志中不能很好地被接受,甚至有人把"为政治服务"与"二为"看成是一回事,也有人把不提"为政治服务"的口号看成自由化,因此,有必要写点文章来讲一讲这个问题。

李松涛(中国美术协家协会、《美术》杂志社)就美术创作领域里文艺与政治的关系问题发言说:反映现实生活的作品,其寿命往往很短。如开国以来最好的一幅历史画——董希文的油画《开国大典》,前后修改了三次。第一次修改是去掉了高岗。第二次修改是去掉了刘少奇,是作者用香蕉水洗去的,换成了董必武。① 现在作者死了,已经没有办法再改了。这幅画现在收藏在历史博物馆。杀来杀去,只剩下表现历史题材与山水题材的作品了。陈涌接着话题说:吴冠中在《美术》上发表文章说,不能说内容决定形式,艺术就是形式。这种观点也没有人批评。美术方面,提倡现代主义很厉害呀。

在文艺评论工作座谈会开幕前夕刚刚出版的《时代的报告》第 7 期,重新发表了受到《文艺报》以及多种外省文艺刊物批评的《本刊说明》,并在《重新刊登〈本刊说明〉请读者评说》的题目下,编发了一组火药味十足的"读者来信来论",并加了编者按语,对《文艺报》第 5 期发表的雨东撰写的关于"十六年"问题论争的综合报道进行了反驳,给《文艺报》扣上了"资产阶级自由化"的大帽子。7 月 19 日下午,刘锡诚(《文艺报》编辑部)发言说:我要借这个讲坛就《文艺报》与《时代

---

① 据周冉《〈开国大典〉:四次修改折射风云变幻》(《新民晚报》2011 年 10 月 22 日)记载,第三次修改是在"文革"中的 1973 年,当时作者已病重,根据上级的指示,改由他的学生靳尚谊修改,抹掉了林伯渠。

的报告》的争论说几句话。(1)《时代的报告》用道听途说、编造谎言的做法混淆视听,认为《文艺报》要把《时代的报告》打成"极左刊物",我们是不能同意的。哪家刊物是什么样的面貌,自有公论。(2)《时代的报告》指责"《文艺报》近几年来对待自由化的态度是很值得研究的,戳到了《文艺报》的痛处"。在思想战线问题座谈会之前,《文艺报》存在着软弱涣散的缺点,这一点我们已向中宣部写了报告,中宣部也没有给《文艺报》作出"鼓吹资产阶级自由化"的结论。在十一届三中全会之前,《文艺报》把主要精力放在了扶植新人、同"凡是派"斗争、恢复文学艺术的革命现实主义上。三中全会之后,我们开展两条战线的斗争,两面作战,是有目共睹的。我们评论或批评了几十部有倾向性错误的作品,如《调动》、《醉入花丛》、《花溪》的问题,存在主义倾向等。我们虽然很不敏感,但毕竟还是提出了一些问题,就一些问题发表了评论。很遗憾,《时代的报告》提出了什么样的有倾向性的作品,发表了什么样的批评文章呢?(3)《时代的报告》提出"十六年"的论调,混淆十年浩劫和新时期六年的本质不同,是我们所不能同意的。《时代的报告》第 7 期的文章再次责难《文艺报》,把"有些人把《讲话》当成框框来突破,结果不能不使自己陷入资产阶级自由化的泥坑"强加到《文艺报》的头上。(4)《文艺报》批评《时代的报告》,不是什么"围攻",而是贯彻中央的"双百方针",对明目张胆地反对三中全会和违反十一届六中全会精神的言论进行的正当的批评。

  参加座谈会的《文艺报》的主编冯牧、孔罗荪,副主编唐因、唐达成,编辑部主任刘锡诚,副主任陈丹晨,于 23 日晚在涿县旅游饭店里开了一个小会,研究如何回应《时代的报告》对《文艺报》的攻击。唐达成说:徐非光(碰头组的副组长)提出《文艺报》要再写一篇文章谈《时代的报告》的办刊指导思想,要说理,不要意气用事,指出他们是在批小平、批乔木。唐因说:要给中宣部写个报告,要求《时代的报告》就对我们的指责做出澄清。按非光的意见,写一篇文章。同时,要争取发表胡乔木同志在文联全委会上的讲话,如不能发,就根据讲话的精神写一篇文章,与中央保持一致。

大会上的六人发言

先后在大会上发言的有陈荒煤、陈冰夷、王昊、钟惦棐、陈涌、冯牧六人。他们之中有的是某文艺团体或某一方面的领导人,有的更像是独立研究者。他们的发言虽然都是就当前中国文艺界最紧迫的问题立论,但他们毕竟代表了不同的倾向和表达了不同的观点。现根据当年的会议《简报》分别摘要在下面。

陈荒煤说:

> 我完全拥护胡乔木同志的重要讲话。乔木同志对于文艺与政治的关系问题,阐述得非常透彻,可以说讲到底了,是对马列主义文艺理论的重要突破。同时,我也同意乔木同志这样一个意见,文艺评论界不要仅仅就两个口号问题进行争论。从我听到的反应来看,文艺界大多数同志是同意乔木同志讲话精神,同意党中央提出的"文艺为人民服务,为社会主义服务"的口号的。就这两个口号本身再来进行争论,是没有必要的。"文艺为政治服务"这一口号的改变,实际上涉及广泛的文艺理论问题。如果对这些重大的文艺理论不进行认真深入地探讨,而紧紧抓住乔木同志的某些话去争论,容易让某些思想僵化的同志把自己的真实观点隐蔽起来。这样,即使表面上两个口号没有争论了,但实际上却无助于文艺界思想认识的统一和提高。
>
> 乔木同志关于文艺与政治关系的讲话,涉及三个根本性的问题。
>
> 一、关系到如何在中国建立起我们自己的马克思主义文艺观的问题。我们党所领导的革命文艺运动,有着光荣的战斗传统,在介绍、传播和发展马克思主义文艺理论方面,起了伟大的作用。但另一方面,由于左翼文艺运动是在极其复杂的情况下,在反革命的文化围剿中发展起来的,我们在理论准备方面先天不足,又受到苏联文学出奇的幼稚的"左"的影响,再加上建国以来无数次以群众斗争和大批判的方式来处理文艺领域内的复杂现象,所以,文艺界"左"的思想的流毒是根深蒂固的。可否这样

讲,建国以来,我们对于文学艺术的本质、功能、特性,对于文学艺术的共同规律,以及各门艺术的特殊规律,始终没有进行过冷静思考和认真探索。迄今为止,我们尚未建立起中国自己的马克思主义的文艺观。

二、关系到如何正确总结我们无产阶级文艺运动的历史经验的问题。回顾建国以来历次文艺批判运动,从对一些具体作品和文艺观点的批判,直至发展为反右派斗争和"文化大革命"这类的政治运动,包括"四人帮"所批判的"黑八论",以及粉碎"四人帮"六年来文艺批评中出现的许多问题,实际上都涉及了马克思主义文艺理论的基础知识问题。我们要按照乔木同志讲话的精神,从中国实际情况出发,对一些重大的理论问题进行深入探讨,正确地总结无产阶级革命文艺运动的历史经验和教训。否则,要克服党在文艺领导中的简单化和片面性,扭转"政治标准第一"、"政治标准唯一"的现象,是很难的。

三、关系到如何加强和改善党的领导的问题。如果我们没有正确的马克思主义文艺观,不承认社会主义文艺有其特殊的规律性,不破除"文艺为政治服务"的狭隘的观点以及各式各样的"左"的思想,那么,党对文艺的领导就不可能得到真正的加强和改善,党的文艺政策,尤其是"双百方针",就无法正确贯彻和执行。

……需要改变过去文艺批评的作风。文艺批评的对象是文艺作品,但是,过去评论工作的一个重要的弱点是,对于一个作品,不是按照文艺规律,透过作品中的人物关系、人物的命运、形象的生动性、反映生活和历史的真实性来分析这一作品的时代意义、思想内容和艺术性,不是透过作品的情节和人物的性格来分析作家的世界观和思想倾向的。

文艺评论要提高质量,首先要对作品进行真正的艺术分析。文艺批评的标准,应题"思想性和艺术性的统一"为好。从文学艺术的规律来看,较高的思想性和艺术性,实际上已经包含了对作品的真实性、历史性、典型性、形象化的要求。

需要特别强调指出的是,在批判某些资产阶级文艺观点时,要注意加以区别。我们批判的对象,是国内,尤其是党内那种以资产阶级人性、人道主义来代替社会主义,代替马克思主义的错误观点。资本主义社会中的一些进步作家,他们在国内进行着艰苦的奋斗,对我们虽有埋怨和不理解之处,但态度基本上是好的。他们在探讨资本主义某些社会现象时,由于世界观和理论水平的限制,难免带有一些超阶级、超历史的人性、人道主义观点。如果笼统地对他们批判,不符合统一战线的原则,也会失去一大批在社会上有相当影响的作家朋友。

向中宣部提出几点呼吁:

一、希望抽调一批人,成立国外文艺的资料、情报机构。

二、尽快建立现代文学资料馆。这是巴金同志建议的,我听他感叹说:"我活不了几年了,希望在死之前能看到它建成。……理论研究和评论工作如不建立在大量的原始资料和档案的基础上,是很难开展起来的。"……①

作为一个经历过"左联"时期,"十七年"时期在文艺领导岗位上几起几落,"文革"中历尽劫难,"文革"后有幸再次进入文艺领导层的老文艺家和领导人,陈荒煤对党的文艺方针政策及其相关的一系列文艺理念,有渗入肌肤的感受。我们从他的讲话的片段中,明显地感到他对中国共产党多年来以"文艺为政治服务"为方针来领导文艺所铸成的错误和所产生的后果,有一种切肤之痛。所以,一旦等到由胡乔木同志出来纠正这种倾向性的错误,他便多次表达了建立真正的切合文艺规律的马克思主义文艺观的强烈期待。陈荒煤的这篇讲话稿的录音记录稿,逻辑上和行文上虽然多处有欠严谨,不能与自己亲笔书写的文章相提并论,但其在他的文艺历程上的标志性意义是不可忽略的。

---

① 《陈荒煤同志讲话摘要》,见《文艺评论工作座谈会简报》第 11 期,1982 年 7 月 23 日。

陈冰夷说：

外国文学的翻译、介绍和交流，是社会主义文艺繁荣和发展的一个重要的方面。六年来出版的翻译作品，数量之大、范围之广，都是我国文学史上所少见的，不仅超过了十年动乱和"十七年"，也超过了30年代。翻译和介绍工作存在的最大问题，一是缺乏计划、组织和领导，指导思想不明确，因此出现了翻译介绍中的盲目和无政府状态，一个时期曾出现过翻译出版工作中的严重混乱；二是缺乏对外国文学作品有计划地研究、评论和引导，对某些外国文学思潮在我国的影响，缺乏充分了解、估计和认识。去年下半年中宣部开始抓这方面的工作。这次评论工作座谈会，又邀请外国文学方面的同志参加。我们感到很高兴。希望中宣部加强这方面工作的领导。

对于西方文学思潮和流派的系统分析、研究是一个十分迫切的问题。要研究这些思潮和流派在西方出现的历史条件和原因，研究这些思潮和流派的实质和发展过程，以及当前在我国产生影响的历史条件和原因。这项工作，不仅需要从事外国文学工作的同志来做，而且需要从事文艺理论、评论工作的其他同志参加。为此，就需要有系统地翻译、介绍、掌握外国文艺思潮和流派的资料。

当前要着重研究一下存在主义在当前文学创作和文学青年中的影响。存在主义是西方社会危机和精神危机的产物。它本身还有一个变化很大的发展过程。在许多国家现在存在主义已经过时了。五六十年代存在主义曾被介绍到中国，但并未产生大的影响。经过十年动乱，这种思潮开始在我国表现出来，并成为一种"时髦"，是有历史原因和社会根源的。但是，许多年轻人并不一定看过或看懂存在主义的著作。存在主义在我国青年中的影响，很大程度上是反映了某些青年身上"文化大革命"的精神后遗症。在研究存在主义文学思潮时，应采取科学的、分析的态度。①

其时,陈冰夷任中国作家协会书记处书记,他的被邀请与会,是意味深长的。中国作家协会自从把《世界文学》及外国文学研究人员统统移交给中国社会科学院,成立外国文学研究所以后(同时,中国古典文学、民间文学研究者、教授、代表人物也都相继被离开),几乎变成了一个只是由写作者(大多数人不过是初级写作者)组成的狭隘的文学写作者组织,甚至许多"知名"作家也严重缺乏深厚的中国传统文化的造诣,更少有外国文学的知识。无怪乎王蒙曾有感而发地撰有一文,提倡"学者型"作家。陈冰夷所讲的对西方文学中的存在主义思潮在80年代青年作家和理论界的广泛影响,缺乏应有的、冷静的、科学的研究和评估,就是一个显例。30年过去了,至今我也不知道80年代成长起来的中国作家中,有哪一位被认为是中国文坛上存在主义的代表人物,哪一部作品是存在主义的代表作。正如陈冰夷所说,存在主义在我国不过是一种"时髦",是"文化大革命"的一个"后遗症",我愿意再加上一句:在中国强大的本土文化背景和坚固的传统文化之下,存在主义不过是摩登女郎们的一件被遗弃了的时装,昙花一现,成为过去了。

王昊说:

不久前,在贺敬之同志倡导下,中宣部和总政批准中国作家协会和总政文化部共同召开了军事题材文学创作会议。乔木同志亲临会议作了重要讲话,指出繁荣军事题材文学创作对进行国际主义、爱国主义、革命英雄主义教育,进行革命传统教育,对青年人生观的确定,有重要作用。当然其他题材的文学作品也可以起到这个作用,但是军事题材作品有其他题材文学作品起不到的作用。这个会议也谈到了加强对军事题材文学评论工

---

① 陈冰夷1982年7月21日在中宣部召开的文艺评论座谈会上的发言,见《文艺评论工作座谈会简报》第12期,1982年7月23日。

作。由于参加会议的评论工作者很少,我借这个机会建议和呼吁评论家加强对军事题材文学作品的评论工作。我想到几点:一是我国是在帝国主义、霸权主义的战争威胁下进行"四化"建设的,必须使我们的青年一代有常备不懈的战备思想,无论对于当前的保卫"四化",或应付突然事变都是必要的。因此,应主要研究和评论当前军事题材的文学创作,使之提高质量,更加健康地发展。二是我国革命文学宝库中有不少优秀的军事题材作品,过去曾经哺育了一代青年,今天仍在起着良好的作用,对越自卫反击战中英雄人物的成长就是例证,希望评论家进行再评价,使之继续发挥作用。另外,关于军事题材创作的研究,可以更广一些。把从井冈山斗争以来人民军队和各个革命根据地的文艺运动作为整个革命文艺运动的一个方面来进行研究和总结,也是必要的。趁着一批老同志还健在,及早进行,尚可收集到丰富的资料。这就可以更加全面地反映我国无产阶级领导的文艺运动,吸收有用的经验。①

钟惦棐说:

我们的文艺评论应该是科学的,而不是武断的;是民主的,而不是"我说了算"。张春桥有一句名言:"百家争鸣,一家做主,最后听江青同志的。"这就是"四人帮"的文艺政策和行动纲领。因此,我认为乔木同志讲话的历史意义在于,它标志着我们党把文学艺术作为科学的对象来研究,对文艺按照它自身的规律来领导。这是积数十年之经验,特别是入城 32 年以来的经验总结。

不科学、不民主,有什么害处?首先,不利于创作的正常发展。文艺创作不仅需要想象,而且需要想象的驰骋。驰骋就不

---

① 王昊 1982 年 7 月 21 日在中宣部召开的文艺评论座谈会上的发言,见《文艺评论工作座谈会简报》第 12 期,1982 年 7 月 23 日。

免有越出界线的时候,一旦"马失前蹄",你就上纲和比附,势必使大家谨小慎微,照猫画虎,这能有什么创作?在电影上,经常有"撞车"现象,为什么你想的和我想的"撞车",还不是大家都照一个模式写!而创作需要"独出心裁"。这几年我们出了些好片子,也有坏片子和不少平庸之作,情况比较复杂,这也只有通过认真总结经验,加强评论,逐步克服。中央不同意评坏影片,这用心也值得我们认真体会。其次,不利于作家去认识生活和评价生活。作家反映生活,不是被动的,人云亦云的,而是有其独特的见解。没有见解的作品是苍白无力的,不会感染人。而见解有深有浅,有高有低,也有正确和不正确,甚至荒谬的时候,它们一旦问世,就成为客观存在的实体,不能任意解释。评论的责任是对它作出合乎事实的说明,巧拙智愚,各得其所。否则就很可能导致创作的枯萎。评论工作的党性,应是把创作引向繁荣。社会主义的文学艺术有个长时期处于不景气的状况,能说这是党性的表现吗?最后,创作的守恒定律是没有的。有的作家想的是这样,写出来的是那样。应该承认动机和效果不一致的现象是有的。评论的任务就是要捉摸创作中的难题,帮助作家寻求出合理的答案,指出连作家一时还想不通、看不明白的问题。这种劳动,作家通常是欢迎的、感谢的。

因此,对文艺领域中出现的一些问题,尺度不妨放宽一点,不必那么遇事紧张。孔子说,诗可以兴、可以观、可以群、可以怨,但他没有说可以兴、可以亡。一个作品使一个朝代败亡或兴盛,这种情况我还看不大出来。文艺的作用,固不可等闲视之,但说过了头,好像什么风都起于文艺这个"青萍之末",有那么回事吗?

要把评论工作做好,我认为评论家自身也要不断地处于自我完善之中。这种完善的最高境界就是"纯粹",就是真正是为了发展社会主义文学艺术事业而自强不息,费尽心机,不包括其他的个人目的,为名、利、权力和桂冠。敢想,敢说,敢于提出问题,是忠于人民、相信党的表现。作品不好硬说好,没有那么大的问题说成那么大的问题,这是吹牛,不是科学。

关于民主。我认为批评家与作家、艺术家的关系,应该是同志、朋友的关系。必要的警惕和敌情观点应该有,但一般不表现在属于思想混乱的年轻人中,他们中存在的问题,多数是疏导和我们持何种态度去影响他们的问题。文艺批评能不能起到指导作用,这是批评活动的客观影响。如果主观上老是认为我是指导你的,效果肯定是不会好的。……我不赞成把评论写成诊断书。作为评论家,还是以探讨、分析,设身处地为人着想为好。文艺批评的对象是文艺,对文艺就要以文艺的态度对待之。不明确这一点,不仅取消了文艺,也取消了文艺评论自身。伟大的批评家总是与作家、艺术家共同感受、共同表达,只是所采取的手段不同而已。

马克思主义的文艺批评应该和党保持一致。这种一致首先是在大方向上,在马克思主义思想体系的轨道上。至于对某些具体作品的评价,应该允许有不同的见地。中央某负责人说好的作品,我说不好,或者不那么好,这就算闹独立性了?反过来也是这样。这样的经验,三十年中,时常有之,不仅批评家无所适从,连领导批评家的批评家也无所适从!只好"代圣立言"。现在看来,大都不好,应该引为教训。①

陈涌说:

要搞好文艺理论批评工作,有两个最重要的条件。一个是要把队伍组织起来,散兵游勇、人自为战的状态很难提高水平;没有交流的机会,没有理论的空气,是提不高的。另一个重要条件是要加强基本理论研究。……

基本理论是文艺批评的基本建设。我们的文艺评论主要是

---

① 钟惦棐1982年7月21日在中宣部召开的文艺评论座谈会上的发言,见《文艺评论工作座谈会简报》第12期,1982年7月23日。

对现实的文艺问题发表意见，参加当前的文艺批评活动，跟一般的科学研究、高等学校的理论研究还是有些区别的。但是，批评不能离开理论，现在文艺批评工作者当中普遍存在的恰好是理论准备不足。苏联国内政治方面的问题暂且不谈，在意识形态领域，在理论准备方面，看来我们比他们要差一些。他们还是在看书，研究问题，许多方面都有专门的理论著作。他们有些提法我们不一定同意，但有些问题提得是对的，或者基本上是对的。如"开放现实主义"的提法虽然有点怪，但精神还是可取的。他们认为现实主义不能弄得很窄，要吸收各种创作方法的长处，这是值得我们借鉴的嘛！对资产阶级反动、没落、颓废的东西，他们大多数人是排斥的，苏联共产党也是采取这种排斥态度的，当然也有简单粗暴的地方，但他们的根本立场恐怕也值得我们考虑。苏联对外国资产阶级文化是设防的，不是不设防的。我们要采取比较客观的分析的态度。

基本理论的提高，对理论工作者来讲是一个根本的提高。现在文艺上很多没有解决的问题，常常和基本理论连在一起。如人道主义、人性论，现在看法比较分歧，甚至比较混乱，到底谁对谁不对，一时解决不了，原因是对马克思主义基本理论没有很好掌握。人道主义、人性论是一个尖锐的问题，偏到这边一点是唯心主义，偏到那边一点又变成机械唯物主义，到底什么是马克思主义的，到现在还未很好解决。不从基本理论着手，不加强基本理论的学习研究，这个问题就不能很好地解决。就事论事，不能真正解决问题。回顾一下历史，可以使我们对理论准备不足的问题有一个更清楚的认识。

中国文艺界本来就先天不足，从1928年革命文艺运动开始，就表现出我们在理论上准备不够、武装不够。这是有原因的。不仅在文艺理论方面。刘少奇同志给宋亮的一封信中谈到中国共产党理论水平是比较低的。由于战争残酷紧张，很多干部没有时间在理论上进行学习。俄国从1884年劳动解放社成立到1905年第一次俄国革命，中间整整经过20年的理论准备，做这工作的主要是列宁、普列哈诺夫。……普列哈诺夫集中全力宣传马克思主义,做了20年的工作,这是传播马克思主义很有成就的工作,也是普列哈诺夫的最光辉的时代,是他的黄金时代。他把很多马克思主义的基本著作都介绍到俄国去了,而且有些他亲自做了注释。他的许多最重要的著作,如《我们的分歧》、《一元论历史观的发展》、《没有地址的信》等,都是这个时候写出来的。后来,苏联整个理论水平都比较高,是和这种传统的状况有关系的。而且,我们还不要忘记,普列哈诺夫和俄国革命民主主义理论传统是直接联系起来的,和别、车、杜是直接联系起来的,因此这是很深厚的理论传统。

我们中国在这方面还是差一些。要承认这个事实和弱点。我国在第一次国内战争失败后,开始进行革命文艺运动,从日本回来的朱镜我、李初梨、彭康、冯乃超几位同志,他们宣传马列主义的文艺思想,应该承认他们是有功劳的,他们做了很重要的开辟工作,起了很大的启蒙作用。但现在回过头来看还是比较简陋的,理论上是很不完备的,甚至有原则性的错误。……①

陈涌认为,我们文艺界的理论水平不够高,主要表现在下列几个方面。(1)首先是对资产阶级的影响,一些自由化的东西、错误的东西,如个性解放和个人主义、社会主义民主和资产阶级民主,以及小资产阶级的无政府主义,认识不足,估计不足,有时候甚至对界限分不清楚。故而对其进行批判或斗争,不是很有力。(2)我们的文艺批评中,有许多只能是头疼医头、脚疼医脚,就事论事。对许多文艺现象,不能从理论上加以说明;对文艺作品,只能从作品本身进行分析,不能把同类现象联系起来提到理论高度进行分析。我们的文艺理论知识,大都还是一般的文艺理论知识,还不是中国化的文艺理论。我们也讲艺术规律,但还是一般的艺术规律,还不是中国自己的艺术

---

① 陈涌1982年7月21日在中宣部召开的文艺评论座谈会上的讲话,见《文艺评论工作座谈会简报》第14期,1982年8月3日。

规律。

冯牧说：

> 一个好的批评家应该具有两种品质。第一种品质是坚定对思想和政治方向及以马克思主义为指导的文艺方针、政策的理解和执行。第二种品质是在文艺问题上，在艺术欣赏能力、习惯、水平、趣味方面，必须具有最广阔的容收性，最广阔的气量。一个批评家只能欣赏托尔斯泰而不能欣赏契诃夫，只能欣赏"意识流"而不能欣赏巴尔扎克，他就不可能成为一个真正的批评家。现在这种批评家在我们国内到处都有。我就遇到一位年轻的批评家，他大言不惭地对我说，现在世界文学潮流已经有很大改变，法国的一般作家早已经不读巴尔扎克的书了，他的书已经不再成为书架上的陈设品。后来，我到西德，观察了一些情况，访问了一些作家。一位权威作家说，现在确实有一些狂妄的青年作家，标榜各式各样的现代主义文学主张，对于人类最宝贵的文化珍品，采取了否定和蔑视的态度。这位德国的大作家还说，在我们德国，如果不理解歌德、席勒、贝多芬，他就不可能成为一个真正的作家。这是一位大作家讲的话。我刚才讲的是小批评家的话。我们到底是相信大作家的话呢，还是听信小批评家的耳食之言呢？我感到多少有点悲哀的是，这一类小批评家的言论，居然被我们某些相当优秀的大作家看成是他们精神的指导，包括艺术上的指导。最近两三个月，有些优秀作家在吹捧一本小册子，这本关于西方当代小说技巧问题的小册子，在介绍西欧的现代小说写作手法方面可以起到增长见识、开阔眼界的作用。但是，这个小册子的主题思想绝非简单地介绍技巧，它有它的主张，而它的主张、它的结论是荒谬的，是和社会主义文艺发展要求背道而驰的。我是指它的结论，不是指它的那些知识性介绍，那些知识介绍还是有点益的，我们不能盲目加以排斥。对世界上一切流派，凡是有利于我们正确反映生活的，有利于正确表达我们当前时代风貌的，有利于人民思想境界提高的，各种手段、

各种手法,我们都应采取宽阔的容收性的态度、气概和气量来对待。①

会议上的发言,大多集中在同意和支持胡乔木1982年6月25日在中国文联四届二次全委会招待茶会上所作的《关于文艺与政治关系问题的几点意见》讲话,而冯牧的这个发言,则与别人不同,讲了两个方面的内容:一个是介绍《关于加强文艺评论工作的意见》(又称《文艺十条》)的起草经过和目的,以及在不同范围内经过多次讨论中听到的意见(我以为,这个问题的说明一样是负有使命的,即通过与会人员的讨论,大体通过这个草拟的文件,是中宣部召开这个座谈会的初衷);另一个,是他作为评论家个人的见解,即对如何加强和改进当前文艺评论工作中的一些所谓"关键性"问题的意见。

冯牧所说的改进文艺评论的三个"关键性"问题是:

第一,必须加强和改进对文艺批评工作的政治思想的和美学的领导,即党要按照文学艺术的特点和规律来加强和改善对文艺工作的领导。作家与批评家是平等的关系,而不是领导与被领导的关系。文件里写了"文艺批评是党领导文艺的重要手段",会给人一种误解,似乎批评家就处于领导地位,而创作家就处于被领导的地位。

第二,要加强和改善文艺评论工作,就要加强评论工作队伍的组织领导,把各自为战、散兵游勇式的评论队伍组织成一个思想一致、步调一致、富有战斗性的队伍。

第三,加强、扩大和巩固理论批评阵地。严肃的文学艺术阵地面对着的是商业化的、庸俗化的、唯利是图势力的冲击和蚕食。

贺敬之:进行两条战线的思想斗争

文艺评论工作座谈会的最后一天,即7月24日下午,时任中宣部副部长的贺敬之作总结发言。他讲了两个问题,第一个问题是会议本身的小结,第二个问题是"做一个坚定的、清醒的、有作为的马克

---

① 冯牧1982年7月21日在中宣部召开的文艺评论座谈会上的讲话,见《文艺评论工作座谈会简报》第15期,1982年8月18日。

思主义文艺评论家"。在后一个问题中,他讲了文艺界存在的"左"、右两种倾向,特别是讲了文艺界的资产阶级自由化问题。他的总结讲话篇幅很长,笔者将其中重要的、涉及文学运动史的相关部分引录在下面:

> 这句话(按:指"做一个坚定的、清醒的、有作为的马克思主义文艺评论家")是从(胡)耀邦同志讲话里引来的。他提出,要做一个坚定的、清醒的、有作为的马克思主义者。耀邦同志的号召,是对每一个革命者,特别是共产党人的要求,也是我们从事革命文艺工作的同志奋斗的目标,更应该是文艺评论工作者的奋斗目标。……只有很好地掌握了马克思主义,才能在复杂的情况下,保持清醒的头脑,保持理论的彻底性和坚定性,并真正有所作为。因此,我觉得胡耀邦同志的话对我们是一次很好的提醒,是向我们提出了更高的要求。……
>
> ……陈涌同志发言中也提到,像鼓浪屿会议那样的情况,我们的一些同志要引为教训。参加那次会的有许多老同志,但所表现的思想情绪能说明他们是坚定的、清醒的吗?我们大家都应当吸取这个教训。现在看来,去年中央召开思想战线座谈会期间,严肃地指出这种错误的思想情绪发展下去会达到什么程度,指出如果照此发展下去的危险性,是多么必要。像有些人提出要"突破"一切,要"一方有难,八方支援",提出"可以和中央唱对台戏"等等,照这个样子发展下去能不是危险的吗?对这件事,不管是文艺界内部还是外部,多数同志(包括干部和群众)是很不满意的。有的老革命家,多年来一直是为文艺界讲话,并且尽一切努力保护文艺界同志的,在知道鼓浪屿会议的情况时也很痛心,很生气,这确实是值得我们好好想一想的。这能说明我们的一些同志是清醒的马克思主义者吗?
>
> 关于进行两条战线的思想斗争,中央很早就讲过,而且不断在讲。但在实际上,我们有一些同志却是不赞成的。我们有些同志喜欢单打一,只看到或只强调一方面的倾向性问题,看不到

或不愿看另一方面的倾向性问题,有相当大的片面性。这边有的人不承认有什么"左"的问题,那边有些同志则用各种办法否认资产阶级自由化的存在及其危害性,这都是不符合实际情况的。《关于文艺工作的若干意见》中讲"'左'的思想根深蒂固",有些同志就不同意,但我是同意的。可是对资产阶级自由化也决不能够低估,从已经表现的情况来看,低估了这方面的问题我们会犯严重的错误。如果说"左"的流毒用"根深蒂固"来形容,那么,资产阶级思想的影响恐怕也必须用类似"源远流长"这样的词句来形容。要看到这个情况是有历史根源、有国际的条件嘛! 共产主义不是一蹴而就的。肃清封建思想,我们还有这项任务,但资产阶级思想不能轻视。两条战线斗争不是很容易的,我们要经常清醒地看到这两种倾向,自觉地进行必要的、有效的斗争,这不是件小事。要有辩证唯物主义的观点,防止主观片面性。在文艺与政治的关系问题上,我们就有过很大的片面性。党中央提出用"文艺为人民服务,为社会主义服务"来代替"文艺为政治服务"的口号,有的同志就是接受不了,(胡)乔木同志在文联全委会最后一天的茶会上讲了这个问题,讲得很好。他讲话的基本精神已被绝大多数文艺工作者所接受,有些原来思想不通的同志,也表示"心服口服"了。但是不是所有人都接受了? 也不一定。现在就有这种情况,有的暂不发言,有的采取保留态度,也有人继续持反对态度。即使在赞成的人中间,也还有另一种情况值得注意,那就是不要用一种倾向掩盖另一种倾向。如果有人把乔木同志讲话的精神理解为文艺可以脱离无产阶级政治,那是绝大的误解。我们不再提文艺从属于政治,但也不赞成文艺脱离政治。这是小平同志代表中央在1980年初正式讲话中说过的,也是乔木同志和其他同志一致的意见。乔木同志在这次讲话中还特别提到"我们文学的主流是要拥护社会主义和人民的利益,要表现强烈的政治主题"。因此对于马克思主义的文艺评论、马克思主义的美学来说,当然也不能是与政治无关的,不能是脱离政治的。我们是坚决反对庸俗社会学的,一定要讲艺术规律,但我们也绝不主张并且也不认为有什么"纯美学",有什么与社会生活、与意识形态绝缘的美学。更不认为有与政治根本无关的"马克思主义的"美学。在党对文艺的领导这个问题上,在强调艺术规律、反对简单粗暴的同时,也要注意从另一个片面来做的曲解。重新翻译的《党的组织和党的出版物》和解释的文章大家已经看到了。狭隘地把文学这种广阔的社会现象理解为只是党的工作的齿轮和螺丝钉,是错误的,这是多年来文艺上"左"的思想的一个重要理论支柱,现在到了必须纠正的时候了。但是另一方面,我们也认为党员文艺工作者应该首先是个党员,其次才是文艺工作者。现在,偏偏有些党员文艺工作者口头上是党的"螺丝钉",而行动上却根本不遵守党的纪律,没有党的观念。这次会上,同志们就党领导文艺评论工作的问题进行了讨论,我赞成同志们的意见。党对文艺工作的各个方面的领导,都有一个既要加强、同时也必须改善的问题,对文艺评论工作的领导也是如此。我们必须注意不能借加强之名恢复过去"左"的一套,同时也要注意不能借改善之名削弱或否定领导。党对文艺评论工作必须领导,党领导文艺评论工作是实现党对整个文艺工作领导的重要方式。我们这样提出问题和认识问题,应该说没有什么不对。有同志担心现在我们这样提法,会不会影响争鸣的积极性,也就是影响"双百方针"的执行?不,不能这样看。党对文艺评论工作的领导,首先是方针政策的领导,党的领导不仅不会妨碍"双百方针",而且恰恰是为了纠正那些妨碍贯彻"双百方针"的错误的东西。另一方面,我们大家谁都会这样认识:"双百方针"不是不要马克思主义的指导,执行"双百方针"恰恰是为了发展马克思主义和繁荣社会主义文艺。正是因为这样,我们也就不会认为党的领导在坚决贯彻"双百方针"的同时,必须组织和壮大马克思主义的文艺评论队伍是不必要的;也就不会认为在发挥争鸣、各抒己见的同时,必须对重大的理论原则、方针政策问题有计划地组织具有说服力的、马克思主义的评论文章是不恰当的了。在去年批评白桦同志的时候,中央及时地做了一系列指示,直接地领导了这个问题的解决,这次批评是方针正确、具有马克思主义水平的一次成功的批评。总之,我们应得出这样的结论,我们一定要做一个清醒的马克思主义者,防止出现主观片面性,特别要防止在观察、分析问题时夹杂个人的情绪和个人利害的考虑。夹杂了这种因素是不可能保持清醒的头脑的。

……现在文艺界有些同志不大能够听取批评,另外,有些人不仅自己不接受批评,还要盲目地替别人打抱不平。有的同志也讲开展批评,但只能他批评别人,而他自己则是"老虎屁股摸不得"。《文艺报》在批评白桦同志的问题上曾做了自我批评,态度是好的,效果也是好的,证明做自我批评是不会影响自己的威信的。我们要树立起正常的批评和自我批评的好作风。文艺评论工作者是评论别人的,其中有表扬,有批评。既要批评别人,首先自己要有自我批评的精神。这样,就可以由我们带一个好头,在文艺界带出一个好的风气,并以此影响整个社会的风气。若能在文章中做诚恳的自我批评,在"本刊评论员"一类的文章中对本刊物的问题做自我批评,这正是坚定的、清醒的、有作为的马克思主义者的表现,是有出息的表现,而绝不是示弱的、丢面子的表现。(据会议简报)

贺敬之在总结报告中分析和批评了1981年以来文艺界出现的"左"的和右的两种倾向,强调"左"右两条战线作战。两条战线作战,成为1982年文艺评论的主题词和关键词。但聆听和细品他的讲话,也许是因为胡乔木在思想战线问题座谈会上的讲话中已经明确地说了,"左"的问题在我们党内已经解决,所以,作为听众我的感受是,贺敬之讲话的主要矛头和向文艺评论工作者们强调的主要倾向,却是资产阶级自由化倾向和对自由化的姑息情绪。

历史是意味深长的。30年后,2011年纪念毛泽东《讲话》发表69周年时,贺敬之接受中国新闻网记者高昌的采访时,对记者说:"有的同志认为文学是人民的文学,不是党的文学,所以不应该提党性。这种提法是大有问题的。《讲话》中多次提到'党性'这个词。社会主义文艺的党性与人民性,从根本上来说是一致的。党员作家的党性表现有许多方面。我们的文艺队伍中的许多党员作家是做得很好的,但也有少数人就不同了,他们抛弃了党性,不遵守党纪,不以党员的标准要求自己,却还要保留一个党员的名义,要享受'党员名作家'的光环。"①

他对记者所阐述的"党的文学"和"文学的党性",说明他的思想和认识,退回到了前面提到的胡乔木30年前在文联全委会上批评纠正了的那种"左"的错误观点。1982年6月,胡乔木在阐释列宁的《党的组织和党的文学》老译文中的"党的文学"时说:"一、'党的文学'的提法是不能成立的,正如'党的农业'、'党的工业'、'党的自然科学'等不能成立一样。只能说'党的农业政策'、'党的农村工作'、'党的工业政策、工作'。文学是一种社会现象,不能用党与非党来划分。二、关于'党性',也搞得很糊涂,讲得比较乱。'党性'实际就是'倾向性',对是非要有一种观点。'非党文学家'的提法要改,'非党性'也不要,只能讲'无倾向性文学'。(总之),理论上造成的很多混乱,有必要说清楚。"②

如胡乔木所说,"党的文学"和"文学的党性",作为一对错误的理念和原则,在我国的国情下,曾经成为我国文学艺术创作和理论的指导方针和原则,这种"左"的倾向给文学艺术带来了严重的负面影响。

记者的报道:文艺评论关键词

《人民日报》发表的记者报道文章,对中宣部召开的这次文艺评论工作会议的评论说:这次会议,"旨在贯彻中央关于加强理论队伍建设的指示精神,使文艺评论工作在党的四项基本原则和文艺方针指引下,更加健全、有效地发展起来。……(会议)就发展文艺批评工

---

① 高昌:《文学应该提党性——〈讲话〉基本精神永存》,中国新闻网 2011年5月20日。
② 丁世俊:《记一篇列宁著作旧译文〈党的组织和党的文学〉的修订——兼记胡乔木与修订工作》,《马克思恩格斯列宁斯大林研究》2001年第2期。

作的重要性和紧迫性,文艺评论工作的历史经验,近年不可低估的成就和当前存在的问题、缺陷,以及如何进一步组织马克思主义文艺评论队伍等议题,做了深入的研究,同时提出新时期文艺评论的任务、方法、措施和当前应着手做的几项工作"。"许多同志在会上谈到,历史的重任落在我们的肩上。一个马克思主义评论家,既要坚持原则,又必须是前进的、发展的,这就要懂得辩证法,防止片面性。在文艺战线上,既要努力克服'左'的干扰及影响,又要坚定反对资产阶级自由化倾向。"①

按照我们当代行文的逻辑和习惯去理解这段经过会议主持者审查并同意了的报道,在"既要……又要……"的开展两条战线斗争的语句中,我们不难读懂,强调的应是后者,即"要坚定反对资产阶级自由化倾向",目的是要求在这个问题上达到认同。也就是说,这次以加强文艺评论和组建一支清醒的、坚定的马克思主义评论队伍为目标的"文艺评论工作座谈会",为在文艺界继续批评资产阶级自由化思潮做了思想动员。

《中国当代文学》编写原则与审稿会议

"文化大革命"结束后,中国当代文学史如何写,添加了许多新的问题。如怎样评价"十七年文学"以及"十七年"期间的文艺路线,如何评价"文化大革命"时期的文学,包括"地下文学",等等。华中师范大学中文系于1978年受教育部委托主持编写《中国当代文学》教材,经过三年多的努力,到1982年已经编写出了第一、二两册,以及第三册的大纲。1982年7月13日至19日,编写组在武汉召开了审稿会议,除了来自大学、研究所、出版社、报刊编辑部的相关人员外,还邀请了该书的顾问冯牧到会并就当代文学史的写作发表了意见。

---

① 《人民日报》记者:《文艺评论工作座谈会》,《人民日报》1982年7月26日。

编写原则和指导思想

华中师范大学教授王庆生代表编写组阐述《中国当代文学》的编写原则:"中国当代文学是一门新型的独立学科。"在当时的学术环境下,把当代文学和现代文学分开,把当代文学看作一门独立的学科,是一种主流观点。到了 20 世纪 90 年代以后,把现当代文学贯通起来的呼声,在学术期刊上不绝于耳。编写组在把当代文学看作一门独立学科的基本编写原则下,提出了以下四个指导思想。

(1) 以毛泽东文艺思想为指针,以《关于建国以来党的若干历史问题的决议》为依据。他们认为,当代文学继承了"五四"以来新文学的优秀传统,并在新的历史条件下得到了发展。在发展过程中,尽管多次受到来自"左"或右两个方面的干扰,走了一条"之"字形的道路,但它一直是在毛泽东文艺思想的指引下前进着、成长着。实践证明,毛泽东文艺思想不仅在过去,而且在现在,仍然是整个文艺工作的指针,也是编写当代文学教材的指针。当然,毛泽东思想也不是停滞不前的,在新的历史条件下,也在发展着。去年党的六中全会通过的《关于建国以来党的若干历史问题的决议》,就是毛泽东思想的具体运用和发展。……因此,在编写当代文学教材时,应以之作为总结当代文学运动、评价当代作家作品的依据。比如,如何估价新中国成立以来的文学成就,有几种不同的意见:有的同志否定当代文学取得的成就,认为斗争甚多,成就甚微;有的把新时期文学和"文化大革命"时期的文学混为一谈,统称为"十六年"。他们认为这些意见都是不正确的。《决议》中关于新中国成立 32 年历史的基本估计,谈到新中国成立以来成绩是主要的,第一位的;错误是次要的,第二位的。指出忽视或否认我们的成就,忽视或否认取得这些成就的成功经验,同样是严重错误的。他们认为,用《决议》的精神来对照新中国成立以来的当代文学也是如此。

(2) 坚持实践是检验真理的唯一标准。作为一部教材,应当具有真实性、客观性、科学性,要根据实践是检验真理的唯一标准的原则,实事求是地分析、评价文学现象和作家作品。注意充分的占有材料、研究材料,从材料中形成观点,得出结论。在对作家作品的评价上,应当仔细研究作品产生的时代背景、作家与人民的关系、作品对社会生活的反映,如新中国成立初期出现的一批反映农业合作化的作品,过去是肯定的多,粉碎"四人帮"之后,由于党的农村政策的变化,有的同志又否定了这批作品。编写组认为,不能脱离当时的历史条件,用今天的政策来评价那个时期的作品,应当实事求是地肯定这批作品在历史上的地位和价值,同时指出它们的不足。另外,对过去曾受到不恰当批判的作品,现在应根据作品本身的思想和艺术价值,重新给予评价。

(3)坚持历史和文学观点的统一。过去,由于受极左思潮的影响,往往从政治上论述多,艺术上分析少,或者把艺术与政治等同起来,用政治代替艺术,抹杀了文艺的特点和作家的创作个性。编者提出,要改变这种状况,注意从作品的艺术分析入手,通过对作品的人物形象、艺术特点等方面的分析,讲清作品的思想内容和社会意义,探求作家的创作个性和艺术风格。

(4)以"双百"的精神写史。新中国成立以来,当代文学的争论很多,对作家作品的评价也不尽统一,有些作品还有过激烈的争鸣。为了使读者对当代文学的发展历史有一个比较清晰的了解,应注意介绍争论双方的观点和意见,客观地、历史地反映当时争证的基本状况,同时也表达出编者的观点。①

冯牧的当代文学史观

7月16日,冯牧在《中国当代文学》审稿会议上以《关于中国当代文学教材的编写问题》为题发表了长篇讲话,就当代文学史上一些重大的、有争论的问题以及若干历史积案发表了意见。他的讲话,无论从其理论批评家的身份,还是从其作为亲历者的身份来考察,其总的特点是对历史的反思。现在想不起是由于何种原因,冯牧逝世后,2001年由我们几位曾经在他身边工作过的同志为他编辑《冯牧文集》(9卷集,解放军出版社2002年)时,却把这篇相当重要的讲话给漏编进去了。因此,请允许我把这篇讲话摘要移录在这里,便于读者

---

① 参阅《〈中国当代文学〉审稿会议》,《文学研究动态》1982年第21期。

参阅。

冯牧关于编写教材的指导思想和当代文学的基本经验总结有以下四点。

（1）要正确地理解和处理文艺与政治的关系。文艺和政治的关系，从实质上来说，也就是文艺和人民的关系，文艺和人民根本利益的关系。32年来，每逢我们在这个问题上理解得正确，处理得比较好，即每当我们把政治理解为人民的政治，为人民的根本利益而斗争的群众的政治，我们的文学艺术事业就会兴旺发达，迅速发展；相反，每逢我们在这个问题上理解得不那么正确，或者模糊了文学必须为人民服务这个总目标，或者是把这个政治简单地理解为一种狭隘的政治，理解为某个时期的某个具体任务，甚至理解为一个时期的具体政策，我们的文学事业往往就会受到挫折，甚至停滞不前。文艺和政治的关系，从根本上说，实际上就是文艺和人民的关系问题。当然，文艺不能脱离政治，文艺常常要反映强烈的政治内容，但是，人民对文学艺术的要求是非常广泛和多样的。胡乔木同志关于文艺和政治的关系的意见讲得很清楚、很深刻。

（2）要正确地理解和贯彻社会主义方向下的"双百方针"。我们的文学事业必须坚持社会主义方向，它的发展或停滞，兴旺或沉闷，和我们能否正确地理解和贯彻社会主义方向下的"双百方针"，有着极其密切的关系。文学事业是一种创造性的劳动，是一种高度民主的劳动。也就是说，如果不能高度发挥每个文艺家的创造性、智慧和潜力，就不大可能使我们的文艺事业得到充分发展。当然，我们讲的民主是社会主义的民主，无产阶级的民主，而不是资产阶级的民主。文学创作和一切独断专行、"一言堂"是绝缘的，格格不入的。"双百方针"就是社会主义民主在文艺领域的体现。"百花齐放，百家争鸣"，把它当作方针提出来是在1956年初，正式作为一项根本的方针提出来是1957年的毛泽东同志的《关于正确处理人民内部矛盾的问题》。在这以前，毛泽东同志在最高国务会议上，在和文艺界同志的讲话中也曾多次讲过。可以说，毛泽东同志是经过了很长时间的酝酿才提出这个方针的。这个方针是毛泽东同志对马克思主义文艺观的发挥和发展。"双百方针"不是一种无原则的、抽象的方针,正如刘少奇同志所说的,"双百方针"是无产阶级坚定的阶级政策,它的目的是为了发展真理,发展科学和文艺,通过竞赛和斗争,让新的、美好的东西战胜落后的、丑恶的东西。当然,这种斗争在文学领域、学术领域,必须采取说理的、争鸣的方式来进行,不能采取简单的、粗暴的方式。32年来,我们文学艺术的几起几落,都和我们能否正确地贯彻社会主义制度下的"双百方针"有着十分密切的,在某种程度上甚至可以说是决定性的关系。

(3)要正确认识和处理文艺与生活的关系。我们应当正确地总结一下32年来对"深入生活"这个口号的认识过程及其经验教训。这是一个从片面到全面,从肤浅到深刻,从受到来自"左"和右的干扰,进而达到正确理解的认识过程及经验教训。自从《讲话》以来,"深入生活"这个口号,经过了迂回曲折的发展过程,曾经受到了来自各个方面的各种歪曲和误解。来自"左"的干扰把深入生活简单地归结为通过体力劳动改造思想和转变立足点以后,林彪、"四人帮"又把它歪曲成为"劳动惩罚"的同义语。我们深入生活自我改造,这是毫无疑义的,这种自我改造是在改造客观世界的过程中改造主观世界。必须强调这一点,但不能简单地只归结为这一点,而忘掉和抛弃文学艺术工作者的特点和要求,忘掉了文艺工作者深入生活还有一项极其重要的目的,那就是以生活为土壤和源泉,创造出为人民服务的优秀作品来。深入生活这个口号也受到了另外方面的干扰。有些作家,特别是某些青年作家,低估了或者忽视了作家必须自觉地深入生活,和广大人民群众保持最密切的联系,不断地随着生活的前进而前进,不断地加强和丰富我们对生活的认识,不断地扩大自己的生活视野,坚决和生活中的新生事物站在一起。从文艺的根本规律来看,抛弃了"深入生活",也就失去了作为一个作家的写作的前提和基础,就像植物失去了土壤一样。我们讲的深入生活,它应当包括两个方面的内容。一个方面是通过改造客观世界来改造主观世界,使自己的思想感情和人民群众的绝大多数人的思想感情打成一片,做当事人,不做旁观者。第二个方面,或者说是我们的最终目的,还是要通过深入生活不断地加强自己的生活实践和艺术实践,创作出有益于人民的作品来。

（4）要正确地对待中外文化遗产的批判继承问题。我们应当学会正确地继承人类几千年来所创造的那些文化上的珍品,不断地用人类所创造的一切有益于我们社会主义建设的遗产来提高我们的艺术思维能力,提高我们表现生活、塑造形象这方面的能力和手段。在这个问题上,我们首先要做到的是解放思想,不要拒绝和排斥外国那些好的东西。但现在有些作家却走上了另一极端,他们不排斥西方的好东西,却排斥中国的好东西。有的连"民族化"的口号都表示怀疑。一个民族的文化发展有一个承上启下的过程,这个过程就是不断地从自己的先人所创造的许多艺术经验中吸收宝贵的营养,在新的生活基础上,发展自己的民族文化。但是,仅仅停留在这一点上还是不够的。凡是出现伟大作家和伟大作品的国家,如果仅仅强调本民族的传统,而对外国的文化遗产采取排斥的态度,那就不可能创作出真正属于全人类的伟大的文化成果。作家深入生活是解决一个"源"的问题,学习文化遗产则是解决"流"的问题。我们的文学应当是源深流长的文学,这样的文学必然是植根于民族的现实生活的土壤之中,因不断吸收多种营养而茁壮成长的社会主义的民族的文学。

中国当代文学学会年会讨论新时期文学主流

1982年6月15日,中国当代文学学会1982年年会(即第三次年会)在长沙举行。以姚雪垠为会长的中国当代文学学会与以冯牧为会长的中国当代文学研究会,不仅一南一北(学会依托中山大学,研究会依托中国社科院文学所)成掎角之势,而且在研究重点和理念上似也各有偏重。就个人而言,好多成员都是朋友;但就组织而言,却多少像隔着江河楚界,井水不犯河水。我所参加的是后者。中山大学的朋友(如黄伟宗、陈衡)给我寄来他们编的简报《当代文学动态》,使我时不时得到学会的信息。1982年7月30日出版的第10期《当代文学动态》上,刊载了1982年年会的一些发言摘要,集中地肯定和论述了革命现实主义文学是6年来的新时期文学的主流。现选择摘录如下。

姚雪垠：革命现实主义是我国最需要最正确的文艺道路

姚雪垠在开幕词中阐述当代文学学会和本次大会的三项任务：(1)提高当代文学的教学和研究工作的质量；(2)介绍、研究港台和海外华人作家及其作品，尤其是对于港台文学的研究；(3)坚定地主张和坚持学习马克思主义文艺理论，强调革命现实主义文艺道路，贯彻百家争鸣的精神。他说1982年年会的新内容和新特点有三个。

第一，今年的年会是在《在延安文艺座谈会上的讲话》40周年的日子里开的，我们的年会应该对《讲话》以及全部毛泽东文艺思想重新学习，认真领会其基本原则和主要精神。虽然由于历史的局限性，《讲话》中的某些提法不够准确，或者在当时有其积极意义，今天已经时移势变，失去其积极意义，反而易滋误用，但是，《讲话》提出的基本原则和根本精神仍放光辉，必须坚持。我们对《讲话》的态度是：第一是继承，第二是在继承的前提下有所发展。

第二，从党的十一届三中全会以来，我们国家在各个方面发展很快，现在已经进入了比较安定团结的大好局面，正在向着繁荣昌盛的大道上阔步前进。这一新的形势，向从事当代文学研究、评论、教学和创作的人员提出了更高的要求。如何使我们的工作适应这种新的形势、新的要求呢？为适应历史形势的需要，党对于建设社会主义精神文明的任务非常强调。我们已经看到了这个口号的无限威力。这口号是个总纲，它的分目涉及上层建筑、意识形态战线的各个方面。我们教学工作者和文艺工作者一向被称作是人类灵魂的工程师。在这个总的纲领之下，我们要研究如何提高自己，担负起时代赋予我们的任务，更好地完成我们的工作。

第三，在去年思想战线座谈会之后，我们的思想认识大大提高了一步，更明确地认识了我们的战斗任务。革命运动的发展总是需要同时进行两条战线的斗争，忽略某一方面，都会出现新的问题。我们当前在文艺战线上坚持和发展革命现实主义的同时，既要随时反对资产阶级自由化的错误倾向，也要反对"左"的教条主义的死灰复燃——实际上不是死灰,原来就没有死去。运动发展的一般规律,常常是一个倾向掩盖着另一个倾向,当反对思想战线上的资产阶级自由化时,"左"的教条主义很容易乘机抬头。今天的任务,一个是反对资产阶级自由化,这不是一年两年可以解决的,要长期开展下去。因为我们的国家是开放的国家,我们和世界上各个国家的交往愈来愈密切,国际资产阶级的腐朽的文化艺术思潮难免影响我国,所以这一斗争将是长期的,不可轻视。另外,我们国家经过了几十年的思想斗争,极左思想有历史根源。特别是经过了林彪、"四人帮"的十年祸害之后,极左思想曾经控制过一个历史阶段,今后它还会随时冒头,会采取不同形式、从不同渠道冒头,对此我们必须有清醒的认识。

不管今后思想战线上的斗争如何复杂,我们的文艺方向仍然是同过去一样,在革命的现实主义道路上前进。在这一点上,我们不能有任何怀疑思想,不能有任何动摇,不能有任何掺水带假。我们在讨论问题时,既要贯彻百家争鸣的精神,也要坚定地站在革命现实主义的立场上,在真理面前不能退让。我们也不允许利用这个口号,偷梁换柱,弄虚作假。为什么要这样呢?"五四"以来几十年文艺运动的实践证明,只有这条道路才是健康的道路,它为社会主义所需要,为人民所需要。今天所产生的优秀作品,长篇也好,短篇也好,我们可以屈指算一算,都是革命现实主义所产生的结果。有没有其他的派别、流派?也有,但往往在人民群众中产生不了什么影响,自生自灭了。历史证明,革命现实主义是我国最需要、最正确的文艺道路。我们要理直气壮地申述我们的主张。我们为什么要搞创作?就是为人民服务,为社会主义服务。当然也有其他不同的意见,但我们的原则必须坚持,广为宣传。

这次会上不但要学习《讲话》的重要精神,还要学习毛泽东同志过去给文艺界人士的15封信和陈云同志《关于党的文艺工作者的两个倾向问题》的重要讲话。他们都特别强调深入生活。我们现在出现很多优秀电影、优秀小说,就是文艺创作者坚持深入生活的结果。但有的电影和文学作品,使人一看就摇头,因为他们伪造生活,在生活上不真实。他们看不到生活中光明的积极的因素,找不到好的题材,也缺乏激情,这是与没有很好地深入生活有关系的。因此强调生活是文艺创作的唯一源泉,也是文艺研究、批评的必具条件。我们有的评论为什么质量往往不高?除了歪风邪气、互相搞关系之外,与评论者对生活不理解有密切关系,包括对历史小说的评论。只有坚持深入生活,才能解决这个问题。

康　濯:为什么人的问题是文艺的根本问题

今天我主要讲文艺与人民的关系问题。文学艺术为什么人的问题,是一个根本的原则的问题。这个方向问题是毛泽东文艺思想的核心。我认为在马列主义文艺理论发展史上,毛主席对这个问题解决得最好。实践证明文艺界40年来也解决得最好。现在有极少数青年同志认为这个问题没有什么了不起,他们认为,你们那一套已经过时了,我们现在要走一条新路。这种观点只需要用两个字批判就够了,叫作"无知"。

文艺为人民服务,首先是为工农兵服务,并不是毛泽东同志首先提出来的,毛泽东同志也不是从《讲话》才开始提的。马克思主义产生以前,历史上很多伟大作家的优秀作品,之所以流传到现在,其原因就是他们的作品所反映的东西,直接和间接地同人民有千丝万缕的联系。离开了人民就不可能有伟大的作品。不过他们同人民的联系是不自觉的。马克思主义诞生以后,这个问题提得更明确了,要求也自觉了。恩格斯提出要歌颂"倔强的、叱咤风云的、革命的无产者",列宁提出无产阶级文学要为千千万万劳动人民服务,指出艺术是属于人民的。作为一门科学,文艺学上文艺同人民的联系的观点,和历史上进步的优良传统是一脉相承的。毛泽东同志继承和发展了马列的这一观点。从《毛泽东选集》看,最早在1938年的《论持久战》中就批评过我们的宣传和文艺,指出有许多方面不合民众口味,神气和民众隔膜,必须切实地改一改。以后又多次在各种著作和信件中提过这个问题。

新中国成立后,毛主席在新的历史条件下又进一步发展了这个一贯的思想,提出了"双百方针"。对于"双百方针",今天我们同样既要坚持,又要发展。这是辩证的统一。如何坚持和发展呢?这就要进行两条战线的斗争。

唐　因:关于"十六年"问题,主流与支流

现在有一种看法,就是前不久有的同志提出来的所谓"十六年"的问题。① 这已经成为一个很著名的论断。"十六年",即把包括"文化大革命"的十年和"文化大革命"后的六年,笼统地连接在一起,说成是"十六年"。这就是把"四人帮"时期的极左路线、"四人帮"的阴谋文艺和粉碎"四人帮"以后在三中全会正确路线指导下发展起来的社会主义文艺的新成就相提并论,等量齐观。这所谓"十六年"的论断是想表明,"四人帮"的十年是极左,到了"四人帮"粉碎之后,就变成了资产阶级自由化。这样的论断,是思想比较正常的人所想不出来的。可是居然有人想出来。可说是"别具慧眼"。这"十六年"的提法,就是从根本上否定了三中全会所提出的我们文学艺术的正确方针,从根本上否定了这几年来在中央正确方针指导下我们广大的文艺工作者艰苦努力所取得的成果。假如不去与这样的一种论点进行辩论,那么我们的文艺工作怎么办? 我们的文学运动的步子怎么走呢? 我们就将无所适从。

根据这几年来文学运动发展的情况,事实证明,我们革命现实主义的主流是一直在向前发展的。这就是我们整个文学工作的主流。谁要否定这个主流,或拿支流当主流,那就是错误的。那就是要使我们放弃继续前进的基点。但是,我们的社会主义文学运动,我们的革命现实主义的主流还需要发展,不能停留在一个地方,因为生活在发展,人民对文艺的需要也在不断提高。所以我觉得现在面临着这么一个问题,就是要推进主流,克服支流。因为现在的确也存在着一些和社会主义文学格格不入的支流。假如我们在推进主流的时候,不是同时努力地克服支流,那么我们的文学运动的发展就要受到影响、受到挫折。

我们文学的革命现实主义的主流,取得了很大的成就。当前这

---

① 《时代的报告》1982年第2期发表《本刊说明——重新学习〈在延安文艺座谈会上的讲话〉》,提出"十六年"论。

个阶段的文学,在某些方面超过了过去的任何时代。我说的是某些方面,不是一切方面。我们的文学,在题材的广阔、主题的深化和各种各样的典型的创造等许多方面,不仅超过了"十七年",而且超过了过去的年代。这个时期的文学深入到人民群众的精神领域,深入到各种各样人物的精神世界,它的深刻性也是过去所少见的。我们的文学,总的来看,大致上摆脱了长时期以来影响着我们文学艺术发展的庸俗社会学的一些观点,大致上摆脱了"左"倾思想的严重束缚。有的同志说,我们现在的文学还是一种虚假的繁荣,要克服许多错误和缺点以后,希望在将来能够达到真正的繁荣。认为我们的文学是虚假的繁荣,我是不同意的。我们当前文学的主流的确存在着薄弱的环节和不足的方面,同时,我们的文学的确也存在着支流。因此,只有使我们的文学克服薄弱的、不足的方面,同时克服我们文学运动中存在的支流,我们才能实现更大的真正的繁荣。我看的作品不多,有一个粗浅的印象,就是感到现在的文学,在反映新时期的生活,反映社会生活的矛盾方面,还是远远不够的。我们的时代是一个新旧交替、除旧布新的时代,我们正在进行一场除旧布新的伟大斗争,在这样一场斗争中,我们的社会生活中的矛盾是错综复杂的,我们现在所进行的斗争涉及我们民族的命运,涉及我们子孙后代的幸福。对于这样一场伟大的斗争的反映,我们的文学现在做得怎么样,我觉得这一点很值得提出来供在座的专家、学者们探讨。是不是还有些薄弱的环节,还有不足的地方? 我觉得,和时代的需要、人民的需要比较起来,我们的文学还是落后的,就是说,对这场伟大斗争的反映,还很不充分,很不有力。我们的社会主义文学,革命现实主义的文学主流,面临着进一步深化和强化的问题,即现实主义的强化和深化。

我们现在的文学运动中存在着支流,这个支流是与社会主义发展格格不入的,它的一个方面就是过去在"左"的政治思想的影响下所产生、所流行的庸俗社会学、形而上学的文学观点。这些观点根深蒂固,到现在还在影响着我们文学事业的发展。和这样的思想习惯进行斗争不是很容易的,看样子要经历很长时间的反复辩论。比方说,刚才提到的"十六年"的问题,就是一些持有"左"倾观点的同志,把他们的观点概括成的一个纲领性的提法。这种观点实际上是主张文学应该回到"十七年"的路子上去，甚至回到《（林彪同志委托江青同志召开的部队文艺工作座谈会）纪要》所提出的观点上去。比如，《天云山传奇》这个中篇小说是一部写得很动人的作品，后来改成电影，社会影响也很好，得到了普遍的赞扬，也得了奖。不久前，就有人写文章，从根本上否定这个电影。文学只能通过生活的某一个侧面来反映生活，它不可能反映生活中矛盾的一切方面。文学不同于历史著作，不同于政治教科书，这是普通常识。但是就有人以这样的标准来要求文学。

更值得注意的，是另一种思潮。我不大同意在文学上用"左"或右这样的概念，这些都是政治上的概念。有时候为了简便起见，只得习惯性地使用它。对于这种右的思潮，我们与它的争论很不够，也很没有力量。有人公然提出来，他的作品是写给少数人看的，是为少数人服务的。我以为，作为社会主义时代的作家，作为"为人民服务、为社会主义服务"的作家，公然提出只为少数人服务，那应该是羞于出口的。类似的观点不少。比如有人主张文学离政治越远也好。过去我们有对政治庸俗化的情况，毛主席在《讲话》里就反对这种庸俗化，但是在实际上，我们往往是把政治庸俗化了。反对对政治的庸俗化是对的，但不能反其道而认为离政治越远就越好。

一个时期的文学创作，有一些很明显属于政治倾向有错误的东西，另外一些是比较低级、庸俗，甚至色情的东西。这些是比较容易看得出来的。还有一些作品，它们在政治倾向上并不存在什么明显的问题，但在思想倾向、美学情趣上，则需要探讨。譬如小说《人啊，人！》、《晚霞消失的时候》、《在同一地平线上》等。

杜鹏程：文学要反映人民的呼声　文学要体现时代的脉搏

我们那里有一批老同志，他们有一个特点，就是对文学上的看法比较一致。搞文艺工作的人，不管遇到什么风吹草动，都应该有自己的主心骨，不能随风摆。我们那里的作家们，既热情地欢迎思想解放的潮流，又主张坚持革命文学方面的一些根本的正确的原则。这不是出自某个人的主张，而是由我们那里的传统，由我们对文艺事业的理解所决定的。这些老同志,都是经历过战争生活的,都是从延安到了西安,然后又在西安工作了几十年。战争的考验、延安的艰苦生活,以及新中国成立后他们长期深入群众的经历,使他们的思想感情有了根本的变化。这表现在:他们对我们的国家,对我们的民族,对文学如何有益于人民群众,考虑得比较多;面对我们生活、工作中的缺点或不足之处,都有一种忧国忧民的心情。一个作家,不应该以生活旁观者的身份去看事物、去写作品。我们那里的老同志,都十分关心我们国家的人民生活和民族前途,都是希望大家同心协力,把各项工作办好,把社会主义文艺事业办好。他们的经历,他们的人生观、艺术观,决定了他们的作品和评论文章的基调——文学要反映人民的呼声,反映人民的思想感情,体现出时代的脉搏。否则的话,就不能说我们对社会主义文艺事业做出了应有的贡献。我们写的文学作品,影响着千百万人;因此,我们也总希望作品给人民带来好处。也就是说,要鞭挞丑的,赞扬美的,使人生变得更美好。

最近几年,我们那里还出现了为数不少的一批中青年作家。他们生气勃勃,写了不少作品,在社会上产生了一定的影响。文艺理论方面,除了胡采同志,也涌现出一些很优秀的同志,他们有些文章、著作引起了人们的注意。文学创作和文艺理论,这两支队伍相辅相成,对繁荣我们那里的文学事业,起了很大的作用。他们之中的大多数人,既注意继承我们文学的优良传统,又与时俱进,研究新情况、新问题,因而成长比较迅速。当前社会上的种种错误思潮,在我们那里也有不同程度的反映,但由于大家比较注意开展正常的文艺批评,所以我们这支队伍能够较为健康地向前迈进。

陈骏涛:当前文学的四种不良倾向

文学在前进的过程中也出现了一些问题。

第一个问题,有些作品存在着胡编乱造,片面地追求情节的曲折离奇,追求怪诞,脱离生活,违背生活真实的倾向。这方面的作品不少。如1980年1月《花溪》上发表的短篇小说《黑玫瑰》。去年和今年有几部电影,如《幽谷恋歌》《潜影》《海望》等。

第二个问题,有些作品宣扬了不健康的思想情趣,寻求刺激,露骨地描写两性关系的情节和细节，流露出腐朽的没落阶级的情绪，以丑为美，违背了文学作品的美学旨趣。这类作品也不少。如 1980 年《清明》发表的中篇小说《调动》，河北青年作者李剑所写的一些作品如《醉入花丛》《女儿桥》等，还有去年《长城》上发表的中篇小说《失去了，永远失去了》。

第三个问题，有些作品对我们的社会生活作了不太准确、不太正确的反映，夸大了生活的阴暗面，作品的情调过于灰暗，使人感到我们的生活前途是渺茫的，没有希望的。这些作品大多表现出比较复杂的思想倾向，需要认真研究。如去年《收获》第 6 期发表的中篇小说《在同一地平线上》，在艺术上很有特色，但却宣扬了弱肉强食、生存竞争的思想，看后使人觉得我们社会的人与人之间没有温暖，没有同情，除了竞争之外，别无其他，把社会环境、社会关系扭曲了。有的作品，如《春天的童话》虽然并不像某些报刊所批评的那样一无可取，但它无批判地宣扬了女主人公的复仇主义、利己主义的人生哲学，却是必须指出的。这种把文学作品作为发泄私愤的工具的做法，也是不应提倡的。有的作品宣扬了道德的自我完善、皈依宗教的消极倾向，如去年发表于《十月》第 1 期的中篇小说《晚霞消失的时候》。还有的作品对没落阶级的人性进行美化，如前年发表于《花溪》的短篇小说《啊，人……》，写地主的小老婆与地主儿子的恋爱，把中国人民所痛恶的乱伦关系美化了，表现了一种很不健康的思想情调。我们说人性是有的，但人性是具体的，不是抽象的。有美的人性，也有丑的人性。我们提倡的是优美的、向上的人性，反对丑恶的、没落的人性，而且希望不要混淆了无产阶级人性和资产阶级人性的界限。1980 年第 4 期《钟山》上发表的一个中篇小说《妙清》，就是这种混同了无产阶级人性和资产阶级人性的例子。

第四个问题，有一些作品表现了无冲突论的倾向，回避现实生活的矛盾和斗争，热衷于写儿女情长、身边琐事，而不能从儿女情、家务事中反映出我们时代和社会的脉搏。有的作家刻意追求一些宁静的、淡泊的、虚飘的思想境界，对现实生活缺少一种激情。作为一种艺术现象、艺术色调来看，我觉得这些作品有它存在的价值，也有一定的审美意义。但对它所表现出来的思想倾向,却需要认真分析,不能盲目吹捧。近年来出现了一大批写农村生活的作品,大部分都是好的,但也有不少满足于歌舞升平,写好人好事,而较少对新时期农村生活的矛盾斗争作出深刻的反映。这也是值得注意的倾向。

张　韧:新时期文学的主潮是革命现实主义

新时期文学的主潮是什么?

有的说,人道主义是新时期文学的主潮。这是一种片面的观点。新时期文学为了涤荡"四人帮"的封建法西斯专制主义,恢复被他们践踏的人的尊严和权利,不少作品都反映了长时期以来文学所缺少的革命的人道主义精神。新时期文学开路之作的《班主任》,它那"救救孩子!"的呐喊,就是对"四人帮"的控诉,也是文学人道主义的最初的呼声。大量写人的命运的作品,无不闪耀着人道主义的光辉。然而,人道主义精神不过是某些作家作品所渗透的一种思想,它不是文学的全部,也不是新时期文学潮流的主潮。

有的说,反官僚主义、反特权、反不正之风是主潮。非也。尽管出现了一些以此为主题的好作品,如话剧《权与法》、短篇小说《悠悠寸草心》、报告文学《人妖之间》等,但它也只是文学的一个方面,并非是主潮。

有的说,反封建是文学的主潮。应该说,在当代文学创作中,反封建的作品是一个极端薄弱的环节。新时期文学曾经涌现过像《伤痕》、《被爱情遗忘的角落》、《挣不断的红丝线》、《黑暗王国里的一线光明》等较好的作品,从不同角度揭露了历史或现实生活中的封建主义思想,但它在整个文学领域里还不是一个主导的方面。

诸如此类,说法很多,但纵观新时期文学的潮流,应该说革命现实主义是主潮。①

---

① 见中国当代文学学会总会编:《当代文学动态》1982年第10期。

关于《陈荒煤文学评论选》

作为"中国当代文学评论丛书"的编者之一,我向陈荒煤约稿,请他按照我们的规定编一本他的文学评论集,加入由湖南人民出版社已经开始陆续出版的"中国当代文学评论丛书"中。他把编书的事情交给了助手、文学研究所科研处的严平同志。在选编的过程中,严平多次与我通电话,进行交流。严平帮他编完之后,于8月17日把书稿给我寄来,并附来了陈荒煤同志8月6日写给我的一封信。严平在信里写道:

刘锡诚同志:

　　送上荒煤同志评论集。估计书名需统一定,没有拟名。

　　全书约13万字。都是文学评论方面的。只有《关于电影文学剧本创作的特征》一文例外。但考虑到主要是谈创作问题,电影文学创作也是文学的一部分,还是放上了。荒煤的意见也要收这篇。

　　未收编过的文章原打算用您曾提到过的那篇,我在电话中曾告您,那篇文章据说文椿同志转给文研院了,一直没有改好,只好算了。现用了写巴金的这篇,可以算散文,也可以算对巴金作品、思想的评论分析。考虑再三,用上较好。

　　附上荒煤同志的信。他有些想法,请参考。若有事找我,请写信到文学研究所。

　　敬礼!

严　平
1982年8月17日

陈荒煤的信写道:

锡诚同志:

集子经小严帮助编成,约13万字。短序也写好了。

但至今还有疑虑,还请考虑,我是否必须参加列入一册,不是故作谦虚。一、"十七年"文章选的文章,前年出的《解放集》都用过。二、1978年后的七篇现在《解放集》用了几篇,第四季度即将在社会科学院出版社的论文集《回顾与探索》中又都用了(笔谈巴金的一篇)。读者会觉得这是不断新炒冷饭,会有意见的,如有批评,对丛书印象不好。

已答应你们,但仍可考虑,如第一辑12册能凑齐的话,能把我这本抽下来,还是可以的。请向冯牧同志再反映一下我的意见。

建议这套丛书请人写一个短序,说明宗旨较好。可请人代笔,用周扬同志名字。

祝好!

荒　煤
(1982年)8月6日

我把严平同志8月17日寄来的由14篇文章组成的《荒煤文学评论选》书稿与中国社会科学出版社同月出版的《回顾与探索》一书对照了一下,发现两书中重复的就有6篇。这些文章是《〈伤痕〉也触动了文艺创作的伤感》、《惊雷一声迎新春——看〈于无声处〉后的一点感想》、《篇短意深　气象一新》、《对生活的认识和探索——〈蒋子龙短篇小说集〉序》、《理解作家、人民和时代——对当代文学研究、评论工作的一个期望》、《心灵的探索　时代的颂歌——〈理由小说报告文学选〉读后感》。

作者在序言里写道:

……当编者要求我也"精选"一本集子列入丛书,作为实际支持,却不免有些疑虑。

首先,建国以来,我绝大部分时间不是从事文学工作,只是在实际工作中涉及电影文学创作方面,写了一点文章。我也不是一个专业的文艺评论工作者,写的文章大都是急就章,无非是根据实际工作中的感受,发表一点感想和意见,或提出一些问题供作家们参考,有时也对少数作品表示热情的支持或真诚的批评——自然,也不可能都十分准确。因此,这些文章很难说有什么系统的理论知识和理论水平。以什么标准来"精选"呢?这的确是一个值得思考的难题。

我倒是历来主张文艺评论要多谈些创作问题,促进文艺创作的繁荣——即使是专业研究文艺理论和基础理论的同志也应该理论联系实际,多对创作发表评论。近几年来,怀着一个老兵即将离别岗位、渴望迎接新战士的心情,看到经过十年动乱,新生力量却不断涌流,朝气勃勃,勇往直前,更是情不自禁地要为他们呐喊几声,于是稍微多写了几篇随笔杂感式的评论文章。就我现在的工作和精力的情况,我过去不曾、今后也不可能长篇大论地、更深刻地去阐述太多的理论问题,恐怕就只能这么摇旗呐喊一阵罢了。

可惜的是,有时忠言逆耳,有些青年作者仍然认为这是一些不值一顾的"老生常谈",而有些老评论家却又认为我走得太远了,立论偏激,未免可笑。这才是一场悲剧!

所以感慨之余,既不能有所"精选",就只得按自己的主张,着重选了一些谈创作问题、评论作品和作家的文章,并兼顾到形式的多样化,编成此集;列入丛书,聊备一格,借丛书出版、百家争鸣之时,陈我一家之言,如对青年作者和评论工作者还稍有启发,则唯愿足矣!

作为晚辈和编者,我读了他的信和序言,不免感慨万端。原本是个小说家的陈荒煤,1949年后的17年间,几乎放弃了文学创作,而把主要精力用在了电影事业的领导工作上。正如俗话所讽刺的:多了一个官员,少了一个小说家。而且是一个到头来被贬、被关的官员。粉碎"四人帮"之后重回文学的陈荒煤,成为一个多重色彩的角色。他在昆明主持召开了新时期当代文学的第一个全国规划会议;

他主持《文学评论》摆脱坐而论道的风格,勇于站到了文学发展的前沿,大胆开辟了人道主义和人性论问题的讨论;在"伤痕文学"发展初期受到来自多方面的责难时,他态度鲜明地支持"伤痕文学";在青年作家蒋子龙面临艰难处境时,他挺身而出支持他。新时期的陈荒煤,与其说是一个文学评论家,毋宁说是一个文学组织家、领导人。如果站在历史的高度,严格地说,陈荒煤没有在文学理论批评上做出我们期望的贡献。但毕竟时代塑造了这样的一个陈荒煤。

中国当代文学研究会南京会议聚焦现实主义与现代主义

在当代文学界影响很大的中国当代文学研究会第三届年会,经过各方多次协商,于10月23日在南京军区招待所(俗称AB大楼)开幕,会议开了十天,11月3日闭幕。会议的主办单位是:中国社会科学院文学研究所、中国当代文学研究会、江苏省社会科学院文学研究所、南京军区政治部文化部、南京大学、南京师范学院、作协江苏分会、《雨花》编辑部、《青春》编辑部。参加会议的人数多达213人,不仅有高校教师、文学编辑和评论界人士,还有一些知名的作家、诗人、评论家,如陈荒煤、雁翼、杨佩瑾、彭荆风、顾骧、思忖、冯健男、谢昌余等,以及南京大学名誉校长匡亚明、江苏省文联主席李进、江苏省作家协会主席艾煊、南京部队作家陈靖、胡石言等。十天的会议分为两个单元进行:大会发言和分组会。分六个小组:中长篇小说组、当代散文组、报告文学组、当代戏剧组、当代文艺运动组、文艺理论组。

这次会议是继1980年11月昆明会议之后的又一次规模很大、讨论的议题很重要的学术会议。这次会议的大背景是:(1)中共十二大刚刚开过,发出了建设社会主义精神文明的号召;(2)从1981年起自上而下在文艺界开展了反"资产阶级自由化"斗争;(3)围绕着现代派问题引起了一场广泛的论争,保守和开放用(当时的语言讲是"左"和右)两种思想的对峙,使文艺界的形势仍然比较敏感,也使这次会议的主题发生了某些变化。原商定并经中国社会科学院批准的会议主题是:"通过对当代作家、作品、文艺运动、文学理论的研究,总结建国以来的当代文学的经验教训,继往开来,为发展和繁荣当代文学而努力。"①临到开会时,会议主题改变为:贯彻党的十二大精神,建设社会主义精神文明。如中国当代文学研究会副会长朱寨在大会开幕词中所表述的:"经过研究并请示有关领导,确定这次会议除了交流学术论文外,中心议题是用十二大文件的精神,回顾上届学术讨论会以来最近两年我国文学创作的成就和问题,讨论如何开创文学的新局面以及当代文学研究工作的责任和任务。我们这次是在十二大胜利闭幕后不久召开的。十二大为全面开创社会主义现代化建设的新局面指明了方向,特别是建设社会主义精神文明问题,是十二大文件的重要内容,与我们的文学事业有直接的密切的关系,既指明了方向,也提出了肩负的任务。因此,我们的会议应该在十二大文件精神指导下,以建设社会主义精神文明的指导思想为出发点,以如何促进社会主义精神文明为归宿。"②

张　炯:主题报告

中国当代文学研究会常务副会长、中国社会科学院文学研究所所长张炯作了题为《加强当代文学的研究,促进社会主义精神文明建设》的主题报告。

张炯的主题报告谈了三个问题。第一,加强当代文学研究,一定要认真探讨和把握社会主义文艺的特征和规律,特别是中国的社会主义文艺的特征和规律。第二,加强当代文学研究,一定要以"坚持两分法,更上一层楼"(胡耀邦语)的精神去分析和评论文学的发展。第三,加强当代文学研究,一定要努力提高马克思主义的理论水平,开拓当代文学研究的新局面。

在1982年秋这样一个时机来谈中国的文学,一个无法回避的问

---

① 见中国社会科学院文学研究所等九个单位的《会议通知》(1981年7月1日)。

② 朱寨:《中国当代文学研究会1982年年会开幕词》,会议打印本;又见《中国当代文学研究会25年》(1979～2004),第42页。

题是,在胡乔木提出、经中央同意,文艺方向从"文艺为政治服务"修改为"文艺为人民服务,为社会主义服务"之后,也就是说,不再提"文艺从属于政治"之后,怎样理解社会主义文艺,特别是中国社会主义文艺的特点和规律。这是中国文艺理论和文艺批评工作者面临着的一个很大的理论问题。由此直接派生出来的一个问题,也属于文艺的根本性问题,那就是社会主义文艺是不是社会主义的上层建筑、意识形态之一?

关于第一个问题,张炯说:"文艺不从属于政治,但这并不意味着文艺可以脱离政治。具体的文艺作品并不都有明显的政治倾向性,但这并不等于说,我们应当提倡无倾向性的文学。相互影响的文艺与政治都反映着并服务于经济基础。为了使文艺为社会主义经济基础服务得更好,为了使文艺对建设社会主义精神文明做出应有的贡献,我们应该要求文艺的革命思想倾向性与艺术描写真实性的统一,并把这看作社会主义文艺的规律性的表现。""就总体来说,就向文艺工作者提出的总的要求来说,社会主义文艺原则上要表现共产主义思想,表现社会主义建设者、共产主义实践者的思想情操、感觉和幻想、人生观和审美感,应该说,这正是社会主义文艺区别于封建主义、资本主义文艺的带有本质性的特征之一。"张炯的回答,是不是经得起实践的检验呢?在今日全球一体化时代的中国,文艺为之服务的经济基础已经发生了巨大的变化,文艺又该如何为其服务呢?

关于第二个问题,尽管属于文艺评论的具体的问题,但牵涉到用什么样的标准去评价1981~1982年的文学创作,自然也不是无足轻重的。张炯是这样评价这两年的文学创作的:"这两年文学发展的形势,我以为,总的情况仍然是繁荣的浪潮在继续向前涌进,虽然就具体作家而言,也有停滞和倒退的,文学各种题材、体裁、样式间还存在不平衡的情况。例如,军事文学今年有明显进展。小说中,短篇小说的进展不如中篇和长篇。戏剧的成就虽不如小说,但话剧和戏曲评奖中获奖的作品,多数还是近两年创作的。诗歌中有影响的作品较少,但内容和形式都更多样化。报告文学仍然创作丰富,不乏佳作。电影已拍故事片中,去年的好作品似比今年的多。总体来看,文学的主流还是好的,创作的数量和质量都有所提高。题材、主题、人物、形式和风格都更加多样化,不少作家在向生活的纵深开拓。"他提供了文学期刊、文学作品、作家的数量三个方面的数字来说明这两年文学的繁荣。1981年,文艺期刊600余种,其中文学期刊200余种,发行量达12亿册。1981年,中篇小说近400部,长篇120部,话剧123部。这些数字,与我们《文艺报》的编辑同志们提供的略有差异。

张炯不同意"认为近两年文学不如前两年"的说法。他认为,这种说法的"论据是没有产生像《乔厂长上任记》、《人到中年》这样轰动一时,反映大家普遍关心的重大社会矛盾与问题的作品。当然,这样的作品是很重要的,要加以提倡。但文学不仅需要描写社会生活的重大矛盾和斗争,也需要表现生活的各个领域,包括人们内心世界的全部丰富多彩"。他说:"一部作品的文学成就不能仅仅以它是否反映尖锐的重大的社会矛盾的'爆炸性'来衡量,还应该看它与以前的文学相比,是否提供了新的题材、主题、人物、形式和风格,作家和作品的思想艺术水平是否比过去有所提高。"关于题材和主题的开拓,他举出了一系列作品,如:历史小说《李自成》(第三卷)、《金瓯缺》(第二册)、《星星草》(下卷)、《九月菊》、《黄梅雨》、《天国恨》、《一百〇三天》、《秦王李世民》、《正气歌》、《孙中山》、《鉴湖侠女》、《一代风流》等,现实题材作品《祸起萧墙》、《赵镢头的遗嘱》、《赤橙黄绿青蓝紫》、《耿耿难眠》、《土壤》、《射天狼》、《燕儿窝之夜》、《路障》,话剧《谁是强者》、《金子》等。至于艺术水平的提高,他举出了张洁的《沉重的翅膀》、张抗抗的《北极光》、张一弓的《赵镢头的遗嘱》、古华的《爬满青藤的木屋》。

他的结论性的意见是:"这两年的文学,虽然像任何时期一样,不乏大量的平庸之作,但从有影响的作品看,大多不仅正确地反映了现实生活和人们内心的矛盾和斗争,而且因为更多地注意到对历代英豪和社会主义新人形象的塑造,注意到以爱国主义、革命英雄主义和社会主义的伦理道德理想去教育读者,并且形式和风格也更加丰富多彩,能满足人们多种多样的审美需要,所以,应该说它是为建设社会主义精神文明做出了积极贡献的。"

张炯在谈到两年来的不足和问题时说了三点。(1)"首先我们应当看到在理论上'左'的倾向仍然存在,干扰和阻碍着党的正确的文艺政策的贯彻落实和文学艺术的更大繁荣。"(2)"我们也应当看到资产阶级自由化倾向的危险。……社会上的资产阶级自由化的倾向,自然在我们近年的文学中有反映。去年以来,对于《苦恋》即《太阳和人》的批评和作者的自我批评,以及对于《晚霞消失的时候》、《波动》、《失去的,永远失去了》、《在同一地平线上》等作品的思想倾向的批评,其所以必要,道理也正在这里。……在文学中有错误思想倾向的问题,并不都属于资产阶级自由化的问题。"(3)现代主义问题。"今年高行健同志的一本小册子,《上海文学》的三篇论文和徐迟同志的《现代化和现代派》一文都涉及这个问题。其实去年戴厚英的长篇小说《人啊,人!》及其《后记》也提出过这个问题。……我以为,在文学的创新中,吸收和借鉴西方现代派的某些有用的表现手法,包括意识流、荒诞手法以及抽象主义、象征主义等等,只要拿过来可以表现我们民族的现代生活,运用得当,是不应反对的,因为这符合'洋为中用,古为今用,百花齐放,推陈出新'的方针。这里文学的现代化跟企求建立中国的'现代派'应是两个概念。西方现代派作为资本主义一个时期的文艺流派(它包括从达达主义、未来主义到存在主义的种种主义)无疑是特定社会历史条件的产物。如果在社会主义条件下有人不仅迷醉现代派的方法,而且把它的思想内容、艺术主张全盘接受和移植过来,那是应该加以反对的。"①

下面摘要选录一些大会发言。

刘锡诚:关键在克服无冲突论,深刻揭示社会矛盾

刘锡诚(《文艺报》编辑部主任)在10月25日上午大会发言说:

(一)这两年来作家们逐渐把自己的注意力转到了社会生活的新问题、新情况上来,这是个好现象。在对青年生活的探讨、青年形象的塑造方面,比前两年有进展,出现了蒋子龙的《赤橙黄绿青蓝

---

① 见《中国当代文学研究会第三次学术讨论会简报》第5期,1982年10月27日。

紫》、郑万隆的《年轻的朋友》和《红灯绿灯》、魏继新的《燕儿窝之夜》、李存葆的《高山下的花环》等优秀作品。特别是最近出现的《燕儿窝之夜》、《高山下的花环》，虽然写的是特殊情况下的生活，而不是一般情况下的人们的社会关系，但开了反映新的生活、新的人物的新生面，预示着文艺创作有新的抬头。文学批评要不断地发现、培养和扶植人才。反映我们壮丽的现代化建设的大作品，很可能要出自青年建设者之手。今后文学新局面的发现，在很大程度上有赖于青年人。

（二）提高当前小说创作的关键，是克服无冲突论，深刻地揭示社会生活的矛盾。不关注当代生活，不揭示矛盾，就谈不到文学反映时代。目前回避现实生活，搞无冲突论的作品很多。表现在长篇方面，写历史题材比以往任何时候都多。在短篇中，有些作者满足于写杯水风波、身边琐事，咀嚼个人的小小悲欢。有的作品表现内心生活的自我感受，孤立地去写人的命运。这里有"到处有生活"理论的影响。文学批评应该正视这种现象，而不要把作者引导到歧路上去。还有，不是对生活进行深刻的开掘，而企图用某些永恒的、抽象的哲理来概括生活真理的作品也逐渐多起来。罗列堆砌好人好事，编造故事，靠巧合、搞误会已成为一种灾难。社会主义文学是为人民服务、为社会主义服务的文学，是同新的时代的群众相结合的文艺，如果离开了这个大的前提，无异是社会主义文艺的蜕变。造成无冲突论、回避矛盾的原因是多方面的，有的是作者生活不足，思想苍白；有的是受资产阶级观点的影响；有的是不问政治、远离政治；有的是把揭示矛盾冲突误认为"题材决定论"。从大的方面来看，《苦恋》事件的负面影响是不可忽视的。思想战线工作座谈会之后，在文艺界普遍产生了一种思想顾虑，十年动乱不能写了，是不是创作的路子太窄了？于是，无冲突论、写身边琐事和杯水风波的创作倾向开始蔓延起来。

（三）共产主义思想和文艺反映生活的真实性的统一问题，成为作家们关心的问题之一。中共十二大提出了社会主义精神文明建设的任务，文艺负有特殊的使命，作家无疑应该用共产主义世界观指导创作，用共产主义思想培养教育一代社会主义新人。作家们还应写出《红岩》那样的作品,用革命传统教育人。在反映当代生活时,主要应在揭示社会矛盾中展现共产主义理想。离开揭示社会矛盾来堆砌英雄品质是不可取的。但也要承认,在这方面也存在着一些矛盾,比如对农村生活的反映还停留在表面上。反映生产责任制带来的农村新面貌和农民精神面貌的变化,这都是对的,然而在写社会关系的变化时还不够深入,处在僵滞状态,特别是在如何表现人物的共产主义思想品质上,有的作家还举棋不定。这也反映了作家们对宣传共产主义思想与现行政策二者的关系的认识,还没有得到很好的解决。这也是文学批评遇到的一个迫切问题。我们的社会主义文艺是有若干层次的,不能一刀切,凡是有益于人们身心健康、精神文明,有益于社会的作品,都应有存在的权利。

文艺批评在促进文学新局面的出现方面有很多工作可做,主要是要坚持两条战线的斗争,既要批"左",又要反对自由化。我们提倡艺术的创新,丰富我们的艺术手段,但又要反对把资产阶级现代派的哲学思想搬过来,在这方面我们应该设防,应该划清社会主义文艺与资产阶级文艺的界限。

顾　骧:三个肯定

顾骧(中宣部文艺局)在25日上午的大会发言中讲,文艺要在建设社会主义精神文明中发挥应有的作用,必须具备三个"肯定"。

(一)肯定"文艺为人民服务,为社会主义服务"的方针。实践已一再证明了邓小平同志指出的:文艺从属于政治害多利少。主张重新恢复文艺为政治服务的口号是不对的。三十多年来,我们在文艺工作上的经验教训,最主要就是文艺和政治的关系问题,也是文艺与人民的关系问题。"二为"的方针,正是三十多年文艺历史经验的重要总结。

(二)肯定"百花齐放,百家争鸣"的方针。

(三)肯定社会主义现实主义道路。粉碎"四人帮"后,革命现实主义得到恢复并发展,这不能看作是某个人的主张,而是历史的必然。这些年文艺创作的巨大成就是革命现实主义的胜利。而当前文艺创作中存在的某种回避矛盾冲突、脱离生活、概念化的现象,也正反映了在革命现实主义方面的不足。在人物塑造方面,革命现实主义既要用共产主义思想的光辉来照耀,也要写出人物思想性格的全部丰富性和复杂性,防止"无冲突论"在人物塑造上的影响,把人物类型化、单一化。作家如何进一步深入生活的问题,仍然是革命现实主义深化的主要问题。

阎　纲:文学评论是否从属于政治,是否要为政治服务?

阎纲(《文艺报》编辑部评论员)在28日作大会发言,他的题目是《文学三谈》。

(一)六年以来。六年以来的文学(主要是小说)大体可分为三个阶段。第一阶段,从《班主任》开始,喊出解放文学的第一声。这时的文学评论勇猛异常,为新时期的文学开出一条新路。第二阶段,从1979年中篇小说的崛起开始。这时的文学评论为中篇小说热烈叫好,气氛异常活跃,而活跃之中也显出了混乱。第三阶段,大概从1980年、1981年之交开始。这段时间,诸子横议,百家争鸣,百花齐放,千汇万状,千奇百怪。"落霞与孤鹜齐飞,秋水共长天一色",好的作品相当好,差的作品相当差。这一时间内,创作向评论提出了一系列的问题,有的评论回答了,有的回答不了,或回答不好。创作仍然落后于生活,评论落后于创作。六年文学的前期,质胜于文者居多;六年文学的后期,文胜于质者居多。文胜质则史,质胜文则野,文质彬彬,然后君子。我们的文学日趋繁荣,但真正的繁荣期尚未到来。在十二大精神的鼓舞下,文学繁荣的新局面一定会到来。

(二)十二大以后。十二大以后,文学将在社会主义精神文明的建设中找到自己的位置。文学家们应该在共产主义里汲取诗情。文学艺术的建设将同精神文明的建设相依相存而发展。十二大路线的制定和组织上的调整,为推动文学发展提供了根本性的保障。

1. 培养自己成为真正的共产主义者,像鲁迅所说,首先做一个革命的人,因为血是从血管里流出来的。只有共产主义的战士,才能将人们引向共产主义;而不致像近年某些作者那样,将读者引向宗教佛门,引向生存竞争,引向虚无,引向自我。要大谈共产主义,但不要空谈共产主义,空谈误国,疏谈误国。真共产主义能够兴邦,假共产主义可以丧邦。鉴于历史教训,一定要谨防共产主义的冒牌货,把共产主义同刮"共产风"严格区别开来。要做一个自觉的(而不是盲目的)共产主义者,科学的(而不是空想的)共产主义者,脚踏实地的(而不是吹牛皮、放大炮的)共产主义者。创作中塑造的共产主义新人形象,也应如此。高举共产主义旗帜的同时,千万注意极左思想的抬头。

2. 面对"现状"进行创作,脚踏实地,一切从实际出发,不回避现实矛盾(甚至是特别尖锐而重大的社会矛盾),更不能掩盖或粉饰现实矛盾。共产主义精神是从现实生活的矛盾斗争中激发出来的,现代化建设是在同阻碍现代化建设的各种旧势力和恶势力的较量中进行的,文学创作是在对现实关系做深刻的描绘中完成的。历史上杰出的文学作品,无不以深刻而感人地反映社会心理,从而反映社会矛盾而著称于世。我们期待着史诗,我们要通过正视现实矛盾的创作实践,为史诗的出现做准备。

3. 精心塑造典型人物。文学的骄傲在于艺术典型。伟大的作家无不连同他塑造的典型人物一起留名于文学史上。是否出现严格意义的典型人物,以及人物典型化程度的高低,是检验文学质量和文学成绩的重要标志。我希望继续塑造出各种各样的人物形象,我希望把人物性格写得像生活中的活人那样复杂。复杂就是矛盾。从一定意义上讲,人物性格的复杂性,也就是人物性格的丰富性、真实性和人物生命力之所在。在复杂中求统一,于对立中求发展。性格的复杂,并不是性格的分裂;性格的两重性,也不等于双重人性。既要塑造各种各样的人物,也要重视塑造社会主义、共产主义新人。新人形象同样写复杂些为好,这在文学史上同样有先例可寻。要善于在人物性格之间和人物性格内在的复杂冲突中磨砺共产主义的光。要厌恶假、大、空,要坚决免除从坩埚里提炼纯人,正像恩格斯批评费尔巴哈时说的那样。

在塑造人物方面,我不同意现代派的"非人物化"的主张。现代派是对现实主义创作方法全面的否定,似乎现实主义已经老态龙钟,没有用了。我拥护革命现实主义,拥护革命浪漫主义,不同意引进现代派的全套设备。首先应当在思想上同现代派划清界限;至于形式和技巧的借鉴,应当是不言而喻的,尽可以拿来,鼓励拿来。现在文坛上空正在进行一场"空战",因为有同志说文坛上空寂寞,只有一个美丽的风筝高高悬着。也有的作家竟然说,中国经济要现代化,文艺就必须搞现代派。那么,还要不要走中华民族自己的道路?我要说的是,只要在共产主义照耀下,文艺的路子可以很宽很广;只有共产主义加"双百方针",才能开创文艺的新局面。在方向问题上,应该从严;在道路问题上,应该放宽。对现代派,也应作如是观。

(三)文学评论种种。评论落后,主要怪我们自己。要提高评论质量,最好把评论队伍建立起来,或者说把队伍充实起来。关于文学评论,我提出两个问题向诸位求教:(1)文学评论是科学,但它是不是艺术?文学评论是不是文学?(2)文艺为人民和社会主义服务,不提为政治服务;那么文学评论是不是同样不为政治服务、不从属于政治?对这两个问题,我的回答是肯定的,但需要加以说明。现在是科学地回答这两个问题的时候了。

现在的文学评论,写法还不多样,无非这么几种:政论式的、社会学式的、散文式的、情节复述式的、广告体的、三部曲型的。真正"文学"的评论,有,但不多。可以侧重对作品的思想性或者艺术性进行分析,但作品的思想应是同该作品的艺术相结合的思想,作品的艺术也是同该作品的思想相结合的艺术。因此,评论、分析起来,必须从作品的思想、艺术的统一着眼。重要的是分析人物性格,如《什么是奥勃洛摩夫性格?》。分析了人物性格,同时也就分析了作品的思想和艺术,如阿Q之于《阿Q正传》,陈奂生之于《陈奂生上城》。我建议评论作品一定要重视对人物性格的分析,要善于从对立的关系中辩证地分析性格。要目无全牛,要执牛耳。

作为一个文学工作者,我认为党的十二大就是向中华民族呼唤伟大的作家和伟大的评论家,前程似锦,我们没有理由不乐观。

谢昌余:现代主义与当前创作

《当代文艺思潮》的主编谢昌余在1982年的文学理论批评界是个炙手可热的人物。在28日大会发言时,他讲了两个问题:一是他们为什么创办《当代文艺思潮》,二是现代主义与当前创作。

(一)新时期以来,文艺发展,理论活跃,文艺刊物大量涌现,但新出现的专门的理论刊物却不多。当代文学研究是一门大有希望和前途的学科,许多大批评家、大哲学家、大思想家,都曾致力于他们当代的文学研究和评论,我们为什么不应该在这方面有所作为呢?但理论的发展应当通过自由的平等的讨论来实现,应该有一种良好的学术空气,而这种风气的形成是很不容易的。我们太习惯于按一种腔调说话了,说好,一窝蜂都说好,说批,一窝蜂都来批,不同意见和不同声音很不容易发表出来。比如像《苦恋》这个作品,开始的时候,并不是没有不同意见的,但那时批评的意见就是发表不出来,结果弄成事件。思想战线问题座谈会以后,我们就酝酿着,可不可以搞一个专门性的当代文艺评论刊物,省委批准我们的要求以后,大家就琢磨着,当今刊物林立,竞争激烈,不办也就罢了,要办总要办得有点自己的个性和特色。什么个性和特色呢?一时还说不清。但我们认为,一是应该以马列主义、毛泽东思想为指导,从运动发展和思潮起伏的角度,来观察当代文艺;二是要提高我们评论的科学水平,开展多层次多角度的研究;三是要认真地而不是敷衍地贯彻"双百方针",真正开展平等的、自由的科学讨论;四是注意把眼光投向中青年评论工作者,因为这毕竟代表着未来和希望。根据这样朦胧的想法,我们提出了四句话,作为追求和努力的目标,也可以说是办刊宗旨。这就是:"研究当代文艺思潮,追踪文艺发展趋势,革新文艺研究方法,开拓文艺研究领域。"刊物出来以后,虽得到了很多鼓励,但我们深知,实际与目标差别很大,靠我们一个地区的努力,这目标也许永远都无法实现。为此,就需要交流、借鉴,互相支持鼓励,共同努力。这就是我们来参加这个会的一个重要目的,希望我们这个刚出世的刊物,能够得到在座诸位的关心、扶植、帮助。

(二)现代主义与当前创作问题已引起创作界和评论界的注意,我认为应该和必要对此开展讨论。因为我们现在进行的讨论,与过去那种盲目的排外不是一回事。讨论是为了正确地、科学地认识现代主义文学思潮,打开我们的眼界,丰富我们的知识,促进我们文学的发展。政策开放以后,现代派文艺介绍进来,这是一件有益的事情,许多研究文章是实事求是的,有研究,有突破,应予充分肯定。但也有一些文章对现代派盲目鼓吹和提倡,在读者中造成误解和一定程度的混乱,需要通过讨论加以澄清,以便我们更好地认识和评价现代主义文学。我认为,有些同志的文章,脱离开现代主义产生的特定历史条件,单纯从形式、技巧和艺术手法等方面来评价现代派,至少是不全面的。比如,有的同志认为,现代派就是现代艺术,代表了物质发展的最高水平和最新时代的文艺。这个说法就是欠妥的。马克思提出过著名的物质生产与艺术生产不平衡的规律,在物质生产水平相对不够高的情况下,比如在我国当前的情况下,我们也是可以建设高度精神文明的,并不一定只有现代派才代表了当代水平。过去我们有简单化的做法,把现代派说成是帝国主义没落腐朽的文化,这是不科学不公正的。现代派文艺不是归属于帝国主义的文化,而是对帝国主义制度持批判抗议态度的文化。现代派中有成就的作家、艺术家,许多是赞成社会进步,赞成正义和平的。从他们的创作倾向讲,他们是旧世界混乱现实中不甘沉沦的"挣扎者"、"难民"、"流亡者"、"无家可归的人",是旧世界将要崩溃的"预言家"。从这点讲,我们应该给予其充分肯定的评价。但他们也不是旧世界的"掘墓人",更不是新世界的"建造者"。从这点讲,我们又应该与他们划清严格的界限。

正由于现代派文艺存在着的这种二重性,它在当前我们的创作中所产生的影响也就呈现出复杂的情况,需要具体进行分析,笼统地肯定和否定都不适宜。比如,技巧、手法和形式的借鉴确实丰富了我们文学的表现力,增加了反映生活和表现生活的手段。但现代派哲学思想和世界观的渗透,也产生了不容忽视的消极影响,是应该引起评论界重视的。比如,虚无主义、幻灭感、抽象道德、个人主义、利己主义、绝对自由等等,在有些作品中的流露,不能不是一个问题,它实际上降低了有些作品的思想要求。

文学的发展,向评论界和理论研究工作提出了很多现实问题。社会主义文学的繁荣、发展和创新,当然需要广泛吸收、借鉴,其中包括借鉴利用现代派所积累的艺术经验等等，但这恐怕不一定是焦点。更根本的问题，我认为是要用十二大精神，用马列主义、毛泽东思想进一步提高我们的创作思想，使我们的文学观念更进一步现代化。比如，在文艺与政治的关系上，狭隘的服务政治和远离政治恐怕都难以解决问题，需要把我们的认识进一步深化；对文艺的功能，究竟应该怎么认识；文学与其他学科的互相渗透，文学的艺术思维怎样借助于当代社会科学、人文科学等最新成果来丰富自己，深入生活，向社会学习——都是值得探讨的。

在中国当代文学研究会年会之前，谢昌余从兰州来京组稿，在中国文联理论研究室和中宣部文艺局的支持下，就文学发展和当前形势问题，在京开了个几个重要的理论批评座谈会，一时成为一个炙手可热的人物。他向我约稿，于是我们便一道去南京赴会。那时，我们《文艺报》从主编冯牧、副主编唐因，到全体编辑都正关注着现代派的问题，观点比较一致，对《上海文学》发表的一组提倡和鼓吹现代派的文章持批评态度，不赞成在吸收现代派的艺术表现手法的同时，也把资产阶级的哲学思想搬进来。我在编辑部是一个执行的角色，因而也就对现代派问题思考得较多，形成了一套想法。由于他的催促，我在宾馆里一边开会，一边写稿，会议期间完成了《关于我国文学发展的方向问题的辩难》。此稿交给谢昌余后，他将之发表在《当代文艺思潮》1983年第1期上。我的这篇稿子发表后，惹得张光年很不高兴，他在他的《文坛回春纪事》里表达了对我的不满。不妨在此引几段在下面：

> 1月19日："晚接（严）文井电话，对《文艺报》批现代派仍然深感忧虑。"
>
> 1月20日："阿誉哥找到了（高行健）《现代小说技巧初探》，其中叶君健序言据说遭到唐因点名攻击，叶要来谈。下午看过了这篇序言，没有大错，电话邀老叶来谈。"
>
> 1月21日："上午叶君健来谈。他同意我在《初探》序言上作的批语，对唐因在会议上的批评表示气愤。我作了说明……"

2月7日:"下午束沛德来谈《文艺报》酝酿调回谢永旺。这是可以考虑的。"(按:束沛德当时在作协党组里分管人事。)

2月9日:"下午与冯牧通话,谈了很多。他让我看《上海文学》第2期上夏衍同志长文,说《文艺报》唐因等很不高兴。我找出,未看完。"

2月11日:"上午唐因、唐达成来谈,表示不同意夏衍文中对近几年文艺批评的消极评价。我说不要这样看,我刚看完此文,固然不全面,我还认为好文章。《文艺报》对'现代派'的批评方法不对,文风不好,脱离了老、中、青作家,值得总结经验。建议抓住徐敬亚文,深入批评,不要扩大化。他俩还提出了要谢永旺回《文艺报》,与唐达成对调,我表示赞成,请他们与冯牧商定。"

2月15日:"冯牧、谌容、谢永旺来电话致意。同谢永旺通话中,谈到《文艺报》批评'现代派',我对刘锡诚文章表示不满。"

尽管张光年对我的文章表示了不满,但这并不仅仅是对着我一个人的,而是对着《文艺报》编辑部的。

陈骏涛:创作方法多样化

陈骏涛(《文学评论》编辑部)在28日的大会发言中说:

(一)对近年文学创作的估价。对上两年文学创作的估价,需要有一个思想,即把它看成是新时期文学的一个组成部分,是新时期文学的延续和发展,它的问题也是发展中的问题。总的来说,这两年创作还是在稳步前进的,主流仍然是革命现实主义的发展和深化。当然"爆炸性"的作品少了。但衡量文学的成就,不能以"爆炸性"为标准。两年以来,也还是出现了一些很好的作品,甚至引起轰动的作品。但总的看,主要是表现为"辐射式"的特点,无论从内容到形式都更加开阔,更加丰富,更加多样。作家不满足于一般地提出和反映社会问题,而是更注重通过对复杂的人物关系的描写,折射出时代和社会的某些特点。提倡写人生,写人的命运和遭遇,写人的内心,这是文学的题中之意,不应该受到责难。如刘心武从《班主任》到《如意》

再到《立体交叉桥》,不是没有缺点,但从大的方面看,还应予以肯定。另外,作家更注重于艺术手法、艺术技巧的探索。绝大部分作家都遵循着革命现实主义的创作方法,其中不少作家,特别是中青年作家又力图吸收其他艺术方法中的合理的成分,使现实主义有所突破,有所发展。在这方面,我们的理论对创作还没有作出认真的研究和总结,理论落后于创作。

当然,这两年创作也存在问题,我们有责任指出。有些作品回避现实生活的矛盾冲突,热衷于写儿女情长、身边琐事。有的作品对现实生活缺少激情,追求平静的、虚飘的、淡漠的思想境界,特别是有些写农村生活的作品,满足于歌舞升平,写好人好事,有深度的作品少。有些作品出现了思想上的迷误。这特别表现在反映青年生活的作品中。它很丰富、很活跃,但也很复杂,从中可以看出某种错误的社会思潮和西方现代主义的思想对这些作品的侵蚀和影响。在现实(社会)观、人生观、价值观等方面,都可以看出这些作品与西方现代主义思潮的某种联系。我们与其说现实主义受到了现代主义的挑战,毋宁说是某些作品受到了现代主义思潮的侵蚀和影响。对这种侵蚀,应予分析和引导,不要简单地指责。同时,存在着粗制滥造的情况。有些作品刻意追求刺激、追求肉感,低级庸俗。

(二)现实主义,即今天的革命现实主义,是迄今为止最有生命力的、最好的创作方法。它应该能够兼收并蓄,吸收别的艺术方法中对自己有利的因素,以便发展和充实自己。因此,它不应该是排他的,而应该有巨大的艺术容纳力。苏联提出的"开放体系",值得我们借鉴。现实主义虽然是最好的创作方法,但不是唯一的。应该承认,自有文学历史以来,就有两大艺术流派、两种艺术潮流,即现实主义和浪漫主义。近百年来,在国外,还兴起了现代主义艺术流派。此外,还有自然主义、象征主义等等。对现代主义,应该具体地、历史地看,应该一分为二,具体分析,既不要盲目吹捧,也不能一棍子打死。现代主义是一个庞大的体系,它无疑是资产阶级的。许多资产阶级作家、艺术家为构筑这个体系做了巨大的努力,尽管我们不赞同他们的哲学思想和美学思想,但还不能说他们的努力就是对人类进步艺术的"倒退"。"倒退"的结论下得太武断了。恐怕还应该承认,他们在某些方面对人类的文化艺术是有贡献的,是人类思维的一个发展。它的重主观表现、重艺术想象、重艺术创新,不能说就没有值得我们吸取的地方。

倡导多样的创作方法,可能会带来一些弊病,但我们应该相信自己的消化能力。同时要划三条界线:第一,为人民服务、为社会主义服务的大方向不能动摇;第二,在思想体系上,要与形形色色的资产阶级流派划清界限;第三,必须把现实主义精神贯彻到各种创作方法中去。

范咏戈:军事题材创作"稳步前进"

范咏戈(《解放军文艺》编辑部)在30日的大会发言中,着重论述了军事文学的"稳步前进"的态势。

(一)出现了新的、可喜的题材转移。前几年,军事题材创作中有一种要求"淡化、轻化、软化"的议论。因此,一个时期以来,军事文学中写"凡人小事"、"杯水风波"的作品较多,甚至出现了一阵子"女兵题材"热。这多少回避了部队现实生活,作品分量轻了。这两年来,不少军事题材作者开始将题材转移到写军人的"牺牲"上来,写战场上的牺牲,在牺牲中表现军人形象,取得了较好的成果,如朱苏进的中篇《射天狼》(《昆仑》创刊号)等。孟伟哉的小说《一座雕像的诞生》也是在社会上引起了较强烈反响的作品,其原因也在于它写了志愿军女战士欧阳兰牺牲个人幸福、承养烈士遗孤这一生活内容。中篇小说《沙海的绿荫》中黄金桃这个病弱的女军人之所以引起人们感情上的共鸣,是因为她把最美丽的青春、生命献给了祖国的荒漠,为国防事业做出了伟大的牺牲。《彩色的鸟,在哪里飞徊》(《解放军文艺》1982年5月号)写的是选择了军人为丈夫的母女四人,各自伴随军人做出的牺牲及对这种牺牲的态度,同时给人以关于生活的真正价值的思考。《三角梅》(《解放军文艺》1982年6月号)写一个长期生活在舒适但狭小的天地里的华侨姑娘,有一次到军事禁区写生,邂逅了执勤战士贺振木,从贺振木这样一个具有绘画才能,然而为了更高的目的放弃了学画机会,在部队每天从事站岗、浇菜、推砖等劳动,直至在自卫反击战中默默牺牲的战士身上,终于找到了她所要找的"力形象",从而改变了生活轨道。贺振木之所以让读者感到美,正是因为作家写了贺振木的牺牲精神。……题材的转移对军事文学的意义是很大的,它有利于坚持军事文学的美学原则在于"兵",在于真正的兵的生活、兵的气质,有利于表现英雄主义和共产主义思想。同时在文学上的意义也是很大的,因为作家笔下的牺牲并不是纯歌颂式的,它不回避矛盾,而是将笔触深入到了当代军人内心世界的冲突。像中篇《射天狼》中的袁翰、朱秀海的短篇《在密密的森林中》(《人民文学》1982年8月号)中的韩国瑞,莫不如是。

(二)"训练场文学"有一定的突破。作者的视野有所开拓,不仅着眼于军队范围的生活,也写军队以外的社会生活及"交叉地带"的生活。

(三)塑造出了一批当代军人的形象,除刘毛妹、郑志桐外,还有袁翰、贺振木等。

近两年来的军事文学总的情况是在探索中前进。但在出现了一些好作品的同时,也出现了一些引起争议的作品。有的已证明是错误的探索。如《晚霞消失的时候》将李淮平这个当代军人形象写得向宗教皈依,显然是不适当的。此外,中篇《他就是他的倒影》(《收获》1981年第5期)、《最后二个》(《泉城》1982年1月号)也引起争议。

唐　祈:新诗:预示着光明的未来

在10月30日的大会发言时,"九叶派"老诗人唐祈(西北民族学院教授)就新诗发展的三个问题发表了意见。

(一)从三中全会以来的六年多时间里,由于党的文艺方针政策的落实,新诗取得了丰硕的成绩和很大的发展,跨过了二十多年没有走过的道路。具体表现在三点。(1)假大空的东西少了,真情流露的诗多了。生活坚实和思想深刻的诗多了,使得假大空的"诗"相形见绌,没有藏身之地,这是个很明显的变化。(2)百花争艳的局面初步形成。诗人的个性出现了,禁区一个个被突破,题材领域不断扩大,各种不同的风格开始显露光彩。(3)新诗创作的队伍不断壮大,老中青三个梯形队伍齐头并进。老诗人中艾青同志是最为突出的代表,他不仅抒唱归来的歌,讲了二十多年没有讲的话语,而且充满了春天的希望和力量,在他五十多年漫长的创作道路上又登上了一个新的高峰。当然,还有其他不少勤奋的老诗人。中年诗人就更多了,50年代崛起的诗人公刘、白桦、李瑛、邵燕祥、雁翼……把这个中断了的歌唱又继续下去,写出了许多好诗。特别是六年来大批青年诗人涌现出来,这是收获最多、希望最大的新诗人群,像舒婷、杨炼、北岛、江河、顾城、骆耕野、杨牧、张学梦……值得注意的是,如果他们在30岁上下,那么,近两三年来跟着涌现的,更有20岁左右的许多青年诗作者,他们在全国各地报刊上崭露头角,这是一个很可喜的现象。总体来看,新诗在发展,在前进,使人感到乐观。当然,也不是没有前进中的问题。这两年新诗趋于平稳,有人说去年是个"平年",有广泛影响的作品比前几年少些,正如有的同志形象地比喻汹涌的江河现在流进了葛洲坝,表面平稳中正在转化为电力和热能,将预示着一个光明的未来。

(二)新诗传统问题。从《诗探索》的新诗理论和大学教学中,我都感到一个迫切的问题,即我们对六十多年来新诗的传统研究很不够,至今还是个薄弱的环节,从"五四"新诗诞生,它就作为号角比其他文学样式发展得更快。第一个十年中,现实主义、浪漫主义、象征主义就几乎同时产生,三者相互影响,彼此渗透,共同发展。由于中国半封建半殖民地社会的土壤,民族民主革命需要新诗作为战斗武器。六十多年里现实主义是发展中的主流。这是我国的社会现实所决定的,也是有目共睹的事实。但长期以来,浪漫主义和象征主义都遭到不应有的忽视,往往是一种倾向掩盖了另一种倾向。30年代朱自清在《中国新文学大系》新诗集的序言中曾经指出:从自由诗、格律诗到象征诗,象征诗是进一步的发展。这绝不是一个轻率的论断。由新月派的闻一多、徐志摩、朱湘,到后来的戴望舒、卞之琳、冯至等许多优秀诗人,在新诗的艺术上做了可贵的探索,既继承了古典优秀传统,又吸收了西方有益的经验,使新诗艺术逐渐走向成熟。他们的缺点在于反映时代社会现实生活面狭窄,囿于个人生活感受的天地。直到30年代末40年代初,抗日战争兴起,新诗重新展开了波澜壮阔的新局面，也进入了新诗的繁荣期。当时的新诗人涌现于诗坛，各种风格流派竞相出现。现实主义经过30年代的渗透融合，呈现出文学强大的生命力，艾青、田间、臧克家等许多诗人揭开了新的篇章。1942年延安文艺座谈会后，出现了李季《王贵与李香香》等大批优秀作品。50年代初，解放区、国统区两支诗歌队伍会合，应当是促进新诗大繁荣的基本力量。但到50年代后期出现了"左"的干扰，排斥了其他，就是真正的现实主义本身，也被假大空的东西所取代。在百废待兴的今天，新诗传统的研究应该提到议事日程上来，这对继承和发扬新诗的传统，对新诗发展的前途，以及发挥诗人的才能与传统的结合等等方面，都是刻不容缓的重要的课题。我最近编完一部《中国现代新诗选（1917～1949）》，选出一百五十多位诗人的作品，也就是想对前30年的新诗传统做一点工作。谢冕同志最近写出《历史的回顾》，也是对新中国成立30年新诗发展的专题研究。当代文学研究会也在着手这方面的浩繁的研究，可见问题是重要而迫切的。

（三）关于现代派。这次大会发言中，不少同志对现代派表示了关注。在诗歌中有没有像小说和文艺理论方面提出的"空战"问题，我没有调查，不敢妄说。我个人认为，在诗歌领域中，现代派不是新东西，早在三四十年代就已经介绍到中国来了。1944年，英国现代派著名诗人奥登就来过中国，写过《在中国写作》一系列诗章。甚至在更早的30年代，穆木天、冯乃超、王独清、戴望舒就介绍过波特莱尔、魏尔哈伦、梵乐希等法国诗人的理论和作品。现代派从第一次世界大战以后，成为世界潮流，它本身也在发展、分化，是西方现代文艺的一个复杂现象，难以一言以蔽之。在40年代，我们也读到不少作品，也做过一些微不足道的试验。只是近二三十年来，最初一面倒向苏联，后来又闭关锁国，与西方文艺隔绝。总的说来，现代派并不可怕，它的哲学思想应当批判，因为它产生在西方资本主义社会，由人的异化等等因素造成。但也不是全部绝望、颓废的。如布莱希特、阿拉贡、艾吕雅都是进步的，美国的现代派诗人布莱还学习白居易的讽喻诗，揭露资本主义。我们应当批判地吸收和利用其丰富的表现技巧。总之，先要认真研究它，然后才能"洋为中用"。我们仍然要采用

"拿来主义"。反过来说,美国意象派诗人庞德就从李白、李商隐的诗中学习意象,布莱学习白居易。我们对现代派也不该觉得可怕,要扬弃它的哲学,吸收它的艺术技巧、表现手法。当前我还没有见到很多接近成熟的现代派诗,也还没有成套的理论。我认为对现代派进行认真的研究分析是有必要的。

现代主义与现实主义——争鸣与答辩

在10月30日的大会发言时段中,刘锡诚再次发言,对陈骏涛对他10月25日大会发言所做的批评和质疑,做了简短的答辩和争鸣。发言如下:

今年夏天,在青岛举行的中国当代文学研究会暑期讲习班上,我曾作了一个题为《当前文学领域中的非现实主义倾向》的演讲,提出了革命现实主义面临着挑战的看法。几个月来,现代主义的问题已经引起了文艺界的注意。特别是《外国文学研究》第1期发表了徐迟同志的文章,《上海文学》第8期发表了冯骥才、李陀、刘心武同志的文章以后,对现代主义和现实主义问题展开讨论,就显得更为迫切了。冯骥才提出的"中国文学需要现代派"、文学现代派是"文学上的一场革命"等论点是一个值得讨论的原则问题,因为它涉及我国文学的发展方向。

现就陈骏涛同志在大会发言中对我的发言中的一些观点所提出的批评,做三点简短的补充,作为争鸣与答辩。

(一)关于现代化与现代派问题。提倡现代派的文学家们提出,中国文学要走现代主义道路的一个基本论点是:社会要现代化,就要求文学的现代派。他们认为,物质生活与文学的发展是相适应的,西方现代派作为西方物质生活的反映,是同西方物质生活的发展相适应的。徐迟同志说欣赏古琴、花鸟、昆曲之类的人,是迷恋于过去,是过去派。那些还不能区别严重污染环境的近代化与高度发展的四维空间的现代化的人,是近代派。徐迟还说,我们将实现社会主义的四个现代化,并且到时候将出现我们现代派思想感情的文学艺术。叶君健同志在给高行健的《现代小说技巧初探》一书所作的序言里说:19世纪的文学直至鲁迅等人的作品,是蒸汽机时代的文学,现在已经进入了原子或电子时代,阅读19世纪的作品,就是"欣赏趣味"还仍然停留在蒸汽机时代。从这些同志的论述中不难看出:第一,文学上的现代主义,是社会现代化、工业发展、科学昌达的需要,现代派是各国文学发展的必然趋势,西方如此,中国也概莫能外;第二,文学是物质生活的反映,文学的发展是同物质生活的发展完全同步的,物质生产发展达到较高水平的社会或民族,它的文学一定是较高水平的文学。我们不能否认社会物质生产的发展对文学艺术所发生的巨大影响——这种影响在更多的情况下,是间接地、而不是直接地作用于文学艺术的——同样也不能把社会物质生产的发展与文学艺术的发展机械地等同起来。文学艺术作为一种更高地飘浮于经济基础之上的意识形态,它的发展不仅受到经济基础,特别是生产力发展水平的制约,而且也受到许多其他因素(如一个时代的哲学观点、政治观点)的制约。马克思在《〈政治经济学批判〉导言》中关于艺术发展与生产发展的不平衡性,作了精辟的论述。把二者等同起来,无疑是一种机械论或经济决定论的观点。

（二）革命现实主义几年来在不断地深化和完善,富有活力,出现了一些优秀的作品,证明革命现实主义能够表现我们今天的生活。认为革命现实主义已经僵化了、没有表现力了,只有用现代主义取而代之才能使文学出现生机的观点,是缺乏根据的。现代主义从其产生之日起,就是以反现实主义为目标的,从当前我国文艺的理论和创作中可以看出,二者至少在三个问题上是对立的。(1)现代派倡导潜入内心、背对现实的艺术观,同马克思主义的关于文学是客观世界的反映的艺术观是对立的。(2)现代派提倡反小说、反人物、反情节、反理性,主张写自我意识,与革命现实主义的描写人物、塑造典型以及世界观的指导作用等原则也是对立的。(3)在某些青年作者的作品里,不仅竭力模仿西方现代派文学作品的技巧(文学的艺术技巧也总是带着运用这种技巧的作者的个人特色,包括对世界的看法,把文学的艺术技巧等同于手工技艺是不对的),而且也程度不同地接受了或搬用了资产阶级作家的哲学思想和社会观点,如反社会、反历史的虚无主义思想,资产阶级的利己主义和个人主义世界观。

（三）开放与设防。现代主义产生于西方资产阶级作家对资本主义的绝望和对共产主义的恐惧,对资本主义社会而言不能不说有一定的合理性(尽管我们不同意"凡是存在的都合理"的说法),对资本主义社会也有一定的批判,作为一种文化现象,我们应予研究,对其中合理的因素应该吸收。我们的革命现实主义文学对一切非现实主义的艺术的有益的手法,都应该采取开放态度,吸收来为我所用,但这种吸收和运用,必须要有利于促进文学为人民服务、为社会主义服务,而不是相反。开放态度不能导致把一切现代流派都包容进来。对现代主义的哲学思想,我们应该设防,而不能无条件地接受。海外有些批评家所设计的现代主义与现实主义合流与融合的方案,在我看来,不过是一种幻想而已。因为在哲学思想和艺术观上,革命现实主义与现代主义是互相对立的。

　　陈骏涛与刘锡诚在1982年文坛上的热门话题"现代主义"问题上展开的争鸣,是以往中国当代文学研究会年会上从来没有出现过的。多年后孟繁华在为陈骏涛的文学评论道路和成就而撰写的《悲壮而苍凉的选择——陈骏涛的文学批评与批评家的宿命》里很客气地描述了这个故事:"1982年10月,中国当代文学研究会第二届年会在南京召开,会上,现代主义问题引起了与会者极大的兴趣,也是那一时段文坛的焦点问题。陈骏涛与刘锡诚展开了激烈的争论,他们的观点代表了与会者的不同看法。至于如何看待现代主义,于今天说来已不重要,重要的是,他们对问题讨论的倾心投入和英姿勃发的'青春'情怀。这一场景,今天想起仍令人感动不已。"①

　　事情确如孟繁华所说,如何看待现代主义,如今无论于笔者、于陈骏涛,都已不重要了,况且现代主义在中国也始终未曾成为气候,甚至没有出现哪怕一部经得起时间考验的大作品好作品,更何况当年的评论家们,主张现代主义的陈骏涛也好,主张现实主义的刘锡诚也好(此后半年多点时间,就不得不放弃文学批评而转到了文化研究上去),都没有逃出那种稍纵即逝的文学"时评"被人遗忘的历史"宿

---

① 见《当代作家评论》1997年第4期。

命"。更有甚者,我等所崇尚和坚持的革命现实主义,后来受到了比陈骏涛更年轻一辈的评论家们的更尖锐、更不屑的讥笑,80 年代中期,就有人在董大中主编的《批评家》杂志上发表文章说我们(包括张炯和笔者等)所使用的武器已"锈迹斑斑"。到 21 世纪初,李庆西在《开会记》里写道:"是年(1984)三月,(李)杭育曾参加《文艺报》在河北涿县召开的农村题材小说座谈会,呷着啤酒大谈涿县会议见闻。说到王蒙如何风趣,张贤亮如何牛×;说到张炜、史铁生……不知怎么又扯到了阎纲。那时阎纲俨然是评论界最大的腕儿,总是旗帜鲜明地宣示社会主义现实主义的'政治正确'。可是,年轻的仓库保管员(程德培)和钳工(吴亮)却从那些主流评论话语中看出一种危险趋势,那是另一种为政治服务的文艺方针。于是,借着酒劲开始骂骂咧咧,先把阎纲数落一通,又大骂现实主义、工具论是'紧箍咒'。吴亮说:'他们那一套撑不过三年,你们看着吧!'真是一语成谶,不到两年工夫评论界已是另一番天地。"[1]尽管文人的话多半因自信而夸大,吴亮的话是否真如李庆西所言两年后"一语成箴"也未见得,但现实主义理论虽然还保有生命力,却并没有多少发展也是事实。

陈恭敏:民族化还是现代化?——情况与动向

在 10 月 30 日的大会发言中,上海戏剧学院《戏剧艺术》副主编陈恭敏作了《戏剧方面的情况与动向》的发言。

1979 年轰动一时的社会问题剧出了不少优秀之作,到 1980 年,情节剧开始流行。为什么?因为问题剧出了点问题,观众兴趣转移。不少问题剧满足于"爆炸性",根据问题设置反面人物和戏剧冲突,看不到更广阔的生活和人物的内心世界。情节剧流行,至今势头未衰,这和票房价值有关。现在似乎"经济规律"压倒了"艺术规律",商业化倾向对剧作家冲击很大,剧作家在选择创作题材时就在考虑是否卖座,这种精神状态不正常。戏剧如果搞无冲突论,就只能生编硬造。严肃的剧作家不满这种状况,思想艺术上有追求,很想探索一些新的东西,但又苦于经济指标的压力。去年历史剧出了不少好作品,

---

[1] 见《书城》第 41 期,2009 年 10 月号。

从李世民写到孙中山,引出了一场历史剧的辩论,至今看法未统一。最近,配合中心似乎又吃香了。

  戏剧界讨论要民族化还是要现代化?概念含义不清。什么叫民族化?各人解释不一样。戏曲是民族传统的东西,显然不存在民族化的问题。话剧民族化,有人理解为戏曲化。现代化也是一样,究竟指什么?如果是反对封建主义的复活,没有什么不对;如果是指西方现代派,恐怕就有问题。我主张用时代精神和民族特性这两个概念。这两者完全不是对立的,话剧既要反映时代精神,又要有民族特性。话剧要提高,除了生活、思想方面的因素,还有一个继承民族戏剧美学传统问题,没有这个基础,就必然照搬西方的形式和手法。我认为,传统功底愈深厚的人,愈有可能真正学到西方的好东西。照搬戏曲和西方现代派,都谈不到真正的创新。

  西方现代派的戏剧,20年代我国也引进过。当时演过各种流派的话剧,最后终于选择了现实主义,主要是易卜生、契诃夫、高尔基的剧作。易卜生影响很大,从剧作结构到演出形式,占领中国舞台长达70年。我们话剧的现实主义偏于狭隘、保守、僵化,改革是势在必行的。现在的争论有些人为的成分,还不具备理论概括的条件,还不是戏剧美学上的原则之争,不是戏剧文化思潮发展的必然产物。对古代文化和外国文化,我认为毛泽东同志的《讲话》已经提出了明确而完备的方针,现在还是适用的。问题在于"吸收"什么、"批判"什么。关键是重视和研究,不能道听途说,满足于一知半解。譬如说,理性主义。布莱希特和萨特都讲理性,但基本哲学观点不同,要具体分析,而他们又都是现代派。当我们反对荒诞派时,它在欧美风靡一时;当我们宣扬荒诞派时,它已日薄西山。千万不要再闹野兽派就是野兽作画这样的笑话了!现代主义艺术流派本身就是一种庞杂的现象,有的是继承了传统的,有的是反传统的,五光十色。根底浅薄的,旋生旋灭。今天的西方,也是十几种现实主义,但又确实不同于司汤达、巴尔扎克,也吸收融化了现代派的东西。封闭的文化体系是没有前途的,但开放而不设防,潜伏着危险。政治上、哲学上要严格设防,艺术样式、手法上不妨大胆吸收、试验。不要过早下结论,更不要随便扣帽子。

最新的现代派有波兰的格洛托夫斯基的"贫困戏剧"(也可译为朴素戏剧),从50年代起搞试验,卓有成效。他的理论主要是探求戏剧的本质特征。电影、电视对话剧的冲击,迫使不少严肃的剧作家认真思考这个问题,寻找戏剧最本质的东西,即和观众活生生地交流。这一类试验很多,如生活戏剧、发生戏剧。但有的是精华,有的是糟粕。上海最近已有导演在试验,不在舞台上演出,而在观众中演出,把观众卷入事件,变旁观者为参与者。我认为,只要内容健康,形式的探索应该支持,不能动辄视为异端。试验和革新靠实践。实践是一个过程,也可能失败。话剧形式的改革有它的重要性和迫切性,值得认真研究。

阿　红:诗歌在思索中酝酿突破

诗人阿红(《鸭绿江》编辑部副主任)在30日的大会发言题目是:《诗歌在思索中酝酿突破》。

他说:六年来诗歌取得的成就,且不说"十年",就是"十七年",也是不能比的。回顾六年来我们走过的道路,大体经过了三个阶段。(1)从粉碎"四人帮"后到三中全会前,诗歌在政治上得到了解放,但在艺术上还受着"左"的束缚。(2)从三中全会后到去年七八月前,诗歌的成绩最大。诗歌回到了革命现实主义的道路,在表达人民意志、探索新的表现手法等方面,远远超过了"十七年",并且出现了一批青年诗人,呈现出百花齐放的局面。但也出现了一些问题。有些诗表达的感情不够健康;有些诗变成了文字符;有些诗表达的是虚无主义的思想;有些诗表现抽象的哲学思考,只谈人,不谈祖国、人民、民族。在诗歌理论界还发生了一场争论,即关于"朦胧派"的争论。(3)从去年七八月到十二大前是第三个阶段,这个阶段反映人民在四化建设中的情思的诗多了,表现生活美、心灵美、理想美的诗多了,迷迷惘惘、悲悲切切的诗少了,但反映现实重大矛盾、提出现实问题的诗也少了。节日诗、表态诗、配合政策宣传的诗多了,"豪言壮语"的诗多了,这些诗不大受读者欢迎。理论界从双方的争论变成了单方的批评,不够活跃。关于《将军,不能这样做》的批评,产生了一点副作用,就是许多人很自觉地不写反映现实矛盾的诗了。

现在,面对一个新的历史时期,在党的领导下,全国人民正在开创社会主义建设的新局面,我们的诗歌怎么办?大家都在思索着如何突破,为不能突破而苦恼。所谓突破,就是要突破当前诗歌创作的总水平线,使我们的诗真实地反映时代,表现人民的开创精神和丰富的精神世界,参加社会主义精神文明的建设。诗人应该是人民的诗人,要意识到对人民的责任感,对时代的使命感。有几个问题需要很好地思索。(1)诗要不要从生活出发,要不要有真情实感,要不要和人民一同思考?(2)诗要不要表现人民的开创精神,要不要反映四化建设的成就,要不要表现我们的时代精神?如果表现,(怎样)才能把诗发表到读者心上去?(3)诗要不要反映社会矛盾,提出大家关心的问题?诗人面临的是整个社会,它既审美,也审丑,社会上许多不好的东西,都是可以写的。提出生活中的问题,是为了引起疗救者的注意,促进党风和社会风气的根本好转。(4)诗人和人民的关系问题。各人有各人的自我,"表现自我"的同时还要完善自我,"自我"要和人民结合。(5)对古典诗歌遗产和欧美现代派的态度问题。我们的诗要走民族化的路。民族化绝不只是形式上的问题,更重要的是要表现一个民族的精神气质、道德观念等等。从内容上看,我们各种形式的新诗基本上都有民族的特点。对现代派的东西,只要能丰富和发展我们自己,我们就不能拒绝,要研究,在"引进"过程中,要接受人民的检验。检验需要时间,时间长些好。走民族化的路未必不会走向世界。我们有我们的世界观、政治观、艺术观,不能以外国人的意见来作为衡量我们的作品的标准。(6)编辑工作如何正确贯彻"双百方针"也很重要。

这些问题大家都在思考,诗歌将在思索中突破,出现好的作品。写诗和评论都不能看风向。评论要实事求是。理论批评一定要开展两条战线的斗争,不能把"自由化"扩大,同时还要重视"左"的习惯势力。"左"的思潮的确很顽强,总要拉着你往回走,而我们只能在十二大精神的指引下向前进。

陈荒煤:加强当代文学研究

11月2日,陈荒煤应邀在南京举行的中国当代文学研究会第三届年会上讲话,题目是《加强当代文学研究工作》。他讲了三个问题。第一,十二大提出开创四个现代化的新局面,文学艺术的责任和任务是什么?第二,十二大提出宣传共产主义思想,培养社会主义新人,会不会走回头路,重复过去的错误;提倡写高大完美的英雄形象,鼓励歌颂光明,是不是又要搞假大空?第三,面临新的形势、新的情况、新的问题,当代文学研究、评论要提高马克思主义文艺理论水平。

讲话篇幅很长,记录稿发表在中国当代文学研究会编的《当代文学研究·资料与信息》1982年第2期上。30年后,在他100周年诞辰之际出版的《陈荒煤文集》(中国电影出版社2013年)第六卷(下册)中选入此文,但做了修改(谁做的修改,不得而知)。① 这里我根据当初的记录稿,把他讲的第三个问题的部分观点引录在下面:

> 为了使我们当代文学为建设社会主义精神文明做出更大的贡献,当代文学的研究工作、当代文学史的写作,以及当代文学的评论工作、理论工作,都面临着新的形势、新的情况、新的问题,都要求我们提高马克思主义文艺理论水平。正如会议上不少同志提出来的,要提高评论研究工作的马克思主义文艺理论水平。1958年,周扬同志提出过,要建立有自己特点的马克思主义文艺理论,但是二十多年过去了,这个任务我们并没有很好地完成。经过十年动乱,拨乱反正,正本清源,特别是今年纪念毛主席《在延安文艺座谈会上的讲话》40周年,我们明确地提出来,既要坚持又要发展毛泽东同志的文艺思想。应该看到,肃清长期的"左"的思想的错误,还是一个长期的任务。我认为,文艺部门的领导人、作家、艺术家、评论工作者、研究工作者、理论工作者,要克服"左"的思想,有一个问题至今我们还没有足够的认

---

① 可参阅《陈荒煤文集》第五卷(中),中国电影出版社2013年版,第150~167页。

第六章　为文艺与政治的关系松绑(1982)

识,那就是真正用马克思主义的观点,或者说真正建立有自己民族特点的马克思主义的美学观点,真正承认、真正按照文学艺术的客观规律办事。长期以来"左"的思想有重复的表现,至今仍然成为文学艺术发展的一个障碍,我们还不能在理论工作、创作中真正做到按照文学艺术的客观规律办事。我同意有的同志提出的要研究中国社会主义文学艺术的特殊规律。但是,必须有一个前提,即首先要对文学艺术的共同规律了解清楚。高尔基讲过的"文学是人学"这句话,不论现在做什么样的考证和解释,这句话都简明扼要地概括了文学艺术的规律。古今中外各国的作家艺术家,在他们的实践过程中都在研究和探索这个规律,并且有了相当精辟的见解。19世纪俄国伟大的批评家杜勃罗留波夫在评论《黑暗王国的一线光明》中讲了这么一句话:"作为了解作家的才能的特征的关键在于他对于世界真正的看法,这还得在他所创造的生动的形象中去找寻。艺术家的才能与思想家的才能之间的根本区别,就在这里。"别林斯基也说过类似的话。思想家是靠统计数字来说明问题,这个阶级、这个社会为什么是这样子,为什么起来了,为什么失败了;而艺术家则靠的是形象。二者的本质区别就在这里。毛主席《在延安文艺座谈会上的讲话》高度概括了文学艺术的特征:"革命的文艺应当根据实际生活创作各种各样的人物来帮助群众推动历史前进。"从马克思主义的经典著作来看,从来都是反对文学艺术概念化的。……文学艺术反映生活归根到底是反映人民的生活,文学艺术反映所谓形象化,归根到底,也是以人物的形象为主。文学艺术反映社会现象、社会矛盾,主要是通过人与人之间的复杂的关系、错综复杂的矛盾,去反映社会现象。……到现在为止,我们的理论研究工作、评论工作,仍然没有摆脱这个状况,我们的批评仍然把政治标准第一变成唯一。

"文学艺术反映生活归根到底是反映人民的生活,文学艺术反映所谓形象化,归根到底,也是以人物的形象为主。文学艺术反映社会现象、社会矛盾,主要是通过人与人之间的复杂的关系、错综复杂的矛盾,去反映社会现象。"关于文艺与政治的关系问题,胡乔木在中国文联第四届第二次全委会等场合已经有过多次发声了。陈荒煤在这里旗帜鲜明地反对了在文学理论批评中仍然坚持政治标准第一,甚至政治标准唯一。

对文艺批评的批评和期待

当前文艺批评的现状和出路,成为这次会议上普遍关注的问题之一,许多作家和批评家都从各自的立场触及了这个问题,发表了高见。

作家张弦在10月30日的大会发言中强调批评家要宽容,要允许作家在宏伟目标的要求下写各自的"一木一石"。他的发言说:

第一,近两年来的小说创作不如前两年那么丰富多彩、震撼人心,原因是很复杂的。有客观的原因,也有作家们主观的原因。很希望搞理论批评的同志透辟地作些分析。我认为,提出"用共产主义精神教育人民",对于作家来说,是提出了更高的要求,也是责无旁贷的。我们应该努力反映生活中的重大矛盾,不要回避现实,也不应粉饰现实。当然,这是很艰巨的。恐怕每个作家都有自己的苦衷。反映现实生活的作品,常常处于两面挨板子的状况。我认为,用共产主义思想教育人民,是社会主义文学的宏伟任务,是一个宏观的目标。在这个目标下,仍然要坚定不移地贯彻"双百方针",不排斥"一木一石",如同浩渺的海洋不拒绝细流一样。只要是健康的、文明的、给人以启迪的、给人以美感的、引人向上的,都是为了这宏伟目标铺设的一木一石。文学的路子应该是更宽阔,而不是更狭窄。所以我想,理论批评不应用几句抽象的概念来要求所有的作品,在题材上、在风格样式上、在表现手法上,似应更加宽容些。这宽容不等于不要严格要求,对每一篇作品,作者和批评家都要严格要求它。听不得批评的作者,其实是故步自封。

第二,希望搞理论批评的同志能更多地接触生活,和作家一起研究生活。三中全会以来,生活在以惊人的步伐发展着。作家不从生活出发,写出的作品就不真实;理论批评家如不研究生活,只从理论出发,那他们的文章也必然缺乏力量,不能令人信服。周扬同志说,对待毛泽东的文艺思想,一要坚持,二要发展。我想这发展,就是要从实际出发,不仅研究作品实际,也要研究生活实际。"生活之树常青"嘛!尤凤伟同志写了一篇《因为我爱你》,我觉得写得并不好,尤凤伟自己也认为是不成功的。但这篇作品却引起了青年读者的热烈反响,发表十几天,作者就收到了四百多封来信。为什么呢?因为作品说明了青年读者迫切希望知道的一个恋爱的基本常识问题。如果不了解大多数青年的实际情况,就无法理解这个现象。让我们共同向生活学习,"以造化为师",写出好作品和有分量的理论批评文章来吧!

潘仁山(《光明日报》编辑部)在理论二组的小组会上发言强调文艺工作者要加强基本功的训练。他说:目前高水平的文艺理论家很少,有些评论者基础知识很差。茅盾同志说要学贯中西、博古通今。现在搞当代文学的,只看当代的、中国的,而不懂古代的、外国的,外语也不行,要出鲁迅、郭沫若那样伟大的作家就不容易。对马列主义的学习也很差。过去是教条主义地学,现在,在某种程度上出现了信仰危机。评论家要有评论家的品格,要站在党和人民的立场上,能憎能爱,实事求是地憎其所当憎,爱其所当爱,对好作品敢于大胆肯定,对有问题的作品敢于理直气壮地说理批评。如对《春天的童话》就应该批评。

昆明部队作家彭荆风在小说一组的小组会上发言说:现在作家很苦恼,主要是吃不消某些评论家的好心评论。一个短篇小说,本来只是写了一个小小的可取点,却被说成深刻反映了社会矛盾。我们在一个短篇里写一个人,只能是生动地(或不够准确地)表现了某一个人,不可能代表全体,更不能概括整个社会。有的作家的头一篇小说并不想概括整个生活,但会由于它真实生动地描写了某一个人、某一件事而受到欢迎。但同一个作家的后几个所谓"系列小说",从主观愿望出发,想要反映整个时代,反倒越写越差。一朵花就是一朵花,一棵草就是一棵草,不要夸大它们可以代表整个草原。我觉得以这样的观点来写短篇小说、评价短篇小说,是比较合适的。

诗人骆寒超在诗歌组的小组会上发言说：对搞评论的人来说，一要允许各种流派并存，二要科学化，三要少谈些主义、多谈些艺术规律。创作上可以百花齐放，搞评论的人要指出其优劣。对于民歌，要指出它在特定的政治背景下产生的渊源。从诗的理论来讲，它还达不到诗的高度。人为的歌颂不能代替诗。但是我并不反对民歌存在的价值。同样的，我对朦胧诗的看法也是如此。要科学地分析和对待。不过，我对于顾城的诗表示担忧。

批评家冯健男（河北师范大学教授）在理论二组的小组会上发言提出，要重视理论队伍的建设。他说：文艺批评要加强组织，要有专门的机构，以利系统地研究一些理论性问题，开展专题性的学术活动。目前文艺批评的状况是，组织不力，某些创作上、批评上的重大问题老是得不到解决。选题也缺乏全局性、系统性。基本上是几个人在那里零敲碎打，更多的是从个人的兴趣和条件的方便来考虑。当然，这也是需要的。但是，一些比较重大的理论问题，没有专门组织和花大力量来研究不行。比如毛泽东文艺思想、胡风的文艺观等等，不研究清楚怎么行？尤其在高等院校讲当代文学史，回避它是不可能的，但靠个人力量无法弄清。所以，要呼吁重视理论队伍的建设，理论批评要高瞻远瞩。

马尔克斯获1982年诺贝尔文学奖

1982年10月21日，瑞典科学院宣布，哥伦比亚著名作家加夫列尔·加西亚·马尔克斯（Gabriel Garcia Marquez）荣获1982年诺贝尔文学奖。他的作品"将幻想与现实结合在一起反映了一个大陆的矛盾和生活"。这位被称为"魔幻现实主义大师"的作家的《百年孤独》于1967年出版后，一时间成为十分流行的世界名著，在我国读书界和文学界也发生了很大的影响，对稍后出现的"寻根文学"潮流起了或隐或显的推动作用。有评论说，余华、莫言等中国作家都称曾受其影响。

马尔克斯1927年3月6日生于哥伦比亚的阿拉卡塔卡。1940

年全家移居首都波哥大,进入耶稣会所办的学校读书。曾在波哥大自由大学学法律,后任波哥大《观察家》报记者。1945年发表短篇小说《周末后的一天》,获全国文艺家协会奖,同年被报社派驻欧洲,遍访法、意诸国。1956年回国。1957年12月任《观察报》驻加拉加斯记者。1959年任古巴的拉美社驻波哥大分社负责人,1960年任该社驻联合国记者,后又任纽约分社社长。1975年返回哥伦比亚,为抗议智利军事政变,宣布"文学罢工"搁笔七年。1981年自行流亡到墨西哥,同时担任法语－西班牙语国家文化交流委员会主席,1982年7月回国。

马尔克斯

郭沫若诞辰九十周年纪念和故居开放

1982年11月16日,是郭沫若(1892.11.16～1978.6.12)诞辰九十周年纪念日。为了纪念这位杰出的作家、诗人、戏剧家、历史学家、考古学家、古文字学家,全国各地纷纷举办报告会、座谈会等。

我所在的《文艺报》在1982年第11期上开辟"郭沫若读诗札记"专栏,发表了郭老的《大江东去》、《东风吹绽海棠开》、《水天空阔》、《形妖无千岁》四则读书札记。

11月11日,中国文联、中国社会科学院文学研究所联合主办"纪念郭沫若诞辰九十周年文学学术报告会",首都文学艺术界一百五十多人参加了报告会。报告会由中国作家协会副主席陈荒煤主持并致开幕词。他在开幕词中说:郭沫若是继鲁迅之后我国文化战线上的又一员主将,是为共产主义事业奋斗终生的革命家和无产阶级战士。四位学者作了学术报告,他们是:王瑶《郭沫若浪漫主义历史剧的创作理论》、张颖《纪念郭老,学习郭老》、戈宝权《郭老与外国文学的关系》、黄候兴《论郭沫若的艺术个性》。

11月16日,由中国文学艺术界联合会、中国社会科学院、中国科学院、中国作家协会联合举办"纪念郭沫若诞辰九十周年座谈会"。党和国家领导人王震、方毅、邓力群以及首都三百多位文艺、科学界人士出席座谈会。中国文联主席周扬、青年时代就与郭沫若结下深厚友谊的成仿吾、科学家严济慈、中国文联副主席傅钟、中国社会科学院副秘书长梅益、中国科学院院长卢嘉锡、戏剧家曹禺在会上发言,高度评价郭沫若一生的成就和杰出贡献。

郭沫若

周扬发言说:"郭沫若是我国'五四'新文化运动继鲁迅之后的又一面光辉旗帜。郭沫若和鲁迅是近代中国所诞生的两大文化巨人,堪称双璧。"①"郭沫若同志在学术文化方面的建树是多方面的,他是中国的一位百科全书式的人物。……终郭沫若同志一生,他都兼有学者、文学家和革命行动家双重品质。""鲁迅和郭沫若两人在中国现代革命文化史上的贡献是无可比拟的。他们的著作不仅属于过去,而且属于今天,属于未来。"②

郭沫若生前是中国文学艺术界联合会第一任主席,直至他逝世。1957年我大学毕业被分配到中国民间文艺研究会工作,走进王府大街64号中国文联大楼的那个年代,中国文联的主席还是郭老。1950

---

① 引自《全国纪念郭沫若诞生九十周年概况》,《中国文学研究年鉴(1983)》,中国文联联合出版公司1994年版,第29～32页。

② 周扬:《纪念郭沫若诞生九十周年和庆祝郭沫若故居开放》,《人民日报》1982年11月18日。

年3月29日,他在中国文联之后的第一个全国性文艺团体中国民间文艺研究会的成立大会上,发表了《我们研究民间文学的目的——在中国民间文艺研究会成立大会上的讲话》,指明并规定了我们研究民间文学的五个目的。1958年他就当时涌现出来的新民歌问题答《民间文学》杂志记者问,和周扬联合主编《红旗歌谣》,记录下那个年代的"国风"。他还亲自指导中国民间文艺研究会的编辑同志们编选多卷本的《中国歌谣选》并为之题写书名,可惜他没有能看到这套书的出版(他逝世于1978年6月,该书出版于11月)。他在中国民间文艺研究会成立大会上的讲话,对于中国的民间文学和中国文学史研究来说,是一份纲领式的文件,故而录之如下:

今天民间文艺研究会成立,主席周扬同志要我来讲几句话。我感到非常惶恐:第一,这些日来我好像是青蛙跳上了干坎,专心搞科学行政的工作,把文艺从脑子里赶了出去,叫我今天来谈文艺,实在有些生疏;第二,说实话,我过去是看不起民间文艺的,认为民间文艺是低级的、庸俗的。直到1943年读了毛主席《在延安文艺座谈会上的讲话》,这才启了蒙,了解到对群众文学、群众艺术采取轻视的态度是错误的。在这以后,渐渐重视和宝贵民间文艺,可是,直到现在还没有做过深入的研究,更没有写过什么东西,不像在座的钟敬文先生是民间文艺的研究家,老舍先生是民间文艺的写作家。我什么也不是,也说不出什么。

民间文艺包括范围很广,文学之外还有各种艺术。如果要我全面地来发表意见,是不可能的事。但如果回想一下中国文学的历史,就可以发现中国文学遗产中最基本、最生动、最丰富的就是民间文艺或是经过加工的民间文艺的作品。

最古的诗集是《诗经》,其中包括国风、大小雅、三颂(周、鲁、商)。国风是当时(春秋末,战国初)的民歌民谣,大雅小雅主要是周代的宫廷文学,周颂是周朝祭神的颂歌,鲁颂是鲁国祭祀的赞美诗,商颂是宋襄公时代的祭祀之歌,也是贵族文学。所以一部《诗经》,只有国风是来自民间的,雅、颂都是贵族文学、宫廷文学。但是比较起来,国风的价值远超过雅、颂。也就是说,民间文学的价值远超过贵族化的宗庙文学、宫廷文学。

再说到众所周知的《楚辞》。屈原写《离骚》是采取了民间的文艺形式而又发展了的。其他有些也是民间文艺作品,经过宋玉、景差等人加工的。这证明了经过正当加工的民间文学是最有价值的,是有最长的生命的。

两汉引以自傲的赋,实际上是一种像两扇大门一样死板的、比明清的八股还要没有价值的东西。两汉遗留给我们的最有价值的是乐府。而乐府正是从民间来的诗歌。它们所达到的艺术水准,现在的诗人还达不到。

六朝盛行骈文,但是这些东西在今天已没有价值。有价值的是民间的,尤其是在南朝流行的《子夜歌》、《读曲歌》等。这些作品都是非常佳妙、非常动人的。

再往下跳跃一大步吧,可以看到奇峰突起的元朝戏剧。这在中国文学史上是个突然的高潮。现存的元曲数量很多,大都是很有价值的。元朝的统治者是个外来民族,还不知道利用文学艺术作为统治人民的工具。一般文人巴结不上,只得下求,创作以人民为对象的作品,使民间文艺开放了奇花异彩,至今仍具有很大吸引力。明清小说如《水浒传》、《西游记》、《三国演义》等,都是承袭了民间的传统如变文、评话等创作出来的中国文学史上的伟大成就。

国风、《楚辞》、乐府、六朝的民歌、元曲、明清的小说,这些才是中国文学真正的正统。以前认为是正统的那些,事实上有许多是走入了斜道的、在今日已经毫无价值的东西。

今天,经过了毛主席的启示,我们应当彻底改正以前蔑视民间文艺的错误观点。民间文艺是无尽的宝藏。从事文艺工作的人应当特别重视它,并且加以研究。

我们今天成立民间文艺研究会,就是要对中国古代和现代的民间文艺进行深入的研究。我们研究的目的,我想到的有五点。

（一）保存珍贵的文学遗产并加以传播。中国幅员广大，各地有各地方的色彩，收集散在各地的民间文艺再加以保存和传播，是十分必要的。我很喜欢"国风"的"风"字，这个"风"用得真是不能再恰当了。民歌就是一阵风，不知道它的作者是谁，忽然就像一阵风似的刮了起来，又忽然像一阵风似的静止了，消失了。我们现在就要组织一批捕风的人，把正在刮着的风捕来保存，加以研究和传播。在中国五千年的历史上，捕风的工作是做得很不够的，像《诗经》这样的搜集就不多。因此有许多风自生自灭，没有留下一点痕迹。今天我们不能重蹈覆辙，不能再让它自生自灭了。

（二）学习民间文艺的优点。我们搜集了民间文艺，并不是纯粹为了当作艺术品来欣赏，甚至奉为偶像，而是要去寻找它的优点来学习。在诗歌中，要学习它表现人民情感的手法、语法，学习它的韵律、音节。同时，还可以借民间的东西来改造自己。民间艺术的立场是人民，对象是人民，态度是为人民服务。凡是爱人民的即爱护之，反对人民的即反对之。我们的作家应当从民间文艺中学习改正自己创作的立场和态度。

（三）从民间文艺里接受民间的批评与自我批评。文艺不仅是对现实生活的反映，而且是对现实生活的评价与批判。民间文艺中，或明显或隐晦的包含着对当时社会，尤其是政治的批评。所以今天我们研究民间文艺不单着眼在它的文学价值，还要注意其中所包含的群众的政治意见。今天我们大家都要有自我批评，更要收集群众意见。在民间文艺中就提供了不少材料。民间文艺是一面镜子，可以照出政治的面貌来。这个道理，并不是今天才发现的，古人也早已有此见解。据说古代统治者派遣采诗官，采集诗歌在朝廷演奏，借以明了民间疾苦。这种事是否的确有，不能确定，但至少有人有过这种想法。在音乐方面，古人也知道"审乐而知政"，从民间音乐的愉悦或义愤中考察政治的清明或暴虐。我们不好单把民间文艺当作一种艺术来欣赏、一种文学形式来学习，还必须借民间的镜子来照照自己。

（四）民间文艺给历史学家提供了最正确的社会史料。过去的读书人只读一部二十四史,只读一些官家或准官家的史料。但我们知道民间文艺才是研究历史的最真实、最可贵的第一手的材料。因此要站在研究社会发展史、研究历史的立场来加以好好利用。

（五）发展民间文艺。我们不仅要收集、保存、研究和学习民间文艺,而且要对其进行改造和加工,使之发展成新民主主义的新文艺。在中国历史上长久流传的文学艺术,如《离骚》、元曲、小说等,都是利用民间文艺加工的。这对我们是个很好的启示。今天研究民间文艺的最终目的是要将民间文艺加工、提高、发展,以创造新民族形式的新民主主义的文艺。①

"现代派"风波

"现代派"作为一种思潮

1980年第3期的《外国文学研究》（双月刊）发表叶永义的《怎样看待西方现代派文学?》,引发了一场"关于西方现代派文学"的讨论。在新时期的初始阶段,现代派思潮的兴起主要是朦胧诗,"意识流小说"出现于文坛的时间则稍稍往后一点。《怎样看待西方现代派文学?》这样的命题,其实是文坛上求变革,希望从传统意识和思维定势中突围出来的一个理论选择,哪知道,《外国文学研究》的这个讨论,并没有越出外国文学研究者的圈子,在相对比较活跃的文学创作和理论批评圈子里没有得到较多的关注,因而也就没有发生较大的影响。客观地说,这也与中国作家队伍的知识结构不无关系,作家大多不懂外语,与外国作家交往靠翻译,读外国文学作品靠译本,理论就更不用说了。

1981年的9月,中国作家协会外联部的高行健写了一本题名为

---

① 发表于《人民日报》1950年4月9日;又见《民间文艺集刊》第1集,1950年11月。

《现代小说技巧初探》的小册子,由花城出版社出版。作者请老作家、老翻译家叶君健写的序。序言给这本小册子增色不少,起了画龙点睛的作用,使高行健其人其作受到文学界的刮目相看。文学界,主要是创作界,在《苦恋》事件后,进入了一个短暂的苦闷期,许多作家的思想是混乱的、苦闷的,其创作,总体来说变得黯淡了、平庸了。作家们都想走出困境,却没有找到突破口。高行健这本小册子的出版,尽管与《外国文学研究》所倡导的现代派文学讨论并没有直接的联系,但它所提供的"现代小说"的观念和写作技巧,却适应了渴望从西方文学中寻找出路的青年作家的需要。

《外国文学研究》编辑部为了结束这场长达一年多、而又多少有点儿自说自话式的讨论,在1982年第2期(4月出版)上发表了老作家、老翻译家徐迟撰写的《现代化与现代派》一文。徐文一出来,打破了寂寞,引起了文学界的关注。其所以引起热议,是因为作者很直白地把现代派和现代化直接联系了起来,认为社会的现代化必然要求文学的现代派,而我们的社会是一定要走现代化道路的,那么,现代派也就将会取代我们一向提倡和坚持的现实主义,乃至社会主义现实主义文学,而成为我国文学未来的发展方向。徐迟的这篇文章,有意无意地让他一下子成为自二三十年代文坛上出现现代派浪潮之后,在80年代历史新时期出现的又一波现代派文学浪潮的首领人物。

高行健的小册子引起了王蒙的注意。他于1981年12月23日给高行健写了一封信谈他的读后感。这封信发表在上海文艺出版社出版的大型文学季刊《小说界》1982年第2期(5月出版)上。在信中,王蒙对高行健关于小说技巧和形式的阐述给予了积极的肯定:"你的书是非常有趣、有益、有启发性的,虽然我可以预料,它将引起相当激烈的争论。"

主管意识形态的党中央书记处书记胡乔木于1982年4月17日出版的《红旗》杂志第8期上发表了《关于资产阶级自由化及其他》一文。继而,4月22日,胡乔木于1981年8月8日在中宣部召开的思想战线问题座谈会上的讲话《当前思想战线上的若干问题》由人民出版社出版发行；同时于5月7日出版的《文艺报》第5期上发表，作者在正文前面加了附注："这篇讲话已经发表过几次。每次发表前，作者都曾经做过一些修改和补充。现在在《文艺报》要发表和人民出版社要出单行本的时候，作者又做了一些修改和补充。因此，它和最初发表的样子已经有了不少差异。这是需要向读者说明的。"他在这篇文章里阐述了《苦恋》事件之后继续批判资产阶级自由化的必要性，同时批评了文艺界在资产阶级自由化问题上存在的"软弱涣散"。经过作者修改后的这篇讲话在即将召开十二大之时发表和出版，为文艺界及其报刊继续开展反资产阶级自由化提供了指导思想。

7月28日，我所供职的《文艺报》编辑部召开组长以上会议研究第9期的选题内容时，编辑部已经注意到并提出高行健的《现代小说技巧初探》应予评论。唐因说："什么是文学的现代化？高行健所阐述的现代化的概念是混乱的。他认为，过去的文学是蒸汽机车，现在的文学是航天飞机！鲁迅、巴尔扎克等是小毛驴！他离开了内容谈技巧，孤立地谈技巧。在他的小说理论中，主张写感性情绪，不需要经过理性过滤，平淡的生活中自有抽象的哲理。主张作家不用研究生活的真实的矛盾，只要抓住几个寓意就够了。这显然是从西方现代主义文艺理论中拿来的观点。"未久，《上海文学》于1982年第8期发表了冯骥才、李陀、刘心武三人的《关于"现代派"的通信》：《中国文学需要"现代派"——冯骥才给李陀的信》、《"现代小说"不等于"现代派"——李陀给刘心武的信》、《需要冷静地思考——刘心武给冯骥才的信》。这三篇被誉为"寂寞空旷的天空"中大的或小的、漂亮的或"难称漂亮"的"风筝"的书信体的文章，骤然把文学的现代派问题升温为1982年中国文坛的热点。编辑部经过多次酝酿，已逐步形成了一个意向性的意见，要在刊物上开展关于现代派问题的讨论，并责成理论组就30年代文学中的现代派和几十年来现代主义与现实主义的斗争史加以研究，整理材料，为开展讨论作准备。

中宣部把批评现代派列入了文艺界和文艺报刊宣传十二大的内容。9月3日，唐因在我们编辑部传达了中宣部副部长贺敬之的工作布置："要综合地、立体地，从各个侧面宣传十二大的精神。比如乔木关于共产主义的讲话要宣传,社会主义精神文明的核心是共产主义思想,要高举共产主义的旗帜。文艺界对这个讲话反应冷淡。……最近提倡现代派的同志们理直气壮,充满激情,文艺界在这个问题上开展一场辩论,看来是不可避免的了。提倡现代派,实质上就是离开'二为',离开现实主义的艺术规律,在西方思潮面前解除武装。"

十二大于 1982 年 9 月 1 日至 11 日在北京召开,胡耀邦代表中央作报告。《报告》明确规定了党在新时期的总任务,制定了我国经济发展的战略目标、战略重点和战略步骤,提出建设以共产主义思想为核心的高度精神文明,制定了建设高度的社会主义民主的根本方针,强调要把党建设成为社会主义现代化建设的坚强领导核心。时值十二大前后,在中央"提出建设以共产主义思想为核心的高度精神文明"的方针、全党全国大力宣传的政治形势下,《上海文学》发表这三篇提倡现代派的文章,把文学家们的目光引导到关注现代派上,实在并非明智之举。三篇文章发表之后,在报刊上,批评者有之,赞同者亦有之,在文学界形成了两种对立的观点和立场。而在私下里,至少在中国作家协会的决策者中间,在现代派问题上的态度和举措上的分歧,尤其令人瞩目。

综览这个阶段在报刊上发表的有关文学的现实主义和现代主义的文章,出现了两个不同的主题或声音。党报上发表的文章,主要论题集中在坚持革命现实主义上,约略计有:《人民日报》8 月 25 日发表了胡采的《革命现实主义的几个问题》;《光明日报》8 月 29 日发表了贺敬之的《做坚定的、清醒的、有作为的马克思主义评论家》;《人民日报》9 月 1 日发表了陈涌的《文艺评论工作要加强马克思主义基本理论的学习》,《光明日报》同日发表了郑伯农的《要研究社会主义文艺生产的发展规律》;《人民日报》10 月 13 日发表了本报评论员文章《发挥文艺在精神文明建设中的积极作用》和李基凯的《塑造艺术典型的原则不能动摇》,对一些作家评论家轻视文化的作用和对历史上的文化遗产及外来影响一味推崇的倾向提出了批评;一周后,《人民日报》又于 10 月 20 日发表了评论员文章《文艺工作者要认真学习马克思主义的基本原理》。

而在文学报刊上发表的文章,则大都是与上述《上海文学》的三个"风筝"的通信和徐迟、叶君健的提倡现代派的文章讨论和争鸣的。上海《文学报》10月14日发表了外国文学研究者袁可嘉的《西方现代派文学的是与非》,11月15日出版的《文艺报》第11期发表了理迪(李基凯)的《〈现代化与现代派〉一文质疑》,《光明日报》12月30日发表了袁可嘉的《我所认识的西方现代派文学》,《上海文学》第12期发表了陈丹晨的《现代派与中国文学——致冯骥才同志的信》。转过年来,《文艺报》1983年第2期上发表了李准的《现代派与现代化有必然联系吗?》,甘肃《当代文艺思潮》1983年第1期发表了刘锡诚的《关于我国文学发展方向问题的辩难》,等等。

现代派问题在文学界的升温,涉及了、或者说冲击到了所有的文学艺术领域。10月15日在北京西苑饭店召开了持续三天的"现代主义与现实主义问题讨论会"。15日上午,由翻译家、电影评论家邵牧君发言,主题是现代主义电影问题;下午由中央美术学院教授、美术评论家邵大箴发言,主题是美术领域里的现代派思潮。16日上午,由外国文学研究家袁可嘉发言,主题是西方现代派;下午由翻译家、中国作家协会书记处书记陈冰夷发言,主题是现代派在苏联。17日,由甘肃《当代文艺思潮》杂志主编谢昌余发言,内容是现代派思潮产生的根源与现实主义的生命力;《天津文学》副主编金梅发言,主题是文学界的"名气危机",揭露有些青年作家忙于出入于宴会,住高级宾馆,游走于庐山、北戴河等,导致文学创作陷入低落;中宣部文艺局理论处处长徐非光发言,主题是讲现代主义是病态的文学、世纪末的文学;重庆《红岩》杂志主编张胜泽发言,讲当前文坛上灰色的东西之所以多了盖来源于现代派思潮的影响所致。总体看来,这是一个学术性比较浓的会议,虽然也有对文坛现状的批评和忧虑。

《文艺报》在现代派问题上的立场

作为对党的十二大的宣传和对中宣部贺敬之工作布置的呼应,《文艺报》1982年第9期发表了由我执笔的社评《文学在精神文明建设中的重要作用》,重点讲了胡乔木在思想战线问题座谈会上讲话中的精神,即社会主义精神文明的核心是共产主义思想,要在文艺工作中开展两条战线的斗争。同期发表了署名"启明"的读者来信《这样的问题需要讨论》，信中说："读了《上海文学》第8期上冯骥才、李陀、刘心武三位作家关于当代文学创作问题的通信，受益匪浅。由于他们是在对高行健同志新著《现代小说技巧初探》一书的评论中，阐述了他们对一些文学观念和文学发展趋向的意见，所以就特别使我感兴趣。他们的文章中不乏引人思考的见解，当然也有使我感到困惑和忧虑的东西。"他认为，"这涉及我们的文学是走现代派道路还是走现实主义道路的问题"。在9月28日检查第9期刊物的编辑部全体会议上，雷达说："'读者中来'谈《上海文学》的文章，很及时，很敏锐，很多人都关心这个问题，希望能接上去。"

9月18日，作协党组召开扩大会议，我也参加了。党组书记张光年传达了胡耀邦在一中全会上的讲话和邓小平在顾问委员会的讲话精神，提出作协应做的几件事：（1）机构改革同时要考虑到体制改革；（2）深入生活要讲究效益，要及时总结；（3）提倡一下报告文学，能迅速反映生活；（4）抓紧评论队伍，兼顾影视评论；（5）评奖还要进行。我注意到，张光年自责说，一段时间来，对资产阶级自由化问题估计过低了。10月20日，唐因、唐达成、刘锡诚研究工作时，唐因提出，《文艺报》迫切需要发表一篇与徐迟商榷和评论高行健的《现代小说技巧初探》的文章。次日，即10月21日，召开编辑部组长以上干部会，理论组组长李基凯受命就现代派问题作了一个系统的汇报发言，涉及苏联百年来对现代派的态度与做法，现实主义与现代主义的区别与对立，当代西方文艺的现状，现代化经济建设是否一定要出现现代派，现代派的真实观、艺术技巧与内容的关系，研究介绍西方现代派文艺的目的，借鉴西方现代派成功与失败的经验等方面。这时，唐因的思考已经成熟了，当即在会上指定由李基凯执笔写一篇与徐迟的《现代派与现代化》商榷的文章。《文艺报》1982年第11期开辟"讨论会"栏目，转载了徐迟发表在《外国文学研究》和《上海文学》上的文章《现代化与现代派》，同时配发李基凯以理迪笔名撰写的与徐迟商榷的文章《〈现代化与现代派〉一文质疑》，表明我们对提倡现代派是持批评态度的，至少认为是应该讨论的。在"讨论会"栏题下，加写了编者按:"最近又有读者提出今年出版的《外国文学研究》第1期上,徐迟同志发表的《现代化与现代派》的文章,关系到我国文艺发展的方向问题,也需要进一步展开讨论,以便更有利于建设我国革命的、民族的、大众的新文艺,使我国的社会主义文艺在建设以共产主义思想为核心的社会主义精神文明中发挥更大的作用。我们认为这个建议是很好的。"

自从粉碎"四人帮"以来,徐迟一直与中国作家协会及其领导人保持着密切的关系,备受尊重,曾为《人民文学》写作《哥德巴赫猜想》等一系列影响很大的文章,在文学的改革开放初期发挥了积极的先导作用。《文艺报》做这样的版面安排,显然是把老朋友徐迟放在了被批评的"砧板"上。这件事,很快传到了作协党组书记张光年的耳朵里,引起了他的不快。张光年在10月31日的日记里有这样的记载:"晚吴泰昌来……说下期《文艺报》转载了徐迟提倡现代派文章,同时发了李基凯写的'质疑'文章。我觉不妥,但这期已经付印了,听后不胜忧虑。半夜醒来,越想越不对,应当提意见。"11月1日日记:"晨为《文艺报》11期内容打电话给唐达成、孔罗荪。8时唐来,谈考虑转载徐迟文经过。我系统地谈了几点意见,主张停印、抽换,说明这是郑重考虑的参考意见,请他向党组、贺敬之转达。如来不及,就按中宣部意见办,我保留自己意见。"11月2日日记:"唐达成来信,经向贺、冯汇报后,认为《文艺报》11期如停印,会引起震动,只好在12期补救。文艺局将邀报刊开会(打)招呼,不要同时都来批现代派。看了李基凯批评徐迟文清样,确实不好。补看了《上海文学》杂志上冯骥才、李陀、刘心武三人通信等材料,应妥善处理。"11月3日日记:"下午看了《文艺报》第10期上洪明批评文艺上现代派思潮的长文《论一种艺术思潮》。写得还好,有分析,但一开头就断定我国此刻已形成此种思潮,则估计过重了。还看了与此有关的另一篇文章。这期《文艺报》内容较丰富。"11月5日日记:"晚贺敬之来。……谈到批现代派,他表示赞成我的意见。"11月7日日记:"下午唐因来谈。表示同意我对讨论现代派问题的意见。"①

我因于10月23日赴南京参加中国当代文学研究会第三届学术讨论会,11月3日才回京,对离京后的这些日子里编辑部和作家协会围绕着批评现代派问题发生的事情不得而知。11月4日我一上班,陈丹晨就向我通报,刊物转载徐迟的文章和发表李基凯批评徐迟的文章,张光年和孔罗荪(《文艺报》第二主编)要我们撤下来,而贺敬之(中宣部副部长)和冯牧(《文艺报》第一主编)则不同意撤。这期刊物现已付印。从这个消息中,我体会到了问题的严重性和复杂性。在现代派问题上,领导间出现的观点分歧使事情严重化了。第二天,11月5日,中宣部文艺局局长杨子敏打电话来,我接听的,讲了两个问题:第一个问题是,报告文学座谈会,要给中宣部写个报告,提出解决问题的办法,由中宣部批一下;第二个问题是,"关于现代派,也要写一个报告来,讲清为什么要组织讨论,掌握几个界限,也由中宣部批转一下"。接听了杨子敏的电话后,我旋即给《人民文学》副主编刘剑青同志打电话,转告他报告文学座谈会的请示报告由他们写的事。关于开展现代派问题讨论的报告,我们当然遵照程序去办。但《文艺报》呈送的请示报告,中宣部是怎样批转的,因时间久远,手头又没有留下材料,记忆已经模糊了。《文艺报》转载徐迟文章和发表理迪的商榷文章这件事,也触及了或者说伤及了在文艺思想上相同、在私人关系上也一贯友好的《上海文学》编辑部,特别是主持工作的李子云。② 于是,《上海文学》又在1983年第2期上发表了文艺界前辈夏衍的文章《致友人书》,从而大大加重了主张现代派一方的分量。然而,尽管我们十分尊重夏公,但他这篇文章中的一些观点,却是我们并不认同的。

此后,1982年11月8日,《文艺报》在北京新侨饭店六楼会议厅

---

① 张光年:《文坛回春纪事》,海天出版社1998年版,第401～403页。
② 冯牧逝世后,李子云写了《好人冯牧》一文纪念他,就现代派问题上观点的分歧写了一大段,表达了深情的怀念和理解。见李子云:《我经历的那些人和事》,文汇出版社2005年1月版。

召开了"现代主义与现实主义问题讨论会"。召开这样一个座谈会,以及会议的主题,当然是按照请示报告和中宣部批示进行的。会议由冯牧主持。应邀到会者的有:文学评论家兼文学界的领导陈荒煤、许觉民(洁泯)、梁光弟(中宣部文艺局副局长),作家王蒙、林斤澜、郑万隆、冯骥才、邓友梅、李陀、刘心武、张洁、理由、谌容,外国文学研究家张英伦、柳鸣九、高行健。从邀请参加会议的这些人选来看,我们编辑部召开这个会议的目的,显然已经不是为了单纯地批判,而是定位为就现实主义如何发展、如何借鉴现代派文艺问题交换意见。①下面根据我的笔记,摘引几位作家的发言要点。

王蒙说:现代派是一个非常庞大的混合体,其世界观是唯心主义的。在艺术观上,现代派不重视生活是唯一的源泉,尤其不重视社会生活。它的特点,一是主观主义的,二是非理性的。它强调艺术的不可解释性。今天,我们要与非理性、唯心主义世界观划清界限。

李陀说:问题的焦点,集中在现实主义的发展问题上。20世纪与19世纪的现实主义相比有何发展、有何区别?我们往往把好的东西当作现实主义,不注意它们之间有什么区别。20世纪的现实主义吸收了很多现代主义的东西。我不同意说现实主义已经穷途末路了。新时期文学的现实主义就有很大的发展。如果说"十七年"的现实主义比较单一化,那么新时期文学的现实主义就多样化了。

林斤澜说:现实主义要求真实地反映生活,注重客观描写。否则,就是别的什么主义了。《聊斋志异》之所以雅俗共赏,正是借助于一些主观抒情的东西。现实主义也要吸收一些主观抒情的东西。当然要合于本民族的欣赏习惯。

邓友梅说:这几年的失误,不是现实主义多了、饱和了,而是现实主义还没有讲透。现在的情况是,说"洋为中用",可是吸收和消化为民族的东西的人少了。一个民族总是要不断地吸收新鲜血液。文学是否可以曲折一点反映生活?我主张兼收并蓄,各显其能。吸收最

---

① 会议内容,参见报道《坚持文学发展的正确道路——记关于现实主义和现代主义问题讨论会》,《文艺报》1982年第12期。

好别叫人看出是学哪一家。也可以有部分同志更多地吸收外国的,也应有更多的同志学中国古代的。

冯骥才说:我个人的创作正处在一个苦闷期。去年、前年,创作比较沉闷。去年在《人民文学》上发表了一篇谈写人生的文章,后来引起了争论,有人误解,以为写人生就不写社会问题了。

洁泯说:小说中采用意识流,属于创作手法和技巧。李国文的《冬天里的春天》里大量运用了意识流和象征主义的手法,但应该说是积极的。

在中宣部的批准下,《文艺报》编辑部召开的这个会,一方面对主张现代派的作家们的观点开展学术上的商榷和有限度的批评,坚持在"恢复现实主义传统"口号下发展起来的新时期文学的现实主义道路;另一方面,编辑部在现代派问题上的思想和所采取的措施,又得不到作协主要领导人的支持和认同。在这件事情上,我们处在了夹击中。"现代主义与现实主义问题讨论会"就是在这样一种特殊背景下召开的,会上的讨论并没有多少深刻,不少人的发言好似是在表态,而对于《文艺报》来说,显然就是张光年所设计的"补救"措施,给人一个"讨论"的印象就足够了。对于我们编辑部,特别是对"二唐"两位副主编来说,虽然张光年的日记里记载了他们分别应召到他家里去,表示同意张光年的意见,作为补救措施的座谈会也开过了,但分歧依然是深刻的,在思想深处并没有消弭。

压力下做出退让,但并不情愿

两天后,在 11 月 10 日召开的《文艺报》的编辑部全体人员会议(讨论制订 1983 年计划)上,唐达成在评价此前召开的"现代主义与现实主义问题讨论会"时发言说:"现代派的会开过了,我很震惊。党的十二大刚闭幕,全国、全党工作要开创新局面。这个精神,在到会的作家中,一点儿都没有表现出来。没有一个人从这个角度来谈问题。与全国人民的距离太大了。他们一头栽到了'形式'里。'形式'固然很重要,但脱离了巨大的历史要求,能建设出社会主义精神文明来吗?能用共产主义精神陶冶人吗?作家们与全党全国的距离太大了。李陀的发言,与我们的分歧很大。他认为没有'形式'的大变革,文学要衰落,'文起八代之衰'。'五四'时代要摆脱文言文,要打到孔家店。说现在'形式'束缚着我们不能表现。表现什么呢?他只从'形式'提问题,认为西方现代派的思想感情才符合我们的时代。所以,我们之间的分歧是深刻的。现实主义越来越衰微。近一个时期以来,作家们没有写出好作品来,很多作品写的是些闺房趣事;理论家也在提倡现代派。真正的好创作多出在外地的扎根比较深的作家笔下。如西北的陈忠实啦,路遥啦,邹志安啦,作品如李存葆的《高山下的花环》啦……"①我的笔记中没有记下唐达成指称的李陀这段话,倒是在李陀发表于《上海文学》1982年第8期的《"现代小说"不等于"现代派"》里找到了他的这个观点的完整表述。李陀说:"记得在那个会上(按:指1980年《文艺报》约集冯骥才、李陀、王蒙、张洁、宗璞、刘青峰等开的一个小会),我谈了文学形式的变革在文学发展中的重大作用问题。我有那样一句话,意思是当前文学创新的焦点是形式问题。结果这观点后来被许多文章'不点名'地进行批评,意思是不能把形式的创新说成是什么'焦点'。"唐达成对这个"现代主义与现实主义问题讨论会"的感受,其实也是我们的感受。到会的作家们在讨论现代主义与现实主义问题时,完全不涉及十二大的精神,只关注形式的变革,而唐达成的指出可谓一针见血。后来的许多研究1982年现代派问题的著作和论文,也大多忽略了唐达成所提醒的文学与"巨大的历史要求"的关系这一文学发展无法回避或绕过的问题。文学毕竟是意识形态,任何时代、任何国家、任何民族都概莫能外,想脱离"巨大的历史要求"者,无异于那些想拔着自己的头发离开地球的人。这次年底的编辑部会议讨论决定,1983年要继续开展两个讨论:一个是现代派问题,一个是人性与人道主义问题。

12月4日,在作协党组扩大会上,张光年有一个发言,批评《文艺报》对现代派的批评。因为是党组的扩大会,所以我也列席了,故而有笔记。张光年说:从版面上看,转载徐迟的文章,同时发表理迪的文章,当然是意在批评徐迟关于现代派的观点。我不是说现代派

---

① 据笔者在《文艺报》工作时期的工作笔记,第18本。

不应该批评,《文艺报》应该抓,不抓会捂成病,问题是你们对全面情况的估计不准确,是不是文艺界已经形成了一个现代派?这是一。第二,是对象的选择。徐迟的文章里固然有信口胡说,但他的创作实际却并不是这样的。他在《外国文学研究》上发表了周立波在延安鲁艺的西方文学讲稿,而且在讲稿前面写了一篇《读周立波遗稿有感》,那里面讲的是现实主义。对象选得不准,就难免造成惊慌。王蒙同志找我,求我向《文艺报》的同志们告饶,说他太狂妄了,得罪了《文艺报》的一些评论家!后来问题处理得还比较好。我们谈了几句,意见就一致了。周扬同志也认为大家一致了。由于对象没有抓准,方法就不对了,是用《时代的报告》的方法来批评现代派,我完全可以写一篇反批评的文章。我给徐迟写了信,我不是与《文艺报》为难,而是要保护《文艺报》。如果开座谈会,很可能会出现"真真假假"的效果,事实上就是那样,在会上检讨一番。会后,王蒙到我这里来,说他很满意冯牧同志的意见。①

我不知道王蒙对《文艺报》的不满指的是我们在哪些事情上得罪了他,我们甚至都没有把他发表在《小说界》上的致高行健的那封信算作提倡现代派的第四只"风筝"。其时,张光年正在把王蒙从北京市文联调来中国作协任《人民文学》的主编,这个背景我们是知道的。如果说我们对王蒙有所"不敬"的话,那也不过是对他发表的《夜的眼》、《海的梦》等带有意识流色彩的小说,在不同情况下表示过一些非议,甚至批评,譬如在《北京师范学院学报》编辑部于1980年召开的王蒙创作讨论会上,《文艺报》的阎纲、刘锡诚,《文学评论》的何西来等人的发言,在肯定的同时,也都不同程度地对他的这一组小说发表过一些批评性的意见。1982年在中国作协委托《文艺报》编辑部主办的第二届全国优秀中篇小说评奖过程中,从全国各地借调来的评论家组成的预选读书班上,在讨论和提名优秀作品时,大家不约而同地对王蒙的作品投了反对票。当我向党组书记张光年汇报时,他表现得很不高兴,当即把王蒙的《相见时难》加了进去。这些事,当然

---

① 据笔者在《文艺报》工作时期的工作笔记,第19本。

通过不同渠道传到了王蒙的耳朵里,也许就成了他对我们编辑部的不满吧。

"现代主义与现实主义问题讨论会"之后,《文艺报》与一些领导者和老同志之间的紧张关系并未因座谈会的召开而得到缓和。一方面,如唐达成在编辑部会议上的发言所指出的,提倡现代派者们闭口不谈文学与"巨大的历史要求"的关系,只讲"形式"的变革才是文学创新的焦点。另一方面,一些老同志继续向《文艺报》施加压力,如严文井于1983年1月19日给张光年打电话,表示"对《文艺报》批现代派仍然深感忧虑";20日,叶君健给张光年打电话称,他给高行健《现代小说技巧初探》写的序言,"据说遭到唐因点名攻击",要来面谈,并于次日到访,"对唐因在会议上的批评表示气愤"。等等。

但唐因、唐达成并未因这些压力而改变自己的观点。据张光年1983年2月11日的日记载:"唐因、唐达成来谈,表示不同意夏衍文(按:指发表在《上海文学》1983年第2期上的《致友人书》)中对近几年来文学批评的消极评价。① 我说不要这样看,我刚看完此文,固然不全面,我还认为(是)好文章。《文艺报》对'现代派'的批评方法不对,文风不好,脱离了老、中、青作家,值得总结经验。建议抓住徐敬亚文,深入批评,不要扩大化。"② 按照张光年的意思,对提倡"现代派"者不能批评,而对倡导"朦胧诗"(同样也是现代派之一脉)的《崛起的诗群》就要"深入批评",何解?为什么对现代派进行的批评和讨论(栏题不是标明了"讨论会"吗?)就是用了《时代的报告》式的方法,而对《崛起的诗群》的批评就是马克思主义的方法呢?无非是"现代派"倡导者的背后有几位文坛老人,而"朦胧诗"倡导者的背后没有这些文坛老人。这时我们这些《文艺报》的编辑们还没有转过弯来,1983年第2期上又发表了李准的《现代派与现代化有必然联系吗?》,甘肃《现代文艺思潮》第1期上发表了刘锡诚的《关于我国文学

---

① 不同意见,参阅顾骧:《晚年周扬》,文汇出版社2003年版,第69～71页。

② 张光年:《文坛回春纪事》,海天出版社1998年版,第424页。

发展方向问题的辩难》,继续对徐迟等的现代派观点进行了质疑和批评。张光年在2月15日的日记里写道:"同谢永旺的通话中,谈到《文艺报》批评'现代派',我对刘锡诚文章表示不满。"①对于《文艺报》来说,毕竟来自上下内外的压力太大了,冯牧、唐因、唐达成们不得不在做法上悄悄地做出退让,改弦易辙,以缓和与一些领导人和老同志的紧张关系。在1983年第3期的刊物上发表了一篇支持和呼应徐迟观点的文章——尹明耀的《也谈现代化与现代派》。

多年后,1987年5月14日、15日张光年在中顾委党委帮助张光年的生活会上所作的《我的申辩和再检讨》里说的一段话,对我理解他在批评现代派风波中的态度大有帮助,不妨引几句在下面:

> 四、作协的两位同志批评说:《文艺报》批现代派的时候,光年同志说批得不对、批的对象不对,要求拆板。中宣部坚持住了(大意)。我回想确有其事,发生在"清除精神污染"斗争中。那时《文艺报》特意转载了徐迟同志一篇论点不妥的文章,同时发表了李基凯的简单化的批判文章,还同时发表了指名批评叶君健同志的文章。我当时认为,徐迟的报告文学《哥德巴赫猜想》得到过中央负责同志的肯定和文艺界、知识界的广泛赞许,对于拨乱反正中调整知识分子政策起了积极作用;他的其他几篇报告文学也是好的。"清除精神污染"中抓住他的一个小辫子,把他当成现代派的代表人物来批,是不妥当的。叶君健同志多次代表我国作家出席国际笔会。笔会里有些外国资产阶级作家总是抓住魏京生事件进行反华叫嚣,都遭到包括叶君健同志在内的我国作家的严正驳斥,使得每次以国际笔会名义起草的反华呼吁决议都不能成立。我想,我们今后还要派他担负这项任务,有时派他一人只身前往。我们不能因为他一篇错误不太严重的短文,使他丧失了在国际会议上代表中国作家发言的条件。……当时我对《文艺报》同志表现出生硬态度和急躁情绪,我愿

---

① 张光年:《文坛回春纪事》,海天出版社1998年版,第426页。

意道歉。但对这个问题本身,我不能做言不由衷的自我批评。①

张光年同志生前曾当面对我说,要复印一份他在中顾委生活会上的《我的申辩和再检讨》给我,但很快他重病住院,他的这个许诺未能兑现。在他身后我读到他的这段检讨(自白),明白了他在对现代派的认识上与我们并没有什么原则性的分歧,但由于他和《文艺报》编辑部同人们的地位、处境、出发点不同,故而在做法上出现了分歧。

中国作家协会党组副书记、书记处书记冯牧1983年1月15日在中国作协工作座谈会上讲话,谈到关于现代主义和现实主义的这场讨论时,他是这样概括的:"还有一个问题,是如何正确地、批判地继承和吸收外国文学遗产、文学技巧、表现手法的问题。有的同志提出了不同的看法。我相信,提出问题和主张的同志,动机和目的都是积极的,都是想使我们的文学提高思想和艺术的质量。讨论的内容是,要不要现实主义,要不要现代主义,如何对待西方现代派、西方文学诸流派的问题。这个讨论还刚刚开始,我不认为是小题大做。我认为这个讨论是必要的。但是,这个讨论必须把它当作学术性的讨论来进行。我们反对大轰大嗡,一拥而上,一窝蜂地先下论断的不良风气,我们坚持讨论必须首先把你所要争论的对象的观点搞清楚。讨论必须是与人为善的、平等的、学术性的讨论,不能无限上纲,采取群众运动的做法;要采取正常的、百家争鸣的做法,使这些问题越辩越明,最后使我们文艺界能够在文艺方针、政策、文艺创作、文艺理论以及在其他重大问题上,取得认识上的一致,或者基本上的一致。"②继而,1月20日冯牧又在中国文联召开的文艺理论批评工作座谈会上的发言《谈文学理论批评工作》里谈到对现代派的批评问题,他说道:"要发展社会主义文学和借鉴古今中外文艺,特别是当代外国文

---

① 转引自陈为人:《唐达成文坛风雨五十年》,美国:溪流出版社2005年版,第174~175页。

② 据《冯牧同志在作协工作座谈会上的讲话》(1983年1月15日)打印稿第10页。这个报告没有收入他身后出版的《冯牧文集》五卷本。

艺的成果。去年出现了现实主义和现代主义之争,有的同志提出要'合理地'排斥现实主义,有的同志把生产力同创作方法等同起来,说现实主义是蒸汽机时代的产物,这种说法显然是不科学的。革命现实主义不应当排斥其他创作方法,相反地,现实主义必须随着时代的进展而不断丰富和发展自己。现实主义的道路只能越走越宽。不能否定现实主义,也不必否定革命现实主义。文艺创作和外国文艺的关系是借鉴而不是代替。现在有些人硬把世界风行的马尔克斯的文学作品归入'现代派'的阵营,但只要读了他的作品,就会发现他还基本上是一位进步的现实主义作家。借鉴还是以我为主,在继承我国民族和革命文艺传统的基础之上借鉴西方,包括汲取西方现代派中的精华。我们主张发展社会主义的文学,社会主义文学必须有民族特点,必须和我们祖国现代化的实践密切结合。现代化与现代派完全是两个截然不同的概念。现代派是西方资本主义矛盾尖锐化的产物,它不能取代现实主义,更不能代替整个革命文艺。对于这些文艺思想的争论,要正确运用'双百方针'来解决。只有坚定不移地贯彻'双百方针',才能使我们的队伍逐渐迅速地统一思想、统一认识,从而同心协力地为繁荣社会主义文艺创作做出我们理所应当的贡献。"①同年8月下旬,冯牧在中国作家协会在大连举办的作家暑期读书班上作的题为《对于社会主义文艺旗帜问题的一个理解》的发言中说道:"现在有的同志提出要'合理地排斥现实主义',这实际上是要从根本上摒弃现实主义。有的同志则讲得更加露骨,干脆认为现实主义已经过时了,要用某种西方艺术奉为圭臬的现代主义取而代之。对这些显然是错误的主张,我们当然是不能接受的。对此,我们必须在理论上澄清是非,明辨方向。""在探讨社会主义文艺的含义和界说时,不能不涉及目前正在广泛的范围内进行着的所谓现代派问题之争。有些同志认为,这场争论是艺术问题之争、旗帜之争,是一场要不要走社会主义文艺道路、要不要高举社会主义文艺旗帜之争,

---

① 冯牧:《谈文学理论批评工作》,《冯牧文集》(第2卷),解放军出版社2000年版,第404~405页。

而意见分歧的核心在于走什么样的道路和举什么样的旗帜。我认为,这场论争涉及以下一些问题:究竟是批判地、有选择地吸收和借鉴外国文艺的精华(包括西方现代派的有益的东西),还是用西方现代派的文艺来取代我们的社会主义文艺?我国正在进行'四化'建设,我们的文艺是走有中国特色的社会主义文艺道路,还是必须走西方现代派的道路?是坚持我国优秀的、革命的文艺道路,发展这个传统;还是全盘否定这个传统,搞民族虚无主义?是不断地丰富、积累、发展文学艺术的经验,还是以'创新'为名,用西方现代派文艺中那些明显地反艺术规律的所谓技巧和手段来破坏艺术规律?这三个问题是联系在一起的。如果像有些同志所主张的,我们的文艺只能走现代主义文艺的道路,那我们还能够建设具有中国特色的社会主义文艺吗?我们应该充分估计到这场争论的必要性和严肃性,不能认为这是多余的。事实上,这种争论,恐怕也是不可避免的。"①

从冯牧发表于1983年的三次关于文艺问题的讲话中可以看出,在1982年关于现代派问题的讨论中,冯牧始终保持了一个文艺理论家在理论上的坚定性。

并非多余的话

2007年出版了《王蒙自传》(第二部),笔者从其中关于现代派这桩文坛公案的文字中,发现我们做过的正确的事情和错误的东西,都被王蒙拿来为我所用。不妨引述一段他自传里的文字:

> 当我将乔木对我的意见忠告说给周扬听的时候,周扬立即表示不同意,他说他主张更多的探索,更少的干涉。他后来到处讲"唯陈言之务去",讲"百虑而一致,殊途而同归",他甚至在一次发奖会上直截了当地讲王蒙,说王蒙有思想,要鼓励他的探索,不要搞得多了一个部长,少了一个诗人。以致《文艺报》的一

---

① 冯牧:《对于社会主义文艺旗帜问题的一个理解》,《文艺报》1983年第10期;后收入《冯牧文集》(第2卷),解放军出版社2000年版,第501~502页,第506~507页。

些人对周有意见,将所谓批评周扬的"读者来信"转给周扬示威。这是以往几十年他们所绝对不敢做的。十二大后,周已经不是管文艺的副部长,而只是顾问了。但周还是在文艺界管着太多的事,讲着太多的话,他没有适时后撤。这是他不那么明智的地方。这也许恰是他的鞠躬尽瘁,死而后已,成败利钝,非所计也的地方。

这里边还有一个重要的因素,就是上海。四篇小文章都发表在上海。后来夏衍写了文章,巴金老也发表了看法,都不赞成那样如临大敌地批现代派。这使得一些不大不小的领导更加不安,似乎是上海在不听招呼,不服管。他们特别不满于曾任夏公秘书,后是《上海文学》执行副主编的李子云同志,认为是李在串联党内外的力量搞异端。几乎将李调出文艺界。

这里最闹不明白的是冯牧同志,他是最最以爱护支持中青年作家自诩的,人人都说他是一个大好人,包括气得一度两人之间不说话的李子云同志,也仍然肯定他是好人。为什么一个现代派问题他激动成了那样,说的话那样带情绪,不惜与那么多人,特别是上海的同志决裂……还向一些对他持严重批评保留态度的人物求援,好像他是在只身与现代派血战,身负重伤,快顶不住了。他还发展加码,说是与中央保持一致不仅仅是政治上一致,而且必须在文艺思想和文艺理论上一致。他能代表中央的文艺思想吗?不太像啊。

《文艺报》的同志也不顺利,他们收获的也不是他们所需要的果实。后来,张光年同志商作协班子决定,《文艺报》改成报纸形式,冯牧改去编《中国作家》杂志。副主编唐因到了文学讲习所(后改名鲁迅文学院)主持工作。编辑部主任刘锡诚到了民间文学研究会。李基凯则不久后到美国探亲,没有再回来。我私下认为,这是该时的《文艺报》向周扬叫板的后果。经过改组,这个同仇敌忾的《文艺报》已不复存在,中坚人物各自东西。

我与胡乔木同志也浅谈过这个话题,有一次谈话中胡乔木说"忧患意识"是受了现代派,而且是"纳粹分子"海德格尔哲学思潮的影响,我说恐怕未必,忧患云云,更像是从范仲淹的"先天下之忧而忧,后天下之乐而乐"那里来的,但是胡坚持他的看法,他的知识太多,可能自找了麻烦(现在忧患意识作为一个正面的词,已经出现在党的正式文件中)。胡还专门对我说:"希望对于现代派的讨论,不要影响你的创作情绪。"有言在先。胡向我大骂《当代文艺思潮》,我介绍说,它的主编谢昌余同志曾经在省委主要领导(后在中央工作,地位很高)身边做过一些文字工作,他大说"荒谬",但态度平和了些。

对这一年的批现代派,各种说法都有,如广东作家们说此事是戏内有戏,戏后有戏。

王蒙的想象力够惊人的。他把《文艺报》编辑部在现代派问题上的认识和措施,想象为我们与周扬"叫板",而"叫板"的结果,是《文艺报》的被改组,从主编冯牧、副主编唐因,到编辑部主任刘锡诚、理论组长李基凯,"中坚人物各自东西","这个同仇敌忾的《文艺报》已不复存在"了。我不敢说,批现代派这件事没有影响到作协党组对《文艺报》班子的看法和信任,并因而产生了改组其领导班子的计划。但王蒙说的那个时候,我在《文艺报》工作,我不知道编辑部的"中坚人物"中,有哪一位当时是反对周扬的,相反,我们在大的方面,大体上都同意和赞扬周扬同志的"第三次思想解放运动"的思想和理论概括,更谈不上与周扬"叫板",因此而造成编辑部在周扬的意图下被"改组"。且不说那个时候的《文艺报》也并非所有的成员都是"同仇敌忾"、一个鼻孔喘气。我第一次知道周扬关于现代派问题的意见,是从顾骧的《我与晚年周扬师——20世纪80年代一桩文坛公案的前前后后》那篇文章里,但周扬在中宣部部务扩大会议上的发言,时间是1983年4月30日到5月3日,而不是1982年10月《文艺报》批评现代派的当时。周扬说:

> 现代派不是不要批评,问题是用什么方法好?是讨论的方法,还是批判的方法?我对某某(按:指冯牧)讲过《文艺报》对徐

迟的批判我不赞成。他确实没有理论,他讲话随便。他是什么场合与什么人讲的?冒失的批评会不恰当。《文艺报》(是)办得好的。王蒙到我那儿说,他感到有点压力。艺术问题还是采取讨论的方法,不要做结论的方法。艺术方法问题不要做硬性规定,让文艺家自己去讨论为好。这些问题不会涉及四项基本原则,荒谬的意见也可以通过讨论的方法加以澄清。①

"改组"《文艺报》编辑部的动议,其实更早些时候就有过了,不过不是来自已经没有实际权力的周扬,而是来自当时的中宣部长(他在一个会议上说"《文艺报》是'右派掌权'"),但那个动议毕竟没有能够顺利实现。如今,30年后,终于在王蒙的自传中看到,由于《文艺报》的"中坚人物"在现代派问题上"同仇敌忾"地向周扬"叫板",导致了《文艺报》的"中坚人物"的被"改组",冯牧改任《中国作家》主编去了,唐因改任鲁迅文学院院长去了,刘锡诚调到中国民间文艺研究会去了,李基凯去了美国再也没有回来——未免有点移花接木、天方夜谭的味道。别的同志的被"改组"我不了解真相,不敢乱说,我自己离开《文艺报》到中国民间文艺研究会去,却无论如何不是因为"反对"周扬而被"改组"走的,恰恰是周扬同志当面要我到那个由他担任主席的中国民间文艺研究会去,担任该会的书记处常务书记,做他的助手,帮他主持该研究会的日常工作的。我是被周扬同志提拔了,我成为80年代中国文联所属十个协会中唯一一个新中国成立后毕业的大学生担任协会一把手的青年干部。周扬甚至在我到任后抱病来到中国民间文艺研究会理事扩大会上,当着来自全国各地的理事们的面,向大家介绍我是新来的一位文学理论家。周扬同志要我到民研会去工作,冯牧同志三次表态不同意,"顶"了他的老上级,最后冯牧意味深长地对我说:"事不过三呀,锡诚,为调你的事,我已经顶了周扬同志三次了,你自己解决吧!"我的过失是,当周扬同我谈话后,就认为既然周扬同志亲自同我谈话要我到民研会去,冯牧同志也传话

---

① 转引自顾骧:《晚年周扬》,文汇出版社2003年版,第83页。

要我去,我答应了他们之后,却不懂得人事调动还需要经过我的所在单位中国作协党组的批准,就幼稚地去办了调离手续,因而得罪了中国作协党组书记、从《人民文学》时就是我的老领导的张光年同志。当我一旦醒悟到自己的疏忽后,赶忙跑到光年同志家中去说明情况,向他道歉,检讨自己的无知。所幸的是,《文艺报》的"中坚人物"中,唐达成、陈丹晨都不是被"改组"了,而是被提升了。前者当了中国作家协会党组书记,后者当了报纸版的《文艺报》的副主编。可惜的是,王蒙的这段描述,当事人冯牧、唐因、唐达成这三位《文艺报》的主编、副主编,如今都已成了故人,再也不能出来发言了。如果确如王蒙在他的自传里所说的,张光年把在现代派问题上不能与他同道的冯牧以及他所领导的《文艺报》编辑部进行改组,那就是曾经与他并肩为新时期文艺奋斗过的冯牧和他领导下的《文艺报》的所谓"中坚人物"们的宿命了。

30年后的今天,回想当时我们《文艺报》的那几个"中坚人物"在现代派风波问题上的观点和做法,自是有值得自省的地方,譬如在文学观念上,对现代主义文艺缺乏包容和吸收的态度,一笔抹杀,对提倡现代派的批评操之过急,尤其不该拿对新时期文学有开辟之功的徐迟以及几位青年作家是问,把我们的主张强加在别人头上,等等。至于我个人,也许是19世纪俄国批判现实主义及其作品在我的文学观念的形成上影响太大了,导致了我对现实主义的过于钟情,尽管如此,我也不能违心地承认现代主义是中国当代文学发展的方向和道路。

第一届茅盾文学奖评选揭晓及授奖大会

"茅盾文学奖"是我国设立的首个以个人名字命名的文学奖。经过初选组一年的评选工作,1982年12月6日,首届"茅盾文学奖"评选揭晓。以巴金为主任的评奖委员会决定下列六部长篇小说获奖,它们是《许茂和他的女儿们》(周克芹)、《东方》(魏巍)、《李自成》(第二卷)(姚雪垠)、《将军吟》(莫应丰)、《冬天里的春天》(李国文)、《芙蓉镇》(古华)。

授奖大会于12月15日在人民大会堂举行。

茅盾文学奖启动时,中国作家协会已经先后启动了短篇小说、中篇小说、诗歌、报告文学等多种全国优秀文学作品评奖工作。我们《文艺报》文学评论组的工作人员,分工负责中篇小说评选的初选工作,而茅盾文学奖的评选工作则是由中国作家协会研究室主持的,故而笔者对茅盾文学奖长篇小说的评选详情了解有限。

参选的长篇限定为1977年至1981年间发表的作品。这五年内发表或出版的长篇,多达四百余部,可以想见,这六部优秀长篇的胜出,不是一件容易的事!根据平常读作品的印象,我想,这六部作品,确实是称得上是长篇中的精品,能够代表中国的文坛。尽管消息公布后,行内也还是有不少的议论。

首届茅盾文学奖颁奖仪式

关于这次评选的来龙去脉及具体过程,负责初评工作的谢永旺曾有一个记者访谈,情况甚详,也最权威,现摘引如下:

1981年10月15日,评奖办公室向全国各地作协、文学期刊、出版社等93个单位发函,请他们推荐优秀长篇小说。这个函件中同时界定,10万字以上为长篇小说。"1982年三四月间,我们一共收到了143部作品。然后由创研室邀请19个评论家、编辑和高校教师搞了一个读书会,在香山住了一个多月的时间阅读这些作品。"最后读书会筛选出18部作品,交给评委会。

"18部作品全让评委读也是不可能的。因为第一届的评委会委员都是主席团成员,都是德高望重,年纪又大。而长篇又都很长,有的是两三部,几十万上百万字。巴金、丁玲他们还是读作品的,但也不能全读,像艾青、冯至等好几个老作家,就说长篇小说我可读不了那么多,我的眼睛看不了。这时就由作协领导决定,成立一个预选组。"谢永旺说,第一届茅盾文学奖等于做了三层筛选。预选组由五个人组成:冯牧、陈企霞、韦君宜、孔罗荪、谢永旺。这五人后来也加入到评委会中去。40多岁的谢永旺是其中最年轻的一个。

1982年5月到6月,五人预选小组在一个招待所住了一个多月,对初选的18部作品进一步阅读筛选。"我们五个的意见基本一致。当时对于文学的看法大致上没有什么分歧。现实主义是那时唯一的也是备受尊崇的文艺形式。"

第一届没有规定明确的评选标准。这个问题在读书会的时候就有人提出来,大家总要遵循一点标准吧。于是在一次讨论会上,张光年总结了四句话:反映时代,创作典型,启人心智,感人肺腑。"这四句话贯穿了一个现实主义的原则——深入反映现实,兼顾思想性和艺术性。大家也都同意,于是就这样办。"谢永旺说。

作为评委会主任,巴金并不参与具体的评选工作,但谢永旺回忆,巴金阅读了很多作品。"《许茂和他的女儿们》、《芙蓉镇》、《将军吟》,他都读过。我们提出名单时,他也觉得这些作品不错。"当评奖办公室向巴金征询评选原则时,巴金委托孔罗荪表达了"少而精"、"宁缺毋滥"的意见。

"第一届评选还没有无记名投票,规则是第二届以后慢慢成熟起来的。"谢永旺说,经过预选组五个人的商量,推举了六部长篇交给评委会审定,分别是周克芹的《许茂和他的女儿们》、魏巍的《东方》、莫应丰的《将军吟》、姚雪垠的《李自成》(第二卷)、李国文的《冬天里的春天》、古华的《芙蓉镇》。都是一致通过。①

初选组为评委会代拟了每本获奖作品的评语。这是中国作家协会全面开展评奖工作以来的一个创举。仿效诺贝尔奖的做法,对每个作品作出一个负责的、恰如其分的评语,是很重要的,但这却并非一件易事,因为它不是评论家个人的评论或评语,而是以评委会的名义发出来的权威的声音。在此,恕我将这些评语录之如下:

《许茂和他的女儿们》(周克芹)

《许茂和他的女儿们》,描写1975年冬天,四川农村葫芦坝地区正是寒风凛冽、满目疮痍之际,由于整社工作组的到来,给农民带来了希望。作品在这样的历史背景上,围绕着许茂和他的女儿们的家庭、婚姻、爱情的悲喜剧来展开情节,反映了十年动乱带给农民的灾难,和农民热爱党的忠贞感情。(作家简历从略,下同)

《东方》(魏巍)

这部长篇小说是反映抗美援朝生活的,通过主人公郭祥和他的连队的经历,艺术地概括了抗美援朝的面貌。作品在描写朝鲜前线威武雄壮的战斗生活的同时,还描写了与战争的命运息息相关的大后方、郭祥的家乡凤凰堡的变迁,揭示了志愿军英雄子弟兵能够战胜强大敌人的力量的源泉。作品塑造了郭祥、杨雪、杨大妈等真实感人的人物形象。

《李自成》第二卷(姚雪垠)

《李自成》是一部多卷集的长篇小说。第二卷写李自成起义

---

① 田志凌:《茅盾文学奖成为最受关注文学奖》,《南方都市报》2008年11月17日。

军在极端不利的情况下,如何惨淡经营,不屈不挠,保住大旗,站住脚跟,在艰难中经受考验,发展壮大。围绕着这一主线,还写了杨嗣昌出京督师,崇祯皇帝同皇亲、大臣之间错综复杂的关系,张献忠的军事活动等。这部小说以其有血有肉的人物形象、引人入胜的故事情节、丰富多彩的风俗画卷,展现了明末波澜壮阔的农民战争和社会生活。

《将军吟》(莫应丰)

《将军吟》是一部反映"文化大革命"的长篇小说。作者以空军某兵团司令员彭其在十年动乱中遭受迫害的经历为主线,通过对三个将军不同命运的描述,反映了部队"文化大革命"的面貌。对"文化大革命"中那五光十色的风云变幻,做了真实的艺术的再现,塑造了一个遭受"四人帮"迫害而威武不屈的老将军彭其的英雄形象。

《冬天里的春天》(李国文)

《冬天里的春天》是一部在结构和表现手法上独具一格的长篇小说。它以主人公于而龙在重返故乡的三天两夜行程中的脚印和思路为主线,通过对历史的回溯和对现实的描写,把抗日战争、十七年社会主义建设、十年动乱和当前现实这四个时期的社会生活融合起来,交叉、对比地加以描绘,表现了四十年的斗争生活。

《芙蓉镇》(古华)

《芙蓉镇》是一部描写湖南乡镇生活的作品,具有寓政治风云于风俗民情、借人物命运演时代变迁的特点,称得上是"一曲严酷的乡村之歌"。作品围绕芙蓉姐勤劳致富招来不幸的谬误,又通过她终于得到爱情和安定的生活,展示了三中全会前后农村的巨大变化。语言富有浓郁的地方特色,表现了秀丽多姿、耐人寻味的乡镇生活图景。

这些评语,现在看来,不免多少显得有些逊色,因为它们不过是以简化的方式叙述了一番小说的内容或情节,透出来一种评论者们惯有的"八股"气味,但在当时,却是那样的可贵、那样的经典,显示出当年我们那一代评论工作者们所共有的那种历史—美学的文学观和深入骨髓的政治情结和政治热情。

《许茂和他的女儿们》,最早是由老作家沙汀在地方刊物《沱江文艺》(1979年)上读到,然后推荐给刚刚从监禁中获得自由的周扬的。我们《文艺报》在1980年第4期上把他们二位《关于〈许茂和他的女儿们〉的通信》发表出来,使得这部毫无名气可言的、不脱产的公社干部周克芹的这部长篇小说名声大噪。循着沙老和周扬通信中指示的内容和重点,我很仔细地读了又读这部作品。我被这部初出茅庐的业余作者的作品所吸引,也被他的事迹所感动。稍后,我得便赴周克芹工作的简阳县红塔区的区公所去采访他。他所工作和写作的环境非常艰苦,他的十分拮据的生活,使他不得不把家里的门板都卸下来,扛到离他上班的区公所较为偏远、不易被熟人认出来的一个集贸市场上卖掉。他没有自己的书斋,没有像样的住室,甚至没有固定的工资。想到这部情节生动曲折,人物鲜活而个性鲜明,写"文革"之后那段特定时段中的农村生活场景跃然纸上的小说,竟然出自这个其貌不扬、性格有点木讷的农民干部之手,我不禁潸然泪下。我从简阳回京后,于1980年6月底写了一篇题为《许茂形象的塑造》的不短的文章。① 后来,又陆续写过他的两篇小说《果园的主人》和《山月不知心里事》的评论。沙汀和周扬两位前辈慧眼推出《许茂》的事,过去整整30年了,英年早逝的周克芹长眠于地下也已20年了。② 笔者以为,至今为止,《许茂和他的女儿们》仍然是反映20世纪70年代末中国农村生活场景的唯一的优秀长篇!真正有出息的中国作家也许就

---

① 此文原发于何刊,已记不得了。后收入拙著《小说与现实》,花城出版社1983年版。

② 周克芹于1990年8月5日逝世于成都,终年53岁。

是这样从底层成长和历练出来的!

魏巍的长篇小说《东方》出版于1979年1月,是由人民文学出版社出版。它是当年出版的诸多长篇小说中最受读者欢迎和肯定的两部长篇小说之一。另一部是李准的《黄河东流去》。回想1979年,那是一个思想解放的年份,在文学创作领域里,短篇小说一类的小型作品,如雨后春笋般破土而出;而需要生活积累较多,酝酿和写作费时较长,特别是需要将思想和思考融会于作品的情节和人物中的长篇小说这种艺术综合体,则还有一段较长的路途要走。《东方》上部发表于《人民文学》杂志,从结构到人物、到场景、到语言,描写无懈可击,给我们这些文学编辑(所谓的职业读者)耳目一新之感,可谓是文学史意义上的"新时期文学"的第一篇长篇小说佳构。作品毕竟出自写过《谁是最可爱的人》那样鼓舞人心、征服读者的老作家的手笔!但当我读完了下部——写战争的篇章,那种阅读的快感和审美的兴奋便多少有些下降,直觉告诉我们,旧的战争小说那种习惯模式似乎又卷土重来了。尽管对下部的个人的感受和感悟如此,还是并不影响我对全书的肯定性评价。我在小说出版后的1979年就写过一篇《郭祥性格琐谈》①的文章,后来我再赴香山北京军区魏巍的府上同他交流,向他请教。在我和阎纲的策划下,《文艺报》编辑部的同人们还是怀着崇敬的心情,举办了一个别开生面的评书沙龙式的"《东方》五人谈"。应邀到会者都是当时文坛的名流:冯牧、韦君宜、孔罗荪、刘剑青、陆柱国。现在,《东方》终于获得了茅盾文学奖评委们的首肯。

姚雪垠的《李自成》第二卷,是在粉碎"四人帮"之后的那段书荒年月里出版的,成为当时最热门的文学读物,我们这代知识分子都拿它当经典来看,《光明日报》还以很大的篇幅发表了茅公与姚雪垠的通信,大大增加了《李自成》的影响力。但我那时并不知道《李自成》第二卷出版背后的曲折历程。2010年江晓天逝世,笔者受其家属李茹大姐的委托与冯立三一道编辑了一本回忆老江的文集《为您骄

---

① 刘锡诚:《郭祥性格琐谈》,《北京日报》1979年5月24日。

傲——忆江晓天》，才清楚了在"文化大革命"中江晓天如何为《李自成》第二卷的出版而不顾个人安危地为姚雪垠出谋划策给毛主席写信，姚雪垠听从老江的意见给毛主席写了信，毛主席又如何批示，最终使《李自成》第二卷得以顺利出版。江晓天的建议也拯救了中国青年出版社，使该社能在"文革"还没有完全结束时就得以复社。①

11月16日，在沙滩北街2号"五四"广场上的中国作协会议室（抗震棚二楼）举行了第一届茅盾文学奖初选组的会议，最后商定向评委会提出的六部作品是:《东方》、《许茂和他的女儿们》、《李自成》（第二卷）、《将军吟》、《芙蓉镇》、《冬天里的春天》，并建议于12月中旬在北京召开授奖大会。

11月23日，张光年在沙滩北街中国作家协会会议室主持召开了茅盾文学奖评奖委员会。除丁玲、艾青、贺敬之、铁依甫江四人请假外，包括欧阳山、沙汀、冯至、刘白羽、陈荒煤、孔罗荪等12人都参加了会议。经讨论，就初选组提出的六部候选长篇小说进行无记名投票。12票投了赞成的全票。它们是：周克芹的《许茂和他的女儿们》、魏巍的《东方》、姚雪垠的《李自成》（第二部）、莫应丰的《将军吟》、李国文的《冬天里的春天》、古华的《芙蓉镇》。巴金未能到会，由孔罗荪代他投票。

由于中国作协收到了湖南文联《湘江文艺》某编辑对《将军吟》作者莫应丰的检举控告信，作协党组遂决定派党组副书记唐达成和党组成员谢永旺二人持中宣部介绍信前往征询湖南省委负责同志意见，问是否同意莫应丰获奖。②

评委会投票决出的六部作品的排序也有故事。据谢永旺向媒体透露："第一届的顺序不是按照得票多少决定的，而是协商定下来的。把《许茂和他的女儿们》排在第一位，原因是我们要提倡文学及时反映我们时代的生活。《许茂》正是反映了'文革'后期和当时的农村问

---

① 参阅丁宁：《江晓天与姚雪垠〈李自成〉》，《光明日报》2009年4月24日；又见刘锡诚、冯立三主编：《为你骄傲——忆江晓天》，作家出版社2009年版。

② 据张光年：《文坛回春纪事》，海天出版社1998年版，第404～405页。

题、农民生活。《芙蓉镇》有一些小小的争议,有人认为'芙蓉仙子'胡玉音的形象似乎不够典型,不是很规范的人物,所以放在六部作品的最后。"

12月15日在北京举行颁奖大会。年迈的巴金因病未能出席,他的题为《祝贺与希望》的书面讲话是由作协副主席冯牧代读的。陈企霞代表评选委员会宣布评选结果并作了三点说明:首届茅盾文学奖评奖范围定为1977年至1981年间发表的作品;首届茅盾文学奖评过而未获奖的作品,经实践证明是优秀的,在下届以至将来历届评选中仍可获奖;茅盾文学奖暂定每三年评选一次。周克芹代表获奖作者致答词。

周扬在颁奖大会上发表了一篇即席演讲,这篇讲话以《在首届茅盾文学奖授奖大会上的讲话》为题全文发表在《文艺报》1983年第3期上,后收入了《周扬文集》第五卷里。窃以为,这篇讲话是周扬晚年最动情、最具文采的讲话之一,讲了一些他想讲的话。所以我愿意摘引几段在这里。

(一)他提出:"文化大革命"一定要在文学中得到反映。在1982年底,在公开的场合提出文学一定要反映"文化大革命",这表现了周扬坚定地站在人民的立场和坚信正确的历史观。这是需要胆识的。

> 设立茅盾文学奖,这是茅盾同志生前倡议的。这是个很好的倡议。正如刚才周克芹同志所说,我们大家都怀念茅盾同志,一直到临终的时候他仍念念不忘要入党的事,他嘱咐他儿子韦韬同志要我向党中央转达,中央很快接受了他的遗愿,恢复了他的全部党龄。……粉碎"四人帮"以后,文学呈现出繁荣的局面,几年来出版了四百多部长篇小说,这是历史上从来没有的。很惭愧,我看得不多,这次得奖的长篇我只看了三、四部。四百多部,从数量上讲,是一个很大的数字,超过了"文化大革命"前十七年长篇小说的总和。当然,文学作品不能单纯以数量来衡量;一部真正优秀的作品可以抵几十部、上百部平庸的作品。巴金同志说了,这些作品还有一些缺点,这也是事实。《李自成》已经

有了广大的读者,在评论界也获得了好评,可以说是一部有分量的作品,虽然全书还没有写完,而且在评价上也有不同的意见。其他获奖作品,思想艺术水准或有高低不同,但总的是写得好的,有特色的。在六部获奖作品中,有四部是写"文化大革命"的,有的把矛盾写得相当尖锐,也比较深刻,比如《芙蓉镇》、《许茂和他的女儿们》、《冬天里的春天》、《将军吟》这几部作品,都从正面写了"文化大革命",应该说写得不错,都有相当的规模和深度,风格新颖,色彩浓郁。当然,也存在一些问题。我们常常听到一些议论,有些议论还是比较尖锐的。对此,要做具体分析。"文化大革命"时间那么长,灾难那么深,人们有很多感受,有很多意见,甚至还有很多牢骚,你不让他在作品中发泄出来,这可能吗?只要不是单纯发泄个人怨愤,而是出于忧国忧民之心,真正做到恰如其分,忠于现实就好。我过去讲过,"文化大革命"一定要在文学中得到反映,不反映那是不可能的,不符合事物发展规律。现在这四部长篇虽然还不能说已经达到了高度的艺术概括,但确已向这个方向迈出了一步,所以大家重视这些作品,推荐这些作品是有理由的。

(二)他提出:既要评奖,也要讲评。

由此,我又想到茅盾同志建议设立长篇奖的重大意义。现在这次评奖,评了一年,同志们做了许多劳动,评奖的目的是为了鼓励创作,为了发展和革新,并不是说获奖作品就完美无缺。评奖的同时也要讲评,要加以评论。文学这东西,必须在自由讨论中、在互相竞赛中发展,也就是用符合文学发展规律的手段来发展文学事业。这样才能促进而不会阻碍文学的发展,才能鼓励而不会挫伤作家的积极性。我们过去,包括我在内,没有注意经常做到按艺术规律办事,而是采取了简单化的手段,犯了许多错误,特别是1957年反右斗争,伤害了一些不该伤害的作家,许多事情,我们都是有一定责任的。不能推卸自己的责任。艺术创作需要一定的才能,这本来是简单的道理,不应当忽视;当然也要十分重视把才能引向正确的发展方向。有些有才华的作家,反右时被错划成"右派"了,这些同志虽然有这样那样的缺点,但大都是好的,是很有才能的。我是不是讲才能讲得太多了?不,文学艺术是需要才能的。

(三)他提出:"双百方针"不是自由化,贯彻"双百方针"可以防止自由化。

贯彻"双百方针",一个重要问题是,艺术形式和风格问题可以和政治、思想有关系,但两者不是一回事,不能互相混淆。形式是由内容决定的,但它毕竟有相对的独立性。作家和艺术家有选择自己所擅长的形式和风格的充分自由。学术上的问题、艺术上的问题,无论正确的还是错误的,都应该允许自由讨论,这就是"百家争鸣"。艺术的形式和风格越多样化越好,这就是"百花齐放"。因为"双百方针"毕竟不是政治的法律的语言,不一定写到宪法里去。但"双百方针"是我们要继续坚持的方针。这不是自由化,而是防止自由化的一个有效的措施。资产阶级自由化当然要反对,现在反对,将来也要反对。但是,我们只有保证了充分的自由才能防止自由化;反过来说,只有反对资产阶级自由化,才能保证真正的创作上的自由。这是一个很重要的问题,我们要做到使作家既意识到自己的社会责任感,又感到心情舒畅;如果心情不舒畅,他是写不出东西来的。所以艺术风格和形式上的问题,可以进行讨论和批评,但要采取慎重的态度。比如现代主义、现代派问题,比如说意识流的讨论,要使作家感到这种讨论没有什么危险,对创作还有某些好处,可以启发我们的想象。……作家要有社会责任感,这是完全必要的,是一个有共产主义精神的作家的必要的品质。……对艺术上的问题,只要不涉及政治上重大原则的问题,应当有更多的自由讨论,不一定急于下结论,这对于我们文学艺术的发展是有利的。

获奖作家的感言,颇有时代感,也颇有意思。刚从四川农村赶来,带着一身泥土味走上领奖台的周克芹说:"我没有感到成功的喜悦,更多的是羞愧和不安,我觉得肩头的担子更沉、身上的任务更重了。"《东方》作者魏巍的心里,只装着一句话:为人民服务。姚雪垠说:"《李自成》第二卷还不是定稿,我要把它修改得更好。"莫应丰说:"我愿努力,在建设具有中国气派的新文学大厦上再添一块砖瓦。"李国文告诉记者,在苦难中他没有失望,是因为没有离开党和人民;今后,他将用自己的笔来回答党和人民给予的关怀、荣誉。四十岁的古华,激动之余又在冷静地思考:"得奖,只能说明过去,今后的路还长。我要艰苦地深入生活,刻苦进行艺术追求,和中青年作者一道,向当代文学的奥林匹斯山攀登!"历史会检验他们的感言。

如果我们信奉历史是检验文学作品的最终和最权威的标准,那么,应当承认,第一届茅盾文学奖的得奖作品并不是每一部都经得起时间老人的检验,有的已经被读者遗忘或被历史遗弃了。

女作家关露自杀

1982年12月5日,星期日。背负着沉重的党、国使命而因此受辱43年却无法为自己辩护,坐完了国民党的监狱,又坐完了功德林监狱和秦城监狱的"左联"女作家关露,在北京东四头条203号文化部宿舍的筒子楼里一间小小的住室里服安眠药自杀而死了!终年75岁。终生未婚。无儿无女。

坐在《文艺报》编辑部办公室里看稿的我,听到这个惊雷般的噩耗,一颗平静的心顿时被打乱了,我惊呆了,继而,陷入了长久的沉思中。因为1980年我和编辑部文学评论组的高洪波、雷达学、李炳银同志着手编选《当代女作家作品选》的时候,对关露这个曾经受党的指派打入日伪特务机关当过特工却背上了污名而至今尚未得到平反的女作家的身世吃不准,故而最终也没有把她列入这本选集的入选作家之中。选了72个女作家,却没有选关露,这是我们犯的一个历史性的失误。其实关露这个名字,对于任何一个略具现代文学史常识的文学编辑来说,都绝非是陌生的。1982年3月23日,新中国成立后先后两次入狱多年失去自由的关露,终于等来了中央组织部给她做出的平反决定!可是我们编选的那套《当代女作家作品选》(全三册),已经分别于1980年和1982年出版,无法补救了。

两个多月前,1982年9月18日,我所在的《文艺报》党支部会议上宣读了中央为潘汉年同志平反的文件。文件很长,但我听得很认真。一向扑朔迷离的关露的冤案,总算从她的领导者潘汉年同志的冤案中知道了个大概,于是,对她的遭遇也就更增加了几分同情。也许是由于文学编辑这个职业的关系吧,突然间听到她自杀的消息,心里一时无法平静。直觉告诉我,关露之所以做出这样的选择,一定是觉得她在等到了自己的平反决定后终于又等到了她的领导和朋友潘汉年的平反决定,孑然一身的她,在世间已经

关　露

没有什么可牵挂的事了,所以她毅然以自杀的方式结束了自己的生命。

其实关露心中生出这个念头,已经不是一天两天了。据她的传记作者丁言昭所写,自从她1980年得了脑血栓以后,记忆力遭到严重损坏,很多事情都忘记了。可是近来却突然记起30年代她写的纪念自杀的苏联诗人马雅可夫斯基的诗句,而且十分清晰、准确,常常一字不差地喃喃自语地念叨着:"马雅可夫斯基,你虽然不应该 Bohemian 地死去,但是在现在,看见那灿烂的你的祖国的光荣,芬芳的你的祖国的胜利,我们要纪念你,纪念你的史诗,纪念你英勇的诗的事迹!"就在大约两个月前,9月15日丁玲去看望她,"左联"时期的这两位上海文坛上齐名的女作家见面时曾有一段意味深长的对话,

第六章 为文艺与政治的关系松绑(1982)

可以印证她心灵深处的这个死结。丁玲告诉她:"我来是要告诉你一件大喜事,汉年马上要平反了!"关露的眼圈红了:"真的吗?我盼的就是这一天!我中风后几次想到死,可一想到汉年的冤狱还没平反,泼在他身上的脏水还没洗干净,我就想,我得活下去,我得替他等到那一天!"如今潘汉年的冤案平反了,所以她再也没有什么挂牵的事了。据说,她自杀的那天,先支走了保姆小金,又支走了来和她做伴并帮她记录整理回忆录的老友陈慧芝,衣着穿戴整齐后,躺在床上服了两瓶安眠药。她衣冠整洁地走了,想来颇有些象征的意义,一身清白,"质本洁来还洁去"。她带着传奇般的经历,悄无声息地走了。永远地走了。一生的业绩换来了五分钟的告别仪式。因为是自杀,连个悼词都没有。

关露没有留下遗言。在她的遗体旁,只有那个装安定片小瓶子的大信封上留下了两行模糊不清的字迹:"青山不改,绿水长流。"没有怨悔。没有要求。甚至没有牢骚。

文化部和中国作家协会为关露召开了一个追思座谈会。一些与关露相识的老作家老朋友周扬、周巍峙、王炳南、夏衍、梅益、冯牧、丁玲、陈明、艾青、姜椿芳、杨沫等五十多人沉痛地追思这位为国家民族、为党的事业牺牲了自己的一生,做出了巨大贡献的共产党员女作家。

关露的死给我这个晚辈很大的震动。当时我在《文艺报》做编辑,负责刊物选题和版面的组织。听到这个不幸的消息后,我决定为刊物约一篇悼念她的文章,尽管我一直关注她,却并不认识她,甚至没有见过她。回想"文化大革命"结束后不久,1977年7月,我从新华社调回到了文艺界,开始在《人民文学》编辑部当评论编辑,第二年又转到了《文艺报》编辑部,参与刊物的复刊工作。在那个拨乱反正、百废俱兴的年月,我就听说香山脚下住着两个女作家,一个是30年代写过《春天里来百花香》而蜚声文坛,后在党的安排下打入日寇汪伪特务机关潜伏多年的关露;一个是写过有很大影响的《青春之歌》的女作家杨沫。杨沫,我做过一些研究,写过评论她的青春三部曲的文章;而关露,在我心中却始终是个未知而又非常想解开的谜。那时，关露就住在香山下面东宫门外面的东宫村2号的一个小院里，她住的那间平房，据说是她出狱后用补发的工资买的，条件简陋，连自来水都没有，但她在院子里遍植了绿树香花，透露出主人对生命的赞美和渴求。出狱后，她的编制虽然落在了文化部，却住在远离市区的香山脚下，虽然有一些老友如梅益、王炳南、丁玲、碧野、杨沫等来看过她，但实际上她生活在一个极度封闭、极端孤独的环境中，她的寂寞和苦闷是可想而知的。

关露是山西右玉县人。原名叫胡寿楣。1907年7月25日生人。幼年家贫，自学完中学课程，1927年至1928年，先后在上海法学院和南京中央大学文学系学习。1930年初，她的第一个短篇小说《她的故乡》在南京的《幼稚周刊》上发表。1931年秋来到上海，以"关露"的笔名在文坛上崭露头角。1932年"一·二八"事变后，上街贴抗日标语，向群众募捐，慰劳抗日将士，并任上海妇女抗日反帝大同盟宣传部副部长。同年春加入中国共产党，并参加"左联"，创作了大量的小说、散文、评论、杂文以及译作，数量最多的是诗歌。她深入纺织厂、丝厂从事工人运动，办工人夜校，组织姐妹团、读书班、诗歌小组。1933年5月，"左联"成员丁玲被捕，关露接替丁玲负责创作委员会的工作，并任"左联"中共党团书记周扬的"交通"。1936年加入中国文艺家协会，被选为中国诗歌作者协会理事。1936年11月，上海生活书店出版了她的诗集《太平洋的歌声》。1937年赵丹主演的电影《十字街头》的主题曲《春天里来百花香》就出自关露之手。"七七"事变后，关露参加了上海文化界救亡协会、上海战时文艺协会等活动。"八一三"事变后，受中共党组织之命，在沪教书，从事秘密活动。1939年冬，奉中共南方局负责人叶剑英和八路军驻香港办事处廖承志之命，受潘汉年、吴成方领导，在上海从事情报工作。受组织之命，利用和日伪特工总部领导人李士群的关系，打入汪伪特工总部"76号"卧底，策反特务头子李士群。1942年春，受中共上海地下党派遣，进上海日本大使馆和海军报道部合办的《女声》杂志社当编辑，后任主编，同时以此作掩护，搜集日伪机密情报，并积极组织策反，功勋卓著。在《女声》上发表长篇小说《黎明》。抗战胜利后，她被

第六章　为文艺与政治的关系松绑(1982)

国民党列入汉奸名单,关进监狱。1945年8月,关露转移到苏北解放区,任苏北建设大学文学系教授、报刊编辑。北平解放后,在华北大学三部任文学创作组组长。关露的侄子丁景唐(原上海出版局局长、"左联"研究者)描绘他年轻时见到的姑妈,因《太平洋上的歌声》一举成名,是那种"很有修养的知识分子的形象"。这样一个很有修养的知识分子,一个名声日高的青年女作家,在严酷的政治环境中,毅然加入了共产党,誓为共产主义事业奋斗终生,日后几十年的艰苦斗争、生死考验,几经炼狱,信仰弥坚,"青山不改",其情其景,其心其志,怎能不令人惊叹!

新中国成立后,关露因汉奸罪名,先后于1955年和1967年两次被捕,出狱时仍然顶着"定为汉奸,不戴帽子"的污名,直到1982年3月23日平反。这个写下"宁为祖国战斗死,不做民族未亡人"的著名诗句而被誉为"民族之妻"的女作家,怎么能心情平静呢?无怪乎夏衍同志在她的追思会上说:"这30年来关露内心一直非常凄苦。她的死必有原因。"一次偶然机会读到我的老师、翻译家、诗人魏荒弩教授在香港《大公报》上发表的一篇《关露和她的明志诗》,说他在柳倩先生处看到关露晚年亲笔书写的一首明志诗:"云沉日落雁声衰,疑有惊风暴雨来。换得江山好纯色,丹心不怯断头台。"魏先生说,她的这些"诗句悲壮,读了叫人怦然心动"。①"换得江山好纯色,丹心不怯断头台"——这样的诗句,怎能不叫人怦然心动,给人以激励呢!

要寻找一位熟悉关露而又能写悼念文章的作者并不容易。我在编辑部经常联系的老作家中苦心搜索,终于想到了梅益同志,他是中国社会科学院的副院长、党组书记,他曾担任过"左联"的领导工作,又是关露从国民党的牢狱里出来后参与帮她转移到苏北解放区的人。第二天早晨,我就从我的住处西郊皇亭子骑车径直来到翠花胡同梅益同志的住地拜访他。平易近人的梅益同志和我一道来到翠花胡同东口的一家早点店铺里坐下,一面吃早点,一面谈约稿的事。梅

---

①　魏荒弩:《府藏胡同纪事——枥斋随笔》,香港:银河出版社2005年版,第175~176页。

益同志答应了我的要求,却又说,其实他也不太了解关露的情况。那天,梅益同志借题发挥,愤愤然地当着我这个晚辈的面,指摘文化部的一位领导同志,说他有权,却不给关露安排一间好一点的房子,她的那间小屋子里连一张桌子和一把椅子都没有!过了两天,我收到了梅益同志写好的《悼念关露同志》。《文艺报》终于有一篇悼念关露的文章了,我多么高兴啊!我非常感谢梅益同志给我们的刊物帮了大忙,也帮我们了却了一个心愿。

可是,难题又来了,要发稿了,却竟然找不到一张关露的照片。我只好从礼士胡同《文艺报》的办公室,骑车来到沙滩北街2号的中国作家协会,从作协的会员档案中找到关露的会员登记表,把登记表上那张小小的、发黄变色的头像照片,请同志翻拍下来,连同梅益同志的悼念文章,一起发在了《文艺报》1983年的第1期上。

这么多年过去了,梅益同志写下的这些话,一直萦绕在我的耳边:

> ……她热爱文学,尤其喜欢诗,但当党组织决定她放下笔,担负她内心并不愿意的艰巨任务时,她仍然服从了决定。有六年时间,她一直参加紧张而又时刻冒着生命危险的地下活动,为党的事业做出了重要贡献。接着,她又曾长期失去自由。在她的生命力最旺盛的时期,也是一个作家的黄金时代,她就是这样度过的。她没有我们目下作家们那么幸运,有党和社会提供的那样优惠的创作条件。
>
> 关露同志去世了,作为一个党员,作为一个作家,我们尊敬她,怀念她。她对党忠诚,为祖国的解放、为共产主义事业而鞠躬尽瘁,问心无愧。有愧的是我们,我们曾经怀疑过她;在她需要援助的时候没有及时帮助她;在比她优越得多的条件下没有为党和人民的事业做出应有的贡献。为了纪念死者,我们应当严格要求自己。

2013年9月25日

附录一：

丁景唐致刘锡诚信（2013年12月18日）

刘锡诚同志：

很高兴看到您在《文汇报》写的《有愧的是我们——忆关露》一文，这是一篇充满革命激情、申张革命正义的好文章。我们受到很大感动。

但文中有两点不确，特写一信相商。如你看后认可，是否可以《丁景唐致刘锡诚的一封信》寄给《笔会》发表。我要丁言昭复印二份送上，经你同意，即以一份寄《笔会》发表。另一份你留着参考。

又，我的五儿丁言模写了一本36万字的《瞿秋白与书籍报刊——丁景唐藏书研究》，是综述我60多年收集、学习、研究的成果。书另寄，请指教。

丁景唐
2013年12月18日于华东医院

附录二：

丁景唐：《关露和我》

在关露同志31周年忌日（2013年12月5日），读到刘锡诚同志写的《有愧的是我们——忆关露》，心情很激动。这是一篇充满革命激情，伸张正义的好文章。感谢作者在文中还引用了我女儿丁言昭《关露传》的文字，写到我们与关露的深厚友情。

但文中也有两处不确，特商榷：

一、文中写到我是"关露的侄子……描绘他年轻时见到的姑妈，因《太平洋上的歌声》一举成名，是那种'很有修养的知识分子形象'"。是的，我对为共产主义事业奋斗终生，历经生死考验，几经炼狱而信仰弥坚的关露同志怀着莫大的敬意，把她视作我姑妈与姨妈一辈的女性知识分子。但关露并不是我的姑妈。我是一个幼失怙恃的孤儿，我有一位思想先进的小学教师的姑妈,把我抚养、教育,伴我成长。我把关露视作我尊敬和眷念的姑妈一辈的有文化素养的长辈。

我因为给关露同志编辑的《女声》写稿而和她认识。1943年到1945年8月间,我担任上海地下党学生运动工作委员会的宣传调研工作,领导几位共产党员和进步文学青年向《女声》写稿。我们采用散兵作战的方式,楔入敌伪报刊,写一些有意义的作品,小说、散文、诗、杂志、影剧评、古典文学、民间文学都有。我个人在《女声》写了56篇作品,并编了一部诗集《星底梦》,受到关露赞赏和鼓励。关露编辑的《女声》是荆棘丛中的一块绿地。

二、关露长期在上海进行地下工作,先是受党指派打入敌伪76号魔窟搜集情报和策反,后又因编辑《女声》被恶意攻击,蒙上"文化汉奸"的罪名。1945年8月抗日战争胜利后,国民党妄图以文化汉奸的罪名逮捕关露之前,由周恩来同志关照先期到达上海的夏衍、梅益同志设法帮助她从上海转移到了苏北解放区。上世纪五六十年代中,关露因潘汉年冤案被投入功德林监狱和秦城监狱,先后达11年之久!在潘汉年冤案平反和1982年等到自己平反后,终于孤独一身,抱着塑料娃娃,服安眠药自杀。此番遭际,谁能不受到巨大的震动!

2013年12月18日于上海华东医院
《文汇报·笔会》2014年1月14日

附录三:
丁景唐致刘锡诚信(2014年1月12日)

锡诚学友:

我和我的朋友们都对邮局办事迟缓,大大落后于现代化信息,很有意见。我2013年12月18日的信,到年底方到达府上,也是邮局迟缓一例。

你2014年1月4日信,我在8日收到,算是顺时的了。接

第六章　为文艺与政治的关系松绑(1982)

读来翰,分外高兴。我们有好几年未叙面,这次却因你为关露同志写了纪念文章,引起我和老袁等朋友的感动,更引起我们全家对关露同志的极大怀念。我说,关露同志的逝世,至今依旧震撼着我们一些共产党人的心灵。

言模感谢你对他写书的鼓励,言昭感谢你对她写作现代女性传记的赞赏。她已写过萧红、丁玲、关露、林徽因、陆小曼等的传记。她和她的弟弟言模一样都是默默地艰苦地又是愉悦地写作的人。她生于1946年,她弟弟生于1950年,都是年过60的退休人员。言昭早在47岁就退休了,为的是自己可以自由支配时间,内中文坛黑幕种种气人的事,我们长一辈的人都有所闻。

袁鹰和我结交已近70年,因为革命工作的关系,让我们紧紧地团结在一起。他为我写的那篇序文也荷你重视,我们的心是相通的。鲁迅称人生得一知己足矣,我们众多朋友,不乏几个知己之交。我们毕竟与鲁迅所处的时代迥不相同矣!

潘向黎是我的朋友老潘(旭澜)的女儿。她的取稿极有自己的见解。我给你一信倘能刊出,一定会引起更多不知道关露同志的读者的共鸣。

有一事,上次信中,为避枝蔓,没有说明。现在补充一下。我1960年至1966年曾任上海市出版局副局长,我没有任正职。"文革"十年备受凌辱,到1979年方出任上海文艺出版社社长兼总编辑、党组书记。1985年底离休。

言模积多年之努力,2013年底又出版一本《瞿秋白与杨之华》,我已托友人韦泱代寄。我也曾介绍韦泱与老袁相识,他是一个极愿帮我做诸如寄书的事(的人)。

春节将临,祝阖家安康、健康快乐!

丁景唐
2014年1月12日于华东医院

河南作家讨论会:聚焦张一弓
——河南省当代作家作品讨论会

由中国作家协会河南分会、河南省当代文学研究会、河南省文联创作研究室联合主持的"河南省当代作家作品讨论会"于1982年12月13日至18日在郑州召开。来自全省各地的80名文学评论、研究和教学工作者,坚持四项基本原则和"双百方针",认真地、实事求是地对本省作家苏金伞、李准、张一弓的作品进行了广泛而深入的研讨。苏金伞扶病参加了讨论会,并在会上发了言。张一弓在小组及大会上发言,并与到会的同志们进行了交谈。会议收到论文23篇,其中关于张一弓的13篇。

张一弓:以思想家的冷静思考反映农村生活的代表性作家

与会同志充分肯定了张一弓近三年来在创作上所取得的成绩,认为张一弓是河南省近三年来新崛起的很有成绩、颇具特色、富于潜力的一位中年作家。三年来他所创作的五个中篇、八个短篇,三十余万字的作品,在广大读者中引起了较强烈的反响,为省内外文艺评论界所瞩目。张一弓的创作,在数量上,比起一些高产作家,步子不算太快,但是,他的步伐是稳健扎实的。张一弓的小说在题材的开掘、时代精神的反映、人物形象的塑造、情节的铺陈、语言的运用,特别是在挖掘各类农民形象丰富美好的精神世界和表现手法的探索与创新等方面,提供了值得研究探讨和借鉴的经验。

有的同志认为,在当前我国文坛上是一工一农,工是蒋子龙,农是张一弓。有的同志解释说,这是说在粉碎"四人帮"之后涌现出来的新作家里,这两个作家在这两个题材的创作上是突出的。这里甚至排除了高晓声,因为高晓声在50年代就已经崭露头角了。

张一弓

只有这样理解才比较准确。进而将张一弓与蒋子龙做了比较,认为他们都是将一股豪气带进了文坛。这豪气是视野的宽阔和现代的生活。蒋子龙之前是前无古人的,在《红楼梦》以前,鲁迅以前,是没有工业题材作品的,蒋子龙的豪气是开拓的豪气。而在张一弓之前则有赵树理、柳青等一批作家,张一弓要超过这些大师,成为描写农村的大手笔还需要努力。在张一弓的作品里显示出来的豪气则是抗争的豪气。

与会的同志普遍认为,张一弓的创作坚持了革命的现实主义。有的同志指出,张一弓直面现实,直抒胸臆,以严峻的思想家的冷静思考和敏锐犀利的目光探求着生活的内涵和底蕴,发现和开拓着人们精神领域里尚待开垦的荒田。有的同志将张一弓的作品分为两类:一类是立足于发展中的现实来描写历史,总结以往的教训;一类是在历史的发展中来描写今天农民的现实。还有同志认为,不能仅仅说张一弓是一个现实主义者,还应该加上"有思想、有热情"这样的附加语才更符合他的创作实际。认为他受雨果的影响颇深。在读张一弓的作品时常常会感到有一种充沛的热情和昂扬激越的理想力量贯穿于字里行间。认为这是以现实为基础,以理想为风帆,以热情为元素,把大胆的暴露和热情的歌颂,把严酷的现实和顽强的信念、昂扬的理想统一起来的创作方法。

《莽原》主编庞嘉季来信约稿

张一弓的小说创作,我一向是比较注意的。我在本书第五章里曾写过他在《犯人李铜钟的故事》得奖后回到郑州给我写信的事。我下决心想写一篇长文评论他的小说。今年,河南作家协会等单位要召开张一弓的作品研讨会的消息,是《莽原》主编庞嘉季同志告诉我的。庞嘉季9月6日给我来信,约我撰写关于张一弓小说的评论,说是要赶在这个讨论会之前印出来的。庞嘉季的信如下:

锡诚同志:

从河南省(作协)二届二次全委扩大会上回来,见到8月28日来信,知评论稿日内即可寄下,非常高兴。

《莽原》在9月10日发稿,我们正在等待您的稿子,务望早日寄下。

今年下半年,作协分会、省文联创作室、河南省当代文学研究会均将讨论张一弓的作品,所以这篇文章以发《莽原》四期为最好,这期刊物约在11月1日可印出来。

等着您的稿子。

即颂

编安

嘉 季
(1982年)9月6日

庞嘉季信中所说的"稿子",指的就是拙稿《在坚实的道路上——张一弓论》。这篇拙作撰于1982年9月5日,发表于《莽原》1982年第4期。我没有机会参加河南作协等联合召开的河南省三作家讨论会,就把我的这篇文章算作参会的论文吧。现将其录之如下。

在坚实的道路上——张一弓论

……我是个笨拙的习作者,只会一镢头、一镢头地在生活中挖掘,用镰刀收割,还不会使用康拜恩联合收割机。但为了不辜负同志们对我的鼓励和希望,我将努力耕耘,争取使自己不断变得稍好一些。

——摘自一弓1981年6月28日来信

卓然成家

一个人的生活道路是很难料定的,有时候真有点儿"有心栽花花不发,无心插柳柳成荫"哩。我这里要谈论的张一弓的文学成就,就是如此。长期从事新闻工作的张一弓,在新闻方面虽然做过许多有益的工作,但毕竟未能成为一个名重一时的记者;后来改写小说,虽然仅仅发过几篇,倒是被批评界和社会上公认为一个颇有成就的小说家。自然,这件事对于那些认为当一个小说家是很容易的人一点也帮不了忙。张一弓之所以成为一个作家,实际上也并非真的出于"无心插柳"式的偶然,而是他长期辛勤努力,"一镢头、一镢头地在生活中挖掘"的结果。多年的记者生涯和实际工作的锻炼,提高了他的马克思主义理论水平和认识生活的能力,特别是为从事文学创作进行了丰富的生活积累;如果没有这些方面的准备,张一弓也就不可能成为小说家的张一弓。

60年代他就写过小说,但那时并没有写出什么有影响的作品。他真正写出称得上是艺术品的小说,是在1980年的春天。当时他43岁,已经进入了"不惑"之年。对于一个作家来说,这个年纪已经不年轻了。这时,他的思想已经进入了成熟的时期。他用一篇无论在思想上还是在艺术上都比较成熟的作品叩开了文学的大门。那年第一期《收获》杂志上的《犯人李铜钟的故事》这篇中篇小说,一下子把张一弓这个当时为读者所陌生的名字从一个普通业余作者擢升到一个作家的地位。读者为他在作品中所表现出来的才思、艺术功力、现实主义的巨大勇气和强烈的社会责任感而激动起来了!

稳重的文学批评家们趋向于用"等等看"的态度来看待文苑里崭露头角的新起作者,以便于更有把握、更加准确地判断他们的成就和前途。批评家们自有他们的道理。的确有那么一些作者,以一篇作品成名之后,就再也写不出有分量的作品来,或者从此就把尾巴翘得老高,仿佛老子天下第一,甚至把托尔斯泰、巴尔扎克骂得一钱不值,莫名其妙地骄傲起来,使评论过他们的作品的批评家们处于一种难堪的境地。而张一弓,自《犯人李铜钟的故事》发表以来,批评界已经对他观察了两三年,他还是他,始终辛勤地写着,不断地奉献出作品来,虽然不能说步步登高、篇篇珠玉,却也称得上一步一个脚印,踏踏实实,不营不苟,不虚不夸,总能保持一定的艺术水准,在稳定之中逐渐趋向成熟。

一个作家应当把在读者中建立信誉放到重要位置上考虑。在读者中失掉信誉的作家是可悲的。张一弓很重视在读者中的信誉,他把作家的信誉同作家的社会责任感联系在一起。一般情况下,他不轻抛自己的作品。他的作品数量不算多,两年来只发表了十个左右的中短篇小说,但他的写作态度是严谨的。无论是《犯人李铜钟的故事》,还是后来发表的《赵镢头的遗嘱》、《张铁匠的罗曼史》、《流泪的红蜡烛》这些有代表性的、标志性的作品,都告诉我们他是一位全力追求文学的现实性和深刻性的作家,既不去制造趋时的廉价品,也不迎合某些编辑的要求,将粗制滥造的赝品塞给读者。他走的路虽然有点冷清,却相当坚实。前几年,他工作在登封县的卢店,据说最近已调到县文化馆,他所在的地方虽然没有约稿者踏破门槛的盛况,却能与农民及农村干部耳鬓厮磨、披肝沥胆,每每有新人物、新思想浮现出来。

张一弓的卓然成家,除了本人的文学天赋、家庭和学校教养以及勤奋努力之外,当时的社会条件也是极为重要和不可忽视的。他是在我国人民刚刚摆脱了"四人帮"的长期统治之害而走上大治,国家、人民期待着能出现一批忠诚地表达人民心愿的作家的时候,拿起文学之笔的。他以艺术家的勇气写出了人民的愿望、希冀,替人民说了话,因而很快得到了读者的首肯。试想,没有我们国家几年来拨乱反正的大好形势,没有党的十一届三中全会上对"凡是派"的批评和解放思想方针的制定,没有全党全国人民思想解放运动的伟大实践,《犯人李铜钟的故事》能写得出来吗?即使作者能写得出来,也不一定能发表得出来。因此,必须运用唯物史观正确地分析、判断文学现象,脱离了一定的时间、条件是不可能得出正确的结论的。

《犯人李铜钟的故事》在当代文学史上的地位

《犯人李铜钟的故事》是一部渗透着强烈而深刻的人民性的革命现实主义作品,既是奠定了张一弓小说家地位的第一块基石,也是新时期文学的重要作品之一。它被评为《文艺报》主办的1977年~1980年全国优秀中篇小说奖的一等奖绝不是偶然的。

《犯人李铜钟的故事》写的是我国三年困难时期的事情。造成三年困难的原因,既有天灾,又有人祸。就张一弓小说里所描写的李家寨来说,导致1960年的春荒,社员断粮七天,四百九十口人挣扎在死亡线上的困难局面的,主要是"高征购"、"反瞒产"等指导思想上的"左"的错误。面对着生死存亡的大饥荒,李家寨的党支书李铜钟坚决地站在人民群众一边,带着饥饿、水肿、消瘦、疲乏的身躯,如实地向上级反映情况,争取救援,但他遭到了"吹牛不报税"的"带头书记"

杨文秀的批评与冷落。他,一个小小的支部书记,怎能改变公社领导上的"左"倾指导思想?只能愤愤然向朝鲜战场上的老战友、靠山店粮站主任朱老庆"借粮"五万斤,因而犯下了不可宽恕的大罪,由共产党员一下子变成了"抢劫"粮站的首犯。人民得救了,而忠心耿耿为人民服务的"公仆"李铜钟,却为法律所不容,做了十九年的屈死鬼。一直到现任地委书记田振山到他的坟上来凭吊的时候,李铜钟的冤屈才得到昭雪。

这是一幅悲壮的历史画。我们从这幅画面中深深地感到了作者对革命事业的忧虑、责任感和对人民群众的同情。流血的战争时代结束以后,在和平建设的日子里,为了建成一个真正科学的社会主义社会,仍然需要付出昂贵的代价甚至宝贵的生命。李家寨人民以他们的带头人李铜钟为代价,换来了历史的前进。今天,过着不愁衣食的生活的青少年们,也许早已忘却了在那个青草覆盖的坟头下掩埋着的先行者,但历史是永远不会忘记他的。如果也可以把共产主义看作一种"道"的话,李铜钟这个神圣的殉道者一定会成为共产主义事业前进道路上的一盏明灯,照亮人们不要重犯"左"的错误。这是一个异常尖锐的题材,而正因为它尖锐,它才有着异乎寻常的动人力量。对于这类尖锐的题材,的确存在一个处理是否得当、分寸是否准确的问题。如果处理不当,就会变成对社会主义社会的揭露与控诉,那就会写出一部极其错误、误导人们悲观倒退的作品来。而如果能正确地揭示出生活中存在的真实的矛盾,写出了健康的、革命的力量同腐朽的、错误的力量的斗争,那就会写出一部引导人们向前看,鼓舞人们为新生活奋斗的好作品来。关键在于作者是否有正确的历史观和艺术观。《犯人李铜钟的故事》的成功之处,就在于作者用正确的历史观描绘了李家寨这一段社会生活的真相,即用辩证唯物主义和历史唯物主义的观点、方法具体地写出了造成李家寨这一惨案的各种矛盾,特别是暴露出了以公社书记杨文秀为代表的"左"倾蛮干分子们搞的那一套脱离客观条件、脱离人民群众的"高指标"、"高征购"、"反瞒产"、好大喜功、浮夸虚假,彰显了以支部书记李铜钟为代表的实事求是的思想、作风及共产主义精神。作者正确地描写了我们社会的矛盾,写出了构成矛盾的对立双方的斗争,写出了矛盾的主要方面与次要方面的斗争及转化,因而也就反映了本质。那种认为一触及我们社会生活中的阴暗面的作品,就一定是消极的、错误的、没有反映社会本质的观点,是一种片面的、似是而非的、受到庸俗社会学影响的非马克思主义观点。

李铜钟的形象是我国当代文学中一个有特殊意义的艺术典型。在我国现代和当代文学史上,写过许多英雄人物的形象,有的是在战争时期同敌人殊死拼搏的人物(如刘胡兰、江雪琴、许云峰等),有的是在社会主义建设阶段的阶级斗争和同自然的斗争中涌现的人物,他们都曾在我们的社会主义建设事业中,特别是在建立和培养青少年一代的共产主义世界观中起过重要的作用。但我们的作家们没有能塑造出同自己的队伍里的"左"倾错误作斗争的英雄人物来,帮助人们深刻地吸取历史教训,继续前进。粉碎"四人帮"之后,白桦同志曾在话剧《转折》中、沙叶新同志曾在话剧《陈毅市长》中描写了我们党的历史上出现过的王明路线以及党内代表正确路线的同志同王明路线的斗争。而《犯人李铜钟的故事》的出现,则生动而真实地描写了和平建设阶段李铜钟及李家寨人民同杨文秀的"左"倾路线的斗争,塑造了李铜钟这样一个新时代的英雄人物。在李铜钟这个人物身上,集中了战争年代和新中国成立初期共产党员和革命干部身上通常具有的那种高贵品质和精神状态:先天下之忧而忧,后天下之乐而乐;吃苦在前,享乐在后;急人民之所急,想人民之所想,永远不脱离人民,永远不背叛人民的事业;忘我的工作作风和为人民、为革命献身的精神。当李家寨父老们已经断粮喝了三天萝卜汤时,李铜钟去向杨文秀报告灾情,杨文秀告诉他:"可眼下的精神还是反右倾啊,反两眼向上的伸手派啊,不是我不愿意向县里要粮食,就怕那顶右倾帽子不好戴啊!"同杨文秀的精神状态截然不同的李铜钟的回答是那样掷地有声:"你把帽子给我,只要反右倾能反出粮食、反出吃的,这右倾帽子,我戴一万年。"但我们的李铜钟毕竟肚子里没有吃过比父老们更多的食物,他在路过好汉坡时晕倒在雪地上,没有力量爬起来。当他想起还有几百口人在等着他,想起县委在开会,说不定田书记已经收到了他的告急信时,他吞了几口雪,挣扎着爬了起来。他心里装着人民,他始终怀着对党的信任。最能体现出李铜钟的性格的,是他在走投无路的情况下,不得不到靠山店粮站向朱老庆"借粮"的描写,矛盾冲突达到了激化的程度,要么几百口人就要面临死亡的深渊(当时村子里已经断粮七天了),要么他李铜钟就可能变成"抢劫"国库的首犯。在这个关节上,作者由叙述转而揭示人物内心的波澜:

> 李铜钟啊,在社员七天没吃一粒粮食子儿以后,你还有什么办法使他们免于死亡呢?你能叫麦苗儿见天夜里就起蓴儿,明天清早就扬花儿,不到晌午就结子儿吗?你能叫"反瞒产"反走的十万斤粮食长上腿,回到李家寨吗?你能对社员们说,民国三十一年的经验证明,北山裤裆沟里的白甘土可以当粮食吃吗?要不,你就狠狠心,说,乡亲们啊,可怜我这个一条腿的人没能耐,挑不动这担子,请大家掂上打狗棍,自谋生路去吧。然后你就把一级残废证装到玻璃框里,用竹竿儿举着,领着婆娘、娃娃,去荣军休养所要碗饭吃吧。
>
> 不能,不能,不能哩。要是世界上没有饥饿和寒冷,还要共产党做啥?共产党员李铜钟啊,你跑到鸭绿江那厢打狼,你瘸着一条腿回家,难道是为了在乡亲们最需要的时候抛开他们吗?支部书记李铜钟啊,你这一辈子能有机会像今天这样检查你对人民的忠诚,考验你的党性啊!

矛盾冲突是人物性格的基础,如果没有矛盾冲突,人物性格就无由发展,也无由揭示。李铜钟的性格,在这极为尖锐的矛盾冲突中得以凸现、明显起来。在资产阶级评论家看来,李铜钟这样的人物是一个根本不存在的虚幻人物;而在我们看来,他却是一个实实在在的共产党员,一个地位不高、品质高尚的普通人,在这个普通人身上闪烁着共产主义思想的光辉,体现着共产主义事业的不可阻遏的磅礴气势。

这部作品的可贵之处,不仅在于作者对历史进行深思的时候,没有回避重大的社会矛盾(这当然是现实主义文学的一个重要方面),而且在于作者在写作时对生活开掘得深,有独到的发现,就这部作品本身而言,是现实主义的。它的成就,又为新时期文学的革命现实主义的深化做出了贡献。对于作者本人来讲,《犯人李铜钟的故事》也是他的成名之作。

又一个殉道者

继李家寨的李铜钟在大饥馑中殉难十九年之后,枣园沟的赵镢头在看到自己的责任田超产两千一百五十斤的时候服毒身亡,成为张一弓笔下的第二个殉道者。

作者在写作中篇小说《赵镢头的遗嘱》(1980年10月至12月,发表于《收获》1981年第3期)之前,曾写作并发表过一篇小中篇《牺牲》(《收获》1980年第3期),可以看出作者在探讨如何描写十一届三中全会以后的农村的新现实的意向。《牺牲》中写了一个具有共产主义思想的农村女支部书记高山兰。她在领导社员治山引水的工程中,由于爆炸洞口塌方使她失去了自己心爱的儿子。但她以大局为重,表现得极其坚强,正确地处理了这场可能引起村里政治动荡的风波,维护了安定团结的局面,表现了一个共产党员的高度觉悟。但她又是一个母亲,当埋葬儿子的乡亲们离去之后,她悲痛欲绝。作者淋漓尽致地写出了她作为一个母亲的亲子之爱。故事是动人的,人物写得也颇有个性,不失为一篇较好的作品。但感到不足的是,作者没有找到一个较为适当的角度去反映变化了的新现实。从这篇小说里,我们几乎看不出明显的时代的标志,唯一能够提醒我们的,是写了马庆娃在"四人帮"统治时期当过帮派头头。因此,我把《牺牲》看成是张一弓由反思历史到面向新现实的一个过渡性作品,当然也就算不上一篇成熟的作品。而《赵镢头的遗嘱》的发表,显示出作者已经找到了一个反映新现实的较好的角度,同时也显示出作者对农村的新现实已经有了较为深入的认识,而且他如此表现农村的现实关系,在整个文坛上是独树一帜的。

小说写的是农村在新形势下生产关系变化的历史必然性。枣园沟大队经历了整整三十年社会主义集体经济的发展滞后,仍然是个

"盛不住东西的破盆"。老共产党员赵镢头带领农民实行"联产责任制",改变贫穷面目。于是出现了超产户,当然也出现了减产户。地委副书记龚大平亲临考察,用老眼光看新事物,认定"超产户"是"暴发户",赵镢头不是社会主义的"镢头",而是一把挖社会主义墙角的资本主义的"镢头"。"在公元一九七九年的人民公社的田野上,竟然出现了一块块写着户主名字和土地亩数的地界石。难道二十三年前,已经在这块九百六十万平方公里土地上彻底消灭了的私有制又卷土重来了吗?难道蓄着八字胡、背着钱褡裢的地主老财,又从这埋下了地界石的山沟里拱出来,用'噼啪'作响的算盘和蘸了水的皮鞭来对付重新沦为奴隶的公社社员吗?"在龚大平的支持和煽动下,以支部书记李保为首的一伙人(包括游手好闲分子刘卯),在一些革命口号的掩护下捉了赵镢头,企图扑灭生产责任制的火焰。赵镢头留下遗嘱,服毒自尽,用自己的生命捍卫新的生产关系的合理性,向龚大平们敲起警钟,让他们听听这个殉道者的纯洁而庄严的呼声,不要再做阻挡历史前进的绊脚石。作者用有信服力的笔墨写出了新的生产关系怎样促进了生产力的发展,生产力的发展又怎样冲破了束缚着它的生产关系。作者不是在写哲学讲义,而是生动地描绘出枣园沟人与人关系的图画,通过这一幅图画,我们看到了历史发展的某些本质的方面。

农村的变革绝不是像某些漫画式的小说所描绘的那样简单,那样顺利,那样充满着诗情画意。农村的变革包含着许多看得见和看不见的斗争,这些斗争有的属于阶级斗争的范畴,有的属于伦理道德的范畴,情况是复杂的。如果我们文学仅仅去描写或大家都去描写生产责任制如何得人心,农民如何因为实行责任制而变得富裕起来、钱多起来(张一弓的短篇小说《黑娃照相》、《黑娃的新闻》就有这样的倾向,后面我还要谈到),那么这种对生活的认识就未免显得肤浅,特别是对于一个作家尤其如此。张一弓在《赵镢头的遗嘱》里所写的,显然要比上述作家、作品深刻得多,高明得多。他喜欢采用激化矛盾的方法增加说服力和感染力,李铜钟的死和赵镢头的死都带有这样的色彩,在作品里也确实起到了这样的作用。围绕着赵镢头的遗嘱而引出的故事,把上至地委书记龚大平、县委书记林慧、公社书记吴老栓,下至社员群众,都牵扯进来,而且把枣园沟的事件同枣园沟以外的大世界连接起来,赋予作品以应有的深厚度。同时我也要补充说,我肯定作者取材构思的角度和观察生活的深刻,并不是肯定他这种类似"正面展开"的写法就是最理想的写法,并不是认为再没有比这更理想、更艺术的写法了。

作为一个艺术形象,赵镢头这个人物并不很成功,他的服毒自尽足以唤醒地委重视来解决问题的安排,也缺乏足够的逻辑说服力。比较起来,龚大平的形象塑造倒是比赵镢头略胜一筹。这种思想僵化、故步自封、不接受新事物的领导干部,到处都能碰得见,他们的种种特点,在龚大平这个人物身上揭示得较为深刻,有一定的典型性。这种人物是长期以来"左"的社会思潮以及我们社会体制的产物,他们貌似懂得中国农民问题,实则对农民问题一窍不通,他们不可能帮助农民走上社会主义道路。他乘吉普车到枣园沟来的那种胸有成竹的神态,在调查研究过程中的那种官僚气味,和林慧争论时那种讲话的言谈……许多艺术细节都勾画出了他的与时代的发展格格不入的灵魂。作者倾向鲜明地鞭笞了他,你看:

> 昨天,龚大平来到枣园沟盆地的第一天,当他看到翻滚在"盆底"上的金色海洋和环绕在"盆沿"上的绿色波浪时,他的耳膜和视网膜上都感到一种莫名其妙的空旷和寂寥。那雁阵般一字儿排开的集体干活的人群哪儿去了?那一天三响地震荡在每一个村庄上空的上工钟声哪儿去了?在那样刺眼地重新出现了地界石的田野上,那三个一簇、五个一伙儿的是什么啊?是"兄妹开荒"、爷俩耕田、小两口种地,甚至还有洞箫横吹的"小放牛",好一番小农经济的诗情画意,好一番小生产者的田园之乐啊!

这是一种绘声绘色、入木三分的描写,把这个思想僵化的、在新事物面前惶惶然的领导人形象揭露得多么好啊!他对实行责任制的田野上覆盖着绿色的波浪感到那样一种"莫名其妙的空旷和寂寥",对长期以来习惯了的那些"出工不出力"的"雁阵般"干活的队伍表现出那样一种留恋……就是这位领导人,为了寻找这种责任制的根据,不惜戴上老花镜查阅从公社借来的一大摞革命导师的经典著作。天哪!这是怎样的一个本本主义者!这种思想僵化者的形象在历史转折时期的文学中是一个值得重视的文学现象。过若干年之后,也许将会更加显示出其重要意义。

苦涩的人生

与《赵镢头的遗嘱》不同,张一弓在中篇小说《张铁匠的罗曼史》(《十月》1982年第1期)里使用了另一种手段。他通过小铁匠张铁锁的婚姻的悲喜剧这一人生的侧面,刻画出他从青年时代到壮年时代的命运,从而反映出了时代、社会的变迁。二十二年的人情冷暖,曲折地映照出这些年间社会生活的风云变幻。

张铁锁的人生道路上布满着过多的苦难,这苦难把他塑造成了一个性格十分坚强的人。当这个踌躇满志的小铁匠打算在人民公社化运动中一展宏图的时候,他做梦也没有想到他变得跟不上形势了。他执着地主张打铁货只能用块儿煤,铁货只能用刃儿钢而不能用杂铁,因而被拔了"白旗",被夏某(后来夺了他的妻子腊月)和王木庆(他的大舅子,后来当了公社副社长)批判。小铁匠一时兴起,打了夏某,从而开始了劳改的生活。腊月在他哥哥王木庆的欺骗下同张铁锁离了婚,带着儿子铁栓流落到北山里。劳改释放犯张铁锁回到自己那座荒凉冷落的宅院里后,无时无刻不在思念着流落在异乡的妻儿。张铁锁几经周折在北山找回腊月母子(这里有几段别开生面的描写),但由于王木庆的干预而不能破镜重圆。腊月在暴力下变成了夏某的妻子。这一桩桩往事,特别是"文革"期间古堡里的一段奇遇,使张铁锁埋藏在心底的深沉而炽烈的爱变成了恨。后来,农村实行了生产责任制,张铁锁在"铁匠专业户定工定值合同书"上按了手印,戳着"飞廉张"字号的名牌镰从张铁锁的铁匠炉里诞生出来的好日月到来的时候,疑云终于被吹散,恨又化为爱。虽然张铁锁的罗曼史有点儿过于浪漫,几个关键的情节却是可信的,既合乎这样一个手艺人的身份,又合乎生活发展的逻辑。1958年以后我国社会政治生活、农村公社化运动的曲折,特别是渗透在一切领域的"左"倾思潮对社会的影响,直接造成了张铁匠的悲喜剧,如果没有这方面合乎逻辑的真实描写张铁匠的罗曼史也就不存在了。换句话说,小说对主人公张铁锁命运的描写是紧紧地同社会生活的描写结合起来的,并从社会生活(即典型环境)中找到了人物命运的根据。

张一弓的小说一般喜欢用情节的大起大落和矛盾冲突的尖锐激化来展现人物的性格,而不大长于对人物细腻感情和内心世界的揭示。而这篇小说同其他小说相比,就有比较明显的不同。人物的内心波澜和感情潮汐洋溢于笔端,成为这篇小说的一个显著的特点。庄稼人虽然不同于城里人的知书达理,但他们的感情世界也不是一个死角,他们的内心生活同样是一个极其丰富的天地。张铁锁虽然是个农村手艺人,但他对腊月的深情和思念,同大翠的邂逅与分离,对刘忍的嫉妒与感激,都说明他是个极富于人性的人,是个内心世界极为富有的全色的人。仅以他同大翠的相遇相知为例,当小寡妇大翠得知小铁匠也是单身时,偷偷地给他洗净了那件对襟布衫儿,叠得平平整整放在床头。过了几天,他的床上又平添了一个耀眼的红包裹,里面有一件用家织土布做的白布衫儿和一双千层底儿圆口黑布鞋。这有情人的举动使我们的张铁锁魂牵梦绕,怅然不知所措。他的心被搅乱了。跟他打下手的小伙儿第一次发现,张铁匠打铁板没掌好火候,又重新回炉,另一个刚刚烧红的镰头却从火钳上滑到地下,白搭一火。当大翠知道了他到北山来是为了寻找逃荒的娘儿俩时,捂住脸哽咽起来。张铁匠忍不住靠近了大翠,扶住她的正在抖动的肩膀,说:"大妹子,俺这个打铁匠,心肠不是铁打的,俺会记住你的情,记一辈子!"第二天他离开青龙沟时,走了不远,又回过头,用目光在送他的人群中寻找,"终于在那棵绿荫如盖的老皂角树下,望见了一个呆立着的蓝色身影,泪水立刻模糊了他的眼睛"——张一弓巧妙地写出了一对中年人的似水柔情。

如同任何技巧都不是独立于作家对生活的认识与表达之外一样,小说对人物内心世界的揭示也不是孤立的,而是作家对一时一地、一人一事的感受与认识,是为刻画人物的命运服务的。我们不应该离开具体情况去强调人物内心世界的复杂性,似乎内心世界愈复杂的人物艺术成就就愈高。这是一种形而上学的看法。人物内心世界是否复杂或是否应该复杂,完全是由人物所处的环境和人物的命运所决定的。如果作者写一个入世未深的青年,而把他写得老于世故、老谋深算,恐怕就未必符合人物的真实。张铁匠在严酷现实的连续打击下,命途多舛,遇到事情自然就考虑得很多,或优柔寡断,或执拗倔强。比如腊月来找他,他一方面回想起腊月的恩情,另一方面又闪现出腊月的背叛,心绪写得极为复杂。在这种时候,复杂才是合理的。又比如当姓"张"的铁栓悲愤地向爹诉说了母亲为了疼爱铁匠而委曲求全的故事后,张铁匠多年筑起的感情堤坝,受到了猛烈冲击而开始动摇,而当被禁锢在堤坝里的对腊月的爱情就要破堤而出的时候,他的理智又告诉他相反的事实,心头立时又蒙上无法驱散的阴影。在这时候,复杂当然是合理的。

在《张铁匠的罗曼史》中,作者以张铁锁的恋爱婚姻为线索,把历史生活编织进去。可以看出,作者的真意在于歌颂农村的新形势,正是由于联产责任制的新形势的出现与发展,使张铁匠的生产("飞廉张")与家庭生活恢复了本来的"个性"。从作品的构思来看,虽说不上有多少独创,但把它摆在当前反映农村变革题材的大量作品中,却无疑是高明的。

层出不穷的新意

张一弓的几部重要作品,我并不以为一篇超过了一篇,但我却感到几乎每篇都有新意。《流泪的红蜡烛》(《收获》1982 年第 4 期)无疑也是一篇有新意的作品。

物质生活与精神生活的一致,能够成为一篇文学作品的主题思想,而且得到很好的描写。我所指的是张弦的《被爱情遗忘的角落》。那里面写了农民在爱情问题上的封建意识与生产力发展的低下是一致的。反过来,物质生活与精神生活的不一致,能不能成为一篇文学作品的主题思想并得到很好的展示呢?《流泪的红蜡烛》就是一例。

《流泪的红蜡烛》里的李麦收富起来了,用两亩地的烟钱娶雪花为妻。他的铺张对于一个富起来的农民而言是一种典型的气质。用发狠的动作,把一百个五分钱的硬币"叮当"响地丢到撒"喜钱"的升子里,又说:"娘,就叫我浪费这一回,高兴一回!"这笔墨里流露出一种巴尔扎克式的辛辣,也有力地写出了麦收的性格。过去,因为家境穷,拿不出彩礼,人家的闺女不愿意下嫁到他的"小西屋"里做他的媳妇。他心里也曾有一个女子,但因为他娶不起她,她被一个靠近城市的富有的男人娶去,娘家用她的彩礼给他的二十七岁的哥哥换了一个媳妇。这个女人珍惜同麦收的爱情,卧轨自杀了。这使李麦收有些变态。他发狠,要向夺去爱人的贫困报复。他疯狂地劳动着,使自己无休止地处于沉重的、机械的、无情的劳动以及死一般的酣睡的循环交替之中,使自己变成了一架铁一样坚硬、冰一样寒冷的劳动机器。两亩地的烟钱已经使他这种欲望得到了某种程度的满足。他以为这样就可以把雪花这个被"俘虏"来的姑娘的心"买"过来。但雪花心里也有人,面对着洞房里的花烛流泪,至死不从。在雪花的心里,精神生活并不等同于物质生活,她思念着那个因为穷困而远避着她的青年,她不稀罕麦收的"排场"。在新房里,她用哭肿了的眼睛勇敢地对视着气愤而又贪欲的麦收,她要说:"我不喜欢你,我跟你没有缘分,我不要你那排场,我听够了你那一百多个'钱钱钱'……"

这是一个十分古老的主题,在我们民族的古老传说里,从来就不乏"抢婚"的题材,其中也不乏脍炙人口的上乘之作。李麦收这个既可笑又可爱的人物,固然同古代的抢婚郎大相径庭,但爱情在人们心里的地位不是金钱所能占有的这一点却没有变化。在旧社会,因生活所迫,卖儿卖女的现象司空见惯,根本谈不上什么自由恋爱,但即使在旧社会,也有许多反抗迫害、为爱情而死的可歌可泣的故事。古今中外的文学作品里不乏其例。在我们今天的社会主义现代化建设新阶段,物质生活的改善,促进了人们对精神生活的进一步要求,人们要求过一种不受庸俗的、市侩的以及封建的意识所束缚的爱情生活,特别是追求一种建立在革命情谊基础上的爱情关系。如果随着经济形势的好转,把爱情重新纳入金钱的支配之下,像李麦收所做的那样,那无疑是一种历史的倒退,是一种悲剧。

如果说李麦收是一个缺乏社会主义文化教养的农民（他的精神状态是相当典型的，他把爱情看成了金钱的等价物，他一口气能说出一百个"钱"字，他把"钱"当成了上帝，他缺乏他所耕耘的几亩烟地、饲养的几十只长毛兔子以外的任何理想），那么，雪花则是有见解、有理想又富有细腻情感的农村女子。她不屈服于金钱和暴力，钟情于贫寒而有革命理想的秋菊的哥哥，她的同学，她当黑帮崽子时的保护人，小麦杂交科研的胜利者。但当她看到李麦收的愤懑和哀伤时，坚冰似的心儿也开始溶解了，她怯生生地对他说："这不是你的过错……"她又多么同情和理解李麦收其人的愚鲁啊！但这愚鲁正是横在他们之间的鸿沟。

文学作品内容的创新是起决定性作用的。对于一个作家来说，应当把内容的创新放在第一位去考虑。思想内容有了新意，就有可能使艺术形式（包括艺术形象的塑造）在适应思想内容的要求的前提下革新。《流泪的红蜡烛》是很能够说明这一点的。小说里的人物形象，无论是李麦收还是白雪花，在新时期文学里，都是不重复的。但这部小说里也有一些明显的败笔，如写李麦收洞房花烛之夜的若干细节，就有斧凿编造的痕迹，这种追求情节曲折离奇的写法和细节的失真，在一定程度上减弱了这篇小说的现实主义成就。

题外论短长

上面已经讨论了张一弓小说创作的特点和成就，再说下去可能是一些题外的话。

如今文坛上兴起了一股时髦的浪潮，即向现代主义顶礼膜拜，似乎在中国偌大的文苑里，革命现实主义已经成了枯枝败叶，到了穷途末路，是不再有生命力的僵尸，而只有现代主义才生机勃勃，今后文坛非现代派莫属。于是有些作家（当然是些知识和经验都不足的人）就东张西望，看到时髦的东西就学、就仿效、就崇拜得五体投地。在这些东张西望的人流中，张一弓似乎比较冷静，他照着已经认准的方向往前走去。当然，由于路面并不平坦，他也有趔趄或失足的时候，但他对于要达到的目的和已经选择的方向却没有动摇。

他坚持革命现实主义原则，着眼于深刻而真实地反映社会生活及其发展的趋向,着眼于用典型化的方法在作品中创造出有典型性的人物形象,着眼于反映他所生活的这个时代的面貌。他的作品里充满着浪漫主义的因素,正是这种浪漫主义投注给他的作品以生活之光;他的作品里当然也显示着强有力的批判精神,正是这种批判精神增强了他对社会生活的认识的深刻性。从张一弓的作品中可以看出,他把文学作品作为反映社会生活的一种服务手段,而不是把文学作品当成表达作者一己的内心情绪和非理性的潜意识的狭隘工具。他注重从生活中撷取人物形象,用美学的手段(即艺术的典型化)塑造人物,而不取之于"心造的幻影",在这一点上,他的艺术观同反典型、反情节、反环境的现代派艺术观当然是大异其趣的。同时,他也不廉价地适应庸俗社会学思想家的要求,去粉饰生活中的矛盾。李铜钟、赵锨头且不说,就是黑娃(短篇小说《黑娃照相》中的人物,此小说荣获1981年全国优秀短篇小说奖)这样的人物,也体现着他的这种艺术观。这篇小说在取材上的积极意义是毋庸置疑的。作者写出了农村实行生产责任制的新经济政策以来,农民(黑娃)随着经济地位的改善而不断滋长的对精神生活的追求。略感不足的是作者对生活的变迁写得比较肤浅、直露,给人一种图解政策的感觉,这是作者应该注意的地方。但黑娃这个人物的描写并不一般化,张一弓写出了他要求精神生活而又非常可怜的状态,在这一点上使这篇小说区别于那些只写农民钱多了就赶集买东西的简单化的作品。如果用庸俗社会学的观点看,张一弓应该把黑娃写成一个因劳动致富去赶集照相的思想境界很高的青年。这样一来,高固然高了,却变成了一篇"无冲突"论思想的作品,把非常复杂、非常丰富的社会生活简单化、概念化了。这之后发表的《黑娃的新闻》就露出了这种不健康的艺术倾向,偏离了他自己由《犯人李铜钟的故事》开始,后来好几篇作品奠定的革命现实主义传统。

张一弓的小说正在形成自己的创作个性。严峻与幽默这两种看似互相排斥的、极端的因素统一于他的作品之中。他在技法上并不整齐划一,但能明显看出他受到推理小说的影响,往往在开头就设下悬念,然后再慢慢"解扣子",造成引人入胜的艺术效果。在《犯人李铜钟的故事》中如此,在《赵镢头的遗嘱》中也是如此。不管怎样的构思与技法,都渗透着严峻与幽默。作者对生活的态度是严峻的,解剖得毫不留情面;作者的字里行间又流露出幽默感,在幽默的背后透出人生的苦涩以及作者对人生的揶揄与批判。应该指出的是,有些时候,张一弓的幽默给人留下一种油滑的感觉。幽默是作家的一种必具的、良好的素质,但油滑却是作家的大敌。如果油滑变成了贫嘴,那就毫无艺术的气质了。一个作家要形成自己的创作个性,是极不容易的事情,个性的形成标志着作家的成熟。风格固然是作家个性的主要标志,但个性不仅仅是风格,个性还包括作家对生活的理解、评价及取材的角度等。张一弓的作品一眼看去就知道是张一弓的,这不仅因为他的个人风格强烈,还因为他对生活的看法、写法与他人不同。

我不认为张一弓是一个短篇小说创作的骁将,他的短篇中堪称独创的艺术品很少。看来他对这个武器使用起来还不到精湛圆熟的程度。其所以如此,除了构思谋篇上的特点尚需磨炼之外,语言问题也成了一大障碍。读张一弓的小说比较吃力,他的句子很长,有点像西方语言中的复合句,又有点像哲学著作中的论证语言。用这样的语言写小说,就把许多知识水平不算高的读者吓得退避三舍、不敢问津了。从小说的特点来讲,作者应当运用一种洗练的语言,这种语言应当接近口语而又不完全是口语,几句话就能造成一个形象。如果把小说的语言变成逻辑上无懈可击,意思非常复杂,甚至一大段一个句号的论证性的语言或学生腔的语言,那就必然损害小说的艺术成就。在张一弓来说,我认为《犯人李铜钟的故事》的语言是比较洗练、富有表现力、朴素无华的,而后来的作品里则发生了上面提到的变化。但情况是否如此,作者是否同意,都很难说,就算我的一孔之见吧。

"欲穷千里目,更上一层楼。"张一弓的创作很有成绩,用篇首的话说,已卓然成家;如果眼界更加开放一些,路数更加多样一些,我想他会在创作上开创一个新局面。而这正是许多知名作家目前都面临着、困惑着的两个问题。

周扬主持召开中国民间文艺研究会主席团会议

　　1982年夏天,中宣部在河北涿县召开文艺评论座谈会期间,中宣部副部长贺敬之同志找我谈话,说中国民间文艺研究会负责人贾×把研究会搞得一团糟,还对中宣部兴师问罪,民研会工作瘫痪了,因为我"文革"前曾在那个单位工作过,所以要我到那里去担任领导工作,而且不许现在的负责人再插手民研会的事情。由于事情来得突然,我没有思想准备。接下来,中国文联党组的负责同志赵寻、延泽民、李庚分别找我,但我都没有答应。

　　中国民间文艺研究会的工作处在瘫痪之中,时任中国文联党组书记和中国民间文艺研究会主席的周扬接到来自民研会的告状信,心里十分着急。因为这个研究会是他于1950年3月29日创办的,是1949年7月成立中国文学艺术界联合会和全国文学工作者协会之后,成立的第一个专业的文学艺术分类协会,理事长是郭沫若,副理事长是老舍和钟敬文,由文化部艺术局编审处管辖。在开始阶段,该研究会的任务包括了民间艺术和民间文学两大门类,文联系统内各艺术门类的协会陆续成立后,逐渐把民间艺术分离出去,民研会就只管民间文学了。理事长郭沫若于1978年6月12日逝世。"文革"结束后,在1979年11月4日至10日召开的中国民间文艺研究会第四次代表大会上,周扬荣任第二任理事长。

　　面对着研究会领导人的错误导致的协会瘫痪状态,1982年12月14日,周扬在自己家里召集了中国民间文艺研究会主席团扩大会议。参加会议的有民研会副主席、北京师范大学教授钟敬文,民研会副主席、中央民族学院教授马学良,文联书记处书记延泽民,常务理事、社科院少数民族文学所的副所长王平凡,民研会副秘书长程远。周扬委托文联党组的副书记、书记处常务书记赵寻主持会议。周扬同志在会上讲话,宣布了贾×的错误,解除他在民研会的领导职务,并成立延泽民为组长的临时领导小组作为过渡,要求尽快把领导班子搭起来。周扬说:

第六章　为文艺与政治的关系松绑(1982)

贾×我们共事几十年了,我过去的印象,他是老实的,在民间文学和少数民族文学方面做了一些工作。但他现在的错误是相当严重的。搞得不择手段。他肯定是不能继续领导了,对他的错误要批评。不是生活小事。民研会的工作要有一个人负责。延泽民同志可以去帮助一下,但不可能长期在那里。梅冠华同志我不是很熟,可以先安排到那里。贾×同志今后不能再担任领导了。总的是不能再做领导了。要批评他的错误,要他作检讨。今天主要解决个领导的问题。我是不太赞成搞什么领导小组、临时过渡班子。能不能搞临时党组?先把班子搭起来。民研会的同志有很多意见,经常收到很多的来信。撤销贾×的职务也是为了帮助他。贾×是有错误的。但他对少数民族文学所的工作的意见还是正确的。我以为他的少数民族文学所的工作还可以保留。贾×同志为什么那样专断,不择手段?这一点我没有想到。他的变化,我问过钟老,钟老说可能是他的地位变了。但他没有做什么大官呀,没有很高的地位嘛!为什么变化这样大?程远同志,你有什么意见,也可以讲讲。……

反映问题不要割裂起来,要联系起来,全面地、客观地反映问题。要把他前后的话都反映出来。民研会我也挂了个名。今天是不是有几件事可以确定下来。一、马学良同志是不是可以回少数民族文学所,请转达给梅益同志,他还是副所长嘛。二、民研会临时领导小组是个过渡性的班子,老延去负责这个组。平凡同志虽然很熟悉,但他的工作太多,我建议他不要挂这个秘书长。民研会是不是搞个秘书长?我建议还是梅冠华来。他比较超脱。可以把他调来。将来的工作还是请他来做。总要有点相对的稳定性。稍微加点强制,就是组织决定调过来。将来什么名义,再商量,都可以。是不是就叫梅做秘书长?

……对贾×同志,程远你也要多听听另外的意见,为什么王平凡同志、钟老都对他有意见呢?不要偏听。民研会要允许有更多的民主,更多的自由。要有研究的空气,民主的空气,自由的空气。贾×同志还是副主席,但不要管日常事务。梅冠华同志不愿意来,爱人生了癌症。梅益同志已同他谈了话。这个同志比较稳当,人是好人,缺点是比较软弱一点。①

作为第一步,决定成立一个由中国文联党组副书记、书记处书记延泽民为组长的临时领导小组作为过渡,成员有刘魁立、程远、刘锡诚、马振、吉星、陶阳。

中国民间文艺研究会是中国文联下面的十几个协会之一,是一个独立的文艺团体。梅冠华是老同志,他大概不愿意离开社会科学院到文艺团体的民研会来工作,周扬想调他来民研会主持工作的打算后来只得作罢。不知领导上会后是怎么商量的,最终周扬同志和文联党组决定调我到民研会主持工作。我在《文艺报》工作得好好的,同样并不愿意去。况且所有协会的领导干部,差不多都是延安鲁艺或国统区的演剧队来的老干部,我一个新中国成立后培养起来的大学生,既无资历、也无资质,无根无襻的中青年知识分子,怎么能抵挡老领导的决定呢?这一下子改变了我的生活道路。

第二届全国优秀中篇小说评奖启动

《文艺报》1982年第10期发表了中国作家协会举办第二届全国优秀中篇小说评奖启事。规定参与评奖的时限是1981年、1982年两年在刊物上发表的和由出版社公开出版的中篇小说。具体评奖工作,如第一届优秀中篇小说评奖一样,继续由《文艺报》编辑部负责实施。我们分别向各省市文联和作协以及大型文学杂志、文学月刊和出版社发出函件,请他们推荐各刊(社)发表或出版的优秀中篇小说。截止到12月30日,各省市文联、作协、各期刊、出版社、编辑部推荐来的优秀中篇已超过257部。各地推荐的这些中篇小说尽管最终只有少数获奖,大多数都名落孙山,但这些被推荐出来的优秀作品以及刊物周围的作者群,对于评论界和文学教育界研究当年的优秀中篇

---

① 据中国文联党组后来向我提供的会议记录。

第六章 为文艺与政治的关系松绑(1982)

的盛况和问题,以及文学教学和学习的参考,其价值是不言而喻的。出于这样的考量,笔者愿意把各地推荐的优秀作品录之如下。

《收获》编辑部、作协上海分会推荐的作品:

《祸起萧墙》	水运宪	《收获》1981年第1期
《尾声》	王安忆	《收获》1981年第2期
《杂色》	王蒙	《收获》1981年第3期
《他就是他的倒影》	崔京生	《收获》1981年第5期
《小溪九道弯》	叶文玲	《收获》1981年第6期
《远去的白帆》	从维熙	《收获》1982年第1期
《真真假假》	谌容	《收获》1982年第1期
《驼峰上的爱》	冯苓植	《收获》1982年第2期
《人生》	路遥	《收获》1982年第3期
《流泪的红蜡烛》	张一弓	《收获》1982年第4期

《钟山》编辑部、江苏人民出版社推荐的作品:

《啊,生活的浪花》	海翔	《钟山》1981年第1期
《路亭》	徐朝夫	《钟山》1982年第2期
《石门二柳》	储福金	《钟山》1982年第3期
《阿德老汉一家》	叶林、徐孝鱼	《钟山》1982年第4期
《黎明潮》	孟伟哉	《钟山》1982年第4期
《岩音小筑》	严阵	《钟山》1982年第4期
《自然风景区》	陈小初	《钟山》1982年第5期
《流逝》	王安忆	《钟山》1982年第6期

《十月》编辑部、北京出版社推荐的作品:

《沙海的绿荫》	朱春雨	《十月》1981年第3期
《在地震的废墟上》	中杰英	《十月》1981年第6期
《张铁匠的罗曼史》	张一弓	《十月》1982年第1期
《南方的岸》	孔捷生	《十月》1982年第2期
《相见时难》	王蒙	《十月》1982年第2期
《清水湾,淡水湾》	姜滇	《十月》1982年第3期
《无反馈快速跟踪》	陈冲	《十月》1982年第4期

《高山下的花环》	李存葆	《十月》1982年第6期
《黑骏马》	张承志(回族)	《十月》1982年第6期
《雾中人》	冯骥才	《十月》1982年第6期

《当代》编辑部、人民文学出版社推荐的作品：

《年轻的朋友们》	郑万龙	《当代》1981年第2期
《赤橙黄绿青蓝紫》	蒋子龙	《当代》1981年第4期
《耿耿难眠》	柯云路、雪珂	《当代》1981年第5期
《龙种》	张贤亮	《当代》1981年第5期
《洗礼》	韦君宜	《当代》1982年第1期
《命运交响曲》	王安忆	《当代》1982年第2期
《春夜,凝视的眼睛》	汪浙成、温小钰	《当代》1982年第3期
《太子村的秘密》	谌容	《当代》1982年第4期
《在困难的日子里》	路遥	《当代》1982年第5期
《厂长今年二十六》	陈冲	《当代》1982年第6期
《走向地平线》	杨镰	《当代》1982年第6期

《昆仑》编辑部、解放军文艺出版社推荐的作品：

《射天狼》	朱苏进	《昆仑》1982年第1期
《深深的井》	朱春雨	《昆仑》1982年第1期
《涛声》	相朴	《昆仑》1982年第3期
《男儿女儿踏着硝烟》	雷铎	《昆仑》1982年第3、4期
《边疆,雨蒙蒙的……》	白桦	《昆仑》1982年第4期
《雷,在峡谷中回响》	乔良	《昆仑》1982年第4期

《芙蓉》编辑部、湖南人民出版社推荐的作品：

《山道弯弯》	谭谈	《芙蓉》1981年第1期
《螺旋》	蒋子龙	《芙蓉》1981年第2期
《黑谷白狐》	叶蔚林	《芙蓉》1981年第3期
《工厂奇人》	陈国凯	《芙蓉》1982年第1期
《振荡》	郭襄	《芙蓉》1982年第1期
《把彩霞献给蓝天》	黄立民	《芙蓉》1982年第2期
《夜香港》	张士敏	《芙蓉》1982年第2期

第六章　为文艺与政治的关系松绑(1982)

《花城》编辑部、花城出版社推荐的作品：

《珊妹子》	周翼南	《花城》1981年第1期
《你在想什么》	顾笑言	《花城》1981年第2期
《公主的女儿》	赵大年	《花城》1981年第6期
《金不换》	顾笑言	《花城》1982年第1期
《高的是秫秫，矮的是芝麻》	戴厚英	《花城》1982年第2期
《北国红豆也相思》	乔雪竹	《花城》1982年第4期
《姑母山风情》	叶蔚林	《花城》1982年第4期
《海外唐人》	曾应和	《花城》1982年第5期

《小说界》编辑部、上海文艺出版社推荐的作品：

《灰布阿七》	朱新楣	《小说界》1981年第2期
《春前草》	鲁彦周	《小说界》1981年第4期
《苦夏》	汪浙成、温小钰	《小说界》1982年第1期
《普通女工》	孔捷生	《小说界》1982年第3期
《烟村四五家》	刘绍棠	《小说界》1982年第4期

《北疆》编辑部、黑龙江人民出版社推荐的作品：

《鱼菱风景》	刘绍棠	《北疆》1981年第1期
《报岁兰》	陆鸿	《北疆》1982年第2期
《归去来兮》	王安忆	《北疆》1982年第3期
《融雪天》	俞天白	《北疆》1982年第4期

《清明》编辑部、安徽省文联推荐的作品：

《开端》	耿法	《清明》1981年第3期
《没有门牌的小院》	叶林、徐孝鱼	《清明》1982年第1期
《交叉口》	黄亚洲	《清明》1982年第2期
《奇异的旅程》	周永年	《清明》1982年第2期
《乌兰察布眷情》	韩汝成	《清明》1982年第3期

《边塞》编辑部、新疆人民出版社推荐的作品：

《桃花溪》	文乐然	《边塞》1982年第1期
《黑凤与白凤》	宋清海	《边塞》1982年第2期

《东方》编辑部、浙江人民出版社推荐的作品：

《大眼猫》	刘心武	《东方》1981年第1期
《菊》	从维熙	《东方》1981年第2期
《青灯》	叶文玲	《东方》1981年第2期
《活了,我们的树》	陈旭明	《东方》1981年第3期
《如歌的行板》	王 蒙	《东方》1981年第3期
《如同日月运行》	洪禹平	《东方》1982年第1期
《鹚鹚岭下》	金学种	《东方》1982年第2期
《在水一方》	张笑天	《东方》1982年第3期

《新苑》编辑部、吉林人民出版社推荐的作品：

《丁香公园疑案》	万 寒	《新苑》1981年第1期
《四姊妹》	柳 溪	《新苑》1981年第1期
《草莽》	刘绍棠	《新苑》1981年第3期
《她微笑着走向牢门》	张笑天	《新苑》1981年第4期
《寡妇门前》	王 汪	《新苑》1982年第1期
《离离原上草》	张笑天	《新苑》1982年第2期
《人去两三天》	莫庭丰	《新苑》1982年第2期
《杠子王刘老两》	陈景河	《新苑》1982年第3期
《野火烧不尽》	任化民	《新苑》1982年第3期
《腊月》	韩汝成	《新苑》1982年第4期
《小家碧玉》	李宽定	《新苑》1982年第4期

《柳泉》编辑部、山东人民出版社推荐的作品：

《庄家人的脚步》	袁学强	《柳泉》1981年第4期
《相逢在今天》	史纯民	《柳泉》1982年第1期
《一路平安》	邓建勇	《柳泉》1982年第2期
《瑰丽的霞光》	王肇琪、陈黎星	《柳泉》1982年第3期
《两情若是久长时》	尹 平	《柳泉》1982年第3期
《在生活的调色板上》	王春波、冷丽华	《柳泉》1982年第4期

《绿原》编辑部、陕西人民出版社推荐的作品：

| 《飞》 | 周 天 | 《绿原》总第2期 |
| 《美的结构》 | 陆星儿 | 《绿原》总第2期 |

第六章　为文艺与政治的关系松绑(1982)

《成熟的夏天》	高　韵	《绿原》总第 4 期
《捞鱼虫的小伙子》	林　谦	《绿原》总第 5 期
《老虎与鲜花》	王　戈	《绿原》总第 5 期
《归》	许　淇	《绿原》总第 6 期

《创作》编辑部、贵州人民出版社推荐的作品：

《爱的价值》	李宽定	《创作》1982 年第 2 期
《哦,松花江之夜》	梁晓声	《创作》1982 年第 3 期
《乡土恋》	雨　煤	《创作》1982 年第 3 期

《春风》编辑部、辽宁春风文艺出版社推荐的作品：

《儿子长大之后》	祝光义	《春风》1981 年第 1 期
《盼望》	周新德	《春风》1981 年第 2 期
《好一朵茉莉花》	王　汉	《春风》1981 年第 3 期
《蒹葭苍苍》	祝兴义	《春风》1981 年第 3 期
《生活的搏斗》	张长弓	《春风》1982 年第 2 期
《岳父和女婿》	李云德	《春风》1982 年第 3 期
《刘关张》	海碰子	《春风》1982 年第 4 期

《江南》编辑部、作协浙江分会推荐的作品：

《常春池畔》	巴　陵	《江南》1981 年第 1 期
《海边人家》	叶宗轼	《江南》1981 年第 1 期
《京华梦》	宋　词	《江南》1981 年第 3 期
《下马部长》	周嘉俊	《江南》1981 年第 3 期
《苏醒的原野》	曹玉林	《江南》1981 年第 4 期
《异乡人》	刘学江	《江南》1982 年第 2 期
《楼梯间里》	胡尹强	《江南》1982 年第 2 期
《迷津》	徐孝鱼、叶林	《江南》1982 年第 2 期
《莽莽丛林》	阙迪伟	《江南》1982 年第 4 期
《女俘》	汪　雷	《江南》1982 年第 4 期
《没有门牌的小院》	叶林、徐孝鱼	《清明》1982 年第 1 期
《合上吧,你的眼睛》	王克俭	《东方》1982 年第 1 期
《古墓》	徐孝鱼	《收获》1982 年第 5 期

《长城》编辑部、河北省文联推荐的作品：

作品	作者	出处
《山乡情笺》	陶明国	《长城》1981年第3期
《红灯和绿灯》	薛勇	《长城》1982年第1期
《白云升起的地方》	宋聚丰	《长城》1982年第2期
《不熄的荧光》	毛志成	《长城》1982年第3期

《红岩》编辑部、重庆市文联推荐的作品：

作品	作者	出处
《三个同龄女性》	朱敏慎	《红岩》1981年第2期
《刻在雕像上的字》	冀邢	《红岩》1981年第4期
《骄阳似火》	陆大献	《红岩》1982年第1期

《萌芽增刊》编辑部推荐的作品：

作品	作者	出处
《非生理性癌扩散》	王亚平	《萌芽增刊》1981年第2期
《迷乱的夜》	中申	《萌芽增刊》1981年第3期
《森林，人在深邃幽远中》	袁和平	《萌芽增刊》1982年第2期
《喇嘛山纪事》	凌喻非（回族）	《萌芽增刊》1982年第2期
《部落大鼓声》	刘祖培	《萌芽增刊》1982年第3期
《大帝的仲裁》	傅星	《萌芽增刊》1982年第4期

《绿野》编辑部推荐的作品：

作品	作者	出处
《大草甸深处》	朱光雪	《绿野》1982年第2期
《偎依在额尔古纳河身旁》	徐小哲	《绿野》1982年第3期

《莽原》编辑部推荐的作品：

作品	作者	出处
《尾巴》	南丁	《莽原》1981年第1期
《紫丁香》	张斌	《莽原》1981年第2期
《在深处》	刘庆邦	《莽原》1981年第3期
《初晴》	谷白	《莽原》1982年第1期
《麦青姑娘》	张有志	《莽原》1982年第1期
《小巷风情》	陈龄	《莽原》1982年第2期
《瓜园轶事》	段荃法	《莽原》1982年第3期

《长江》编辑部推荐的作品：

作品	作者	出处
《斯文劫》	杨书案	《长江》1981年第1期

《春潮》	扬　柳	《长江》1981年第3期
《海角回春》	阮　郎	《长江》1981年第3期
《夜深沉》	罗　洪	《长江》1981年第4期
《在繁华的城市里》	于炳坤、康高秀	《长江》1981年第4期
《荇水荷风》	刘绍棠	《长江》1982年第1期
《越界》	谷　白	《长江》1982年第2期
《爱的波涛》	黄天明	《长江》1982年第3期
《六个古怪世界》	王　继	《长江》1982年第4期
《棋盘寨大事年纪》	黄建中	《长江》1982年第4期

《青年文学》编辑部、中国青年出版社推荐的作品：

《燕儿窝之夜》	魏继新	《青年文学》1982年第6期
《祸起萧墙》	水运宪	《收获》1981年第1期,中青版单行本
《人生》	路　遥	《收获》1982年第3期,中青版单行本
《爱之上》	冯骥才	《收获》1982年第5期,中青版单行本
《在丘陵,在湖畔》	张抗抗	《十月》1981年第1期,中青版单行本
《相见时难》	王　蒙	《十月》1982年第2期,中青版单行本
《高山下的花环》	李存葆	《十月》1982年第6期,中青版小说集
《赤橙黄绿青蓝紫》	蒋子龙	《当代》1981年第4期,中青版小说集
《命运交响曲》	王安忆	《当代》1982年第2期,中青版小说集
《早逝的爱》	邓友梅	中青版小说集

《上海文学》编辑部推荐的作品：

| 《一把鱼把式之死》 | 白　桦 | 《上海文学》1982年第10期 |

《莫须有事件》	王 蒙	《上海文学》1982年第11期

《民族文学》编辑部推荐的作品：

《蓝色的阿尔善河》	敖德斯尔(蒙古族)	《民族文学》1982年第3期
《麻栗沟》	伍 略(苗族)	《民族文学》1982年第6期
《驼铃》	佳 俊(蒙古族)	《民族文学》1982年第9期

《人民文学》编辑部推荐的作品：

《柳叶桃》	张 斌	《人民文学》1981年第11期
《夕阳赋》	韦君宜	《人民文学》1982年第6期

《北京文学》编辑部推荐的作品：

《那五》	邓友梅	《北京文学》1982年第4期

作协西安分会推荐的作品：

《喜鹊泪》	王宝成	《收获》1981年第5期
《人生》	路 遥	《收获》1982年第3期

作协湖南分会推荐的作品：

《祸起萧墙》	水运宪	《收获》1981年第1期
《姐姐寨》	古 华	《收获》1982年第6期
《山道弯弯》	谭 谈	《芙蓉》1981年第1期
《水碾》	孙建忠(土家族)	《芙蓉》1981年第4期
《将军和菊花石》	张步真	《芙蓉》1982年第2期
《龙苟》	吴雪恼	《芙蓉》1982年第3期
《乡巢》	罗石贤	《芙蓉》1982年第4期
《那晨中,那柳岸》	韩少功	《芙蓉》1982年第6期
《信誓旦旦》	谢 璞	《新苑》1981年第2期
《人去两三天》	莫应丰	《新苑》1982年第2期
《菇母山风情》	叶蔚林	《花城》1982年第4期

作协山西分会推荐的作品：

《耿耿难眠》	柯云路、雪珂	《当代》1981年第5期

《几度元宵》	胡　正	《当代》1982年第1期
《迷雾》	郑　义	《花城》1981年第5期
《磨盘庄》	韩石山	《莽原》1982年第1期
《高高的戏台》	成　一	《山西文学》1982年第2期
《老一辈人》	张石山	《山西文学》1982年第9期
《又是元宵》	胡　正	《山西文学》1982年第12期
《春雨,悄悄地飘落》	李　锐	《鹿鸣》1981年第5、6期

作协甘肃分会推荐的作品：

《马班长闲话》	李民发	《当代》1982年第4期
《离离草》	颜明东	《飞天》1982年第2期
《葫芦春秋》	曹　杰	《甘肃日报》1982年1月连载

作协山东分会推荐的作品：

《高山下的花环》	李存葆	《十月》1982年第6期
《沙场春点兵》	李心田	《小说界》1982年第4期

作协河南分会推荐的作品：

《尾巴》	南　丁	《莽原》1981年第1期
《紫丁香》	张　斌	《莽原》1981年第2期
《瓜园轶事》	段荃法	《莽原》1982年第3期
《小溪九道弯》	叶文玲	《收获》1981年第6期
《流泪的红蜡烛》	张一弓	《收获》1982年第4期
《曹书记买马》	原　非	《十月》1981年第6期

作协贵州分会推荐的作品：

《同样是收获季节》	叶　辛	《小说界》1982年第1期
《风乍起》	王　剑	《小说界》1982年第2期
《召唤》	雨　煤	《小说界》1982年第3期
《追回的青春》	叶　辛	《十月》1982年第4期
《草青青》	何士光	《收获》1982年第3期
《野玫瑰与黑郡主》	李必雨	《山花》1981年第1～4期
《麻栗沟》	伍　略(苗族)	《民族文学》1982年第6期

| 《新任站长》 | 陈学书 | 《红岩》1981年第4期 |
| 《爱的价值》 | 李宽定 | 《创作》1982年第2期 |

作协四川分会推荐的作品：

《燕儿窝之夜》	魏继新	《青年文学》1982年第5期
《奇异的旅程》	周永年	《清明》1982年第2期
《骄阳似火》	陆大献	《红岩》1982年第1期
《黄果兰，更娇艳的黄果兰》	谭力、昌旭	《萌芽》1982年第1期

作协宁夏分会推荐的作品：

| 《龙种》 | 张贤亮 | 《当代》1981年第5期 |
| 《碑》 | 伊布拉英（维吾尔族） | 《朔方》1981年第3期 |

作协内蒙古分会推荐的作品：

| 《蓝色的阿尔善河》 | 敖德斯尔（蒙古族） | 《民族文学》1982年第3期 |
| 《别了，蒺藜》 | 汪浙成、温小钰 | 《收获》1982年第1期 |

作协沈阳分会、《芒种》编辑部推荐的作品：

《一座雕像的诞生》	孟伟哉	《芒种》1981年第6期
《苍耳之谜》	万寒	《芒种》1982年第7、8期
《红苹果，但是酸》	徐雅雅	《芒种》1982年第9、10期

作协河北分会推荐的作品：

《这里通向世界》	单学鹏	《当代》1981年第6期
《厂长今年二十六》	陈冲	《当代》1982年第6期
《红灯与绿灯》	薛勇	《长城》1982年第1期
《白云升起的地方》	宋聚丰	《长城》1982年第2期
《无反馈快速跟踪》	陈冲	《十月》1982年第4期

作协江西分会推荐的作品：

《山村》	叶君健	《百花洲》1982年第1期
《癌》	陈村	《百花洲》1982年第2期
《海角》	叶文玲	《百花洲》1982年第4期
《七叶一枝花》	罗旋	《百花洲》1982年第5期

作品	作者	出处
《遥远的地平线》	陈世旭	《百花洲》1982年第6期
《把彩霞献给蓝天》	黄砾明	《芙蓉》1982年第2期
《苍山之恋》	江 鱼	《钟山》1982年第2期

作协江苏分会推荐的作品：

作品	作者	出处
《清水湾,淡水湾》	姜 滇	《十月》1982年第3期

作协青海分会推荐的作品：

作品	作者	出处
《远方的小客》	察森敖拉（蒙古族）	《巨人》1981年第4期
《春风沉醉的晚上》	高 澍	《瀚海潮》1981年第3期
《地界石》	韩玉成	《雪莲》1982年第3期
《追求》	孙学明、杜国辉	《雪莲》1982年第3期
《含泪的云》	李生才	《青海湖》

作协云南分会推荐的作品：

作品	作者	出处
《甜蜜的曼多会》	王雨谷	《个旧文艺》1982年第3、4期
《桃花落水》	张昆华	《滇池》1982年第3、4期
《在遥远的边地》	涂 平	《滇池》1982年第9期
《两年杏楼山河泪》	殷去疾	《滇池》1982年第11、12期
《鹦鹉之歌》	李必雨	《山花》1982年第5～8期
《爱的渴望》	黄天明	《长江文艺》1982年第2期
《部落木鼓声》	刘祖培	《萌芽增刊》1982年第3期
《雾茫茫》	彭荆风	《红岩》1982年第1期
《石中山的故事》	杨 苏	《山茶》1982年第6期
《曼恩罕容》	覃信刚	《山梅》1982年第6期

作协天津分会推荐的作品：

作品	作者	出处
《李大虎与小刺猬》	袁 静	上海少儿出版社
《锅碗瓢盆交响曲》	蒋子龙	《新港》1982年第10、11期
《赤橙黄绿青蓝紫》	蒋子龙	《当代》1981年第4期
《爱之上》	冯骥才	《收获》1981年第4期
《雾中人》	冯骥才	《十月》1982年第6期
《四姊妹》	柳 溪	《新苑》1981年第1期

《大海落叶》	王家斌	《羊城晚报》1981年1月连载
《胡同里的棚子》	詹岱尔	《未来》1982年第3期

作协广东分会推荐的作品：

《南方的岸》	孔捷生	《十月》1982年第2期
《春在溪头荠菜花》	沈仁康	《十月》1982年第5期
《普通女工》	孔捷生	《小说界》1982年第3期
《电流穿过边境》	何卓琼	《花城》1982年第3期
《生活的旋流》	余松岩	《花城》1982年第6期
《工厂奇人》	陈国凯	《芙蓉》1981年第1期
《影子在月亮下消失》	朱崇山	《特区文学》1982年第2期
《山恋》	郑潜云、郑逸夫	《长江》1982年第2期

吉林省文联推荐的作品：

《你在想什么》	顾笑言	《花城》1981年第2期
《好一朵茉莉花》	王宗汉	《春风》1981年第3期
《市长的秋天》	万寒	《春风》1982年第2期
《她微笑着走向牢门》	张笑天	《新苑》1981年第4期
《大洋里飘来的秘密》	尤异	《新苑》1982年第1期
《寡妇门前》	王汪	《新苑》1982年第1期
《乌兰察布眷情》	韩汝成	《清明》1982年第3期
《棒槌鸟又叫了》	马犁	《民族文学》1982年第11期
《喇嘛山纪事》	凌喻非	《萌芽增刊》1982年第2期

作协浙江分会推荐的作品：

《没有门牌的小院》	叶林、徐孝鱼	《清明》1982年第1期
《合上吧，你的眼睛》	王克俭	《东方》1982年第1期
《古墓》	徐孝鱼	《收获》1982年第5期
《楼梯间里》	胡尹强	《江南》1982年第1期

《天山》编辑部推荐的作品：

《春蚕到死丝方尽》	郭绍珍	《天山》1982年第3期

《广州文艺》编辑部推荐的作品：

| 《她送来一束山楂》 | 张　扬 | 《广州文艺》1982年第4期 |
| 《锁链,是柔软的》 | 戴厚英 | 《广州文艺》1982年第9～11期 |

深圳市文联推荐的作品：

| 《爱的宣言》 | 谭日超 | 《特区文学》1982年第1期 |
| 《影子在月亮下消失》 | 朱崇山 | 《特区文学》1982年第2期 |

《滇池》编辑部推荐的作品：

| 《林玫的小"爱神"》 | 王小平 | 《滇池》1981年第12期 |

昆明军区政治部文艺创作组推荐的作品：

| 《绿色的网》 | 彭荆风 | 《滇池》1981年第1期 |
| 《海天辽阔》 | 彭荆风 | 《百花洲》1982年第2期 |

河南人民出版社推荐的作品：

《灯》	乔典运	中篇小说新作
《空气》	王不天	中篇小说新作
《王刚传》	胡万春	1981年单行本
《小甲虫破案记》	黄修记	1981年单行本
《争夺声音的战斗》	周振天	1981年单行本
《冤家小传》	张复兴	1982年单行本

漓江出版社推荐的作品：

| 《婚事》 | 韦一凡 | 《旅侣》(中篇小说集)1982年 |
| 《旅侣》 | 刘存旭 | 《旅侣》(中篇小说集)1982年 |

黑龙江人民出版社推荐的作品：

| 《下马部长》 | 周嘉俊 | 1982年单行本 |

群众出版社推荐的作品：

| 《雾茫茫》 | 彭荆风 | 1981年单行本 |

第二届(1981～1983)全国优秀中篇小说评奖工作开始于1982年底,最终评选工作完成于1983年初,颁奖大会于1983年3月24日举行,是优秀新诗、报告文学、短篇小说、中篇小说四个项目由中国作家协会合在一起颁奖。评选工作的史事全面记录,属于下一部回忆录的内容,为方便读者,在此谨把评奖结果(获奖作品20篇)录之如下：

《高山下的花环》	李存葆
《赤橙黄绿青蓝紫》	蒋子龙
《洗礼》	韦君宜
《人生》	路遥
《黑骏马》	张承志
《祸起萧墙》	水运宪
《相见时难》	王蒙
《那五》	邓友梅
《太子村的秘密》	谌容
《燕儿窝之夜》	魏继新
《苦夏》	汪浙成、温小钰
《射天狼》	朱苏进
《流逝》	王安忆
《普通女工》	孔捷生
《张铁匠的罗曼史》	张一弓
《驼峰上的爱》	冯苓植
《沙海的绿荫》	朱春雨
《远去的白帆》	从维熙
《你在想什么》	顾笑言
《山道弯弯》	谭谈

原 版 后 记

　　这本文坛回忆录，写的是1977年7月至1981年12月，我在《人民文学》和《文艺报》工作时的文坛情况。作为一名文学编辑，我对文坛的了解十分有限，仅能从自己的角度和自己的亲历来记述当年文坛上发生的事和人，故而题名《在文坛边缘上》。还需要说明的是，本书结尾的1981年12月，并不是文学史上一个阶段的结束，而只是我写到这里时，稿纸已经摞得很厚了，暂且打住。至于续篇是否还写下去，那要看身体健康和思维状况了。

　　我之所以要写这本书，是有感于已有的中国当代文学史，大多没有脱出西方文学史的"作家加作品"的模式；对于一部文学作品或一种文学潮流是怎样出现、怎样发展，又是怎样逐渐衰落的，则往往有意无意地忽略或放逐了。被文学史家称为"新时期"的这段时间，对于中国文坛来说，是一个除旧布新的转折时期，作家、批评家们在阵痛和反思中逐步摆脱束缚着自己的旧思维、旧框框，思想得到了空前解放。现实生活的急剧变革，催生出一批又一批新的作家，激发着创作者的创新情怀，新的优秀作品迭出。我有幸参与和亲历了这个过程。我觉得我有义务以自己的回忆和记述，来向文学史家们提供一点文坛史料，向文科的学生和有兴趣的读者提供一些文坛的真实情况，尽管这些史料主要是源于一己的工作角度的经历，不是也不可能是文坛的全面扫描和研究结论。

　　由于是一本回忆录，笔者对文学发展史上的人物和思潮必然有自己的立场和褒贬，但绝对敢保证书中记述的人物和事件完全是忠于历史真实的。写作过程中,笔者主要的凭依是三方面的材料:一是笔者的记忆,二是笔者的日记和笔记,三是当时编辑工作中接触到和保留下来的文书原件。记忆是并不可靠的,特别是到了老年,但有了日记和文书的参照,就使得对历史的记述变得更为可靠和可信。当年的文书是最可靠也最可贵的,是写刊物史和文学史的珍贵史料。所幸的是,我离开编辑岗位时非常仓促,没有时间清理,就把桌子上、抽屉里、柜子里的乱七八糟的一切,都一股脑儿装到车子里拉回家来,也因此得以把这些并不起眼的文书保存下来,有些怕是连编辑部的档案里也找不到了。唯其珍贵,所以我才尽量地把这些珍贵史料吸纳到我的这本书里来。

最近这十多年间,许多我所熟识和尊敬的前辈文学家先后辞别了人世,我在回忆文坛的前尘往事时,不免伤感,甚至有一种人生如梦的悲哀。我愿意把这本小书献在他们的亡灵之前。

本书在写作过程中得到了许多老友的鼓励和帮助。《文艺报》前主编、评论家谢永旺,《中国文化报》前常务副总编、评论家阎纲,文艺理论家、巴金研究专家陈丹晨,《人民文学》杂志前副主编、中国现代文学馆前副馆长、散文家周明,他们都是我在《人民文学》和《文艺报》工作时的同事和好友,他们分别向我提供了珍贵的材料和照片。两年前,河南大学文学院高友鹏教授来我家里,得知我在写这本书,就帮我牵线搭桥,把我的书稿推荐给河南大学出版社王刘纯社长并得到他的接受;袁喜生先生作为本书的责编,在编辑书稿过程中,提出了不少很好的意见和建议,倾注了大量的心血和辛劳。而且在他们的鼓励下,增补了全书的照片和文书影印件。对于他们的帮助和鼓励,在此一并致谢。

预计这本书出版之日,正值我的七十岁生日之时。就拿它做我的七秩寿诞的一个纪念吧。此后,不管还有多少岁月可享,也都是"余生"了。但愿还能做些事情——写作和研究,但不可奢求了。

作者谨识
于 2004 年 10 月 4 日

增订本后记

《在文坛边缘上》(增订本)是笔者根据自己在文坛的亲身经历撰写的一部自1977年至1982年底中国文坛和中国文学的回忆录。"文化大革命"结束之后,笔者参与和经历了劫后余生的文艺界的拨乱反正,为大批受迫害的文艺工作者平反昭雪,全国文联及各文艺家协会陆续恢复活动,文艺报刊陆续复刊,第四次全国文代会顺利召开,中短篇小说评奖,文艺评论座谈会召开,为文艺和政治的关系松绑,人性和人道主义问题的讨论,《苦恋》事件,对毛泽东《在延安文艺座谈会上的讲话》"一要坚持、二要发展"的提出,围绕"十六年"的大争论,文艺界反"自由化","现代派"风波,茅盾文学奖的启动……这六年的时间里,特别是党的十一届三中全会以后,"伤痕文学"、"反思文学"、"改革文学"的兴起与繁荣,以及一大批新起的作家破土而出崭露头角,不同的文艺思潮此消彼长,中国文学界冲破来自"左"和右两方面的干扰……笔者尽可能真实地记述下当代文学在新的历史时期这一时段发展繁荣的图景,期望多少能弥补现有的当代文学史的不足。

本书的前五章,曾由河南大学出版社于2004年出过第一版,受到了文学界、高校当代文学师生和文学评论界的首肯。第一版出版十五年后,笔者对原著做了较大的增订,增补的部分是:(1)重写了原书第五章的最后一节《破冰之旅:内地港台作家的第一次聚会》;(2)增写了第六章"为文艺与政治的关系松绑"(约30万字)。增补的这一章,全面记述了中国当代文学史上有转折意义的一年——1982年的中国文坛。在这一年里,中央书记处书记胡乔木同志借中国文联四届二次全委会的舞台发表长篇讲话,公开抛弃了"文艺为政治服务"这个延续久矣的方针,为文艺与政治的关系松绑。其中的几个重要篇章,如《尺素史影:〈当代文学评论丛书〉》、《胡乔木为文艺与政治的关系松绑》、《文艺评论工作座谈会的前前后后》、《"现代派"风波》、《围绕"十六年"的一场文艺大辩论》,曾先后在报刊上发表过。

笔者已年届耄耋,这本编辑手记增订本得以出版,笔者由衷地感谢河南大学出版社社长张云鹏同志的大力支持,感谢老友袁喜生先生和责编韩琳同志的帮助。

作者谨识
2016年2月于北京